***ACCESO GRATIS** a la Lectura en la Nube*

Para visualizar el libro electrónico en la nube de lectura envíe junto a su nombre y apellidos una fotografía del código de barras situado en la contraportada del libro y otra del ticket de compra a la dirección:

ebooktirant@tirant.com

En un máximo de 72 horas laborales le enviaremos el código de acceso con sus instrucciones.

La visualización del libro en **NUBE DE LECTURA** excluye los usos bibliotecarios y públicos que puedan poner el archivo electrónico a disposición de una comunidad de lectores. Se permite tan solo un uso individual y privado

TRATA DE SERES HUMANOS COMO CRIMINALIDAD ECONÓMICA: ANÁLISIS SUSTANTIVO Y PROCESAL PENAL

TRATA DE SERES HUMANOS COMO CRIMINALIDAD ECONÓMICA: ANÁLISIS SUSTANTIVO Y PROCESAL PENAL

Clàudia Torres Ferrer

tirant lo blanch
Valencia, 2025

En caso de erratas y actualizaciones, la Editorial Tirant lo Blanch publicará la pertinente corrección en la página web www.tirant.com.

© TIRANT LO BLANCH
EDITA: TIRANT LO BLANCH
C/ Artes Gráficas, 14 - 46010 - Valencia
TELFS.: 96/361 00 48 - 50
FAX: 96/369 41 51
Email: tlb@tirant.com
www.tirant.com
Librería virtual: www.tirant.es
DEPÓSITO LEGAL: V-2877-2025
ISBN: 978-84-1095-450-2

Si tiene alguna queja o sugerencia, envíenos un mail a: *atencioncliente@tirant.com*. En caso de no ser atendida su sugerencia, por favor, lea en *www.tirant.net/index.php/empresa/politicas-de-empresa* nuestro procedimiento de quejas.

Responsabilidad Social Corporativa: http://www.tirant.net/Docs/RSCTirant.pdf

Al meu pare, que sempre és amb mi,
i que m'ensenyà el valor de seguir lluitant,
fins i tot quan la batalla semblava perduda.

A tots els qui m'han acompanyat en aquest camí
i han posat el seu gra de sorra.

Índice

Abreviaturas

ALOITES	Anteproyecto de Ley Orgánica Integral contra la Trata y la Explotación de Seres Humanos
Art./s	Artículo/s
ATS	Auto del Tribunal Supremo
AA.VV.	Autores varios
BOE	Boletín Oficial del Estado
EIC/UTI	Equipos de Investigación Conjunta
CdE	Consejo de Europa
CDFUE	Carta de Derechos Fundamentales de la Unión Europea
CE	Constitución Española
CEDAW	Convención sobre la eliminación de todas las formas de discriminación contra la mujer
CEDH	Convenio Europeo de Derechos Humanos
CIDH	Corte Interamericana de Derechos Humanos
CITCO	Centro de Inteligencia contra el Terrorismo y el Crimen Organizado
CGPJ	Consejo General del Poder Judicial
Comp./s.	Compilador/es
Coord./s.	Coordinador/res
CP	Código Penal
CPI/ICC	Corte Penal Internacional
Dir./s.	Director/es
DM	Decisión Marco
DO	Diario Oficial
DOCE	Diario Oficial de las Comunidades Europeas
DOUE	Diario Oficial de la Unión Europea
DUDH	Declaración Universal de los Derechos Humanos
Ed.	Edición

EPC	Revista de Estudios Penales y Criminológicos
FJ	Fundamento Jurídico
FGE	Fiscalía General del Estado
FITVE	Fondo para la indemnización de víctimas de trata y explotación
FJ	Fundamento Jurídico
GAFI/FATF	Grupo de Acción Financiera Internacional / *Finantial Action Task Force*
GRETA	Grupo de Expertos contra el Tráfico de Seres Humanos del Consejo de Europa
Ibidem	En el mismo lugar
INTERPOL	Organización Internacional de Policía Criminal
ITSS	Inspección del Trabajo y Seguridad Social
L	Ley
LEC	Ley de Enjuiciamiento Civil
LECrim	Ley de Enjuiciamiento Criminal
LO	Ley Orgánica
LOEX	Ley Orgánica 4/2011, de 11 de enero, sobre derechos y libertades de los extranjeros en España y su integración social
LOPJ	Ley Orgánica del Poder Judicial
MENA	Menor Extranjero No Acompañado
MSA	*Modern Slavery Act*
Nº/Núm.	Número
OCDE	Organización para la Cooperación y el Desarrollo Económico
OIM	Organización Internacional para las Migraciones
OIT/ILO	Organización Internacional del Trabajo
ONG	Organización No Gubernamental
ONU/UN/NNUU	Organización de las Naciones Unidas
Op. cit.	*Opere citato*/obra citada
OSCE	Organización para la Seguridad y Cooperación en Europa
p./pp.	Página/páginas
PANTF	Plan de Acción Nacional contra el Trabajo Forzoso
Passim	En diversos lugares

PENTRA	Plan Estratégico Nacional contra la Trata y la Explotación de Seres Humanos
PTSH	Protocolo Trata de Seres Humanos
RECPC	Revista Electrónica de Ciencia Penal y Criminología
ss.	Siguientes
RLOEX	Reglamento de la Ley Orgánica de Extranjería
RRPJ	Responsabilidad Penal de la Persona Jurídica
RSC	Responsabilidad Social Corporativa
SAN	Sentencia de la Audiencia Nacional
SAP	Sentencia de la Audiencia Provincial
STC	Sentencia del tribunal Constitucional
STEDH	Sentencia del Tribunal Europeo de Derechos Humanos
STS	Sentencia del Tribunal Supremo
STSJ	Sentencia del Tribunal Superior de Justicia
STUE	Sentencia del Tribunal de la Unión Europea
TEDH/EHCR	Tribunal Europeo de Derechos Humanos
TIC	Tecnologías de la Información y la Comunicación
TS	Tribunal Supremo
TSH	Trata de seres humanos
TUE	Tratado de la Unión Europea
UCRIF	Unidad Central de Redes de Inmigración Ilegal y Falsedades Documentales
UE/EU	Unión Europea
UIF	Unidad de Inteligencia Financiera
UNODC	Oficina de las Naciones Unidas contra la Droga y el Delito
Vid.	Véase, véanse
Vol.	Volumen
Vs.	*Versus*

Prólogo

CAROLINA VILLACAMPA ESTIARTE
MERCHE SERRANO MASIP

La trata de seres humanos constituye sin duda una de las manifestaciones de la delincuencia organizada transnacional a la que más esfuerzos normativos han dedicado instancias supranacionales. La aprobación del Protocolo de Palermo -Protocolo para prevenir, reprimir y sancionar la trata de personas, especialmente mujeres y niños, que complementa la Convención de las Naciones Unidas contra la delincuencia organizada transnacional- a comienzos de los años 2000 marcó el inicio de los más de cuatro lustros que la comunidad internacional ha dedicado a adoptar instrumentos normativos orientados a poner coto a este fenómeno criminal. En particular los textos producidos por instancias supranacionales regionales europeas, el Convenio del Consejo de Europa sobre la lucha contra la trata de seres humanos de 2005 y, su secuela, la Directiva 2011/36/UE relativa a la prevención y la lucha contra la trata de seres humanos y a la protección de las víctimas, han desarrollado la que se conoce como la aproximación victimocéntrica a la trata de seres humanos, centrada en la protección de la víctima, sin descuidar la prevención, la persecución y el establecimiento de políticas coordinadas para afrontar esta realidad. Dicha aproximación ha servido para que la comunidad internacional y los estados que la integran tomen consciencia de que la trata representa un atentado a la línea de flotación de los derechos humanos que necesita ser abordado velando por la observancia de los derechos victimales.

Con tratarse la aproximación victimocéntrica a la trata de una forma de abordaje bastante vertebrada ya tanto a nivel normativo internacional como interno de los Estados, se ha prestado todavía menos atención normativa al proceso conducente a la esclavización -la trata- y a la explotación humana severa como conductas con clara transcendencia económica, que a menudo se emprenden con un evidente fin lucrativo. En definitiva, se ha abordado todavía en escasa medida esta realidad como una manifestación de la criminalidad económica, en que la finalidad última de estos procesos consiste en la explotación de personas disponibles que enriquece a quienes los orquestan . Pese a que esta es todavía una forma de aproximación no hegemónica a esta realidad, no cabe duda de que la atención al evidente contenido económico de estas conductas debe ser atendido para adoptar medidas legislativas adecuadas no solo para sancionarlas, sino también para prevenirlas, que pueden acabar redundando en beneficio de sus víctimas. De ahí que esa sea precisamente la aproximación a estos fenómenos que comienza a imponerse internacionalmente, como demuestra una breve lectura de la Estrategia Europea contra la trata de seres humanos 2021-2025. También ha comenzado a cristalizar en instrumentos legislativos aprobados recientísimamente por el Parlamento europeo: así, en la reforma de la Directiva 2011/36/UE para, entre otras, luchar contra la vertiente económica de la trata, o en la aprobación tanto de la propuesta de Reglamento relativo a la prohibición de la entrada en el mercado de la Unión de productos fabricados con trabajo forzoso como de la Directiva sobre diligencia debida en materia de sostenibilidad de las empresas. Disposiciones estas cuyos contenidos deben acabarse transponiendo a la normativa interna española eventualmente mediante la tramitación de una ley integral contra la trata y la esclavitud.

El viraje en la política internacional para luchar contra la trata y la explotación humanas descrito no hace más que confirmar el acierto y la clarividencia de Clàudia Torres Ferrer al decidir ya en el año 2020 cómo iba a aproximarse a la trata de seres humanos al emprender su tesis doctoral. Ya en ese momento, la Dra. Torres, huyendo de aproximaciones menos arriesgadas que le hubieran permitido profundizar en el abordaje victimocéntrico, e incluso supervivientecéntrico, de esta realidad sin gran esfuerzo, adoptó una opción de acercamiento arriesgado, que el tiempo ha demostrado ser claramente acertado, a estos fenómenos como una manifestación de la delincuencia económica. Dicha aproximación, que le valió obtener el Premio Susana Huerta al mejor trabajo de investigación en ciencias penales que otorga la Universidad Complutense de Madrid en 2022 y que había ensayado ya a través de la publicación de un capítulo de libro en la obra colectiva "La trata de seres humanos tras un decenio de su incriminación: ¿es necesaria una ley integral para luchar contra la trata y la explotación de seres humanos?" en 2022, ha sido completamente desarrollada en este volumen, que incluye el contenido esencial de su tesis doctoral.

En el mismo, fiel a su aventurada y lúcida aproximación, Clàudia Torres comienza demostrando la validez de su opción describiendo la fenomenología de un proceso que, junto a comportar indudables vulneraciones de los derechos humanos, tiene una evidente componente económica. Se adentra después en el análisis jurídico internacional y regional europeo de los instrumentos que servirán para después delinear la política legislativa nacional en la materia. En este análisis, huyendo de nuevo de posiciones acomodaticias, se aleja de la mera referencia a las manifestaciones sobre esta aproximación contenidas en disposiciones circunscritas a la trata de seres humanos para sumergirse en el análisis de documentos directamente enderezados a la lucha contra la criminalidad económica, entre ellos los relacionados con el blanqueo de capitales que eventualmente puedan proceder de estas conductas, con la responsabilidad penal de las personas jurídicas que las cometan y con la imposición de sanciones pecuniarias a sus autores, así como con los relativos al decomiso de activos ilícitos procedentes de la trata.

Una vez desentrañadas las obligaciones internacionales para abordar criminalmente la trata y la explotación humanas como realidades con trascendencia económica, la Dra. Torres se adentra en un pormenorizado estudio del ordenamiento jurídico penal interno español, no solo en clave sustantiva, sino también procesal. El mismo sigue a un precedente análisis de Derecho comparado orientado a aprehender cómo los países de nuestro entorno jurídico que más han incidido en la aproximación a la trata como criminalidad económica, el Reino Unido u Holanda entre ellos, aun sin descuidar Alemania, Francia e Italia, han delineado tanto el propio delito de trata como las instituciones normativas internas que mayor transcendencia tienen en punto a la confiscación de ganancias procedentes del mismo. Esto es, su incriminación vía delito de blanqueo de capitales, así como mediante la articulación de instituciones como el decomiso, la pena pecuniaria o la responsabilidad penal de las personas jurídicas, sin descuidar en qué medida el efecto confiscatorio redunda en beneficio del reconocimiento efectivo del derecho a la indemnización y reparación económica de las víctimas.

Idéntica estructura analítica, aun cuando mucho más detenida, deslindando aspectos controvertidos tanto sustantivos como procesales, es posteriormente aplicada al Derecho interno español. El estudio que la autora emprende de nuestro ordenamiento suma a la disección jurídica sustantiva y procesal de las instituciones indicadas en el anterior párrafo un concienzudo examen jurídico también sustantivo y procesal del delito de trata de seres humanos en clave económica. En este, junto cuestiones de técnica legislativa jurídico-penal, se individualizan las dificultades procesales que afronta la investigación y la persecución de la trata entendida en clave económica.

En la realización de tal estudio, la autora no escatima esfuerzos tanto en el análisis lógico-jurídico como aplicado de las instituciones abordadas, pues a una más que competente revisión bibliográfica sobre las cuestiones analizadas suma un muy exhaustivo estudio jurisprudencial. Tales precedentes no pueden más que conducir a la elaboración de muy atinadas propuestas de *lege ferenda* para afrontar debidamente la trata de seres humanos como una realidad con evidente contenido económico cuya adecuada investigación y procesamiento puede tener no solo efectos preventivos y desincentivadores del emprendimiento de este tipo de actividades, sino, sobre todo, revertir en la reparación de las víctimas.

El acierto en la opción aproximativa a la trata de seres humanos adoptada por la Dra. Torres y la competencia y la solvencia con la que ha sabido plasmarla en esta monografía constituyen motivos sobrados para que proclamemos la enorme satisfacción que sentimos al presentar la *opera prima* de nuestra querida Clàudia. Esperamos que la placentera labor de acompañamiento conjunto que hemos desarrollado estos años haya sido no solo muy positiva para nosotras como directoras, sino también para Clàudia, contribuyendo a que tenga una visión más holística de cualquier problema jurídico que se plantee analizar de futuro. Sabemos que estamos frente a una brillante investigadora que suma a sus sobresalientes dotes científicas una personalidad amable, dispuesta y generosa, a la que deseamos espere una larga y fructífera carrera académica.

Lleida, 8 de mayo de 2024

Introducción

En las últimas décadas el fenómeno de la trata de seres humanos (en adelante, TSH) ha sido objeto de numerosos estudios, debates e iniciativas legislativas. Recientemente, sin embargo, la vertiente económica de la trata ha despertado un interés creciente en la comunidad internacional y en la literatura especializada. Así, la presente monografía pretende ahondar en este campo de estudio analizando la trata de personas como criminalidad económica desde un punto de vista jurídico-sustantivo y jurídico-procesal.

Esta aproximación económica a la trata parte de la premisa de que dichas conductas delictivas obedecen a dinámicas eminentemente económicas: por un lado, la precaria situación socioeconómica de un importante sector poblacional que lo convierte en susceptible de devenir víctima de trata (oferta); y, por otro, la finalidad lucrativa que mueve a los tratantes para llevar a cabo su empresa (negocio) con la que a menudo se pretende dar respuesta a las "necesidades" de los consumidores en el marco de un mercado altamente competitivo (demanda).

La vinculación de la TSH con un claro componente lucrativo ha llevado a algunos a proponer nuevos enfoques que lo traten como un negocio criminal, poniendo en el foco de la investigación las ganancias obtenidas para mejorar la eficacia en términos de prevención y persecución. De esta manera, considerando el enriquecimiento injusto de los tratantes, la respuesta penal debería centrarse en revertir su situación económica a la que tenían antes de cometer el delito, a través de la confiscación de los beneficios generados por la actividad ilícita.

Acorde con este enfoque, en esta obra se analiza la eficacia de ciertos mecanismos sustantivo-procesales penales con una incidencia económica con los que se busca, precisamente, neutralizar cualquier enriquecimiento ilícito derivado del delito para su posterior reinversión en mejores políticas preventivas y tuitivas que redunden en beneficio de las víctimas.

En base a ese objetivo general pivota el presente trabajo. Para su consecución, se hace necesario, en primer lugar, conocer el actual abordaje de la trata de seres humanos como criminalidad económica. En este sentido, debe empezarse por analizar las herramientas sustantivo-procesales de que dispone el Derecho penal para contrarrestar estas conductas delictivas desde una vertiente económica, buscando un efecto confiscatorio de ganancias. A este fin, debe examinarse, en primera instancia, la normativa vigente en Derecho internacional y en el ámbito regional europeo que permite abordar el fenómeno como criminalidad económica (Cap. II), puesto que del referido marco normativo se desprenden una serie de obligaciones para los Estados parte.

Por otro lado, en un mundo globalizado como el actual, devienen de gran interés los análisis de Derecho comparado, puesto que estos juegan un papel primordial en la configuración y reforma de las legislaciones estatales. Además, cuando se trata de afrontar un problema de magnitud global e incidencia transnacional como el que nos ocupa, comprender el Derecho más allá de nuestras fronteras genera un mayor entendimiento y armonización entre los distintos ordenamientos jurídicos. Así, procederá a analizarse también la aproximación económica a la trata y el uso de los instrumentos sustantivo-procesales penales dispuestos al efecto en otros países de nuestro entorno jurídico (Cap. III).

Estas bases permitirán una mejor comprensión de la estrategia legislativa adoptada por el Estado español para combatir la trata como criminalidad económica, poniendo de relieve en los capítulos IV y V los principales déficits sustantivos y procesales de los que adolece la misma. Así, el segundo propósito de este trabajo consiste, precisamente, en conocer el grado de implementación de esa aproximación económica a la trata en nuestro ordenamiento jurídico y probar la eficacia de los referidos mecanismos jurídicos, especialmente en la práctica jurisprudencial española (capítulo VI), aún sin olvidar la regulación normativa de dichos instrumentos en los textos internacionales de referencia y en algunos países foráneos (capítulos II y III).

Finalmente, el último objetivo pasa por determinar la capacidad de los activos recuperados para garantizar el derecho a la reparación de las víctimas (capítulo VI), teniendo presentes las obligaciones internacionales sobre el particular (capítulo II) y las buenas prácticas de otros países de nuestro entorno jurídico al efecto (capítulo III).

Como cierre de la presente monografía, se sintetizarán los principales resultados hallados en un último capítulo (VII) dedicado a las conclusiones en el que se ofrecen algunas propuestas en aras a mejorar la referida aproximación económica a la trata de seres humanos. Pues, sin perjuicio de estos primeros avances en la materia, este es sin duda un campo de investigación y de acción que se halla aún en una fase muy incipiente. Y, aunque esté llamado a tener una clara incidencia en la manera de afrontar la TSH, también lleva aparejados nuevos retos y dificultades que deben ser afrontados.

Capítulo I. La trata de seres humanos como criminalidad económica: descripción fenomenológica

I. LA TRATA DE SERES HUMANOS EN CIFRAS

La trata de seres humanos (TSH) constituye un fenómeno criminal de primera magnitud y escala global, a cuya incidencia no resulta ajeno ningún país. A pesar de la dificultad de cuantificar el fenómeno[1], habiéndose lamentado la academia en

---

[1] Principalmente, por su propia naturaleza compleja y oculta, por el difícil acceso e identificación de la población víctima de trata, por las diferencias en cuanto a la definición y regulación del fenómeno en los distintos ordenamientos jurídicos nacionales o por la variedad de fuentes utilizadas para realizar las estimaciones, entre otras muchas razones. *Vid.* KANGASPUNTA, K.: "Mapping the inhuman trade: Preliminary Findings of the database on trafficking in human beings", *Forum on crime and society*, vol. 3 (12), 2003, pp. 81-85; LAZCKO, F. y GRAMENGA, M.: "Developing better indicators of Human Trafficking", *Borwn Journal of World Affairs*, vol. 10, 2003, pp. 179-194; LAZCKO, F.: "Introduction. Data and Research on Human Trafficking", en LAZCKO, F. y GODZIAK, E. (Edts.), *Data and Researh on Human Trafficking: A global survey*, International Organization for Migration, Ginebra, 2005, pp. 5 y ss.; TYLDUM, G. y BRUNOVSKIS, A.: "Describing the Unobserved: Methodological Challenges in Empirical Studies on Human Trafficking.", en LAZCKO, F. y GODZIAK, E. (Eds.), *Data and Researh on Human Trafficking: A global survey, op. cit.*, pp. 17 y ss.; ZHANG, S. X.: *Smuggling and Trafficking in Human Beings: All Roads*

Lead to America, Praeger, Westport, Connecticut, London, 2000, *passim*; GOODEY, J: "Human trafficking: Sketchy data and policy responses", *Criminology & Criminal Justice*, vol. 8, nº 4, 2008, pp. 424-427; SCARPA, S.: *Trafficking in Human Beings. Modern Slavery*, Oxford University Press, Oxford, 2008, p. 8; LIMONCELLI, S.A.: "Human trafficking: Globalisation, Exploitation, and Transnational Sociology", *Sociology Compass*, vol. 3, nº 1, 2009, p. 74; ARONOWITZ, A.A.: "Overcoming the challenges to accurately measuring the phenomenon of human trafficking", *Revue Internationale de Droit Pénal*, vol. 81 (3-4), 2010, p. 417; CHO, S.Y.: "Modelling for determinants of human trafficking: an empirical analysis", *Social Inclusion*, vol. 3, nº 1, 2015, p. 2; SANER, R., YIU, L. y RUSH, L.: "The measuring and monitoring of human trafficking", *Public Administration and Policy*, vol. 21, nº 2, 2018, p. 97; COCKBAIN, E. y KLEEMANS, E.R.: "Innovation in empirical research into human trafficking: introduction to the special edition", *Crime, Law and Social Change*, vol. 72, 2019, pp. 1 y 2; LLOYD, D.: "Human trafficking in supply chains and the way forward", en Winterdyk, j. y Jones, j. (coords.), *The Palgrave International Handbook of Human Trafficking*, *op. cit.*, p. 818; BARRICK, K. y PFEFFER, R.: "Advances in measurement: A scoping review of prior human trafficking prevalence studies and recommendations for future research", *Journal of human trafficking*, 2021, p. 2; GIMÉNEZ-SALINAS FRAMIS, A., SUSAJ, G. y REQUENA ESPADA, L.: "La dimensión laboral de la trata de seres humanos en España", *Revista Electrónica de Ciencia Penal y Criminología*, vol. 11, nº 4, 2009, p. 7; VILLACAMPA ESTIARTE, C.: "La trata de seres humanos para explotación sexual: relevancia penal y confluencia con la prostitución", en VILLACAMPA ESTIARTE, C., *Prostitución ¿Hacía la legalización?*, Tirant lo Blanch, Valencia, 2012, pp. 234-236; VILLACAMPA ESTIARTE, C., GÓMEZ ADILLÓN, M.J., TORRES FERRER, C. y MIRANDA RUCHE, X.: "Trata de seres humanos: dimensión y características en España", Revista General de Derecho Penal, vol. 35, 2021, p. 2; TORRES FERRER, C.: "Aproximación a la trata de seres humanos desde su consideración como delito económico", en VILLACAMPA ESTIARTE, C. (Dir.), *La trata de seres humanos tras un decenio de su incriminación. ¿Es necesaria una ley integral para lucha contra la trata y la explotación de seres humanos?*, Tirant lo Blanch, Valencia, 2022, p. 673.

reiteradas ocasiones por la falta de mecanismos estandarizados para la recogida de datos cuantitativos sobre el mismo[2], existen determinadas instituciones y organizaciones que con cierta periodicidad ofrecen estimaciones que dan cuenta de su magnitud[3].

---

2 *Vid.*, por todos, SANER, R., YIU, L. y RUSH, L.: "The measuring and monitoring of human trafficking", *Public Administration and Policy, op. cit.*, pp. 98 y 99; SCARPA, S.: *Trafficking in Human Beings. Modern Slavery, op. cit.*, p. 11; Van Dijk, J. y Campistol, C.: "Work in progress: international statistics on human trafficking", en PIOTROWICZ, R., RIJKEN, C. y UHL, B. H. (eds.), *Routledge Handbook of Human Trafficking*, Routledge, London and New York, 2018, pp. 381-394; Farrell, A. y de Vries I.: "Measuring the Nature and Prevalence of Human Trafficking", en Winterdyk, J. y Jones, J. (coords.), *The Palgrave International Handbook of Human Trafficking*, Palgrave Macmillan, London, 2020, pp. 147 y ss.; BARRICK, K. y PFEFFER, R.: "Advances in measurement: A scoping review of prior human trafficking prevalence studies and recommendations for future research", *Journal of human trafficking, op. cit.*, p. 2; KUETE MALAH, Y.F. y ASONGU, S.: "An empirical analysis of human trafficking in an era of globalisation", *Journal of Economic Studies*, vol. 49, nº 7, 2022, p. 1278.

3 Críticos con la fiabilidad y fuentes de los datos publicados por dichas entidades, GOODEY, J: "Human trafficking: Sketchy data and policy responses", *Criminology & Criminal Justice, op. cit.*, pp. 425 y 426; WEITZER, R.: "Rethinking human trafficking", *Dialect Anthropol*, vol. 37, 2013, pp. 309-311. Este último autor hace una especial alusión a como el poder político del momento incide en las aseveraciones que se hacen en algunos de estos informes, como el Trafficking in Persons Report elaborado por los Estados Unidos. En sentido similar, VAN DIJK, J. y CAMPISTOL, C.: "Work in progress. International statistics on human trafficking", en PIOTROWICZ, R., RIJKEN, C. y UHL, B.H. (Eds.), *Routledge Handbook of Human Trafficking*, Routledge, Abingdon, New York, 2018, pp. 381 y 383. Inversamente, sobre la influencia de estos informes estadísticos en el diseño e implementación de las intervenciones políticas y legislativas, UHL, B.H.: "Assumptions built into code – datafication, human trafficking, and human rights – a troubled relationship?", en PIOTROWICZ, R., RIJKEN, C. y UHL, B.H. (Eds.), *Routledge Handbook of Human Trafficking, op. cit.*, pp. 408 y ss.

1. La dimensión de la trata de personas según los datos a nivel internacional.

Según la Organización Internacional del Trabajo (en adelante, OIT), en 2021, 49,6 millones de personas se hallaban en situación de esclavitud[4], habiéndose apreciado un incremento desde su último informe referido al año 2016[5]. De estas, 27,6 millones estarían sometidas a trabajo forzoso[6], mientras que los 22 millones restantes serían víctimas de matrimonio forzado. De entre las víctimas sujetas a trabajo forzoso, 6,3 millones de personas resultaron explotadas sexualmente y 3,9 millones fueron sometidas a trabajo forzoso impuesto por el Estado[7].

Por su parte, Naciones Unidas publica con una frecuencia bianual datos sobre la prevalencia de la TSH en el mundo. De conformidad con su último informe de 2024[8], se habrían detectado 69.627 víctimas de trata en el año 2022[9], esto es, un 44% más que en 2020 (48.188)[10]. Este incremento se explica por el aumento en

---

4 *Vid.* INTERNATIONAL LABOUR ORGANIZATION (ILO): *Global estimates of modern slavery. Forced labor and forced marriage,* ILO, Ginebra, 2022, p. 2.

5 En 2016, la población mundial sometida a esclavitud se cifraba en 40,3 millones de personas, de las cuales 20 millones eran víctimas explotadas laboralmente, 5 millones lo eran sexualmente y las 15 millones restantes habían sido forzadas a contraer matrimonio. Véase INTERNATIONAL LABOUR ORGANIZATION (ILO): *Global estimates of modern slavery. Forced labor and forced marriage,* ILO, Ginebra, 2017, pp. 21 y 29.

6 De conformidad con los datos ofrecidos por ILO, dentro del concepto de trabajo forzoso se incluyen también conceptos vinculados al mismo -entre ellos, los supuestos de trata de seres humanos-.

7 *Vid.* INTERNATIONAL LABOUR ORGANIZATION (ILO): *Global estimates of modern slavery. Forced labor and forced marriage, op. cit.,* pp. 45 y 50.

8 *Vid.* UNITED NATIONS OFFICE ON DRUGS AND CRIME (UNODC): *Global Report on Trafficking in Persons 2024,* United Nations, New York, 2024.

9 De acuerdo con las cifras relativas a 156 países. Vid. ibidem, p. 26.

10 Cabe recordar que en 2020 se registró una caída de los índices de detección de víctimas de trata como consecuencia de la pandemia COVID-19. Esa disminución fue especialmente significativa en las

la detección de casos de trata de menores y de trata sexual, siendo que éstos últimos pasaron más desapercibidos como consecuencia de las medidas restrictivas impuestas durante la pandemia, que pudieron originar un traslado de estas prácticas de lugares públicos o de fácil acceso -como las calles, los bares, clubs de *striptease*, etc.- a otros espacios cerrados y de tipo más privado -como pisos u hoteles-, así como incentivar el recurso al cibersexo[11]. Aun así, la trata sexual sigue siendo una de las modalidades preponderantes (36%)[12], sólo por detrás de la trata con fines de explotación laboral (42%)[13]. El resto de modalidades de trata representan el 14% de

---

regiones menos desarrolladas. Ese cambio de tendencia podría ser el resultado de tres factores diferentes que afectaron especialmente a los países de ingresos bajos y medios durante la pandemia: menor capacidad institucional para detectar víctimas, menores oportunidades para los traficantes para operar debido a las restricciones impuestas durante la pandemia o la adopción de nuevas formas de trata más "escondidas" y, por ende, más difíciles de detectar. Vid. UNITED NATIONS OFFICE ON DRUGS AND CRIME (UNODC): *Global Report on Trafficking in Persons 2022,* United Nations, New York, 2022, pp. III y 19.

11 *Vid.* UNITED NATIONS OFFICE ON DRUGS AND CRIME (UNODC): *Global Report on Trafficking in Persons 2022,* op. cit., p. IV.

12 Aún así, la trata sexual pierde peso progresivamente frente a la trata laboral. En el informe de 2022, la trata sexual ya se situaba en segundo lugar -con el 38,7% de los casos-, mientras la trata laboral se convertía en la modalidad más frecuente (38,8%). En el anterior informe de 2020, relativo a los datos del año 2018, la trata sexual representaba el 50% de los casos, seguida por la trata laboral (38%), la trata criminal (6%) y las otras formas de trata (6%). *Vid.* UNITED NATIONS OFFICE ON DRUGS AND CRIME (UNODC): *Global Report on Trafficking in Persons 2020,* United Nations, New York, 2020, p. 11.

13 Dicha victimización es más frecuente en los sectores agrícola (29%), pesquero (28%) y de servicio doméstico y limpieza (18%). Sin perjuicio de lo anterior, se han detectado casos también en el sector de la venta ambulante (7%), de la construcción (6%), del entretenimiento (3%), de la minería (3%) y de la restauración y hostelería (3%). Residualmente, se han detectado víctimas en el sector de la enfermería o cuidados (1%) y en el sector textil (1%). *Vid.* UNITED NATIONS

la victimización total por este delito[14], mientras que el 8% restante de los supuestos identificados se refiere a víctimas de trata sujetas a múltiples formas de explotación[15].

Lo que parece mantenerse inmutable es la predominante victimización de mujeres y niñas que siguen siendo las mayormente afectadas por este delito (61%)[16] -o, al menos, las más detectadas como víctimas de trata-. Son también quienes ostentan una probabilidad tres veces mayor de sufrir violencia física o extrema -incluida la violencia sexual- en comparación con las víctimas varones. Y en cuanto a su origen, se constata como la trata interna -esto es, dentro de las fronteras nacionales- sigue siendo preponderante, al representar el 60% de los casos, por lo que solo el 40% de los supuestos de trata revisten carácter transfronterizo[17].

Sin perjuicio de lo anterior, los datos relativos a la región de Europa Occidental y del Sur presentan tendencias distintas respecto a las dinámicas globales. Al respecto, no puede obviarse que las diferencias entre las distintas legislaciones nacionales en cuanto a la tipificación y abordaje de la trata también in-

---

OFFICE ON DRUGS AND CRIME (UNODC): *Global Report on Trafficking in Persons 2022, op. cit.*, p. 37.

14 Concretamente, la trata criminal representa el 8% de los casos; la trata con fines de matrimonio forzado, el 1%; la trata destinada a la mendicidad, el 1%; la trata para extracción de órganos, el 0,14%; y, finalmente, la trata para fines distintos a los anteriores, el 4%.

15 *Vid. Ibidem*, p. 14.

16 Este porcentaje escala hasta el 92% en los supuestos de trata con fines de explotación sexual. Opuestamente, en los casos de trata con fines de explotación laboral y de otras formas de explotación, el sexo masculino resulta preponderante con un 67% de los casos en ambos supuestos. *Vid. Ibidem*, pp. 50, 53 y 54.

17 Siendo habitual en estos supuestos el traslado a una región distinta a la de procedencia (55%). Así, en el 45% de los casos, a pesar de abandonar el país de origen, el traslado se produce dentro de una misma región. *Vid. Ibidem*, p. 42.

ciden en su índice de detección victimal[18]. En este sentido, se ha producido un aumento en las víctimas detectadas en 2022, especialmente en el caso de los varones (con un incremento del 82%) y los niños (+40%) hasta el punto de erigirse como el sexo con una mayor victimización por trata (63%)[19]. Ese cambio en el perfil victimal puede estar relacionado con el aumento de casos de trata laboral detectados (un 72% más respecto al 2020) que lo sitúan como la modalidad de trata preponderante en la región (39%). Así, sorprendentemente, la trata con fines de explotación sexual, junto a la trata con fines de explotación

---

18 En este sentido, *vid.* EUROJUST*: Strategic Project on Eurojust's action against trafficking in human beings,* Eurojust, La Haya, 2012, p. 27; EUROPOL: *Trafficking in human beings in the European Union,* Europol, La Haya, 2011, p. 3; COMISIÓN EUROPEA: *Informe sobre los progresos realizados en la lucha contra la trata de seres humanos y a la protección de las víctimas,* Comisión Europea, Bruselas, 2016, p. 4; LAZCKO, F.: "Introduction. Data and Research on Human Trafficking", en LAZCKO, F. y GODZIAK, E. (Edts.), *Data and Researh on Human Trafficking: A global survey,* International Organization for Migration, Ginebra, 2005, p. 5; TYLDUM, G. y BRUNOVSKIS, A.: "Describing the Unobserved: Methodological Challenges in Empirical Studies on Human Trafficking.", en LAZCKO, F. y GODZIAK, E. (Edts.), *Data and Researh on Human Trafficking: A global survey, op. cit.,* pp. 17 y ss.; AROMAA: "Trafficking in human beings: uniform detections for better measuring and for effective counter-measures", en SAVONA y STEFFANIZZI (Eds.), *Measuring Human Trafficking. Complexities and Pitfalls,* Springer/ Ispac, New York, 2007, p. 13; WINTERDYK, R.: "Introduction to Special Issue. Human Trafficking: Issues and Perspectives", European Journal of Criminology, vol. 7, nº 1, 2010, pp. 5 y ss.; Villacampa ESTIARTE, C.: *El delito de trata de seres humanos. Una Incriminación Dictada desde el Derecho Internacional,* Aranzadi-Thomson Reuters, Cizur Menor, 2011, pp. 95 y ss.; VAN DIJK, J. y CAMPISTOL, C.: "Work in progress. International statistics on human trafficking", en PIOTROWICZ, R., RIJKEN, C. y UHL, B.H. (Eds.), *Routledge Handbook of Human Trafficking, op. cit.,* p. 381; GARCÍA SEDANO, T.: *La detección, identificación y protección de las víctimas de trata de seres humanos,* Editorial Reus, Madrid, 2020, pp. 15 y 16.

19 *Vid.* UNITED NATIONS OFFICE ON DRUGS AND CRIME (UNODC): *Global Report on Trafficking in Persons 2024, op. cit.,* pp. 167 y 168.

criminal, constituyen las subsiguientes modalidades más frecuentes, alcanzando el 22% de la muestra cada una de ellas. Finalmente, los casos de multiexplotación suponen el 16% de la muestra, siendo la presencia de la trata con fines de mendicidad, matrimonio forzado y extracción de órganos casi testimonial[20].

Centrándonos en el ámbito comunitario, de acuerdo con los datos publicados por Eurostat[21], 10.093 personas fueron detectadas como víctimas de trata en la Unión Europea (en adelante, UE) durante el año 2022, hecho que supone un incremento del 41% respecto a los datos de 2021 (con 7.155 víctimas) y la cifra más elevada desde 2013. No obstante, como reconoce la Comisión Europea, el número real de víctimas probablemente sea significativamente mayor, dado que las estadísticas solo recogen a las víctimas que llegan a conocimiento de las autoridades competentes, siendo que muchas víctimas pasan desapercibidas[22].

---

20 *Vid. Ibidem*, p. 169.

21 *Vid.* EUROSTAT: *Victims of traffcicking of human beings up 10% in 2021*, [artículo en línea] 9 de febrero de 2023, disponible en: https://ec.europa.eu/eurostat/web/products-eurostat-news/w/ddn-20230208-2. Datos similares se ofrecen en el 4º informe de seguimiento elaborado por la Comisión Europea. *Vid.* EUROPEAN COMISSION: *Report on the progress made in the fight against trafficking in human beings (Fourth report)*, European Comission, Bruselas, 2022, pp. 3-7.

22 *Vid.* EUROPEAN COMISSION: *Report on the progress made in the fight against trafficking in human beings (Fifth report), Bruselas, 2025*, p. 2; EUROPEAN COMISSION: *Report on the progress made in the fight against trafficking in human beings (Fourth report), op. cit.*, p. 3. En un mismo sentido, VAN DIJK, J. y CAMPISTOL, C.: "Work in progress. International statistics on human trafficking", en PIOTROWICZ, R., RIJKEN, C. y UHL, B.H. (Eds.), *Routledge Handbook of Human Trafficking*, op. cit., p. 386. Estos autores consideran que las estadísticas sobre víctimas identificadas sólo muestran una pequeña parte del fenómeno, la que llega al conocimiento de las autoridades –"the tip of the iceberg"-, por lo que no pueden considerarse como una medida real de la magnitud de la trata.

Para analizar la distribución geográfica del fenómeno en territorio comunitario, hay que recurrir a los últimos datos publicados por la Comisión Europea relativos al período 2017-2018[23]. Como puede observarse en el gráfico siguiente, donde el fenómeno parece tener una mayor incidencia es en el Reino Unido (12.123), Francia (2.846), Italia (1.988), Países Bajos (1.624), Alemania (1.380) y Rumanía (1.159). Por el contrario, apenas se detectaron a víctimas de trata en países como Estonia (22), Bulgaria (28), Luxemburgo (31), Malta (40) y Letonia (48)[24].

Sin embargo, dado que no son comparables los más de 66.000.000 de habitantes de Reino Unido con los cerca de 47.000 de Malta, los datos cambian significativamente si se analizan en relación con el número de población de cada Estado miembro. En este caso, es Chipre el país más afectado por la trata, con 168 víctimas por cada millón de habitantes, seguido por el Reino Unido (91), Hungría (48) y Países Bajos (47). En la cola, en términos de detección, se sitúan Bulgaria, con 2 víctimas por cada millón de habitantes, España (5), Estonia (8) y Alemania (8), siendo la media de la UE-28 (contando con los datos del entonces miembro Reino Unido) de 26 víctimas por millón de habitantes[25].

---

23 *Vid.* EUROPEAN COMISSION: *Data collection on trafficking in human beings in the EU*, Publication Office of the European Union, Luxemburgo, 2020.

24 *Vid. Ibidem*, p. 132.

25 *Vid. Ibidem*, p. 135.

Gráfico 1. Detección de víctimas de TSH en la UE (2017-2018)

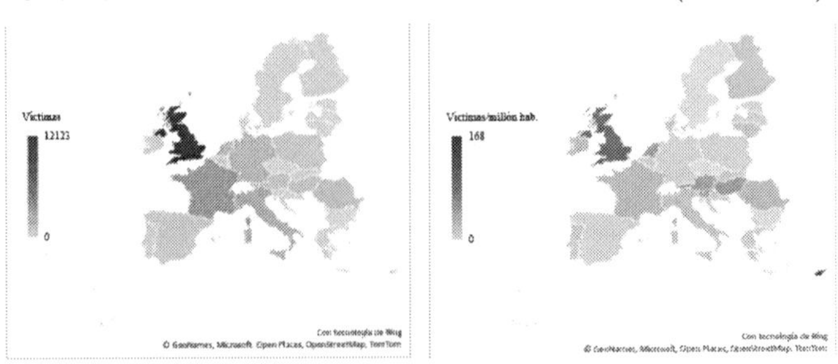

Fuente: elaboración propia a partir de los datos publicados por la Comisión Europea en el *Data collection on trafficking in human beings in the EU 2020.*

De vuelta a los datos relativos al año 2022 ofrecidos por Eurostat, en cuanto al perfil victimal, las mujeres y niñas siguen siendo mayoría (65%)[26], probablemente porque la trata con fines de explotación sexual sigue siendo la modalidad preponderante en la UE (49%)[27]. Paralelamente, la trata con fines de explotación laboral se erige como la segunda forma de trata con mayor incidencia (37%)[28], mientras que el resto de modalidades aglutinan el 14% de los supuestos de trata detectados en la región. En cuanto al origen de las víctimas, se ha constatado un

---

26 Si bien las víctimas hombres y niños son mayoritarias (70%) en los casos de trata con fines de explotación laboral. *Vid.* EUROPEAN COMISSION: *Report on the progress made in the fight against trafficking in human beings (Fifth report), op. cit.*, p. 3;

27 En estos supuestos, las víctimas en un 92% de los casos se identifican con el sexo femenino. *Vid. Ibidem,* p. 3.

28 En cuanto a la trata laboral, sus víctimas han aumentado en un 51% respecto al período anterior, identificándose como sectores de alto riesgo: la agricultura, la construcción, la silvicultura, la transformación de alimentos, las cadenas de montaje, la hostelería, el comercio minorista, los lavaderos de coches, los servicios de belleza y limpieza, el transporte, el servicio doméstico y la asistencia doméstica. *Vid. Ibidem,* p. 4.

descenso de los casos de trata interna[29] siendo que el 54% de las víctimas proceden de países externos a la Unión Europea[30].

No obstante, si se quiere conocer qué formas de trata predominan en cada Estado miembro, debe recurrirse nuevamente a los datos de 2017-2018[31]. Al respecto, puede constatarse en el gráfico como en 15 de los 26 Estados que aportaron datos (58%)[32] la mayoría de víctimas detectadas lo eran de trata con fines de explotación sexual. Tan sólo en 7 de los Estados miembros (27%)[33] la trata con fines de explotación laboral predomina respecto al resto de modalidades. De entre estos, destacan especialmente tres países donde las víctimas de trata laboral representan más de la mitad del total. Son el caso de Malta (83%), Portugal (52%) y Bélgica (51%). Las víctimas por otras formas de trata[34] son mayoría en Croacia (79%) y en Reino Unido (31%). Si bien, en este último caso, las distintas modalidades de trata se hallan bastante equilibradas, por cuanto la trata sexual representa el 30% del total y la trata laboral el 29,5%. Finalmente, en los casos de Finlandia y Bulgaria se desconocía la forma específica de explotación a la que pretendía someterse a las víctimas de trata detectadas.

---

29 Principalmente, son víctimas nacionales de Rumania, Francia, Hungría, Bulgaria y Alemania. *Vid. Ibidem,* p. 3.

30 *Vid.* Principalmente, son víctimas nacionales de Nigeria, Ucrania, Marruecos, Colombia y China. *Vid. ibidem.*

31 *Vid.* EUROPEAN COMISSION: *Data collection on trafficking in human beings in the EU, op. cit.*, pp. 140-142.

32 Concretamente, en Chipre, Hungría, Países Bajos, Austria, Eslovenia, Rumanía, Francia, Irlanda, Dinamarca, Italia, Grecia, Eslovaquia, Alemania, Estonia y España.

33 Estos son, Malta, Luxemburgo, Lituania, Bélgica, Letonia, Portugal y Polonia.

34 Esto es, la trata con fines de obtener ayudas o prestaciones sociales fraudulentamente, con fines criminales, de servidumbre doméstica, de mendicidad o de extracción de órganos.

Gráfico 2. Formas de TSH en la UE (2017-2018)

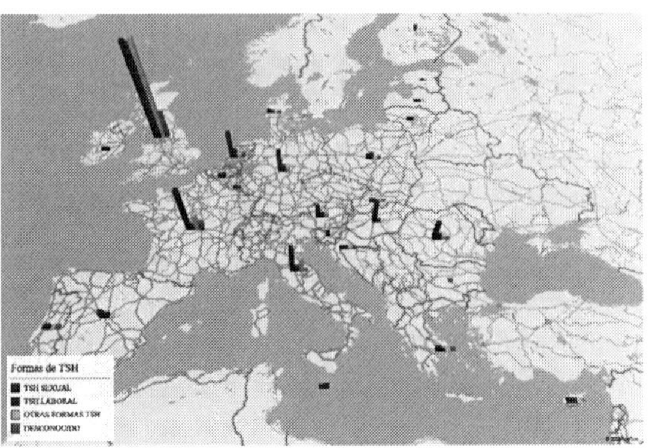

Fuente: elaboración propia a partir de los datos publicados por la Comisión Europea en el *Data collection on trafficking in human beings in the EU 2020.*

2. La dimensión de la trata de seres humanos en España.

Por último, en cuanto a los datos relativos al ámbito nacional, el Centro de Inteligencia contra el Terrorismo y el Crimen Organizado (CITCO) es el organismo encargado de cuantificar las víctimas de TSH identificadas en España por la policía[35]. Desde

35 Sus resultados se publican anualmente en el balance estadístico correspondiente, habiendo elaborado hasta la fecha seis de ellos. *Vid.* CITCO: *Trata de seres humanos en España. Balance estadístico 2013-17*, Ministerio del Interior, Secretaría de Estado de Seguridad, Madrid, 2018, pp. 1-13; CITCO: *Trata de seres humanos en España. Balance estadístico 2014-18*, Ministerio del Interior, Secretaría de Estado de Seguridad, Madrid, 2019, pp. 1-13; CITCO: *Trata de seres humanos en España. Balance estadístico 2015-19*, Ministerio del Interior, Secretaría de Estado de Seguridad, Madrid, 2020, pp. 1-15; CITCO: *Trata de seres humanos en España. Balance estadístico 2016-20*, Ministerio del Interior, Secretaría de Estado de Seguridad, Madrid, 2021, pp. 1-19; CITCO: *Trata y explotación de seres humanos en España. Balance estadístico 2017-2021*, Ministerio del Interior, Secretaría de Estado de Seguridad,

el año 2013 hasta el 2024, en España se han identificado un total de 3.579 víctimas de trata, en su mayoría con fines de explotación sexual (63%), de acuerdo con los datos estadísticos facilitados por el CITCO[36]. Si bien 2019 fue un año récord en cuanto a detección, lográndose identificar hasta 542 víctimas, las cifras de los últimos dos años muestran una tendencia creciente -con 502 víctimas en 2023 y 513 en 2024-, especialmente tras los bajos índices de detección habidos entre 2020 y 2022 como consecuencia del impacto que tuvo la pandemia en las labores de investigación.

Madrid, 2022, pp. 1-31; CITCO: *Trata y explotación de seres humanos en España. Balance estadístico 2018-2022*, Ministerio del Interior, Secretaría de Estado de Seguridad, Madrid, 2023, pp. 1-51; CITCO: *Trata y explotación de seres humanos en España. Balance estadístico 2019-2023*, Ministerio del Interior, Secretaría de Estado de Seguridad, Madrid, 2024, pp. 1-47; CITCO: *Trata y explotación de seres humanos en España. Balance estadístico 2020-2024*, Ministerio del Interior, Secretaría de Estado de Seguridad, Madrid, 2025, pp. 1-48.

36 Cabe recordar que el CITCO recoge desde 2012 datos cuantitativos sobre TSH para explotación sexual. Sin embargo, no fue hasta los años 2015 y 2016 que se incorporan los datos de victimización por trata laboral y otras formas de trata, respectivamente. VILLACAMPA ESTIARTE, C., GÓMEZ ADILLÓN, M.J. y TORRES FERRER, C.: "Trafficking in human beings in Spain: What do the data on detected victims tell us?", *European Journal of Criminology*, vol. 20, nº 1, 2021, p. 3.

Gráfico 3. Evolución TSH en España (2013-2024)

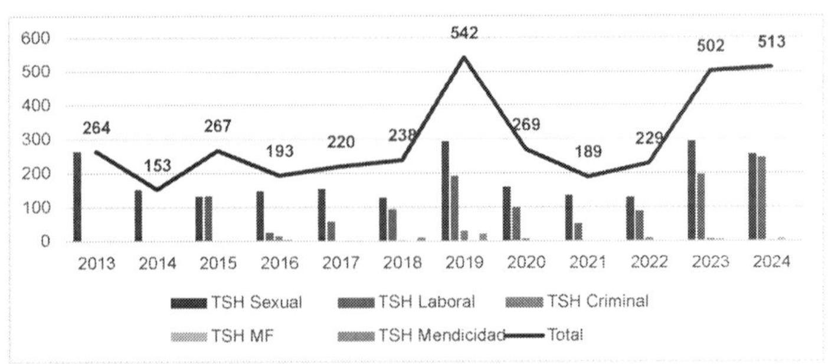

Fuente: elaboración propia a partir de los datos publicados por el CITCO en sus balances estadísticos 2013-2017, 2018-2022 y 2020-2024.

En relación con los datos publicados en el último informe estadístico emitido por el CITCO, un total de 513 víctimas de trata han sido detectadas en territorio nacional en el último año (2024)[37]. La trata con fines de explotación sexual sigue siendo predominante en nuestro país, representando el 50% de los casos, seguida muy de cerca por la trata para explotación laboral (48%). Más testimonial es la presencia de víctimas por trata criminal (0,6%) y de la que tiene por finalidad la celebración de un matrimonio forzado (1,6%). En cuanto a la trata con fines de mendicidad, no se ha detectado un solo caso en el último año[38].

En cuanto al perfil victimal, el sexo femenino sigue aglutinando más de la mitad de los supuestos de trata detectados (62,77%)[39]. Sin embargo, sorprende y preocupa a la vez la escasez de víctimas menores identificadas que representan poco más del 3% del to-

---

[37] Al respecto, CITCO: *Trata y explotación de seres humanos en España. Balance estadístico 2022-2024*, *op. cit.*, pp. 6, 22, 34, 38 y 42.

[38] Véase, *ibidem*, p. 42.

[39] *Vid. Ibidem*, pp. 6, 22, 34, 38 y 42.

tal[40]. Contrariamente a la tendencia apuntada por la ONU y Eurostat sobre la creciente presencia de casos de trata interna, los datos del CITCO apuntan a que el 93,18% del total de víctimas identificadas en 2024 procedían de un país extracomunitario, siendo prácticamente anecdóticos los supuestos en que las víctimas proceden de otro Estado miembro de la UE -principalmente, Rumanía- (3,32%) o son nacionales españolas (3,50%)[41].

---

40 Sin embargo, dicho aspecto ya se ha puesto de manifiesto en anteriores investigaciones. *Vid.* Meneses Falcón, C., Uroz Olivares, J. y Rúa Vieites, A.: *Apoyando a las víctimas de trata. Las necesidades de las mujeres víctimas de trata desde la perspectiva de las entidades especializadas y profesionales involucrados. Propuestas para la sensibilización contra la trata, Delegación del Gobierno para la Violencia de Género, Madrid, 2015,* pp. 103 y ss.; Torres Rosell, N. y Villacampa Estiarte, C.: "Protección jurídica y asistencia para víctimas de trata de seres humanos", *Revista General de Derecho Penal,* núm. 27, 2017, pp. 37-38; Jiménez Romero, M. y Tarancón Gómez, P.: "Perspectivas de profesionales del tercer sector sobre la intervención con víctimas de trata con fines de explotación sexual", *Revista Electrónica de Ciencia Penal y Criminología, núm. 20-25, 2018,* pp. 12 y ss.; VILLACAMPA ESTIARTE, C., GÓMEZ ADILLÓN, M.J. y TORRES FERRER, C.: "Trafficking in human beings in Spain: What do the data on detected victims tell us?", *European Journal of Criminology, op. cit.*, p. 16; VILLACAMPA ESTIARTE, C. y TORRES FERRER, C.: "Aproximación institucional a la trata de seres humanos en España: Valoración crítica", *Estudios Penales y Criminológicos,* vol. XLI, 2021, pp. 211 y 212. Incide especialmente en la invisibilización de los menores no acompañados, véase García de Diego, M. J.: "Bajo el casco de Hades": Menores migrantes no acompañadas como posibles víctimas de trata y su triple invisibilización", *Migraciones,* núm. 28, 2010, *passim.* No obstante, este parece ser un problema generalizado. En este sentido, *vid.*, por todos, Weitzer, R.: "Sex trafficking and the sex industry: The need for evidence-based theory and legislation", *Journal of Criminal Law and Criminology,* 101 (4), 2012, pp. 1337-1370.

41 Véase CITCO: *Trata y explotación de seres humanos en España. Balance estadístico 2020-2024, op. cit.*, pp. 8, 24, 35, 39 y 43

Por último, pueden apreciarse diferencias significativas en cuanto a la prevalencia de la trata en función de la Comunidad Autónoma en cuestión. Así, las Comunidades Autónomas donde cohabitan más víctimas de trata -o aquellas con un mayor índice de detección- serían Cataluña (17,7%) y la Comunitat Valenciana (16,1%), seguidas por Castilla y León (10, 9%), las Islas Canarias (9,7%) y Aragón (9,3%)[42]. De las 17 Comunidades Autónomas, todas ellas -salvo Cantabria y la Rioja- habrían detectado alguna víctima de trata en su demarcación. También lo hizo la ciudad autónoma de Ceuta, al contrario de Melilla. Como puede observarse en el gráfico siguiente, la trata laboral es la modalidad más frecuente en 7 de las Comunidades Autónomas -especialmente, las de la zona norte del país-, y la trata sexual lo es también en el mismo número de regiones -sobretodo, en la zona centro y sur-. Por su parte, Castilla-La Mancha ha detectado a las mismas víctimas de trata sexual que de trata laboral.

Ello contrasta con los datos de 2022, en que las víctimas de trata con fines de explotación sexual eran preponderantes en 12 de los 16 territorios donde se localizó alguna víctima de trata. Tan solo en la Región de Murcia, en Castilla-La Mancha y en Navarra la trata con fines de explotación laboral fue prevalente respecto al resto de modalidades.

Del mismo modo, destacaba el caso de Melilla donde la forma más común de trata era la que tiene por fin la explotación criminal de las personas traficadas, hasta el punto de aglutinar el 78% del total de casos de este tipo a nivel nacional43[43].

---

42 *Vid. Ibidem*, pp. 7, 23, 34, 38 y 42.

43 *Vid.* Véase CITCO: *Trata y explotación de seres humanos en España. Balance estadístico 2018-2022,* op. cit., p. 40.

Gráfico 4. TSH por modalidades y Comunidades Autónomas (2024)

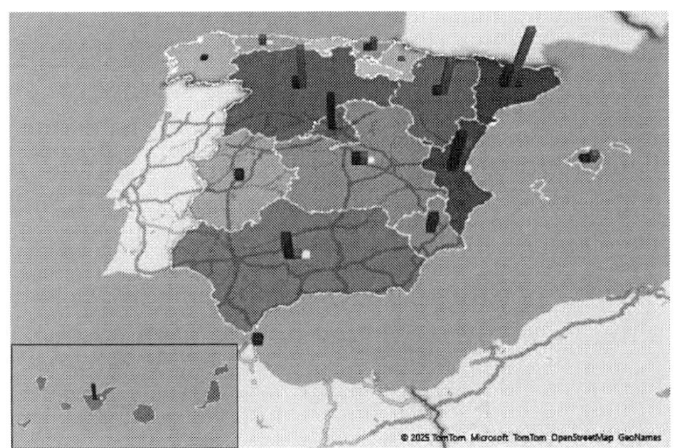

Fuente: elaboración propia a partir de los datos publicados por el CITCO en su balance estadísticos 2020-2024.

En este punto, debe traerse a colación el estudio cuantitativo liderado por VILLACAMPA[44], con el que pretendía incrementarse el conocimiento sobre la prevalencia y las dinámicas del fenómeno en España, ofreciendo una alternativa a los datos policiales publicados por el CITCO, que se ciñen a las víctimas oficialmente identificadas[45]. Con ese fin, se elaboró un cuestio-

---

44 Véase VILLACAMPA ESTIARTE, C., GÓMEZ ADILLÓN, M.J., TORRES FERRER, C. y MIRANDA RUCHE, X.: "Dimensión de la trata de seres humanos en España", en VILLACAMPA ESTIARTE, C. (Dir.), *La trata de seres humanos tras un decenio de su incriminación. ¿Es necesaria una ley integral para lucha contra la trata y la explotación de seres humanos?, op. cit.*, pp. 181-218.

45 Es importante diferenciar entre "víctimas identificadas", es decir, aquellas personas que han sido identificadas formalmente como víctimas de trata de seres humanos según la autoridad competente en cada país, y "víctimas detectadas", es decir, aquellas personas que reúnen los criterios o indicadores propios de una víctima de trata, pero que no ha sido identificada formalmente por las autoridades

nario *online* que fue remitido a 757 entidades u organismos profesionales que eventualmente podían haber entrado en contacto con víctimas de trata, dando respuesta al mismo 150 entidades pertenecientes, principalmente, al ámbito asistencial[46]. Los resultados arrojaron un total de 7.448 víctimas de trata durante el bienio analizado (2017-2018)[47], esto es, un incremento de más de un 1.500% respecto a las víctimas formalmente identificadas por el CITCO en el mismo período (458).

En cuanto al perfil de las víctimas detectadas, mayoritariamente pertenecían al sexo femenino (96%), mientras que las

---

competentes como tales. Así, los datos sobre víctimas "identificadas" proceden en su mayoría de la policía, mientras que los datos sobre víctimas "presuntas" proceden en su mayoría de los relatores nacionales, los servicios de asistencia a las víctimas, los servicios de inmigración, las inspecciones de trabajo y los guardias fronterizos, etc. EUROSTAT: *Trafficking in human beings*, Publication Office of the European Union, Luxembourg, 2013, pp. 20-23.

46 Concretamente, la mayoría de las entidades encuestadas se dedicaban a la asistencia a víctimas de la TSH (n=52), a las de violencia de género y familiar (n=41), de víctimas en general (n=37), o bien se trataba de EUO policiales (n=36) y entidades de asistencia a inmigrantes (n=27). *Vid. Ibidem*, pp. 190 y 191.

47 De estas, 3.126 correspondían al año 2017 y 4.322 al 2018. Si bien en el propio estudio se admiten como limitaciones el riesgo de doble cómputo de las víctimas detectadas que habían sido reportadas por las EUO, puesto que no fueron identificadas individualmente. No obstante, para minimizar ese riesgo, se envió solo un cuestionario por EUO y, a su recepción, se confirmó que un solo cuestionario había sido remitido por cada entidad. Se pidió a las EUO encuestadas que, en los casos en que la misma víctima pudiese considerarse como detectada durante los dos años objeto de análisis, fuese computada únicamente en el primero de ellos. Además, en caso de que la entidad entendiese que la misma víctima había sido explotada de diversas formas, se le pedía que la computase únicamente en la forma de explotación que considerase más relevante. *Vid. Ibidem*, pp. 193 y 194.

víctimas varones no llegaban a alcanzar el 4%[48]. Sin embargo, la distribución de sexos era variable en función de la modalidad de trata padecida. Así, si bien las mujeres y niñas predominan en todas las formas de trata, los porcentajes se equiparan más en los casos de trata laboral y criminal, donde los hombres y niños representan el 45% y el 49% del total de la muestra, respectivamente[49]. Respecto al origen de las víctimas, se constató como principalmente procedían de países extracomunitarios, situándose las víctimas procedentes de otro Estado miembro de la Unión en torno el 6% y el 8% en los casos de trata laboral, criminal y de otras formas, mientras que las víctimas nacionales representan el 1% de estos supuestos. La única excepción se produce en relación con las víctimas de trata sexual que, pese a proceder mayoritariamente de fuera de la UE, también son en un relevante porcentaje víctimas comunitarias -especialmente, de Europa del este- y, en menor medida, víctimas nacionales[50].

Finalmente, respecto a las formas de trata más comunes, los datos del estudio apuntaron a la trata con fines de explotación sexual[51] como modalidad dominante (92,5%)[52]. Así, se muestran

---

48 *Vid. Ibidem*, p. 196.

49 De hecho, el estudio constató como en la variable sexo se observan diferencias porcentuales según el tipo de TSH padecido, que resultan ser estadísticamente relevantes. Además, dicha variable tendría también un valor predictivo de la modalidad de trata padecida, siendo que la probabilidad de devenir víctima de TSH para explotación laboral en relación a serlo de TSH para explotación sexual es 1,133 mayor en el caso de los hombres adultos. *Vid. Ibidem*, pp. 199 y 200.

50 *Vid. Ibidem*, pp. 201 y 202.

51 Ésta, principalmente, se identifica con la prostitución en clubes o pisos (40%), seguida de prostitución callejera (34%) y de la explotación en clubes y bares de strippers (13%). *Vid. Ibidem*, p. 207.

52 *Vid. Ibidem*, p. 196.

como residuales los casos de trata laboral (5,22%)[53] y, especialmente, los que tienen por fin la comisión de actividades criminales[54] (0,76%) o de otro tipo (1,53%)[55]. Estos porcentajes, sin embargo, han sido vistos como un reflejo de la aproximación institucional a la trata en España, muy focalizada en la sexual, hecho que podría estar sobredimensionando esta faceta del fenómeno a la vez que invisibilizando a otras formas de explotación, tal y como se ha denunciado en reiteradas ocasiones por la doctrina[56].

---

53 Que, principalmente, se concentrarían en los sectores agrícola (28%) y de servidumbre doméstica (28%), teniendo menor incidencia en el ámbito del comercio (9%), la construcción (8%), la industria textil (8%) o la restauración (8%). *Vid. Ibidem*, p. 208.

54 Mayoritariamente, son explotadas haciéndolas intervenir en delincuencia patrimonial callejera (31,4%) y mendicidad forzada (31,4%). *Vid. Ibidem*, p. 210.

55 Que fundamentalmente se refieren al matrimonio forzado (78,6%), extracción de órganos (14,3%) o gestación forzada (7,1%). *Vid. Ibidem*.

56 *Vid.* Maqueda ABREU, M. L.: *Prostitución, feminismos y derecho penal*, Comares, Granada, 2009, pp. 49 y ss.; Giménez-Salinas Framis, A., Susaj, G. y Requena Espada, L.: "La dimensión laboral de la trata de seres humanos en España", *Revista Electrónica de Ciencia Penal y Criminología, op. cit.*, pp. 4, 9 y 22; Villacampa ESTIARTE, C.: *El delito de trata de seres humanos. Una Incriminación Dictada desde el Derecho Internacional, op. cit.*, 2011, pp. 108 y ss.; Villacampa ESTIARTE, C.: "Víctimas de trata de seres humanos: su tutela a la luz de las últimas reformas penales sustantivas y procesales proyectadas", *Indret*, núm. 2/2014, 2014, p. 27; Villacampa ESTIARTE, C. y Torres ROSELL, N.: "Trafficked Women in Prison: The Problem of Double Victimisation", *European Journal of Criminal Policy and Research*, vol. 21, nº 1, 2015, p. 113; Villacampa ESTIARTE, C. y Torres ROSELL, N.: "Human Trafficking for Criminal Exploitation: the Failure to Identify Victims", *European Journal of Criminal Policy and Research*, vol. 23, nº 3, 2017, p. 405; Villacampa ESTIARTE, C. y Torres ROSELL, N.: "Prevalence, dynamics and characteristics of forced marriage in Spain", *Crime, Law and Social Change*, December, 2019, p. 510; VILLACAMPA ESTIARTE, C., GÓMEZ ADILLÓN, M.J., TORRES FERRER, C. y MIRANDA RUCHE, X.: "Dimensión de la trata de seres humanos en España",

II. INFLUENCIA DE LA GLOBALIZACIÓN Y LOS FLUJOS MIGRATORIOS

---

en VILLACAMPA ESTIARTE, C. (Dir.), La trata de seres humanos tras un decenio de su incriminación. ¿Es necesaria una ley integral para lucha contra la trata y la explotación de seres humanos?, *op. cit.*, Pp. 196-197; VILLACAMPA ESTIARTE, C. y TORRES FERRER, C.: "Aproximación institucional a la trata de seres humanos en España: Valoración crítica", *Estudios Penales y Criminológicos, op. cit.*, pp. 195 y 222; Villanueva, A. y Fernández-Llébrez, F.: "La importancia de los datos de trata de seres humanos. Una aproximación al sistema de recolección de datos de víctimas de trata en España", *Deusto Journal of Human Rights*, núm. 4, 2019, pp. 138-139; Defensor Del Pueblo: *La trata de seres humanos en España: Víctimas Invisibles*, Defensor del Pueblo, Madrid, 2012, pp. 89 y ss.; También en la práctica jurisprudencial se ha denunciado ese sesgo, en Salat Paisal, M.: "Análisis descriptivo de sentencias sobre trata de personas: un estudio de casos judiciales entre 2011 y 2019", *Revista Española de Investigación Criminológica*, vol. 8, núm. 18, 2020, p. 16, 23; Salat Paisal, M.: "¿Qué influye en las condenas por el delito de trata de seres humanos? Un estudio a partir de un análisis de sentencias judiciales", *Revista General de Derecho Penal*, núm. 35, 2021, p. 20; TORRES FERRER, C.: "Aproximación a la trata de seres humanos desde su consideración como delito económico", en VILLACAMPA ESTIARTE, C. (Dir.), *La trata de seres humanos tras un decenio de su incriminación. ¿Es necesaria una ley integral para lucha contra la trata y la explotación de seres humanos?, op. cit.*, p. 60. La misma consideración le ha hecho el GRETA a España en varios de sus informes. *Vid.* Greta: *Report concerning the implementation of the Council of Europe Convention on Action against Trafficking in Human Beings by Spain. First evaluation round*, Council of Europe, Strasbourg, 2013, p. 62; Greta: *Report concerning the implementation of the Council of Europe Convention on Action against Trafficking in Human Beings by Spain. Second evaluation round*, Council of Europe, Strasbourg, 2018, p. 65. En este sentido, *vid.* también GOODEY, J: "Human trafficking: Sketchy data and policy responses", *Criminology & Criminal Justice, op. cit.*, pp. 437; SCARPA, S.: *Trafficking in Human Beings. Modern Slavery*, op. cit., p. 9; COCKBAIN, E. y KLEEMANS, E.R.: "Innovation in empirical research into human trafficking: introduction to the special edition", *Crime, Law and Social Change, op. cit.*, p. 2.

La TSH constituye un fenómeno de origen multifactorial, esto es, puede explicarse por la confluencia de varias situaciones que, de un lado, facilitan la salida de emigrantes de los países de origen para conseguir mejores condiciones de vida en las zonas o países de destino (*push factors*); y que, de otro, atraen a los individuos hacía las regiones de destino bajo la expectativa de conseguir mejores condiciones socioeconómicas (*pull factors*). De entre los *push factors*, puede citarse la precaria situación económica en origen[57], la falta de oportunidades laborales, la corrupción, la inestabilidad política y los conflictos armados, la feminización de la pobreza o la discriminación étnica o racial[58]. Mientras que como *pull factors* se han identificado la demanda de mano de obra, la estabilidad política, los vínculos históricos, culturales y lingüísticos, las mejoras de las condiciones económicas, sociales y políticas u otras condiciones de tipo subjetivo, como la percep-

---

57 La situación de vulnerabilidad producida por la pobreza, a su vez, puede verse acrecentada por carencias educativas que limitan sus alternativas, viéndose abocados algunos de ellos a emprender su proyecto migratorio en busca de más oportunidades. *Vid.* CAMERON, S. y NEWMAN, E.: "Trata de personas: factores estructurales" en HURTADO, M. y IRANZO, Á. (Comps.), *Miradas críticas sobre la trata de seres humanos. Diálogos académicos en construcción*, Ediciones Uniandes, Bogotá, 2015, p. 62.

58 La discriminación o marginalidad a los que pueden verse sometidos estos colectivos, que suponen un obstáculo para acceder a determinados trabajos, les aboca a considerar la opción de migrar. Igualmente, los valores inherentes a la identidad cultural propia moldean la percepción del individuo en cuanto a qué estándares sociales y laborales resultan aceptables o no. *Vid. Ibidem,* pp. 86 y ss. En el mismo sentido, MASIKA, R.: *Gender, Trafficking and Slavery,* Oxfam, Oxford, 2002, p. 13; SHELLEY, L.: *Human Trafficking. A Global Perspective,* Cambridge University Press, Cambridge, 2010, p. 54. De hecho, KARA constató en su estudio que el 94% de las víctimas de trata analizadas vivían en situación de "pobreza crónica" y cerca del 90% pertenecían a una minoría étnica. *Vid.* KARA, S.: *Modern Slavery: A Global Perspective,* Columbia University Press, New York, 2017, p. 29.

ción -real o exagerada[59]- de tener mayores oportunidades en las zonas urbanas o en otros países[60]. Cabe mencionar, no obstante,

---

59 Puesto que dicha expectativa puede ser o alimentada por experiencias de familiares o amigos que han emigrado o de los familiares que reciben los "frutos" en forma de remesas de dinero periódicas, así como por la imagen que ofrecen los medios de comunicación en los países de origen y, en muchas ocasiones, por las mismas organizaciones criminales que les interesa divulgar y generalizar esta información. *Vid.* GIMÉNEZ-SALINAS FRAMIS, A., SUSAJ, G. y REQUENA ESPADA, L.: "La dimensión laboral de la trata de seres humanos en España", *Revista Electrónica de Ciencia Penal y Criminología*, vol. 11, nº 4, 2009, p. 5; CAMERON, S. y NEWMAN, E.: "Trata de personas: factores estructurales", en HURTADO, M. y IRANZO, Á. (Comps.), *Miradas críticas sobre la trata de seres humanos. Diálogos académicos en construcción, op. cit.*, pp. 71 y 72.

60 Sobre dichos factores, *vid.* por todos, ZHANG, S. X., *Smuggling and Trafficking in Human Beings: All Roads Lead to America*, op. cit., pp. 11 y ss.; SCARPA, S.: *Trafficking in Human Beings. Modern Slavery, op. cit.*, pp. 12 y ss.; ARONOWITZ, A.: *Human Trafficking, Human Misery: The Global Trade in Human Beings*, Praeger, Westport, 2009, pp. 11 y 12; PÉREZ CEPEDA, A.I.: *Globalización, tráfico internacional ilícito de personas y derecho penal*, Compares, Granada, 2004, pp. 1-23; GIMÉNEZ-SALINAS FRAMIS, A., SUSAJ, G. y REQUENA ESPADA, L.: "La dimensión laboral de la trata de seres humanos en España", *Revista Electrónica de Ciencia Penal y Criminología*, op. cit., pp. 5 y 6; SHELLEY, L.: *Human Trafficking. A Global Perspective, op. cit.*, pp. 37, 49 y ss.; VILLACAMPA ESTIARTE, C.: *El delito de trata de seres humanos. Una incriminación dictada desde el Derecho internacional, op. cit.*, pp. 90 y ss.; CHO, S.Y.: "Modeling for determinants of human trafficking: an empirical analysis", *Social Inclusion, op. cit.*, pp. 1-4 y 7-10; CAMERON, S. y NEWMAN, E.: "Trata de personas: factores estructurales", en HURTADO, M. y IRANZO, Á. (Comps.), *Miradas críticas sobre la trata de seres humanos. Diálogos académicos en construcción, op. cit.*, pp. 61-100; Europol: *Situation report. Trafficking in human beings in the EU*, Europol, La Haya, 2016, pp. 10-12; Center for the Study of Democracy (CSD): *Financing of Organised Crime. Human Trafficking in Focus*, Center for the Study of Democracy, Sofia, 2019, pp. 18, 45; Guia, M. J.: *The Illegal Business of Human Trafficking*, Springer International Publishing Switzerland, Cham, 2015, pp. 9 y 10; LIMONCELLI, S.A.: "Human trafficking: Globalisation,

que el referido modelo "*push-pull*" en los últimos tiempos se ha solapado conceptualmente con el modelo de la "oferta-demanda" -propio del ámbito económico- para explicar la TSH[61].

Sea como fuere, un factor que ha favorecido indudablemente la TSH es la globalización[62]. Esta supuso una liberalización del mercado y del comercio que, acompañada de la consecuente disminución de la intervención estatal en la economía, se ha traducido en una permeabilización de productos extranjeros en el mercado

---

Exploitation, and Transnational Sociology", *Sociology Compass, op. cit.*, pp. 79 y 80; CHENG, S.: "A critical engagement with the "pull and push" model", en PIOTROWICZ, R., RIJKEN, C. y UHL, B.H. (Eds.), *Routledge Handbook of Human Trafficking, op. cit.*, p. 499; WINTERDYK, J.: "Explaining Human Trafficking: Modern Day-Slavery", en Winterdyk, j. y Jones, j. (coords.), *The Palgrave International Handbook of Human Trafficking, op. cit.*, p. 1259; Villacampa Estiarte, C. y Torres Ferrer, C.: "Aproximación institucional a la trata de seres humanos en España: valoración crítica", *Estudios Penales y Criminológicos, op. cit.*, p. 191.

61 *Vid.* CHENG, S.: "A critical engagement with the "pull and push" model", en PIOTROWICZ, R., RIJKEN, C. y UHL, B.H. (Eds.), *Routledge Handbook of Human Trafficking, op. cit.*, p. 500; MASSEY, S. y RANKIN, G.: *Exploiting people for profit. Trafficking in Human Beings*, Palgrave Macmillan, London, 2020, pp. 3, 5 y 6; PETERS, K.: "The growing business of human trafficking and the power of emergency nurses to stop it", *Journal of Emergency Nursing*, vol. 39 (3), 2013, p. 281.

62 *Vid.* SHELLEY, L., CORPORA, C. y PICARELLI, J.: "Global Crime Inc,", en CUSIMANO LOVE, M. (Ed.), *Beyond Sovereignty (2nd ed.)*, Wadsworth, Belmont, 2003, pp. 43 y ss.; SHELLEY, L.: *Human Trafficking. A Global Perspective, op. cit.*, pp. 37, 40 y 41; CAMERON, S. y NEWMAN, E.: "Trata de personas: factores estructurales", en HURTADO, M. y IRANZO, Á. (Comps.), *Miradas críticas sobre la trata de seres humanos. Diálogos académicos en construcción, op. cit.*, pp. 66-69.; VILLACAMPA ESTIARTE, C.: "Trata de seres humanos y delincuencia organizada. Conexión entre ambos fenómenos criminales y su plasmación jurídico-penal", *Indret*, vol. 1, 2012, p. 9; KAKAR, S.: *Human Trafficking*, Carolina Academic Press, Durham, 2017, p. 102; KUETE MALAH, Y.F. y ASONGU, S.: "An empiricial análisis of human trafficking in an era of globalisation", *Journal of Economic Studies, op. cit.*, p. 1275.

local que, además de generar una feroz competencia empresarial, ha impactado directamente en las oportunidades y condiciones de empleo locales[63]. Correlativamente, las mismas facilidades que han favorecido la permeabilidad de industrias extranjeras en las economías locales, han permitido a su vez la posibilidad de que las empresas recurran a la relocalización o subcontratación de todo o parte de sus operaciones en economías foráneas en las que el coste productivo es significativamente menor[64].

Sin embargo, como apunta ARONOWITZ, la globalización no solo supuso un movimiento mundial hacia la integración económica, financiera y comercial, sino también de las comunicaciones[65]. Así, a raíz de aquella, se experimentó una mayor movilidad de bienes y personas, así como un mayor flujo de comunicaciones e informaciones[66], especialmente desde la implementación de internet. En este sentido, conocer los estándares y estilos de vida de otros lugares ha alimentado las expectativas de muchos de hallar una vida mejor emprendiendo el correspondiente proyecto migratorio[67].

---

63 *Vid.* SHELLEY, L.: *Human Trafficking. A Global Perspective, op. cit.*, p. 37.; CAMERON, S. y NEWMAN, E.: "Trata de personas: factores estructurales", en HURTADO, M. y IRANZO, Á. (Comps.), *Miradas críticas sobre la trata de seres humanos. Diálogos académicos en construcción, op. cit.*, pp. 66 y 67; LIMONCELLI, S.A.: "Human trafficking: Globalisation, Exploitation, and Transnational Sociology", *Sociology Compass, op. cit.*, p. 79. También WINTERDYK alude al modelo capitalista como impulson de la trata, en WINTERDYK, J.: "Explaining Human Trafficking: Modern Day-Slavery", en Winterdyk, j. y Jones, j. (coords.), *The Palgrave International Handbook of Human Trafficking, op. cit.*, p. 1260.

64 *Vid.* CAMERON, S. y NEWMAN, E.: "Trata de personas: factores estructurales", en HURTADO, M. y IRANZO, Á. (Comps.), *Miradas críticas sobre la trata de seres humanos. Diálogos académicos en construcción, op. cit.*, p. 66.

65 *Vid.* ARONOWITZ, A.A.: *Human trafficking: A reference handbook*, ABC-CLIO, Santa Barbara, 2017, p. 28.

66 *Vid.* SHELLEY, L.: *Human Trafficking. A Global Perspective, op. cit.*, p. 37.

67 *Vid.* CAMERON, S. y NEWMAN, E.: "Trata de personas: factores estructurales", en HURTADO, M. y IRANZO, Á. (Comps.), *Miradas críticas sobre la*

En este contexto donde el capitalismo[68] y la globalización son omnipresentes, según afirma WINTERDYK, la migración es vista de forma natural y la gente está dispuesta y en mejores condiciones de desplazarse en busca de una vida mejor[69], pues precisamente la globalización ha acentuado ese desarrollo desigual entre regiones[70]. Así lo demuestran las cifras arrojadas por el informe de la Organización Internacional para las Migraciones que estiman en 281 millones los migrantes internacionales habidos en el año 2020[71]. Estas políticas macroeconómicas favorecen, por tanto, la migración laboral. Sin embargo, cuando las mismas no se cohonestan con unas políticas migratorias que permitan hacer frente

---

trata de seres humanos. Diálogos académicos en construcción, op. cit., pp. 71 y 72.

68 Muy críticos con el impacto y las consecuencias que tuvo la adopción de dicho modelo económico, generando mayores desigualdades entre los países pobres y ricos, *vid.* por todos, FARIÑAS DULCE, M.J.: *Globalización, ciudadanía y Derechos Humanos*, Dykinson, Madrid, 2000, pp. 5-30; FALK, R.A.: *La globalización depredadora. Una crítica*, Siglo XXI de España Editores, Madrid, 2002, pp. 15-91; GEORGE, S.: "¿Globalización de los derechos?", en GIBNEY, M.J. (Ed.), *La globalización de los derechos humanos*, Crítica, Barcelona, 2003, pp. 23 y ss.

69 *Vid.* WINTERDYK, J.: "Explaining Human Trafficking: Modern Day-Slavery", en Winterdyk, j. y Jones, j. (coords.), *The Palgrave International Handbook of Human Trafficking, op. cit.*, p. 1262.

70 *Vid.* SHELLEY, L.: *Human Trafficking. A Global Perspective, op. cit.*, p. 45.

71 Esto es, el 3,6% de la población mundial, aunque se advierte la incidencia que tuvo la pandemia provocada por el COVID en las restricciones a la movilidad. En cualquier caso, el informe señala el trabajo, la familia o los estudios como los principales motivos que llevan a la gente a emprender el proceso migratorio, sin perjuicio de otros casos en que los ciudadanos se ven abocados a abandonar su país por razones imperiosas o trágicas, como los conflictos armados o los desastres naturales. Al respecto, ORGANIZACIÓN INTERNACIONAL PARA LAS MIGRACIONES: *Informe sobre las migraciones en el mundo 2022*, OIM, Ginebra, 2022, p. 21.

a esa demanda de mano de obra[72], como consecuencia de su carácter restrictivo, esto da pie al florecimiento de situaciones de inmigración ilegal, que pueden presentar una buena oportunidad para el negocio de la trata[73]. De hecho, hay quien ha identificado a la trata como la "mercantilización de los migrantes"[74].

Al respecto, cabe destacar que, en las últimas décadas, Europa ha sido territorio de tránsito y destinación de los principales flujos migratorios[75]. Esto ha supuesto un enorme reto cultural, político y social para la mayoría de los países europeos, que han tenido importantes problemas en la gestión y absorción de esa

---

72 Demandas a nivel regional que satisface "una mano de obra globalmente móvil". CAMERON, S. y NEWMAN, E.: "Trata de personas: factores estructurales", en HURTADO, M. y IRANZO, Á. (Comps.), *Miradas críticas sobre la trata de seres humanos. Diálogos académicos en construcción, op. cit.*, p. 69.

73 *Vid. ibidem*, p. 68. En términos similares, LIMONCELLI, S.A.: "Human trafficking: Globalisation, Exploitation, and Transnational Sociology", *Sociology Compass, op. cit.*, p. 82; WINTERDYK, J.: "Explaining Human Trafficking: Modern Day-Slavery", en Winterdyk, j. y Jones, j. (coords.), *The Palgrave International Handbook of Human Trafficking, op. cit.*, p. 1262. También la ILO alertaba sobre el impacto desigual que tenía la integración global de las economías -y los mercados de trabajo- en las distintas regiones, que daban pie a supuestos de trata en relación con aquellas personas que decidían migrar en busca de un trabajo decente. *Vid.* INTERNATIONAL LABOUR ORGANIZATION (ILO): *Profits and poverty: The economics of forced labour*, International Labour Office, Ginebra, 2014, p. 1.

74 *Vid.* TEHRANIAN, M.: "Cultural Security and global governance: International Migration and Negotiations of Identity", en FRIEDMAN, J. y RANDERIA, S. (Eds.), *Worlds on the Move: Globalisation, Migration and Cultural Security*, I.B. Tauris, Londres, 2004, p. 15

75 Según apunta BALES, esto es así especialmente desde el fin de la segunda guerra mundial, que dio lugar a un crecimiento de la población, pero también a el empobrecimiento de un importante porcentaje de la misma como consecuencia de la instauración y extensión del modelo económico capitalista. *Vid.*, BALES, K.: *La nueva esclavitud en la economía global*, Siglo XXI de España Editores, Madrid, 2000, pp. 13 y ss.

población migrante y refugiada[76]. Inicialmente, el fenómeno migratorio en Europa se abordó como una posible amenaza al mantenimiento de la identidad nacional y de la seguridad nacional y regional, dando lugar a las conocidas como políticas de inmigración cero[77]. Estas se han materializado en el aumento de la vigilancia policial -especialmente en las fronteras-[78]; en la aprobación de nuevas leyes administrativas que establecen impedimentos varios para dificultar la obtención de un estatus legal; y en el recurso al Derecho penal para castigar aquellos que fomenten o promuevan la inmigración irregular[79]. Todo

---

76 *Vid.* SHELLEY, L.: *Human Trafficking: A Global Perspective, op. cit.*, p. 201.

77 Véase DAUNIS RODRÍGUEZ, A.: *El delito de trata de seres humanos*, Tirant lo Blanch, Valencia, 2013, p. 26. En sentido similar, sobre la evolución de la normativa de la trata en el marco de la UE y en un contexto de libertad de movimiento y seguridad, *vid.* SCARPA, S.: *Trafficking in Human Beings. Modern Slavery, op. cit.*, pp. 172 y ss.

78 De hecho, la UE ha hecho grandes esfuerzos por restringir la inmigración ilegal en la región. Tarea que presenta particulares dificultades, especialmente en el área de libre circulación conocida como espacio Schengen, pero también por la poca vigilada costa mediterránea y la larga frontera que muchos países de Europa del Este comparten con la antigua Unión Soviética -donde hay mucho personal fronterizo corrupto fuera del control de la UE-. De hecho, países como Grecia y España se erigen como enclaves estratégicos para las organizaciones delictivas internacionales en aras a facilitar la entrada y tránsito de víctimas hacía el centro y norte de Europa. *Vid.* SHELLEY, L.: *Human Trafficking: A Global Perspective, op. cit.*, p. 205. Junto a Grecia y España, se incluyen también entre los principales países de entrada a la UE Italia, Chipre y, más recientemente, Lituania y Polonia. *Vid.* EUROPOL: *European Migrant Smuggling Centre. 6th Annual Report*, Publication Office of the European Union, Luxembourg, 2022, p. 10. Dichos esfuerzos se tradujeron en la creación en 2004 de la Agencia Europea de la Guardia de Fronteras y Costas, conocida como FRONTEX, para ayudar a los Estados miembros de la UE y a los países asociados al espacio Schengen a proteger las fronteras exteriores del espacio de libre circulación de la Unión.

79 En este sentido, DAUNIS RODRÍGUEZ, A.: "Control social formal e inmigración", *Revista General de Derecho Penal*, nº 10, 2008, pp. 32 y

ello, puede condenar al migrante a una situación de vulnerabilidad que frecuentemente se verá agravada cuando el mismo presente diferencias raciales, lingüísticas y/o religiosas respecto a la población nacional, generando una mayor marginalidad[80].

Estas situaciones devienen el caldo de cultivo perfecto para el surgimiento de servicios de tráfico o contrabando de personas, a los que el inmigrante se verá abocado a recurrir en aras a alcanzar su destino deseado[81]. En el marco de estas actividades de promoción lucrativa de la inmigración irregular[82] aparece frecuentemente la TSH. Pues, es en estas situaciones donde los tratantes "pescan en las corrientes de la migración"[83]. Ambos fenómenos constituyen ilícitos altamente lucrativos que com-

---

ss.; LÓPEZ SALA, A.: "El control de los flujos migratorios y la gestión política de las fronteras", en ZAPATA BARRERO, R. (Coord.), *Políticas y gobernabilidad de la inmigración en España*, Ariel, Barcelona, 2009, pp. 31 y ss.; IGLESIAS SKULJ, A.: *El cambio en el estatuto de la Ley penal y en los mecanismos de control: flujos migratorios y gubernamentalidad neoliberal*, Comares, Granada, 2011, pp. 193 y ss.; DAUNIS RODRÍGUEZ, A.: *El delito de trata de seres humanos, op. cit.*, p. 26.

80 En este sentido, *vid.* SHELLEY, L.: *Human Trafficking: A Global Perspective, op. cit.*, p. 202.

81 *Vid.* MASSEY, S. y RANKIN, G.: *Exploiting people for profit. Trafficking in Human Beings, op. cit.*, p. 37. Según EUROPOL, se cree que la mitad de las entradas ilegales en la UE han sido facilitadas por grupos criminales organizados. *Vid.* BRUGGEMAN, W.: *Illegal Immigration and Trafficking in Human Beings seen as a security problem for Europe*, IOM-EU Conference on Combating Human Trafficking, September 19, 2002, p. 1:

82 Que pueden llevarse a cabo de forma individual, por pequeños grupos o por importantes organizaciones criminales, a través de rutas más (inmigración clandestina) o menos peligrosas (inmigración fraudulenta) para el migrante. *Vid.* DAUNIS RODRÍGUEZ, A.: *El delito de trata de seres humanos, op. cit.*, p. 28.

83 Según la analogía acuñada en COOMARASWAMY, R.: *Moving Beijing Forward: Gaps and Challenges: Violence against Women and Trafficking*, Economic and Social Commission for Asia and the Pacific Bangkok, 2004, p. 3.

parten ciertos rasgos comunes que han provocado su frecuente confusión[84]. Sin embargo, se trata de realidades distintas que no necesariamente deben estar vinculadas. Así, no todo inmigrante irregular será víctima de trata, ni toda víctima de trata ostentará un estatus migratorio irregular. De hecho, se ha sostenido que el perfil del migrante que recurre a estos servicios para cruzar la frontera ilegalmente y del que termina siendo víctima de trata, serían distintos[85]. En este sentido, los "clientes" del tráfico ilícito de migrantes son personas que generalmente pueden permitirse el viaje y que, por ende, suelen tener una situación económica relativamente mejor que la del habitante medio de su país de origen. Por el contrario, las víctimas de trata suelen forman parte de los grupos sociales y económicos más vulnerables de su región[86].

No obstante lo anterior, esa tradicional confusión entre ambos fenómenos ha dado lugar a perniciosos efectos. En este sentido, frecuentemente los supuestos de trata se han abordado como una cuestión migratoria en lugar de como una cuestión de derechos humanos que precisa de una respuesta política y legislativa ade-

---

84 *Vid.* por todos, SCARPA, S.: *Trafficking in Human Being: Modern Slavery. op. cit., passim;* VILLACAMPA ESTIARTE, C.: *El Delito de Trata de Seres Humanos. Una Incriminación Dictada desde el Derecho Internacional, op. cit.*, p. 41; MASSEY, S. y RANKIN, G.: *Exploiting people for profit. Trafficking in Human Beings, op. cit.*, pp. 38-40; KAIZEN, J. y NONNEMAN, W.: "Irregular migration in Belgium and Organized Crime: An overview", *International Migration*, vol. 45, 2007, pp. 122 y 123.

85 En sentido similar, se ha apuntado que la diferencia entre devenir víctima del tráfico ilícito de migrantes o de trata radica en la capacidad del migrante de permitirse medios de viaje menos arriesgados. *Vid.* MASSEY, S. y RANKIN, G.: *Exploiting people for profit. Trafficking in Human Beings, op. cit.*, p. 38.

86 *Vid.* KAIZEN, J. y NONNEMAN, W.: "Irregular migration in Belgium and Organized Crime: An overview", *International Migration, op. cit.*, p. 125; KOSER, K.: "Why Migrant Smuggling Pays?", *International Migration*, vol. 46, nº 2, 2008, pp. 3-26; SHELLEY, L.: *Human Trafficking: A Global Perspective*, op. cit., p. 217.

cuada[87]. En consecuencia, los esfuerzos iniciales se centraron más en expulsar y repatriar a las víctimas de trata que en ofrecerles la ayuda y asistencia requerida[88]. Si bien la entrada en vigor del Convenio del Consejo de Europa sobre la lucha contra la TSH de 2005 (en adelante, Convenio de Varsovia) supuso un gran cambio, en tanto que obligaba a los Estados miembros a ofrecer asistencia a estas víctimas, siguen constatándose este tipo de prácticas especialmente cuando la víctima no colabora con las autoridades competentes o cuando ni siquiera llega a ser identificada como tal[89].

Sin embargo, la adopción de políticas migratorias estrictas no ha frenado la incidencia de los flujos migratorios en territorio europeo. Las propias características sociodemográficas de Europa refuerzan la necesaria inmigración. Así, el bajo índice de natalidad experimentado en los últimos años trae consigo una disminución

---

87 *Vid.* MASSEY, S. y RANKIN, G.: *Exploiting people for profit. Trafficking in Human Beings, op. cit.*, p. 38.

88 *Vid.* SHELLEY, L.: *Human Trafficking: A Global Perspective, op. cit.*, p. 202; MASSEY, S. y RANKIN, G.: *Exploiting people for profit. Trafficking in Human Beings, op. cit.*, p. 40. En este sentido, se ha afirmado que "hay mucho que ganar si un supuesto se clasifica como trata de seres humanos y mucho que perder si se considera contrabando". *Vid.* BHABHA, J. y ZARD, M.: 'Human Smuggling and Trafficking: the good, the bad and the ugly', *Forced Migration Review,* vol. 25, May, 2006, p. 7.

89 *Vid.* entre otros, VILLACAMPA ESTIARTE, C.: "La nueva directiva europea relativa a la prevención y a la lucha contra la trata de seres humanos y a la protección de las víctimas. ¿Cambio de rumbo en la política la Unión en materia de trata de seres humanos?", *Revista electrónica de Ciencia Penal y Criminología, vol. 13-14, 2011*, p. 34; VILLACAMPA ESTIARTE, C. y TORRES ROSELL, N.: "Trata de seres humanos para explotación criminal: ausencia de identificación de las víctimas y sus efectos", *Estudios Penales y Criminológicos,* vol. 36, 2016, pp. 824 y 825, PIOTROWICZ, R., RIJKEN, C. y UHL, B.H. (Eds.), *Routledge Handbook of Human Trafficking, op. cit.*, p. 47; DEFENSOR DEL PUEBLO: *La trata de seres humanos en España: víctimas invisibles, op. cit.*, pp. 155 y 171; IGLESIAS SKULJ, A.: *La trata de mujeres con fines de explotación sexual,* Didot, Buenos Aires, 2013, p. 242.

de la fuerza de trabajo disponible que no sería capaz de satisfacer la demanda existente. Aunque esta podría haberse visto reducida en los últimos tiempos gracias a la globalización y las facilidades de muchas empresas de deslocalizar su actividad o recurrir a la subcontratación como forma de reducir sus costes de producción[90].

En cualquier caso, sigue habiendo una importante demanda de empleados, muchas veces relacionada con el mercado de trabajo informal, en el que las relaciones laborales se caracterizan por su precariedad e inestabilidad. En este sentido, concurre la necesidad de mano de obra barata y no cualificada para realizar determinados trabajos que se resiste a ocupar la población nacional; o bajo ciertas condiciones que para muchos locales serían inaceptables, pero que permiten al empleador ofrecer al cliente final precios mucho más competitivos[91].

A esta situación, se unen las progresivas mejoras en las conexiones de transporte, junto al correlativo deterioro de la situación política y económica que vienen arrastrando varios países -especialmente de África, Asia y Latinoamérica[92]-, y que fomentan el proyecto migratorio de muchos de sus ciudadanos en busca de una "vida mejor" o con la esperanza de reagruparse junto a los familiares que emigraron antes que ellos[93].

En definitiva, la propia Comisión Europea reconoce que hoy en día "la trata sigue siendo un reto en el contexto de la migración", dado que muchos de los Estados miembros alertan del peso que tienen los migrantes entre las víctimas de trata,

---

90 Según DAUNIS ello habría dado lugar a un desajuste entre la oferta y de la demanda de mano de obra extranjera, que se traduce en una "inmigración económica no deseada". Véase DANUIS RODRÍGUEZ, A.: *El delito de trata de seres humanos, op. cit.*, p. 26.

91 *Vid.* SHELLEY, L.: *Human Trafficking: A Global Perspective, op. cit.*, p. 203.

92 *Vid. Ibidem.*

93 *Vid.* DANUIS RODRÍGUEZ, A.: *El delito de trata de seres humanos, op. cit.*, p. 26.

existiendo una clara relación entre ambos fenómenos. Pues los impedimentos y las políticas migratorias restrictivas son vistas por los tratantes como una oportunidad de negocio que frecuentemente culmina en el sometimiento de la víctima, cuando esta no puede reembolsar los gastos de su traslado[94].

Por último, no puede ignorarse el impacto que ha tenido el desarrollo de las Tecnologías de la Información y la Comunicación (TIC) en el fenómeno de la trata, especialmente tras la aparición y extensión de internet[95]. Pues, en los últimos años, el uso de las tecnologías de la comunicación digital no solo ha ampliado enormemente la capacidad de los delincuentes para traficar con seres humanos facilitando la captación de las víctimas, sino que también se ha constituido como una herramienta poderosa para publicitar y ofrecer los servicios derivados de su

---

94 *Vid.* EUROPEAN COMISSION: *Report on the progress made in the fight against trafficking in human beings (Fourth report), op. cit.*, p. 7. A pesar de tratarse de dos actividades criminales distintas, ya se venían advirtiendo en el seno de la UE esa vinculación entre el tráfico ilícito de migrantes y la trata anteriormente. EUROPOL advertía que en aquellos casos en que las "tasas" impuestas a los migrantes eran especialmente altas, estos terminaban satisfaciendo esa deuda acumulada sometiéndose a condiciones de trabajo explotadoras. *Vid.* EUROPOL: *Situation Report. Criminal networks involved in the trafficking and exploitation of underage victims in the European Union*, Europol, La Haya, 2018, p. 8.

95 *Vid.* CAMERON, S. y NEWMAN, E.: "Trata de personas: factores estructurales", en HURTADO, M. y IRANZO, Á. (Comps.), *Miradas críticas sobre la trata de seres humanos. Diálogos académicos en construcción, op. cit.*, p. 72; *Vid.* SPAPENS, T.: "The business of trafficking in human beings", en PIOTROWICZ, R., RIJKEN, C. y UHL, B.H. (Eds.), *Routledge Handbook of Human Trafficking, op. cit.*, pp. 537 y 538; RAETS, S. y JANSSENS, J: "Trafficking and Technology: Exploiring the Role of Digital Communication Technologies in the Belgian Human Trafficking Business" *European Journal on Criminal Policy and Research*, vol. 27, 2021, p. 216.

posterior explotación[96]. Esto porque Internet y otros dispositivos como los móviles de prepago ofrecen a los tratantes una mayor accesibilidad y anonimato[97]. Y es que, según los datos del *Digital Report 2023*[98], en enero de 2023 había 5.160 millones de usuarios de Internet en todo el mundo -esto es, el 64,4% de la población mundial total-, 98 millones de usuarios más respecto al año anterior (+1,9%)[99]. Así, no es difícil imaginar el impacto y el alcance que ostentan estas tecnologías digitales de comuni-

---

96 *Vid.* SHELLEY, L.: *Human Trafficking. A Global Perspective, op. cit.*, p. 41; HUGHES, D.M.: "Trafficking in human beings in the European Union: Gender, Sexual exploitation, and digital communication technologies", *SAGE Open,* October-December 2014, p. 1; CAMERON, S. y NEWMAN, E.: "Trata de personas: factores estructurales", en HURTADO, M. y IRANZO, Á. (Comps.), *Miradas críticas sobre la trata de seres humanos. Diálogos académicos en construcción, op. cit.*, p. 72. Así, los tratantes pueden conectar con un gran nombre de víctimas potenciales a pesar de la distancia física, atrayéndolas mediante la publicación de anuncios de trabajo a través de las fronteras internacionales. *Vid.* MIDDLETON, J.: "From the Street Corner to the Digital World: How the Digital Age Impacts Sex trafficking detection and data collection", en Winterdyk, j. y Jones, j. (coords.), *The Palgrave International Handbook of Human Trafficking, op. cit.*, p. 470.

97 *Vid.* MIDDLETON, J.: "From the Street Corner to the Digital World: How the Digital Age Impacts Sex trafficking detection and data collection", en Winterdyk, j. y Jones, j. (coords.), *The Palgrave International Handbook of Human Trafficking, op. cit.*, p. 472. Al respecto, se constata también como práctica habitual el cambio regular de las tarjetas SIM y su compra en distintos países en aras a dificultar la investigación. *Vid.* EUROPOL: *Situation Report. Criminal networks involved in the trafficking and exploitation of underage victims in the European Union, op. cit,* p. 15.

98 *Vid.*: KEMP, S.: *Digital 2023. Global overview report. The essential Guide to the world's connected behaviours,* We Are Social & Meltwater, 2023.

99 Si bien, este último trimestre de 2023, los usuarios de Internet ya han escalado a los 5.300 millones de usuarios -esto es, el 65,7% de la población mundial total-, 189 millones de usuarios más respecto a octubre del año 2022 (+3,7%).

cación en las dinámicas comisivas de la trata[100]. Al respecto, ya se ha constatado que Internet – y en especial, las redes sociales- desempeña un papel clave en la captación de víctimas -aunque ello dependerá del nivel de digitalización del país de recluta-, en la publicidad de los servicios ofrecidos por aquellas -especialmente de las explotadas en el ámbito sexual- y también en la fase posterior al delito para blanquear los beneficios[101]. También se ha alertado sobre el uso de las TIC como medio de control de las víctimas -especialmente de las explotadas en el servicio doméstico-, mediante la instalación de cámaras de vigilancia[102].

En definitiva, el uso de las tecnologías digitales se extiende a las "cuatro fases" de la trata: la recluta, el traslado, la explotación y la gestión del producto delictivo[103]. En la fase de recluta, Internet pue-

---

100 Dada la escasa investigación en este campo, RAETS y JANSSENS llevaron a cabo una revisión de la literatura existente complementada con la realización de entrevistas cualitativas. Los resultados de dicho estudio pueden hallarse en RAETS, S. y JANSSENS, J: "Trafficking and Technology: Exploring the Role of Digital Communication Technologies in the Belgian Human Trafficking Business", *European Journal on Criminal Policy and Research, op. cit.*, pp. 215-238.

101 *Vid.* EUROPOL: *EU organized crime threat assessment,* European Police Office, La Haya, 2011, p. 25; HUGHES, D.M.: "Trafficking in human beings in the European Union: Gender, Sexual exploitation, and digital communication technologies", *SAGE Open, op. cit.*, pp. 4 y 5; MIDDLETON, J.: "From the Street Corner to the Digital World: How the Digital Age Impacts Sex trafficking detection and data collection", en Winterdyk, j. y Jones, j. (coords.), *The Palgrave International Handbook of Human Trafficking, op. cit.*, p. 468.

102 Al respecto, HUGHES, D.M.: "Trafficking in human beings in the European Union: Gender, Sexual exploitation, and digital communication technologies", *SAGE Open, op. cit.*, p. 5.

103 *Vid.* RAETS, S. y JANSSENS, J: "Trafficking and Technology: Exploring the Role of Digital Communication Technologies in the Belgian Human Trafficking Business" *European Journal on Criminal Policy and Research, op. cit.*, p. 220.

de usarse como "coto de caza" de aquellos individuos especialmente vulnerables[104]. Al efecto, pueden resultar de gran utilidad los datos personales proporcionados por algunas plataformas digitales -tales como Facebook, Twitter, Instagram, etc.- para entablar contacto e incluso una relación con la víctima[105]. Aunque cada vez es más frecuente el uso de sitios web de empleo, agencias de contratación en línea y redes sociales para publicitar ofertas de trabajo orientadas a la captación de víctima de trata laboral[106]. Por cuanto se refiere al transporte, las TIC facilitan enormemente la organización y la logística de los traslados, además de la comunicación entre los distintos miembros, caso de perpetrarse por un grupo criminal[107].

Respecto a la fase de explotación, las TIC cobran un especial protagonismo en los supuestos de trata con fines de explotación sexual. Así, mientras los portales webs permiten anunciar a las víctimas a una audiencia considerablemente mayor, otras herramientas como las cámaras web permiten las prácticas de cibersexo o la producción de material pornográfico. Igualmente, las TIC pueden utilizarse como medio para negociar y concertar citas

---

104 *Vid.* YU, S.: "Human trafficking and the internet", en PALMIOTTO, M. (Ed.), *Combatting Human Trafficking: A Multidisciplinary Approach*, CRC Press, Boca Ratón, 2014, p. 67. Al respecto dos son las estrategias que pueden adoptarse: bien puede centrarse la recluta en un individuo concreto con el que mantener un contacto más directo o estrecho, o bien puede optarse por "extender la red y contactar a tantas personas como sea posible con la esperanza de que alguien muerda el anzuelo". *Vid.* RAETS, S. y JANSSENS, J: "Trafficking and Technology: Exploiring the Role of Digital Communication Technologies in the Belgian Human Trafficking Business" *European Journal on Criminal Policy and Research, op. cit.*, p. 221.

105 *Vid.* RAETS, S. y JANSSENS, J: "Trafficking and Technology: Exploiring the Role of Digital Communication Technologies in the Belgian Human Trafficking Business" *European Journal on Criminal Policy and Research, op. cit.*, p. 221.

106 *Vid. Ibidem*, p. 222.

107 *Vid. Ibidem*, pp. 222 y 223.

con clientes. Pero también como medio de coerción de las víctimas, bien sea mediante el uso de sistemas de vigilancia digitales -como cámaras, softwares espías, localizadores GPS, etc.-, o bien, recurriendo a mecanismos de chantaje como la sextorsión[108]. Finalmente, en cuanto a la gestión financiera de los beneficios, es frecuente la adquisición de criptomonedas o la realización de pagos mediante las mismas como forma de blanquear el dinero. Estas transacciones pueden tener lugar en la *Darknet*[109], aunque no necesariamente. Pues, criptomonedas como Bitcoin están reconocidas como formas de pago aceptadas, por ejemplo, para la publicación de anuncios de contenido sexual en ciertas webs[110].

Sin embargo, el uso generalizado de la tecnología digital por parte de los tratantes tiene algunos aspectos positivos. Pues, todas las transacciones y comunicaciones realizadas a través de internet quedan registradas, dejando un rastro de datos conocido como "huella digital"[111]. Los contenidos en línea y los dispositivos conectados son fuentes de información excepcionalmente ricas y que contienen material potencialmente incriminatorio[112]. Por

---

108 *Vid. Ibidem*, pp. 223 y 224; HUGHES, D.M.: "Trafficking in human beings in the European Union: Gender, Sexual exploitation, and digital communication technologies", *SAGE Open*, *op. cit.*, p. 5; YU, S.: "Human trafficking and the internet", en PALMIOTTO, M. (Ed.), *Combatting Human Trafficking: A Multidisciplinary Approach*, *op. cit.*, pp. 65 y ss.

109 Traducida como "red oscura", es aquella a la que sólo puede accederse a través de navegadores específicos -no con los buscadores tradicionales como Google o Bing- y que, por lo tanto, reviste un carácter más privado y anónimo. A pesar de sus notas características, que la hacen muy atractiva a ojos de muchos delincuentes para ofrecer sus servicios, la *darknet* también puede usarse para fines legales.

110 *Vid.* RAETS, S. y JANSSENS, J: "Trafficking and Technology: Exploiring the Role of Digital Communication Technologies in the Belgian Human Trafficking Business" *European Journal on Criminal Policy and Research*, *op. cit.*, p. 225.

111 *Vid. Ibidem.*

112 *Vid. Ibidem.*

ejemplo, los teléfonos inteligentes contienen una gran cantidad de datos que las fuerzas de seguridad pueden utilizar para investigar y procesar a estos delincuentes[113]. Conscientes de esa arma de doble filo que pueden ser las TIC, se han realizado algunos esfuerzos para rentabilizar los beneficios que puede reportar el uso de internet en el campo de la prevención y persecución del delito. Al respecto, la minería de datos o *data mining* permite procesar y explorar grandes conjuntos de datos y extraer de ellos ciertos patrones y correlaciones que permitan predecir resultados[114]. Así, en 2013, tres empresas mundiales de datos -Palantir, Google y Salesforce- colaboraron con las ONGs Polaris (USA), La Strada International (Europa) y Liberty Asia, con el fin de transformar los datos de las líneas directas contra la trata en una base

113 *Vid.* HUGHES, D.M.: "Trafficking in human beings in the European Union: Gender, Sexual exploitation, and digital communication technologies", *SAGE Open*, *op. cit.*, p. 6.

114 Al respecto, los investigadores recopilan datos de publicaciones sospechosas de tráfico sexual en sitios web y aplicaciones de redes sociales, para identificar y analizar patrones de trata sexual. MIDDLETON, J.: "From the Street Corner to the Digital World: How the Digital Age Impacts Sex trafficking detection and data collection", en Winterdyk, j. y Jones, j. (coords.), *The Palgrave International Handbook of Human Trafficking*, *op. cit.*, p. 475. El uso de algoritmos y la minería de datos permite atajar el problema de explorar e investigar la cantidad masiva de información generada por las TIC que equivaldría a buscar "una aguja en un pajar". *Vid.* LATONERO, M., BERHANE, G., HERNANDEZ, A., MOHEBI, T., y MOVIUS, L.: *Human trafficking online. The role of social networking sites and online classifieds,* University of Southern California: USC Annenberg Center on Communication Leadership & Policy, Los Angeles, 2011, p. 23; RAETS, S. y JANSSENS, J: "Trafficking and Technology: Exploring the Role of Digital Communication Technologies in the Belgian Human Trafficking Business", *European Journal on Criminal Policy and Research, op. cit.*, p. 226.

de datos global que muestre tanto las rutas de la trata como la estructura de apoyo a las víctimas en un mapa en tiempo real[115].

III. LA TRATA DE SERES HUMANOS Y LA DELINCUENCIA ORGANIZADA

El punto de partida para comprender el auge de la trata de personas como una expresión de la delincuencia organizada se encuentra en el referido contexto de la globalización económica capitalista, que intensifica la disparidad entre naciones empobrecidas y prósperas, y al mismo tiempo genera nuevas oportunidades a raíz de la economía global[116]. Así, los grupos delictivos, especialmente los dedicados a la TSH, han aprovechado las oportunidades creadas por la economía global ampliando sus actividades más allá de las fronteras nacionales[117].

Desde siempre, el abordaje de la trata ha estado vinculado a las agendas políticas, económicas e ideológicas del momento[118]. Como ya se ha apuntado, inicialmente la TSH fue vista como un problema de seguridad dada su vinculación con los flujos migratorios y la delincuencia organizada. Dicha asociación se puso de

---

115 *Vid.* UHL, B.H.: "Assumptions built into code – datafication, human trafficking, and human rights – a troubled relationship?", en PIOTROWICZ, R., RIJKEN, C. y UHL, B.H. (Eds.), *Routledge Handbook of Human Trafficking, op. cit.,* pp. 409 y 140.

116 En este sentido, VILLACAMPA ESTIARTE, C.: "Trata de seres humanos y delincuencia organizada. Conexión entre ambos fenómenos criminales y su plasmación jurídico-penal", *Indret, op. cit.,* p. 11.

117 *Vid.* SHELLEY, L.: *Human Trafficking: A Global Perspective, op. cit.*, p. 38.

118 *Vid.* WEITZER, R.: "Human trafficking and contemporary slavery", *Annual Review of Sociology*, vol. 41, 2015, p. 224; COCKBAIN, E. y KLEEMANS, E.R.: "Innovation in empirical research into human trafficking: introduction to the special edition", *Crime, Law and Social Change, op. cit.*, p. 2.

manifiesto en el mismo seno de las Naciones Unidas[119] mediante la aprobación de la Convención contra la Delincuencia Organizada Transnacional[120], a la que se le anexaban dos protocolos: uno, orientado a combatir la trata de personas[121]; y, otro, que pretendía acabar con el tráfico ilícito de migrantes[122]. Pues, ambos fenómenos eran considerados una manifestación del crimen organizado.

Esa vinculación de la trata con la delincuencia organizada ha perdurado al largo de los años y ha calado en otras organizaciones e instituciones como la Unión Europea. Muestra de ello es el hecho de que la trata en el ámbito comunitario sigue abordándose también como parte de las estrategias comunitarias contra la delin-

---

119 En este sentido, *vid.* SIMMONS, B. y LLOYD, P: *Subjective frames and rational choice: transnational crime and the case of human trafficking*, Mimeo, Government Department, Harvard University, 2010, *passim*; VILLACAMPA ESTIARTE, C.: "Trata de seres humanos y delincuencia organizada. Conexión entre ambos fenómenos criminales y su plasmación jurídico-penal", *Indret, op. cit.*, p. 5; DE VRIES, I., JOSE, M.A. y FARREL, A.: "It's your business: the role of the private sector in human trafficking", en WINTERDYK, J. y JONES, J. (Eds.), *The Palgrave International Handbook of Human Trafficking, op. cit.*, p. 746.

120 Convención de Naciones Unidas contra la Delincuencia Organizada Transnacional, aprobada por la resolución de la Asamblea General de 15 de noviembre de 2000.

121 Protocolo de las Naciones Unidas para prevenir, reprimir y sancionar la trata de personas, especialmente de mujeres y niños, de 15 de noviembre de 2000.

122 Protocolo de las Naciones Unidas contra el tráfico ilícito de migrantes por tierra, mar y aire, de 15 de noviembre de 2000.

cuencia organizada[123] y para la seguridad de la Unión[124]. Aunque de forma menos evidente que en la referida Convención contra la Delincuencia Organizada Transnacional de la ONU, también en los instrumentos europeos dedicados a luchar contra la TSH pueden hallarse referencias a la criminalidad organizada. Las más patentes tienen que ver con la previsión de subtipos agravados en aquellos supuestos en que los hechos son cometidos en el seno de una organización criminal (art. 24 del Convenio de Varsovia[125] y art. 4.2 de la Directiva 2011/36/UE[126]).

Así, el referido marco normativo contribuyó a asentar y perpetuar la identificación de la trata como una actividad delictiva llevada a cabo a nivel transnacional por organizaciones criminales de cierta

---

123 Esto es, la Comunicación de la Comisión al Parlamento Europeo, al Consejo, al Comité Económico y social Europeo y al Comité de las Regiones sobre la estrategia de la UE contra la Delincuencia Organizada 2021-2025, presentada en Bruselas el 14 de abril de 2021. En dicha estrategia se alude a la trata de personas como modalidad delictiva propia de la delincuencia organizada. *Vid.* COMISIÓN EUROPEA: *Estrategia de la contra la Delincuencia Organizada 2021-2025*, Comisión Europea, Bruselas, 2021, pp. 14 y 15.

124 Es decir, la Comunicación de la Comisión al Parlamento Europeo, al Consejo, al Comité Económico y social Europeo y al Comité de las Regiones sobre la estrategia de la UE para una Unión de la Seguridad, presentada en Bruselas el 24 de julio de 2020. Dicho documento se dedica, entre otros, a afrontar la delincuencia organizada, incluyendo expresamente la trata de seres humanos como una manifestación de aquella, en tanto que suponen una "*amenaza directa para los ciudadanos y nuestro modo de vida europeo*". *Vid.* COMISIÓN EUROPEA: *Estrategia de la UE para una Unión de la Seguridad*, Comisión Europea, Bruselas, 2020, pp. 1, 5, 22 y 24.

125 Convenio del Consejo de Europa sobre la lucha contra la trata de seres humanos, firmado en Varsovia el 16 de mayo de 2005.

126 Directiva 2011/36/UE del Parlamento Europeo y del Consejo, relativa a la lucha contra la trata de seres humanos y la protección de las víctimas, de 5 de abril de 2011.

magnitud[127], premisa que también fue aceptada por un importante sector académico[128]. Sin embargo, la realidad criminológica parece no sustentar dicha correlación en todos los casos, siendo cada vez más cuestionable la preponderancia de estas estructuras delictivas organizadas como responsables del fenómeno de la trata.

En este sentido, según el *Global Report on Trafficking in Persons* de 2022, pueden encontrarse hasta 4 perfiles de tratantes con diferentes niveles de estructuras organizativas. Así, junto a los grupos que encajan en la definición de grupo u organización criminal,

---

127 *Vid.* VILLACAMPA ESTIARTE, C.: "Trata de seres humanos y delincuencia organizada. Conexión entre ambos fenómenos criminales y su plasmación jurídico-penal", *Indret, op. cit.,* p. 8.

128 Así, se ha abordado el vínculo entre trata y delincuencia organizada en OBOKATA, T.: *Trafficking of Human Beings from a Human Rights Perspective: Towards a holistic approach,* Martinus Nijhof Publishers, 2006, pp. 165 y ss.; BURKE, M.C.: *Human Trafficking: Interdisciplinary Perspectives,* Routledge, New York, 2008; KARA, S.: *Sex Trafficking: Inside the Business of Modern Slavery,* Columbia University Press, New York, 2010; MAQUEDA ABREU, L.: El tráfico sexual de personas, Tirant lo Blanch, Valencia, 2001, pp. 19 y ss.; PÉREZ CEPEDA, A.I.: *Globalización, tráfico internacional ilícito de personas y derecho penal, op. cit.,* 2004; SÁNCHEZ GARCÍA DE PAZ, I.: "Tráfico y trata de personas a través de organizaciones criminales", en PUENTE ABA, L.M. (Dir.), *Criminalidad organizada, terrorismo e inmigración: retos contemporáneos de la política criminal,* Comares, Granada, 2008, pp. 259 y ss.; GARCÍA DEL BLANCO, V.: "Trata de seres humanos y criminalidad organizada", *Anuario de Derecho Penal y Ciencias Penales,* vol. LXVII, 2014, pp. 193-237. Aborda dicha vinculación desde una perspectiva crítica también VILLACAMPA ESTIARTE, C.: "Trata de seres humanos y delincuencia organizada. Conexión entre ambos fenómenos criminales y su plasmación jurídico-penal", *Indret, op. cit.,* pp. 8 y ss. No obstante, alertaron sobre la posibilidad de haberse asumido dicho vínculo entre la trata y la delincuencia organizada sin la suficiente base empírica, SALT, J.: "Trafficking and Human Beings: A European Perspective", *International Migration,* Special Issue 2000/1, 2000, pp. 43 y 44; BRUCKERT, C. y PARENT, C.: *Trafficking in Human Beings and Organized Crime: A Literature Review,* Royal Canadian Mounted Police, Ottawa, 2002, pp. 16 y 17.

también encontramos tratantes "independientes" y oportunistas que operan solos o en cooperación con unos pocos individuos –como ocurre en los casos en que los tratantes son la pareja o los propios familiares de la víctima-. Concretamente, en primer lugar, se identifican los "grupos delictivos organizados de tipo control", que ejercen su autoridad sobre una comunidad o territorio a través del miedo y la violencia, pudiendo estar involucrados en varios mercados ilegales -entre ellos, el de la trata-. A continuación, se encuentran los "grupos delictivos organizados de tipo usurero", en los cuales participan varios que colaboran de manera sistemática, siendo la trata de personas el núcleo de sus acciones delictivas. En una escala menor, se distinguen las "asociaciones oportunistas de traficantes", donde varios traficantes colaboran de forma esporádica en la comisión del delito. Y, finalmente, se hallan los "traficantes individuales", que suelen operar de manera independiente[129].

---

129 Una clasificación similar realiza SPAPENS tras analizar 254 casos de trata tramitados por los Tribunales neerlandeses de primera instancia entre abril de 2010 y septiembre de 2014, así como la literatura internacional sobre la cuestión, constatando la existencia de cuatro tipos de criminales y grupos criminales "multi-tarea". En el primer escalafón, hallaríamos los *Lover boys*, muy frecuentes en los supuestos de trata sexual, quienes entablan una relación sentimental con la víctima mediante muestras de afectos y regalos y, una vez obtenida su confianza, la persuaden para que se dedique a la prostitución. Estos suelen trabajar de forma autónoma y suelen estar involucrados en otras actividades delictivas como los delitos patrimoniales o el tráfico de drogas a pequeña escala. En un segundo grado, existen las bandas callejeras -más propias de los Estados Unidos- que, junto a los delitos violentos, contra la propiedad y de tráfico de drogas, pueden dedicarse también a la explotación sexual de mujeres. En tercer lugar, se encuentran los grupos delictivos integrados en redes criminales transnacionales dedicadas al tráfico de drogas a gran escala, pueden también dedicarse a la trata de seres humanos -especialmente con fines sexuales y laborales- cuando se les presenta la oportunidad. Y, en última instancia, las mafias (como los Yakuza, las mafias albanesas o italianas como la Sacra Corona Unita) o las bandas de moteros ile-

De acuerdo con esa clasificación y en base a los casos judiciales recopilados por la UNODC, los grupos delictivos dedicados al negocio de la trata serían preponderantes (52%), seguidos por las asociaciones oportunistas de traficantes (18%); mientras que los tratantes individuales son el tipo de delincuentes menos frecuentes en estos casos (14%)[130]. Así, los grupos criminales no solo son responsables de más de la mitad de los supuestos de trata, sino que también serían los que presentan una mayor capacidad para reclutar a víctimas, mantenerlas en esa situación durante más tiempo y de una forma más violenta[131]. Las mismas conclusiones se comparten en el *Global Report on Trafficking in Persons 2024*, en el que se ha detectado una mayor incidencia de los grupos criminales organizados -esto es, los de tipo control y los de tipo usurero- que, en el último período, representarían el 74% de los casos.

En términos similares, SHELLEY analizó las dinámicas de seis grupos delictivos distintos dedicados a la trata, procedentes de varias regiones del mundo. Concretamente, se refiere a los grupos chinos, postsoviéticos, balcánicos, estadounidenses, hispanos y nigerianos. Tras su estudio, concluyó que, a pesar de que todos ellos podían compartir algunas características comunes, sus actividades delictivas y su *modus operandi* guardaban relación con ciertos rasgos culturales propios de su región de procedencia[132].

Así, mientras la trata nigeriana se asemeja mucho con la esclavitud del pasado, con la implicación de las comunidades locales

---

gales a quienes se les asocia una variedad de actividades criminales, entre otras, la trata. *Vid.* SPAPENS, T.: "The business of trafficking in human beings", en PIOTROWICZ, R., RIJKEN, C. y UHL, B.H. (Eds.), *Routledge Handbook of Human Trafficking, op. cit.*, pp. 542 y 543.

130 *Vid.* UNITED NATIONS OFFICE ON DRUGS AND CRIME (UNODC): *Global Report on Trafficking in Persons 2022, op. cit.*, p. 49.

131 *Vid. Ibidem*, pp. 49-51.

132 *Vid.* SHELLEY, L.: *Human Trafficking. A Global Perspective, op. cit.*, p. 136.

en el reclutamiento de las víctimas[133]; el modelo chino, que busca impulsar el mayor desarrollo económico posible, se sustenta en los lazos familiares[134]; mientras que en el ruso, tradicionalmente más desligado de la familia extensa, se pone un mayor énfasis en el individuo[135]. Por su parte, los grupos procedentes de la región de los Balcanes operan también dentro de grupos familiares y destacan especialmente por adoptar un *modus operandi* violento[136]. El modelo de proxeneta norteamericano fusiona los

133 Según la autora, dichos grupos suelen ser polifacéticos en tanto que, junto a la trata, suelen dedicarse a otros negocios criminales como el tráfico de drogas. Destaca el papel de las mujeres -muchas de ellas, anteriores víctimas de trata- como reclutadoras de niñas y mujeres sometidas al rito del vudú. Respecto a los amplios beneficios que generan, una pequeña parte se devuelve a las células locales de la organización criminal y el resto suele reinvertirse en otros negocios ilícitos o en el blanqueo de capitales. *Vid. ibidem*, pp. 128-130.

134 Añade la autora que estos grupos se dedican, principalmente, a la recluta de hombres para explotarlos laboralmente, aunque también se dan casos de mujeres víctimas de trata sexual. Asegura que funcionan como empresas, llevando la cuenta de todos los gastos en los que incurren -como el pago de sobornos- y los amplios beneficios generados durante el largo período en el que las víctimas son explotadas. Esos rendimientos económicos suelen reinvertirse en China, siendo las prácticas de blanqueo muy frecuentes. *Vid. ibidem*, pp. 114-118.

135 Dichos grupos se centran más en las ganancias a corto plazo, sin preocuparse demasiado por la durabilidad del negocio. De hecho, muchas de las víctimas reclutadas se destinan a su reventa a otros tratantes o explotadores. Suelen captar a mujeres y niñas a través de falsas agencias de empleo y hacen un uso intensivo de internet para ello. Invierten una parte de las ganancias en la adquisición de negocios en su país de origen con los que blanquear el capital delictivo, aunque también gastan parte de sus beneficios en la adquisición de bienes como vehículos. *Vid. ibidem*, pp. 118-121.

136 La guerra de los Balcanes de los 90 resultó en una importante inestabilidad en la zona que es aprovechada por estos grupos para captar a mujeres vulnerables y destinarlas a la prostitución en los burdeles de la Europa Occidental. El producto delictivo suele enviarse a sus familias

patrones de alto consumo estadounidense con la explotación de minorías, consecuencia del racismo arraigado en la sociedad estadounidense[137]. Finalmente, las redes mexicanas se orientan principalmente al negocio del tráfico ilícito de migrantes, facilitando la entrada a sus compatriotas a territorio estadounidense. Sin embargo, dado el aumento de seguridad en la frontera -con el incremento del coste del soborno correspondiente- aumenta el riesgo a que los migrantes terminen siendo víctimas de trata ante su incapacidad de afrontar la deuda impuesta[138].

En su anterior informe (2020), UNODC también distinguió hasta 8 perfiles de tratantes diferentes, atendiendo a las funciones llevadas a cabo por cada sujeto[139]: los organizadores, los recluta-

---

o clanes y también suele reinvertirse en otras actividades delictivas y en adquirir un mayor poder político. *Vid. ibidem*, pp. 121-123.

137 Estos grupos se dedican a la trata sexual de mujeres dentro de Estados Unidos. Recurriendo a la manipulación psicológica y las drogas captan a mujeres jóvenes -muchas veces, sin techo- y niñas abandonadas. Estos individuos tienden a malgastar las ganancias en la compra de ropa cara, relojes y vehículos de alta gama, en lugar de ahorrar o reinvertir el dinero, hecho que se cohonesta con el estilo de vida consumista estadounidense. *Vid. ibidem*, pp. 123-125.

138 Adoptan así un "modelo de negocio" basado en maximizar los beneficios trasladando al mayor número de personas con costes relativamente bajos. Estos traficantes optan por blanquear su dinero de formas tradicionales, devolviendo millones de dólares en ganancias a México, donde se invierten en tierras y granjas. *Vid. ibidem*, pp. 125-128.

139 También identifica 8 perfiles distintos SPAPENS, que los distribuye en: el líder, encargado de coordinar las actividades del resto de miembros del grupo; el explotador, que decide donde y como se explota a las víctimas; el reclutador, responsable de buscar y persuadir a las víctimas; el "instructor", que enseña a las víctimas como realizar su trabajo -por ejemplo, es el caso de las exprostitutas-; el conductor o transportista, encargado del traslado de la víctimas; el "alojador", responsable de encontrar lugares de trabajo y de residencia para las víctimas; los "recolectores de dinero" a quien las víctimas deben hacer entrega de los beneficios generados; y los guardas, que se ocupan de control a las víctimas y evitar que acudan

dores, los transportistas o acompañantes, los ejecutores –encargados de supervisar a las víctimas en el lugar de explotación-, los funcionarios públicos corruptos, los propietarios de los lugares donde se produce la explotación de las víctimas, los facilitadores –como abogados o contables, que ofrecen su asesoramiento a los responsables-, y los autónomos, vinculados de forma más indirecta pero que igualmente contribuyen al proceso de trata –por ejemplo, el taxista encargado de trasladar a las víctimas y/o los "clientes"-[140]. No obstante, esto no implica que varias -o todas- esas funciones no puedan ser asumidas por un mismo sujeto[141].

En el ámbito comunitario, los datos estadísticos publicados por la Comisión Europea no ofrecen información sobre la participación de los tratantes en grupos u organizaciones criminales, ciñéndose a documentar únicamente el sexo, edad, nacionalidad de estos delincuentes y la modalidad de trata en la que tiene encaje su actuación[142]. Sin embargo, EUROPOL ha dedicado mayores esfuerzos a analizar el vínculo de la trata con la criminalidad organizada. Al respecto, en un informe de 2016, el referido organismo aseveraba que la presencia de grupos criminales dedicados a la trata es frecuente especialmente en los supuestos de tipo transnacional en el que se "manejan" numerosas víctimas, dado que

---

a terceros en busca de ayuda. *Vid.* SPAPENS, T.: "The business of trafficking in human beings", en PIOTROWICZ, R., RIJKEN, C. y UHL, B.H. (Eds.), *Routledge Handbook of Human Trafficking, op. cit.*, p. 537.

140 *Vid.* Center for the Study of Democracy (CSD): *Financing of Organised Crime. Human Trafficking in Focus, op. cit.*, p. 44.

141 Pues las diversas funciones o "habilidades" necesarias para la comisión del delito de trata pueden concentrarse en una misma persona, aunque también pueden darse mediante la colaboración de varias personas con habilidades específicas. *Vid.* SPAPENS, T.: "The business of trafficking in human beings", en PIOTROWICZ, R., RIJKEN, C. y UHL, B.H. (Eds.), *Routledge Handbook of Human Trafficking, op. cit.*, pp. 536 y 537.

142 *Vid.* EUROPEAN COMISSION: *Data collection on trafficking in human beings in the EU, op. cit.*, pp. 42-58.

requieren de una cuidadosa planificación, un sofisticado nivel de organización y, por ende, el compromiso de varias personas[143]. Admite también que no existe un modelo de organización típico o único, como tampoco una estructura sistemática en cuanto a la asignación de tareas entre los miembros del grupo. Sin embargo, sí constata ciertas diferencias entre los grupos pequeños, en los que sus miembros tienden a participar en todas las fases del proceso, y los grupos de mayor envergadura, donde las funciones de cada uno se hallan más delimitadas[144]. En cualquier caso, el 70% de estos grupos delictivos procederían de la propia UE -principalmente, de la zona este[145]- y destinarían la mayor parte de sus víctimas a otros Estados miembros de la zona central y sudoeste de la región[146]. En el resto de los casos, el origen de estas redes criminales se sitúa, principalmente, en China y Nigeria[147].

Así, al igual que en el referido estudio de SHELLEY, EUROPOL identifica diversas organizaciones criminales dedicadas a la trata, informando a cerca de sus principales rasgos y dinámicas. En este sentido, destacan las redes chinas, que se muestran altamente estructuradas y que se integran por varias

---

143 *Vid.* EUROPOL: *Situation Report. Trafficking in human beings in the EU, op. cit.*, p. 13.

144 *Vid. Ibidem* p. 14.

145 Con especial incidencia en Bulgaria, Hungría y Rumania. *Vid. Ibidem*, p. 16.

146 Particularmente, se erigen como principales países de destino Austria, Bélgica, Francia, Alemania, Grecia, Italia, Países Bajos, España, Suiza y Reino Unido. *Vid. ibidem.*

147 *Vid. Ibidem*, p. 17. En 2018, EUROPOL publicó un nuevo informe sobre la trata de menores en la Unión Europea donde se analiza también la vinculación de dichas conductas con la delincuencia organizada. En estos supuestos, además de los grupos procedentes de Nigeria, destacan las redes albanesas -dedicadas a la trata sexual y laboral, así como a las adopciones ilegales- y las sudamericanas. *Vid.* EUROPOL: *Situation Report. Criminal networks involved in the trafficking and exploitation of underage victims in the European Union*, Europol, La Haya, 2018, pp. 21 y 22.

células encargadas de las distintas fases de la trata[148]. También las nigerianas comparten esa estructura "celular", aunque en estos grupos destaca especialmente la participación de mujeres -más conocidas como *madams*- en las tareas de recluta y supervisión de las víctimas[149]. Finalmente, las organizaciones delictivas procedentes de la Europa del Este suelen configurarse como estructuras jerárquicas con divisiones estrictas de tareas que operan con grupos de víctimas reducidos. Destacan por el uso de medios violentos para reclutar y mantener sometidas a las víctimas que, generalmente, son destinadas a la explotación sexual, si bien cada vez son más frecuentes los supuestos de trata laboral, de mendicidad y de matrimonio forzado[150].

Por último, en el ámbito nacional, tampoco el CITCO ofrece en sus balances estadísticos información sobre este particular. Sin embargo, en la Guía de criterios para hacer frente a la trata elaborada por el Consejo General del Poder Judicial (CGPJ) se

---

148 *Vid.* EUROPOL: *Situation Report. Trafficking in human beings in the EU, op. cit.*, p. 17. Parece ser que, en el caso de trata de menores, los grupos delictivos procedentes de Asia con mayor incidencia son los vietnamitas. Estos, organizados también en varias células, suelen recurrir a sus propios contactos nacionales para facilitar la entrada de las víctimas en la UE para posteriormente explotarlas en el ámbito laboral. *Vid.* EUROPOL: *Situation Report. Criminal networks involved in the trafficking and exploitation of underage victims in the European Union, op. cit.*, p. 18.

149 Estas mujeres, de hecho, suelen ser antiguas víctimas de trata que se dedican a la explotación para obtener beneficios económicos. *Vid.* EUROPOL: *Situation Report. Trafficking in human beings in the EU, op. cit.*, pp. 14 y 17. Las mismas características pueden predicarse en relación con los grupos nigerianos dedicados a la trata de menores. Pues, también se erigen como grupos bien organizados a nivel geográfico y logístico, a través de distintas células y con una participación importante de las mujeres en los quehaceres de la organización criminal. *Vid.* EUROPOL: *Situation Report. Criminal networks involved in the trafficking and exploitation of underage victims in the European Union, op. cit.*, pp. 12-15.

150 *Vid. Ibidem*, p. 18.

recoge información acerca de las principales redes criminales de TSH que operan en España. En primer lugar, se hallan las organizaciones rumanas y búlgaras, cuyos miembros suelen estar unidos por lazos familiares y pertenecen a un mismo clan étnico, se caracterizan por recurrir frecuentemente al método del *lover boy* para captar a sus víctimas y hacer uso de la violencia para doblegar la voluntad de estas[151]. Principalmente, se dedican a la trata con fines sexuales, aunque no es extraña su participación en supuestos de trata laboral, criminal y de matrimonios forzados[152]. Por su lado, las organizaciones nigerianas presentan una estructura más jerarquizada con una clara distribución de roles y sustentada por un entramado de células que facilitan el traslado de las víctimas. Destacan especialmente por la figura de las *madames* como método principal de captación y por el uso de mecanismos más coercitivos para someter a la víctima, como las prácticas de vudú[153]. Tanto las organizaciones nigerianas como las sudamericanas se dedican, fundamentalmente, a la trata y explotación sexual. Comparten también como rasgos comunes la separación de roles entre sus miembros y el sometimiento de las víctimas mediante la imposición de una deuda significativamente acrecentada. Sin embargo, las redes sudamericanas, a diferencia de las anteriores, suelen recurrir a métodos de tipo más fraudulento para captar a sus víctimas -generalmente, mediante falsas promesas de empleo- y recurren a las coacciones y violencia para

---

151 De hecho, esa prevalencia en el uso de medios comisivos violentos por parte de los tratantes procedentes de Europa del Este se constató en SALAT PAISAL, M.: "Análisis descriptivo de sentencias sobre trata de personas: un estudio de casos judiciales entre 2011 y 2019", *Revista Española de Investigación Criminológica*, *op. cit.*, p. 18.

152 Véase CONSEJO GENERAL DEL PODER JUDICIAL (CGPJ): *Guía de criterios de actuación judicial frente a la trata de seres humanos*, CGPJ, Madrid, 2018, pp. 373 y 374.

153 Mediante este rito, las víctimas se comprometen con la organización criminal a devolver la deuda contraída con la misma, que suele oscilar entre los 55.000€ y 60.000€. *Vid. Ibidem*, pp. 376 y 378.

asegurar el sometimiento de la víctima a explotación[154]. Finalmente, las organizaciones chinas se articulan como grupos criminales altamente estructurados en las que cada miembro tiene asignada una función específica. La captación de las víctimas suele producirse en el propio seno familiar mediante el ofrecimiento de empleo. Sin embargo, a su llegada, las víctimas, completamente desarraigadas, son explotadas sexualmente en salones de masajes o laboralmente en restaurantes y en el sector textil[155].

También en un reciente estudio jurisprudencial llevado a cabo por SALAT, en el que se analizaron 221 sentencias relativas a supuestos de trata dictadas por las Audiencias Provinciales entre 2011 y 2019, se evidenció que en la mayoría de los supuestos enjuiciados concurrían una pluralidad de sujetos. De este modo, únicamente en el 20% de los casos había un único acusado -lo cual no significa que necesariamente fuera el único implicado-. Así, generalmente en los supuestos de trata que llegan al conocimiento de nuestros tribunales suelen estar involucrados entre 2 y 5 individuos (63%)[156], normalmente procedentes de Europa del Este (28,5%) y África (25,8%)[157]. En definitiva, el autor concluye que los datos resultantes ponen de manifiesto que el perfil de tratante preponderante no se ajustaría a la noción tradicional de crimen

---

154 *Vid. Ibidem*, pp. 378-380.

155 Junto a las situaciones de desarraigo que experimentan estas víctimas, dado que no conocen ninguno de los idiomas de la UE, es frecuente que se les imponga el pago de deudas en concepto de traslado que pueden llegar hasta los 50.000€. Al respecto, *vid. ibidem*, pp. 380 y 381.

156 Concretamente, la media de acusados por caso enjuiciados es de 3,9. *Vid.* SALAT PAISAL, M.: "Análisis descriptivo de sentencias sobre trata de personas: un estudio de casos judiciales entre 2011 y 2019", *Revista Española de Investigación Criminológica*, *op. cit.*, pp. 11 y 13.

157 Si se afinan los resultados por países, vemos que los acusados son, en su mayoría, nacionales de Nigeria (24,9%) y Rumanía (23,5%). *Vid. Ibidem*, p. 14.

organizado[158] por cuanto los grupos criminales involucrados eran más bien reducidos -generalmente, de hasta 5 miembros- y con una capacidad limitada en cuanto al volumen de víctimas tratadas -pues, en la mayoría de los casos, sólo se identificó a una (47%)[159].

IV. LA TRATA DE SERES HUMANOS COMO FENÓMENO ECONÓMICO

Sin perjuicio de lo expuesto hasta el momento, en los últimos años resulta cada vez más frecuente encontrar referencias al fenómeno de la trata como uno de los negocios criminales más rentables a escala mundial, junto al tráfico de drogas y el de armas[160]. Aunque con objetable rigor, dada la dificultad de cuantificación y la falta de datos al respecto, algunas instituciones y organizaciones se han aventurado a estimar el beneficio derivado de la TSH. En este sentido, instituciones como el *US*

---

158 *Vid. Ibidem*, p. 21.

159 En realidad, tan solo en 6 ocasiones lograron identificarse más de 10 víctimas. Si bien tampoco son desdeñables los supuestos en que se han sido victimizadas entre 2 y 5 personas (42%). *Vid. Ibidem*, p. 11.

160 *Vid.* GUIA, M. J.: *The Illegal Business of Human Trafficking, op. cit.*, p. vii. Así se reconoce también en el recién publicado Plan Estratégico Nacional contra la Trata y la Explotación de Seres Humanos 2021-2023, coordinado por la Secretaría de Estado de Seguridad, que define la TSH como "*una de las actividades criminales más lucrativas a nivel mundial, sólo por detrás del tráfico de drogas y al mismo nivel que el tráfico de armas*". Previamente, FINANCIAL ACTION TASK FORCE (FATF): *Annual Report 2010-2011*, FATF/OECD, Paris, 2011, p. 19. Más recientemente, *vid.* GLOBAL INITIATIVE AGAINST TRANSNATIONAL ORGANIZED CRIME: *Índice global de crimen organizado 2023*, Global Initiative Against Transnational Organized Crime, Ginebra, 2023, p. 28. Según apunta este último informe, la trata sería el segundo mayor mercado criminal a escala mundial, tras ser desbancada por los delitos financieros en 2022.

Department of State, la *Finantial Task Force* (FATF) o la *International Labour Organization* (ILO) establecen que el lucrativo negocio de la trata generaría alrededor de 150 billones de dólares anuales a nivel mundial[161], convirtiéndolo en uno de los negocios criminales más rentables. También Europol ofreció en 2015 una estimación más modesta sobre los beneficios derivados de este negocio ilegal, cifrándolos en 29,4 billones de euros, de los cuales 25,8 billones corresponderían a la trata con fines de explotación sexual y 3,5 billones provendrían de la trata laboral[162].

Así, sin perjuicio de los factores que favorecen y explican el fenómeno de la TSH –los reseñados *push* y *pull* factors[163]-, es innegable el componente económico de esta conducta delictiva. La obtención de lucro o beneficio es el objetivo final y la principal motivación de los tratantes[164]. Como si de empresarios se tratara, estos buscan minimizar el riesgo maximizando los beneficios de su "negocio",

---

161 *Vid.* U.S. Department of State: *Trafficking in Persons Report. June 2021,* U.S. Department of State, Washington, 2021, p. 36; Financial Action Task Force (FATF): *Financial Flows from Human Trafficking,* FATF, Paris, 2018, p. 3; INTERNATIONAL LABOUR ORGANIZATION (ILO): *Profits and poverty: The economics of forced labour, op. cit.,* p. 5. Según este último informe, de los 150 billones de dólares, $99 billones provendrían de la explotación sexual forzosa y $51 billones del trabajo forzoso. De estos últimos, $34 billones abarcan la construcción, la industria manufacturera, la minería y los servicios públicos; $9 billones proceden de la agricultura, incluidas la silvicultura y la pesca; y $8 billones de la servidumbre doméstica. En sentido similar, BELSER, P.: *Forced Labor and Human Trafficking: Estimating the Profits. Declaration on Fundamental Principles and Rights at Work,* International Labour Organization, Ginebra, 2005, p. 16

162 *Vid.* Europol: *The THB Financial Business Model. Assessing the Current State of Knowledge. July 2015,* Europol, La Haya, 2015, p. 12.

163 Véase nota al pie de página núm. 60.

164 *Vid.* Wheaton, E.M., Schauer, E.J. y Galli, T.V.: "Economics of Human Trafficking", *International Migration,* vol. 48, nº 4, 2010, p. 117; GIMÉNEZ-SALINAS FRAMIS, A.: "La trata de personas como mercado

con el que pretenden dar respuesta a un mercado globalizado cuyos productores y consumidores demandan servicios a bajo coste.

De esta dimensión económica del fenómeno parece haberse percatado la comunidad internacional. A modo de ejemplo, las propias Naciones Unidas han definido la trata como un proceso comercial donde los seres humanos son comprados y vendidos[165]. Sin embargo, esta perspectiva económica no tiene su consecuente traslado en las políticas de prevención y persecución del delito[166]. Así, resulta infrecuente en la práctica forense la realización de investigaciones económico-patrimoniales que, por el momento, siempre han estado más focalizadas en acreditar los elementos constitutivos del tipo que permitan encarcelar a los responsables que en comprender los mecanismos financieros que envuelven estas conductas[167].

---

ilícito del crimen organizado. Factores explicativos y características", *Cuadernos de la Guardia Civil*, nº 52, 2016, p. 26.

165 Así se define en UNITED NATIONS OFFICE ON DRUGS AND CRIME (UNODC): *Manual sobre la investigación del delito de trata de personas. Guía de autoaprendizaje*, Naciones Unidas, Nueva York, 2009, p. 104. De hecho, recientemente la Oficina de las Naciones Unidas contra la Droga y el Delito ha elaborado un documento sobre los flujos financieros ilícitos asociados a la trata de seres humanos y al tráfico ilícito de migrantes. Al respecto, se identifican los principales movimientos económicos transfronterizos inherentes al propio delito de trata, los derivados de la propia explotación de la víctima o a la gestión de los beneficios generados por el delito. *Vid.* UNITED NATIONS OFFICE ON DRUGS AND CRIME (UNODC): *Study on Illicit Financial Flows associated with smuggling of migrants and trafficking in persons from GLO.ACT partner countries to Europe*, United Nations, New York, 2023, pp. 48-58.

166 *Vid.* UNITED NATIONS OFFICE ON DRUGS AND CRIME (UNODC): *Manual sobre la investigación del delito de trata de personas. Guía de autoaprendizaje, op. cit.*, pp. 212-213.

167 De hecho, se afirma que la atención que está recibiendo en los últimos años la aproximación económica de la trata deriva de los problemas identificados en varias jurisdicciones en cuanto a la investigación y persecución del delito, que sigue erigiéndose y vinculándose a la declaración de la víctima y que, por tanto, requiere de pruebas adicionales

Tampoco en el ámbito académico abundan los estudios dedicados a analizar ese componente económico del fenómeno y los ingresos derivados del mismo[168], si bien pueden encontrarse algunos ejemplos en la literatura especializada que abordan este nuevo enfoque. Al respecto, algunos autores se han dedicado a analizar como ciertos determinantes macroeconómicos como la libertad de mercado, los niveles de renta, de desempleo o los flujos migratorios se erigen en factores que pueden incidir en la prevalencia de la trata[169]. También se ha abordado la TSH como si de una industria monopolísticamente competitiva se tratara, en la que los consumidores serían los empleadores de mano de obra traficada y los productos serían seres humanos, con el fin de explicar cuáles son las motivaciones que mueven a víctimas, tratantes y explotadores a formar parte de este negocio[170]. Particular interés parece haber despertado en este ámbito el examinar

---

-como la relación de transacciones financieras- que puedan corroborar dicho testimonio. *Vid.* Broad, R., Lord, N. y Duncan, C.: "The financial aspects of human trafficking: A financial assessment framework", *Criminology & Criminal Justice*, december 2020, 2020, p. 582.

168 *Vid.* Broad, R., Lord, N. y Duncan, C.: "The financial aspects of human trafficking: A financial assessment framework", *Criminology & Criminal Justice, op. cit.*, pp. 585.

169 Un estudio sobre la delincuencia, los patrones de migración económica y el nivel de ingresos como factores que explican la trata de seres humanos puede encontrarse en Cho, S. Y.: "Modeling for determinants of human trafficking–An empirical analysis", *Social Inclusion, op. cit.*, pp. 2-21. Por otro lado, se examina si el libre mercado exacerba o atenúa la incidencia de la trata de personas en Heller, L.R., Lawson, R.A, Murphy, R.H. y Williamson, C. R.: "Is human trafficking the dark side of economic freedom?", *Defence and Peace Economics*, vol. 29 (4), 2018, pp. 355-382.

170 Dicho análisis basado en el enfoque de la elección racional, esto es, partiendo de la premisa que los individuos toman sus decisiones en base a la información a su alcance y una vez han comparado los costes y beneficios asociados a dicha acción, puede hallarse en Wheaton, E.M., Schauer, E.J. y Galli, T.V.: "Economics of Human Trafficking", *International Migration, op. cit.*, pp. 114-141.

como el modelo de externalización de la producción y subcontratación favorece la presencia de TSH y cuál debería ser el modelo de responsabilidad aplicable a las personas jurídicas[171]. Pues se ha constatado la existencia de TSH y formas contemporáneas de esclavitud en algunas cadenas de suministro[172], hasta el punto de haberse considerado una verdadera plaga[173].

Focalizado en desentrañar las finanzas inherentes a la trata de personas se realizó un análisis de 378 expedientes policiales relativos a casos de TSH en el Reino Unido, en el que se deta-

---

171 En este sentido, *vid.* Van Buren, H.J., Schrempf-Stirling, J. y Westermann-Behaylo, M.: "Business and Human Trafficking: A Social Connection and Political Responsibility Model", *Business & Society,* vol. 60 (2), 2021, pp. 341-375; Schumann, S.: "Corporate Criminal Liability on Human Trafficking", en Winterdyk, j. y Jones, j. (coords.), *The Palgrave International Handbook of Human Trafficking, op. cit.*, pp. 1651-1669; Lloyd, D.: "Human Trafficking in Supply Chains and the Way Forward", en Winterdyk, j. y Jones, j. (coords.), *The Palgrave International Handbook of Human Trafficking, op. cit.*, pp. 815-837.

172 *Vid.* ORGANIZACIÓN INTERNACIONAL DEL TRABAJO (OIT): *Informe IV. El trabajo decente en las cadenas mundiales de suministro,* Conferencia Internacional del Trabajo, 105ª reunión, 2016, Oficina Internacional del Trabajo, Ginebra, 2016, p. 30. Ampliamente sobre este tema y la ineficacia de los actuales sistemas de control, *vid.* LLOYD, D.: "Human Trafficking in Supply Chains and the Way Forward", en Winterdyk, j. y Jones, j. (coords.), *The Palgrave International Handbook of Human Trafficking, op. cit.*, pp. 815-837.

173 *Vid.* LIMONCELLI, S.A.: "Legal limits ending human trafficking in supply chains", *World Policy Journal,* vol. 34, 2017, p. 119. Si bien se reconoce que las corporaciones no pretenden ser parte de esas situaciones de trata, muchas de ellas optan por asumir ese riesgo recurriendo a procesos de subcontratación y deslocalización de la producción en aras a reducir costes y, por ende, ser más competitivos en esta economía globalizada. *Vid.* VAN BUREN, H.J., SCHREMPF-STIRLING, J. y WESTERMANN-BEHAYLO, M.: "Business and human trafficking: A social connection and political responsibility model", *Business & Society, op. cit.,* p. 342.

llan algunos aspectos financieros –como los costes operativos y de infraestructura- y las transacciones asociadas a este fenómeno[174]. Aunque muy relacionado con este último, tal vez una de las investigaciones publicadas más completas centradas en analizar las ganancias y los costes que comporta la TSH es la llevada a cabo por el *Center for the Study of Democracy*. La misma, además de analizar los mecanismos financieros de los mercados ilegales y de la trata, incluye informes sobre la financiación de este fenómeno delictivo en 9 países europeos[175].

1. El negocio de la trata de seres humanos.

Como sucede en cualquier otro negocio, la TSH también precisa de una cierta inversión que permita sufragar los costes inheren-

---

174 *Vid.* Broad, R., Lord, N. y Duncan, C.: "The financial aspects of human trafficking: A financial assessment framework", *Criminology & Criminal Justice, op. cit.*, pp. 581-600. Los referidos autores agrupan las finanzas inherentes a la trata en tres tipos: operativas, esto es, las asociadas con el día a día y que permiten la continuidad funcional de esta actividad delictiva; las de infraestructuras, es decir, asociados a emplazamientos y accesorios clave, así como a la prestación de servicios básicos; y los beneficios generados por la actividad criminal. A su vez, todos estos costes son clasificados en función de su valor económico (alto-medio-bajo) y su frecuencia (siempre-frecuentemente-ocasionalmente-escasamente), y son asociados a una de las tres etapas que componen el fenómeno de la trata (recluta-transporte-explotación). También sobre el modelo de negocio financiero de la trata de seres humanos, *vid.* Europol: *The THB Financial Business Model. Assessing the Current State of Knowledge. July 2015, op. cit.*, 2015.

175 Center for the Study of Democracy (CSD): *Financing of Organised Crime. Human Trafficking in Focus, op. cit., passim.* Posteriormente, *vid.* Antonopoulos, G.A., Di Nicola, A., Rusev, A. y Terenghi, F.: *Human Trafficking Finances: Evidence from Three European Countries*, Springer Nature Switzerland, Cham, 2019. En esta última obra, se identifican también las principales transacciones financieras asociadas a la trata de seres humanos en Reino Unido, Bulgaria e Italia.

tes al desarrollo de esta actividad. No obstante, del mismo modo que no requiere de la misma inversión el pequeño empresario que decide iniciar un negocio de consultoría *online* sobre hábitos saludables que el que pretende liderar una multinacional en el sector energético, los costes de la TSH pueden ser igualmente muy diversos en función de una pluralidad de factores[176], como la composición o la estructura de la que se sirva el tratante en cuestión -*vid. supra*-. En este sentido, son los grupos y organizaciones criminales los que aglutinan un mayor número de víctimas de trata (75%)[177] y lo hacen durante más tiempo (45 meses de promedio). Por lo que no es de extrañar que sean también las que obtienen un mayor rendimiento económico con el delito de TSH[178]. Por otro lado, el coste también variará según las funciones que sea capaz de aglutinar un mismo individuo. Así, el capital inicial que precisa un individuo para captar una víctima mediante la técnica del *lover boy* dista mucho de las sumas de dinero necesarias por la organización que regenta un club de alterne en el que decenas de víctimas "ofrecen" sus servicios sexuales. Vemos, por lo tanto,

---

176 *Vid.* Broad, R., Lord, N. y Duncan, C.: "The financial aspects of human trafficking: A financial assessment framework", *Criminology & Criminal Justice, op. cit.*, pp. 583 y 584. En sentido similar, UNODC: *Study on Illicit Financial Flows associated with smuggling of migrants and trafficking in persons from GLO.ACT partner countries to Europe, op. cit.*, p. 49; SHELLEY, L.: *Human Trafficking. A Global Perspective, op. cit.*, p. 113.

177 *Vid.* United Nations Office On Drugs And Crime (UNODC): *Global Report on Trafficking in Persons 2020, op. cit.*, pp. 13, 41-44.

178 *Vid.* United Nations Office On Drugs And Crime (UNODC): *Global Report on Trafficking in Persons 2020, op. cit.*, pp. 13-14). En un mismo sentido, UNODC: *Study on Illicit Financial Flows associated with smuggling of migrants and trafficking in persons from GLO.ACT partner countries to Europe, op. cit.*, p. 25. Al respecto, ha llegado a hacerse un análisis económico que permite al tratante determinar cuando el coste de suministrar una víctima de trata es mayor que los ingresos recibidos por la venta de la misma, reduciéndose su beneficio. *Vid.* Wheaton, E.M., Schauer, E.J. y Galli, T.V.: "Economics of Human Trafficking", *op. cit.*, pp. 125, 127.

como el modelo de negocio que se pretende adoptar tiene gran repercusión en los costes y beneficios asociados al mismo[179].

1.1. Los costes de la trata de seres humanos.

Se ha apuntado que la trata de personas no requiere necesariamente de una gran inversión inicial, siendo uno de los principales costes el transporte de las posibles víctimas[180]. El mismo, además de poder ser relativamente barato –especialmente si este se produce dentro de una misma región que goce de libertad de movimiento como ocurre dentro del espacio Schengen-, en algunas ocasiones vendrá sufragado por las propias víctimas[181]. Pero, a los únicos efectos de analizar con mayor detenimiento cuales podrían ser los costes asociados a la trata de personas, resulta conveniente

---

179 Precisamente sobre el modelo de negocio de la trata de seres humanos, en su último informe, la UNODC identifica tres tipos: aquel en que el tratante es el encargado de realizar todo el proceso, desde la captación a la explotación de las víctimas; otro en el que los tratantes encargados de la recluta de las víctimas se hallan en contacto con aquellos encargados de la explotación de las mismas; y, por último, aquel en el que la conexión entre el sujeto encargado de la captación y el sujeto encargado de la explotación se realiza a través de un intermediario. *Vid.* United Nations Office On Drugs And Crime (UNODC): *Global Report on Trafficking in Persons 2020, op. cit.*, p. 46.

180 *Vid.* Center for the Study of Democracy (CSD): *Financing of Organised Crime. Human Trafficking in Focus,* Center for the Study of Democracy, *op. cit.*, pp. 18-19; Broad, R., Lord, N. y Duncan, C.: "The financial aspects of human trafficking: A financial assessment framework", *Criminology & Criminal Justice, op. cit.*, p. 593.

181 *Vid.* Center for the Study of Democracy (CSD): *Financing of Organised Crime. Human Trafficking in Focus,* Center for the Study of Democracy, *op. cit.*, pp. 22, 61.

considerarla como un proceso compuesto de tres fases: la recluta o captación, el transporte o traslado y la posterior explotación[182].

La recluta, sin perjuicio de la inversión de tiempo en identificar y atraer a las potenciales víctimas, es una fase de bajo coste en términos económicos[183], principalmente por la predisposición y disponibilidad de una parte de la población que, movida por su deseo de migrar, se halla en una situación de vulnerabilidad para terminar siendo explotada[184]. Sin embargo, en otras ocasiones, será necesario incurrir en determinados costes adicionales. Especialmente en aquellos casos en que no existe una relación previa entre víctima y tratante y, por tanto, la captación no puede realizarse mediante la técnica del "boca a boca"[185]. En estos casos suele recurrirse a la publicidad, cuyo coste no acostumbra a ser elevado, principalmente si dichos anuncios se difunden a través de

---

182 Además de categorizar los costes en función de esas tres etapas, hay quien también ha clasificado dichos desembolsos en gastos operativos y gastos estructurales, teniendo en cuenta también otros parámetros como del alto o bajo coste de los mismos o la frecuencia en la que se producen. *Vid.* Broad, R., Lord, N. y Duncan, C.: "The financial aspects of human trafficking: A financial assessment framework", *op. cit.*, pp. 8-10.

183 *Vid.* Center for the Study of Democracy (CSD): *Financing of Organised Crime. Human Trafficking in Focus,* Center for the Study of Democracy, *op. cit.*, p. 66. Esto es así especialmente en los supuestos de trata interna, véase Broad, R., Lord, N. y Duncan, C.: "The financial aspects of human trafficking: A financial assessment framework", *Criminology & Criminal Justice, op. cit.*, p. 591.

184 *Vid.* Broad, R., Lord, N. y Duncan, C.: "The financial aspects of human trafficking: A financial assessment framework", *op.cit.*, p. 11; Kara, S: *Sex Trafficking. Inside the Business of Modern Slavery,* Columbia University Press, New York, 2009, pp. 1 y ss.

185 El cual sería el mecanismo más empleado para reclutar a las víctimas de trata en cualquiera de sus modalidades, de conformidad con los resultados expuestos en Villacampa Estiarte, C., Gómez Adillón, M.J. y Torres Ferrer, C.: "Trafficking in human beings in Spain: What do the data on detected victims tell us?", *op. cit.* pp. 14-15.

internet[186]. Otra forma de propagar las supuestas ofertas de trabajo pasa por hacer uso de agencias de empleo o trabajo temporal, si bien este mecanismo suele relacionarse más con los casos de trata con fines de explotación laboral[187]. Ciñéndonos a la captación realizada según el método del *lover boy,* también se han señalado como posibles gastos la compra de regalos para la víctima o la inversión de dinero en la propia apariencia con el fin de vender una imagen de vida lujosa y acomodada capaz de impresionar a su público objetivo[188]. Finalmente, otros eventuales desembolsos asociados con esta primera etapa de captación pueden consistir en la contratación de los servicios de un tercero que se encargue de la identificación y recluta de las víctimas, o bien en la compra directa de las mismas mediante pago a los familiares u otros tratantes[189]. En este último caso, se produciría un encarecimiento sustancial del proceso de captación, aunque dicho coste puede llegar a ser muy dispar, habiéndose dado casos en que las víctimas son vendidas desde 36$ hasta 23.600$, siendo el promedio de 3.662$[190].

---

186 Entre otros, *vid.* Antonopoulos, G.A., Di Nicola, A., Rusev, A. y Terenghi, F.: *Human Trafficking Finances: Evidence from Three European Countries, op. cit.*, p. 69; Broad, R., Lord, N. y Duncan, C.: "The financial aspects of human trafficking: A financial assessment framework", *Criminology & Criminal Justice, op. cit.*, pp. 591-592.

187 *Vid.* Broad, R., Lord, N. y Duncan, C.: "The financial aspects of human trafficking: A financial assessment framework", *op. cit.*, p. 591.

188 *Vid.* Center for the Study of Democracy (CSD): *Financing of Organised Crime. Human Trafficking in Focus,* Center for the Study of Democracy, *op. cit.*, p. 67.

189 En este sentido, *vid.* Antonopoulos, G.A., Di Nicola, A., Rusev, A. y Terenghi, F.: *Human Trafficking Finances: Evidence from Three European Countries, op. cit.*, p. 69; Broad, R., Lord, N. y Duncan, C.: "The financial aspects of human trafficking: A financial assessment framework", *Criminology & Criminal Justice, op. cit.*, p. 591.

190 Así, lo establece la UNODC en relación con la información relativa a los años 2007 a 2017 aportada por 15 estados. *Vid.* United Nations Office On Drugs And Crime (UNODC): *Global Report on Trafficking in*

En la fase de traslado el principal coste a sufragar es el correspondiente a los billetes de avión, bus, tren o barco por el trayecto que deba hacer la víctima hasta el país de destino o el emplazamiento donde vaya a tener lugar la explotación[191]. En este caso, el coste dependerá de la distancia a recorrer, habiéndose estimado entre 40€ y 250€ el desembolso para trasladar una víctima dentro de Europa, precio que se situaría entre los 5.000€ y los 15.000€ para aquellas víctimas procedentes de África subsahariana, entre los 3.000€ y 4.000€ si el origen es Latino-América, o para el caso de las víctimas asiáticas ese coste oscilaría entre 10.000€ y 15.000€ al que se le tendrían que sumar, en este último caso, otros 2.000€ para pagar al sujeto encargado

---

Persons 2020, op. cit., p. 47. Igualmente, pueden verse las estimaciones por los costes derivados de la compra de víctimas en función de su país de origen, en Center for the Study of Democracy (CSD): *Financing of Organised Crime. Human Trafficking in Focus, op. cit.*, p. 68. También ANTONOPOULOS reporta un caso en que una víctima procedente de Europa central fue vendida por sus progenitores por 8$. *Vid.* Antonopoulos, G.A., Di Nicola, A., Rusev, A. y Terenghi, F.: *Human Trafficking Finances: Evidence from Three European Countries, op. cit.*, p. 69. También se ha cifrado la compraventa de víctimas entre las 700£ y las 4.000£, en Broad, R., Lord, N. y Duncan, C.: "The financial aspects of human trafficking: A financial assessment framework", *Criminology & Criminal Justice, op. cit.*, p. 591. A modo de ejemplo, en la sentencia de la Audiencia Provincial de Madrid núm. 567/2019, de 18 de septiembre, en una de las conversaciones mantenidas por los acusados durante la intervención telefónica, se reconoce que el coste de una de las chicas fue de unas 400.000 nairas, equivalentes a 1.000€.

191 *Vid.* Broad, R., Lord, N. y Duncan, C.: "The financial aspects of human trafficking: A financial assessment framework", *Criminology & Criminal Justice, op. cit.*, pp. 592 y 593. Cabe tener en cuenta que, en ocasiones, se recurrirá a "canales de transporte no ordinarios", por ejemplo, pagando una suma en efectivo a transportistas para cruzar la frontera escondido entre la mercancía que porta el camión. Como alternativa también puede recurrirse al soborno de los agentes encargados del control de las fronteras.

de acompañar a estas víctimas durante el trayecto[192]. Otro dispendio a tener en cuenta durante esta etapa, especialmente en relación con aquellas víctimas que no proceden de países de la Unión Europea, es el coste asociado a la elaboración de documentación o de visados falsos[193], que puede implicar además el pago de sobornos a las autoridades encargadas de autorizar las entradas y salidas a través de una determinada frontera. Finalmente, y aunque de menor envergadura, también se han identificado como gastos propios de esta fase el coste de las comunicaciones –normalmente a través de móviles desechables- entre los implicados, así como los derivados del transporte de la víctima una vez en el país de destino –como el combustible, las tarifas del taxi, etc.-[194]. En definitiva, a pesar de que esta segunda fase se presenta como más costosa que la anterior, no debe olvidarse que frecuentemente la totalidad o una gran parte de los pagos derivados del transporte son sufragados por las propias víctimas[195], ya sea por adelantado o mediante la posterior imposición de una deuda por parte del tratante.

---

192 Dichas estimaciones pueden encontrarse en *Vid.* Center for the Study of Democracy (CSD): *Financing of Organised Crime. Human Trafficking in Focus, op. cit.*, pp. 69-70.

193 El coste mínimo por cada documento falsificado en Reino Unido sería de 850 libras, de acuerdo con Antonopoulos, G.A., Di Nicola, A., Rusev, A. y Terenghi, F.: *Human Trafficking Finances: Evidence from Three European Countries, op. cit.*, p. 69. Si bien la elaboración de documentación falsa la sitúa en la fase de recluta, también hacen alusión a dicho coste Broad, R., Lord, N. y Duncan, C.: "The financial aspects of human trafficking: A financial assessment framework", *Criminology & Criminal Justice, op. cit.*, p. 592.

194 En este sentido, *vid.* Broad, R., Lord, N. y Duncan, C.: "The financial aspects of human trafficking: A financial assessment framework", *op. cit.*, pp. 592 y 593. Estos costes, a su vez, llevan aparejados una serie de gastos relacionados con el mantenimiento de los vehículos y con el carburante.

195 *Vid.* nota al pie de página número 181.

Por último, en la tercera fase de la trata es donde puede encontrarse una mayor diversidad de gastos, especialmente si se tiene en cuenta la concreta modalidad de explotación a la que la víctima es sometida. Algunos de los costes que pueden entenderse comunes a todas las víctimas de trata serían el pago de un "salario" –en muchas ocasiones, irrisorio y en otras, directamente inexistente- o los costes derivados del alojamiento y manutención de las mismas[196]. Al respecto, cobra especial relevancia la servidumbre por deudas a la que asiduamente quedan sujetas las víctimas y por la que se le repercuten tanto los gastos de transporte como de manutención en los que supuestamente se ha incurrido, aunque significativamente acrecentados. Así, la servidumbre por deudas no sólo permite a los tratantes recuperar su inversión por tales conceptos, sino que es utilizada como un mecanismo de control destinado a prolongar la dependencia de la víctima, manteniéndola en esa situación de explotación sin necesidad de recurrir a medios físicos de coerción[197].

---

196 *Vid.* Broad, R., Lord, N. y Duncan, C.: "The financial aspects of human trafficking: A financial assessment framework", *Criminology & Criminal Justice, op. cit.*, pp. 593 y 594.

197 *Vid.* United Nations Office On Drugs And Crime (UNODC): *Global Report on Trafficking in Persons 2020, op. cit.*, p. 72. Entre muchas otras, es reveladora la sentencia de la Audiencia Provincial de Madrid núm.166/2017, de 13 de marzo, en la que se recoge como la víctima "estaba obligada a satisfacer la deuda de 50.000 euros que, en virtud del viaje, había contraído con ellas (las acusadas)" quienes "la obligaban a pagar otras sumas en concepto de alquiler, gastos de manutención de ella y su hija y generales de la vivienda". Además de los anteriores costes, a la víctima también se le repercutieron 300€ por la solicitud de la autorización de asilo y 100€ mensuales por vigilar a su hija menor mientras aquella trabajaba. En términos similares, EUROPOL apuntaba que la deuda impuesta por los grupos nigerianos a los menores víctimas de trata eran de entre 30.000€ y 60.000€ por víctima. *Vid.* EUROPOL: *Situation Report. Criminal networks involved in the trafficking and exploitation of underage victims in the European Union, op. cit.*, p. 15.

Junto a los anteriores, también pueden señalarse como gastos los servicios de seguridad y control –bien sea a través de la contratación de personal o mediante la instalación de sistemas de video vigilancia-. A estos se suman la compra de drogas y alcohol, la adquisición de ropa, herramientas y enseres varios para desarrollar la actividad en cuestión –esto es, desde herramientas para acometer las labores agrícolas hasta el maquillaje o preservativos para ejercer la prostitución-. En relación específicamente con la trata con fines de explotación sexual, cabe mencionar los pagos relacionados con la publicación de anuncios donde se ofrecen distintos servicios sexuales o la contratación de fotógrafos para la elaboración de dichos anuncios con las imágenes de las víctimas, entre otros[198].

1.2. Los ingresos o beneficios derivados de la trata.

A pesar de los costes referidos, partiendo de la premisa de que los traficantes se enrolan en este negocio para obtener beneficios económicos, debe analizarse a continuación de dónde proceden los mismos y cómo o a qué se destinan. En cuanto a los beneficios derivados de la trata de personas, estos provienen fundamentalmente de la venta de las víctimas a otros tratantes o a los ulteriores explotadores, por un lado, y del resultado de la propia explotación de la víctima, por el otro[199]. En relación con el primer grupo, la UNODC alerta que los ingresos obtenidos por los captadores de víctimas podrían no ser mayores que los obtenidos por el desempeño de un trabajo medio. Así, el traficante

---

198 *Vid.* Broad, R., Lord, N. y Duncan, C.: "The financial aspects of human trafficking: A financial assessment framework", *op. cit.*, pp. 594 y 595; Antonopoulos, G.A., Di Nicola, A., Rusev, A. y Terenghi, F.: *Human Trafficking Finances: Evidence from Three European Countries, op. cit.*, pp. 70-71; Center for the Study of Democracy (CSD): *Financing of Organised Crime. Human Trafficking in Focus, op. cit.*, pp. 70-75.

199 *Vid.* Kara, S: *Sex Trafficking. Inside the Business of Modern Slavery, op. cit.*, pp. 1 y ss.

que recluta víctimas en Europa del Este para posteriormente venderlas a grupos de Europa Occidental necesitaría reclutar como mínimo a 20 mujeres al año para alcanzar el salario mínimo anual de su propio país[200]. Precisamente, esa función de intermediario o "proveedor" de mujeres a distintos clubs de alterne se recoge en la sentencia de la Audiencia Nacional (SAN) núm. 1/2015, de 26 de enero, en que uno de los acusados cobraba por cada mujer proporcionada 1.500€ además del 20% de sus ganancias.

Por cuanto se refiere a los beneficios derivados de la propia explotación –esto es, de la venta a terceros de los productos

---

200 De hecho, Según los datos proporcionados por la UNODC en su último informe, la cantidad pagada por los tratantes para comprar una víctima oscilaría entre los 36 dólares y los 23.600 dólares –con un promedio de 3.662 dólares-, siendo la trata doméstica más barata que la internacional con un precio medio de 250 dólares por víctima. Según se apunta, el precio medio que obtendría un tratante por captar a una víctima destinada a su posterior explotación sexual en Europa del Este se situaría entre los 1.500 y 2.000 dólares, esto es, el mismo valor que obtendría de la venta de una pistola en el mercado negro, o de la venta de unos 100g de metanfetaminas o, incluso, de 2kg de anguilas vivas. *Vid.* United Nations Office On Drugs And Crime (UNODC): *Global Report on Trafficking in Persons 2020, op. cit.*, pp. 47-48. Resultados parecidos arroja el reciente estudio de la UNODC sobre los flujos económicos asociados a la trata realizado en Afganistán, Irán, Iraq y Paquistán. En este sentido, la trata doméstica supone un coste menor para los tratantes. Así, la compra de una víctima de trata menor de edad con fines de explotación sexual dentro de Iraq conlleva un coste de entre 800$ y 3.600$; cuando la víctima procedente de Iraq es "adquirida" fuera del país el precio se eleva en torno a los 6.000$. Lo mismo sucede con las víctimas adultas. Pues el precio de la víctima pakistaní que pretende ser explotada en el propio país es de unos 1.000-1.300$. En cambio, cuando la víctima procedente del sudeste asiático es "vendida" en países como Australia o Japón, el precio se dispara hasta los 10.000-15.000$. *Vid.* UNODC: *Study on Illicit Financial Flows associated with smuggling of migrants and trafficking in persons from GLO.ACT partner countries to Europe, op. cit.*, p. 55.

o servicios elaborados u ofrecidos por la víctima-, siendo esta tercera etapa la más lucrativa[201], estos van a depender de una pluralidad de factores y, especialmente, del tipo de explotación al que se someta a la víctima. En los casos de trata sexual, por ejemplo, deben tenerse en cuenta aspectos como el país de destino, el segmento de mercado en el que se "trabaja" –es decir, si se trata de prostitución callejera, en clubs de alterne, si se ofrece un servicio de escorts, etc.-, la duración de los servicios y, por tanto, la ratio de clientes diarios, pues todo ello va a influir en los rendimientos generados[202]. En este sentido, resulta ilustrativa la Sentencia de la Audiencia Provincial (SAP) de Barcelona, núm. 947/2015, de 23 de noviembre que, de los 65.000€ que reconoce como indemnización a la víctima, 35.000€ se le atribuyen a razón de las ganancias generadas durante un período inferior a 6 meses mediante el ejercicio de la prostitución callejera, durante jornadas de 10-12 horas y a una media de 30 servicios diarios por los que percibía unos 300-400€ al día[203].

En el caso de la trata laboral, el beneficio obtenido por los tratantes y explotadores guarda especial relación con el bajo

---

201 En este sentido, *vid.* UNODC: *Study on Illicit Financial Flows associated with smuggling of migrants and trafficking in persons from GLO.ACT partner countries to Europe, op. cit.*, pp. 54 y 57.

202 *Vid.* Center for the Study of Democracy (CSD): *Financing of Organised Crime. Human Trafficking in Focus, op. cit.*, p. 76.

203 Esta resolución judicial ofrece una estimación más modesta que las apuntadas por otros estudios en los que se habla de unos beneficios que oscilarían entre los 2.000€ y 8.000€ semanales por trabajador sexual, o entre los 15.000€ y 45.000€ mensuales. Al respecto, *vid.* Center for the Study of Democracy (CSD): *Financing of Organised Crime. Human Trafficking in Focus, op. cit.*, p. 76. También la sentencia de la Audiencia Provincial de Oviedo núm. 5/2019, de 11 de enero, recoge como las mujeres ganaban entre 300 y 400€ diarios y no menos de 2.500€ semanales (pues, en caso contrario, recibían palizas) trabajando en prostíbulos todos los días sin ninguno de descanso, debiendo abonar 200€ diarios si por cualquier circunstancia no iban a trabajar.

coste que supone este tipo de mano de obra. Pues, al no estar formalmente contratados en muchas ocasiones, los responsables no deben afrontar el pago de impuestos, tasas o cotizaciones a la Seguridad Social. Además, las víctimas de este tipo de trata suelen estar sometidas a jornadas laborales muy por encima de los estándares legales por las que reciben sueldos inferiores al salario mínimo interprofesional[204]. Especialmente en estos casos, suele estar muy presente la ya mencionada imposición de servidumbre por deudas no sólo como método de control y coerción respecto de las víctimas[205], sino como excusa para retener todo o parte de las ganancias obtenidas por el trabajador. Un ejemplo del incremento que se aplica a estas supuestas deudas, convirtiéndose en otra fuente de riqueza para los tratantes, lo constituye el caso informado por las autoridades belgas en que un grupo de 5 individuos al que se atribuye la trata de una cincuentena de personas en 2 años se estima que obtuvo un provecho de más de 450.000$, derivados de la deuda de 12.000$ que cada víctima debía afrontar cuando el coste real de recluta fue de 2.800$ por víctima[206].

---

204 Algunas investigaciones cifran el ingreso neto obtenido por una jornada laboral de 12 horas en unos 10€ diarios. *Vid.* Center for the Study of Democracy (CSD): *Financing of Organised Crime. Human Trafficking in Focus, op. cit.*, p. 78.

205 En este sentido, se ha establecido que en más del 25% de los casos los tratantes no requieren hacer uso de medios violentos, abusando de la situación de vulnerabilidad de la víctima que puede venir dada por su dependencia económica respecto del tratante. *Vid.* United Nations Office On Drugs And Crime (UNODC): *Global Report on Trafficking in Persons 2020, op. cit.*, p. 53. En un sentido similar, según la Organización Internacional del Trabajo, la servidumbre por deuda afectaría a un 50,9% de las víctimas de explotación laboral, siendo más prevalente este tipo de servidumbre entre los hombres (60,9%) que entre las mujeres (43,4%). *Vid.* International Labour Office (ILO): *Global Estimates of Modern Slavery: Forced Labour and Forced Marriage, op. cit.*, p. 37.

206 *Vid.* United Nations Office On Drugs And Crime (UNODC): *Global Report on Trafficking in Persons 2020, op. cit.*, p. 49. Otros ejemplos sobre la

Menos información se tiene en relación con los beneficios procedentes de otras formas de explotación a las que pueden destinarse a las víctimas de trata. Sin embargo, se ha constatado como, por ejemplo, en un supuesto de trata con fines de extracción de órganos, un riñón fue vendido por 6.300$[207].

Al respecto, se han realizado estimaciones acerca de los ingresos anuales derivados de la TSH en España. Se ha indicado que la cifra de ingresos anuales generados únicamente por las víctimas de trata sexual procedentes de Latinoamérica –siendo esta la principal región de procedencia de este tipo de víctimas[208]- ascendería a los 23,1 millones de euros[209]. Igualmente, este estudio ofrece estimaciones sobre los beneficios derivados de la trata con fines de explotación laboral tanto en el caso de la recogida de fresa en

servidumbre por deuda pueden encontrarse en Antonopoulos, G.A., Di Nicola, A., Rusev, A. y Terenghi, F.: *Human Trafficking Finances: Evidence from Three European Countries, op. cit.*, p. 73; *Vid.* Center for the Study of Democracy (CSD): *Financing of Organised Crime. Human Trafficking in Focus, op. cit.*, p. 80. También la Audiencia Provincial Palma de Mallorca, en su sentencia 346/2019, de 4 de junio, indemniza con 25.000€ euros a la mujer nigeriana obligada a ejercer la prostitución, cantidad que se corresponde con el importe de la deuda que se hizo contraer a la víctima.

207 *Vid.* UNODC: *Study on Illicit Financial Flows associated with smuggling of migrants and trafficking in persons from GLO.ACT partner countries to Europe, op. cit.,* p. 57.

208 *Vid.* Citco: *Trata y explotación de seres humanos en España. Balance estadístico 2016-20, op. cit.,* p. 7. Según este informe, un total de 406 víctimas identificadas entre los años 2016 y 2020 procederían de América del Sud, siendo los países más frecuentes Colombia (141) y Venezuela (119). También se señala a América del Sud como principal región de procedencia de las víctimas de trata sexual en Villacampa Estiarte, C., Gómez Adillón, M.J. y Torres Ferrer, C.: "Trafficking in human beings in Spain: What do the data on detected victims tell us?", *op. cit.*, pp. 11 y 12.

209 *Vid.* Center for the Study of Democracy (CSD): *Financing of Organised Crime. Human Trafficking in Focus, op. cit.*, p. 388.

Huelva como de la naranja en Sevilla, cifrando las ganancias en 3.600€ y 4.650€ por trabajador y temporada, respectivamente[210].

1.3. La gestión de las ganancias y del producto delictivo.

Para terminar con el *iter* seguido por estas ganancias, quedaría ver como se distribuye o a qué se destina el excedente generado por los tratantes[211]. Al respecto, se apunta que la mayor parte de los beneficios obtenidos suelen reinvertirse en el propio negocio de la trata o en la consecución de un nivel de vida lujoso –mediante la compra de ropa, joyas, coches de alta gama, fiestas, etc.-, especialmente en los casos de trata a pequeña escala. No obstante lo anterior, suele ser habitual, si el tratante es de procedencia extranjera, que traslade parte de sus ingresos a su

---

210 *Vid. ibidem.*, p. 391.

211 Al respecto, SHELLEY identifica patrones distintos según la distinta procedencia de los grupos criminales dedicados a la trata. Concretamente, los grupos chinos, generadores de un importante capital, envían gran parte de esa riqueza a su país de origen mediante el uso de sistemas bancarios clandestinos o mediante la inversión en terrenos, inmuebles o negocios. Los grupos postsoviéticos consumen gran parte de sus beneficios, aunque también invierten en otros negocios ilegales en su país o en aquellos que mueven mucho dinero en efectivo -como restaurantes, clubs, etc.-. Los grupos balcánicos invierten gran parte del dinero en actividades delictivas y en obtener un mayor poder político, aunque también invierten en negocios donde se trabaja en efectivo. Los proxenetas estadounidenses, por su parte, tienden a gastar su capital en el autoconsumo y en el mantenimiento de una vida lujosa. Por el contrario, los grupos mexicanos tienden a enviar ese capital a su país de origen donde suelen adquirir casas, tierras y granjas. Finalmente, los grupos nigerianos destinan las ganancias, principalmente, a otras actividades ilícitas con las que blanquear el dinero. *Vid.* SHELLEY, L.: *Human Trafficking: A Global Perspective, op. cit.*, p. 131.

país de origen a través de distintos métodos[212]. Sin embargo, cuando son grupos y redes criminales de mayor envergadura, capaces de generar importantes sumas de dinero, la necesidad de blanquear esa riqueza se hace más acuciante, por lo que no es extraño que inviertan en empresas legales –ya sea en el país de origen o de explotación- que actúan como sociedades pantalla y dan una apariencia de legitimidad a sus ingresos[213].

Este último sería el caso de la referida sentencia de la Audiencia Nacional, de 26 de enero de 2015. En ella se constata como una de

---

212 *Vid.* UNODC: *Study on Illicit Financial Flows associated with smuggling of migrants and trafficking in persons from GLO.ACT partner countries to Europe, op. cit.*, p. 64. Así sucede en la ya referida sentencia de la Audiencia Provincial de Oviedo núm. 5/2019, que relata como los acusados, cuyas ganancias por la explotación sexual de las víctimas ascendería a un mínimo de 1.245.200€, "sacaron de España y llevaron a Rumania gran parte del dinero, que reintrodujeron en el circuito económico en dicho país adquiriendo terrenos, construyendo viviendas o adquiriendo bienes de alta gama, que pusieron a nombre de familiares como su madre o sus hermanas". Para trasladar ese dinero, cuando no podían hacerlo personalmente en sus frecuentes desplazamientos a Rumanía, realizaban envíos a través de la entidad Western Unión y de la oficina de Correos, valiéndose de terceras personas. Sobre las fases del blanqueo de capitales seguidas en los supuestos de trata y los métodos más utilizados para ello, como el uso del sistema bancario a través de cuentas bajo identidades falsas o a nombre de terceros, el recurso a empresas como Western Union para realizar dichas transferencias, o incluso la compra de criptomonedas como Bitcoin, entre otros, *vid.* Europol: *The THB Financial Business Model. Assessing the Current State of Knowledge. July 2015, op. cit.*, pp. 4, 6-9.

213 Más ampliamente sobre el destino y la reinversión de los beneficios generados por la trata, *vid.* Europol: *The THB Financial Business Model. Assessing the Current State of Knowledge. July 2015, op. cit.*, pp. 4 y ss.; Center for the Study of Democracy (CSD): *Financing of Organised Crime. Human Trafficking in Focus, op. cit.*, pp. 24, 25, 80 y ss.; Antonopoulos, G.A., Di Nicola, A., Rusev, A. y Terenghi, F.: *Human Trafficking Finances: Evidence from Three European Countries, op. cit.*, pp. 21-22, 74-76.

las acusadas, además de destinar las ganancias ilícitas a la adquisición de vehículos y bienes inmuebles por valor de 1.224.827€ y a la realización de ingresos y transferencias en sus cuentas bancarias por un importe total de 866.442€, situaba tras cada burdel -a modo de pantalla- una sociedad interpuesta cuya verdadera actividad era "encubrir las ganancias de la explotación sexual de jóvenes traídas con visado turista con aprovechamiento de las circunstancias en que se encontraban en España y bajo el yugo de una pesada deuda"[214].

A pesar de que las transacciones económicas en el ámbito de la trata frecuentemente tienen lugar fuera del sistema financiero[215], es precisamente en relación con estos casos en que los tratantes sí recurren al mismo donde las instituciones bancarias y de crédito están llamadas a ostentar un papel clave en la detección y puesta de conocimiento de actividades potencialmente sospechosas, así como en la recopilación de valiosa información que permita conocer como los tratantes gestionan y trasladan sus riquezas[216]. A tal efecto, si bien algunos bancos han demostrado su compromiso de contribuir en la lucha contra la trata, es esencial que esos esfuerzos sean realmente significativos y no un mero proceso "de marcar casillas"[217].

---

214 *Vid.* SAN núm. 1/2015, de 26 de enero. Hecho único, apartado II.

215 *Vid.* Antonopoulos, G.A., Di Nicola, A., Rusev, A. y Terenghi, F.: *Human Trafficking Finances: Evidence from Three European Countries, op. cit.*, p. 66; Broad, R., Lord, N. y Duncan, C.: "The financial aspects of human trafficking: A financial assessment framework", *Criminology & Criminal Justice, op. cit.*, p. 596.

216 *Vid.* Broad, R., Lord, N. y Duncan, C.: "The financial aspects of human trafficking: A financial assessment framework", *Criminology & Criminal Justice, op. cit.*, p. 585.

217 *Vid.* VAN DIJK, A., DE HAAS, M. y ZANDVLIET, R.: "Banks and human trafficking: rethinking human rights due diligence", *Business and Human Rights Journal*, vol. 3, nº 1, 2017, p. 111.

V. CONCLUSIONES PARCIALES

Como ha podido constatarse en líneas precedentes, a pesar de las dificultades de cuantificación[218], la TSH es un fenómeno que, lejos de ser erradicado, sigue muy presente en la actualidad, goza de una amplia permeabilidad a escala global y no permite a ningún Estado escapar a su influjo[219].

Muchas son las causas que coadyuvan a su existencia, permanencia e -incluso- florecimiento. Junto a los reseñados como *push and pull factors*[220], desempeñan un papel destacado la globalización que, habiendo dado lugar a una liberalización del mercado y a una mejora de las comunicaciones, ha favorecido una mayor movilidad de bienes y personas[221]. También los flujos de migrantes que, alentados por el deseo de conseguir una vida mejor, se han topado con políticas migratorias restrictivas que han situado a una parte importante de esta población en una

218 *Vid.* nota a pie de página núm. 1.

219 Véase, por todos, INTERNATIONAL LABOUR ORGANIZATION (ILO): *Global estimates of modern slavery. Forced labor and forced marriage, op. cit.*, 2017; UNODC: *Global Report on Trafficking in Persons 2022, op. cit*, 2022; UNODC: *Global Report on Trafficking in Persons 2020, op. cit*, 2020,; EUROPEAN COMISSION: *Report on the progress made in the fight against trafficking in human beings (Fourth report), op. cit*, 2022; EUROPEAN COMISSION: *Data collection on trafficking in human beings in the EU, op. cit*, 2020.

220 *Vid.* nota a pie de página número 60.

221 *Vid.* SHELLEY, L.: *Human Trafficking. A Global Perspective, op. cit.*, p. 37.; CAMERON, S. y NEWMAN, E.: "Trata de personas: factores estructurales", en HURTADO, M. y IRANZO, Á. (Comps.), *Miradas críticas sobre la trata de seres humanos. Diálogos académicos en construcción, op. cit.*, pp. 66 y 67; LIMONCELLI, S.A.: "Human trafficking: Globalisation, Exploitation, and Transnational Sociology", *Sociology Compass, op. cit.*, p. 79; WINTERDYK, J.: "Explaining Human Trafficking: Modern Day-Slavery", en Winterdyk, j. y Jones, j. (coords.), *The Palgrave International Handbook of Human Trafficking, op. cit.*, p. 1260.

posición especialmente vulnerable[222]. A esto se añade la implicación de las redes criminales, que han visto en estas prácticas una nueva oportunidad de negocio[223].

Sin embargo, la trata de personas también se explica por su inherente componente económico. Pues, a diferencia de otros tipos delictivos que pueden responder a motivaciones de tipo

---

222 SHELLEY, L.: Human Trafficking: A Global Perspective, op. cit., pp. 201 y ss.; TEHRANIAN, M.: "Cultural Security and global governance: International Migration and Negotiations of Identity", en FRIEDMAN, J. y RANDERIA, S. (Eds.), *Worlds on the Move: Globalisation, Migration and Cultural Security, op. cit.,* p. 15; DAUNIS RODRÍGUEZ, A.: El delito de trata de seres humanos, *op. cit.,* pp. 26 y ss.; CAMERON, S. y NEWMAN, E.: "Trata de personas: factores estructurales", en HURTADO, M. y IRANZO, Á. (Comps.), Miradas críticas sobre la trata de seres humanos. Diálogos académicos en construcción, *op. cit.,* p. 86.; WINTERDYK, J.: "Explaining Human Trafficking: Modern Day-Slavery", en WINTERDYK, J. y JONES, J. (coords.), The Palgrave International Handbook of Human Trafficking, *op. cit.,* p. 1262.

223 *Vid.* UNITED NATIONS OFFICE ON DRUGS AND CRIME (UNODC): *Global Report on Trafficking in Persons 2022, op. cit.,* pp. 49 y ss.; EUROPEAN COMISSION: *Report on the progress made in the fight against trafficking in human beings (Fourth report), op. cit.,* p. 7; EUROPOL: *Situation Report. Trafficking in human beings in the EU, op. cit.,* pp. 13-17; EUROPOL: *Situation Report. Criminal networks involved in the trafficking and exploitation of underage victims in the European Union, op. cit.,* pp. 12 y ss.; CONSEJO GENERAL DEL PODER JUDICIAL (CGPJ): *Guía de criterios de actuación judicial frente a la trata de seres humanos, op. cit.,* pp. 373 y ss.; SHELLEY, L.: *Human Trafficking: A Global Perspective, op. cit.,* pp. 38, 130 y ss.; VILLACAMPA ESTIARTE, C.: "Trata de seres humanos y delincuencia organizada. Conexión entre ambos fenómenos criminales y su plasmación jurídico-penal", *Indret, op. cit.,* pp. 11 y ss.; DE VRIES, I., JOSE, M.A. y FARREL, A.: "It's your business: the role of the private sector in human trafficking", en WINTERDYK, J. y JONES, J. (Eds.), *The Palgrave International Handbook of Human Trafficking, op. cit.,* pp. 746 y ss.; SPAPENS, T.: "The business of trafficking in human beings", en PIOTROWICZ, R., RIJKEN, C. y UHL, B.H. (Eds.), *Routledge Handbook of Human Trafficking, op. cit.,* pp. 542 y ss.

más pasional o ideológico, el motor del fenómeno que aquí nos ocupa es eminentemente económico[224]. Así, la voluntad última de los tratantes no parece consistir en la instrumentalización, cosificación y degradación de las víctimas sin más, sino en la reducción de los humanos a meros bienes de producción o de consumo precisamente para lucrarse de gracias a estas situaciones. Como ha tenido ocasión de observarse, muchas y diversas son las formas de beneficiarse -directa e indirectamente- a raíz de la trata a lo largo de sus distintas etapas[225]. Incluso con posterioridad a la misma, mediante la reinversión del producto delictivo en el propio negocio de la trata o en la consecución de un nivel de vida lujoso recurriendo[226], en muchas ocasiones, a prácticas constitutivas de blanqueo de capitales[227].

---

224 *Vid.* Wheaton, E.M., Schauer, E.J. y Galli, T.V.: "Economics of Human Trafficking", *op. cit.*, p. 117; GIMÉNEZ-SALINAS FRAMIS, A.: "La trata de personas como mercado ilícito del crimen organizado. Factores explicativos y características", *op. cit.*, p. 26; TORRES FERRER, C.: Aproximación a la trata de seres humanos desde su consideración como delito económico", en VILLACAMPA ESTIARTE, C. (Dir.), *La trata de seres humanos tras un decenio de su incriminación. ¿Es necesaria una ley integral para lucha contra la trata y la explotación de seres humanos?, op. cit*, p. 659.

225 Principalmente, *vid.* Center for the Study of Democracy (CSD): *Financing of Organised Crime. Human Trafficking in Focus, op. cit., passim;* Antonopoulos, G.A., Di Nicola, A., Rusev, A. y Terenghi, F.: *Human Trafficking Finances: Evidence from Three European Countries,* Springer Nature Switzerland, Cham, 2019; Broad, R., Lord, N. y Duncan, C.: "The financial aspects of human trafficking: A financial assessment framework", *Criminology & Criminal Justice, op. cit.*, pp. 581-600.

226 V*id.* Europol: *The THB Financial Business Model. Assessing the Current State of Knowledge. July 2015, op. cit.*, pp. 4 y ss.; Center for the Study of Democracy (CSD): *Financing of Organised Crime. Human Trafficking in Focus, op. cit.*, pp. 24, 25, 80 y ss.; Antonopoulos, G.A., Di Nicola, A., Rusev, A. y Terenghi, F.: *Human Trafficking Finances: Evidence from Three European Countries, op. cit.*, pp. 21-22, 74-76.

227 *Vid.* UNODC: *Study on Illicit Financial Flows associated with smuggling of migrants and trafficking in persons from GLO.ACT partner countries to*

Esa vinculación del fenómeno con un evidente componente lucrativo ha comportado que se alcen algunas voces que defienden la necesidad de adoptar nuevos enfoques de aproximación al mismo que lo aborden como un negocio criminal, situando las ganancias que reporta en el centro de la investigación del delito en aras a dar una respuesta más eficaz en términos de prevención y persecución[228]. Así, dado el enriquecimiento patrimonial injustamente experimentado por los tratantes, la persecución del delito de trata debe pasar por retornar a estos a su estado económico anterior a la infracción criminal mediante la confiscación de los beneficios generados con la misma[229].

Europe, op. cit., p. 64; EUROPOL: *The THB Financial Business Model. Assessing the Current State of Knowledge. July 2015, op. cit.*, pp. 4, 6-9.

228 Entre otros, *vid.* Center for the Study of Democracy (CSD): *Financing of Organised Crime. Human Trafficking in Focus, op. cit.*, p. 7; European Commission: *Third report on the progress made in the fight against trafficking in human beings (2020) as required under Article 20 of Directive 2011/36/EU on preventing and combating trafficking in human beings and protecting its victims,* European Comission, Bruselas, 2020, pp. 11 y 12. Esta necesidad incluso fue puesta de manifiesto durante las Jornadas de Fiscales Delegados de Extranjería, celebrada en Bilbao el pasado febrero de 2020. Al respecto, *vid.* Fiscalía de Extranjería: *Conclusiones de las Jornadas de Fiscales delegados de Extranjería* [en línea], 5 de enero de 2021, p. 4. También por GARCÍA SEDANO, T.: *La detección, identificación y protección de las víctimas de trata de seres humanos, op. cit.*, p. 49; TORRES FERRER, C.: Aproximación a la trata de seres humanos desde su consideración como delito económico", en VILLACAMPA ESTIARTE, C. (Dir.), *La trata de seres humanos tras un decenio de su incriminación. ¿Es necesaria una ley integral para lucha contra la trata y la explotación de seres humanos?, op. cit,* pp. 673 y 674.

229 De esta misma opinión, aunque en referencia a los delitos económicos en general, *vid.* Trillo Navarro, J. P.: *Delitos económicos. La respuesta penal a los rendimientos de la delincuencia organizada,* Dykinson, Madrid, 2008, p. 26.

Capítulo II. Mecanismos jurídicos frente la trata de seres humanos en Derecho internacional y Derecho europeo

I. MARCO NORMATIVO SUPRANACIONAL DE LA TRATA DE SERES HUMANOS

Teniendo en cuenta que la tipificación de la trata de seres humanos en el artículo 177 *bis* del Código Penal español responde, principalmente, a la necesidad de adecuar nuestro ordenamiento jurídico a los Convenios ratificados por España al efecto y a las obligaciones legislativas que dimanan del seno de la Unión Europea (UE), cobra especial importancia proceder a la identificación y análisis de la normativa internacional y comunitaria adoptada en relación con este fenómeno. Dichos instrumentos establecen los estándares mínimos que todo Estado parte debe alcanzar para la consecución de una adecuada política de lucha contra la TSH.

Con dicho fin, se identificarán los principales instrumentos supranacionales vinculantes para el Estado español, determinando así el marco normativo internacional aplicable. Si bien se ofrecerán algunas pinceladas en cuanto al concepto y contenido de dichos textos normativos, el análisis se va a centrar en los aspectos contenidos en dichos documentos que permiten abordar el fenómeno de la trata desde una vertiente económica. Esto es, se hará especial incidencia en aquellas disposiciones que prevén la aplicación de mecanismos con un impacto económico -directo o indirecto- y que, principalmente, se identifican con la persecución del producto delictivo y su confiscación mediante el delito de blanqueo de capitales, el decomiso de los activos ilícitos, el reconocimiento de responsabilidad a las personas jurídicas y la imposición de sanciones pecuniarias.

Como se ha advertido al principio de este trabajo, el fundamento último de dichas medidas "recaudadoras" es que el beneficio obtenido a través de las mismas redunde en favor de la víctima y, en especial, en hacer efectivo su derecho a la reparación. Así, se analizará también el reconocimiento del derecho a indemnización de las víctimas de trata en los textos internacionales de referencia. Por último, es necesario hacer mención a los mecanismos de cooperación previstos al efecto para que las anteriores medidas y mecanismos desplieguen mayor eficiencia, especialmente en los supuestos de trata transnacional o que revisten cierto elemento transfronterizo.

1. La regulación de la trata de seres humanos en las Naciones Unidas.

Al respecto, el primer texto normativo internacional dedicado a abordar la trata de personas, de acuerdo con su conceptualización actual[230], es la Convención de las Naciones Unidas contra

230 Dado su tradicional vinculación con la esclavitud y sus formas análogas, o la atención que este fenómeno ya venía recibiendo cuando la trata tenía por finalidad la explotación sexual de las víctimas, pueden encontrarse en el marco internacional ciertas normativas que ya proscribían, aunque parcialmente, estas prácticas. Al respecto, la propia Declaración Universal de los Derechos Humanos, de 10 de diciembre de 1948, en su artículo 4, establece que "*nadie estará sometido a esclavitud ni a servidumbre, la esclavitud y la trata de esclavos están prohibidas en todas sus formas*". En sentido similar, destacan la Convención para la abolición de la Esclavitud de 1926; la Convención Complementaria sobre la Abolición de la Esclavitud, Comercio de Esclavos y las instituciones y prácticas análogas a la esclavitud de 1956 o el Convenio de la Organización Internacional del Trabajo sobre

la Delincuencia Organizada Transnacional[231] y sus Protocolos anexos. Estos son, el Protocolo para prevenir, reprimir y san-

---

la abolición del trabajo forzoso de 1957. En cuanto a los principales instrumentos destinados a combatir la trata de blancas: Acuerdo Internacional para la Supresión de la Trata de Blancas de 1904; el Convenio Internacional para la represión de la trata de blancas de 1910; el Convenio Internacional para la represión de la Trata de mujeres y niños de 1921; el Convenio Internacional para la represión de la trata de mujeres mayores de edad de 1933; Convenio para la represión de la trata de personas y de la explotación de la prostitución ajena de 1949. Los referidos instrumentos son fruto del movimiento emprendido para abolir la prostitución. Sobre este aspecto, véase, VILLACAMPA ESTIARTE, C.: *El delito de trata de seres humanos. Una incriminación dictada desde el Derecho Internacional, op. cit.*, p. 158; DE LA CUESTA ARZAMENDI, J.L.: "Tráfico y trata de seres humanos: regulación internacional y europea", en RICHARD GONZÁLEZ, M., RIAÑO BRUN, I. y POELEMANS, M. (Coords.), *Estudio sobre la Lucha contra la trata de seres humanos*, Aranzadi, Cizur Menor, 2013, p. 37.; BLOM, N: "Human trafficking: an international response", en WINTERDYK, J. y JONES, J. (Eds.), *The Palgrave International Handbook of Human Trafficking, op. cit.*, pp. 1277-1278; LAMMASNIEMI, L.: "International Legislation on White slavery and anti-trafficking in the early twentieth century", en WINTERDYK, J. y JONES, J. (Eds.), *The Palgrave International Handbook of Human Trafficking, op. cit.*, pp. 67-78; WADE, M.L.: "Combatting trafficking in human beings: A step on the road to Global Justice?", en WINTERDYK, J. y JONES, J. (Eds.), *The Palgrave International Handbook of Human Trafficking, op. cit.*, p. 1184.

231 Convención de Naciones Unidas contra la Delincuencia Organizada Transnacional, aprobada por la resolución de la Asamblea General de 15 de noviembre de 2000, en vigor desde el 29 de septiembre de 2003. Instrumento de ratificación publicado en el BOE núm. 233, de 23 de septiembre de 2003. Para su elaboración, la Asamblea General de las Naciones Unidas estableció, mediante su resolución 53/111, de 9 de diciembre de 1998, un comité especial intergubernamental encargado de confeccionar una convención internacional contra la delincuencia organizada trasnacional y de examinar la necesidad de adoptar instrumentos internacionales relativos, entre otros, a la trata de mujeres y niños.

cionar la trata de personas, especialmente mujeres y niños[232] (Protocolo de Palermo o PTSH) y el Protocolo contra el tráfico ilícito de migrantes por tierra, mar y aire[233].

La propia nomenclatura y estructura de los referidos instrumentos dan cuenta de la preocupación del momento por parte de la comunidad internacional, precisamente, por el incremento de los flujos migratorios internacionales y de la incidencia de la criminalidad organizada transnacional[234] que se vieron favorecidos por la globalización y sus efectos *-vid. supra-*. Pues, la lucha efectiva contra estos fenómenos de trascendencia supranacional requería, a su vez, de una actuación conjunta de los Estados mediante el establecimiento de los mecanismos de cooperación internacional oportunos[235]. Asimismo, un fenómeno global como la trata de personas requería de una respuesta universal.

---

232 Protocolo de las Naciones Unidas para prevenir, reprimir y sancionar la trata de personas, especialmente de mujeres y niños, de 15 de noviembre de 2000, que complementa el Convenio contra la delincuencia organizada transnacional, en vigor desde el 25 de diciembre de 2003. Publicado en el BOE núm. 296, de 11 de diciembre de 2003.

233 Protocolo de las Naciones Unidas contra el tráfico ilícito de migrantes por tierra, mar y aire, de 15 de noviembre de 2000, que complementa el Convenio contra la delincuencia organizada transnacional, en vigor desde el 28 de enero de 2004. Publicado en el BOE núm. 295, de 10 de diciembre de 2003.

234 En este sentido, se ha defendido que la lucha contra la trata a nivel internacional se define a través de un prisma de delincuencia organizada y redes criminales que atentan contra la autoridad del Estado. *Vid.* SIMMONS, B. y LLOYD, P: *Subjective frames and rational choice: transnational crime and the case of human trafficking*, Mimeo, Government Department, Harvard University, 2010, *passim*; DE VRIES, I., JOSE, M.A. y FARREL, A.: "It's your business: the role of the private sector in human trafficking", en WINTERDYK, J. y JONES, J. (Eds.), *The Palgrave International Handbook of Human Trafficking*, *op. cit.*, p. 746.

235 Así, el propio artículo 1 de la Convención reconoce que su finalidad es "*promover la cooperación para prevenir y combatir más eficazmente la de-*

1.1. El Protocolo de Palermo y la definición de trata de seres humanos.

En el referido contexto, el Protocolo de Palermo supuso un gran hito, al erigirse como el instrumento internacional de referencia en cuanto a TSH se refiere[236], sirviendo de inspiración a posteriores textos normativos[237]. Si bien, de acuerdo con los *travaux préparatoires*, el Protocolo se refería únicamente a la trata de mujeres y niños[238], se modificó a fin de que abarcase la "trata de personas, especialmente mujeres y niños"[239].

---

lincuencia organizada transnacional".

236 *Vid.*, por todos, SCARPA, S.: *Trafficking in human beings. Modern Slavery, op. cit.*, p. 50; VILLACAMPA ESTIARTE, C.: "Trata de seres humanos y delincuencia organizada", *Indret, op. cit.*, p. 5; DE LA CUESTA ARZAMENDI, J.L.: "Tráfico y trata de seres humanos: regulación internacional y europea", en RICHARD GONZÁLEZ, M., RIAÑO BRUN, I. y POELEMANS, M. (Coords.), *Estudio sobre la Lucha contra la trata de seres humanos, op. cit.*, p. 37; GALLAGHER, A.T.: "Trafficking in transnational criminal law", en PIOTROWICZ, R., RIJKEN, C. y UHL, B.H. (Eds.), *Routledge Handbook of Human Trafficking*, Routledge, London, New York, 2018, p. 30.

237 La propia Decisión Marco 2002/629/JAI, de 19 de julio de 2002, sobre la lucha contra la trata de seres humanos se refiere al Protocolo de Palermo en su Considerando núm. 4, como también lo hace el Preámbulo de la Convención del Consejo de Europa.

238 *Vid.* VLASSIS, D.: *The Global Situation of Transnational Organized Crime, the Decision of the International Community to Develop an International Convention and the Negotiation Process*, UN Asia and Far East Institute for the Prevention of Crime and the Treatment of Offenders, Annual Report and Resource Materials Series No. 59, 2000, pp. 475 y 492.

239 *Vid.* NITED NATIONS OFFICE ON DRUGS AND CRIME (UNODC): *Travaux Préparatoires of the negotiations for the elaboration of the United Nations Convention against Transnational Organized Crime and the Protocols thereto*, United Nations, New York, 2006, p. 322. En este sentido, se consideró que era necesario evitar que el Protocolo de Palermo acabara atrayendo un número limitado de ratificaciones, como había sucedido con el Convenio para la Represión de la Trata de Personas y de la Explotación de la Prostitución Ajena, de 1949, que promovía un enfoque abolicionista contra la prostitución. Según GALLAG-

Su importancia se explica no solo por razones estrictamente temporales -dado que fue el primer instrumento vinculante para los Estados parte en normar sobre esta materia-, sino por ser el primer texto internacional en definir la TSH[240] -distinguiéndola

HER, "los Estados simplemente acordaron sacrificar sus puntos de vista individuales sobre la prostitución en aras del objetivo mayor de garantizar una definición acordada y mantener la integridad de la distinción entre trata y tráfico de inmigrantes". GALLAGHER, A.: *The International Law of Human Trafficking, op. cit.*, pp. 28 y 29; SCARPA, S.: *Trafficking in Human Being: Modern Slavery, op. cit., passim.*

240 Pues, previamente a este, ya la Declaración Universal de los Derechos Humanos, en su artículo 4, proscribía la esclavitud, la servidumbre y la trata de esclavos en todas sus formas, aunque sin ofrecer definición alguna al respecto. Lo mismo ocurría con la Convención sobre la Eliminación de todas las formas de discriminación contra la mujer de 1979 que, a pesar de obligar a los Estados parte a suprimir todas las formas de trata de mujeres y explotación de la mujer en su artículo 6, no definía ese concepto. También el Pacto Internacional de Derechos Civiles y Políticos, en su art. 8.1, dispone que "*Nadie estará sometido a esclavitud. La esclavitud y la trata de esclavos estarán prohibidas en todas sus formas Nadie estará sometido a esclavitud. La esclavitud y la trata de esclavos estarán prohibidas en todas sus formas*". Ampliamente, sobre la definición de trata contenida en el Protocolo de Palermo y su trascendencia, *vid.* VILLACAMPA ESTIARTE, C.: *El delito de trata de seres humanos. Una incriminación dictada desde el Derecho Internacional, op. cit.*, pp. 33 y ss., 161 y ss. En sentido similar, BAKIRCI, K. y RITCHIE, G.: "Corporate liability for modern slavery", *Journal of Financial Crime,* vol. 29, nº 2, 2022, p. 577. El establecimiento de una definición internacional del fenómeno deviene el prerrequisito necesario para el posterior desarrollo de un marco normativo significativo. *Vid.* GALLAGHER, A.T.: "Trafficking in transnational criminal law", en PIOTROWICZ, R., RIJKEN, C. y UHL, B.H. (Eds.), *Routledge Handbook of Human Trafficking, op. cit.*, p. 30.

del tráfico de migrantes[241]- y en proponer una serie de medidas para contrarrestarla que pivotan sobre la llamada "política 3P"[242].

Así, la gran aceptación en la comunidad internacional que han tenido tanto la Convención como el Protocolo de Palermo -firmados por 147 y 117 Estados, respectivamente- ha conducido a que la mayor parte de países incriminaran el delito de trata de conformidad con la definición del fenómeno contenida en el referido Protocolo[243].

---

241 De hecho, a combatir este fenómeno se destina el segundo Protocolo Anexo a la Convención, rubricado "Protocolo contra el tráfico ilícito de migrantes por tierra, mar y aire". En su artículo 3, define el tráfico ilícito de migrantes como "*la facilitación de la entrada ilegal de una persona en un Estado Parte del cual dicha persona no sea nacional o residente permanente con el fin de obtener, directa o indirectamente, un beneficio financiero u otro beneficio de orden material*". En este sentido, *vid.*, por todos, SCARPA, S.: *Trafficking in Human Being: Modern Slavery. op. cit., passim;* VILLACAMPA ESTIARTE, C.: *El Delito de Trata de Seres Humanos. Una Incriminación Dictada desde el Derecho Internacional, op. cit.*, p. 41.

242 Esta aboga por un abordaje del fenómeno que va más allá de la persecución de las conductas delictivas, incidiendo en la prevención de las mismas y la protección de sus víctimas. Ampliamente sobre dicha política 3P, *vid.* Villacampa Estiarte, C.: *El Delito de Trata de Seres Humanos. Una Incriminación Dictada desde el Derecho Internacional, op. cit.*, pp. 162, 184 y ss. Previamente, OBOKATA, T.: *Trafficking in human beings from a human rights perspective: Towards a holistic approach,* Martinus Nijhoff Publishers, Leiden, 2006.

243 Dicha definición, sin embargo, no ha estado exenta de críticas por considerarse algunos de sus términos vagos, necesitados de concreción, con la inseguridad jurídica que ello conlleva. *Vid.*, por ejemplo, GALLAGHER, A.T.: "The international legal definition of "Trafficking in Persons": scope and application", en KOTISWARAN, P. (Ed.), *Revisiting the Law and Governance of Trafficking, Forced Labor and Modern Slavery,* Cambdridge University Press, Cambdridge, 2017, pp. 24 y ss.; ALLAIN, J.: *Slavery in International Law of Human exploitation and trafficking,* Martinus Nijhoff Publishers, Boston, 2013, pp. 353 y ss.; STOYANOVA, V.: *Human trafficking and slavery reconsidered,* Cambridge University Press, Cambridge, 2017, pp. 34 y ss.; VALVERDE CANO, A.B.: "Reexaminando la definición de trata de seres humanos del

Dicha definición[244], dispuesta en el art. 3, gira en torno a tres elementos principales[245]: la acción–la captación, el transporte, el traslado, la acogida o la recepción de personas-; los medios -la amenaza o el uso de la fuerza u otras formas de coacción, al rapto, al fraude, al engaño, al abuso de poder o de una situación de vulnerabilidad o a la concesión o recepción de pagos o beneficios para obtener el consentimiento de una persona que tenga autoridad sobre otra-; y la finalidad de explotación -que, como mínimo, incluirá la explotación de la prostitución ajena u otras formas de explotación sexual, los trabajos o servicios

---

Protocolo de Palermo: la trata como forma de explotación", *Estudios de Deusto,* 2019, p. 18; SCARPA, S.: "UN Palermo trafficking protocol eighteen years on: a critique", en WINTERDYK, J. y JONES, J. (Eds.), *The Palgrave International Handbook of Human Trafficking, op. cit.*, pp. 627 y ss.. Al respecto, la propia ONU ofreció una interpretación y ejemplificación de los términos que configuran dicha definición en UNITED NATIONS OFFICE ON DRUGS AND CRIME (UNODC): *Ley modelo contra la trata de personas,* Naciones Unidas, Nueva York, 2010, pp, 9 y ss.

244 Que fue fruto de negociación por parte de los Estados participantes, ha sido considerada vaga por incluir un gran nombre de conceptos indeterminados. *Vid.* GALLAGHER, A.T.: "Trafficking in transnational criminal law", en PIOTROWICZ, R., RIJKEN, C. y UHL, B.H. (Eds.), *Routledge Handbook of Human Trafficking, op. cit.*, p. 34. Esto había llevado a una expansión del concepto "trata de personas" que, en algunos casos, se ha tildado de "*expansionist creep*", esto es, de expansionismo a ultranza. *Vid.* CHUANG, J.A.: "Exploitation creep and the unmaking of Human Trafficking Law", The American Journal of International Law, vol. 108, nº 4, 2014, pp. 609-649.

245 Véase, por todos, GALLAGHER, A.T.: *The international law of human trafficking,* Cambridge Universisty Press, Cambridge, 2010, pp. 24 y ss.; VILLACAMPA ESTIARTE, C.: *El delito de trata de seres humanos. Una incriminación dictada desde el Derecho Internacional, op. cit.*, pp. 33 y ss.; ROTH, V.: *Defining Human Trafficking and Identifying its victims. A study on the impact and future challenges of International, European and Finnish legal responses to prostitution-related trafficking in human beings*, Martinus Nijhoff Publisher, Leiden, 2012, p. 68.

forzados, la esclavitud o las prácticas análogas a la esclavitud, la servidumbre o la extracción de órganos-[246].

1.2. El Protocolo de Palermo y la política 3P: prevenir y perseguir la trata y proteger a sus víctimas.

En cuanto a la estrategia de "combate" 3P, el artículo 2 del Protocolo de Palermo enumera, entre sus finalidades, la de prevenir (*prevention*) y combatir (*prosecution*) la trata de personas, así como proteger y ayudar (*protection*) a las víctimas. Si bien, junto a las anteriores, se refiere también a la importancia de promover la cooperación entre Estados parte (lo cual, apuntaría la 4P de *partnership*)[247].

A la prevención del delito dedica el Protocolo de Palermo su apartado III, conformado por los arts. 9 a 13 PTSH. En este sentido, prevé la confección de políticas y programas que conduzcan a prevenir el delito, así como a paliar el riesgo de revictimización. A tales efectos, se apunta a la necesidad de adoptar medidas que

---

246 Así, a diferencia de otros instrumentos normativos, el Protocolo de Palermo no limita las finalidades de explotación a la prostitución ajena de la víctima. *Vid.* GALLAGHER, A.T.: *The international law of human trafficking, op. cit.*, p. 13. La necesidad de incluir otras formas de explotación en el concepto de trata surge a raíz de la Asamblea General de las Naciones Unidas de 23 de diciembre de 1994. *Vid.* EKBERG, G: "The Swedish Law that prohibits the purchase of sexual services best practices for prevention of prostitution and trafficking in human beings", *Violence Against Women,* 2004, p. 1202; ROTH, V.: *Defining Human Trafficking and Identifying its victims. A study on the impact and future challenges of International, European and Finnish legal responses to prostitution-related trafficking in human beings, op. cit.*, p. 19.

247 *Vid.* MATTAR, M.Y.: "Incorporating the five basic elements of a Model Antitrafficking in Persons Legislation in Domestic Law: from the United Nations Protocol to the European Convention", *Tulane Journal of International and Comparative Law,* vol. 14, 2005-2006, pp. 402 y ss.; VILLACAMPA ESTIARTE, C.: *El delito de trata de seres humanos. Una incriminación dictada desde el Derecho Internacional, op. cit.*, p. 184.

permitan mitigar aquellos factores que incentivan las conductas de trata -como la pobreza, el subdesarrollo y la falta de oportunidades, o la correlativa demanda que propicia la explotación del ser humano- (art. 9 PTSH). Dicha previsión se cohonesta con el mandato contenido en el art. 30.2 PTSH, que aboga por intensificar la cooperación con los países en desarrollo aumentando la asistencia financiera, material y técnica proveída a los mismos, pudiendo hacer donaciones voluntarias a tal efecto o aportaciones procedentes del producto del delito o de los bienes ilícitos decomisados.

Por otro lado, incide en el imprescindible intercambio de información entre Estados parte sobre las dinámicas propias de este fenómeno (art. 10 PTSH). Junto a lo anterior, bajo el pretexto de prevenir el delito, solicita a los Estados el refuerzo de sus controles fronterizos, prestando especial atención a transportistas y empresas de transporte (art. 11 PTSH), así como a los procesos de expedición, seguridad y comprobación de los documentos de viaje o de identidad correspondientes (arts. 12 y 13 PTSH).

Respecto a la persecución del delito, además de exigir la incriminación de la trata de conformidad con la definición ofrecida por el mismo, el Protocolo conmina a los Estados parte a sancionar la tentativa, la complicidad y la "organización o dirección de otras personas para la comisión del delito" (art. 5 PTSH). En este punto, debe destacarse que, a pesar de que el ámbito de aplicación de la Convención y el Protocolo se circunscriban a delitos transfronterizos[248] en los que ha intervenido una organi-

---

248 En virtud del art. 3.2 de la Convención, "*el delito será de carácter transnacional si: a) Se comete en más de un Estado; b) Se comete dentro de un solo Estado, pero una parte sustancial de su preparación, planificación, dirección o control se realiza en otro Estado; c) Se comete dentro de un solo Estado, pero entraña la participación de un grupo delictivo organizado que realiza actividades delictivas en más de un Estado; o d) Se comete en un solo Estado, pero tiene efectos sustanciales en otro Estado.*"

zación criminal[249], dichas limitaciones no se trasladan a la obligación de los Estados de tipificar el delito en su ordenamiento interno, por lo que los anteriores factores -transnacionalidad y criminalidad organizada- no tienen por qué incorporarse a la definición típica, ni configurarse como elementos del tipo[250].

En lo que a protección se refiere, el Protocolo dedica su apartado II a este ámbito, integrado por tres preceptos (arts. 6 a 8 PTSH) que prevén una serie de medidas tuitivas -algunas de carácter meramente facultativo-. El artículo 6 PTSH, focalizado en la asistencia y protección a la víctima, contiene el mandato de proteger su privacidad e identidad, debiendo los Estados parte "esforzarse" por proteger también la integridad física de la víctima. Asimismo, deberán considerar la adopción de medidas enfocadas a la recuperación física, psicológica y social de las víctimas, tales como el alojamiento, asesoramiento e

---

249 Según el artículo 2 de la Convención, por "grupo delictivo organizado" se entenderá "*un grupo estructurado de tres o más personas que exista durante cierto tiempo y que actúe concertadamente con el propósito de cometer uno o más delitos graves o delitos tipificados con arreglo a la presente Convención con miras a obtener, directa o indirectamente, un beneficio económico u otro beneficio de orden material*".

250 Así lo establece el propio artículo 34.2 de la Convención, en cuya virtud "*los Estados Parte tipificarán en su derecho interno los delitos tipificados de conformidad con los artículos 5* (participación en grupo delictivo organizado)*, 6* (blanqueo de capitales)*, 8* (corrupción) *y 23* (obstrucción a la justicia) *de la presente Convención independientemente del carácter transnacional o la participación de un grupo delictivo organizado según la definición contenida en el párrafo 1 del artículo 3 de la presente Convención, salvo en la medida en que el artículo 5 de la presente Convención exija la participación de un grupo delictivo organizado*". En un mismo sentido, UNODC: *Travaux Préparatoires of the negotiations for the elaboration of the United Nations Convention against Transnational Organized Crime and the Protocols thereto, op. cit.*, p. 258. En idéntico sentido, *vid.* GALLAGHER, A.T.: "Trafficking in transnational criminal law", en PIOTROWICZ, R., RIJKEN, C. y UHL, B.H. (Eds.), *Routledge Handbook of Human Trafficking, op. cit.*, p. 23.

información, asistencia médica, psicológica y material, además de oportunidades de empleo, educación y capacitación. Por su parte, el art. 7 PTSH establece el posible reconocimiento de permisos de residencia, temporales o definitivos, a las víctimas de trata tomando en consideración razones humanitarias y/o personales. Y el artículo 8 PTSH regula la repatriación de las víctimas de trata a sus países de origen o de residencia.

1.3. Otros instrumentos internacionales de *soft law* orientados a combatir la trata de personas.

Al referido Protocolo de Palermo se le ha achacado un carácter marcadamente punitivista y criminocéntrico, en tanto que pone el foco en la incriminación de las conductas de trata dejando en un segundo plano la protección y asistencia de las víctimas[251], a pesar de haber iniciado un tímido viraje hacía un

---

251 *Vid.* OBOKATA, T.: 'Trafficking of Human Beings as a Crime Against Humanity: Some Implications for the International Legal System', *International and Comparative Law Quarterly*, vol. 54, 2005, p. 445; ANDERSON, B. y ANDRIJASEVIC, R.: 'Sex, Slaves and Citizens: The Politics of Anti-trafficking', *Soundings*, vol. 40, 2008, p. 136; IÑIGUEZ DE HEREDIA, M.: "People trafficking: conceptual issues with the United Nations Trafficking Protocol 2000", *Human Rights Review*, vol. 9, 2008, p. 303; PLANITZER, J. y SAX, H.: "Introduction", en PLANITZER, J. y SAX, H. (Eds.), *A commentary on the Council of Europe Convention on action against Trafficking in Human Beings*, Edward Elgar Publishing, Cheltenham, Northampton, 2020, p. 2; WADE, M.L.: "Combatting trafficking in human beings: A step on the road to Global Justice?", en WINTERDYK, J. y JONES, J. (Eds.), *The Palgrave International Handbook of Human Trafficking*, *op. cit.*, p. 1186. Concretamente, VILLACAMPA identifica como lagunas en el campo de la protección victimal, la falta de previsión de un catálogo de derechos de las víctimas de trata, o del necesario período de reflexión o de medidas de protección específicas para víctimas especialmente vulnerables. VILLACAMPA ESTIARTE, C.: *El delito de trata de seres humanos. Una*

enfoque victimocentrista como consecuencia de la adopción de la referida Política 3P[252]. No obstante, deben traerse a colación en este punto los Principios y Directrices recomendados sobre los derechos humanos y la trata de persona, elaborados por la Oficina del Alto Comisionado para los Derechos Humanos de la ONU[253]. Dicho documento, lejos de pretender erigirse como una alternativa al Protocolo de Palermo, adopta un enfoque unificado en el que se aúnan esa aproximación de derechos humanos del fenómeno, por un lado, junto a las obligaciones de incriminar y sancionar la trata y proteger a sus víctimas, por otro[254]. Sin perjuicio de lo anterior, SCARPA señala la posibilidad de eliminar algunas de las lagunas existentes en el ámbito de la protección victimal mediante la correspondiente proposición de enmiendas, facultad prevista en el art. 18 PTSH[255].

---

incriminación dictada desde el Derecho Internacional, op. cit., p. 163. Por su parte. GALLAGHER se posiciona en contra de esa crítica que se hace criminocentrismo de la Convención y el Protocolo de Palermo. Entiende la autora que esa era la opción más factible en ese primer momento, pues, sería irrealista e ingenuo pensar que un tratado de derechos humanos sobre la trata hubiera recibido el apoyo político necesario. *Vid.* GALLAGHER, A.T.: "Trafficking in transnational criminal law", en PIOTROWICZ, R., RIJKEN, C. y UHL, B.H. (Eds.), *Routledge Handbook of Human Trafficking, op. cit.*, p. 31.

252 Véase VILLACAMPA ESTIARTE, C.: *El delito de trata de seres humanos. Una incriminación dictada desde el Derecho Internacional, op. cit.*, p. 161.

253 Texto presentado al Consejo Económico y Social como adición al informe del Alto Comisionado de las Naciones Unidas para los Derechos Humanos (E/2002/68/Add.1).

254 *Vid.* GALLAGHER, A.T.: "Trafficking in transnational criminal law", en PIOTROWICZ, R., RIJKEN, C. y UHL, B.H. (Eds.), *Routledge Handbook of Human Trafficking, op. cit.*, p. 32.

255 Dicho precepto establece que, 5 años después de su entrada en vigor, cualquier Estado Parte podrá proponer enmiendas al mismo. Estas propuestas serían votadas por la Conferencia de las Partes y, si resultaran aprobadas, las enmiendas estarían sujetas a ratificación, aceptación o aprobación por los Estados Parte. Así, la autora entiende

Por último, cabe destacar también la aprobación del Plan de Acción Mundial de las Naciones Unidas para combatir la trata de personas por parte de la Asamblea General el 12 de agosto de 2010. El mencionado Plan promueve la ratificación de las citadas Convención y Protocolo de Palermo, haciendo especial hincapié en esa política 3P[256], aunque incorporando un enfoque de derechos humanos en el que el sexo y edad de la víctima sean tenidos en especial consideración. De dicho Plan debe hacerse especial mención -por su carácter novedoso respecto a lo dispuesto en la Convención y el Protocolo analizado- a la previsión contenida en su párrafo 38, en cuya virtud se establece la creación de un Fondo Fiduciario de las Naciones Unidas de contribuciones voluntarias para las víctimas de trata. Este fondo, de carácter subsidiario al Fondo de la ONU para la prevención del delito y la justicia penal, tiene como fin la prestación de asistencia humanitaria, jurídica y financiera a las víctimas de trata, mediante la concesión de subvenciones a organizaciones de la sociedad civil[257].

---

que por media de estas enmiendas podrían introducirse medidas de protección adicionales para las víctimas de trata, como se hace en el Convenio de Varsovia o la Directiva 2011/36/UE. *Vid.* SCARPA, S.: "UN Palermo trafficking protocol eighteen years on: a critique", en WINTERDYK, J. y JONES, J. (Eds.), *The Palgrave International Handbook of Human Trafficking, op. cit.,* p. 638.

256 En ese sentido, se refieren a la prevención del delito, los párrafos 12 a 24; a la persecución del mismo, los párrafos 43 a 49; y a la protección victimal, los párrafos 25 a 42. Finalmente, los párrafos 50 a 61 se destinan a fomentar las alianzas y la coordinación entre las distintas partes.

257 No obstante, poco tiempo después de su fundación, ya se alertó de que, a pesar de la implementación de 11 proyectos que beneficiaron a miles de víctimas, su financiamiento era insuficiente, habiéndose recaudado únicamente 2.000.000 de dólares en los 5 años posteriores a su creación. Sin embargo, las víctimas de trata aparecen reconocidas como beneficiarias del Fondo Fiduciario de Contribuciones voluntarias de las Naciones Unidas para luchar contra las formas contemporáneas de la esclavitud. Fundado por la Asamblea General en 1991, este último Fondo ha concedido más de 8 millones de dólares a más de 400

2. La regulación de la trata de seres humanos en el Consejo de Europa.

En el ámbito regional europeo, el texto de referencia en materia de trata es el Convenio del Consejo de Europa sobre la lucha contra la trata de seres humanos, firmado en Varsovia el 16 de mayo de 2005 (en adelante, Convenio de Varsovia)[258], en vigor desde el 1 de febrero de 2008[259]. Este instrumento pretendía un cambio de

---

organizaciones en más de 100 países, y ha proporcionado rehabilitación y asistencia a miles de víctimas de trata de seres humanos, trabajo forzoso, esclavitud, matrimonio forzado, servidumbre, entre otros.

258 Previamente a su adopción, el Comité de Ministros había aprobado la Recomendación nº R(2000)11, sobre medidas contra la trata de seres humanos con fines de explotación sexual y la Recomendación nº R(2001)16, sobre la protección de los niños contra la explotación sexual. Siguiendo el enfoque de las citadas recomendaciones, la Asamblea Parlamentaria en 2002 recomendó al Comité de Ministros elaborar un convenio europeo sobre trata de mujeres. No obstante, un año después la Asamblea Parlamentaria consideró que debía ampliarse el ámbito del referido convenio a la trata de seres humanos, en general. Así, en abril del 2003 se ordenó la creación del Comité Especial de Acción contra la Trata de Seres Humanos que se encargó de preparar el borrador que posteriormente fue adoptado por el Consejo de Ministros el 3 de mayo de 2005. Sobre este proceso normativo, véase, por todos, SCARPA, S.: *Trafficking in Human Beings: Modern Slavery, op. cit.*, pp. 141-146; GALLAGHER, A.T.: *The international law of human trafficking, op. cit.*, pp. 110 y ss.; VILLACAMPA ESTIARTE, C.: *El delito de trata de seres humanos. una incriminación dictada desde el Derecho internacional, op. cit.*, pp. 178-181; CORREA DA SILVA, W.: "¡Que se rompan los grilletes! La cooperación internacional para la protección de los derechos humanos de las víctimas de trata de personas desde el Consejo de Europa", *Revista Facultad de Derecho y Ciencias Políticas*, vol. 44, nº 120, 2014, pp. 234-241; PLANITZER, J. y SAX, H.: "Introduction", en PLANITZER, J. y SAX, H. (Eds.), *A commentary on the Council of Europe Convention on action against Trafficking in Human Beings, op. cit.*, pp. 2-4.

259 Actualmente, ha sido ratificado por 48 Estados parte, 46 de los cuales son precisamente Estados miembros del Consejo de Europa, y los 2 restantes corresponden a Bielorrusia e Israel.

paradigma en cuanto al abordaje de la trata se refiere, hasta entonces muy focalizado en la incriminación del fenómeno, buscando un mayor equilibrio entre su persecución y la adecuada consideración a los derechos de protección y asistencia de las víctimas[260].

2.1. El Convenio de Varsovia: viraje hacia el victimocentrismo.

Del mismo modo que se ha constatado la importación de la aprobación del Protocolo de Palermo en el panorama internacional, la trascendencia del Convenio de Varsovia radica precisamente en el impulso de ese cambio de abordaje criminocéntrico de la trata hacia uno de tipo más victimocéntrico[261],

---

260 Al respecto, *vid.* STOYANOVA, V.: *Human Trafficking and Slavery Reconsidered. Conceptual Limits and States' Positive Obligations in European Law*, Cambridge University Press, Cambridge, 2017, pp. 27 y 28; ZHANG, S.: *Smuggling and trafficking in human beings: All roads lead to America*, Greenwood Publishing Group, 2007, p. 160; LENZERINI, F.: "International legal instruments on human trafficking and victim-oriented approach: which gaps are to be filled?", *Intercultural Human Rights Law Review*, Vol. 4, 2009, pp. 220 y ss.; VILLACAMPA ESTIARTE, C.: *El delito de trata de seres humanos: una incriminación dictada desde el Derecho Internacional*, *op. cit.*, pp. 176 y ss.; PIOTROWICZ, R.: "The European legal regime on trafficking in human beings", en PIOTROWICZ, R., RIJKEN, C. y UHL, B.H. (Eds.), *Routledge Handbook of Human Trafficking*, op. cit., p. 41; CONSEJO DE EUROPA: *Explanatory Report to the Council of Europe Convention on Action against Trafficking in Human Beings*, Consejo de Europa, Varsovia, 2005, párrafo 29.

261 Al respecto, *vid.* GALLAGHER, A.T.: "Recent legal developments in the field of Human Trafficking: A critical review of the 2005 European Convention and Related Instruments", *European Journal of Migration and Law*, vol. 8, 2006, pp. 170 y ss.; ZHANG, S.X.: *Smuggling and Trafficking in Human Beings: All roads lead to America, op. cit.*, p. 160; SCARPA, S.: *Trafficking in human beings. Modern Slavery, op. cit.*, pp. 163 y 164; LENZERINI, F.: "International legal instruments on human trafficking and victim-oriented approach: which gaps are to be filled?", *Intercultural human rights law review, op. cit.*, pp. 220 y ss.;

habiéndose considerado el primer instrumento legal que aborda la TSH desde una perspectiva de derechos humanos[262]. En este sentido, el considerando segundo del mismo identifica a la trata como "*una violación de los derechos de la persona y un atentado contra la dignidad y la integridad del ser humano*".

Así, el propio informe explicativo del Convenio reconoce que su finalidad no es "competir con otros instrumentos adoptados a escala mundial o regional, sino mejorar la protección que ofrecen y desarrollar los criterios normativos que contienen, en particular en relación con la protección de los derechos humanos de las víctimas de trata"[263]. Tanto es así que la definición que recoge el Convenio de Varsovia en su artículo 4 es prácticamente una reproducción exacta a la previamente establecida en el Protocolo de Palermo[264]. Igualmente, el Convenio adopta esa misma estrategia

---

VILLACAMPA ESTIARTE, C.: *El delito de trata de seres humanos. Una incriminación dictada desde el Derecho Internacional, op. cit.*, pp. 176 y ss.; WADE, M.L.: "Combatting trafficking in human beings: A step on the road to Global Justice?", en WINTERDYK, J. y JONES, J. (Eds.), *The Palgrave International Handbook of Human Trafficking, op. cit.*, pp. 1186 y 1188; ORTIZ HERNÁNDEZ, E.: "Aproximación internacional a la trata de seres humanos: especial referencia al Consejo de Europa", en VILLACAMPA ESTIARTE, C. (Dir.), *La trata de seres humanos tras un decenio de su incriminación. ¿Es necesaria una ley integral para luchar contra la trata y la explotación de seres humanos?, op. cit.*, p. 359.

262 *Vid.* PLANITZER, J. y SAX, H.: "Introduction", en PLANITZER, J. y SAX, H. (Eds.), *A commentary on the Council of Europe Convention on action against Trafficking in Human Beings, op. cit.*, p. 1.

263 *Vid.* CONSEJO DE EUROPA: *Explanatory Report to the Council of Europe Convention on Action against Traf-ficking in Human Beings, op. cit.*, párrafo 30.

264 De hecho, el propio art. 39 del Convenio de Varsovia resuelve la relación del mismo con el Protocolo de Palermo estableciendo que "*el presente Convenio no podrá atentar contra los derechos y obligaciones derivados de las disposiciones del Protocolo adicional del Convenio de las Naciones Unidas contra la delincuencia transnacional organizada destinado a prevenir, reprimir y castigar la trata de personas, especialmente mujeres y niños. El*

3P instaurada por el referido Protocolo, a tenor de los objetivos que aquel define en el párrafo primero de su artículo 1[265].

2.1.1. Las medidas de prevención de la trata.

Por cuanto se refiere a la prevención del delito, las medidas previstas por el Convenio no difieren en exceso respecto de las ya incluidas en el Protocolo de Palermo. En este sentido, se prevé también la realización de campañas de información y sensibilización al respecto[266] (art. 5), el refuerzo de los controles fronterizos con especial atención a los transportistas (art. 7) y al control sobre la legitimidad y validez de los documentos de viaje o de identidad (arts. 8 y 9). Finalmente, ambos textos normativos incluyen medidas tendentes a desincentivar la demanda; sin embargo, el Convenio de Varsovia ofrece una regulación más detallada sobre el particular, desde un enfoque más respetuoso

---

presente Convenio tiene como objetivo reforzar la protección instaurada por el Protocolo y desarrollar las normas que en él se enuncian".

265 Que reza como sigue: "*El presente Convenio tiene como objeto: (a) prevenir y combatir la trata de seres humanos, garantizando la igualdad entre las mujeres y los hombres; (b) proteger los derechos de la persona de las víctimas de la trata, crear un marco completo de protección y de asistencia a las víctimas y los testigos, garantizando la igualdad entre las mujeres y los hombres, así como garantizar una investigación y unas acciones judiciales eficaces; (c) promover la cooperación internacional en el campo de la lucha contra la trata de seres humanos*".

266 Aunque adoptando un enfoque de derechos humanos, teniendo en especial cuenta la feminización de la pobreza como factor impulsor, así como un enfoque respetuoso con los niños. *vid.* VILLACAMPA ESTIARTE, C.: *El delito de trata de seres humanos. Una incriminación dictada desde el Derecho Internacional, op. cit.*, p. 187; PIOTROWICZ, R.: "The European legal regime on trafficking in human beings", en PIOTROWICZ, R., RIJKEN, C. y UHL, B.H. (Eds.), *Routledge Handbook of Human Trafficking, op. cit.*, p. 42.

con los derechos humanos[267] y más acorde con el principio de no discriminación que promulga en su art. 3[268].

2.1.2. Las medidas de persecución del delito.

Respecto al ámbito de la persecución, las propuestas tampoco resultan especialmente innovadoras. Se hallan reguladas en el Cap. IV, relativo al "Derecho penal material", y principalmente consisten en tipificar las conductas de trata intencionadas (art. 18) y las que impliquen hacer uso de los servicios derivados de la explotación de la víctima con conocimiento de tal situación (art. 19). Además, se añade al listado de conductas delictivas a tipificar aquellas relacionadas con el uso o elaboración fraudulenta de documentos de identidad y de viaje o con la suplantación de la identidad (art. 20). Junto a la responsabilidad de las personas físicas, se prevé también la de las personas jurídicas -ya sea esta penal, civil o administrativa- (art. 22). No obstante, se establece un doble régimen de sanciones: el básico, aplicable ante la comisión de las conductas acabadas de referir; y el agravado, cuando se

---

267 Así, exige que estas medidas incluyan (a) investigación sobre las mejores prácticas, métodos y estrategias; (b) medidas destinadas a que se tome conciencia de la responsabilidad y del importante papel de los medios de comunicación y de la sociedad civil para identificar la demanda como una de las causas profundas de la trata de seres humanos; (c) campañas de información especializadas, en las que participen, cuando resulte adecuado, las autoridades públicas y los responsables políticos; (d) medidas preventivas que incluyan programas educativos destinados a niñas y niños durante su escolaridad, que subrayen el carácter inaceptable de la discriminación basada en el sexo y sus consecuencias nefastas, la importancia de la igualdad entre las mujeres y los hombres, así como la dignidad y la integridad de cada ser humano.

268 Que proscribe cualquier tipo de discriminación por razón de sexo, raza, color, idioma, religión, opiniones políticas o de otra índole, origen nacional o social, pertenencia a una minoría nacional, situación económica o cualquier otra situación.

hubiera puesto en peligro a la víctima, esta fuera menor de edad, el responsable fuera agente público en el ejercicio de sus funciones o actuara en el marco de una organización criminal (art. 24).

No obstante, la aportación más importante que incorpora el Convenio de Varsovia guarda relación con la excusa absolutoria o cláusula personal de levantamiento de pena[269] prevista en su artículo 26, en cuya virtud los Estados podrán optar por no sancionar a las víctimas por su participación en actividades ilícitas cuando hubieran sido obligadas a ello[270]. Dicha cláusula pretende evitar que las víctimas sean sancionadas por las infracciones -ya sean administrativas o penales- cometidas en el curso o como consecuencia de la situación de trata, considerando que estas

269 En este sentido, VILLACAMPA ESTIARTE, C.: *El delito de trata de seres humanos. Una incriminación dictada desde el Derecho Internacional, op. cit.*, p. 198. Sobre cómo se fraguó dicha cláusula, *vid.* PIOTROWICZ, R.: "Article 26. Non-punishment provision", en PLANITZER, J. y SAX, H. (Eds.), *A commentary on the Council of Europe Convention on action against Trafficking in Human Beings, op. cit.*, pp. 311-314. Por otro lado, el art. 26 de la Convención conmina a los Estados a evitar el castigo a las víctimas de trata, pero corresponde a cada Estado hacerlo de conformidad con los requisitos y limitaciones de su propio ordenamiento jurídico. Eso ha dado lugar a una variabilidad de fórmulas de no imposición de pena entre los distintos Estados parte. Así, mientras algunos Estados habían incluido disposiciones específicas de no imposición de penas; otros limitaban su operabilidad a los delitos relacionados con la trata; mientras que otros recurrirían a la apreciación de eximentes o atenuantes no específicas para las víctimas de trata en estos supuestos. *Vid.* GRETA, *4th General Report on GRETA's Activities*, Consejo de Europa, Estrasburgo, 2015, pp. 52–54.

270 Sobre el alcance de ese deber de los Estados, *vid.*, por todos, PIOTROWICZ, R.: "Article 26. Non-punishment provision", en PLANITZER, J. y SAX, H. (Eds.), *A commentary on the Council of Europe Convention on action against Trafficking in Human Beings, op. cit.*, pp. 319 y ss.; VILLACAMPA ESTIARTE, C.: "El principio de no punición o no penalización de las víctimas de trata de seres humanos. Reconocimiento normativo y aplicación", *Diario La Ley*, nº 10101, 2022, *passim*.

víctimas no son agentes libres y, por ende, no están en condiciones de resistirse a verse implicadas en dichas infracciones[271].

Por su parte, el Cap. V se dedica a la investigación, acciones judiciales y Derecho procesal constituyendo ese tratamiento diferenciado, *per se*, una novedad. El primer mandato del Convenio al respecto exige la no subordinación del curso de la investigación a la declaración o la acusación de la víctima. Es decir, permite la persecución *ex officio* del delito o, dicho de otro modo, la obligación del Estado de perseguir estas conductas delictivas sin necesidad de que la víctima denuncie los hechos, lo cual sucede con asiduidad dado el temor a las consecuencias o la falta de autopercepción como víctima[272]. Sin perjuicio de lo anterior, en caso de que la víctima quiera denunciar los hechos, deberán brindarse las medidas oportunas para hacerlo y ofrecerle la posibilidad de ser asistida por entidades u organizaciones especializadas (art. 27).

Tanto las víctimas como aquellos que aporten información sobre el delito o quienes declaren en calidad de testigos y, en su caso, sus familiares gozarán de una protección efectiva y adecuada frente a las posibles represalias o intimidaciones que pudieran recibir durante el transcurso de las investigaciones o con

---

271 *Vid.* PIOTROWICZ, R.: "Article 26. Non-punishment provision", PLANITZER, J. y SAX, H. (Eds.), *A commentary on the Council of Europe Convention on action against Trafficking in Human Beings, op. cit.*, pp. 310 y 316. Sin perjuicio de que el sentido de esta cláusula obedezca, principalmente, a ese enfoque victimocéntrico y basado en los derechos humanos que promueve la Convención, el propio GRETA ha apuntado a la utilidad práctica de su incorporación en las legislaciones internas, por cuanto la no criminalización de las víctimas puede fomentar su cooperación con las autoridades en la investigación y persecución del delito. *Vid.* GRETA: *2nd General Report of GRETA's Activities*, Consejo de Europa, Estrasburgo, 2012, párrafo 58.

272 *Vid.* PIOTROWICZ, R.: "The European legal regime on trafficking in human beings", en PIOTROWICZ, R., RIJKEN, C. y UHL, B.H. (Eds.), *Routledge Handbook of Human Trafficking*, op. cit., p. 45.

posterioridad a las mismas (art. 28.1)[273]. Esta protección podrá hacerse igualmente extensible a los miembros de las organizaciones especializadas encargados de asistir a las víctimas de trata durante el proceso (art. 28.4). Estas medidas protectoras podrán incluir la protección física, la adjudicación de un nuevo lugar de residencia, el cambio de identidad y la ayuda en la obtención de un empleo (art. 28.2). En el ámbito estrictamente procesal, el artículo 30 establece medidas específicas destinadas a proteger la vida privada y, en caso necesario, la identidad de las víctimas, así como a garantizar su seguridad y protección frente a la intimidación durante los procedimientos judiciales.

Por su parte, el artículo 29 prevé medidas destinadas a garantizar la especialización de las personas competentes en esta materia, debiendo los Estados parte considerar el nombramiento de Relatores Nacionales u órganos similares encargados de supervisar la legislación nacional y las actividades en el ámbito de la trata de personas. Por último, el artículo 31 establece normas básicas sobre la jurisdicción de los Estados Parte sobre los delitos tipificados por el Convenio, en base a los principios de territorialidad, nacionalidad y personalidad pasiva[274]. No obstante, de

---

273 Cabe remarcar, no obstante, que el nivel de protección no es igual en relación con todos los sujetos referidos, por cuanto dichas medidas protectoras únicamente se aplicarán a los colaboradores y a los familiares de víctimas o testigos "cuando proceda" o "fuera necesario". *Vid.* ORTIZ HERNÁNDEZ, E.: "Aproximación internacional a la trata de seres humanos: especial referencia al Consejo de Europa", en VILLACAMPA ESTIARTE, C. (Dir.), *La trata de seres humanos tras un decenio de su incriminación. ¿Es necesaria una ley integral para luchar contra la trata y la explotación de seres humanos?*, *op. cit.*, p. 372.

274 El citado precepto reza: "*Las Partes adoptarán las medidas legislativas o de otro tipo necesarias para establecer su competencia ante cualquier delito tipificado con arreglo al presente Convenio cuando el delito se haya cometido: a. en su territorio; b. a bordo de un buque con bandera de dicha Parte; c. a bordo de una aeronave matriculada de acuerdo con las leyes de dicha Parte; d. por uno de sus nacionales o por un apátrida que tenga su residencia habitual en su territorio,*

conformidad con su apartado 2, los Estados pueden reservarse el derecho a no establecer la jurisdicción extraterritorial sobre la base de los principios de nacionalidad o de personalidad pasiva, aunque se recomienda encarecidamente que lo hagan[275].

2.1.3. Las medidas de protección de las víctimas.

Finalmente, al ámbito de la protección victimal se refieren los arts. 10 a 17 contenidos en el Capítulo III del Convenio, que reconocen una serie de derechos a todas las víctimas de trata que deberán hacerse efectivos de conformidad con el principio de igualdad entre hombres y mujeres (art. 17). Entre ellos, el primero es el de ser debidamente identificadas, como paso previo necesario para recibir la protección y asistencia debida[276]. Para este fin, resulta imprescindible la formación y capacitación de profesionales competentes (art. 10.1)[277].

---

cuando el delito sea penalmente punible allá donde ha sido cometido, o si no es competencia territorial de ningún Estado; e. con uno de sus nacionales". *Vid.* SCARPA, S.: *Trafficking in Human Beings: Modern Slavery, op. cit.*, p. 157.

275 *Vid. Ibidem.*

276 La importancia de esta disposición, que no se incluyó en el Protocolo contra la trata de personas de las Naciones Unidas, es evidente. Pues, si no se identifica adecuadamente a las víctimas de trata, no hay posibilidad, por un lado, de protegerlas y, por otro, de obtener información sobre los traficantes para romper el ciclo de explotación. *Vid.* SCARPA, S.: *Trafficking in Human Beings: Modern Slavery, op. cit.*, p. 149; CONSEJO DE EUROPA: *Explanatory Report to the Council of Europe Convention on Action against Trafficking in Human Beings, op. cit.*, p. 22, párrafo 127.

277 En este sentido, sin exigir el establecimiento de unidades o profesionales especialistas en la materia, el Convenio exige su debida capacitación para identificar a posibles víctimas de trata. Pues, frecuentemente, cuando las víctimas carecen de documentos de viaje o identidad corren el riesgo de ser tratadas principalmente como inmigrantes ilegales, prostitutas o trabajadoras ilegales y ser castigadas o devueltas a sus

Cuando la víctima sea presumiblemente menor de edad, se le otorgará una protección especial hasta que pueda determinarse su edad (art. 10.3). En el caso de menores no acompañados (MENAs), deberá designarse, en estos supuestos, un tutor que actúe conforme al interés superior del menor. El Estado, además, deberá establecer la identidad y nacionalidad del niño, esforzándose por encontrar a su familia, salvo que esto fuera contrario al interés del menor (art. 10.4)[278].

El artículo 11 obliga a los Estados parte a proteger la vida privada e identidad de las víctimas, debiendo conservar sus datos de forma segura y, en el caso de menores, garantizando que su identidad no se haga pública -salvo en casos excepcionales[279]-. Finalmente, en aras a ayudar a las víctimas en su recuperación física, psicológica y social -esto es, en su empoderamiento-[280], el

---

países sin recibir ayuda alguna. *Vid.* CONSEJO DE EUROPA: *Explanatory Report to the Council of Europe Convention on Action against Trafficking in Human Beings, op. cit.*, p. 22, párrafos 128 y 129.; PIOTROWICZ, R.: "The European legal regime on trafficking in human beings", en PIOTROWICZ, R., RIJKEN, C. y UHL, B.H. (Eds.), *Routledge Handbook of Human Trafficking, op. cit.*, p. 42. Por su parte. SCARPA lamenta que no se haya previsto la posibilidad de recurrir la decisión de una autoridad competente que haya denegado la condición de víctima de trata ante un órgano independiente e imparcial compuesto por especialistas en el ámbito de la trata de seres humanos. *Vid.* SCARPA, S.: *Trafficking in Human Beings: Modern Slavery, op. cit.*, p. 150.

278 *Vid.* PIOTROWICZ, R.: "The European legal regime on trafficking in human beings", en PIOTROWICZ, R., RIJKEN, C. y UHL, B.H. (Eds.), *Routledge Handbook of Human Trafficking, op. cit.*, p. 43.

279 Esto es, cuando se trate de permitir la localización de miembros de la familia del niño o de garantizar por otro medio su bienestar y su protección. *Vid.* SCARPA, S.: *Trafficking in Human Beings: Modern Slavery, op. cit.*, p. 152.

280 *Vid.* CORREA DA SILVA, W.: "¡Qué se rompan los grilletes! La cooperación internacional para la protección de los derechos humanos de las víctimas de trata de personas desde el Consejo de Europa", *Revista Facultad de Derecho y Ciencias Políticas, op. cit.*, p. 249.

artículo 12 contiene un catálogo de mínimos en el que se contemplan medidas asistenciales que todo Estado deberá garantizar. En este sentido, todas las víctimas de trata[281] deberán contar con un nivel de vida adecuado que garantice su subsistencia, incluidos el alojamiento y la asistencia psicológica y material; tratamiento médico de urgencia[282]; servicios de traducción e interpretación; asesoramiento e información en un idioma que puedan comprender sobre sus derechos legales y sobre los servicios a su disposición; asistencia en la defensa de sus derechos[283]; y, en caso de los niños, acceso a la educación (art. 12.1).

---

281 Esta obligación de prestar asistencia se aplica a todas las víctimas, ya sean de trata nacional o transnacional, y es irrelevante si se ha expedido o no un permiso de residencia. Sin embargo, la obligación termina tan pronto como la víctima de trata abandona el Estado Parte en el que ha sido encontrada. *Vid.* PLANITZER, J.: "Article 12. Assistance to victims", en PLANITZER, J. y SAX, H. (Eds.), *A commentary on the Council of Europe Convention on action against Trafficking in Human Beings, op. cit.*, p. 167.

282 El artículo 12 establece una distinción entre el tratamiento médico de urgencia (artículo 12.1-b) y la asistencia médica necesaria para las víctimas que residen legalmente en el territorio (artículo 12.3). Esto se subraya en el informe explicativo, en el que se afirma que "la asistencia médica completa sólo se presta a las víctimas que residen legalmente en el territorio del Estado Parte". *Vid.* CONSEJO DE EUROPA: *Explanatory Report to the Council of Europe Convention on Action against Trafficking in Human Beings, op. cit.*, p. 26. En contra de dicha limitación de los derechos tuitivos a la residencia legal de la víctima, CORREA DA SILVA, W.: "¡Qué se rompan los grilletes! La cooperación internacional para la protección de los derechos humanos de las víctimas de trata de personas desde el Consejo de Europa", *Revista Facultad de Derecho y Ciencias Políticas, op. cit.*, p. 249.

283 Tanto los servicios de asesoramiento e información, como los servicios de asistencia en la defensa de sus derechos son más amplios que la "asistencia jurídica gratuita" y, por ende, no tienen que ser prestados necesariamente por un abogado. *Vid.* PLANITZER, J.: "Article 12. Assistance to victims", en PLANITZER, J. y SAX, H. (Eds.), *A commentary on the Council of Europe Convention on action against Trafficking in Human Beings, op. cit.*, p. 173.

Cuando las presuntas víctimas de trata se hallen en el territorio de forma irregular u ostenten un permiso de residencia de corta duración[284], se les ofrecerá un período de restablecimiento y reflexión -de al menos 30 días-[285] durante el cual no podrán ser expulsadas[286]. Transcurrido ese período, los Estados podrán concederle un permiso de residencia renovable -cuya duración queda sujeta a la discreción del Estado[287]- cuando su estancia sea considerada necesaria teniendo en cuenta su situación personal y/o cuando se considere así a razón de su cooperación con las autoridades competentes en la investigación o enjuiciamiento del delito (art. 14.1). Esto sin perjuicio del derecho a asilo que pudiera solicitar la víctima (art. 14.5). Por el contrario, la víctima puede optar por el retorno a su país de origen o de residencia (art. 16.1), debiendo los Estados facilitar dicho proceso en condiciones de respecto a los derechos humanos, a la seguridad y dignidad de la víctima (art. 16.2), debiendo velar asimismo por favorecer la reinserción de la víctima en la sociedad de retorno en aras a evitar su revictimización (art. 16.5).

---

284 *Vid.* CONSEJO DE EUROPA: *Explanatory Report to the Council of Europe Convention on Action against Trafficking in Human Beings*, *op. cit.*, p. 28.

285 Aunque se recomendaba que fuera de 3 meses. *Vid. Ibidem*, párrafo 177.

286 Uno de los propósitos de este periodo es permitir a las víctimas recuperarse y escapar de la influencia de los traficantes. La recuperación de las víctimas implica su recuperación física, aunque también pretende que hayan recuperado un mínimo de estabilidad psicológica. La otra finalidad es permitir a las víctimas tomar una decisión sobre su cooperación con las autoridades competentes en el enjuiciamiento de los tratantes, debiendo estar previamente informada. Es decir, la víctima debe estar en un estado de ánimo razonablemente tranquilo, no sometida a la influencia de los tratantes, y conocer las medidas de protección y asistencia disponibles y los posibles procedimientos judiciales contra sus victimarios. *Vid. ibidem*, párrafo 174.

287 Si bien la Asamblea había considerado establecer una duración mínima de 6 meses en relación con el permiso de residencia. Sin embargo, dicha propuesta no fue incluida en el texto final de la Convención.

2.2. Principales novedades del Convenio de Varsovia respecto al precedente Protocolo de Palermo.

Sin perjuicio de compartir esa misma estrategia 3P, el Convenio de Varsovia diverge sustancialmente del Protocolo de Palermo en su ámbito aplicativo, que se extiende a cualquier forma de trata, con independencia de su carácter nacional o transnacional y de su relación o no con la delincuencia organizada (art. 2)[288], previsión que se muestra más realista con la realidad criminológica del fenómeno -*vid. supra*-[289].

Otra de las novedades que presenta el Convenio y que se consideró un avance importante respecto al Protocolo de Palermo[290],

---

288 *Vid.* CORREA DA SILVA, W.: "¡Qué se rompan los grilletes! La cooperación internacional para la protección de los derechos humanos de las víctimas de trata de personas desde el Consejo de Europa", *Revista Facultad de Derecho y Ciencias Políticas, op. cit.*, p. 244.

289 *Vid.* VILLACAMPA ESTIARTE, C.: *El delito de trata de seres humanos. Una incriminación dictada desde el Derecho Internacional, op. cit.*, p. 185. Respecto a la relación del fenómeno con los referidos factores -transnacionalidad y criminalidad organizada- véase el Capítulo anterior.

290 *Vid.* GALLAGHER, A.: "Recent legal developments in the field of Human Trafficking: A critical review of the 2005 European Convention and Related Instruments", *European Journal of Migration and Law, op. cit.*, p. 186; SCARPA, S.: *Trafficking in human beings. Modern Slavery, op. cit.*, p. 164; CONSEJO DE EUROPA: *Explanatory Report to the Council of Europe Convention on Action against Trafficking in Human Beings, op. cit.*, p. 53; VILLACAMPA ESTIARTE, C.: *El delito de trata de seres humanos. Una incriminación dictada desde el Derecho Internacional, op. cit.*, p. 200; PIOTROWICZ, R.: "The European legal regime on trafficking in human beings", en PIOTROWICZ, R., RIJKEN, C. y UHL, B.H. (Eds.), *Routledge Handbook of Human Trafficking*, op. cit., p. 41; PLANITZER, J. y SAX, H.: "Introduction", en PLANITZER, J. y SAX, H. (Eds.), *A commentary on the Council of Europe Convention on action against Trafficking in Human Beings, op. cit.*, p. 2.

es la creación de un mecanismo de seguimiento específico[291] con el fin de garantizar que las Partes apliquen de forma eficaz las disposiciones del Convenio, tal y como se anuncia en su art. 1.2.

Concretamente, el artículo 36 del Convenio prevé la creación del llamado Grupo de expertos sobre la lucha contra la trata de seres humanos o *Group of Experts on Action against Trafficking in Human Beings* (GRETA)[292], que tiene encomendada la labor de velar por que las Partes apliquen el Convenio. A tales efectos, su principal herramienta consiste en la elaboración de un informe y

---

291 Pues, si bien la Convención de las Naciones Unidas sobre Delincuencia Organizada Transnacional preveía la figura de los "grupos de trabajo" o *working groups*, estos no se equiparan a un verdadero instrumento de seguimiento del cumplimiento de la Convención, pues no realizan informes individuales a las Partes sobre el grado de implementación de la misma, ni emiten recomendaciones individuales al respecto. *Vid.* GALLAGHER, A.T.: "Trafficking in transnational criminal law", en PIOTROWICZ, R., RIJKEN, C. y UHL, B.H. (Eds.), *Routledge Handbook of Human Trafficking, op. cit.*, p. 33. Sin embargo, debe destacarse que, durante la celebración de la Conferencia de las Partes en la Convención de las Naciones Unidas contra la Delincuencia Organizada Transnacional, el 19 de octubre de 2018, se estableció un mecanismo de revisión de dicha Convención y de sus protocolos. Aunque el apartado VIII aclara que el sometimiento de los Estados parte de la Convención a dicha revisión será voluntaria, se articula un proceso compuesto por una fase preparatorio (años 1 y 2) y cuatro fases bianuales de revisión (años 3 a 12) en las que los Estados parte examinados deberán responder a un cuestionario de autoevaluación.

292 Integrado por entre 10 y 15 miembros imparciales, de diferentes sexos y nacionalidades, elegidos por el Comité de las Partes por sus conocimientos en materia de derechos humanos, protección a las víctimas y lucha contra la trata de seres humanos, o por su experiencia profesional en dichos ámbitos. Ampliamente sobre su configuración y funcionamiento, véase SAX, H.: "Group of Experts on Action against Trafficking in Human Beings", en PLANITZER, J. y SAX, H. (Eds.), *A commentary on the Council of Europe Convention on action against Trafficking in Human Beings, op. cit.*, pp. 410-424.

sus conclusiones[293] relativas a las medidas adoptadas por la Parte en cuestión para aplicar las disposiciones del Convenio. Dicho informe será enviado al correspondiente Estado y al Comité de las Partes que, a su vez, podrá formularle recomendaciones para que incorpore ciertas medidas en una determinada fecha (art. 38). Hasta el momento, el organismo presidido por la neerlandesa Conny Rijken ha elaborado un total de 13 informes generales -el último de los cuales referido al año 2023[294]-y ha empezado su cuarta ronda de evaluación[295] con un significativo impacto en el desarrollo de las legislaciones de sus Estados miembros[296].

---

293 Estos documentos son el fruto de la previa evaluación llevada a cabo por el GRETA a través de sucesivas rondas, en las que podrá servirse de un cuestionario. De ser necesario, el GRETA se halla facultado para realizar visitas a los países oportunos, pudiendo contar con la asistencia de especialistas en la materia.

294 *Vid.* GRETA: *13th General Report*, Council of Europe, Estrasburgo, 2024. En este documento, principalmente, se detalla la actividad llevada a cabo por el GRETA en el último año como las visitas de evaluación, la participación en actividades de cooperación, la elaboración de recomendaciones y guías sobre un ámbito especifico, entre otros.

295 Que, de acuerdo con su calendario, debería culminar en julio de 2028 con la presentación de los informes finales relativos a Liechtenstein y Ucrania en la 63ª reunión del organismo.

296 Al respecto, GRETA: *Practical impact of GRETA'S monitoring work*, Council of Europe, Estrasburgo, 2019. En la página 33 del referido documento se hace alusión a las medidas adoptadas por España en su ordenamiento jurídico afines a las recomendaciones realizadas por GRETA tras su primera ronda de evaluación. En sentido similar, GRETA: *12th General Report, op. cit*, pp. 20-28.

2.3. La Carta Europea de Derechos Humanos y el papel del Tribunal Europeo de Derechos Humanos en la lucha contra la trata en el seno del Consejo de Europa.

Previamente a la adopción del Convenio de Varsovia, cabe destacar que la Carta Europea de Derechos Humanos (CEDH) proscribía en su artículo 4 la esclavitud, la servidumbre y los trabajos forzosos, pero no específicamente la TSH. Esta omisión fue "corregida" por el Tribunal Europeo de Derechos Humanos (TEDH) que, a partir de la sentencia *Ranstev vs. Rusia y Chipre*[297]

---

[297] Ranstev vs. Chipre y Rusia, pp. 272-276. Dicha resolución reconoce que "La ausencia de una referencia expresa a la trata de seres humanos en el Convenio [Europeo de Derechos Humanos] no es de extrañar. El Convenio se inspiró en la Declaración Universal de los Derechos Humanos, proclamada por la Asamblea General de las Naciones Unidas en 1948, que a su vez no mencionaba expresamente la trata. (...). Sin embargo, al evaluar el alcance del artículo 4[1] del Convenio, no hay que perder de vista las características especiales del mismo ni el hecho de que es un instrumento vivo que debe interpretarse a la luz de las condiciones actuales. Los estándares cada vez más estrictos que se exigen en el ámbito de la protección de los derechos humanos y de las libertades fundamentales requieren de manera correspondiente e inevitable una mayor firmeza en la apreciación de las vulneraciones de los valores fundamentales de las sociedades democráticas". Ampliamente sobre esta cuestión, *vid.* STOYANOVA, V.: "Europe Court of Human Rights and the right not to be subjected to slavery, servitude, forced labor and human trafficking", en WINTERDYK, J. y JONES, J. (Eds.), *The Palgrave International Handbook of Human Trafficking, op. cit.*, pp. 1393-1407. En este sentido también, *vid.* CORREA DA SILVA, W.: "¡Que se rompan los grilletes! La cooperación internacional para la protección de los derechos humanos de las víctimas de trata de personas desde el Consejo de Europa", *Revista Facultad de Derecho y Ciencias Políticas, op. cit.*, p. 233; BAKIRCI, K. y RITCHIE, G.: "Corporate liability for modern slavery", *Journal of Financial Crime, op. cit.*, p. 578; PIOTROWICZ, R.: "The European legal regime on trafficking in human beings", en PIOTROWICZ, R., RIJKEN, C. y UHL, B.H. (Eds.), *Routledge Handbook of Human Trafficking, op. cit.*,

en 2010, interpretó el referido precepto de la Convención de forma amplia de modo que los supuestos de trata tuvieran también cabida en él. Así, el TEDH declaró que incurre en una violación del citado art. 4 CEDH el Estado que "*no consiga adoptar las medidas apropiadas, dentro del alcance de sus potestades, para apartar a dicho individuo de la situación o riesgo* -real e inminente de ser objeto de trata o de explotación-"[298], obligación que no solo concierne al Estado de destinación, sino también a los Estados de origen y tránsito[299]. Al respecto, cabe destacar la labor realizada por el TEDH en reafirmar la obligación de los Estados de proteger a las víctimas de trata[300], así como de respetar los derechos de los acusados[301].

---

p. 49; ORTIZ HERNÁNDEZ, E.: "Aproximación internacional a la trata de seres humanos: especial referencia al Consejo de Europa", en VILLACAMPA ESTIARTE, C. (Dir.), *La trata de seres humanos tras un decenio de su incriminación. ¿Es necesaria una ley integral para luchar contra la trata y la explotación de seres humanos?, op. cit.*, p. 376.

298 *Vid.* Ranstev c. Chipre y Rusia, párrafo 286.

299 *Ibidem*, párrafo 289.

300 *Vid.* Ranstev c. Chipre y Rusia, de 7 de enero de 2010; L.E. c. Grecia (nº 71545/12), de 21 de enero de 2016; J. y otros c. Austria (nº 58216/12), de 17 de enero de 2017; Chowdury y otros c. Grecia, de 30 de marzo de 2017; T.I. y otros c. Grecia (nº 40311/10), de 18 de julio de 2019; S.M. c. Croacio (nº 60561/14), de 25 de junio de 2020; V.C.L. y A.N. c. el Reino Unido (nº 77587/12 y nº 74603/12), de 16 de febrero de 2021; A.I. c. Italia (nº 70896/17), de 1 de abril de 2021; Zoletić y otros c. Azerbaiyán, de 7 de octubre de 2021.

301 *Vid.* Al Alo c. Eslovaquia, de 10 de febrero de 2022. El Tribunal no apreció vulneración alguna en el caso Kaya c. Alemania, de 28 de junio de 2007; y optó por la inadmisibilidad de la demanda en Tas c. Bélgica, de 12 de mayo de 2009 y Alves de Oliveira c. Francia, de 25 de noviembre de 2021. Puede encontrarse un repaso de la jurisprudencia del TEDH relativa a la trata de seres humanos en ORTIZ HERNÁNDEZ, E.: "Aproximación internacional a la trata de seres humanos: especial referencia al Consejo de Europa", en VILLACAMPA ESTIARTE, C. (Dir.), *La trata de seres humanos tras un decenio de su incriminación. ¿Es necesaria una ley integral para luchar contra la trata y la explotación de seres humanos?, op. cit.*, pp. 376-179.

3. La regulación de la trata de seres humanos en la Unión Europea.

3.1. Los antecedentes a la actual Directiva 2011/36/UE, relativa a la lucha contra la trata de seres humanos y la protección de las víctimas.

También en el seno de la UE se aprobaron varios textos normativos destinados a contrarrestar la TSH, habiéndose institucionalizado la lucha contra este fenómeno[302]. Así, por ejemplo, en el Carta de Derechos Fundamentales de la Unión Europea (CDFUE), de 7 de diciembre de 2000, se prohibía la TSH expresamente en su artículo 5.3 CDFUE.

Sin perjuicio de lo anterior, en un inicio, del mismo modo que ocurriera en el panorama internacional, la lucha contra la trata se circunscribía a aquella que tenía como finalidad la explotación sexual de mujeres y niños[303]. Prueba ello es la Acción Común 97/154/JAI del Consejo, de 24 de febrero de 1997 relativa a la lucha contra la trata de seres humanos y la explotación sexual de los niños. La posterior consideración de la TSH como una amenaza al espacio de libertad, seguridad y justicia instau-

---

302 Sobre la evolución normativa referente a la trata en el ámbito comunitario, véase VILLACAMPA ESTIARTE, C.: "La nueva directiva europea relativa a la prevención y a la lucha contra la trata de seres humanos y a la protección de las víctimas. ¿Cambio de rumbo en la política la Unión en materia de trata de seres humanos?", *Revista electrónica de Ciencia Penal y Criminología, op. cit.*, pp. 13 y ss.; PÉREZ ALONSO, E.: "La política europea en materia de trata de seres humanos", *Revista de la Facultad de Derecho de la Universidad de Granada*, nº 16-18, 2013-2015, pp. 1147-1194.

303 *Vid.* VILLACAMPA ESTIARTE, C.: *El delito de trata de seres humanos. Una incriminación dictada desde el Derecho Internacional, op. cit.*, 2011, p. 166; VILLACAMPA ESTIARTE, C.: "La nueva directiva europea relativa a la prevención y a la lucha contra la trata de seres humanos y a la protección de las víctimas. ¿Cambio de rumbo en la política la Unión en materia de trata de seres humanos?", *Revista electrónica de Ciencia Penal y Criminología, op. cit.*, p. 19.

rado por el art. 3.2 del Tratado de la Unión Europea (TUE)[304] dio lugar a la aprobación de la Decisión Marco sobre la lucha contra la trata de 2002[305] (en adelante, DM 2002/629/JAI) y a la posterior Directiva 2004/81/CE[306], de 29 de abril de 2004, relativa a la expedición de un permiso de residencia a nacionales de terceros países que sean víctimas de trata[307].

Así, la DM 2002/629/JAI acentuó la estela criminocéntrica del Protocolo de Palermo focalizando sus esfuerzos prácticamente en la mera incriminación de estas conductas delictivas[308], consi-

---

304 Desarrollado en el Título V del TFUE (arts. 67 a 89).

305 Decisión Marco 2002/629/JAI del Consejo, de 19 de julio de 2002, relativa a la lucha contra la trata de seres humanos. Actualmente derogada, tras ser sustituida por la posterior Directiva 2011/36/UE.

306 Directiva 2004/81/CE del Consejo, de 29 de abril de 2004, relativa a la expedición de un permiso de residencia a nacionales de terceros países que sean víctimas de la trata de seres humanos o hayan sido objeto de una acción de ayuda a la inmigración ilegal, que cooperen con las autoridades competentes.

307 Dicha Directiva prevé la posibilidad de reconocer un período de reflexión a las víctimas para decidir si quieren colaborar o no con la Administración de Justicia. En caso de ser esa su voluntad, podrá concederles un permiso de residencia especial con una duración mínima de 6 meses (art. 8), durante el que deberá garantizarse la asistencia médica y la ayuda económica, si fuera necesario (art. 9). Por el contrario, la no colaboración de la víctima con las autoridades supone la no concesión de dicho permiso o su revocación (art. 14), que igualmente podrá no renovarse en caso de ponerse fin al procedimiento penal (art. 13).

308 *Vid.* VILLACAMPA ESTIARTE, C.: *El delito de trata de seres humanos. Una incriminación dictada desde el Derecho Internacional, op. cit.*, 2011, pp. 166-167; VILLACAMPA ESTIARTE, C.: "La nueva directiva europea relativa a la prevención y a la lucha contra la trata de seres humanos y a la protección de las víctimas. ¿Cambio de rumbo en la política la Unión en materia de trata de seres humanos?", *Revista electrónica de Ciencia Penal y Criminología, op. cit.*, p. 19.

deradas una manifestación más de la delincuencia organizada[309]. Pues su objetivo era armonizar las legislaciones en materia penal de los Estados miembros en aras a dotar de una mayor eficacia la persecución del delito[310]. En este sentido, además de ofrecer una definición de la trata en términos similares a los establecidos en el Protocolo de Palermo, las obligaciones dimanantes de la DM 2002/629/JAI se circunscribían a la criminalización del fenómeno, destinando a la protección de las víctimas un único artículo (art. 7 DM 2002) referido, principalmente, a las víctimas menores de edad.

Afortunadamente, en las Declaraciones de Bruselas de 2002 se manifestó la necesidad de adoptar un nuevo enfoque de la trata de seres humanos más centrado en la protección de sus víctimas[311], hecho que condujo a la aprobación de la Decisión de la Comisión de 2003[312] en la que se ordenaba la creación de un Grupo con-

---

309 Sobre como esa vinculación de la trata con la inmigración ilegal y la delincuencia organizada presidió la política de la UE, véase, VILLACAMPA ESTIARTE, C.: "La nueva directiva europea relativa a la prevención y a la lucha contra la trata de seres humanos y a la protección de las víctimas. ¿Cambio de rumbo en la política la Unión en materia de trata de seres humanos?", *Revista electrónica de Ciencia Penal y Criminología, op. cit.*, pp. 19 y 20.

310 Así, su considerando (7) reza: "*Es necesario abordar la grave infracción penal que constituye la trata de seres humanos no sólo mediante la acción individual de cada Estado miembro, sino con un enfoque global, caracterizado por una definición de los elementos constitutivos de Derecho penal comunes a todos los Estados miembros que incluya sanciones efectivas, proporcionadas y disuasorias*".

311 Paralelamente, el Consejo aprobó en 2001 un Programa de Acción en el que se recomendaba el establecimiento de un plan de acción contra la trata de seres humanos, que terminó adoptándose en 2005. Se trata del Plan de la UE sobre mejores prácticas, normas y procedimientos para luchar contra la trata de seres humanos y prevenirla (2005/C 311/01). *Vid.* DOUE C 311/1, de 9 de diciembre de 2005.

312 Decisión de la Comisión 2003/209/EC, de 25 de marzo de 2003. Posteriormente, a fin de garantizar la continuidad de las labores realizadas por dicho grupo, se adoptó la Decisión de la Comisión

sultivo de Expertos en Trata de Seres Humanos[313]. Ese cambio de paradigma se constató a raíz del informe emitido en 2004 por el referido grupo de expertos, que abogaba por adoptar una aproximación multidisciplinar al fenómeno, considerado como una grave vulneración de los derechos humanos[314]. Así, los Estados miembros, más allá de prevenir y sancionar estas conductas, debían procurar a las víctimas la ayuda y los medios necesarios para su "recuperación" con independencia de su situación administrativa.

Sin embargo, esa nueva aproximación victimocéntrica no se materializó hasta la propuesta de Decisión Marco del Consejo relativa a la prevención y la lucha contra la trata de seres humanos y a la protección de las víctimas de 2009 que no llegó a prosperar como consecuencia de la entrada en vigor del Tratado de Funcionamiento de la Unión Europea (TFUE), de 1 de diciembre de 2009[315]. No obstante, el espíritu de la misma se trasladó a la posterior Directiva del Parlamento Europeo y del Consejo, relativa a la lucha contra la trata de seres humanos y la protección de las víctimas (en adelante, Directiva 2011/36/UE)[316] y que supuso la derogación de la DM 2002/629/JAI.

2007/675/CE, de 17 de octubre de 2007, por la que se crea el "Grupo de expertos en la trata de seres humanos".

313 Dicho grupo se componía de 20 miembros con experiencia en la lucha contra la trata -21, desde la Decisión de la Comisión de 2007- pertenecientes a las administraciones de los Estados miembros de la UE; las administraciones de los Estados candidatos, organizaciones intergubernamentales o no gubernamentales, pudiendo también ser integrantes del grupo los miembros de la academia expertos en la materia (art. 3).

314 *Vid.* VILLACAMPA ESTIARTE, C.: "La nueva directiva europea relativa a la prevención y a la lucha contra la trata de seres humanos y a la protección de las víctimas. ¿Cambio de rumbo en la política la Unión en materia de trata de seres humanos?", *Revista electrónica de Ciencia Penal y Criminología, op. cit.*, pp. 22 y 23.

315 *Vid. Ibidem.*, pp. 24 y 29.

316 Firmada el 5 de abril de 2011 y, en vigor, desde el 15 de abril de 2011. *Vid.* DOUE L 101, de 15 de abril de 2011.

3.2. La Directiva 2011/36/UE: la consolidación de la política 3P para combatir la trata en la Unión Europea.

La Directiva 2011/36/UE promueve un abordaje holístico de la trata de personas articulado sobre la base de la referida "política 3P", aunque incidiendo también en la necesidad de cooperación[317]. Así, por cuanto se refiere a las medidas de prevención del delito, estas se dirigen a la realización de campañas de sensibilización e información, promoviendo asimismo la educación y la formación, especialmente de determinados profesionales[318] (art. 18). Por otro lado, en aras a reducir la demanda, se faculta a los Estados para tipificar el uso de servicios de personas sometidas a explotación, cuando el consumidor sea consciente de tal condición (art. 18.4).

A la persecución del delito se refieren los arts. 2 a 10 de la Directiva 2011/36/UE. El art. 2 conmina a los Estados miem-

---

317 La similitud en el enfoque adoptado por la Directiva 2011/36/UE y la Convención de Varsovia planteaba dudas respecto a como debería resolverse un eventual conflicto de obligaciones entre ambos textos normativos. Al respecto, el art. 40.3 de la Convención establece que "*las Partes que sean miembros de la Unión Europea aplicarán en sus relaciones mutuas las reglas de la Comunidad y de la Unión Europea en la medida en que existan reglas de la Comunidad o de la Unión Europea que regulen cada tema específico que se presente y sean aplicables a cada caso, sin perjuicio del objeto y la finalidad del presente Convenio y sin perjuicio de su entera aplicación respecto al resto de las Partes*". Así, se crean dos regímenes de aplicación del Convenio de Varsovia distintos en relación a si, además de ser parte del Convenio, se es miembro de la UE o no. *Vid.* PIOTROWICZ, R.: "The European legal regime on trafficking in human beings", en PIOTROWICZ, R., RIJKEN, C. y UHL, B.H. (Eds.), *Routledge Handbook of Human Trafficking*, *op. cit.*, p. 48.

318 Si bien el art. 18.3 se refiere expresamente a los órganos policiales, el considerando 25 hace extensiva dicha formación a los funcionarios de inmigración, fiscales, jueces, abogados, inspectores de trabajo, personal sanitario, docente y de los servicios sociales, entre otros.

bro a incriminar la trata que, definida en términos parecidos al Protocolo de Palermo, incluye la mendicidad y la realización de actividades delictivas como formas de explotación de la víctima. En cuanto a las sanciones aplicables a estas conductas, se observa un incremento penológico exigiéndose penas privativas de libertad máximas de al menos 5 años para el tipo básico (art. 4.1), que escalan hasta los 10 años en caso de concurrir alguna de las circunstancias agravantes previstas[319] (art. 4.2). Junto a las anteriores medidas, se prevé expresamente la responsabilidad de las personas jurídicas (art. 5) y la posibilidad de embargar y decomisar los instrumentos y productos del delito (art. 7), aspectos a los que se hará referencia en los apartados posteriores -*vid. infra*-. Por último, destaca la posibilidad de no enjuiciar ni sancionar a las víctimas de trata por aquellos delitos cometidos como consecuencia de su victimización (art. 8)[320].

Respecto a la persecución del delito en el marco del proceso penal, se establece la posibilidad de perseguirlo de oficio (art. 9.1), debiéndose ampliar los plazos de prescripción previstos para el caso de que la víctima sea menor de edad (art. 9.2). Se incide nuevamente aquí en la necesaria formación y dotación de los profesionales encargados de llevar a cabo la investigación

---

319 Esto es, cuando la víctima sea menor o personas especialmente vulnerable; cuando su vida se haya puesto en peligro deliberadamente o por grave negligencia, cuando el victimario forme parte de en una organización criminal o, para cometer el delito, haya empleado violencia grave o haya causado daños particularmente graves a la víctima.

320 Ampliamente sobre las bondades y las limitaciones de dicha cláusula, y su comparación con las previstas en el Convenio de Varsovia y en el propio Código Penal español, véase VILLACAMPA ESTIARTE, C.: "El principio de no punición o no penalización de las víctimas de trata de seres humanos. Reconocimiento normativo y aplicación", *Diario La Ley*, *op. cit.*, *passim*. En sentido similar, *vid.* PIOTROWICZ, R.: "The European legal regime on trafficking in human beings", en PIOTROWICZ, R., RIJKEN, C. y UHL, B.H. (Eds.), *Routledge Handbook of Human Trafficking*, *op. cit.*, p. 47.

y enjuiciamiento (arts. 9.3 y 9.4). También se prevé la extensión de la competencia de los tribunales de los Estados miembros más allá de su territorio cuando el delito se haya cometido -total o parcialmente- en el mismo o el autor sea uno de sus nacionales (art. 10.1). Dicha ampliación será potestativa cuando el delito se haya cometido en beneficio de una persona jurídica establecida en su territorio o cuando el autor sea residente habitual del mismo. Lo mismo ocurrirá cuando la víctima del delito sea nacional o residente habitual (art. 10.2).

En términos de protección, los Estados miembros deberán adoptar las medidas oportunas en aras a la identificación y asistencia temprana de las víctimas, en colaboración con las organizaciones de apoyo pertinentes (art. 11.4). Así, cuando se tengan indicios razonables para creer que una persona pueda ser víctima de trata (art. 11.2) deberán adoptarse una serie de medidas tuitivas con anterioridad, durante y después del procedimiento penal (art. 11.1), independientemente de su voluntad o no de colaborar en la investigación criminal (art. 11.3)[321], aunque deberán contar siempre con su anuencia, para lo cual deberán ser previamente informadas (art. 11.6)[322]. De conformidad con el art. 11.5 de la Directiva estas medidas consistirán, al menos, en

321 Si bien este mismo artículo establece como excepción a tal mandato las disposiciones de la Directiva 2004/81/CE en cuanto a la concesión del período de reflexión y del eventual posterior permiso de residencia se refiere.

322 El contenido de dicha información versará sobre el "*período de reflexión y recuperación con arreglo a la Directiva 2004/81/CE, e información sobre la posibilidad de otorgamiento de protección internacional con arreglo a la Directiva 2004/83/CE Consejo, de 29 de abril de 2004, por la que se establecen normas mínimas relativas a los requisitos para el reconocimiento y el estatuto de nacionales de terceros países o apátridas como refugiados o personas que necesitan otro tipo de protección internacional y al contenido de la protección concedida y a la Directiva 2005/85/CE del Consejo, de 1 de diciembre de 2005, sobre normas mínimas para los procedimientos que deben aplicar los Estados miembros para conceder o retirar la condición de refugiado, o en virtud de otros instrumentos internacionales u otras normas nacionales similares*".

procurar alojamiento, asistencia material, tratamiento médico -incluido el de tipo psicológico-, asesoramiento e información, así como servicios de interpretación y traducción, de ser necesarios.

Sin embargo, en materia de protección victimal, la Directiva 2011/36/UE sigue remitiéndose a la Directiva 2014/81/CE en relación con los permisos de residencia de las víctimas de trata en territorio de los Estados miembros. El hecho de que esta última Directiva siga vinculando la concesión de permisos de residencia especiales a la colaboración de la víctima con la Administración de justicia, se ha considerado un obstáculo a esa aproximación victimocentrista pretendida[323].

Por otro lado, la Directiva muestra especial preocupación por la protección de las víctimas de trata cuando son menores de edad, dedicándoles 4 de los 7 artículos que fijan las obligaciones de los Estados en cuanto a protección se refiere. En estos supuestos el interés superior del menor deberá presidir cualquier actuación, debiéndose reconocer esta condición a cualquier víctima de la que se desconozca su edad y existan razones que apunten a su minoría de edad (art. 13.1). La adopción de

---

[323] *Vid.* VILLACAMPA ESTIARTE, C.: "La nueva directiva europea relativa a la prevención y a la lucha contra la trata de seres humanos y a la protección de las víctimas. ¿Cambio de rumbo en la política la Unión en materia de trata de seres humanos?", *Revista electrónica de Ciencia Penal y Criminología, op. cit.*, p. 34. También PIOTROWICZ se muestra crítico con el sentido de la referida Directiva 2004/81/CE considerando que "exige mucho para lo que ofrece", que es una estancia limitada en el país de destino a cambio de cooperar con las autoridades. Recordando, asimismo que, una vez el procedimiento haya concluido, la no renovación del permiso de residencia conduce a que la víctima de trata pueda ser requerida a abandonar el territorio, salvo que haya solicitado -y se le haya concedido- algún tipo de protección internacional. *Vid.* PIOTROWICZ, R.: "The European legal regime on trafficking in human beings", en PIOTROWICZ, R., RIJKEN, C. y UHL, B.H. (Eds.), *Routledge Handbook of Human Trafficking, op. cit.*, p. 47.

cualquier medida asistencial será fruto de la previa evaluación individual del menor en aras a determinar sus necesidades específicas (art. 14.1), pudiendo designársele un tutor o representante legal desde el momento de su identificación (art. 14.2).

En cuanto a los derechos reconocidos a toda víctima de trata en el marco del proceso penal, deberá estarse a lo dispuesto en la Decisión Marco 2001/220/JAI, relativa al estatuto de la víctima en el proceso penal[324], además de las previsiones adicionales que prevea la Directiva 2011/36/UE. El artículo 12 de la misma garantiza el acceso al asesoramiento jurídico inmediato y a la representación legal, si bien sólo serán gratuitos cuando la víctima no disponga de recursos económicos suficientes (art. 12.2). En este punto, también se prevé el sometimiento de la víctima -con independencia de su edad- a una evaluación individual del riesgo a fin de determinar la procedencia de incluirla en los programas de protección de testigos (art. 12.3). Junto a las anteriores medidas, se pretende evitar la toma reiterada de declaraciones de la víctima a lo largo del proceso, que testifique en audiencia pública, que se le pregunte innecesariamente sobre su vida privada, así como que establezca contacto visual con el victimario -pudiendo hacer uso de las tecnologías de la comunicación oportunas- a fin de prevenir la victimización secundaria (art. 12.4).

En el caso de las víctimas menores de edad las precauciones se extreman en cuanto a la forma de proceder a su declaración. Así, junto a las anteriores cautelas, el artículo 15 exige que la misma se realice a la mayor brevedad posible tras el conocimiento de los hechos por parte de las autoridades, en los locales adaptados a tal efecto y con la intervención de profesionales con formación específica, pudiendo ser acompañado el menor por su representante o un adulto a su elección -salvo casos excepcionales-. Igualmente se

---

324 Actualmente, sustituida por la Directiva 2012/29/UE, de 25 de octubre de 2012, por la que se establecen normas mínimas sobre los derechos, el apoyo y la protección de las víctimas de delitos.

exige que los interrogatorios se practiquen únicamente cuando se consideren necesarios, debiendo evitarse su reiteración, a cuyo fin se prevé expresamente la grabación en video de su declaración a efectos de prueba. Idéntico régimen se prevé en relación con aquellos menores no acompañados (MENAs) víctimas de trata (art. 16).

En definitiva, la Directiva 2011/36/UE supuso un avance clave en la armonización de la normativa penal de los Estados miembros, pero sobre todo una intensificación de los esfuerzos en el ámbito comunitario por prevenir el delito y proteger a sus víctimas. Sin embargo, desde su aprobación y posterior implementación en los ordenamientos internos de los Estados Parte se han constatado algunas deficiencias inherentes a la misma y otras derivadas de su falta de adecuación a los nuevos instrumentos legislativos aprobados -y futuribles- en el seno de la UE hasta la fecha[325]. Consciente de ello, la propia UE en su estrategia de lucha contra la TSH de 2021-2025[326] se marcó como objetivo la

---

325 Entre ellos, destaca la Directiva 2012/29/UE11, que establece el marco regulador de las normas sobre los derechos, el apoyo y la protección de las víctimas de delitos; la Directiva 2011/93/UE14, relativa a la lucha contra los abusos sexuales y la explotación sexual de los menores y la pornografía infantil, así como el nuevo marco para la lucha contra los abusos sexuales de menores aplicable en caso de aprobarse la propuesta de Reglamento por el que se establecen normas para prevenir y combatir el abuso sexual de los menores; la Directiva 2009/52/CE12, sobre sanciones y medidas aplicables a los empleadores de nacionales de terceros países en situación irregular; o respecto al marco sobre recuperación y decomiso de activos que proyecta la propuesta de Directiva sobre recuperación y decomiso de activos, caso que esta llegue a prosperar.

326 Comunicación de la Comisión al Parlamento Europeo, al Consejo, al Comité Económico y Social Europeo y al Comité de las Regiones sobre la estrategia de la UE en la lucha contra la trata de seres humanos 2021- 2025, de 14 de abril de 2021, apartado 2.

evaluación de la referida Directiva[327] para determinar la necesidad de introducir mejoras respecto a algunas de sus disposiciones[328], recomendación que ya se dispuso por el Parlamento Europeo en su Resolución de 10 de febrero de 2021[329]. Ello ha dado lugar a

---

327 Dicha evaluación se basó en la recopilación de datos para el período 2013-2020 llevada a cabo por Eurostat y un informe sobre la transposición de la Directiva contra la trata de seres humanos a escala nacional y su aplicación en los Estados miembros, así como la consulta pública abierta, los intercambios con las agencias de la UE, los Estados miembros y otras partes interesadas y los informes y documentos publicados o presentados por las organizaciones internacionales y regionales correspondientes.

328 Al respecto, la evaluación de impacto de la Directiva realizada concluyó que debían adoptarse una combinación de medidas legislativas y no legislativas. Entre las primeras, se proponía i) abordar explícitamente en la Directiva la dimensión en línea; ii) hacer referencia explícita al matrimonio forzado y a la adopción ilegal en la lista de formas de explotación; iii) introducir dos regímenes obligatorios de sanciones a las personas jurídicas, uno para sancionar las infracciones generales y otro para sancionar las infracciones agravadas. Por su lado, las medidas no legislativas propuestas se orientaban a: i) fomentar la cooperación entre la Comisión y las empresas de internet en el contexto del Foro de la UE sobre internet; y ii) crear un grupo temático de fiscales especializados en la lucha contra la trata de seres humanos.

329 Resolución del Parlamento Europeo, de 10 de febrero de 2021, sobre la aplicación de la Directiva 2011/36/UE relativa a la prevención y lucha contra la trata de seres humanos y a la protección de las víctimas (2020/2029(INI)). En este sentido, entre sus recomendaciones, en el párrafo 67 se pide a la Comisión "*que revise la Directiva contra la trata de seres humanos tras una evaluación de impacto exhaustiva con el fin de mejorar las medidas de prevención, lucha y enjuiciamiento de todas las formas de trata de seres humanos, especialmente con fines de explotación sexual, al ser este el ámbito más extenso de la trata de seres humanos; que aborde el uso de las tecnologías en línea tanto en lo que se refiere a la proliferación de la trata de seres humanos como a su prevención; que mejore las medidas de prevención e identificación temprana de las víctimas y el acceso sencillo e incondicional a asistencia y protección, reforzando al mismo tiempo una perspectiva horizontal que tenga en cuenta las cuestiones de género y de la infancia en todas las formas de trata de seres humanos*".

la reciente propuesta de Directiva del Parlamento Europeo y del Consejo de 2022[330], que promueve la revisión y modificación de la Directiva que nos ocupa y que acabó plasmándose en la nueva Directiva 2024/1712/UE, que se analizará a continuación.

3.3. La modificación de la Directiva 2011/36/UE a la luz de la nueva Directiva 2024/1712/UE del Parlamento Europeo y del Consejo, de 13 de junio de 2024.

El proceso de revisión y mejora de la Directiva 2011/36/UE iniciado en 2021 cristalizó en la aprobación de la reciente Directiva 2024/1712/UE del Parlamento Europeo y del Consejo, de 13 de junio de 2024, por la que se modifica la Directiva 2011/36/UE relativa a la prevención y lucha contra la trata de seres humanos y a la protección de las víctimas (en adelante, Directiva 2024/1712/UE)[331], que los Estados Miembros deberán transponer a sus respectivos ordenamientos jurídicos en los próximos dos años.

La referida Directiva 2024/1712/UE recoge en gran medida las modificaciones que planteaba la propuesta de Directiva del Parlamento Europeo y del Consejo de 2022 (en adelante, propuesta de Directiva) que, basada en las recomendaciones procedentes de actores y entidades varias[332], proponía 8 modificaciones con las

---

330 Propuesta de Directiva del Parlamento Europeo y del Consejo por la que se modifica la Directiva 2011/36, presentada el pasado 19 de diciembre de 2022.

331 Directiva (UE) 2024/1712 del Parlamento Europeo y del Consejo, de 13 de junio de 2024, por la que se modifica la Directiva 2011/36/UE relativa a la prevención y lucha contra la trata de seres humanos y a la protección de las víctimas.

332 Concretamente, se refiere a "*las reuniones de la red de ponentes nacionales o mecanismos equivalentes de la Unión en materia de trata de seres humanos y de la Plataforma de la Sociedad Civil de la UE contra la trata de seres humanos, en las reuniones con las agencias de la UE, en la evaluación y la evaluación de impacto de la Directiva contra la trata de seres humanos y en*

que, además de mejorar la eficacia e implementación de alguna de sus medidas preventivas y de persecución, se pretendía adaptar el contenido de la Directiva 2011/36/UE a la evolución que ha experimentado el fenómeno en los últimos años -especialmente, a raíz de la incidencia de las TIC- y a armonizar sus disposiciones de conformidad con el actual marco normativo de la Unión.

La realidad fenomenológica de la trata del momento impulsó un cambio en la definición contenida en el artículo 3 de la Directiva. En este sentido, la constatación de un incremento de la victimización por trata con fines distintos a la explotación sexual y laboral -que en 2020 representaba ya el 11% del total- llevó a la propuesta de Directiva a promover la inclusión expresa, entre las formas de explotación previstas, del matrimonio forzado -como forma particular de violencia contra las mujeres y niñas- y de la adopción ilegal. Pues, aunque el art. 3.2 establecía un catálogo de mínimos, muchos Estados miembros se han ceñido a incriminar únicamente las manifestaciones expresamente incluidas[333]. La nueva Directiva 2024/1712/UE va un paso más allá y, junto al matrimonio forzado y la adopción ilegal, prevé la inclusión de la maternidad subrogada como posible finalidad de la trata.

Por otro lado, la digitalización de la trata, consecuencia de los avances tecnológicos y el uso extendido de las redes sociales, no se contempla en la definición típica del fenómeno. Así, la propuesta de Directiva pretendía corregir dicha omisión me-

---

numerosas conferencias, reuniones e intercambios con las partes interesadas pertinentes. Las modificaciones propuestas también tienen en cuenta los estudios e informes pertinentes disponibles publicados por organizaciones regionales e internacionales". *Vid.* COMISIÓN EUROPEA: *Propuesta de Directiva del Parlamento Europeo y del Consejo por la que se modifica la Directiva 2011/36, de 19 de diciembre de 2022*, Comisión Europea, Bruselas, 2022, p. 4.

333 *Vid.* COMISIÓN EUROPEA: *Propuesta de Directiva del Parlamento Europeo y del Consejo por la que se modifica la Directiva 2011/36, de 19 de diciembre de 2022, op. cit.*, p. 14.

diante la creación *ex novo* de un artículo 2 *bis*, en el que se hacía expresa referencia a que dichas conductas delictivas pueden realizarse también de forma *online* o a través de las TIC[334]. Sin embargo, dicha proposición no ha sido acogida por la Directiva 2024/1712/UE al entender que dicho "modus operandi" de los tratantes ya se halla incluido en la actual definición de trata. No obstante, sí considera especialmente nocivo el uso de las TIC no tanto para la comisión del delito de trata, sino para la posterior difusión de material ligado a la explotación de la víctima. Así, la nueva Directiva prevé como circunstancia agravante la difusión, a través de las TIC, de imágenes, vídeos o material similar de carácter sexual de la víctima[335], circunscribiendo nuevamente ese mayor reproche a las modalidades de trata con fines de explotación sexual, como ya han lamentado algunas voces[336].

En términos de persecución y punición estricta del delito, tanto la Propuesta de Directiva como la Directiva 2024/1712/UE prevén modificaciones tanto en relación con el régimen de sanciones aplicables a las personas jurídicas como respecto a la disposición relativa a la inmovilización y decomiso de los instrumentos y el producto delictivo. Sin embargo, el contenido

---

334 Así, se propone la inclusión de un art. 2 bis bajo la rúbrica "Infracciones relacionadas con la trata de seres humanos cometidas o facilitadas mediante tecnologías de la información o la comunicación" y que reza: "*Los Estados miembros adoptarán las medidas necesarias para garantizar que entre las conductas intencionadas a que se refiere el artículo 2, apartado 1, y la explotación a que se refiere el artículo 2, apartado 3, se incluyan las infracciones cometidas mediante las tecnologías de la información y la comunicación*".

335 La nueva Directiva, en relación con la ya contemplada circunstancia agravante del art. 4.2 letra d) consistente en el empleo de violencia grave o en la causación de daños particularmente graves a la víctima, matiza que dichos daños no solo comprenden las lesiones físicas sino también las psicológicas.

336 *Vid.* AA.VV.: *Joint NGO Statement on recast EU Anti-Trafficking Directive*, 25 de abril de 2024, p. 1.

y sentido de dichas propuestas de reforma se reserva para su abordaje en líneas posteriores -*vid. infra*-.

Junto a las anteriores, la propuesta de Directiva preveía cambios orientados a reducir la demanda de los servicios procedentes de las víctimas de trata, los cuales podrían haber experimentado un auge en atención al panorama socio político de los últimos años. En este sentido, la recesión económica originada por la pandemia de COVID-19 y la crisis energética habrían auspiciado el aumento en la demanda de mano de obra y servicios sexuales baratos, incrementando el riesgo de victimización por trata con fines de explotación sexual y laboral. Igualmente, el conflicto armado entre Rusia y Ucrania sitúa a sus respectivas poblaciones en una situación de vulnerabilidad susceptible de ser aprovechada por los tratantes[337]. Al respecto, se proponía que la posibilidad prevista en el art. 18.4 de tipificar como delito el uso de servicios que sean objeto de explotación, a sabiendas de que la persona es víctima de trata, dejara de ser facultativa y se convirtiera ahora en imperativa[338], indicando el apartado segundo del proyectado art. 18 *bis* la obligación de establecer "*sanciones efectivas, proporcionadas y disuasorias*". Con términos similares, el art. 18 *bis* de la Directiva 2024/1712/UE criminaliza el uso de servicios prestados por las

---

337 *Vid.* COMISIÓN EUROPEA: *Propuesta de Directiva del Parlamento Europeo y del Consejo por la que se modifica la Directiva 2011/36, de 19 de diciembre de 2022, op. cit.*, p. 9.

338 Pues, tan sólo 19 Estados miembros adoptaron medidas en este sentido. Mientras que países como Bulgaria, Croacia, Hungría, Lituania, Malta, Portugal, Rumania y Eslovenia incluyeron dicha previsión en relación con todas las formas de trata; Alemania, Estonia, Finlandia, Francia, Irlanda, Letonia, Luxemburgo, Países Bajos, Suecia, Grecia y Chipre sólo tipifican como delito el uso consciente de los servicios prestados por víctimas de trata sexual. *Vid.* COMISIÓN EUROPEA: *Propuesta de Directiva del Parlamento Europeo y del Consejo por la que se modifica la Directiva 2011/36, de 19 de diciembre de 2022, op. cit.*, p. 17. Por lo tanto, Bélgica, República Checa, Dinamarca, España, Italia, Austria, Polonia y Eslovaquia siguen sin contener disposición alguna al respecto.

víctimas de trata cuando el usuario actúe intencionadamente y a sabiendas de que quien presta el servicio es una víctima[339].

Paralelamente, en el art. 23.3 de la propuesta de Directiva se incluía la obligación dirigida a la Comisión de presentar un informe ante el Parlamento y el Consejo, en un plazo de 5 años tras la correspondiente transposición, sobre la implementación del deber de los Estados de tipificar el uso consciente de los servicios derivados de la explotación de la víctima, y el impacto de dichas medidas. Finalmente, el artículo 23 de la Directiva 2024/1712/UE prevé el informe preceptivo de la Comisión, que deberá presentar al Parlamento y al Consejo a más tardar el 15 de julio de 2030, si bien el mismo versará sobre el grado de cumplimiento por parte de los Estados miembros del conjunto de medidas dispuestas en dicha Directiva y no únicamente con relación a la criminalización del uso de servicios prestados por víctimas de trata.

En lo que respecta al ámbito de la protección de las víctimas, la única modificación que preveía la propuesta de Directiva guardaba relación con la necesidad de establecer formalmente mecanismos nacionales de derivación, facilitando una serie de directrices que permitieran una mayor armonización estructural y práctica de los distintos mecanismos existentes en aras a una mayor coordinación y una mejor protección de la víctima, especialmente en el contexto transfronterizo[340]. Pues, esto se consideraba el presupuesto previo necesario para el posterior

---

339 Al respecto, distintas ONGs han mostrado su recelo a la criminalización del uso de dichos servicios argumentando que no hay evidencias de que ello tenga un impacto positivo en la protección de las víctimas o la persecución del delito. De hecho, apuntan a que este tipo de disposiciones podrían dar lugar a nuevas violaciones de los derechos humanos. *Vid.* AA.VV.: *Joint NGO Statement on recast EU Anti-Trafficking Directive*, *op. cit.*, p. 5.

340 Pues este resultaba problemático en atención a las diferencias notables existentes entre los distintos mecanismos nacionales, tal y como se constató en el estudio de la Comisión sobre la revisión del funciona-

establecimiento de un mecanismo europeo de derivación[341]. Con ese fin, se proponía la adición al art. 11.4 de un inciso final que conminaba a los Estados a adoptar las medidas necesarias para "*designar un centro de coordinación nacional para la derivación de las víctimas*".

Mucho más ambicioso es el artículo 11 de la Directiva 2024/1712/UE. En primer lugar, dicho artículo actualiza el deber de los Estados miembros de procurar asistencia y apoyo a las víctimas, por un lado, introduciendo un enfoque marcadamente victimocéntrico e interseccional -aludiendo a la especial atención que merecen factores como el género, la discapacidad o la minoría de edad-; y, por el otro, remitiéndose a los derechos reconocidos en la Directiva 2012/29/UE en lugar de la Decisión Marco 2001/220/JAI a la que aquella sustituye. En segundo lugar, insta a los Estados a designar "*un punto de contacto para la derivación transfronteriza de víctimas*" que, al menos, deberá ocuparse de establecer normas mínimas para de detección e identificación temprana de las víctimas, de derivarlas a los servicios de apoyo y asistencia pertinentes, y de establecer acuerdos de cooperación con las autoridades de asilo para garantizar la asistencia de las víctimas solicitantes de protección internacional[342]. Por último, pretende reforzar la efectividad de dicho derecho asistencial requiriendo a los Estados para que dispongan de centros de acogida adecuados y en número suficiente y, en su caso, equipados para atender las necesidades especiales de las víctimas menores.

---

miento de los mecanismos nacionales de derivación y transnacionales de los Estados miembros, de 16 de octubre de 2020.

341 Cuya articulación está prevista en la estrategia de la UE en la lucha contra la trata de seres humanos 2021-2025.

342 En la misma línea, la Directiva 2024/1712/UE crea *ex novo* el artículo 11 *bis* que persigue garantizar el ejercicio del derecho de las víctimas a solicitar protección internacional, instando a los Estados miembros a promover la cooperación entre las autoridades de lucha contra la trata y las autoridades de asilo.

Merece también especial mención el apartado tercero que se adiciona al actual artículo 13, relativo a las medidas de asistencia, apoyo y protección de los menores víctimas de trata. En virtud de este nuevo apartado se garantiza la previsión de mecanismos de denuncia seguros, confidenciales, accesibles y acordes a la edad y madurez de los menores victimizados, consideraciones que bien podrían haberse hecho extensibles a las víctimas adultas.

Sin perjuicio de lo anterior, una de las novedades que introduce el nuevo artículo 8 proyectado en la Directiva 2024/1712/UE es la ampliación del ámbito aplicativo del principio de no punición o enjuiciamiento de las víctimas a todas las actividades ilícitas -no únicamente delictivas- que las víctimas se hayan visto obligadas a realizar como consecuencia directa de ser objeto de trata, tal y como se venía reclamando por la doctrina especializada[343].

Finalmente, en lo que a la prevención del delito se refiere, la modificación plateada por la propuesta de Directiva pasaba por exigir a los Estados miembros la recopilación de datos estadísticos en relación con unos indicadores estandarizados y debidamente disgregados. Estos básicamente se refieren al número de víctimas registradas, de sospechosos por un delito de trata o de consumo consciente de servicios procedentes de la misma, de acusados, condenados, así como del número de decisiones de procesamiento y de sentencias judiciales[344]. Dicha información, además, deberían transmitirla anualmente a la Comisión,

---

343 Entre otros, *vid.* nota al pie de página núm. 320.

344 Concretamente, el proyectado art. 19 *bis* relativo a la "recopilación de datos y estadísticas" especifica en su apartado segundo: "*Los datos estadísticos a que se refiere el apartado 1 contendrán, como mínimo, los siguientes elementos:*
a) el número de víctimas registradas de las infracciones a que se refiere el artículo 2, desglosado por organización encargada del registro, sexo, grupos de edad (niños/adultos), nacionalidad y forma de explotación;
b) el número de personas sospechosas de las infracciones a que se refiere el artículo 2, desglosado por sexo, grupos de edad (niños/adultos), nacionalidad y forma de explotación;

antes de 1 de julio de cada año, para que esta pueda realizar su perceptivo informe, agilizando así la disponibilidad de estadísticas (art. 19 *bis* 3 de la Propuesta de Directiva). Dicha iniciativa se ha acabado materializando en el art. 19 *bis* de la Directiva 2024/1712/UE, si bien extiende el plazo en el que los Estados deben remitir los datos estadísticos a la Comisión hasta el 30 de septiembre y, extraordinariamente, hasta el 31 de diciembre.

Además, la nueva Directiva de 2024 hace hincapié nuevamente en la necesaria adopción de un enfoque más amplio e interseccional del fenómeno por cuanto a los deberes de prevención y formación se refiere, previstos en los artículos 18 y 18 *ter* respectivamente. Por su lado, el art. 19 *ter* ordena a los Estados miembros a adoptar -a más tardar el 15 de julio de 2028- planes de acción nacionales contra la trata, que deberán ser actualizados y revisados quinquenalmente.

En síntesis, a pesar de las mejoras referidas, la propuesta de Directiva sigue sin dar solución a aspectos como la concesión de un permiso de residencia a las víctimas, que sigue condicionado a su cooperación con las autoridades competentes; la falta de

---

c) el número de personas procesadas por las infracciones a que se refiere el artículo 2, desglosado por sexo, grupos de edad (niños/adultos), nacionalidad, forma de explotación y naturaleza de la decisión final de procesamiento;
d) el número de decisiones de procesamiento (acusación por las infracciones a que se refiere el artículo 2, acusación por otras infracciones penales, decisión de no acusar, etc.);
e) el número de personas condenadas por las infracciones a que se refiere el artículo 2, desglosado por sexo, grupos de edad (niños/adultos) y nacionalidad;
f) el número de sentencias judiciales (absolutorias, condenas, otras) por las infracciones a que se refiere el artículo 2 dictadas en primera instancia o segunda instancia, o en el marco de resoluciones judiciales firmes (o dictadas por tribunales superiores de justicia);
g) el número de personas sospechosas, personas procesadas y condenadas por las infracciones a que se refiere el artículo 18 bis, desglosado por sexo y grupos de edad (niños/adultos)".

reparación de las víctimas, no habiéndose reforzado las medidas necesarias para garantizar su derecho a la indemnización[345]; o la ausencia de previsión de medios o estrategias dirigidas a combatir aquellos factores que favorecen la trata y hacen a ciertas personas vulnerables a la misma.

II. MECANISMOS JURÍDICOS PREVISTOS PARA HACER FRENTE A LA TRATA DE SERES HUMANOS COMO CRIMINALIDAD ECONÓMICA

Una aproximación económica al fenómeno de la trata, acorde con su importante componente lucrativo, pasa necesariamente por la adopción de una estrategia que permita la identificación, localización, seguimiento, incautación y recuperación de los activos generados por el delito. Con ese fin, es necesario hacer un repaso de las herramientas que nos ofrece el Derecho internacional y supranacional para combatir estas conductas mediante la neutralización de cualquier tipo de enriquecimiento experimentado por estos delincuentes.

Sin embargo, puede dificultarse la consecución de dicho objetivo cuando los delincuentes se encargan de ocultar y/o disimular el origen delictivo de sus bienes[346]. En este sentido, ya

---

345 Sin perjuicio de la posibilidad que se plasma en el inciso final del artículo 17 de la Directiva 2024/1712/UE de que los Estados puedan crear un fondo nacional para víctimas. Sin embargo, el carácter facultativo de dicha disposición unido al hecho de que los Estados ya gozaban de esta facultad con anterioridad, invita a pensar que el nuevo texto del art. 17 no generará un gran cambio en los actuales sistemas nacionales de indemnización a las víctimas de trata.

346 *Vid.* UNITED NATIONS OFFICE ON DRUGS AND CRIME (UNODC): *Legislative Guides for the Implementation of the United Nations Convention against Transnational Organized Crime and the Protocols thereto*, Naciones Unidas, Nueva York, 2004, p. 41.

se ha advertido como los tratantes frecuentemente suelen dedicarse a otras actividades delictivas conexas[347], especialmente al blanqueo de capitales a fin de disimular las ingentes cantidades de dinero que puede generarles el delito de trata. A pesar de tratarse de un delito secundario, el blanqueo de dinero deviene esencial para proteger el producto delictivo[348], por lo que esta es una práctica habitual en los casos de trata, especialmente cuando el delito es cometido por redes criminales de cierta envergadura capaces de generar cuantiosas sumas de dinero.

Si bien el blanqueo del producto delictivo puede producirse de múltiples formas, un mecanismo bastante habitual consiste en el uso de sociedades pantalla para introducir en el mercado legal los bienes procedentes del delito[349]. Junto a estas prácticas,

---

347 Relacionadas con la primera fase de captación, por ejemplo, es habitual la comisión de delitos de falsificación de documentos o el secuestro; en la fase de transporte, pueden cometerse delitos relacionados con la infracción de la normativa de extranjería, la corrupción de funcionarios públicos, la retención de documentos; la fase de explotación, dará lugar a los correspondientes delitos de explotación sexual, laboral, de esclavitud o servidumbre, aunque también serán frecuentes las coacciones, amenazas, agresiones -físicas y sexuales-, el aborto forzado o, incluso, la muerte; y, finalmente, el delito de trata puede dar lugar también al prácticas de blanqueo de capitales o de evasión fiscal, entre otras. *Vid.* UNODC: *Manual para la lucha contra la trata de personas*, Naciones Unidas, Nueva York, 2007, p. 39.

348 *Vid. Ibidem*, p. 38. Véase también EUROPOL: *The THB Financial Business Model. Assessing the Current State of Knowledge. July 2015, op. cit.*, pp. 4 y ss

349 *Vid.* ARONOWITZ, A., THEUERMANN, G. y TYURYKANOVA, E.: *Analysing the business model of trafficking in human beings to better prevent the crime*, OSCE Office to the Special Representative and Co-ordinator for Combating Trafficking in Human Beings. Vienna, Austria, 2010, pp. 57 y 58; Center for the Study of Democracy (CSD): *Financing of Organised Crime. Human Trafficking in Focus, op. cit.*, pp. 24, 25, 80 y ss.; Antonopoulos, G.A., Di Nicola, A., Rusev, A. y Terenghi, F.: *Human Trafficking Finances: Evidence from Three European Countries, op. cit.*, pp. 21-22, 74-76; WRONKA, C.: ""Cyber-laundering": the change of money laundering in

se ha constatado también la presencia de situaciones de trata en empresas legítimas, especialmente como consecuencia de los procesos de subcontratación y externalización de la producción a los que muchas de ellas terminan abocadas en aras a mantener su competitividad en un mundo globalizado[350]. Por

---

the digital age", *Journal of Money Laundering Control*, vol. 25, nº 2, 2022, p. 341. Según el estudio llevado a cabo por WRONKA el uso de sociedades pantalla sería el principal método utilizado para blanquear el producto delictivo. Advierte también de la posibilidad de crear y diseñar este tipo de sociedades a través de internet, lo que da acceso a los delincuentes a fronteras ilimitadas, especialmente amparados por el anonimato.

350 *Vid.* ARONOWITZ, A., THEUERMANN, G. y TYURYKANOVA, E.: *Analysing the business model of trafficking in human beings to better prevent the crime.* OSCE Office to the Special Representative and Co-ordinator for Combating Trafficking in Human Beings. Vienna, Austria, 2010, pp. 26 y 27; DE VRIES, I., JOSE, M.A. y FARREL, A.: "It's your business: the role of the private sector in human trafficking", en WINTERDYK, J. y JONES, J. (Eds.), *The Palgrave International Handbook of Human Trafficking, op. cit.*, p. 747; LLOYD, D.: "Human trafficking in supply chains and the way forward", en WINTERDYK, J. y JONES, J. (Eds.), *The Palgrave International Handbook of Human Trafficking, op. cit.*, pp. 815-817; SCHUMANN, S.: "Corporate Criminal Liability on Human Trafficking", en WINTERDYK, J. y JONES, J. (Eds.), *The Palgrave International Handbook of Human Trafficking, op. cit.*, p. 1652. En un estudio realizado por DE VRIES clasificó la participación de dichos entes en cuatro roles distintos: las "empresas demandadas", responsables de iniciar y coordinar los supuestos de trata y explotación laboral; los "contribuyentes activos", cuya participación vino impulsada por la expectativa de beneficiarse de dichas situaciones; los "participantes pasivos" que, a pesar de conocer la concurrencia de posibles indicadores de trata, deciden mirar hacia otro lado puesto que les beneficia indirectamente; y los "participantes involuntarios", involucrados por la mera existencia de vínculos económicos con los acusados, siendo desconocedores de las situaciones de trata. *Vid.* DE VRIES, I.: "Connected to Crime: An Exploration of the Nesting of Labour Trafficking in Legitimate Markets", *The British Journal of Criminology*, vol. 59, nº 1, 2018, pp. 218 y 219. En este sentido, también SHELLEY ha hecho referencia a cómo los tratantes recurren en

lo que contrarrestar la trata no sólo concierne a los Estados, sino también al sector privado[351]. En este sentido, se analizarán las disposiciones normativas propias del ámbito internacional y regional europeo que permiten reconocer la responsabilidad de estos entes jurídicos cuando participan de dichas conductas delictivas. Dado que, con carácter general, la pena prevista para sancionar estos ilícitos cuando son cometidos en el seno corporativo es la multa, se abordarán ambas cuestiones conjuntamente.

En última instancia, habiéndose analizado en el capítulo anterior (I) el importante elemento económico que reviste la trata y que, principalmente, se explica por los importantes beneficios a los que da lugar, una estrategia clave para combatirla pasa por la privación de los productos obtenidos en la actividad delictiva[352]. Para la consecución de este fin, el decomiso ostenta un papel esencial[353], de modo que se analizará también su aplicabilidad en relación con el delito que nos ocupa.

---

muchas ocasiones a profesionales y empresa del sector privado, por ejemplo, para gestionar el transporte de las víctimas. *Vid.* SHELLEY, L: *Human Trafficking: A global perspective, op. cit.*, pp. 112 y ss.

351 *Vid.* DE VRIES, I., JOSE, M.A. y FARREL, A.: "It's your business: the role of the private sector in human trafficking", en WINTERDYK, J. y JONES, J. (Eds.), *The Palgrave International Handbook of Human Trafficking, op. cit.*, p. 745.

352 En este sentido, MORÁN MARTÍNEZ, R.A.: "El decomiso: regulación en la Unión Europea y estado de su aplicación en España", en ARANGÜENA FANEGO, C. (Dir)., *Espacio europeo de libertad, seguridad y justicia: últimos avances en cooperación judicial penal*, Lex Nova, Valladolid, 2010, p. 380; BLANCO CORDERO, I.: "La aplicación del comiso y la necesidad de crear organismos de recuperación de activos", *Revista electrónica de la Asociación internacional de Derecho Penal*, 2007, pp. 1-19

353 Véase RODRÍGUEZ GARCÍA, N.: "El decomiso como instrumento esencial para la recuperación de activos en la política criminal española del siglo XXI", en JIMENO BULNES, M. y PÉREZ GIL, J (Coords.), *Nuevos horizontes del derecho procesal: libro-homenaje al Prof. Ernesto Pedraz*

1. La persecución de las conductas constitutivas de blanqueo de capitales.

La penalización del blanqueo del producto derivado de la trata o de los delitos cometidos durante o con posterioridad a la misma constituye una parte importante de una estrategia eficaz de lucha contra el fenómeno[354]. Así, a continuación, se analizarán las disposiciones de los principales instrumentos supranacionales de lucha contra la trata que permiten o fomentan la persecución del blanqueo de los instrumentos y el producto obtenido tras la comisión de aquél delito.

1.1. La persecución del blanqueo de los activos procedentes de la trata en las Naciones Unidas.

En el marco de las Naciones Unidas, debe empezarse por destacar que el Protocolo de Palermo no prevé expresamente la persecución por el delito de blanqueo del producto delictivo derivado de la trata -como tampoco prevé el reconocimiento de responsabilidad a las personas jurídicas o la imposición de

---

Penalva, Bosch, Barcelona, 2016, pp. 911-940; FARTO PIAY, T.: *El proceso de decomiso autónomo*, Tirant lo Blanch, Valencia, 2021, p. 26.

354 La sanción del blanqueo de capitales, no sólo se constituye como una herramienta eficaz para evitar que los delincuentes puedan hacer uso y disfrute del enriquecimiento experimentado tras la comisión del delito, desincentivando su participación en dichas actividades delictivas, sino que protege la integridad política de los Estados y la estabilidad de los mercados económicos nacionales e internacionales. Sobre el impacto negativo del blanqueo de dinero, véase, UNODC: *Legislative Guides for the Implementation of the United Nations Convention against Transnational Organized Crime and the Protocols thereto, op. cit.*, p. 39; SITTLINGTON, S. y HARVEY, J.: "Prevention of money laundering and the role of asset recovery", *Crime Law Soc Change*, vol. 70, 2018, p. 422; ROSE. K.J..: "Introducing the missing 11th principle of the United Nations Global Compact to reach sustainability – follow the money…", *Journey of money laundering control*, vol. 23, nº 2, 2020, p. 358.

sanciones pecuniarias-. Sí lo hace, sin embargo, la Convención contra la Delincuencia Organizada Transnacional de la que forma parte y a cuyo contenido se remite. Así, los artículos 1 del Protocolo y 37 de la Convención establecen la necesidad de que ambos textos sean interpretados conjuntamente, aplicándose las disposiciones de la Convención *mutatis mutandis* al Protocolo.

La Convención de las Naciones Unidas contra la Delincuencia Organizada Transnacional, con un enfoque más amplio al adoptado en la Convención de 1988 contra el tráfico de drogas[355], tipifica no solo la participación en un grupo delictivo organizado (art. 5), sino también otros delitos graves que suelen cometerse en el seno de una organización criminal. Entre estos[356], se prevé específicamente la penalización del blanqueo del producto delictivo (art. 6). Dicha voluntad se advertía ya en su Preámbulo al afirmar que *"la Convención de las Naciones Unidas contra la Delincuencia Organizada Transnacional constituirá un instrumento eficaz y el marco jurídico necesario para la cooperación internacional con miras a combatir, entre otras cosas, actividades delictivas como el blanqueo de dinero (...)"*. Esa finalidad se evidencia también en su artículo 31, que compele a los Estados parte a introducir las medidas necesarias para "*reducir las oportunidades actuales o futuras de que dispongan los grupos delictivos organizados para participar en mercados lícitos con el producto del delito*".

Así, se identificaba por primera vez en un texto normativo internacional el blanqueo de capitales[357] como la intencionada conversión,

---

355 Pues, este se circunscribía a incriminar únicamente las conductas que guardaban una estricta relación con la droga. *Vid.* ROSE, K.J.: "Introducing the missing 11th principle of the United Nations Global Compact to reach sustainability-follow the money...", *Journal of Money Laundering Control*, vol. 23, nº 2, p. 357.

356 Además de los delitos tipificados en sus dos Protocolos anexos, se refiere a el delito de blanqueo de capitales, el delito de corrupción (art. 8) y de obstrucción a la justicia (art. 23).

357 Ciertamente, en previos textos normativos internacionales o regionales, como la Convención de las Naciones Unidas contra el tráfico de dro-

transferencia[358] o la ocultación[359] de bienes, a sabiendas de su origen delictivo, con el fin de disimular su procedencia ilícita o de ayudar a quien estuviera involucrado en la comisión del delito precedente a eludir las consecuencias jurídicas de sus actos (art. 6.1-a). Por lo tanto, dicha definición sigue la propuesta por MASCIANDARO[360] en tanto que se configura en torno a dos elementos básicos: la ilegalidad -en cuanto al origen ilícito de los bienes- y la ocultación[361]. Junto a las

---

gas, ya promovían la sanción del blanqueo de capitales. Sin embargo, dichos mandatos o recomendaciones se circunscribían a la comisión de determinados delitos o a ciertas zonas geográficas. Entre ellas, cabe citar la Conferencia Ministerial Mundial sobre la Delincuencia Transnacional Organizada de 1994, el Grupo de Acción Financiera Internacional sobre el Blanqueo de Capitales (GAFI) de 1998, el Grupo Asia/Pacífico sobre el Blanqueo de Capitales, el Grupo de Acción Financiera Internacional del Caribe, la Unión Europea y el Comité de Basilea sobre Reglamentación y Prácticas de Supervisión Bancaria. *Vid.* UNODC: *Legislative Guides for the Implementation of the United Nations Convention against Transnational Organized Crime and the Protocols thereto, op. cit.*, p. 40; SITTLINGTON, S. y HARVEY, J.: "Prevention of money laundering and the role of asset recovery", *Crime Law Soc Change, op. cit.*, p. 423.

358 El término "conversión o transferencia" incluye los casos en que los activos financieros se convierten de una forma o tipo a otro, por ejemplo, mediante el uso de dinero en efectivo generado ilícitamente para comprar bienes inmuebles o la venta de bienes inmuebles adquiridos ilícitamente, así como los casos en que los mismos activos se trasladan de un lugar o jurisdicción a otro o de una cuenta bancaria a otra. *Vid.* UNODC: *Legislative Guides for the Implementation of the United Nations Convention against Transnational Organized Crime and the Protocols thereto, op. cit.*, p. 44.

359 La ocultación o disimulación puede referirse a la verdadera naturaleza de los bienes, su origen, ubicación, disposición, movimiento, propiedad o derechos sobre los mismos. Es decir, los términos se refieren a cualquier aspecto o información referente al bien en cuestión. *Vid. Ibidem*, p. 45.

360 *Vid.* MASCIANDARO, D.: "Money laundering: the economics of regulation ", *European Journal of Law and Economics*, vol. 7, nº 3, pp. 225-240.

361 *Vid.* ROSE, K.J.: "Introducing the missing 11th principle of the United Nations Global Compact to reach sustainability – follow the money…", Journey of money laundering control, vol. 23, nº 2, 2020, p. 358.

anteriores conductas, se sanciona también la adquisición, posesión y uso de dichos bienes, a sabiendas de su origen delictivo, así como la participación en la comisión del delito o la asociación, la confabulación o la prestación de cualquier tipo de ayuda para cometerlos (art. 6.1.b)[362]. Al respecto, puntualiza el mismo artículo que tanto el conocimiento, como la intención o la finalidad requeridas podrán inferirse de circunstancias fácticas objetivas (art. 6.2-f).

Igualmente, el referido precepto promueve que los Estados adopten un ámbito aplicativo extensivo en cuanto a la determinación de los "delitos determinantes"[363] -esto es, los que generen un producto susceptible de ser sometido a prácticas constitutivas de blanqueo de capitales- que, como mínimo, serán los expresamente tipificados por la Convención y sus Protocolos anexos -es decir, también la TSH- (arts. 6.2-a y b). Al respecto, se permite que los Estados sancionen los delitos determinantes cometidos tanto en su jurisdicción como fuera de ella siempre que, en este último caso, los hechos sean constitutivos de delito también en el Derecho interno del Estado en el que se hubiera cometido (art. 6.2-c).

Para combatir el blanqueo de capitales, el art. 7 de la Convención conmina a los Estados a instaurar un régimen interno de reglamentación y supervisión de bancos, instituciones financieras y otros órganos afines[364] para prevenir y detectar el blanqueo de dinero, debiéndose adoptar medidas relativas a la identifica-

---

362 El artículo refiere expresamente a "*la participación en la comisión de cualesquiera de los delitos tipificados con arreglo al presente artículo, así como la asociación y la confabulación para cometerlos, el intento de cometerlos, y la ayuda, la incitación, la facilitación y el asesoramiento en aras de su comisión*".

363 Sin embargo, la Convención permite no sancionar por el delito de blanqueo a los autores del delito principal en aquellos supuestos en que las constituciones o los principios jurídicos de un determinado Estado impidan enjuiciar a un delincuente por el delito subyacente como por el blanqueo del producto delictivo, como en el caso de Suecia. *Vid. Ibidem*, p. 49.

364 Entre otras, pueden incluirse las compañías de seguros, las sociedades de valor, las agencias de cambio de divisa, las agencias inmobiliarias, o

ción del cliente, el establecimiento de registros y la denuncia de transacciones sospechosas[365]. De conformidad con los *travaux Préparatoires* de la Convención, deben considerarse sospechosas las transacciones inusuales que, por su importe, características y frecuencia, no son coherentes con la actividad empresarial del cliente, exceden los parámetros normalmente aceptados del mercado o no tienen una base jurídica clara y podrían constituir o estar relacionadas con actividades ilícitas en general[366].

En aras a facilitar la cooperación e intercambio de información entre las distintas instituciones, la Convención abre la puerta a la creación de una unidad de inteligencia financiera nacional encargada de la recopilación, análisis y difusión de dicha información (art. 7.1). Junto a esta recomendación, los Estados deben también considerar la aplicación de medidas para vigilar los movimientos de dinero en efectivo a través de sus fronteras (art. 7.2) y esforzarse por desarrollar y promover la cooperación mundial, regional y bilateral entre los organismos pertinentes para luchar contra el blanqueo de dinero (art. 7.4).

---

las empresas dedicadas a la venta de oro, piedras preciosos o tabaco, u otros profesionales como abogados o notarios. *Vid. Ibidem*, p. 52.

365 Dichas medidas destinadas a prevenir el blanqueo de capitales y a recabar la ayuda de las instituciones financieras y de otras entidades para prevenir la introducción de fondos delictivos en el sistema financiero, detectar transacciones en el sistema que puedan tener origen delictivo y facilitar el rastreo de los fondos implicados en tales transacciones, obedecen a las recomendaciones efectuadas por el GAFI en dicho sentido. De hecho, la propia Convención, en su artículo 7.3, insta a los Estados a utilizar las guías elaboradas por otras organizaciones para luchar contra el blanqueo de dinero. En la posterior Guía elaborada por las Naciones Unidas se hace expresa mención a las recomendaciones del GAFI y las disposiciones de la Convención del Consejo de Europa de 1990 sobre el blanqueo, seguimiento, embargo y decomiso de los productos del delito. *Vid. Ibidem*, pp. 41 y 42.

366 *Vid.* UNODC: *Travaux Préparatoires of the negotiations for the elaboration of the United Nations Convention against Transnational Organized Crime and the Protocols thereto, op. cit.*, párrafo 15.

Finalmente, se exige la implementación de programas de capacitación para los operadores jurídicos -en especial, fiscales, jueces y personal de aduanas- relativa a la detección y vigilancia de los movimientos de bienes y productos delictivos, de los métodos empleados para la transferencia, ocultación o disimulación los mismos, así como de los métodos utilizados para combatir el blanqueo de dinero y otros delitos financieros (art. 29).

Aunque no específicamente orientado a la lucha contra la trata y el blanqueo de su producto delictivo, sin duda, la institución de referencia que desempeña un papel preponderante en la lucha contra el blanqueo de capitales es el Grupo de Acción Financiera (en adelante, GAFI) -o en inglés, la *Financial Action Task Force* (FATF)[367]-. Este organismo, compuesto por 39 miembros -37 Estados[368] y dos organizaciones regionales[369], establece normas internacionales para garantizar una respuesta mundial coordinada para prevenir la delincuencia organizada, la corrupción y el terrorismo mediante la persecución de los fondos que

367 El GAFI es un organismo intergubernamental creado en 1989 durante la 15ª Cumbre Económica del G7 celebrada en París, destinada al estudio del fenómeno del blanqueo de capitales, sus tendencias y técnicas, a fin de proponer medidas para combatirlo. No obstante, sus competencias han sido sucesivamente ampliadas a lo largo de los años, pasando de ser un foro temporal a un compromiso público y político sostenido para combatir el blanqueo de capitales, la financiación del terrorismo y la financiación de la proliferación de armas de destrucción masiva. *Vid.* PAVLIDIS, G.: "El Grupo de Acción Financiera (GAFI) treinta años después: el futuro de la lucha internacional contra el blanqueo de capitales y la financiación del terrorismo", *Revista de Estudios Jurídicos*, vol. 20, 2020, p. 435; LOMBARDERO EXPÓSITO, L.M.: "El grupo de acción financiera internacional: revisión del mandato (2008-2012)", *Revista de Estudios Jurídicos*, vol. 8, 2008, pp. 14 y 15.

368 Si bien el pasado 24 de febrero de 2023 se suspendió la membresía de Rusia a raíz de su invasión de Ucrania.

369 A saber, la Unión Europea y el Consejo de Cooperación para los Estados Árabes del Golfo.

derivan de los mismos. Su documento más importante son las 40 recomendaciones internacionales de lucha contra el blanqueo de capitales[370], adoptadas en febrero de 2012 que, dado su alto grado de cumplimiento[371] y su influencia en organismos y textos normativos internacionales varios[372], han asumido *de facto* un *status* cuasi vinculante[373]. Junto a los anteriores, el GAFI dispone de una lista

---

370 A las que en 2003 se añadirían 6 recomendaciones más, aunque relacionadas con el financiamiento al terrorismo. *Vid.* PAVLIDIS, G.: "El Grupo de Acción Financiera (GAFI) treinta años después: el futuro de la lucha internacional contra el blanqueo de capitales y la financiación del terrorismo", *op. cit.*, p. 440.

371 *Vid.* CASSANI, U.: "*L'internationalisation du droit pénal économique et la politique criminelle de la Suisse: la lutte contre le blanchiment d'argent*", *Revue de droit suisse*, vol. 127, nº 2, 2008, pp. 227-398.

372 Los trabajos del GAFI han influido, además de las ya citada Convención de las NNUU contra la delincuencia organizada transnacional, el Convenio nº 198 del Consejo de Europa, o las sucesivas Directivas adoptadas en el seno de la Unión Europea de lucha contra el blanqueo de capitales (Directiva 91/308, Directiva 2001/97/CE, Directiva 2005/60/CE, Directiva 2015/849; Directiva 2018/843; Directiva 2018/1673) o la Directiva sobre el decomiso del producto del delito (Directiva 2018/1805), entre otras. *Vid.* PAVLIDIS, G.: "Learning from Failure: Cross-Border Confiscation in the EU", *Journal of Financial Crime*, vol. 26, nº 3, 2019, pp. 683-691; PAVLIDIS, G.: "El Grupo de Acción Financiera (GAFI) treinta años después: el futuro de la lucha internacional contra el blanqueo de capitales y la financiación del terrorismo", *op. cit.*, p. 442; MITSILEGAS, V. y GILMORE, B.: "The EU Legislative Framework Against Money Laundering and Terrorist Finance: A Critical Analysis in the Light of Evolving Global Standards", *International and Comparative Law Quarterly*, vol. 56, nº 1, 2007, pp. 119-140.

373 En este sentido, PAVLIDIS, G.: "El Grupo de Acción Financiera (GAFI) treinta años después: el futuro de la lucha internacional contra el blanqueo de capitales y la financiación del terrorismo", *op. cit.*, p. 438. De hecho, sus Estados miembros son sometidos a un proceso de evaluación mutua mediante el cual se monitorea su nivel de implementación de las 40 recomendaciones. Véase, por ejemplo, el Informe de evaluación mutua realizado a España en 2014, que dio lugar a la introducción de mejoras, tal y como se recoge en el informe de seguimiento de 2019. FINANCIAL

negra -y gris- (*black and grey lists*) pública en la que identifica las jurisdicciones con deficiencias significativas en sus regímenes de lucha contra el blanqueo de capitales y la financiación del terrorismo, presionándolas así a emprender las reformas oportunas[374].

1.2. La persecución del blanqueo de los activos procedentes de la trata en el Consejo de Europa.

Por cuanto se refiere al Convenio de Varsovia adoptado por el Consejo de Europa para luchar contra la trata, no contiene disposición alguna en relación con la persecución del blanqueo del producto delictivo derivado de la misma[375]. No obstante, sí se hace mención al vínculo entre los delitos de trata y blanqueo de capitales en el informe explicativo del Convenio de Varsovia[376]. Al respecto, dicho informe admite la aplicabilidad de otros instru-

---

ACTION TASK FORCE (FATF): *Anti-money laundering and counter-terrorist financing measuress–Spain. Mutual evaluation Report,* FATF, Paris, 2014; FINANCIAL ACTION TASK FORCE (FATF): *Anti-money laundering and counter-terrorist financing measuress–Spain. Follow-up assessment,* FATF, Paris, 2019.

374 *Vid.* MORSE, J.: "Blacklists, Market Enforcement, and the Global Regime to Combat Terrorist Financing", *International Organization,* vol. 73, nº 3, 2019, pp. 511-545; AGUIRRE QUEZADA, J. B.: "Panorama del lavado de dinero a escala internacional", *Revista Internacional de Ciencias del Estado y de Gobierno,* vol. 1, 2017, p. 171; PAVLIDIS, G.: "El Grupo de Acción Financiera (GAFI) treinta años después: el futuro de la lucha internacional contra el blanqueo de capitales y la financiación del terrorismo", *op. cit.*, p. 440.

375 Al respecto, se planteó la posibilidad de introducir una disposición sobre el delito de blanqueo de capitales procedentes de la trata, dado su importante componente lucrativo. Sin embargo, se consideró más adecuado regular el blanqueo de capitales en un instrumento jurídico intersectorial que abordara la cooperación en varios ámbitos de la delincuencia, como el Convenio nº 141, en lugar de en un instrumento específico como el Convenio de Varsovia. *Vid.* CONSEJO DE EUROPA: *Explanatory Report to the Council of Europe Convention on Action against Trafficking in Human Beings, op. cit.*, p. 35.

376 *Vid. Ibidem,* p. 5.

mentos jurídicos del Consejo de Europa a los supuestos de trata, y en cuanto a blanqueo de capitales, se remite a lo establecido en el Convenio relativo al blanqueo, seguimiento, embargo y decomiso de los productos del delito, firmado en Estrasburgo el 8 de noviembre de 1990 (en adelante, Convenio de Estrasburgo)[377].

Y es que la preocupación del Consejo de Europa por el blanqueo de capitales derivado de la delincuencia organizada -y, en especial, del tráfico de drogas- se remonta a la adopción de la Recomendación núm. 80 del Comité de Ministros, de 27 de junio de 1980[378]. Dichas recomendaciones, fundamentalmente dirigidas a las entidades bancarias, constituyeron la primera iniciativa para contrarrestar dicha actividad delictiva[379]. Sin embargo, dada la escasa incidencia que tuvieron, nació el referido Convenio de Estrasburgo, cuyas disposiciones sí revestían carácter vinculante.

Este Convenio, aunque inspirado en la Convención de las Naciones Unidas de 1988 contra el tráfico de drogas[380], supone un importante avance en la lucha internacional contra el blanqueo de capitales[381]. En primer lugar, su ámbito de aplicación es mucho más amplio por

---

377 Dicho Convenio fue ratificado por España 8 años después de su aprobación, el 21 de octubre de 1988. Sobre la evolución de la creación de este Convenio, véase BLANCO CORDERO, I.: *El delito de blanqueo de capitales*, Thomson-Reuters/Aranzadi, Cizur Menor, 2012, pp. 116-118.

378 Recommendation No. R (80) 10, on measures against the transfer and the safekeeping of funds of criminal origin.

379 Dichas recomendaciones contenían medidas de tipo organizativo aplicables a las entidades bancarias, por lo que no contenía disposición algún de tipo jurídico penal orientada a la incriminación de tales conductas.

380 Véase NILSSON, H.G.: "The Council of Europe LaunderinG Convention: A recent example of a developing international Criminal Law", *Criminal Law Forum*, 1991, p. 423; DÍEZ RIPOLLÉS, J.L.: "El blanqueo de capitales procedentes del tráfico de drogas", *Revista Procesal*, vol. 32, 1994, p. 586.

381 Sobre las principales diferencias que presenta el Convenio de Estrasburgo respecto a la precedente Convención de las Naciones Unidas, véase BLANCO CORDERO, I.: *El delito de blanqueo de capitales, op. cit.*, pp. 121-124.

cuanto el delito subyacente del blanqueo de capitales no queda constreñido a los delitos relativos al tráfico de drogas, sino que puede aplicarse en relación con cualquier delito susceptible de generar un producto -entendido como todo provecho económico derivado de un delito-[382]. Por otro lado, ofrece una regulación más detallada y exhaustiva incluyendo ciertos aspectos eminentemente procesales en el marco de la cooperación internacional, a la que dedica buena parte de su articulado (arts. 7 a 35)[383]. Por lo demás, en su artículo 6 contiene una definición del delito de blanqueo prácticamente idéntica a la establecida por la posterior Convención de las Naciones Unidas contra la delincuencia organizada transnacional, analizada en el subapartado anterior y a cuyo contenido nos remitimos.

Posteriormente, la necesidad de adecuar los métodos de persecución de los delitos graves y de implementar las normas internacionales destinadas a reprimir la financiación del terrorismo,

---

382 En este sentido, *vid.* COUNCIL OF EUROPE: *Explanatory Report to the Convention on Laundering, Search, Seizure and Confiscation of the Proceeds from Crime*, Council of Europe, Estrasburgo, 1990, p. 10. También NILSSON, H.G.: "The Council of Europe Laundering Convention: A recent example of a developing international Criminal Law", *op. cit.*, p. 428; GILMORE, W.C.: "International responses to money laundering: a General Overview", *The Council of Europe Laundering Conference*, Estrasburgo, 28-30 de septiembre, 1992, pp. 8 y 9; DÍEZ RIPOLLÉS, J.L.: "El blanqueo de capitales procedentes del tráfico de drogas", *op. cit.*, p. 587.

383 Entre las medidas previstas, puede mencionarse la obligación de prestar auxilio para la identificación y localización de instrumentos, productos y bienes susceptibles de confiscación (arts. 7 y 8), pudiéndose adoptar a tal efecto medidas provisionales (arts. 11 y 12) como la confiscación o el embargo (arts. 13 a 17) a petición de otro Estado. Esto debiendo practicar las notificaciones correspondientes en aras a proteger los derechos de terceros (arts. 21 y 22). Finalmente, se establece el modo en qué deben practicarse esas solicitudes, el contenido de las mismas y la autoridad competente para enviarlas y recibirlas (arts. 23 a 35), listándose también los motivos por los que el Estado requerido podría negar su cooperación, aplazarla o dar un cumplimiento parcial (arts. 18 a 20).

requerían la actualización del Convenio de Estrasburgo de 1990. Esto tuvo lugar mediante la aprobación del Convenio relativo al blanqueo, seguimiento, embargo y comiso de los productos del delito y a la financiación del terrorismo, firmado en Varsovia, el 16 de mayo de 2005[384] -esto es, en la misma fecha que el Convenio de Varsovia relativo a la lucha contra la trata de seres humanos-.

El Convenio de 2005 recoge una tipificación del blanqueo de capitales (art. 9) de forma casi idéntica a como lo hacía su predecesor, aunque ahora se permite sancionar también las acciones de blanqueo cometidas bajo la sospecha de que los bienes eran producto de un delito -esto es, los supuestos de dolo eventual- o cuando el sujeto debería haber presumido su procedencia delictiva -es decir, el blanqueo imprudente-[385]. Igualmente, se prevé la posible sanción por el delito de blanqueo sin necesidad de que exista una condena previa o simultanea por el delito subyacente, así como cuando se constante el origen delictivo de los bienes aun sin precisarse de qué delito concreto provienen (arts. 9.5 y 9.6)[386].

En el marco del Consejo de Europa, destaca el papel desempeñado por el Comité de Expertos sobre la Evaluación de las Medidas contra el Blanqueo de Capitales y la Financiación del Terrorismo (MONEYVAL)[387], que se erige como un órgano de control permanente del Consejo de Europa encargado de evaluar el cumplimiento de las principales normas internacionales de lucha contra el blanqueo de capitales y la financiación del terrorismo y la eficacia de su

---

384 Ratificado por España el 26 de junio de 2010.

385 Al respecto, *vid.* BLANCO CORDERO, I.: *El delito de blanqueo de capitales, op. cit.*, p. 125.

386 *Vid. Ibidem.*

387 Dicho órgano fue creado por primera vez en 1997 y se encontraba regulado en la Resolución (2005)47 sobre comités y órganos subordinados. No obstante, desde 2011 se constituye como un órgano independiente en el seno del Consejo de Europa, directamente responsable ante el Comité de Ministros.

aplicación, pudiendo formular recomendaciones a las autoridades nacionales sobre las mejoras necesarias de sus sistemas. Para ello, lleva a cabo procesos de evaluaciones mutuas que, adoptando un sistema parecido al seguido por el GAFI, acaba de dar comienzo en 2025 a su sexta ronda de evaluación, focalizada en la implementación por parte de los Estados parte de las recomendaciones revisadas del GAFI, así como de la legislación de la UE adoptada al respecto.

1.3. La persecución del blanqueo de los activos procedentes de la trata en la Unión Europea.

Como sucediera en el ámbito del Consejo de Europa, la Directiva 2011/36/UE no prevé disposición alguna dirigida a sancionar la ocultación del origen ilícito de los activos derivados de la TSH. Únicamente, el considerando 13 hace referencia a la necesidad de embargar y decomisar los productos delictivos remitiéndose a los dispuesto en la Decisión marco 2001/500/JAI del Consejo, de 26 de junio de 2001, relativa al blanqueo de capitales, la identificación, seguimiento, embargo, incautación y decomiso de los instrumentos y productos del delito, entre otras normas. Tampoco la propuesta de Directiva sobre TSH ni la Directiva 2024/1712/UE parecen preocupadas por esta cuestión por cuanto no contienen referencia ni remisión alguna en su texto.

Por cuanto se refiere a la regulación del blanqueo de capitales, en términos generales, en el ámbito comunitario, la UE probablemente haya sido la institución más prolifera por cuanto ha aprobado -por el momento- hasta seis Directivas relativas a la lucha contra el blanqueo de capitales, siendo sus disposiciones aplicables a los delitos de trata[388]. Por orden cronológico, estas Directivas son: la

388 Puede aplicarse a los delitos de trata cuando fueran cometidos en el marco de la delincuencia organizada, aunque también era posible su aplicación fuera de estos casos por considerarse un delito grave castigado con una pena privativa de libertad de duración máxima superior a un año.

Directiva 91/308/CEE[389], la Directiva 2001/97/CE[390], la Directiva 2005/60/CE[391], la Directiva 2015/849[392]; la Directiva 2018/843[393];

---

389 Directiva 91/308/CEE del Consejo, de 10 de junio de 1991, relativa a la prevención de la utilización del sistema financiero para el blanqueo de capitales. Publicada en el DOCE L 166/77, de 28 de junio de 1991. Fue la primera directiva sobre blanqueo de capitales, aunque actualmente se halla derogada.

390 Directiva 2001/97/CE del Parlamento Europeo y del Consejo, de 4 de diciembre de 2001, por la que se modifica la Directiva 91/308/CEE del Consejo relativa a la prevención de la utilización del sistema financiero para el blanqueo de capitales. Publicada en el DOCE L 344/76, de 28 de diciembre de 2001. Conocida como la segunda Directiva relativa al blanqueo de capitales, también se encuentra ya derogada.

391 Directiva 2005/60/CE del Parlamento Europeo y del Consejo, de 26 de octubre de 2005, relativa a la prevención de la utilización del sistema financiero para el blanqueo de capitales y para la financiación del terrorismo. Publicada en el DOUE L 309/15, de 25 de noviembre de 2005. Fue la 3ª Directiva de lucha contra el blanqueo de capitales, si bien en la actualidad sus disposiciones han sido derogadas.

392 Directiva (UE) 2015/849 del Parlamento Europeo y del Consejo, de 20 de mayo de 2015, relativa a la prevención de la utilización del sistema financiero para el blanqueo de capitales o la financiación del terrorismo, y por la que se modifica el Reglamento (UE) nº 648/2012 del Parlamento Europeo y del Consejo, y se derogan la Directiva 2005/60/CE del Parlamento Europeo y del Consejo y la Directiva 2006/70/CE de la Comisión. Publicada en el DOUE L 141/73, de 5 de junio de 2015. Se la conoce como la 4ª Directiva de la UE sobre blanqueo de capitales. Esta Directiva, todavía vigente, se adoptó para reforzar la estrategia de la UE contra el blanqueo de capitales y la financiación del terrorismo, adecuando su contenido a las recomendaciones internacionales publicadas por el GAFI. En este sentido, sus principales novedades radicaron en un mayor énfasis en la titularidad final de los bienes y una mayor diligencia debida con los clientes; la reducción del umbral de pagos en efectivos hasta los 10.000€, la ampliación de su ámbito al sector de los juegos de azar -más allá de los casinos- o la ampliación del concepto "personas del medio político", entre otras.

393 Directiva (UE) 2018/843 del Parlamento Europeo y del Consejo, de 30 de mayo de 2018, por la que se modifica la Directiva (UE) 2015/849 relativa a la prevención de la utilización del sistema financiero para

y la Directiva 2018/1673[394]. Esta sexta y última directiva pretende armonizar la definición de "delitos subyacentes" en los distintos ordenamientos de los Estados miembros. Así, ofrece un catálogo de hasta 22 delitos subyacentes al blanqueo de capitales entre los cuales se incluye, expresamente, el delito de TSH (art. 2.1-c)[395]. Finalmente, debe reseñarse la Directiva 2019/1937[396], de 23 de

---

el blanqueo de capitales o la financiación del terrorismo, y por la que se modifican las Directivas 2009/138/CE y 2013/36/UE. Publicada en el DOUE L 156/43, de 19 de junio de 2018. Esta 5ª Directiva, que entró en vigor el 10 de enero de 2020, amplió su ámbito de aplicación a los intercambios de divisas virtuales y a otros profesionales, como los agentes inmobiliarios, los marchantes de arte, los clientes que solicitan la nacionalidad o residencia por inversión, etc. En cuanto al ámbito de las criptomonedas, las casas de cambio deben registrarse ante las autoridades competentes y, en su caso, elaborar informes de actividades sospechosas. Las Unidades de Inteligencia Financiera (UFI) nacionales deben mantener un registro de compradores de monedas virtuales. Paralelamente, para evitar que los delincuentes se escondan tras el uso de sociedades complejas y opacas, se exige a los Estados miembros el establecimiento de un registro nacional público sobre la titularidad real de las sociedades y otras personas jurídicas.

394 Directiva (UE) 2018/1673 del Parlamento Europeo y del Consejo, de 23 de octubre de 2018, relativa a la lucha contra el blanqueo de capitales mediante el Derecho penal. Publicada en el DOUE L 284/22, el 12 de noviembre de 2018, y en vigor desde el 3 de diciembre de 2020. Esta sexta y última directiva amplia también su ámbito de aplicación a la complicidad y el autoblanqueo que constituyen también actos delictivos. Igualmente extiende el régimen de responsabilidad a las personas jurídicas, las sociedades y empresas, que podrán ser penalmente responsables por los ilícitos cometidos en su beneficio por parte de sus empleados o directivos (art. 7). Además, se endurece el régimen sancionador por cuanto el delito de blanqueo de capitales debe estar penado ahora con una pena máximo de al menos 4 años de prisión (art. 5).

395 Destaca también como novedades la inclusión de la ciberdelincuencia (letra v) y los delitos contra el medio ambiente (letra l).

396 Directiva (UE) 2019/1937 del Parlamento Europeo y del Consejo, de 23 de octubre de 2019, relativa a la protección de las personas que

octubre, que ofrece protección a los *whistleblowers* que denuncien incumplimientos normativos con relación a determinadas materias, entre ellas, sobre blanqueo de capitales[397].

A las anteriores, se les une ahora un nuevo paquete normativo contra el blanqueo de capitales y la financiación del terrorismo que quedó promulgado el pasado 19 de junio de 2024, después de su aprobación por parte del Consejo Europeo el pasado 30 de mayo de 2024. El nuevo acervo normativo pretende armonizar la normativa vigente en materia de blanqueo de capitales y financiación del terrorismo en toda la UE y acabar así con las disparidades entre los regímenes aplicables en los distintos Estados miembros de las que venían aprovechándose los defraudadores. Así, el nuevo paquete se compone de dos Directivas -Directiva 2024/1640/UE[398] y 2024/1654/UE[399]- y dos Reglamentos -Reglamento 2024/1620/

---

informen sobre infracciones del Derecho de la Unión. Publicada en el DOUE L 305/17, de 26 de noviembre de 2019.

397 *Vid.* BAKIRCI, K. y RITCHIE, G.: "Corporate liability for modern slavery", *Journal of Financial Crime, op. cit.*, p. 582.

398 Directiva (UE) 2024/1640 del Parlamento Europeo y del Consejo, de 31 de mayo de 2024, relativa a los mecanismos que deben establecer los Estados miembros a efectos de la prevención de la utilización del sistema financiero para el blanqueo de capitales o la financiación del terrorismo, por la que se modifica la Directiva y (UE) 2019/1937 y se modifica y deroga la Directiva (UE) 2015/849. Esta Directiva pretende mejorar la organización de los sistemas nacionales de lucha contra el blanqueo de capitales estableciendo normas claras de colaboración entre las Unidades de Información Financieras (UIF) y los supervisores.

399 Directiva (UE) 2024/1654 del Parlamento Europeo y del Consejo, de 31 de mayo de 2024, por la que se modifica la Directiva (UE) 2019/1153 en lo que respecta al acceso de las autoridades competentes a los registros centralizados de cuentas bancarias a través del sistema de interconexión y a las medidas técnicas destinadas a facilitar el uso de los registros de operaciones.

UE[400] y 2024/1624/UE[401]- que contienen nuevas medidas de actuación que las entidades obligadas deberán integrar y cumplir en los plazos estipulados. Como novedades más importantes se destaca la creación de una nueva Autoridad de Lucha contra el Blanqueo de Capitales y la Financiación del Terrorismo (ALBC)[402] encargada de supervisar directamente a las entidades financiera que presenten un mayor nivel de riesgo e indirectamente al resto, pudiendo imponer sanciones y penalizaciones; la ampliación del catálogo de sujetos obligados[403]; el acceso directo por parte de las autoridades policiales nacionales a los registros centralizados de cuentas bancarias -hasta ahora sólo permitido a las unidades de información financiera-[404].

No obstante, hay quien ha visto en esta técnica legislativa, y especialmente en la amplia delimitación de las actividades que potencialmente pueden clasificarse como delitos determinantes o subyacentes contenida en las últimas Directivas, una manifestación

---

400 Reglamento (UE) 2024/1620 del Parlamento Europeo y del Consejo, de 31 de mayo de 2024, por el que se crea la Autoridad de Lucha contra el Blanqueo de Capitales y la Financiación del Terrorismo y se modifican los Reglamentos (UE) n.° 1093/2010, (UE) n.° 1094/2010 y (UE) n.° 1095/2010.

401 Reglamento (UE) 2024/1624 del Parlamento Europeo y del Consejo, de 31 de mayo de 2024, relativo a la prevención de la utilización del sistema financiero para el blanqueo de capitales o la financiación del terrorismo.

402 Dicha autoridad, que tendrá su sede en Frankfurt, empezará a operar a mediados de 2025 y se halla regulada en el Reglamento 2024/1620/UE.

403 Así se prevé en el Reglamento 2024/1624/UE, apodado como "reglamento único", que incluye en el listado a proveedores de servicios de financiación participativa, a la mayoría del sector de los criptoactivos, a comerciantes de artículos de lujo, a agentes y clubes de fútbol, entre otros. El Reglamento también establece requisitos de diligencia debida más estrictos, regula la titularidad real y fija un límite de 10 000 euros para los pagos en efectivo, entre otras cosas.

404 Así se dispone en la Directiva (UE) 2024/1654 que, además, aboga por la armonización del formato de los extractos bancarios para favorecer las labores de detección y de localización y decomiso de productos.

de la denunciada "sobrecriminalización" del blanqueo de capitales[405] fruto del progresivo expansionismo del Derecho penal[406].

Sea como fuere, sin perjuicio de los esfuerzos legislativos en este sentido, la ONU estima que la cantidad de dinero blanqueado en el mundo anualmente es del 2 al 5% del PIB mundial, es decir, entre 800.000 y 2 billones de dólares[407] -aunque advierte que su incidencia probablemente sea mayor dada su naturaleza clandestina-. En cuanto a la regulación dedicada a combatir el blanqueo de capitales, se ha criticado que la misma se focaliza principalmente en descargar la responsabilidad de localizar y "capturar" a los responsables de blanquear activos ilícitos sobre el sector financiero -como se evidencia en las Directivas 4 y 5 relativas al blanqueo de capitales o en las recomendaciones GAFI-. Dichas entidades serían incapaces de detectar todas las transacciones sospechosas que se suceden, por lo que se requiere la implicación de otras corporaciones al margen del ámbito financiero en la lucha contra el blanqueo de capitales. En este punto, se ha recalcado la necesidad de incentivar la responsabilidad social corporativa de empresas y sociedades que ayuden a recabar información relevante para acabar con estas prácticas[408].

---

405 *Vid.* KOREJO, M.S., RAJAMANICKAM, R. y SAID, M.H.: "The concept of money laundering: a quest for legal definition", Journal of Money Laundering Control, vol. 24, nº 4, pp. 725 y ss. En el mismo sentido, GONZÁLEZ URIEL, D.: "Money laundering, political corruption and asset recovery in the Spanish Criminal Code", *International Annals of Criminology*, vol. 59, 2021, p. 38.

406 Véase SILVA SÁNCHEZ, J.M.: "Expansión del Derecho penal y blanqueo de capitales", en ABEL SOUTO, M. y SÁNCHEZ STEWART, N. (Coords.), *II Congreso sobre prevención y represión del blanqueo de dinero*, Tirant lo Blanch, Valencia, 2011 pp. 131-133.

407 *Vid.* UNITED NATIONS OFFICE ON DRUGS AND CRIME (UNODC): *Money laundering*, United Nations. Disponible en: https://www.unodc.org/unodc/en/money-laundering/overview.html

408 *Vid.* ROSE, K.J.: "Introducing the missing 11th principle of the United Nations Global Compact to reach sustainability – follow the money...",

También se ha dicho que tales disposiciones normativas siguen ancladas en la tradicional configuración del blanqueo de capitales, articulada en tres fases: la colocación de los activos ilícitos en el sistema financiero (*placement*), su estratificación en pequeñas cantidades depositadas en varias cuentas o mezcladas junto a otros pagos legítimos (*layering*) y la integración de estos en la economía legal bajo una apariencia legítima (*integration*)[409]. Al respecto, se ha considerado que la diversidad de formas que adopta el blanqueo de capitales no siempre responde a esa secuenciación tripartita[410], que bien podría subdividirse en aún más etapas[411]. Así, esa configuración del fenómeno no daría una respuesta adecuada a los nuevos escenarios de blanqueo de capitales a los que han dado lugar los avances en el campo de la tecnología y la digitalización del sector financiero[412]. En

---

Journey of money laundering control, vol. 23, nº 2, 2020, pp. 356 y 358.

409 *Vid.* AURASU, A. y RAHMAN, A.A.: "Forfeiture of criminal proceeds under anti-money laundering laws. A comparative analysis between Malaysia and United Kingdom", *Journal of Money Laundering Control*, vol. 21, nº 1, 2018, p. 105; GILMOUR, P.M.: "Reexamining the anti-money-laundering framework: a legal critique and new approach to combating money laundering", *Journal of Financial Crime*, vol. 30, nº 1, p. 37.

410 Véase PRIETO DEL PINO, A. M., GARCÍA MAGNA, D. I., MARTÍN PARDO, A.: "La deconstrucción del concepto de blanqueo de capitales", *InDret*, vol. 3, 2010, p. 5; GILMOUR, P.M.: "Reexamining the anti-money-laundering framework: a legal critique and new approach to combating money laundering", *Journal of Financial Crime*, vol. 30, nº 1, p. 38.

411 *Vid.* VAN KONINGSVELD, J.: "You Don't See It, Until You Understand It: Rethinking the Stages of the Money Laundering Process to Make Enforcement More Effective", en UNGER, B. y VAN DER LINDE, D. (Eds.), *Research Handbook on Money Laundering*, Edward Elgar Publishing, Cheltenham, 2013, pp. 435–451.

412 *Vid.* LEVI, M. y SOUDIJN, M.: "Understaning the laundering of organised crime money", *Crime and Justice*, vol. 49, 2020, p. 583; WRONKA, C.: ""Cyber-laundering": the change of money laundering in the digital age", *Journal of Money Laundering Control*, *op. cit.*, p. 331; GILMOUR, P.M.: "Reexamining the anti-money-laundering framework: a legal

la actualidad es frecuente el recurso al "*cyber-laundering*", esto es, el blanqueo de dinero en el ciberespacio perpetrado a través de transacciones en línea, puesto que el mismo ofrece un mayor anonimato, despersonalización y rapidez que los sistemas tradicionales[413]. En este ámbito, recientemente están cobrando especial relevancia las prácticas de blanqueo mediante el intercambio de criptomonedas[414], sin que tales prácticas queden cubiertas por la tradicional configuración del blanqueo.

Junto a eso, también se ha advertido una falta de cooperación intergubernamental que agravaría las dificultades inherentes en la trazabilidad de estas prácticas, que suelen revestir un carácter transfronterizo[415]. Por otro lado, el largo tiempo que conlleva la adopción y actualización de nuevas disposiciones destinadas a acabar con el blanqueo, ofrece la oportunidad a estos delincuentes de encontrar vías alternativas o nuevos métodos[416]. Además, algunas jurisdicciones se han mostrado directamente reticentes a aplicar dichas medidas en aras a salvaguardar sus propias inversiones e intereses comerciales[417].

---

critique and new approach to combating money laundering", *Journal of Financial Crime, op. cit.*, p. 37.

413 *Vid. Ibidem*, pp. 330-332. GILMOUR, P.M.: "Reexamining the anti-money-laundering framework: a legal critique and new approach to combating money laundering", *Journal of Financial Crime, op. cit.*, pp. 39 y 40.

414 Sobre cómo tiene lugar dicho proceso, *vid.* WRONKA, C.: ""Cyber-laundering": the change of money laundering in the digital age", *Journal of Money Laundering Control, op. cit.*, pp. 333-335.

415 *Vid.* GILMOUR, P.M.: "Reexamining the anti-money-laundering framework: a legal critique and new approach to combating money laundering", *Journal of Financial Crime*, vol. 30, nº 1, p. 40.

416 *Ibidem*, p. 39.

417 *Vid.* GILMOUR, P.M.: "Lifting the veil on beneficial ownerships: challenges of implementing the UK's registers of beneficial owners", *Journal of Money Laundering Control*, vol. 23, nº 4, 2020, p. 726.

Por tales razones se ha demandado un nuevo enfoque a las políticas legislativas de persecución del blanqueo de capitales. Conforme a este, las mismas deberían focalizarse menos en su descripción como proceso y conferir mayor atención a los agentes implicados o a aquellos que están llamados a ostentar un papel esencial en la detección de estas prácticas, así como estar más centradas en los espacios en los que actualmente se llevan a cabo las mismas[418].

2. El reconocimiento de responsabilidad de las personas jurídicas y la imposición de sanciones pecuniarias.

Como ya se anunciaba en líneas anteriores, en este apartado se abordará conjuntamente el reconocimiento de responsabilidad de los entes jurídicos y la imposición de sanciones pecuniarias, por cuanto este tipo de pena únicamente se prevé en relación con aquellas. Así, cuando el delito de trata es cometido por una o varias personas físicas, los distintos instrumentos normativos de referencia[419] coinciden en sancionar dichas conductas mediante la imposición de "*penas efectivas, proporcionadas y disuasorias*" que necesariamente deberán traducirse en penas privativas de libertad. Sin embargo, cuando la responsabilidad se atribuye a una persona jurídica ese mandato de prever "*penas efectivas, proporcionadas y disuasorias*" necesariamente lleva aparejada la imposición de sanciones pecuniarias. Así, si bien es cierto que nada impide a los Estados prever la imposición de penas de

---

418 *Vid.* GILMOUR, P.M.: "Reexamining the anti-money-laundering framework: a legal critique and new approach to combating money laundering", *Journal of Financial Crime,* vol. 30, nº 1, p. 43.

419 Salvo el Protocolo de Palermo, que en su artículo 5 se ciñe a compeler a los Estados Parte incriminar el fenómeno, debiendo adoptar "*las medidas legislativas y de otra índole que sean necesarias para tipificar como delito en su derecho interno las conductas enunciadas en el artículo 3 del presente Protocolo, cuando se cometan intencionalmente*", sin especificar el tipo de pena aplicable.

multa a las personas físicas -puesto que dichos textos normativos se configuran como normas de mínimos-, se opta por analizar la previsión de sanciones pecuniarias junto a la imposición de responsabilidad de los entes jurídicos, dado que ambas instituciones necesariamente acostumbran a ir de la mano.

2.1. Responsabilidad de las personas jurídicas y la pena de multa ante el delito de trata en las Naciones Unidas.

Al respecto, el Protocolo de Palermo es el único de los tres instrumentos que aquí nos ocupan -es decir, junto al Convenio de Varsovia y la Directiva 2011/36/UE- que no prevé específicamente la responsabilidad de las personas jurídicas[420] por la comisión de un delito de trata. Si bien, cabe recordar que al mismo le son aplicables las disposiciones de la Convención contra la delincuencia organizada transnacional, que sí prevé la responsabilidad de las personas jurídicas por su participación en delitos graves cometidos en el marco de una organización criminal, así como en relación con los delitos tipificados en la propia Convención (art. 10)[421].

---

420 Cabe destacar que, por el momento, no existe ningún instrumento legal en el ámbito internacional que haya establecido un régimen de responsabilidad criminal aplicable a las personas jurídicas. Por el contrario, la responsabilidad penal de las empresas está ampliamente establecida por las leyes nacionales, siendo que otros Estados han optados por conferirles les responsabilidad civil o administrativa. *Vid* SCHUMANN, S.: "Corporate Criminal Liability on Human Trafficking", en WINTERDYK, J. y JONES, J. (Eds.), *The Palgrave International Handbook of Human Trafficking, op. cit.*, p. 1659.

421 Si bien el artículo 10 se refiere expresamente "a los delitos tipificados con arreglo a los artículos 5, 6, 8 y 23 de la presente Convención", deben entenderse también incluidos los delitos tipificados en sus protocolos anexos, entre ellos, el Protocolo de Palermo relativo a la trata. *Vid.* UNODC: *Legislative Guides for the Implementation of the United Nations Convention against Transnational Organized Crime and the Pro-*

En este sentido, la regulación del régimen de responsabilidad corporativa se explicita en un escueto artículo 10 que, además de admitir la posibilidad de que dicha responsabilidad sea de índole penal, civil o administrativa[422], solo exige la imposición de sanciones -no necesariamente penales- que sean "eficaces, proporcionadas y disuasivas", incluidas las sanciones monetarias, dejando a la discreción de cada Estado el establecimiento del correspondiente marco penológico[423]. A mayor abundamiento,

---

tocols thereto, op. cit., párrafo 279. En el mismo sentido se pronuncia UNODC: *Manual para la lucha contra la trata de personas, op. cit.*, p. 40.

422 Al respecto, puede citarse el caso de Estados Unidos que, además de tipificar como delitos federales la trata de seres humanos y el trabajo forzoso en la *US Trafficking Victims Protection Act* (TVPA) del año 2000 -modificada por la *Trafficking Victims Protection Reauthorization Act* de 2003-, en su artículo 1595 ofrece a las víctimas de trata la posibilidad de interponer una acción civil. Dicho precepto establece que "*a) Toda víctima de una violación de este capítulo* -de trata de personas, entre otros- *puede interponer una acción civil contra el autor* -o cualquiera que a sabiendas se beneficia, financieramente o por recibir cualquier cosa de valor de la participación en una empresa que esa persona sabía o debería haber sabido que ha participado en un acto en violación de este capítulo- *en un tribunal de distrito apropiado de los Estados Unidos y puede recuperar los daños y honorarios razonables de abogados*". *Vid.* SCHUMANN, S.: "Corporate Criminal Liability on Human Trafficking", en WINTERDYK, J. y JONES, J. (Eds.), *The Palgrave International Handbook of Human Trafficking, op. cit.*, p. 1666.

423 *Vid.* SIMONOVA, K.: "Article 23. Sanctions and measures", en PLANITZER, J. y SAX, H. (Eds.), *A commentary on the Council of Europe Convention on action against Trafficking in Human Beings, op. cit.*, p. 299. Sin embargo, UNODC ha hecho referencia a la posibilidad de contemplar, junto a la multa, otras sanciones como el decomiso, la restitución o incluso el cierre de las entidades jurídicas. También se ha referido a la posibilidad de establecer sanciones no monetarias como las que existen en algunos ordenamientos, por ejemplo, el retiro de ciertas ventajas, la suspensión de determinados derechos, la prohibición de algunas actividades, la publicación del fallo y el nombramiento de un fideicomisario y la regulación directa de las

tampoco ofrece indicación alguna sobre las circunstancias concretas que permiten aflorar dicha responsabilidad[424], ni tampoco sobre el modo en que esta le es imputable al ente jurídico.

Por otro lado, cabe destacar que, entre las medidas orientadas a la prevención del delito contenidas en el artículo 31 de la Convención, se contempla la obligación de los Estados de impedir que las organizaciones criminales participen en mercados lícitos con el producto delictivo debiendo prevenir, a ese efecto, el uso indebido de sociedades. Dicha previsión parece referirse al uso de sociedades pantalla como método de blanquear los activos delictivos[425]. Con este fin, se prevé la adopción de una serie de medidas que se concretan en el establecimiento de registros públicos de personas físicas y jurídicas involucradas en la constitución gestión y la financiación de personas jurídicas; la posible inhabilitación temporal de las personas condenadas por los delitos tipificados en la Convención para ejercer facultades de dirección de una empresa jurídica, y el establecimiento de un registro nacional donde deberá constar el acuerdo de dichas inhabilitaciones[426].

Sin perjuicio de lo anterior, en el macro internacional destacan también dos instrumentos que, aunque no vinculantes, proporcionan una especie de código ético para las empresas que bien puede seguirse para prevenir las prácticas de TSH y, de algún modo, sientan las bases de la "responsabilidad social

---

estructuras de la persona jurídica. *Vid.* UNODC: *Manual para la lucha contra la trata de personas, op. cit.*, p. 41.

424 *Vid.* PLANITZER, J.: "Article 22. Corporate liability", en PLANITZER, J. y SAX, H. (Eds.), *A commentary on the Council of Europe Convention on action against Trafficking in Human Beings, op. cit.*, p. 292.

425 Según el análisis llevado a cabo por WRONKA este sería la opción más usada por los criminales para disimular el origen delictivo de sus bienes. *Vid.* WRONKA, C.: ""Cyber-laundering": the change of money laundering in the digital age", *op. cit.*, p. 341.

426 La información obrante en los dos registros públicos referidos deberá intercambiarse con las autoridades competentes de otros Estados parte.

corporativa"[427]. Estos son: los Principios Rectores sobre las Empresas y los Derechos Humanos elaborados por la ONU y las Líneas Directrices de la Organización para la Cooperación y el Desarrollo Económico (OCDE) para Empresas Multinacionales[428]. Los primeros, si bien no constituyen un deber de Derecho internacional de respetar los derechos humanos por parte de

---

427 Esta responsabilidad deriva también del Pacto Mundial de las Naciones Unidas -*Global Compact*- en el que se establecen 10 principios básicos destinados a las empresas en relación con los derechos humanos, los derechos laborales, el medioambiente y la anticorrupción, sobre la base de la Declaración Universal de las Naciones Unidas, la Declaración de la OIT sobre los principios y derechos fundamentales en el trabajo, la Declaración de Río sobre el medio ambiente y la Convención de las Naciones Unidas contra la corrupción. Sin embargo, a pesar de su amplia aceptación -contando con más de 18.000 empresas y 3.000 participantes fuera de los círculos empresariales-, los principios establecidos en dicho Pacto no tienen carácter vinculante, por lo que el comportamiento de las empresas firmantes no está sujeto ni a vigilancia ni a sanción. *Vid.* ROSE, K.J.: "Introducing the missing 11th principle of the United Nations Global Compact to reach sustainability – follow the money...", *op. cit.*, p. 357.

428 Especialmente desde que en 2011 estas fueran reformadas, introduciéndose un capítulo nuevo (IV) dedicado a los derechos humanos. *Vid.* BAKIRCI, K. y RITCHIE, G.: "Corporate liability for modern slavery", *Journal of Financial Crime*, vol. 29, nº 2, 2022, p. 581; SCHUMANN, S.: "Corporate Criminal Liability on Human Trafficking", en WINTERDYK, J. y JONES, J. (Eds.), *The Palgrave International Handbook of Human Trafficking*, *op. cit.*, p. 1663. Junto a los referidos documentos, otros como los Principios y directrices recomendados sobre los derechos humanos y la trata de personas, elaborados por la Oficina del Alto Comisionado para los Derechos Humanos, en su Directriz 4, también promueve el establecimiento de la responsabilidad administrativa, civil y, cuando proceda, penal de las personas jurídicas. Igualmente, también puede citarse la Guía elaborada por el ILO en 2006 sobre trata de seres humanos y trabajo forzoso como forma de explotación que se articula como una guía práctica para el conocimiento y aplicación de las normas internacionales sobre trata de seres humanos.

las empresas en su ámbito de actuación, establecen una serie de guías dirigidas a los Estados y las sociedades orientadas a prevenir y hacer frente a las violaciones de derechos humanos cometidas en el marco de operaciones comerciales o empresariales, mediante el establecimiento de un deber de *due diligence* o diligencia debida[429]. Siguiendo la misma tónica, las directrices de la OCDE establecen unos estándares mínimos en el ámbito laboral y de las relaciones empresariales[430] en pos del respeto a los derechos humanos internacionalmente reconocidos[431]. A

---

429 *Vid.* FRIEDMAN, N.: "Corporate liability design for human right abuses: individual and entity liability for due diligence", *Oxford Journal of Legal Studies*, vol. 41, nº 2, 2021, p. 289.

430 A raíz de dichas Directrices, la OCDE ha elaborado recientemente la una guía de diligencia debida y cinco guías sectoriales concernientes al sector extractivo, a las cadenas de suministros responsables de minerales que provengan de zonas de conflicto o alto riesgo, al sector agrícola, al sector textil y al sector financiero.

431 En este sentido, el epígrafe 4 establece: "*(…) Las empresas deben, en el marco de los derechos humanos internacionalmente reconocidos, cumplir las obligaciones internacionales en materia de derechos humanos de los países en los que operan, así como las leyes y normativas nacionales pertinentes:*
1. Respetar los derechos humanos, lo que significa que deben evitar infringir los derechos humanos de los demás y abordar los impactos adversos sobre los derechos humanos en los que estén implicadas.
2. En el contexto de sus propias actividades, evitar causar o contribuir a causar impactos adversos sobre los derechos humanos y abordar dichos impactos cuando se produzcan.
3. Buscar formas de prevenir o mitigar los impactos adversos sobre los derechos humanos que estén directamente vinculados a sus operaciones comerciales, productos o servicios por una relación comercial, incluso si no contribuyen a esos impactos.
4. Tener un compromiso político públicamente disponible de respetar los derechos humanos.
5. Llevar a cabo la diligencia debida en materia de derechos humanos en función de su tamaño, la naturaleza y el contexto de las operaciones y la gravedad de los riesgos de impactos adversos sobre los derechos humanos.
6. Proporcionar o cooperar a través de procesos legítimos en la reparación de impactos adversos sobre los derechos humanos cuando identifiquen que han cau-

pesar de su carácter no vinculante, las Directrices cuentan con el apoyo de un mecanismo único de aplicación, los Puntos Nacionales de Contacto para la conducta empresarial responsable, que son organismos constituidos por los gobiernos de los países adheridos con el fin de promover e implementar las Directrices[432].

2.2. Responsabilidad de las personas jurídicas y la pena de multa ante el delito de trata en el Consejo de Europa.

Por su parte, el Convenio de Varsovia sí prevé expresamente la responsabilidad de las personas jurídicas[433] responsables de las infracciones constitutivas de trata -o del uso de los servicios ofrecidos por sus víctimas[434]- en su artículo 22. No obstante, de la

---

sado o contribuido a estos impactos". Se detalla como deben materializarse dichas exigencias en OECD: *OECD Guidelines for Multinational Enterprise son Responsible Business Conduct*, OECD Publishing, Paris, 2023, pp. 25-27.

432 *Vid. Ibidem.*, pp. 56 y 57.

433 Esto es, sociedades mercantiles, asociaciones y entidades jurídicas similares, de conformidad con CONSEJO DE EUROPA: *Explanatory Report to the Council of Europe Convention on Action against Trafficking in Human Beings, op. cit.*, párrafo 247.

434 Ello sucederá, por ejemplo, cuando una empresa contrate a trabajadores víctimas de trata que han sido previamente reclutados por terceros, siendo ello una práctica frecuente cuando se recurre a las subcontrataciones por medio de ETTs. *Vid.* RODRÍGUEZ-LÓPEZ, S.: 'Criminal Liability of Legal Persons for Human Trafficking Offences in International and European Law', *Journal of Trafficking and Human Exploitation*, vol. 1, 2017, p. 98; PLANITZER, J. y KATONA, N.: 'Criminal Liability of Corporations for Trafficking in Human Beings for Labour Exploitation', *Global Policy*, vol 8, nº 4, 2017, p. 506. Sin perjuicio de lo anterior, debe recordarse que, a diferencia de lo que ocurre con las conductas de trata, la posibilidad prevista en el artículo 19 de incriminar el uso de servicios derivados de la trata no es obligatoria para los Estados. *Vid.* VAN DAMME, Y. y VERMEULEN, G.: "Towards an EU strategy to combat trafficking and labor exploi-

redacción de dicho precepto se deriva la falta de una verdadera obligación de los Estados parte de reconocer responsabilidad a los entes jurídicos por tales hechos[435]. En este sentido, el referido artículo conmina a los Estados parte a adoptar "*las medidas legislativas o de otro tipo que resulten necesarias para que las personas jurídicas puedan ser consideradas responsables*".

En caso de que los Estados decidan responsabilizar a las personas jurídicas por la comisión de un delito de trata, la misma estará sujeta a ciertos requisitos. Así, únicamente aflorará la responsabilidad del ente jurídico cuando los hechos sean cometidos en nombre de la corporación por una persona física que ostente cierto poder de dirección en su seno, ya sea por su condición de apoderado o por sus facultades de decisión o de control sobre la misma (art. 22.1)[436]. Dicha responsabilidad corporativa también

---

tation in the supply chain. Connecting corporate criminal liability and State-imposed self-regulation through due diligence?" en BRODOWSKI, D., ESPINOZA DE LOS MONTEROS, M., TIEDEMANN, K. y VOGEL, J. (Eds.), *Regulating corporate criminal liability*, Springer International Publishings, Cham, 2014, pp. 179 y 180; SCHUMANN, S.: "Corporate Criminal Liability on Human Trafficking", en WINTERDYK, J. y JONES, J. (Eds.), *The Palgrave International Handbook of Human Trafficking*, *op. cit.*, p. 1657.

435 Por el contrario, el Convenio exige la posibilidad de considerar responsables a las personas jurídicas que, en su caso, será de naturaleza penal, civil o administrativa, según los principios jurídicos de cada Estado parte. En este sentido, *vid.* SCHUMANN, S.: "Corporate Criminal Liability on Human Trafficking", en WINTERDYK, J. y JONES, J. (Eds.), *The Palgrave International Handbook of Human Trafficking*, *op. cit.*, pp. 1659 y 1660.

436 Concretamente, reza el artículo 22: "*(...) las personas jurídicas puedan ser consideradas responsables de las infracciones tipificadas en aplicación del presente Convenio, cuando sean cometidas en su nombre por cualquier persona física que actúe, bien individualmente, bien como miembro de un órgano de la persona jurídica, que ejerza poderes de dirección en su seno, sobre las bases siguientes:*
a. un poder de representación de la persona jurídica;
b. autoridad para tomar decisiones en nombre de la persona jurídica;
c. autoridad para ejercer un control en el seno de la persona jurídica"

podrá aflorar cuando el delito sea cometido por un empleado o agente de la persona jurídica que no ostente un cargo directivo, siempre que se cumplan dos condiciones adicionales: que el delito se haya cometido en beneficio de la persona jurídica y que el mismo sea consecuencia de la falta de supervisión y control[437] por parte de aquellas personas que sí ejercen un poder de dirección en el seno de la misma (art. 22.2).

Parece, pues, que la Convención introduce diferentes sistemas de atribución de responsabilidad al ente jurídico en función de la condición o el rol que ostenta el autor material de los hechos[438]. Así, en el primer caso, cuando quien comete el delito ostenta una posición de liderazgo en el seno de la corporación, la responsabilidad parece establecerse mediante el modelo de identificación[439].

---

437 Esta falta de supervisión se refiere a la ausencia de adopción de medidas adecuadas y razonables para impedir que los empleados o miembros cometan actividades delictivas en nombre de la entidad. La apreciación de dicha omisión deberá establecerse en función de varios factores, como el tipo de empresa de que se trate, su tamaño y las normas y buenas prácticas vigentes. *Vid.* CONSEJO DE EUROPA: *Explanatory Report to the Council of Europe Convention on Action against Trafficking in Human Beings, op. cit.*, párrafo 249.

438 Al respecto, véase PIETH, M. y IVORY, R.: 'Emergence and Convergence: Corporate Criminal Liability Principles in Overview', en PIETH, M. y IVORY, R (Eds), *Corporate Criminal Liability: Emergence, Convergence, and Risk*, Springer, 2011, pp. 21 y 22; RODRÍGUEZ-LÓPEZ, S.: 'Criminal Liability of Legal Persons for Human Trafficking Offences in International and European Law', *Journal of Trafficking and Human Exploitation*, vol. 1, 2017, p. 104; PLANITZER, J.: "Article 22. Corporate liability", en PLANITZER, J. y SAX, H. (Eds.), *A commentary on the Council of Europe Convention on action against Trafficking in Human Beings, op. cit.*, pp. 293-294.

439 En virtud de este, se identifican los actos cometidos por directores, administradores y trabajadores con un cierto grado de responsabilidad como actos cometidos por la corporación. Al respecto, véase, por todos, PIETH, M. y IVORY, R.: 'Emergence and Convergence: Corporate Criminal Liability Principles in Overview', en PIETH, M.

Por el contrario, cuando la responsabilidad se genera por haberse cometido el hecho delictivo por parte de un trabajador de la misma, dicha atribución parece asentarse sobre el modelo de responsabilidad vicarial[440]. No obstante, la exigencia en estos casos de una falta de supervisión y control por parte de los directivos parece incorporar características propias del modelo de organización[441].

En cualquier caso, de darse las anteriores condiciones, los entes jurídicos en cuestión podrán ser considerados responsables -penal, civil o administrativamente- (art. 23.3)[442] y deberán

---

y IVORY, R (Eds), *Corporate Criminal Liability: Emergence, Convergence, and Risk, op. cit.*, pp. 21 y 22.

440 También conocido como modelo de hetero-responsabilidad, indirecto o de transferencia. De conformidad con este, cualquier acto cometido por un empleado o agente de la entidad, siempre haya actuado en nombre y provecho de esta, puede atribuirse a la persona jurídica.

441 También llamado "modelo de la cultura corporativa" atribuye responsabilidad directa a las personas jurídicas por su defecto organizativo y su cultura corporativa, que habrían permitido la comisión del delito por parte de sus integrantes. *Vid.* PIETH, M. y IVORY, R.: 'Emergence and Convergence: Corporate Criminal Liability Principles in Overview', en PIETH, M. y IVORY, R (Eds), *Corporate Criminal Liability: Emergence, Convergence, and Risk, op. cit.*, p. 22. En sentido similar, CIGÜELA SOLA, J. y ORTIZ DE URBINA GIMENO, Í.: "La responsabilidad penal de las personas jurídicas: fundamentos y sistema de atribución", en SILVA SÁNCHEZ, J.M. (dir.), *Lecciones de Derecho Penal Económico y de la Empresa. Parte general y especial*, Atelier, Barcelona, 2020, p. 78.

442 Si bien el GRETA ha constatado que la fórmula mayoritariamente adoptada ha sido el reconocimiento de dicha responsabilidad por vía penal; y, en menor medida, mediante la legislación administrativa. GRETA: *Report concerning the implementation of the Council of Europe Convention on Action against Trafficking in Human Beings by Finland. First Evaluation Round,* Consejo de Europa, Estrasburgo, 2015, párrafo 205; GRETA: *Report concerning the implementation of the Council of Europe Convention on Action against Trafficking in Human Beings by France. Second Evaluation Round,* Consejo de Europa, Estrasburgo, 2017, párrafo 243; GRETA: *Report concerning the implementation of the*

afrontar "*sanciones o medidas penales o no penales efectivas, proporcionadas y disuasorias*[443], *incluidas las sanciones pecuniarias*" (art. 23.2), independientemente de la responsabilidad imputable a la persona física que cometió el ilícito (art. 23.4)[444]. Junto a la pena de multa, los Estados parte podrán ordenar, además, otras medidas accesorias tales como el cierre temporal o definitivo del establecimiento utilizado para cometer el delito[445] -salvo que se trate de un tercero de buena fe- o la inhabilitación temporal o definitiva para el ejercicio de la actividad con ocasión de la cual la infracción ha sido cometida (art. 23.4)[446].

Council of Europe Convention on Action against Trafficking in Human Beings by Luxembourg. Second Evaluation Round, Consejo de Europa, Estrasburgo, 2018, párrafo 157; GRETA: *Report concerning the implementation of the Council of Europe Convention on Action against Trafficking in Human Beings by The Netherlands. Second Evaluation Round,* Consejo de Europa, Estrasburgo, 2018, párrafo 200; GRETA: *Report concerning the implementation of the Council of Europe Convention on Action against Trafficking in Human Beings by Romania. Second Evaluation Round,* Consejo de Europa, Estrasburgo, 2016, párrafo 171; GRETA: *Report concerning the implementation of the Council of Europe Convention on Action against Trafficking in Human Beings by Spain. Second Evaluation Round,* Consejo de Europa, Estrasburgo, 2018, párrafo 229.

443 Así, el Convenio de Europa se hace eco de esa exigencia de efectividad, proporcionalidad y disuasión de las penas, sin que el *Explanatory Report to the Council of Europe Convention on Action against Traf-ficking in Human Beings* ofrezca pauta alguna sobre cómo interpretar dicha cláusula.

444 *Vid.* CONSEJO DE EUROPA: *Explanatory Report to the Council of Europe Convention on Action against Trafficking in Human Beings, op. cit.,* párrafo 251.

445 Esto con el fin de disuadir el uso de estos establecimientos como tapadera del delito de trata. *Vid. Ibidem,* párrafo 257.

446 Esta última previsión fue muy discutida, pues mientras algunos alegaron que la misma era demasiado vaga, pudiendo dar lugar a la penalización de terceros no involucrados en el delito de trata; para otros, esta era esencial para combatir efectivamente este delito. *Vid.* AD HOC COMMITTEE ON ACTION AGAINST TRAFFICKING IN

2.3. Responsabilidad de las personas jurídicas y la pena de multa ante el delito de trata en el marco normativo de la Unión Europea.

Finalmente, los artículos 5 y 6 de la Directiva 2011/36/UE establecen el régimen de responsabilidad de las personas jurídicas y las sanciones aplicables a las mismas, respectivamente. Al respecto, debe entenderse por persona jurídica "*cualquier entidad que tenga personalidad jurídica con arreglo al Derecho aplicable, con excepción de los Estados o de otros organismos públicos en el ejercicio de su potestad pública y de las organizaciones internacionales públicas*" (art. 5.4). Debe destacarse, sin embargo, que también la Directiva opta por establecer un régimen de responsabilidad opcional en caso de que el delito haya sido cometido por un ente jurídico en tanto que exige a los Estados miembros que adopten las medidas necesarias para garantizar que las personas jurídicas "*puedan ser consideradas responsables*" de las infracciones allí tipificadas.

La responsabilidad de estos entes jurídicos podrá tener lugar cuando el delito de trata haya sido cometido en su beneficio por su representante o por quien ostente cierto poder de dirección o control en la organización (art. 5.1). Igualmente, la persona jurídica podrá responder por el ilícito de quien, aún sin ostentar las referidas condiciones, lo haya cometido como consecuencia de la falta de supervisión o control debidos y en beneficio de la corporación (art. 5.2). En cualquier caso, la responsabilidad de la persona jurídica será independiente de la responsabilidad propia de la persona física que hubiera cometido el delito -ya sea en condición de autora, inductora o cómplice- (art. 5.3)[447].

HUMAN BEINGS (CAHTEH): *3rd meeting (3–5 February 2004) – Meeting Report*, CAHTEH (2004) RAP 3, 6 April 2004, párrafo 63.

447 Así, la Directiva 2011/36/UE recoge con términos prácticamente idénticos el régimen de responsabilidad de las personas jurídicas establecido previamente en el art. 4 de su predecesora DM 2002/629/JAI.

En cuanto al régimen sancionador aplicable a dichos entes jurídicos, se exige la imposición de "*sanciones efectivas, proporcionadas y disuasorias*", que además de multas penales o de otra índole, podrán incluir la privación de ventajas o ayudas públicas, la inhabilitación -temporal o permanente- para el ejercicio de actividades comerciales, el cierre -temporal o definitivo- de los establecimientos utilizados para cometer el delito, el sometimiento a vigilancia judicial, o su disolución (art. 6)[448]. A diferencia de lo que ocurre con las sanciones establecidas a las personas físicas, no se prevé en relación con los entes jurídicos un marco penológico distinto en caso de concurrir circunstancias agravantes en la comisión del delito[449].

Otro aspecto innovador que presenta la Directiva respecto al Protocolo de Palermo y la Convención de Varsovia es la posibilidad de los Estados de ampliar la competencia de sus tribunales al conocimiento de los delitos de trata cometidos en beneficio de una persona jurídica establecida en su territorio, incluso cuando los hechos se hayan llevado a cabo fuera del territorio nacional (art. 10.2-b).

La propuesta de Directiva de lucha contra la trata planteaba dos relevantes novedades en relación con la vigente regulación en la Unión Europea de la responsabilidad de los entes jurídicos en estos supuestos. La primera y más importante pasa por establecer un régimen de sanciones imperativo para los entes jurídicos responsables, que deberán afrontar una pena de multa y, opcio-

---

448 Esto es, se prevén las mismas sanciones que las que ya contemplaba para los entes jurídicos el art. 5 de la DM 2002/629/JAI, si bien está se refería a la "liquidación" de la sociedad, en lugar de a la "disolución" de la misma.

449 Recuérdese que, de conformidad con el art. 4 de la Directiva, las personas físicas responsables de un delito de trata deberán afrontar penas privativas de libertad de una duración máxima de al menos 5 años para el tipo básico; y de al menos 10 años cuando concurran determinadas circunstancias agravantes.

nalmente, su exclusión como beneficiarias de ventajas o ayudas públicas, o el cierre temporal o definitivo de sus establecimientos (art. 6.1). La segunda innovación radicaba en el establecimiento de un régimen sancionador cualificado -e igualmente obligatorio-, idéntico al previsto cuando los hechos son cometidos por una persona física. En consecuencia, cuando concurran ciertas circunstancias agravantes[450], la sanción a imponer consistirá en la inhabilitación temporal o permanente para el ejercicio de actividades comerciales, el sometimiento a vigilancia judicial o su disolución (art. 6.2). Así, según el propio Preámbulo de la propuesta, el régimen de sanciones proyectado para las personas jurídicas pretende adoptar un "enfoque obligatorio proporcional"[451].

Sin embargo, ninguna de esas dos propuestas parecen haber fraguado en atención a lo dispuesto en la Directiva 2024/1712/UE. Si bien la nueva Directiva introduce cambios en los artículos 5 y 6, relativos a la responsabilidad y sanción de las personas jurídicas, lo hace para extender dicha responsabilidad al delito del art. 18 *bis* (criminalización del uso de servicios prestados por víctimas) y para ampliar el catálogo de posibles sanciones al añadirse la exclusión al acceso a financiación pública (art. 6.2 b)), la retirada de permisos y autorizaciones para el ejercicio de actividades (art. 6.2 d)) y, cuando exista interés público, la publicación de la resolución condenatoria (art. 6.2 h)). No obstante, el texto sigue conminando a los Estados a garantizar que las personas jurídicas *"puedan ser*

---

450 Concretamente, cuando la víctima sea especialmente vulnerable, cuando se hubiera puesto en peligro su vida, cuando se hubiera hecho uso de violencia grave o se hubiera causado a la víctima daños particularmente graves, o cuando el hecho se cometió en el marco de una organización delictiva.

451 No obstante, el apartado segundo del proyectado artículo 6 podría poner en duda ese carácter obligatorio y proporcional que pretende la propuesta de Directiva. Pues, en relación con el régimen de sanción agravado, desaparece la mención a la pena de multa, ciñéndose a ordenar la imposición, "en su caso", de las sanciones accesorias referidas, suscitando dudas sobre la obligatoriedad de tales medidas.

consideradas responsables" y no prevé ningún régimen sancionador cualificado en caso de concurrir circunstancias agravantes.

Fuera del ámbito de la trata deben mencionarse la Directiva 2009/52/CE, de 18 de junio[452], que ofrece unos estándares mínimos en cuanto a las sanciones y medidas contra el empleo de terceros irregulares, incluidas las víctimas de trata; la Directiva 2014/95/UE, de 22 de octubre[453], que, desde 2018, exige a las grandes compañías europeas que informen sobre sus políticas de respeto a los derechos humanos. En sentido similar, el Reglamento del Consejo 2020/1998, de 7 de diciembre de 2020[454] y la Decisión del Consejo 2021/481, de 22 de marzo[455], establecen un régimen de sanciones en relación con la violación grave de los derechos humanos, como la TSH o la esclavitud. Finalmente, el 10 de marzo de 2021, el Parlamento Europeo aprobó una resolución por la que recomendaba a la Comisión la elaboración de una propuesta legislativa sobre la diligencia

---

452 Directiva 2009/52/CE del Parlamento europeo y del Consejo, de 18 de junio de 2009, por la que se establecen normas mínimas sobre las sanciones y medidas aplicables a los empleadores de nacionales de terceros países en situación irregular. DOUE L 168/24, de 30.6.2009.

453 Directiva 2014/95/UE del Parlamento europeo y del Consejo, de 22 de octubre de 2014 por la que se modifica la Directiva 2013/34/UE en lo que respecta a la divulgación de información no financiera e información sobre diversidad por parte de determinadas grandes empresas y determinados grupos. DOUE L 330/1, de 15.11.2014. Dicha medida se halla regulada en el art. 19 bis de la Directiva en cuestión. *Vid.* también BAKIRCI, K. y RITCHIE, G.: "Corporate liability for modern slavery", *Journal of Financial Crime*, vol. 29, nº 2, 2022, p. 581.

454 Reglamento (UE) 2020/1998 del Consejo de 7 de diciembre de 2020 relativo a medidas restrictivas contra violaciones y abusos graves de los derechos humanos. DOUE L 410/1, de 7.12.2020.

455 Decisión (PESC) 2021/481 del Consejo de 22 de marzo de 2021 por la que se modifica la Decisión (PESC) 2020/1999 relativa a medidas restrictivas contra violaciones y abusos graves de los derechos humanos. DOUE L 99 I/25, de 22.03.2021.

debida corporativa, especialmente en las cadenas de suministros, mandato que ha dado lugar a la Propuesta de Directiva sobre diligencia debida de las empresas en materia de sostenibilidad, presentada el pasado 23 de febrero de 2023.

Afortunadamente, el referido proceso legislativo ha dado lugar a la reciente aprobación de la Directiva 2024/1760/UE del Parlamento Europeo y del Consejo, de 13 de junio de 2024, sobre diligencia debida de las empresas en materia de sostenibilidad (en adelante, CS3D)[456]. La Directiva introduce una serie de obligaciones para grandes empresas[457] con el fin de mitigar los efectos adversos de su actividad -tanto propia como la de sus filiales o socios comerciales- en los derechos humanos y la protección del medio ambiente, acorde con la estructura de los Principios Rectores sobre las Empresas y los Derechos Humanos y de las Líneas Directrices de la OCDE para Empresas Multinacionales. Con este fin, se conmina a las empresas a implementar un sistema basado en el riesgo para supervisar, prevenir y/o reparar los perjuicios ocasionados a los derechos humanos o al medio ambiente. La desobediencia de dichas obligaciones acarreará, como mínimo, la imposición de una sanción pecuniaria proporcional al volumen de negocios mundial neto de la empresa

---

456 Directiva (UE) 2024/1760 del Parlamento Europeo y del Consejo, de 13 de junio de 2024, sobre diligencia debida de las empresas en materia de sostenibilidad y por la que se modifican la Directiva (UE) 2019/1937 y el Reglamento (UE) 2023/2859, publicada el 5 de julio de 2024 y en vigor desde el 26 de julio del mismo año. Dicha Directiva deberá ser transpuesta por los Estados miembros en los próximos 2 años; y deberá ser aplicada por las sociedades gradualmente a partir del 26 de julio de 2027 en función de su tamaño y volumen de negocio.

457 Principalmente, se tratan de empresas con más de 1.000 empleados y un volumen de negocios superior a los 450 millones de euros. Sin embargo, el artículo 2.1 extiende su ámbito de aplicación a otras empresas que, a pesar de no alcanzar dichos umbrales, han celebrado acuerdos de franquicia o licencia en la UE a cambio de cánones con empresas terceras independientes.

-siendo que límite máximo de la multa no podrá ser inferior al 5% de dicho valor-. Si la empresa incumpliere con el pago de la sanción, deberá efectuarse una declaración pública en la que se indique la empresa responsable y la naturaleza de la infracción (art. 27.3 CS3D). Si bien la Directiva en su articulado no hace mención expresa al delito de trata de seres humanos -o a ningún otro delito en concreto- como manifestación de la vulneración de los derechos humanos, sí aparece recogido en el Anexo I, parte I[458], al que la misma se remite al definir el contenido de *"los efectos adversos para los derechos humanos"* que delimitan su ámbito objetivo (art. 3.1.c) en relación al art. 1.a) CS3D).

En cualquier caso, y a pesar de que las disposiciones vigentes permiten responsabilizar a los entes jurídicos por cometer o beneficiarse de conductas constitutivas de trata, se ha evidenciado como, en la práctica, el procesamiento de corporaciones y empresas en estos casos es extremadamente inusual[459]. Así, son

---

458 Concretamente, dicho Anexo se refiere expresamente a la trata de niños, la servidumbre por deudas o la trata de seres humanos, o a todas las formas de esclavitud y de trata de esclavos, la condición de siervo u otras formas de dominación u opresión en el lugar de trabajo, como la explotación económica o sexual extrema y la humillación, entre muchas otras.

459 *Vid.* AA.VV.: *Deliverable D6.5: TRACE-ing Human Trafficking: Project Findings*, p. 18; PLANITZER, J. y KATONA, N.: 'Criminal Liability of Corporations for Trafficking in Human Beings for Labour Exploitation', *Global Policy*, vol 8, nº 4, 2017, p. 506; RODRÍGUEZ-LÓPEZ, S.: 'Criminal Liability of Legal Persons for Human Trafficking Offences in International and European Law', *Journal of Trafficking and Human Exploitation*, vol. 1, 2017, p. 96; DE VRIES, I., JOSE, M.A. y FARREL, A.: "It's your business: the role of the private sector in human trafficking", en en WINTERDYK, J. y JONES, J. (Eds.), *The Palgrave International Handbook of Human Trafficking, op. cit.*, p. 747; TORRES FERRER, C.: "Aproximación a la trata de seres humanos desde su consideración como delito económico", en VILLACAMPA ESTIARTE, C. (Dir.), *La trata de seres humanos tras un decenio de su incriminación. ¿Es necesaria una ley integral para luchar contra la trata y la explotación de seres humanos?, op. cit.*, pp. 684-685; COMISIÓN

constantes las recomendaciones efectuadas por el GRETA en orden a que los Estados revisen las causas por las que siguen sin condenarse a los entes jurídicos por la comisión de tales delitos[460]. Entre las posibles causas que podrían explicar la práctica ausencia de condenas en estos casos, se ha apuntado al carácter reciente que tienen las disposiciones que permiten el enjuiciamiento de las personas jurídicas[461], lo que, unido a la adaptación de categorías

---

EUROPEA: *Study on Case-Law Relating to Trafficking in Human Beings for Labour Exploitation,* Comisión Europea, Bruselas, 2015, p. 83.

460 *Vid.*, por todos, GRETA: *Report concerning the implementation of the Council of Europe Convention on Action against Trafficking in Human Beings by Albania, First Evaluation Round,* Consejo de Europa, Estrasburgo, 2011, párrafo 161; GRETA: *Report concerning the implementation of the Council of Europe Convention on Action against Trafficking in Human Beings by Albania. Second Evaluation Round,* Consejo de Europa, Estrasburgo, 2016, párrafo 158; GRETA: *Report concerning the implementation of the Council of Europe Convention on Action against Trafficking in Human Beings by Azerbaijan, First Evaluation Round,* Consejo de Europa, Estrasburgo, 2014, párrafo 179; GRETA: *Report concerning the implementation of the Council of Europe Convention on Action against Trafficking in Human Beings by Denmark, Second Evaluation Round,* Consejo de Europa, Estrasburgo, 2016, párrafo 155; GRETA: *Report concerning the implementation of the Council of Europe Convention on Action against Trafficking in Human Beings by Croatia, Second Evaluation Round,* Consejo de Europa, Estrasburgo, 2015, párrafo 150; GRETA: *Report concerning the implementation of the Council of Europe Convention on Action against Trafficking in Human Beings by France, Second Evaluation Round,* Consejo de Europa, Estrasburgo, 2017, párrafo 245; GRETA: *Report concerning the implementation of the Council of Europe Convention on Action against Trafficking in Human Beings by Luxembourg. Second Evaluation Round,* Consejo de Europa, Estrasburgo, 2018, párrafo 160; GRETA: *Report concerning the implementation of the Council of Europe Convention on Action against Trafficking in Human Beings by Spain, Second Evaluation Round,* Consejo de Europa, Estrasburgo, 2018, párrafo 231.

461 Pues, si bien países como Estados Unidas cuentan con una mayor tradición en cuanto al reconocimiento de responsabilidad a los entes jurídicos, desde que la *US Supreme Court* declaró en el caso *Hudson River*

dogmáticas que la admisión de tal responsabilidad conlleva y al esfuerzo extra que la investigación de la misma comporta, lleva a que las investigaciones sigan focalizándose en las personas físicas. También se ha señalado a los problemas de jurisdicción, a como algunas interpretaciones de estos preceptos limitan la aplicabilidad de dichas disposiciones a determinados entes jurídicos, o a como la persecución de dichas corporaciones sigue centrándose en los delitos de explotación y no tanto de trata para explicar la baja incidencia en condenas. Además, junto a las dificultades propias de la investigación y prueba del delito de trata -*vid.* Cap. V-, se ha alertado también de la dificultad añadida que suponen las situaciones de insolvencia o quiebra deliberadas por parte de las empresas implicadas a fin de evadir el pago de las multas o las indemnizaciones reconocidas a las víctimas[462].

Railroad de 1909 que "*no vemos ninguna razón por la que no se pueda imputar a una empresa el conocimiento de una conducta ilícita por parte de sus agentes que actúan en el ámbito de la autoridad que se les ha conferido, acciones que redundan en beneficio de la empresa*"; para los países pertenecientes al *civil law* el reconocimiento de responsabilidad penal a las personas jurídicas es algo nuevo. *Vid.* SCHUMANN, S.: "Corporate Criminal Liability on Human Trafficking", en WINTERDYK, J. y JONES, J. (Eds.), *The Palgrave International Handbook of Human Trafficking, op. cit.*, p. 1654.

462 En este sentido, *vid.* PLANITZER, J. y KATONA, N.: 'Criminal Liability of Corporations for Trafficking in Human Beings for Labour Exploitation', *Global Policy, op. cit.*, pp. 508 y 509; RODRÍGUEZ-LÓPEZ, S.: 'Criminal Liability of Legal Persons for Human Trafficking Offences in International and European Law', *Journal of Trafficking and Human Exploitation, op. cit.*, pp. 105 y 109; PLANITZER, J.: "Article 22. Corporate liability", en PLANITZER, J. y SAX, H. (Eds.), *A commentary on the Council of Europe Convention on action against Trafficking in Human Beings, op. cit.*, p. 289; DE VRIES, I., JOSE, M.A. y FARREL, A.: "It's your business: the role of the private sector in human trafficking", en WINTERDYK, J. y JONES, J. (Eds.), *The Palgrave International Handbook of Human Trafficking, op. cit.*, pp. 749 y 755; SCHUMANN, S.: "Corporate Criminal Liability on Human Trafficking", en en WINTERDYK, J. y JONES, J. (Eds.), *The Palgrave International Handbook of Human Traffic-*

Por último, la baja probabilidad de condena que afrontan los entes jurídicos tiene su consecuente repercusión negativa en el índice de imposición de sanciones pecuniarias, hasta el punto de que las mismas se han considerado insuficientes para disuadir a las corporaciones de cometer tales ilícitos[463]. Además, la mera imposición de multas podría ser fácilmente sorteada mediante la declaración de insolvencia o quiebra del ente jurídico[464], por lo que, junto a la aplicación práctica del reconocimiento de responsabilidad a las personas jurídicas, se ha señalado a la necesidad de adoptar sanciones adicionales que puedan afectar al desarrollo normal de su actividad o a su reputación[465]. En este sentido, también se ha advertido del impacto real que tie-

---

king, op. cit., p. 1664; TORRES FERRER, C.: "Aproximación a la trata de seres humanos desde su consideración como delito económico", en VILLACAMPA ESTIARTE, C. (Dir.), *La trata de seres humanos tras un decenio de su incriminación. ¿Es necesaria una ley integral para luchar contra la trata y la explotación de seres humanos?, op. cit.*, p. 685.

463 *Vid.* KATHOLING, C.: *Unternehmensstrafrecht und Menschenrechtsverantwortung–Die strafrechtliche Verantwortlichkeit für Menschenrechtsverletzungen im Rahmen internationaler Unternehmensaktivitäten*, Neuer Wissenschaftlicher Verlag, Viena, 2016, pp. 85 y 87; VELTEN, P.: *Verbandsverantwortlichkeit als Ordnungsmittel für globales Wirtschaften' 11 Österreichisches Anwaltsblatt.* Manz, Viena, 2016, pp. 600 y 601.

464 *Vid.* FRIEDMAN alude a la insuficiencia de las sanciones, en el sentido de su escaso efecto disuasorio, en tres casos: cuando la sanción excede la capacidad de pago de la corporación -si bien su subcapitalización puede ser deliberada-; cuando ese exceso respecto a la capacidad de pago de la sociedad se derive del grave daño provocado y, por ende, del alto coste económico exigido; y cuando la probabilidad de ser detectado y sancionado sea muy baja -o al menos así es percibido por los dirigentes de la empresa-. *Vid.* FRIEDMAN, N.: "Corporate liability design for human right abuses: individual and entity liability for due diligence", *Oxford Journal of Legal Studies, op. cit.*, pp. 297-299.

465 *Vid.* PLANITZER, J. y KATONA, N.: 'Criminal Liability of Corporations for Trafficking in Human Beings for Labour Exploitation', *Global Policy*, vol 8, nº 4, 2017, p. 509 y 510.

ne en la sanción de dichas entidades la aplicación de medidas de decomiso de los instrumentos y los productos del delito[466], institución que se abordará a continuación.

3. El decomiso de los activos ilícitos procedentes de la trata.

Los tres textos supranacionales de referencia en cuanto a lucha contra la TSH -esto es, el Protocolo de Palermo, el Convenio de Varsovia y la Directiva 2011/36/UE- hacen referencia al deber de los Estados parte de adoptar las medidas necesarias para hacer efectiva la confiscación o incautación de los instrumentos y productos derivados de la trata, aunque no con igual intensidad. Mientras el Convenio de Varsovia y la Directiva 2011/36/UE se limitan a establecer dicha obligación en uno de sus artículos, la Convención de la ONU contra la delincuencia organizada realiza mayores esfuerzos en este sentido, destinando hasta 3 artículos al respecto.

Sin embargo, los referidos instrumentos específicos no impiden que puedan aplicarse a determinados supuestos de trata otros instrumentos normativos encargados de regular la confirmación y el decomiso de los instrumentos y productos delictivos, especialmente, en casos transfronterizos. Como tendrá oportunidad de analizarse a continuación, en la evolución normativa sobre el particular se ha advertido una ampliación progresiva del ámbito aplicativo del decomiso -especialmente con la previsión de figuras como el decomiso equivalente, el decomiso ampliado o el decomiso de terceros-; además del establecimiento de una serie de presunciones que parecen propiciar una inversión de la carga probatoria en cuanto a la constatación de la ilicitud de los bienes en cuestión[467].

---

466 *Vid.* SCHUMANN, S.: "Corporate Criminal Liability on Human Trafficking", en en WINTERDYK, J. y JONES, J. (Eds.), *The Palgrave International Handbook of Human Trafficking, op. cit.*, p. 1662.

467 *Vid.* VIDALES RODRÍGUEZ, C. y PLANCHADELL GARGALLO, A.: *Decomiso. Estudio de la Normativa Internacional y de la Legislación Española*

3.1. La incautación y el decomiso de los instrumentos y el producto del delito de trata en la normativa de las Naciones Unidas.

Cabe decir que no existe en el marco normativo internacional un texto dedicado exclusivamente al decomiso[468], por lo que su regulación se cierne sobre determinados tipos delictivos y se concentra en tres de las Convenciones adoptadas en el seno de las Naciones Unidas[469]: la Convención de las Naciones Unidas contra el tráfico ilícito de estupefacientes y sustancias psicotrópicas (en

---

(Aspectos penales y procesales), Centro para la Administración de Justicia, Miami, 2018, p. 65. Aunque refiriéndose a la política criminal de la Unión Europa, refieren también a ese avance hacia la consecución de un "decomiso total" fruto de una progresiva extensión de los bienes objeto de decomiso y a una cierta constricción de determinadas garantías procesales que podrían suponer un obstáculo o disminuir la eficacia del decomiso transfronterizo, *vid.* GASCÓN INCHAUSTI, F.: "Las nuevas herramientas procesales para articular la política criminal de decomiso total: la intervención en el proceso penal de terceros afectados por el decomiso y el proceso para el decomiso autónomo de los bienes y productos del delito", Revista General de Derecho Procesal, vol. 38, 2016, p. 3; FARTO PIAY, T.: *El proceso de decomiso autónomo, op. cit.*, p. 34. En sentido similar, CARRILLO DEL TESO, A.E.: "La Directiva 2014/42/UE sobre el embargo y decomiso de los instrumentos y del producto del delito en la UE: Decomiso ampliado y presunción de inocencia", *Revista de Estudios Europeos*, nº Extra 1, 2017, p. 31.

468 *Vid.* VIDALES RODRÍGUEZ, C. y PLANCHADELL GARGALLO, A.: *Decomiso. Estudio de la Normativa Internacional y de la Legislación Española (Aspectos penales y procesales), op. cit.* p. 34.

469 Sobre la regulación del decomiso en las Naciones Unidas, vid. RODRÍGUEZ-GARCÍA, N.: "Decomisa que algo queda como estrategia dominante e influyente en los sistemas penales para poner freno a la sociedad incivil", en AA.VV., *Derecho y proceso: liber Amicorum del profesor Francisco Ramos Méndez*, Atelier, Barcelona, 2018, pp. 2171 y ss.; RODRÍGUEZ GARCÍA, N.: *El decomiso de activos ilícitos*, Thomson-Reuters/Aranzadi, Cizur Menor, 2017, p. 55; CARRILLO DEL TESO, A. E.: *Decomiso y recuperación de activos en el sistema penal español*, Tirant Lo Blanch, Valencia, 2018, p. 39.

adelante, Convención ONU contra el tráfico de drogas)[470], la Convención de las Naciones Unidas contra la corrupción, y la ya referida Convención contra la delincuencia organizada transnacional, siendo las disposiciones de esta última las que se aplican *mutatis mutandi* al Protocolo de Palermo y, por ende, a los casos de trata.

La Convención de las Naciones Unidas contra la delincuencia organizada transnacional, en su artículo 2, define los términos "embargo preventivo" o "incautación" como "la prohibición temporal de transferir, convertir, enajenar o mover bienes, o la custodia o el control temporales de bienes[471] por mandamiento expedido por un tribunal u otra autoridad competente" (art. 2 letra f). Por otro lado, cuando dicha privación de bienes sea definitiva por decisión de un tribunal o de otra autoridad competente, hablaremos de decomiso (art. 2 letra g)[472].

Posteriormente, su artículo 12 adopta un concepto amplio de decomiso[473] pudiendo ser incautado o decomisado cualquier bien directa o indirectamente relacionado con la comisión de las infracciones tipificadas por el Convenio y sus Protocolos Anexos. Así, se prevé el decomiso de los instrumentos y del producto delic-

---

470 Firmada en Viena, el 20 de diciembre de 1988. Dicha Convención dedica su artículo 5 a la regulación del decomiso.

471 Igualmente, la Convención, en su artículo 2, letra d), ofrece una definición del concepto "bien" en referencia a "*los activos de cualquier tipo, corporales o incorporales, muebles o inmuebles, tangibles o intangibles, y los documentos o instrumentos legales que acrediten la propiedad u otros derechos sobre dichos activos*".

472 Idénticas definiciones se contienen en el artículo 2 de la Convención de las Naciones Unidas contra la corrupción.

473 Véase VIDALES RODRÍGUEZ, C. y PLANCHADELL GARGALLO, A.: *Decomiso. Estudio de la Normativa Internacional y de la Legislación Española (Aspectos penales y procesales)*, *op. cit.*, p. 35.

tivos[474], permitiéndose asimismo el decomiso por valor equivalente (art. 12.1)[475]. También de los bienes que hayan sido previamente transformados o convertidos (art. 12.3), esto es, sometidos a un proceso de legitimación[476]. Igualmente, se admite el decomiso por valor estimado, caso que los activos ilícitos se hallaran mezclados junto a otros de procedencia lícita (art. 12.4). Finalmente, el decomiso también podrá recaer sobre los beneficios derivados del producto del delito, de los bienes en que este producto se haya transformado o de los bienes con los que se haya mezclado dicho producto (art. 12.5)[477]. Para proceder al decomiso, los tri-

---

474 Según la propia definición ofrecida por la Convención, debe entenderse por producto delictivo "los bienes de cualquier índole derivados u obtenidos directa o indirectamente de la comisión de un delito" (art. 2-e)).

475 Idéntica previsión contemplan los respectivos arts. 5.1 y 31.1 de la Convención contra el tráfico de drogas y de la Convención contra la corrupción, si bien cada una de ellas haciendo referencia a la modalidad delictiva específicamente allí prevista. Así, mientras la primera hace especial mención al decomiso de estupefacientes y los materiales e instrumentos utilizados para su elaboración; la segunda, se refiere a los delitos propios de la corrupción, como el soborno a funcionarios públicos o en el sector privado, la malversación, apropiación y desviación de fondos, tráfico de influencias, enriquecimiento ilícito, blanqueo, encubrimiento, obstrucción a la justicia, entre otros.

476 *Vid.* VIDALES RODRÍGUEZ, C. y PLANCHADELL GARGALLO, A.: *Decomiso. Estudio de la Normativa Internacional y de la Legislación Española (Aspectos penales y procesales), op. cit.*, p. 34.

477 Esta misma conceptualización amplia del decomiso se halla prevista en los referidos arts. 5 y 31 de la Convención contra el tráfico de drogas y de la Convención contra la corrupción, respectivamente. Sin embargo, esta última Convención parece ir un paso más allá al permitir el decomiso incluso sin condena cuando el enjuiciamiento del presunto autor haya devenido imposible por haber fallecido o haberse fugado, entre otros motivos (art. 54.1-c). Críticas por la "desnaturalización de esta figura" que ello supone, puesto que la consideración del decomiso como consecuencia jurídica del delito exigía que la misma viniera acompañada de la imposición de pena, véase VIDALES RODRÍGUEZ, C. y PLANCHADELL GARGALLO,

bunales y otras autoridades competentes de los Estados parte se hallan facultadas para exigir o incautar documentos bancarios, financieros o comerciales, sin que dicho requerimiento pueda negarse amparándose en el secreto bancario (art. 12.6).

En el ámbito procesal, destaca la cláusula contenida en el art. 12.7 que permite invertir la carga de la prueba en cuanto a la demostración del origen ilícito de los bienes[478]. No obstante, dicha excepción al principio de presunción de inconciencia[479] viene acompañada de ciertas cautelas referentes al debido res-

A.: *Decomiso. Estudio de la Normativa Internacional y de la Legislación Española (Aspectos penales y procesales), op. cit.*, p. 36.

478 El referido artículo establece expresamente que "*los Estados Parte podrán considerar la posibilidad de exigir a un delincuente que demuestre el origen lícito del presunto producto del delito o de otros bienes expuestos a decomiso, en la medida en que ello sea conforme con los principios de su derecho interno y con la índole del proceso judicial u otras actuaciones conexas*". Dicha facultad se prevé en idénticos términos en el art. 31.8 de la Convención contra la corrupción. SI bien previamente ya se hacía referencia a la posibilidad de invertir la carga de la prueba en el art. 5.7 de la Convención contra el tráfico de drogas, PALOMO DEL ARCO entiende que la redacción del artículo que ahora nos ocupa es omitiendo la mención expresa a dicha facultad -la inversión de la carga probatoria-. *Vid.* PALOMO DEL ARCO, A.: "Asistencia internacional en la delincuencia económica", en GARCÍA ARÁN, M. (Dir.), *Estudios de derecho judicial*, Madrid, 2004, pp. 105 y ss.

479 *Vid.* VIDALES RODRÍGUEZ, C. y PLANCHADELL GARGALLO, A.: *Decomiso. Estudio de la Normativa Internacional y de la Legislación Española (Aspectos penales y procesales), op. cit.*, p. 35. Las autoras se muestran críticas con el establecimiento de dicha presunción *iuris tantum* respecto al origen del patrimonio del acusado, así como del uso "desmesurado" que se ha dada al decomiso por razones de política criminal. Dichas observaciones, aunque centradas en el contexto normativo español, pueden verse en *Ibidem*, pp. 175–185.

peto a los principios de derecho interno de cada Estado en cuestión[480] y a los derechos de terceros de buena fe (art. 12.8).

En cuanto a la necesaria cooperación internacional para practicar el decomiso[481] en estos casos, el artículo 13 permite a un Estado parte -el requirente-, aportando una descripción de los bienes susceptibles de decomiso y una exposición de los hechos habilitantes[482], solicitar a otro Estado parte -el requerido- la tramitación de la correspondiente orden de decomiso (art. 13.3-a). Este último deberá remitir dicha solicitud a sus autoridades competentes a fin de que dicten orden de decomiso y,

---

480 Así se confirma en el último párrafo del artículo 12, en cuya virtud "*nada de lo dispuesto en el presente artículo afectará al principio de que las medidas en él previstas se definirán y aplicarán de conformidad con el derecho interno de los Estados Parte y con sujeción a este*". En sentido similar, se pronuncian los artículos 5.9 y 31.10 de las Convenciones contra el tráfico de drogas y contra la corrupción. Sin embargo, esta última contiene previsiones especiales en cuanto a la regulación de la administración de los bienes incautados o decomisados (art. 31.3) y a la habilitación de los tribunales y autoridades competentes para reconocer el legítimo derecho de propiedad de otro Estado Parte sobre los bienes adquiridos mediante la comisión de cualquiera de los delitos tipificados en la misma Convención (art. 53.c).

481 Las mismas disposiciones se prevén en los artículos 5 y 55 de las Convenciones de la ONU contra el tráfico de drogas y la corrupción. Sin embargo, esta última demuestra un interés particular en la materia añadiendo, en su artículo 58, la obligación de los Estados de cooperar entre sí a fin de impedir y combatir la transferencia del producto de los delitos tipificados y de promover medios y arbitrios para recuperar dicho producto. A tal fin, considerarán la posibilidad de establecer una dependencia de inteligencia financiera que se encargará de recibir, analizar y dar a conocer a las autoridades competentes todo informe relacionado con las transacciones financieras sospechosas.

482 Pues, de conformidad con el apartado 7 del referido artículo, los Estados Parte podrán denegar la cooperación solicitada si el delito al que se refiere la solicitud no es un delito comprendido en la presente Convención.

en su caso, proceder a su cumplimiento (art. 13.1). El Estado requirente podrá también enviar una copia admisible en Derecho de la orden de decomiso expedida por sus tribunales (art. 13.3-b) al Estado requerido, que deberá remitirla a sus autoridades competentes para dar el debido cumplimiento a la misma. Por último, el Estado también podrá requerir la adopción de medidas encaminadas a la identificación, localización, embargo preventivo o incautación de los instrumentos o bienes en cuestión (art. 13.2) por parte del Estado requerido, aportando previamente una exposición de los hechos habilitantes y una descripción de las medidas solicitadas (art. 13.3-c)[483].

En aras a facilitar esa cooperación transfronteriza, los Estados parte deberán proporcionar al Secretario General de las Naciones Unidas una copia de sus leyes y reglamentos destinados a dar aplicación a dichas disposiciones (art. 13.5). Además, cuando entre los Estados requirente y requerido no exista un tratado o convenio bilateral en este sentido, podrán ampararse en la presente Convención como base de derecho necesaria y suficiente para cumplir ese requisito (art. 13.6).

Finalmente, se establecen algunas previsiones en cuanto a la disposición del producto o bienes decomisados. En este sentido, el artículo 14 exige premura a los Estados requeridos en la devolución de los bienes decomisados que hubieran sido solicitados

---

483 Por su parte, el artículo 56, prevé un supuesto de colaboración especial entre Estados al establecer expresamente que "sin perjuicio de lo dispuesto en su derecho interno, cada Estado Parte procurará adoptar medidas que le faculten para remitir a otro Estado Parte que no la haya solicitado, sin perjuicio de sus propias investigaciones o actuaciones judiciales, información sobre el producto de delitos tipificados con arreglo a la presente Convención si considera que la divulgación de esa información puede ayudar al Estado Parte destinatario a poner en marcha o llevar a cabo sus investigaciones o actuaciones judiciales, o que la información así facilitada podría dar lugar a que ese Estado Parte presentara una solicitud con arreglo al presente capítulo de la Convención".

por el Estado requirente, a fin de que este pueda indemnizar a las víctimas del delito o pueda devolverse el producto o bien en cuestión a sus propietarios legítimos (art. 14.2)[484]. Por lo demás, se contempla la posibilidad de que los Estados Parte -requirente y requerido- acuerden aportar el valor de dichos bienes a una cuenta especialmente designada[485] o a organismos intergubernamentales especializados en la lucha contra la delincuencia organizada[486]; o bien decidan repartirse dicho valor con otros Estados Parte.

3.2. La incautación y el decomiso de los instrumentos y el producto del delito de trata en el seno del Consejo de Europa.

La principal herramienta del Consejo de Europa de lucha contra la trata, el Convenio de Varsovia, dedica únicamente el apartado 3 de su artículo 23, rubricado "sanciones y medidas", a la confiscación o incautación de los instrumentos y productos derivados de las infracciones penales tipificadas en el mismo, así como de aquellos bienes con valor equivalente a dichos productos. El citado precepto se ciñe a conminar a los Estados para que adopten las medidas legislativas o de otra índole que posibiliten la referida incautación. Más allá de la anterior previsión, no se

---

484 Si bien esta disposición en concreto no se contempla en ninguna de las otras dos Convenciones de la ONU referidas, cabe decir que la Convención contra la corrupción establece un régimen especial de disposición de los bienes decomisados en los párrafos 3 y 4 de su art. 57.

485 Según el apartado c) del párrafo 2 del artículo 30 de la presente Convención, los recursos destinados a dicha cuenta deben orientarse a aumentar la asistencia financiera y material a fin de apoyar los esfuerzos de los países en desarrollo para combatir con eficacia la delincuencia organizada transnacional.

486 En el caso de la Convención contra la droga dichos organismos intergubernamentales deberán estar especializados en la lucha contra el tráfico ilícito y el uso indebido de estupefacientes y sustancias sicotrópicas (art. 5.5.a).

hace mención alguna en el resto del Convenio sobre cómo debe procederse a la ejecución, coordinación y, en su caso, disposición de los bienes o productos confiscados o incautados.

Sin perjuicio de lo anterior, el Consejo de Europa -a diferencia de lo que sucedía en el contexto de las Naciones Unidas- sí cuenta con un instrumento genérico -en tanto que no circunscrito a determinadas modalidades delictivas- que permite acordar el decomiso del producto derivado del delito, también en los casos de trata. Se trata del Convenio del Consejo de Europa relativo al blanqueo, seguimiento, embargo y decomiso de los productos del delito de 1990[487], sustituido posteriormente por el Convenio relativo al blanqueo, seguimiento, embargo y comiso de los productos del delito y a la financiación del terrorismo de 2005[488].

La aplicabilidad de este último Convenio a los supuestos de trata es clara por cuanto la misma invita a los Estados parte a prever el comiso con carácter obligatorio respecto a los delitos de TSH, entre otros (art. 3.3). Dicho texto normativo asume también un concepto amplio de decomiso aplicable tanto al producto delictivo[489] como a los instrumentos del delito. A estos, se añaden los bienes blanqueados o los bienes de valor equivalente (art. 3.1).

---

487 Adoptado por el Comité de Ministros del Consejo de Europa en septiembre de 1990 y en vigor desde el 1 de septiembre de 1993.

488 El mismo trae causa de la decisión de la Mesa del Comité Europeo para Asuntos Delictivos (en adelante, CEAD) de crear un grupo de reflexión sobre la necesidad de adoptar un protocolo adicional al Convenio de 1990, siendo que el referido grupo presentó un informe en junio de 2002 abogando por la actualización del referido Convenio. Consecuentemente, el CEAD encomendó a un comité de expertos la modernización del Convenio de 1990 que, a su vez, debería incluir medidas contra la financiación del terrorismo, de conformidad con la normativa internacional vigente. Por lo que, finalmente, se procedió a la redacción de este nuevo Convenio.

489 Entendido como "todo provecho económico derivado u obtenido directa o indirectamente de un delito" (art. 1-a), pudiendo tratarse de bienes,

Además, para asegurar el éxito del comiso, el referido Convenio exige a los Estados la adopción de aquellas medidas necesarias para identificar, seguir, congelar o embargar de forma rápida los bienes susceptibles de ser decomisados (art. 4). Asimismo, ordena que las medidas encaminadas a la congelación, el embargo y el comiso incluyan los bienes en los que se hubiera transformado el producto, los bienes legítimos con los que se hubiera mezclado, y las rentas o beneficios que pudieran derivarse de los anteriores (art. 5).

Procesalmente destaca, nuevamente, la previsión contenida en su art. 3.4 que, de forma similar a como ocurriera en los textos internacionales analizados, hace recaer sobre el sospechoso la demostración del origen de los bienes puestos en tela de juicio, aunque, matiza el citado precepto, siempre que dicha exigencia "sea compatible con los principios de su derecho interno". No obstante, a pesar de dicha cautela, esa inversión de la carga de la prueba ha sido vista nuevamente como una colisión al principio fundamental de presunción de inocencia[490].

Por otro lado, dicho Convenio dedica una parte importante de su articulado a la cooperación internacional (Cap. IV), considerada clave a los propios fines del Convenio. Así, se prevé la obligación de los Estados de atender con prioridad las solicitudes de comiso o de asistencia en la investigación o en la adopción de medidas provisionales formuladas por otro Estado parte (art. 15)[491]. Cuando sea relevante para la investigación, dicha asis-

---

esto es, "bienes de cualquier naturaleza, ya sean materiales o inmateriales, muebles o inmuebles, y los documentos o instrumentos jurídicos que demuestren algún título o participación en esos bienes" (art. 1-b).

490 *Vid.*, por todos, VIDALES RODRÍGUEZ, C. y PLANCHADELL GARGALLO, A.: *Decomiso. Estudio de la Normativa Internacional y de la Legislación Española (Aspectos penales y procesales), op. cit.*, pp. 50 y 51.

491 No obstante, en virtud del artículo 28, podrá denegarse cualquiera de las solicitudes efectuadas por un Estado parte si:

tencia se extenderá a las solicitudes de información acerca del patrimonio o propiedades del investigado (art. 17), de sus datos o transacciones bancarias (art. 18), pudiéndose solicitar el seguimiento de estas últimas durante un periodo determinado (art. 19). Esto sin perjuicio de la información que espontáneamente decida suministrar un Estado parte a otro (art, 20). Igualmente, podrá recabarse dicha colaboración para la adopción y ejecución de medidas provisionales -como el embargo-(arts. 21 y 22) o de una orden de decomiso (art. 23)[492]. Dichas solicitudes no

---

a) la acción solicitada es contraria a los principios fundamentales del ordenamiento jurídico de la Parte requerida;
b) la ejecución de la solicitud sería probablemente perjudicial para la soberanía, seguridad, orden público u otros intereses esenciales de la Parte requerida;
c) en opinión de la Parte requerida, la importancia del caso al que se refiere la solicitud no justifica la adopción de la medida solicitada;
d) el delito al que se refiere la solicitud es un delito fiscal, con la excepción de la financiación del terrorismo;
e) el delito al que se refiere la solicitud es un delito político, con la excepción de la financiación del terrorismo;
f) la Parte requerida considera que la adopción de las medidas solicitadas sería contraria al principio de «ne bis in idem»;
g) el delito al que se refiere la solicitud no se consideraría delito con arreglo a la legislación de la Parte requerida si se hubiera cometido dentro de su jurisdicción (...).

492 Aunque el artículo 26 proscribe el decomiso de bienes por un valor total superior al importe de la cantidad de dinero especificada en la orden de comiso. Para el caso de las ordenes de decomiso, se prevén causas específicas de denegación de la cooperación solicitada, y son: a) la legislación de la Parte requerida no prevé el comiso para el tipo de delito a que se refiere la solicitud; b) sería contrario a los principios de la legislación nacional de la Parte requerida relativos a los límites del comiso respecto de la relación entre un delito y: i) un provecho económico que podría ser considerado su producto; o ii) bienes que podrían ser considerados sus instrumentos; c) el comiso no pueda ser ya impuesto o ejecutado como consecuencia del transcurso del tiempo; d) la solicitud no hace referencia a una

podrán denegarse al amparo del secreto bancario (art. 28.7), ni aunque las mismas vengan referidas a personas jurídicas -activas o disueltas- o a personas físicas que hubieran fallecido (art. 28.8).

En cuanto a la disposición de los bienes decomisados, se contemplan idénticas facultades a las previstas en la Convención de las Naciones Unidas, pudiendo el Estado requerido devolver al requirente los bienes en cuestión, o bien decidir su reparto con otros Estados parte (art. 25).

3.3. La incautación y el decomiso de los instrumentos y el producto del delito de trata en el marco normativo de la Unión Europea.

Tampoco la Directiva 2011/36/UE ofrece una regulación detallada sobre cómo proceder al embargo y decomiso de los instrumentos y productos delictivos derivados de la trata, más allá de ordenar, en su artículo 7, a los Estados miembros que adopten las medidas necesarias al efecto. Sin embargo, en su considerando 13, hace una remisión expresa a la normativa supranacional ya referida -principalmente dictada por la ONU y el Consejo de Europa-[493], admitiendo la importancia de adop-

---

sentencia condenatoria anterior, ni a una resolución de carácter judicial o declaración en tal resolución en el sentido de que se hayan cometido uno o varios delitos, como consecuencia de lo cual se ha ordenado o se solicita el comiso; e) el comiso no es ejecutable en la Parte requirente o puede ser todavía objeto de un recurso ordinario; f) la solicitud hace referencia a una orden de comiso derivada de una resolución dictada en ausencia de la persona contra la que se emitió la orden, y, en opinión de la Parte requerida, el procedimiento seguido por la Parte requirente que tuvo como resultado dicha resolución no respetó los derechos mínimos de defensa reconocidos a toda persona contra la que se haga una acusación penal.

[493] Concretamente, se refiere a como la Convención de las Naciones Unidas contra la Delincuencia Organizada Transnacional y sus protocolos, el Convenio del Consejo de Europa, de 1990, relativo al blanqueo, segui-

tar tales medidas para apoyar la asistencia y la protección a las víctimas, incluida la indemnización de estas y las actividades policiales transfronterizas de lucha contra la trata en la Unión.

Por su parte, la propuesta de Directiva del Parlamento Europeo y del Consejo de 2022, por la que se modificaría la referida Directiva 2011/36/UE, no planteaba cambios significativos al respecto, más allá de obligar a los Estados a adaptar las medidas para seguir, inmovilizar, gestionar y decomisar los productos e instrumentos delictivos ya previstas en las disposiciones de una posible nueva Directiva sobre recuperación y decomiso de activos, propuesta el pasado 25 de mayo de 2022[494], a la que posteriormente se hará referencia.

Finalmente, la nueva Directiva (UE) 2024/1712 aboga por la derogación del obsoleto art. 7 remitiéndose a la reciente Directiva (UE) 2024/1260 sobre recuperación y decomiso de activos, al ser esta aplicable también a los delitos de trata.

Fuera del ámbito normativo estrictamente concerniente a la TSH, la UE cuenta con su propia regulación del embargo y decomiso de los activos ilícitos. El actual marco normativo sobre el particular viene determinado, fundamentalmente, por la

miento, embargo y decomiso de los productos del delito, la Decisión marco 2001/500/JAI del Consejo, de 26 de junio de 2001, relativa al blanqueo de capitales, la identificación, seguimiento, embargo, incautación y decomiso de los instrumentos y productos del delito, y la Decisión marco 2005/212/JAI del Consejo, de 24 de febrero de 2005, relativa al decomiso de los productos, instrumentos y bienes relacionados con el delito.

494 Propuesta de Directiva del Parlamento Europeo y del Consejo sobre recuperación y decomiso de activos, de 25 de mayo de 2022 (COM 2022) 245 final).

Directiva 2024/1260/UE[495], la Directiva 2014/42/UE[496], la Decisión Marco 2007/845/JAI del Consejo[497]; y la Decisión Marco 2005/212/JAI del Consejo[498]. Si bien, previamente, ya se había adoptado la Acción Común 98/699/JIA, de 3 de diciembre, relativa al blanqueo de capitales, identificación, seguimiento, embargo, la incautación y decomiso de los instrumentos y productos delictivos[499], que fue derogada parcialmente[500] por la Decisión Marco 2001/500/JAI del Consejo, de 26 de junio de 2001[501].

---

[495] Directiva (UE) 2024/1260 del Parlamento Europeo y del Consejo, de 24 de abril de 2024, sobre recuperación y decomiso de activos. (DOUE núm. 1260, de 2 de mayo de 2024).

[496] Directiva 2014/42/UE del Parlamento Europeo y del Consejo, de 3 de abril de 2014, sobre el embargo y el decomiso de los instrumentos y del producto del delito en la Unión Europea (DO L 127 de 29.4.2014, p. 39).

[497] Decisión 2007/845/JAI del Consejo, de 6 de diciembre de 2007, sobre cooperación entre los organismos de recuperación de activos de los Estados miembros en el ámbito del seguimiento y la identificación de productos del delito o de otros bienes relacionados con el delito (DO L 332 de 18.12.2007).

[498] Decisión Marco 2005/212/JAI del Consejo, de 24 de febrero de 2005, relativa al decomiso de los productos, instrumentos y bienes relacionados con el delito (DO L 68 de 15.3.2005).

[499] En la que se hace hincapié en la necesidad de cooperación internacional, facilitada por herramientas como la Red judicial europea. *Vid.* CARRILLO DEL TESO, A.E.: *Decomiso y recuperación de activos en el sistema penal español, op. cit.*, pp. 58-60; RODRÍGUEZ GARCÍA, N.: Decomisa que algo queda como estrategia dominante e influyente en los sistemas penales para poner freno a la sociedad incivil", en AA.VV., *Derecho y proceso: liber Amicorum del profesor Francisco Ramos Méndez, op. cit.*, pp. 2190-2192; VIDALES RODRÍGUEZ, C. y PLANCHADELL GARGALLO, A.: *Decomiso. Estudio de la Normativa Internacional y de la Legislación Española (Aspectos penales y procesales), op. cit.*, p. 51.

[500] Concretamente, sus artículos 1, 3, 5.1 y 8.2.

[501] Cuya principal aportación fue su previsión del decomiso de valor (art. 3) que permitía el decomiso de bienes por valor correspondiente al de los

Siguiendo un orden cronológico, la Decisión Marco 2005/212/JAI[502], en aras a mejorar la eficacia de las medidas adoptadas por los Estados miembros orientadas a la recuperación de activos, introdujo el decomiso ampliado en su artículo 3. Conforme al mismo, se podía hacer uso de esa facultad de decomisar ampliada en relación con los delitos de trata -entonces regulados en la DM 2002/629/JAI- cometidos en el marco de una organización delictiva (art. 3.1-a). En estos casos, se prevé la posibilidad de ampliar el decomiso a los bienes del condenado que el órgano jurisdiccional nacional entienda que provienen de actividades delictivas previas o similares, o cuando la desproporción entre el patrimonio del condenado respecto a sus ingresos declarados lleve al juez o al tribunal al convencimiento[503] de que los mismos provienen de su actividad delictiva (art. 3.2). A mayor abundamiento, se faculta a los Estados miembros a adoptar las medidas necesarias que les permitan proceder al decomiso de bienes adquiridos por los allegados del condenado o de bienes transferidos a una persona jurídica sobre la que ejerza un control efectivo o de la que reciba una parte considerable de sus ingresos (art. 3.3).

La posterior Decisión Marco 2007/845/JAI del Consejo, de 6 de diciembre de 2007, sobre cooperación entre los organismos de

---

productos que no pudieran ser aprehendidos, pudiendo excluirse dicha facultad cuando el valor del producto del delito fuera inferior a 4.000€.

502 Ampliamente sobre esta, véase GONZÁLEZ CUSSAC, J.L.: "Decomiso y embargo de bienes", *Boletín del Ministerio de Justicia*, nº 2015, 2006, pp. 13 y ss.

503 Esa exigencia de convencimiento pleno que se requiere de los jueces y magistrados en estos supuestos ha sido entendido como un reflejo de la voluntad de la Decisión Marco de desmarcarse de la posibilidad instaurada por otros textos normativos internacionales de invertir la carga de la prueba en cuanto a la licitud de los bienes que conforman el patrimonio del acusado. *Vid.* VIDALES RODRÍGUEZ, C. y PLANCHADELL GARGALLO, A.: *Decomiso. Estudio de la Normativa Internacional y de la Legislación Española (Aspectos penales y procesales)*, *op. cit.*, p. 54.

recuperación de los activos de los Estados miembros en el ámbito del seguimiento y la identificación de productos del delito o de otros bienes relacionados con el delito[504], obligaba a los Estados miembros a crear organismos de recuperación de activos a nivel nacional (art. 1). Dichos entes nacionales debían colaborar entre ellos, pudiendo recabarse mutuamente información, de acuerdo con determinados requisitos y con respeto a la normativa de protección de datos.

Por su parte, la Directiva 2014/42/UE[505] pretendía dar solución a "las diferencias entre la legislación de los Estados miembros" que repercuten en una infrautilización del decomiso (Considerando 8)[506]. Con esa voluntad de armonizar las legislaciones nacionales en materia de decomiso, la Directiva, con carácter de mínimos, incide en tres cuestiones esenciales relativas al decomiso autónomo,

---

504 DO L 332 de 18.12.2007, p. 103.

505 La cual resulta también aplicable a los casos de trata, según se reconoce expresamente en su art. 3 letra i). Ampliamente sobre la referida Directiva, MAUGERI, A.M.: "La proposta di direttiva UE in materia de congelamento e confisca dei proventi del reato: primeriflessioni", *Diritto penale contemporaneo*, vol. 2, 2012, pp. 1480-214; MAUGERI, A.M.: "La Direttiva 2014/42/UE relativa alla confisca degli strumenti e dei proventi da reato nell'Unione Europea tra granzie ed efficienza: un "work in progress"", *Diritto penale contemporaneo*, vol. 1, 2015, pp. 300-352; AGUADO CORREA, T.: "Comiso: crónica de una reforma anunciada: Análisis de la propuesta de Directiva sobre embargo y decomiso de 2012 y del Proyecto de reforma del Código penal de 2013", *Indret: Revista para el análisis del Derecho*, vol. 1, 2014, pp. 1-56; AGUADO CORREA, T.: "La Directiva 2014/42/UE sobre embargo y decomiso en la Unión Europea: una solución de compromiso a medio camino", *Revista General de Derecho Europeo*, nº 35, 2015, pp. 1-34; CARRILLO DEL TESO, A.E.: "La directiva 2014/42/UE sobre el embargo y decomiso de los instrumentos y del producto del delito en la UE: Decomiso ampliado y presunción de inocencia", *Revista de Estudios Europeos*, *op. cit.*, pp. 20-32.

506 *Vid.* RODRÍGUEZ PIÑERO y BRAVO FERRER, M.: "La agilización del proceso penal, el procedimiento de decomiso autónomo y la ampliación de la apelación en el proyecto de reforma de la Ley de Enjuiciamiento Criminal", *Diario La Ley*, núm. 8527, 2015, p. 6.

el decomiso ampliado y el decomiso de terceros[507], cuyo impacto se pretende paliar mediante la obligación dirigida a los Estados de garantizar el derecho a una tutela judicial efectiva y a un juicio justo de las personas afectadas por dichas medidas (art. 8.1)[508].

En cuanto a la posibilidad de decomiso autónomo, se refiere al decomiso acordado por resolución penal firme condenatoria dictada en un procedimiento tramitado en ausencia del acusado (art. 4.1). Dicha facultad se extiende también a aquellos supuestos en los que, habiéndose incoado el correspondiente procedimiento penal para perseguir un delito que puede reportar ventajas económicas directas o indirectas, no ha podido culminar en una eventual sentencia condenatoria debido a la incomparecencia del sospechoso o acusado por razón de fuga o enfermedad (art. 4.2).

Respecto al decomiso ampliado, se permite que el mismo se practique sobre aquellos bienes cuya procedencia se presume delictiva por ostentar un valor que "*no guarda proporción con los ingresos lícitos de la persona condenada*" (art. 5.1). Eso sí, el sujeto deberá haber sido condenado por alguno de los delitos especificados en el párrafo segundo[509] y siempre que de estos se derive directa o indirectamente una ventaja económica.

---

507 Véase, GASCÓN INCHAUSTI, F.: "Las nuevas herramientas procesales para articular la política criminal de decomiso total: la intervención en el proceso penal de terceros afectados por el decomiso y el proceso para el decomiso autónomo de los bienes y productos del delito", *op. cit.*, pp. 5 y 6; GONZÁLEZ CANO, M.I.: *El decomiso como instrumentos de la cooperación judicial en la Unión Europea y su incorporación al proceso penal español*, Tirant lo Blanch, Valencia, 2016, pp. 19 y 20; FARTO PIAY, T.: *El proceso de decomiso autónomo, op. cit.*, pp. 42 y ss.

508 *Vid.* CARRILLO DEL TESO, A.E.: *Decomiso y recuperación de activos en el sistema penal español, op. cit.*, p. 76; GONZÁLEZ CANO, M.I.: *El decomiso como instrumento de la cooperación judicial en la Unión Europea y su incorporación al proceso penal español, op. cit.*, p. 20.

509 Si bien el delito de trata no aparece expresamente mentado, el mismo tendría cabida a través de la última regla contenida en la letra e),

El decomiso de bienes de terceros, regulado en el art. 6, será aplicable en relación con los productos delictivos o bienes de valor correspondiente que hayan sido transferidos a terceros o hubieran sido adquiridos por estos a sabiendas -o debiendo saber- que dicha adquisición pretendía eludir su decomiso, pudiendo ser indicativo de tal voluntad el hecho de que la transmisión del producto fuera gratuita o por un importe significativamente inferior al valor de mercado[510].

Por último, para facilitar la instrumentación de dichas medidas, debe mencionarse la Decisión Marco 2003/577/JAI, relativa a la ejecución en la UE de las resoluciones de embargo preventivo de bienes y de aseguramiento de pruebas[511], cuyas disposiciones relativas al reconocimiento de resoluciones de embargos preventivos permiten preservar los bienes afectos para su posterior decomiso. También la Decisión Marco 2006/783/JAI relativa a la aplicación del principio de reconocimiento mutuo de resoluciones de decomiso[512] que, en base a la cooperación

---

que exige que la infracción penal sea sancionada con pena privativa de libertad de al menos cuatro años.

510 Estas presunciones guardan relación con el concepto de "ignorancia deliberada". *Vid.* CORCOY BIDASOLO, M.L., "Comentario al Título VI. De las consecuencias accesorias", en CORCOY BIDASOLO, M.L. y MIR PUIG, S. (Dirs.) *Comentarios al Código penal, reforma LO 1/2015 y LO 2/2015*, Tirant lo Blanch, Valencia, 2015, p. 451; GARRIDO CARRILO, F.J.: "Cuestiones pendientes sobre el decomiso ocho años después. La Propuesta de Directiva del Parlamento Europeo y del Consejo sobre recuperación y decomiso de activos", *Revista de estudios europeos, op. cit.*, p. 335.

511 Al respecto, véase MORÁN MARTÍNEZ, R.A.: "Decisión Marco de 22 de julio de 2003, relativa a la ejecución en la Unión Europea de las resoluciones de embargo preventivo de bienes y aseguramiento de pruebas", *Estudios de Derecho Judicial*, CGPJ, nº 117, 2007, *passim.*

512 Ampliamente sobre la misma, *vid.* BUJOSA VADELL, L.: "El reconocimiento mutuo y la ejecución de las resoluciones de decomiso en la Unión Europea. Comentario a la Decisión Marco 2006/783/

jurídica y al principio de confianza, promueve el reconocimiento y ejecución entre los Estados miembros de las resoluciones de decomiso dictadas por sus respectivas autoridades nacionales. Destaca de esta Decisión la supresión del requisito de doble incriminación -al que tradicionalmente venían sujetos los documentos europeos de reconocimiento mutuo- en relación con determinados delitos, entre ellos, el de TSH (art. 6.1)[513]. No obstante, la referida Decisión Marco de 2006 fue sustituida por el posterior Reglamento (UE) 2018/1805, sobre el reconocimiento mutuo de las resoluciones de embargo y decomiso. Dicho Reglamento fija las normas en cuya virtud un Estado miembro debe reconocer y ejecutar en su territorio las resoluciones de embargo y decomiso dictadas en el marco del procedimiento penal[514] por otro Estado miembro (art. 1.1), disponiendo en sus

---

JAI del Consejo, de 6 de octubre de 2006", *Revista General de Derecho Europeo*, nº 13, 2007, pp. 1-28; GONZÁLEZ LÓPEZ, J.J.: "Ejecución de resoluciones de decomiso", en JIMENO BULNES (Coord.), *La cooperación judicial civil y penal en el ámbito de la Unión Europea: instrumentos procesales*, Bosch, Barcelona, 2007, pp. 337 y ss.; DE JORGE MESAS, L.F.: *El reconocimiento de resoluciones penales en la Unión Europea*, Tirant lo Blanch, Valencia, 2017, pp. 123-144. En relación a la referida Decisión, que permite la incautación de los bines, patrimonio y rentas de personas físicas y jurídicas, destaca la posibilidad de ejecutar el decomiso de bienes de una persona jurídica a pesar de que en el país de ejecución no se reconozca responsabilidad penal a los entes jurídicos. *Vid.* VIDALES RODRÍGUEZ, C. y PLANCHADELL GARGALLO, A.: *Decomiso. Estudio de la Normativa Internacional y de la Legislación Española (Aspectos penales y procesales), op. cit.*, p. 55, nota al pie 43.

513 Véase GONZÁLEZ LÓPEZ, J.J.: "Ejecución de resoluciones de decomiso", en JIMENO BULNES (Coord.), *La cooperación judicial civil y penal en el ámbito de la Unión Europea: instrumentos procesales*, *op. cit.*, p. 381; VIDALES RODRÍGUEZ, C. y PLANCHADELL GARGALLO, A.: *Decomiso. Estudio de la Normativa Internacional y de la Legislación Española (Aspectos penales y procesales), op. cit.*, p. 56.

514 Quedando así excluidas aquellas resoluciones que pudieran dimanar de procedimientos civiles o administrativos (art. 1.4).

arts. 14 a 21 cómo proceder a la transmisión, reconocimiento y ejecución de las resoluciones de decomiso.

Finalmente, en aras a facilitar las investigaciones financieras que permitan identificar, localizar e inmovilizar los activos oportunos, la Directiva 2019/1153 del Parlamento Europeo y del Consejo, de 20 de junio de 2019[515], concede a los organismos de recuperación de activos acceso directo a la información de los registros centralizados de cuentas bancarias a la hora de prevenir, detectar o investigar una infracción penal grave determinada -entre otras, la TSH[516]-, o en su labor de apoyo a la investigación penal correspondiente (arts. 3.1 y 4).

En síntesis, a pesar del avanece que supusieron dichos instrumentos en favor de la cooperación de los distintos organismos de recuperación de activos nacionales, la actual estrategia comunitaria de incautación y confiscación no presenta datos alentadores, por cuanto EUROPOL ha señalado que el 98% de los activos ilícitos generados por las organizaciones delictivas -entre ellas, las dedicadas a la trata- siguen en manos de los responsables del delito[517]. En semejante sentido, la Comisión

---

515 Directiva (UE) 2019/1153 del Parlamento Europeo y del Consejo, de 20 de junio de 2019, por la que se establecen normas destinadas a facilitar el uso de información financiera y de otro tipo para la prevención, detección, investigación o enjuiciamiento de infracciones penales y por la que se deroga la Decisión 2000/642/JAI del Consejo. Publicada en el DOUE, núm. 186, de 11 de julio de 2019, pp. 122 a 137.

516 Dicho Reglamento identifica los delitos graves con el catálogo contenido en el Anexo I del Reglamento (UE) 2016/794, relativo a la Agencia de la Unión Europea para la Cooperación Policial (Europol) y por el que se sustituyen y derogan las Decisiones 2009/371/JAI, 2009/934/JAI, 2009/935/JAI, 2009/936/JAI y 2009/968/JAI del Consejo.

517 *Vid.* EUROPOL: *EU serious and organised crime threat assessment (SOCTA) 2021. A corrupting influence: the infiltration and undermining of Europe's economy and society by organised crimen,* Publications Office of the European Union, Luxembourg, 2021, p. 30. Previamente, EUROPOL:

Europea afirma que en 2019 únicamente lograron embargarse activos procedentes de la trata en cuentas bancarias, empresas y dominios web por valor de 1,5 millones de euros[518].

Dicha preocupación se recoge en el informe de evaluación realizado por la Comisión[519], achacándose esas irrisorias cifras a la insuficiente capacitación de los sistemas de recuperación de activos de los Estados miembros para abordar el complejo *modus operandi* de las organizaciones criminales o para identificar, rastrear y embargar los activos. También se ha alertado sobre la deficiente gestión de los activos embargados, que repercute en su pérdida de valor, o al limitado ámbito de aplicación de la Directiva sobre decomiso.

En un intento de solventar las referidas deficiencias, la Comisión proponía llevar a cabo una serie de modificaciones[520]

Does crime still pay? Criminal asset recovery in the EU, European Police Office, La Haya, 2016, pp. 4 y ss. Ese escaso impacto se señala igualmente en el Considerando 4 de la propuesta de Directiva.

518 *Vid.* COMISIÓN EUROPEA: *Informe de la Comisión al Parlamento Europeo y al Consejo. Tercer informe sobre el progreso en la lucha contra la trata de seres humanos (2020) con arreglo a lo exigido en virtud del artículo 20 de la Directiva 2011/36/UE relativa a la prevención y lucha contra la trata de seres humanos y la protección de las víctimas*, Comisión Europea, Bruselas, 2020, p. 12.

519 *Vid.* COMISIÓN EUROPEA: *Informe de la Comisión al Parlamento Europeo y al Consejo. Recuperación u decomiso de activos: Garantizar que el delito no resulte provechoso*, Comisión Europea, Bruselas, 2020. [COM (2020) 217, de 2 de junio de 2020]. Los principales resultados y recomendaciones al respecto se recogen también en la Exposición de motivos de la Propuesta de Directiva sobre recuperación y decomiso de activos [COM (2022) 245 final], p. 2. Previamente, ya se había alertado sobre esta ineficacia de la normativa de incautación y decomiso en las Conclusiones del Consejo sobre la mejora de las investigaciones financieras para luchar contra la delincuencia grave y organizada (documento del Consejo 8927/20, de 17 de junio de 2020).

520 Concretamente, se proponía la ampliación del ámbito de aplicación de la Directiva a nuevas infracciones penales; ii) la introducción de normas más eficaces sobre el decomiso no basado en condena; iii) una mayor

que terminaron dando lugar a la Propuesta de Directiva del Parlamento Europeo y del Consejo sobre recuperación y decomiso de activos, formulada el 25 de mayo de 2022[521]. Debe destacarse que la aprobación de la Propuesta de Directiva sobre recuperación y decomiso de activos supondría la sustitución de los anteriores instrumentos normativos referidos[522], acabando así con la dispersión normativa en esta materia, hecho que redunda en un enfoque más coherente y estratégico[523].

Dicho esto, la Propuesta de Directiva establece normas mínimas de seguimiento, identificación, embargo, decomiso y gestión de bienes en el marco del procedimiento penal, con el fin de mejorar la aplicación efectiva de dichas herramientas de recuperación, así como la capacitación y coordinación de las autoridades competentes. En cuanto a la regulación del decomiso propuesta, contempla los ya referidos decomiso ordinario

---

precisión en cuanto a la administración de los activos embargados; iv) la introducción de disposiciones sobre la enajenación de activos, incluida la reutilización social de los activos decomisados; v) el establecimiento de normas sobre la indemnización de las víctimas de delitos; y vi) el refuerzo la capacidad de los organismos de recuperación de activos para localizar e identificar los activos ilícitos. *Vid.* COMISIÓN EUROPEA: *Informe de la Comisión al Parlamento Europeo y al Consejo. Recuperación u decomiso de activos: Garantizar que el delito no resulte provechoso, op. cit.*, p. 19.

521 Ampliamente sobre la misma, véase GARRIDO CARRILLO, F.J.: "Cuestiones pendientes sobre el decomiso ocho años después. La Propuesta de Directiva del Parlamento Europeo y del Consejo sobre recuperación y decomiso de activos", *Revista de estudios europeos, op. cit.*, pp. 321 y ss.

522 Además de la Acción Común 98/699/JIA, de 3 de diciembre, relativa al blanqueo de capitales, identificación, seguimiento, embargo, la incautación y decomiso de los instrumentos y productos delictivos, en virtud del art. 35 de la Propuesta de Directiva en cuestión.

523 *Vid.* GARRIDO CARRILO, F.J.: "Cuestiones pendientes sobre el decomiso ocho años después. La Propuesta de Directiva del Parlamento Europeo y del Consejo sobre recuperación y decomiso de activos", *Revista de estudios europeos, op. cit.*, p. 321.

(art. 12.1), decomiso de valor (art. 12.2) decomiso de terceros (art. 13) y decomiso ampliado (art. 14). Incorpora novedades en cuanto al ya previsto decomiso autónomo o sin sentencia (art. 15)[524] e introduce una nueva modalidad llamada "decomiso de patrimonio no explicado vinculado a actividades delictivas" (art. 16), de aplicación subsidiaria respecto a las anteriores modalidades. Así, este último tipo de decomiso podrá acordarse cuando los activos se embarguen sobre la base de sospechas de implicación en actividades de delincuencia organizada[525] y no sea posible practicar el resto de los decomisos contemplados en la Directiva. Los jueces deberán basar ese convencimiento sobre la procedencia delictiva de los activos en todas las circuns-

---

524 Sobre las novedades que presenta el decomiso autónomo en la propuesta de Directiva, *vid.* FARTO PIAY, T.: "El decomiso autónomo en el proyecto de Directiva de 2022 sobre recuperación y decomiso de activos: los nuevos supuestos y su incidencia en nuestro ordenamiento jurídico interno", *Revista General de Derecho Procesal*, nº 60, 2023. Frente a los dos supuestos que prevé la actual Directiva 2014/42/UE para aplicar el decomiso autónomo -esto es, enfermedad o fuga del acusado-, las novedades aquí propuestas se traducen en una ampliación de su ámbito de aplicación a los supuestos de fallecimiento, inmunidad o amnistía del sospechoso o acusado, y a los supuestos en que hayan expirado de los plazos fijados en la legislación nacional, cuando dichos plazos no sean lo suficientemente prolongados para permitir la investigación y el enjuiciamiento efectivos de las infracciones penales pertinentes. Sobre esta modificación, véase también GARRIDO CARRILO, F.J.: "Cuestiones pendientes sobre el decomiso ocho años después. La Propuesta de Directiva del Parlamento Europeo y del Consejo sobre recuperación y decomiso de activos", *Revista de estudios europeos*, *op. cit.*, p. 339.

525 Concretamente, el artículo 16.1 exige la concurrencia de las siguientes condiciones: " a) los bienes se hayan embargado dentro de una investigación de delitos cometidos en el marco de una organización delictiva; b) la infracción penal contemplada en la letra a) pueda dar lugar, directa o indirectamente, a una ventaja económica sustancial; c) el órgano jurisdiccional nacional haya resuelto que los bienes embargados se derivan de infracciones penales cometidas en el marco de una organización delictiva".

tancias del caso, incluida la posible desproporción del valor del bien con respecto a los ingresos legales de su titular (art. 16.2). Además, antes de ordenar dicho decomiso, deberán respetarse los derechos de defensa del afectado, concediéndole acceso al expediente y reconociéndole el derecho a ser oído (art. 16.4) a fin de que pueda demostrar la licitud de los mismos.

Finalmente, la Directiva 2024/1260/UE no solo acaba plasmando en su articulado todas estas modificaciones que proyectaba la propuesta de Directiva, sino que amplía -más si cabe- el contorno de algunas modalidades de decomiso. Así, por ejemplo, en relación con el decomiso de terceros, la gratuidad de los bienes transferidos o su precio inferior al valor de mercado no serán los únicos indicadores que apuntan a que el adquiriente conocía o debía conocer el objetivo real de la transferencia, pues ahora también se tendrá en cuenta la estrecha relación entre transmisor y adquiriente especialmente cuando los bienes hayan permanecido bajo el control efectivo del primero (art. 13). Por cuanto se refiere a la nueva modalidad de "decomiso de patrimonio no explicado" cuya adopción los jueces podían sustentar en la desproporción del valor del bien con respecto a los ingresos legales de su titular, se permite ahora que la misma pueda justificarse en base a la ausencia de una procedencia lícita verosímil o a la vinculación del sospechoso con personas que, a su vez, están vinculadas a una organización delictiva (art. 16.2). En otro orden de cosas, la Directiva pretende reforzar el derecho a la indemnización de las víctimas favoreciendo el intercambio de información entre las distintas autoridades competentes en aras a facilitar que puedan atenderse las reclamaciones restitutorias e indemnizatorias (art. 18); y anima -no conmina- a los Estados miembros a usar los bienes decomisados en fines sociales o de interés público, o en contribuir en mecanismos de apoyo a terceros países (art. 19).

En definitiva, la nueva Directiva, en sintonía con la estrategia de la UE para luchar contra la delincuencia grave y organizada ofrece algunas herramientas que mejorarían sustantivamente lo dispuesto en la regulación vigente y pueden reportarse útiles en punto a la erradicación de los beneficios procedentes de las actividades ilícitas. Sin embargo, se ha alertado como algunas de sus previsiones -en especial, las referentes al decomiso ampliado y al nuevo decomiso de patrimonio no explicado- podrían poner en entredicho algunos derechos y garantías constitucionales, como la presunción de inocencia, el derecho a un proceso justo, y el respeto al principio *non bis in idem*, entre otros[526].

III. EL DERECHO A LA INDEMNIZACIÓN Y LA REPARACIÓN ECONÓMICA A LAS VÍCTIMAS DE TRATA

Como se advertía al inicio del presente capítulo, una aproximación al fenómeno de la trata dirigido a neutralizar su componente lucrativo, especialmente a través de la confiscación de su producto delictivo, no solo podría resultar más eficiente en términos retributivos y de prevención, sino que también se erige como una solución más respetuosa y justa con el derecho a la protección y a la reparación de las víctimas a quienes deben reintegrarse dichos beneficios delictivos previamente incautados[527]. Pues ese enfoque

526 *Vid.* GARRIDO CARRILO, F.J.: "Cuestiones pendientes sobre el decomiso ocho años después. La Propuesta de Directiva del Parlamento Europeo y del Consejo sobre recuperación y decomiso de activos", *op. cit.*, p. 346.

527 En este sentido, *vid.* TORRES FERRER, C.: "La trata de seres humanos como criminalidad económica: análisis jurisprudencial", *Anuario de Derecho Penal y Ciencias Penales*, vol. XXXVI, Sección Premio Susana Huerta de Derecho Penal, 2023, p. 393; TORRES FERRER, C.: "Aproximación a la trata de seres humanos desde su consideración como delito económico", en VILLACAMPA ESTIARTE, C. (Dir.), *La trata de seres humanos tras un decenio de su incriminación. ¿Es necesaria una ley integral para luchar contra la trata y la explotación de seres humanos?, op. cit.*, p. 686 Así, la indemnización de las víctimas de trata encarna una triple función: restaurativa, preventiva y punitiva. *Vid.* LA STRADA INTERNATIONAL: *Proyecto Justicia, por fin. Acción Europea para compensar*

económico de la trata no es óbice -ni debe serlo- a la consideración de este delito como una violación flagrante de los derechos humanos que, como tal, exige una debida compensación a sus víctimas a fin de promover su efectiva recuperación.

Así, el derecho a la compensación o reparación de la víctima de TSH se halla ampliamente reconocido en diversos instrumentos normativos, si bien en la práctica sigue siendo inusual que el mismo se haga efectivo, como posteriormente se expondrá.

---

a víctimas de Delitos. Documento de análisis e incidencia política, 2018, pp. 3 y 9; SICAR.CAT y PROYECTO ESPERANZA: *Recomendaciones para el acceso efectivo de las víctimas de la trata de personas a la justicia y la compensación*, 2019, pp. 4 y 5. En sentido similar, véase, por todos, ARONOWITZ, A., THEUERMANN, G. y TYURYKANOVA, E.: *Analysing the business model of trafficking in human beings to better prevent the crime, op. cit.*, 2010, p. 72, AGUADO-CORREA, T.: "Garantizar la indemnización de las víctimas de trata de seres humanos a través de la recuperación de activos", en VILLACAMPA ESTIARTE, C. (Dir.), *La trata de seres humanos tras un decenio de su incriminación. ¿Es necesaria una ley integral para luchar contra la trata y la explotación de seres humanos?, op. cit.*, p. 699; OFICINA DEL ALTO COMISIONADO PARA LOS DERECHOS HUMANOS: *Principios y Directrices recomendados sobre los derechos humanos y la trata de personas*, Naciones Unidas, Ginebra, 2002, p. 7 (directriz 4); GRETA: *9th General Report on GRETA's activities*, Consejo de Europa, Estrasburgo, 2020, p. 60, párrafo 184; COMISIÓN EUROPEA: *Informe de la Comisión al Parlamento Europeo y al Consejo. Recuperación y decomiso de activos: Garantizar que el delito no resulte provechoso*, Comisión Europea, Bruselas, 2020, pp. 13 y 14; COMISIÓN EUROPEA: *Commission staff working document. Accompanying the document: report from the Commission to the European Parliament and to the Council*, Comisión Europea, Bruselas, 2020, p. 70; COMISIÓN EUROPEA: *Comunicación de la Comisión al Parlamento Europeo, al Consejo, al Comité económico y social europeo y al Comité de las regiones, sobre la estrategia de la UE en la lucha contra la trata de seres humanos*, Comisión Europea, Bruselas, 2021, p. 11.

Entre los instrumentos normativos cuyas disposiciones van específicamente destinadas a las víctimas de trata[528], encontramos, en primer lugar, el artículo 25 de la Convención contra la delincuencia organizada transnacional de la ONU, referido a la asistencia y protección a las víctimas. Dicho precepto, además de invitar a los Estados parte a adoptar medidas para prestar asistencia y protección a las víctimas, en su apartado segundo conmina a los Estados a establecer los procedimientos adecuados para que la víctima tenga acceso a indemnización y restitución. En un mismo sentido, el artículo 6.6 del Protocolo de Palermo dispone que "*cada Estado Parte velará por que su ordenamiento jurídico interno prevea medidas que brinden a las víctimas de la trata de personas la posibilidad de obtener indemnización por los daños sufridos*".

En el marco regional europeo, el Convenio de Varsovia compele a los Estados parte a reconocer, en sus respectivas legislaciones internas, el derecho de la víctima de trata a ser indemnizada por los autores del delito (art. 15.3). Siendo consciente, sin embargo, de que esta no acostumbra a ser tónica habitual en la práctica judicial[529], les obliga también a adoptar las medidas necesarias para garantizar la efectividad de dicha indemnización, bien sea mediante la creación de un fondo de compensación o mediante otro tipo de programas

---

528 Sin perjuicio de estos, deben considerarse también otros instrumentos normativos que, aun referidos a otros fenómenos delictivos, guardan una estrecha vinculación con la trata y podrían ser de aplicación a sus víctimas, especialmente cuando se haya producido su posterior explotación. Es el caso, por ejemplo, del Protocolo de 2014 de la OIT relativo al Convenio sobre el trabajo forzoso, de 1930. Dicho Protocolo reconoce el derecho a la indemnización -y el correlativo derecho de los Estados de adoptar las medidas necesarias para garantizarlo- a las víctimas de trabajo forzoso u obligatorio en sus arts. 1 y 4.

529 Como señala GRETA, ya sea como consecuencia de la falta de localización o identificación del tratante, de su desaparición del proceso o de su declarada insolvencia. GRETA: *9th General Report on GRETA's activities, op. cit.*, p. 60, párrafo 169.

asistenciales financiados con el producto de las infracciones penales o el producto delictivo previamente decomisado (art. 15.4).

Por su parte, la Directiva 2011/36/UE empieza reconociendo en su Considerando 13 la necesidad de hacer uso de los instrumentos sobre embargo y decomiso de los productos delictivos[530] para, entre otras finalidades[531], apoyar la asistencia y la protección a las víctimas, incluida la indemnización de las mismas. Su Considerando 19 hace expresa mención de la Decisión marco 2001/220/JAI del Consejo, de 15 de marzo de 2001, relativa al estatuto de la víctima en el proceso penal, incidiendo en que la misma reconoce una serie de derechos a toda víctima en el marco del proceso penal, entre ellos, el derecho a la indemnización. Igualmente, hace hincapié en la necesidad de que la víctima cuente con el debido asesoramiento jurídico a efectos de reclamar la correspondiente indemnización, reconociendo que dicha solicitud podrá dirigirse también al Estado. Dichas consideraciones tienen su consecuente traslado en los artículos 12 y 17 de la Directiva. En el primero, se reconoce el derecho de las víctimas de trata al asesoramiento jurídico inmediato, incluso a efectos de reclamar una indemnización. Mientras que en el art. 17 se reconoce el derecho a indemnización de la víctima con cargo a fondos públicos, disponiendo que "l*os Estados*

---

530 Se refiere expresamente a las disposiciones contenidas en la Convención de las Naciones Unidas contra la Delincuencia Organizada Transnacional y sus protocolos, el Convenio del Consejo de Europa, de 1990, relativo al blanqueo, seguimiento, embargo y decomiso de los productos del delito, la Decisión marco 2001/500/JAI del Consejo, de 26 de junio de 2001, relativa al blanqueo de capitales, la identificación, seguimiento, embargo, incautación y decomiso de los instrumentos y productos del delito, y la Decisión marco 2005/212/JAI del Consejo, de 24 de febrero de 2005, relativa al decomiso de los productos, instrumentos y bienes relacionados con el delito.

531 Principalmente, apoyar las actividades policiales transfronterizas de lucha contra la trata de personas en el marco de la Unión Europea.

miembros garantizarán que las víctimas de la trata de seres humanos tengan acceso a los regímenes existentes de indemnización a las víctimas de delitos violentos cometidos intencionadamente".

Sin perjuicio de lo anterior, cabe recordar que toda víctima de delito tiene reconocidos unos derechos básicos con independencia de su modalidad de victimización. Así, el derecho a la indemnización o la reparación se encuentra regulado a escala internacional también en instrumentos normativos como las distintas Declaraciones de la Asamblea General sobre la Eliminación de la Violencia contra la Mujer (art. 4. d)[532], sobre los Principios Fundamentales de Justicia para las Víctimas de Delito y abuso de poder (epígrafes 8 a 13)[533] y sobre los Principios y Directrices

---

532 Si bien dicho instrumento sólo sería aplicable a las mujeres víctimas de trata, no pudiendo beneficiarse de sus disposiciones las víctimas varones, conmina a los Estados a "*establecer, en la legislación nacional, sanciones penales, civiles, laborales y administrativas, para castigar y reparar los agravios infligidos a las mujeres que sean objeto de violencia; debe darse a estas acceso a los mecanismos de la justicia y, con arreglo a lo dispuesto en la legislación nacional, a un resarcimiento justo y eficaz por el daño que hayan padecido; los Estados deben además informar a las mujeres de sus derechos a pedir reparación por medio de esos mecanismos*".

533 Destacan, principalmente, el epígrafe 8 que establece que "*los delincuentes o los terceros responsables de su conducta resarcirán equitativamente, cuando proceda, a las víctimas, sus familiares o las personas a su cargo. Ese resarcimiento comprenderá la devolución de los bienes o el pago por los daños o pérdidas sufridos, el reembolso de los gastos realizados como consecuencia de la victimización, la prestación de servicios y la restitución de derechos*"; el epígrafe 12, en cuya virtud "*cuando no sea suficiente la indemnización procedente del delincuente o de otras fuentes, los Estados procurarán indemnizar financieramente: a) A las víctimas de delitos que hayan sufrido importantes lesiones corporales o menoscabo de su salud física o mental como consecuencia de delitos graves; b) A la familia, en particular a las personas a cargo, de las víctimas que hayan muerto o hayan quedado física o mentalmente incapacitadas como consecuencia de la victimización*"; y el epígrafe 13, que fomenta "*el establecimiento, el reforzamiento y la ampliación de fondos nacionales para indemnizar a las víctimas. Cuando proceda, también podrán establecerse otros*

Básicas sobre el Derecho a Interponer Recursos y Obtener Reparaciones (epígrafes VII y IX)[534]. En ámbito del Derecho europeo, pueden citarse también el Convenio Europeo de los Derechos Humanos (art. 13)[535], Carta de los Derecho Fundamentales de la Unión Europea (art. 47)[536] y, más específicamente, en el Convenio del Consejo de Europa, sobre la indemnización a las víctimas de delitos violentos[537], la Directiva 2004/80/CE sobre indemnización

---

fondos con ese propósito, incluidos los casos en los que el Estado de nacionalidad de la víctima no esté en condiciones de indemnizarla por el daño sufrido".

534 El epígrafe VII dispone que "*entre los recursos contra las violaciones manifiestas de las normas internacionales de derechos humanos y las violaciones graves del derecho internacional humanitario figuran los siguientes derechos de la víctima, conforme a lo previsto en el derecho internacional: (…) b) Reparación adecuada, efectiva y rápida del daño sufrido; c) Acceso a información pertinente sobre las violaciones y los mecanismos de reparación*". Mucho más detallado es el epígrafe IX, rubricado "reparación de los daños sufridos", que establece como debe repararse adecuadamente a las víctimas, instando a los Estados a prever mecanismos eficaces para la ejecución de sentencias que obliguen a reparar, así como a instaurar programas nacionales de reparación a las víctimas para el caso que el responsable no pueda o no quiera resarcirla. Además, en los apartados 19 y 20 del referido epígrafe se concreta el contenido de la restitución y la indemnización reconocida a las víctimas. También puede encontrarse una regulación detallada del derecho de reparación de las víctimas de trata, en que se especifica el contenido de la restitución, compensación, rehabilitación, satisfacción y garantía de no repetición en los "*Basic principles on the right to an effective remedy for victims of trafficking in persons*", anexados en la Resolución de la Asamblea General A/HRC/26/18, de 2 de mayo de 2014.

535 Que reconoce a toda persona cuyos derechos y libertades hayan sido violados "*el derecho a la concesión de un recurso efectivo ante una instancia nacional, incluso cuando la violación haya sido cometida por personas que actúen en el ejercicio de sus funciones oficiales*".

536 En tanto que el derecho a la indemnización puede incluirse bajo el amparo del derecho al acceso a la justicia y a la tutela judicial efectiva.

537 Dicho texto normativo únicamente sería aplicable en relación con aquellas víctimas de trata que hubieran sufrido "graves lesiones corporales o

a las víctimas del delito[538] y, sobre todo, la Directiva 2012/29/UE, por la que se establecen normas mínimas sobre los derechos, el apoyo y la protección de las víctimas de delitos, y por la que se sustituye la Decisión marco 2001/220/JAI (art. 16)[539].

En el ámbito de la reparación se ha discutido también acerca del alcance de la obligación de los Estados de proteger a sus víctimas. Al respecto, los *Basic principles on the right to an effective remedy for victims of trafficking in persons* elaborados por la ONU establecen que "*independientemente de si un Estado es responsable del daño original, el Estado proporcionará y/o facilitará el acceso a los recursos exigidos por el derecho internacional vinculante, incluidos los instrumentos contra la trata*

---

daños en su salud como consecuencia directa de un delito internacional de violencia", por lo que, probablemente, los supuestos de trata de tipo coercitivo o abusivo no quedarían bajo el amparo de las disposiciones previstas en el mismo. Sea como fuere, dicho Convenio establece la obligación de los Estados de indemnizar a estas víctimas cuando dicho derecho no se haya satisfecho por el responsable, incluso en aquellos casos en que ni siquiera se haya podido procesar o sancionar al autor.

538 Directiva 2004/80/CE del Consejo, de 29 de abril de 2004, sobre indemnización a las víctimas del delito. Publicada en el DOUE L 261/15, de 6.8.2004. Dicha Directiva, de forma similar al anteriormente referido Convenio del Consejo de Europa, establece un sistema de cooperación para facilitar el acceso a la indemnización a las víctimas de delitos dolosos violentos en situaciones transfronterizas, especialmente cuando no hayan podido obtener la indemnización del delincuente.

539 Directiva 2012/29/UE, del Parlamento Europeo y del Consejo, de 25 de octubre de 2012, por la que se establecen normas mínimas sobre los derechos, el apoyo y la protección de las víctimas de delitos, y por la que se sustituye la Decisión marco 2001/220/JAI. Publicada en el DOUE L 315/57, de 14.11.2012. Dicha Directiva, en su artículo 16, establece el derecho de toda víctima a obtener una decisión relativa a la indemnización por parte del infractor en el curso del proceso penal, debiendo los Estados promover las medidas necesarias para garantizar que el autor indemnice a la víctima adecuadamente. También se prevé la devolución sin demora a las víctimas de los bienes restituibles que hayan conseguido incautarse en el curso del proceso penal (art. 15).

de personas y el derecho internacional de los derechos humanos". Dicha declaración ha sido interpretada como el establecimiento de una doble dimensión respecto a esa obligación estatal: por un lado, el Estado deberá responder por su intervención directa -o la de alguno de sus agentes- en conductas constitutivas de trata[540] o por incumplir su deber de prevenir el delito y proteger a las víctimas, de acuerdo con las exigencias derivadas de la normativa internacional[541]; por otro lado, a pesar de no haber cometido violación alguna del derecho internacional, el Estado seguirá obligado a

---

540 En este caso, si bien las víctimas podrán reclamar frente al Estado en cuestión o sus funcionarios, la inmunidad que tienen reconocida alguno de sus agentes podría constituir un obstáculo para acceder a la debida reparación, tal y como han puesto de manifiesto algunos supuestos de demanda planteados en EEUU y UK contra diplomáticos extranjeros por su presunta participación en delitos de trata y trabajo forzoso de sus trabajadores domésticos. *Vid.* MCGREGOR, L.: "The right to remedy and reparation for victims of trafficking in human beings", en PIOTROWICZ, R., RIJKEN, C. y UHL, B.H. (Eds.), *Routledge Handbook of Human Trafficking, op. cit.*, p. 262.

541 Dado que el fundamento indemnizatorio es distinto, se entiende que en estos casos la víctima podría reclamar contra el Estado por incumplir su obligación y contra el responsable del delito de trata. En estos casos, cobra especial importancia la referida doctrina del TEDH a cerca de su delimitación del alcance del deber de los Estados de prevenir y proteger a las personas por los daños ocasionados por un tercero. Si bien, se ha responsabilizado al Estado por no contar con un marco legal que criminalice debidamente la trata o por no investigar debidamente dichos supuestos, queda por determinar si cualquier incumplimiento de dicho deber de prevención y protección conllevarán responsabilidad o si todas esas faltas acarrearán las mismas consecuencias. Estas cuestiones se plantean en MCGREGOR, L.: "The right to remedy and reparation for victims of trafficking in human beings", en PIOTROWICZ, R., RIJKEN, C. y UHL, B.H. (Eds.), *Routledge Handbook of Human Trafficking, op. cit.*, p. 263. La autora se refiere a alguna de las resoluciones del TEDH mencionadas en las notas a pie de página 300 y 301 del presente trabajo.

ofrecer medidas de reparación a las víctimas de trata[542], aunque el delito hubiera sido cometido por un tercer actor privado[543].

De las referidas disposiciones se deriva la obligación de los Estados de prever en su legislación interna los mecanismos que garanticen una reparación integral a las víctimas[544], derecho del que

---

542 En este caso, 4 son las vías a las que puede recurrir una víctima para la consecución de su derecho a la reparación. En primer lugar, podría solicitar la compensación por los daños causados en el marco del proceso penal seguido contra el responsable del delito, sin embargo, se advierte que las probabilidades de éxito en estos casos son bajas, hasta el punto de que el reconocimiento de indemnización a las víctimas de trata se ha constituido como una excepción, y no como la regla general. En segundo lugar, podrá recurrir a la interposición de una reclamación civil, sin embargo, dicha solución es escasamente adoptada, constituyendo un obstáculo los gastos derivados de los honorarios de los abogados o de las propias tasas judiciales. La tercera opción, sería recurrir a los Fondos de compensación públicos que, a pesar de no ser la opción preferente por cuanto quien resarce a la víctima no es el responsable del daño causado, son de gran utilidad en los supuestos de trata. No obstante, esta opción no siempre será viable para todas las víctimas puesto que muchos de estos fondos se limitan a resarcir un concreto tipo de daño que no toda víctima de trata sufrirá. Finalmente, la víctima podría recurrir a entablar una negociación con su victimario a fin de llegar a un acuerdo sobre su indemnización, evitando los largos y costos procedimientos judiciales. Sin embargo, esta alternativa requiere la adopción de medidas tendentes a proteger a la víctima y a mitigar la desigualdad entre las partes, y a garantizar su sometimiento voluntario al proceso negociador. *Vid.* MCGREGOR, L.: "The right to remedy and reparation for victims of trafficking in human beings", en PIOTROWICZ, R., RIJKEN, C. y UHL, B.H. (Eds.), *Routledge Handbook of Human Trafficking, op. cit.*, pp. 264-268.

543 En este sentido, *vid. ibidem*, p. 262.

544 Al respecto, la Comisión Europea señala que el sistema de compensación a las víctimas varía en función del Estado miembro de que se trate. Así, algunos Estados miembros -como Italia, Países Bajos. Malta, Finlandia o Eslovaquia- utilizan un sistema mixto, en el que la indemnización puede obtenerse de los delincuentes a través de procedimientos judiciales

deben ser debidamente informadas en el marco del procedimiento penal. Pese a dicho formal reconocimiento, la realidad demuestra que este difícilmente llega a materializarse y hacerse efectivo en la práctica, aunque esta sea una dolencia compartida por la mayoría de los países[545]. Así, instituciones varias han puesto de manifiesto las dificultades que afrontan las víctimas para acceder a su derecho a la indemnización, situación que vendría motivada por la falta de promoción de una cultura de los derechos de las víctimas[546].

Entre las principales dificultades se han señalado la falta de identificación de las víctimas de trata -ya sea por la falta de capacitación de las autoridades competentes, por la consideración de aquellas como infractoras de la normativa de extranjería o por su falta de autopercepción como víctimas-. Incluso cuando las víctimas han sido identificadas, su derecho a la indemnización puede verse obstaculizado por la falta de información y asesoramiento legal al respecto, por su deseo de pasar página y no querer iniciar un procedimiento penal o por el miedo a las

---

y/o acciones civiles y/o por el Estado a través de un fondo específico para las víctimas. *Vid.* COMISIÓN EUROPEA: *Commission staff working document. Accompanying the document: report from the Commission to the European Parliament and to the Council, op. cit.*, p. 108.

545 A modo de ejemplo, en Reino Unido, si bien los tribunales pueden reconocer el derecho a la restitución de la víctima, siempre y cuando el tratante haya sido condenado y este tenga medios suficientes, las ONG denuncian que los tribunales no suelen conceder dicha restitución y que muchas víctimas no llegan a solicitarlas debido al difícil acceso a la asistencia jurídica disponible para presentar dichas reclamaciones. Por su lado, los tratantes, además de poder apelar o impugnar estas órdenes de indemnización, frecuentemente trasladan sus bienes, lo que en la práctica se traduce en un elevado porcentaje de impago de estas indemnizaciones. *Vid.* U.S. Department of State: *Trafficking in Persons Report. June 2021, op. cit.*, p. 583.

546 *Vid.* LA STRADA INTERNATIONAL y ANTI-SLAVERY INTERNATIONAL: *COMP.ACT. Findings and resulst on the European Action for Compensation for Trafficked Persons. Toolkit on compensation fro trafficked persons*, 2012, p. 38.

represalias, además de por la dilatada tramitación del proceso durante el cual no es extraño perder el contacto con la víctima. En ese sentido, también se ha advertido sobre la falta de apoyo y cooperación a las víctimas en sus países de origen y que permitirían su participación en la investigación desde la distancia. También ha suscitado problemas la propia normativa nacional, siendo que algunos Estados exigen un veredicto de condena para que la víctima pueda ser resarcida, además del propio enfoque de las investigaciones, centradas en sancionar las conductas mientras la reparación de la víctima queda en un segundo plano. Al respecto, se muestra también problemático la falta de criterios para cuantificar dichas indemnizaciones, hecho que conduce frecuentemente a que las mismas sean insuficientes. Incluso en caso de haberse dictado sentencia condenatoria, se presentan como trabas la falta de incautación de activos y la ausencia de ejecución de las *compensation orders*, principalmente, como consecuencia de la declarada insolvencia de los tratantes[547].

---

547 Las referidas dificultades pueden hallarse en LA STRADA INTERNATIONAL y ANTI-SLAVERY INTERNATIONAL: *COMP.ACT. Findings and resulst on the European Action for Compensation for Trafficked Persons. Toolkit on compensation fro trafficked persons, op. cit.*, pp. 38-48. Todas o algunas de ellas son también señaladas en LA STRADA INTERNATIONAL: *Proyecto Justicia, por fin. Acción Europea para compensar a víctimas de Delitos. Documento de análisis e incidencia política, op. cit., passim*; COMISIÓN EUROPEA: *Comunicación de la Comisión al Parlamento Europeo, al Consejo, al Comité económico y social europeo y al Comité de las regiones, sobre la estrategia de la UE en la lucha contra la trata de seres humanos, op. cit.*, pp. 19 y 20; WIJER, M.: *Improving acces to justice for trafficked persons*, Lawyers networking meeting, Estrasburgo, 22 y 23 de noviembre de 2016; PLANITZER, J. y KATONA, N.: 'Criminal Liability of Corporations for Trafficking in Human Beings for Labour Exploitation', *Global Policy, op. cit.*, p. 508; GREER, T.B.: "How to effectively approach and calculate restitution for a victim of human trafficking", en WINTERDYK, J. y JONES, J. (Eds.), *The Palgrave International Handbook of Human Trafficking*, Springer Nature Switzerland, Cham, 2020, pp. 1622 y ss.; *vid.* MCGREGOR, L.: "The right to remedy and reparation for victims

Esta situación ha despertado las voces de quienes reclaman mayores esfuerzos en la realización de investigaciones patrimoniales y financieras que permitan identificar, rastrear, embargar y, en última instancia, decomisar los activos delictivos para, posteriormente, destinarlos a garantizar la indemnización de la víctima, bien sea directamente o bien nutriendo los fondos de compensación destinados a tal efecto[548].

IV. COOPERACIÓN INTERNACIONAL E INSTRUMENTOS PARA LA PERSECUCIÓN DEL DELITO DE TRATA DE SERES HUMANOS

Siendo que la falta de comunicación y cooperación entre las autoridades nacionales de los distintos Estados ha sido inidentificada

---

of trafficking in human beings", en PIOTROWICZ, R., RIJKEN, C. y UHL, B.H. (Eds.), *Routledge Handbook of Human Trafficking, op. cit.*, pp. 268 y 270; INDAH SUSILOWATI, C.M.: "The construction of the vice president's authority enforcement in relation to victim reparation", *Jurnal Pembaharuan Hukum*, vol. 9, nº 2, 2022, pp. 295 y 296; AGUADO-CORREA, T.: "Garantizar la indemnización de las víctimas de trata de seres humanos a través de la recuperación de activos", en VILLACAMPA ESTIARTE, C. (Dir.), La trata de seres humanos tras un decenio de su incriminación. ¿Es necesaria una ley integral para luchar contra la trata y la explotación de seres humanos?, *op. cit.*, pp. 709 -710; VILLACAMPA ESTIARTE, C.: "Dificultades en la persecución penal de la trata de seres humanos para explotación laboral", *Indret*, vol. 2, 2022, p. 185.

548 Véase nota al pie de página núm. 527. Por su parte, LA STRADA INTERNATIONAL ha propuesto la posibilidad de que los tribunales penales hagan uso de su potestad de ordenar de oficio una multa económica adicional al tratante, a fin de compensar a la víctima incluso en aquellos supuestos en que esta no la haya reclamado. *Vid.* LA STRADA INTERNATIONAL: *Proyecto Justicia, por fin. Acción Europea para compensar a víctimas de Delitos. Documento de análisis e incidencia política, op. cit.*, p. 9.

como uno de los principales obstáculos en la lucha contra la TSH[549] -especialmente cuando esta adquiere dimensión transnacional-, la cooperación internacional se erige como una pieza fundamental para el éxito de cualquier respuesta a la trata de personas[550].

Así, no es de extrañar que los tres textos supranacionales relativos a la trata aquí analizados contengan varias disposiciones orientadas a fomentar esa cooperación entre Estados. Por cuanto se refiere al Protocolo de Palermo, ya en las finalidades perseguidos por el mismo se manifiesta su objetivo de promover la cooperación entre los Estados parte. Dicha voluntad preside alguna de las medidas en él establecidas, tales como las de prevención, las de intercambio de información o de refuerzo de control fronterizo. El mismo ánimo es predicable de la Convención que lo complementa, que se erige, esencialmente, como un instrumento de cooperación internacional para combatir el crimen organizado transnacional de forma más eficiente[551]. Más allá de esta declaración de intenciones, la Convención regula de forma expresa la cooperación internacional para fines de decomiso (art. 13), de extradición (art. 16) y de asistencia judicial recíproca (art. 18)[552], disposiciones plenamente aplicables a los delitos de trata.

---

549 *Vid.* GALLAGHER, A.T.: "Trafficking in transnational criminal law", en PIOTROWICZ, R., RIJKEN, C. y UHL, B.H. (Eds.), *Routledge Handbook of Human Trafficking, op. cit.*, p. 23.

550 Así se establece expresamente en UNODC: *Manual para la lucha contra la trata de personas, op. cit.*, p. 47.

551 *Vid.* GALLAGHER, A.T.: "Trafficking in transnational criminal law", en PIOTROWICZ, R., RIJKEN, C. y UHL, B.H. (Eds.), *Routledge Handbook of Human Trafficking, op. cit.*, p. 22.

552 En este punto deviene fundamental la previsión de la posibilidad de invocar la propia Convención como base jurídica de la extradición o de la asistencia judicial en defecto de un tratado internacional específico de carácter bilateral o multilateral entre los dos Estados implicados, lo que proporciona una base mucho más sólida para la cooperación en estos dos ámbitos que el principio de reciprocidad. Así lo entiende

La cooperación internacional también se postula como una de las finalidades perseguidas por el Convenio de Varsovia. Tanto es así que el referido convenio destina un capítulo entero (VI) a la cooperación internacional y la cooperación con la sociedad civil, estableciendo los principios que deben regir esa cooperación entre las partes[553]. Esta cooperación no se circunscribe a la cooperación judicial en materia penal[554], sino que se extiende también a los ámbitos de prevención y protección de las víctimas (art. 32). El Convenio, sin embargo, opta por articular dicha cooperación en base a los tratados de asistencia mutua y extradición ya en vigor en lugar de instaurar un sistema autónomo de asistencia mutua que sustituya a aquellos. Así, se pretende facilitar el trabajo a las autoridades competentes ya familiarizadas y habituadas al uso de los referidos instrumentos[555].

En definitiva, junto a la obligación general de cooperación, se prevén algunas especificidades. Por ejemplo, el deber de advertir a otro Estado si tiene información que una víctima, un testigo, un colaborador o un familiar que se halla en su territorio se en-

---

el CONSEJO GENERAL DEL PODER JUCICIAL: *Guía de criterios de actuación judicial frente a la tarta de seres humanos, op. cit.*, p. 408.

553 Véase CORREA DA SILVA, W.: "¡Qué se rompan los grilletes! La cooperación internacional para la protección de los derechos humanos de las víctimas de trata de personas desde el Consejo de Europa", *Revista Facultad de Derecho y Ciencias Políticas, op. cit.*, pp. 257 y 258.

554 Respecto a esta, el Consejo de Europa dispone de un importante *corpus* de instrumentos normativos, como el Convenio europeo de extradición (STE n° 24), el Convenio europeo de asistencia judicial en materia penal (STE n° 30), sus protocolos (STE n° 86, 98, 99 y 182) y el Convenio relativo al blanqueo, seguimiento, embargo y decomiso de los productos del delito (STE n° 141). *Vid.* CONSEJO DE EUROPA: *Explanatory Report to the Council of Europe Convention on Action against Trafficking in Human Beings, op. cit.*, p. 52.

555 *Vid. Ibidem.*

cuentra en peligro inmediato (art. 33.1)[556]. También se alienta a los Estados Parte a reforzar su cooperación en la búsqueda de personas desaparecidas, y en particular de niños desaparecidos, mediante la celebración de acuerdos bilaterales y multilaterales (art. 33.2). Finalmente, el artículo 34 se refiere a la obligación -de *muto propio* o a petición de parte- de proporcionar información sin demoras y respetando siempre la confidencialidad.

En la Directiva 2011/36/UE las referencias a la cooperación son constantes[557] -especialmente a lo largo del Preámbulo- hasta el punto de defenderse que su sistema pivota en realidad sobre la política 4P[558]. Sin embargo, analizando el articulado del texto, tan sólo se destina un único precepto a la coordinación contra la TSH (art. 20). En virtud de dicha disposición, los Estados miembros deben remitir al coordinador de la UE para la lucha contra la trata[559] la información estadística pertinente (art. 19) para que aquél

556 Dicha información puede proceder, por ejemplo, de una víctima que denuncie presiones o amenazas de los tratantes contra miembros de la familia de la víctima en el país de origen. *Vid.* CONSEJO DE EUROPA: *Explanatory Report to the Council of Europe Convention on Action against Trafficking in Human Beings, op. cit.*, p. 53.

557 Muestra de ello, son los considerandos núm. 5 –referido a la cooperación entre Estados-, 6 –sobre la colaboración con organizaciones de la sociedad civil-, 27 –en relación con la implementación de sistemas nacionales de supervisión-, 28-respecto al desarrollo de sistemas de recogida de datos- y 29 –en relación con el nombramiento del coordinador para la lucha contra la trata de seres humanos a nivel de la Unión-.

558 *Vid.* VILLACAMPA ESTIARTE, C.: "La nueva directiva europea relativa a la prevención y a la lucha contra la trata de seres humanos y a la protección de las víctimas. ¿Cambio de rumbo en la política la Unión en materia de trata de seres humanos?", *Revista electrónica de Ciencia Penal y Criminología, op. cit.*, p. 47.

559 Desde el 1 de julio de 2021, ostenta este cargo la luxemburguesa Diane Schmitt. Previamente, fueron coordinadores el francés Olivier Onidi (de marzo de 2020 hasta junio de 2021) y Myria Vassiliadou (desde 2011 hasta febrero de 2020).

pueda contribuir a la elaboración de los informes bianuales de la Comisión sobre el progreso en la lucha contra este fenómeno[560].

Para la consecución de los referidos objetivos de cooperación y para la plena eficacia de las disposiciones previstas al efecto, los Estados disponen de un surtido de herramientas que les permiten entablar un trabajo conjunto y sinérgico, más allá de la tradicional suscripción de convenios de cooperación bilaterales o multilaterales, sustentados frecuentemente por el principio de doble incriminación[561]. Así, la voluntad de reforzar dicha cooperación judicial en el ámbito penal, basada en el principio de reconocimiento mutuo[562], se ha visto plasmada en los sucesivos instrumentos normativos dictados al respecto[563].

Sin embargo, con el objetivo de facilitar la efectividad de dichas disposiciones de cooperación mutua, se ha creado en el seno de la UE una serie de órganos específicos orientados a favorecer dicha

---

560 Siendo el más reciente el cuarto informe, presentado el 19 de diciembre de 2022. El primero, data de 2016; el segundo, de 2018; y el tercero, de 2020.

561 Este se aplica cuando la misma conducta es penalizada tanto en el Estado requirente como en el Estado requerido y cuando la pena por ese delito supera un umbral determinado. *Vid.* UNODC: *Manual para la lucha contra la trata de personas, op. cit.*, p. 48.

562 Al respecto, CASTILLEJO MANZANARES, R.: Procedimiento español de emisión y ejecución de una Orden Europea de detención y entrega, Thomson-Reuters/Aranzadi, Cizur Menor, 2005, p. 15; DE HOYOS SANCHO, M.: "El principio de reconocimiento mutuo como principio rector de la Cooperación judicial europea", en JIEMNO BUNES, M. (COORD.), *La cooperación judicial civil y penal en el ámbito de la Unión Europea, op. cit.* pp. 69 y ss.

563 Además de los ya anunciados en relación al reconocimiento y ejecución del decomiso -vid. supra-, pueden citarse la Decisión Marco 2002/584/JAI del Consejo, de 13 de junio de 2002, relativa a la orden de detención europea y a los procedimientos de entrega entre Estados miembros, o la Decisión Marco 2005/214/JAI del Consejo, de 24 de febrero de 2005, relativa a la aplicación del principio de reconocimiento mutuo de sanciones pecuniarias.

labor[564]. Destacan, entre ellos, la Agencia de la Unión Europea para la Cooperación Judicial Penal, más conocida como EUROJUST[565], creada por la Decisión 2002/187/JAI del Consejo, de 28 de febrero de 2002, para reforzar la lucha contra las formas graves de delincuencia. Este órgano[566] es competente para coordinar las investigaciones penales llevadas a cabo por varios Estados miembros que, a su vez, deben nombrar un representante en las respectivas investigaciones para facilitar el contacto y trabajo diario. Igualmente puede coordinar las diligencias policiales que tengan carácter transfronterizo, así como contribuir a la resolución de conflictos de jurisdicción o a la elaboración y/o ejecución de diversos instrumentos jurídicos como las órdenes europeas de detención o las resoluciones de embargo y decomiso[567]. Sin perjuicio de lo anterior, EUROJUST cuenta con una red de contactos con terceros Estados y mantiene relaciones privilegiadas con países como Estados Unidos, Suiza y Noruega -que cuentan

---

564 *Vid.* VIDALES RODRÍGUEZ, C. y PLANCHADELL GARGALLO, A.: *Decomiso. Estudio de la Normativa Internacional y de la Legislación Española (Aspectos penales y procesales), op. cit.*, p. 44.

565 Al respecto, véase GUTIÉRREZ ZARZA, A.: "Delincuencia organizada, autoridades judiciales desorganizadas y el aún poco conocido papel de Eurojust", en ARANGÜENA FANEGO, C., *Espacio Europeo de libertad, seguridad y justicia: últimos avances en cooperación judicial penal, op. cit.*, pp. 77 y ss.

566 Considerado un órgano de la Unión dotado de personalidad jurídica propia (art. 1 de la Decisión 2002/187) y que, por tanto, goza de iniciativa presupuestaria. *Vid.* CONSEJO GENERAL DEL PODER JUCICIAL: *Guía de criterios de actuación judicial frente a la tarta de seres humanos, op. cit.*, p. 359.

567 *Vid.* VIDALES RODRÍGUEZ, C. y PLANCHADELL GARGALLO, A.: *Decomiso. Estudio de la Normativa Internacional y de la Legislación Española (Aspectos penales y procesales), op. cit.*, pp. 45 y 46.

con fiscales o magistrados de enlace desplazados a Eurojust-, en aras a facilitar la cooperación en el ámbito extracomunitario[568].

Previamente, a raíz de la ya referida Acción Común 98/428/JAI, de 29 de junio[569], se creó la Red Judicial Europea (RJE) que, a través de una red de puntos de contacto judiciales designados por cada Estado Miembro, facilita el auxilio judicial en el marco de la lucha contra la delincuencia transnacional. Esta red de expertos asegura la óptima ejecución de las comisiones rogatorias y exhortos de auxilio judicial entre los Estados miembros, bajo el principio de comunicación directa entre los puntos de contacto[570].

Parecida a la anterior herramienta puede citarse -aunque fuera del ámbito comunitario- la Red Iberoamericana de Cooperación Jurídica Internacional (IberRed), creada en octubre de 2004. Igualmente estructurada en base a una red de puntos de contacto[571], IberRed se constituye como un espacio de cooperación en materia civil y penal, puesto a disposición de

---

568 *Vid.* CONSEJO GENERAL DEL PODER JUCICIAL: *Guía de criterios de actuación judicial frente a la tarta de seres humanos, op. cit.*, p. 360.

569 Actualmente, dicha Acción Común se halla derogada, siendo de aplicación la Decisión 2008/976/JAI, de 16 de diciembre de 2008, sobre la Red Judicial Europea, en vigor desde el 24 de diciembre del mismo año.

570 *Vid.* CONSEJO GENERAL DEL PODER JUCICIAL: *Guía de criterios de actuación judicial frente a la tarta de seres humanos, op. cit.*, p. 365.

571 Sus puntos de contacto pueden ser designados por (a) los Ministerios de Justicia, por los Ministerios Públicos y Fiscalías Generales, y por los organismos judiciales de la Comunidad Iberoamericana de Naciones, (b) por los organismos y autoridades centrales establecidos en instrumentos de derecho internacional en los que los países de la Comunidad Iberoamericana de Naciones sean parte, y (c) en su caso, cualquier otra autoridad judicial o administrativa con responsabilidad en la cooperación judicial en el ámbito penal y civil cuya pertenencia a IberRed sea considerada conveniente por sus miembros. *Vid.* CONSEJO GENERAL DEL PODER JUCICIAL: *Guía de criterios de actuación judicial frente a la tarta de seres humanos, op. cit.*, p. 368.

los operadores jurídicos de 22 países iberoamericanos[572] y del Tribunal Supremo de Puerto Rico. Debe mencionarse que, en el seno de IberRed se ha creado la Red Iberoamericana de Fiscales Especializados en Trata de Personas y Tráfico Ilícito de Migrantes (REDTRAM), que sirven de punto de contacto a los fiscales especializados de cada uno de los Estados Miembros[573].

Si bien sus competencias no se extienden directamente a los delitos de trata, debe recordarse que, en el ámbito comunitario europeo, desde el 1 de junio de 2021, se halla en funcionamiento la Fiscalía Europea[574]. Constituida como un órgano independiente de la UE, se encarga de investigar los delitos que atenten contra los intereses financieros de la Unión. A pesar de que, como se ha dicho, no se encarga de ejercer la acción penal en los supuestos de TSH, sí lo hace en relación con el delito de blanqueo de capitales -entre otros- al que suelen recurrir los tratantes para hacer uso del producto delictivo derivado de la trata.

Por último, más centrados en el ámbito policial, debe hacerse referencia al papel desempeñado por la Organización International de Policía Criminal (INTERPOL) y por EUROPOL[575]. La primera, con más de 194 miembros, es el principal actor en materia de actuación

572 Aunque sus miembros, principalmente, se ubiquen en América central y Suramérica, también cuentan con representación en Europa a través de países como España, Portugal o Andorra.

573 *Vid.* CONSEJO GENERAL DEL PODER JUCICIAL: *Guía de criterios de actuación judicial frente a la tarta de seres humanos*, *op. cit.*, p. 369.

574 Ampliamente, MORENO CATENA, V.: *Fiscalía Europea y Derechos Fundamentales*, Tirant lo Blanch, Valencia, 2014, *passim*.

575 Aunque creada en julio de 1995, no entró en pleno funcionamiento hasta octubre de 1998, cuando el Convenio fue ratificado por todos los Estados miembros de la UE. *Vid.* ILBIZ, E. y KAUNERT, C.: "Europol and cybercrime: Europol's sharing decryption platform", *Journal of Contemporary European Studies*, vol. 30, nº 2, 2022, p. 272.

y cooperación policial transnacional a escala global[576]. Su ámbito de actuación se centra en facilitar el intercambio y acceso a información sobre delitos y delincuentes a través de las Oficinas Centrales Nacionales establecidas en cada país, además de prestar apoyo técnico y operativo en el curso de las investigaciones. Por su parte, EUROPOL hace lo propio en el ámbito de la UE a fin de mejorar la cooperación efectiva entre las autoridades policiales de los Estados miembros para prevenir y combatir la delincuencia organizada internacional grave, siendo una de sus manifestaciones la TSH. En este sentido, además de colaborar en las investigaciones realizadas por las autoridades policiales nacionales, Europol analiza las tendencias delictivas en el territorio de la Unión Europea, de conformidad con las prioridades establecidas en la Plataforma Multidisciplinar Europea contra las Amenazas Criminales (EMPACT). Al respecto, es destacable la labor del Centro Europeo contra la Delincuencia Organizada y Grave[577] de Europol en la producción de datos y de conocimiento sobre las dinámicas de TSH que se constatan en el territorio de la Unión.

Finalmente, como alternativa a las comisiones rogatorias, se articulan los equipos conjuntos de investigación (ECI)[578] que, a di-

---

576 A pesar de configurarse como una organización policial independiente, Interpol ha firmado acuerdos formales de cooperación con las Naciones Unidas, la Unión Europea y la Corte Penal Internacional. *Vid.* CALCARA, G.: "Balancing International Police Cooperation: INTERPOL and the Undesirable Trade-off Between Rights of Individuals and Global Security", *Liverpool Law Review*, vol. 42, 2021, p. 112 y 114.

577 Este es uno de los 5 centros en los que se estructura EUROPOL, encargado de delitos relacionados con la delincuencia organizada, el tráfico ilícito de armas, la facilitación de la inmigración ilegal, los delitos medioambientales, el tráfico de drogas, los delitos patrimoniales en manos de grupos organizados, y el delito de trata de seres humanos. EUROPOL: *The European Union Agency for Law Enforcement Cooperation*, Europol, La Haya, 2022, pp. 26 y 27.

578 Sobre estos, puede consultarse la ilustrativa guía elaborada por diversas organizaciones europeas. *Vid.* JIT'S NETWORK: *Guía práctica de los equipos conjuntos de investigación*, Consejo de Europa, Bruselas, 2017, *passim.*

ferencia de las anteriores herramientas, no tienen una vocación de permanencia. Pues, se constituyen mediante la firma de un acuerdo entre los Estados que participarán en el grupo, con el fin de llevar a cabo, en un plazo limitado y con un objetivo específico, una investigación penal concreta en el territorio de alguno de estos Estados o de todos ellos[579]. Así, culminada la transmisión de información requerida o las diligencias de investigación pertinentes, se procederá generalmente a la cesión de jurisdicción a favor del Estado implicado que esté en mejores condiciones para el enjuiciamiento de los hechos[580], con la cesión de soberanía que esto implica[581].

V. CONCLUSIONES PARCIALES

Para concluir, ha podido apreciarse como de los tres instrumentos normativos supranacionales y vinculantes destinados a combatir la trata -esto es, el Protocolo de Palermo, el Convenio de Varsovia y la Directiva 2011/36/UE- se desprenden una serie de obligaciones para el Estado español en cuanto al abordaje de este fenómeno.

A pesar de la importancia de los referidos instrumentos por cuanto sentaron la definición internacional de la trata -Protocolo de Palermo-[582], concedieron un mayor protagonismo a las

579 *Vid. ibidem*, p. 4.

580 *Vid.* CONSEJO GENERAL DEL PODER JUCICIAL: *Guía de criterios de actuación judicial frente a la tarta de seres humanos, op. cit.* pp. 370-372.

581 *Vid.* PÉREZ GIL, J.: "Actuación policial concertada más allá de las fronteras: los equipos conjuntos de investigación en la UE", *Revista de Estudios Europeos*, vol. 45, 2007, p. 65.

582 *Vid.*, entre otros, VILLACAMPA ESTIARTE, C.: *El delito de trata de seres humanos. Una incriminación dictada desde el Derecho Internacional, op. cit.*, pp. 33 y ss., 161 y ss.; BAKIRCI, K. y RITCHIE, G.: "Corporate liability for modern slavery", *Journal of Financial Crime, op. cit.*, p. 577; GALLAGHER, A.T.: "Trafficking in transnational criminal law", en PIOTROWICZ, R., RIJKEN, C. y UHL, B.H. (Eds.), *Routledge Handbook of Human Trafficking, op. cit.*, p. 30.

víctimas y su protección mediante la adopción de un enfoque victimocéntrico -Convenio de Varsovia-[583] y permitieron la armonización de los distintos ordenamientos jurídicos sobre el particular -Directiva 2011/36/UE-, no inciden especialmente en la aproximación económica a la trata aquí propuesta. Aun así, sí contemplan ciertas medidas -algunas con carácter imperativo- orientadas a combatir estas conductas mediante la neutralización del enriquecimiento experimentado por estos delincuentes.

Tal vez, de los instrumentos supranacionales dedicados a la trata el más diligente en cuanto a prevenir y combatir ese componente económico inherente a la misma sea la Convención de las Naciones Unidas contra la Delincuencia Organizada Transnacional, dado su carácter eminentemente securitario y criminocéntrico -también predicable del Protocolo de Palermo anexo-[584]. En este sentido, la referida Convención, además de

---

583 En este sentido, *vid.* GALLAGHER, A.T.: "Recent legal developments in the field of Human Trafficking: A critical review of the 2005 European Convention and Related Instruments", *European Journal of Migration and Law, op. cit.*, pp. 170 y ss.; ZHANG, S.X.: *Smuggling and Trafficking in Human Beings: All roads lead to America, op. cit.*, p. 160; SCARPA, S.: *Trafficking in human beings. Modern Slavery, op. cit.*, pp. 163 y 164; LENZERINI, F.: "International legal instruments on human trafficking and victim-oriented approach: which gaps are to be filled?", Intercultural human rights law review, vol. 4, nº 14, 2009, pp. 220 y ss.; VILLACAMPA ESTIARTE, C.: *El delito de trata de seres humanos. Una incriminación dictada desde el Derecho Internacional, op. cit.*, pp. 176 y ss.; WADE, M.L.: "Combatting trafficking in human beings: A step on the road to Global Justice?", en WINTERDYK, J. y JONES, J. (Eds.), *The Palgrave International Handbook of Human Trafficking, op. cit.*, pp. 1186 y 1188; ORTIZ HERNÁNDEZ, E.: "Aproximación internacional a la trata de seres humanos: especial referencia al Consejo de Europa", en VILLACAMPA ESTIARTE, C. (Dir.), *La trata de seres humanos tras un decenio de su incriminación. ¿Es necesaria una ley integral para luchar contra la trata y la explotación de seres humanos?, op. cit.*, p. 359.

584 *Vid.*, por todos, OBOKATA, T.: 'Trafficking of Human Beings as a Crime Against Humanity: Some Implications for the International

ofrecer la primera definición internacional del blanqueo, obliga a incriminar estas conductas en relación con el producto delictivo derivado de la trata cuando se comenten en el marco de una organización criminal. Igualmente, exige la instauración en el sector financiero de un régimen de supervisión que permita registrar y dar cuenta de transacciones sospechosas realizadas, pudiéndose crear una unidad de inteligencia financiera nacional encargada de centralizar, gestionar e investigar dichas informaciones.

La Convención también prevé el reconocimiento de responsabilidad de las personas jurídicas por aquellos delitos graves cometidos en su seno y relacionados con la delincuencia organizada, dejando en manos de los Estados su implementación por vía civil, administrativa y penal, así como la concreción del régimen sancionatorio aplicable a dichos entes jurídicos. Asimismo, demanda la previsión de un registro nacional orientado a detectar y prevenir la constitución y uso ilícito de sociedades para cometer y/o beneficiarse directa o indirectamente del delito, por ejemplo, mediante la creación de sociedades pantalla. Finalmente, la referida Convención regula el decomiso, adoptando un concepto amplio, aplicable a los instrumentos, al producto y a los beneficios derivados del delito o a otros bienes de valor equivalente. En aras

---

Legal System', *International and Comparative Law Quarterly, op. cit.*, p. 445; ANDERSON, B. y ANDRIJASEVIC, R.: 'Sex, Slaves and Citizens: The Politics of Anti-trafficking', *Soundings, op. cit.*, p. 136; IÑIGUEZ DE HEREDIA, M.: "People trafficking: conceptual issues with the United Nations Trafficking Protocol 2000", *Human Rights Review, op. cit.*, p. 303; PLANITZER, J. y SAX, H.: "Introduction", en PLANITZER, J. y SAX, H. (Eds.), *A commentary on the Council of Europe Convention on action against Trafficking in Human Beings, op. cit.*, p. 2; WADE, M.L.: "Combatting trafficking in human beings: A step on the road to Global Justice?", en WINTERDYK, J. y JONES, J. (Eds.), *The Palgrave International Handbook of Human Trafficking, op. cit.*, p. 1186; VILLACAMPA ESTIARTE, C.: *El delito de trata de seres humanos. Una incriminación dictada desde el Derecho Internacional, op. cit.*, p. 163.

a facilitar su éxito, establece una suerte de inversión de la carga probatoria y un régimen de colaboración entre los Estados parte.

Por su lado, los instrumentos regionales europeos -es decir, la Convención de Varsovia y la Directiva 2011/36/UE- han optado por abordar estas cuestiones en instrumentos jurídicos interseccionales específicos a los que se remiten y que resultan igualmente aplicables a los delitos de trata. Eso es así, especialmente en el ámbito del blanqueo de capitales, donde deberemos recurrir a los Convenios del Consejo de Europa de 1990 y 2005 relativos al blanqueo, seguimiento, embargo y comiso de los productos del delito y a la financiación del terrorismo, o a las numerosas Directivas aprobadas por la Unión Europea sobre el particular, siendo que todos ellos permiten sancionar el blanqueo del producto delictivo derivado de la trata, entre otros.

En cuanto al reconocimiento de responsabilidad a las personas jurídicas por la comisión de un delito de trata, tanto la Convención de Varsovia como la Directiva 2011/36/UE establecen un régimen de responsabilidad opcional y autónomo, que podrá articularse por la vía civil, administrativa o penal, y que, en su caso, deberá prever sanciones eficaces, proporcionadas y disuasorias, como penas de multa y otras medidas accesorias que impliquen, por ejemplo, la disolución del ente o la suspensión de su actividad. Sin embargo, no deben olvidarse las obligaciones derivadas de otros instrumentos -también vinculantes- orientadas a sancionar a los entes jurídicos responsables de violaciones graves de derechos humanos, como es el caso de la trata[585], especialmente tras la reciente aprobación de la Directiva 2024/1760/UE sobre diligencia debida.

Por último, en lo que al decomiso se refiere, nuevamente, tanto la Convención de Varsovia como la Directiva 2011/36/UE hacen hincapié en la necesidad de confiscar e incautar los instru-

---

585 Esto es, el Reglamento 2020/1998 y la Decisión 2021/481 del Consejo, así como la Directiva 2014/95/CE.

mentos y productos delictivos, remitiéndose para ello a la normativa específica aprobada sobre el particular[586]. En relación con ésta, puede apreciarse una tendencia a la ampliación progresiva del ámbito aplicativo del decomiso -previéndose expresamente el decomiso equivalente, el ampliado, el autónomo, el decomiso de terceros y el novísimo decomiso de patrimonio no explicado-; además del establecimiento de una serie de presunciones que parecen propiciar una inversión de la carga probatoria en cuanto a la constatación de la ilicitud de los bienes en cuestión.

Finalmente, en cuanto al ámbito de la reparación de las víctimas y de la cooperación, se derivan varias obligaciones para el Estado español dimanantes tanto del Protocolo de Palermo, como del Convenio de Varsovia y la Directiva 2011/36/UE. En este sentido, en todos los instrumentos enunciados se reconoce expresamente el derecho de la víctima de trata a ser indemnizada por los daños sufridos. Además, algunas disposiciones obligan a los Estados a garantizar la efectividad de dicho derecho con cargo a fondos públicos, que bien puede articularse mediante la creación de un fondo de compensación o el establecimiento de programas asistenciales[587]. Por cuanto se refiere a la cooperación, la obligación de colaboración de los Estados abarca la prevención y la persecución del delito, pero también la protección de las víctimas, con especial incidencia en la cooperación para fines de decomiso, extradición y asistencia mutua. Igualmente, la creación de órganos o instituciones como EUROJUST, IberRed, la Fiscalía Europea, Interpol, Europol o la constitución de

---

586 En particular, los Convenios del Consejo de Europa de 1990 y 2005 relativos al blanqueo, seguimiento, embargo y comiso de los productos del delito y a la financiación del terrorismo; y las Decisiones Marcos 2005/212/JAI y 2007/845/JAI y la Directiva 2014/42/UE que rigen en el ámbito comunitario.

587 Especialmente, el art. 15.4 del Convenio de Varsovia y el art. 17 de la Directiva 2011/36/UE.

equipos conjuntos de investigación, entre otros, se erigen como herramientas claves para la consecución de dicho cometido[588].

[588] Al respecto, *vid.* VIDALES RODRÍGUEZ, C. y PLANCHADELL GARGALLO, A.: *Decomiso. Estudio de la Normativa Internacional y de la Legislación Española (Aspectos penales y procesales), op. cit.*, pp. 44 y ss.; GUTIÉRREZ ZARZA, A.: "Delincuencia organizada, autoridades judiciales desorganizadas y el aún poco conocido papel de Eurojust", en ARANGÜENA FANEGO, C., *Espacio Europeo de libertad, seguridad y justicia: últimos avances en cooperación judicial penal, op. cit.*, pp. 77 y ss.; CONSEJO GENERAL DEL PODER JUCICIAL: *Guía de criterios de actuación judicial frente a la tarta de seres humanos, op. cit.*, pp. 359 y ss.; MORENO CATENA, V.: *Fiscalía Europea y Derechos Fundamentales, op. cit., passim*; PÉREZ GIL, J.: "Actuación policial concertada más allá de las fronteras: los equipos conjuntos de investigación en la UE", *Revista de Estudios Europeos, op. cit.*, pp. 65 y ss.

Capítulo III. Mecanismos jurídicos frente la trata de seres humanos en Derecho comparado

I. INTRODUCCIÓN

Como ya se ha advertido, los estudios de Derecho Comparado son esenciales, pues comprender diferentes ordenamientos jurídicos no solo facilita la armonización y coherencia normativa, sino que permite hacer aflorar algunas prácticas exitosas en otros países que bien pueden inspirar y fomentar un desarrollo normativo más eficaz en el propio sistema legal. Especialmente en el caso de la TSH, que frecuentemente reviste carácter transnacional, resultan clave estos estudios comparativos, por cuanto permiten ofrecer soluciones más efectivas y congruentes a problemas de magnitud global y, por ende, mejorar la cooperación internacional en áreas como la defensa de los derechos humanos y la justicia penal, lo que deviene imprescindible en un mundo cada vez más interconectado.

Para la realización de este estudio comparado se analizarán los ordenamientos jurídicos de Reino Unido, Países Bajos, Alemania, Italia y Francia. Esta selección se considera adecuada por cuanto todos ellos son países europeos que forman parte de las mismas instituciones y organizaciones supranacionales y regionales europeas-principalmente, Naciones Unidas, el Consejo de Europa y la Unión Europea[589]-. Se hallan por ello vinculados por los mismos

589 En relación con esta última, debe excluirse al Reino Unido tras el *Brexit*, esto es, su salida de la Unión Europea el 1 de febrero de 2020. A partir de

textos internacionales y regionales que el Estado español, de ahí que resulte de interés observar como las mismas obligaciones han sido transpuestas en cada una de estas legislaciones nacionales. Para comenzar con este análisis, en la tabla I se indican algunos aspectos introductorios relacionados con el abordaje de la TSH en estos países.

Tabla 1. Rasgos generales de los ordenamientos jurídicos comparados

Estado	Sistema legal	Textos supranacionales vinculantes	Miembro UE	Año tipificación TSH	Detección víctimas 2021	Modalidad de TSH predominante
España	*Civil Law*	Convención y Protocolo de Palermo Convenio de Varsovia Directiva 2011/36/UE	Si	2010	189	TSH sexual
Reino Unido	*Common Law*	Convención y Protocolo de Palermo Convenio de Varsovia Directiva 2011/36/UE	Hasta 31.01.2020	2003 (TSH sexual) - 2004	12727	TSH criminal
Países Bajos	*Civil Law*	Convención y Protocolo de Palermo Convenio de Varsovia Directiva 2011/36/UE	Si	2005	840	TSH sexual
Alemania	*Civil Law*	Convención y Protocolo de Palermo Convenio de Varsovia Directiva 2011/36/UE	Si	2005	874	TSH sexual
Italia	*Civil Law*	Convención y Protocolo de Palermo Convenio de Varsovia Directiva 2011/36/UE	Si	2003	463	TSH sexual
Francia	*Civil Law*	Convención y Protocolo de Palermo Convenio de Varsovia Directiva 2011/36/UE	Si	2003	331	TSH sexual

Fuente: elaboración propia

esa fecha, entró en vigor el "Acuerdo de retirada" en cuya virtud el Reino Unido mantenía la aplicación del acervo comunitario en sus relaciones con la Unión Europea hasta el 31 de diciembre de 2020. Consecuentemente, a partir del 1 de enero de 2021, su relación con la Unión Europea se basa en el "Acuerdo de Comercio y Cooperación" que, fundamentalmente, contiene un acuerdo de libre comercio, mantiene una estrecha asociación en materia de seguridad ciudadana -con especial incidencia en la cooperación policial y judicial en materia penal y civil- y establece un marco general de gobernanza cuya aplicación es controlada por el Consejo de Asociación Conjunto. Por el contrario, la Directiva 2011/36/UE, entre otras, ya no resulta vinculante para el país anglosajón; pero sí lo fue en su momento, dando paso a la *Modern Slavery Act* de 2015, que sigue siendo el texto de referencia en Reino Unido en cuanto a trata se refiere.

Como puede apreciarse en ella, la mayoría de los Estados analizados se incardinan en el mismo sistema legal continental con la única excepción del Reino Unido, que pertenece al *common law*[590]. Aún así, el país anglosajón reviste especial interés, no solo por ser una de las naciones pioneras en cuanto a la regulación de la trata se refiere, sino por el éxito de algunas de las medidas implementadas en vista a su alto índice de detección de víctimas[591]. En este sentido, el Reino Unido también ha mostrado una mayor capacidad de identificar otras formas de trata más allá de la que tiene por fin la explotación sexual de la víctima. En términos de detección, en segundo lugar, se situaría Alemania. Cabe mencionar, sin embargo, que los datos publicados por la *Bundeskriminalamt*[592] en su informe se refieren a casos detectados tanto de TSH como de explotación, sin identificar el porcentaje de víctimas que corresponde a cada modalidad delictiva. Aun así, examinar como el país germano ha articulado su lucha contra la trata sigue siendo trascendental, especialmente teniendo en

590 Sobre las particularidades propias del sistema *common law* en la persecución del delito de trata, *vid.* BOWEN, P.: "Prosecution of cases of human trafficking in a common law system", en PIOTROWICZ, R., RIJKEN, C. y UHL, B.H. (Eds.), *Routledge Handbook of Human Trafficking, op. cit.*, pp. 213-223.

591 Si bien se ha alertado que existe una gran discrepancia entre el número de víctimas de trata referidas respecto al número de delitos de trata registrados y el número de enjuiciamientos y condenas -que siguen siendo pocas-. *Vid.* MANTOUVALOU, V.: "The UK Modern Slavery Act 2015 Three Years On", *The Modern Law Review*, vol. 81, nº 6, 2018, p. 1026.

592 El *Bundeskriminalamt* o BKA es la principal agencia federal encargada de la aplicación de la ley y la investigación criminal en Alemania. Además de encargarse de la investigación de delitos graves -como el terrorismo, la ciberdelincuencia, el crimen organizado y otros delitos transfronterizos-, se ocupa de recopilar y analizar información sobre delincuencia y tendencias delictivas. Al respecto, publica anualmente su informe sobre la situación de la trata y la explotación de seres humanos en el país germano. *Vid.* BUNDESKRIMINALAMT: *Menschenhandel und Ausbeutung. Bundeslagebild 2023,* BKA, Wiesbaden, 2024, pp. 5 y ss.

cuenta la influencia de la ciencia jurídico-penal alemana en el Derecho español. Si Alemania no aglutinara los supuestos de explotación del ser humano junto a los estrictamente constitutivos de trata en sus estadísticas, probablemente el segundo país con un mayor índice de detección de víctimas de trata sería Países Bajos. El estado neerlandés ha destacado en los últimos años por su buen hacer en el ámbito de la detección victimal, por lo que, cabría esperar que dicha eficacia fuera predicable también en relación con otras medidas implementadas para combatir la trata.

Por otro lado, países como Italia y Francia, a pesar de su premura en tipificar el fenómeno, presentan cifras más comedidas en cuanto a detección de víctimas y comparten mayores similitudes con el Estado español. Por ejemplo, Italia se erige también como un enclave estratégico en el Mediterráneo con un influjo importante de las redes organizadas nigerianas cuyas víctimas ocupan una posición prevalente en el tipo de trata principalmente detectado en aquel país. Por su parte, Francia, además de por su proximidad geográfica, adopta una regulación de la trata muy semejante a España, pues ambos países regulan este fenómeno de forma autónoma a la efectiva explotación de la víctima.

En definitiva, sin ánimo de emprender un riguroso estudio comparativo sobre la regulación del delito de trata de personas, sí se pretende analizar como otros Estados de nuestro entorno jurídico que se muestran más eficaces en la lucha contra la TSH han implementado medidas orientadas a combatir dicho fenómeno desde una perspectiva económica. A tal efecto, se analizará la regulación en estos países de los cuatro mecanismos jurídicos expuestos en el capítulo anterior como aquellos que resultan instrumentales en punto a afrontar la trata como criminalidad económica. Entre ellos: 1) la persecución de la gestión de producto delictivo mediante el delito de blanqueo de capitales; 2) la confiscación del mismo gracias al decomiso de los activos ilícitos; 3) el reconocimiento de responsabilidad a los entes jurídicos y, 4) la imposición de sanciones pecuniarias. Previamente, sin embargo, se realizará una breve reseña a la tipificación del delito de trata en cada uno de los ordenamientos jurídicos objeto de estudio a fin de contextualizar el marco normativo de cada país.

II. BREVE REFERENCIA AL MARCO NORMATIVO EN MATERIA DE TRATA DE SERES HUMANOS EN LOS ESTADOS SELECCIONADOS

Previamente a proceder al análisis comparativo de los mecanismos sustantivo-procesales penales que permiten la adopción de un enfoque económico al fenómeno de la TSH, debe hacerse una breve mención al marco normativo básico donde se regula el delito de trata en cada unos de los Estados objeto de este estudio.

Empezando por el Reino Unido, la norma de referencia sobre el particular es la *UK's Modern Slavery Act* (en adelante, MSA) de 2015. En ese mismo año, Escocia[593] e Irlanda del Norte adoptaron su propia legislación mediante la aprobación de la *Scottish Parliament's Human Trafficking and Exploitation Act* y la *Northern Ireland Assembly's Human Trafficking and Exploitation (Criminal Justice and Support for Victims) Act*, respectivamente[594]. De los tres textos normativos, sin embargo, el presente análisis se va a centrar exclusivamente en el

593 Ampliamente, sobre el desarrollo normativo y de las políticas criminales relativas a la trata de seres humanos en Escocia, *vid.* ATKINSON, C. y HAMILTON-SMITH, N.: "Still and "invisible crime"? Exploring developments in the awareness and control on human trafficking in Scotland", *European Journal of Criminology*, vol. 19, nº 5, 2020, pp. 911-931.

594 La confluencia de los tres textos normativos podría haber generado ciertos problemas de inequidad, dada la disparidad en las definiciones de los principales delitos, así como las medidas de protección de las víctimas adultas previstas en las diferentes regiones del Reino Unido. En este sentido, *vid.* SAND, M.: "UDHR and Modern Slavery: Exploring the challenges of fulfilling the Universal Promise to end Slavery in all its forms", *The political quarterly*, vol. 90, nº 3, 2019, p. 433.

primero (la MSA), por ser el que tiene un ámbito territorial más amplio[595] y por ostentar un ámbito de influencia mayor.

Con la entrada en vigor de la MSA, el Reino Unido tipifica en un mismo texto normativo los delitos de esclavitud, servidumbre, trabajo forzoso (art. 1 MSA) y TSH con fines de sometimiento a explotación (arts. 2 y 3 MSA)[596] bajo el paraguas de la llamada *modern slavery*[597]. Inicialmente, se consideró una mejora respecto al marco normativo precedente por simplificar y agrupar los delitos en un solo texto legislativo penal[598].

En virtud del art. 2 MSA, una persona comete el delito de trata si organiza o facilita el viaje de la víctima con el fin de que esta sea explotada[599], y con independencia de que la víctima consien-

---

595 Puesto que algunas de sus disposiciones son igualmente aplicables a Escocia e Irlanda del Norte (art. 60 MSA).

596 Este artículo aglutina la tipificación de las distintas modalidades del delito de trata que, hasta el momento, se hallaban reguladas en cuerpos normativos distintos. Concretamente, la trata con fines de explotación sexual se regulaba en los arts. 57 a 59 de la *Sexual Offences Act de 2003*, mientras que el resto de formas de TSH se sancionaban en virtud del art. 4 de la *Asylum and Immigration Act*. Ampliamente, sobre la legislación previa a la MSA en Reino Unido, *vid.* VILLACAMPA ESTIARTE, C.: *El delito de trata de seres humanos. Una incriminación dictada desde el Derecho internacional, op. cit.*, pp. 299-308.

597 Al respecto, *vid.* BROAD, R. y TURNBULL, N.: "From human trafficking to Modern Slavery: The development of anti-trafficking policy in UK", *European Journal of Criminal Policy Response*, vol. 25, 2019, pp. 119-133.

598 De hecho, el propósito declarado de la MSA consistía en facilitar el trabajo de los fiscales y de la policía en relación con la esclavitud moderna, y aumentar así el índice de enjuiciamientos por este delito. *Vid.* MANTOUVALOU, V.: "The UK Modern Slavery Act 2015 Three Years On", *The Modern Law Review, op. cit.*, p. 1021.

599 Esto es, con la intención de explotarla uno mismo durante o después del viaje, o a sabiendas de que un tercero probablemente acabe explotándola durante o después del viaje, es decir, a la llegada, salida o en tránsito por un país. El artículo 3 de la MSA define la explotación

ta o no el viaje. Esa conducta típica puede producirse mediante la recluta, el transporte, el traslado, la acogida, la recepción, la transferencia o el intercambio de control sobre la víctima. Un nacional del Reino Unido comete el delito con independencia de donde tenga lugar el viaje o la organización o facilitación del mismo; mientras que para los no nacionales se requiere que alguna de esas dos conductas tengan lugar en el Reino Unido.

Otros aspectos positivos que trajo consigo la aprobación de la MSA fueron la revisión del preexistente Mecanismo Nacional de Referencia (*National Referral Mechanism* o NMR)[600] en aras a extender su competencia en relación con todas las víctimas de esclavitud moderna de Inglaterra y Gales, así como la introducción del Comisionado Independiente contra la Esclavitud (*Independent Anti-Slavery Commissioner*). Este último constituye un cargo nombrado por el Secretario de Estado, cuyo mandato consiste en fomentar las buenas prácticas en la prevención, detección, investigación y enjuiciamiento de los delitos contemplados en la Ley, así como en la identificación de las víctimas.

---

diciendo que una persona es explotada si es sometida a esclavitud o servidumbre, es víctima de explotación sexual o es sometida a fuerza, amenazas o engaño, para que preste servicios, etc.

600 Implementado en 2009 en cumplimiento de lo dispuesto por la Convención de Varsovia del Consejo de Europa. El proceso de derivación se articula en dos fases. Así, los primeros intervinientes–como la policía, las fuerzas fronterizas, las autoridades locales y las ONG designadas-pueden remitir a las personas al NRM, siendo el caso examinado por las autoridades competentes. Si una víctima potencial recibe una decisión positiva en la primera fase, por considerarse que existen motivos razonables para creer que puede haber sido víctima de trata, se concede al individuo un periodo mínimo de reflexión y recuperación de 45 días, mientras se estudia la demanda para una decisión final o concluyente. Durante este periodo intermedio, las personas no son expulsadas del Reino Unido y tienen acceso a alojamiento y otras ayudas financiadas por el gobierno. *Vid.* MANTOUVALOU, V.: "The UK Modern Slavery Act 2015 Three Years On", *The Modern Law Review, op. cit.*, p. 1027.

Atendiendo a la regulación británica del delito de tata de seres humanos, vemos, como a pesar de que algunos aspectos de la definición de trata reflejan directamente elementos del concepto establecidos en la normativa supranacional, otros difieren en cierta medida del enfoque adoptado en estos instrumentos. Esto es así especialmente en dos cuestiones: 1) la previsión de medios comisivos contenidos en los textos internacionales que omite la MSA; y 2) la mención del "viaje" de la víctima en la MSA cuando no se exige un elemento de movimiento en ninguno de los textos de referencia[601]. En líneas generales, se ha criticado al Reino Unido por adoptar un abordaje interesado a la trata, descuidando los factores de atracción por los cuales podría ser responsable -como las estrictas normativas de inmigración o la desregulación de la legislación laboral- esforzándose por caracterizar este fenómeno exclusivamente como una manifestación de la delincuencia organizada extranjera[602].

Por su parte, en los Países Bajos se tipifica la TSH en el artículo 273.f de su Código Penal (*Wetboek van Strafrecht,* en adelante

---

601 Este último aspecto ha sido especialmente criticado, no solo por añadir un elemento no previsto en la normativa internacional y que puede dificultar la persecución del delito, sino también por resultar incoherente con la dinámica de la trata en tanto que no requiere movimiento o cruce de fronteras alguno. *Vid,* por todos, AHMAD AL-ASSAF, S.: "Protection of victims of human trafficking in the Jordanian Law: A comparative study with the UK Modern Slavery Act 2015", *Cogent social science,* vol. 7, 2021, pp. 5 y 6; MANTOUVALOU, V.: "The UK Modern Slavery Act 2015 Three Years On", *The Modern Law Review, op. cit.,* p. 1021.

602 *Vid.* GAITIS, K.K.: "Representations of traffickers in official UK discourse: Examining the least known component of the human trafficking equation", *International Journal of Law, Crime and Justice,* vol. 74, 2023, pp. 4 y 5; HODKINSON, S.N., LEWIS, H., WAITE, L. y DWYER, P.: "Fighting or fuelling forced labour? The Modern Slavery Act 2015, irregular migrants and the vulnerabilising role of the UK's hostile environment", *Critical Social Policy,* vol. 41, nº 1, 2021, p. 70.

WS)[603]. Dicho artículo consiste en una traslación prácticamente idéntica de la definición de trata dispuesta en el Protocolo de Palermo[604]. Así, comete el delito de trata quien, mediante violencia, coerción, engaño, abuso o recibimiento de pago o beneficios, reclute, transporte, transfiera, aloje o reciba a la víctima con el propósito de explotarla -ya sea en el ámbito sexual, laboral o criminal- o de extraerle alguno de sus órganos.

Dado que la interpretación de la definición de trata de personas se deja en gran medida en manos de la jurisprudencia, los tribunales holandeses han desempeñado un papel muy relevante en la delimitación del delito. Por ejemplo, en 2009, el Tribunal Supremo de los Países Bajos dictaminó que las normas laborales holandesas son decisivas, pues a pesar de que la víctima, desde su punto de vista, entienda que las condiciones de trabajo impuestas son aceptables, ello no impide que el supuesto pueda calificarse como trata laboral[605]. Mayor preocupación

---

603 El *Wetboek van Strafrecht,* aunque aprobado en 1881, no entró en vigor hasta 1886 dado que determinadas leyes debían ser reformadas y la adopción de un sistema de prisiones celulares requería de la construcción de nuevos centros penitenciarios. Desde entonces, el Código Penal ha sufrido multitud de reformas, entre ellas, la relativa a la responsabilidad penal de las personas jurídicas en 1976. *Vid.* VAN KEMPEN, P., KRABBE, M. y BRINKHOFF, S.: *The Criminal Justice System of the Netherlands. Organization, substantive criminal law, criminal procedure and sanctions,* Intersentia, Mortsel, 2019, p. 32.

604 *Vid.* VAN MEETEREN, M. y WIERING, E.: "Labour trafficking in Chinese restaurants in the Netherlands and the role of Dutch immigration policies. A qualitative analysis of investigative case files", *Crime, Law and Social Change,* vol. 72, 2019, p. 112.

605 Curiosamente, en los Países Bajos la Inspección de Trabajo (iSZW) es responsable de todas las violaciones en el ámbito laboral. En este sentido, la iSZW tiene una rama administrativa que se ocupa de las violaciones de las leyes laborales (por las cuales se pueden imponer multas) y una rama de investigación que se ocupa de los delitos en el ámbito laboral, incluida la trata con fines de explotación laboral. *Vid.* VAN MEETEREN, M. y

han generado otras interpretaciones más restrictivas del tipo del delito de trata en aquel país, como la reflejada en la decisión del Tribunal Supremo de 17 de mayo de 2016, en cuya virtud se dictaminó que la intención de explotar era un elemento implícito del artículo 273f WS y que, por lo tanto, debe probarse para que la conducta constituya un delito de trata[606].

En Alemania, por su parte, las conductas de trata (*menschenhandel*) se incriminan entre los delitos contra la libertad personal (*straftaten gegen die persönliche Freiheit*) tras la reforma operada en el *Strafgesetzbuch* (StGB) el 11 de febrero de 2005[607]. Sin embargo, a raíz de la última reforma de 2016, el delito de trata se halla regulado en el § 232 StGB[608] que sanciona a quien, aprovechándose de la situación personal o económica de la víctima o "*su situación de impotencia asociada con su estancia en un país extranjero*", la reclute, transporte, entregue, aloje o reciba, siempre que vaya a ser explotada sexualmente, laboralmente, en la mendicidad o para la comisión de ilícitos, sea sometida a esclavitud, servidumbre o en condiciones similares o se le vaya a extraer un órgano. Aclara el precepto que la explotación laboral se produce si el empleo se

---

WIERING, E.: "Labour trafficking in Chinese restaurants in the Netherlands and the role of Dutch immigration policies. A qualitative analysis of investigative case files", *Crime, Law and Social Change, op. cit.*, p. 112.

606 *Vid.* GRETA: *Evaluation report. Netherlands. Third evaluation Round. Access to justice and effective remedies for victims of trafficking in human beings*, Council of Europe, Strasbourg, 2023, pp. 25 y 26.

607 Cuyo fin era adecuar el marco normativo alemán a lo dispuesto tanto por el Protocolo de Palermo como por la DM 2002/629/JAI, incorporó, junto al preexistente delito de trata con fines sexual, el delito de trata laboral y de favorecimiento de la trata. Sobre el particular, *vid.* VILLACAMPA ESTIARTE, C.: *El delito de trata de seres humanos. Una incriminación dictada desde el Derecho internacional, op. cit.*, pp. 309-328.

608 Previamente, el delito de trata se regulaba, de forma disgregada, en los arts. 232 StGB -trata de seres humanos con fines de explotación sexual-, 232.a StGB -favorecimiento de la trata- y 233 StGB -trata con fines de explotación laboral-.

lleva a cabo a fin de obtener un beneficio implacable en condiciones de trabajo que sean manifiestamente desproporcionadas con respecto a las condiciones de trabajo de los empleados que se dedican a las mismas labores u otras similares. Cabe destacar también que el art. 232.2 StGB prevé la concurrencia de los medios comisivos "violencia, amenaza de un mal grave o engaño"; sin embargo, estos no se configuran como un elemento del tipo básico, sino como circunstancias agravantes que permiten la aplicación del subtipo agravado previsto.

Por su lado, el *Codice Penale* italiano (CPi) aglutina la regulación de las conductas de TSH en el Capítulo III–*dei delitti contro la libertà individuale*- de su Título XII -*dei delitti contro la persona*- del Libro segundo -*dei delitti in particolare*-[609]. Concretamente, el art. 600 CPi incrimina la reducción o mantenimiento en esclavitud o servidumbre, esto es, ejercer sobre una persona facultades correspondientes a las del derecho de propiedad o reducir o mantenerla en estado de sujeción continua. El art.

---

609 Tras la aprobación de la *Legge di Misure contra la trata di persone* (nº 228) en 2003, se reformaron los delitos de reducción o mantenimiento en esclavitud o servidumbre (art. 600 CPi), de trata de personas (art. 601 CPi), de compraventa de esclavos (art. 602 CPi) y de plagio (art. 603 CPi) en aras a implementar los compromisos internacionales asumidos. Los referidos delitos se hallaban ya tipificados en el Código penal de 1930, aunque el delito de plagio, que sancionaba el sometimiento de la víctima al poder del sujeto activo, fue declarado ilegitimo por el Tribunal Constitucional en 1981. *Vid.* ORLANDI, R. y VALENTINI, E.: ""Comercio" di esseri umani e relative norme di contrasto nell'esperienza italiana", en VILLACAMPA ESTIARTE, C. (Dir.), *La trata de seres humanos tras un decenio de su incriminación. ¿Es necesaria una ley integral para lucha contra la trata y la explotación de seres humanos?, op. cit.*, p. 780; PECORELLA, C. y DOVA, M.: "Human trafficking in Italy: size, trend and criminal prevention", en VILLACAMPA ESTIARTE, C. (Dir.), *La trata de seres humanos tras un decenio de su incriminación. ¿Es necesaria una ley integral para lucha contra la trata y la explotación de seres humanos?, op. cit.*, p. 113.

601 CPi tipifica propiamente el delito de trata de personas. El mismo consiste en reclutar, introducir en el territorio del Estado, trasladar incluso fuera de él, transportar, ceder autoridad sobre la persona o acogerla, mediante engaño, violencia, amenazas, abuso de autoridad o aprovechándose de una situación de vulnerabilidad, inferioridad o necesidad física o mental, o prometiendo o dando dinero u otras ventajas a la persona que tiene autoridad sobre ellas, con el fin de inducirlas u obligarlas a realizar trabajos, actividades sexuales, a mendigar, a realizar actividades ilícitas o a someterse a la extracción de órganos. Finalmente, el art. 602 CPi sanciona las conductas de compraventa de esclavos con penas de prisión de 8 a 20 años. Dado que este último delito podría solaparse en ocasiones con el delito de trata del 601 CPi, se entiende que el primero solo será aplicable con carácter subsidiario respecto del delito de trata[610].

En la conducta típica descrita en el delito de trata italiano es posible identificar los tres elementos que dimanan de la definición internacional de trata ofrecida por el Protocolo de Palermo[611]. Sin embargo, la doctrina especializada propone una reformulación de los referidos preceptos a fin de garantizar una mejor delimitación entre los delitos de trata de personas y los que consisten en la sumisión de personas a formas modernas de esclavitud[612].

---

610 *Vid.* PECORELLA, C. y DOVA, M.: "Human trafficking in Italy: size, trend and criminal prevention", en VILLACAMPA ESTIARTE, C. (Dir.), *La trata de seres humanos tras un decenio de su incriminación. ¿Es necesaria una ley integral para lucha contra la trata y la explotación de seres humanos?, op. cit.*, p. 121.

611 En un mismo sentido, *vid.* PECORELLA, C. y DOVA, M.: "Human trafficking in Italy: size, trend and criminal prevention", en VILLACAMPA ESTIARTE, C. (Dir.), *La trata de seres humanos tras un decenio de su incriminación. ¿Es necesaria una ley integral para lucha contra la trata y la explotación de seres humanos?, op. cit.*, p. 115.

612 *Vid. ibidem*, p. 123.

Finalmente, Francia tipifica el delito de trata en el art. 225-4-1 de su *Code pénal* tras la reforma operada por la Ley 2003-239, que introdujo en el Capítulo V del Título II del Libro II CP la sección 1 bis -relativa a la TSH- como delito contra la dignidad de las personas[613]. El delito consiste en reclutar, transportar, trasladar, albergar o recibir a una persona, mediante el uso de amenazas, coacción, violencia, maniobras fraudulentas o mediante la concesión de remuneración o cualquier otra ventaja -entre otros-, y con el objetivo de cometer contra la víctima "*delitos de proxenetismo, agresión o delitos sexuales, reducción a esclavitud, sometimiento a trabajos o servicios forzosos, reducción a servidumbre, sustracción de uno de sus órganos, explotación de la mendicidad, condiciones de trabajo o alojamiento contrarias a la dignidad, u obligar a la víctima a cometer cualquier delito o falta*". Por lo tanto, la ley francesa cumple también, de forma bastante fidedigna, con los requisitos internacionales relativos a la incriminación de estas conductas, asumiendo esa conceptualización tripartita del delito: acción – medios – finalidad de explotación.

La Tabla II a continuación incluida resume la forma en la que los delitos de trata respectivamente tipificados en los cinco países analizados reflejan los elementos contenidos en el concepto internacional de trata del art. 3 Protocolo de Palermo, cuyo contenido se clarifica también en la primera línea de la tabla.

---

613 Sobre cómo se fraguó la incorporación de este delito, *vid.* VILLACAMPA ESTIARTE, C.: *El delito de trata de seres humanos. Una incriminación dictada desde el Derecho internacional, op. cit.*, pp. 346-350.

Tabla 2. Elementos del concepto normativo internacional de trata y su reflejo en las legislaciones nacionales analizadas

Estado	Acciones	Medios	Finalidad	Regulación TSH
Definición internacional TSH	Captación Transporte Traslado Acogida Recepción	Amenaza Fuerza / Violencia Coacción Rapto Fraude / Engaño Abuso de poder/vulnerabilidad Concesión o recepción de pagos o beneficios	Prostitución Explotación sexual Trabajo forzoso Esclavitud y prácticas análogas Extracción de órganos Otras formas de explotación	Art. 3 Protocolo de Palermo
Reino Unido	✔ Recluta ✔ Transporte ✔ Traslado ✔ Acogida ✔ Recepción ▯ Transferencia de control	✖	✔ Trabajo forzoso ✔ Esclavitud y prácticas análogas ✔ Explotación sexual ✔ Extracción de órganos	*Section 2 & 3 Modern Slavery Act 2015*
Países Bajos	✔ Recluta ✔ Transporte ✔ Traslado ✔ Acogida ✔ Recepción ▯ Transferencia de control	✔ Coacción ✔ Fuerza / Violencia ✔ Amenaza ✔ Fraude / Engaño ✔ Abuso superioridad / vulnerabilidad ✔ Entrega o recepción de pagos o beneficios	✔ Prostitución ✔ Explot. Sexual ✔ Trabajo forzoso ✔ Esclavitud y prácticas análogas ✔ Extracción de órganos ▯ Actividades delictivas ▯ Mendicidad	Art. 273.f *Wetboek van Strafrecht*
Alemania	✔ Recluta ✔ Transporte ✔ Acogida ✔ Recepción ▯ Entrega	✔ Abuso vulnerabilidad: ✖ Concesión o recepción de pagos o beneficios ✖ Amenaza ✖ Coacción ✖ Fuerza / Violencia ✖ Rapto ✖ Fraude / Engaño	✔ Prostitución ✔ Explotación sexual ✔ Esclavitud y prácticas análogas ✔ Mendicidad ✔ Extracción de órganos ▯ Comisión ilícitos	Art. 232 *Strafgesetzbuch*
Italia	✔ Recluta ✔ Transporte ✔ Acogida ▯ Introducción al territorio ▯ Transferencia autoridad ✖ Recepción	✔ Engaño ✔ Violencia ✔ Amenaza ✔ Abuso autoridad vulnerabilidad/inferioridad/ necesidad ✔ Promesa/concesión dinero/beneficios ✖ Rapto	✔ Explot. laboral ✔ Explot. Sexual ✔ Extracción de órganos ▯ Actividades ilegales ▯ Mendicidad	Art. 601 *Codice Penale*
Francia	✔ Captación ✔ Transporte ✔ Traslado ✔ Acogida ✔ Recepción	✔ Amenaza ✔ Coacción ✔ Violencia ✔ Engaño ✔ Abuso autoridad/vulnerabilidad ✔ Promesa/concesión pago/beneficios ✖ Rapto	✔ Explot. Sexual ✔ Trabajo forzoso ✔ Esclavitud y prácticas análogas ✔ Extracción de órganos ▯ Mendicidad ▯ Comisión delitos	Art. 225-4-1 *Code Pénal*

En definitiva, todos los países objeto del presente estudio comparativo han tipificado en su ordenamiento interno el delito de

TSH de acuerdo con los mandatos supranacionales sobre el particular. Sin embargo, lo han hecho de forma dispar. Así, mientras la mayoría de los Estados han optado por implementar -con mayor o menor rigor- la definición internacional de trata establecida en el artículo 3 del Protocolo de Palermo, el Reino Unido ha optado por regular este fenómeno con ciertas particularidades y como una manifestación más de lo que considera la esclavitud moderna.

III. ANÁLISIS COMPARADO DE LOS MECANISMOS JURÍDICOS PARA AFRONTAR LA TRATA DE SERES HUMANOS COMO CRIMINALIDAD ECONÓMICA

1. Blanqueo de capitales.

El creciente interés por contrarrestar el blanqueo de capitales, especialmente palmario en la aprobación de hasta seis Directivas sobre el particular en el seno de la Unión Europea, permite una mayor armonización de los ordenamientos jurídicos nacionales que redunda positivamente en la cooperación internacional. Junto a esto, contribuye al recurso a de medidas de tipo financiero como herramientas para combatir distintas formas de delincuencia con evidente trasfondo económico -entre ellas, la trata de personas-.

Esa proliferación normativa ha tenido su consecuente traslado en la legislación interna de los Estados miembros, siendo que todos los aquí analizados tipifican el blanqueo de capitales, en general, y el procedente del delito de TSH, en particular.

a. Reino Unido

Se calcula que en el Reino Unido el blanqueo de capitales supera los 90.000 millones de libras esterlinas al año[614], lo que representa entre el 4% y el 5% de su producto interior bruto[615]. Tal vez por la magnitud del fenómeno, el Reino Unido es uno de los países pioneros en cuanto a la regulación del blanqueo de capitales (*money laundering*) se refiere[616]. Sus primeros pasos normativos evidenciaban ya el propósito de disuadir a los individuos de cometer el delito de blanqueo de capitales y de recuperar el producto delictivo obtenido por los condenados[617]. Actualmente, el marco normativo sobre el blanqueo de capitales se concentra

---

614 *Vid.* HOME OFFICE: "Economic crime factsheet", *Home Office news team,* [11 de diciembre de 2017]. Disponible en: https://homeoffice-media.blog.gov.uk/2017/12/11/economic-crime-factsheet/. De hecho, según la Plataforma RedFlagAlert el Reino Unido sería el segundo país a nivel mundial con mayor importe de activos blanqueados, que asciende a los £88 mil millones. *Vid.* RED FLAG ALERT: Everything You Need to Know About Money Laundering [9 de mayo de 2023], disponible en: https://www.redflagalert.com/articles/compliance/everything-you-need-to-know-about-money-laundering.

615 *Vid.* PONTES, R., LEWIS, N., MCFLARE, P. y CRAIG, P.: "Anti-money laundering in the United Kingdom: new directions for a more effective regime", *Journal of Money Laundering Control,* vol. 25, nº 2, 2022, p. 402.

616 Y, al parecer, de los más efectivos. Pues, de conformidad con la última evaluación mutua realizada por la FATF, el Reino Unido es declarado como el país más eficiente en comparación con los 107 Estados restantes también evaluados. *Vid.* FINANCIAL ACTION TASK FORCE: *Anti-money laundering and counter-terrorist financing measures. United Kingdom: mutual evaluation report,* FATF, Paris, 2018, *passim.*

617 Así se desprendía del contenido del Reglamento de 1993 sobre *Money Laundering* y de la publicación del Informe de la Unidad de Actuación e Innovación (*Performance and Innovation Unit* o PIU) sobre la recuperación de los beneficios del delito. *Vid.* CHITIMIRA, H. y MUNEDZI, S.: "An evaluation of customer due diligence and related anti-money laundering measures in the United Kingdom", *Journal of Money Laundering Control,* vol. 26, nº 7, 2023, p. 129.

en la *Proceeds of Crime Act* de 2002 (en adelante, PCA)[618], junto al Reglamento *Money Laundering, Terrorist Financing and Transfer of Funds* de 2017 (en adelante, RML). Conforman también ese marco normativo otros instrumentos "secundarios", como los reglamentos emitidos por la *Financial Conduct Authority*[619] y el *Joint Money Laundering Steering Group*[620]. La actual regulación del blanqueo de capitales en Reino Unido[621] es fruto de la influencia de varias organizaciones o entes supranacionales como Naciones Unidas, la Unión Europea o la *Finanacial Action Task Force* (FATF)[622].

---

618 Que ha sido modificada por la *Serious Organised Crime and Police Act* de 2005, la *Serious Crime Act* de 2007 y la *Crime and Courts Act* of 2013. Previamente, el delito de blanqueo de capitales se hallaba ya tipificado por la *Drug Trafficking Offences Act.* Aunque el primer paso normativo fue la aprobación del Reglamento de 1993 sobre blanqueo de capitales, que entró en vigor el 1 de abril de 1994. Este último fue aprobado a fin de implementar la primera Directiva de la UE sobre blanqueo de capitales.

619 Dicho organismo, creado el 1 de abril de 2013, se encarga de regular el sector de los servicios financieros en el Reino Unido. Entre sus funciones se encuentran la protección de los consumidores, el mantenimiento de la estabilidad del sector y el fomento de la competencia sansa entre los proveedores de servicios financieros.

620 Se trata de un organismo del sector privado formado por las principales asociaciones comerciales del sector financiero del Reino Unido que ofrece orientación a las empresas del sector a fin de que cumplan adecuadamente con sus obligaciones legales, principalmente, contra el blanqueo de capitales y el financiamiento del terrorismo.

621 En la que también debe tenerse en cuenta lo dispuesto en la *Organised Crime Act,* la *Serious Crime Act* y la *Crime and Courts Act.* Pues los operadores jurídicos, los tribunales y las autoridades encargadas de velar por el cumplimiento de la ley deben aplicarlas de forma complementaria para evitar confusiones y los consiguientes problemas de doble incriminación a los acusados. *Vid.* CHITIMIRA, H. y MUNEDZI, S.: "An evaluation of customer due diligence and related anti-money laundering measures in the United Kingdom", *Journal of Money Laundering Control, op. cit.*, p. 130.

622 *Vid. ibidem,* p. 128.

La *Proceeds of Crime Act* opta por regular tres modalidades delictivas de blanqueo de capitales en lugar de disponer de un catálogo de los delitos que pueden dar lugar a prácticas de blanqueo de capitales. De ese modo, cualquiera de ellas podría ser sancionada también cuando los bienes objeto de blanqueo procedan de la trata de personas[623]. Dichas modalidades consisten en: la ocultación de bienes delictivos (art. 327 PCA), la participación en actividades de blanqueo de capitales (art. 328 PCA) y la adquisición, el uso o posesión de bienes delictivos (art. 329 PCA). En este sentido, la ocultación de bienes delictivos incluye el encubrimiento, la conversión, la sustracción y la transferencia de dichos bienes fuera del Reino Unido. Para la comisión de las dos modalidades restantes, será suficiente con que el individuo actuara bajo la mera sospecha acerca del origen delictivo de los bienes en cuestión. Pues, definiéndose los bienes de origen delictivo como aquellos que se sabe o se sospecha que representan el producto o beneficio de una actividad delictiva, resulta que una persona acusada de un delito de blanqueo de capitales no tiene por qué tener conocimiento real de la actividad delictiva y/o de que los bienes en cuestión formaban parte del producto de la misma.

Finalmente, la *Proceeds of Crime Act* tipifica también la no revelación o denuncia de posibles prácticas de blanqueo de capitales y cualquier otra conducta que perjudique las investigaciones seguidas por este delito (arts. 330 y ss. PCA)[624]. Este deber de notificación y cooperación cobra especial sentido en atención a

---

623 En este punto, debe destacarse que la regulación anti-blanqueo de capitales británica permite la persecución conjunta o separada de los delitos determinantes o de origen y del delito de blanqueo de capitales. *Vid.* SITTLINGTON, S. y HARVEY, J.: "Prevention of money laundering and the role of asset recovery", *Crime Law Soc Change, op. cit.*, p. 424.

624 Si bien se ha señalado que la ley no especifica cómo debe hacerse esa comunicación y no está claro si esta disposición se aplica a los denunciantes y/o a los organismos reguladores. *Vid.* CHITIMIRA, H. y MUNEDZI, S.: "An evaluation of customer due diligence and

las obligaciones de *due diligence* respecto al cliente previstas en el RML. De este modo, las instituciones financieras, ante la sospecha de actividades de blanqueo de capitales, especialmente al realizar transacciones sospechosas y/o cuando existe una creencia razonable de que la información proporcionada por un cliente no es fiable, deben adoptar una serie de medidas que permitan la identificación y verificación de la identidad de los clientes y de los beneficiarios efectivos o la obtención de información con el fin de establecer una relación comercial entre los clientes[625]. Entre las medidas aplicables, se prevé el seguimiento y supervisión de las transacciones realizadas en la cuenta del cliente en aras a trazar un perfil de riesgo (art. 28 RML)[626].

En definitiva, la implementación de estos controles por parte del sector privado -principalmente, entidades financieras que actúan como "guardianes"[627] con la responsabilidad de notificar

---

related anti-money laundering measures in the United Kingdom", *Journal of Money Laundering Control, op. cit.*, p. 130.

625 Concretamente, los datos que las instituciones financieras obtienen de los clientes incluyen sus nombres, direcciones y fechas de nacimiento; mientras que los documentos de verificación requeridos incluyen pasaporte válido, fotografía, permiso de conducir, tarjeta de identidad, certificado de armas de fuego, licencia de escopeta o cualquier otro documento obtenido de fuentes fiables. *Vid. ibidem*, p. 131.

626 Al respecto, se ha señalado como, a pesar de la inversión anual -de hasta 28.700 millones de libras- que realizan las entidades financieras para implementar los programas y tecnologías para el seguimiento de las transacciones, dicha medida se muestra ineficiente por cuanto el 85% de las alertas generadas por el sistema terminan siendo calificadas como falsos positivos por los analistas. *Vid.* PONTES, R., LEWIS, N., MCFLARE, P. y CRAIG, P.: "Anti-money laundering in the United Kingdom: new directions for a more effective regime", *Journal of Money Laundering Control, op. cit.*, p. 403.

627 *Vid.* PONTES, R., LEWIS, N., MCFLARE, P. y CRAIG, P.: "Anti-money laundering in the United Kingdom: new directions for a more effective regime", *Journal of Money Laundering Control, op. cit.*, p. 402.

a las unidades de inteligencia financiera (UIF) la identificación de prácticas sospechosas que podrían constituir blanqueo de capitales-, puede resultar una herramienta clave para la detección de nuevos casos de TSH. De hecho, se ha constatado como cada vez más las fuerzas policiales del Reino Unido recurren a la *Joint Money Laundering Intelligence Taskforce* (JMLIT), a través de la cual las entidades financieras comparten ese tipo de información con las autoridades públicas, para colaborar en las investigaciones sobre trata de personas[628].

Sin embargo, también se ha constatado que dicho sistema no siempre es efectivo. Al respecto, se ha señalado que a menudo las entidades financieras se limitan a presentar esas notificaciones sin tomar acciones adicionales para detenerlas, y que lo hacen a fin de inmunizarse frente a posibles responsabilidades penales y sanciones[629]. Junto a lo anterior, se ha achacado la ineficiencia del sistema británico a la lentitud y falta de reciprocidad en el intercambio de información entre las instituciones financieras y las autoridades públicas competentes, pues, dicha información es unidireccional del sector privado al público, pero no a la inversa. También se ha atribuido la referida ineficiencia a la incapacidad de la Unidad de Inteligencia Financiera de investigar todos los casos recibidos por carecer de recursos suficientes[630].

---

628 *Vid.* GRETA: *Evaluation Report. United Kingdom. Third evaluation report. Access to justice and effective remedies for victims of trafficking in human beings*, Council of Europe, Strasbourg, 2021, p. 43.

629 De hecho, se ha constatado un aumento de las multas por incumplimiento de los referidos deberes, imponiéndose en 2019 hasta 388 millones de dólares por la comisión de 12 infracciones en materia de lucha contra el blanqueo de capitales. *Vid.* PONTES, R., LEWIS, N., MCFLARE, P. y CRAIG, P.: "Anti-money laundering in the United Kingdom: new directions for a more effective regime", *Journal of Money Laundering Control, op. cit.*, p. 402.

630 *Vid. ibidem*, p. *404*.

b. Países Bajos

El sistema adoptado por los Países Bajos para luchar contra el blanqueo de capitales (*witwassen*) presenta muchas similitudes con el modelo británico anteriormente analizado. El Código penal neerlandés opta también por tipificar el delito de blanqueo de capitales en el art. 420 bis WS desde un enfoque global e independiente. Es decir, todos los delitos que generan un producto delictivo pueden ser un delito determinante para el blanqueo de capitales, que se sancionará sin que sea necesario la previa condena por el delito, por ejemplo, de TSH. Al respecto, la Fiscalía (*openbaar ministerie*) tiene publicado un documento con las directrices de procedimiento penal contra el blanqueo de capitales (*Richtlijn voor strafvordering Witwassen* 2021R004).

Además, igual que en el Reino Unido, la Ley contra el blanqueo de capitales y la financiación del terrorismo neerlandesa (*Wet ter voorkoming van witwassen en financieren van terrorisme* o Wwft)[631] prevé una serie de obligaciones para el sector privado[632] que se enmarcan en el llamado "*costumer due diligence*". De hecho, se considera a los agentes de dicho sector responsables de detectar delitos -no siempre financieros- como la corrupción, las actividades relacionadas con las drogas, la TSH y el contrabando, el fraude, el fraude sanitario,

---

631 Que ha sido recientemente reformada (2020) para implementar las obligaciones impuestos por la 5ª Directiva de la UE relativa al blanqueo de capitales. Junto a la influencia de las directivas de la UE, la regulación neerlandesa sobre el particular se basa principalmente en lo dispuesto por las recomendaciones de la FATF, organismo del que es miembro desde 1990.

632 Principalmente se refiere a las entidades financieras, aunque existen 25 grupos de profesionales declarantes, entre los que se incluyen contables, abogados, empresas de inversión, comerciantes de criptomoneda, intermediarios, proveedores de servicios de pago, asesores fiscales, proveedores de servicios jurídicos, casinos, corredores, vendedores de artículos de lujo como vendedores de oro, de coches, de embarcaciones y, desde hace poco, de arte.

el uso indebido de activos virtuales, el blanqueo de capitales, la financiación del terrorismo y otras formas de delincuencia[633]. Consecuentemente, se calcula que los bancos de Países Bajos cuentan actualmente con más de 12.000 empleados cuya tarea principal consiste en realizar un control de la clientela, supervisar las transferencias de fondos y el comportamiento de los ciudadanos neerlandeses en las transacciones e informar a la Unidad de Inteligencia Financiera (UIF) de las operaciones inusuales[634].

Así, la UIF, tras más de veinticinco años de existencia, se erige como la principal autoridad encargada de recopilar todos los informes sobre transacciones inusuales debiendo examinarlos y, en su caso, difundir la información a las autoridades competentes de investigación y enjuiciamiento[635]. Dado que el número de transacciones notificadas ha aumentado considerablemente en los últimos

---

633 *Vid.* FINANCIAL INTELLIGENCE UNIT-NEDERLAND: *FIU-Nederland jaaroverzicht 2019*, FIU-Nederland, Postbus, 2020, p. 10.

634 *Vid.* KAMPHUIS, B.: "Een miljoen 'ongebruikelijke' transacties, maar weinig aanhoudingen", *NOS* [1 de noviembre de 2021]. Disponible en: https://nos.nl/nieuwsuur/artikel/2403990-een-miljoen-ongebruikelijke-transacties-maar-weinig-aanhoudingen. En cuanto a la información que debe facilitarse, de conformidad con Ley contra el blanqueo de capitales y la financiación del terrorismo neerlandesa, aquella incluye la identidad del cliente; su número de identificación; la naturaleza, tiempo y lugar de la transacción; el importe, el destino y el origen de los fondos; las circunstancias por las que la transacción se considera inusual; una descripción de los objetos de valor concretos en una transacción superior a 10.000 euros; y otros detalles adicionales.

635 Ampliamente, sobre el funcionamiento y las principales tareas de la UIF en los Países Bajos -y sobre como ello afecta a la privacidad de cualquiera que tenga una cuenta bancaria- *vid.* LAGERWAARD, P.: "Financial surveillance and the role of the Financial Intelligence Unit (FIU) in the Netherlands", *Journal of Money Laundering Control*, vol. 26, nº 7, 2023, pp. 63-84. Especialmente, sobre el régimen jurídico aplicable en materia de protección de datos para el tratamiento de los datos personales por parte de las UIFs con fines de lucha contra el blanqueo de capitales y la financiación del terrorismo, *vid.* BREWCZYNSKA, M.: "Financial

daños[636], se calcula que cada 24 horas la UIF recibe unos 1.200-1.400 informes que se almacenan en una base de datos de transacciones que contiene una media de 1,2-1,4 millones de transacciones inusuales[637].

En cuanto al delito de trata se refiere, cabe destacar que la UIF cuenta con dos analistas operativas que se centran en este tipo de investigaciones, además de colaborar estrechamente con la AVIM -encargada de supervisar el cumplimiento de la normativa de extranjería- y la *Netherlands Labour Authority* -encargada de detectar e identificar casos de trata con fines de explotación laboral-[638]. Por último, los Países Bajos apoyan también iniciativas como la *Finance Against Slavery and Trafficking* (FAST) que trabaja para movilizar al sector financiero contra la esclavitud moderna y la trata de personas.

c. Italia

De conformidad con el *International Narcotics Control Strategy Report* (INCSR) elaborado por el Departamento de Estado de los EEUU[639], Italia dispone de un sofisticado régimen de lucha contra el blanqueo de capitales (*riciclaggio*) y ha avanzado mu-

---

Intelligence Units: Reflections on the applicable data protection legal framework", *Computer Law & Security Review*, vol. 43, 2021, pp. 1-14.

636 Pues, en 1995 se notificaron un total de 16.215 transacciones inusuales, de las que 2.218 se consideraron sospechosas. En 2020, fueron notificadas 722.247, de las que 103.947 se declararon sospechosas.

637 En este sentido, *vid.* AKSE, T.: *Na de poortwachters: 25 jaar meldingen ongebruikelijke transacties*, FIU-Nederland, 2019, pp. 5-8.

638 *Vid.* GRETA: *Evaluation report. Netherlands. Third evaluation Round. Access to justice and effective remedies for victims of trafficking in human beings*, *op. cit.*, p. 27.

639 Al igual que el *Trafficking in Persons Report* (TIR) elaborado también por el mismo órgano, el INCSR es un informe anual que describe los esfuerzos de los principales países clave para atacar aspectos del comercio internacional de drogas. En lo que aquí interesa, el referido informe contiene una sección dedicada al el blanqueo de capitales y los delitos financieros.

cho en el establecimiento de los marcos jurídico, reglamentario y operativo exigidos por las normas internacionales[640]. Tal vez esos avances hayan venido en parte impulsados por la presencia de importantes clanes mafiosos en distintos puntos de la geografía italiana que se han implicado masivamente en el blanqueo de dinero[641], incidiendo en mercados como la construcción, la eliminación de residuos, las industrias del ocio, el sector de las energías renovables y muchos otros tipos de negocios[642]. No obstante, en cuanto al fenómeno de TSH en Italia se refiere, se ha apuntado que el negocio se hallaría en manos de organizaciones delictivas extranjeras -principalmente procedentes de la Europa del Este- siendo, por tanto, reinvertidas las ganancias delictivas en sus respectivos países de origen, hecho que complica la ejecución de la estrategia "*follow the money*"[643].

---

640 *Vid.* U.S. DEPARTMENT OF STATE: *2022 INCSR–Volume II: Money Laundering*, U.S. Department of State, Washington, 2022, p. 117.

641 De hecho, de acuerdo con los informes presentados por el *National Risk Assessment* de 2014 y la *FATF mutual evaluation report* de 2016, los principales riesgos en cuanto a blanqueo de capitales se refiere estarían relacionados con el crimen organizado. *Vid.* SAVONA, E.U. y RICARDI, M.: *Assessing the risk of money laundering in Europe. Final report of project IARM*, Transcrime – Università Cattolica del Sacro Cuore, Milano, 2017, pp. 46 y 49.

642 Al respecto, *vid.* SCAGLIONE, A.: "Cosa nostra and camorra: illegal activities and organisational structures", *Global Crime*, vol. 17 No. 1, 2016, pp. 60-78; EUROPOL: *Threat Assessment. Italian Organised Crime*, Europol, The Hague, 2013, *passim*.

643 Parece ser, pues, que ls organizaciones delictivas locales no han mostrado demasiado interés por el negocio de la trata, salvo algunos casos en los que la Camorra gestiona el alquiler de las aceras donde las víctimas ejercen la prostitución. *Vid.* COMITATO DI SICUREZZA FINANZIARIA: *Analisi nazionale dei rischi di riciclaggio e finanziamento del terrorismo*, Ministerio dell'Economia e delle Finanze, Roma, 2014, p. 13.

En cualquier caso, Italia, criminaliza las conductas de blanqueo y auto blanqueo de capitales (arts. 648 *bis* CPi y ss.)[644], sancionándolas con penas de prisión que oscilan entre los 4 y los 12 años junto a penas de multa de entre 5.000 y 25.000€ -sin perjuicio de la previsión de ciertos subtipos agravados y atenuados-. En virtud del art. 648-*quater* CPi, la condena por cualquiera de los anteriores delitos acarreará la orden de decomiso de los bienes que integran producto delictivo -o, en su defecto, el decomiso por valor equivalente-, salvo que pertenezcan a terceras personas. Dado que todo delito doloso puede constituir un delito subyacente del blanqueo de capitales, las anteriores disposiciones son también aplicables respecto al producto delictivo generado por el delito de trata.

Junto a la tipificación de estas conductas, Italia aboga también por promover la cooperación entre el sector público y privado, basado en el deber de informar sobre transacciones sospechosas, como principal herramienta para luchar contra las prácticas de blanqueo de activos. Pues, en general, el marco normativo italiano sobre el particular ha sido definido, en gran medida, por la legislación europea -especialmente, por las seis Directivas de la UE contra el blanqueo de capitales-. En este sentido, la primera norma específicamente orientada a combatir el blanqueo de capitales fue el Decreto Legislativo nº 143 de 1991, que originó algunas modificaciones al CPi. Por ejemplo, amplió la responsa-

---

644 La primera intervención legislativa dirigida específicamente a reprimir la actividad de reconversión de mercancías de procedencia ilícita y, por tanto, a impedir su puesta de nuevo en el mercado legal se produjo con la introducción en el derecho penal del artículo 648 *bis* del Código Penal, por medio del Decreto Legislativo nº 59 de 21 de marzo de 1978. Posteriormente, en 1990, se introdujo el art. 648-ter CPi, que sanciona el uso de bienes de procedencia ilícita. Finalmente, la Ley nº 186, de 15 de diciembre de 2014, dio lugar a la adición del art. 648-ter.1 CPi en el que se tipifican expresamente las conductas de autoblanqueo, que se sancionan con pena de prisión de dos a ocho años y multa de 5.000 a 25.000 euros.

bilidad penal por el delito de blanqueo de capitales cuando los bienes transformados u ocultados procedían de delitos leves -y no solamente de delitos graves-, aumentó las penas por la posesión de este tipo de bienes cuando se cometen en el marco de una actividad profesional o amplió la jurisdicción italiana a los delitos de adquisición de bienes de origen delictivo o de autoblanqueo cuando se cometan en el extranjero por un ciudadano italiano.

Sin embargo, la norma de referencia que representa el núcleo de la legislación contra el blanqueo de capitales, ya que regula las definiciones, los sujetos implicados, los tipos de cambios, la adquisición, el registro, el almacenamiento de la documentación contra el blanqueo de capitales, viene establecida por el Decreto Legislativo nº 231, de 21 de noviembre de 2007, por el que se implementa la Directiva 2005/60/UE. En virtud del mismo, los entes del sector financiero[645] y determinados grupos profesionales[646] (art. 3) deben notificar las transacciones sospechosas detectadas. Más concretamente, las entidades incluidas en el ámbito de aplicación del Decreto[647] deben presentar un "informe de transacciones sospechosas" ante la Unidad de In-

---

645 Por mencionar algunas, quedan incluidos los bancos, las sociedades de intermediación de valores, las sociedades de inversión, los corredores de bolsa, las sociedades de capital fijo, etc.

646 Por ejemplo, los peritos contables, consultores, notarios, abogados, los auditores, los comerciantes de arte o antigüedades, entre otros.

647 Ámbito que se ha ido ampliando progresivamente mediante la incorporación al derecho nacional de las Directivas que emanan de la UE sobre el particular. De hecho, la implementación de la quinta Directiva europea supuso una nueva ampliación del número de entidades obligadas, incluyendo ahora a los proveedores de servicios de cambio entre monedas virtuales y monedas legales; proveedores de servicios de carteras digitales; galeristas directores de casas de subastas y anticuarios. Además, la V Directiva ha endurecido las obligaciones relativas a las criptomonedas y la identificación de los clientes. *Vid.* OLIVA, M.: "Money laundering, food activities and mafia: evidences from the Italian provinces", *Journal of Money Laundering Control*, vol. 25, nº 3, 2022, p. 619.

teligencia Financiera (UIF)[648], cuando tengan conocimiento, sospechen o tengan motivos razonables para sospechar que se está llevando a cabo, o se está intentando llevar a cabo, el blanqueo de activos procedentes de la financiación del terrorismo, o de otros fondos procedentes de actividades delictivas.

Finalmente, en respuesta a los continuos desafíos que presenta el blanqueo de capitales, el gobierno italiano promulgó el Decreto nº 125/2019. En este se aclara el tratamiento de las monedas virtuales en el marco de las leyes de lucha contra el blanqueo de capitales, se otorgan más poderes a las autoridades policiales que investigan este delito y se imponen obligaciones adicionales de *Costumer Due Diligence* a los intermediarios financieros.

El principal problema de la estrategia italiana para combatir el blanqueo de capitales parece ser compartido con el resto de las legislaciones analizadas hasta el momento. Y es que el exceso de datos y notificaciones sobre transacciones sospechosas hacen difícil identificar los casos que verdaderamente implican prácticas de blanqueo de activos. Pues, según los propios datos de la UFI italiana, durante el primer semestre de 2019 se recibieron 32.777 informes sobre transacciones sospechosas por parte de bancos y oficinas de correos; y otras 2.549 por parte de profesionales[649]. En este sentido, se ha establecido un símil con la teoría del "*crying wolf*" o voz de alarma, basada en la fábula del niño que alertaba de un peligro reiteradamente en busca de atención.

---

648 La Unidad de Investigación Financiera (UIF) italiana, es el principal organismo gubernamental encargado de recopilar y analizar las comunicaciones por sospecha, que se remiten a las fuerzas del orden especializadas (esto es, la *Guardia di Finanza* y la Dirección de Investigación Antimafia). *Vid.* U.S. DEPARTMENT OF STATE: *2022 INCSR–Volume II: Money Laundering*, U.S. Department of State, *op. cit.*, p. 118.

649 *Vid.* OLIVA, M.: "Money laundering, food activities and mafia: evidences from the Italian provinces", *Journal of Money Laundering Control*, *op. cit.*, p. 613.

Así, se considera que una sobreinformación puede conducir a que las continuas alertas recibidas dejen de tener sentido y nadie las crea, por lo que los esfuerzos deben focalizarse más en la calidad que en la cantidad de la información[650].

d. Alemania

También en el Código penal alemán encontramos tipificado el delito de blanqueo de capitales (*geldwäsche*), concretamente el §261 StGB, castigando con pena de prisión de hasta 5 años o pena de multa la ocultación, intercambio, transferencia, adquisición o uso de bienes ilícitos. Dicho artículo fue incorporado al *Strafgesetzbuch* en 1992, mediante la ley contra el tráfico ilegal de estupefacientes y otras formas de criminalidad organizada. Dicho precepto que, inicialmente incluía un *numerus clausus* respecto a los delitos determinantes[651], ha sido modificada en varias ocasiones. La última reforma tuvo lugar el 9 de marzo de 2021 a fin de adaptar la redacción del precepto a los requisitos derivados de las últimas directivas de la UE de lucha contra el blanqueo de capitales. Así, actualmente, cualquier ilícito puede ser delito determinante del blanqueo, entre ellos, el delito de trata.

En cuanto a las obligaciones de *Know Your Client* o de *Consumer Due Diligence,* estas se disponen en la Ley de Blanqueo de capitales alemana (*Geldwäschegesetz* o GwG)[652]. Aprobada por primera vez en 1993, regula las obligaciones y sanciones correspondientes a fin de detectar en una fase temprana los flujos ilegales de dinero en la economía y prevenirlos legalmente. Se reformó en

---

650 *Vid. ibidem, p. 620.*

651 *Vid.* MARTÍNEZ EGAÑA, D.: "El delito fiscal y el delito de blanqueo de capitales en Alemania", Crónica Tributaria, vol. 141, 2011, p. 159.

652 Su nombre completo es *Gesetz über das Aufspüren von Gewinnen aus schweren Straftaten* y fue aprobada el 25 de octubre de 1993 (BGBl. I 1993, Nr. 56 vom 29.10.1993, S. 1770).

2008, incluyendo disposiciones orientadas a la prevención de la financiación del terrorismo. Y el 1 de enero de 2020 entró en vigor la reforma en cuya virtud se implementaba la quinta directiva de la UE sobre blanqueo de capitales, añadiendo requisitos adicionales pata combatir esta lacra[653].

En definitiva, también las instituciones financieras alemanas y determinados colectivos -como los abogados[654] o auditores-, además de disponer de un plan de gestión de riesgos eficaz y adecuado a la naturaleza de sus actividades empresariales (art. 4 GwG), están obligados a identificar y examinar a los clientes potenciales y a informar inmediatamente sobre actividades en las cuentas, transacciones o relaciones comerciales sospechosas. El incumplimiento de cualquiera de los deberes que les son asignados puede acarrear la imposición de una pena de multa, cuyo importe se establece en función del tipo de incumplimiento y del comportamiento doloso o culposo del obligado (art. 56 GwG). El receptor de dichas informaciones es la Oficina Central de Investigación de Transacciones Financieras (*Zentralstelle für Finanztransaktionsuntersuchungen*, en adelante UFI). Esta oficina,

---

[653] Principalmente estos requisitos adicionales de diligencia debida tienen que ver con las relaciones comerciales establecidas con terceros países de alto riesgo o cuando se hace uso de las criptomonedas.

[654] En este punto, cabe matizar que, si bien Alemania incorporó la Directiva de la UE relativa a la obligación de los abogados de informar sobre el blanqueo de capitales, el legislador alemán estableció una excepción. En virtud del art. 43.2 GwG, los abogados no están obligados a informar si han obtenido información pertinente mediante comunicaciones protegidas por el secreto profesional entre abogado y cliente. Este suele ser el caso cuando el abogado presta asesoramiento jurídico o en el marco de una representación legal en un procedimiento judicial. Sin embargo, esta excepción no se aplica si el abogado sabe que sus servicios se utilizan con el propósito de blanquear dinero. *Vid.* HOFMANN, R. y LUSTENBERGER, L.: "Reporting Obligations for Attorneys in Money Laundering Cases: Attorney-Client Privilege Under Pressure?", *German Law Journal*, vol. 24, 2023, p. 834.

cuyo funcionamiento se halla regulado en la sección 5 de la GwG, se encarga de recopilar y analizar información en relación con el blanqueo de capitales o la financiación del terrorismo y transmitir esta información a las autoridades competentes para la prevención y persecución de tales actos (art. 28 GwG).

Sin embargo, una vez más, el problema de esta estrategia radica en el ingente volumen de comunicaciones que debe procesar la UFI alemana. Según el informe presentado por la misma respecto al ejercicio 2021, recibió un total de 298.507 informes -la mayor cifra registrada hasta la fecha-, esto es, 154.500 informes más que en el año anterior[655]. De las cerca de 300 mil alertas, tan solo consiguió dar respuesta a 14.186 (es decir, al 4,75%) y, de estas, 315 resultaron en la presentación de cargos y 286 terminaron en condena (esto es, menos del 0,1% respecto al total de comunicaciones recibidas)[656].

e. Francia

Finalmente, el *Code Pénal* dedica un capítulo entero (*IV - Du blanchiment*)[657] a la regulación del blanqueo de capitales, cuyo tipo básico se sanciona con pena privativa de libertad de 5 años y multa de 375.000€ -o 1.875.000€ para el caso de los entes jurídicos- (art. 324-1

---

655 *Vid.* FINANCIAL INTELLIGENCE UNIT: *Annual Report 2021*, FIU, Cologne, 2023, p. 15.

656 *Vid. ibidem*, p. 22.

657 Se trata del Capítulo IV rubricado "*Du Blanchiment*", integrado en el Título II del Libro III (relativo a los delitos contra la propiedad) del Código penal.

CPf), sin perjuicio de las penas adicionales previstas en el art. 324-7 CPf tanto si el responsable es una persona física[658] como jurídica[659].

A diferencia de los ordenamientos analizados hasta el momento, Francia regula las obligaciones de *due diligence* relativas a la lucha contra el blanqueo de capitales en un Título específico de su *Code monétaire et financier* (en adelante, CMF)[660]. Sin embargo, al igual que aquellos, la estrategia a seguir pasa por la designación de un grupo de sujetos[661] que restan obligados a notificar aquellas operaciones relacionadas con activos que se sospecha que provienen de un delito castigado con pena privativa de libertad superior a un año o están vinculados a la financiación del terrorismo (art. L561-15 CMF). Siendo que el tipo básico del delito de TSH se castiga en el Código Penal francés con pena de prisión de 7 años, es evidente que el producto derivado de este delito debe entrar en el radar de vigilancia del sector financiero y profesional designado al efecto.

Para cumplir con sus obligaciones legales, las entidades financieras han implementado sistemas proactivos continuos y automatizados que evalúan los riesgos emergentes y los clasifi-

---

658 Algunas de las sanciones previstas pasan por la prohibición de ejercer una función pública o profesional, la prohibición de portal armas, la suspensión del permiso de conducir, la confiscación de las herramientas del delito, la confiscación total o parcial de sus bienes, etc.

659 Como la disolución de la entidad, la prohibición de ejercer su actividad comercial o profesional, la designación de supervisión judicial, entre otras (art. 131-39 CPf).

660 Concretamente, dicha regulación se halla concentrada en el Capítulo I, del Título IV, del Libro V del Código Monetario y Financiero.

661 Principalmente, entidades e instituciones financieras, operadores de juegos o apuestas, marchantes de arte, auditores, abogados, notarios, administradores judiciales, entre muchos otros. El listado completo se recoge en el art. L561-2 CMF.

can dentro de una jerarquía de importancia[662]. Estos sistemas de monitoreo buscan identificar tanto amenazas potenciales como perfiles y comportamientos sospechosos[663]. Los resultados obtenidos se plasman mediante la presentación de un informe de actividad sospechosa dirigido a la unidad de inteligencia financiera correspondiente. Dado que previamente a su presentación, un responsable de cumplimiento debe haber analizado las alertas informáticas, expresado dudas sobre personas o transacciones concretas y, finalmente, haber traducido estas dudas en sospechas más concretas, se calcula que únicamente se transmiten a la UFI 1 de cada 10.000 alertas informáticas[664].

La unidad de inteligencia financiera de Francia, el TRACFIN (cuyas siglas significan Tratamiento de la Información y Acción contra los Circuitos Financieros Clandestinos), forma parte del Ministerio de Economía, Hacienda y Soberanía Industrial y Digital del país y, desde que fuera creado en 1990, actúa como intermediario entre el mundo financiero y las instituciones encargadas de hacer cumplir la ley. En 2022, recibió 166.961 avisos, de los cuales 162.708 correspondían a informes de operaciones sospechosas declaradas por el sector privado, 2.327 eran infor-

---

662 Cabe decir que, si bien la estrategia actual contra el blanqueo de capitales se propuso en 1989, su implementación en el sector bancario francés no comenzó hasta principios de la década de 2000, motivado, en parte, por sucesos internacionales (como el ataque terrorista del 11-S) y por los escándalos a escala nacional tras la acusación por blanqueo de capitales de altos directivos de la entidad bancaria *Société Générale* y de la entidad de seguros AXA. *Vid.* FAVAREL-GARRIGUES, G., GODEFROY, T. y LASCOUMES, P.: "Reluctant partners? Banks in the fight against money laundering and terrorism financing in France", *Security Dialogue*, vol. 42, nº 2, p. 184.

663 *Vid. ibidem*, p. 183.

664 *Vid. ibidem*, p. 184.

maciones transmitidas por el sector público, y las 1.845 restantes procedían de otras UFIs extranjeras[665].

En general, tras varias décadas de lucha contra el blanqueo de capitales, se ha observado una mayor participación del sector privado en la causa, contribuyendo a anticipar riesgos futuros y produciendo inteligencia financiera de gran utilidad para las autoridades encargas de prevenir y perseguir este delito. No obstante, se ha señalado que dicha implicación podría responder, más que a una verdadera voluntad de contribuir a acabar con el lavado de dinero, a una estrategia defensiva "centrada más en los riesgos operativos que podrían afectar la reputación de su organización que en los riesgos reales que se supone que deben afrontar"[666].

2. Responsabilidad de las personas jurídicas.

Como ya se ha apuntado anteriormente, la carrera empresarial por obtener el monopolio y por mantener sus niveles de competitividad en un mercado globalizado ha llevado a algunas corporaciones a recurrir al uso de subcontratistas en países donde la mano de obra, dada la situación socioeconómica, es más barata y flexible[667]. Así, no es extraño que dichas socieda-

---

665 *Vid.* TRACFIN: *LCB-FT: activité des professions déclarantes. Bilan 2022*, Ministère de l'Économie, des Finances et de la Souveraineté industrielle et numérique, Montreuil, 2023, p. 6.

666 *Vid.* ERICSON, R.: "Ten uncertainties of risk-management approaches to security", *Revue canadienne de criminologie et de justice pénale*, vol. 48, nº 3, 2006, p. 346.

667 *Vid.*, por todos, ARONOWITZ, A., THEUERMANN, G. y TYURYKANOVA, E.: *Analysing the business model of trafficking in human beings to better prevent the crime, op. cit.*, pp. 26 y 27; SHELLEY, L: *Human Trafficking: A global perspective, op. cit.*, pp. 112 y ss.; DE VRIES, I.: "Connected to Crime: An Exploration of the Nesting of Labour Trafficking in Legitimate Markets", *The British Journal of Criminology, op. cit.*, pp. 218 y 219; DE VRIES, I., JOSE, M.A. y FARREL, A.: "It's your business: the

des incurran en prácticas delictivas -participen o se beneficien de ellas- cuando los trabajadores son sometidos a condiciones laborales deplorables, inaceptables e, incluso, inhumanas[668].

Si bien la normativa regional europea no establece una verdadera obligación para los Estados parte de reconocer responsabilidad a los entes jurídicos y sancionarles por la comisión del delito de TSH, la Convención de la ONU sobre delincuencia organizada transnacional sí exigía responsabilizar a las corporaciones por su participación en delitos graves -entre ellos, el de trata- cometidos en el marco de una organización criminal.

Del mismo modo, varios instrumentos de *soft law* aprobados en el ámbito internacional están promoviendo el avance hacía la implementación de un sistema de "responsabilidad social corporativa" (RSC)[669]. A pesar de su carácter no vinculante, instrumentos como los Principios Rectores sobre las Empresas y los Derechos Humanos elaborados por la ONU y las Líneas Directrices de la OCDE para Empresas Multinacionales han motivado la aprobación

---

role of the private sector in human trafficking", en WINTERDYK, J. y JONES, J. (Eds.), *The Palgrave International Handbook of Human Trafficking, op. cit.*, p. 747; LLOYD, D.: "Human trafficking in supply chains and the way forward", en WINTERDYK, J. y JONES, J. (Eds.), *The Palgrave International Handbook of Human Trafficking, op. cit.*, pp. 815-817; SCHUMANN, S.: "Corporate Criminal Liability on Human Trafficking", en WINTERDYK, J. y JONES, J. (Eds.), *The Palgrave International Handbook of Human Trafficking, op. cit.*, p. 1652.

668 *Vid.* MOUA, L.: "La lutte contre la traite dans les entreprises", *Les cahiers de la justice*, vol. 2, 2020, p. 248.

669 *Vid.* BAKIRCI, K. y RITCHIE, G.: "Corporate liability for modern slavery", *Journal of Financial Crime, op. cit.*, p. 581; SCHUMANN, S.: "Corporate Criminal Liability on Human Trafficking", en WINTERDYK, J. y JONES, J. (Eds.), *The Palgrave International Handbook of Human Trafficking, op. cit.*, p. 1663; FRIEDMAN, N.: "Corporate liability design for human right abuses: individual and entity liability for due diligence", *Oxford Journal of Legal Studies, op. cit.*, p. 289.

de normativas en el ámbito doméstico tendentes a prevenir las violaciones graves de derechos humanos en el seno corporativo.

a. Reino Unido

El Reino Unido destaca, sin duda, por la previsión de múltiples regímenes de responsabilidad penal de las personas jurídicas y distintos sistemas de imputación en función del tipo de infracción cometida[670].

Tradicionalmente, el sistema británico optó por un modelo de tipo vicarial en cuanto al reconocimiento de la responsabilidad penal de los entes jurídicos, en tanto que esta deriva de la actuación de una persona física, actuando en el marco de sus funciones, dentro de la corporación. Concretamente, se refiere a la teoría o doctrina de la identificación en tanto que una empresa solo podía ser considerada responsable de un delito cuando el mismo es cometido por un representante de la empresa o por quien ostente un cierto poder de dirección en el organismo societario. El principal problema que presenta este modelo tiene que ver con la dificultad de condena, especialmente de las grandes corporaciones. Pues una gran empresa dispuesta a evitar la responsabilidad penal puede hacerlo fragmentando su estructura de gestión y dirección mediante la creación de filiales, recurriendo a procesos de subcontratación o externalización, etc.[671]

Por su parte, la *Modern Slavery Act* británica, a pesar de no reconocer expresamente responsabilidad penal a las empresas y corporaciones que hayan participado en conductas constitu-

---

670 *Vid.* NIETO MARTÍN, A.: *La responsabilidad penal de las personas jurídicas en el derecho comparado,* FUOC, Barcelona, 2018, p. 13.

671 *Vid.* ALLDRIGE, P.: "The changing face of Corporate Criminal Liability in England and Wales", *Archives de politique criminelle,* vol. 39, nº 1, 2017, pp. 163 y ss.

tivas de trata o de esclavitud[672], contiene en su artículo 54 una cláusula de transparencia[673]. Siguiendo la estela de la *California Transparency in Supply Chains Act* de 2010[674], el art. 54 MSA exi-

---

672 De hecho, la MSA no prevé ninguna disposición específica en la que se determine las sanciones eventualmente aplicables a las personas jurídicas. *Vid.* AHMAD AL-ASSAF, S.: "Protection of victims of human trafficking in the Jordanian Law: A comparative study with the UK Modern Slavery Act 2015", *Cogent social science, op. cit.*, p. 9.

673 Dicho artículo pretendía aplicar los Principios Rectores de las Naciones Unidas sobre empresas y derechos humanos, y ser coherente con la Directiva 2014/95/UE sobre información no financiera. Sin embargo, se ha señalado como, durante la tramitación de la MSA, las empresas mostraron su oposición a la elevación de ciertos estándares, mostrándose más partidarios de adoptar iniciativas reguladoras más débiles. *Vid.* LEBARON, G. y RÜHMKORF, A.: "The domestic politics of corporate accountability legislation: struggles over the 2015 Modern Slavery Act", *Socio-Economic Review*, vol. 17, nº 3, 2019, p. 709. Sin embargo, hay que tener presente que el Proyecto de Ley de la MSA (2014) no contenía la obligación de que las empresas informaran sobre la esclavitud moderna en sus cadenas de suministro, sugiriendo el Gobierno que tal requisito sería demasiado oneroso. *Vid.* MANTOUVALOU, V.: "The UK Modern Slavery Act 2015 Three Years On", *The Modern Law Review, op. cit.*, p. 1037

674 Esta fue la primera ley que consideró explícitamente el potencial de la divulgación y la transparencia para abordar la esclavitud moderna. La Ley exige a las fábricas y las empresas de venta al por menor con ingresos brutos anuales en todo el mundo superiores a 100 millones de dólares y que operen en California, que divulguen anualmente información relacionada con la diligencia debida en relación a la trata de seres humanos y la esclavitud. No obstante, se ha criticado que las organizaciones que no toman ninguna medida al respecto den cumplimiento a ese deber simplemente dando a conocer su inactividad. La idea que parece subyacer a esta iniciativa es que sean los consumidores quienes castiguen a las empresas que no se toman el problema en serio, pero por el momento no hay pruebas de que esto haya sucedido. *Vid.* CHRIST, K.L., BURRITT, R.L. y AZIZUL ISLAM, M.: "Modern slavery and the accounting profession", *The British Accounting Review*, vol. 55, 2023, pp. 3 y 4.

ge a las empresas que tengan su sede social o que desarrollen actividades comerciales en el Reino Unido la presentación de una declaración anual en la que informen sobre las medidas adoptadas para prevenir la esclavitud o la trata de personas en sus cadenas de suministro o en su propia empresa[675]. Sin embargo, dicha exigencia queda circunscrita a aquellas corporaciones que, junto a los anteriores requisitos, presenten una facturación igual o superior a 36 millones de libras esterlinas al año[676]. Al respecto, se ha criticado que esa misma exigencia no se haga extensible a las pequeñas y medianas empresas (*Small and Midsize Business* o SMB), ya que estas constituyen el principal tejido empresarial en el Reino Unido y también recurren

---

675 Entre otras cosas, se espera que las empresas incluyan información sobre las características de sus cadenas de suministro, sus políticas, sobre diligencia debida, evaluación de riesgos, gestión de riesgos, métricas de rendimiento y formación en lo que respecta a la esclavitud moderna. *Vid.* FLYNN, A.: "Determinants of corporate compliance with modern slavery reporting", *Supply Chain Management: An International Journal*, vol 25, nº 1, 2020, p. 2. Sin embargo, la ley se ciñe a enumerar una serie de cuestiones sobre las que la declaración "puede incluir información", dejando a discreción de las empresas la posibilidad no adoptar medida alguna para prevenir o abordar la trata de seres humanos, siempre que publiquen dicha declaración. *Vid.* LEBARON, G. y RÜHMKORF, A.: "The domestic politics of corporate accountability legislation: struggles over the 2015 Modern Slavery Act", *Socio-Economic Review, op. cit.*, p. 20.

676 En este sentido, también se ha señalado la inefectividad de adoptar un sistema único ("*a one-size-fits-all" approach*) para todas las empresas, con independencia de que pertenezcan a un mismo sector o no. *Vid.* TRAUTRIMS, A., GOLD, S., TOUBOULIC, A., EMBERSON, C. y CARTER, H.: "The UK construction and facilities management sector's response to the Modern Slavery Act: An intra-industry initiative against modern slavery", *Business Strategy and Development*, vol. 4, 2020 p. 289.

a las cadenas de suministros debiendo ocupar, por tanto, una posición de liderazgo en la lucha contra la trata[677].

Las declaraciones sobre esclavitud moderna y TSH deben ser aprobadas y firmadas por un alto cargo de la empresa (por ejemplo, un director, un socio principal o equivalente). Además, aquellas entidades que dispongan de página web deben publicar su declaración en la misma y proporcionar un enlace a la declaración en un lugar destacado de su página de inicio[678]. En cambio, las organizaciones que no dispongan de un portal web propio deben facilitar dicha declaración bajo solicitud de la persona interesada[679]. De este modo, el legislador pensó que exponiendo a las empresas a un escrutinio público las presionaría para que adoptasen una postura proactiva contra la TSH[680].

---

677 *Vid.* WEN, S.: "The Cogs and Wheels of Reflexive Law – Business disclosure under the Modern Slavery Act", *Journal of Law and Society*, vol. 43, nº 3, p. 353.

678 Sin perjuicio de publicar las declaraciones en sus respectivas páginas web, las mismas pueden consultarse a través de la web oficial: https://modern-slavery-statement-registry.service.gov.uk/search

679 *Vid.* MCGAUGHEY, F., VOSS, H., CULLEN, H. y DAVIS, M.C.: "Corporate Responses to Tackling Modern Slavery: A Comparative Analysis of Australia, France and the United Kingdom", *Business and Human Rights Journal*, 2021, p. 8.

680 *Vid.* FLYNN, A. y WALKER, H.: "Corporate responses to modern slavery risks: an institutional theory perspective", *European Business Review*, vol. 33, nº 2, 2021, p. 297; CRAIG., G.: "The UK's Modern Slavery Legislation: An Early Assessment of Progress", *Social Inclusion*, vol. 5, nº 2, 2017, p. 22; BAKIRCI, K. y RITCHIE, G.: "Corporate liability for modern slavery", *Journal of Financial Crime, op. cit.*, p. 583. Pues, como señalaron DOWLING y PFEFFER, las organizaciones tratan de establecer una congruencia entre los valores sociales implícitos en sus actividades y las normas de comportamiento aceptables en el sistema social más amplio en a no perder el apoyo de sus interlocutores políticos y económicos, perdiendo así la legitimidad social para operar en un determinado mercado. *Vid.* DOWLING, J. y PFEFFER, J.: "Organizational legitimacy: social values and organizational behaviour", *The*

Para favorecer el cumplimiento de dicho deber, el gobierno británico ha dispuesto en los últimos años diversas herramientas. A modo de ejemplo, en 2017 el Gobierno publicó una guía donde se establecen los requisitos y contenidos básicos que debe incluir dicha declaración anual[681], dado que el propio art. 54 MSA -si bien ofrece orientaciones sobre lo que las declaraciones "pueden incluir"- no establece ningún requisito mínimo en cuanto al nivel de divulgación o detalle[682]. En 2019 implementó la *Modern Slavery Assessment Tool* (MSAT), esto es, una herramienta gratuita especialmente dirigida a los organismos públicos para ayudarles a identificar los riesgos de esclavitud moderna en las cadenas de suministros de bienes y servicios que han adquirido, invitando a sus proveedores a completar el MSAT[683]. Finalmente, en 2021

Pacific Sociological Review, vol. 18, nº 1, 1975, p. 122. En este sentido, la MSA pretende animar a las empresas a reforzar los mecanismos privados de gobernanza, como los códigos de conducta y las auditorías, y su poder comercial para transformar el comportamiento de los proveedores, en lugar de imponer normas vinculantes y mecanismos de obligado cumplimiento. *Vid.* LEBARON, G. y RÜHMKORF, A.: "The domestic politics of corporate accountability legislation: struggles over the 2015 Modern Slavery Act", *Socio-Economic Review, op. cit.*, p. 20.

681 Se trata de la *Transparency in Supply Chains etc. A practical guide* cuyo texto se halla disponible en: https://assets.publishing.service.gov.uk/media/61b7401d8fa8f5037778c389/Transparency_in_Supply_Chains_A_Practical_Guide_2017_final.pdf

682 Esto es así hasta el punto de considerarse cumplida dicha obligación en caso de declararse que "no se ha emprendida acción alguna" para prevenir la trata y otras formas de esclavitud. *Vid.* MCGAUGHEY, F., VOSS, H., CULLEN, H. y DAVIS, M.C.: "Corporate Responses to Tackling Modern Slavery: A Comparative Analysis of Australia, France and the United Kingdom", *Business and Human Rights Journal, op. cit.*, p. 8.

683 Si una empresa es invitada a completar la evaluación a través del MSAT, debe responder a un conjunto de preguntas -previamente disponibles en la propia web del MSAT-. A raíz de las respuestas obtenidas, la herramienta le proporcionará una serie de recomendaciones personalizadas a las que deberá responder nuevamente. Tras

puso en marcha el *registry for modern slavery statements* a fin de facilitar a los consumidores, las ONG y los inversores el escrutinio y acceso a las declaraciones presentadas por las corporaciones[684].

No obstante, a pesar de los esfuerzos, la exigencia contenida en el art. 54 MSA fue tildada de inefectiva[685] y fue vista como una

---

culminar ese paso, la evaluación se da por terminada dando lugar a la expedición de un informe completo.

684 El referido registro puede consultarse a través de la página web gubernamental: https://modern-slavery-statement-registry.service.gov.uk/

685 Al respecto, es especialmente interesante el estudio comparativo llevado a cabo por LEBARON y RÜHMKORF sobre las iniciativas legislativas adoptadas por el Reino Unido para promover la responsabilidad social de las corporaciones. Concretamente, su análisis se centra en la comparación entre la *Bribery Act* de 2010 y la MSA de 2015. Pues, aunque ambas leyes pretenden utilizar la regulación nacional para profundizar en la responsabilidad de las empresas en las cadenas de suministro mundiales, lo hacen de dos maneras diferentes. Mientras la *Bribery Act* establece la responsabilidad penal de las empresas e incluye normas vinculantes y sanciones en caso de incumplimiento; la MSA opta por una forma menos estricta de regulación que aumenta las obligaciones de las empresas en materia de divulgación e información sobre los esfuerzos voluntarios para abordar y prevenir el trabajo forzoso en las cadenas de suministro mundiales, sin contemplar responsabilidad extraterritorial ni incluir normas vinculantes o sanciones por incumplimiento. Ambos autores concluyen que, mientras la *Bribery Act* parece haber dado lugar a cambios significativos en la política y las prácticas corporativas en relación con el soborno, la MSA no parece haber producido cambios sustanciales en la política y las prácticas de las empresas multinacionales en relación con las normas laborales en sus cadenas de suministro mundiales. *Vid.* LEBARON, G. y RÜHMKORF, A.: "Steering CSR Through Home State Regulation: A Comparison of the Impact of the UK Bribery Act and Modern Slavery Act on Global Supply Chain Governance", *Global Policy*, vol. 8, nº 3, 2017, p. 16. En sentido similar, CRAIG., G.: "The UK's Modern Slavery Legislation: An Early Assessment of Progress", *Social Inclusion*, *op. cit.*, p. 22. También se ha considerado como una disposición débil dada su dependencia respecto a la buena volun-

obligación formal de "marcar casilla" (*a "tick box" attitude*)[686], dado que el incumplimiento de ese deber no llevaba aparejada sanción alguna[687], más allá del requerimiento judicial (*injunction*) que puede interponer el Secretario de Estado para compeler a la empresa a cumplir con ese deber de información[688]. De hecho, el propio informe del *Business and Human Rights Resource Centre* (BHRRC) *on the UK Modern Slavery Act* constató el fracaso de dicha previsión normativa. El informe concluye que, en vista al incumplimiento persistente por parte del 40% de las empresas obligadas y a la asidua presentación de declaraciones generales que no abordan los riesgos de esclavitud moderna específicos de sus sectores de actividad, la MSA no ha impulsado mejoras significativas en las

---

tad (o no) de las corporaciones y de su implicación con esta lucha, en TRAUTRIMS, A., GOLD, S., TOUBOULIC, A., EMBERSON, C. y CARTER, H.: "The UK construction and facilities management sector's response to the Modern Slavery Act: An intra-industry initiative against modern slavery", *Business Strategy and Development, op. cit.*, p. 289.

686 *Vid.* OFFICE OF THE INDEPENDENT ANTISLAVERY COMMISSIONER AND THE UNIVERSITY OF NOTTINGHAM RIGHTS LAB: *Agriculture and modern slavery act reporting: poor performance despite high risks,* Office of the Independent Antislavery Commissioner, London, 2018, p. 5; GRETA: *Evaluation Report. United Kingdom. Third evaluation report. Access to justice and effective remedies for victims of trafficking in human beings, op. cit.*, p. 60.

687 De hecho, no existe obligación legal de que las empresas apliquen medidas específicas, como auditorías, que permitan implementar una gestión de las cadenas de suministros responsable. *Vid.* FLYNN, A. y WALKER, H.: "Corporate responses to modern slavery risks: an institutional theory perspective", *European Business Review, op. cit.*, p. 297. Ampliamente, sobre el papel de los auditores en relación con el deber de información de las empresas derivado de la MSA británica, *vid.* CHRIST, K.L., BURRITT, R.L. y AZIZUL ISLAM, M.: "Modern slavery and the accounting profession", *The British Accounting Review, op. cit.*, pp. 1-14.

688 *Vid.* MANTOUVALOU, V.: "The UK Modern Slavery Act 2015 Three Years On", *The Modern Law Review, op. cit.*, p. 1039.

prácticas empresariales para eliminar la esclavitud moderna[689]. Así, ese objetivo de implementar una gobernanza híbrida entre el sector público y privado para prevenir y luchar contra la TSH parece verse frustrado[690]. Igualmente se ha cuestionado la adecuación de este modelo de autorregulación de las sociedades encaminado precisamente a hacer frente a la mala conducta empresarial, considerándolo una forma de proteger la reputación de los entes corporativos y de limitar su responsabilidad[691].

---

689 *Vid.* CARRIER, P.: *Modern Slavery Act: Five years of reporting. Conclusions from monitoring corporate disclosure*, Business & Human Rights Resource Centre, London, 2021, p. 11. A una conclusión parecida llega el GRETA en su *Evaluation Report. United Kingdom. Third evaluation report. Access to justice and effective remedies for victims of trafficking in human beings*, Council of Europe, *op. cit.*, p. 60. También FLYNN y WALKER, en su análisis de 299 declaraciones presentadas en relación al deber impuesto por el art. 54 MSA, observaron que la respuesta era muy dispar en función del sector en el que se englobaba la actividad comercial de la empresa -siendo las entidades financieras y de seguros las menos diligentes- y el tamaño de la misma -en tanto que las más grandes son las que tienen una mayor exposición institucional y, por tanto, tienden a adoptar mayores medidas de prevención de la esclavitud moderna-. *Vid.* FLYNN, A. y WALKER, H.: "Corporate responses to modern slavery risks: an institutional theory perspective", *European Business Review*, *op. cit.*, p. 306. En sentido similar, FLYNN apuntó que las consecuencias para la reputación de las sociedades que conllevan los riesgos de la esclavitud moderna han aumentado. Al respecto, son las grandes empresas las que se ven especialmente afectadas. Pues, mientras que las pequeñas empresas operan bajo el radar institucional, las grandes empresas están sometidas al escrutinio del gobierno, las ONG y los medios de comunicación. *Vid.* FLYNN, A.: "Determinants of corporate compliance with modern slavery reporting", *Supply Chain Management: An International Journal*, *op. cit.*, p. 3.

690 *Vid.* LEBARON, G. y RÜHMKORF, A.: "Steering CSR Through Home State Regulation: A Comparison of the Impact of the UK Bribery Act and Modern Slavery Act on Global Supply Chain Governance", *Global Policy*, *op. cit.*, p. 16.

691 En este sentido, se arguye que el mismo resulta ineficaz en caso de no acompañarse de unas obligaciones normativas contundentes y

Aun así, se ha apuntado que asumir por parte de las empresas que sus responsabilidades terminan una vez publicada la declaración del art. 54 MSA es un error. Pues, de conformidad con las normas de atribución, las sociedades siguen corriendo el riesgo de incurrir en responsabilidad penal corporativa cuando pueda establecerse la atribución a la empresa de la culpabilidad en virtud del *Common Law* vigente por delitos cometidos de conformidad con los artículos 1 (esclavitud, servidumbre y trabajo forzoso) o 2 (trata de seres humanos) de la MSA. En tal caso, deberá evaluarse si el ente sabía, o debería haber sabido, que se estaba cometiendo un delito, analizándose qué investigaciones se llevaron a cabo[692].

Sin embargo, estas situaciones podrían quedar resueltas de aprobarse el Proyecto de Ley (*Modern Slavery (Amendment) Bill*) presentado ante el parlamento británico en 2021. Este prevé la imposición de sanciones económicas para las organizaciones que incumplan su obligación legal en virtud del artículo 54 de la MSA[693]. Además, para reforzar su cumplimiento se prevén dos tipos penales: uno, en el que se sanciona la publicación, a sabiendas o imprudentemente, de una declaración falsa o incompleta; y otro, en el que se castiga el mantenimiento de las relaciones comerciales con proveedores que no demuestran estándares

vinculantes. *Vid.* MANTOUVALOU, V.: "The UK Modern Slavery Act 2015 Three Years On", *The Modern Law Review, op. cit.*, p. 1040.

692 Así lo defienden BAKIRCI y RITCHIE entendiendo que, si los tribunales han decidido que una persona jurídica puede cometer un delito de acoso -que tiene la misma valoración objetiva/subjetiva de *mens rea*-, entonces podrían hacer lo mismo con el MSA. Lo que sí está claro es que, en estos casos, la objetivación de la parte subjetiva del *mens rea* es de crucial importancia para determinar la responsabilidad de la persona jurídica. *Vid.* BAKIRCI, K. y RITCHIE, G.: "Corporate liability for modern slavery", *Journal of Financial Crime, op. cit.*, p. 583.

693 *Vid.* GRETA: *Evaluation Report. United Kingdom. Third evaluation report. Access to justice and effective remedies for victims of trafficking in human beings, op. cit.*, p. 60.

mínimos de transparencia, después de haber recibido una advertencia formal en tal sentido por el *Independent Anti-Slavery Commissioner.* No se contempla, sin embargo, la responsabilidad objetiva de estas corporaciones, por lo que la imputación de los delitos a las personas jurídicas estaría sujeta a las limitaciones de la anticuada doctrina de la identificación, sin que se hayan resuelto adecuadamente los problemas fundamentales de esta doctrina, ya enunciados al principio de este epígrafe. Aun así, de prosperar el referido proyecto de ley, se incorporaría una nueva *statutory regulation* -junto a la *Bribery Act 2010* y la *Criminal Finances Act 2017*- que convierte a una corporación y a sus directivos en penalmente responsables de los ilícitos cometidos por la corporación o en nombre de la misma[694].

b. Francia

Francia reconoce responsabilidad penal a los entes jurídicos en su *Code Pénal* desde 1994[695]. Concretamente, el artículo 121-2 CPf establece que "*las personas jurídicas, con excepción del Estado, son penalmente responsables (...) por los delitos cometidos, en su nombre, por sus órganos o representantes*"[696]. Esta responsabilidad es autónoma e independiente de la reconocida a las personas físicas autoras o

---

694 *Vid.* BAKIRCI, K. y RITCHIE, G.: "Corporate liability for modern slavery", *Journal of Financial Crime, op. cit.,* p. 584.

695 En virtud de la Ley n°92-683 del 22 de julio 1992, relativa a la reforma de disposiciones generales del Código penal, JORF del 23 de julio 1992. Dichas disposiciones entraron en vigor el 1 de marzo de 1994.

696 La versión vigente de dicho artículo reza: "*Les personnes morales, à l'exclusion de l'Etat, sont responsables pénalement, selon les distinctions des articles 121-4 à 121-7, des infractions commises, pour leur compte, par leurs organes ou représentants.*
Toutefois, les collectivités territoriales et leurs groupements ne sont responsables pénalement que des infractions commises dans l'exercice d'activités susceptibles de faire l'objet de conventions de délégation de service public.

cómplices de los mismos hechos (art. 121-2.2º CPf), sin perjuicio de lo dispuesto por el *Code Pénal* en aquellos casos en que el delito se deriva de la imprudencia, negligencia o incumplimiento de una obligación de prudencia o de seguridad legalmente prevista (121-3.3º CPf). Así, la obligación de *due diligence* se plasma en el art. 121-3.4º CPf, reconociendo responsabilidad penal a las personas jurídicas que, aunque no causaron directamente el daño, "crearon o contribuyeron a crear la situación que permitió que se produjese el daño o que no tomaron las medidas adecuadas para evitarlo" cuando se acredité que "bien incumplieron de forma manifiesta y deliberada un deber particular de diligencia o una obligación de seguridad prevista legal o reglamentariamente, o bien cometieron una falta grave que expuso a terceros a un riesgo especialmente grave que no podían ignorar".

En relación con el delito de TSH (arts. 225-4.1 y ss. CPf) se reconoce expresamente responsabilidad penal a los entes jurídicos (art. 225-4-6 CPf), que deberán ser sancionados con hasta el quíntuplo de la multa prevista para las personas físicas (art. 131-38 CPf), aspecto al que se hará referencia en el siguiente apartado. Junto a la imposición de la multa correspondiente, el juez deberá imponer una o varias de las sanciones contempladas

---

La responsabilité pénale des personnes morales n'exclut pas celle des personnes physiques auteurs ou complices des mêmes faits, sous réserve des dispositions du quatrième alinéa de l'article 121-3".

Dicho precepto fue reformado en 2004, por la Ley nº 2004/204, de 9 de marzo, para poner fin a la inseguridad jurídica generada por su redacción anterior. Inicialmente, en virtud del principio de especialidad, la responsabilidad penal a los entes jurídicos únicamente era aplicable en relación con aquellos ilícitos expresamente previstos, dando lugar a criterios jurisprudenciales dispares. Sin embargo, desde el 31 de diciembre de 2005, fecha en la que entró en vigor la referida reforma, las personas jurídicas son responsables de todo delito, excepto en aquellos casos en que la ley la excluya expresamente. *Vid.* POELEMANS, M.: "Responsabilidad penal de las personas jurídicas: el caso francés", *Eguzkilore*, vol. 28, 2014, pp. 114 y 115.

en el art. 131-39 CPf. Entre estas, se prevé la disolución de la persona jurídica, su inhabilitación -temporal o definitiva- para el ejercicio profesional, su sometimiento temporal a vigilancia judicial, el cierre -temporal o definitivo- de uno o varios de sus establecimientos, su exclusión -temporal o definitiva- de la adjudicación de contratos públicos, su prohibición temporal de recibir ayudas públicas, o la publicación de la decisión judicial en la prensa escrita o digital, entre otras[697]. El referido artículo

---

[697] Dicho artículo establece: "*Lorsque la loi le prévoit à l'encontre d'une personne morale, un crime ou un délit peut être sanctionné d'une ou de plusieurs des peines suivantes:*
1° La dissolution, lorsque la personne morale a été créée ou, lorsqu'il s'agit d'un crime ou d'un délit puni en ce qui concerne les personnes physiques d'une peine d'emprisonnement supérieure ou égale à trois ans, détournée de son objet pour commettre les faits incriminés ;
2° L'interdiction, à titre définitif ou pour une durée de cinq ans au plus, d'exercer directement ou indirectement une ou plusieurs activités professionnelles ou sociales ;
3° Le placement, pour une durée de cinq ans au plus, sous surveillance judiciaire ;
4° La fermeture définitive ou pour une durée de cinq ans au plus des établissements ou de l'un ou de plusieurs des établissements de l'entreprise ayant servi à commettre les faits incriminés ;
5° L'exclusion des marchés publics à titre définitif ou pour une durée de cinq ans au plus ;
6° L'interdiction, à titre définitif ou pour une durée de cinq ans au plus, de procéder à une offre au public de titres financiers ou de faire admettre ses titres financiers aux négociations sur un marché réglementé;
7° L'interdiction, pour une durée de cinq ans au plus, d'émettre des chèques autres que ceux qui permettent le retrait de fonds par le tireur auprès du tiré ou ceux qui sont certifiés ou d'utiliser des cartes de paiement;
8° La peine de confiscation, dans les conditions et selon les modalités prévues à l'article 131-21;
9° L'affichage de la décision prononcée ou la diffusion de celle-ci soit par la presse écrite, soit par tout moyen de communication au public par voie électronique ;
10° La confiscation de l'animal ayant été utilisé pour commettre l'infraction ou à l'encontre duquel l'infraction a été commise ;
11° L'interdiction, à titre définitif ou pour une durée de cinq ans au plus, de détenir un animal ;

prevé también la aplicación de la pena accesoria de confiscación cuando se hubiera cometido un delito con una pena de prisión superior al año, como sucede en los supuestos de trata. Sin embargo, este aspecto se abordará más adelante[698].

Junto a la anterior regulación, destaca la promulgación de la Ley 2017-399, de 27 de marzo de 2017, sobre el deber de vigilancia de las empresas matrices y contratistas[699]. Aunque la versión definitivamente aprobada se queda corta en relación con la ambición inicial pretendida por el proyecto de ley de 2013[700], dicha ley impone a ciertas empresas el deber de vigilancia mediante la implementación de un plan capaz de identificar riesgos y prevenir vulneraciones de los derechos humanos derivados tanto de la actividad de la propia matriz, como de las filiales, los subcontratistas o proveedores con quienes tiene una "relación

---

12° L'interdiction, pour une durée de cinq ans au plus de percevoir toute aide publique attribuée par l'Etat, les collectivités territoriales, leurs établissements ou leurs groupements ainsi que toute aide financière versée par une personne privée chargée d'une mission de service public.

La peine complémentaire de confiscation est également encourue de plein droit pour les crimes et pour les délits punis d'une peine d'emprisonnement d'une durée supérieure à un an, à l'exception des délits de presse.

Les peines définies aux 1° et 3° ci-dessus ne sont pas applicables aux personnes morales de droit public dont la responsabilité pénale est susceptible d'être engagée. Elles ne sont pas non plus applicables aux partis ou groupements politiques ni aux syndicats professionnels. La peine définie au 1° n'est pas applicable aux institutions représentatives du personnel".

698 *Vid. infra*, epígrafe III, apartado d.

699 Publicada en el Diario Oficial el 28 de marzo de 2017.

700 Pues, durante la tramitación parlamentaria se excluyó, entre otras, la posibilidad de reconocer responsabilidad penal a los entes jurídicos en estos supuestos, así como de invertir la carga de la prueba para facilitar a las víctimas el ejercicio de la acción civil. Al respecto, *vid.* AUVERGNON, P.: "El establecimiento de un deber de vigilancia de las empresas transnacionales, o cómo no dejar que los zorros cuiden libremente del gallinero mundial", *Lex Social*, vol. 10, núm. 2, 2020, pp. 208 y 209.

comercial regular"[701]. Si bien la referida normativa no alude a la TSH en particular, este delito puede entenderse incluido bajo el amparo de su ámbito objetivo de aplicación, esto es, las "*graves violaciones de los derechos humanos y de las libertades fundamentales, de la salud y la seguridad de las personas y del medio ambiente*"[702].

En cuanto a las empresas a las que se impone ese deber de vigilancia, el art. 1 de la Ley 2017-399[703] las limita a aquellas que empleen "al menos cinco mil empleados en su seno y en sus filiales directas o indirectas con domicilio social en territorio francés, o al menos diez mil empleados en su seno y en sus filiales directas o indirectas cuya sede esté situada en territorio francés o en el extranjero"[704]. Toda empresa que cumpla dichos parámetros debe

---

701 *Vid.* MOUA, L.: "La lutte contre la traite dans les entreprises", *Les cahiers de la justice, op. cit.,* pp. 249 y 250. Según AUVERGNON, para que ese deber de vigilancia sea aplicable también a los proveedores, debe existir una "relación comercial regular" o, según el derecho mercantil francés, "una relación continuada, estable y habitual". *Vid.* AUVERGNON P.: "El establecimiento de un deber de vigilancia de las empresas transnacionales, o cómo no dejar que los zorros cuiden libremente del gallinero mundial", *Lex Social, op. cit.,* p. 212.

702 Pues al acuñar un término tan amplio como "los derechos humanos", se entiende que ese deber de vigilancia puede hacerse extensivo a todas las formas contemporáneas de esclavitud que tengan lugar en el seno de las relaciones corporativas. *Vid.* MOUA, L.: "La lutte contre la traite dans les entreprises", *Les cahiers de la justice, op. cit.,* p. 250.

703 Actualmente incorporado al artículo L. 225-102-4 del Código de Comercio francés.

704 Al respecto, no acaba de convencer que la delimitación de las sociedades obligadas se establezca en función al número de empleados, habiéndose propuesta la combinación de dicho parámetro con otros criterios económicos y sociales. *Vid.* AUVERGNON, P.: "El establecimiento de un deber de vigilancia de las empresas transnacionales, o cómo no dejar que los zorros cuiden libremente del gallinero mundial", *Lex Social, op. cit.,* p. 211. En este mismo sentido, se ha advertido como grandes empresas extranjeras que operan en el mercado francés -como *Nike* o *Zara*- no estarían sujetas a dicha obligación

elaborar y aplicar un plan de vigilancia que incluya cinco medidas de diligencia debida: la elaboración de un mapa de riesgos; en base a este, el establecimiento de procedimiento de evaluación periódica de la situación de filiales, subcontratistas o proveedores[705]; la previsión de acciones adecuadas para mitigar los riesgos y prevenir daños graves; la implementación de un mecanismo de alerta y recopilación de notificaciones sobre las existencia de riesgos; y de un sistema de seguimiento y evaluación de la eficacia de las medidas adoptadas[706]. Esta última obligación es considerada

---

mientras no tengan una filial en territorio francés con más de 5.000 trabajadores. En cambio, otros países anglosajones condenan en base a sus leyes domésticas a empresas extranjeras por el simple hecho de operar comercialmente en su país o por usar su moneda. *Vid.* SCHILLER, S.: "Exégèse de la loi relative au devoir de vigilance des sociétés mères et entreprises donneuses d'ordre", *La Semaine Juridique Entreprise et Affaires*, vol. 15, 2017, p. 21. Ante la falta de un repositorio gubernamental al efecto, algunas ONG han establecido un repositorio público donde pueden consultarse las empresas a las que afecta dicha ley, llamado "Duty of Vigilance Radar", que puede consultarse en: https://vigilance-plan.org/

705 Esto significa que la empresa matriz o dominante tendrá que identificar los riesgos de forma transversal tanto en sus propias actividades como en las de los subcontratistas o proveedores con los que tenga una relación comercial establecida. *Vid.* MOUA, L.: "La lutte contre la traite dans les entreprises", *Les cahiers de la justice, op. cit.*, p. 252.

706 Se constata, por lo tanto, como el ámbito de aplicación de la ley francesa es más amplio que el de la esclavitud moderna de la MSA, ya que incluye los derechos humanos y las libertades fundamentales, la salud y la seguridad de las personas y el medio ambiente. Además, las obligaciones de *due diligence* francesas exigen a las empresas a tomar medidas; mientras que la MSA se limita a un deber de información. Al respecto, se analizó el cumplimiento de ambas obligaciones por parte de 22 empresas vinculadas por sendas legislaciones. Se alertó sobre la probabilidad de que las empresas sujetas a múltiples leyes sigan abogando por un enfoque común en cuanto a la "rendición de cuentas empresarial", en el sentido adoptando un formato compartido con el que dar cumplimiento a una variedad de obligaciones, se opte

fundamental para evitar que el referido plan se circunscriba a una mera declaración formal de intenciones, por cuanto las empresas deben asegurar la eficacia de las medidas implementadas[707]. Sin embargo, debe matizarse que la ley impone la adopción de "medidas de vigilancia razonables capaces de identificar los riesgos", dando a las empresas una gran discrecionalidad a la hora de evaluar los riesgos según lo que ellas consideren "razonable". Al respecto, MOUA considera que esto "atenúa la relevancia (del Plan) en una lucha que, por su gravedad y sus problemáticas, no debe dejarse a la subjetividad de cada individuo"[708].

Finalmente, en virtud del art. L. 225-102-4 del Código de Comercio francés (en adelante, CCF), dicho plan y el dosier de aplicación efectiva se harán públicos y se incluirán en el informe de gestión presentado a la junta general de accionistas. Tanto la no aplicación del plan de vigilancia (art. L. 225-102-4 CCF) como la causación de daños por la falta de previsión o de aplicación del referido plan (art. L. 225-102-5 CCF) pueden ser sancionados por el juez mediante la aplicación de una pena de multa. En el primer caso, previamente a la acción judicial deberá haberse requerido formalmente a la empresa para que cumpla con su obligación en el plazo de tres meses. En el segundo caso, para que la víctima del daño pueda ser indemnizada, deberá demostrar que, de haberse

---

por la opción menos exigente y, por tanto, potencialmente menos eficaz. *Vid.* MCGAUGHEY, F., VOSS, H., CULLEN, H. y DAVIS, M.C.: "Corporate Responses to Tackling Modern Slavery: A Comparative Analysis of Australia, France and the United Kingdom", *Business and Human Rights Journal, op. cit.*, pp. 19-21.

707 *Vid.* AUVERGNON, P.: "El establecimiento de un deber de vigilancia de las empresas transnacionales, o cómo no dejar que los zorros cuiden libremente del gallinero mundial", *Lex Social, op. cit.*, p. 216.

708 *Vid.* MOUA, L.: "La lutte contre la traite dans les entreprises", *Les cahiers de la justice, op. cit.*, p. 252.

aplicado correctamente el plan de vigilancia, los daños no se habrían producido, con la dificultad de prueba que esto conlleva[709].

c. Países Bajos

De todas las jurisdicciones de *civil law*, Países Bajos fue la primera en reconocer responsabilidad penal a las personas jurídicas mediante la aprobación en 1951 –poco después del fin de la Segunda Guerra Mundial- de la *Economic Offences Act* (EOA)[710]. Sin embargo, el paso decisivo en pos de la responsabilización de estos entes fue el reemplazo de dicho precepto en 1976 por la disposición general sobre responsabilidad penal de las personas jurídicas -aplicable a cualquier delito, no limitándose a los delitos económicos-, introducida como artículo 51 del Código Penal neerlandés[711].

---

709 *Vid.* AUVERGNON, P.: "El establecimiento de un deber de vigilancia de las empresas transnacionales, o cómo no dejar que los zorros cuiden libremente del gallinero mundial", *Lex Social, op. cit.*, pp. 218-221.

710 En este sentido, para combatir la delincuencia económica, se introdujo un precepto específico sobre responsabilidad corporativa en el artículo 15 EOA, en el que se reconocía que las personas jurídicas también podían cometer este tipo de infracciones y, por tanto, ser procesadas y sancionadas por ello. *Vid.* KEILER, J. y ROEF, D.: *Comparative concepts of criminal law (3rd Edition)*, Internsentia, Cambridge, Antwerp, Chicago, 2019, p. 457.

711 El referido artículo 51 WS puede traducirse como:
"*1. Las infracciones penales pueden ser cometidas por personas físicas y jurídicas.*
2. Si una infracción penal es cometida por una persona jurídica, podrá incoarse un proceso penal y aplicarse las penas y medidas previstas por la ley, si son admisibles
1°. contra dicha persona jurídica, o
2°. contra quienes ordenaron la infracción, así como contra quienes dirigieron efectivamente la conducta prohibida, o
3°. contra los mencionados en los apartados 1° y 2° conjuntamente.
3. Para la aplicación de los apartados anteriores se equipararán a las personas jurídicas: las sociedades sin personalidad jurídica, las sociedades de personas, las compañías navieras y los patrimonios especiales".

De conformidad con el apartado segundo del referido precepto, corresponde al Ministerio Fiscal[712] decidir si es oportuno enjuiciar a la corporación o, por el contrario, a las personas que ordenaron el delito u ostentaban el dominio del hecho[713], sin perjuicio de la posibilidad de concurrencia de ambas responsabilidades –la de la persona jurídica y la del individuo que actúa a través de aquella- de modo que no se excluyan entre sí.

Así, el fiscal puede optar por ejercer la acción penal contra los individuos que ordenaron el delito o dirigieron la conducta delictiva (art. 51.2 -2º WS) siempre que se cumplan ciertas condiciones. Al respecto, el Tribunal Supremo (*Hoge Raad*), con sede en la Haya, declaró que no sólo una conducta activa, sino también una participación más pasiva en el delito puede acarrear responsabilidad individual, especialmente en aquellos casos en que el sujeto tenía un deber de prevenir la infracción en cuestión. Por lo que se refiere a la parte subjetiva del tipo, el Tribunal estableció que el dolo eventual (*voorwaardelijk opzet*)[714]

---

712 Al respecto, debe recalcarse que en el sistema neerlandés es el Estado quien tiene el completo monopolio en cuanto a acusación se refiere, por lo que la víctima no tiene derecho a una acusación privada, aunque sí puede influenciar en la decisión del fiscal de decidir enjuiciar el caso o no. *Vid.* VAN KEMPEN, P., KRABBE, M. y BRINKHOFF, S.: *The Criminal Justice System of the Netherlands. Organization, substantive criminal law, criminal procedure and sanctions, op. cit.*, pp. 97 y ss.

713 Al respecto, debe matizarse que no se limita su aplicación a aquellas personas, como los integrantes de la junta directiva, que ostentan un cargo oficial o directivo en la corporación, sino que cualquier empleado que tenga un cierto poder de control o dirección sobre el delito cometido puede ser procesado en lugar de o junto a la persona jurídica, como así se reconoció por el Tribunal Supremo en un caso de fraude fiscal. *Vid.* KEILER, J. y ROEF, D.: *Comparative concepts of criminal law (3rd Edition), op. cit.*, pp. 457-459.

714 El dolo eventual -*dolus eventualis* o *voorwaardelijk opzet*- requiere la presencia de un riesgo considerable (*aanmerkelijke kans*), ser consciente de la existencia de dicho riesgo (*bewust*) y la aceptación del mismo

sería suficiente y que la prueba de "aceptación" del delito puede derivar del mero conocimiento por parte del sujeto de ciertos hechos relacionados con el delito, o cuando haya organizado operaciones comerciales de tal modo que los empleados no hubieran podido ejecutar sus órdenes sin cometer un delito[715].

En cuanto a la responsabilidad penal de la propia persona jurídica, si bien se establece que las personas jurídicas pueden ser responsables penalmente al igual que las personas físicas, no se determina qué criterios deben seguirse para establecer

---

(*aanvaarden*). *Vid.* VAN KEMPEN, P., KRABBE, M. y BRINKHOFF, S.: *The Criminal Justice System of the Netherlands. Organization, substantive criminal law, criminal procedure and sanctions, op. cit.*, pp. 32 y ss.

715 *Vid.* KEILER, J. y ROEF, D.: *Comparative concepts of criminal law (3rd Edition),* Intersentia, *op. cit.*, pp. 459 y ss. Concretamente, cinco son los requisitos que deben apreciarse para establecerse la responsabilidad de un individuo ante la comisión de un ilícito por la entidad. En primer lugar, el presunto delito debe haber sido cometido por la empresa. En segundo lugar, el infractor debe haber ejercido el control sobre el presunto delito. En tercer lugar, el infractor debe haber participado activa o pasivamente en la comisión del delito. En caso de participación activa, sería suficiente el consentimiento o incluso la incitación. En los casos de participación pasiva, se requiere que el infractor estuviera autorizado y se esperara razonablemente que tomara medidas para evitar la conducta ilegal, pero al no hacerlo, aceptó conscientemente la posibilidad de que se produjera la conducta ilegal. Por regla general, para la "aceptación consciente" basta con que el delincuente supiera de forma general que la empresa realizaba una conducta ilegal, sin que se requiera un conocimiento específico del tipo de delito que se cometió. En cuarto lugar, debe establecerse una relación causal entre la participación del sujeto y la conducta ilegal de la empresa. En quinto lugar, debe probarse la doble intención. El delincuente debe haber tenido tanto la intención de participar activamente en la comisión del delito como, al menos, la "aceptación consciente" de la producción del resultado ilícito. *Vid.* VAN KEMPEN, P., KRABBE, M. y BRINKHOFF, S.: *The Criminal Justice System of the Netherlands. Organization, substantive criminal law, criminal procedure and sanctions, op. cit.*, p. 95.

dicha responsabilidad. Ha sido la jurisprudencia quien a lo largo de los años ha ido desarrollando diferentes criterios al respecto, hasta que en 2003 el Tribunal Supremo dictó una histórica resolución -la sentencia *Slurry* con relación al uso de estiércol o lodo (*Drijfmest arrest*)-[716] determinando las condiciones y, en especial, los criterios del *actus reus* necesarios para establecer la responsabilidad de las personas jurídicas, poniendo así fin a la incertidumbre e inseguridad jurídica que había hasta ese momento. Dichos criterios -no siendo acumulativos ni exhaustivos- pueden resumirse en: a) la conducta ilegal fue llevada a cabo por alguien que trabaja por la corporación; b) dicha conducta encaja en la actividad habitual corporativa; c) la corporación obtuvo beneficios derivados de la conducta ilegal; d) la conducta ilícita fue "aceptada" (*aanvaarden*) por la corporación, esto es, sin requerirse intencionalidad, sería suficiente con que la corporación no tuviera un cuidado razonable o no hubiera realizado acción alguna para prevenir dicha conducta[717].

---

[716] Se trata de la Sentencia dictada por la Sala de lo Penal del Tribunal Supremo neerlandés en fecha de 21 de octubre de 2003, NJ 2006/328.

[717] *Vid.* VAN KEMPEN, P., KRABBE, M. y BRINKHOFF, S.: *The Criminal Justice System of the Netherlands. Organization, substantive criminal law, criminal procedure and sanctions, op. cit.*, pp. 96 y 97. Más detalladamente, sobre esta resolución, *vid.* KEILER, J. y ROEF, D.: *Comparative concepts of criminal law (3rd Edition)*, Intersentia, *op. cit.*, pp. 460 y ss.. Así, de conformidad con la referida sentencia del Tribunal Supremo de 21 de octubre de 2003, se estableció que, para poderse atribuir razonablemente una conducta infractora a una persona jurídica, deben tenerse en cuenta las circunstancias específicas de cada caso, entre ellas, la naturaleza de la conducta infractora. Si bien ello dificulta el establecimiento de una regla general para la atribución de dicha responsabilidad, un importante punto de referencia es tener en cuenta si se ha cometido dentro de la esfera corporativa y, para ello, deberá cumplirse alguna o varias de las siguientes condiciones:
1. Se tratan de actos u omisiones de la corporación realizados por alguien que trabaja para la misma mediando contrato de trabajo u otras razones. Por lo tanto, no es realmente relevante la posición formal del empleado

Sea como fuere, el Código penal neerlandés permite reconocer responsabilidad penal a los entes jurídicos ante la comisión del delito de trata de personas cuya sanción, principalmente, consistirá en la imposición de penas pecuniarias, como tendrá ocasión de analizarse posteriormente[718]. De hecho, se han producido ya algunas condenas, como la incluida en la sentencia del Tribunal de Distrito de Limburgo de 10 de noviembre de 2016, que sanciona por el delito de TSH con fines de explotación laboral -en relación con 16 recolectores de setas polacos- a la corporación encausada condenándola al pago de una multa de 75.000€[719].

Paralelamente al régimen de responsabilidad penal, cabe destacar que el 24 de octubre de 2019 el Parlamento de los Países Bajos aprobó la Ley sobre Diligencia Debida en materia de trabajo infantil (*Wet zorgplicht kinderarbeid*)[720] que, si bien no es

---

dentro de la corporación. Este criterio responde más al esquema del modelo nominalista -especialmente a la responsabilidad vicaria-.
2. La conducta se corresponde con la actividad corporativa normal. Así, la conducta debe encajar con el desarrollo de la actividad mercantil/comercial ordinaria de la sociedad, es decir, no es ajena a la gestión normal de la corporación. Para ello, deberá tenerse en cuenta las actividades empresariales habituales y la forma de realizar las operaciones comerciales en el día a día.
3. La conducta sirvió o benefició a la corporación en sus negocios. Eso permite excluir aquellos casos en que la conducta solo beneficia al empleado o autor material. Este es el criterio más objetivo, e incluye no solo el beneficio económico sino los beneficios indirectos como una mejor posición en el mercado o la reducción de costes financieros.
4. La corporación pudo controlar que la conducta tuviera o no lugar y, sin embargo, aceptó el curso de los hechos. Dicha aceptación abarcaría aquellas situaciones en que era esperable razonablemente que la corporación cumpliera con su deber de cuidado y no lo hizo.

718 *Vid. infra*, epígrafe III, apartado c.

719 Se trata del caso núm. 04/990004-12.

720 Se trata de la *Wet van 24 oktober 2019 houdende de invoering van een zorgplicht ter voorkoming van de levering van goederen en diensten die met*

aplicable a todos los supuestos de trata, sí puede serlo en algunos casos de trata de menores. Dicha Ley, que pretende evitar que los bienes y servicios creados con la ayuda del trabajo infantil se vendan o suministren en los Países Bajos, contiene obligaciones parecidas a las previstas en el art. 54 de la MSA británica y en la Ley 2017-399 francesa. Así, en virtud de su art. 4, cualquier empresa establecida o no en los Países Bajos que venda bienes o preste servicios a usuarios finales neerlandeses debe presentar una declaración en la que se reconoce actuar con la diligencia debida para evitar que dichos bienes o servicios se elaboren sirviéndose del trabajo infantil. Dicha declaración debe enviarse a un supervisor tan pronto la sociedad se inscriba en el registro mercantil y, en caso de ya estar inscrita, en un plazo de 6 meses tras la vigencia de esta ley, debiéndose publicar asimismo en su página web. Cuando existan sospechas razonables de que un determinado bien o servicio deriva del trabajo infantil, la empresa debe adoptar y aplicar un plan de acción de diligencia debida y realizar las indagaciones oportunas (art. 5). El incumplimiento de las referidas obligaciones se sanciona mediante la imposición de multa de segunda categoría (esto es, de hasta 4.500€) o de sexta categoría (es decir, de hasta 900.000€), respectivamente.

Posteriormente, en 2022, el Gobierno neerlandés adoptó un nuevo Plan de Acción Nacional sobre Empresas y Derechos Humanos para 2022-2026, cuyo objetivo es garantizar la aplicación de los Principios Rectores de la ONU sobre Empresas y Derechos Humanos. Si bien dicho plan hace referencia a la necesidad de reformar el artículo 273.f *WS* para facilitar el enjuiciamiento de los casos de trata con fines de explotación laboral, no concreta medida alguna a tal efecto. En consecuencia, el GRETA ha tildado estos esfuerzos de insuficientes, instando a los Países Bajos a adoptar una ley que fomente la implementación de la

---

behulp van kinderarbeid tot stand zijn gekomen, publicada el 13.11.2019, en el Boletín Oficial del Reino de los Países Bajos núm. 2019/401.

responsabilidad social corporativa y que promueva la transparencia en las cadenas de suministro en aras a evitar la trata y la explotación laboral en la esfera empresarial[721].

d. Alemania

Aunque la mayoría de los países occidentales han reconocido la responsabilidad penal de las personas jurídicas, aún hay algunas excepciones. Pues, mientras algunas jurisdicciones europeas aún no han incorporado ninguna regulación al respecto, otros países han optado por la imposición de sanciones administrativas en su lugar. Uno de los casos más conocidos es Alemania, que ha optado por este sistema de responsabilidad alternativo, basado en la sujeción a responsabilidad administrativa desarrollada a través de la Ley de Infracciones Administrativas (*Gesetz über Ordnungswidrigkeiten,* en adelante OWiG) de 1968[722].

---

721 *Vid.* GRETA: *Evaluation report. Netherlands. Third evaluation Round. Access to justice and effective remedies for victims of trafficking in human beings,* Council of Europe, Strasbourg, 2023, pp. 35 y 36.

722 Cabe decir, sin embargo, que recientemente ha resurgido el debate sobre el reconocimiento de responsabilidad penal a las personas jurídicas en Alemania, especialmente tras los escándalos originados por el *Dieselgate* de Volkswagen o los supuestos de corrupción de Airbus. *Vid.* SHI, J.: "Crimes Commited by Legal Persons: A comparative Sino-German perspective", *China and WTO Review,* vol. 2019/1, 2019, p. 132. Al respecto, ya en 2013 Thomas Kutschaty, presentó un anteproyecto de ley mediante el cual se incorporaría al Código Penal federal la RRPJ (dicha propuesta se llama *Entwurf eines Gesetzes zur Einführung der strafrechtlichen Verantwortlichkeit von Unternehmen und sonstigen Verbänden*). Dicha propuesta del estado federal alemán de Nordrhein-Westfalen propuso reconocer responsabilidad a las personas jurídicas en relación con aquellas conductas relacionadas con infracciones corporativas para las cuales no fuera necesario establecer la culpa del sujeto individual, siendo suficiente con que dichas infracciones fueran conocidas a nivel de toma de decisiones. Se defendía que

Así, Alemania es uno de los Estados que, al igual que Italia, siguen resistiéndose a reconocer responsabilidad penal a las personas jurídicas debido a las dificultades de encajar dicha responsabilidad con la observancia de principios como el de culpabilidad (*schuldprinzip*) y el de *societas delinquere non potest*, además de las tensiones que produce la admisión de dicha responsabilidad con conceptos integrados en el concepto dogmático de delito, sobre todo el de acción y la categoría jurídica de la culpabiliad. Consecuentemente, han optado por dar cumplimiento a las exigencias internacionales de sancionar ciertos comportamientos delictivos producidos en su seno mediante la previsión de sanciones administrativas o de una naturaleza distinta a la pena[723].

En este sentido, de conformidad con el artículo 30 OWiG, puede imponerse una multa a un ente jurídico si algunas personas con un determinado cargo o cierto poder de dirección (las llamadas "*leading person*"), operando en nombre de la corporación,

---

ello generaría efectos preventivos positivos y fomentarían la cultura del cumplimiento, además de reforzar una mayor percepción social sobre la importancia del delito empresarial. *Vid.* KEILER, J. y ROEF, D.: *Comparative concepts of criminal law (3rd Edition), op. cit.*, p. 370.

723 *Vid.* ZIESCHANG, F.: "Die strafrechtliche Verantwortlichkeit juristischer Personen im französischen Recht – Modellcharakter für Deutschland?", *Zeitschrift für die gesamte Strafrechtswissenschaft*, vol. 115, nº 1, 2003, pp. 117-119; NIETO MARTÍN, A.: *La responsabilidad penal de las personas jurídicas en el derecho comparado, op. cit.*, p. 9; SHI, J.: "Crimes Committed by Legal Persons: A comparative Sino-German perspective", *China and WTO Review, op. cit.*, p. 132. También Grecia ha optado por el recurso a las sanciones administrativas, mientras que Letonia ha optado por la imposición de sanciones coercitivas, y Polonia, por la previsión de sanciones cuasi penales. *Vid.* SILVINA VALENZANO, A.: "Main aspects of liability "ex crimine" of legal entities in Baltic Republics: Estonia, Latvia and Lithuania", en FIORELLA, A. (Ed.), *Corporate criminal liability and compliance programs (Vol. I). Liability "ex crimine" of legal entities in Member States*, Jovene Editore, Nápoles, 2012, pp. 488 y ss.

cometen una infracción penal o administrativa[724]. Parece claro, pues, que el artículo 30 OWiG opta claramente por el modelo de responsabilidad nominalista, decantándose por la doctrina de la identificación. Sin embargo, el grupo de personas listado en dicho precepto no se limita a los individuos con capacidad de decisión o a altos dirigentes, sino que específicamente incluye a administradores de rango inferior con ciertos poderes de control o supervisión –como los auditores internos- (art. 30.1 apartado 5)[725]. Además, según el referido precepto alemán una persona jurídica no solo respondería por la comisión de delitos económicos, sino también por la comisión de delitos comunes como podrían ser el fraude, la extorsión o incluso el homicidio. Así, es posible imponer la pena de multa a un ente jurídico responsable de un delito de TSH que, de conformidad con el art. 30.4 OWiG, podría ascender hasta los 10.000.000€ cuando se trate de un delito doloso.

Sin embargo, no todo delito cometido por un representante de la corporación va a derivar necesariamente en la responsabilidad de la persona jurídica. Para ello, la conducta debe ser calificada como delito corporativo. Es decir, el individuo debe haber infringido un precepto legal que incumba a la persona jurídica o que, como consecuencia de esto, le haya reportado –o debería haberle reportado- algún beneficio o ganancia. Por tanto, se establecen dos criterios de atribución de responsabilidad alternativos: la infracción de un deber establecido en la normativa que regula la actividad corporativa –por ejemplo,

---

724 Sin embargo, cabe reseñar aquí que el apartado 4 del art. 30 OWiG prevé la posibilidad de imponer dicha sanción incluso cuando el sujeto no ha sido acusado o condenado por la comisión de la infracción. Ni siquiera es necesario que se haya podido identificar concretamente al sujeto responsable de la comisión del delito, siendo suficiente con probar que una persona dentro de las categorías establecidas en el apartado 1 de dicho precepto cometió el delito o infracción. *Vid.* KEILER, J. y ROEF, D.: *Comparative concepts of criminal law (3rd Edition), op. cit., pp.* 365 y 366.

725 *Vid. Ibidem*, pp. 365 y ss.

incumplimiento de los estándares de seguridad que debe garantizar la corporación a sus trabajadores-; o bien, el criterio del (intentado) enriquecimiento, por el cual la sociedad ha visto incrementados sus activos o ha obtenido un beneficio indirecto –como un mejor posicionamiento en el mercado mediante la infracción de las leyes de competencia o mediante soborno-[726].

Paralelamente, el art. 130 OWiG amplía el ámbito de aplicación de ese deber del ente jurídico de tomar medidas de supervisión en aras a evitar su responsabilidad. Así, incluso en el caso de que una infracción no pueda ser sancionada vía artículo 30 OWiG, podrá derivar en responsabilidad para la persona jurídica si se demuestra que el propietario de la corporación no adoptó las medidas necesarias para prevenir o dificultar la comisión de dicha infracción. Para ello, se tienen en cuenta factores tales como la estructura interna y organización de la sociedad, la división interna de las funciones y tareas, y el alcance y la naturaleza de las medidas de control y supervisión establecidas.

En definitiva, el hecho de que este régimen de responsabilidad corporativa sea aplicable tanto a infracciones administrativas como penales, que llevan aparejadas sustanciosas multas[727], reconociendo al ente jurídico algún tipo de culpa –ya sea derivada de la doctrina de la identificación o de la falta del ejercicio de supervisión- permiten calificar el sistema alemán como de naturaleza casi-penal[728]. Aún así, según reporta el GRETA, por el momento no se han impuesto multas a personas jurídicas en relación con el delito la TSH[729].

---

726 *Vid. Ibidem.*

727 Por el contrario, considera insuficiente la previsión de una pena máximo de 10.000.000€ -especialmente cuando quien debe afrontarla es una gran empresa- SHI, J.: "Crimes Commited by Legal Persons: A comparative Sino-German perspective", *China and WTO Review, op. cit.*, p. 132.

728 *Vid. ibidem, p. 370.*

729 *Vid.* GRETA: *Report concerning the implementation of the Council of Europe Convention on Action against Trafficking in Human Beings by Germany.*

No obstante, esta tendencia podría cambiar de aprobarse definitivamente el proyecto de Ley para Reforzar la integridad en el sector privado (*Gesetz zur Stärkung der Integrität in der Wirtschaft*), adoptado por el Gobierno Federal el pasado 16 de junio de 2020. El texto proyectado pretende someter el régimen de responsabilidad empresarial al principio de persecución obligatoria y ofrecer un sistema de sanciones mejorado que permita castigar adecuadamente los delitos empresariales, incluida la TSH. Al mismo tiempo, se pretende promover medidas de cumplimiento y proporcionar incentivos para que las empresas ayuden a resolver delitos a través de investigaciones internas[730].

Second Evaluation Round, Council of Europe, Strasbourg, 2019, p. 50.

730 Ampliamente sobre la controvertida naturaleza el modelo de responsabilidad corporativo que plantea dicho proyecto de ley, *vid.* NOGUEIRA GALVÃO DA ROCHA1, F.A. Y BARRETO DE OLIVEIRA, G.W.: "Modelo de responsabilidad penal de la organización en Alemania, propuesto por el Vesang-e", *Revista Brasileira de Estudos Políticos*, vol. 125, pp. 279-316. *Vid.* también GRETA: *Report submitted by the authorities of Germany on measures taken to comply with Committee of the Parties Recommendation CP/Rec(2019)06 on the implementation of the Council of Europe Convention on Action against Trafficking in Human Beings. Second evaluation round*, Council of Europe, Strasbourg, 2020, p. 12. Según apunta el propio proyecto de ley, el actual sistema de multa establecido en la OWiG resulta inadecuado, por cuanto el importe máximo de diez millones de euros en concepto de multa se aplica independientemente del tamaño de la asociación. Es decir, no permite sanciones severas, especialmente contra las empresas multinacionales financieramente fuertes, y, por otro lado, discrimina a las pequeñas y medianas empresas. En este sentido, faltan normas concretas y comprensibles sobre la asignación de multas a las asociaciones, así como incentivos jurídicamente seguros para las inversiones en cumplimiento. Al respecto, proyecto de ley precisamente destaca por el establecimiento de criterios de evaluación específicos para cada corporación que permitan modular la sanción a imponer, así como por la previsión de un registro de sanciones.

Por último, debe hacerse mención a la recientemente aprobada *Gesetz über die unternehmerischen Sorgfaltspflichten in Lieferketten* (LkSG)[731] o Ley alemana de diligencia debida en las cadenas de suministro que, por primera vez, responsabilizará a las empresas que tengan su administración central, establecimiento principal, sede administrativa, sede estatutaria o sucursal en Alemania por aquellas prácticas contrarias a los derechos humanos que tengan lugar en sus cadenas de suministro[732]. Así, dichas entidades deben vigilar y actuar ante las infracciones de este tipo cometidas tanto en sus propias operaciones como en las de sus proveedores directos, independientemente de que la actividad se haya realizado en Alemania o en el extranjero. La referida estrategia despliega sus efectos en dos fases. La primera, en vigor desde el 1 de enero de 2023, concierne a las empresas con sede en Alemania o a las sucursales de empresas extranjeras registradas en Alemania que cuenten con más de 3.000 empleados. Durante la segunda, a partir de 2024, se ampliará el ámbito objetivo a las empresas con sede en Alemania o a las sucursales de empresas extranjeras registradas en Alemania con más de 1.000 trabajadores[733].

Las obligaciones derivadas para estas empresas consisten, principalmente, en la adopción de un plan de gestión de riesgos adecuado, en la realización de una declaración sobre su política en materia de derechos humanos y medio ambiente, en la adopción de medidas preventivas y correctoras en base al análisis de

---

731 Dicha Ley de 22 de julio de 2021, entró en vigor el 1 de enero de 2023.

732 Principalmente, la ley se orienta a proteger los derechos humanos -especialmente contra el trabajo infantil, el trabajo forzoso y la discriminación, la seguridad y salud del trabajo, el derecho a los salarios justos, el derecho a formar sindicatos- y la protección contra las violaciones de la legislación medioambiental.

733 Para el cómputo de empleados se incluye también al personal desplazado al extranjero por empresas nacionales, así como las empresas del grupo. Además, la ley considera asalariado a "todo trabajador con un contrato de trabajo superior a seis meses".

riesgo, en la implementación de un mecanismo de denuncia y, finalmente, en la elaboración y publicación anual de un informe[734]. El incumplimiento de los referidos deberes puede sancionarse con pena de multa de hasta 8.000.000€ o multa equivalente al 2% de la facturación media anual -caso que esta sea superior a 400 millones de euros-. Igualmente, se prevé la prohibición de participar en licitaciones públicas por un período de hasta 3 años.

Dichas disposiciones son plenamente aplicables a algunos supuestos de trata, por cuanto la ley, al definir su ámbito de aplicación, se refiere a la protección frente al trabajo forzoso entendido como "cualquier trabajo o servicio o servicio que se exige a una persona bajo la bajo amenaza de castigo y para el cual él o ella no se ha puesto voluntariamente a disposición, por ejemplo, como resultado de la servidumbre por deudas o de la trata de seres humanos" (art. 2.3 LkSG), y también proscribe toda forma de esclavitud, servidumbre o práctica análoga u otras formas de dominación u opresión, por ejemplo mediante explotación económica o sexual (art. 2.4 LkSG).

e. Italia

Finalmente, la responsabilidad de los entes jurídicos italianos se halla regulada en el Decreto Legislativo nº 231, de 8 de junio de 2001, sobre la responsabilidad administrativa de las personas jurídicas (en adelante, D.lgs. 231/01)[735]. Como su nombre

---

734 Este informe también debe presentarse a la Oficina Federal de Economía y Control de las Exportaciones, también conocida como BAFA (*Bundesamt für Wirtschaft und Ausfuhrkontrolle*).

735 Se trata del Decreto Legislativo, del 8 giugno 2001, n. 231, sobre la *disciplina della responsabilità amministrativa delle persone giuridiche, delle società e delle associazioni anche prive di personalità giuridica, a norma dell'articolo 11 della legge 29 settembre 2000, n. 300.* Entró en vigor el 4.7.2001 y se halla publicado en la GU n.140 del 19-06-2001.

indica, dicho Decreto legislativo introdujo la responsabilidad administrativa[736] de las entidades legales por los delitos cometidos en su interés o favor[737] por parte de representantes legales, administradores, gerentes -de hecho o de derecho-, así como por las personas sujetas a su dirección y supervisión (art. 1 D.lgs. 231/01). Esto con independencia de la responsabilidad penal en la que incurra la persona física que hubiera cometido el delito, no siendo necesaria siquiera su identificación o imputabilidad para que aflore la responsabilidad corporativa (art. 8 D.lgs. 231/01).

Italia es uno de los países que ha optado por un modelo de *numerus clausus* en relación con los delitos por los que una persona jurídica puede resultar responsable[738]. Este catálogo de delitos, que se ha visto ampliado al largo de los años, contempla expresamente entre los ilícitos contra la *personalità individuale* el delito de TSH (apartado 1, letra a), del art. 25-quinquies D.lgs. 231/01). Consecuentemente, las sanciones que pueden afrontar los entes jurídicos administrativamente responsables por la comisión de este delito son de cuatro tipos: la perceptiva sanción pecuniaria[739], la sanción de prohibición o inhabilitación[740], el

---

736 Como también se declara expresamente en su artículo 1, que dispone: "*Il presente decreto legislativo disciplina la responsabilita degli enti per gli illeciti amministrativi dipendenti da reato*".

737 Pues, el apartado segundo del art. 5 D.lgs. 231/01, exime de responsabilidad a los entes jurídicos por los hechos cometidos por sus representantes y gerentes cuando actúen exclusivamente en interés propio o de terceros.

738 *Vid.* NIETO MARTÍN, A.: *La responsabilidad penal de las personas jurídicas en el derecho comparado, op. cit.*, p. 17.

739 Cuyo importe y cuotas se determinará por el juez en atención a la gravedad del hecho, el grado de responsabilidad de la entidad así como la actividad realizada para eliminar o mitigar las consecuencias del hecho y prevenir la comisión de nuevos delitos.
2. El importe de la cuota se fija en función de las condiciones económicas y financieras de la entidad para garantizar la eficacia de la sanción.

740 Concretamente, pude sancionarse al ente jurídico con la inhabilitación para el ejercicio de su actividad; la suspensión o revocación de

decomiso[741] y la publicación de sentencia (art. 9). Sin embargo, el art. 6.1 prevé una cláusula de exención de responsabilidad en aquellos casos en los que, habiéndose cometido el delito por los representantes y gerentes de la sociedad, la entidad logre probar que, con anterioridad al mismo, había implementado un modelo de organización y gestión adecuado, sometido a la revisión de un órgano supervisor. Junto a lo anterior, la sociedad deberá demostrar que el delito se cometió eludiendo fraudulentamente dicho *modelli di organizzazione e di gestione*, y no como consecuencia de una omisión del deber de supervisión del órgano competente.

Sin perjuicio de lo anterior, la nota característica del referido Decreto Legislativo nº 231/01 tiene que ver con la previsión normativa de una suerte de código procesal penal aplicable a las personas jurídicas, integrado por normas autónomas y otras que remiten al *Codice di procedura penale* general (Cap. III D.lgs. 231/01)[742]. Las referencias a la normativa procesal se justifican por exigencias de eficacia y garantía que sólo el proceso penal ordinario es capaz de ofrecer. Así el propio art. 35 D.lgs. 231/01 extiende explícitamente a la sociedad todas las garantías de las

---

autorizaciones, licencias o concesiones funcionales a la comisión del delito; la prohibición de contratar con la Administración Pública, salvo para obtener la prestación de un servicio público; la exclusión de facilidades, financiaciones, contribuciones o subvenciones y la posible revocación de las ya concedidas; o la prohibición de hacer publicidad de bienes o servicios.

741 En virtud del art. 19, la condena lleva aparejada la correspondiente orden de decomiso del precio o beneficio del delito -o, en su defecto, el decomiso por valor equivalente-, salvo la parte que pueda ser devuelta al perjudicado.

742 Sobre el particular, *vid.*, por todos, CERESA GASTALDO, M.: *Procedura penale delle società*, G. Giappichelli Editore, Torino, 2015; PRESUTTI, A. y BERNASCONI, A.: *Manuale della responsabilità degli enti*, Giuffrè Francis Lefebvre, Milan, 2013; PAOLOZZI, G.: *Vademecum per gli enti sotto processo. Addebiti "amministrativi" da reato (d. lgs. 231 de 2001)*, Giappichelli Editore, Torino, 2006.

que disfruta el imputado en el procedimiento ordinario y, en particular, el pleno goce del derecho de defensa[743]. Curiosamente, este régimen normativo se aplica incluso en los procesos simultáneos, esto es, en aquellos casos en que tanto la persona física como la jurídica son juzgadas ante un mismo juez[744] -siendo esta la opción preferente (art. 38 D.lgs. 231/01).

Finalmente, es necesario hacer mención a la aprobación del *Piano di Azione Nazionale su Impresa e Diritti Umani 2021-2026*[745], elaborado por el Comité Interministerial de Derechos Humanos. Basado en los Principios Rectores sobre las Empresas y los Derechos Humanos de la ONU, constituye una herramienta para definir un marco programático en el que se delinean las acciones prioritarias del sistema italiano en cuanto a la confluencia de las prácticas empresariales y la protección de los derechos humanos. *Dicho instrumento se articula en torno a 6 prioridades, entre las cuales, destaca la lucha contra las formas de explotación, el trabajo forzoso, el trabajo infantil, la esclavitud* y el trabajo irregular, con especial atención a los inmigrantes y las víctimas de la trata[746].

---

743 *Vid.* LUPARIA, L.: "Le procès pénal face à la délinquance économique : aspects de l'expérience italienne", *Archives de politique criminelle*, vol. 39, nº 1, 2017, p. 123.

744 *Vid. ibidem*, p. 122. Cabe recordar que, a pesar de que la responsabilidad del ente jurídico es de naturaleza administrativa, de conformidad con el art. 36 D.lgs. 231/01, es el juez penal el competente para enjuiciar los hechos.

745 Este es el predecesor del *Piano di Azione Nazionale su Impresa e Diritti Umani* 2016-2021, adoptado en 2016 con el objetivo de iniciar la implementación de los Principios Rectores de las Naciones Unidas sobre Empresas y Derechos Humanos.

746 *Vid.* COMITATO INTERMINISTERIALE PER I DIRITTI UMANI (CIDU): *Secondo Piano d'Azione Nazionale su Impresa e Diritti Umani. 2021-2026*, CIDU, Roma, 2021, p. 10.

3. Sanción pecuniaria: la pena de multa.

A pesar de la popularidad y de la amplia aplicación de la que gozan las sanciones pecuniarias como respuesta a la comisión de una infracción administrativa o de un ilícito penal, no se recurre frecuentemente a la pena de multa para sancionar los supuestos de TSH. Esa tendencia ya se vio reflejada en la normativa internacional y regional europea relativa a combatir la trata, esto es, principalmente, el Protocolo de Palermo, la Convención de Varsovia y la Directiva 2011/36/UE. Estos instrumentos normativos, a pesar de constituir normas de mínimos, cuando preveían la aplicación de la pena de multa, parecían reservarla a los supuestos de trata cometidos por entes jurídicos.

Así, no es de extrañar que, de los cinco Estados aquí analizados, la mayoría hayan optado por sancionar el delito de TSH exclusivamente mediante la imposición de penas privativas de libertad. Este es el caso de Alemania, que prevé penas de prisión de 6 meses a 5 años para el tipo básico; Italia, con penas de prisión de entre 8 y 20 años para el tipo básico; y Reino Unido, que permite la imposición de cadena perpetua en estos casos[747].

Por el contrario, tanto Países Bajos como Francia sí contemplan castigar estos ilícitos con penas de multa, si bien cada país adopta un sistema distinto. En este sentido, Países Bajos, en el art. 273.f WS, opta por un sistema de multa alternativo a la pena privativa de libertad[748] de hasta 12 años -para el tipo básico- (art. 273.f-1

---

747 Pena máxima que, al menos hasta 2018, no ha sido nunca impuesta en el Reino Unida por el delito de trata. *Vid.* MANTOUVALOU, V.: "The UK Modern Slavery Act 2015 Three Years On", *The Modern Law Review, op. cit.*, p. 1026.

748 De hecho, desde que se aprobara la *Financial Penalties Act* en 1983 se permite imponer una pena de multa (regulada en los arts. 23 a 24.e WS) ante la comisión de cualquier delito, incluso los que prevén una pena de cadena perpetua, siendo que anteriormente está sanción quedaba reservada al ámbito de las infracciones y los delitos menores.

WS) y que puede llegar hasta la cadena perpetua o prisión de 30 años -caso que el delito haya resultado en la muerte de la víctima- (art. 273.f-5 WS)[749]. A diferencia de la pena de prisión que se modula en función de la gravedad de los hechos, la pena de multa prevista se mantiene invariable independientemente de que concurran o no circunstancias agravantes. Así, la pena prevista en todos los supuestos de TSH es la multa de quinta categoría[750] que,

---

De hecho, la citada Ley de 1983 establece la preferencia de la multa frente a las penas de prisión, debiendo el Tribunal en su caso justificar porqué opta por una pena privativa de libertad en lugar de una multa, en virtud del art. 359 del *Wetboek van Strafvordering* (Código Procesal Penal). La referida Ley fue el punto final a la reforma del sistema de multa iniciada en 1966 por el *Financial Penalties Committe*, dando lugar a la aprobación en 1976 de la *Financial Penalties Enforcement Act*, que supuso una mejora en la aplicación y ejecución de las multas, convirtiéndolas en una mejor alternativa a las penas de prisión de corta duración. *Vid.* VAN KEMPEN, P., KRABBE, M. y BRINKHOFF, S.: *The Criminal Justice System of the Netherlands. Organization, substantive criminal law, criminal procedure and sanctions*, *op. cit.*, pp. 147 y ss.

749 Una de las penas principales del Código penal neerlandés es la pena de prisión (arts. 10 a 13 WS). Es considerada la sanción más grave y sólo se prevé ante la comisión de delitos, no de infracciones. Al respecto, el referido código penal prevé dos tipos de penas de prisión: la cadena perpetua, que se prevé en relación con unos 20 delitos -entre ellos, el señalado subtipo agravado de TSH-, aunque junto a ella también se prevé la posibilidad de imponer una pena de prisión de hasta 30 años; y la pena de prisión por un período determinado, que siendo la modalidad más común, puede ir desde 1 día hasta los 15 años -aunque en determinados delitos y bajo determinadas circunstancias puede llegar a los 30 años-. *Vid. ibidem.*

750 La comisión de un delito en los Países Bajos puede conllevar la imposición de una pena de multa mínima de 3€ y máxima de 1.030.000€. El *Wetboek van Strafrecht* neerlandés establece su sistema de multa en base a seis categorías. Siguiendo un orden ascendente, cada una de ellas establece la cuantía máxima que puede imponerse por la comisión del correspondiente delito o infracción, cifra que se actualiza cada 2 años. Desde el año 2024, la multa de primera categoría equivale a un máximo

en virtud del artículo 23 WS, equivale a un máximo de 103.000€. Sin embargo, el apartado 7 del art. 23 WS prevé la posibilidad de aplicar a las personas jurídicas condenadas la multa equivalente a la categoría inmediatamente superior cuando la multa de la categoría correspondiente no permita un castigo adecuado.

A la hora de imponer la multa, el Tribunal debe tener en cuenta la capacidad económica del individuo responsable de modo que esta resulte proporcionada en atención a los ingresos y el capital del ofensor (art. 24 WS). Por lo tanto, la determinación del *quantum* debe someterse a una doble "prueba de proporcionalidad": de un lado, entre la gravedad del delito y la multa; y, de otro, entre la multa y la capacidad económica del individuo. Finalmente, el tribunal podrá decidir que el pago de la multa se realice a plazos, pero en cualquier caso deberá abonarse la totalidad de la multa impuesta en 2 años[751]. Es la *Centraal Justitieel Incassobureau* (esto es, la Agencia Central de Cobro Judicial o CJIB) que, bajo la supervisión de fiscalía, se encarga de la ejecución y cobro de las multas[752].

---

de 515€ (reservada a la comisión de infracciones, no de delitos); la de segunda, a 5.150€ (aplicable tanto a infracciones como delitos); la de tercera, a 10.300€ (aplicable tanto a infracciones como delitos), la de cuarta, a 25.750€ (aplicable a únicamente delitos); la de quinta, a 103.000€ (aplicable a únicamente delitos); y la de sexta, a 1.030.000€ (tan solo aplicable a personas jurídicas o a personas físicas bajo algunas leyes penales especiales, como la *Economic Offences Act* o la *Narcotic Drug Offences Act*).

751 *Vid.* VAN KEMPEN, P., KRABBE, M. y BRINKHOFF, S.: *The Criminal Justice System of the Netherlands. Organization, substantive criminal law, criminal procedure and sanctions, op. cit.*, pp. 147 y ss.

752 De hecho, en caso de impago, se prevé la posibilidad de recuperar dicho importe mediante la realización de las propiedades del infractor. Sin embargo, si la Fiscalía rechaza esa posibilidad de recuperación, se procederá a la detención por impago, cuya duración se establece previamente por el tribunal en el momento de imponer la multa. En la práctica, generalmente se aplica una tasa de conversión de 50€ por 1 día de detención. La duración mínima de la detención por impago de multa es de 1 día y

Por su parte, Francia establece un sistema de multa cumulativo a la pena de prisión (art. 131-2 CPF)[753]. Se distingue también del sistema neerlandés en la variabilidad del montante económico de la multa en función de dos factores: la concurrencia o no de circunstancias agravantes, por un lado; y según el delito haya sido cometido por una persona física o por una persona jurídica, por otro. Así, como puede apreciarse en la Tabla 3, la pena de multa para una persona física por la comisión de un delito de trata puede oscilar entre los 150.000€ -y 7 años de prisión- para el tipo básico hasta los 4,5 millones de euros -y cadena perpetua- cuando el delito se hubiera cometido mediante torturas o actos de barbarie contra la víctima. En virtud del artículo 225-4.6 CPF, la cuantía máxima de la multa aplicable a las personas jurídicas es igual a cinco veces la prevista para las personas físicas, por lo que dicho

---

el máximo 12 meses, pudiendo el detenido ser liberado si paga la multa mientras se halla en prisión. La actual política de ejecución de las penas persigue como objetivo recuperar el 95% de las multas en un plazo de 1 año tras su imposición, con el fin de no causar un mayor impacto en la capacidad penitenciaria en caso de detención. *Vid. ibidem.*

753 Así lo establece expresamente el refeido precepto, que reza: «*Les peines de réclusion criminelle ou de détention criminelle ne sont pas exclusives d'une peine d'amende et d'une ou de plusieurs des peines complémentaires prévues à l'article 131-10*". Al respecto, cabe tener en cuenta que el tipo de sanción aplicable depende del tipo de infracción cometida, que puede ser de tres clases: la *contravention*, que sería la infracción menos grave (por ejemplo, los supuestos de amenaza o daño leva a la propiedad); el *délit*, de gravedad media (como el hurto, el acoso moral o el homicidio involuntario); y el *crime*, siendo este el tipo de delito más grave (como el asesinato o la violación). En lo que aquí interesa, el *délit* es castigado con multa igual o superior a 3.750€ y pena de prisión de hasta 10 años; mientras que el *crime* se sanciona castigado con multa igual o superior a 3.750€ y pena de prisión de entre 15 años y cadena perpetua. No obstante, puede ocurrir que un *délit* cometido bajo determinadas circunstancias agravantes se convierta en un *crime*, como sucede en determinados supuestos de trata de seres humanos.

importe oscila en los supuestos de trata entre los 750.000€ y los 22.500.000€, como se ha plasmado también en la siguiente tabla.

Tabla3. Tipos de multas por el delito de TSH en el *Code Pénal*

Delito de TSH	Persona física	Persona jurídica
Tipo básico	150.000 €	750.000 €
TSH menor de edad	1.500.000 €	7.500.000 €
Subtipos agravados TSH: - varias víctimas - víctima fuera de Francia o recién llegada - captación mediante difusión de mensajes por vía electrónica a un público no determinado - situar a la víctima en peligro de muerte o lesiones (tipo mutilaciones o invalidez permanente) - uso de violencia que ocasiona incapacidad total para trabajar >8 días - delito cometido por funcionario público o profesional dedicado a luchar contra la TSH - situación material o psicológica grave de la víctima	1.500.000 €	7.500.000 €
TSH por organización criminal	3.000.000 €	15.000.000 €
TSH mediante tortura o actos de barbarie	4.500.000 €	22.500.000 €

En el caso francés la multa se ejecuta mediante el pago de la suma determinada por el tribunal sentenciador a Hacienda, dentro del plazo establecido. En virtud del art. 707-1 del *Code de procédure pénale*, la recaudación de las multas es llevada a cabo por los "contables públicos competentes" -una suerte de recaudadores de impuestos-, en nombre del fiscal, una vez la sanción ha devenido firme y, por ende, ha adquirido fuerza ejecutiva. En caso de impago, el precepto prevé -al igual que sucedía en el sistema neerlandés- la ejecución de los bienes del condenado o su encarcelación.

4. El decomiso de activos ilícitos.

La figura del decomiso ha recibido una creciente atención en los últimos años por parte de la comunidad internacional, reportándose como un mecanismo útil para luchar contra el crimen organizado y contra manifestaciones de la criminalidad especialmente lucrativas, como la que nos ocupa. Dicho interés se ha visto plasmado en una multiplicidad de textos normativos supranacionales que progresivamente han ido ampliando el uso y el ámbito aplicativo de este instrumento confiscatorio. Al respecto, merece la pena detenerse en examinar hasta qué punto esa tendencia expansionista observada en el ámbito internacional ha trascendido a los distintos ordenamientos jurídicos nacionales.

a. Reino Unido

La propia MSA, en su artículo 7, prevé la confiscación de los bienes de quienes cometan delitos de esclavitud moderna, como la TSH. Sin embargo, para la implementación de dicho mecanismo deberá estarse a lo dispuesto por la norma de referencia, esto es, la *Proceeds of Crime Act* (POCA) de 2002. De hecho, la MSA modificó el Anexo 2 de la POCA 2002 para que la esclavitud y la TSH se incluyeran en la lista de "delitos relacionados con el estilo de vida delictivo", permitiendo a los investigadores privar a los delincuentes el beneficio que les ha reportado esta actividad delictiva. Así, el objetivo de los procedimientos confiscatorios establecidos en la Parte 2 de la POCA es recuperar el beneficio financiero que el delincuente ha obtenido de la conducta delictiva[754].

754 *Vid.* AURASU, A. y RAHMAN, A.A.: "Forfeiture of criminal proceeds under anti-money laundering laws. A comparative analysis between Malaysia and United Kingdom (UK)", *Journal of Money Laundering Control*, vol. 21, nº 1, 2018, p. 106.

Adicionalmente, el art. 11 MSA prevé expresamente el decomiso de vehículos terrestres, buques o aeronaves utilizados -o que se hayan intentado utilizar- para cometer el delito de trata, siempre que el individuo haya sido condenado. Dicha previsión es coherente con lo dispuesto en el art. 11.2 del Protocolo de Palermo en tanto que cada Estado parte debe adoptar las medidas legislativas pertinentes para prevenir el uso de medios de transporte empleados por transportistas comerciales en la comisión del delito de TSH[755].

En cualquier caso, la *Asset Recovery Agency* -posteriormente absorbida por la *Serious Organised Crime Agency*, ahora la *National Crime Agency*- es el organismo encargado de ejecutar las órdenes de confiscación (Parte 1 del POCA). La singularidad del POCA consiste en que, además de permitir la confiscación de los activos como parte de la condena penal, prevé también la recuperación de estos por vía civil, facultad que se ha considerado como extremadamente poderosa, dado que las exigencias de prueba en los tribunales de este orden son menores, debiendo ser el propietario de los bienes quien debe demostrar su procedencia lícita[756]. Así, si el procedimiento penal seguido contra el acusado fracasa, las autoridades pueden

---

755 *Vid.* AHMAD AL-ASSAF, S.: "Protection of victims of human trafficking in the Jordanian Law: A comparative study with the UK Modern Slavery Act 2015", *Cogent social science, op. cit.*, p. 9.

756 *Vid.* SITTLINGTON, S. y HARVEY, J.: "Prevention of money laundering and the role of asset recovery", *Crime Law Soc Change, op. cit.*, p. 424. De hecho, en el estudio cualitativo llevado a cabo por SITTLINGTON y HARVEY se evidencia una disparidad de opiniones entre los profesionales respecto de esta facultad adicional de confiscar bienes a través de los tribunales civiles. Mientras algunos ven en ella una herramienta efectiva para impactar en el bolsillo de los delincuentes; otros entienden que la finalidad de la medida no está tan orientada a disuadir las más graves modalidades de delincuencia en tanto que principalmente se aplica a aquellos supuestos menos complejos en aras a minimizar costes administrativos y a evitar investigaciones y procedimientos que requieren mucho tiempo, recursos y esfuerzo (p. 433).

recurrir a la recuperación civil de los activos resultantes del producto delictivo, excediendo así las exigencias derivadas de incluso la posterior Directiva de la UE (2014/42/UE) sobre el particular.

También la posterior *Criminal Finances Act* 2017 ha reforzado los poderes confiscatorios de los operadores jurídicos mediante la previsión de la "orden de patrimonio no explicado" (*unexplained wealth order*), en cuya virtud se permite la confiscación de aquellos bienes que se cree tienen un origen delictivo. Dicha orden exige a una persona considerada políticamente expuesta (*Politically Exposed Person* o PEP) o de la que se sospeche razonablemente que está implicada en un delito grave, o que está relacionada con una persona implicada en dicho delito, que explique el origen de los activos (por un valor mínimo combinado de 50.000 £) que parezcan desproporcionados en relación con sus ingresos conocidos obtenidos legalmente[757].

En definitiva, la imposición por parte de los tribunales de una orden de confiscación genera en el delincuente una deuda personal que está obligado a pagar con cualquier activo actual y/o ingresos futuros que tenga, incluso cuando estos resultan insuficientes para satisfacerla en su totalidad[758]. Dado que el impago puede acarrearle

---

757 Dicha sospecha o creencia debe sustentarse en motivos razonables que evidencien la desproporción del patrimonio poseído en relación con los ingresos declarados. Así, el tribunal puede requerir al propietario de los bienes que pruebe la licitud de los mismos (art. 1, 362B, de la *Criminal Finances Act* 2017).

758 Cabe recordar que, Tras el decomiso, la fiscalía puede solicitar al tribunal que se dicte una Orden de Reparación por la totalidad o parte de la cantidad decomisada, que deberá abonarse a la víctima. El artículo 13. 5 y 6 POCA garantiza que cuando un acusado no pueda pagar tanto la orden de decomiso como la de indemnización, la indemnización se pagará con cargo a las sumas recuperadas en virtud de la orden de decomiso. Por lo tanto, existe una prioridad para las víctimas en todos los casos.

una sanción consistente en pena de prisión, es significativa la presión a la que se somete al individuo para cumplir con dicha orden[759].

Finalmente, según la información facilitada al GRETA, anualmente se incautan y confiscan millones de libras a los tratantes en el Reino Unido (£3,2 millones en 2016-2017, £7,9 millones en 2017-2018 y 4,6 millones en 2018-2019). No obstante, se ha denunciado como la recuperación de esas importantes cantidades no ha repercutido significativamente ni en la cuantía de las indemnizaciones concedidas a las víctimas de trata -que sigue considerándose baja- ni en la financiación de las investigaciones financieras que permiten la aplicación y ejecución de las medidas previstas en la POCA.[760]

b. Italia

La facultad de decomisar se prevé expresamente en el art. 240 del *Codice Penale* italiano, en cuya virtud, "en caso de condena, el juez puede ordenar el decomiso de las cosas que sirvieron o se destinaron a cometer el delito, y de las que sean producto o provecho del mismo". El decomiso (*la confisca*) es considerado una medida de seguridad patrimonial (art. 236 CPi), aunque doctrinalmente su naturaleza ha sido más discutida, apuntándose que se trataría de una medida de garantía de bienes, o incluso de una sanción *sui generis*, una pena accesoria o una sanción civil en el proceso penal con carácter predominantemente represivo. Pues, a diferencia de otras medidas de seguridad, el decomiso se acuerda -a veces, como se verá, obligatoriamente- con independencia de la peligrosidad del delincuente[761].

---

759 *Vid.* SITTLINGTON, S. y HARVEY, J.: "Prevention of money laundering and the role of asset recovery", *Crime Law Soc Change, op. cit.*, p. 424.

760 *Vid.* GRETA: *Evaluation Report. United Kingdom. Third evaluation report. Access to justice and effective remedies for victims of trafficking in human beings, op. cit.*, pp. 42 y 43.

761 *Vid.* CUOMO, A.: "Confisca", *Altalexpedia*, 2015, p. 1.

Junto a la anterior facultad genérica, el art. 240 bis CPi -introducido mediante Decreto Legislativo nº 21, de 1 de marzo de 2018- permite el decomiso en casos especiales delimitando su ámbito de aplicación en relación con un *numerus clausus* de delitos. En lo que aquí interesa, en ese catálogo no aparece el delito de trata, pero sí -entre muchos otros- algunos de los delitos en los que eventualmente puede explotarse a las víctimas. Entre ellos, la prostitución forzada de menores de edad (art. 600-bis 1) CPi), la pornografía infantil (600 ter, par. 1 y 3), la posesión o acceso a material pornográfico (art. 600 quater), el turismo sexual infantil (art. 600 quinquies) o la explotación laboral (art. 603-bis)[762]. En relación con estos supuestos especiales, se prevé el decomiso del dinero, de bienes u otros beneficios -o, en su defecto, el decomiso por valor equivalente- cuyo origen el condenado no pueda justificar y de los cuales parezca ser propietario, en tanto que su valor es desproporcionado en relación con los ingresos declarados.

Paralelamente, cabe recordar que, de conformidad con el art. 9 del D. Lgs. 231/2001 sobre la responsabilidad administrativa de las personas jurídicas por el delito, el decomiso o confiscación es una de las sanciones que pueden imponerse. En este sentido, el artículo 19 del mismo texto legal, impone a la entidad condenada el decomiso del precio o beneficio del delito -o, subsidiariamente, el decomiso por valor equivalente-, salvo la parte que pueda ser devuelta al perjudicado, quedando reservados así los derechos adquiridos por un tercero de buena fe. Por lo tanto, en virtud del referido Decreto legislativo, el decomiso se erige como una

---

[762] Paralelamente, el art. 603-bis.2 CPi, en relación con el delito de explotación laboral, ordena el decomiso obligatorio de las cosas que se utilizaron o se destinaron a cometer el delito y de las cosas que constituyen precio, producto o ganancia del mismo, a menos que pertenezcan a un tercero. Cuando esto no sea posible, se ordenará el decomiso de los bienes a los que el delincuente tenga acceso, incluso indirectamente o por medio de tercero, por un valor correspondiente al producto, precio o beneficio del delito.

sanción principal y obligatoria a la que deberán enfrentarse los entes jurídicos administrativamente responsables del delito, con un carácter marcadamente punitivo, más que preventivo.

La sucesiva ampliación del ámbito del decomiso[763] -y de la posibilidad de embargar bienes en aras a un futuro decomiso- ha sido visto por un sector de la academia como la implementación de un "juicio patrimonial" o una "justicia penal patrimonial", que obedece a una política criminal que busca desde un inicio la afección a la propiedad y a los recursos del condenado o la empresa responsables[764].

c. Francia

La sección 1 *bis* del Capítulo V, del Título II, del Libro II del *Code Pénal*, dedicada a la TSH, no incluye provisión alguna en cuanto a la posibilidad de decomisar el producto delictivo de la trata. Por su parte, el art. 225-20 CPf, que impone ciertas penas adicionales a las personas físicas culpables de los delitos previstos en las secciones 1 bis (trata de seres humanos), 2 (proxenetismo), 2 bis (consumo de prostitución), 2 ter (explotación de la mendicidad) y 2 quater (explotación de la venta ambulante) ubicadas en el emplazamiento antes referido[765], tampoco prevé la facultad de decomiso.

---

763 Especialmente en el ámbito de la legislación antimafia. A saber, el art. 12 sexies del *Decreto-Legge 8 giugno 1992, n. 306* o el art. 24 del *Decreto Legislativo 6 settembre 2011, n. 159.*

764 *Vid.* LUPARIA, L.: "Le procès pénal face à la délinquance économique: aspects de l'expérience italienne", *Archives de politique criminelle, op. cit.*, p. 125.

765 Estas penas adicionales son:
"*1° La inhabilitación para el ejercicio de los derechos cívicos, civiles y familiares, conforme a lo dispuesto en el artículo 131-26;*
2° La prohibición, en los términos del artículo 131-27, bien de ejercer una función pública, bien de ejercer la actividad profesional o social en cuyo ejercicio o con ocasión de cuyo ejercicio se haya cometido la infracción, bien, para las infracciones previstas en los artículos 225-4-3, 225-4-4, 225-5, 225-6,

Así, será necesario recurrir a la regulación genérica del decomiso establecida en el art. 131-21 CPf, en cuya virtud, "*la pena accesoria de decomiso se aplica en los casos previstos por la ley o el reglamento. También se incurre automáticamente en ella por delitos y faltas castigados con penas de prisión superiores a un año, a excepción de los delitos de prensa*". Por tanto, del inciso final del referido precepto se desprende su aplicación en relación con el delito de trata de personas.

De conformidad con el referido precepto, el decomiso se aplica a todos los bienes muebles o inmuebles, cualquiera que sea su naturaleza, divididos o indivisos, que hayan sido utilizados para cometer el delito o que estuvieran destinados a ser utilizados para cometerlo, y de los que el condenado sea propietario o, sin perjuicio de los derechos del propietario de buena fe, de los que disponga libremente. Igualmente, se permite decomisar los bienes que sean objeto o producto directo o indirecto del delito, con excepción de los bienes que puedan devolverse a la víctima[766]. A ma-

---

225-7, 225-7-1, 225-8, 225-9, 225-10, 225-12-1 y 225-12-2, de ejercer una profesión comercial o industrial, de dirigir, administrar, gestionar o controlar a cualquier título, directa o indirectamente, por cuenta propia o ajena, una empresa comercial o industrial o una sociedad mercantil. Estas inhabilitaciones podrán imponerse de forma acumulativa;

3° La prohibición de residencia;

4° La prohibición de explotar, directa o indirectamente, los establecimientos abiertos al público o utilizados por el público enumerados en la condena, de trabajar en ellos en cualquier concepto y de adquirir o conservar cualquier participación financiera en los mismos;

5° La prohibición, por un período máximo de cinco años, de poseer o portar un arma sujeta a autorización;

6° La prohibición, por un período máximo de cinco años, de abandonar el territorio de la República;

7° La prohibición, con carácter definitivo o por un período máximo de diez años, de ejercer una actividad profesional o de voluntariado que implique un contacto habitual con menores".

766 No obstante, Si el producto del delito se ha mezclado con fondos lícitos para adquirir uno o varios bienes, el decomiso sólo podrá

yor abundamiento, siendo que el delito de trata se castiga con una pena de prisión superior a los 5 años y generalmente procura un beneficio a sus responsables, se permitiría también decomisar los bienes muebles o inmuebles, cualquiera que sea su naturaleza, que pertenezcan al condenado o de los que este disponga libremente, cuando no hayan podido justificar el origen lícito de los mismos (art. 131-21, par. 5, CPf). Finalmente, se admite la posibilidad de ordenar el decomiso por valor equivalente sobre cualquier bien propiedad del condenado o que se halle a su disposición.

La oficina de recuperación de activos francesa es la AGRASC (*Agence de gestion et de recouvrement des avoirs saisis et confisqués*) fue creada en 2010 con el propósito de gestionar todos los bienes incautados y decomisados, así como de garantizar una compensación prioritaria a las partes civiles en virtud de los bienes decomisados al condenado. Previamente a la AGRASC, se creó en 2005 la PIAC (*Plateforme d'identification des avoirs criminels*), una unidad policial dedicada a la identificación de activos delictivos, incluidos los resultantes de la trata de personas, que sirve como herramienta a disposición de investigadores y magistrados y que tiene la facultad de realizar operaciones financieras y patrimoniales bajo la supervisión de una autoridad judicial.

En cuanto al importe de los activos confiscados a los tratantes por las autoridades francesas, según el *Trafficking in Persons Report* de 2020, en 2018 lograron confiscarse activos por valor de 10 millones de euros y, en 2017, por un importe total de 6 millones de euros[767]. Sin embargo, no se han proporcionado datos al respecto en relación con el período 2019-2022.

---

aplicarse a estos bienes hasta el valor estimado del producto.

767 *Vid.* U.S. DEPARTMENT OF STATE: *Trafficking in persons report. 2020*, U.S. Department of State, Washington, 2020, p. 211.

d. Alemania

Alemania regula la figura del decomiso en el StGB, cuyas disposiciones fueron reformadas en 2017. Desde el 1 de julio de ese año, cuatro son los instrumentos disponibles para decomisar los activos delictivos: el decomiso simple (*einfache einziehung*–§73 StGB); el decomiso ampliado (*erweiterte einziehung*–§ 73.a StGB); el decomiso autónomo simple (*enfaiche selbständige einziehung*–§76.a 1, 2 y 3 StGB); y el decomiso autónomo ampliado (*erweiterte selbständige einziehung*–§ 76.a 4 StGB). Así, el legislador alemán, en consonancia con la tendencia seguida a nivel internacional, ha optado por ampliar las facultades de decomiso en un intento de acabar con ciertas lagunas de la anterior regulación[768].

Según la regulación vigente, puede procederse a la recuperación de los activos ilícitos por dos vías: a través del propio procedimiento penal -del que dependen tanto el decomiso simple como el decomiso ampliado- o mediante un procedimiento de decomiso independiente -como ocurre en los dos casos restantes-. En este sentido, dado que el primero está orientado a demostrar la ilicitud y la culpabilidad del sujeto por el hecho delictivo, ofrece mayores niveles de protección que el segundo, más focalizado en examinar los bienes que pueden ser objeto de decomiso, relegándose la determinación de la responsabilidad de las partes implicadas en un segundo plano[769].

De las dos modalidades de decomiso que operan en el propio procedimiento penal, el decomiso simple (§ 73 StGB) se erige

---

768 Sin embargo, se ha alertado como la actual regulación ha dado pie a nuevas dificultades especialmente derivadas de la falta de criterios sobre cómo delimitar y relacionar los distintos instrumentos previstos al efecto, hecho que puede plantear cuestiones de competencia. *Vid.* RÖNNAU, T. y BEGERMEIER, M.: "Subsidiarität im Einziehungsrecht Konkurrenzfragen beim Zugriff auf Taterträge", *Zeitschrift für die gesamte Strafrechtswissenschaft*, vol. 133, nº 2, 2021, p. 288.

769 *Vid. Ibidem*, p. 292.

como la herramienta principal. Tiene lugar con ocasión de una sentencia penal y su alcance se limita al incremento patrimonial derivado de la comisión del delito imputado. Consecuentemente, el delito cuya condena da lugar al decomiso (*anlasstat*) y el delito del que procede la ganancia patrimonial que debe decomisarse (*herkunftstat*) son, por lo tanto, idénticos[770]. El decomiso ampliado (§73.a StGB), por su lado, se diferencia del anterior en tanto que no requiere que se especifique el delito del que proceden los activos ilícitos, siendo suficiente con que el tribunal, en base a una serie de indicios, esté convencido del origen delictivo de los mismos (§ 261 *Strafprozeßordnung*, en adelante StPO).

Respecto a los tipos de decomiso autónomo, la modalidad simple (§76.a (1-3) StGB) exige también que el producto decomisable se atribuya a la comisión de un delito determinado[771]. Sin embargo, permite el decomiso del producto delictivo en aquellos casos en los que no es posible enjuiciar o condenar los hechos delictivos por razones fácticas o jurídicas, debiendo estar el tribunal convencido de que, de no existir dichos impedimentos, el responsable sería condenado. Por su parte, el decomiso autónomo ampliado (§ 76.a 4 StGB) tampoco requiere que la procedencia de los activos se asigne a un delito concreto. Sin embargo, a diferencia del decomiso ampliado del §73.a StGB, no requiere de condena por un delito principal -por lo que se tratade un decomiso sin condena-, siendo suficiente con que el objeto haya sido incautado en un procedimiento (finalmente infructuoso) por alguno de los delitos catalogados[772],entre los que se incluyen expresamente el de TSH y el de blanqueo de capitales -letras e) y f), respectivamente)-.

---

770 *Vid. Ibidem,* p. 293.

771 La tramitación de dichos procedimientos se halla regulada en los arts. 435 y ss. StPO.

772 En relación a este último tipo de decomiso, se ha discutido si puede aplicarse, además de a los activos derivados del acto delictivo, a los "bienes mixtos" -financiados parcialmente por fuentes ilícitas-. Si bien la doctrina alemana se posiciona a favor de adoptar una interpretación restrictiva,

En definitiva, dicha reforma no sólo supuso la previsión de nuevos tipos de decomiso -como el decomiso independiente ampliado-, sino que también conllevó la expansión del ámbito aplicativo de otras figuras ya existentes -como en el caso del decomiso ampliado que, con anterioridad a la reforma quedaba reservado a casos excepcionales-. Esto ha dado lugar al surgimiento de ciertos conflictos en cuanto a qué instrumento de decomiso en particular resulta aplicable a cada caso enjuiciado. Al respecto, a falta de un criterio de jerarquización legalmente establecido, la jurisprudencia y la doctrina mayoritaria optan por aplicar el principio de subsidiariedad. De este modo, el decomiso ampliado (§ 73.a StGB) sería subsidiario respecto al decomiso simple, esto es, sólo podría aplicarse si, agotadas todas las pruebas admisibles en Derecho, no logran cumplirse los requisitos exigidos por el § 73 StGB[773]. Por su parte, el decomiso autónomo ampliado (§76.a 4 StGB) debe aplicarse subsidiariamente a todos los demás, pues, como declaró el Tribunal Federal de Justicia Alemán (*Bundesgerichtshof* o BGH), esa desventaja debe aceptarse a cambio de proteger mejor los derechos de los afectados[774].

Finalmente, aunque, como se ha visto, es posible decomisar los activos procedentes de la trata en virtud de las cuatro moda-

---

se han dado algunos ejemplos en la jurisprudencia donde se admite esa posibilidad. *Vid.* RÖNNAU, T. y BEGERMEIER, M.: "Subsidiarität im Einziehungsrecht Konkurrenzfragen beim Zugriff auf Taterträge", *Zeitschrift für die gesamte Strafrechtswissenschaft, op. cit.*, pp. 300 y 301.

773 Así, la jurisprudencia exige a los tribunales la obligación de investigar de modo que, tan sólo cuando no sea posible reunir las pruebas necesarias para proceder a la aplicación del decomiso simple y este devenga imposible, podrá optarse por el uso del decomiso ampliado. Pues, el acuerdo del decomiso simple no solo requiere que el activo en cuestión se haya sido adquirido de forma ilícita, sino que dicho "acto de adquisición" delictivo se haya sometido al estricto procedimiento probatorio. *Vid. Ibidem*, p. 296.

774 *Bundesgerichtshof in Strafsachen* (BGHSt 21, 55 f).

lidades de decomiso previstas por el Código Penal alemán, no se dispone de estadísticas que muestren si la nueva normativa se ha aplicado ya en favor de las víctimas de trata. Aún así, el GRETA ha valorado positivamente esta reforma de las disposiciones relativas a la recuperación de activos en tanto que repercute positivamente en el derecho a la indemnización de la víctima. Esto al considerar que, dicho derecho puede materializarse con cargo a los activos recuperados del condenado mediante un procedimiento simplificado en el que ya no se exige la interposición de demanda contra el ofensor, siendo suficiente con realizar la pertinente reclamación[775].

e. Países Bajos

La facultad de confiscar los beneficios ilícitamente obtenidos tras la comisión de un delito se reconoce expresamente en el art. 33 del Código Penal neerlandés. Desde que este se reformara en 1993, mediante la conocida como "*Strip-Them*" *Act* (o ley del despojo), el Tribunal puede imponer al condenado, a petición del Fiscal, la obligación de pagar a la Tesorería del Estado una cantidad igual al beneficio obtenido mediante la comisión del delito. Dicha medida se introdujo con el objetivo de luchar contra el crimen organizado relacionado con el tráfico de drogas, el fraude, los delitos medioambientales y el blanqueo de capitales[776].

Sin embargo, el decomiso de los activos ilícitos no se circunscribe a los delitos acabados de referir, siendo de aplicación en

---

775 *Vid.* GRETA: *Report concerning the implementation of the Council of Europe Convention on Action against Trafficking in Human Beings by Germany. Second Evaluation Round*, Council of Europe, Strasbourg, 2019, p. 43.

776 *Vid.* DAAMS, C. y VAN DEREYT, I.: ""Strip-Them" Legislation in the Netherlands: Measures concerning confiscation of illegally obtained profit in the Dutch Law", *European Journal of Crime, Criminal Law and Criminal Justice*, vol. 5, nº 3, 1997, p. 309.

relación con cualquier delito tipificado en el *Wetboek van Strafrecht* que haya generado algún tipo de beneficio o producto y, por tanto, también al delito de TSH (art. 33 WS). Con todo, no se dispone de datos sobre el número de casos de trata en los que se han incautado y confiscado bienes[777].

Así, en virtud del citado precepto, pueden confiscarse no solo los beneficios derivados del delito, sino también los objetos y herramientas utilizadas para la comisión del mismo[778]. Junto a los anteriores, se permite el decomiso de bienes de terceros siempre que el individuo tuviera conocimiento -o hubiera podido sospechar razonablemente-, en el momento de la adquisición, sobre el origen delictivo de los bienes (art. 33.a-2 WS). Para acordar el decomiso, el Tribunal debe previamente determinar el valor neto de los beneficios obtenidos y, caso que los bienes decomisados tuvieran un valor superior a la cantidad estipulada por sentencia, el juez puede ordenar la devolución de la diferencia (art. 33.c-1 WS). Nuevamente aquí es la Agencia Central de Cobro Judicial (CJIB) la encargada de recuperar los referidos activos, cuando así lo ordene el juez[779].

---

777 *Vid.* GRETA: *Evaluation report. Netherlands. Third evaluation Round. Access to justice and effective remedies for victims of trafficking in human beings, op. cit.*, p. 26.

778 Concretamente, son aptos para el decomiso: los objetos que pertenecen al condenado o que puede utilizar total o parcialmente para su propio beneficio y que han sido obtenidos total o mayoritariamente a través o de los beneficios del delito penal; los objetos respecto de los cuales se cometió el delito; los objetos con los que se cometió o preparó el delito; los objetos con cuya ayuda se haya dificultado la detección del delito; los objetos fabricados o destinados a la comisión del delito; y los derechos reales o derechos personales con respecto a los anteriores objetos.

779 *Vid.* VAN KEMPEN, P., KRABBE, M. y BRINKHOFF, S.: *The Criminal Justice System of the Netherlands. Organization, substantive criminal law, criminal procedure and sanctions, op. cit.*, p. 32.

IV. EL DERECHO A LA INDEMNIZACIÓN Y LA REPARACIÓN ECONÓMICA A LAS VÍCTIMAS DE TRATA

Siendo que el derecho a la indemnización de la víctima en general, y de la víctima de trata en particular, se halla ampliamente reconocido en una pluralidad de textos normativos internacionales y regionales vinculantes para los Estados aquí analizados[780], resulta lógico que todos los países objeto de estudio reconozcan en su legislación interna el derecho de la víctima a ser indemnizada por los daños y perjuicios ocasionados por el responsable del delito de trata. Consecuentemente, este apartado se centrará especialmente en los sistemas de aquellos países que permiten a la víctima solicitar al Estado -o alguno de sus organismos públicos- el pago de dicha compensación.

a. Francia

Los artículos 85 y ss. del *Code de procédure pénale* (en adelante, CPP) francés reconoce el derecho de toda víctima de delito a constituirse como parte civil ante el juez de instrucción en aras a que le sea reconocida la indemnización correspondiente por los daños y perjuicios ocasionados por el ilícito penal[781]. Derecho que, obviamente, es también reconocido a las víctimas de trata. Al respecto, tres son los tipos de daños que pueden ser reclamados: el daño físico (relativo a la salud y la integridad física o psíquica), el daño moral (relacionado con el bienestar emocional, el honor o la reputación), y el daño material (referente a los bienes del sujeto o sus intereses económicos).

---

780 *Vid. supra*, Capítulo II, epígrafe III.

781 La misma facultad prevé el artículo 418 CPP cuando dicha solicitud se formula en la audiencia.

La singularidad del sistema francés radica en la posibilidad de la víctima de trata de ser reparada con cargo a fondos públicos[782] pudiendo recurrir a dos sistemas distintos: *Le Service d'Aide au Recouvrement des Victimes d'Infractions* (SARVI) -o Servicio de Asistencia a la Recuperación de las Víctimas del Delito- o a la *Commission d'indemnisation des victimes d'infractions* (CIVI) – o la Comisión de Compensación a las Víctimas del Delito-. Ambos organismos se integran en el *Fonds de garantie des victimes des actes de terrorisme et d'autres infractions* (en adelante, FGTI)[783], que se subroga en el derecho de la víctima a obtener de los responsables del daño causado por el delito el reembolso de la indemnización o de la prestación pagada a la víctima (art. 706-11 CPP).

En relación con el primero, de conformidad con los arts. 706-15-1 y 706-15-2 CPP, cuando el condenado por un delito de trata no satisface la indemnización reconocida a la víctima, esta

---

782 Se ha constatado un cierto escepticismo o reticencia a compensar con dinero público a las víctimas de trata, especialmente por explotación sexual, considerándolo un "*uso "leal" del dinero público destinado a personas prostitutas, extranjeras en situación irregular sin perspectivas de un futuro profesional estable*". *Vid.* JAKŠIĆ, M y RAGARU, N.: "Réparer l'exploitation sexuelle. Le dispositif d'indemnisation des victimes de traite en France", *Cultures & Conflits*, vol. 122, nº 2, 2021, pp. 125 y 126. En dicho estudio, las autoras analizan cómo se abordan los casos de trata relacionados con la prostitución -una actividad considerada socialmente degradante- en relación con el uso del dinero público y las prácticas de compensación.

783 Este Fondo de Garantía a las Víctimas se financia a través de las aportaciones obligatorias de las pólizas de seguros, siendo la tasa establecida en 2017 de 5,90€/póliza. *Vid.* JAKŠIĆ, M y RAGARU, N.: "Réparer l'exploitation sexuelle. Le dispositif d'indemnisation des victimes de traite en France", *Cultures & Conflits, op. cit.*, p. 138. Según su página web oficial, sus recursos en 2020 ascendieron a 705,7 millones de euros, procedentes principalmente de las contribuciones de los asegurados, aunque 82.000.000€ fueron recuperados de los condenados. Por otro lado, sus gastos en 2020 se situaron en 1.019,2 millones de euros de los cuales 382 millones se destinaron al pago de las indemnizaciones a víctimas.

puede contactar con el SARVI para recuperar parte del importe de la condena, siempre que hayan transcurrido dos meses desde la firmeza de la sentencia sin que el responsable haya pagado el importe correspondiente[784]. En los dos meses posteriores a la recepción de la solicitud, el SARVI paga a la víctima el 30% del importe de la condena hasta un máximo de 3.000€.

Alternativamente, la víctima de trata puede optar por ser indemnizada directamente por el CIVI (art. 706-3 CPP)[785] que, a diferencia del anterior sistema, no limita el importe compensatorio

---

784 El plazo máximo para presentar la solicitud ante el SARVI es de 1 año tras la condena firme, aunque excepcionalmente se admiten solicitudes extemporáneas cuando concurran motivos legítimos.

785 La trata de seres humanos se incluyó a la lista de delitos cubiertos por la CIVI en marzo de 2004, un año después de su entrada en el Código Penal francés. Junto a las víctimas de trata, tienen reconocida esta facultad, principalmente, las víctimas de homicidio, violación agresión sexual, los representantes legales de las víctimas menores o tuteladas, así como determinados familiares cuando la víctima haya fallecido como consecuencia del delito. Además, desde el 5 de agosto de 2013, se autoriza a los extranjeros en situación irregular a dirigirse al CIVI, derecho hasta entonces limitado únicamente a las personas de nacionalidad francesa o a los extranjeros en situación legal. *Vid.* JAKŠIĆ, M y RAGARU, N.: "Réparer l'exploitation sexuelle. Le dispositif d'indemnisation des victimes de traite en France", *Cultures & Conflits, op. cit.,* p. 129.
En particular, los requisitos para poder solicitar esta indemnización, de acuerdo con el art. 706-3 CPP, son:
"1° Ces atteintes n'entrent pas dans le champ d'application de l'article 53 de la loi de financement de la sécurité sociale pour 2001 (n° 2000-1257 du 23 décembre 2000) ni de l'article L. 126-1 du code des assurances ni du chapitre Ier de la loi n° 85-677 du 5 juillet 1985 tendant à l'amélioration de la situation des victimes d'accidents de la circulation et à l'accélération des procédures d'indemnisation et n'ont pas pour origine un acte de chasse ou de destruction des animaux susceptibles d'occasionner des dégâts;
2° Ces faits:
-soit ont entraîné la mort, une incapacité permanente ou une incapacité totale de travail personnel égale ou supérieure à un mois;

a sufragar[786]. Para ello, la misma deberá presentar su solicitud de indemnización en el plazo máximo de tres años tras la comisión del delito o de un año tras la sentencia firme dictada por un tribunal penal (art. 706-5 CPP). Por lo tanto, no se requiere la denuncia previa de la víctima de trata o la celebración de un procedimiento penal para que esta pueda ser resarcida por los daños sufridos.

Los CIVI[787] actúan como una especie de árbitro entre las pretensiones indemnizatorias de la víctima -o su defensa legal- y las del Fondo de Garantía -responsable de la justa distribución del dinero público-, debiendo resolver las situaciones de desacuerdo entre ambas partes. Y es que, tras la presentación de la solicitud, el FGTI cuenta con dos meses para formular una propuesta de compensación a la víctima. Si esta la acepta, el acuerdo se envía al presidente del CIVI para su homologación, adquiriendo así fuerza ejecutiva. Sin embargo, si la victima está disconforme, puede solicitar una nueva oferta y, de persistir el desacuerdo entre las partes, el procedimiento se judicializa. Así, el CIVI, tras examinar el expediente correspondiente y realizar las indagaciones oportunas, pudiendo celebrar cuantas audien-

---

-soit sont prévus et réprimés par les articles 222-22 à 222-30, 224-1 A à 224-1 C, 225-4-1 à 225-4-5, 225-5 à 225-10, 225-14-1 et 225-14-2 et 227-25 à 227-27 du code pénal;
3° La personne lésée est de nationalité française ou les faits ont été commis sur le territoire national".

786 Esto es así en relación con los delitos graves como el de trata de seres humanos. Sin embargo, en relación con los delitos leves contra la vida y la integridad física o los delitos contra la propiedad, la indemnización está limitada por un máximo de 4.575€.

787 Estos son juzgados civiles creados en 1983 con la pretensión inicial de compensar daños hasta ese momento no cubiertos, ya sea porque el autor era desconocido o insolvente, ya porque los hechos podían no estar cubiertos por otras organizaciones (seguridad social, seguros, mutuas). *Vid.* JAKŠIĆ, M y RAGARU, N.: "Réparer l'exploitation sexuelle. Le dispositif d'indemnisation des victimes de traite en France", *Cultures & Conflits, op. cit.*, p. 127.

cias se reporten útiles, es quien decide sobre la concesión de indemnización a la víctima (arts. 706-5-1 y ss. CPP).

En relación con este segundo sistema -CIVI- se ha advertido como los frecuentes desacuerdos entre las partes, que se manifiestan a través de ofertas, contraofertas y recursos varios, contribuyen a la dilatación del proceso de indemnización cuya duración media se sitúa entorno a los cinco años. También se ha dicho que, cuando se trata de víctimas de trata -especialmente con fines sexuales-, la destinación de dinero a su compensación, lejos de ser neutral, se halla especialmente controlada, racionada e incluso moralizada[788].

Al respecto, es también destacable la labor realizada por *Le Comité Contre l'Esclavage Moderne* (CCEM) que, desde su creación en 1994, se ha convertido en un referente en la lucha contra todas las formas de esclavitud, servidumbre y trata de personas con fines de explotación laboral en Francia. Entre sus funciones, ofrece asesoramiento jurídico a las víctimas, habiendo participado en casos tan trascendentes como el *Siliadin* vs. Francia y el CN y V. vs. Francia ante el TEDH[789]. Así, entre otras, ayuda a las víctimas para que estas

---

788 *Vid. Ibidem*, p. 140. De hecho, se han constatado supuestos de denegación de compensación a víctimas de trata destinadas a la prostitución y que, además, residían ilegalmente en territorio francés alegando que "*para ser indemnizada, la pérdida de oportunidad debe ser al menos cierta y real. (...) Cuando llegó a Francia, la Srta. O. no hablaba nuestro idioma y me cuesta entender cómo en esas condiciones podría haber ejercido una profesión que le proporcionara unos ingresos de siquiera 500 euros al mes*" (p. 139). En sentido similar, sobre el papel que juegan las emociones, los valores y estereotipos a la hora de traducir el sufrimiento de estas víctimas en un importe dinerario, *vid.* DARLEY, M.: "La traite saisie par les institutions: entre contrôle des frontières et gouvernement des sexualités", *Cultures & Conflits*, vol. 122, nº 2, 2021, p. 15.

789 Sobre la labor del CCEM en apoyo a las víctimas de trata y, en particular, sobre su implicación en los procedimientos penales, *vid.* O'DY, S.: "Accompagner les victimes. Regard sur l'activité judiciaire", *Les Cahiers de la Justice*, vol. 2, núm. 2, 2020, pp. 265-275. En sentido contrario, se ha achacado el desconocimiento de las ONG y entidades asistenciales

puedan beneficiarse de las indemnizaciones que les son reconocidas, auxiliándolas en sus reclamaciones ante el CIVI o el SARVI.

b. Alemania

Más limitadas son las opciones de las víctimas de trata a efectos indemnizatorios en territorio alemán. Pues, junto a la posibilidad de ejercer sus pretensiones resarcitorias contra el autor del delito en el procedimiento penal (§ 403 y ss. StPO) [790] mediante el proceso de adhesión (*adhäsionsverfahren*)[791], cualquier víctima

---

sobre el proceso de reparación, dada su focalización en brindar apoyo social y administrativo a las víctimas. *Vid.* JAKŠIĆ, M y RAGARU, N.: "Réparer l'exploitation sexuelle. Le dispositif d'indemnisation des victimes de traite en France", *Cultures & Conflits, op. cit.,* p. 128.

790 Al respecto, *vid.* MOSQUERA BLANCO, A.J.: "La acción penal y civil *ex delicto* en el Derecho Procesal español y comparado. Un análisis crítico", *Revista General de Derecho Procesal,* vol. 56, 2022, p. 18.

791 Sin embargo, parece que la acumulación de las pretensiones civiles al proceso penal no es una práctica frecuente en el país germano, dada la falta de aliciente al respecto por parte de los abogados y por la facultad del Tribunal de denegar dicha adhesión por entender que la misma podría dilatar o complicar significativamente el proceso penal (art. 406 StPO). *Vid.* ESER, A.: "La víctima en el proceso penal. Tendencias internacionales desde el punto de vista alemán", *Symposium Internacional sobre la Transformación de la Justicia Penal en la República Argentina,* 1989, pp. 183 y 184. En sentido similar, MOSQUERA BLANCO, A.J.: "La acción penal y civil *ex delicto* en el Derecho Procesal español y comparado. Un análisis crítico", *Revista General de Derecho Procesal, op. cit.,* p. 18. Una breve guía explicativa sobre el funcionamiento del proceso de adhesión en aras a determinar la compensación de la víctima en el proceso penal, puede encontrarse en MINISTERIUM DER JUSTIZ DES LANDES NORDRHEIN-WESTFALEN: *Das Adhäsionsverfahren. 2 in 1: Schadensersatz im Strafprozess,* Ministerium der Justiz des Landes Nordrhein-Westfalen, Düsseldorf, 2018, pp. 1-8. Al respecto, *vid.* también, VOLK, K., AMBOS, K., PLANCHADELL GARGALLO, A., BELTRÁN MONTOLIU, A. y MADRID

que haya sufrido daños en su salud como resultado de un acto violento intencionado puede solicitar una indemnización estatal en virtud de la *Opferentschädigungsgesetz* (en adelante, OEG)[792] o Ley de compensación a las víctimas de delitos violentos.

El acceso a estas indemnizaciones con cargo a un fondo público es mucho más restrictivo que en el caso francés, por cuanto no solo pueden acogerse a él únicamente las víctimas de trata que hayan sufrido agresiones físicas o sexuales, sino porque la concesión de la compensación se halla estrechamente vinculada a la colaboración de la víctima con la investigación y enjuiciamiento de los hechos. Esto es así hasta el punto de que si la víctima *"no ha hecho todo lo posible para esclarecer los hechos y procesar al autor, informando inmediatamente del asunto a la autoridad responsable de la persecución penal"*, podrá denegársele dicha prestación (§ 2.2 OEG)[793]. No obstante, de cumplirse con las anteriores condiciones, la víctima será indemnizada por los daños físicos y psíquicos que afecten a su salud, además de por los daños económicos derivados. No así por el daño moral sufrido, ni por los

---

BOQUÍN, C.M.: *Derecho procesal penal alemán y español*, Publicacions de la Universitat Jaume I, Castelló de la Plana, 2023, pp. 560 y ss.

792 Si bien se ha apuntado que dicha ley, más que equipararse a un verdadero resarcimiento civil de las víctimas como el que recibirían por parte de su ofensor, equivale a una prestación social que ofrece el Estado a quien haya sufrido graves perjuicio para su salud como consecuencia de un hecho violento, como consecuencia de esa función protectora del Estado respecto a sus ciudadanos. *Vid.* ESER, A.: "La víctima en el proceso penal. Tendencias internacionales desde el punto de vista alemán", *Symposium Internacional sobre la Transformación de la Justicia Penal en la República Argentina, op. cit.*, p. 184.

793 En virtud del apartado (1) del art. 2 OEG, igualmente se podrá denegar la indemnización a la víctima cuando el daño haya sido provocado por la misma o venga motivado por su comportamiento. En particular, su participación activa en conflictos políticos o militares en su país de origen o la participación en el crimen organizado motivaran la denegación de esta compensación.

daños materiales, a excepción de algunos elementos como gafas, lentes de contacto o dentaduras postizas (§1 OEG). El alcance y la cuantía indemnizatoria se establecen de conformidad con la Ley Federal de Pensiones (*Bundesversorgungsgesetz* o BVG).

c. *Italia*

En la República italiana, donde el Ministerio Fiscal goza del monopolio de la acción penal, se reconoce también la posibilidad de la víctima de acumular la acción civil de indemnización de daños y perjuicios al proceso penal, en virtud de los arts. 74 y ss. del *Codice di procedura penale* de 1988 (en adelante, CPPi)[794]. Sin embargo, tanto el fiscal, como el imputado y el responsable civil pueden oponerse a dicha solicitud, siendo el juez el encargado de resolver sobre la admisión o exclusión de la misma (art. 80 CPPi). Será el órgano jurisdiccional también el que, al dictar sentencia condenatoria, se pronuncie sobre las pretensiones indemnizatorias solicitadas. Al respecto, el tribunal puede ordenar al condenado y al responsable civil el pago de una indemnización por los daños y perjuicios determinada (art. 538 CPPi) o bien, cuando no sea posible determinar el valor de los daños ocasionados, podrá reconocer de forma genérica el derecho de la víctima a ser indemnizada, debiendo recurrirse a un posterior proceso civil para delimitar el alcance de dicha responsabilidad (art. 539 CPPi).

---

794 Concretamente, el artículo 74 CPPi establece que "*L'azione civile per le restituzioni e per il risarcimento del danno di cui all'articolo 185 del codice penale può essere esercitata nel processo penale dal soggetto al quale il reato ha recato danno ovvero dai suoi successori universali, nei confronti dell'imputato e del responsabile civile*". A este fin, debe presentarse ante la secretaría del órgano jurisdiccional que conozca del procedimiento penal o en la vista un escrito de adhesión de la acción civil en el que se contengan los datos del solicitante, del acusado contra el que se dirige la misma, una exposición de los motivos que la justifiquen, y los datos del abogado designado, que deberá firmar dicho escrito (art. 78 CPPi).

En los supuestos de trata de personas, el reconocimiento del derecho a la indemnización de estas víctimas en sede judicial no es una práctica frecuente, como tampoco lo son las condenas por este delito[795]. De hecho, se ha instado a las autoridades italianas a tomar medidas que garanticen el acceso efectivo a la compensación de las víctimas de TSH, debiendo reforzar los derechos de información[796] y de asistencia jurídica y legal, además de eliminar ciertas restricciones como la exigencia de acreditar unos ingresos inferiores al umbral legalmente fijado[797].

En aquellos casos en que la víctima no consiga ser resarcida por su tratante, podrá solicitar una indemnización al Estado. Concretamente, tras la aprobación del Decreto Legislativo nº 24, de 4 de marzo de 2014[798], se estableció un sistema de in-

---

795 *Vid.* ASSOCIAZIONE PER GLI STUDI GIURIDICI SULL'IMMIGRAZIONE (ASGI): *Main relevant issues with regard to the Italian legislation in defense of victims of trafficking*, p. 3, disponible en: https://file.asgi.it/1_0013_tratta_onu_asgidocumenti.pdf

796 Los cuales se han visto reforzados a raíz de la introducción del art. 90 *bis* CPPi mediante el Decreto Legislativo nº 212, de 15 de diciembre de 2015, por el que se implementa la Directiva 2012/29/UE relativa a las normas mínimas sobre los derechos, el apoyo y la protección de las víctimas de delitos. Según el referido precepto, tras el primer contacto con la fiscalía, la víctima deberá ser informada en un lenguaje comprensible sobre la posibilidad de reclamar una indemnización por los daños y perjuicios ocasionados por el ilícito penal, entre otros aspectos.

797 Prueba de medios que se presenta particularmente compleja en el caso de las víctimas extranjeras, puesto que deben demostrar sus ingresos en Italia y en su país de origen. *Vid.* GRETA: *Report concerning the implementation of the Council of Europe Convention on Action against Trafficking in Human Beings by Italy. Second evaluation round,* Council of Europe, Strasbourg, 2019, p. 50.

798 Aprobado como consecuencia de la Directiva 2011/36/UE relativa a la prevención y la lucha contra la trata de seres humanos, fue publicado en la *Gazzeta Ufficiale* núm. 60, del 13 de marzo 2014, y entró en vigor el 28 de marzo de ese mismo año.

demnización y reparación específico para las víctimas de trata (art. 6). Desde entonces, el art. 12 de la *Legge* 228 de 2003, sobre "*misure contro la tratta di persone*" prevé la operatividad del *Fondo per le misure anti-tratta* destinado a financiar los programas de asistencia e integración social de las víctimas y a garantizar su indemnización. Sin embargo, el *quantum* indemnizatorio está limitado a los 1.500€ por víctima (art. 12.3) y condicionado a la disponibilidad financiera del Fondo. Así, si no hubiera recursos suficientes para satisfacer las solicitudes de compensación aceptadas, estas se imputan al año económico siguiente con carácter preferente a las solicitudes formuladas durante ese ejercicio[799].

Para acceder a dicha indemnización, la víctima debe presentar su solicitud ante la *Presidenza del Consiglio dei ministri* dentro de los cinco años siguientes a la sentencia condenatoria firme o en el plazo de un año tras el auto de sobreseimiento del proceso -en caso de desconocerse el autor del delito- (art. 12.3-quater). Para satisfacer estas indemnizaciones, la *Presidenza* se subroga en el derecho de la víctima frente al condenado al pago de la indemnización por daños y perjuicios; además, se asigna también al Fondo en cuestión el producto decomisado por los delitos de *riduzione o mantenimento in schiavitù o in servitù* (art. 600), *tratta di persone* (art. 601), *acquisito e alienazione di schiavi* (art. 602), *intermediazione illecita e sfruttamento del lavoro* (art. 603.bis) y la asociación delictiva para cometer los anteriores ilícitos (art. 416 párr. 6). Sin embargo, a pesar de las buenas intenciones que reviste esta iniciativa, se ha puesto en entredicho su utilidad denunciando

---

799 Al respecto, cabe decir que, de conformidad con la Ley nº 197, de 29 de diciembre de 2022, por la que se dispone el presupuesto del Estado para el ejercicio 2023, se aumentaron los recursos asignados al *Fondo per le misure anti-tratta* en un importe de 2.000.000€ y, a partir de 2004, de otros 7.000.000€ (art. 1, apartado 339).

que, desde su puesta en funcionamiento en 2014, el Fondo italiano todavía no habría indemnizado a ninguna víctima de trata[800].

Dadas las limitaciones del *Fondo per le misure anti-tratta* -especialmente el establecimiento de un tope máximo de 1.500€-, algunas víctimas de trata podrían optar a solicitar la indemnización pública concedida por el Estado ante la comisión de un delito doloso violento[801]. La finalidad de dicha indemnización

---

800 *Vid.* RONDI, L.: «L'Italia continua a non garantire indennizzi alle persone vittime di tratta degli esseri umani», *Altreconomia*, [24 de abril de 2023]. Disponible en: https://altreconomia.it/litalia-continua-a-non-garantire-indennizzi-alle-persone-vittime-di-tratta-degli-esseri-umani/. También se indica que tan sólo se formuló una única solicitud en 2017, que terminó siendo rechazada en GRETA: *Report concerning the implementation of the Council of Europe Convention on Action against Trafficking in Human Beings by Italy. Second evaluation round, op. cit.*, p. 52.
De hecho, el Comité de las Partes del Consejo de Europa, en sus últimas recomendaciones dirigidas a la República italiana, hace hincapié en la necesidad de establecer un sistema estatal de indemnización al que puedan acceder de forma efectiva las víctimas de la trata, independientemente de su nacionalidad y estatus migratorio, debiendo revisar la cuantía máxima de 1.500 euros para garantizar que se corresponde con el daño real sufrido por las víctimas. También aconseja hacer pleno uso de la legislación vigente sobre embargo preventivo y decomiso de bienes para garantizar la indemnización a las víctimas de la trata. *Vid.* COMMITTEE OF THE PARTIES: *Recommendation CP/Rec(2019)02 on the implementation of the Council of Europe Convention on Action against Trafficking in Human Beings by Italy*, Council of Europe, Strasbourg, 2019, p. 4.

801 Incluyéndose expresamente también a las víctimas de los delitos de intermediación ilícita y explotación laboral (*intermediazione illecita e sfruttamento del lavoro*) del artículo 603 *bis* del *Codice Penale*, a excepción de los delitos de agresión (*percosse*) y lesiones físicas (*lesioni*) previstos en los artículos 581 y 582 del mismo Código, a menos que concurran las circunstancias agravantes previstas en el artículo 583 (es decir, si el delito produce las consecuencias muy graves que allí se enumeran). Así se dispone en el art. 11 de la Legge 7 luglio 2016, n. 122 (GU Serie Generale n.158, de 08-07-2016).

es resarcir a las víctimas[802] -o sus familiares, en caso de muerte- por los gastos médicos y asistenciales en los que incurrió a causa del delito hasta un máximo de 15.000€[803]. Excepcionalmente, se concede un importe indemnizatorio fijo[804] en supuestos de homicidio (50.000€)[805], agresión sexual (25.000€) o cuando se hubieran ocasionado lesiones corporales muy graves o deformidades en el rostro (25.000€). La correspondiente solicitud debe presentarse dentro de los sesenta días posteriores a la resolución en la que se determine que el delito fue cometido por una o más personas no identificadas, a la última actuación del procedimiento de ejecución infructuoso o a la fecha en la que la sentencia condenatoria haya adquirido firmeza. Siempre que la víctima cumpla los anteriores requisitos, y no haya sido previamente indemnizada por el infractor u otras fuentes públicas, recibirá la correspondiente indemnización con cargo al *Fondo di rotazione per la solidarieta' alle vittime dei reati di tipo mafioso, dei reati intenzionali violenti e per gli orfani dei crimini domestici* -gestionado por el *Ministero dell'Interno*-. No obstante, igual que ocurre con

802 Siempre y cuando no hubieran participado del delito o fueran cómplices de otros delitos vinculados, vetándose también esta indemnización a aquellas víctimas condenadas por sentencia firme por la comisión de determinados delitos -como el homicidio, robo, terrorismo, esclavitud, pornografía infantil, trata de personas, agresión sexual, evasión fiscal, entre otros- o que tuvieran un procedimiento penal abierto por alguno de esos ilícitos.

803 Dichos importes vienen establecidos por el art. 1 del *Decreto 22 novembre 2019 del Ministero dell'Interno, relativo alla determinazione degli importi dell'indennizzo alle vittime dei reati intenzionali violenti* (GU Serie Generale n.18 del 23-01-2020).

804 Que, a su vez, puede incrementarse hasta en 10.000€ en aras a reembolsar los gastos médicos y asistenciales documentados.

805 Importe que asciende hasta los 60.000€ en caso de que el autor de los hechos fuera el cónyuge de la víctima -aún estando separados o divorciados- o una persona con la que mantuviera o hubiere mantenido una relación de afectividad.

el *Fondo per le misure anti-tratta*, el pago de la compensación queda condicionado al presupuesto disponible en el año en curso.

d. Países Bajos

La posición legal de la víctima (*slachtoffer*) en el procedimiento penal neerlandés se regula en el título III.A (artículos 51.a y ss.) del Código Procesal Penal (*Wetboek van Strafvordering*, en adelante WvS)[806]. Por cuanto se refiere a la compensación victimal, desde que en 1993 se aprobara la *Criminal Justice Injuries Compensation Act*, la víctima puede unirse al proceso en la fase anterior al juicio o durante la fase judicial como parte perjudicada por el delito pudiendo solicitar su pretensión indemnizatoria al infractor[807], sin que sea necesario recurrir a un posterior juicio civil. Pueden reclamarse tanto daños materiales -incluido el impago de salario en los supuestos de TSH laboral o de las ganancias generadas con la TSH sexual[808]- como inmateriales -más relacionados con el daño generado a la víctima-, sin que haya una cantidad máxima a solicitar establecida. Para ello, se requiere

---

806 Este título se divide en dos capítulos separados, en el primero de los cuales se regulan los derechos de las víctimas, mientras que en el segundo se refiere a la compensación por los daños sufridos como "injured party" (*benadeelde partij*).

807 Las víctimas son representadas por un abogado en el proceso penal que es quien se encarga de solicitar la indemnización en nombre de su las mismas. De hecho, no es necesario que la víctima se encuentre en Países Bajos para poder solicitar su compensación. *Vid.* GRETA: *Evaluation report. Netherlands. Third evaluation Round. Access to justice and effective remedies for victims of trafficking in human beings, op. cit.*, p. 22.

808 A modo de ejemplo, el Tribunal de Distrito de Ámsterdam, en su sentencia de 8 de octubre de 2020, concedió a dos víctimas de trata un total de 427.815€ en concepto de daño material por las ganancias no percibidas en los 7 años que fueron explotadas en la prostitución. Ref. ECLI:NL:RBAMS:2020:4875 (Procesos acumulados 13/728190-15 (A) y 13/730065-17 (B)).

que el individuo haya resultado directamente perjudicado por el delito (art. 51.f-1 WvS), o bien se trate de los herederos de la víctima fallecida como consecuencia del delito (art. 51.f-2 WvS). Para realizar dicha solicitud debe presentarse un formulario ante el Fiscal (fase prejuidicial) o el Tribunal (fase judicial) con los datos personales de la víctima, los motivos y el contenido de la reclamación, pudiendo previamente consultar los expedientes policiales del caso y pudiendo contar con el asesoramiento de un abogado[809]. No obstante, dicha reclamación puede ser desestimada, según el art. 361.3 WvS, cuando imponga una carga desproporcionada al proceso penal, en cuyo caso la víctima se verá abocada a incoar el correspondiente procedimiento civil[810].

Para evitar que dicha compensación devenga imposible por falta de voluntad del infractor, el tribunal puede imponer una suspensión parcial de la sentencia condicionada al pago de una indemnización (art. 14c-2 WS) o puede imponer una "orden de compensación" (art. 36f WS)[811], siendo estas últimas ejecutadas

---

809 *Vid.* VAN KEMPEN, P., KRABBE, M. y BRINKHOFF, S.: *The Criminal Justice System of the Netherlands. Organization, substantive criminal law, criminal procedure and sanctions*, *op. cit.*, pp. 97 y ss.

810 Si bien se ha alertado sobre las dificultades que experimentan las víctimas para ser efectivamente resarcidas a través de la vía civil dada la duración, el coste económico del proceso y la carga de la prueba exigidos. *Vid.* INTERNATIONAL LABOUR ORGANIZATION (ILO): *Access to protection and remedy for human trafficking victims for the purpose of labour exploitation in Belgium and the Netherlands*, ILO, Bruxelles, 2021, p. 8. Además, no hay constancia de que ninguna víctima de trata haya recurrido a los tribunales civiles neerlandeses en busca de compensación. *Vid.* CUSVELLER, J, y KLEEMANS, E.: "Fair compensation for victims of human trafficking? A case study of the Dutch injured party claim", *International Review of Victimology*, vol. 24, nº 3, 2018, p. 299.

811 La orden de compensación, que también puede imponerse *ex officio*, es considerada una sanción penal por la que se requiere al condenado el pago de una determinada cuantía a la víctima. *Vid.* CUSVELLER, J, y KLEEMANS, E.: "Fair compensation for victims of human tra-

por el Estado. Así, desde 2016[812] el Estado paga a la víctima la cantidad adeudada en caso de que el condenado por un delito grave no cumpla con su obligación relativa a la orden de compensación dentro de los 8 meses siguientes, recuperando posteriormente esa cantidad del infractor. Dicho pago estatal está limitado a un máximo de 5.000€, salvo que se trate de víctimas de delitos violentos o sexuales, en cuyo caso la cantidad a pagar no está sujeta a límites, debiendo satisfacer el importe total de su indemnización[813].

No obstante lo anterior, se ha alertado como son muy pocas las víctimas de trata que hacen uso de este derecho y recurren a los juzgados penales neerlandeses solicitando una compensación -concretamente, en torno al 4% del total de víctimas de trata registradas-. Los posibles motivos que podrían explicar estas cifras irrisorias tienen que ver con el miedo que experimentan las víctimas, la falta de información y de asesoramiento jurídico-legal al respecto, así como el bajo índice de procedimientos penales que se incoan por este delito. Pero, incluso en aquellos supuestos en los que la víctima formula estas solicitudes, menos del 20% terminan siendo completamente reconocidas[814].

---

fficking? A case study of the Dutch injured party claim", *International Review of Victimology*, *op. cit.*, p. 299.

812 Desde 2011 dicho derecho se reconocía a las víctimas de delitos violentos o sexuales y a sus familiares, sin embargo, en 2016 se reconoció dicha facultad a víctimas de otros delitos.

813 *Vid.* VAN KEMPEN, P., KRABBE, M. y BRINKHOFF, S.: *The Criminal Justice System of the Netherlands. Organization, substantive criminal law, criminal procedure and sanctions*, *op. cit.*, pp. 97 y ss.

814 De hecho, del estudio de 190 casos de trata llevados a cabo entre 2013 y 2014, se observa como las víctimas de la trata de seres humanos que presentaron una reclamación por daños y perjuicios recibieron, de media, la mitad de la cantidad que reclamaban. Las reclamaciones rara vez se concedieron en su totalidad; y las que se concedieron en su totalidad, fueron por importes sustancialmente inferiores a la media. Además, se constató una disparidad de criterios en relación con casos esencialmente similares. *Vid.* CUSVELLER, J, y KLEEMANS, E.: "Fair compensation for

Subsidiariamente, las víctimas de trata podrían solicitar una indemnización por las lesiones físicas o psíquicas sufridas al Fondo de compensación de lesiones criminales (*Schadefonds Geweldmisdrijven*) siempre que se trate de un delito doloso violento cometido en territorio neerlandés, con independencia de su nacionalidad o situación administrativa en Países Bajos. Dicha solicitud puede formularse dentro de los 10 años posteriores a la comisión del delito violento, siempre que no se haya recibido compensación alguna por el agresor o el seguro. Desde julio de 2019, las víctimas de cualquier tipo de trata pueden solicitar dicha indemnización sin necesidad de ser reconocidos oficialmente como víctima de TSH y con independencia de la existencia o resultado del eventual proceso penal[815].

e. Reino Unido

Las víctimas de trata en Inglaterra y Gales pueden ejercer su derecho a la indemnización a través de distintas vías, tanto judiciales como extraprocesales[816].

---

victims of human trafficking? A case study of the Dutch injured party claim", *International Review of Victimology*, *op. cit.*, p. 307.

815 *Vid.* GRETA: *Evaluation report. Netherlands. Third evaluation Round. Access to justice and effective remedies for victims of trafficking in human beings*, *op. cit.*, p. 23.

816 La facultad del juez de imponer una orden de reparación en casos de trata de seres humanos está igualmente reconocida en el art. 10 de la *Human Trafficking and Exploitation Act* (2015) de Irlanda del Norte, sin perjuicio de la posibilidad de acudir a los Tribunales civiles o de ser indemnizadas con cargo a fondos públicos a través del *Northern Ireland Criminal Injuries Compensation Scheme*. En Escocia, si bien no se regula una orden de compensación específica para estos casos, de conformidad con su legislación procesal (*Criminal Procedure Act* de 1995), los jueces pueden reconocer ordenar dicha compensación en aras a indemnizar a la víctima del delito, sin perjuicio de que ésta pueda interponer la correspondiente demanda civil.

En el marco del procedimiento penal, la *Sentencing Act 2020* permite al juez la concesión de una indemnización (*compensation order*) por los daños y perjuicios derivados del delito en los casos de condena (arts. 133 y ss.). Para ello, se requiere que la víctima preste declaración como testigo. Y, en cuanto a la indemnización, si bien el importe es ilimitado -salvo que el infractor sea menor de edad[817]-, el *quantum* debe establecerse de conformidad con las circunstancias financieras del condenado (art. 135.3).

Las víctimas de trata -y de esclavitud-, además, tienen reconocida una orden de reparación específica, conocida como *Slavery and Trafficking Reparation Order*, en virtud del art. 8 MSA[818]. Dicho precepto permite a los tribunales ordenar al condenado por un delito de trata a pagar una indemnización a sus víctimas por los daños y perjuicios ocasionados, siempre que se haya dictado contra aquél una orden de decomiso[819]. Esa vinculación de la orden de reparación respecto a la orden de decomiso implica que el importe concedido en virtud de la primera no puede exceder el importe de la segunda (art. 9.4 MSA), quedando su efectividad condicionada a que el acusado tenga bienes realizables. En cualquier caso, el *quantum* debe establecerse en función de la capacidad económica del

---

817 En este caso, el art. 139 de la *Sentencing Act* limita la responsabilidad económica del menor a un máximo de 5.000 libras por cada delito principal cometido.

818 Se ha criticado, sin embargo, que no existe ninguna disposición en la MSA que permita a las víctimas de trata solicitar la reparación por los daños causados a una empresa. *Vid.* JOINT COMMITTEE OF HUMAN RIGHTS (JCHR): *Human Rights and Business 2017: Promoting Responsibility and Ensuring Accountability*, JCHR, London, 2017, p. 56, párr. 181; MANTOUVALOU, V.: "The UK Modern Slavery Act 2015 Three Years On", *The Modern Law Review, op. cit.*, p. 1041.

819 El Tribunal debe considerar la posibilidad de dictar esta orden de reparación incluso si la fiscalía no la ha solicitado, debiendo motivar asimismo su decisión de no dictarla. *Vid.* MANTOUVALOU, V.: "The UK Modern Slavery Act 2015 Three Years On", *The Modern Law Review, op. cit.*, p. 1034.

condenado (art. 8.5 MSA) hasta el punto de que, si este no pudiera hacer frente a la eventual multa y orden de reparación impuestas por el tribunal, esta última tiene carácter preferente (art. 8.6 MSA).

Alternativamente, la víctima puede optar por recurrir a la vía civil para formular su pretensión compensatoria[820]. Sin embargo, como sucediera en el caso neerlandés, esta vía suele reputarse compleja dada la dilatación de estos procesos y el coste económico en el que la víctima debe incurrir[821]. Del mismo modo, las víctimas de trata sometidas a trabajos forzosos o servidumbre doméstica pueden recurrir a los tribunales del orden social para exigir una compensación por el impago de salarios o la insuficiencia de los mismos, calculándose el valor del lucro cesante en base al salario mínimo nacional[822], aunque esta opción tampoco se halla exenta de obstáculos[823].

---

820 Cabe recordar que, durante la tramitación del MSA, el Gobierno rechazó la propuesta de introducir un nuevo recurso civil general por considerarlo innecesario y redundante en tanto que las acciones existentes en materia de responsabilidad civil serían suficientes para garantizar el derecho a la indemnización de las víctimas de la esclavitud moderna. *Vid.* MANTOUVALOU, V.: "The UK Modern Slavery Act 2015 Three Years On", *The Modern Law Review*, *op. cit.*, p. 1033.

821 *Vid.* GRETA: *Evaluation Report. United Kingdom. Third evaluation report. Access to justice and effective remedies for victims of trafficking in human beings*, Council of Europe, Strasbourg, 2021, p. 36.

822 En 2023, el salario mínimo fijado para los mayores de 23 años es de £10,42/hora; de £10,18/hora en caso de adultos entre los 21 y 22 años; de £7,49/hora para los jóvenes de entre 18 y 20 años; y de £5,28/hora en el caso de los menores de entre 16 y 17 años.

823 Al respecto, se ha achacado que las demandas ante los tribunales laborales son largas y complejas. Además, la limitación impuesta por el Reglamento de 2014 sobre Deducción de Salarios impide a las víctimas obtener más de dos años adeudados en concepto de Salario Mínimo, aunque hayan cobrado poco o nada durante varios años. Finalmente, los tratantes suelen acogerse a la llamada *Family Worker Exemption* and *live-in domestic workers exemption'*, en cuya virtud los trabajadores familiares y los trabajadores domésticos internos no tienen derecho a recibir el salario mínimo, ni pago alguno, si el trabajador es "tratado

Cuando las anteriores vías resulten infructuosas, la víctima puede ser indemnizada por el Estado mediante el *Criminal Injuries Compensation Scheme* (CICS)[824]. Sin embargo, para poder acceder a esa compensación pública la víctima de trata, además de haber sido identificada como tal por el NRM y de cooperar con la investigación de los hechos, deberá demostrar el padecimiento de lesiones físicas o psíquicas derivadas de un delito violento cometido en el Reino Unido, debiendo presentar dicha solicitud en los dos años siguientes a la comisión del ilícito. Por el contrario, no se exige que la víctima sea nacional o cuente con un permiso de residencia, ni siquiera que se encentre físicamente en el Reino Unido. En cuanto al importe indemnizatorio, este se establece en función de la gravedad del perjuicio sufrido con un límite máximo de 500.000£. Las principales dificultades aquí radican en la falta de asistencia jurídica gratuita para formular este tipo de reclamaciones o impugnarlas -aunque no requieren la intervención de abogado-, el escueto plazo de dos años para reclamar -especialmente teniendo en cuenta que previamente la víctima debe haber sido referida al NRM-, la carga de la prueba en cuanto al daño sufrido -especialmente, el psicológico-, la insuficiencia de la indemnización reconocida y el pago tardío de la misma[825].

---

como un miembro de la familia". Dificultades parecidas se encuentra la víctima extranjera irregular cuando decide presentar una reclamación contractual contra su empleador, pues éste suele valerse de la "illegality defence" para solicitar la desestimación de la demanda por cuanto el trabajador carece de la autorización necesaria para trabajar y, por ende, la relación laboral debe ser considerada nula. *Vid.* GRETA: *Evaluation Report. United Kingdom. Third evaluation report. Access to justice and effective remedies for victims of trafficking in human beings, op. cit.*, pp. 36 y 37; MANTOUVALOU, V.: "The UK Modern Slavery Act 2015 Three Years On", *The Modern Law Review, op. cit.*, p. 1035.

824 De aplicación en Inglaterra, Gales y Escocia.

825 Así, de las 137 solicitudes presentadas por las víctimas de trata en un período de 2 años, sólo 8 recibieron algún tipo de compensación. *Vid.* GRETA:

V. CONCLUSIONES PARCIALES

A lo largo del presente capítulo ha podido constatarse como todos los Estados objeto de este estudio comparativo han cumplido con las principales obligaciones sancionatorias para afrontar la TSH como una manifestación de la criminalidad económica que dimanan del marco normativo internacional y europeo sobre el particular. Sin embargo, también ha podido apreciarse que el grado de cumplimiento de tales obligaciones por parte de los Estados analizados no ha sido uniforme, ni en términos cuantitativos ni cualitativos, existiendo importantes divergencias en el modo en que se han implementado dichos deberes a los respectivos ordenamientos nacionales. Pese a dichas divergencias, algunos de los instrumentos jurídicos implementados por los países analizados pueden ser considerados como buenas prácticas normativas a las que conviene atender en la formulación de cualquier propuesta legislativa enderezada a afrontar la vertiente económica de la trata.

En este sentido, destacan especialmente los casos de Francia y Países Bajos ante la previsión de la pena de multa -que en los textos internacionales aparece como sanción facultativa, generalmente vinculada a la responsabilidad de los entes jurídicos- aplicable tanto a personas físicas como jurídicas.

Lo mismo ocurre en materia de responsabilidad corporativa pues, a pesar de no ser preceptiva su previsión de conformidad con el Convenio de Varsovia o la Directiva 2011/36/UE, los Estados han optado por su reconocimiento -ya sea en vía penal o administrativa- ante la comisión del delito de trata -entre otros-.

Junto a lo anterior, algunos países han ido incluso un paso más allá, apostando por la implementación de un sistema de autorregulación de las empresas en materia de protección de los derechos humanos y de las libertades fundamentales. Esto atendiendo a que

---

Evaluation Report. United Kingdom. Third evaluation report. Access to justice and effective remedies for victims of trafficking in human beings, op. cit., pp. 38 y 39.

el aumento del poder de determinadas empresas -con una influencia incluso superior a la de algunos Estados- las convierte en actores privilegiados en la lucha contra la trata. De los diferentes sistemas analizados, deben realzarse las legislaciones francesa y alemana que, al imponer una serie de obligaciones vinculantes orientadas a evitar que las corporaciones eludan su responsabilidad valiéndose de complejas estructuras jurídicas o de sus cadenas de suministros, imponen un nuevo modelo respecto a las normas voluntarias y la autorregulación empresarial que hasta ahora predominaba en el panorama internacional. De hecho, son en este tipo de iniciativas nacionales en las que parece haberse inspirado claramente la nueva Directiva de la UE 2024/1760 sobre diligencia debida (*vid. supra*).

Sin perjuicio de los anteriores esfuerzos, son muchas las deficiencias que se han detectado, poniendo en evidencia que las actuales estrategias se hallan lejos de ser perfectas. Aun así, tanto las prácticas exitosas como las principales dificultades en cuanto a su implementación son precisamente los parámetros que el legislador español debe tener en cuenta en orden a confeccionar una adecuada y necesaria aproximación económica a la trata.

Capítulo IV. La trata de seres humanos en el ordenamiento jurídico español como criminalidad económica: aspectos penales sustantivos

I. INTRODUCCIÓN

A lo largo de los capítulos IV, V y VI del presente trabajo, se abordará el delito de TSH en el ordenamiento jurídico español desde una vertiente sustantiva y procesal. La amplitud del tema objeto de estudio obliga a dividir el contenido de este bloque en tres capítulos. Así, mientras que en los dos primeros (Caps. IV y V) se abordarán los principales aspectos sustantivos y procesales que envuelven la actual configuración del delito de TSH, en el tercero (Cap. VI) se focalizará el análisis en los principales mecanismos sustantivo-procesales penales que permiten hacer frente a estas conductas delictivas desde una vertiente económica.

Los capítulos IV y V persiguen la contextualización sobre la aproximación al fenómeno de la trata adoptada por nuestro legislador hasta la fecha, la cual permitirá analizar posteriormente su abordaje como criminalidad económica (Capítulo VI). En este sentido, a lo largo de los capítulos IV y V se pretende hacer un repaso a las principales discusiones suscitadas por la doctrina española en relación con el análisis, configuración y persecución del delito en cuestión, poniendo de manifiesto las principales dificultades concernientes a la aplicación del tipo penal.

En lo concerniente al capítulo que ahora nos ocupa (IV), su pretensión no es realizar un profuso análisis jurídico del art. 177 *bis* CP y de su evolución a lo largo de estas dos últimas décadas[826], sino reflejar el estado de la cuestión sobre aquellos aspectos más relevantes concernientes a la tipicidad del delito. Con dicho fin, se incidirá en poner de manifiesto los principales déficits del actual enfoque, aun teniendo en cuenta el reciente Anteproyecto de Ley Orgánica integral contra la trata y la explotación de seres humanos, liderado por el Ministerio de Justicia y que difícilmente llegará a incorporarse al acervo normativo antes de la publicación de esta monografía.

Así, el presente capítulo se centrará en el análisis dogmático del delito de trata en el art. 177 *bis* de nuestro Código Penal (en adelante, CP) y su evolución normativa desde que se incriminara en 2010. En el mismo se hará referencia a algunas de las cuestiones que han generado mayor discusión doctrinal, tales como la determinación del bien jurídico, la configuración del tipo o los elementos que lo conforman. Igualmente se hará especial mención a la operatividad de algunos subtipos agravados e hiperagravados, así como a las relaciones concursales que se

---

[826] Un análisis pormenorizado del fenómeno de la TSH y su incriminación en el ordenamiento jurídico español puede encontrarse, entre otros, en VILLACAMPA ESTIARTE, C.: *El Delito de trata de seres humanos. Una incriminación dictada desde el derecho internacional, op. cit.*, pp. 354 y ss.; VILLACAMPA ESTIARTE, C. (Dir.): *La trata de seres humanos tras un decenio de su incriminación ¿Es necesaria una ley integral para luchar contra la trata y la explotación de seres humanos?, op. cit., passim*; PÉREZ ALONSO, E.: *Tráfico de personas e inmigración clandestina (un estudio sociológico, internacional y jurídico-penal)*, Tirant lo Blanch, Valencia, 2008; PÉREZ ALONSO, E.: "La trata de seres humanos en el derecho penal español", en VILLACAMPA ESTIARTE, C. (Coord.,), *La delincuencia organizada: un relato a la política-criminal actual*, Thomson-Reuters/Aranzadi, Cizur Menor, 2013; DAUNIS RODRÍGUEZ, A.: *El delito de trata de seres humanos, op. cit.*, 2013; GARCÍA SEDANO, T.: *El delito de trata de seres humanos: el artículo 177 bis del Código Penal*, Ed. Reus, Madrid, 2020.

derivan de la cláusula concursal *ad hoc* contenida en el 177 *bis* 9 CP, y como ambos elementos repercuten significativamente en el marco penológico del delito. Igualmente, se dedicarán algunas líneas a la interpretación de la cláusula de exclusión de responsabilidad penal del 177 *bis* 11 CP.

Por último, este análisis normativo y doctrinal se acompañará de las correspondientes referencias a algunas de las más trascendentes sentencias dictadas por el Tribunal Supremo (en adelante, TS) al respecto de los aspectos que han resultado problemáticos en el ámbito substantivo o dogmático.

II. LA TIPIFICACIÓN DE LA TRATA DE SERES HUMANOS EN EL ORDENAMIENTO JURÍDICO ESPAÑOL Y SU POSTERIOR EVOLUCIÓN LEGISLATIVA

1. Los motivos que impulsaron su incriminación.

Desde inicios de siglo, existe un cierto consenso en el ámbito internacional –y posteriormente, también europeo y comunitario- respecto a la delimitación entre dos fenómenos criminales que, aunque íntimamente relacionados, responden a realidades distintas. A saber, la trata de seres humanos (*trafficking in human beings*) y el tráfico ilícito de personas o inmigración clandestina (*smuggling of migrants*). Esto es así, especialmente, desde la aprobación de la Convención de las Naciones Unidas contra la Delincuencia Organizada Transnacional, de 15 de noviembre de 2020, a la que se adhieren sus dos respectivos protocolos: el Protocolo para prevenir, reprimir y sancionar la trata de personas (en adelante, Protocolo de Palermo) y el Protocolo contra el Tráfico de Migrantes, por tierra, mar y aire.

Este diferenciado abordaje normativo también se plasmó en el seno de la Unión Europea mediante la aprobación, por un lado, de la Decisión Marco 2002/629/JAI sobre trata de personas –que, posteriormente sería sustituida por la Directiva 2011/36/

UE- y, por el otro, de la Decisión Marco 2002/946/JAI, destinada a reforzar el marco penal para la represión de la ayuda a la entrada, a la circulación y a la estancia irregulares, complementada por la Directiva del Consejo 2002/90/CE, de 28 de noviembre.

Sin embargo, esa delimitación conceptual y normativa de los referidos fenómenos criminológicos no se había trasladado al ordenamiento jurídico español. Así, en 2010 el legislador español, mediante la reforma operada en el Código Penal por la Ley Orgánica 5/2010 (en adelante, LO 5/2010), decide incorporar al acervo punitivo el delito de TSH en el creado *ex novo* Título VII *bis,* conformado exclusivamente por el art. 177 *bis.* La tipificación autónoma e independiente de la trata de personas, más que responder a un vacío de punibilidad, puesto que algunos supuestos de trata eran reconducidos a otros tipos penales preexistentes, pretendía acabar de una vez por todas con la confusión entre TSH e inmigración clandestina[827], cumpliendo asimismo con las obligaciones internacionales asumidas y las exigencias de la doctrina y la jurisprudencia efectuadas en este sentido[828].

---

827 Confusión denunciada en reiteradas ocasiones, por todos, por VILLACAMPA ESTIARTE, C.: "El delito de trata de seres humanos", en QUINTERO OLIVARES, G (Dir.), *Comentarios al nuevo Código penal, 3ª edición,* Thomson Reuters-Aranzadi, Cizur Menor, 2004, pp. 1644 y ss.; VILLACAMPA ESTIARTE, C., "Consideraciones acerca de la reciente modificación del delito de tráfico de personas", *Revista Penal,* vol. 14, 2004, pp. 188-189; DE LEÓN VILLALBA, F.J., *Tráfico de personas e inmigración ilegal,* Tirant lo Blanch, Valencia, 2003, pp. 20 y ss.

828 Al respecto, *vid.* VILLACAMPA ESTIARTE, C.: *El Delito de trata de seres humanos. Una incriminación dictada desde el derecho internacional, op. cit.,* p. 355 y 362; PÉREZ ALONSO, E.: "La trata de seres humanos en el Derecho Penal español", en VILLACAMPA ESTIARTE (coord.), *La delincuencia organizada: un reto a la política-criminal actual, op. cit,* pp. 101 y ss.; PÉREZ CEPEDA, A.I.: *Globalización, tráfico internacional ilícito de personas y derecho penal, op. cit.,* pp. 23 y ss.; DAUNIS RODRÍGUEZ, A.: *El derecho penal como herramienta de la política migratoria,* Comares, Granada, 2009, pp. 42 y ss.

Precisamente, hace alusión a esa doble motivación la Exposición de Motivos de la LO 5/2010, que reconoce que "*el tratamiento penal unificado de los delitos de trata de seres humanos e inmigración clandestina que contenía el artículo 318 bis resultaba a todas luces inadecuado, en vista de las grandes diferencias que existen entre ambos fenómenos delictivos. La separación de la regulación de estas dos realidades resulta imprescindible tanto para cumplir con los mandatos de los compromisos internacionales como para poner fin a los constantes conflictos interpretativos*".

También su precedente, la memoria justificativa del Anteproyecto de Ley Orgánica, de 23 de julio de 2009[829], alude a la necesidad de armonizar nuestro ordenamiento de conformidad con lo dispuesto por la referida Decisión Marco 2002/629/JAI y el resto de compromisos internacionales –principalmente, el Protocolo de Palermo-. Sin embargo, parece que el detonante que impulsó realmente al legislador a acometer esta reforma fue la aprobación del Convenio de Varsovia sobre la lucha contra la trata de seres humanos, firmado en 2005 y ratificado por España en septiembre de 2009[830]. Pues, a pesar de que el Protocolo de Palermo estaba en vigor en España desde 2003 y las medidas previstas en la Decisión Marco de 2002 debían implementarse antes del 1 de agosto de 2004, en ninguna de las múltiples reformas que sufrió el Código Penal en esa década el legislador consideró oportuna la regulación separada de ambos fenómenos, dejando pasar sucesivamente la oportunidad de adecuar

829 Recuérdese que este Anteproyecto fue el resultado de incorporar algunas de las consideraciones realizadas por el CGPJ y el Consejo Fiscal en sus respectivos informes respecto a la primera versión de dicho Anteproyecto, de fecha 14 de noviembre de 2008. Dichas objeciones versaron principalmente sobre la descripción de la conducta típica y la definición de trata con fines de explotación laboral. Más detalladamente sobre este aspecto, véase VILLACAMPA ESTIARTE, C.: *El Delito de trata de seres humanos. Una incriminación dictada desde el derecho internacional, op. cit.*, pp. 365 y ss.

830 Así lo entiende VILLACAMPA ESTIARTE. *Vid. ibidem*, p. 362.

nuestra legislación a dichas exigencias[831]. Muestra de ello es que la transposición de la Decisión Marco de 2002 fue tan tardía que prácticamente terminó solapándose con la Directiva de 2011, por lo que algunos aspectos previstos en el proyecto de Directiva ya fueron tenidos en cuenta por nuestro legislador, mientras que otros se recogerían posteriormente mediante la reforma operada por la LO 1/2015[832].

2. El abordaje de la trata de seres humanos en el Código Penal y su evolución legislativa.

La TSH no era un fenómeno criminal nuevo ni extraño para nuestro legislador con anterioridad a su tipificación expresa en 2010. Ya nuestro Código Penal de 1995[833] regulaba entre los "Delitos contra los derechos de los trabajadores" conductas como el tráfico ilegal de mano de obra (art. 312.1 CP), el empleo de ciudadanos extranjeros sin permiso de trabajo en determinadas condiciones (art. 312.2 CP) y la promoción o favorecimiento de la inmigración clandestina de trabajadores (art. 313.1 CP)[834].

---

831 *Vid.* DÍAZ MORGADO, C.V.: *El delito de trata de seres humanos. Su aplicación a la luz del Derecho Internacional y Comunitario* [Tesis doctoral], Universitat de Barcelona, 2014, p. 69.

832 *Vid.* SANTANA VEGA, D.: "Trata de seres humanos (Art. 177 bis)", en CORCOY BIDASOLO, M. (Dir.): *Manual de Derecho Penal. Parte especial. Doctrina y Jurisprudencia en casos solucionados. Tomo 1*, Tirant lo Blanch, Valencia, 2015, p. 193.

833 Ley Orgánica 10/1995, de 23 de noviembre, del Código Penal.

834 Dichos preceptos son un claro reflejo del apartado 3º del artículo 499 bis del Código Penal de 1973. Por cuanto se refiere a la trata sexual, podía ser reconducida al art. 452 bis a) 1º de la norma penal de 1973, que sancionaba la intervención de un tercero en el trabajo sexual del individuo, proscribiéndose expresamente la recluta de individuos con ese fin. Si bien el citado precepto gozó de escasa aplicación dado el subtipo agravado contemplado en el apartado 2, que sancionaba la

Este último precepto se erigió como el principal salvoconducto a través del cual sancionar algunos supuestos de trata laboral, a pesar de constreñirse su ámbito a la protección de los derechos laborales[835] y, más específicamente, a la protección del mercado laboral español frente a la llegada de trabajadores extranjeros sin los permisos de residencia y trabajo oportunos[836].

Posteriormente, la reforma operada en 1999[837], haciéndose eco de la preocupación existente en el seno de la Unión Europea por reprimir las conductas de trata sexual[838], tipificó el tráfico ilegal de personas con fines de explotación sexual en el art. 188.2 CP, sancionando con 2 a 4 años de prisión y pena de multa, a quien favoreciese la entrada, estancia o salida del terri-

---

prostitución coactiva a través de medios violentos, coactivos o engañosos. *Vid.* MAQUEDA ABREU, M.: *El tráfico sexual de personas, op. cit,* p. 27.

835 De hecho, ello dio lugar a una interpretación extensiva –o casi análoga- del concepto "trabajador", a fin de que bajo dicho término resultara también amparado todo ciudadano extranjero que emigrara a España con la finalidad de buscar trabajo, incluida la prostitución. Véase, por ejemplo, STS de 12 de abril de 1991; STS 995/2000, de 30 de junio; STS núm. 1092/2004, de 1 de octubre: STS núm. 208/2010, de 18 de marzo.

836 *Vid.* DAUNIS RODRÍGUEZ, A.: *El derecho penal como herramienta de política migratoria, op. cit.*, pp. 189 y ss.

837 Ley Orgánica 11/1999, de 30 de abril, de modificación del Título VIII del Libro II del Código Penal.

838 De hecho, la propia LO 11/1999 justificó dicha incriminación amparándose en la Acción Común aprobada en 1996 por el Consejo de la Unión Europea para luchar contra la trata de seres humanos y la explotación sexual de los niños. *Vid.* VILLACAMPA ESTIARTE, C.: *El Delito de trata de seres humanos una incriminación dictada desde el derecho internacional, op. cit.*, p. 367; MAQUEDA ABREU, M.L.: El *tráfico sexual de personas, op. cit.*, pp. 11 y ss. También sobre los antecedentes a la regulación del delito de trata de seres humanos para explotación sexual, véase SERRA CRÍSTOBAL, R. y LLORIA GARCÍA, M.P.: *La trata sexual de mujeres. De la represión del delito a la tutela de la víctima,* Ministerio de Justicia, Madrid, 2007, pp. 159 y ss.

torio nacional de personas con el fin de explotarlas sexualmente, empleando violencia, intimidación o engaño, o abusando de una situación de superioridad, necesidad o vulnerabilidad de la víctima. Sin embargo, la exigencia típica de desplazamiento geográfico dejaba fuera de su ámbito de protección aquellas conductas realizadas dentro del mismo país[839].

Así, vemos como hasta la fecha, las conductas de trata eran disociada y parcialmente perseguidas a través de los entonces vigentes tipos penales de explotación laboral y sexual, articulándose dicha prohibición como una especie de protección anticipada de los bienes jurídicos libertad sexual y derechos de los trabajadores[840].

Tan solo un año después, la Ley Orgánica 4/2000 introduciría el art. 318 *bis* al acervo punitivo, conformando el Título VX *bis* rubricado "De los delitos contra los derechos de los ciudadanos extranjeros"[841]. Dicho precepto criminalizaba la promoción, el favorecimiento y la facilitación del tráfico ilegal de personas con penas que oscilaban entre los 6 meses y los 3 años de prisión y multa, que podían llegar hasta los 2 a 4 años en caso de concurrir ánimo de lucro o uso de violencia, intimidación, fraude o abuso de una situación de necesidad. Sin embargo, la incorporación del art. 318 *bis* CP no tuvo buena acogida por parte de un importante sector doctrinal que veía en este precepto la voluntad de tutelar penalmente el interés estatal en el control de los flujos migratorios, considerado, por algunos, un bien jurídico de carácter

---

839 *Vid.* DAUNIS RODRÍGUEZ, A.: *El delito de trata de seres humanos, op. cit.*, p. 57.

840 *Vid. Ibidem*, p. 55. También MAQUEDA ABREU, M.L.: El *tráfico sexual de personas, op. cit.*, pp. 41 y ss.

841 Sobre la introducción de dicho artículo mediante la aprobación de la Ley de Extranjería y su procedimiento legislativo, véase VILLACAMPA ESTIARTE, C.: "Consideraciones acerca de la reciente modificación del delito de tráfico de personas", *Revista Penal, op. cit.*, pp. 182 y ss.

administrativo[842]. Esto, pareció hacerse más evidente tras la introducción, mediante la reforma de 2003[843], de un nuevo párrafo en el citado precepto en el que pasaba a sancionarse la promoción de la inmigración clandestina. Adición, que se acompañó de un aumento significativo de la penalidad, que se situaba ahora entre los 4 y los 8 años de prisión para el tipo básico[844], sin perjuicio de aplicar la pena en su mitad superior si concurría ánimo de lucro o se ponía en peligro la vida o la integridad de la víctima.

Ese abordaje trafiquista de la trata[845], canalizado a través del art. 318 *bis* CP, no solo dio lugar a problemas interpretativos y

---

842 Por todos, DAUNIS RODRÍGUEZ, A.: *El derecho penal como herramienta de política migratoria, op. cit.*, pp. 69-74; LAURENZO COPELLO, P.: "Últimas reformas en el Derecho Penal de extranjeros. Un nuevo paso en la política de exclusión", *Jueces por la Democracia,* nº 50, 2004, p. 33; MAQUEDA ABREU, M.L.: "¿Cuál es el bien jurídico protegido en el nuevo artículo 318 bis,2? Las sinrazones de una reforma", *Revista de Derecho y Proceso penal,* núm. 11, 2004, pp. 39 y ss.; MARTÍNEZ ESCAMILLA, M.: *La inmigración como delito. Una análisis político-criminal, dogmático y constitucional del tipo básico del 318 bis CP,* Atelier, Barcelona, 2007, p. 65.

843 Concretamente, mediante la Ley Orgánica 11/2003, de 29 de septiembre. Sobre las reformas operadas por dicha LO, véase VILLACAMPA ESTIARTE, C.: "Consideraciones acerca de la reciente modificación del delito de tráfico de personas", *op. cit.*, p. 182 y ss.; GUARDIOLA GARCÍA, J.: "Tráfico ilegal o inmigración clandestina de personas: Comentarios a la reciente reforma del artículo 318 bis del Código Penal", *Revista de Derecho y Proceso Penal,* nº 13, 2005, pp. 15 y ss.

844 Al respecto, la Decisión Marco de 2002 obligaba a establecer una pena máxima no inferior a 8 años, pero cuando la conducta se realizase con ánimo de lucro en el seno de una organización criminal o pusiera en peligro la vida de la víctima. Para contrarrestar el punitivismo exacerbado del que pecaban estas conductas, se introdujo un tipo atenuado en el apartado sexto, en virtud del cual, el juez podía aplicar la pena inferior en grado en atención a la gravedad de los hechos y sus circunstancias, las condiciones del culpable o la finalidad perseguida.

845 Término acuñado por VILLACAMPA ESTIARTE. La autora resume en tres las importantes disfunciones que presentaba la persecución de

aplicativos fruto de su confusión con el tráfico de inmigrantes[846], sino que circunscribió la persecución de las conductas de trata básicamente a supuestos de trata externa –quedando excluidas las víctimas nacionales y comunitarias-[847] y con fines sexuales[848],

los supuestos de trata, especialmente a través del artículo 318 *bis*: en primer lugar, esa forma de proceder no enfatizaba suficientemente la vulneración de los derechos fundamentales que se producía con tales conductas; en segundo lugar, favorecía la confusión de la trata con las migraciones ilegales; y, finalmente, generaba vacíos de punibilidad en tanto que no tenían cabida los supuestos de trata interna o aquellos cuyos sujetos pasivos eran ciudadanos españoles o de la UE. *Vid.* VILLACAMPA ESTIARTE, C.: *El Delito de trata de seres humanos. Una incriminación dictada desde el derecho internacional, op. cit.*, p. 356. También ha acuñado ese término PÉREZ ALONSO, E.: "La trata de seres humanos en el derecho penal español", en VILLACAMPA ESTIARTE, C. (Dir.), *La delincuencia organizada: un reto a la política criminal actual, op. cit.*, p. 105; PÉREZ ALONSO, E.: *Tratamiento jurídico-penal de las formas contemporáneas de esclavitud*, Tirant lo Blanch, Valencia, 2017, p. 357.

846 Sobre la histórica confusión de ambos fenómenos a lo largo del proceso de vaivén normativo, *vid.* MAQUEDA ABREU, M.L.: "A propósito de la trata y de las razones que llevan a confundir a l@s inmigrantes con esclav@s", en CARBONELL MATEU, J.C., GONZÁLEZ CUSSAC, J.L. y ORTS BERENGUER, E., (Dirs.), *Constitución, Derechos fundamentales y sistema penal (semblanzas y estudios con motivo del setenta aniversario del profesor Tomás Salvador Vives Antón), Tomo II,* Tirant lo Blanch, Valencia, 2009, *passim.*

847 *Vid.* DAUNIS RODRÍGUEZ, A.: *El derecho penal como herramienta de la política migratoria, op. cit.*, p. 181. También crítico con este vacío de protección, CUGAT MAURI, M.: "Sujetos protegidos por el delito de tráfico de personas del art. 318 bis CP", en RUIZ RODRÍGUEZ, L.R. y RODRÍGUEZ MESA, M.J. (Coord.), *Inmigración y sistema penal. Retos y desafíos para el siglo XXI,* Tirant lo Blanch, Valencia, 2006, pp. 203 y ss.

848 Sobre la persecución de la trata sexual a través del art. 318 bis 2 CP se mostró muy crítica MAQUEDA ABREU por la ausencia de previsión de medios comisivos. *Vid.* MAQUEDA ABREU, M.L.: "¿Cuál es el bien jurídico protegido en el nuevo artículo 318 bis 2? Las sinrazones de una reforma", *Revista de Derecho y Proceso Penal, op. cit.*, pp. 39 y ss. De la misma opinión, VILLACAMPA ESTIARTE, C.: *El Delito de trata de seres humanos. Una incriminación dictada desde el derecho internacional, op. cit.*, pp. 369 y ss.

lo cual, a su vez, redundó en la percepción, por parte de algunos operadores jurídicos, de las víctimas de trata como infractoras de la normativa de extranjería[849].

De este modo, el afán intervencionista del legislador dio pie a una política legislativa errática trufada de disfunciones varias que impedían la correcta persecución de las conductas de trata de conformidad con nuestra norma penal. La necesidad de dotar al fenómeno de una regulación autónoma respecto al delito del 318 *bis* CP y de los delitos correspondientes a la ulterior explotación, fue rápidamente puesta de manifiesto tanto por la doctrina[850] como por la jurisprudencia. Todo ello, junto a las obligaciones

---

849 Muy crítica con ello, MAQUEDA ABREU, M.L.: "A propósito de la trata y de las razones que llevan a confundir a las inmigrantes con esclavas", en CARBONELL MATEU, J.C., GONZÁLEZ CUSSAC, J.L. y ORTS BERENGUER, E., (Dirs.), *Constitución, Derechos fundamentales y sistema penal (semblanzas y estudios con motivo del setenta aniversario del profesor Tomás Salvador Vives Antón), Tomo II, op. cit.*, pp. 1251 y ss. También apuntó una posible doble motivación de los operadores jurídicos a la hora de sancionar estas conductas de modo que, con la aparente intención de proteger a sus víctimas, fuera más fácil la identificación de los infractores de la normativa de extranjería. *Vid.* VILLACAMPA ESTIARTE, C.: *El Delito de trata de seres humanos. Una incriminación dictada desde el derecho internacional, op. cit.*, p. 358.

850 Por todos, *vid.* DE LEÓN VILLABLA, F.J.: *Tráfico de personas e inmigración ilegal*, Tirant lo Blanch, Valencia, 2003, pp. 20 y ss.; PÉREZ CEPEDA, A.I.: *Globalización, tráfico internacional ilícito de personas y derecho penal, op. cit.*, pp. 23 y ss.; DAUNIS RODRÍGUEZ, A.: *El derecho penal como herramienta de la política migratoria, op. cit.*, pp. 42 y ss.; VILLACAMPA ESTIARTE, C., "Consideraciones acerca de la reciente modificación del delito de tráfico de personas", *op. cit.*, pp. 207 y 208; VILLACAMPA ESTIARTE, C.: "Normativa europea y regulación del tráfico de personas en el Código Penal español", en RODRÍGUEZ MESA, Mª. J. y RUÍZ RODRÍGUEZ, L. (Coords.), *Inmigración y sistema penal. Retos y desafíos para el siglo XXI, op. cit.*, p. 107; VILLACAMPA ESTIARTE, C.: *El Delito de trata de seres humanos. Una incriminación dictada desde el derecho internacional, op. cit.*, pp. 355 y ss.

internacionales asumidas por el legislador español en esta materia, crearon el caldo de cultivo que propició la reforma de 2010.

Al respecto, la introducción del art. 177 *bis* CP fue positiva en cuanto puso fin a los vacíos de punibilidad que suponía incriminar las conductas de trata a través del delito de tráfico de personas del 318 *bis* CP, poniendo fin a la confusión que venía produciéndose entre ambos fenómenos, colmando con ello las exigencias incriminatorias a las que España venía obligada[851]. La incorporación del delito de trata vino acompañada de la supresión del anterior apartado 2 del art. 318 *bis* CP, que tipificaba el tráfico de personas con fines de explotación sexual, además de la derogación del art. 313.1 CP, relativo al tráfico ilegal de trabajadores, ambas como consecuencia "de la necesidad de dotar de coherencia interna al sistema", según se afirma en la exposición de motivos de la LO 5/2010[852].

Por cuanto se refiere a las conductas típicas, se incriminaron suficientemente los supuestos de TSH de conformidad con el

---

851 Necesidad que, según apunta VILLACAMPA, se originó tras la firma por parte del Estado español del Convenio de Varsovia, instada por las organizaciones que conforman la Red Española contra la Trata de Personas. Véase, VILLACAMPA ESTIARTE, C.: *El Delito de trata de seres humanos. Una incriminación dictada desde el derecho internacional*, *op. cit.*, p. 362.

852 Sorprende a DAUNIS RODRÍGUEZ la decisión del legislador de suprimir el art. 318 bis 2 CP, en atención a su afán mostrado por sancionar cualquier conducta relacionada con la inmigración clandestina. Achaca dicha decisión a un "lapsus" legislativo condicionado por una concepción errónea del delito de trata, que no subsumiría dichos supuestos de tráfico sexual, salvo que se acredite la concurrencia de los medios previstos en el 177 *bis* CP. Para el autor, en cambio, el artículo 313.1 CP devino innecesario ya en el año 2000 con la aprobación del 318 bis, que salvaguardaba el interés estatal en el control de la inmigración o política migratoria la cual abarca, entre otras cuestiones, la protección del mercado laboral frente a la mano de obra extranjera. *Vid.* DAUNIS RODRÍGUEZ, A.: *El derecho penal como herramienta de política migratoria, op. cit.*, pp. 69 y 70.

estándar internacional, salvo "algunos supuestos de consumo de servicios prestados por personas que han sido víctimas de trata, así como por la dificultad de entender incluidos en el tipo los supuestos de intercambio o traspaso del control sobre una persona"[853]. Por el contrario, se cumplían sobradamente los requerimientos en cuanto a sanción del fenómeno se refiere, siendo que el umbral punitivo para el tipo básico se fijó en una pena de 5 a 8 años de prisión, pudiendo llegar a los 18 años cuando el delito es cometido por el jefe o administrador de una organización criminal. Penas que, para algunos autores, son excesivas teniendo en cuenta que el art. 4.1 de la Directiva exigía la imposición de penas privativas de libertad con una duración máxima de al menos 5 años[854].

Otro aspecto con una incidencia aparentemente colateral, pero de gran relevancia en el delito de trata introducido por la LO 5/2010, fue el reconocimiento de responsabilidad penal de las personas jurídicas (art. 31 *bis* CP), cuya previsión se hizo extensible al delito de TSH (art. 177 *bis* 7 CP). La importancia de dicho reconocimiento radica, por un lado, en la posibilidad de sancionar aquellos supuestos de trata orquestados o cometidos

---

[853] *Vid.* VILLACAMPA ESTIARTE, C.: "El delito de trata de seres humanos", en QUINTERO OLIVARES, G. (Dir.): *Comentario a la Reforma Penal de 2015*, Thomson Reuters/Aranzadi, Cizur Menor, 2015, p. 403. Anteriormente, VILLACAMPA ESTIARTE, C.: *El Delito de trata de seres humanos. Una incriminación dictada desde el derecho internacional, op. cit.*, pp. 411 y ss.

[854] Por el contrario, más dudas planteaba el cumplimiento de las exigencias derivadas del artículo 4.2.c), que demandaba una duración máxima de al menos 10 años de pena privativa de libertad en caso de poner en peligro de forma deliberada o por grave negligencia la vida de la víctima. Sin embargo, la referida exigencia podía entenderse cumplida en virtud de la agravante del 177 bis 4.a), que sancionaba con penas de entre 8 a 12 años la puesta en peligro de la víctima, como bien defendía VILLACAMPA ESTIARTE en "La nueva directiva Europea relativa a la prevención y lucha contra la trata de seres humanos y a la protección de las víctimas", *Revista Electrónica de Ciencia Penal y Criminología, op. cit.*, p. 51.

en el seno –o bajo el amparo- de una empresa o corporación. Por otro lado, adquiere especial significación en los delitos de trata por cuanto los entes jurídicos responsables por el delito del 177 *bis* CP son los únicos a los que puede sancionarse económicamente mediante la interposición de multa proporcional; facultad actualmente vedada en relación con las personas físicas.

En cualquier caso, determinados aspectos de la configuración inicial del tipo del 177 *bis* CP sirvieron al legislador como justificante para emprender la reforma llevada a cabo en 2015 mediante la Ley Orgánica 1/2015, arguyendo en su Exposición de Motivos la necesidad de adecuar el Código Penal a las exigencias derivadas de la Directiva 2011. Sin embargo, no fueron estas precisamente el objeto principal de las modificaciones introducidas, sino más bien la corrección y mejora técnica del articulado, con especial hincapié en los aspectos incriminatorios[855].

Sin ánimo de ahondar aquí en las modificaciones de esta última reforma de gran calado, cuyo contenido se irá desgranando a lo largo del análisis dogmático del tipo que se aborda en el siguiente epígrafe, debe celebrarse la ampliación de las conductas típicas –previéndose la entrega o recepción de pagos-, los medios comisivos –incluyendo la compraventa, alquiler y la permuta- y la introducción de dos nuevas formas de explotación –la criminalidad forzada y la celebración de matrimonios forzados-. Sin embargo, esta reforma no fue capaz de solventar todos los déficits normativos de los que aún adolece el tipo del 177 *bis* CP.

En cuanto a las medidas con repercusión económica, ya con anterioridad a la reforma de 2015, resultaba de aplicación a los delitos de trata el decomiso de los instrumentos y ganancias delictivas,

---

855 *Vid.* VILLACAMPA ESTIARTE, C.: "El delito de trata de seres humanos", en QUINTERO OLIVARES, G. (Dir.): *Comentario a la Reforma Penal de 2015, op. cit.*, pp. 400 y ss.; VILLACAMPA ESTIARTE, C.: "Víctimas de trata de seres humanos: su tutela a la luz de las últimas reformas penales sustantivas y procesales proyectadas", *Indret, op. cit.*, p. 6.

consecuencia accesoria aplicable a todo delito doloso (art. 127 *bis* CP). Sin embargo, tras la reforma de 2015, se previó específicamente la posibilidad de acordar tanto el decomiso ampliado (art. 127 *bis* CP) como el decomiso de bienes de actividad delictiva previa (arts. 127 *quinquies* y *sexies* CP) en relación con los delitos de trata.

Finalmente, el tipo ha sido objeto de modificación tanto en 2021 como en 2022. La primera reforma, operada por la Ley Orgánica 8/2021, de Protección Integral de la Infancia y la Adolescencia frente a la Violencia, introdujo un párrafo final al tipo básico del delito en virtud del cual, cuando la víctima sea menor de edad, será preceptiva la pena de inhabilitación especial para cualquier profesión, oficio o actividades, retribuidos o no, que conlleven contacto regular y directo con menores. En cuanto a la reforma operada en 2022, mediante la Ley Orgánica 13/2022[856], como consecuencia del conflicto armado entre Ucrania y Rusia[857], el legislador consideró necesario prever expresamente un subtipo agravado para el caso de que la víctima "sea una persona cuya situación de vulnerabilidad haya sido originada o agravada por el desplazamiento derivado de un conflicto armado o una catástrofe humanitaria" (art. 177 *bis* 4.c CP). Adición que ya ha sido tildada de innecesaria, puesto que ya se prevé como agravante la situación de vulnerabilidad de la víctima por razón de su situación

---

856 Ley Orgánica 13/2022, de 20 de diciembre, por la que se modifica la Ley Orgánica 10/1995, de 23 de noviembre, del Código Penal, para agravar las penas previstas para los delitos de trata de seres humanos desplazados por un conflicto armado o una catástrofe humanitaria.

857 Así lo reconoce el propio Preámbulo de la Ley que define dicho conflicto bélico como "*un desastre humanitario de nefastas consecuencias, con millones de ucranianos y ucranianas desplazados en toda Europa, decenas de miles de ellos en España*", considerando a dicha población expuesta "a situaciones de extrema vulnerabilidad, especialmente las mujeres, las niñas y los niños desplazados frente a los traficantes de seres humanos, que ya han sido detectados acechando a esas personas".

personal (art. 177 *bis* 4.b CP) bajo la cual también tendrían cabida estos supuestos de conflicto bélico o humanitario[858].

Vemos, por tanto, como a lo largo de estas más de dos décadas y tras numerosas modificaciones de la norma penal, nuestro legislador ha estado, prácticamente, obviando la dimensión económica de la trata, más allá de preverse ésta, a raíz de la reforma de 2015, entre los delitos que permiten acordar el decomiso ampliado (art. 127 *bis* CP) y por actividad delictiva previa (art. 127 *quinquies* y *sexies* CP). Así, salvo la posibilidad de confiscar las ganancias mediante el decomiso y la previsión de una pena de multa cuando el delito sea cometido por una persona jurídica, no se prevén otras medidas con repercusión económica orientadas a combatir el lucrativo negocio de la trata.

Probablemente, esa visión inicial de nuestro legislador acerca del fenómeno de la trata como una amenaza a la seguridad nacional consecuencia de la injerencia que los flujos migratorios pudieran ocasionar en nuestra sociedad y mercado, sazonada con una frecuentemente asociación con la criminalidad organizada, llevó a la adopción de una política criminal que pretendía combatir esta lacra mediante la articulación de un sistema marcadamente punitivista que pivota –casi exclusivamente- sobre la previsión de exacerbadas penas privativas de libertad. Esa aproximación a la trata se ha materializado en una desatención de los ámbitos de prevención y protección del delito, a los que también viene obligado en virtud de la política 3P, como se ha denunciado en reiteradas ocasiones por la academia[859]. A mayor

---

858 *Vid.* VILLACAMPA ESTIARTE, C.: "Acerca del Anteproyecto de Ley Orgánica Integral contra la Trata y la Explotación de Seres Humanos", *La Ley*, nº 10267, 2023, p. 3.

859 *Vid.* VILLACAMPA ESTIARTE, C. y TORRES FERRER, C.: "La evolución del abordaje normativo de la trata de seres humanos en España: Presente y previsible futuro", en LEÓN ALAPONT, J (Dir.), *Temas clave de Derecho penal. Presente y futuro de la política criminal en España*,

abundamiento, esa concepción reduccionista de la trata que parecía impedir al legislador ver la verdadera esencia de este delito –la obtención de lucro- y la consecuente falta de previsión de medidas de tipo económico, condenaba sus esfuerzos persecutorios a la esterilidad o, por lo menos, a la ineficacia.

Afortunadamente, el legislador parece haber tomado consciencia de ello en los últimos años, a pesar de las demandas efectuadas al efecto y la existencia de varias recomendaciones internacionales en este sentido, a la luz de las actuaciones que se contemplan en los recientemente publicados Plan Estratégico Nacional contra la Trata y Explotación de Seres Humanos (PENTRA) y Plan de Acción Nacional contra el Trabajo Forzoso (PANTF) y, muy especialmente, a tenor de lo dispuesto en el Anteproyecto de Ley Orgánica Integral contra la Trata y Explotación de Seres Humanos (en adelante, ALOITES).

Sin ninguna pretensión de adentrarnos, en este punto, en un análisis exhaustivo de dichos documentos normativos, sí debe hacerse una breve referencia a cada de uno de ellos, sin perjuicio de su posterior desarrollo en epígrafes posteriores.

En este sentido, siguiendo un criterio cronológico, el primer texto en mostrar una visión de la trata más amplia a la hasta ahora acuñada fue el PENTRA, aprobado por la Secretaría de Estado de Seguridad del Ministerio de Interior. Dicho Plan, que fijará las líneas de actuación institucional en materia de trata y explotación en nuestro país, se articula en torno a 5 objetivos principales de los que se derivan dieciséis líneas de actuación. Dichos objetivos, claramente inspirados en la Es-

---

JM Bosch, Barcelona, 2021; VILLACAMPA ESTIARTE, C.: "El delito de trata de seres humanos", en QUINTERO OLIVARES, G. (Dir.): *Comentario a la Reforma Penal de 2015, op. cit.*, pp. 399-402; SERRA CRISTÓBAL, R.: "La trata de mujeres como una de las formas más atroces de violencia contra la mujer", en MARTÍN SÁNCHEZ, M. (Dir.), *Estudio integral de la violencia de género*, Valencia, 2018, pp. 276 y 277.

trategia de la UE para la erradicación de la trata de personas (2012-2016), se erigen, principalmente, sobre la denominada política 3P –prevención, persecución y protección-, a la que se añade el fomento de la cooperación y coordinación –asociada a la 4P de *partnership*- y la mejora del conocimiento a través de la formación. El documento, a pesar de definir la trata como una forma de esclavitud contemporánea –y no como el proceso que conduce a la misma[860]- que constituye una violación de los derechos humanos de primer orden, se refiere a ella como una de las actividades criminales más lucrativas a escala global. Y teniendo en cuenta esta última consideración, fomenta la adopción de medidas que directa o indirectamente tienen un impacto económico en la persecución del delito y la protección de sus víctimas. En cualquier caso, debe valorarse positivamente

---

[860] Tal y como acertadamente defiende MAQUEDA ABREU en "A propósito de la trata y de las razones que llevan a confundir a l@s inmigrantes con esclav@s", en CARBONELL MATEU, J.C., GONZÁLEZ CUSSAC, J.L. y ORTS BERENGUER, E., (Dirs.), *Constitución, Derechos fundamentales y sistema penal (semblanzas y estudios con motivo del setenta aniversario del profesor Tomás Salvador Vives Antón), Tomo II, op. cit.*, pp. 1245 y ss.; MAQUEDA ABREU, M. L.: "Trata y esclavitud no son lo mismo, pero ¿qué son?", *Estudios jurídicos penales y criminológicos* en homenaje *al Prof. Dr. Dr. H.C. mult. Lorenzo Morillas Cueva*, Dykinson, Madrid, 2018, pp. 1251 y ss.; GUISASOLA LERMA, C.: "Formas contemporáneas de esclavitud y trata de seres humanos: una perspectiva de género", *Estudios Penales y Criminológicos*, vol. 39, 2019, pp. 190-191; IGLESIAS SKULJ, A.: *La trata de mujeres con fines de explotación sexual: una aproximación político-criminal y de género, op. cit.*, p. 114; LLORIA GARCÍA, P.: "El delito de trata de seres humanos y la necesidad de creación de una ley integral", *Estudios Penales y Criminológicos*, nº 39, 2019, pp. 367 y 368; RODRÍGUEZ MONTAÑÉS, T.: "Trata de seres humanos y explotación laboral. Reflexiones sobre la realidad práctica", *La Ley Penal*, vol. 109, 2014, p. 3; VILLACAMPA ESTIARTE, C.: *El Delito de trata de seres humanos. Una incriminación dictada desde el derecho internacional, op. cit.*, p. 38, quien lo define como "el periplo de la víctima desde el lugar de origen al lugar de destino".

que prevea entre sus actuaciones la adopción de una ley contra la trata que aborde el fenómeno de forma integral y desde una perspectiva multidisciplinar (2.1.A).

Por su parte, el Plan de Acción Nacional contra el Trabajo Forzoso (PANTF) supone el cumplimiento tardío de las obligaciones asumidas por nuestro legislador tras la ratificación del Protocolo de 2014 sobre Trabajo Forzoso de la Organización Internacional del Trabajo –en vigor desde 2018- que complementa el Convenio sobre trabajo forzoso de 1930. Dicho Protocolo OIT, entre las medidas a adoptar, contemplaba la formulación de un plan nacional[861] orientado a suprimir el trabajo forzoso u obligatorio[862] que, además de constituir una violación flagrante de los derechos humanos, es una de las finalidades del delito de trata. Igual que el PENTRA, el PANTF distingue cinco ámbitos de actuación (análisis, prevención, investigación, protección y coordinación), aunque sus principales objetivos se dirigen principalmente a la prevención del trabajo forzoso y a la protección de sus víctimas.

Sigue la misma estela el Anteproyecto de Ley Orgánica Integral contra la Trata y Explotación de Seres Humanos (ALOITES), liderado por el Ministerio de Justicia y aprobado por el Consejo

---

861 Junto a la referida adopción de un plan nacional, el legislador venía obligado a adoptar una serie de medidas de prevención, protección -especialmente a menores y migrantes- y reparación, así como al establecimiento de sanciones a los autores del trabajo forzoso u obligatorio. *Vid.* GARCÍA SEDANO, T.: "Las obligaciones internacionales asumidas por España tras la ratificación del Protocolo sobre Trabajo forzoso de la Organización Internacional del Trabajo", *Diario La Ley*, nº 9143, 2018, pp. 3-7.

862 Según establece el propio PANTF, "*el trabajo forzoso engloba, además del ejercicio de una actividad reglada laboralmente* -llamadas relaciones laborales obligatorias-, *un conjunto de actividades alegales o, incluso, ilícitas* -consideradas actividades humanas forzadas-, *abarcando en su definición cualquier servicio prestado en situación de dominación o ausencia de libertad de decisión del prestatario del servicio como ocurre con los sometidos a esclavitud, servidumbre o son víctimas de trata de seres humanos.*"

de Ministros el pasado 29 de noviembre de 2022. Debe recordarse en este punto que el propio legislador añadió a su lista de tareas la aprobación de una ley de lucha integral y multidisciplinar contra la trata -aunque sólo en relación con la de tipo sexual- a raíz del Pacto de Estado contra la violencia de género de 2017[863]. Dicha obligación se materializó en la confección del Borrador de Proyecto de Ley Integral contra la Trata de Seres Humanos y en particular con fines de Explotación Sexual[864], elaborado por el Ministerio de Igualdad, que se quedó en mera tentativa, pues nunca llegó a fraguar. Sí lo hizo, por el contrario, la Ley Orgánica 10/2022, de 6 de septiembre, de garantía integral de la libertad sexual, popularmente conocida como ley del "Solo sí es sí". Este texto normativo, a pesar de dirigirse principalmente a la prevención y protección de las violencias sexuales, ofreciendo importantes mejoras -al menos en el plano teórico- en el ámbito de la reparación a la víctima, resulta de aplicación a las víctimas de trata, aunque únicamente respecto de aquellas que estaban destinadas a ser explotadas sexualmente.

Por su parte, el Anteproyecto adopta un enfoque más amplio, abordando la trata como la posterior explotación del ser humano; holístico, tratando de huir de esa arraigada focalización en la trata

---

863 En concreto, se contempla en la medida nº 257 del Documento refundido de medidas del Pacto de Estado en Materia de Violencia de Género, y que se correspondería con las medidas nº 189 y las nº 157, 159 y 161 del Congreso y del Senado, respectivamente. *Vid.* Secretaría de Estado de Igualdad-Delegación del Gobierno para la Violencia de Género: *Documento refundido de medidas del Pacto de Estado en Materia de Violencia de Género. Congreso + Senado,* Madrid, 2019, p. 46.

864 Para un análisis más pormenorizado del contenido de dicho borrador, *vid.* VILLACAMPA ESTIARTE, C. y TORRES FERRER, C.: "La evolución del abordaje normativo de la trata de Seres Humanos en España: presente y previsible futuro", *op. cit.*, pp. 602 y ss. Previamente, VILLACAMPA ESTIARTE, C.: "¿Es necesaria una ley integral contra la trata de seres humanos?", *Revista General de Derecho Penal,* vol. 33, 2020.

y explotación sexual; e integral, reclamando mayores esfuerzos en el campo de la prevención y la protección de las víctimas en el marco de un "escenario multidisciplinar" articulado a través del Mecanismo Nacional de Derivación en el que, junto a los tradicionales actores, contarían con una mayor participación las ONGs, la sociedad civil y el sector privado. En lo que aquí nos concierne, en el texto pueden encontrarse referencias varias a la dimensión económica de la trata a lo largo de su exposición de motivos[865], así como, a lo largo de sus seis Títulos, pueden hallarse varias medidas orientadas a combatir la trata desde su consideración como negocio criminal. Sin embargo, a pesar de las buenas intenciones del legislador y de celebrar la mayor amplitud de miras con la que aborda este fenómeno, resultan discutibles el alcance y la eficacia real que puedan tener algunas de las medidas previstas en este sentido, como se analizará posteriormente.

III. ANÁLISIS DOGMÁTICO DEL DELITO DE TRATA DE SERES HUMANOS

1. El bien jurídico protegido.

Como ya se ha referido en numerosas ocasiones a lo largo de este trabajo, la TSH es un fenómeno criminal con una incidencia directa en los derechos humanos del individuo. Sin embargo, debe recordarse que, siendo la función del Derecho Penal eminentemente protectora y, de conformidad con el principio de

---

865 A modo de ejemplo, pueden encontrarse expresiones que identifican a las víctimas como "*meros engranajes del sistema productivo con el solo propósito de obtener beneficios económicos*" y a la trata como "*un gigantesco negocio a nivel global*", recalcando así la importancia de la dimensión económica del fenómeno, que reconoce ha sido y es frecuentemente ignorada.

intervención mínima[866], tan solo aquellas conductas realmente lesivas o que pongan en peligro los bienes jurídicos[867] más relevantes serán merecedoras de protección penal[868]. Así, el análisis de cualquier tipo delictivo debe iniciarse necesariamente por determinar cuál es el bien jurídico tutelado por el mismo.

Para delimitar el bien jurídico protegido por una concreta norma, en primera instancia, deberemos recurrir al título en el que se integra el *delito* en cuestión. El delito de trata se encuentra regulado en el Título VII *bis* del Libro II CP, bajo la rúbrica "de la trata de seres humanos", designación que poca información aporta al respecto. A diferencia de la que suele ser su tónica habitual, en el caso de la TSH el legislador no ofrece en el título identificación alguna del bien objeto de tutela.

Sin embargo, la ubicación sistemática del Título VII *bis* entre el Título VII "De las torturas y otros delitos contra la integridad moral" y el Título VIII relativo a los "Delitos contra la libertad sexual[869]",

---

866 *Vid.* MUÑOZ CONDE, F. y GARCÍA ARÁN, M.: *Derecho Penal. Parte General,* Tirant lo Blanch, Valencia, 2002, p. 78.

867 Que pueden definirse como "aquellos presupuestos que la persona necesita para su autorealización y el desarrollo de su personalidad en la vida social", de conformidad con MUÑOZ CONDE, F. y GARCÍA ARÁN, M.: *Derecho Penal. Parte General, op. cit.,* p. 59.

868 La "conceptualización procedimental del bien jurídico" acuñada por VIVES y MARTÍNEZ-BUJÁN, precisamente, se refiere a la constitución del bien jurídico como el primer requisito que justifica la intervención penal y la legitimidad del castigo. *Vid.* VIVES ANTÓN, T.S.: *Fundamentos del Sistema Penal: acción significativa y derechos constitucionales,* Tirant lo Blanch, Valencia, 2011, pp. 826 y ss.; MARTÍNEZ-BUJÁN PÉREZ, C.: *Derecho penal económico y de la empresa (6ª edición),* Tirant lo Blanch, Valencia, 2022, p. 195.

869 Recientemente, este Título ha recibido una nueva nomenclatura a raíz de la reforma operada por la LO 10/2022, de 6 de septiembre, de garantía integral de la libertad sexual. Anteriormente, el mismo hacía referencia, junto a la libertad sexual, a la "indemnidad sexual" como valor protegido cuando estas conductas afectaban a menores y discapacitados.

además de evidenciar que el mismo protege bienes jurídico-penales individuales[870], nos orienta acerca del bien jurídico protegido en estas conductas. Si bien la creación de un título autónomo podría evidenciar una voluntad de discernir estas conductas respecto a los delitos que atentan contra la integridad moral y la libertad.

Más esclarecedor es el Preámbulo de la LO 5/2010 que hace expresa alusión al derecho a la dignidad de la persona y a su libertad[871] como bienes jurídicos tutelados por el delito de trata[872]. Dicha declaración de la Exposición de motivos se fundamenta en las declaraciones contenidas en varios instrumentos

---

[870] Reciben ese nombre aquellos bienes que afectan directamente a la persona individual, como son la vida, la salud, la libertad, etc. En contraposición, los "bienes jurídicos colectivos" tales como la salud pública, el medio ambiente o la organización política, afectan a la sociedad como tal. Véase, MUÑOZ CONDE, F. y GARCÍA ARÁN, M.: *Derecho Penal. Parte General, op. cit.*, p. 59.

[871] Concretamente el apartado XII del Preámbulo determina que "el artículo 177 bis tipifica un delito en el que prevalece la protección de la dignidad y la libertad de los sujetos pasivos que la sufren", en un intento de deslindar el tratamiento penal unificado que se estaba dando a los delitos de trata e inmigración clandestina mediante el artículo 318 *bis* CP. Esta declaración contenida en la Exposición de Motivos es reflejo de las declaraciones contenidas en varios instrumentos internacionales. En particular, en el Protocolo de Palermo, el Convenio de Varsovia -Preámbulo-, la Decisión Marco 2002 -considerando 3- o la posterior Directiva 2011/36/UE -Considerandos 5 y 19-.

[872] Afirmación que reafirma, en varias ocasiones, la Fiscalía General del Estado en su Circular 5/2011, de 2 de noviembre, sobre criterios para la unidad de actuación especializada del Ministerio Fiscal en materia de Extranjería e Inmigración. Concretamente, establece que "tal como es concebido el delito de trata de seres humanos por el Protocolo de Palermo, resulta evidente que solo persigue la protección de la dignidad de la víctima". *Vid.* FISCALÍA GENERAL DEL ESTADO: *Circular 5/2011, de 2 de noviembre, sobre criterios para la unidad de actuación especializada del Ministerio Fiscal en materia de Extranjería e Inmigración*, pp. 6 y 16. También se refieren a la dignidad y la libertad

internacionales. En este sentido, el Convenio sobre la trata de seres humanos del Consejo de Europa hace alusión a la trata como una violación de los derechos humanos que atenta contra la dignidad y la integridad de las personas[873]. También la anterior Decisión Marco 2002/629/JAI citaba la dignidad, junto a los derechos fundamentales de la persona, como objeto de vulneración por el delito de trata[874]. Por el contrario, ni el Protocolo de Palermo[875] ni la Directiva 2011/36/UE[876] contienen referencia expresa alguna a los intereses que se pretenden prote-

---

como bienes jurídicos protegidos en el delito de trata las sentencias del Tribunal Supremo 378/2011 y 385/2012.

873 Véase el Preámbulo del Convenio del Consejo de Europa sobre la lucha contra la trata de seres humanos, Varsovia, 16 de mayo de 2005.

874 Véase el Considerando 3 de la Decisión Marco del Consejo 2002/629/JAI, de 19 de julio de 2002, relativa a la lucha contra la trata de seres humanos.

875 Aunque sí define la trata de seres humanos como "una afrenta para la dignidad humana" el entonces secretario general de la ONU, Kofi A. Annan, en el Prefacio de la Convención de las Naciones Unidas contra la Delincuencia Organizada y sus Protocolos.

876 En este sentido, el Considerando (1) de la Directiva define a la trata de seres humanos como "un delito grave (…) que constituye una grave violación de los derechos humanos y está prohibida por la Carta de Derechos Fundamentales de la Unión Europea", a los cuales hace alusión en el Considerando (33): "La presente Directiva respeta los derechos fundamentales y observa los principios consagrados, en particular, en la Carta de los Derechos Fundamentales de la Unión Europea, principalmente la dignidad humana, la prohibición de la esclavitud, del trabajo forzoso y de la trata de seres humanos, la prohibición de la tortura y de las penas o los tratos inhumanos o degradantes, los derechos del niño, el derecho a la libertad y a la seguridad, la libertad de expresión y de información, la protección de datos de carácter personal, el derecho a la tutela judicial efectiva y a un juez imparcial, y los principios de legalidad y proporcionalidad de los delitos y las penas. En especial, la presente Directiva tiene por objeto garantizar el pleno respeto de dichos derechos y principios y debe aplicarse en consecuencia."

ger mediante la incriminación de la trata, más allá de recalcar la grave violación a los derechos humanos que este delito supone.

Afortunadamente, también la doctrina se ha pronunciado sobre este extremo, si bien no de forma pacífica. Al respecto, puede encontrarse una vasta y abundante bibliografía que recoge la -aún existente- polarización del sector doctrinal en cuanto a la determinación del bien jurídico tutelado por el art. 177 *bis* CP, debate que excede el propósito de este estudio. Sin embargo, se hace necesario exponer las principales corrientes al respecto, así como las principales argumentaciones esgrimidas a favor y en contra de cada una de ellas.

En este sentido, los referidos posicionamientos doctrinales pueden clasificarse en tres grandes corrientes que, a su vez, pueden agruparse en dos grandes bloques: quienes entienden que el delito de TSH protege un único bien jurídico, ya sea la dignidad[877], la libertad o la integridad moral[878]; y quienes defienden la naturaleza

---

877 *Vid.* VILLACAMPA ESTIARTE, C.: *El delito de trata de seres humanos. Una incriminación dictada desde el Derecho Internacional, op. cit.*, pp. 396-409. Previamente, VILLACAMPA ESTIARTE, C.: "El delito de trata de personas: análisis del nuevo artículo 177 bis CP desde la óptica del cumplimiento de los compromisos internacionales de incriminación", en *Anuario de la Facultad de Derecho de la Universidad de A Coruña*, nº 14, 2010, pp. 835 y ss.; ALONSO ÁLAMO, M.: "Derecho penal y dignidad humana. De la no intervención contraria a la dignidad y a los delitos contra la dignidad", *Revista General de Derecho Constitucional*, 2011, p. 42; DAUNIS RODRÍGUEZ, A.: *El delito de trata de seres humanos, op. cit.*, pp. 73-81; QUERALT JIMÉNEZ, J.J.: *Derecho Penal español. Parte especial*, Tirant lo Blanch, Valencia, 2015, p. 172; LLORIA GARCÍA, P.: "Lección XI. Trata de seres humanos", en BOIX REIG, J. (Dir.), *Derecho Penal. Parte especial. Volumen I*, Iustel, Madrid, 2010, p. 297; DAUNIS RODRÍGUEZ, A.: *El delito de trata de seres humanos, op. cit*, pp. 194-409.

878 *Vid.* PÉREZ ALONSO, E.: *Tráfico de personas e inmigración clandestina (un estudio sociológico, internacional y jurídico-penal), op. cit.*, p. 177; BAUCELLS LLADÓS, J.: "El tráfico ilegal de personas para su explotación sexual", en RODRÍGUEZ MESA, Mª. J. y RUÍZ RODRÍGUEZ, L. (Coords.), *Inmigración y sistema penal. Retos y desafíos para el siglo XXI, op. cit.*, p. 182.

pluriofensiva del delito[879]. Dentro de esta última corriente, algunos autores afirman que, junto a los enunciados bienes jurídicos, el delito de trata también protegería anticipadamente la puesta en peligro de aquellos bienes jurídicos que resultarían afectados de producirse la explotación de la víctima -entre ellos, la integridad física, la libertad sexual, los derechos laborales, etc.-[880].

1.1. La dignidad como bien jurídico protegido del delito de trata.

La mayor parte de la doctrina se muestra partidaria a considerar la dignidad del sujeto pasivo como el bien jurídico tutelado por el

---

879 *Vid.* LLORIA GARCÍA, P.: "El delito de trata de seres humanos y la necesidad de creación de una ley integral", *Estudios Penales y Criminológicos, op. cit.,* p. 354; MARTOS NÚÑEZ J.A.: "El delito de trata de seres humanos: análisis del artículo 177 bis del Código Penal", *Estudios Penales y Criminológicos,* vol. 32, 2012, p. 100; GUISASOLA LERMA, C.: "Formas contemporáneas de esclavitud y trata de seres humanos: una perspectiva de género", *Estudios Penales y Criminológicos, op. cit.* p. 189; DE LA MATA BARRANCO, N.J.: "Trata de personas y favorecimiento de la inmigración ilegal, dos conductas de muy distinto desvalor", *Revista electrónica de Ciencia Penal y Criminología,* núm. 23, 2021, p. 30; TERRADILLOS BASOCO, J.M.: "Delitos contra los derechos de los trabajadores: veinticinco años de política legislativa errática", *Estudios Penales y Criminológicos,* vol. 41, 2021, p. 47.

880 *Vid.* POMARES CINTAS, E., "El delito de trata de seres humanos con finalidad de explotación laboral", *Revista Electrónica de Ciencia Penal y Criminología,* núm. 13-15, 2011, p. 6; MAPELLI CAFFARENA, B., "La trata de personas", *Anuario de Derecho Penal y Ciencias Penales,* 2012, p. 51; SANTANA VEGA, D. M., "El nuevo delito de trata de seres humanos (LO 5/2010, 22-6), *Cuadernos de política criminal,* 2011, p. 84.; DE LEÓN VILLALBA, F. J., "Propuesta de reforma frente a la trata de seres humanos", en ECHANO BASALDUA, J.I. (Dir.), *El anteproyecto de modificación del Código Penal de 2008: algunos aspectos, Cuadernos penales José María Lidón,* Universidad de Deusto, Bilbao, 2009, p. 139; MOYA GUILLEM, C.: "Los delitos de trata de seres humanos en España y Chile. Bien jurídico protegido y relaciones concursales", *Política Criminal,* 2016, p. 535.

delito de TSH, generalmente, partiendo de esa concepción Kantiana de los individuos como "fines en sí mismos"[881], que quedaría comprometida ante la instrumentalización o cosificación de los mismos.

Probablemente, la máxima exponente de dicha postura sea VILLACAMPA ESTIARTE, quien defiende la dignidad como el interés que mejor recoge el desvalor de las conductas de trata, consideradas "*un atentado a la misma línea de flotación de la personalidad humana, la vulneración de la esencia misma de la persona, la negación de su humanidad*"[882]. En términos similares, afirma categóricamente DAUNIS RODRÍGUEZ que el delito de trata supone una lesión a la dignidad de la persona, a la que se "*despoja de la capacidad de decidir sobre sus bienes y derecho más importantes, cosificándola y reduciéndola a la categoría de objeto o mercancía para realizar un negocio ulterior o satisfacer cualquier interés del sujeto activo o un tercero*"[883].

Los partidarios de esta postura sustentan su posicionamiento en la ubicación sistemática del Título VII *bis* -de forma autónoma al título concerniente a los delitos contra la integridad moral-[884]; en la expresa alusión que realiza a la dignidad el legislador en el Preámbulo de la LO 5/2010; pero, sobre todo, en el amplio reconocimiento del que goza este derecho en los textos normativos internacionales. Además de las mencionadas referencias a

---

881 *Vid.* KANT, I.: *Cimentación para la metafísica de las costumbres*, Aguilar, 5ª Edición, Buenos Aires, 1978, pp. 117-118.

882 *Vid.* VILLACAMPA ESTIARTE, C.: *El delito de trata de seres humanos. Una incriminación dictada desde el Derecho Internacional, op. cit.*, p. 404.

883 *Vid.* DAUNIS RODRÍGUEZ, A.: *El delito de trata de seres humanos, op. cit.*, p. 73.

884 Por todos, *vid.* MARAVER GÓMEZ, M.: "La trata de seres humanos", en J. DÍAZ-MAROTO Y VILLAREJO (Dir.), *Estudios sobre las reformas del Código penal (operadas por las LO 5/2010, de 22 de junio, y 3/2011, de 28 de enero)*, Civitas, Madrid, 2011, p. 317; BENÍTEZ ORTÚZAR, I.F.: "Capítulo 10. Trata de seres humanos", en MORILLAS CUEVA, L. (Coord.), *Sistema de Derecho penal español. Parte especial*, Dykinson, Madrid, 2011, p. 226; VILLACAMPA ESTIARTE, C.: *El delito de trata de seres humanos. Una incriminación dictada desde el Derecho Internacional, op. cit.*, pp. 396 y ss.

la dignidad que pueden hallarse en los instrumentos internacionales específicos de lucha contra la trata –especialmente, en la Convención de Varsovia y la anterior DM de 2002-, la dignidad goza de un amplio reconocimiento global tras su reconocimiento expreso, por primera vez, en la Declaración Universal de los Derechos Humanos (DUDH), aprobada el 10 de diciembre de 1948[885]. Desde entonces, pueden encontrarse múltiples referencias a la dignidad en importantes textos internacionales[886], así como en la mayoría de las constituciones aprobadas tras las IIª Guerra mundial[887]. Así, el legislador francés decidió situar el delito de trata entre aquellos que atentan a la dignidad de las personas (Capítulo V del Códe Penal).

Se muestra también partidaria de este posicionamiento la Fiscalía de Extranjería al definir la trata como "*uno de los atentados más graves a la dignidad humana por cuanto al cosificar al ser humano no sólo atenta contra su libertad e integridad, sino también por las circunstancias en que se realiza provoca en la víctima efectos psicológicos equivalentes a los que produce la tortura, anula la autoestima y la capacidad de reacción emocional, consiguiendo convertir al ser humano que lo sufre en un mero objeto o*

---

885 En virtud de su artículo 1, "todos los seres humanos nacen libres e iguales en dignidad y derechos".

886 Como el Pacto Internacional de Derechos Civiles y Políticos o el Pacto Internacional de Derechos Económicos, Sociales y Culturales, ambos de 1966; el Convenio Europeo de Derechos Humanos; la Carta de Derechos Fundamentales de la Unión Europea. En relación con esta última, se proscribe en su artículo 5.3 la trata de seres humanos. El fundamento de dicha prohibición es interpretado por Alonso García como indicativo de la necesidad de proteger la dignidad humana. *Vid.* ALONSO GARCÍA, R. y SARMIENTO, D.: *Carta de los Derechos Fundamentales de la Unión Europea. Explicaciones, concordancias y jurisprudencia,* Thomson-Reuters, Civitas, Cizur Menor, 2006, p. 97.

887 Además de la Constitución española (art. 10.1), la dignidad es expresamente reconocida entre otras, en la constitución alemana (art. 1), griega (art. 2) o portuguesa (art. 1).

mercancía de comercio que pierde la consciencia de su propia situación"[888]. También el Tribunal Supremo, en diversas resoluciones, se ha referido a la dignidad como bien jurídico protegido en el delito de trata, caracterizándola como "*una cualidad que adorna y protege a la persona individualmente, no siendo por consiguiente un concepto global, y ello entraña lo personalísimo de tal bien jurídico protegido*[889]".

No obstante, la intangibilidad y vaguedad del concepto "dignidad" que dificulta su conceptualización y delimitación, ha llevado a un sector doctrinal a descartar su validez como bien jurídico susceptible de protección penal[890]. Al respecto, se indica que la dignidad humana no sería un derecho en sí mismo, sino

---

888 *Vid.* FISCALÍA ESPECIALIZADA EN MATERÍA DE EXTRANJERÍA: *La trata de seres humanos, la inmigración clandestina y los derechos contra los ciudadanos extranjeros: síntesis de la jurisprudencia de la Sala 2ª del Tribunal Supremo,* FGE, Madrid, 2010, p.7.

889 Añade esta resolución (STS 538/2016, de 17 de junio) que "La dignidad es un derecho fundamental de la persona, y su reconocimiento se establece a través de la cláusula que se aloja en el art. 10 de nuestra Carta Magna, como concepto básico del ser humano, y como tal se ha venido interpretando hasta ahora como rigurosamente personal". En similar sentido, véase la STS 369/2019, de 24 de julio (FJ 4).

890 Precisamente, MOYA GUILLEM se ampara en la amplitud y vaguedad del concepto "dignidad" para considerar inadmisible su consideración como bien jurídico protegido. Entiende la autora que su consideración autónoma respecto a los bienes "integridad moral" y "libertad" generaría recurrentes problemas concursales. *Vid.* MOYA GUILLEM, C.: *La trata de seres humanos con fines de extracción de órganos. Análisis criminológico y jurídico-penal,* Tirant lo Blanch, Valencia, 2020, p. 125. También hace alusión a la ambigüedad y al carácter cambiante del concepto dignidad para defender su inidoneidad como bien jurídico penal VALVERDE CANO, A.B.: *Más allá de la trata: el Derecho Penal frente a la esclavitud, la servidumbre y los trabajos forzados,* Tirant lo Blanch, Valencia, 2023, p. 257. En sentido similar, CHUECA RODRÍGUEZ, R.: "La marginalidad jurídica de la dignidad humana", en CHUECA RODRÍGUEZ, R. (Dir.), *Dignidad humana y derecho fundamental,* Centro de Estudios Jurídicos y Constitucionales,

un principio o un valor omnicomprensivo de todos los derechos inherentes a la persona, por lo que no reuniría los requisitos dogmáticos necesarios para ser considerado un bien jurídico protegido[891]. Dicha postura se ha visto reforzada por el hecho de que nuestra Constitución no incluye a la dignidad entre su catálogo de derechos fundamentales, sino que la reconoce expresamente como "fundamento del orden político y de la paz social"[892]. En este sentido, según GRACIA MARTÍN "todo bien jurídico de carácter personalísimo como la vida, la integridad física, moral, salud personal, libertad, honor…es reconducido finalmente a la dignidad de la persona, pero esta no puede ser

---

Madrid, 2015, pp. 25 y ss.; GUTIÉRREZ GUTIÉRREZ, I.: *Dignidad de la persona y derechos fundamentales,* Marcial Pons, Madrid, 2005, p. 33.

891 En este sentido, *vid.* DE LA CUESTA AGUADO, P.: *Delitos e tráfico ilegal de personas, objetos y mercancías,* Tirant lo Blanch, Valencia, 2013, pp. 16-17. También se ha alertado sobre la variabilidad en cuanto a su contenido en función de la concepción filosófica y moral adoptada. *Vid.* VALLS, R.: "La dignidad humana", en CASADO, M. (coord.), *Sobre la dignidad y los principios, Análisis de la Declaración Universal sobre bioética y derechos humanos de la UNESCO,* Thomson Reuters, Pamplona, 2009, pp. 65 y ss. En sentido similar, TOMÁS-VALIENTE LANUZA, C.: "La dignidad y sus consideraciones normativas en la argumentación jurídica: ¿un concepto inútil?", *Revista Española de Derecho Constitucional,* nº 102/2014, pp. 167-208.

892 Concretamente, reza el artículo artículo 10.1: "La dignidad de la persona, los derechos inviolables que le son inherentes, el libre desarrollo de la personalidad, el respeto a la ley y a los derechos de los demás son fundamento del orden político y de la paz social". En este sentido, también el Tribunal Constitucional se ha referido a la dignidad como un fundamento genérico de los derechos y como valor jurídico fundamental, en su sentencia 53/1985, de 11 de abril. Por su parte, la sentencia 1218/2004, de 2 de noviembre, del Tribunal Supremo se refiere a la dignidad como "el fundamento último de todos los derechos fundamentales".

un bien jurídico del que pueda deducirse el contenido de injusto específico de un determinado comportamiento punible"[893].

Aun reconociendo la dificultad de determinar el concepto de dignidad, parte de la doctrina ha hecho un esfuerzo por dotarla de un contenido positivo, más allá de su interdicción de cosificar e instrumentar al individuo, que permita erigirla como un bien jurídico protegido. En este sentido, ALONSO ÁLAMO se refiere a ella como algo distinto a la suma de los derechos que de ella emanan y en los que se concreta, aquel "remanente" referido a lo "específicamente humano", a la esencia misma de la persona, que podría ser menoscabado con independencia de que se atente o no contra la vida, la libertad, la intimidad, el honor, etc.[894].

Así, como réplica a los anteriores razonamientos se ha argüido que la aglomeración de derechos fundamentales bajo el concepto de dignidad "en nada empece a su consideración de bien jurídico protegido en el delito de trata, pues no debe olvidarse que el mismo no viene constituido por un acto singular,

---

893 *Vid.* GRACIA MARTÍN, L. "El delito y la falta de malos tratos en el Código Penal español de 1995", *Actualidad Penal,* 1996, p. 581. En sentido similar, TAMARIT SUMALLA, J. M.: "Problemática derivada de la liberación de la prostitución voluntaria entre adultos en el Código Penal de 1995", en MORALES PRATS, F. y QUINTERO OLIVARES, G. (Coords.), *El Nuevo Derecho Penal español. Estudios Penales en Memoria del Profesor José Manuel Valle Muñiz,* Aranzadi, Cizur Menor, 2001, p. 1838; DÍEZ RIPOLLÉS, J. L.: "El objeto de protección del nuevo Derecho penal sexual", en DÍEZ RIPOLLÉS, J.L. (Dir.), *Delitos contra la libertad sexual,* CGPJ, Colección Estudios de derecho judicial, 1999, p. 242: DE LA CUESTA AGUADO, M.P: "Persona, dignidad y derecho Penal", en ARROYO ZAPATERO, L.A. y BERDUGO GÓMEZ DE LA TORRE, I. (Coord.), *Homenaje al Dr. Marino Barbero Santos: "in memorian"*, Universidad de Castilla-La Mancha, 2001, pp. 226-227.

894 *Vid.* ALONSO ÁLAMO, M.: "¿Protección penal de la dignidad? A propósito de los delitos relativos a la prostitución y a la trata de personas para la explotación sexual", *Revista Penal,* vol. 19, 2007, p. 5

sino que describe un proceso en que a la persona le es negada sistemáticamente su condición de tal"[895].

1.2. La integridad moral como bien protegido del delito de trata.

A pesar de no haber sido referida por el legislador en la Exposición de Motivos[896], otra corriente doctrinal defiende que el bien jurídico protegido por el art. 177 *bis* CP sería la integridad moral que, a diferencia de la dignidad, sí se reconoce como un derecho fundamental en nuestra Constitución (art. 15)[897].

---

895 *Vid.* VILLACAMPA ESTIARTE, C.: *El delito de trata de seres humanos. Una incriminación dictada desde el Derecho Internacional, op. cit.*, p. 403. En este mismo sentido se expresan también TERRADILLOS BASOCO, J.: "Trata de seres humanos", en ÁLVAREZ GARCÍA/GONZÁLEZ CUSSAC (dirs.), *Comentarios a la reforma de 2010*, Tirant lo Blanch, Valencia, 2010, p. 208; CUGAT MAURI, M.: "Trata de seres humanos: la universalización del tráfico de personas y su disociación de las conductas infractoras de la política migratoria (arts. 177 bis, 313, 318 bis)", en QUINTERO OLIVARES (dir.), *La reforma penal de 2010: Análisis y comentarios*, Aranzadi, Cizur Menor, 2010, p. 160.

896 Hecho que ha sido interpretado como una expresión clara de la voluntad del legislador de deslindar las conductas de trata de los delitos contra la integridad moral. *Vid.* VILLACAMPA ESTIARTE, C.: *El delito de trata de seres humanos. Una incriminación dictada desde el Derecho Internacional, op. cit.*, p. 396.

897 Dicho artículo, relativo al derecho a la vida y a la integridad física y moral, reza como sigue: "*Todos tienen derecho a la vida y a la integridad física y moral, sin que, en ningún caso, puedan ser sometidos a tortura ni a penas o tratos inhumanos o degradantes. Queda abolida la pena de muerte, salvo lo que puedan disponer las leyes penales militares para tiempos de guerra.*" A pesar de su reconocimiento conjunto, García Arán insiste en la diferenciación del bien "integridad moral" respecto a la integridad física o psíquica. La doctrina mayoritaria asume una interpretación extensiva de la integridad física en la que quedaría incluida también la psíquica. De lo contrario, afirma la autora, podría negarse la protección penal de la integridad moral en aquellos supuestos en que,

Principalmente, los mismos argumentos utilizados por la doctrina para descartar la dignidad como bien jurídico protegido en el delito de trata son los que sustentan este posicionamiento en favor de la integridad moral. Esto es, la difícil aprehensión de la dignidad como concepto jurídico, sustentado por su falta de reconocimiento como derecho fundamental que, para algunos, es sinónimo de su inadmisible consideración como bien jurídico penal autónomo[898].

Por el contrario, VILLACAMPA se muestra contraria a tales aseveraciones por considerar "reduccionista y demasiado apegado a nuestra domesticidad constitucional" considerar la integridad moral como interés protegido por el 177 *bis* CP como consecuencia a la falta de previsión específica de la dignidad como derecho fundamental. Esto, especialmente, si se tiene en cuenta tanto el asiduo carácter transnacional del fenómeno como el hecho de que su incriminación goza de reconocimiento a escala global, como también lo hace el bien jurídico "dignidad"[899].

---

dada la resistencia psicológica de la víctima o su inimputabilidad, ésta pudiera soportar con menor afección psíquica tratos degradantes sin peligrar su salud mental. *Vid.* GARCIA ARAN, M.: "La protección penal de la integridad moral", en DÍEZ RIPOLLÉS, J.L. (Coord.), *La ciencia del derecho penal ante el nuevo siglo: libro homenaje al profesor doctor don José Cerezo Mir*, Tecnos, Madrid, 2002, p. 1245. En sentido similar, se pronuncia la STS de 6-4-2011 indicando que "*la integridad moral se configura como una categoría conceptual propia, como un valor de la vida humana independiente del derecho a la vida, a la integridad física, a la libertad en sus diversas manifestaciones o al honor. No cabe la menor duda que tanto nuestra Constitución como el CP configuran la integridad moral como una realidad axiológica, propia, autónoma e independiente de aquellos derechos*".

898 *Vid.* MOYA GUILLEM, C.: *La trata de seres humanos con fines de extracción de órganos. Análisis criminológico y jurídico-penal, op. cit*, p. 127; POMARES CINTAS, E.: "El delito de trata de seres humanos con finalidad de explotación laboral", *Revista electrónica de ciencia penal y criminología, op. cit*, p. 6.

899 Además, atendiendo a la propia naturaleza del delito, en que la víctima ve negada su condición de ser humano sistemáticamente, vulnerándose la esencia misma de la persona, reclama la autora que sea la dignidad

Por otro lado, para algunos autores, mediante la integridad moral se consiguen salvar las dificultades en la definición de la dignidad como concepto jurídico. Y ello, a pesar de la gran similitud entre ambos conceptos, como reconoce ALONSO ÁLAMO, quien afirma que "la línea entre la dignidad y la integridad moral, si la hubiera, sería extremadamente fina, pues con el reconocimiento del derecho a la integridad moral se está concretando el núcleo esencial, el último reducto, de la dignidad"[900].

Sin embargo, cabe recordar que la conceptualización y delimitación de la integridad moral tampoco resulta pacífica, pudiéndose distinguir hasta tres corrientes al respecto[901]. En primer lugar, autores como GÓNZALEZ CUSSAC[902] identifican la integridad

---

y no otro interés el bien jurídico protegido en el delito de trata. *Vid.* VILLACAMPA ESTIARTE, C.: *El delito de trata de seres humanos. Una incriminación dictada desde el Derecho Internacional, op. cit.*, p. 397.

900 *Vid.* ALONSO ÁLAMO, M. "¿Protección penal de la dignidad? A propósito de los delitos relativos a la prostitución y a la trata de personas para la explotación sexual", *Revista Penal, op. cit.*, p. 6. En sentido similar, PÉREZ MACHÍO, A.I.: *El delito contra la integridad moral del artículo 173.1 del vigente Código Penal. Aproximación a los elementos que lo definen*, Universidad del País Vasco, Leioa, 2005, p. 161.

901 Al respecto, véase la clasificación de las definiciones de integridad moral realizada por PÉREZ MACHÍO, A.I.: *El delito contra la integridad moral del artículo 173.1 del vigente Código Penal, op. cit.*, pp. 226 y ss. También PÉREZ ALONSO ha puesto de manifiesto las distintas posturas entorno la definición de este derecho y la problemática que ello genera. *Vid.* PÉREZ ALONSO, E.: "Los nuevos delitos contra la integridad moral en el Código Penal de 1995", *Revista de la Facultad de Derecho de la Universidad de Granada*, nº 2, 1999, pp. 153-154.

902 *Vid.* GONZÁLEZ CUSSAC, J.L.: "Delitos de tortura y otros tratos degradantes (delitos contra la integridad moral)", en VIVES ANTÓN, T. y MANZANARES SAMANIEGO, J.L. (Dirs.), *Estudios sobre el Código Penal de 1995 (Parte especial)*, CGPJ, Estudios de derecho judicial, nº 2, Madrid, 1996, pp. 73 y ss. Igualmente, *vid.* GARCÍA ARÁN, M.: "La protección penal de la integridad moral", *op. cit.*, p. 1246; CUERDA ARNAU, M.L.: "Torturas y otros delitos contra la integridad moral",

moral con esa idea de incolumidad, contraria al concepto de deshumanización, que proscribe la cosificación e instrumentalización a la que es reducida, en este caso, la víctima del delito de trata[903].

Otra línea es la sustentada por DÍAZ PITA y DE LA CUESTA ARZAMENDI quienes entienden que la lesión a la integridad moral no sólo se constituye por la instrumentalización del individuo, sino también por la quiebra de voluntad del sujeto pasivo mediante métodos o procedimientos vejatorios.[904] Sin embargo, como ya se ha mencionado, dicha tesis debe ser rechazada por la confusión que ello originaría entre los delitos contra la integridad -que no exigen una afección a la autonomía de la

---

en GONZÁLEZ CUSSAC, J.L. (Coord.), *Derecho Penal. Parte especial,* Tirant lo Blanch, Valencia, 2019, pp. 117 y ss.

903 En sentido similar, POMARES CINTAS considera que en los supuestos de trata nos encontramos ante una modalidad específica de ataque contra la integridad moral de las personas, identificando la instrumentalización mercantilista de la víctima con su completa anulación como persona. *Vid.* POMARES CINTAS, E.: "El delito de trata de seres humanos con finalidad de explotación laboral", *Revista electrónica de ciencia penal y criminología, op. cit,* p. 6. También se muestra partidaria de este concepto restrictivo, MOYA GUILLEM que define la integridad moral como la "proscripción de una instrumentalización de otro que puede entenderse objetivamente como vejatoria, humillante o degradante". *Vid.* MOYA GUILLEM, C.: *La trata de seres humanos con fines de extracción de órganos. Análisis criminológico y jurídico-penal, op. cit,* p. 133. También MARTOS NÚÑEZ, J.A.: "El delito de trata de seres humanos: análisis del artículo 177 bis del Código Penal", *Estudios Penales y Criminológicos, op. cit.,* pp. 4 y ss. Véase también GARCÍA ARÁN, M.: "La protección penal de la integridad moral", *op. cit.,* p. 1246.

904 *Vid.* DÍAZ PITA, M.M.: "El bien jurídico protegido en los nuevos delitos de tortura y atentado contra la integridad moral", *Estudios penales y criminológicos,* 1997, nº XX, p. 84; DE LA CUESTA ARZAMENDI, J.L.: "Torturas y atentados contra la integridad moral", *Estudios penales y criminológicos,* 1998, nº XXI, p. 71. En sentido similar, SOTO NIETO, F.: "El delito de torturas en el Código Penal vigente y en el Código derogado", *La Ley,* nº 5, 1998, p. 1770.

voluntad- y los delitos contra la libertad -principalmente, los delitos de amenazas y coacciones-, en tanto que su diferenciación radicaría en la concurrencia de esas connotaciones humillantes y degradantes de los actos contrarios a la libertad[905].

Finalmente, autores como MÚÑOZ CONDE o PÉREZ MACHÍO recurren a los elementos de humillación y degradación como elemento diferenciador del bien jurídico integridad moral[906]. Así, MUÑOZ CONDE entiende por integridad moral "*el derecho de una persona a ser tratada conforme a su dignidad, sin ser humillada y vejada, cualesquiera que sean las circunstancias en las que se encuentre y la relación que tenga con otras personas*"[907]. Insiste, por

---

905 *Vid.* BARQUÍN SANZ, J.: *Delitos contra la integridad moral*, Bosch, Madrid, 2001, pp. 82 y ss.: ALONSO ÁLAMO, M.: "¿Protección penal de la dignidad? A propósito de los delitos relativos a la prostitución y a la trata de personas para la explotación sexual", *Revista penal, op. cit.*, p. 7; PÉREZ MACHÍO, A.I.: *El delito contra la integridad moral del artículo 173 del vigente Código penal. Aproximación a los elementos que lo definen, op. cit.*, p. 159; MUÑOZ SÁNCHEZ, J.: *Los delitos contra la integridad moral*, Tirant lo Blanch, Valencia, 1999, pp. 44 y ss.; VILLACAMPA ESTIARTE, C.: *El delito de trata de seres humanos. Una incriminación dictada desde el Derecho Internacional, op. cit.*, p. 393. Igualmente, siguiendo los postulados de la STC 120/1990, de 27 de junio, DE LEÓN VILLALBA identifica la integridad moral con la inviolabilidad de la libertad.

906 Véase también MUÑOZ SÁNCHEZ, M.J.: *Los delitos contra la integridad moral, op. cit.*, p. 24; PÉREZ ALONSO, E.: "Los nuevos delitos contra la integridad moral en el Código Penal de 1995", *Revista de la Facultad de Derecho de la Universidad de Granada, op. cit.*, pp. 153-154; BARQUÍN SANZ, J.: "Sobre el delito de grave trato degradante del art. 173 CP. Comentario de la STS (2ª) 14 de noviembre 2001 (núm. 2101/2001)", *Revista Electrónica de Ciencia Penal y Criminología*, nº 4, 2002, pp. 8 y 9; RODRÍGUEZ MESA, M.J.: "El delito de tratos degradantes cometidos por particular: bien jurídico protegido y elementos típicos", *Revista del poder judicial*, vol. 62, 2001, p. 99.

907 Asimismo, considera que las conductas típicas del delito que nos ocupa inciden directamente tanto en la libertad de la víctima, como en su dignidad y, por lo tanto, en su integridad moral, siendo así el bien

tanto, el autor en esa idea de humillación y envilecimiento que se desprende de algunas resoluciones dictadas por el Tribunal Constitucional -STC 57/1994, de 28 de febrero- y el TEDH -5 de febrero de 1982-[908]. Sin embargo, se ha recalcado acertadamente que las conductas de trata no siempre irán dirigidas a la producción de esos sentimientos de vejación y humillación en la víctima, sino más bien a la consecución de un beneficio económico fruto de su mercantilización[909]. Además, exigir la concurrencia de tales "sentimientos" en las víctimas podría dar lugar a un tratamiento dispar en función de la mayor o menor capacidad del sujeto pasivo para resistir el dolor o sufrimiento[910].

1.3. La libertad como bien jurídico-penal protegido en el delito de trata.

Menos respaldada ha sido la defensa del derecho a la libertad como bien jurídico protegido en el art. 177 *bis* CP[911], a pesar de

---

jurídico protegido doble. Si bien defiende que la razón de su incriminación autónoma tiene más que ver con la dignidad e integridad moral, a la que se lesiona a través de diversas formas de atentado a la libertad. *Vid.* MUÑOZ CONDE, F.: *Derecho Penal. Parte especial (22ª Edición),* Tirant lo Blanch, Valencia, 2019, pp. 175 y 185.

908 *Vid. íbidem,* p. 185.

909 *Vid.* VILLACAMPA ESTIARTE, C.: *El delito de trata de seres humanos. Una incriminación dictada desde el Derecho Internacional, op. cit.,* p. 395.

910 En este sentido, *vid.* ALONSO ÁLAMO, M.: "¿Protección penal de la dignidad? A propósito de los delitos relativos a la prostitución y a la trata de personas para la explotación sexual", *Revista penal, op. cit.,* p. 7.

911 Principalmente, BEDMAR CARRILLO, E.: "El bien jurídico protegido en el delito de trata de seres humanos", *La Ley Penal,* nº 94-95, 2012, pp. 90 y ss. También se han referido a la libertad como bien tutelado por el 177 bis, aunque no de forma exclusiva, MAPELLI CAFFARENA, B.: "La trata de personas", *Anuario de Derecho Penal y Ciencias Penales, op., cit.,* p. 51; SANTANA VEGA, D.M.: "El nuevo delito de trata de seres humanos", *Cuadernos de Política Criminal,* nº 104, 2011, p. 84; MARTOS NÚÑEZ, J.A.: "El delito de trata de seres humanos: análisis

que así se regule en una gran parte de ordenamientos jurídicos de nuestro entorno[912].

Los valedores de este posicionamiento fundamentan sus argumentos, principalmente, en la mención expresa que hace a la libertad la Exposición de Motivos de la LO 5/2010, así como en la posible afección a distintas manifestaciones de la libertad que pueden constatarse en los supuestos de trata atendiendo, especialmente, a los medios comisivos utilizados (por ejemplo, la libertad ambulatoria, la libertad de autodeterminación, etc.).

En cuanto al primero de los referidos argumentos, cabe recordar que la Exposición de Motivos también se refiere a la dignidad como derecho protegido en las conductas de trata. Además, esa alusión a la libertad como bien jurídico protegido no se refleja en la ubicación del tipo 177 *bis* CP, que se halla regulado en un título específico, separado del Título relativo a los delitos contra la libertad (arts. 163 y ss. CP).

En cuanto al segundo argumento, esa correlación entre las conductas de trata y los distintos derechos de libertad que pueden verse conculcados como consecuencia de aquellas, han llevado a BEDMAR CARRILLO a defender la adecuación de la libertad -en sentido amplio- como bien jurídico tutelado en este delito. El autor entiende que, dado que el 177 *bis* CP no exige para su consumación la efectiva explotación de la víctima, cuando ésta no se produzca,

---

del artículo 177 bis del Código Penal", *Estudios penales y criminológicos, op. cit.*, p. 101. Por su lado, PÉREZ ALONSO identifica también el *status libertatis* como bien jurídico protegido por el delito de trata, si bien entendiendo dicho concepto como un "mosaico" que comprendería la integridad moral, la libertad y la seguridad del sujeto pasivo. *Vid.* PÉREZ ALONSO, E.: *Tráfico de personas e inmigración clandestina. Un estudio sociológico, internacional y jurídico-penal, op. cit.*, p. 379.

912 Como sería el caso de Alemania e Italia, o Argentina, Brasil y Costa Rica.

difícilmente podrán entenderse vulneradas la dignidad e integridad moral del individuo[913] -sin perjuicio de su puesta en peligro-.

Al respecto, del mismo modo que sucedía con la dignidad, su concepto resulta problemático. Así, la configuración de la libertad como uno de los valores superiores del ordenamiento jurídico (art. 1 CE) dota a su concepción de unos márgenes amplísimos e indeterminados, que no pueden ser objeto de tutela penal[914]. Aunque sí lo serían, por el contrario, sus manifestaciones concretas: libertad de decisión, libertad de obrar, libertad deambulatoria, libertad sexual, etc.

Por otro lado, se ha achacado que la libertad no sería capaz de recoger el desvalor inherente a las conductas de trata que, por su grave afección a la propia condición humana, son merecedoras de una respuesta penal autónoma a la ofrecida en los delitos contra la libertad[915]. De hecho, quienes defienden la dignidad como bien jurídico protegido en el delito de trata consideran innecesaria la apelación a la libertad de obrar por hallarse ésta ya incluida en el concepto de dignidad. Pues, dado que la vulneración del derecho a la dignidad implicaría "atentar a la línea de flotación de los derechos humanos del individuo", se estaría negando su propia condición de persona y, por ende, también su libertad de obrar[916].

---

913 *Vid.* BEDMAR CARRILLO, E.: "El bien jurídico protegido en el delito de trata de seres humanos", *op. cit.*, pp. 91-92.

914 *Vid.* QUERALT JIMÉNEZ, J.J. *Derecho Penal español. Parte especial, op. cit.*, p. 144.

915 *Vid.* MOYA GUILLEM, C.: *La trata de seres humanos con fines de extracción de órganos. Análisis criminológico y jurídico-penal, op. cit.*, p. 138; DAUNIS RODRÍGUEZ, A.: *El derecho penal como herramienta de la política migratoria, op. cit.*, pp. 77-78.

916 Por todos, *vid.* VILLACAMPA ESTIARTE, C.: *El delito de trata de seres humanos. Una incriminación dictada desde el Derecho Internacional, op. cit.*, p. 405-407.

1.4. La trata de seres humanos como delito pluriofensivo.

Por último, puede hallarse un sector doctrinal que avala la configuración de la TSH como un delito pluriofensivo que protege simultáneamente una multiplicidad de derechos.

Generalmente, estos autores identifican la integridad moral o la dignidad humana como bienes jurídicos protegidos en el delito de trata, junto a la libertad. Valiéndose de los mismos argumentos esgrimidos en el apartado anterior en favor de la libertad, aluden a lo expresado por el legislador en la Exposición de Motivos, así como a la necesaria conculcación de ambos bienes jurídicos mediante la realización de los medios comisivos previstos en el 177 *bis* CP[917]. Sin embargo, este argumento ha sido rechazado por parte de la doctrina al considerar que las lesiones a las distintas formas de libertad estarían subsumidas en el menoscabo a la dignidad y/o la integridad moral[918].

---

917 Son partidarios de esta tesis pluriofensiva, MARTOS NÚÑEZ, J.A.: "El delito de trata de seres humanos: análisis del artículo 177 bis del Código Penal", *Estudios Penales y Criminológicos, op. cit.*, p. 101; TERRADILLOS BASOCO, J.M.: *Trata de seres humanos. Comentario a la Reforma del Código Penal de 2010,* Tirant lo Blanch, Valencia, 2010, p. 15; BENÍTEZ ORTUZAR, I.F.: "Capítulo 10: Trata de seres humanos", en MORILLAS CUEVAS, L. (Coord.), *Sistema de Derecho penal español. Parte especial, op. cit.*, p. 227; RODRÍGUEZ LÓPEZ, S.: "La trata de seres humanos para la explotación de actividades delictivas: nuevos retos a raíz de la reforma penal de 2015", *Revista de Derecho Migratorio y Extranjería núm. 42/2016 parte Estudios,* 2016, p. 157; SANTANA VEGA, D.: "Título VII BIS de la trata de seres humanos", en CORCOY BIDASOLO, M. y MIR PUIG, S. (Dirs.), *Comentarios al Código Penal. Reforma LO 1/2015 y LO 2/2015,* Tirant lo Blanch, Valencia, 2015, p. 658; RUBIO LARA, P. A.: "El delito de trata de seres humanos en el derecho español: intentos de solución", *Revista Aranzadi Doctrinal,* 2016, p. 216; MOYA GUILLEM, C.: *La trata de seres humanos con fines de extracción de órganos. Análisis criminológico y jurídico-penal, op. cit.*, p. 134.

918 De esta opinión, MUÑOZ CONDE, F.: *Derecho penal. Parte especial,* Tirant lo Blanch, Valencia, 2015, p. 207; GARCÍA SEDANO, T.: "El tipo de trata

También, entre quienes defienden el carácter pluriofensivo del delito de trata, encontramos la propuesta de VALVERDE CANO que, junto al valor dignidad, postula "el reconocimiento a la personalidad jurídica", como bienes jurídicos protegidos en los delitos de trata y de explotación del ser humano. Defiende la autora que la negación de la personalidad jurídica -entendida como "el derecho a tener derechos", esto es, el reconocimiento de la persona como titular de derechos- es una forma de deshumanización, la condición previa para la cosificación del individuo[919].

Por otro lado, hay quienes entienden que el establecimiento en el tipo penal de un *numerus clausus* de formas de explotación a las que puede destinarse a la víctima[920], pone de manifiesto la voluntad del legislador de proteger otros intereses más allá del bien jurídico directamente afectado[921]. En especial, se refieren a los derechos de los trabajadores, la libertad sexual, la vida y la integridad física, según la finalidad concreta perseguida con la explotación de la víctima[922].

---

de seres humanos", *La Ley Digital, op. cit.*, p. 2; ALONSO ÁLAMO, M.: "¿Protección penal de la dignidad? A propósito de los delitos relativos a la prostitución y la trata de personas para la explotación sexual", *Revista Penal, op. cit.*, p. 6; VILLACAMPA ESTIARTE, C.: *El delito de trata de seres humanos. Una incriminación dictada desde el Derecho Internacional, op. cit.*, p. 406.

919 *Vid.* VALVERDE-CANO, A.B.: *Más allá de la trata: el Derecho Penal frente a la esclavitud, la servidumbre y los trabajos forzados, op. cit.*, pp. 272 y ss.

920 Especialmente, si se tiene en cuenta que tanto la Directiva (art. 2.1) como el Protocolo de Palermo (art. 3) permiten criminalizar la trata de seres humanos con cualquier finalidad de explotación, por cuanto sólo ofrecen un contenido de mínimos.

921 Parecen mantener, en cierto modo, la tesis defendida por la doctrina mayoritaria en relación con el bien jurídico protegido mediante el ya derogado art. 188.2 CP, relativo al delito tráfico de personas con fines sexuales, entendiéndose que el mismo protegía anticipadamente la libertad sexual de la víctima.

922 *Vid.* POMARES CINTAS, E.: "El delito de trata de seres humanos con finalidad de explotación laboral", *Revista Electrónica de Ciencia Penal y Criminología, op. cit.*, p. 6; MAPELLI CAFFARENA, B.: "La trata de

Sin embargo, a pesar de que las conductas de trata puedan concretarse frecuentemente en vulneraciones a la integridad física, moral, a la libertad de obrar del individuo -entre muchas otras-, no considera VILLACAMPA que dichos bienes jurídicos se hallen protegidos anticipadamente en el art. 177 *bis* CP "más allá del umbral meramente abstracto"[923]. Pues, de lo contrario, no solo se estaría negando la autonomía del tipo del 177 *bis* CP respecto al posterior delito de explotación, sino que pondría en entredicho la innecesariedad de explotación efectiva de la víctima para la consumación del delito[924]. Igualmente, se ha considerado inadmisible considerar penalmente tutelados por el tipo la puesta en peligro de los bienes jurídicos de la explotación posterior por constituir un adelantamiento de la barrera punitiva no previsto[925].

---

personas", *Anuario de Derecho Penal y Ciencias Penales, op. cit.*, p. 51; SANTANA VEGA, D. M.: "El nuevo delito de trata de seres humanos (LO 5/2010, 22-6)", *Cuadernos de política criminal, op. cit.*, p. 84.; DE LEÓN VILLALBA, F. J.: "Propuesta de reforma frente a la trata de seres humanos", en ECHANO BASALDUA, J.I. (Dir.), *El anteproyecto de modificación del Código Penal de 2008: algunos aspectos, Cuadernos penales José María Lidón, op. cit.*, p. 139; MOYA GUILLEM, C.: "Los delitos de trata de seres humanos en España y Chile. Bien jurídico protegido y relaciones concursales", *Política Criminal, op. cit.*, p. 535.

923 *Vid.* VILLACAMPA ESTIARTE, C., *El delito de trata de seres humanos. Una incriminación dictada desde el Derecho Internacional, op. cit.*, pp. 408-409.

924 *Vid.* VILLACAMPA ESTIARTE, C. "El artículo 177 bis", en QUINTERO OLIVARES, G. (Dir.), *Comentarios al Código Penal Español*, Thomson-Reuters, Cizur Menor, 2011, p. 1112. En este mismo sentido, *vid.* REQUEJO NAVEROS, M.T.: "El delito de trata de seres humanos en el Código Penal español: panorama general y compromisos internacionales de regulación", en ALCACER GUIRAO, R, MARTÍN LORENZO, M. y VALLE MARSICAL DE GANTE, M. (Coord.), *La trata de seres humanos: persecución penal y protección de las víctimas*, Edisofer, Madrid, 2016, p. 19.

925 *Vid.* MUÑOZ CONDE, F. y GARCÍA ARÁN, M.: *Derecho Penal. Parte General*, Tirant lo Blanch, Valencia, 2010, p. 417.

Finalmente, destaca la posición mantenida por MOYA GUILLEM en relación con la pluriofensividad del delito de trata. Aunando en cierto modo los argumentos de las dos tesis acabadas de referir, la autora distingue entre los "bienes jurídico-penales comunes" protegidos por el delito de trata, y los bienes jurídicos específicamente tutelados por el delito según la modalidad de explotación de que se trate[926]. En relación con los "bienes jurídico-penales comunes", aboga por la protección de la integridad moral -en tanto que proscripción de la instrumentalización del individuo-[927] y la libertad[928] -como consecuencia de la exigencia de concurrencia de determinados medios comisivos-. En este sentido, entiende que mediante la prohibición de la trata forzada -es decir, en la que concurre violencia- se tutela la libertad de obrar del individuo; mientras que en los casos de trata fraudulenta o abusiva -esto es, en los que concurre engaño o un abuso de situación de superioridad, necesidad o vulnerabilidad- se protege su libertad de decisión. Añade, además, que en aquellos casos en que se realice

---

926 Según la autora, el establecimiento de una multiplicidad de bienes jurídico-penales tutelados en el delito de trata de seres humanos explicaría la previsión de penas tan elevadas en el art. 177 bis CP y sería más apropiado según las exigencias del principio de proporcionalidad. *Vid.* MOYA GUILLEM, C.: *La trata de seres humanos con fines de extracción de órganos. Análisis criminológico y jurídico-penal, op. cit*, p. 149. En sentido similar, se pronunció el Tribunal Supremo, en su sentencia núm. 1851/2014, de 4 de febrero, al declarar que "es precisamente el riesgo de explotación sexual lo que determina la elevada penalidad prevista en este tipo delictivo".

927 De hecho, rechaza de plano la determinación de la dignidad humana como bien jurídico merecedor de tutela penal en el ordenamiento español. En contraposición, parte de un concepto restringido de integridad moral que se limitaría a proscribir la humillación y cosificación del sujeto pasivo. *Vid. Ibidem*, pp. 143 y 147.

928 Entendida ésta no como *status libertatis*, sino en su concretización como libertad deambulatoria, libertad de decidir y/o libertad de obrar. *Vid. íbidem*, pp. 147-149.

la conducta típica "acoger" o la captación se realice en forma de secuestro, habría de apreciarse la conculcación del derecho a la libertad ambulatoria. Solución que, a mi entender, no se cohonesta bien con el apartado 2 del art. 177 *bis* CP, en virtud del cual no será necesaria la concurrencia de medio comisivo alguno para entenderse consumado el delito cuando la víctima sea menor de edad, ni tampoco con el significado del verbo acoger, que no siempre conllevará una retención en contra de la voluntad de la víctima.

En cuanto a la segunda categoría de bienes tutelados por el 177 *bis* CP, los denominados por MOYA GUILLEM "bienes jurídico-penales distintos"[929], estos se corresponderían con los bienes puestos en peligro en las cinco modalidades previstas de trata. Así, la trata laboral se identificaría con los derechos laborales de los trabajadores; la trata sexual con el derecho a la libertad sexual; la trata criminal con el bien jurídico afectado por la actividad criminal correspondiente (ej. la salud pública en el caso de tráfico de drogas); la trata que tiene como fin la celebración de un matrimonios forzado con el derecho a elegir libremente el cónyuge y contraer matrimonio[930]; y, finalmente, la trata con fines de extracción de órganos con el derecho a la salud pública.

1.5. Toma de postura.

Una vez analizadas las distintas posturas doctrinales sobre el bien jurídico objeto de protección en el delito de trata, debe sopesarse cuál tiene mejor encaje con la conceptualización del fenómeno aquí propuesta.

---

929 *Vid. Ibidem*, pp. 149 y ss.

930 En relación con los bienes jurídicos supuestamente tutelados en el delito de trata con fines de celebración de matrimonio forzado, según la tesis de la autora, debe tenerse en cuenta que los derechos a elegir libremente el cónyuge y a contraer matrimonio, *per se*, no son bienes jurídicos protegides. Sin embargo, sí lo es la libertad de obrar, de la cual dimanan los referidos derechos, entre otros.

Ciertamente, el presente trabajo pivota sobre la idea de aproximarse al fenómeno de la trata desde una vertiente económica. La propuesta conceptualización de este delito como una manifestación de la criminalidad económica pretende visibilizar el componente lucrativo que envuelve a estas conductas y que constituye un importante factor explicativo de la existencia y perpetuación de las mismas.

En este sentido, defender que la trata es advertida por muchos tratantes como un negocio o una oportunidad de la que obtener un lucro o beneficio económico a costa de la explotación de sus víctimas pretende impactar en la política criminal y, especialmente, en la forma de incriminación de tales conductas y en los mecanismos jurídicos dispuestos para combatirlas. Así, la adopción de una nueva aproximación a la trata debe tener su consecuente traslado en la determinación de la *ratio legis* que explica la incriminación de estas conductas, en la que deberá tenerse presente la dimensión económica del fenómeno, más que en la concepción del bien jurídico protegido en sentido técnico. De ahí que la consideración al evidente componente económico de tales conductas no necesariamente supone alterar el bien jurídico merecedor de tutela penal, por cuanto no debe olvidarse que el presente delito es, ante todo y con independencia de las motivaciones que puedan propiciarlo, un grave atentado a los derechos humanos.

Al respecto, puede resultar de gran utilidad servirse de la diferenciación entre el bien jurídico inmediato y el bien jurídico mediato a la que recurre MARTÍNEZ-BUJÁN[931]. El primero, se refiere al concepto clásico de bien jurídico específico o directamente tutelado por la norma y que, por ende, se incorpora al tipo de acción delictiva en tanto que su lesión o puesta en peli-

931 *Vid.* MARTÍNEZ-BUJÁN PÉREZ, C.: *Derecho penal económico y de la empresa (6ª edición), op. cit.* pp. 203-210. Acoge este mismo planteamiento, entre otros, PÉREZ-SAUQUILLO MUÑOZ, C: *Legitimidad y técnicas de protección penal de bienes jurídicos supraindividuales,* Tirant lo Blanch, Valencia, 2019, pp. 65 y ss.

gro constituye un elemento básico del delito. Por el contrario, el bien jurídico mediato se identifica con el más amplio concepto de "*ratio legis*", esto es, con las razones que motivan al legislador a tipificar un determinado comportamiento. Así, el bien jurídico mediato no forma parte del injusto en el sentido de que no es necesario que se haya lesionado o puesto en peligro, ni se exige que el dolo o imprudencia del autor abarquen al mismo. Extrapolando dicha dicotomía al caso que nos ocupa, la consideración de la dimensión económica de la trata como bien jurídico mediato, en nada entorpece a la identificación de la dignidad como bien jurídico inmediato u directamente tutelado por el art. 177 *bis* CP.

En este sentido, la opción que se entiende más acertada de las expuestas es la que considera la dignidad como bien jurídico protegido por el delito de trata. La configuración de la dignidad humana, fundamentada en la proscripción kantiana de instrumentalización del individuo[932], encarna esa idea de deshumanización y cosificación del ser humano tan sintomática de los procesos de trata -así como de otras formas contemporáneas de esclavitud y explotación humana- en que las víctimas son convertidas en bienes de producción o de consumo. Esa concepción de la dignidad como derecho de todo individuo a no ser tratado como un objeto o mercancía, despojándolo de su condición de ser humano, encaja con la dimensión económica de la trata aquí defendida. Así, GONZÁLEZ PÉREZ[933] alude a la dignidad como el derecho que ofrece protección jurídica al individuo frente a cualquier cosificación.

Por otro lado, la dignidad guarda una estrecha y evidente relación con los derechos humanos. Pues, suele identificarse con aquel componente estrictamente humano sobre el que descansan y de donde derivan los derechos inherentes a toda persona por el

---

932 *Vid.* KANT, I.: *Cimentación para la metafísica de las costumbres, op. cit.*, pp. 117-118.

933 *Vid.* GONZÁLEZ PÉREZ, J: *La dignidad de la persona*, Civitas, Madrid, 2004, p. 115.

hecho de serlo -tales como la vida, la integridad, la libertad, entre otros[934]-, sin que esta aglomeración de derechos fundamentales bajo el concepto de dignidad sea óbice de su consideración como bien jurídico protegido[935]. Así, autores como VILLACAMPA definen el atropello de la dignidad como la violación de la misma "línea de flotación de los derechos humanos", que vulnera la esencia misma de la persona negándole su humanidad. Dicha descripción encaja precisamente con la dinámica propia de los procesos de trata que constituyen una vulneración de primera magnitud de los derechos más elementales del ser humano.

En sentido similar, QUERALT JIMÉNEZ aúna en su concepción de la dignidad esa visión mercantilista de la trata junto al proceso de deshumanización al que se someten las víctimas al afirmar que "los tratantes no conciben a sus congéneres como tales: los cosifican y, por lo tanto, les privan de la más leve brizna de humanidad"[936].

---

934 En este sentido, vid. GUTIÉRREZ GUTIÉRREZ, I.: *Dignidad de la persona y derechos fundamentales, op. cit*, pp. 25 y ss.; ALONSO ÁLAMO, M.: "¿Protección penal de la dignidad? A próposito de los delitos relatives a la prostitución y a la trata de persones para la explotación sexual", *Revista Penal, op. cit.*, p. 3

935 *Vid.* VILLACAMPA ESTIARTE, C.: *El delito de trata de seres humanos. Una incriminación dictada desde el Derecho Internacional, op. cit.*, p. 403. En este mismo sentido se expresan también TERRADILLOS BASOCO, J.: "Trata de seres humanos", en ÁLVAREZ GARCÍA/GONZÁLEZ CUSSAC (dirs.), *Comentarios a la reforma de 2010, op. cit.*, p. 208; CUGAT MAURI, M.: "Trata de seres humanos: la universalización del tráfico de personas y su disociación de las conductas infractoras de la política migratoria (arts. 177 bis, 313, 318 bis)", en QUINTERO OLIVARES (dir.), *La reforma penal de 2010: Análisis y comentarios, op. cit.*, p. 160.

936 *Vid.* QUERALT JIMÉNEZ, J.J.: *Derecho penal español. Parte especial (6ª edición)*, Atelier, Barcelona, 2010, p. 183.

Ciertamente, el concepto de integridad moral, especialmente el barajado por autores como GONZÁLEZ CUSSAC[937], también suele identificarse con la idea de incolumidad, contraria a la cosificación e instrumentalización del ser humano, que encajaría con los fines mercantilistas que frecuentemente guían a los tratantes a lo largo del proceso de deshumanización sufrido por las víctimas de trata. Sin embargo, como se ha apuntado, las distintas acepciones del concepto de integridad moral -las que refieren a la incolumidad, las que pivotan sobre los sentimientos de humillación y degradación del sujeto pasivo, y las que inciden en la quiebra de la autonomía de la voluntad- requieren, en mayor o menor medida, una intencionalidad, por parte del sujeto activo, de producir en la víctima esos sentimientos de vejación y humillación. No obstante, y a pesar de que frecuentemente se darán esos comportamientos vejatorios a lo largo del proceso de cosificación de la víctima, la humillación de la misma no siempre será la finalidad última perseguida por el tratante, sino más bien la obtención de un beneficio, generalmente de tipo económico.

Sin embargo, no debe olvidarse que la trata es un proceso en el que se ven conculcados una diversidad de derechos y libertades cuyo desvalor no sería capaz de abarcar el concepto de integridad moral. Por el contrario, el concepto positivo de dignidad acuñado por parte de la doctrina[938], que la identifica no solo con el impera-

---

937 También por GARCÍA ARÁN o CUERDA ARNAU, entre otros. *Vid.* nota al pie número 902.

938 Por todos, *vid.* VILLACAMPA ESTIARTE, C.: *El delito de trata de seres humanos. Una incriminación dictada desde el Derecho Internacional, op. cit.*, p. 404; ALONSO ÁLAMO, M.: "¿Protección penal de la dignidad? A propósito de los delitos relativos a la prostitución y a la trata de persones para la explotación sexual", *Revista Penal, op. cit.*, p. 5; CUGAT MAURI, M.: "Trata de seres humanos: la universalización del tráfico de personas y su disociación de las conductas infractoras de la política migratoria (arts. 177 bis, 313, 318 bis)", en QUINTERO OLIVARES (dir.), *La reforma penal de 2010: Análisis y comentarios, op. cit.*, p. 160.

tivo categórico Kantiano que proscribe la instrumentalización del ser humano, sino que la relaciona con aquello "específicamente humano"[939], con la esencia misma de la persona, sí sería capaz de englobar el enjambre de intereses jurídicos afectados por el tipo.

Además, el refrendo legal con el que cuenta la dignidad en los diversos instrumentos internacionales y europeos se muestra más acorde con la magnitud global del fenómeno y su frecuente componente transnacional, escapando así del concepto "excesivamente local"[940] de integridad moral. Por otro lado, la adopción de la dignidad como bien jurídico tutelado en el delito de trata también se erige como una solución en consonancia tanto con la ubicación sistemática del Título VII *bis*-de forma autónoma a los delitos contra la integridad moral- como con la expresa alusión que realiza a la dignidad el legislador en el Preámbulo de la LO 5/2010.

2. Análisis del tipo básico del art. 177.1 bis CP.

Siguiendo la estructura del que se considera concepto internacional de la TSH, definido en el art. 3 del Protocolo de Palermo, el art. 177 *bis* CP exige la concurrencia de los tres elementos que caracterizan el fenómeno. A saber: la acción, el empleo de determinados medios comisivos y la finalidad de explotación, debiendo concurrir cumulativamente todos ellos para poder hablar de un delito de TSH cuando las víctimas sean mayores de edad.

De conformidad con el art. 177 *bis*.1 CP, será sancionado como reo de TSH, según nuestra norma penal, el que, "*sea en territorio español, sea desde España, en tránsito o con destino a ella,*

---

939 Según palabras de ALONSO ÁLAMO, M.: "¿Protección penal de la dignidad? A propósito de los delitos relativos a la prostitución y a la trata de persones para la explotación sexual", *Revista Penal, op. cit.*, p. 5.

940 Tal y como afirma VILLACAMPA ESTIARTE, C.: *El delito de trata de seres humanos. Una incriminación dictada desde el Derecho Internacional, op. cit.*, p. 397.

empleando violencia, intimidación o engaño, o abusando de una situación de superioridad o de necesidad o de vulnerabilidad de la víctima nacional o extranjera, o mediante la entrega o recepción de pagos o beneficios para lograr el consentimiento de la persona que poseyera el control sobre la víctima, la captare, transportare, trasladare, acogiere, o recibiere, incluido el intercambio o transferencia de control sobre esas personas", con determinados fines de explotación.

Lo primero que llama la atención de la referida descripción típica es el hincapié que se hace en el componente territorial o geográfico mediante expresiones como "*en territorio español, desde España, en tránsito o con destino a ella*" o la referencia a la víctima como "*nacional o extranjera*". Dichas manifestaciones, que parecen incorporar un elemento transfronterizo al delito, han sido duramente criticadas por la doctrina[941]. En este sentido, se ha considerado un requisito superfluo o innecesario para dotar a los tribunales de competencia en virtud del principio de territorialidad, siendo que dicha circunscripción de la conducta al territorio nacional no aparece en los textos internacionales[942].

941 *Vid.* ESQUINAS VALVERDE, P.: "Lección 8. El delito de trata de seres humanos", en MARÍN DE ESPINOSA CEBALLOS (Dir.), *Lecciones de Derecho Penal. Parte especial (2ª Edición)*, Tirant lo Blanch, Valencia, 2021, p. 162; VILLACAMPA ESTIARTE, C.: *El delito de trata de seres humanos. Una incriminación dictada desde el Derecho Internacional, op. cit.*, p. 416; POMARES CINTAS, E.: "El delito de trata de seres humanos con finalidad de explotación laboral", *Revista Electrónica de Ciencia Penal y Criminología, op. cit.*, p. 7; DAUNIS RODRÍGUEZ, A.: *El delito de trata de seres humanos, op. cit.*, pp. 86 y 87. También PÉREZ ALONSO recalcó que el desvalor de la conducta no debería estar ligada a la entrada o estancia en el país, sino a los medios y fines perseguidos con la misma. *Vid.* PÉREZ ALONSO, E.: *Tráfico de personas e inmigración clandestina (un estudio sociológico, internacional y jurídico-penal), op. cit*, p. 176.

942 De hecho, la Directiva de 2011 renuncia al principio de universalidad, refiriéndose solo al de territorialidad y personalidad (23.4.d LOPJ), sin perjuicio de lo que pueda decidir cada Estado. Ya se puso de manifiesto la incoherencia de dicha limitación geográfica, en

Su razón de ser parecería estar más ligada con la tradicional confusión que venía siendo padecida por el legislador español entre trata de personas y el delito de inmigración ilegal. De hecho, hay quien indica que la existencia de este requisito constituye una manifestación de la falta de interés de nuestro legislador por la persecución del fenómeno fuera de las fronteras nacionales[943], lo cual se confirma a tenor de la reforma del art. 23.4 LOPJ en lo que a la aplicación del principio de justicia universal se refiere[944].

Sucede lo mismo con la referencia a la víctima del delito cuando se apunta a que la conducta será perseguida bien sea aquella "*nacional o extranjera*", puntualización del todo innecesaria, pues no aporta información alguna al ser términos excluyentes (se es lo uno o lo otro)[945], haciéndolo omnicomprensivo, de modo que

---

VILLACAMPA ESTIARTE, C.: *El delito de trata de seres humanos. Una incriminación dictada desde el Derecho Internacional, op. cit.*, p. 412; GUISASOLA LERMA, C.: "Formas contemporáneas de esclavitud y trata de seres humanos: una perspectiva de género", *Estudios Penales y Criminológicos, op. cit.*, p. 190; MARTOS NÚÑEZ, J.A.: "El delito de trata de seres humanos: análisis del artículo 177 bis del Código Penal", *Estudios Penales y Criminológicos, op. cit.*, p. 104.

943 *Vid.* VILLACAMPA ESTIARTE, C.: *El delito de trata de seres humanos. Una incriminación dictada desde el Derecho Internacional, op. cit.;* p. 412 y ss. De la misma opinión, DAUNIS RODRÍGUEZ, A*: El delito de trata de seres humanos, op. cit.*, p. 86.

944 En este sentido, *vid.* VILLACAMPA ESTIARTE, C.: "Título VII Bis. De la trata de seres humanos", en QUINTERO OLIVARES, GONZALO (Dir.): *Comentarios al Código Penal Español. Tomo I (artículos 1 a 233), op. cit.*, pp. 1249.

945 *Vid.* ESQUINAS VALVERDE, P.: "Lección 6. El delito de trata de seres humanos", en MARÍN DE ESPINOSA CEBALLOS, E. (Dir.), *Lecciones de Derecho Penal. Parte Especial, op. cit*, p. 163; VILLACAMPA ESTIARTE, C.: *El delito de trata de seres humanos. Una incriminación dictada desde el Derecho Internacional, op. cit.;* p. 416; POMARES CINTAS, E.: "El delito de trata de seres humanos con finalidad de explotación laboral", *Revista Electrónica de Ciencia Penal y Criminología, op. cit.*, p. 15; DAUNIS RODRÍGUEZ, A.: *El delito de trata de seres humanos, op. cit.*, p. 89.

cualquiera puede ser sujeto pasivo del 177 *bis* CP. Sin embargo, paradójicamente, cuando un nacional español sea víctima de trata, pero su traslado sea ajeno a nuestras fronteras -no siendo España ni el punto de partida, ni territorio transitado, ni el destino final- nos hallaríamos ante una conducta atípica en nuestro país[946].

Sea como fuere, el delito no exige un componente transfronterizo[947], por lo que puede entenderse cometido tanto dentro del territorio nacional –trata nacional o interna-, como desde, en tránsito o con destino a España –trata transnacional o externa-. Así lo ha reconocido expresamente el Tribunal Supremo, por ejemplo, en su sentencia núm. 910/2013, de 3 de diciembre (FJ3). De este modo, las referidas menciones, que solo aportan confusión y distorsión, deberían desaparecer de futuro, a pesar de que hay quien las considera acertadas entendiendo que dan cumplimiento a la prohibición de discriminación de la víctima por razón de su nacio-

---

946 Desde la LO 1/2014, de 13 de marzo, se recoge el delito de trata entre aquellos que pueden dar lugar a la competencia de los órganos judiciales españoles en virtud de la Justicia Universal (art. 23.4.m LOPJ), siempre y cuando el supuesto en cuestión guarde determinada vinculación con el Estado español. En definitiva, la víctima de trata deberá haber estado en algún momento del proceso en territorio español para que nuestros tribunales puedan enjuiciar y sancionar tal conducta. *Vid.* LLORIA GARCÍA, P.: "Trata de seres humanos", en BOIX REIG, J. (Dir), *Derecho Penal Parte Especial, Vol. I, La protección penal de los intereses jurídicos personales,* Iustel, Madrid, 2016, p. 336; LLORIA GARCÍA, P.: "El delito de trata de seres humanos y la necesidad de creación de una ley integral", *Estudios Penales y Criminológicos, op. cit.*, p. 378. En sentido similar, *vid.* CUGAT MAURI, M.: "La trata de seres humanos: la universalización del tráfico de personas y su disociación de las conductas infractoras de la política migratoria", en QUINTERO OLIVARES, G. (Dir.), *La reforma penal de 2010: análisis y comentarios, op. cit.*, p. 161.

947 *Vid.* SANTANA VEGA, D.: "Trata de seres humanos (Art. 177 bis)", en CORCOY BIDASOLO, M. (Dir.): *Manual de Derecho Penal. Parte especial. Doctrina y Jurisprudencia en casos solucionados. Tomo 1, op. cit.*, pp. 192-205

nalidad[948]. De hecho, tanto la referencia al territorio español como a la condición de nacional o extranjera de la víctima desaparecen de la redacción típica del 177 *bis* propuesta por el ALOITES[949].

De vuelta a los tres elementos esenciales configuradores del ilícito tipificado en el art. 177 *bis* CP, debe puntualizarse que, mientras los dos primeros -la acción y los medios comisivos- integran la parte objetiva del tipo, la finalidad del tratante de explotar a la víctima se configura como el elemento subjetivo del injusto[950].

---

948 *Vid.* DE VICENTE MARTÍNEZ, R.: "Artículo 177 bis", en GÓMEZ TOMILLO, MANUEL (Dir.), *Comentarios prácticos al Código Penal. Los delitos contra las personas. Artículos 138-233*, Thomson Reuters-Aranzadi, Cizur Menor, 2015, p. 467.

949 Concretamente, en virtud de las modificaciones en el Código Penal dispuestas en su disposición final cuarta.

950 Así lo dispone el mismo Tribunal Constitucional en su sentencia núm. 270/2016, que reza: "*Los elementos que se derivan de la citada definición convencional, traspuesta a nuestro art. 177 bis del Código Penal, resultan ser para el tipo básico: a) La acción consiste en un comportamiento objetivo definido como captar, transportar, trasladar, acoger, recibir o alojar personas, con cualquiera de las finalidades establecidas. b) El empleo de determinados medios que se precisan, como son el empleo de violencia, intimidación o engaño; el abuso de una situación de superioridad o de necesidad, o de la vulnerabilidad de la víctima. El empleo de los medios descritos hace irrelevante el consentimiento de la víctima (núm. 3 del precepto). En todo caso, cabe señalar que el núm. 2 del art. 177 bis excluye además la relevancia de los medios comisivos cuando las acciones se llevan a cabo respecto de menores de edad y con fines de explotación, supuesto que nos ocupa. c) El elemento subjetivo del delito está constituido por las finalidades típicas, concretadas a la imposición de trabajo o servicios forzados, la esclavitud o prácticas similares a la esclavitud, a la servidumbre o a la mendicidad (supuestos de trata para explotación laboral); la explotación sexual, incluida la pornografía (supuestos de trata para explotación sexual); y la extracción de sus órganos corporales*".

2.1. Parte objetiva del tipo: Conducta típica.

De conformidad con el apartado primero del art. 177 *bis* CP, la acción consiste en *captar, transportar, trasladar, acoger o recibir* a una persona, *incluido el intercambio o transferencia de control sobre esa persona*, con alguna o varias de las finalidades previstas por el tipo. Como puede apreciarse, las conductas típicas previstas son amplias con el fin de abarcar todos aquellos comportamientos habituales que tienen lugar en las distintas fases del proceso de trata, aunque dicha amplitud también puede dar lugar a ciertas redundancias[951]. De hecho, hay quien ha criticado la redacción del precepto por su extensión desmesurada que no consigue "*mejorar con ello la claridad, la exhaustividad o la taxatividad del precepto*" en tanto que no deja claro si son admisibles o no otras posibles conductas[952]. Así, por ejemplo, la acción de alojar, sinónima de acoger, fue suprimida por la LO 1/2015. Verbo aquel que, por otra parte, nunca estuvo previsto ni en el art. 2 de la Directiva ni en el art. 3 del Convenio de Varsovia -aunque sí en el art. 3 del Protocolo de Palermo-, y cuya desaparición no causa mayores

---

951 *Vid.* SANTANA VEGA, D.: "Trata de seres humanos (Art. 177 bis)", en CORCOY BIDASOLO, M. (Dir.): *Manual de Derecho Penal. Parte especial. Doctrina y Jurisprudencia en casos solucionados. Tomo 1, op. cit.*, p. 164; IGLESIAS SKULJ, A.: "De la trata de seres humanos: artículo 177 bis CP", en GONZÁLEZ CUSSAC, J. L. (Dir.): *Comentarios a la Reforma del Código Penal de 2015*, Tirant lo Blanch, Valencia, 2015, p. 598; REQUEJO NAVEROS, M.T.: "El delito de trata de seres humanos en el Código Penal español. Panorama general y compromisos internacionales de regulación", en ALCÁCER GUIRAO, R., MARTÍN LORENZO, M. y VALLE MARISCAL DE GANTE, M. (coord.), *La trata de seres humanos. Persecución penal y protección de las víctimas, op. cit.*, p. 30; GARCÍA SEDANO, T.: "El tipo de trata de seres humanos: la vulnerabilidad de sus víctimas", *op. cit.*, p. 2; DAUNIS RODRÍGUEZ, A.: *El delito de trata de seres humanos, op. cit.*, p. 47.

952 *Vid.* SANTANA VEGA, D.: "Trata de seres humanos (Art. 177 bis)", en CORCOY BIDASOLO, M. (Dir.): *Manual de Derecho Penal. Parte especial. Doctrina y Jurisprudencia en casos solucionados. Tomo 1, op. cit.*, pp. 193-194.

distorsiones por cuanto la conducta "alojar" puede hallarse incriminada en otros verbos típicos como "recibir" o "acoger"[953].

En un intento de delimitar el contenido y alcance de los referidos verbos típicos se han pronunciado tanto la academia como la Fiscalía General del Estado (en adelante, FGE), a través de su Circular núm. 5/2011[954], facilitando una serie de criterios interpretativos.

En cuanto al primero de los verbos típicos, la RAE asocia la "captación" con el hecho de atraer o ganar la voluntad o el afecto de alguien. En base a esa definición, se ha considerado por "captar" "cualquier conducta realizada por medios materiales o intelectuales que oriente a la víctima hacia los fines perseguidos por el sujeto activo"[955]. Mayor concreción ofrece la Fiscalía, que asimila la captación con la sustracción de la víctima de su entorno más inmediato para ser tratada, eso es, desplazada o movilizada. Así, la captación hace referencia a la primera fase del proceso de trata: la recluta de sujetos[956] en la que el tratante busca ganarse la confianza de la

---

953 Véase IGLESIAS SKULJ, A.: "De la trata de seres humanos: artículo 177 bis CP", en GONZÁLEZ CUSSAC, J. L. (Dir.): *Comentarios a la Reforma del Código Penal de 2015, op. cit.*, p. 597.

954 Dicha Circular, recoge, de hecho, la misma descripción de los verbos típicos previamente acuñada por VILLACAMPA. En este sentido, *vid.* VILLACAMPA ESTIARTE, C.: *El delito de trata de seres humanos. Una incriminación dictada desde el Derecho Internacional, op. cit.*, pp. 416 y ss.

955 *Vid.* SANTANA VEGA, D.: "Trata de seres humanos (Art. 177 bis)", en CORCOY BIDASOLO, M. (Dir.): *Manual de Derecho Penal. Parte especial. Doctrina y Jurisprudencia en casos solucionados. Tomo 1, op. cit.*, p. 194. Acorde con el sentido de esta definición, se pronuncia también la UNITED NATIONS OFFICE ON DRUGS AND CRIME (UNODC): *Manual sobre la Investigación del Delito de trata de personas. Guía de Autoaprendizaje, op. cit.*, p. 9.

956 Según el Tribunal Supremo, en su sentencia núm. 214/2017, "*la primera fase del delito de trata de seres humanos consiste en una inicial conducta de captación, que consiste en la atracción de una persona para controlar su voluntad con fines de explotación, lo que equivale al reclutamiento de la víctima. En esta fase de captación o reclutamiento, se utiliza habitualmente*

víctima, generalmente, mediante el ofrecimiento de una oferta de trabajo, la promesa de una vida mejor o el establecimiento de una relación sentimental. Al respecto, según VILLACAMPA, la captación requiere la -al menos aparente- asunción de algún tipo de obligación por parte del tratante hacia la víctima, más allá de la mera oferta de cualquier tipo de trabajo o actividad[957]. Sea como fuere, a pesar de que la captación puede producirse por cualquier medio, también a través de las TIC o internet[958], acostumbra a

---

el engaño, mediante el cual el tratante, sus colaboradores o su organización articulan un mecanismo de acercamiento directo o indirecto a la víctima para lograr su "enganche" o aceptación de la propuesta".

957 *Vid.* VILLACAMPA ESTIARTE, C.: "Título VII Bis. De la trata de seres humanos", en QUINTERO OLIVARES, GONZALO (Dir.): Comentarios al Código Penal Español. Tomo I (artículos 1 a 233), *op. cit.*, p. 1250.

958 Así lo reconoce el propio informe explicativo del Convenio de Varsovia. De hecho, se ha alertado de una tendencia creciente en el uso de esta herramienta por parte de los tratantes dado que permite el contacto con las víctimas de forma anónima, rápida y sin necesidad de desplazamiento físico. Según datos de la ONU, el 39% de víctimas de trata a nivel mundial serían captadas a través de internet. *Vid.* UNITED NATIONS OFFICE ON DRUGS AND CRIME (UNODC): *Global report on Trafficking in Persons, op. cit,* p. 121; MACKENZIE, S.: *Transnational Criminology. Trafficking and Global Criminal Markets,* Bristol University Press, Bristol, 2020, p. 44.

llevarse a cabo de forma oral por parte de familiares, amigos o conocidos[959] y suele tener lugar en el país de origen de la víctima[960].

Por cuanto se refiere al "transporte", se define como llevar a una persona de un lugar a otro mediante cualquier vehículo o medio -legal o ilegal-, por sí o a través de tercero. Como se ha reivindicado, tanto "transportar" como "trasladar" pueden considerarse términos sinónimos[961] que suponen llevar o conducir a una persona de un sitio a otro, evocando, por tanto, la idea de desplazamiento[962]. La asimilación entre ambos conceptos es tal que el ALOITES ha considerado innecesario el mantenimiento de ambos verbos en la redacción típica del delito, previendo únicamente el traslado de

---

959 *Vid.* EUROPEAN COMISSION: *Data collection on trafficking in human beings in the EU, op. cit.*, p. 71. VILLACAMPA ESTIARTE, C., GÓMEZ ADILLÓN, M.J., TORRES FERRER, C. y MIRANDA RUCHE, X.: "Trata de seres humanos: dimensión y características en España", *Revista General de Derecho Penal, op. cit.*, pp. 20 y 21. Según este estudio cuantitativo, la forma oral de recluta por parte de familiares y conocidos sería la más relevante en todas las formas de TSH. Si bien internet también sería un mecanismo recurrente de recluta en los supuestos de trata sexual y criminal, las agencias de colocación y ETTs tendrían especial incidencia en los casos de trata con fines de explotación laboral.

960 En este sentido, VILLACAMPA ESTIARTE, C., GÓMEZ ADILLÓN, M.J., TORRES FERRER, C. y MIRANDA RUCHE, X.: "Trata de seres humanos: dimensión y características en España", *Revista General de Derecho Penal, op. cit.*, p. 19.

961 De hecho, la previsión de ambos términos podría deberse a una deficiente traducción del vocablo inglés "transfer" como "traslado", en lugar de como "transferencia". *Vid.* RODRÍGUEZ LÓPEZ, S.: *Trata de seres humanos y corrupción*, Tirant lo Blanch, Valencia, 2022, p. 98.

962 *Vid.* SANTANA VEGA, D.: "Trata de seres humanos (Art. 177 bis)", en CORCOY BIDASOLO, M. (Dir.): *Manual de Derecho Penal. Parte especial. Doctrina y Jurisprudencia en casos solucionados. Tomo 1, op. cit.*, p. 194; VILLACAMPA ESTIARTE, C.: "Título VII Bis. De la trata de seres humanos", en QUINTERO OLIVARES, GONZALO (Dir.): *Comentarios al Código Penal Español. Tomo I (artículos 1 a 233), op. cit.*, pp. 1250 y 1251.

la víctima, tal y como un sector doctrinal venía demandando[963]. En cualquier caso, debe recordarse que el traslado o transporte puede realizarse por cualquier medio -incluso a pie-, no siendo necesario el cruce de fronteras, a diferencia de lo que sucede con el delito de tráfico ilícito de personas (art. 318 *bis* CP).

Por otro lado, si bien se acepta la posibilidad de sancionar al tratante por el "transporte" o "traslado" de la víctima cuando este se realiza a través de un tercero[964], más discutido es determinar cuál es el grado mínimo de participación de aquél para que su conducta se integre en los referidos verbos típicos. Así, hay quienes consideran que integran la conducta típica las funciones de acompañamiento de la víctima, de transporte de la víctima a

---

963 Y ello, especialmente desde que se incriminará expresamente "el intercambio o transferencia de control sobre una persona". Por todos, *vid.* VILLACAMPA ESTIARTE, C.: "La trata de seres humanos tras la reforma del Código Penal de 2015", *Diario La Ley*, nº 8554, 2015, p. 5; IGLESIAS SKULJ, A.: "De la trata de seres humanos: artículo 177 bis CP", en GONZÁLEZ CUSSAC, J. L. (Dir.): *Comentarios a la Reforma del Código Penal de 2015, op. cit.*, p. 598; CANO PAÑOS, M.A.: "De la trata de seres humanos", en MORILLAS CUEVA, L. (Dir.), *Estudios sobre el Código Penal reformado*, Dykinson, Madrid, 2015, p. 424; RODRÍGUEZ LÓPEZ, S.: *Trata de seres humanos y corrupción, op. cit.*, p. 98.

964 *Vid.* FISCALÍA GENERAL DEL ESTADO: *Circular 5/2011 sobre criterios para la unidad de actuación especializada del Ministerio Fiscal en materia de extranjería e inmigración, op. cit.*, II.2; VILLACAMPA ESTIARTE, C.: *El delito de trata de seres humanos. Una incriminación dictada desde el Derecho Internacional, op. cit.*, p. 418; POMARES CINTAS, E.: "El delito de trata de seres humanos con finalidad de explotación laboral", *Revista electrónica de ciencia penal y criminología, op. cit.*, p. 9.

sabiendas de su destino (SAP Pontevedra núm. 612/2014)[965] y de organización del viaje (SAP Lleida núm. 212/2017)[966].

Sin embargo, con anterioridad a la reforma operada en 2015, el problema radicaba en aquellos supuestos en los que no se producía un desplazamiento físico de la víctima, sino una mera transferencia o intercambio del control o dominio sobre la víctima de unas manos a otras –como en los casos de permuta o alquiler-. La necesidad de colmar ese vacío de punibilidad y de armonizar la conducta típica de acuerdo con las exigencias in-

---

965 *Vid.* BOLAÑOS VÁZQUEZ, H.J.: "Regulación jurídico-penal de la trata de personas según el Protocolo de Palermo. Aplicación práctica desde la teoría del delito", *Revista de derecho migratorio y extranjería*, nº 34, 2013, p. 302. La referida sentencia de la SAP Pontevedra de 22 de diciembre de 2014 revierte particular interés en este caso dada la implicación de una empresa de transportes "OLIMPIA TRAVEL". Esta empresa, en connivencia con una de las acusadas, se encarga del traslado de la víctima menor desde Rumanía hasta España, resultando uno de sus chóferes acusados por el delito de trata de seres humanos. Sin embargo, tratándose de una conformidad y habiendo abonado 6.000€ en concepto de indemnización por responsabilidad civil, termina condenándole por complicidad a la pena de prisión de 1 año y 6 meses; mientras que la sociedad termina exenta de toda responsabilidad.

966 En sentido contrario, VILLACAMPA ESTIARTE, C.: *El delito de trata de seres humanos. Una incriminación dictada desde el derecho internacional, op. cit.*, pp. 417 y 418; VILLACAMPA ESTIARTE, C.: "Título VII Bis. De la trata de seres humanos", en QUINTERO OLIVARES, GONZALO (Dir.): *Comentarios al Código Penal Español. Tomo I (artículos 1 a 233), op. cit.*, p. 1250. Puntualiza la autora, siguiendo a la doctrina alemana, que la mera organización del transporte o el mero hecho de facilitar a la víctima documentos de viaje o de identidad, no serían suficientes para integrar la conducta típica. La citada SAP de Lleida, de 30 de mayo de 2017, condena a los acusados por un delito de trata en base a su participación "*en la organización del viaje de la testigo protegida desde su país de origen hasta España para su explotación sexual, colmando de este modo la conducta típica prevista en el artículo 177 bis del C.P.*" (F.J. CUARTO).

ternacionales[967], llevó a parte de la doctrina y al Ministerio Fiscal a defender la inclusión de las conductas de "entrega, cambio, cesión o transferencia de la víctima" en las acciones "trasladar"[968] y/o "recibir"[969]. Si bien esta solución fue considerada una interpretación extensiva inadmisible por algunos, la polémica quedó zanjada en 2015 con la inclusión expresa entre los verbos típicos del "intercambio o transferencia del control sobre la víctima"[970],

---

967 Recuérdese que el Convenio de Varsovia se refería expresamente a la "transferencia" como conducta típica. También la Directiva 2011/36 incluye entre los verbos típicos el "intercambio" o "transferencia" del control sobre las personas. A pesar de ser la Directiva posterior a la tipificación del delito de trata en 2010, dicha omisión del legislador no es justificable por cuanto ya el CGPJ puso de manifiesto esa cuestión en su informe sobre el Anteproyecto de Ley Orgánica de 2008.

968 De esta misma opinión, VILLACAMPA ESTIARTE, C.: *El delito de trata de seres humanos. Una incriminación dictada desde el Derecho Internacional, op. cit.*, p. 418.

969 *Vid.* FISCALÍA GENERAL DEL ESTADO: *Circular 5/2011 sobre criterios para la unidad de actuación especializada del Ministerio Fiscal en materia de extranjería e inmigración, op. cit.*, p. 17. Por su parte, junto a los verbos típicos trasladar y recibir, entendía PÉREZ ALONSO que también podían reconducirse dichas situaciones mediante el verbo típico "captar". *Vid.* PÉREZ ALONSO, E.: *Tráfico de personas e inmigración clandestina (Un estudio sociológico, internacional y jurídico-penal), op. cit.*, p. 190.

970 *Vid.* VILLACAMPA ESTIARTE, C.: "Título VII Bis. De la trata de seres humanos", en QUINTERO OLIVARES, G. (Dir.): *Comentarios al Código Penal Español. Tomo I (artículos 1 a 233), op. cit.*, p. 1251; LÓPEZ RODRÍGUEZ, J.: *Conceptualización jurídica de la trata de seres humanos con fines de explotación laboral*, Aranzadi, Cizur Menor, 2016, p. 83; LLORIA GARCÍA, M.P.: "El delito de trata de seres humanos y la necesidad de creación de una ley integral", *Estudios Penales y Criminológicos, op. cit.*, p. 376; ESQUINAS VALVERDE, P.: "Lección 6. El delito de trata de seres humanos", en MARÍN DE ESPINOSA CEBALLOS, E. (Dir.), *Lecciones de Derecho Penal. Parte Especial, op. cit.*, p. 111; TERRADILLOS BASOCO, J.M. y GALLARDO GARCÍA, R.M.: "Trata de seres humanos", en TERRADILLOS BASOCO, J.M. (Coord.), *Derecho Penal. Parte Especial. Tomo III.*, Iustel, 2016, p. 180.

como consecuencia de la transposición del art. 1.II Directiva de 2011[971]. Mientras que "intercambiar" implica la permuta de unas personas por bienes, por otras personas u otros tipos de contraprestaciones (drogas, armas, etc.); "transferir" supone la cesión del dominio sobre una persona, sin necesidad de que medie precio[972]. De hecho, no se exige la concurrencia de ánimo de lucro para que dichas conductas sean típicas[973].

Por su parte, el ALOITES propone la sustitución del término "intercambio" por "entrega" que, si bien tiene un significado más amplio -en tanto que no requiere la percepción de algo o alguien a cambio-, no deja de ser un concepto sinónimo del verbo ya previsto "transferir". Así, no se entiende cual sería el fundamento último de esta modificación proyectada, más allá de ahondar en la innecesaria concurrencia de precio o contraprestación alguna (y, por ende, ánimo de lucro) para que dichas conductas sean sancionadas.

Sea como fuere, el Tribunal Supremo[974] identifica dichos verbos con el "*segundo eslabón de la actividad delictiva en la trata de seres humanos*", que relaciona íntimamente con la técnica del desarraigo consistente "*en que la víctima es separada del lugar o medio donde se ha criado o habita y se cortan los vínculos afectivos que*

---

971 En general, IGLESIAS SKULJ se muestra crítica acerca de la inclusión de múltiples formas de conducta por considerarla reiterativa y "*de poco auxilio al momento de determinar adecuadamente la tipicidad*". Véase IGLESIAS SKULJ, A.: "De la trata de seres humanos: artículo 177 bis CP", en GONZÁLEZ CUSSAC, JOSÉ L. (Dir.): *Comentarios a la Reforma del Código Penal de 2015, op. cit.*, p. 598.

972 *Vid.* SANTANA VEGA, D.: "Título VII BIS de la trata de seres humanos", en CORCOY BIDASOLO, M. y MIR PUIG, S. (Dirs.), *Comentarios al Código Penal. Reforma LO 1/2015 y LO 2/2015, op. cit.*, p. 655.

973 *Vid. Ibídem.*

974 *Vid.* SSTS 214/2017; 144/2018; 396/2019; 430/2019; 554/2019; 564/2019; 422/2020; 565/2020; 307/2021; 324/2021.

tiene con ellos, mediante el uso de fuerza, la coacción y el engaño". DAUNIS RODRÍGUEZ identifica las situaciones de desarraigo con la falta de herramientas de la víctima para evitar y/o denunciar su situación, que alcanzarían su máxima expresión cuando esta se ve despojada de sus documentos de identidad y de viaje, y se ve privada de su libertad de movimientos[975].

Finalmente, mediante la "acogida" o "recibimiento"[976], se coloca o aposenta, de forma provisional o definitiva, a las víctimas en el lugar o destino en el que se pretende que vayan a ser explotadas. Mientras que "acoger" refiere más a la idea de proporcionar refugio o albergue a alguien; "recibir", por exclusión, implica salir al encuentro de una persona, en este caso, la víctima -ya sea objeto de traslado físico o de traslado de dominio[977]-. PÉREZ CEPEDA

---

975 *Vid.* DAUNIS RODRÍGUEZ, A.: *El delito de trata de seres humanos, op. cit.*, p. 83.

976 Previamente a la reforma de 2015, se preveía también el verbo "alojar", que fue suprimido para evitar redundancias innecesarias, puesto que las conductas de alojamiento podían ser reconducidas al verbo acoger. De esta opinión, VILLACAMPA ESTIARTE, C.: "Título VII Bis. De la trata de seres humanos", en QUINTERO OLIVARES, G. (Dir.): *Comentarios al Código Penal Español. Tomo I (artículos 1 a 233), op. cit.*, p. 1250; IGLESIAS SKULJ, A.: "De la trata de seres humanos: artículo 177 bis CP", en GONZÁLEZ CUSSAC, JOSÉ L. (Dir.): *Comentarios a la Reforma del Código Penal de 2015, op. cit.*, p.597; LLORIA GARCÍA, P.: "El delito de trata de seres humanos y la necesidad de creación de una ley integral", *Estudios Penales y Criminológicos, op. cit.*, p. 376; GONZÁLEZ TASCÓN, M.M.: "A propósito de la trata de seres humanos: análisis de la modalidad básica del delito de trata de seres humanos", *Derecho y Proceso Penal*, vol. 59, 2020, p. 82.

977 *Vid.* VILLACAMPA ESTIARTE, C.: "Título VII Bis. De la trata de seres humanos", en QUINTERO OLIVARES, G. (Dir.): *Comentarios al Código Penal Español. Tomo I (artículos 1 a 233), op. cit.*, p. 1250. Por su parte, LLORIA GARCÍA considera que "acoger" y "recibir" se refieren a hacerse cargo de la persona, incluyendo "*tanto los actos de aquel que toma un primer contacto con la víctima después de su captación o de su traslado, y la presenta a otro que realmente se hace cargo de la misma*".

delimita ambos conceptos con base en un criterio temporal, de modo que la acción "recibir" sería anterior a "recoger"[978], si bien LLORIA GARCÍA considera ambos términos equivalentes[979].

Nuevamente aquí, el ALOITES opta por deshacerse de aquellos verbos típicos que presentan más problemas de delimitación respecto a los términos sinónimos que utiliza el legislador en la descripción típica del delito. Así, en la nueva redacción propuesta del 177 *bis* se suprimirían el verbo "recibir", cuyo contenido debería entenderse englobado en el vocablo "acoger".

De vuelta a la redacción vigente del tipo, algunas de las acciones comprendidas en la conducta típica invitan a pensar que nos hallamos ante un delito de resultado (transportar, trasladar, captar) y otras apuntan a que se trataría de un delito de mera actividad (acoger, recibir), lo cual complicaría la posibilidad de tentativa[980]. Sin embargo, la concurrencia de ese triple requerimiento (acción, medios y finalidad) condujo a VILLACAMPA a defender la configuración del 177 *bis* CP como un delito mutilado de dos actos[981].

Vid. LLORIA GARCÍA, M.P.: "El delito de trata de seres humanos y la necesidad de creación de una ley integral", *Estudios Penales y Criminológicos, op. cit.*, pp. 379 y 380. Por su parte, el Tribunal Supremo en su sentencia 53/2014, de 14 de febrero, entendió que el hecho de buscar hospedaje a la persona tratada y alojarla integra las acciones típicas de acoger, recibir y alojar. (F.J. 4).

978 *Vid.* PÉREZ CEPEDA, A.I.: "Lección X. La trata de seres humanos", en GÓMEZ RIVERO, M.C. (Dir.), *Nociones Fundamentales de Derecho Penal. Parte especial (3ª edición)*, vol. I, Tecnos, Madrid, 2018, p. 242.

979 *Vid.* LLORIA GARCÍA, M.P.: "Lección XI. Trata de seres humanos", en BOIX REIG, J. (Dir.), *Derecho Penal. Parte especial (2ª edición), op. cit.*, p. 337.

980 *Vid.* SANTANA VEGA, D.: "Trata de seres humanos (Art. 177 bis)", en CORCOY BIDASOLO, M. (Dir.): *Manual de Derecho Penal. Parte especial. Doctrina y Jurisprudencia en casos solucionados. Tomo 1, op. cit.*, p. 194.

981 *Vid.* VILLACAMPA ESTIARTE, C.: "Título VII Bis. De la trata de seres humanos", en QUINTERO OLIVARES, G. (Dir.): *Comentarios al Código Penal Español. Tomo I (artículos 1 a 233), op. cit.*, p. 1248. De esa misma

En cualquier caso, las conductas tipificadas se configuran como alternativas e independientes, de modo que la realización de una de las conductas distintas será suficiente para la consumación del delito, no exigiéndose la realización de todas ellas[982].

En cuanto al sujeto que debe realizar la acción típica, frecuentemente, tales conductas se llevan a cabo por parte de diversos sujetos de forma más o menos estructurada, pero sin necesidad de reunir los requisitos de una organización criminal. Sin embargo, el Tribunal Supremo sí exige que los ulteriores autores sean conocedores de la situación precedente de captación de la víctima[983]. Como indica ESQUINAS VALVERDE, con asiduidad, el tratante y el explotador final no siempre serán la misma persona, pudiendo realizarse la trata en provecho propio o en provecho de tercero[984], afirmación esta última que no puede compartirse

---

opinión, MAQUEDA ABREU, M.L. y LAURENZO COPELLO, P.: *El Derecho Penal en casos (3ª Edición)*, Tirant lo Blanch, Valencia, 2011, p. 90; MAYORDOMO RODRIGO, V.: "Nueva regulación de la trata, el tráfico ilegal y la inmigración clandestina de personas", *Estudios Penales y Criminológicos*, nº 32, p. 372.

982 *Vid.* MIR PUIG, *Derecho Penal. Parte General, op. cit.*, p. 34. De la misma opinión, VILLACAMPA ESTIARTE, C.: *El Delito de trata de seres humanos. Una incriminación dictada desde el derecho internacional, op. cit.*, p. 432. Así lo confirma el Tribunal Supremo indicando que "el artículo 177 bis CP tipifica distintas conductas de modo alternativo, de manera que la ejecución de cualquiera de ellas es suficiente para consumar la infracción. Es cierto que la doctrina y la jurisprudencia han descrito la trata de seres humanos distinguiendo diversas fases, especialmente, captación, traslado y ejecución, pero con ello no se ha querido decir, en ningún caso, que la consumación del delito previsto en el precepto requiera la ejecución de todas ellas". *Vid.* STS 136/2021, de 16 de febrero (FJ 5).

983 En este sentido, se pronuncia las sentencias del Alto Tribunal números 191/2015, de 9 de abril; 545/2015 o 538/2016, entre otras.

984 *Vid.* ESQUINAS VALVERDE, P.: "Lección 8. El delito de trata de seres humanos", en MARÍN DE ESPINOSA CEBALLOS, E. (Dir.), *Lecciones*

puesto que la trata siempre será en provecho propio: bien bajo la expectativa de obtener un lucro derivado de la explotación directa de la víctima, bien por recibir un precio a cambio de "proveer" víctimas a terceros. En cualquier caso, el delito es común, pudiendo ser sujeto activo del mismo cualquiera, sin perjuicio de las especificidades contempladas en los apartados 5 –autoridad, agente o funcionario público- y 6 -miembros de grupo u organización criminal-, además de preverse específicamente la comisión del mismo por parte de personas jurídicas (apartado 7).

Finalmente, en cuanto a la participación, se admiten todas las modalidades previstas en el art. 28 CP, siendo aplicable la doctrina general estipulada al respecto[985]. En los supuestos de

---

de Derecho Penal. Parte especial (2ª Edición), op. cit., pp. 163 y 164.

985 En este sentido, la jurisprudencia viene reconociendo la condición de autores (directos) no solo a quienes realizan el hecho por sí solos, conjuntamente o por medio de otro del que se sirven como instrumento; sino que también serán considerados autores (indirectos o mediatos): a) Los que inducen directamente a otro u otros a ejecutarlo; y b) Los que cooperan a su ejecución con un acto sin el cual no se habría efectuado (esto es, los partícipes). Así, junto a la teoría del dominio funcional del hecho, se tienen en consideración la colaboración con el ejecutor directo aportando una conducta sin la cual el delito no se había cometido (teoría de la *conditio sine qua non*) o la colaboración mediante la aportación de algo que no es fácil obtener de otro modo (teoría de los bienes escasos). Así mismo, se apreciará la complicidad cuando, no concurriendo las circunstancias antes expuestas caracterizadoras de la cooperación necesaria, exista una participación accidental, no condicionante y de carácter secundario, pudiéndose distinguir dos tipos de colaboradores: el cooperador necesario, cuando el partícipe realiza una aportación sin la cual el hecho no se habría efectuado (art. 28.b) CP); y el cómplice, en los demás casos (art. 29). A pesar de la fina línea que frecuentemente separa ambas figuras, la jurisprudencia exige en la configuración de la complicidad la aportación a la ejecución de actos anteriores o simultáneos, que deben caracterizarse por no ser necesarios para la ejecución, pero que, sin embargo, deben constituir una aportación de alguna relevancia para su éxito. Véase,

trata, sin embargo, la participación en estas conductas por parte de una pluralidad de sujetos, generalmente, dará lugar a la apreciación de una coautoría o bien a una cooperación necesaria[986]. De este modo, dada la pluralidad de verbos típicos contemplados en el 177 *bis* CP, habrá poco margen para admitir otras formas de participación, especialmente la complicidad[987], si bien no siempre resultará sencillo distinguir entre cooperadores necesarios y cómplices, debiéndose analizar detenidamente las circunstancias del caso concreto[988].

---

por todas, STS 554/2019; 396/2019, de 24 de julio; STS 1216/2002, de 28 de junio; 867/2002, de 29 de julio.

986 La coautoría, en términos generales, exige de la concurrencia de acuerdo previo o dolo compartido y de un cierto dominio del hecho en el sentido de poder imputarse recíprocamente las distintas contribuciones causales. Según LLORIA, en el caso de la trata de seres humanos, los actos deberán cumplir con las finalidades típicas y participar de los medios comisivos descritos en el tipo, pues de lo contrario, cabría apreciar la cooperación necesaria o la complicidad. *Vid.* LLORIA GARCÍA, M.P.: "Lección XI. Trata de seres humanos", en BOIX REIG, J. (Dir.), *Derecho Penal. Parte especial (2ª edición), op. cit.*, p. 336; LLORIA GARCÍA, M.P.: "El delito de trata de seres humanos y la necesidad de creación de una ley integral", *Estudios Penales y Criminológicos, op. cit.*, p. 378.

987 Así se reconoce, por ejemplo, en la sentencia de la Audiencia Provincial de Madrid núm. 153/2013, de 8 de marzo, que reza: "*aunque cualquier conducta de participación del hecho en el tipo básico que, en otros casos conlleva la consideración técnica de complicidad, como consecuencia de que no se reconoce esta participación en este delito, se ven en la obligación para cumplir el tipo, en elevar a categoría de autor situaciones que en otros casos se califican como colaboración*". Según el Tribunal Supremo el carácter esencial o no de la contribución es lo que permite distinguir la autoría de la complicidad. Así, en su sentencia 396/2019, de 24 de julio, establece que "*en la organización delictiva no hace falta que todos los partícipes realicen cada uno de los elementos del tipo, sino que aporten individualmente lo que sea una contribución esencial para el funcionamiento del "sistema"*".

988 En este sentido, mientras la STS núm. 449/2016, condena como cooperador necesario al individuo que, alojando a la víctima en su piso, colaboraba con actos de control y vigilancia; la STS 191/2015 califica

2.2. Parte objetiva del tipo: Medios comisivos.

Las acciones recogidas en el apartado anterior exigen para su tipicidad penal del empleo de unos medios comisivos, lo cual convierte al tipo del 177 *bis* CP en un delito de medios determinados, siempre que la víctima sea mayor de edad.

De los medios normativamente previstos se desprende que el art. 177 *bis* contempla los 3 tipos de trata derivados del concepto del Protocolo de Palermo: la trata forzada -que requiere el uso de violencia o intimidación-; la fraudulenta -en que concurre el engaño-; y la abusiva -en que se produce el abuso de una situación de superioridad, vulnerabilidad o necesidad de la víctima[989].

Así, los medios comisivos que se recogen en el tipo básico del art. 177 *bis* CP son los siguientes:

En primer lugar, la "violencia" debe entenderse aquí como *vis* física, esto es, el acometimiento material sobre el sujeto pasivo[990]. Al respecto, se ha aludido a la necesidad de que la violencia revista una entidad suficiente para doblegar la voluntad de la víctima, no siendo necesario que alcance el nivel de irresistible o absoluta[991]. Así, se ha apuntado la posibilidad de apreciar un concurso

---

como un supuesto de complicidad la conducta del sujeto consistente en "ejercer funciones de control y vigilancia sobre la menor".

989 Usan dicha terminología, principalmente, PÉREZ ALONSO, E.: *Tráfico de personas e inmigración clandestina, op. cit.*, pp. 178 y 179; VILLACAMPA ESTIARTE, C.: *El delito de trata de seres humanos. Una incriminación dictada desde el Derecho Internacional, op. cit.*, pp. 38-39; VILLACAMPA ESTIARTE, C.: "Título VII Bis. De la trata de seres humanos", en QUINTERO OLIVARES, G. (Dir.): *Comentarios al Código Penal Español. Tomo I (artículos 1 a 233), op. cit.*, p. 1251.

990 *Vid.* SANTANA VEGA, D.: "Trata de seres humanos (Art. 177 bis)", en CORCOY BIDASOLO, M. (Dir.): *Manual de Derecho Penal. Parte especial. Doctrina y Jurisprudencia en casos solucionados. Tomo 1, op. cit.*, p. 195.

991 *Vid.* HERNÁNDEZ PLASENCIA, J.U.: "El delito de tráfico de personas para su explotación sexual", en LAURENZO COPELLO, P., *Inmigración*

entre el delito de trata y la infracción correspondiente ante un exceso violento[992]. En este sentido, RODRÍGUEZ MESA delimitó el umbral de la violencia en la falta de malos tratos (actualmente, delito leve de maltrato) como límite mínimo, y la puesta en peligro para la vida de la víctima como límite máximo[993].

Por su lado, el concepto de "intimidación" refiere a la fuerza psíquica o moral *-vis compulsiva-*, generalmente a través de la amenaza de causar un mal grave e inminente que genera un sentimiento de inseguridad en aquel que la padece. Dicha presión psicológica puede recaer sobre la víctima o sobre personas vinculadas estrechamente con aquella[994]. En este sentido se ha pronunciado el Tribunal

---

y Derecho Penal. Bases para un debate, Tirant lo Blanch, Valencia, 2002, p. 245; PÉREZ CEPEDA, A.I.: *Globalización, tráfico internacional ilícito de personas y derecho penal, op. cit.*, p. 266; GUARDIOLA LAGO: *El tráfico de personas en Derecho penal español,* Thomson Reuters-Aranzadi, Cizur Menor, 2007, p. 354; VILLACAMPA ESTIARTE, C.: *El delito de trata de seres humanos. Una incriminación dictada desde el Derecho Internacional, op. cit.*, p. 423.

992 *Vid.* DAUNIS RODRÍGUEZ, A.: *El delito de trata de seres humanos, op. cit.*, p. 93.

993 *Vid.* RODRÍGUEZ MESA, M.J.: "Delitos contra los derechos de los ciudadanos extranjeros ", en TERRADILLOS BASOCO, J.M. (Coord.), *Derecho penal. Vol. 2. Tomo III. Derecho Penal. Parte Especial,* Iustel, Madrid, 2016, p. 101. En el mismo sentido, GARCÍA ESPAÑA, E. y RODRÍGUEZ CANDELA, J.L., "Delito contra los derechos de los ciudadanos extranjeros (artículo 318 bis del Código penal)", *Actualidad penal,* vol. 29, 2002, p. 744.

994 Al respecto, *vid.* MAQUEDA ABREU, M.L.: *El tráfico sexual de personas, op. cit.*, p. 56; "Delitos contra los derechos de los ciudadanos extranjeros ", en TERRADILLOS BASOCO, J.M. (Coord.), *Derecho penal. Vol. 2. Tomo III. Derecho Penal. Parte Especial, op. cit.*, p. 101; PÉREZ CEPEDA, A.I.: *Globalización, tráfico internacional ilícito de personas y derecho penal, op. cit.*, p. 266; LLORIA GARCÍA, M.P.: "Lección XI. Trata de seres humanos", en BOIX REIG, J. (Dir.), *Derecho Penal. Parte especial (2ª edición), op. cit.*, pp. 337 y 338; REQUEJO NAVEROS, M.T.: "El delito de trata de seres humanos en el Código Penal Español: panorama general y compromisos internacionales de regulación", en ALCACER GUIRAO, R, MARTÍN LORENZO, M. y VALLE MARSICAL DE GANTE, M. (Coord.), *La trata de seres humanos: persecución penal y protección de las víctimas, op.*

Supremo en varias resoluciones[995], estipulando que "*la intimidación como medio comisivo del delito de trata abarcará, además de los actos de violencia física ejercida sobre terceras personas, aquellos otros que suponen fuerza moral o violencia sin fuerza. Las amenazas de males sobre las víctimas y sobre sus familiares ofrecen la entidad suficiente para la realización de este tipo penal*". También la Fiscalía General del Estado incluye en el concepto de intimidación las amenazas, el uso de la fuerza sobre las cosas y la violencia ejercida sobre terceras personas[996].

Nuevamente aquí, se exige que la intimidación revista una entidad suficiente para doblegar la voluntad del sujeto pasivo, sin llegar a ser irresistible[997]. Para ello, deberá atenderse a criterios objetivos, esto es, la capacidad del medio para generar el constreñimiento psicológico[998] del "hombre medio"[999]; y subjetivos, atendiendo a las circunstancias personales de la víctima[1000].

---

cit., p. 37; RUBIO LARA, P.A. y PÉREZ ALBALADEJO, M.: "El delito de trata de seres humanos en el derecho penal español: problemas e intentos de solución", *Revista Aranzadi Doctrinal*, vol. 7, 2016, p. 221; VILLACAMPA ESTIARTE, C.: *El delito de trata de seres humanos. Una incriminación dictada desde el Derecho Internacional*, *op. cit.*, p. 423.

995 *Vid.* STS nº 605/2007, de 26 de junio; ATS nº 2172/2013, de 14 de noviembre.

996 *Vid.* FISCALÍA GENERAL DEL ESTADO: *Circular 5/2011 sobre criterios para la unidad de actuación especializada del Ministerio Fiscal en materia de extranjería e inmigración.*

997 *Vid.* HERNÁNDEZ PLASENCIA, J.U.: "El delito de tráfico de personas para su explotación sexual", en LAURENZO COPELLO, P., Inmigración *y Derecho Penal. Bases para un debate*, *op. cit.*, p. 246.

998 *Vid.* PÉREZ CEPEDA, A.I.: *Globalización, tráfico internacional ilícito de personas y derecho penal*, *op. cit.*, p. 267; PÉREZ FERRER, P.: *Análisis dogmático y político-criminal de los delitos contra los derechos de los ciudadanos extranjeros*, Dykinson, Madrid, 2006, p. 100.

999 *Vid.* GUARDIOLA LAGO, M.J.: *El tráfico de personas para su explotación sexual*, *op. cit.*, p. 358.

1000 Entre las que también deberán valorarse las derivades de sus costumbres, religiones o formación. *Vid.* BAUCELLS LLADÓS, J.: "El tráfico de per-

A nivel fenomenológico, se ha constatado como estos mecanismos de tipo más coactivo, a pesar de no ser preponderantes, sí cobran cierta relevancia especialmente en los supuestos de trata con fines de explotación criminal y en la que tiene por objeto otras finalidades de explotación más allá de la sexual y la laboral, fundamentalmente en supuestos de matrimonios forzados[1001].

En cuanto al "engaño", supone el uso de fraude, esto es, el uso de cualquier mecanismo engañoso eficaz (bien sea una simulación contractual[1002], mentir sobre la finalidad del traslado, la seducción

---

sonas para su explotación sexual", en RODRÍGUEZ MESA, M.J. y RUÍZ RODRÍGUEZ, L.R. (Coords.), *Inmigración y sistema penal, op. cit.*, p. 199.

1001 *Vid.* VILLACAMPA ESTIARTE, C., GÓMEZ ADILLÓN, M.J., TORRES FERRER, C. y MIRANDA RUCHE, X.: "Trata de seres humanos: dimensión y características en España", *Revista General de Derecho Penal, op. cit.*, pp. 205-206. En otro sentido, entiende que la trata forzada en España es poco frecuente, reservándose el uso de fuerza física y psíquica para doblegar la voluntad de la víctima en los posteriores de explotación para reforzar la situación de dominio y control del sujeto activo. *Vid.* DAUNIS RODRÍGUEZ, A.: "Cuestiones claves de la prostitución y la trata de seres humanos. Aproximación al caso andaluz", en IGLESIAS SKULJ, A. y PUENTE ALBA, L., (Coords.), *Sistema Penal y perspectiva de género: trabajo sexual y trata de personas*, Comares, Granada, 2012, pp. 91-120.

1002 SSTS nº 1588/2001, nº 1905/2001, nº 1367/2004, nº 1536/2004, nº 1257/2005, y nº 1425/2005. Al respecto, la UNODC, al sugerir la inclusión del engaño entre los medios comisivos del delito de trata, especificó que este podía referirse a: a) La naturaleza del trabajo o servicio a ser proveído; b) Las condiciones del trabajo; c) La extensión con la cual la persona será libre de dejar su lugar de residencia; d) Otras circunstancias que se refieran a la explotación de la persona. En un mismo sentido, *vid.* UNITED NATIONS OFFICE ON DRUGS AND CRIME (UNODC): *Manual sobre la Investigación del Delito de trata de personas. Guía de Autoaprendizaje, op. cit.*, pp. 15-17; DAUNIS RODRÍGUEZ, A.: *El delito de trata de seres humanos, op. cit.*, p. 83.

amorosa, el vudú[1003], etc.) para viciar la voluntad del sujeto[1004], induciendo a error a la víctima, generalmente, sobre la finalidad perseguida por el tratante[1005]. Según el Tribunal Supremo, requiere "*el uso de estrategias capaces de crear un error en el sujeto pasivo, de tal modo que determine su sometimiento a los fines a los que se orienta el delito de trata, desconociendo la víctima el significado real o la trascendencia para sus bienes jurídicos de aquello que fraudulentamente acepta*"[1006].

1003 Sobre el significado coactivo de las prácticas de vudú, SSTS nº 349/2005, nº 1461/200, nº 951/2009, nº 651/2010, y nº 249/2011. Más recientemente, STS 861/2015, de 20 de diciembre o 324/2021, de 21 de abril.

1004 En este mismo sentido, asemejando el concepto de "engaño" al exigido en el delito de estafa, LLORIA GARCÍA incide en la necesaria idoneidad y suficiencia del engaño para determinar la voluntad de la víctima. Dicha idoneidad, según GARCÍA SEDANO, debe valorarse de conformidad con criterios objetivos -analizando ex ante los medios utilizados- y subjetivos -en función de las circunstancias personales de la víctima en el caso concreto-. *Vid.* LLORIA GARCÍA, P.: "El delito de trata de seres humanos y la necesidad de creación de una ley integral", *Estudios Penales y Criminológicos, op. cit.*, p. 381; GARCÍA MEDINA, J.: "El tipo de trata de seres humanos: la vulnerabilidad de sus víctimas", *Revista Aranzadi Unión Europea,* nº 2, 2017, p. 6. Para GUARDIOLA LAGO el engaño no implica la anulación de la voluntad, sino una disminución de la misma. *Vid.* GUARDIOLA LAGO, M.J.: *El tráfico de personas en el derecho español, op. cit.*, p. 350. En sentido similar, DAUNIS RODRÍGUEZ, A.: *El delito de trata de seres humanos, op. cit.*, p. 95.

1005 *Vid.* SANTANA VEGA, D.: "Trata de seres humanos (Art. 177 bis)", en CORCOY BIDASOLO, M. (Dir.): *Manual de Derecho Penal. Parte especial. Doctrina y Jurisprudencia en casos solucionados. Tomo 1, op. cit.*, p. 195; GUARDIOLA LAGO, M.J.: *El tráfico de personas en el Derecho Penal español, op. cit.*, p. 358; GARCÍA SEDANO, T.: "El tipo de trata de seres humanos: la vulnerabilidad de sus víctimas", *Revista Aranzadi Unión Europea, op. cit.*, p. 3; RUBIO LARA, P.A. y PÉREZ ALBALADEJO, M.: "El delito de trata de seres humanos en el derecho penal español: problemas e intentos de solución", *Revista Aranzadi Doctrinal, op. cit.*, p. 221.

1006 Véase la SSTS núms. 146/2020 o 307/2021.

El engaño suele estar presente en la fase de captación o reclutamiento de las víctimas y, de hecho, suele ser uno de los medios comisivos más prevalentes en las distintas modalidades de trata, aunque con una incidencia particular en aquella que tiene como finalidad la explotación laboral de la víctima[1007]. Generalmente, el ofrecimiento de una aparente oferta de trabajo o de mayores oportunidades laborales, muchas veces articulada mediante el recurso a agencias de colocación y de trabajo temporal, se presenta como un mecanismo frecuente en los casos de trata sexual y laboral[1008].

Según ha declarado la jurisprudencia, el engaño existe aunque la víctima conociera la actividad o trabajo que iba a realizar a su llegada -incluso la prostitución-[1009], siempre que las condiciones de su ejercicio fueran distintas a las convenidas[1010].

1007 *Vid.* VILLACAMPA ESTIARTE, C., GÓMEZ ADILLÓN, M.J., TORRES FERRER, C. y MIRANDA RUCHE, X.: "Trata de seres humanos: dimensión y características en España", *Revista General de Derecho Penal, op. cit.*, pp. 205 y 206.

1008 *Vid. Ibidem*, p. 204.

1009 Por todas, véase SSTS 845/2021, de 4 de noviembre (FJ4); 224/2022, de 9 de marzo (FJ5). En sentido similar, VILLACAMPA ESTIARTE, C.: *El delito de trata de seres humanos. Una incriminación dictada desde el Derecho Internacional, op. cit.*, p. 427. Al respecto, se afirma que el engaño concerniente a las condiciones de la prestación del trabajo define la forma de trata mayoritaria en España, de conformidad con GARCÍA CUESTA, S., LÓPEZ SALA, A.M., HERNÁNDEZ CORROCHANO, E. y MENA MARTÍNEZ, L.: *Poblaciones-Mercancía: Tráfico y trata de mujeres en España,* Ministerio de Sanidad, Madrid, 2011, p. 118.

1010 *Vid.* GUISASOLA LERMA, C.: "Formas contemporáneas de esclavitud y trata de seres humanos: una perspectiva de género", *Estudios Penales y Criminológicos, op. cit.,* p. 193; PÉREZ ALONSO, E.: *Tráfico de personas e inmigración clandestina (un estudio sociológico, internacional y jurídico-penal), op. cit,* p. 178; REQUEJO NAVEROS, M.T.: "El delito de trata de seres humanos en el Código Penal Español: panorama general y compromisos internacionales de regulación", en ALCACER GUIRAO, R, MARTÍN LORENZO, M. y VALLE MARSICAL DE GANTE, M. (Coord.), *La trata de seres humanos: persecución penal y protección de las víctimas, op. cit.*, p.

En este mismo sentido, el engaño es definido por el Tribunal Supremo[1011] como "*el fraude o maquinación fraudulenta, comprendiendo cualquier tipo de señuelo que, según las circunstancias de cada caso, sea eficiente para determinar la voluntad viciada de la víctima*", pudiéndose lograr "*a través de múltiples mecanismos de la más variable naturaleza*", tales como "*la proposición ficticia de ofertas de trabajo o la contratación simulada, pero también la seducción amorosa e, incluso, técnicas de sugestión como el hechizo*"[1012].

Sin embargo, el Alto Tribunal, en su sentencia núm. 656/2017, de 5 de octubre, parece desvincularse de ese criterio general señalando la "*endeblez como señuelo de la promesa de mejor vida en España derivada de una oferta de trabajo que, ni consta diverso del que ya llevaba a cabo en Brasil, ni tiene rastro documental, como sería de esperar si tal propuesta de trabajo fuera real*". En el caso de autos, considera que no hay un engaño causal suficiente que motivara el traslado de la víctima, de condición transexual, a España para ejercer la prostitución, actividad que ya venía ejerciendo en su país de origen, y en la que, según palabras del tribunal, "*era un experto*". Con idéntica motivación, absuelve también al acusado del delito de prostitución coactiva, concluyendo que "*mal se puede sostener cuando la propia víctima reconoce su febril dedicación al respecto, antes y después de llegar a España*", argumento que no puede compartirse puesto que el ejercicio de la prostitución con anterioridad no es óbice para terminar siendo objeto de una posterior explotación sexual.

38; VILLACAMPA ESTIARTE, C.: *El delito de trata de seres humanos. Una incriminación dictada desde el Derecho Internacional*, *op. cit.*, p. 138.

1011 STS 146/2020, de 14 de mayo; STS 399/2022, de 22 de abril.

1012 Así, también se entiende que cabe apreciar el engaño en aquellos supuestos en que la víctima ha aceptado realizar la actividad de que se trate fruto de la relación sentimental preestablecida con el tratante (*lover boy*). En términos similares, UNITED NATIONS OFFICE ON DRUGS AND CRIME (ONUDC): *Manual sobre la Investigación del Delito de trata de personas. Guía de Autoaprendizaje*, *op.*, *cit.*, p. 12.

Por último, se contemplan las relaciones de prevalimiento del sujeto activo con respecto a la víctima mediante el abuso de una situación de superioridad[1013], de necesidad[1014] -añadida ésta por el legislador español- o de vulnerabilidad de la víctima[1015].

1013 Inherente a la circunstancia agravante contemplada en el artículo 22.2º CP. Así, supone la existencia de una situación de desigualdad que es aprovechada por el sujeto activo, que ostenta una posición de superioridad, para asumir el control sobre el sujeto pasivo. *Vid.* SÁNCHEZ DOMINGO, M.B.: "Trata de seres humanos y trabajos forzosos", *Revista penal*, vol. 45, 2020, p. 186; TERRADILLOS BASOCO, J.: "Trata de seres humanos", en ÁLVAREZ GARCÍA/GONZÁLEZ CUSSAC (Dirs.), *Comentarios a la reforma de 2010, op. cit.*, p. 210.

1014 Tradicionalmente, identificadas con las condiciones socioeconómicas de la víctima, tales como situaciones de penuria económica, de desamparo y desarraigo, de persecución por motivos religiosos, ideológicos o sexuales, situaciones de conflicto armado, entre otras. *Vid.* RODRÍGUEZ MESA, M.J.: *Delitos contra los derechos de los ciudadanos extranjeros, op. cit.*, p. 101. En sentido similar, VILLACAMPA ESTIARTE, C.: *El delito de trata de seres humanos. Una incriminación dictada desde el Derecho Internacional, op. cit.*, p. 429.

1015 Dicha circunstancia se ha apreciado tanto en relación con las características personales de la víctima (como en el caso de los menores de edad o con algún tipo de discapacidad); como con las circunstancias concurrentes tanto en su país de origen –ausencia de apoyo familiar, falta de oportunidades, etc.- como en el país de destino -especialmente fruto de la situación de desarraigo en la que suelen hallarse-. Este último caso, se recoge, entre otros, en la Sentencia del Tribunal Supremo núm. 910/2013, de 3 de diciembre, en que se relatan como factores de vulnerabilidad de la víctima "*el desconocimiento del idioma, la ausencia de documentos, y la carencia de cualquier vínculo familiar o social*". Por el contrario, considera PAZ LLORIA que no pueden incardinarse en los conceptos de necesidad ni vulnerabilidad las situaciones objetivas de necesidad derivadas de las circunstancias personales o económicas de la víctima, ni políticas del país de procedencia. *Vid.* LLORIA GARCÍA, P.: "El delito de trata de seres humanos y la necesidad de creación de una ley integral", *Estudios Penales y Criminológicos, op. cit.*, p. 381. En sentido similar, entiende DAUNIS RODRÍGUEZ que las situaciones de irregularidad administrativa del tratante, de desempleo o pobreza

Dichas situaciones, que pueden darse de múltiples formas[1016], sitúan al autor en una posición de dominio sobre el sujeto pasivo derivada de una situación de desigualdad, necesidad objetiva o fragilidad personal, que favorece la trata porque la víctima está más fácilmente expuesta a las conductas posteriores de explotación personal[1017]. Precisamente, este mecanismo sería el más utilizado por los tratantes en las distintas modalidades de trata -salvo en la criminal-. De hecho, esta naturaleza abusiva de la trata es especialmente prevalente en los supuestos de trata con fines de explotación sexual[1018]. Sin embargo, según GUARDIOLA LAGO, la mera constatación de dicha situación de desigualdad -ya sea preexistente o buscada- no sería suficiente para integrar el elemento típico, sino que necesariamente el sujeto activo deberá ser consciente de tal situación y deberá prevalerse de ella[1019].

---

no pueden considerarse por sí solas constitutivas de una situación de necesidad o vulnerabilidad, pues ello supondría una presunción contra reo inadmisible, además de la privación injustificada de la capacidad del migrante de decidir libremente sobre su futuro. *Vid.* DAUNIS RODRÍGUEZ, A.: *El delito de trata de seres humanos, op. cit.,* p. 101.

1016 Por ejemplo, por la existencia de una relación de jerarquía, de parentesco, de dependencia económica, de convivencia doméstica, entre muchas otras. Véase MAQUEDA ABREU, M.L.: *El tráfico sexual de personas, op. cit.,* p. 54. A este catálogo añade DAUNIS RODRÍGUEZ los supuestos de revictimización, en que, aprovechando las lesiones físicas y/o psíquicas aún latentes de la víctima de trata, ésta es sometida a un nuevo proceso de trata u explotación. *Vid.* DAUNIS RODRÍGUEZ, A.: *El delito de trata de seres humanos, op. cit.,* p. 100.

1017 En estos términos se pronuncia la Sentencia del Tribunal Supremo núm. 307/2021.

1018 *Vid.* VILLACAMPA ESTIARTE, C., GÓMEZ ADILLÓN, M.J., TORRES FERRER, C. y MIRANDA RUCHE, X.: "Trata de seres humanos: dimensión y características en España", *Revista General de Derecho Penal, op. cit.,* pp. 205-206.

1019 *Vid.* GUARDIOLA LAGO, M.J.: *El tráfico de personas para su explotación sexual, op. cit.,* p. 366.

Inicialmente, esta triple previsión suscitó muchas dudas entre el sector académico en cuanto al contenido y significado de las tres circunstancias, tratando de dilucidar si se trataba de términos sinónimos o había rasgos distintivos entre ellas. En este sentido, VILLACAMPA[1020] denunció el efecto distorsionador de esa adición del legislador español, por cuanto la expresión "situación de vulnerabilidad", entendida en un sentido amplio[1021], ya incluiría los supuestos de necesidad[1022]. En cualquier caso, matiza la autora que no es suficiente con encontrarse en dicha situación, sino que se requiere que el tratante abuse de la misma para hacer efectiva la trata.

Siguiendo lo dispuesto en la Directiva 2011/36/UE, en 2015 el legislador definió la "necesidad" y "vulnerabilidad" como aquella situación en que la persona en cuestión no (tenga) otra alternativa, real o aceptable, que someterse al abuso. En

---

1020 *Vid.* VILLACAMPA ESTIARTE, C.: *El delito de trata de seres humanos. Una incriminación dictada desde el Derecho Internacional, op. cit.*, p. 430. Posteriormente, VILLACAMPA ESTIARTE, C.: "Título VII Bis. De la trata de seres humanos", en QUINTERO OLIVARES, GONZALO (Dir.): *Comentarios al Código Penal Español. Tomo I (artículos 1 a 233), op. cit.*, p. 1252.

1021 Pues, de conformidad con el informe explicativo del Convenio de Varsovia, por vulnerabilidad puede entenderse tanto la física, la psíquica, la emocional o familiar, e incluso la social o económica. Por su parte, CANO PAÑOS denuncia que la "extensión de los conceptos de "*situación de necesidad" o "vulnerabilidad" entorpece la tarea de jueces y magistrados a la hora de delimitar si se está ante un delito de trata en un contexto de prostitución o si, por el contrario, la voluntad de la víctima no ha sido menoscabada de forma jurídico-penalmente relevante*". *Vid.* CANO PAÑOS, M.A.: "Los delitos de violencia doméstica y en el ámbito familiar o asimilado", en MORILLAS CUEVA, L. (Dir.), *Estudios sobre el Código Penal reformado,* Dykinson, Madrid, 2015, pp. 427-428.

1022 En este mismo sentido, DAUNIS RODRÍGUEZ, A.: El delito de trata de seres humanos, *op. cit,* pp. 99-103: GARCÍA SEDANO, T.: "El tipo de trata de seres humanos: la vulnerabilidad de sus víctimas", *Revista Aranzadi Unión Europea, op. cit.*, p. 4; GONZÁLEZ TASCÓN, M.M.: "A propósito de la trata de seres humanos: análisis de la modalidad básica del delito de trata de seres humanos", *Derecho y Proceso Penal, op. cit.*, p. 86.

definitiva, se trataría de la imposibilidad de la víctima de optar por otra conducta en el contexto en el que se hallaba, lo que deberá analizarse caso por caso[1023].

Sin embargo, la previsión del abuso de una situación de vulnerabilidad de la víctima como medio comisivo del tipo básico plantea un problema en relación con el apartado 4.b) del mismo precepto, al que posteriormente se hará referencia. Este prevé, como subtipo agravado, la realización de las conductas descritas a pesar de la especial vulnerabilidad de la víctima por su enfermedad, estado gestacional, discapacidad o situación personal. Según VILLACAMPA, en estos supuestos, debe optarse por una interpretación restrictiva del 177 *bis* 1 CP, de modo que en este solo se incluirían los supuestos de necesidad o vulnerabilidad de la víctima por razones económicas, siempre y cuando la persona no tenga otra alternativa que someterse al abuso[1024].

También IGLESIAS SKULJ interpreta que el legislador hace uso del término vulnerabilidad como sinónimo de pobreza, entendiendo que dicha asimilación no es adecuada. Defiende la autora que para determinar la vulnerabilidad de la víctima

---

1023 *Vid.* SANTANA VEGA, D.: "Trata de seres humanos (Art. 177 bis)", en CORCOY BIDASOLO, M. (Dir.): *Manual de Derecho Penal. Parte especial. Doctrina y Jurisprudencia en casos solucionados. Tomo 1, op. cit.*, p. 195. En un mismo sentido, IGLESIAS SKULJ asimila la vulnerabilidad a un proceso complejo y cambiante, que requiere del análisis de las capacidades de respuesta de una persona concreta en un determinado contexto. *Vid.* IGLESIAS SKULJ, A.: "De la trata de seres humanos: artículo 177 bis CP", en GONZÁLEZ CUSSAC, J.L. (Dir.), *Comentarios a la reforma del código penal de 2015, 2ª Edición*, Tirant lo Blanch, Valencia, 2015, p. 573. De la misma opinión, ULPIANO MARTÍNEZ, S.: "Delito de trata de personas. Algunas cuestiones relevantes. La finalidad de explotación sexual", Revista de Derecho Penal y Criminología, nº 3, 2012, p. 53.

1024 *Vid.* VILLACAMPA ESTIARTE, C.: "Título VII Bis. De la trata de seres humanos", en QUINTERO OLIVARES, G. (Dir.), *Comentarios al Código Penal Español. Tomo I (artículos 1 a 233), op. cit.*, pp. 1252.

deben tenerse en cuenta los condicionantes externos del sujeto (como factores culturales, políticos y económicos negativos) y los recursos -no necesariamente materiales- que determinan su capacidad de respuesta ante un determinado contexto[1025].

Tras la reforma operada por la LO 1/2015, se incluye en el catálogo de medios comisivos la "*entrega o recepción de pagos o beneficios para lograr el consentimiento de la persona que poseyera el control*[1026] *sobre las víctimas*", esto es, la recepción de una recompensa económica a cambio de la cesión del dominio sobre la víctima al tratante. La particularidad de este medio, previsto tanto en el Convenio de Varsovia como en la Directiva 2011/36/UE, radica en que el mismo no recae sobre la víctima, sino sobre los sujetos que poseen el control de la víctima (progenitores, cuidadores, tutores, anteriores tratantes), mediante la entrega de contraprestaciones económicas[1027].

Previamente a su adición entre los medios comisivos previstos en el 177 *bis* CP, estos supuestos solían ser reconducidos –aunque

---

1025 *Vid.* IGLESIAS SKULJ, A.: "De la trata de seres humanos: artículo 177 bis CP", en GONZÁLEZ CUSSAC, J L. (Dir.): *Comentarios a la Reforma del Código Penal de 2015*, *op. cit.*, p. 600. Por su parte, CANO PAÑOS entiende que la situación de necesidad o vulnerabilidad no debe limitarse a una cuestión económica o referente al estatus administrativo de la víctima, "*puesto que una respuesta proporcionada es que esa falta de ingresos o la condición migratoria irregular es producto de la concurrencia de diferentes factores sociales, culturales, políticos y económicos negativos*".

1026 Pudiendo ser dicho control de tipo legal, como el reconocido a un progenitor respecto a su hijo, o un control de facto, como el que ostenta ciertos hombres sobre sus esposas, o algunos líderes religiosos frente a sus fieles, etc. Así lo reconocen VILLACAMPA ESTIARTE, C.: *El delito de trata de seres humanos. Una incriminación dictada desde el Derecho Internacional*, *op. cit.*, p. 39; GUISASOLA LERMA, C.: "Formas contemporáneas de esclavitud y trata de seres humanos: una perspectiva de género", *Estudios Penales y Criminológicos*, *op. cit.*, p. 195.

1027 *Vid.* SANTANA VEGA, D.: "Trata de seres humanos (Art. 177 bis)", en CORCOY BIDASOLO, M. (Dir.): *Manual de Derecho Penal. Parte especial. Doctrina y Jurisprudencia en casos solucionados. Tomo 1*, *op. cit.*, p. 195.

no sin problemas- a las anteriormente referidas situaciones de abuso de superioridad, necesidad y vulnerabilidad de la víctima. Y este parece ser el criterio que adopta el ALOITES, optando por la supresión del citado medio comisivo, a pesar de que su inclusión se valoró positivamente por la doctrina mayoritaria. Sin embargo, también hubo voces críticas. Así, SANTANA VEGA afirma no entender la disyuntiva entre entrega o recepción como términos excluyentes, puesto que "cualquier entrega va seguida de su recepción por alguien, resultando ambos sujetos activos de la trata y siendo inherente a esta modalidad comisiva la agravante de precio (art. 22.3 CP)"[1028]. Por su parte, IGLESIAS SKULJ considera que la traducción literal que se hace al incorporar esta acción a nuestro Código Penal genera confusión por cuanto el término "beneficios" puede generar problemas respecto de las pruebas, ya que aquellos pueden ser futuros o difíciles de identificar en el ámbito de una organización criminal[1029]. Consecuentemente, LÓPEZ RODRÍGUEZ propone la sustitución del referido vocablo por "precio, recompensa o promesa para lograr el consentimiento de la persona que posea el control de la víctima"[1030].

Por último, cabe mencionar el "rapto" como uno de los medios incluidos en textos internacionales vinculantes que no se halla previsto en el art. 177 *bis* CP. Sin embargo, dicha omisión no se presenta como especialmente problemática pues, a tenor de nuestro Código Penal, toda detención ilegal o secuestro conlleva la concurrencia de violencia, intimidación o engaño, siendo que dichos medios sí se encuentran recogidos en el articulado[1031].

1028 *Vid. Ibidem.*

1029 *Vid.* IGLESIAS SKULJ, A.: "De la trata de seres humanos: artículo 177 bis CP", en GONZÁLEZ CUSSAC, J L. (Dir.): *Comentarios a la Reforma del Código Penal de 2015, op. cit.*, pp. 597 y 598.

1030 *Vid.* LÓPEZ RODRÍGUEZ, J.: *Conceptualización jurídica de la trata de seres humanos con fines de explotación laboral, op. cit.*, p. 88.

1031 *Vid.* VILLACAMPA ESTIARTE, C.: "Título VII Bis. De la trata de seres humanos", en QUINTERO OLIVARES, GONZALO (Dir.): *Comenta-*

En cualquier caso, debe tenerse presente que, al igual que sucedía con los verbos típicos, los referidos medios comisivos son alternativos, de modo que la concurrencia de cualquiera de ellos es suficiente para integrar el tipo penal. Esto, sin perjuicio de que, a lo largo del proceso, puedan emplearse –por parte de un mismo sujeto o por varios de ellos- una diversidad de medios para acometer las distintas acciones que pueden configurar el delito. Así lo reconoce expresamente el Tribunal Supremo en varios de sus pronunciamientos[1032], acogiéndose a la propuesta exegética de la Circular 5/2011 FGE. Para PÉREZ ALONSO la concurrencia de los medios comisivos empleados -ya sean alternativa o cumulativamente-, no solo es un requisito típico del delito de TSH, sino que también es un baremo que permite determinar la gravedad del caso concreto[1033].

2.2.1. Medios comisivos en caso de víctimas menores de edad.

También como consecuencia de los arts. 3.c) Protocolo de Palermo[1034], 4.c del Convenio de Varsovia y 2.5 de la Directiva 2011/36/UE, se introduce un apartado segundo al art. 177 *bis* CP, en virtud del cual, no se requiere la concurrencia de medio comisivo alguno en caso de víctima menor de edad, convirtiendo al tipo, en estos supuestos, en un delito de medios indetermi-

---

rios al Código Penal Español. Tomo I (artículos 1 a 233), op. cit., p. 1251; VILLACAMPA ESTIARTE, C.: *El delito de trata de seres humanos. Una incriminación dictada desde el Derecho Internacional, op. cit.*, p. 132.

1032 Por todas, STS 861/2015, de 20 de diciembre; STS 399/2022, de 22 de abril.

1033 *Vid.* PÉREZ ALONSO, E.: *Tráfico de personas e inmigración clandestina (un estudio sociológico, internacional y jurídico-penal), op. cit*, p. 164.

1034 Que reza: "*c) La captación, el transporte, el traslado, la acogida o la recepción de un niño con fines de explotación se considerará "trata de personas" incluso cuando no se recurra a ninguno de los medios enunciados en el apartado a) del presente artículo*". Si bien este artículo hace uso de la expresión "niño", debe entenderse por este toda persona menor de edad.

nados[1035]. Esta previsión guarda relación con las supuestas limitaciones de la capacidad de los menores en la toma de ciertas decisiones y se halla en línea con la consideración de los mismos como víctimas especialmente vulnerables que requieren de mayor protección[1036]. No obstante, se ha criticado que dicha indicación no se haya hecho extensible a los incapacitados, indicándose que dicha omisión podría ser fruto de la frecuente falta de alusión a los incapaces por parte de la normativa europea[1037].

Así, en estos supuestos, la acreditación de la minoría de edad y la finalidad de explotación serían suficientes para incurrir en un delito de trata[1038]. Sin embargo, para que ello sea así, será necesario que

---

1035 En este sentido, véase SSTS núm. 53/2014, 191/2015 o 270/2016.

1036 *Vid.* VILLACAMPA ESTIARTE, C.: *El delito de trata de seres humanos. Una incriminación dictada desde el Derecho Internacional, op. cit.*, p. 39; PÉREZ ALONSO, E.: *Tráfico de personas e inmigración clandestina (un estudio sociológico, internacional y jurídico-penal), op. cit*, p. 186.

1037 *Vid.* LLORIA GARCÍA, P.: "El delito de trata de seres humanos y la necesidad de creación de una ley integral", *Estudios Penales y Criminológicos, op. cit.*, p. 386. Si bien reconoce la autora que, en ningún caso, el consentimiento prestado por un incapaz podrá ser válido al estar viciado por falta de capacidad. También en LLORIA GARCÍA, M.P.: "Lección XI. Trata de seres humanos", en BOIX REIG, J. (Dir.), *Derecho Penal. Parte especial (2ª edición), op. cit.*, p. 341. En términos similares, LÓPEZ RODRÍGUEZ, J.: *Conceptualización jurídica de la trata de seres humanos con fines de explotación laboral, op. cit.*, p. 75; TERRADILLOS BASOCO, J.M.: "Trata de seres humanos (art. 177 bis y Disposición Final Segunda)", en ÁLVAREZ GARCÍA, F.J., GONZÁLEZ CUSSAC, J.L. (Dirs.), *Comentarios a la reforma penal de 2010, op. cit.*, p. 213; GONZÁLEZ TASCÓN, M.M.: "A propósito de la trata de seres humanos: análisis de la modalidad básica del delito de trata de seres humanos", *Derecho y Proceso Penal, op. cit.*, p. 89; RUBIO LARA, P.A. y PÉREZ ALBALADEJO, M.: "El delito de trata de seres humanos en el derecho penal español: problemas e intentos de solución", *Revista Aranzadi Doctrinal, op. cit.*, p. 222.

1038 Lo cual, según SANTANA VEGA, convierte al tipo en un delito resultativo cuando la víctima es menor de edad. *Vid.* SANTANA VEGA, D.: "Trata de seres humanos (Art. 177 bis)", en CORCOY BIDASOLO, M.

el autor sea conocedor de esa condición, siendo apreciable en estos casos tanto el dolo eventual como el llamado dolo de indiferencia[1039].

2.2.2. Consentimiento de la víctima.

Los referidos medios comisivos han de dirigirse teleológicamente a doblegar la voluntad de la víctima o a obtener su consentimiento de forma fraudulenta[1040]. Siendo consciente de ello, el apartado tercero del precepto en cuestión declara que el consentimiento de la víctima deviene irrelevante ante la concurrencia de alguno de los medios comisivos enunciados. Pues los referidos medios, cuando no implican la ausencia total de consentimiento, convierten al consentimiento prestado en viciado y, por ende, inválido.

Dicha cláusula[1041] no pretende negar gratuitamente la validez del consentimiento prestado por un adulto, sino únicamente aquellos casos en que el recurso a determinados medios coactivos, fraudulentos o abusivos evidencia la falta de libertad en la toma de decisión[1042]. Ello, ha dado pie a la dicotomía estable-

---

(Dir.): *Manual de Derecho Penal. Parte especial. Doctrina y Jurisprudencia en casos solucionados. Tomo 1, op. cit.*, p. 195.

1039 *Vid.* CONSEJO GENERAL DEL PODER JUDICIAL (CGPJ): *Guía de criterios de actuación judicial frente a la trata de seres humanos, op. cit.*, p. 99.

1040 POMARES CINTAS, considera como un rasgo distintivo y esencial del delito de trata precisamente la falta de consentimiento de la trata. *Vid.* POMARES CINTAS, E.: "El delito de trata de seres humanos con finalidad de explotación laboral", *op. cit.*, p. 15. De la misma opinión, PÉREZ ALONSO, E.: *Tráfico de personas e inmigración clandestina (un estudio sociológico, internacional y jurídico-penal), op. cit*, p. 324.

1041 Que BENÍTEZ ORTUZAR considera innecesaria, *vid.* BENÍTEZ ORTUZAR, I.F.: "Capítulo 10: Trata de seres humanos", en MORILLAS CUEVAS, L. (Coord.), *Sistema de Derecho penal español. Parte especial, op. cit.*, p. 223.

1042 Ampliamente sobre este extremo, VILLACAMPA ESTIARTE, C.: *El delito de trata de seres humanos. Una incriminación dictada desde el Derecho*

cida entre la llamada "trata involuntaria" -en la que concurren los tres elementos del tipo- y la "trata consentida o voluntaria" -donde no concurren los medios comisivos-[1043]. Al respecto, la propia ONU, a través de su Manual para la Lucha contra la trata de personas, reconoció que "cuando una persona está plenamente informada de una línea de conducta que podría en otras circunstancias constituir explotación y trata según el Protocolo y pese a ello da su consentimiento, el delito de trata no se produce. Pero sí que se produce si el consentimiento queda anulado o viciado en alguna etapa del proceso debido al empleo de medios indebidos por los traficantes"[1044].

En cualquier caso, esa dependencia de la validez del consentimiento respecto de la ausencia de los medios comisivos anteriormente analizados, dependerá, según RODRÍGUEZ LÓPEZ, en gran medida, de la interpretación restrictiva o amplia que se haga respecto a los medios comisivos. Pues, una conceptualiza-

---

Internacional, op. cit., p. 431; PÉREZ ALONSO, E.: *Tráfico de personas e inmigración clandestina (un estudio sociológico, internacional y jurídico-penal), op. cit,*, p. 186; BOLAÑOS VÁZQUEZ, H.J.: "Regulación jurídico-penal de la trata de personas según el Protocolo de Palermo. Aplicación práctica desde la teoría del delito", *Revista de derecho migratorio y extranjería, op. cit.*, pp. 302 y 303; RUBIO LARA, P.A. y PÉREZ ALBALADEJO, M.: "El delito de trata de seres humanos en el derecho penal español: problemas e intentos de solución", *Revista Aranzadi Doctrinal, op. cit.*, p. 222.

1043 *Vid.* PÉREZ ALONSO, E.: *Tráfico de personas e inmigración clandestina (un estudio sociológico, internacional y jurídico-penal), op. cit*, p. 186. Según RODRÍGUEZ LÓPEZ, los vacíos de punibilidad a los que puede dar lugar la "trata consentida" deberían reconducirse mediante otros tipos penales distintos a la trata. Ello equivaldría a reconocer "la posibilidad de que una persona pueda consentir su propia explotación, sin negar completamente lo injusto de dicha situación". *Vid.* RODRÍGUEZ LÓPEZ, S.: *Trata de seres humanos y corrupción, op. cit.*, p. 129.

1044 *Vid.* ORGANIZACIÓN DE LAS NACIONES UNIDAS (ONU), *Manual para la Lucha contra la trata de personas,* Naciones Unidas, Nueva York, 2007, p. xix.

ción restrictiva de los mismos dará lugar a una mayor apreciación de supuestos en los que concurre el consentimiento válido del sujeto; mientras que, ante una delimitación amplia de los mismos, el consentimiento frecuentemente se entenderá viciado[1045].

En cuanto a la validez temporal del consentimiento, debe puntualizarse que el consentimiento dado válidamente en una etapa del proceso de trata no lo hace necesariamente extensible al resto[1046]. En este sentido, arguye la Fiscalía General del Estado que, siendo la trata un delito autónomo de los delitos de explotación efectiva, la víctima tratada que posteriormente "consiente" o acepta su ulterior explotación, no convierte en lícito o consentido el previo transporte, traslado o captación[1047].

Esta declaración de irrelevancia del consentimiento es reflejo de los arts. 3.b) del Protocolo de Palermo[1048], 4.b) del Convenio de Varsovia[1049] y 2.4 de la Directiva[1050].

1045 *Vid.* RODRÍGUEZ LÓPEZ, S.: *Trata de seres humanos y corrupción, op. cit.*, p. 123.

1046 *Vid.* BOLAÑOS VÁZQUEZ, H.J.: "Regulación jurídico-penal de la trata de personas según el Protocolo de Palermo. Aplicación práctica desde la teoría del delito", *Revista de derecho migratorio y extranjería, op. cit.*, p. 303.

1047 FISCALÍA GENERAL DEL ESTADO: *Circular 5/2011, de 2 de noviembre, sobre criterios para la unidad de actuación especializada del Ministerio Fiscal en materia de extranjería e inmigración*; CONSEJO GENERAL DEL PODER JUDICIAL (CGPJ): *Guía de criterios de actuación judicial frente a la trata de seres humanos, op. cit.*, p. 85.

1048 Este dispone "*El consentimiento dado por la víctima de la trata de personas a toda forma de explotación que se tenga la intención de realizar descrita en el apartado a) del presente artículo no se tendrá en cuenta cuando se haya recurrido a cualquiera de los medios enunciados en dicho apartado*".

1049 Que establece "El consentimiento de una víctima de la «trata de seres humanos» ante una posible explotación, tal y como se define en el párrafo (a) del presente artículo, se considerará irrelevante cuando se utilice uno cualquiera de los medios enunciados en el párrafo (a)".

1050 En virtud del cual "El consentimiento de una víctima de la trata de seres humanos para su explotación, prevista o consumada, no se ten-

2.3. Parte subjetiva del tipo: las finalidades de la trata de seres humanos.

Como ya se ha reseñado, para que la conducta sea típica, las referidas acciones, acometidas mediante el uso de los citados medios -salvo que la víctima sea menor de edad-, deben ir dirigidas a la consecución de alguna de las finalidades previstas en el precepto.

Esta intención o motivación final del tratante constituye el elemento subjetivo del injusto o la *mens rea* del delito de TSH[1051]. Para algunos, la concurrencia de este tercer elemento convierte al delito en un tipo de tendencia[1052] o de resultado cortado. Este tercer elemento del tipo que exige la intención del sujeto activo de explotar a la víctima -sin necesidad de que dicha explotación llegue a materializarse-, según VILLACAMPA, se trataría de un elemento subjetivo del injusto de tendencia interna trascendente que configura un delito mutilado de dos actos y, por lo tanto, incompatible con la comisión imprudente[1053].

---

drá en cuenta cuando se haya recurrido a cualquiera de los medios contemplados en el apartado 1."

1051 Si bien POMARES CINTAS consideró que este tercer elemento desempeña una función restrictiva de la parte objetiva del tipo, en tanto que la conducta típica queda acotada a unas determinadas situaciones capaces de poner en peligro unos bienes jurídicos concretos. *Vid.* POMARES CINTAS, E.: "El delito de trata de seres humanos con fines de explotación laboral", *Revista Electrónica de Ciencia Penal y Criminología, op. cit.*, p. 12.

1052 *Vid.* FISCALÍA GENERAL DEL ESTADO: *Circular 5/2011 sobre criterios para la unidad de actuación especializada del Ministerio Fiscal en materia de extranjería e inmigración, op. cit.;* CONSEJO GENERAL DEL PODER JUDICIAL (CGPJ): *Guía de criterios de actuación judicial frente a la trata de seres humanos, op. cit.*, p. 85.

1053 *Vid.* VILLACAMPA ESTIARTE, C.: "Título VII Bis. De la trata de seres humanos", en QUINTERO OLIVARES, GONZALO (Dir.): *Comentarios al Código Penal Español. Tomo I (artículos 1 a 233), op. cit.*, p. 1253.

En la redacción vigente del 177 *bis* CP se establece una suerte de *numerus clausus*[1054] de hasta cinco finalidades que puede perseguirse mediante el delito de trata –si bien, originalmente eran tres- y que, del mismo modo que sucede con los medios comisivos, se describen de forma alternativa. Consecuentemente, la acreditación de una de las finalidades contempladas en el tipo es suficiente para la producción del delito, sin que ello obste la apreciación de casos de "multiexplotación" en que concurren más de un fin. En estos –nada infrecuentes- supuestos, sin embargo, no cabrá apreciar la comisión de una pluralidad de delitos[1055], aunque sí podrá tenerse en cuenta tal circunstancia para la determinación de la pena aplicable al caso.

En cuanto a las posibles finalidades de explotación, puede encontrarse, en primer lugar, la imposición de trabajo o servicios forzados[1056], esclavitud o prácticas similares, servidumbre[1057] o

---

1054 Al contrario de lo que sucede en la normativa internacional y regional donde la lista de finalidades de explotación es un *numerus apertus*. *Vid.* RODRÍGUEZ LÓPEZ, S.: *Trata de seres humanos y corrupción, op. cit.*, p. 133.

1055 *Vid.* CONSEJO GENERAL DEL PODER JUDICIAL (CGPJ): *Guía de criterios de actuación judicial frente a la trata de seres humanos, op. cit.*, p. 85.

1056 Previsión que motivó la derogación del artículo 311.1 CP, obligando a reconducir al artículo 318 bis aquellos supuestos de favorecimiento de la inmigración ilegal de trabajadores que no alcance la gravedad suficiente para subsumirse en el tipo del 177 bis CP. Solución que se plantea como inadecuada para TERRADILLOS BASOCO, J.: "Trata de seres humanos", en ÁLVAREZ GARCÍA/GONZÁLEZ CUSSAC (dirs.), *Comentarios a la reforma de 2010, op. cit.*, p. 208.

1057 Si bien no se halla definida en ningún instrumento internacional, la Comisión Europea de Derecho Humanos la define como el hecho de tener que vivir y trabajar en la propiedad de otra persona, realizando determinadas actividades para esta misma, remuneradas o no, junto al hecho de no tener capacidad de alterar las condiciones dadas. Por su parte, la RAE la define como el "*estado o condición de siervo*".

mendicidad[1058], que aquí se agruparan como supuestos de trata para explotación laboral[1059]. El elemento común a todas estas formas (severas) de explotación laboral sería la imposición de condiciones laborales degradantes que cosifican al ser humano, bien porque se le posee como un semoviente, o bien porque se le priva de los derechos más elementales inherentes a un trabajo ejercido por una persona libre[1060]. En este sentido, defiende RAMÓN RIBAS que fuera de estas formas extremas de explotación laboral, que van más allá de la mera imposición de condiciones laborales que restrinjan o supriman los derechos reconocidos por disposiciones legales, no podríamos hablar de un delito de trata, salvo que concurriera violencia o intimidación -indicativos claros de la aceptación coaccionada de tales condiciones-.

Ciertamente, puede resultar confusa la delimitación de los conceptos "trabajos forzados", "esclavitud" y "servidumbre", habiendo establecido el Tribunal Europeo de Derechos Humanos una gradación entre estas tres formas de explotación humana, en función de la desconsideración de la dignidad humana y el uso creciente de

---

1058 Esto es, de conformidad con la RAE, mendigar o pedir limosna. En una interpretación literal del precepto, RAMÓN RIBAS pone de manifiesto la deficiente redacción del mismo en tanto que, propiamente, no incluye entre sus finalidades a la servidumbre ni la mendicidad, sino las prácticas similares a una y otra. *Vid.* RAMÓN RIBAS, E.: "La explotación laboral como finalidad propia del delito de trata de personas", en VILLACAMPA ESTIARTE, C. (Dir.), *La trata de seres humanos tras un decenio de su incriminación. ¿Es necesaria una ley integral para lucha contra la trata y la explotación de seres humanos?, op. cit.*, p. 445.

1059 De hecho, RAMÓN RIBAS plantea la posibilidad de haberse referido el precepto de la "explotación laboral", de forma extensa y análoga, al igual que se refiere a "la explotación sexual". *Vid. Ibidem*, p. 451.

1060 *Vid.* SANTANA VEGA, D.: "Trata de seres humanos (Art. 177 bis)", en CORCOY BIDASOLO, M. (Dir.): *Manual de Derecho Penal. Parte especial. Doctrina y Jurisprudencia en casos solucionados. Tomo 1, op. cit.*, p. 196.

coerción[1061]. En base a esta premisa, se identifica el trabajo forzoso con la realización coaccionada de un trabajo muy duro; la servidumbre que, junto a lo anterior, implica vivir a merced del explotador y; en última instancia, la esclavitud, que supone la reducción del ser humano a su consideración como objeto, propiedad de otro[1062].

Normativamente, el concepto de trabajo o servicios forzosos[1063] se halla definido en el Convenio núm. 29 sobre Trabajo Forzoso

---

1061 *Vid.* ESPALIÚ BERDUD, C.: "La definición de esclavitud en el Derecho Internacional a comienzos del siglo XXI", *Revista electrónica de Estudios Internacionales*, núm. 28, 2014, p. 23.

1062 *Vid.* PÉREZ ALONSO, E.: "Tratamiento jurídico-penal de las formas contemporáneas de esclavitud", en PÉREZ ALONSO, E. (Dir.), *El derecho ante las formas contemporáneas de esclavitud*, Tirant lo Blanch, Valencia, 2017, pp. 335 y ss.; ESPALIÚ BERDUD, C.: "La definición de esclavitud en el Derecho Internacional a comienzos del siglo XXI", *Revista electrónica de estudios Internacionales, op. cit.*, p. 35; BEDMAR CARRILLO, E.J.: *El derecho penal ante las formas contemporáneas de esclavitud* [Tesi doctoral], Universidad de Granada, 2022, p. 98. Por su parte, VALVERDE-CANO propone tres criterios para la delimitación de las tres figuras: el criterio de permanencia o duración prolongada; el grado de explotación; y, especialmente, el grado de control y agencia personal. En virtud de este último, si bien las tres figuras compartirían el mismo eje cuantitativo –esto es, el uso de medios coactivos para imponer tal condición-, su diferenciación radicaría en el eje cualitativo o en las esferas sometidas a control. Así, mientras en el trabajo forzoso el área de control se ciñe a la prestación del servicio, en la servidumbre dicho ámbito se ampliaría a la privación de libertad, y en la esclavitud todas las esferas de la persona estarían bajo el control del sujeto activo. *Vid.* VALVERDE CANO, A.B.: *Más allá de la trata: el Derecho Penal frente a la esclavitud, la servidumbre y los trabajos forzados, op. cit.*, pp. 279-284.

1063 Ampliamente sobre el concepto de trabajo forzoso, VALVERDE CANO, A.B.: *Más allá de la trata: el Derecho Penal frente a la esclavitud, la servidumbre y los trabajos forzados, op. cit.*, pp. 169 y ss. Al respecto, VALVERDE CANO recuerda que el concepto de "trabajo" no debe circunscribirse a las actividades económicas regladas. De hecho, la propia OIT hace hincapié en la irrelevancia del tipo de actividad desarrollada, así como en la legalidad o ilegalidad de la misma, para determinar las situaciones de

u Obligatorio de la OIT y Convenio núm. 105 relativo a la Abolición del Trabajo Forzoso. Ambos instrumentos lo identifican con la concurrencia de dos elementos: la existencia de una amenaza -en sentido amplio- y la ausencia de consentimiento (válido).[1064]

Por cuanto se refiere a la esclavitud o prácticas similares, se hallan definidas en la Convención sobre la Esclavitud de 1926

---

trabajo forzoso, de modo que la prostitución coactiva o la mendicidad tendrían cabida bajo ese concepto. *Vid.* ORGANIZACIÓN INTERNACIONAL DEL TRABAJO (OIT): *Una alianza global contra el trabajo forzoso, Conferencia Internacional del Trabajo. 93ª reunión,* Oficina Internacional del Trabajo, Ginebra, 2005, pp. 6 y 7.

1064 En este sentido, VILLACAMPA ESTIARTE, C.: *El delito de trata de seres humanos. Una incriminación dictada desde el Derecho Internacional, op. cit.*, p. 435; VILLACAMPA ESTIARTE, C.: "Título VII Bis. De la trata de seres humanos", en QUINTERO OLIVARES, G. (Dir.): *Comentarios al Código Penal Español. Tomo I (artículos 1 a 233), op. cit.*, p. 1254. La OIT ofreció una serie de criterios hermenéuticos en relación con los referidos elementos que integran el concepto de "trabajo forzoso". En cuanto a la concurrencia de amenaza, ésta debe interpretarse de forma amplia, equiparándose a cualquier perdida de derechos y privilegios, pudiendo adoptar varias formas (violencia física, amenazas de muerte o de denuncia a la policía o a las autoridades de inmigración, imposición de sanciones pecuniarias, empeoramiento de las condiciones de trabajo, etc.); respecto a la ausencia de consentimiento, advierte que esta también puede derivarse de formas sutiles de coacción (retención de documentos de identidad, impago de salarios, engaño o fraude, endeudamiento inducido, etc.). *Vid.* ORGANIZACIÓN INTERNACIONAL DEL TRABAJO (OIT): *Una alianza global contra el trabajo forzoso, Conferencia Internacional del Trabajo. 93ª reunión, op. cit.*, pp. 5 y 6. Sin embargo, la OIT ha excluido de dicho concepto las situaciones de coacción o penuria económica en general, no pudiendo responsabilizar a los empleadores o al Estado de todas las limitaciones externas o coacciones indirectas que existen. *Vid.* ORGANIZACIÓN INTERNACIONAL DEL TRABAJO (OIT): *Forced labor and human trafficking. Casebook of Court Decisions. A training manual for judges, prosecutors and legal practitioners,* ILO, Ginebra, 2009, pp. 5 y 6.

(art. 1.1)[1065], Convención Suplementaria sobre la Abolición de la Esclavitud, la Trata de Esclavos y las Instituciones y Prácticas Análogas a la Esclavitud de 1956 (art. 7.a)). A efectos de interpretar el concepto "esclavitud", resulta de gran utilidad el art. 607 *bis in fine* CP, en virtud del cual, "por esclavitud se entenderá la situación de la persona sobre la que otro ejerce, incluso de hecho, todos o algunos de los atributos del derecho de propiedad, como comprarla, venderla, prestarla o darla en trueque". De las anteriores definiciones se desprenden igualmente dos requisitos que componen el concepto "esclavitud": en primer lugar, que se trate de un estado –estatus jurídico- o condición –situación fáctica-; y, en segundo lugar, que tal condición implique el ejercicio de los atributos del derecho de propiedad[1066].

Por su parte, el concepto de servidumbre probablemente haya recibido menos atención que el de esclavitud, habiéndose invertido menores esfuerzos en su conceptualización y en la determinación de los elementos que la conforman. Tanto es así que dichas situaciones se hallan reguladas en la Convención Suplementaria de 1956 bajo la rúbrica "instituciones y prácticas análogas a la esclavitud", y no bajo el nombre de servidumbre[1067]. Así, según

---

1065 Que la define como "el estado o la condición de una persona sobre la que se ejercen todos o algunos de los poderes vinculados al derecho de propiedad".

1066 Ampliamente sobre el concepto de esclavitud y su evolución en el Derecho internacional, VALVERDE-CANO, A.B.: *Más allá de la trata: el derecho penal frente a la esclavitud, la servidumbre y los trabajos forzosos, op. cit.*, pp. 80 y ss.

1067 *Vid. Ibidem*, p. 131. A partir de la conceptualización de la servidumbre realizada por la Comisión Europea de Derechos Humanos, que la identifica como el hecho de tener que vivir y trabajar en la propiedad de un tercero, a cambio de remuneración o no, sin tener capacidad de alterar las condiciones dadas, VILLACAMPA define la servidumbre como "*la prestación no libre de cualquier tipo de servicio, impuesto mediante medios que coarten la libertad de acción de la víctima*". *Vid.* VILLACAM-

la referida Convención, cuatro son las prácticas que constituyen servidumbre: la servidumbre por deudas, la servidumbre de la gleba, los matrimonios serviles o la trata de menores con fines de explotación[1068]. De ellas, destaca la servidumbre por deudas, definida como "*el estado o la condición que resulta del hecho de que un deudor se haya comprometido a prestar sus servicios personales, o los de alguien sobre quien ejerce autoridad, como garantía de una deuda, si los servicios prestados, equitativamente valorados, no se aplican al pago de la deuda, o si no se limita su duración ni se define la naturaleza de dichos servicios*" (art. 1.a). Práctica que, como se ha indicado, resulta consustancial a la mayor parte de supuestos de trata, especialmente en aquellos que tienen por fin la explotación sexual y laboral de la víctima.

PA ESTIARTE, C.: *El delito de trata de seres humanos. Una incriminación dictada desde el Derecho Internacional*, *op. cit.*, pp. 437 y 438.

1068 Junto a esta, el artículo 1 recoge las siguientes prácticas análogas a la esclavitud:
a) La servidumbre por deudas (...);
b) La servidumbre de la gleba, o sea, la condición de la persona que está obligada por la ley, por la costumbre o por un acuerdo a vivir y a trabajar sobre una tierra que pertenece a otra persona y a prestar a ésta, mediante remuneración o gratuitamente, determinados servicios, sin libertad para cambiar su condición;
c) Toda institución o práctica en virtud de la cual:
i) Una mujer, sin que la asista el derecho a oponerse, es prometida o dada en matrimonio a cambio de una contrapartida en dinero o en especie entregada a sus padres, a su tutor, a su familia o a cualquier otra persona o grupo de personas;
ii) El marido de una mujer, la familia o el clan del marido tienen el derecho de cederla a un tercero a título oneroso o de otra manera;
iii) La mujer, a la muerte de su marido, puede ser transmitida por herencia a otra persona;
d) Toda institución o práctica en virtud de la cual un niño o un joven menor de dieciocho años es entregado por sus padres, o uno de ellos, o por su tutor, a otra persona, mediante remuneración o sin ella, con el propósito de que se explote la persona o el trabajo del niño o del joven.

En lo que a mendicidad se refiere, considerada la finalidad menos grave de las referidas hasta el momento[1069], quedarían incluidos los supuestos de mendicidad ajena, es decir, aquella en la que el explotador se queda con todo o parte de la recaudación de la víctima, ya sea mayor o menor de edad[1070] (sin perjuicio de las cuestiones concursales expuestas *infra*). Según RAMÓN RIBAS, para poder hablar de mendicidad propiamente ésta no debe haber sido impuesta de forma forzada, puesto que ello constituiría un trabajo o servicio forzado, ni tampoco en términos de esclavitud o servidumbre[1071], interpretación que reduce significativamente su ámbito aplicativo. Consciente de ello, el autor considera "redundante" su previsión expresa entendiendo que la misma podría subsumirse bajo el concepto de trabajo o servicio forzado.

DAUNIS RODRÍGUEZ entiende que la actual configuración de los supuestos de trata laboral, anclada en un "enfoque esclavista", son insuficientes y no se corresponden con la realidad de las prácticas abusivas actuales del mercado laboral. Entiende que el legislador sanciona únicamente las manifestaciones

---

1069 Tal aseveración puede encontrarse en RAMÓN RIBAS, E.: "La explotación laboral como finalidad propia del delito de trata de personas", en VILLACAMPA ESTIARTE, C. (Dir.), *La trata de seres humanos tras un decenio de su incriminación. ¿Es necesaria una ley integral para lucha contra la trata y la explotación de seres humanos?*, *op. cit.*, p. 449.

1070 *Vid.* SANTANA VEGA, D.: "Trata de seres humanos (Art. 177 bis)", en CORCOY BIDASOLO, M. (Dir.): *Manual de Derecho Penal. Parte especial. Doctrina y Jurisprudencia en casos solucionados. Tomo 1*, *op. cit.*, p. 196.

1071 *Vid.* RAMÓN RIBAS, E.: "La explotación laboral como finalidad propia del delito de trata de personas", en VILLACAMPA ESTIARTE, C. (Dir.), *La trata de seres humanos tras un decenio de su incriminación. ¿Es necesaria una ley integral para lucha contra la trata y la explotación de seres humanos?*, *op. cit.*, p. 449. A sensu contrario, POMARES CINTAS considera que necesariamente la mendicidad debe ser coactiva o forzosa. *Vid.* POMARES CINTAS, E.: "El delito de trata de seres humanos con fines de explotación laboral", *Revista Electrónica de Ciencia Penal y Criminología*, *op. cit.*, p. 15.

más severas de explotación laboral, excluyéndose de su ámbito aplicativo aquellas otras formas de explotación laboral que no alcanzan el umbral de esclavitud o prácticas análogas pero que, sin embargo, son prevalentes en la sociedad contemporánea[1072].

De hecho, a pesar del plano secundario al que tradicionalmente se ha relegado la trata laboral[1073], esta ha experimentado una tendencia creciente en detrimento de los supuestos de trata de personas para explotación sexual[1074]. Especialmente en determinados sectores productivos, de entre los que destacan la agricultura, la construcción, la industria textil, la hostelería, el mundo del espectáculo o el servicio doméstico[1075].

1072 Al respecto, identifica el autor la trata laboral con cuatro factores: la desregulación del mercado laboral; la expansión de la subcontratación; la falta de información de los trabajadores, especialmente de los migrantes; y la falta de capital social del trabajador en el país de explotación. DAUNIS RODRÍGUEZ, A.: *El delito de trata de seres humanos, op. cit.*, pp. 108 y 109. Sobre la configuración restrictiva e insuficiente de la configuración del delito de trata laboral, *vid.* POMARES CINTAS, E.: "El delito de trata de seres humanos con fines de explotación laboral", Revista Electrónica de Ciencia Penal y Criminología, *op. cit.*, p. 15.

1073 Tildada por algunos profesionales como un tipo de trata de "*segunda división*", "*la hermana fea de la Cenicienta*" o como una "*asignatura pendiente en este momento*", *vid.* VILLACAMPA ESTIARTE, C.: "Dificultades en la persecución penal de la trata de seres humanos para explotación laboral", *Indret, op. cit.*, p. 180. En un mismo sentido, VILLACAMPA ESTIARTE, C. y TORRES FERRER, C.: "Aproximación institucional a la trata de seres humanos en España: Valoración crítica", *Estudios Penales y Criminológicos, op. cit.*, p. 196; DAUNIS RODRÍGUEZ, A.: *El delito de trata de seres humanos, op. cit.*, p. 108.

1074 Al menos, en términos globales, como señala la UNITED NATIONS OFFICE ON DRUGS AND CRIME: *Global Report on Trafficking in Persons, op. cit.*, p. 25.

1075 Al respecto, *vid.* ACCEM: *La trata de persones con fines de explotación laboral. Un estado de aproximación a la realidad de España*, 2006, pp. 95 y ss.; GIMÉNEZ-SALINAS FRAMIS, A., SUSAJ, G. y REQUENA ESPAÑA, L., "La dimensión laboral de la trata de persones en España", *Revista*

En segundo lugar, se recoge la explotación sexual de la víctima, incluyendo la pornografía, esto es, cualquier delito contra la libertad o la indemnidad sexual realizada sin la anuencia o con el consentimiento viciado de la víctima.

Como apunta el Consejo General del Poder Judicial (en adelante, CGPJ) en su Guía de criterios contra la trata, en esta locución se comprende no solo cualquier actividad sexual que pudiera integrarse en el ámbito de la prostitución coactiva[1076], como el alterne[1077] o los llamados masajes eróticos[1078], sino también cualquier otra práctica de naturaleza erótico–sexual como

---

Electrónica de Ciencia Penal y Criminología, op. cit., pp. 17 y ss.; GARCÍA CUESTA, S., LÓPEZ SALA A.M., HERNÁNDEZ CORROCHANO, E. y MENA MARTÍNEZ, L.: *Poblaciones-Mercancía: tráfico y trata de mujeres en España, op. cit.*, pp. 140 y ss.; DAUNIS RODRÍGUEZ, A.: *El delito de trata de seres humanos, op. cit.*, pp. 105 y ss.; VILLACAMPA ESTIARTE, C., GÓMEZ ADILLÓN, M.J., TORRES FERRER, C. y MIRANDA RUCHE, X.: "Trata de seres humanos: dimensión y características en España", *Revista General de Derecho Penal, op. cit.*, p. 207

1076 Recuerda VILLACAMPA que eso es así en el caso de los adultos, puesto que, tratándose de menores o personas discapacitadas necesitadas de especial protección, se sancionaría la prostitución de cualquier tipo, así como la intervención en espectáculos exhibicionistas o pornográficos o en la elaboración de material pornográfico. Al respecto, advertía la autora de un solapamiento normativo entre los artículos 177 *bis* y 189.1 a) CP, cuando la víctima menor o incapaz es captada para intervenir en espectáculos exhibicionistas o pornográficos, debiéndose resolver el concurso de normas a favor del 177 *bis* CP, a fin de evitar "un indeseado efecto privilegiante". Así, únicamente sería de aplicación el precepto 189.1 a) CP cuando el incapaz fuera captado para participar en dichos espectáculos sin que hubieran concurrido ninguno de los medios comisivos propios del delito de trata. *Vid.* VILLACAMPA ESTIARTE, C.: *El delito de trata de seres humanos. Una incriminación dictada desde el Derecho Internacional, op. cit.*, pp. 441-443. En un mismo sentido, DAUNIS RODRÍGUEZ, A.: *El delito de trata de seres humanos, op. cit.*, p. 173.

1077 STS nº 728/2005.

1078 STS nº 556/2008.

la participación en espectáculos exhibicionistas o "striptease"[1079], o en la pornografía[1080], a la que alude el art. 177 *bis* CP expresamente y que, aunque sea un concepto difuso, abarcaría cualquier actividad dirigida a la confección de material audiovisual en el que, con finalidad de provocación sexual, se contengan imágenes o situaciones impúdicas[1081]. De hecho, a propósito del reciente estudio cuantitativo liderado por VILLACAMPA, la mayor parte de víctimas de trata sexual son explotadas para ejercer la prostitución en clubes o pisos (40%), seguida de prostitución callejera (34%) y de explotación en clubes y bares de strippers (13%), siendo residual el porcentaje de víctimas dedicadas a la pornografía[1082]. Sin embargo, la presencia casi testimonial de otras formas de explotación sexual se explicaría por la identificación persistente en España entre trata sexual y prostitución[1083].

Sin duda, la trata con fines de explotación sexual ha ostentado el rol protagonista, acaparando todos los focos y recibiendo

---

1079 STS nº 1428/2000.

1080 STS nº 651/2006.

1081 Aunque matiza el Tribunal Supremo, en su sentencia núm. 373/2011, que dichas normas deberán interpretarse de acuerdo con la realidad social, de conformidad con el artículo 3.1 del Código Civil. En este mismo sentido, CONSEJO GENERAL DEL PODER JUDICIAL (CGPJ): *Guía de criterios de actuación judicial frente a la trata de seres humanos, op. cit.*, p. 90.

1082 *Vid* VILLACAMPA ESTIARTE, C., GÓMEZ ADILLÓN, M.J., TORRES FERRER, C. y MIRANDA RUCHE, X.: "Trata de seres humanos: dimensión y características en España", *Revista General de Derecho Penal, op. cit.*, p. 206.

1083 *Vid. Ibidem*, p. 207. Ampliamente sobre la necesaria distinción entre trata para explotación sexual y prostitución, *vid.* MAQUEDA ABREU, M. L.: "Trata y esclavitud no son lo mismo, pero ¿qué son?", *Estudios jurídicos penales y criminológicos* en homenaje *al Prof. Dr. Dr. H.C. mult. Lorenzo Morillas Cueva, op. cit., passim*; MAQUEDA ABREU, M.L.: "Demasiados artificios en el discurso jurídico sobre la trata de seres humanos", en *Liber Amicorum en homenaje del Profesor Juan Terradillos Basoco,* Tirant lo Blanch, Valencia, 2018, pp. 1197 y ss.

todas las atenciones en el plano normativo e institucional[1084]. También en el ámbito jurisprudencial[1085], hasta el punto de haberse llegado a confundir la "libertad e indemnidad sexual" con el bien jurídico protegido en el 177 *bis* CP[1086].

Tal vez como fruto de la mayor atención que ha recibido la trata sexual, sí se ha planteado la concurrencia de ánimo de lucro en relación con estas conductas, entendiéndose aquél consustancial al concepto de explotación sexual. Así lo ha entendido la doctrina de la Sala Segunda del Tribunal Supremo al interpretar el alcance de la expresión "explotación sexual" recogida con anterioridad a la reforma del año 2010 en el ordinal segundo del

---

1084 Ampliamente sobre esta cuestión, VILLACAMPA ESTIARTE, C. y TORRES FERRER, C.: "Aproximación institucional a la trata de seres humanos en España: Valoración crítica", *Estudios Penales y Criminológicos*, *op. cit.*, *passim*.

1085 Como muestra de ello, véanse algunos de los pronunciamientos del Tribunal Supremo al respecto que, denotando un cierto desprecio hacia las actividades de alterne y prostitución como carentes de toda dignidad, las equipara a la esclavitud de nuestro siglo. Así, en su sentencia núm. 396/2019, señala el Alto Tribunal que "*no hace falta irse a lejanos países para observar la esclavitud del siglo XXI de cerca, simplemente adentrarse en lugares tan cercanos, a lo largo de los márgenes de nuestras carreteras, en donde hallar uno o varios clubs de alterne en cuyo interior la dignidad humana carece de la más mínima significación, a las que, sin rubor alguno, se compra y se vende entre los distintos establecimientos, mientras tales seres humanos se ven violentados a "pagar" hasta el billete de ida hacia su indignidad. (...) Al introducirlas en el mercado de la prostitución, se les introduce en lugares en donde la dignidad humana carece de la más mínima significación, con tal de obtener el beneficio para el cual las mujeres han sido traídas como si fueran seres cosificados, de los que se intenta obtener el máximo rendimiento económico, mientras tales personas se encuentren en condiciones de ser explotadas*". En similar sentido, *vid.* STS 565/2020 y 307/2021.

1086 Véase las SSTS 178/2016, 538/2016 y 167/2017, que, defendiendo la pluralidad delictiva en caso de pluralidad de víctimas, afirman: "*Dado el bien jurídico protegido, libertad e indemnidad sexual de las víctimas, de naturaleza personal, se cometieron tantos delitos de trata de seres humanos como víctimas reseñadas en el factum*".

art. 318 *bis* CP (jurisprudencia que es trasladable al concepto de explotación sexual manejado por el actual art. 177 *bis* CP). En este sentido, adujo el Tribunal que "*la existencia de ánimo de lucro es inherente a la finalidad de explotación sexual, generalmente a través de actividades de prostitución, de manera que quien explota o pretende explotar la prostitución de otros no lo hace de forma desvinculada de las ganancias económicas que el ejercicio de ese comercio supone*"[1087]. Estipulando que dicha ganancia económica puede ser fija, variable o a comisión, siendo preciso, en cualquier caso, que se trate de un beneficio económico directo[1088]. Desafortunadamente, tales consideraciones no han tenido lugar en relación con otra modalidad altamente lucrativa, como es aquella que tiene como fin la explotación laboral de la víctima.

En el plano doctrinal, no hay una posición unánime acerca de si la finalidad de explotación debe revestir carácter económico[1089]. PÉREZ ALONSO entendió que dicha interpretación restrictiva no encontraba sustento en la normativa internacional, que no incluía mención expresa alguna al respecto[1090]. Además, se alertó de que la exigencia de ánimo de lucro en la conducta

---

1087 STS nº 378/2011.

1088 SSTS nº 450/2009, nº 1171/2009, y nº 1238/2009.

1089 A favor de ello, principalmente, GUISASOLA LERMA, C.: "Formas contemporáneas de esclavitud y trata de seres humanos: una perspectiva de género", *Estudios Penales y Criminológicos, op. cit.*, p. 206; ESQUINAS VALVERDE, P.: "Lección 6. El delito de trata de seres humanos", en MARÍN DE ESPINOSA CEBALLOS, E. (Dir.), *Lecciones de Derecho Penal. Parte Especial*, Tirant lo Blanch, Valencia, 2018, pp. 114 y 115. En sentido similar, entendió que el ánimo de lucro es implícito a la definición de trata, MAYORDOMO RODRIGO, V.: "Nueva regulación de la trata, el tráfico ilegal y la inmigración clandestina de personas", *Estudios Penales y Criminológicos, op. cit.*, p. 361.

1090 No obstante, el autor no se opone a su posible apreciación como circunstancia agravante del delito. *Vid.* PÉREZ ALONSO, E.: *Tráfico de personas e inmigración clandestina (un estudio sociológico, internacional y jurídico-penal), op. cit*, p. 185.

del tratante podría convertir en atípicos aquellos supuestos en que la finalidad perseguida no obedece a razones estrictamente económicas, sino a la obtención de otro tipo de beneficio de tipo más personal, como la satisfacción sexual[1091].

Muestra de ello es el supuesto en que la explotación sexual de la víctima por parte del tratante se realiza en provecho propio, exigiéndose frecuentemente que dicha explotación sea reiterada y abusiva, asimilándose a la esclavitud sexual. Al respecto, merece ser traída a colación la desafortunada sentencia del Tribunal Supremo núm. 298/2015. Según los hechos declarados probados, "*el acusado quería, en realidad, que (la víctima) viniese a España para tenerla a su disposición con miras a mantener relaciones sexuales con ella siempre que lo desease, plan que ocultó a (la víctima)*". Así, una vez la víctima llega a Madrid mediante un visado turístico, el acusado la agrede sexualmente en una habitación de hotel. Sin embargo, dado que dicha agresión solo tuvo lugar en una ocasión, el Tribunal consideró que la misma no revestía el carácter abusivo, reiterado y de aprovechamiento que permita hablar de "explotación sexual". Concluye, en consecuencia, el Alto Tribunal que "*mantener relaciones sexuales "...siempre que* (el acusado) *lo desease", sin mayores precisiones, no describe una práctica de explotación susceptible de integrar el delito de trata de personas. Es indiscutible, claro es, que esos episodios sexuales, de haber llegado a repetirse y de haber sido impuestos mediante medios violentos o coacti-*

1091 *Vid.* VILLACAMPA ESTIARTE, C.: *El delito de trata de seres humanos. Una incriminación dictada desde el Derecho Internacional*, *op. cit.*, p. 439; PÉREZ ALONSO, E.: *Tráfico de personas e inmigración clandestina (un estudio sociológico, internacional y jurídico-penal)*, *op. cit*, p. 185; LÓPEZ RODRÍGUEZ, J.: *Conceptualización jurídica de la trata de seres humanos con fines de explotación laboral*, *op. cit.*, p. 67. Previamente, GUARDIOLA LAGO ya se posicionaba a favor de que dentro del término "explotación" tuviera cabida no sólo la de tipo lucrativo, sino toda aquella que reporte algún tipo de beneficio, sea este económico o no. *Vid.* GUARDIOLA LAGO, M.J.: *El tráfico de personas para su explotación sexual*, *op. cit.*, p. 336.

vos, tendrían que ser castigados con las penas asociadas a hechos de tal gravedad". Veredicto que, en modo alguno, puede compartirse, especialmente teniendo en cuenta que el delito de trata ni siquiera exige para su consumación materialización alguna de la finalidad perseguida por el tratante (*vid infra*)[1092].

La tercera de las modalidades de trata contempladas es la que persigue la explotación de las víctimas para la realización de actividades delictivas. Su incorporación mediante la LO 1/2015, obedece al mandato de la Directiva 2011/36/UE contenido en su art. 2.3. De conformidad con su considerando 11, debe entenderse por tales la realización de cualquier delito, si bien los más frecuentes serían los patrimoniales –carterismo, hurtos, etc.- y de tráfico de drogas[1093]. A raíz de dicha ejemplificación contenida en la Directiva, SANTANA VEGA planteó si el ámbito aplicativo de esta finalidad debía limitarse a aquellos delitos de los que se derive un lucro económico[1094]. Al respecto se ha afirmado que

---

1092 *Vid.* SALAT PAISAL entiende que los hechos terminaran condenándose por el tribunal por vía del artículo 318 *bis* CP, en lugar de por el delito de trata, en base a una jurisprudencia minoritaria que considera que ambos ilícitos protegen el mismo bien jurídico –la dignidad de las personas-, aunque con distinta intensidad. Así, mientras los ataques más graves al derecho de la dignidad quedan reservados al tipo 177 *bis* CP, aquellos que, a criterio del Tribunal no alcanzan la intensidad suficiente, serían fácilmente reconducibles al 318 *bis* CP. *Vid.* SALAT PAISAL, M.: "La trata de seres humanos en la jurisprudencia del Tribunal Supremo", *Política Criminal: Revista Electrónica Semestral de Políticas Públicas en Materias Penales,* vol. 18, nº 1, 2023, p. 70.

1093 El mismo resultado se deduce del estudio empírico liderado por VILLACAMPA. *Vid.* VILLACAMPA ESTIARTE, C., GÓMEZ ADILLÓN, M.J., TORRES FERRER, C. y MIRANDA RUCHE, X.: "Trata de seres humanos: dimensión y características en España", *Revista General de Derecho Penal, op. cit.*, p. 210.

1094 *Vid.* SANTANA VEGA, D.M.: "La Directiva 2011/36/UE relativa a la prevención y la lucha contra la trata de seres humanos y la protección de las víctimas: análisis y crítica", *Nova et Vétera,* vol. 20, núm. 64,

no cualquier actividad ilícita tendría cabida en estos supuestos de "explotación criminal", sino únicamente aquellas conductas constitutivas de delitos, según nuestro Código Penal[1095].

Con anterioridad a la reforma, estos supuestos se incluían por la jurisprudencia y parte de la doctrina en el concepto de "servicios forzados"[1096]. En sentido similar, se posiciona la propuesta de modificación contenida en el ALOITES. Pues sin perder su "autonomía", la imposición a la víctima de la realización de actividades delictivas pasaría a regularse junto al resto de modalidades de "explotación laboral" contempladas en la letra a) del tipo básico del 177 *bis* 1 CP.

A renglón seguido, en la letra d) encontramos la trata con fines de extracción de órganos corporales. Normalmente estas conductas son el antecedente necesario a la posterior compraventa o trasplante de órganos –conductas que integrarían el delito de tráfico ilegal de órganos del art. 156 *bis*[1097]-, aunque la extracción bien podría destinarse a otros fines –como la cele-

---

2011, p. 220. Posteriormente, RODRÍGUEZ LÓPEZ, S.: "La trata de seres humanos para la explotación de actividades delictives: nuevos retos a raíz de la reforma penal de 2015", *Revista de Derecho Migratorio y Extranjería, op. cit.*, pp. 151 y ss.

1095 *Vid.* VILLACAMPA ESTIARTE, C. y TORRES ROSELL, N.: "Trata de seres humanos para la explotación criminal: ausencia de identificación de las víctimas y sus efectos", *Estudios penales y criminológicos, op. cit.*, pp. 774 y ss.; GARCÍA SEDANO, T.: *El delito de trata de seres humanos: el artículo 177 bis del Código Penal, op. cit.*, p. 94.

1096 *Vid.* VILLACAMPA ESTIARTE, C.: *El delito de trata de seres humanos. Una incriminación dictada desde el Derecho Internacional, op. cit.*, p. 436.

1097 Este delito sanciona expresamente a "los que promuevan, favorezcan, faciliten o publiciten la obtención o el tráfico ilegal de órganos humanos ajenos o el trasplante de los mismos serán castigados con la pena de prisión de seis a doce años si se tratara de un órgano principal, y de prisión de tres a seis años si el órgano fuera no principal".

bración de una ceremonia o rito "satánico"[1098]-. En este sentido, al igual que ocurriera con las finalidades b) y c) del art. 177 *bis* CP, también aquí se ha planteado si la extracción de órganos debe realizarse por motivos económicos. De esta opinión, MOYA GUILLEM, quien defiende que el órgano objeto de extracción debe destinarse a su comercialización[1099]. En contra, la FGE entiende que la extracción puede obedecer a otras finalidades[1100].

De conformidad con la Ley 30/79, de 27 de octubre, sobre Extracción y Trasplante de órganos, en España se halla prohibido la extracción y trasplante de órganos con carácter lucrativo, es decir, a cambio de compensación económica. Cabe recordar, sin embargo, que no están incluidos en esta finalidad la sangre, los gametos, óvulos, médula ósea o células corporales[1101]; si bien hay quien ha

---

1098 *Vid.* CONSEJO GENERAL DEL PODER JUDICIAL (CGPJ): *Guía de criterios de actuación judicial frente a la trata de seres humanos, op. cit.*, p. 93. No obstante, se ha considerado que el uso de personas para realizar ensayos o experimentos clínicos o farmacéuticos estaría excluido del ámbito aplicativo de dicha finalidad, sin perjuicio de poderse reconducir estas situaciones como formas de servicio forzado o servidumbre. Al efecto, VILLACAMPA ESTIARTE, C.: *El delito de trata de seres humanos. Una incriminación dictada desde el Derecho Internacional, op. cit.*, p. 445.

1099 *Vid.* MOYA GUILLEM, C.: "Aproximación crítica a la primera sentencia por tráfico de órganos (SAP Barcelona 793/2016, de 16 de octubre)", *La Ley*, vol. 8895, 2017, p. 9.

1100 *Vid.* FISCALÍA GENERAL DEL ESTADO: *Circular 5/2011 sobre criterios para la unidad de actuación especializada del Ministerio Fiscal en materia de extranjería e inmigración, op. cit.*, apartado II.4.3. Dicha interpretación daría cabida a las extracciones destinadas a ritos o ceremonias de sacrificio humana, o supuestos como el del cirujano que extirpa un órgano para trasplantárselo a su hijo.

1101 Véase VILLACAMPA ESTIARTE, C.: *El delito de trata de seres humanos. Una incriminación dictada desde el Derecho Internacional, op. cit.*, p. 444; POMARES CINTAS, E.: "El delito de trata de seres humanos con finalidad de explotación laboral", *Revista Electrónica de Ciencia Penal y Criminología, op. cit.*, p. 15; MARTOS NÚÑEZ J.A.: "El delito de trata de seres humanos: análisis del artículo 177 bis del Código Penal",

entendido que los tejidos, en cuanto podrían ser considerados órganos, sí podrían quedar emparados bajo este precepto[1102].

Finalmente, como consecuencia de la reforma operada por la LO 1/2015, se contempla la trata cuyo fin es la celebración de matrimonios forzados, modalidad también citada en el Considerando 11 de la Directiva, pero que no fue trasladada al art. 2.3. Afortunadamente, dicha omisión ha sido corregida por la Directiva 2024/1712 que incluye expresamente los matrimonios forzados entre las posibles finalidades de explotación del artículo 2.3. En cualquier caso, previamente a la reforma de 2015, dichos casos se sancionaban como una forma de esclavitud –apartado 1 a)-, puesto que estas prácticas suelen dar lugar al sometimiento de la víctima a esclavitud doméstica y sexual[1103].

A pesar de ser esta incorporación reclamada por la doctrina, hay quien se muestra contraria a la misma. En este sentido, IGLESIAS SKULJ la considera innecesaria "por no corresponder a una realidad criminológica local o internacional", sino a un

---

Estudios Penales y Criminológicos, op. cit., p. 110; MOYA GUILLEM, C.: "Aproximación crítica a la primera sentencia por tráfico de órganos (SAP Barcelona 793/2016, de 16 de octubre)", *La Ley, op. cit.*, p. 9. En un mismo sentido, en relación con el delito de tráfico de órganos, GARCÍA ALBERO, R.: "El nuevo delito de tráfico de órganos (art. 156 bis CP)", en ÁLVAREZ GARCÍA y GONZÁLEZ CUSSAC (Dirs.), *Comentarios a la reforma penal de 2010, op. cit.*, pp. 146 y 147.

1102 *Vid.* SANTANA VEGA, D.: "Trata de seres humanos (Art. 177 bis)", en CORCOY BIDASOLO, M. (Dir.): *Manual de Derecho Penal. Parte especial. Doctrina y Jurisprudencia en casos solucionados. Tomo 1, op. cit.*, p. 197.

1103 De hecho, la propia Convención suplementaria sobre la abolición de la esclavitud, de trata de esclavos y las instituciones y prácticas análogas a la esclavitud de 1956, contempla como forma de esclavitud los matrimonios forzosos que, en su artículo 1, asimila a aquellos supuestos en que "una mujer es prometida o dada en matrimonio sin que le asista el derecho a oponerse, a cambio de una contrapartida en dinero o en especie entregada a sus padres, a su tutor, a su familia o a cualquier otra persona o grupo de personas".

nuevo intento del legislador por "estigmatizar costumbres culturales atrasadas y reprochables en nombre de la universalidad de los derechos humanos"[1104].

No obstante, a pesar de no ser esta modalidad de trata preponderante en nuestro país, tampoco resulta extraño encontrar en nuestro torno ciertas interacciones entre la trata de personas y el matrimonio forzado. A modo de ejemplo, TORRES ROSSELL y VILLACAMPA, se refieren a la compraventa de esposas -frecuentemente, a través de agencias matrimoniales-[1105]; los supuestos en que el *lover boy* termina contrayendo matrimonio con la víctima con quien previamente ha establecido una relación sentimental; los casos de matrimonios de conveniencia que pueden resultar impuestos cuando la celebración del mismo puede suponer la regulación de la situación administrativa de uno de los cónyuges; o los supuestos de matrimonio infantil en que los menores son trasladados a un tercer estado donde se ven forzados a contraer matrimonio[1106].

1104 *Vid.* IGLESIAS SKULJ, A.: "De la trata de seres humanos: artículo 177 bis CP", en GONZÁLEZ CUSSAC, J L. (Dir.): *Comentarios a la Reforma del Código Penal de 2015, op. cit.*, p. 599.

1105 De hecho, como resultado del estudio cualitativo llevado a cabo, consistente en la entrevista de 34 profesionales del ámbito de justicia penal y asistencial y de 5 víctimas, se constató como 9 de los profesionales entrevistados describieron supuestos de matrimonios forzados donde las jóvenes -generalmente, rumanas de etnia gitanes- eran vendidas por sus familiares a otra familia. Llama la atención que, según relatan, algunos de estos casos afloraron ante la reclamación de los padres de la menor vendida por no haber recibido el dinero pactado. *Vid.* TORRES ROSELL, N. y VILLACAMPA ESTIARTE, C.: "El matrimonio forzado como modalidad de trata de seres humanos: un estudio fenomenológico", en VILLACAMPA ESTIARTE, C. (Dir.), *La trata de seres humanos tras un decenio de su incriminación. ¿Es necesaria una ley integral para lucha contra la trata y la explotación de seres humanos?, op. cit.*, p. 231.

1106 *Vid. Ibidem*, pp. 220-222.

Sin embargo, la doble tipificación de los matrimonios forzados como delito autónomo (art. 172 *bis* CP), por un lado, y como finalidad propia del delito de trata (art. 177 bis CP), por otro, ha provocado más problemas que ofrecido soluciones, especialmente en atención a la deficiente configuración del art. 172 *bis* CP[1107] y a las cuestiones concursales planteadas entre el segundo apartado de este y el 177 *bis* CP -*vid. infra*-.

Al respecto, SANTANA VEGA entiende que al tipificar la "celebración del matrimonio" y no el "matrimonio" *per se*, los matri-

---

1107 Por citar algunos aspectos controvertidos, se ha criticado la exclusión típica de los matrimonios forzados sobrevenidos y de las parejas de hecho; la falta de previsión de medios abusivos en el catálogo de medios determinados que establece el tipo; el establecimiento de una pena alternativa de multa; así como la previsión de un subtipo agravado por razón de edad de la víctima que no contempla ni la inclusión de otros sujetos especialmente vulnerables, ni la supresión de la pena de multa, ni la ampliación de medios comisivos en este caso. Abordan críticamente dichas cuestiones, DE LA CUESTA AGUADO, P.M.: "El delito de matrimonio forzado" en QUINTERO OLIVARES, G. (dir.). *Comentario a la reforma penal de 2015*, Aranzadi, Cizur Menor, 2015; IGAREDA, N.: Matrimonios forzados: ¿otra oportunidad para el derecho penal simbólico?, *Indret*, 1/2015; TORRES ROSELL, N.: "Matrimonio forzado: aproximación fenomenológica y análisis de los procesos de incriminación", *Estudios Penales y Criminológicos*, vol. 35, 2015 pp. 831–917; TRAPERO BARREALES, M. A.: *Matrimonios ilegales y derecho penal. Bigamia, matrimonio inválido, matrimonio de conveniencia, matrimonio forzado y matrimonio precoz*, Tirant lo Blanch, Valencia, 2016; VILLACAMPA ESTIARTE, C.: *Política criminal española en materia de violencia de género*, Tirant lo Blanch, Valencia, 2018; VILLACAMPA ESTIARTE, C. y TORRES ROSELL, N.: El matrimonio forzado y su tratamiento institucional: visión profesional y victimal, *Revista General de Derecho Penal*, vol. 32, 2019, pp. 1-63; VILLACAMPA ESTIARTE, C. y TORRES ROSELL, N.: "El matrimonio forzado en España. Una aproximación empírica", *Revista Española de Investigación Criminológica*, nº 17, 2019, pp. 1-32; VILLACAMPA ESTIARTE, C. y TORRES ROSELL, N.: "Prevalence, dynamics and characteristics of forced marriage in Spain", *Crime, Law and Social Change*, 2019, pp. 1-21.

monios sobrevenidos estarían excluidos del ámbito de aplicación del delito de trata[1108]. Sin embargo, dicha disputa quedaría resulta de aprobarse el ALOITES. Dicho anteproyecto modifica la actual letra e) del 177 *bis* CP -la celebración de matrimonios forzados-, especificando que, junto a estos, también se incriminarán las "*uniones de hecho forzadas, conforme a cualquier rito*".

Por último, cabe decir que son varias las voces que se han mostrado críticas con el establecimiento de una lista cerrada o un *numerus clausus* de finalidades, que podrían dar lugar a lagunas o a supuestos que, no estando expresamente previstos, plantearan dificultades para subsumirse en alguna de las finalidades referidas. Ese podría ser el caso de situaciones de trata para fines de maternidad subrogada o de adopciones ilegales -al menos, hasta que el legislador no cumpla con el mandato de la reciente Directiva 2024/1712 que obliga a la inclusión de ambas modalidades-, para la realización de experimentos farmacológicos o para reclutar niños destinados a actividades militares, entre otros[1109].

3. Consumación.

De conformidad con los arts. 5.1 del Protocolo de Palermo y 18 del Convenio de Varsovia, la TSH se configura como un delito doloso. Así, la consumación se produce cuando se realizan algunas de las conductas enunciadas, concurriendo (o no, en caso de

---

1108 *Vid.* SANTANA VEGA, D.: "Título VII BIS de la trata de seres humanos", en CORCOY BIDASOLO, M. y MIR PUIG, S. (Dirs.), *Comentarios al Código Penal. Reforma LO 1/2015 y LO 2/2015, op. cit.*, p. 658.

1109 *Vid.*, por todos, VILLACAMPA ESTIARTE, C.: *El delito de trata de seres humanos. Una incriminación dictada desde el Derecho Internacional, op. cit.*, p. 434; CUGAT MAURI, M.: "La trata de seres humanos: la universalización del tráfico de personas y su disociación de las conductas infractoras de la política migratoria", en QUINTERO OLIVARES, G. (Dir.), *La reforma penal de 2010: análisis y comentarios, op. cit.*, p. 161.

menores) los medios comisivos previstos, con algunas de las finalidades descritas sin que ésta/s haya/n llegado a materializarse[1110].

Según MÚÑOZ CONDE, para la consumación del delito es suficiente con que el sujeto haya sido ya captado para ello o se halle en disposición de ser objeto de algunas de las referidas finalidades. Se trata, por tanto, de un delito de consumación anticipada, pues de llegar a realizarse algunas de las finalidades que constituyen por sí mismas conductas delictivas, se produciría el correspondiente concurso de delitos[1111]. En opinión

---

1110 *Vid.* SSTS 324/2021, de 21 de abril; 224/2022, de 9 de marzo; 399/2022, de 22 de abril. Así, se define como un tipo mixto alternativo en RODRÍGUEZ LÓPEZ, S.: *Trata de seres humanos y corrupción, op. cit.*, p. 82. En sentido similar, VILLACAMPA ESTIARTE, C.: *El Delito de trata de seres humanos una incriminación dictada desde el derecho internacional, op. cit.*, p. 362 y 433; FERNÁNDEZ OLALLA, P.: "Una aproximación práctica a la lucha contra la trata de seres humanos", en GARCÍA VÁZQUEZ, S. y FERNÁNDEZ OLALLA, P., *La trata de seres humanos,* Centro de Estudios Políticos y Constitucionales, 2012, p. 115; SANTANA VEGA, D.: "Título VII BIS de la trata de seres humanos", en CORCOY BIDASOLO, M. y MIR PUIG, S. (Dirs.), *Comentarios al Código Penal. Reforma LO 1/2015 y LO 2/2015, op. cit.*, p. 655; GUISASOLA LERMA, C.: "Formas contemporáneas de esclavitud y trata de seres humanos: una perspectiva de género", *Estudios Penales y Criminológicos, op. cit.* p. 191; MARTOS NÚÑEZ, J.A.: "El delito de trata de seres humanos: análisis del artículo 177 bis del Código Penal", *Estudios Penales y Criminológicos, op. cit.*, p. 111; GARCÍA SEDANO, T.: "El tipo de trata de seres humanos: la vulnerabilidad de sus víctimas", *Revista Aranzadi Unión Europea, op. cit.*, p. 4.

1111 En términos similares, la Sentencia del Tribunal Supremo 420/2016, de 18 de mayo, define el tipo del 177 bis CP como un "*delito de intención o propósito de algunas de las finalidades expresadas en su apartado 1º, lo cual significa que basta aquél para su consumación sin que sea necesario realizar las conductas de explotación descritas que podrán dar lugar en su caso a otros tipos delictivos, lo que expresamente prevé el legislador en la regla concursal que incorpora en el apartado 9º del artículo 177 bis*". En términos parecidos, el CGPJ define el delito de trata como un delito de intención, en el que no es necesario realizar las conductas de

del autor, ello conduce a una extensión desmesurada del tipo, especialmente si se tiene en cuenta que también se castigan los actos preparatorios (*vid. infra*) y la tentativa, con la problemática delimitación a la que ello puede dar lugar[1112].

Precisamente, la figura de la tentativa se presentaría complicada de entenderse que, en atención a las acciones comprendidas en la conducta típica, nos hallamos ante un delito de resultado (transportar, trasladar, captar) o de mera actividad (acoger, recibir), que se consuma cuando se cumple la acción típica, sin necesidad de que la explotación se haya llevado a cabo[1113], tal y como se recoge en la STS núm. 615/14, de 24 de octubre. No

---

explotación descritas, que podrán dar lugar en su caso a otros tipos delictivos, lo que expresamente prevé el apartado 9º del artículo 177 *bis*. *Vid* CONSEJO GENERAL DEL PODER JUDICIAL (CGPJ): *Guía de criterios de actuación judicial frente a la trata de seres humanos, op. cit.*, p. 78.

1112 *Vid.* MUÑOZ CONDE, F.: *Derecho Penal. Parte especial (22ª Edición), op. cit.*, pp. 186 y 187. Así, según defiende el autor, nos hallaríamos ante un delito consumado cuando el sujeto pasivo se halla internado en algún lugar dispuesto a ser explotado, sin que la explotación haya tenido lugar aún, salvo que tenga posibilidades de escapar o negarse a la explotación, en cuyo caso hablaríamos de tentativa. Para DAUNIS RODRÍGUEZ el punto de referencia que permitiría distinguir entre el delito consumado, la tentativa y los actos preparatorios se halla en la pérdida del sujeto pasivo de la determinación de su propia voluntad. Haciendo su planteamiento más ilustrativo, entiende que el sujeto que realiza un anuncio con el fin de captar a un individuo con el fin de explotarlo, comete un acto preparatorio cuando dicho sujeto es detenido antes que su anuncio haya obtenido respuesta; si, por el contrario, la víctima le hubiera contactado y hubieran acordado su desplazamiento, siendo detenido previamente a la realización del mismo, hablaríamos de tentativa; finalmente, si a la llegada la víctima el autor es detenido, estaríamos ante un delito consumado. *Vid.* DAUNIS RODRÍGUEZ, A.: *El delito de trata de seres humanos, op. cit.*, p. 91.

1113 *Vid.* SANTANA VEGA, D.: "Trata de seres humanos (Art. 177 bis)", en CORCOY BIDASOLO, MIRENTXU (Dir.), *Manual de Derecho Penal. Parte especial. Doctrina y Jurisprudencia en casos solucionados. Tomo 1, op. cit.*, p. 194.

obstante, la exigencia de ese tercer elemento subjetivo configura el art. 177 *bis* CP como un delito mutilado en dos actos[1114]. Al respecto, una parte de la doctrina discierne entre un delito mutilado en dos actos o de resultado cortado, según que las conductas de la posterior explotación sean cometidas por el mismo sujeto que fue autor de la trata o vayan a ser cometidas por otros, dando lugar a ulteriores delitos no imputables al tratante[1115].

Así, en cuanto a la forma imperfecta de ejecución del delito, a pesar de que el art. 3 de la Directiva de 2011 insta a los Estados a garantizar la punibilidad de la tentativa en este delito, SANTANA VEGA entiende que, de apreciarse ésta -tentativa-, se

---

1114 Así lo defiende VILLACAMPA ESTIARTE, C.: "Título VII Bis. De la trata de seres humanos", en QUINTERO OLIVARES, GONZALO (Dir.): *Comentarios al Código Penal Español. Tomo I (artículos 1 a 233), op. cit.*, pp. 1248 y 1253. Este tercer elemento del tipo que exige la intención del sujeto activo de explotar a la víctima -sin necesidad de que dicha explotación llegue a materializarse-, según VILLACAMPA, se trataría de un elemento subjetivo del injusto de tendencia interna trascendente que configura un delito mutilado de dos actos y, por lo tanto, incompatible con la comisión imprudente. De la misma opinión, PÉREZ CEPEDA, A.I.: "Lección X. La trata de seres humanos", en GÓMEZ RIVERO, M.C. (Dir.), *Nociones Fundamentales de Derecho Penal. Parte especial (3ª edición), op. cit.*, p. 245; QUERALT JIMÉNEZ, J.J.: *Derecho Penal español. Parte especial, op. cit.* p. 201; IGLESIAS SKULJ, A.: "De la trata de seres humanos: artículo 177 bis CP", en GONZÁLEZ CUSSAC, J L. (Dir.): *Comentarios a la Reforma del Código Penal de 2015, op. cit.*, p.597.

1115 En este sentido, SANTANA VEGA, D.: "Título VII BIS de la trata de seres humanos", en CORCOY BIDASOLO, M. y MIR PUIG, S. (Dirs.), *Comentarios al Código Penal. Reforma LO 1/2015 y LO 2/2015, op. cit.*, p. 655; GARCÍA SEDANO, T.: "El tipo de trata de seres humanos: la vulnerabilidad de sus víctimas", *Revista Aranzadi Unión Europea, op. cit.*, p. 4. En idéntico sentido, aunque en relación con el entonces aplicable artículo 318 *bis* 2 CP, *vid.* GUARDIOLA LAGO, M.J., El tráfico de personas en el Derecho penal español, *op. cit.*, p. 333

ampliaría excesivamente el ámbito de aplicación del tipo[1116]. En cualquier caso y a pesar de su previsión, debe señalarse que, en la práctica forense, la tentativa rara vez resultará apreciable no solo por la consumación anticipada del tipo, sino también porque frecuentemente las víctimas son identificadas durante la fase intermedia (traslado y recepción) o final de la trata (explotación), esto es, cuando el delito se halla perfectamente consumado[1117].

Finalmente, por cuanto se refiere a la exigencia de dolo[1118], si bien no es posible admitir una modalidad imprudente en el delito de trata[1119] por cuanto el delito exige un mínimo nivel de conocimiento de los elementos típicos que lo configuran[1120], el Tribunal Supremo, en su sentencia núm. 695/2021, de 15 de septiembre, sí admite la posibilidad de apreciar -y sancionar- el dolo eventual en estas conductas. Así, en el referido caso, el coa-

---

1116 *Vid.* SANTANA VEGA, D.: "Trata de seres humanos (Art. 177 bis)", en CORCOY BIDASOLO, MIRENTXU (Dir.), *Manual de Derecho Penal. Parte especial. Doctrina y Jurisprudencia en casos solucionados. Tomo 1, op. cit.*, p. 194.

1117 *Vid.* DAUNIS RODRÍGUEZ, A.: *El delito de trata de seres humanos, op. cit.*, p. 92.

1118 Que, según apunta RODRÍGUEZ LÓPEZ, es "tridimensional" en tanto que debe abarcar las acciones típicas, los medios comisivos requeridos (salvo que la víctima sea menor de edad) y las finalidades enunciadas. *Vid.* RODRÍGUEZ LÓPEZ, S.: *Trata de seres humanos y corrupción, op. cit.*, p. 131.

1119 Pues, al no estar expresamente prevista, queda excluida por imperativo del art. 12 CP, como bien se apunta en LLORIA GARCÍA, M.P.: "Lección XI. Trata de seres humanos", en BOIX REIG, J. (Dir.), *Derecho Penal. Parte especial (2ª edición), op. cit.*, p. 344.

1120 En cuanto a la satisfacción del elemento subjetivo del tipo, según GUISASOLA se requerirá el conocimiento de la finalidad de explotación desde el momento en que se dé inicio a la acción o, en caso de descubrirse dicho propósito a posteriori, cuando se decida continuar con dicha conducta. *Vid.* GUISASOLA LERMA, C.: "Formas contemporáneas de esclavitud y trata de seres humanos: una perspectiva de género", *Estudios Penales y Criminológicos, op. cit.*, p.190.

cusado que participó en el transporte y traslado de las víctimas -recibiendo 6.000€ a cambio- es condenado por el delito de trata puesto que "*estaba aceptando el destino final de la joven, que no fue otro que la explotación sexual, sin tomar medida alguna para desecharlo, pese a su altísima probabilidad, que no pudo dejar de representarse*". Así, el Tribunal entiende colmado el mínimo grado de representación exigido por la modalidad dolosa del art. 177 *bis* CP, que se agota en querer realizar una determinada acción o una omisión, aun conociendo la situación de riesgo o peligro concreto para el bien jurídico, o bien, asumiéndola como probable o afrontándola con indiferencia[1121]. Cabe decir, sin embargo, que, al contrario de lo dispuesto por el Alto Tribunal, un sector importante de la doctrina española ha considerado que solo el dolo directo tiene cabida[1122].

También en relación con el grado de conocimiento de los elementos que configuran el tipo, se pronuncia GARCÍA SEDANO para descartar la posibilidad de admitir en los supuestos de trata el error de prohibición amparado en tradiciones o razones culturales en tanto que el respeto a éstas tiene como límite el respeto a los derechos humanos[1123].

1121 Concretamente, concluye la sentencia que "*para imputar el tipo de trata de seres humanos con fines de explotación sexual basta con que una persona tenga información de que va a realizar lo suficiente para poder explicar o favorecer dicho resultado y, por ende, que prevea el resultado o su peligro de producción como consecuencia de ese riesgo*".

1122 Por todos, véase GARCÍA SEDANO, T.: "El tipo de trata de seres humanos: la vulnerabilidad de sus víctimas", *Revista Aranzadi Unión Europea, op. cit.*, p. 4; TERRADILLOS BASOCO, J.M. y GALLARDO GARCÍA, R.M.: "Trata de seres humanos", en TERRADILLOS BASOCO, J.M. (Coord.), *Derecho Penal. Parte Especial. Tomo III., op. cit.*, p. 181; ESQUINAS VALVERDE, P.: "Lección 6. El delito de trata de seres humanos", en MARÍN DE ESPINOSA CEBALLOS, E. (Dir.), *Lecciones de Derecho Penal. Parte Especial, op. cit.*, p. 113.

1123 *Vid.* GARCÍA SEDANO, T.: *El delito de trata de seres humanos: el artículo 177 bis del Código Penal, op. cit.*, p. 15.

4. Subtipos agravados e hiperagravados.

De conformidad con los textos internacionales vinculantes[1124], el art. 177 *bis* CP contempla en sus apartados 4, 5 y 6 una serie de subtipos agravados e hiperagravados en función de si el sujeto pasivo y/o activo reúnen determinadas condiciones.

4.1. En atención a los sujetos pasivos.

El párrafo 4 del art. 177 *bis* CP prevé un seguido de circunstancias que, de concurrir junto a los elementos típicos del delito de trata, dan lugar a la imposición de la pena superior en grado (esto es, de 8 años a 12 años de prisión). Este mismo párrafo permite la aplicación de un tipo hipercualificado cuando concurran más de una circunstancia agravante, debiendo aplicarse la pena en su mitad superior (es decir, de 10 a 12 años de prisión). Algunos autores han considerado dicha previsión una manifestación injustificada de la exacerbación punitiva de nuestro legislador, en tanto que el art. 4 de la Directiva 2011/36/UE no prevé la hiperagravación en caso de concurrir más de una agravante[1125].

La primera de las situaciones que pueden dar lugar a ese endurecimiento de la pena es la puesta en peligro de la vida o de la integridad física o psíquica de la víctima. Esta agravante, prevista en

1124 Principalmente nos referimos a los artículos 3.2 de la Decisión Marco de 2002, al artículo 24 del Convenio de Varsovia y a los articulo 4.2 y 4.3 de la Directiva de 2011. SANTANA VEGA, D.: "La Directiva 2011/36/UE relativa a la prevención y lucha contra la trata de seres humanos y la protección de las víctimas: análisis y crítica", *Nova et Vétera, op. cit.*, p. 221.

1125 En este sentido, GARCÍA SEDANO, T.: *El delito de trata de seres humanos: el artículo 177 bis del Código Penal, op. cit.*, p. 121.

los arts. 4.2 c) y d) de la Directiva[1126], es un reflejo más de ese viraje victimocéntrico en el abordaje de la trata de los últimos años[1127].

Como reconoce el propio CGPJ, se trata de un concepto jurídico indeterminado[1128], que habrá de ser objeto de un análisis casuístico, "*evaluando el peligro que se ha generado en cada supuesto concreto (STS nº 1059/2005, de 28 de septiembre), exigiéndose para su apreciación que se haya generado una situación de riesgo cierto de lesión para la vida e integridad física o psíquica de la víctima en cualesquiera de las fases de la trata, aunque alguna resolución se ha referido al peligro como peligro abstracto (STS nº 704/2005, de 6 de junio)*"[1129].

1126 La Directiva 2011/36/UE señala que la puesta en peligro de la vida o integridad física de la víctima puede realizarse a través del uso de formas graves de violencia como la tortura, el consumo obligado de drogas o medicamentos u otras formas de violencia psicológica, física o sexual grave.

1127 *Vid.* CANO PAÑOS, M.A.: "Capítulo decimotercero: los delitos de violencia doméstica y en el ámbito familiar o asimilado y los de trata de seres humanos", en MORILLAS CUEVA, L., *Estudios sobre el Código Penal comentado, op. cit.*, p. 429.

1128 Mayor indeterminación se desprendía de la anterior regulación de dicha agravante que únicamente se refería a la puesta en grave peligro de la víctima, sin identificar si quiera el bien jurídico que debía ser objeto de protección. Crítica con la técnica legislativa del momento, VILLACAMPA ESTIARTE, C.: *El delito de trata de seres humanos. Una incriminación dictada desde el Derecho Internacional, op. cit.*, pp. 455 y 456.

1129 *Vid.* CONSEJO GENERAL DEL PODER JUDICIAL (CGPJ): *Guía de criterios de actuación judicial frente a la trata de seres humanos, op. cit.*, p. 98. Asimismo lo exigía la jurisprudencia en relación al artículo 318 *bis* CP. En igual sentido, SÁNCHEZ COVISA, J.: "El delito de trata de seres humanos: análisis del artículo 177 bis", *Cuadernos de la Guardia Civil: Revista de seguridad pública*, vol. 52, 2016, p. 47; VILLACAMPA ESTIARTE, C.: *El delito de trata de seres humanos. Una incriminación dictada desde el Derecho Internacional, op. cit.*, p. 455; DAUNIS RODRÍGUEZ, A.: *El delito de trata de seres humanos, op. cit.*, p. 152. Defiende este último autor la necesidad de acreditar un riesgo concreto para la vida o la integridad de la víctima, no pudiendo presumirse dicho peligro de forma genérica y abstracta.

Estas situaciones de peligro suelen tener lugar durante la fase de traslado o transporte, especialmente, cuando las víctimas cruzan la frontera de forma ilegal valiéndose de medios de transportes inadecuados e inseguros, como las "pateras" o cayucos, o los traslados en el doble fondo de un camión[1130]. Si bien, también cobra especial sentido en relación con aquellas situaciones en que la captación se produce de un modo violento o aquellas en que el alojamiento se produce en condiciones de hacinamiento e insalubridad[1131]. Así pues, es precisamente la especial lesividad y gravedad que revisten, en muchas ocasiones, los medios empleados para la consecución del delito lo que justifican la previsión de tal agravante[1132].

Sin embargo, debe recalcarse que, en caso de materializarse ese riesgo en una lesión o la muerte de la víctima[1133], no se aplicaría la agravante, sino que se acudiría al correspondiente concurso de delitos, de conformidad con el principio *non bis in ídem*[1134]. Algunos autores como GARCÍA SEDANO, han considerado oportuna la previsión de una modalidad de imprudencia grave en la causación de dicha puesta en peligro. Sin embargo, ante el silencio del legislador, debe entenderse que se excluye esta posibilidad -im-

---

1130 *Vid.* CONSEJO GENERAL DEL PODER JUDICIAL (CGPJ): *Guía de criterios de actuación judicial frente a la trata de seres humanos, op. cit.*, p. 98.

1131 *Vid.* VILLACAMPA ESTIARTE, C.: *El delito de trata de seres humanos. Una incriminación dictada desde el Derecho Internacional, op. cit.*, p. 456.

1132 *Vid.* GARCÍA SEDANO, T.: *El delito de trata de seres humanos: el artículo 177 bis del Código Penal, op. cit.*, p. 115.

1133 Según GARCÍA SEDANO, el hecho que la circunstancia agravante haga referencia a la víctima impide subsumir los supuestos de aborto o lesiones al feto que pueda sufrir el nasciturus. *Vid. ibidem*, p. 115. En un mismo sentido, GARCÍA ARÁN, M.: *Trata de personas y explotación sexual, op. cit.*, p. 235.

1134 *Vid.* VILLACAMPA ESTIARTE, C.: *El delito de trata de seres humanos. Una incriminación dictada desde el Derecho Internacional, op. cit.*, p. 456.

prudencia grave-, debido a la regla de taxatividad en la punición de comportamientos imprudentes del CP español (art. 12 CP)[1135].

En segundo lugar, cuando la víctima sea especialmente vulnerable por razón de enfermedad, estado gestacional, discapacidad o situación personal, o bien sea menor de edad, procederá aplicar la pena superior en grado. Este subtipo es consecuencia de las previsiones contenidas tanto en la Decisión Marco (art. 3.2.b – menores de edad) como en la Convención de Varsovia (art. 24.b) – infracción cometida contra un niño) y la Directiva (art. 4.2.a).

Todas las circunstancias referidas en la presente agravante tendrían como común denominador el aprovechamiento por parte del tratante de una situación de especial vulnerabilidad de la víctima, circunstancia que, a su vez, está contemplada como medio comisivo en el tipo básico. Así, nuevamente aquí debe entenderse con un significado distinto al contemplado por el tipo básico, para evitar la doble incriminación[1136], de modo que solo será apreciable dicha

---

1135 *Vid.* SANTANA VEGA, D.: "Trata de seres humanos (Art. 177 bis)", en CORCOY BIDASOLO, M. (Dir.): *Manual de Derecho Penal. Parte especial. Doctrina y Jurisprudencia en casos solucionados. Tomo 1, op. cit.*, p. 198.

1136 Véase, VILLACAMPA ESTIARTE, C.: *El delito de trata de seres humanos. Una incriminación dictada desde el Derecho Internacional, op. cit.*, p. 454; VILLACAMPA ESTIARTE, C.: "Título VII Bis. De la trata de seres humanos", en QUINTERO OLIVARES, GONZALO (Dir.): *Comentarios al Código Penal Español. Tomo I (artículos 1 a 233), op. cit.*, p. 1260. Comparten esa misma opinión, MUÑOZ CONDE, F.: *Derecho Penal. Parte especial (22ª Edición), op. cit.*, p. 187; REQUEJO NAVEROS, M.T.: "El delito de trata de seres humanos en el Código Penal Español: panorama general y compromisos internacionales de regulación", en ALCACER GUIRAO, R, MARTÍN LORENZO, M. y VALLE MARSICAL DE GANTE, M. (Coord.), *La trata de seres humanos: persecución penal y protección de las víctimas, op. cit.*, p. 50: SÁNCHEZ COVISA, J.: "El delito de trata de seres humanos: análisis del artículo 177 *bis*", *Cuadernos de la Guardia Civil: Revista de seguridad pública, op. cit.*, p. 48; DAUNIS RODRÍGUEZ, A.: *El delito de trata de seres humanos, op. cit.*, pp. 154-155. En un mismo sentido se pronuncia la FISCALÍA GENERAL DEL ESTADO: *Circular*

circunstancia agravante cuando la situación de vulnerabilidad no se haya tenido en cuenta como medio comisivo[1137].

En cuanto a las causas expresamente previstas por el tipo que permitirían la aplicación de esta circunstancia agravante, encontramos en primer lugar la "enfermedad", que puede ser tanto física como psíquica, pero debe entenderse grave[1138]. Tras la reforma operada en 2015, se incluye de forma expresa el "estado gestacional", aunque no se especifica si el simple hecho de estar embarazada ya da lugar a este tipo agravado, o se trata de mujeres que por su avanzado estado de gestación o por problemas derivados del mismo, son especialmente vulnerables[1139]. Con anterioridad a su previsión expresa, estas situaciones se reconducían

---

5/2011 sobre criterios para la unidad de actuación especializada del Ministerio Fiscal en materia de extranjería e inmigración, op. cit., p. 1573.

1137 En contra, GARCÍA SEDANO entiende que la situación de vulnerabilidad prevista en el tipo cualificado se diferencia del tipo básico por su "entidad", dado que el subtipo agravado contiene el adverbio "especialmente". *Vid.* GARCÍA SEDANO, T.: *El delito de trata de seres humanos: el artículo 177 bis del Código Penal, op. cit.*, p. 117. En sentido similar, se ha defendido la aplicación del tipo básico cuando se produzca un abuso de la vulnerabilidad de la víctima en un grado no extremo, reservando la aplicación del subtipo agravado a aquellos supuestos en que la vulnerabilidad haya sido agravada hasta hacerse extrema. *Vid.* TERRADILLOS BASOCO, J.: "Trata de seres humanos", en ÁLVAREZ GARCÍA/ GONZÁLEZ CUSSAC (dirs.), *Comentarios a la reforma de 2010, op. cit.*, p. 287; VILLACAMPA ESTIARTE, C.: *El delito de trata de seres humanos. Una incriminación dictada desde el Derecho Internacional, op. cit.*, p. 455.

1138 *Vid.* SANTANA VEGA, D.: "Trata de seres humanos (Art. 177 bis)", en CORCOY BIDASOLO, M. (Dir.): *Manual de Derecho Penal. Parte especial. Doctrina y Jurisprudencia en casos solucionados. Tomo 1, op. cit.*, p. 199.

1139 *Vid. Ibidem.* Se decantan por esta segunda opción, DAUNIS RODRÍGUEZ, A.: *El delito de trata de seres humanos, op. cit.*, p. 155; GARCÍA SEDANO, p. 119.

mediante el subtipo agravado de especial vulnerabilidad por razón de situación personal e, incluso, por razón de enfermedad[1140].

Se prevén también como circunstancias agravantes la "discapacidad" o la "situación personal". En cuanto a la primera, el art. 25 CP –anteriormente, referido a la incapacidad- la identifica con "aquella situación en que se encuentra una persona con deficiencias físicas, mentales, intelectuales o sensoriales de carácter permanente que, al interactuar con diversas barreras, puedan limitar o impedir su participación plena y efectiva en la sociedad, en igualdad de condiciones con las demás". Se trata, por tanto, de una circunstancia puramente objetiva en tanto que su mera concurrencia permite la aplicación del subtipo agravado[1141]. Respecto a la segunda -situación personal-, se ha argüido que se trata de un concepto excesivamente amplio que precisa ser delimitado[1142]. Al respecto, el CGPJ ha considerado que el concepto vulnerabilidad debe interpretarse de forma amplia, de modo que pueda comprender las situaciones familiares, sociales o económicas[1143].

1140 *Vid.* CONSEJO GENERAL DEL PODER JUDICIAL (CGPJ): *Guía de criterios de actuación judicial frente a la trata de seres humanos, op. cit.*, p. 101.

1141 *Vid.* GARCÍA ARÁN, M.: "El tratamiento penal del tráfico de personas", *Estudios de derecho judicial*, vol. 76, 2005, p. 22.

1142 *Vid.* SANTANA VEGA, D.: "Trata de seres humanos (Art. 177 bis)", en CORCOY BIDASOLO, M. (Dir.): *Manual de Derecho Penal. Parte especial. Doctrina y Jurisprudencia en casos solucionados. Tomo 1, op. cit.*, p. 199.

1143 *Vid.* CONSEJO GENERAL DEL PODER JUDICIAL: "Informe sobre el anteproyecto de Ley Orgánica de medidas concretas en materia de seguridad ciudadana, violencia doméstica e integración social de los extranjeros", *Estudios, informes y dictámenes. Informes del Consejo General del Poder Judicial sobre las reformas penales*, Madrid, 2013, p. 172. En el mismo sentido, VILLACAMPA ESTIARTE, C.: "La trata de seres humanos tras la reforma del Código penal de 2015", *Diario La Ley, op. cit.*, p. 9.

Finalmente, la minoría de edad de la víctima[1144] completa el catálogo de circunstancias que pueden dar pie a la aplicación del subtipo agravado del art. 177 *bis* 4 CP. El legislador ha asociado una diversidad de consecuencias cuando se trata de una víctima menor de edad[1145]. Pues, esta condición permite hablar de un delito de trata, aun sin la concurrencia de medios comisivos (art. 177 *bis* 2); y, por otro lado, se configura como una circunstancia agravatoria del delito (art. 177 bis 4.b) *in fine*). La proscripción de valorar dos veces una misma circunstancia requirió un esfuerzo interpretativo por parte de la doctrina acerca de esta doble consideración.

En este sentido, la operatividad de dicha circunstancia agravante requiere que o bien haya concurrido alguno de los medios comisivos contemplados[1146] o bien haya concurrido algún otro elemento que

---

1144 Si bien en la Decisión Marco, en relación con las víctimas menores de TSH con fines de explotación sexual, se consideraban especialmente vulnerables aquellos cuya edad se encontraba por debajo de la edad de mayoría sexual según la legislación nacional; la Directiva 2011 no contiene criterio interpretativo alguno, salvo la referencia a menores no acompañados que, además de la corta edad, puede considerarse un factor de especial vulnerabilidad. *Vid.* SANTANA VEGA, D.: "Trata de seres humanos (Art. 177 bis)", en CORCOY BIDASOLO, M. (Dir.): *Manual de Derecho Penal. Parte especial. Doctrina y Jurisprudencia en casos solucionados. Tomo 1, op. cit.*, p. 200.

1145 Entendiéndose por tal todo aquel menor de 18 años al inicio de la acción de trata.

1146 De esta opinión, MUÑOZ CONDE, F.: *Derecho Penal. Parte especial (22ª Edición), op. cit.*, p. 187; VILLACAMPA ESTIARTE, C.: *El delito de trata de seres humanos. Una incriminación dictada desde el Derecho Internacional, op. cit.*, p. 452; TERRADILLOS BASOCO, J.: "Trata de seres humanos", en ÁLVAREZ GARCÍA/GONZÁLEZ CUSSAC (dirs.), *Comentarios a la reforma de 2010, op. cit.*, p. 232. Así lo interpreta también el CONSEJO GENERAL DEL PODER JUDICIAL (CGPJ): *Guía de criterios de actuación judicial frente a la trata de seres humanos, op. cit.*, p. 99. En este mismo sentido se pronuncia la Sentencia del Tribunal Supremo núm. 53/2014.

añada desvalor a la acción típica, como una edad especialmente corta del menor[1147]. En caso contrario, como se ha apuntado, se estaría vaciando de contenido el apartado 177 *bis* 2 CP, además de incurrir en una vulneración del *principio non bis in idem*[1148].

1147 *Vid.* VILLACAMPA ESTIARTE, C.: *El delito de trata de seres humanos. Una incriminación dictada desde el Derecho Internacional, op. cit.*, p. 453; VILLACAMPA ESTIARTE, C.: "La trata de seres humanos tras la reforma del Código Penal de 2015", p. 9; TERRADILLOS BASOCO, J.: "Trata de seres humanos", en ÁLVAREZ GARCÍA/GONZÁLEZ CUSSAC (dirs.), *Comentarios a la reforma de 2010, op. cit.*, p. 212; SANTANA VEGA, D.M.: "El nuevo delito de trata de seres humanos", *Cuadernos de política criminal, op. cit.*, p. 102. En contra, esto es, entendiendo que la mera condición de menor de edad permite la aplicación del tipo cualificado, MARAVER GÓMEZ, M.: "La trata de seres humanos", en DÍAZ MAROTO y VILLAREJO, J. (Dirs.), *Estudios sobre las reformas del Código Penal (operadas por la LO 5/2010, de 22 de junio, y 3/2011, de 28 de enero), op. cit.*, p. 331.

1148 Comparte ese mismo criterio el Tribunal Supremo que, en su sentencia núm. 379/2015, establece que "*cuando la tipicidad emerge exclusivamente de esa condición de menor, sería utilizar doblemente con fines punitivos la misma circunstancia: por una parte, para colmar la tipicidad básica; y, por otra, para, una vez cubierta ésta acceder al tipo agravado. Por tanto, y coincidiendo en este punto con la sugerencia interpretativa propugnada por la Circular 5/2011 de la Fiscalía General del Estado, sobre criterios para la unidad de actuación especializada del Ministerio Fiscal en materia de extranjería e inmigración, de 2 de noviembre de 2011 hay que declarar que cuando la relevancia penal se asienta con exclusividad en la minoría de edad de la víctima sin que confluya con alguno de los medios comisivos coactivos descritos en el párrafo 1º, habremos de movernos en la penalidad básica: art. 177 bis 1 (entre cinco y ocho años de prisión). Solo cuando a la minoría de edad se superponga otra de esas circunstancias (violencia, intimidación, abuso de superioridad…), o cuando se identifique alguna otra de las situaciones contempladas en el art. 177 bis 4 (peligro para la vida, especial vulnerabilidad no basada exclusivamente en la edad inferior a dieciocho años…) podremos acudir a la agravación*". En el mismo sentido, STS 399/2022, de 22 de abril. De la misma opinión, VILLACAMPA ESTIARTE, C.: *El delito de trata de seres humanos. Una incriminación dictada desde el Derecho Internacional, op. cit.*, p. 453.

En cualquier caso, será necesario que el autor sea conocedor de la minoría de edad de la víctima, pudiendo ser el dolo exigido eventual o de indiferencia[1149]. De lo contrario, podría apreciarse un error de tipo[1150].

4.2. En atención a los sujetos activos.

El segundo nivel agravatorio[1151] se establece en el art. 177 *bis* CP, apartado 5, que sanciona con la pena superior en grado el prevalimiento de la condición de autoridad, agente de esta o funcionario público, convirtiéndose en un delito especial impropio[1152]. Junto al incremento de la pena privativa de libertad, se prevé la imposición de pena de inhabilitación absoluta de 6 a 12 años. Y si, además, concurre alguna de las circunstancias agravantes del apartado 4, se procederá a aplicar la pena en su mitad superior (esto es, de 10 a 12 años de prisión e inhabilitación de 9 a 12 años).

En virtud del art. 24 CP, debe entenderse por autoridad "al que por sí solo o como miembro de alguna corporación, tribunal u órgano colegiado tenga mando o ejerza jurisdicción propia"[1153]; y

---

1149 *Vid.* CONSEJO GENERAL DEL PODER JUDICIAL (CGPJ): *Guía de criterios de actuación judicial frente a la trata de seres humanos, op. cit.*, p. 100.

1150 *Vid.* LÓPEZ CERVILLA, J.M.: *El extranjero como víctima del delito. Análisis de los tipos penales (artículos 318 bis, 313.1 y 312.2.2º del Código penal)*, Centro de estudios jurídicos, Ministerio de Justicia, 2004, p. 2741.

1151 Según la clasificación acuñada por VILLACAMPA ESTIARTE, C.: "Título VII Bis. De la trata de seres humanos", en QUINTERO OLIVARES, GONZALO (Dir.): *Comentarios al Código Penal Español. Tomo I (artículos 1 a 233), op. cit.*, p. 1247.

1152 *Vid.* DAUNIS RODRÍGUEZ, A.: *El delito de trata de seres humanos, op. cit.*, p. 155.

1153 Así, tendrán la consideración de autoridad los miembros del Congreso de los Diputados, del Senado, de las Asambleas Legislativas de las Comunidades Autónomas y del Parlamento Europeo, así como los funcionarios del Ministerio Fiscal y los Fiscales de la Fiscalía Europea.

por "funcionario público", "todo el que por disposición inmediata de la Ley o por elección o por nombramiento de autoridad competente participe en el ejercicio de funciones públicas". Por otro lado, ante la falta de definición expresa del concepto "agente de la autoridad", deberá entenderse "aquellos sujetos que tengan la potestad para resolver asuntos sometidos a su consideración –jurisdicción propia- y potestad de reclamar obediencia –mando-"[1154].

Prevalerse de dicha condición, tal como exige el tipo, implicará abusar de las mayores facilidades que tiene el sujeto activo derivadas del cargo que ocupa, sin que sea necesario que se halle en el ejercicio de las propias funciones[1155]. Sin embargo, sí será necesario que su participación en los hechos delictivos sea en concepto de autor o coautor -inductor o cooperador necesario-, pues, si su participación fuera meramente accesoria sólo podría ser perseguido como cómplice del tipo básico[1156]. Igualmente, la concurrencia de dicha agravación, excluye por inherencia (art.

1154 *Vid.* DAUNIS RODRÍGUEZ, A.: *El delito de trata de seres humanos, op. cit.,* p. 156. Sin embargo, para SANTANA "la realización de control de fronteras, en las que se detectará frecuentemente la trata de personas, por personal de las empresas privadas de seguridad o la condición de extranjeros o comunitarios de los que patrullan las costas españolas (patrullas mixtas hispano-marroquíes, grupos del Frontex) amplia el marco normativo para integrar tales conceptos". *Vid.* SANTANA VEGA, D.: "Trata de seres humanos (Art. 177 bis)", en CORCOY BIDASOLO, M. (Dir.): *Manual de Derecho Penal. Parte especial. Doctrina y Jurisprudencia en casos solucionados. Tomo 1, op. cit.*, p. 200.

1155 *Vid.* SANTANA VEGA, D.: "Trata de seres humanos (Art. 177 bis)", en CORCOY BIDASOLO, M. (Dir.): *Manual de Derecho Penal. Parte especial. Doctrina y Jurisprudencia en casos solucionados. Tomo 1, op. cit.*, pp. 200 y 201. En el mismo sentido, DAUNIS RODRÍGUEZ, A.: *El delito de trata de seres humanos, op. cit.,* p. 156.

1156 *Vid.* SÁNCHEZ COVISA, J.: "El delito de trata de seres humanos: análisis del artículo 177 bis", *Cuadernos de la Guardia Civil: Revista de seguridad pública, op. cit.*, p. 48. En este mismo sentido, aunque en relación con el artículo 318 bis, véase, por todas, STS núm. 438/2004 y 1536/2004.

67) la agravante genérica de prevalerse del carácter público (22.7 CP), pues en caso contrario se infringiría el *non bis in idem*[1157].

Finalmente, se establece un tercer nivel agravatorio[1158] relacionado con la criminalidad organizada en el art. 177 *bis* 6 CP[1159].

Como es sabido, inicialmente, se consideró a la TSH como una manifestación más de la delincuencia organizada, si bien cada vez es más frecuente encontrarse con supuestos de trata que tienen lugar al margen de cualquier estructura u organización delictiva, poniendo en entredicho esa tradicional supeditación entre ambos fenómenos. Aun así, es innegable el vínculo –no siempre necesario, pero frecuente- entre trata y crimen organizado[1160]. Y es que la organización criminal suele ostentar una mayor capa-

---

1157 *Vid.* SANTANA VEGA, D.: "Trata de seres humanos (Art. 177 bis)", en CORCOY BIDASOLO, M. (Dir.): *Manual de Derecho Penal. Parte especial. Doctrina y Jurisprudencia en casos solucionados. Tomo 1, op. cit.*, p. 201.

1158 Siguiendo la clasificación acuñada por VILLACAMPA ESTIARTE, C.: "Título VII Bis. De la trata de seres humanos", en QUINTERO OLIVARES, GONZALO (Dir.): *Comentarios al Código Penal Español. Tomo I (artículos 1 a 233), op. cit.*, p. 1247.

1159 La Convención de Varsovia, también hace alusión a la agravación de las conductas de trata de seres humanos cuando sean cometidas en el seno de una organización criminal (art. 24).

1160 Esa vinculación se manifiesta en la propia Convención contra la delincuencia organizada transnacional y en el Protocolo de Palermo. Sobre la relación entre ambos fenómenos, por todos, *vid.* OBOKATA, T.: *Trafficking of Human Beings from a Human Rights Perspective: Towards a holistic approach, op. cit.*, pp. 165 y ss.; KARA, S.: *Sex Trafficking: Inside the Business of Modern Slavery, op. cit. passim*; MAQUEDA ABREU, L.: *El tráfico sexual de personas, op. cit.*, pp. 19 y ss.; SÁNCHEZ GARCÍA DE PAZ, I.: "Tráfico y trata de personas a través de organizaciones criminales", en PUENTE ABA, L.M. (Dir.), *Criminalidad organizada, terrorismo e inmigración: retos contemporáneos de la política cirminal, op. cit.*, pp. 259 y ss.; GARCÍA DEL BLANCO, V.: "Trata de seres humanos y criminalidad organizada", *Anuario de Derecho Penal y Ciencias Penales, op. cit.*, pp. 193-237; VILLACAMPA ESTIARTE, C.: "Trata de seres hu-

cidad para lesionar bienes jurídicos y un mayor éxito en la comisión delictivo, dado su componente estructural y el reparto de funciones entre sus distintos miembros[1161]. Es precisamente ese plus de peligrosidad y lesividad lo que la hace merecedora de un mayor reproche, previsión que también se recoge expresamente en relación con los delitos de trata de personas.

Concretamente, el apartado 6 del art. 177 *bis* CP contempla la imposición de la pena superior en grado, además de la pena de inhabilitación especial para profesión, oficio, industria o comercio por el tiempo de la condena, a quien "*perteneciera a una organización o asociación de más de dos personas, incluso de carácter transitorio, que se dedicase a la realización de tales actividades*".

Los conceptos asimilados de "asociación" y "organización" deben interpretarse conforme al art. 1.2 de la Decisión Marco 2008/841/JAI, relativa a la lucha contra la delincuencia organizada, a la que se remite expresamente el art. 4.2. b) de la Directiva 2011/36. Así, por "organización delictiva" debemos entender "*una asociación estructurada de más de dos personas, establecida durante un cierto período de tiempo y que actúa de manera concertada con el fin de cometer delitos sancionables con una pena privativa de libertad o una medida de seguridad privativa de libertad de un máximo de al menos cuatro años o con una pena aún más severa, con el objetivo de obtener, directa o indirectamente, un beneficio económico u otro beneficio de orden material*". Por su parte, nos referiremos a una "asociación estructurada" cuando se trate de "*una organización no formada fortuitamente para la comisión inmediata de un delito ni que necesite haber asignado a sus miembros funciones formalmente definidas, continuidad en la condición de miembro, o exista una estructura desarrollada*".

---

manos y delincuencia organizada. Conexión entre ambos fenómenos criminales y su plasmación jurídico-penal", *Indret, op. cit.*, pp. 8 y ss.

1161 *Vid.* United Nations Office On Drugs And Crime (UNODC): *Global Report on Trafficking in Persons 2020, op. cit.*, pp. 13, 14, 41-44.

En atención a las referidas definiciones, junto a lo dispuesto en el propio art. 177 *bis* 6 CP, la aplicación de dicho subtipo agravado requerirá, en primer lugar, de una pluralidad de sujetos -más de dos personas-, exigencia contemplada también en el art. 510 *bis*.1 relativo a las "organizaciones y grupos criminales"[1162]. Por otro lado, el tipo en cuestión parece demandar una cierta permanencia, aunque sea de forma transitoria, por lo que no necesariamente deberá tratarse de una organización establemente constituida[1163].

Sin embargo y a pesar del carácter transitorio de la agrupación, como apunta el Tribunal Supremo, no puede confundirse dicha agravante con "*un supuesto de codelincuencia conformado fortuitamente para la comisión inmediata de un delito, sino ante una estructura organizada ex ante al concreto delito cometido o al plan criminal al que responde su finalidad constitutiva. Lo que favorece su comisión o ejecución. Y con ello la mayor tasa de lesividad y de desvalor que justifica, en lógica correspondencia, el mayor reproche contenido en el subtipo agravado*"[1164]. En este caso, el Alto Tribunal aplica el subtipo agravado de organización criminal tras apreciarse "*una estructura tendencialmente estable de actuación secuenciada, coordinada y planificada, en la que interviene un número de personas que supera con creces el límite de "más de dos" al que se refiere el artículo 177 bis 6 CP*".

Por su parte, la doctrina se ha mostrado partidaria de adoptar una interpretación restrictiva de los conceptos de "*organización o asociación*" proyectados en el art. 177 *bis* 6 CP en un intento de preservar -en la medida de lo posible- el principio de proporcionalidad de

---

1162 Así, dicho subtipo también podría aplicarse a los clanes familiares, de cumplirse el resto de los requisitos. *Vid.* SANTANA VEGA, D.: "Trata de seres humanos (Art. 177 bis)", en CORCOY BIDASOLO, M. (Dir.): *Manual de Derecho Penal. Parte especial. Doctrina y Jurisprudencia en casos solucionados. Tomo 1, op. cit.*, p. 201.

1163 *Vid. Ibidem*, p. 201.

1164 Véase, al respecto, STS núm. 695/2021, de 15 de septiembre.

las penas[1165]. Así, se ha defendido que las mismas notas definitorias del concepto de organización criminal propio del art. 570 *bis* CP[1166] deben hacerse extensivas a la agravante prevista en el 177 *bis* CP.

Así, para SANTANA VEGA la apreciación del subtipo agravado ahora analizado requiere de una cierta red estable y jerarquizada -aunque sea elemental y transitoria- con medios materiales y humanos coordinados "para traer súbditos extranjeros que entran en España", no siendo suficiente el mero concierto de varias personas -lo cual constituiría un supuesto de coautoría-[1167].

Otro aspecto a considerar respecto de la agravante contenida en el art. 177 *bis* 6 CP es que contiene dos modalidades: la mera pertenencia a la susodicha organización o asociación criminal; y la condición de jefe, administrador o encargado de la misma. La consecuencia para los integrantes de la organización[1168] es la aplicación de la pena superior en grado e inhabilitación especial

---

1165 *Vid.* DAUNIS RODRÍGUEZ, A.: *El delito de trata de seres humanos, op. cit.*, p. 159; VILLACAMPA ESTIARTE, C.: *El delito de trata de seres humanos. Una Incriminación Dictada desde el Derecho Internacional*, pp. 458 y ss.

1166 Esto es, básicamente, la pluralidad subjetiva; la estructura; una cierta consistencia o permanencia en el tiempo; y la finalidad delictiva. *Vid.* DAUNIS RODRÍGUEZ, A.: *El delito de trata de seres humanos, op. cit.*, p. 159.

1167 *Vid.* SANTANA VEGA, D.: "Trata de seres humanos (Art. 177 bis)", en CORCOY BIDASOLO, M. (Dir.): *Manual de Derecho Penal. Parte especial. Doctrina y Jurisprudencia en casos solucionados. Tomo 1, op. cit.*, p. 201.

1168 Sobre la participación activa de los miembros de la organización, el Tribunal Supremo, en su sentencia núm. 290/2010, de 31 de marzo, apuntó a la asimilación de los términos de "integrante" y "miembro activo", indicando que "la intervención activa no equivale tanto a la futura autoría o coparticipación en los delitos, sino más bien ha de hacerse equivalente a cualquier intervención causal relevante y dolosa en el proceso de preparación y ejecución de algunos de ellos. Así, serán integrantes –miembros activos– los autores de los delitos que la banda, organización o grupo lleven a cabo, los partícipes de los mismos y también los que intervienen en su preparación, e igualmente las conductas de encubrimiento cuando revelen un carácter permanente".

para profesión, oficio, industria o comercio por el tiempo de condena, sanción que podrá imponerse en su mitad superior -esto es, 10 a 12 años e inhabilitación especial o absoluta-, si concurren las agravantes de los apartados 4 o 5, respectivamente.

Sin perjuicio de lo anterior, la exasperación punitiva del subtipo hiperagravado alcanza su máximo cota en el caso de que el delito de trata sea cometido por los jefes y administradores de la organización criminal[1169]. Es decir, quienes ostentan un puesto de mando en la organización jerarquizada, poseyendo mayor capacidad de afectación del bien jurídico penal, lo que se pone de manifiesto por la toma de decisiones, dación de órdenes, directrices o ante las cuales se rinde cuentas[1170]. En tales situaciones, se aplicará la pena superior en grado en su mitad superior (de 10 años a 12 años de prisión e inhabilitación especial) que, a su vez, podrá elevarse a la inmediatamente superior en grado (de 12 años a 18 años de prisión e inhabilitación especial). Dicho incremento penológico tendrá lugar, en todo caso, si concurren algunas de las circunstancias agravantes de los apartados 4 o 5.

Además de por su severidad punitiva, dicha agravante plantea problemas con la previsión en los arts. 570 *bis* y *ter* CP de los

---

1169 *Vid.* VILLACAMPA ESTIARTE, C.: *El delito de trata de seres humanos. Una incriminación dictada desde el Derecho Internacional, op. cit.*, p. 460; DAUNIS RODRÍGUEZ, A.: *El delito de trata de seres humanos, op. cit.*, p. 157.

1170 *Vid.* SANTANA VEGA, D.: "Trata de seres humanos (Art. 177 bis)", en CORCOY BIDASOLO, M. (Dir.): *Manual de Derecho Penal. Parte especial. Doctrina y Jurisprudencia en casos solucionados. Tomo 1, op. cit.*, p. 201. En sentido similar, se pronuncia la STS núm. 50/2007, de 19 de enero, en relación al término "directivo o promotor" que identifica con aquél "que tenga encargada la responsabilidad de una función determinada y que desempeñe la correspondiente tarea de mando o decisión sobre otras personas con las que se dedica a planificar o ejecutar las correspondientes acciones dentro de aquélla. No reúnen la condición de auténticos directores quienes, aun formando parte del equipo directivo de la organización, no posean capacidad de adopción autónoma de decisiones".

delitos autónomos de organización y grupo criminal, respectivamente[1171]. Y ello a pesar del mandato contenido en el art. 570 quáter 2 CP, en virtud del cual "*cuando las conductas previstas en dichos artículos estuvieren comprendidas en otro precepto de este Código, será de aplicación lo dispuesto en la regla 4.ª del artículo 8*".

Así, mientras algunos han considerado que esa doble previsión, ante el riesgo de doble castigo, debe resolverse como un concurso de normas, el Tribunal Supremo parece no compartir dicha opinión. Como ejemplo, cabe hacer referencia a su sentencia núm. 562/2016, en la que arguye que los referidos preceptos no sancionan las mismas conductas, debiéndose diferenciar entre la constitución del grupo u organización criminal (subsumible en los arts. 570 *bis* y *ter* CP) y los delitos que estos puedan cometer (entre ellos, el de trata de personas)[1172], debiendo resolverse estas situaciones como un concurso de delitos. Más restrictivo parecería el posicionamiento de la Fiscalía General del Estado en su Circular 2/2011[1173]. En virtud de ésta, sólo si la organización o grupo criminal, además de dedicarse a la trata, realizara otro tipo de actividades ilícitas, cabría aplicar un concurso de delitos con el 570 *bis* o *ter* CP sin conculcar el principio *non bis in idem*, en tanto que esas otras actividades criminales no estarían cubiertas por la agravación específica prevista para los delitos de trata en el 177 *bis* 6 CP[1174].

1171 Precisamente, el párrafo 3 del artículo 570 *bis* prevé la aplicación de la mitad superior de las penas correspondientes -que pueden llegar hasta los 8 años de prisión para el tipo básico o a los 12 años si concurren ciertas circunstancias agravantes- en caso de que la organización se dedique, entre otras posibilidades, a la trata de seres humanos.

1172 En sentido similar, véase STS núm. 214/2016.

1173 *Vid.* FISCALIA GENERAL DEL ESTADO: Circular 2/2011, de 2 de junio, de la Fiscalía General del Estado sobre la reforma del Código Penal por la Ley Orgánica 5/2010 en relación con las organizaciones y grupos criminales, pp. 25-29.

1174 *Vid.* CONSEJO GENERAL DEL PODER JUDICIAL (CGPJ): *Guía de criterios de actuación judicial frente a la trata de seres humanos, op. cit.*, p. 103.

5. Penalidad.

El delito de TSH tiene prevista una pena de prisión de 5 a 8 años para el tipo básico. Dicha sanción se ha considerado excesiva[1175], teniendo en cuenta lo establecido en la Decisión Marco y posterior Directiva 2011/36/UE (art. 4.1), que exigía la imposición de penas de una duración máxima de al menos 5 años[1176]. Por su parte, el Convenio de Varsovia (art. 23.1) obligaba a la previsión de sanciones efectivas, proporcionadas

---

1175 *Vid.* TERRADILLOS BASOCO, J.: "Trata de seres humanos", en ÁLVAREZ GARCÍA/GONZÁLEZ CUSSAC (dirs.), *Comentarios a la reforma de 2010, op. cit.*, p. 212; TERRADILLOS BASOCO, J.M.: "La reforma penal de 2010 en materia de inmigración", en DEL VALLE GÁLVEZ, A. (Dir.)., *Inmigración, seguridad y fronteras: Problemáticas de España, Marruecos y la Unión Europea en el área del Estrecho*, Dykinson, Madrid, 2012, p. 26; POMARES CINTAS, E.: "El delito de trata de seres humanos con finalidad de explotación laboral", *Revista Electrónica de Ciencia Penal y Criminológica, op. cit.*, pp. 24 y 25; VILLACAMPA ESTIARTE, C.: *El delito de trata de seres humanos. Una incriminación dictada desde el Derecho Internacional, op. cit.*, p. 448; VILLACAMPA ESTIARTE, C.: "Título VII Bis. De la trata de seres humanos", en QUINTERO OLIVARES, GONZALO (Dir.): *Comentarios al Código Penal Español. Tomo I (artículos 1 a 233), op. cit.*, p. 1247; MAPELLI CAFFARENA, B.: "La trata de personas", *Anuario de derecho penal y ciencias penales*, vol. 65, 2012, p. 59; GUISASOLA LERMA, C.: "Formas contemporáneas de esclavitud y trata de seres humanos: una perspectiva de género", *Estudios Penales y Criminológicos, op. cit.*, p. 206; DAUNIS RODRÍGUEZ, A.: *El delito de trata de seres humanos, op. cit.*, p. 180. GARCÍA SEDANO, T.: *El delito de trata de seres humanos: el artículo 177 bis del Código Penal, op. cit.*, p. 112. De hecho, durante la tramitación del proyecto de reforma del Código Penal de 2013 algunos grupos parlamentarios plantearon enmiendas –que no prosperaron- con las que se pretendía corregir dicho exceso punitivo.

1176 Dicha pena podía ascender hasta los 10 años caso de concurrir determinadas circunstancias agravantes, como la condición de funcionario del sujeto activo, su integración en una organización criminal, o en atención a la especial vulnerabilidad de la víctima o cuando su vida se hubiera puesto en peligro.

y disuasorias, que pudieran dar lugar a la extradición -esto es, penas privativas de libertad de mínimo 1 año-[1177].

Además, la pena frecuentemente se verá incrementada por la concurrencia de circunstancias agravantes, por entrar en concurso con una pluralidad de delitos que pueden cometerse durante el proceso de trata o a renglón seguido -especialmente, cuando se materialice la explotación en la fase de agotamiento del delito- o por haber una pluralidad de víctimas afectadas -*vid. infra*-. Al respecto, debe tenerse en cuenta que la apreciación de una circunstancia agravante supondrá la imposición de la pena superior en grado (8 a 12 años), y, caso de concurrir más de una, la pena se impondrá en su mitad superior (prisión de 10 a 12 años), sin perjuicio de las penas de inhabilitación que eventualmente deban acordarse. Así, las conductas constitutivas de trata, especialmente cuando concurra alguna circunstancia agravante, serán sancionadas más severamente que las correspondientes conductas delictivas de explotación de la víctima[1178].

1177 *Vid.* VILLACAMPA ESTIARTE, C.: *El delito de trata de seres humanos. Una incriminación dictada desde el Derecho Internacional, op. cit.*, p. 448; VILLACAMPA ESTIARTE, C.: "Título VII Bis. De la trata de seres humanos", en QUINTERO OLIVARES, GONZALO (Dir.), *Comentarios al Código Penal Español. Tomo I (artículos 1 a 233), op. cit.*, p. 1247.

1178 *Vid.* TERRADILLOS BASOCO, J.: "Trata de seres humanos", en ÁLVAREZ GARCÍA/GONZÁLEZ CUSSAC (dirs.), *Comentarios a la reforma de 2010, op. cit.*, p. 212; POMARES CINTAS, E.: "El delito de trata de seres humanos con finalidad de explotación laboral", *Revista Electrónica de Ciencia Penal y Criminología, op. cit.*, p. 15; VILLACAMPA ESTIARTE, C.: *El delito de trata de seres humanos. Una incriminación dictada desde el Derecho Internacional, op. cit.*, p. 448; PÉREZ ALONSO, E.J.: "La trata de seres humanos en el derecho penal español", en VILLACAMPA ESTIARTE, C. (Dir.), *La delincuencia organizada: un reto a la política criminal actual, op. cit.*, p 104. También se manifiesta en contra de sancionar con mayor pena la puesta a disposición de la víctima que su propia explotación, MAYORDOMO RODRIGO, V.: "Nueva regulación de la trata, el tráfico ilegal y la inmigración clandestina de personas",

Ello llevó a un sector doctrinal -en sintonía con la recomendación del CGPJ en su informe sobre el Anteproyecto de 2008- a instar la previsión de un subtipo atenuado, como el previsto en el art. 318 *bis* 6 CP, para dar cumplimiento al principio de proporcionalidad en aquellos casos considerados menos graves[1179].

Paralelamente a la previsión de penas privativas de libertad, tras la aprobación de la LO 8/2021, de 4 de junio, de protección integral a la infancia y la adolescencia frente a la violencia, cuando la víctima de trata sea menor de edad, junto a la pena de prisión, se aplicará la pena de inhabilitación especial para cualquier profesión, oficio o actividad, retribuidos o no, que conlleven contacto regular y directo con menores, por un tiempo entre 6 y 20 años superior al de la duración de la pena de prisión (art. 177 *bis* 1 *in fine*).

Estudios Penales y Criminológicos, op. cit., p. 377. Por su parte, DAUNIS RODRÍGUEZ ofrece tres posibles motivos que pudieron dar lugar a tal sinsentido: que se tratara de un error del legislador; que ese ánimo punitivo y represivo obedezca a la tradicional conexión que se establece entre la trata y el crimen organizado; o bien, que el problema radique en la insuficiente sanción de los delitos de explotación, y no en una exagerada punición de la trata. *Vid.* DAUNIS RODRÍGUEZ, A.: *El delito de trata de seres humanos, op. cit.*, p. 180.

1179 *Vid.* MAYORDOMO RODRIGO, V.: "Nueva regulación de la trata, el tráfico ilegal y la inmigración clandestina de personas", *Estudios Penales y Criminológicos, op. cit.*, p. 366. En sentido similar, se ha propuesto también rebajar las penas previstas en el delito de trata hasta los 5 años de prisión para el tipo básico. Por todos, *vid.* DAUNIS RODRÍGUEZ, A.: *El delito de trata de seres humanos, op. cit.*, p. 181.

Por último, cabe recordar que la reforma penal de 2015 incorporó el delito de trata en el catálogo de delitos previstos en el art. 57 y que permiten imponer al condenado la prohibición de residir, aproximarse y/o comunicarse con la víctima (art. 48 CP)[1180], modificación que parece haber tenido buena aceptación[1181]. También la reforma operada por la LO 1/2015 se encargó de vetar expresamente la posibilidad de sustituir la pena impuesta al residente ilegal condenado por un delito de trata a cambio de su expulsión del territorio nacional por vía del art. 89.9 CP[1182].

5.1. Reglas especiales para la determinación de la pena.

El primer aspecto relevante en cuanto a la determinación de la pena tiene que ver con la condición de persona física o jurídica que ostente el autor de los hechos. Así, en cumplimiento a lo establecido en el Convenio de Varsovia de 2005 (art. 22), la Decisión Marco 2002/946/JAI (art. 2) y la posterior Directiva 2011/36/UE (art. 5)[1183], se prevén en el apartado 7 del art. 177 *bis* sanciones especiales cuando los hechos son cometidos por

---

1180 De hecho, cuando exista una determinada relación (afectiva, de parentesco, de tutela, etc.) entre víctima y victimario deberá acordarse en todo caso la prohibición de aproximación, en virtud del artículo 57.2 CP.

1181 *Vid.* GARCÍA SEDANO, T.: *El delito de trata de seres humanos: el artículo 177 bis del Código Penal, op. cit.*, p. 113.

1182 *Vid.* SANTANA VEGA, D.: "Trata de seres humanos (Art. 177 bis)", en CORCOY BIDASOLO, M. (Dir.): *Manual de Derecho Penal. Parte especial. Doctrina y Jurisprudencia en casos solucionados. Tomo 1, op. cit.*, p. 198; VILLACAMPA ESTIARTE, C.: "Título VII Bis. De la trata de seres humanos", en QUINTERO OLIVARES, GONZALO (Dir.): *Comentarios al Código Penal Español. Tomo I (artículos 1 a 233), op. cit.*, p. 1248.

1183 También la Convención contra la Delincuencia Organizada de la ONU contenía el mandato dirigido a los Estados Parte para "establecer la responsabilidad de las personas jurídicas por participación en delitos graves en que esté involucrado un grupo delictivo organizado" (art. 10.1).

un ente jurídico. En estos supuestos, se prevé la imposición del sistema de multa proporcional[1184] del triple al quíntuple del beneficio obtenido, además de la posible aplicación de algunas de las penas previstas en las letras b) a g) del art. 33.7 CP.

Sin perjuicio de lo anterior, dado que el Capítulo VI del presente trabajo se destinará, en parte, a analizar más profusamente la responsabilidad penal de las personas jurídicas en nuestro ordenamiento jurídico y, en especial, en el delito de trata, nos remitimos al contenido del mismo *-vid. infra-*.

5.1.1. Provocación, conspiración y proposición.

En el apartado 8 del art. 177 *bis* CP, se sanciona también la provocación, conspiración y proposición para la trata. Así, las formas de participación intentadas o actos preparatorios (arts. 17 y 18 CP) se castigan con la pena inferior en uno o dos grados a la del delito correspondiente.

Parte de la doctrina ha considerado dicha previsión como una extensión excesiva del campo punitivo del delito, más allá de lo exigido por la normativa internacional que únicamente se refiere a la sanción de la tentativa de trata[1185]. En cualquier caso, esta disposición pone de manifiesto la voluntad político-criminal de adelantar las barreras de protección penal[1186].

1184 Se muestran a favor de la multa proporcional, VILLACAMPA ESTIARTE, C.: *El delito de trata de seres humanos. Una incriminación dictada desde el Derecho Internacional, op. cit.*, p. 471; DAUNIS RODRÍGUEZ, A.: *El delito de trata de seres humanos, op. cit.*, p. 165.

1185 De esta misma opinión VILLACAMPA ESTIARTE, C.: *El delito de trata de seres humanos. Una incriminación dictada desde el Derecho Internacional, op. cit.*, p. 468

1186 *Vid.* VILLACAMPA ESTIARTE, C.: "Título VII Bis. De la trata de seres humanos", en QUINTERO OLIVARES, GONZALO (Dir.): *Comentarios al Código Penal Español. Tomo I (artículos 1 a 233), op. cit.*, p. 1247.

5.1.2. Reincidencia internacional.

Como consecuencia de ese componente transfronterizo que suele revestir la trata y su frecuente identificación con la criminalidad organizada que impulsó la criminalización de este fenómeno a nivel global, se prevé en el 177 *bis* 10 CP la apreciación de reincidencia internacional[1187]. En virtud de esta previsión, que da cumplimiento a lo dispuesto en el art. 25 del Convenio de Varsovia, se equiparan las sentencias condenatorias firmes dictadas por estos delitos en países extranjeros a las dictadas por los tribunales españoles. Así, todas ellas serán tenidas en cuenta en la aplicación de la agravante genérica de reincidencia (art. 22.8 CP)[1188], siempre y cuando el antecedente penal no haya sido cancelado o no pueda serlo con arreglo al Derecho español, tal y como exigen los principios de reinserción social y cosa juzgada[1189].

Recibe así el mismo tratamiento que el previsto para los delitos relativos a la prostitución (art. 190 CP), el tráfico de drogas (art. 375 CP), la falsificación de moneda (art. 388 CP) o los delitos de terrorismo (art. 580 CP)[1190].

Sin embargo, para apreciarse la reincidencia internacional deberá recurrirse a los mecanismos de cooperación jurídica in-

---

1187 Otra manifestación de esta política criminal se materializa en la aplicación de principios de extensión de la competencia más allá del territorio del Estado (art. 23.4-d) y m) Ley Orgánica 6/1985, de 1 de julio, del Poder Judicial).

1188 Así lo establece el Tribunal Supremo en sus sentencias núm. 750/2011, de 11 de julio de 2011 o 971/2010, de 12 de noviembre de 2010.

1189 *Vid.* SANTANA VEGA, D.: "Trata de seres humanos (Art. 177 bis)", en CORCOY BIDASOLO, M. (Dir.): *Manual de Derecho Penal. Parte especial. Doctrina y Jurisprudencia en casos solucionados. Tomo 1, op. cit.*, p. 198.

1190 *Vid.* VILLACAMPA ESTIARTE, C.: *El delito de trata de seres humanos. Una incriminación dictada desde el Derecho Internacional, op. cit.*, p. 473; GARCÍA SEDANO, T.: *El delito de trata de seres humanos: el artículo 177 bis del Código Penal, op. cit.*, p. 134.

ternacional oportunos o al auxilio judicial internacional (art. 193 LECrim), a fin de incorporar a las actuaciones la certificación autenticada de la sentencia extranjera. Ésta deberá detallar la fecha de su firmeza, las circunstancias fácticas, el delito objeto de condena y la pena impuesta, así como la acreditación relativa a la falta de cancelación de los antecedentes penales[1191]. La omisión de dicha información no puede ser interpretada contra el reo, por lo que la fecha de inicio del plazo establecido en el art. 136 CP se corresponderá con el de la firmeza de la sentencia anterior[1192].

5.1.3. Exención de pena.

En virtud del apartado 11 del art. 177 *bis* CP, "*sin perjuicio de la aplicación de las reglas generales de este Código, la víctima de trata de seres humanos quedará exenta de pena por las infracciones penales que haya cometido en la situación de explotación sufrida, siempre que su participación en ellas haya sido consecuencia directa de la situación de violencia, intimidación, engaño o abuso a que haya sido sometida y que exista una adecuada proporcionalidad entre dicha situación y el hecho criminal realizado.*"

Dicha disposición, que no se contempló en el texto del proyecto de ley inicial, se introdujo a lo largo de la tramitación parlamentaria y es reflejo de los arts. 26 del Convenio de Varsovia[1193] y 8 de la Directiva 2011/36/UE[1194], si bien está va un paso más allá al prever que la

---

1191 *Vid.* CONSEJO GENERAL DEL PODER JUDICIAL (CGPJ): *Guía de criterios de actuación judicial frente a la trata de seres humanos, op. cit.*, 108.

1192 *Vid.* GARCÍA SEDANO, T.: *El delito de trata de seres humanos: el artículo 177 bis del Código Penal, op. cit.*, p. 135.

1193 Que reza: "*Las Partes deberán prever, con arreglo a los principios fundamentales de su sistema jurídico, la posibilidad de no imponer sanciones a las víctimas por haber tomado parte en actividades ilícitas cuando hayan sido obligadas a ello*".

1194 Dicho precepto establece que "*Los Estados miembros adoptarán, de conformidad con los principios básicos de sus respectivos ordenamientos jurídicos, las medidas necesarias para garantizar que las autoridades nacionales competentes puedan optar por no enjuiciar ni imponer penas a las víctimas*

víctima ni siquiera llegue a ser enjuiciada[1195]. Sin embargo, advierte VILLACAMPA que la aplicabilidad de la cláusula contenida en la Directiva podría ser más limitada que la contemplada en el Convenio de Varsovia. Pues, mientras aquella se refiere a conductas con relevancia penal cometidas por las víctimas, el Convenio del Consejo de Europa incluye cualquier conducta ilícita o antinormativa[1196].

En el caso concreto de la previsión contenida en el art. 177 *bis* 11 CP, su naturaleza ha sido muy discutida, planteándose, principalmente, dos opciones: bien considerarla una excusa absolutoria[1197]

---

de la trata de seres humanos por su participación en actividades ilícitas que se hayan visto obligadas a cometer como consecuencia directa de haber sido objeto de cualquiera de los actos contemplados en el artículo 2".

1195 Así, se considera que existen tres niveles en los que se puede materializar el principio de no punición o no penalización de las víctimas: el "non-criminalisation", que impide el surgimiento de responsabilidad penal; el "non-prosecution", que evita el enjuiciamiento de la víctima; y el "non-punishment", que implica la no imposición de sanción a la víctima. Ampliamente sobre dicho principio y su reconocimiento internacional, *vid.* VILLACAMPA ESTIARTE, C.: "El principio de no punición o no penalización de las víctimas de trata de seres humanos: reconocimiento normativo y aplicación", *Diario La Ley*, nº 10101, 2022, pp. 2-5.

1196 *Vid. Ibidem*, p. 3.

1197 De esta opinión, VILLACAMPA ESTIARTE, C.: *El delito de trata de seres humanos. Una incriminación dictada desde el Derecho Internacional, op. cit.*, pp. 474 y ss-; VILLACAMPA ESTIARTE, C.: "Título VII Bis. De la trata de seres humanos", en QUINTERO OLIVARES, GONZALO (Dir.): *Comentarios al Código Penal Español. Tomo I (artículos 1 a 233), op. cit.*, p. 1265; VILLACAMPA ESTIARTE, C. y TORRES ROSELL, N.: "Trata de seres humanos para explotación criminal: ausencia de identificación de las víctimas y sus efectos", *Estudios Penales y Criminológicos, op. cit.*, pp. 810 y ss.; CUGAT MAURI, M.: "La trata de seres humanos: la universalización del tráfico de personas y su disociación de las conductas infractoras de la política migratoria (arts. 177 bis, 313, 3618 bis)", en QUINTERO OLIVARES, G. (Dir)., *La reforma penal de 2010: análisis y comentarios, op. cit.*, p. 161; ECHARRI CASI, F.: "La excusa absolutoria en el delito de trata de seres humanos como me-

o causa de levantamiento de pena, basada en la inexigibilidad de conducta adecuada conforme a Derecho por parte de quien se encontrare en esa situación, de modo que sólo afectaría a aquellos en quienes concurra; o bien, entender que se trata de una causa de justificación[1198], lo cual casa bastante bien con esa exigencia de ponderación de bienes y la necesaria inmediatez entre la situación de explotación y la defensa que requieren el apartado 11, así como por motivos de justicia material, pues, de lo contrario, se castigaría a la víctima que de algún modo trataba de defenderse[1199].

Al respecto, debe tenerse presente que dicha cláusula tiene un sentido humanitario y de justicia material y constituye un reflejo de la transición a un abordaje más holístico o victimocéntrico de la tra-

---

canismo de protección de las víctimas", *Diario La Ley*, nº 9434, 2019, p. 3; TERRADILLOS BASOCO, J.M.: "Trata de seres humanos", en ÁLVAREZ GARCÍA, F.J. y GONZÁLEZ CUSSAC, (Dir.), *Comentarios a la reforma penal de 2010, op. cit.*, p. 216; VALLE MARISCAL DE GANTE, M.: "La víctima de trata de seres humanos como autor de delitos: la excusa absolutoria del artículo 177 bis", en ALCACER GUIRAO, R., MARTÍN LORENZO, M. y VALLE MARISCAL DE GANTE, M (Coords.), *La trata de seres humanos: persecución penal y protección de víctimas, op. cit.*, p. 55; GARCÍA SEDANO, T.: *El delito de trata de seres humanos: el artículo 177 bis del Código penal, op. cit.*, p. 145.

1198 En este sentido, por todos, LAFONT NICUESA, L.: "Los delitos de trata de personas e inmigración ilegal tras la LO 5/2010, de 22 de junio, por la que se reforma el Código Penal", en RICHARD GONZÁLEZ, M., RIAÑO BRUN, I. y POELEMANS, M. (Coords.), *Estudios sobre la lucha contra la trata de seres humanos*, Thomson-Reuters/Aranzadi, Cizur Menor, 2013, p. 193.

1199 Según SANTANA VEGA, D.: "Trata de seres humanos (Art. 177 bis)", en CORCOY BIDASOLO, M. (Dir.): *Manual de Derecho Penal. Parte especial. Doctrina y Jurisprudencia en casos solucionados. Tomo 1, op. cit.*, p. 197, habría supuestos en los que cabría apreciar estado de necesidad (pone de ejemplo, el padre, cirujano de profesión, que hace una extracción de órganos para luego trasplantarlo a un hijo o familiar en peligro de muerte inminente).

ta[1200]. Aunque también puede tener un carácter más pragmático, en tanto que contribuye a facilitar la denuncia de los hechos por parte de la víctima sin miedo a incurrir también en responsabilidad penal.

Estas razones de política criminal –salvaguardar los derechos de las víctimas y alentar su participación en el proceso penal- parecen indicar que nos hallaríamos ante una excusa absolutoria. Sin embargo, la exigencia de cometer el delito como consecuencia de la situación de violencia, intimidación, engaño o abuso invita a pensar que se trataría de un supuesto de no exigibilidad de otra conducta[1201].

Sea como fuere, es evidente que el legislador español se ha decantado por establecer una cláusula de exención de pena -en lugar de una cláusula de no procesamiento a la víctima-[1202] que, para su apreciación, requerirá de la concurrencia de dos requisitos:

(1) Que la participación de la víctima – bien sea a título de autor o de partícipe- en las infracciones penales haya sido consecuencia directa de la situación de violencia, intimidación, engaño o abuso a que ha sido sometida, esto es, mientras la víctima se halla bajo el dominio del tratante. Ello excluye de su ámbito de aplicación, por ejemplo, las venganzas extemporáneas. En cualquier caso, se exige que se haya producido una importante limitación del dominio de la voluntad de la víctima, que se ve compelida a

---

1200 *Vid.* VILLACAMPA ESTIARTE, C.: *El delito de trata de seres humanos. Una aproximación dictada desde el Derecho internacional, op. cit.*, pp. 170 y ss.; VILLACAMPA ESTIARTE, C.: "La nueva directiva europea relativa a la prevención y la lucha contra la trata de seres humanos y a la protección de las víctimas: ¿Cambio de rumbo de la política de la Unión en materia de Trata de seres humanos?", *Revista Electrónica de Ciencia Penal y Criminología, op. cit.*, pp. 3 y ss.

1201 En este sentido se posiciona la Circular de la FGE en su Circular 3/2010.

1202 *Vid.* VILACAMPA ESTIARTE, C. y TORRES ROSELL, N.: "Trata de seres humanos para explotación criminal: ausencia de identificación de las víctimas y sus efectos", *Estudios Penales y Criminológicos, op. cit.*, p. 812.

realizar los hechos delictivos[1203]. Aunque VILLACAMPA se muestra partidaria a interpretar con cierta amplitud dicha exigencia en aras a no excluir supuestos más sutiles de coerción, como los casos de coerción ambiental[1204].

(2) Que exista una adecuada proporcionalidad entre la situación de explotación y el hecho criminal realizado. Al respecto, se ha alertado sobre los peligros de exigirse que la actividad criminal de la víctima se haya producido en la fase de explotación, pudiendo dejar fuera del ámbito aplicativo de esta eximente los delitos cometidos durante el proceso de trata, en sentido estricto[1205].

En cuanto al criterio de proporcionalidad exigido, propio de las causas de justificación, excluye su operatividad en caso de haberse cometido delitos graves y violentos. En contra, TERRADILLOS BASOCO entiende que, no existiendo exclusión expresa alguna en el precepto, debe entenderse que su operatividad es aplicable en relación con cualquier delito, incluso el mismo 177 *bis* CP[1206]. De hecho, la propia Directiva, en su considerando 11, hace referencia a delitos como el carterismo, hurtos en comercio o el tráfico de estupefacientes[1207]. Pues, este último

---

1203 *Vid.* CONSEJO GENERAL DEL PODER JUDICIAL (CGPJ): *Guía de criterios de actuación judicial frente a la trata de seres humanos, op. cit.*, p. 115.

1204 *Vid.* VILLACAMPA ESTIARTE, C.: "El principio de no punición o no penalización de las víctimas de trata de seres humanos: reconocimiento normativo y aplicación", *Diario La Ley, op. cit.*, p. 7.

1205 *Vid. Ibidem.*

1206 *Vid.* TERRADILLOS BASOCO, J.: "Trata de seres humanos", en ÁLVAREZ GARCÍA/GONZÁLEZ CUSSAC (dirs.), *Comentarios a la reforma de 2010, op. cit.*, p. 199.

1207 Por el contrario, existe un mayor consenso respecto a los delitos que la víctima hubiere podido cometer para facilitar su acceso fraudulento en territorio nacional, especialmente mediante el uso de documentos falsos. A ello se refiere expresamente el considerando 14 de la Directiva 36/2011/CE.

suele ser uno de los escenarios más habituales en los supuestos de trata con fines de explotación sexual en que las víctimas son compelidas a facilitar drogas o estupefacientes a sus clientes[1208].

Al respecto, VILLACAMPA entiende que, tanto en beneficio de la víctima como de la propia operatividad de la cláusula, dicha exigencia de proporcionalidad debe interpretarse ampliamente, y no siguiendo el principio de interés preponderante seguido en las causas de justificación[1209]. Esta solución casa mejor con la dinámica seguida en muchos supuestos de trata, en que las víctimas se convierten en verdugos, participando en la captación de nuevas víctimas o en la explotación de las mismas.

Sin embargo, en la práctica, estos tipos de supuesto suelen quedar al margen de la virtualidad de dicha excusa absolutoria, por cuanto algunos tribunales han considerado que no se colman suficientemente las exigencias de falta de voluntariedad en los casos de miedo a las represalias, sin que sea tampoco una opción acudir a la exención de responsabilidad del art. 20.6 CP[1210]. Y es que los referidos obstáculos aplicativos, junto a la falta de con-

---

1208 Así se constató en VILLACAMPA ESTIARTE, C. y TORRES ROSELL, N: "Trafficked women in prison: The problem of double victimisation", *European Journal on Criminal Policy and Research*, vol. 21, 2015, pp. 109 y 110. Y en menor medida, representando cerca del 30% los casos de trata criminal relacionados con el tráfico de drogas, VILLACAMPA ESTIARTE, C., GÓMEZ ADILLÓN, M.J., TORRES FERRER, C. y MIRANDA RUCHE, X.: "Dimensión de la trata de seres humanos en España", en VILLACAMPA ESTIARTE, C. (Dir.), *La trata de seres humanos tras un decenio de su incriminación. ¿Es necesaria una ley integral para lucha contra la trata y la explotación de seres humanos?*, *op. cit.*, pp. 209 y 210. Uno de estos casos es analizado en la STS 214/2017, de 29 de marzo.

1209 *Vid.* VILLACAMPA ESTIARTE, C.: "Título VII Bis. De la trata de seres humanos", en QUINTERO OLIVARES, GONZALO (Dir.): *Comentarios al Código Penal Español. Tomo I (artículos 1 a 233)*, *op. cit.*, pp. 1150.

1210 *Vid.* CONSEJO GENERAL DEL PODER JUDICIAL (CGPJ): *Guía de criterios de actuación judicial frente a la trata de seres humanos*, *op. cit.*, p. 115

cienciación de los profesionales y la falta de identificación de este tipo de víctimas, conducen a la práctica inobservancia de dicha cláusula[1211]. Esto es así hasta el punto de que tan solo en dos ocasiones se ha constatado la aplicación de dicha cláusula. La primera vez, fue para eximir de responsabilidad penal a una mula que, previamente captada por los tratantes en su país de origen, transportó 500g de cocaína de Lima a Barcelona, mediante bolas introducidas en su cuerpo[1212]. En la segunda, el Tribunal Supremo absuelve a una víctima de trata con fines de explotación sexual por los delitos continuados de estafa en concurso medial con falsedad en documento oficial a los que había sido previamente condenada por la SAP Valencia de 28 de enero de 2021[1213].

1211 Problema que no se circunscribe al Estado español, sino que es compartido por la mayoría de los países de nuestro entorno, según lo dispuesto por GRETA: *9th General Report on GRETA's Activities. Covering the period from 1 January to 31 December 2019, op. cit.*, pp. 62-63. A idénticas conclusiones se llegó en el estudio realizado por VILACAMPA ESTIARTE, C. y TORRES ROSELL, N.: "Trata de seres humanos para explotación criminal: ausencia de identificación de las víctimas y sus efectos", *Estudios Penales y Criminológicos, op. cit.*, pp. 814 y ss.

1212 Se trata de la SAP de Barcelona, núm. 183/2020, de 22 de junio, confirmada por el Tribunal Superior de Justicia de Cataluña en su sentencia núm. 351/2021, de 2 de noviembre, después de que el Ministerio Fiscal interpusiera recurso contra aquella. Actualmente, la decisión se halla en manos del Tribunal Supremo, tras haberse admitido a trámite el recurso de casación interpuesto por el Ministerio Fiscal.

1213 Al respecto, el Alto Tribunal, en su sentencia núm. 375/2023, de 6 de febrero, considera que "*no se puede ignorar la carga imperativa o intimatoria de los verbos reclutar o requerir, como prescindir de la idea de dominio que encierra ese controlar con que se define la actuación de Romulo sobre Marina; (...) de manera que, si ponemos la actuación de Marina en este no descartable contexto, y asumimos su condición de víctima de trata de seres humanos, como resulta de la documentación oficial incorporada a las actuaciones, y que, como consecuencia de tal condición, ha estado sometida a una explotación de la más diversa índole por parte de sus explotadores, entre ella quedar a disposición de Romulo , ha de ser apreciada la exención de res-*

En cualquier caso, debe precisarse que dicha cláusula es aplicable a cualquier víctima de trata, independientemente del tipo de explotación al que fuera sometida[1214]. Sin embargo, tras la incriminación, mediante la reforma de 2015, de la trata con fines de explotación criminal, la previsión de esta excusa absolutoria cobra más sentido, aún si cabe.

A pesar de los problemas aplicativos que genera la actual configuración de esta excusa absolutoria[1215], supone un avance respecto a la previsión contenida en el art. 59 de la LOEX que exime de responsabilidad administrativa, vetando la posibilidad de expulsión, a las víctimas de trata -entre otros delitos- que denuncien a sus victimarios o que colaboren activamente con las autoridades competentes. Sin embargo, VILLACAMPA lamenta la falta de proclamación en nuestro ordenamiento jurídico del principio de no responsabilidad o de no penalización de las víctimas de trata, no habiendo disposición alguna que impidan el nacimiento de "responsabilidad jurídica, no solo penal, de las víctimas por la realización de conductas antinormativas que sean consecuencia directa de la situación de trata"[1216]. No obstante,

---

ponsabilidad del referido art. 177 bis 11 CP, por cuanto que su participación en la actividad delictiva que realizó no la consideramos desproporcionada en relación con su situación" (F.J. PRIMERO 6).

1214 *Vid.* VILLACAMPA ESTIARTE, C.: "El principio de no punición o no penalización de las víctimas de trata de seres humanos: reconocimiento normativo y aplicación", *op. cit.*, p. 1.

1215 Sobre como esa visión trafiquista de la trata por parte de algunos profesionales y operadores jurídicos conduce a la criminalización y condena de las víctimas en la práctica forense, véase FERNÁNDEZ PARDES, T., ROSERO ARTEAGA, C, TOVAR RAMÍREZ, A.: "Aproximación al principio de no enjuiciamiento en la persecución de la trata de seres humanos y su aplicación práctica en el caso Beauty en España", *Jueces por la democracia*, nº 89, 2017, p. 112.

1216 *Vid.* VILLACAMPA ESTIARTE, C.: "El principio de no punición o no penalización de las víctimas de trata de seres humanos: reconocimiento normativo y aplicación", *Diario La Ley, op. cit.*, p. 7. En general,

teniendo en cuenta que el nuevo art. 8 de la Directiva 2011/36, tras la modificación operada por la Directiva 2024/1712, se refiere ahora tanto a *"las actividades delictivas"* como a *"otras actividades ilícitas"*, cabe esperar que en un futuro próximo el legislador nacional extienda también la operatividad de dicha cláusula a las infracciones no necesariamente penales.

Por su parte, el ALOITES, a pesar de proponer la supresión de esa exigencia de proporcionalidad, sigue demandado una adecuada y directa vinculación entre la situación de violencia y el hecho delictivo realizado. Además, mantiene su configuración como cláusula de no punición, en lugar de como cláusula de no procesamiento, a pesar de lo dispuesto en el referido art. 8 de la Directiva 2011/36 en este sentido[1217].

Finalmente, cabe recordar que la aplicación de la excusa absolutoria a la víctima de trata en nada obsta al castigo del resto de partícipes en el ilícito penal, así como de quien hubiera compelido a la víctima a cometer el delito, en su condición de inductor o autor mediato.

6. Relaciones concursales.

No es extraño que un mismo supuesto de trata afecte a una pluralidad de víctimas, especialmente cuando los responsables

---

se muestran críticos con dicha cláusula, por considerarla restrictiva, VILLACAMPA ESTIARTE, C.: *El delito de trata de seres humanos. Una incriminación dictada desde el Derecho Internacional*, *op. cit.*, p. 476; LLORIA GARCÍA, P.: "El delito de trata de seres humanos y la necesidad de creación de una ley integral", *Estudios Penales y Criminológicos*, *op. cit.*, p. 394; MARISCAL DE GANTE, M.: "La víctima de trata como autora de delitos: dificultades para la exención de su responsabilidad penal", *Revista Crítica Penal y Poder*, vol. 19, 2019, *passim*.

1217 *Vid.* VILLACAMPA ESTIARTE, C.: "Acerca del Anteproyecto de Ley Orgánica integral contra la trata y la explotación de seres humanos", *Diario la Ley*, *op. cit.*, p. 12.

forman parte de algún entramado u organización criminal[1218]. Así, la primera duda que puede plantearse es la posibilidad de apreciación de continuidad delictiva o, por el contrario, la aplicación de las normas del concurso real.

Actualmente, es pacífico afirmar que, siendo la dignidad un bien jurídico-penal individual y personalísimo, debe entenderse que habrá tantos delitos de trata como víctimas identificadas[1219], a pesar de que hayan sido todas ellas victimizadas en una acción conjunta[1220]. Así lo estipuló la propia Fiscalía General del Estado

---

1218 Recuérdese que, según el informa de la ONU, a pesar de que estas estructuras criminales serían minoritarias o menos prevalentes en cuanto al delito de trata se refiere, son las que aglutinan un mayor número de víctimas. *Vid.* United Nations Office On Drugs And Crime (UNODC): *Global Report on Trafficking in Persons 2020, op. cit.*, pp. 13 y 14.

1219 En este sentido, *vid.* VILLACAMPA ESTIARTE, C.: *El delito de trata de seres humanos. Una incriminación dictada desde el Derecho Internacional, op. cit.*, p. 409; FERNÁNDEZ OLALLA, P.: "Una aproximación práctica a la lucha contra la trata de seres humanos", en GARCÍA VÁZQUEZ, S. y FERNÁNDEZ OLALLA, P., *La trata de seres humanos, op. cit.* p. 115; SANTANA VEGA, D.: "Título VII BIS de la trata de seres humanos", en CORCOY BIDASOLO, M. y MIR PUIG, S. (Dirs.), *Comentarios al Código Penal. Reforma LO 1/2015 y LO 2/2015, op. cit.*, p. 422. Más recientemente, LLORIA GARCÍA, P.: "El delito de trata de seres humanos y la necesidad de creación de una ley integral", *Estudios Penales y Criminológicos, op. cit.*, p. 393; GUISASOLA LERMA, C.: "Formas contemporáneas de esclavitud y trata de seres humanos: una perspectiva de género", *Estudios Penales y Criminológicos, op. cit.*, p. 205.

1220 Afirma SANTANA VEGA que no cabe el delito continuado en este caso por tratarse de bienes jurídico-penales eminentemente personales. *Vid. Vid.* SANTANA VEGA, D.: "Trata de seres humanos (Art. 177 bis)", en CORCOY BIDASOLO, M. (Dir.): *Manual de Derecho Penal. Parte especial. Doctrina y Jurisprudencia en casos solucionados. Tomo 1, op. cit.*, p. 198. En contra de esta opinión, MUÑÓZ CONDE defendió que "aunque en el tipo de hable de una persona singular, a la que se llama víctima, sigue existiendo un solo delito aunque la trata recaiga sobre varias personas, en la medida en que la conducta se refiera globalmente a varias per-

en su Circular 5/2011. Criterio que, posteriormente, fue corroborado por el Pleno no Jurisdiccional de 31 de mayo de 2016, en virtud del cual: "*El delito de trata de seres humanos definido en el artículo 177 bis del Código Penal, reformado por L.O. 1/2015, de 30 de marzo, obliga a sancionar tantos delitos como víctimas, con arreglo a la norma que regula el concurso real*"[1221].

En aplicación del referido criterio, la Sentencia del Tribunal Supremo núm. 538/2016, de 17 de junio, arguye que "*la consideración exclusivamente personal de la dignidad como bien jurídico protegido por la norma, no toleraría fácilmente sancionar como un solo delito conductas tan reprochables como, por ejemplo, un transporte de un alto número de menores con finalidad de ser dedicadas a la trata de seres humanos; concluyendo que el delito de trata de seres humanos tiene un sujeto pasivo individual, y no plural* (SSTS nº 178/2016, de 3 de marzo; nº 196/2017, de 24 de marzo, y nº167/2017, de 15 de marzo). A renglón seguido, la sentencia descarta también la posibilidad de apreciar continuidad delictiva (art. 74 CP) en caso de víctimas sucesivas, por cuanto el apartado 3 del citado precepto excluye de su ámbito de aplicación las ofensas a bienes eminentemente personales.

---

sonas al mismo tiempo y se realice con la misma unidad de propósito y como forma de una misma operación". Véase, MUÑÓZ CONDE, F.: *Derecho Penal. Parte especial (18ª edición), op. cit.*, p. 208.

1221 Por todas, véase SSTS 538/2016 (FJ 16 y 17), 167/2017, 197/2017, 132/2018, 77/2019, 396/2019, 63/2020, 146/2020. Previamente, ya se había aplicado dicho criterio en las STS 178/2016 y 861/2015. En sentido similar, se pronuncia el Tribunal Supremo, entre muchas otras, en su sentencia 306/2020, que reza: "*Habrá tantos delitos -en concurso real- como víctimas. La cosificación de una persona, su trágica degradación a la condición de objeto despojado de toda dignidad no puede ser valorada en términos difusos. El bien jurídico protegido adquiere pleno sentido en su genuina individualidad. Las formas de explotación que describe el art. 177 bis1 del CP, cuando se proyectan sobre varias personas, no se limitan a causar un daño plural, afectan, por el contrario, a la mismidad de todas y cada una de las víctimas*". En contra, Sentencia AN de 20 víctimas. Audiencia Nacional, 1/2015, de 26/01/2015.

En otro orden de cosas, no cabe olvidar que el propio apartado 9 del art. 177 *bis* CP contiene una cláusula concursal que permite aplicar el delito de trata junto a aquellos otros que se hubieran cometido, siempre y cuando no se incurra en un *bis in idem.* En este sentido, la doctrina identifica hasta tres tipos de relaciones concursales que podrían darse en relación con el delito de trata: aquellas que tiene que ver con el uso de los medios comisivos exigidos por el tipo; las que se refieren a los delitos de explotación de la víctima, caso que llegara a producirse; y, finalmente, a la relación del 177 *bis* CP con el delito de tráfico ilícito de inmigrante o de inmigración clandestina[1222].

Empezando por el primer grupo, salvo que queden absorbidos en los propios medios comisivos de la TSH –lo cual ocurrirá frecuentemente en los delitos de coacción o amenaza-[1223], cabrá apreciarse

1222 *Vid.* REQUEJO NAVEROS, M.T.: "El delito de trata de seres humanos en el Código penal español: panorama general y compromisos internacionales de regulación, en ALCACER GUIRAO, R., MARTÍN LORENZO, M. y VALLE MARISCAL DE GANTE, M. (Coord.), *La trata de seres humanos: persecución penal y protección de las víctimas, op. cit.*, p. 54.

1223 Así, generalmente, nos hallaremos ante un concurso aparente de delitos, siendo de aplicación del delito de trata al absorber este la vulneración de los bienes jurídicos implicados. *Vid.* VILLACAMPA ESTIARTE, C.: *El delito de trata de seres humanos. Una incriminación dictada desde el Derecho Internacional, op. cit.*, p. 486. Sin embargo, cabrá recurrir a las reglas concursales cuando las lesiones y amenazas sufridas por la víctima revistan entidad suficiente para constituir un delito independiente. *Vid.* CONSEJO GENERAL DEL PODER JUDICIAL (CGPJ): *Guía de criterios de actuación judicial frente a la trata de seres humanos, op. cit.*, p. 112.

el concurso real[1224] entre ésta y los delitos de lesiones[1225], detención ilegal[1226], tratos degradantes[1227], etc. Otros posibles concursos pue-

---

1224 Entiende la Guía CGPJ que el concurso podría ser en estos casos también medial si concurre la necesidad instrumental que exige la jurisprudencia en relación con el art. 77.1 CP. *Vid.* CONSEJO GENERAL DEL PODER JUDICIAL (CGPJ): *Guía de criterios de actuación judicial frente a la trata de seres humanos, op. cit.*, p. 108.

1225 En este punto, GARCÍA SEDANO se plantea la posibilidad de apreciar un concurso de delito cuando las lesiones producidas sean de tipo psíquico. Sustentándose en el criterio seguido por la jurisprudencia en los supuestos de secuelas psíquicas en los delitos contra la libertad sexual, la autora considera que solo aquellos resultados psíquicos que excedan la "normal conturbación anímica" adquirirán autonomía típica dando lugar a concurso entre el delito de trata y el delito de lesiones. *Vid.* GARCÍA SEDANO, T.: *El delito de trata de seres humanos: el artículo 177 bis del Código Penal, op. cit.*, p. 154.

1226 Al respecto se ha pronunciado el Tribunal Supremo en su Auto de 8 de mayo de 2014 y en su Sentencia 525/2012, de 19 de junio, apreciando un concurso real entre ambos delitos. También la Circular de la FGE 5/2011, de 2 de noviembre, ofrece una serie de supuestos en los que cabría apreciar un concurso real o ideal entre el delito del 177 bis y el de detención ilegal (163 CP).

1227 Así ocurre en la STS 196/2017, de 24 de marzo, en que varios de los acusados, junto al delito de trata de seres humanos con fines de explotación laboral, son condenados por el delito de imposición de tratos degradantes. Según los hechos probados, los acusados captaban a personas desvalidas (tanto económicamente como por motivos de salud o enfermedad mental) ofreciéndoles trabajar con ellos en tareas de limpieza y de construcción. Las víctimas terminaron realizando estas tareas, a cambio de remuneración alguna, y viviendo en unas condiciones de vida "absolutamente precarias y carentes de la mínima dignidad" -se relatan duchas de agua fría con mangueras, despojo de ropas, insultos, agresiones físicas, sometimiento a dormir en la caja de un camión, etc.-. Los acusados, además de aprovecharse del trabajo de las víctimas, se lucraban de las pensiones o ayudas sociales de las que éstas eran beneficiarias. Las víctimas se mostraban incapaces de oponerse a esa situación dado el ambiente miedo y temor generado por los acusados quienes las agredían física y verbalmente.

den establecerse con los delitos de homicidio[1228], agresión sexual[1229], aborto[1230], falsedad documental[1231], estafa o tráfico de drogas cuando las víctimas son traficadas a su vez como "muleras"[1232].

Respecto al segundo grupo, de conformidad con la referida cláusula concursal, de producirse la posterior explotación de la víctima, en principio, cabrá apreciar un concurso medial o real con el delito consumado o intentado correspondiente[1233]. Sin

---

1228 En este caso, según señala la Fiscalía General del Estado, en su Circular 5/2011, no será aplicable el subtipo agravado en el art. 177 bis 4.a) CP. Comparte la misma opinión, DAUNIS RODRÍGUEZ, A.: *El delito de trata de seres humanos, op. cit.,* p. 177. Por otro lado, difícilmente entrará en concurso con un delito de asesinato dado "el interés del sujeto activo de que la víctima esté viva y pueda ser objeto de explotación". *Vid.* GARCÍA SEDANO, T.: *El delito de trata de seres humanos: el artículo 177 bis del Código penal, op. cit.*, p. 153.

1229 En estos casos, suele optarse por la apreciación de un concurso real. Véase AATS nº 164/2014, de 13 de febrero, y nº 1040/2013, de 9 de mayo.

1230 En este caso, apunta GARCÍA SEDANO a la apreciación de un concurso de tipo medial cuando el aborto se practique para poder perpetrar la finalidad de explotación. *Vid.* GARCÍA SEDANO, T.: *El delito de trata de seres humanos: el artículo 177 bis del Código penal, op. cit.*, p. 156.

1231 El ATS 2172/2013, de 14 de noviembre, se decanta por la apreciación de un concurso medial en estos casos, dado que la falsificación documental es instrumental al delito de trata.

1232 *Vid.* SANTANA VEGA, D.: "Trata de seres humanos (Art. 177 bis)", en CORCOY BIDASOLO, M. (Dir.): *Manual de Derecho Penal. Parte especial. Doctrina y Jurisprudencia en casos solucionados. Tomo 1, op. cit.*, p. 202.

1233 *Vid.* VILLACAMPA ESTIARTE, C.: *El delito de trata de seres humanos. Una incriminación dictada desde el Derecho Internacional, op. cit.*, pp. 487 y ss.; VILLACAMPA ESTIARTE, C.: "Título VII Bis. De la trata de seres humanos", en QUINTERO OLIVARES, G. (Dir.): *Comentarios al Código Penal Español. Tomo I (artículos 1 a 233), op. cit.*, p. 1268; DAUNIS RODRÍGUEZ, A.: *El delito de trata de seres humanos, op. cit.*, pp. 172-174; ESQUINAS VALVERDE, P.: "Lección 6. El delito de trata de seres humanos", en MARÍN DE ESPINOSA CEBALLOS, E. (Dir.), *Lecciones de Derecho Penal. Parte Especial*, op. cit., p. 117; PÉREZ ALON-

embargo, los supuestos de multiexplotación, en que la víctima es sometida a varias formas de explotación tipificadas por el delito de trata, no darán lugar a la apreciación de una pluralidad delictiva respecto a una misma víctima[1234].

Cuando la finalidad de la trata sea la explotación laboral de la víctima, y esta llegara a producirse, nos hallamos ante un primer obstáculo: la ausencia de tipificación autónoma de las finalidades contenidas en la letra a) del párrafo 1 del artículo 177 *bis*[1235]. En este sentido, precisamente las formas de explotación laboral más graves, esto es, caso de que la víctima de trata fuera sometida a esclavitud o servidumbre, no podrían sancionarse por no estar tipificadas en nuestro Código Penal, sin perjuicio de considerarlas como modalidades de trato degradante del 173.1 CP[1236].

SO, E.J.: "La trata de seres humanos en el derecho penal español", en VILLACAMPA ESTIARTE, C., *La delincuencia organizada: un reto a la política criminal actual, op. cit.*, p. 104; TERRADILLOS BASOCO reconoce que, a pesar de que la "fórmula legal parece inclinarse por apreciar un concurso real, la vinculación teleológica entre la trata y el delito de explotación responde a la estructura del concurso medial". *Vid.* TERRADILLOS BASOCO, J.: "Delitos contra los derechos de los trabajadores, veinticinco años de política legislativa errática", *Estudios penales y criminológicos, op. cit.*, p. 51. Por su parte, se muestra a favor de aplicar un concurso real, MAYORDOMO RODRIGO, V.: "Nueva regulación de la trata, el tráfico ilegal y la inmigración clandestina de personas", *Estudios Penales y Criminológicos, op. cit.*, p. 373.

1234 En este sentido, SÁNCHEZ COVISA entiende que el delito de trata deberá entrar en concurso con sólo una de las finalidades del delito previstas, mientras que el resto deberán sancionarse separadamente según lo dispuesto en el artículo 73 CP. Véase SÁNCHEZ COVISA, J.: "El delito de trata de seres humanos: análisis del artículo 177 bis", *Cuadernos de la Guardia Civil: Revista de seguridad pública, op. cit.*, p. 44.

1235 *Vid.* GARCÍA SEDANO, T.: *El delito de trata de seres humanos: el artículo 177 bis del Código penal, op. cit.*, p. 164.

1236 *Vid.* POMARES CINTAS, E.: "El delito de trata de seres humanos con finalidad de explotación laboral", *Revista Electrónica de Ciencia Penal y Criminología, op. cit.*, pp. 26 y 27; POMARES CINTAS, E.: *El derecho penal*

Así, estas situaciones deben reconducirse a los arts. 311 y 312 CP -esto es, los delitos contra los derechos de los trabajadores-, si bien éstos son sancionados con penas inferiores a las previstas por el delito de TSH. Pues, los referidos artículos sancionan la imposición de condiciones socio-laborales por debajo del umbral permitido[1237], sin diferenciar grados distintos de incumplimiento de los estándares mínimos establecidos por la normativa laboral[1238]. Consecuentemente, ante la incapacidad de los referidos tipos de plasmar el desvalor de ciertas conductas de explotación laboral -especialmente aquellas que constituyen un atentado al derecho de la dignidad-, se ha propuesto la sanción de dichas situaciones mediante el delito de trato degradante (art. 173.1 CP) junto al correspondiente delito contra los derechos de los trabajadores[1239].

En relación con el ámbito aplicativo del art. 311.1 CP cabe destacar la doctrina jurisprudencial sentada en relación con las actividades de alterne, frecuentemente asimiladas -o confundidas-

---

ante la explotación laboral y otras formas de violencia en el trabajo, Tirant lo Blanch, Valencia, 2013, p. 140. Al respecto, también hay quien consideran más apropiado, cuando los presupuestos concurrentes lo permitieran, sancionar tales conductas mediante el delito de lesa humanidad, aplicándose la relación concursal correspondiente. *Vid.* BOROMAT TORMO, M. y GRIMA LIZANDRA, V.: "La esclavitud y la servidumbre en el Derecho español. A propósito de la STEDH de 26 de julio de 2005. Caso Siliadin vs Francia: un caso de trabajo doméstico servil", en CARBONELL MATERU, J.C. y ORTS BERENGUER, E. (Dir.), *Constitución, derechos fundamentales y sistema penal. Semblanzas y estudios con motivo del setenta aniversario del Profesor Tomás Vives Antón, op. cit.*, pp. 283 y 285.

1237 *Vid.* GARCÍA SEDANO, T.: *El delito de trata de seres humanos: el artículo 177 bis del Código penal, op. cit.*, p. 164.

1238 Así bajo un mismo precepto (art. 311 CP) se sancionan con la misma intensidad el mero incumplimiento del estándar mínimo laboral que aquellas prácticas cercanas a la cosificación del trabajador. *Vid.* VILLACAMPA ESTIARTE, C.: *El delito de trata de seres humanos. Una incriminación dictada desde el Derecho Internacional, op. cit.*, p. 479.

1239 *Vid. Ibidem*, p. 480.

con el ejercicio de la prostitución[1240]. En términos de protección estrictamente laboral, delimitando ambos fenómenos, la Sala de lo Social del Tribunal Supremo se ha pronunciado en reiteradas ocasiones acerca de la naturaleza laboral de la actividad de alterne "*siempre que se acredite la ajenidad de la prestación y la dependencia de dicha actividad en el seno de una organización empresarial*"[1241]. Por el contrario, la consideración de la prostitución por cuenta ajena como contraria a la dignidad humana, impide al Alto Tribunal admitir que dicha actividad pueda ser objeto lícito de un contrato de trabajo, como exigen los arts. 1271 y 1275 del Código Civil[1242].

1240 De hecho, pone en entredicho el deslinde entre prostitución y alterne la Sala Penal del Tribunal Supremo en su sentencia núm. 1428/2000, de 23 de septiembre.

1241 Por todas, *vid.* STS Sala de lo Social, 18/2004, de 27 noviembre; STS de 21 de julio de 1995; STS de 11 de diciembre de 2001. Si, por el contrario, los actos de alterne se consideran accesorios o instrumentales de una actividad de prostitución por cuenta ajena, aquellos serán calificados como ilícitos y, por ende, tampoco podrá reconocerse la existencia de un contrato laboral. *Vid.* STS 29-10-2013; Autos 11-5-2016; 15-12-2015; 11-9-2014; 18-6-2014.

1242 Así lo recoge la reciente sentencia de la Sala Penal del Tribunal Supremo núm. 34/2023, de 25 de enero de 2023, que establece: "*Ciertamente, la prestación de contenido sexual en que consiste la prostitución en régimen de subordinación, con sujeción a órdenes o instrucciones del empresario sobre con quién, cómo, cuándo y dónde debe realizarse la misma, resulta contraria a la dignidad humana, fundamento axiológico, ex artículo 10 CE, de nuestro orden constitucional. La prestación sexual bajo régimen de disciplina empresarial cosifica a la persona en uno de sus más íntimos aspectos de la personalidad. Reconocer que alguien pueda ostentar potestades de control, ordenación y sanción sobre el contenido y ejercicio de los derechos a la libertad sexual e intimidad corporal de otra persona supondría, sencillamente, negar tales derechos, hacerlos irreconocibles. Y ello, como lógica consecuencia, impide que dicha relación pueda ser considerada objeto de un contrato de trabajo. Como se afirma en términos concluyentes en la STS, de Pleno, de la Sala de lo Social 584/2021, de 1 de julio, "La ilicitud de un contrato de trabajo de estas características, por oponerse a las leyes (art. 1.275 C.C.), no es susceptible de incardinarse en el seno de la legislación laboral*". En contra de dicha argu-

Dicho posicionamiento contrasta con lo dispuesto por la Sala de lo Penal, más proclive a adoptar un concepto amplio de ocupación laboral que permite reconocer la condición de trabajadores a quienes ejercen la prostitución por cuenta ajena. Ya en su sentencia de 12 de abril de 1991 (referida al entonces art. 499 *bis* 1, 2 y 3 CP) hizo hincapié en que el objeto de protección del delito no eran "*las consecuencias de un contrato de trabajo formalmente válido, sino la situación de personas que prestan servicios para otra*". Pues, de lo contrario, "*el más desprotegido debería cargar también con las consecuencias de su desprotección*"[1243]. Esa misma concepción se ha hecho extensible a los vigentes delitos contra los derechos de los trabajadores[1244] -aun olvidando a los varones que ejercen la

---

mentación se pronuncia el Juzgado de lo Social núm. 33 de Barcelona en su sentencia 50/2015, de 18 de febrero, que no aprecia obstáculo legal o constitucional alguno para reconocer carácter laboral a los servicios de prostitución por cuenta ajena pues, de no reconocerse este, se estaría agravando la situación de las trabajadoras sexuales.

1243 En un mismo sentido, *vid.* STS 438/2004, de 29 de marzo y STS 995/2000, de 30 de junio.

1244 Así, como apunta GONZÁLEZ TASCÓN, el ejercicio de la prostitución bajo unas directrices empresariales susceptibles de vulnerar los derechos y condiciones laborales del/la trabajador/a sexual, podría subsumirse en el delito de imposición de condiciones laborales que lesionen los derechos de los trabajadores cuando concurra engaño o abuso de necesidad (art. 311.1 CP) o violencia o intimidación (art. 311.4 CP); o el delito de empleo de extranjeros sin permiso de trabajo en condiciones que lesionen los derechos de los trabajadores (artículo 312.2 CP), así como en el delito de infracción de las normas de prevención de riesgos laborales (artículo 316 CP). Para ello, claro está, deberán cumplirse el resto de elementos típicos exigidos por el precepto en cuestión. Sin embargo, como recuerda la autora, éstos tienen que ver con las condiciones laborales de explotación (jornadas y horarios de trabajo, retribución, régimen de sanciones, protección de seguridad laboral, etc.), sin que sea necesaria que dicha explotación conlleve la denigración de la persona. Véase GONZÁLEZ TASCÓN, M.M: "Aspectos jurídico penales de la explotación sexual de las per-

prostitución por cuenta ajena-, como se pone de manifiesto, a modo de ejemplo, en la Sentencia del Tribunal Supremo núm. 270/2016, que identifica el bien jurídico protegido con "*la indemnidad de la propia relación laboral, mediante la sanción de aquellas conductas de explotación que atenten contra los derechos laborales de las/os trabajadoras/es, incluyendo a todos aquellos que presten servicios remunerados por cuenta ajena, concepto en el que deben incluirse las mujeres que ejercen la prostitución por cuenta y encargo de otro*"[1245].

Por último, también presentan especial dificultades aquellos supuestos de explotación que, a pesar de generar rendimientos económicos, carecen de naturaleza laboral, como sucede en el caso de la mendicidad. Se considera que tales situaciones deben reconducirse también al delito de trato degradante, no siendo los arts. 311 y 312 CP capaces de aunar el desvalor de estas conductas[1246]. Por el contrario, en el caso de trata de menores o discapacitados explotados en la mendicidad, podría apreciarse un concurso de delitos con el art. 232.1 CP[1247], mientras que

---

sonas adultas en la prostitución y de otras conductas relacionadas", *Revista Electrónica de Ciencia Penal y Criminología*, vol. 22 (10), 2020, p. 37.

1245 En este mismo sentido, SSTS 2205/2002; 1045/2003, de 18 de julio; 1092/2004, de 1 de octubre; 1471/2005, de 12 de diciembre.

1246 De esta opinión, VILLACAMPA ESTIARTE, C.: *El delito de trata de seres humanos. Una incriminación dictada desde el Derecho Internacional*, *op. cit.*, p. 481; BOROMAT TORMO, M. y GRIMA LIZANDRA, V.: "La esclavitud y la servidumbre en el Derecho español. A propósito de la STEDH de 26 de julio de 2005. Caso Siliadin vs Francia: un caso de trabajo doméstico servil", en CARBONELL MATERU, J.C. y ORTS BERENGUER, E. (Dir.), *Constitución, derechos fundamentales y sistema penal. Semblanzas y estudios con motivo del setenta aniversario del Profesor Tomás Vives Antón*, *op. cit.*, pp. 281 y 283.

1247 En virtud del cual "*Los que utilizaren o prestaren a menores de edad o personas con discapacidad necesitadas de especial protección para la práctica de la mendicidad, incluso si ésta es encubierta, serán castigados con la pena de prisión de seis meses a un año*".

con el 232.2 CP –tráfico de esas personas para el ejercicio de la mendicidad- hablaríamos de un concurso de normas[1248].

Por otro lado, cuando la víctima de trata haya sido explotada sexualmente, frecuentemente, el art. 177 *bis* CP entrará en concurso con los delitos de prostitución forzada de mayores o menores de edad (187 y 188 CP), los de pornografía infantil y explotación sexual de menores (189 CP), y/o con las agresiones sexuales (178 y 181 CP) cuando proceda.

En este sentido, si la explotación sexual ha sido efectivamente llevada a cabo a través de la prostitución coactiva, el delito de trata entrará en concurso con el delito del art. 187 CP[1249] –en el caso de personas mayores de edad– o con el art. 188 CP –si se tratase de menores. Si la actividad efectivamente desarrollada en el caso de menores o incapaces fuera explotarlos sexualmente –es decir con ánimo de lucro– a través de su utilización con fines o en espectáculos exhibicionistas o pornográficos, tanto públicos como privados, o para elaborar cualquier clase de material pornográfico, se producirá un concurso de delitos con el art. 189 CP. Sin embargo, cuando sean adultos quienes se hayan visto forzados a realizar o a participar en este tipo de actividades, únicamente podrían sancionarse dichas conductas mediante el delito de agresión sexual[1250].

1248 *Vid.* FISCALÍA GENERAL DEL ESTADO: *Circular 5/2011 sobre criterios para la unidad de actuación especializada del Ministerio Fiscal en materia de extranjería e inmigración*, *op. cit.*, pp. 1669 y 1570.

1249 Según el Tribunal Supremo, el delito de determinación coactiva a la prostitución es un delito permanente, esto es, aquél en que la situación de antijuridicidad se mantiene a lo largo del tiempo, renovándose continuamente la acción típica, hasta que el sujeto activo decide poner fin a la misma (STS 1375/1999, de 14 de noviembre; STS 882/2021, de 17 de noviembre).

1250 *Vid.* VILLACAMPA ESTIARTE, C.: *El delito de trata de seres humanos. Una incriminación dictada desde el Derecho Internacional*, *op. cit.*, p. 479.

En cualquier caso, opta la jurisprudencia por apreciar un concurso de delitos en estas situaciones dado el efecto beneficioso que tendría para el condenado su consideración como concurso de leyes. Además, el delito de trata, a pesar de exigir la finalidad de explotar sexualmente a la víctima, no absorbe la gravedad de la conducta correspondiente a la explotación efectiva de la misma que, de producirse, supondría el agotamiento del delito[1251].

Al respecto, cabe decir que el criterio seguido por el Tribunal Supremo acerca de la determinación del presente concurso de delitos como medial, ideal o real ha sido titubeante[1252]. Sin embargo, en los últimos tiempos, parece decantarse por la consideración del concurso como medial o instrumental del art. 77 CP[1253]. Así, el 177 *bis* CP se configura como el previo instrumento del delito fin[1254].

1251 Así lo entiende también la FISCALÍA GENERAL DEL ESTADO: *Circular 5/2011 sobre criterios para la unidad de actuación especializada del Ministerio Fiscal en materia de extranjería e inmigración, op. cit.*, p. 25.

1252 Defienden la relación de concurso medial entre los tipos del 177 bis y 187 CP: STS 845/2021, de 4 de /noviembre; 324/2021, de 21 de abril; 77/2019, de 12 de febrero; 144/2018, de 22 de marzo; 138/2018, de 20 de marzo; 807/2016, de 27 de octubre; 538/2016, de 17 de junio; 861/2015; 191/2015; 487/2014, de 4 de febrero; STS 53/2014, de 4 de febrero; Por otro lado, la STS 806/2016, considera la relación entre el delito de trata y el de prostitución coactiva de concurso ideal.

1253 Véase, por todas, SSTS 1002/2016, de 19 de enero de 2017; 146/2020, de 14 de mayo; 307/2021, de 9 de abril; 399/2022, de 22 de abril. Aseveran dichas resoluciones "la compatibilidad de la doble condena (arts. 177 *bis* y 188 CP) en relación de concurso medial está expresamente contemplada en el art. 177 *bis*. 9 del CP." También, STS 807/2016, de 27 de octubre; STS 14/2018, de 22 de marzo.

1254 De este modo, en cuanto a la determinación de la pena, regirá lo establecido en el apartado 3 del artículo 77 CP, en virtud del cual, deberá imponerse "*la pena superior a la que habría correspondido, en el caso concreto, por la infracción más grave, y que no podrá exceder de la suma de las penas concretas que hubieran sido impuestas separadamente por cada uno de los delitos*".

Por su parte, en los supuestos de trata criminal, cabría apreciar un concurso de delitos entre la trata y la realización por parte del tratante -como inductor o autor mediato- de las actividades delictivas llevadas a cabo por la víctima (177 *bis* 11 CP)[1255]. Así, afirma SANTANA VEGA que deberá apreciarse un concurso real con el delito inducido a realizar o del que fuera autor mediato, cuando se trate de mayores de 14 años[1256].

Igualmente, se produciría un concurso de delitos entre el delito de trata con fines de explotación criminal y el art. 235.8 CP en el caso de captarse a un menor de edad de 16 años (delito instrumento) a fin de que cometa hurtos (delito fin). No obstante, cuando un menor es captado para participar en conflictos armados (612.3 CP), se entiende que se produce un concurso de normas que debe resolverse mediante la aplicación preferente del delito de trata, en virtud del principio de alternatividad (art. 8.4 CP)[1257].

Respecto a los casos de trata con fines de extracción de órganos, cabría plantearse la apreciación de un concurso de delitos con el delito de lesiones (arts. 149 y 150 CP) o con el de homicidio, y/o tráfico de órganos humanos (156 *bis* CP). En este último caso, la FGE, en su Circular 5/2011, entiende que se trata de un concurso de normas que debe resolverse a favor del 177 *bis* CP por el criterio de alternatividad (art. 8.4 CP), a pesar de

---

1255 *Vid.* VILLACAMPA ESTIARTE, C.: *El delito de trata de seres humanos. Una incriminación dictada desde el Derecho Internacional, op. cit.*, p. 488; ESQUINAS VALVERDE, P.: "Lección 6. El delito de trata de seres humanos", en MARÍN DE ESPINOSA CEBALLOS, E. (Dir.), *Lecciones de Derecho Penal. Parte Especial, op. cit.*, p. 117.

1256 *Vid.* SANTANA VEGA, D.: "Trata de seres humanos (Art. 177 bis)", en CORCOY BIDASOLO, M. (Dir.): *Manual de Derecho Penal. Parte especial. Doctrina y Jurisprudencia en casos solucionados. Tomo 1, op. cit.*, p. 202.

1257 De sostener la especialidad del 612 CP frente al 177 *bis* CP, señala VILLACAMPA, se estaría generando un indeseado efecto privilegiante. *Vid.* VILLACAMPA ESTIARTE, C.: *El delito de trata de seres humanos. Una incriminación dictada desde el Derecho Internacional, op. cit.*, pp. 434 y 435.

reconocer que se trata de bienes jurídicos diferentes (dignidad vs. integridad física) y medios comisivos distintos.

Resuelve de forma similar, aunque partiendo de una premisa distinta, el CGPJ en su Guía de criterios de actuación judicial contra la trata. Entendiendo que en el delito de trata no sólo se protege la dignidad y la libertad del individuo, sino también la puesta en peligro de otros bienes jurídicos que pueden resultar afectados –en este caso, la salud del donante-, el aparente concurso de normas entre el delito de trata y el delito de tráfico ilegal de órganos, debería calificarse exclusivamente como un delito del 177 *bis* CP, en virtud de los arts. 8.1 y 8.4 CP. Entiende, pues, que el delito de trata absorbe el desvalor total de la acción llevada a cabo, en tanto que la trata con fines de extracción de órganos protege, además de la salud del donante, la dignidad e integridad moral de aquél, los cuales no se tutelan en las figuras de tráfico de órganos[1258]. Sin perjuicio de lo anterior, establece el CGPJ que, realizada la extracción –fase de agotamiento-, el delito de trata entraría en concurso con el delito de lesiones o contra la vida, en función de la magnitud del daño ocasionado[1259].

Sin embargo, en el plano doctrinal se ha defendido -aunque no unánimemente[1260]- la relación concursal delictiva entre los arts. 177 *bis* y 156 *bis* CP, especialmente, en atención a la diversidad de

---

[1258] *Vid.* CONSEJO GENERAL DEL PODER JUDICIAL (CGPJ): *Guía de criterios de actuación judicial frente a la trata de seres humanos, op. cit.*, p. 94.

[1259] *Vid. Ibidem*, p. 95.

[1260] Consideran que debe aplicarse las reglas del concurso de normas, y no del concurso de delitos, GARCÍA ALBERO, R.: "El nuevo delito de tráfico de órganos", en ÁLVAREZ GARCÍA, F.J. y GONZÁLEZ CUSSAC, J.L. (Dirs.), *Derecho Penal Español. Parte especial (I),* Tirant lo Blanch, Valencia, 2010, pp. 191 y 192; POMARES CINTAS, E. "El delito de trata de seres humanos", en ÁLVAREZ GARCÍA, F.J. (Dir.), *Derecho Penal Español. Parte especial (I),* Tirant lo Blanch, Valencia, 2011, p. 570; GARCÍA SEDANO, T.: *El delito de trata de seres humanos: el artículo 177 bis del Código Penal, op. cit.*, p. 173.

bienes jurídicos tutelados en ambos tipos y a las diferentes dinámicas delictivas, puesto que es factible la extracción de órganos a un individuo sin que concurran las acciones y medios necesarios para considerarle, a su vez, víctima de trata[1261]. De hecho, la posibilidad de apreciar un concurso de delitos entre ambos ilícitos viene respaldada por el propio art. 156 *bis* CP que, en su apartado 9 -introducido por la LO 1/2019-, establece que "las penas previstas en este artículo se impondrán sin perjuicio de las que correspondan, en su caso, por el delito del art. 177 *bis* de este Código y demás delitos efectivamente cometidos". No obstante lo anterior, dada la variedad de conductas típicas que pueden constituir el delito de tráfico de órganos -especialmente desde la modificación operada por la referida LO 1/2019-, únicamente deberá apreciarse el concurso de delitos si la extracción de órganos llega a materializarse[1262].

Finalmente, cuando la víctima de trata haya sido conminada a contraer matrimonio, cabrá aplicar un concurso de delitos entre el 177 *bis* y el 172 *bis* 1 CP[1263]. Sin embargo, de concurrir los medios comisivos del 172 *bis* 2 CP, nos hallaríamos ante un

---

1261 *Vid.* VILLACAMPA ESTIARTE, C.: *El delito de trata de seres humanos. Una incriminación dictada desde el Derecho Internacional, op. cit.*, p. 81. En este sentido, también MOYA apunta como factor diferenciador entre ambos delitos a la posibilidad de extraer órganos a un donante vivo o ya fallecido; mientras que en los casos de trata necesariamente el sujeto debe estar vivo. *Vid.* MOYA GUILLEM, C.: "Aproximación crítica a la primera sentencia por tráfico de órganos (SAP Barcelona 793/2016, de 16 de octubre)", *La Ley, op. cit.*, p. 5.

1262 En caso contrario, según MOYA, deberá aplicarse el correspondiente concurso de normas a favor del art. 156 bis, de conformidad con el criterio de especialidad (art. 8.1 CP). *Vid.* MOYA GUILLEM, C.: *La trata de seres humanos con fines de extracción de órganos. Análisis criminológico y jurídico-penal, op. cit.*, pp. 186-198.

1263 Se decanta por la apreciación de un concurso ideal o medial, *Vid.* SANTANA VEGA, D.: "Trata de seres humanos (Art. 177 bis)", en CORCOY BIDASOLO, M. (Dir.): *Manual de Derecho Penal. Parte especial. Doctrina y Jurisprudencia en casos solucionados. Tomo 1, op. cit.*, p. 202.

concurso de normas a resolver a favor del 177 *bis* por el criterio de alternatividad (sin perjuicio de poder sancionar también el matrimonio forzado en sí vía 172 *bis* 1 CP)[1264]. Por su parte, GARCÍA SEDANO defiende la posibilidad de apreciar un concurso ideal medial con el art. 218 CP[1265].

Por último, en relación con el tercer grupo de concursos, la estrecha relación entre los fenómenos del tráfico ilícito de migrantes y la trata de personas han conducido, en no pocas ocasiones, a la apreciación de las reglas concursales ante la concurrencia de ambos ilícitos. No obstante, cabe remarcar que, especialmente tras la derogación del delito de inmigración laboral clandestina (art. 313.1 CP), el 177 *bis* CP presenta una multiplicidad de diferencias respecto al delito de tráfico ilegal

---

1264 VILLACAMPA recuerda que, de no haberse producido tal previsión en el delito de trata -fruto seguramente de las quejas provenientes del CGPJ y de la FGE-, se corría el riesgo de producirse "*el efecto pernicioso de que dicha nueva tipicidad resultase privilegiante no solo en relación con la penalidad prevista en otros delitos contra la libertad de obrar, sino al impedir la aplicación del delito de trata de seres humanos, quedando configurado como un delito privilegiado de trata*". *Vid.* VILLACAMPA ESTIARTE, C.: *Política criminal española en materia de violencia de género, op. cit.*, pp. 183-184.; IGAREDA GONZÁLEZ, N.: "Debates sobre la autonomía y el consentimiento en los matrimonios forzados", *Anales de la Cátedra Francisco Suárez*, vol. 47, 2013, p. 213. En sentido similar, SANTANA VEGA, D.M.: "La trata de seres humanos", en SOLA RECHE, E., ROMERO CASABONA, C.M. y BOLDOVA PASAMAR, M.A. (Coords.), *Derecho penal. Parte especial conforme a las Leyes Orgánicas 1 y 2/2015, de 30 de marzo*, Comares, Granada, 2016, p. 662. También alertó del posible solapamiento entre las conductas delictivas de los artículos 177 *bis* y 172 *bis* 2 CP, CONSEJO GENERAL DEL PODER JUDICIAL: *Informe del Consejo General del Poder Judicial al Anteproyecto de Reforma del Código Penal*, CGPJ, Madrid, 2012, p. 165.

1265 *Vid.* GARCÍA SEDANO, T.: *El delito de trata de seres humanos: el artículo 177 bis del Código penal, op. cit.*, p. 172.

o inmigración clandestina del 318 *bis* CP, si bien en la práctica no siempre resulta sencillo delimitar ambos delitos[1266].

La primera de ellas tiene que ver con el sujeto pasivo del delito. Pues, siendo que el tráfico ilícito de migrantes necesariamente debe implicar el cruce ilegal de fronteras, este será siempre transnacional y, por ende, el sujeto pasivo deberá reunir la condición de migrante extracomunitario[1267]. Por el contrario, en el caso de la trata, si bien también puede revestir este carácter transnacional, puede darse también dentro de un mismo territorio nacional o un territorio comunitario, como el espacio Schengen que impera en la mayor parte de territorio europeo[1268]. Por lo tanto, en este último caso, la víctima puede ser extranjera -comunitaria o extracomunitaria-, pero también nacional.

1266 Especialmente, en aquellos supuestos en que la víctima reúna la condición de inmigrante irregular. *Vid.* IGLESIAS SKULJ, A.: *La trata de mujeres con fines de explotación sexual: una aproximación político-criminal y de género, op. cit.*, p. 139.

1267 *Vid.* VILLACAMPA ESTIARTE, C.: *El delito de trata de seres humanos. Una incriminación dictada desde el Derecho Internacional, op. cit.*, pp. 40-46; VILLACAMPA ESTIARTE, C.: "Título VII Bis. De la trata de seres humanos", en QUINTERO OLIVARES, GONZALO (Dir.): *Comentarios al Código Penal Español. Tomo I (artículos 1 a 233), op. cit.*, p. 1239; *Vid.* SANTANA VEGA, D.: "Trata de seres humanos (Art. 177 bis)", en CORCOY BIDASOLO, M. (Dir.): *Manual de Derecho Penal. Parte especial. Doctrina y Jurisprudencia en casos solucionados. Tomo 1, op. cit.*, pp. 202 y 203; PÉREZ ALONSO, E.: *Tráfico de personas e inmigración clandestina (un estudio sociológico, internacional y jurídico-penal), op. cit.*, pp. 153 y 154; LLORIA GARCÍA, P.: "El delito de trata de seres humanos y la necesidad de creación de una ley integral", *Estudios Penales y Criminológicos, op. cit.*, p. 375; GONZÁLEZ TASCÓN, M.M.: "A propósito de la trata de seres humanos: análisis de la modalidad básica del delito de trata de seres humanos", *Derecho y Proceso Penal, op. cit.*, pp. 70 y 71. En igual sentido, STS 910/13, FJ 6.

1268 *Vid. Ibdem.*

Al hilo de lo anterior, podemos establecer una segunda diferencia en relación con el bien jurídico objeto de protección en cada uno de los tipos penales en cuestión[1269]. La propia Exposición de motivos de la LO 5/2010 explicita que, tras la tipificación autónoma del delito de TSH en el que "prevalece la protección de la dignidad y la libertad de los sujetos pasivos que la sufren", el tipo penal del art. 318 *bis* CP se centra en la protección del bien jurídico consistente en el interés del Estado -y de la Unión Europea- en el control de los flujos migratorios[1270]. Así, reconoce el Tribunal Supremo que el bien jurídico protegido en el 318 *bis* CP es "la legalidad de la entrada, ubicándose así su objetivo en la tutela de un bien colectivo o suprainvidual", quedando, por tanto, la tutela de los bienes personales individuales de los migrantes encomendada al nuevo tipo penal del art. 177 *bis* CP[1271]. Al respecto, advierte el Alto Tribunal que la configuración del nuevo art. 318 *bis* CP suscita problemas de delimitación con la mera infracción administrativa contemplada en el art. 54.1.b) de la LO 4/2000, de 11 de enero, al diluirse en gran medida los límites del campo de aplicación de ambas normas"[1272]. En este sentido se manifiesta IGLESIAS SKULJ quien afirma que, mientras que el bien jurídico de la TSH es la dignidad humana y la multiplicidad de derechos que la conforman, tacha al 318

1269 Ampliamente sobre esta cuestión, VILLACAMPA ESTIARTE, C.: *El delito de trata de seres humanos. Una incriminación dictada desde el Derecho Internacional*, *op. cit.*, pp. 378-409.

1270 *Vid.* VILLACAMPA ESTIARTE, C.: *El delito de trata de seres humanos. Una incriminación dictada desde el Derecho Internacional*, *op. cit.*, p. 378. No obstante, reconoce el Tribunal Supremo que, además de tutelar la política migratoria, el 318 bis también ampararía los derechos de los ciudadanos extranjeros, aunque de una forma más colateral. *Vid.*, por todas, STS 422/2020, de 23 de julio; STS 214/2017, de 29 de marzo.

1271 Por todas, véase STS 422/2020, de 23 de julio; STS 324/2021, de 21 de abril; STS 396/2019.

1272 *Vid. Ibídem.*

bis CP como una manifestación de la "administrativación del derecho penal" y del derecho penal del enemigo[1273].

Esa restricción del bien jurídico tutelado en el art. 318 *bis* CP que se ha constatado en los últimos años ha dado lugar a otra diferencia significativa en relación con el delito de trata. Esta vez, a nivel penológico. Pues, tras la reforma de 2015, la sanción impuesta a los supuestos de tráfico ilícito de migrantes ha sufrido una drástica reducción, pasando de castigarse el tipo básico con penas de prisión de 4 a 8 años a la actual pena de prisión de 3 meses a 1 año, pudiendo aplicarse alternativamente una multa de tres a doce meses[1274]. Por el contrario, las conductas típicas del 177 *bis* CP parten de unas penas privativas de libertad sensiblemente más elevadas, acordes con su consideración de grave violación de los derechos humanos.

Otra de las singularidades que tradicionalmente han permitido distinguir el tráfico de inmigrantes de la trata de personas tiene

---

1273 *Vid.* IGLESIAS SKULJ, A.: "De la trata de seres humanos: artículo 177 bis CP", en GONZÁLEZ CUSSAC, J.L. (Dir.), *Comentarios a la reforma del código penal de 2015, 2ª Edición, op. cit.*, p. 596; IGLESIAS SKULJ, A.: *La trata de mujeres con fines de explotación sexual: una aproximación político-criminal y de género, op. cit.*, p. 241. En sentido similar, DE LA MATA BARRANCO entiende que el delito del 318 *bis* CP debe quedar relegado a un "tipo residual" de modo que aquellas conductas de tráfico ilícito de migrantes que no revistan entidad suficiente como para integrarse en el delito de trata, deben sancionarse de conformidad con la legislación de extranjería y, por ende, eliminarse del Código Penal en virtud del principio de intervención mínima. *Vid.* DE LA MATA BARRANCO, N.J.: "Trata de personas y favorecimiento de la inmigración ilegal, dos conductas de muy distinto desvalor", *Revista electrónica de Ciencia Penal y Criminología, op. cit.*, pp. 1-41.

1274 Así, pretendía ajustar las penas conforme a lo dispuesto en la Decisión Marco 2002/946/JAI, que únicamente prevé para los supuestos básicos la imposición de penas máximas de una duración mínima de un año de prisión, reservando las penas más graves para los supuestos de criminalidad organizada y de puesta en peligro de la vida o la integridad del inmigrante.

que ver con el consentimiento de la víctima. Así, en el primero de los casos, la conducta típica suele llevarse a cabo con la anuencia de la víctima[1275], a pesar de los riesgos y peligros que entrañan esas migraciones ilegales a través de rutas y medios de transportes manifiestamente inapropiados. Por el contrario, ese consentimiento no concurre en las víctimas de trata y, cuando lo hace, este se halla viciado por la concurrencia de determinados medios que impiden que el mismo se haya dado libremente y que, por tanto, sea válido[1276].

También pueden hallarse disparidades entre ambos fenómenos en la configuración de sus elementos típicos. En este sentido, el tráfico ilícito de migrantes, junto a la vulneración de la normativa legal reguladora de la entrada, tránsito o permanencia en territorio español[1277], solo requerirá la concurrencia de dolo. Por su parte, el 177 *bis* CP, además de la realización de la acción

---

1275 Que, en principio, debe preservar el dominio del hecho sobre el traslado. Véase VILLACAMPA ESTIARTE, C.: *El delito de trata de seres humanos. Una incriminación dictada desde el Derecho Internacional, op. cit.*, p. 45; PÉREZ ALONSO, E.: *Tráfico de personas e inmigración clandestina (un estudio sociológico, internacional y jurídico-penal), op. cit.*, p. 155; GONZÁLEZ TASCÓN, M.M.: "A propósito de la trata de seres humanos: análisis de la modalidad básica del delito de trata de seres humanos", *Derecho y Proceso Penal, op. cit.*, p. 70.

1276 *Vid.* VILLACAMPA ESTIARTE, C.: "Título VII Bis. De la trata de seres humanos", en QUINTERO OLIVARES, GONZALO (Dir.): *Comentarios al Código Penal Español. Tomo I (artículos 1 a 233), op. cit.*, p. 1239; SANTANA VEGA, D.: "Trata de seres humanos (Art. 177 bis)", en CORCOY BIDASOLO, M. (Dir.): *Manual de Derecho Penal. Parte especial. Doctrina y Jurisprudencia en casos solucionados. Tomo 1, op. cit.*, pp. 202 y 203. STS 298/15, 13 de mayo, FJ 5: introducción de personas extracomunitarias con finalidad de explotación sexual, sin embargo, al no acreditarse la falta de consentimiento de la víctima, lo degrada al 318 bis.

1277 En este sentido, según el Tribunal Supremo, debe acudirse a un concepto amplio de ilegalidad acorde con la normativa europea sobre la materia de modo que sean punibles también las entradas producidas bajo una falsa apariencia de legalidad. *Vid.* STS 422/2020, de 23 de julio.

típica a través de determinados medios, exigirá -como elemento subjetivo del injusto- la persecución de determinadas finalidades.

Finalmente, el componente económico inherente a ambas conductas delictivas ha servido también como factor delimitador entre ambos preceptos. Mientras que en el tráfico de migrantes el beneficio obtenido[1278] se corresponde, generalmente, con el precio pagado por el migrante irregular para llegar a su destino, sin que generalmente el vínculo entre sujeto pasivo y activo se mantenga a posteriori -aunque no siempre será así-[1279]; en los supuestos de trata, esa relación suele mantenerse hasta materializarse la explotación efectiva de la víctima que, como se ha visto, es una de las fases más lucrativas de la trata -aunque no necesariamente la única-[1280]. No obstante, la concurrencia de ánimo de lucro

---

1278 La ONU en su interpretación de la Convención contra la Delincuencia Organizada Transnacional y de sus protocolos, entiende que por "beneficios" debe entenderse no sólo los de tipo económico, sino también los de otra índole, como la sexual. *Vid.* UN GENERAL ASSEMBLY: *Interpretative notes for the official records (travaux préparatoires) of the negotiation of the United Nations Convention against Transnational Organized Crime and the Protocols thereto,* United Nations, Viena, 2000, p. 2. En contra, RODRÍGUEZ LÓPEZ entiende que una interpretación amplia de los conceptos "beneficio o ánimo de lucro" sería contraproducente, por cuanto el pago "en especie" podría considerarse una forma de explotación, diluyéndose más la "tenue línea divisoria entre la trata y el tráfico". *Vid.* LÓPEZ RODRÍGUEZ, S.: *Corrupción y trata de seres humanos, op. cit.*, p. 169.

1279 *Vid.* RODRÍGUEZ LÓPEZ, S.: *Trata de seres humanos y corrupción, op. cit.*, p. 176. Así, la posible persistencia de una deuda entre el migrante irregular y el sujeto que ha facilitado su entrada o permanencia en un determinado país, puede propiciar el mantenimiento de ese vínculo entre ambos sujetos. Además, cuando esa deuda devenga abusiva, por injusta e indeterminada, el migrante puede verse abocado a su explotación. *Vid.* SCARPA, S.: *Trafficking in human beings: Modern Slavery, op. cit.*, p. 69.

1280 *Vid.* VILLACAMPA ESTIARTE, C.: "Título VII Bis. De la trata de seres humanos", en QUINTERO OLIVARES, GONZALO (Dir.): *Comentarios al Código Penal Español. Tomo I (artículos 1 a 233), op. cit.*, p.

únicamente es valorada -como circunstancia agravante[1281] o como elemento del tipo[1282]- en el 318 *bis* CP; no así en los casos de trata. Ello permite, por otro lado, no sancionar la ayuda intencionada a la vulneración de la normativa de extranjería cuando obedezca a razones humanitarias (art. 318 *bis* párrafo segundo)[1283] o exista un estrecho vínculo familiar entre ambos sujetos[1284].

1239; VILLACAMPA ESTIARTE, C.: *El delito de trata de seres humanos. Una incriminación dictada desde el Derecho Internacional, op. cit.*, p. 55; PÉREZ ALONSO, E.: *Tráfico de personas e inmigración clandestina (un estudio sociológico, internacional y jurídico-penal), op. cit.*, p. 156; LLORIA GARCÍA, P.: "El delito de trata de seres humanos y la necesidad de creación de una ley integral", *op. cit.*, p. 360. En idéntico sentido, véase STS 422/2020, de 23 de julio; STS 214/2017, de 29 de marzo.

1281 Así se prevé en relación con el tipo básico en el artículo 318 *bis* 1 CP *in fine*: "Si los hechos se hubieran cometido con ánimo de lucro se impondrá la pena en su mitad superior".

1282 Cuando la conducta consista en ayudar al migrante extracomunitario a permanecer en España de forma irregular, deberá concurrir ánimo de lucro para que la conducta sea típica, de conformidad con el artículo 318 *bis* 2 CP.

1283 Y es que, junto al control de los flujos migratorios, señala el Tribunal Supremo que, la ubicación del 318 bis CP como delito contra los derechos de los ciudadanos extranjeros, "presididos por el derecho a la preservación de su dignidad, impide prescindir de una suficiente consideración a este bien jurídico". De este modo, "será preciso que las circunstancias que rodean la conducta permitan apreciar la existencia de alguna clase de riesgo relevante para tales derechos como consecuencia de la conducta típica". *Vid.* STS 188/2016, de 4 de marzo; STS 422/2020, de 23 de julio. Además, dicha configuración del delito de tráfico ilícito de migrantes sería más acorde con la definición prevista en la Directiva 2002/90/CE.

1284 Así, lo interpreta la ONU en UN GENERAL ASSEMBLY: *Interpretative notes for the official records (travaux préparatoires) of the negotiation of the United Nations Convention against Transnational Organized Crime and the Protocols thereto,* op. cit., p. 16.

Probablemente, todas estas disparidades han llevado a un sector doctrinal a defender la apreciación de un concurso de delitos entre los arts. 177 *bis* y 318 *bis* CP[1285]. También la jurisprudencia se muestra proclive a apreciar un concurso de delitos entre ambos tipos[1286], aunque se ha mostrado dispar en cuanto al carácter medial[1287], real[1288] o ideal del mismo[1289]. Este posicionamiento encuentra fundamento, principalmente, en la referida cláusula concursal contenida en el apartado 9 del art. 177 *bis* CP, en virtud de la cual "*las penas previstas en este artículo se impondrán sin perjuicio de las que correspondan, en su caso, por el delito del artículo 318 bis de este Código y demás delitos efectivamente cometidos*".

No obstante, VILLACAMPA entiende que dicha cláusula debe interpretarse restrictivamente en punto a evitar infracciones del principio *non bis in idem*. Considera la autora que ya en la reforma

---

1285 *Vid.* SANTANA VEGA, D.: "Trata de seres humanos (Art. 177 bis)", en CORCOY BIDASOLO, M. (Dir.): *Manual de Derecho Penal. Parte especial. Doctrina y Jurisprudencia en casos solucionados. Tomo 1, op. cit.*, pp. 202-203. Por su parte, se muestran partidarios de aplicar un concurso aparente de normas a resolver a favor del 177 bis CP en virtud del principio de consunción. *Vid.* MUÑOZ CONDE, F.: *Derecho penal. Parte especial (18ª Edición), op. cit.*, p. 207; DAUNIS RODRÍGUEZ, A.: *El delito de trata de seres humanos, op. cit.*, p. 170.

1286 Así, según el criterio del Alto Tribunal, debe apreciarse un concurso de delitos cuando el migrante extracomunitario ha sido trasladado hacia o en tránsito a España para ser tratado.

1287 A modo de ejemplo, *vid.* ATS de 8 de mayo de 2014 o STS 144/2018.

1288 Por todas, *vid.* STS 1040/2013; 295/2016; 807/2016; 422/2020, de 23 de julio.

1289 *Vid.* CONSEJO GENERAL DEL PODER JUDICIAL (CGPJ): *Guía de criterios de actuación judicial frente a la trata de seres humanos, op. cit.*, p. 111; DAUNIS RODRÍGUEZ, A.: *El delito de trata de seres humanos, op. cit.*, pp. 171 y 187. En el plano doctrinal, esta parece ser la opción mayoritaria, aunque también es posible encontrar un criterio dispar. *Vid.* MARTOS NÚÑEZ, J.A.: "El delito de trata de seres humanos: análisis del artículo 177 bis del Código Penal, *Estudios Penales y Criminológicos, op. cit.*, p. 118.

de 2015 debió eliminarse la referencia explícita a la posible concurrencia del delito de trata con el del art. 318 *bis* CP, pues ello podría conducir a apreciarse la concurrencia de ambos delitos en todos aquellos supuestos de trata que impliquen un cruce de fronteras, siendo que el tipo del 177 *bis* CP tiene una pena suficientemente grave[1290]. Sin embargo, el Alto Tribunal parece vetar la posibilidad de aplicar los principios de absorción o consunción e, incluso, de especialidad previstos en el art. 8 CP en atención a la disparidad de bienes jurídicos protegidos en ambos ilícitos penales[1291].

IV. CONCLUSIONES PARCIALES

Como ha podido apreciarse en líneas precedentes, la actual configuración del delito de TSH, a pesar de las sucesivas reformas a las que ha sido sometido, sigue presentando importantes

---

1290 *Vid.* VILLACAMPA ESTIARTE, C.: "Título VII Bis. De la trata de seres humanos", en QUINTERO OLIVARES, GONZALO (Dir.): *Comentarios al Código Penal Español. Tomo I (artículos 1 a 233), op. cit.*, p. 1267. También MUÑOZ CONDE se muestra partidario a aplicar, en estos casos, únicamente el artículo 177 bis CP por ser ley especial y constituir un delito más grave. Sin embargo, reconoce que la previsión de la cláusula concursal contenida en el art. 177 bis 9 obliga a aplicar un concurso de delitos entre ambos ilícitos a pesar de que ello de lugar a penas desproporcionadas. *Vid.* MUÑOZ CONDE, F.: *Derecho Penal. Parte Especial, op. cit.*, p. 169. En sentido similar, se muestra proclive a una aplicación restrictiva de dicha regla concursal, MAYORDOMO RODRIGO, V.: "Nueva regulación de la trata, el tráfico ilegal y la inmigración clandestina de personas", *Estudios Penales y Criminológicos, op. cit.*, p. 376.

1291 Véase, por todas, la STS 420/2016. En contra de esta solución, considerada una manifestación de la exacerbación punitiva del legislador contraria al principio de proporcionalidad de las penas, MAYORDOMO RODRIGO, V.: "Cuestiones concursales entre el delito de trata de seres humanos y la prostitución coactiva", en RICHARD GONZÁEZ, M., RIAÑO BRUN, I. y POELEMANS, M. (Coords.), *Estudios sobre la lucha contra la trata de seres humanos*, Thomson Reuters-Aranzadi, Cizur Menor, 2013, p. 96.

deficiencias técnicas, algunas de las cuales persistirían incluso ante la eventual aprobación del Anteproyecto de Ley Orgánica integral contra la trata y la explotación de seres humanos (ALOITES) o la transposición de las modificaciones operadas recientemente en la Directiva 2011/36.

Así, ya desde que se tipificara el fenómeno en 2010 se plantearon varias dificultades en el plano doctrinal y operativo, fruto de una incriminación que, buscando dar cumplimiento a los requerimientos internacionales en este sentido, careció de la suficiente reflexión y armonización con las particularidades de nuestro sistema penal.

En consecuencia, no es de extrañar que los primeros esfuerzos se focalizaran en introducir algunas mejoras técnicas que se reputaban del todo necesarias, así como en cumplir con las nuevas exigencias dimanadas de la aprobación de la Directiva 2011/36/UE. Concretamente, se reformaron las conductas delictivas y los medios comisivos propios de este delito, dando cabida a los supuestos de compraventa y permuta de víctimas. Se incluyeron, a su vez, dos nuevas formas de explotación –criminalidad forzada y matrimonios forzados- de forma expresa y autónoma, sin necesidad de recurrir a su subsunción como forma de trabajo forzoso o servidumbre. Se interpretaron auténticamente también las situaciones de necesidad y vulnerabilidad. Y, finalmente, se produjo una cierta aproximación económica al fenómeno al incluirse el 177 *bis* CP en el catálogo de delitos que permiten el decomiso ampliado.

Recientemente, la reforma operada por la Ley Orgánica 8/2021 supuso la previsión de una pena de inhabilitación especial para cualquier profesión, oficio o actividad que conlleve contacto regular y directo con personas menores de edad. Aunque, sorprendentemente esta se incluye en un párrafo final del tipo básico (art. 177 *bis* 1 CP), en lugar de en el párrafo segundo concerniente a las víctimas de trata menores de edad.

Finalmente, la última reforma, que trae causa en la Ley 13/2022, consecuencia del conflicto bélico entre Rusia y Ucrania, introdujo un tipo cualificado cuando la vulnerabilidad de la víctima guarde relación con la existencia de un conflicto armado o una catástrofe humanitaria (177 *bis* 4.c). Previsión que ha sido considerada innecesaria por su carácter redundante e intrascendente, en tanto que tales circunstancias ya podían subsumirse en la situación de vulnerabilidad por situación personal de la víctima prevista en el art. 177 *bis* 4.b CP[1292].

Por consiguiente, siguen persistiendo como déficits[1293] la mención al territorio español prevista en la definición de la conducta típica[1294]. También la falta de tipificación de conductas de explotación humana, siendo la más acuciante, la falta de previsión de un delito de esclavitud o de sometimiento a explotación humana severa[1295]. También siguen sin incriminarse

1292 *Vid.* VILLACAMPA ESTIARTE, C.: "Acerca del Anteproyecto de Ley Orgánica integral contra la trata y la explotación de seres humanos", Diario la Ley, *op. cit.*, p. 3.

1293 *Vid.* VILLACAMPA ESTIARTE, C.: "Introducción: acerca de la conveniencia de una ley integral para afrontar la trata y la explotación severa de seres humanos", en VILLACAMPA ESTIARTE, C. (Dir.), *La trata de seres humanos tras un decenio de su incriminación. ¿Es necesaria una ley integral para luchar contra la trata y la explotación de seres humanos?, op. cit.*, pp. 33-35.

1294 *Vid.*, por todos, ESQUINAS VALVERDE, P.: "Lección 8. El delito de trata de seres humanos", en MARÍN DE ESPINOSA CEBALLOS (Dir.), *Lecciones de Derecho Penal. Parte especial (2ª Edición), op. cit.*, p. 162; VILLACAMPA ESTIARTE, C.: *El delito de trata de seres humanos. Una incriminación dictada desde el Derecho Internacional, op. cit.*, p. 416; VILLACAMPA ESTIARTE, C.: "Acerca del Anteproyecto de Ley Orgánica integral contra la trata y la explotación de seres humanos", Diario la Ley, *op. cit.*, p. 3; POMARES CINTAS, E.: "El delito de trata de seres humanos con finalidad de explotación laboral", *Revista Electrónica de Ciencia Penal y Criminología, op. cit.*, p. 7; DAUNIS RODRÍGUEZ, A.: El delito de trata de seres humanos, *op. cit.*, p. 184; PÉREZ ALONSO, E.: *Tráfico de personas e inmigración clandestina (un estudio sociológico, internacional y jurídico-penal), op. cit*, p. 176.

1295 Ampliamente sobre esta cuestión, véase, por todos, VILLACAMPA ESTIARTE, C.: *El Delito de trata de seres humanos una incriminación dictada desde el derecho internacional, op. cit.*, pp. 777 y ss.; VILLACAMPA

los supuestos en que se fuerza a un adulto a elaborar material pornográfico o a participar en espectáculos de esta índole[1296] (piénsese en aplicativos como *Only Fans*, portales de pornografía *online*, etc.) o los casos de trata que tienen por fin la maternidad subrogada forzosa[1297], aspecto este último que deberá enmendarse próximamente por orden de la modificación operada por la Directiva 2024/1712/UE. Tampoco ha merecido, por el momento, modificación alguna la regla concursal del 177

ESTIARTE, C.: "La moderna esclavitud y su relevancia jurídico penal", *Revista de Derecho Penal y Criminología*, vol. 10, 2013, *passim*; VILLACAMPA ESTIARTE, C.: "Acerca del Anteproyecto de Ley Orgánica integral contra la trata y la explotación de seres humanos", Diario la Ley, *op. cit.*, p. 3; POMARES CINTAS, E.: "Directrices para el análisis y la persecución penal de la explotación económica en condiciones de esclavitud o similares", en PÉREZ ALONSO, E. (Coord.), *El derecho ante las formas contemporáneas de esclavitud*, Tirant lo Blanch, Valencia, 2017, pp. 775 y ss.; POMARES CINTAS, E.: "Hacia una coalición regional sudamericana contra la trata de personas: protocolo regional de buenas prácticas en torno al eje de persecución del delito de trata de personas y modalidades de explotación asimiladas a la esclavitud", en PÉREZ ALONSO, E. y POMARES CINTAS, E. (Coords.), *La trata de seres humanos en el contexto penal iberoamericano*, Tirant lo Blanch, Valencia, 2019, pp. 425 y ss.; PÉREZ ALONSO, E.: *Tratamiento jurídico-penal de las formas contemporáneas de esclavitud*, *op. cit.*, pp. 333-366; VALVERDE-CANO, A.B.: *Más allá de la trata: el derecho penal frente a la esclavitud, la servidumbre y los trabajos forzosos*, *op. cit.*, pp. 473 y ss.

1296 *Vid.*, por todos, VILLACAMPA ESTIARTE, C.: *El Delito de trata de seres humanos. Una incriminación dictada desde el derecho internacional*, *op. cit.*, pp. 441-443; DAUNIS RODRÍGUEZ, A.: *El delito de trata de seres humanos*, *op. cit.*, p. 173.

1297 En este sentido, véase, por todos, VILLACAMPA ESTIARTE, C.: *El Delito de trata de seres humanos una incriminación dictada desde el derecho internacional*, *op. cit.*, p. 434; CUGAT MAURI, M.: "Trata de seres humanos: la universalización del tráfico de personas y su disociación de las conductas infractoras de la política migratoria (arts. 177 bis, 313, 318 bis)", en QUINTERO OLIVARES (dir.), *La reforma penal de 2010: Análisis y comentarios*, *op. cit.*, p. 161.

bis 9 CP, a pesar de que la relación allí prevista con el delito de tráfico ilícito ha llevado a un sector doctrinal a plantearse la propia vigencia del 318 *bis* CP[1298]. Finalmente, siguen vigentes los mismos problemas aplicativos denunciados en relación con la cláusula de no punición del art. 177 *bis* 11 CP[1299].

Al respecto, el ALOITES, a pesar de sus virtudes, desaprovecha una vez más la oportunidad de remediar las carencias anteriormente indicadas. Así, no consigue satisfacer las demandas doctrinales en torno a la cláusula de no punición del art. 177 *bis* 11, ni se deshace de la innecesaria agravación de la pena contemplada en el art. 177 *bis* 4.c). A mayor abundamiento, propone la inclusión de medidas, cuanto menos, chocantes. Como la propuesta de tipificar el delito de tercería locativa (art. 177 *septies* 1 ALOITES)[1300]

1298 Ya se propuso la supresión de dicho precepto, dejando la sanción de las conductas infractoras de la normativa de extranjería en manos del Derecho Administrativo, en atención a los principios de fragmentariedad y mínima intervención del Derecho Penal, en VILLACAMPA ESTIARTE, C.: *El Delito de trata de seres humanos una incriminación dictada desde el derecho internacional, op. cit.*, p. 483. En sentido similar, se pronunció previamente MARTÍNEZ ESCAMILLA, M.: *La inmigración como delito. Un análisis político-criminal, dogmático y constitucional del tipo básico del art. 318 bis CP, op. cit.*, p. 159; PORTILLA CONTRERAS, G. y POMARES CINTAS, E.: "Los delitos relativos al tráfico ilegal o la inmigración clandestina de personas", en ÁLVAREZ GARCÍA, F.J. y GONZÁLEZ CUSSAC, J.L. (Dirs.), *Comentarios a la reforma penal de 2010, op. cit.*, p. 363.

1299 Estos pueden resumirse en el requerimiento de identificación formal de la víctima, su no aplicabilidad a los delitos cometidos estrictamente durante el proceso de trata, la exclusión de supuestos de intimidación ambiental o control coercitivo, el requerimiento de proporcionalidad explícito, y su configuración como cláusula de no punición en lugar de como cláusula de no procesamiento. Véase, por todos, VILLACAMPA ESTIARTE, C.: "El principio de no punición o no penalización de las víctimas de trata de seres humanos: reconocimiento normativo y aplicación", *Diario La Ley, op. cit.*, pp. 7 y ss.

1300 Dicha incriminación ha sido considerada una ampliación injustificada de las conductas típicas de trata, contraria a los principios materiales

o los cuestionables marcos penológicos previstos para el nuevo delito de explotación humana severa en relación con las formas de explotación ya tipificadas en el Código Penal[1301]. Tampoco ha convencido la descripción típica propuesta en relación con el delito de esclavitud[1302]. A mayor abundamiento, y ahondando en esa vertiente punitivista del fenómeno, el ALOITES propone la tipificación de dos nuevos delitos: por un lado, el uso de servicios prestados por víctimas de trata (art. 177 *quater*); y, por otro, la distribución o difusión a través de las TIC de contenidos que fomenten la comisión de este tipo de delitos (art. 177 *octies,* el cual no estaba contemplado en la primera versión del Anteproyecto). Así, a pesar de que la reforma de la Directiva 2011/36 operada en 2024 obliga ahora a los Estados miembros a criminalizar la utilización intencionada de servicios prestados por una víctima de trata (art. 18 *bis*), el ALOITES va un paso más allá, pues no solo prevé la tipificación de estas conductas cuando el usuario actúa conociendo la condición de víctima de la otra persona, sino también en los casos que actuare con imprudencia grave. Así, únicamente resultará exento de pena el usuario ocasional -aspecto este último que deberá interpretarse jurisprudencialmente- que denuncie los hechos antes de la apertura del procedimiento o de las diligencias policiales o judiciales oportunas.

En cuanto a la consideración de la dimensión económica de la trata, como ha podido constatarse, la misma no ha constituido una prioridad, no habiendo el legislador mostrado hasta la fecha demasiado interés por incorporarla a la regulación del delito. Y ello a pesar de que, ya en la Circular de la FGE 5/2011, de 2 de noviembre, se

---

informadores del Derecho Penal. *Vid.* VILLACAMPA ESTIARTE, C.: "Acerca del Anteproyecto de Ley Orgánica integral contra la trata y la explotación de seres humanos", *Diario la Ley, op. cit.*, p. 13.

1301 *Vid. Ibidem,* p. 12.

1302 La cual tacha de indeterminada y susceptible de interpretaciones extensivas, *vid. ibidem.*

hacía alusión a la intencionalidad perseguida por todo tratante, que no es otra que la obtención de un provecho o lucro económico[1303].

Tal vez esa despreocupación por el componente lucrativo que envuelve al fenómeno se deba a que, en la primera década de este siglo, el legislador se ha preocupado por cumplir con sus obligaciones internacionales de incriminar el fenómeno de forma autónoma al delito de inmigración clandestina; mientras que la segunda década la ha dedicado a intentar corregir los déficits originados fruto de una técnica legislativa errática y acrítica a la hora de transponer e integrar las recomendaciones internacionales.

Sin embargo, más allá de incidir en el elemento lucrativo inherente al concepto de explotación -por cierto, circunscrito a la de tipo sexual, haciendo gala el legislador, una vez más, de la constante estrechez de miras que caracteriza su aproximación al fenómeno- y de ampliar el ámbito aplicativo de la figura del decomiso, no se prevé disposición o sanción alguna dirigida a mitigar ese factor motriz de toda conducta de trata, que es el económico.

Teniendo en cuenta las cada vez más frecuentes e insistentes demandas en textos y recomendaciones internacionales varias acerca de la necesidad de convertir a este delito en uno de bajo rendimiento para sus perpetradores, no logra entenderse como el legislador ha dejado escapar la oportunidad de integrar ese enfoque en sucesivas ocasiones. Piénsese no solo en la oportunidad desaprovechada cuando se tipificó el delito en 2010, sino en las que representan las sucesivas reformas operadas en el mismo en 2015, 2021 y 2022.

1303 Así, la citada Circular refiere que "*la actividad del tratante está encaminada directamente a cosificar a su víctima, convirtiéndola en un bien semoviente para que realice cualquier actividad productiva en su provecho o de un tercero, reduciéndola a mero objeto o mercancía sexual, o rebajándola a la condición de depósito o banco de órganos que puedan ser extraídos para lucrativos trasplantes*".

Sin embargo, debe aclararse que, con la presente crítica, no se pretende que ese componente económico que envuelve al ilícito penal pase a configurarse como un elemento exigido por el tipo. Esto daría lugar a mayores problemas aplicativos -e incluso vacíos de punibilidad- como los ya advertidos por la doctrina al discutirse si el ánimo de lucro debía exigirse en relación con la finalidad de explotación perseguida por el tratante[1304]. Tampoco considero necesaria su previsión -esto es, la concurrencia de ánimo de lucro- como subtipo agravado, como propuso PÉREZ ALONSO[1305], puesto que tal agravación podría convertir el tipo básico en un tipo residual, por cuanto la mayoría de estas conductas estarán guiadas por un afán lucrativo.

Las exigencias en este sentido van más bien encaminadas a tener en cuenta dicho factor explicativo y consustancial al fenómeno en aras a diseñar e implementar una política criminal más eficaz, que necesariamente pasa por la previsión de un conjunto de medidas y sanciones orientadas a combatir y confiscar el rendimiento económico obtenido a través de estas conductas. Esto dado que la mera previsión de una pena de multa proporcional cuando el delito es cometido por personas jurídicas -que, como se verá, deviene prácticamente inaplicable- resulta a todas luces insuficiente.

Así, han tenido que pasar algo más de dos décadas para encontrar el primer texto que, más allá de reconocer la estrecha relación entre la TSH y los importantes beneficios económicos que esta genera, prevé la adopción de medidas tendentes a miti-

---

1304 Por todos, *vid.* VILLACAMPA ESTIARTE, C.: *El Delito de trata de seres humanos. Una incriminación dictada desde el derecho internacional, op. cit.*, p. 439; PÉREZ ALONSO, E.: *Tráfico de personas e inmigración clandestina (un estudio sociológico, internacional y jurídico-penal), op. cit*, p. 185; LÓPEZ RODRÍGUEZ, J.: *Conceptualización jurídica de la trata de seres humanos con fines de explotación laboral, op. cit*, p. 67.

1305 En este sentido, PÉREZ ALONSO, E.: *Tráfico de personas e inmigración clandestina (un estudio sociológico, internacional y jurídico-penal), op. cit.*, p. 185.

gar el rendimiento económico que se esconde tras estas prácticas. Sin embargo, muchas de las medidas planteadas, como tendrá ocasión de observarse -*vid infra*-, resultan deficientes, cuando no estériles, de modo que, más allá de las buenas intenciones, tendrían un impacto real menor al deseado o al que cabría esperar. Lamentablemente, en atención al contenido de las propuestas de carácter económico planteadas por el ALOITES, atendida además la actual situación de incertidumbre con relación a si el nuevo gobierno surgido de las elecciones generales de julio de 2023 va a recuperar dicho texto, parece que la aproximación económica a la trata en nuestro país no va a materializarse en el corto plazo.

Capítulo V. La trata de seres humanos en el ordenamiento jurídico español como criminalidad económica: aspectos procesales penales

I. INTRODUCCIÓN

Tal como se ha referido al introducir el Capítulo IV, el presente pretende contextualizar el abordaje de la TSH en el ordenamiento jurídico español, esta vez, desde una perspectiva procesal. Así, el Capítulo V se centrará en el estudio del proceso penal seguido para proceder por el delito de trata. Nuevamente aquí, como sucedía en el Capítulo IV, el análisis normativo y doctrinal se complementará con la mención de las más relevantes sentencias, con especial referencia a las dictadas por el Tribunal Supremo (TS).

Puesto que la función principal del proceso penal se enmarca en el ámbito de la persecución del delito, el análisis se focalizará en reseñar las principales dificultades que se plantean durante el *iter* procesal relativo al enjuiciamiento del delito que nos ocupa. En este sentido, además de los problemas aplicativos derivados de una deficiente técnica legislativa -como los identificados en el capítulo anterior en relación con la propia configuración del tipo penal-, se referirán las dificultades probatorias que presenta este delito en particular, especialmente por cuanto tiene que ver con la validez de la declaración de la víctima.

Sin embargo, dado que la función del proceso penal no debe circunscribirse a la persecución, tampoco se constriñe el presente estudio a este ámbito, dedicándose unas líneas también al ámbito de la prevención del delito y, especialmente, a la protección victimal. Al respecto, de entre las cuestiones procesales que se presentan intrincadas, merece una especial referencia la figura de la víctima y los derechos que la misma tiene reconocidos en el marco del proceso penal, pero también en el ámbito extraprocesal. Esto sin olvidar la necesaria mención a algunos preceptos de tipo administrativo que inciden en la persecución del delito y repercuten directamente en la protección de las víctimas.

Finalmente, con el fin de determinar los principales rasgos de la actual persecución del delito de TSH en la práctica judicial, se proveerán algunos datos y conclusiones fruto del análisis jurisprudencial realizado de las sentencias condenatorias por TSH dictadas por la Audiencia Nacional y las Audiencias Provinciales –al que después me referiré con mayor detenimiento-. Concretamente, se analizará si el rigor penológico que caracteriza la respuesta penal al delito de trata en el artículo 177 *bis* CP tiene su consecuente traslado en la práctica jurisprudencial, determinando el índice de condenas y la severidad de las penas privativas de libertad impuestas.

II. PROBLEMÁTICA EN LA INVESTIGACIÓN DEL DELITO DE TRATA DE SERES HUMANOS EN EL MARCO DE LAS ACTUACIONES PREPROCESALES

La propia naturaleza compleja de la TSH, junto a las anteriormente referidas dificultades que plantea la tipificación penal del fenómeno en el artículo 177 *bis* CP -Cap. IV-, tiene su consecuente reflejo en la práctica judicial en tanto que la investigación y enjuiciamiento de estas causas también suscita cierta problemática.

Muestra de ello son las cifras arrojadas por las distintas instituciones que recogen datos relativos a la investigación y enjuiciamiento de la TSH en sus diferentes estadios o etapas. Así, el CITCO[1306], en su último informe publicado[1307], asegura haber realizado durante el año 2024 un total de 10.013 inspecciones administrativas en el marco de su actividad preventiva frente a la trata -sexual y laboral-[1308], que habrían dado lugar a la detección de 7.697 personas en situación de riesgo[1309] y a la inspección de 27.080 trabajadores. Dichas indagaciones culminaron con la identificación de 256 víctimas de trata con fines de explotación

---

1306 Dicho organismo de inteligencia, que depende de la Secretaría de Estado de Seguridad, se encarga de la gestión y análisis de toda la información estratégica relativa al terrorismo, la criminalidad organizada y las organizaciones radicales de carácter violento. Al incluirse la trata de seres humanos como una de las modalidades de criminalidad organizada, el CITCO recopila desde hace algo más de una década ciertos datos policiales de tipo cuantitativo sobre TSH en sus sucesivos balances estadísticos (2013-17; 2014-18; 2015-19; 2016-20; 2017-21; 2018-2022; 2019-2023; 2020-2024).

1307 *Vid.* CITCO: *Trata y explotación de seres humanos en España. Balance estadístico 2020-2024, op.cit.* Las cinco últimas ediciones de dichos informes, a diferencia de sus versiones anteriores, incorporan ciertas novedades. Además del cambio de título y de ciertas nomenclaturas, proporcionan no solo datos relativos a la trata, sino también a la ex plotación con fines sexual y laboral.

1308 Del informe en cuestión se deduce que la actividad preventiva se limita a la trata de seres humanos que tiene por finalidad la explotación sexual y/o laboral de la víctima, pues no consta que se realicen inspecciones administrativas o actuaciones similares algunas respecto al resto de modalidades de trata. *Vid.* CITCO: *Trata y explotación de seres humanos en España. Balance estadístico 2020-2024, op. cit.*, pp. 2, 18, 34, 38 y 42.

1309 Según clarifica el propio informe, debe entenderse por “persona en situación de riesgo” aquella que ha sido identificada en el transcurso de una inspección administrativa en un lugar de ejercicio de la prostitución mientras ejercía dicha actividad. *Vid.* CITCO: *Trata y explotación de seres humanos en España. Balance estadístico 2020-2024, op. cit.*, p. 44.

sexual[1310] y 246 víctimas de trata laboral[1311]. Por su lado, la Fiscalía General del Estado (en adelante, FGE) en sus memoria de 2024 informa que la ahora denominada Unidad de Trata de personas y Extranjería[1312] habría realizado un total de 162

1310 Esto es, un 13% menos que en el año anterior. De las 256 víctimas detectadas, el 98% eran adultos y pertenecían en un 97% al sexo femenino. Las mismas se habrían localizado, principalmente, en la Comunitat Valenciana, seguido muy de cerca por las Islas Canarias y la Comunidad de Madrid, aunque proceden, en su mayoría, de América del Sur (Colombia, Venezuela, Paraguay, Brasil, Perú y Argentina). Por otro lado, se identificaron a 376 víctimas de explotación sexual. Así, de las 7.697 personas detectadas como en situación de riesgo, sólo el 8% (632) acabará siendo identificada como víctima. *Vid.* CITCO: *Trata y explotación de seres humanos en España. Balance estadístico 2020-2024, op. cit.*, pp. 6-8 y 12.

1311 En este caso, de las 246 víctimas detectadas, 241 serían adultos. A diferencia de lo que sucede con la trata y explotación sexual, aquí el 75% de las víctimas se identifican con el sexo masculino, habiendo sido detectadas principalmente en Cataluña, Castilla y León y Aragón, si bien suelen proceder de América del Sur (112) y Asia Meridional (78). De los 27.080 trabajadores inspeccionados se lograron identificar a 905 víctimas de explotación laboral que, sumadas a las víctimas de trata laboral, representarían únicamente el 4% del total. *Vid.* CITCO: *Trata y explotación de seres humanos en España. Balance estadístico 2020-2024, op. cit.*, pp. 22-24 y 28.

1312 Esta es una de las ahora 14 unidades especializadas por razón de materia que se integran en la Fiscalía, tras la reciente creación de la Unidad de Derechos humanos y memoria democrática. Entre su ámbito objetivo se halla la persecución de los delitos de trata de seres humanos, de tráfico ilícito de inmigrantes, o el control de la aplicación del art. 59 de la Ley Orgánica de Extranjería (LOEX), entre otros. Actualmente, está compuesta por una Fiscal de Sala, dos fiscales adscritas al mismo, una secretaría, y un único miembro de enlace con las Fuerzas y Cuerpos de Seguridad del Estado -FFCCSE- (un policía nacional de la Unidad Central de Redes de Inmigración Ilegal y Falsedades Documentales (UCRIF), tras el cese del Guardia Civil adscrito hasta el momento). La Fiscalía de Trata de personas y Trata de personas y Extranjería se encarga de la coordinación y supervisión de las Secciones de Extranjería de las Fiscalías Territoriales, al frente de cada una de las cuales existe un Fiscal Delegado.

Diligencias de Seguimiento por el delito de trata de seres humanos (en adelante, DSTSH)[1313] a lo largo de 2023. En última instancia, las estadísticas judiciales ofrecidas por el CGPJ cifran en 29 las sentencias dictadas por las Audiencias Provinciales por un delito del 177 *bis* CP en el año 2022[1314].

A pesar de ser sobradamente conocido que la TSH esconde una importante cifra negra y que los casos que llegan al conocimiento de las autoridades no serían más que la punta del iceberg[1315], la confrontación de los anteriores datos pone de manifiesto que, incluso muchos de aquellos supuestos que se hallan bajo el punto de mira institucional, no llegan si quiera a ser enjuiciados y, cuando lo hacen, no siempre ese proceso culmina con una sentencia condenatoria. Esto evidencia que los primeros obstáculos en la investigación de este delito surgen incluso de forma previa al inicio del procedimiento penal. Así, antes de proceder a identificar las principales dificultades que

---

1313 Un 40% más respecto a los dos años anteriores. *Vid.* FISCALÍA GENERAL DEL ESTADO: *Memoria elevada al Gobierno de S.M, 2022*, Fiscalía General del Estado, Ministerio de Justicia, Madrid, 2023, p. 711; FISCALÍA GENERAL DEL ESTADO: *Memoria elevada al Gobierno de S.M, 2023*, Fiscalía General del Estado, Ministerio de Justicia, Madrid, 2024, p. 623.

1314 Dichas estadísticas, que se recogen anualmente desde 2015, pueden hallarse en la propia página web del CGPJ bajo la rúbrica "tráfico de seres humanos", denominación que parece sintomática de la clásica confusión entre los fenómenos tráfico de personas y trata de personas. En cualquier caso, *vid.* CONSEJO GENERAL DEL PODER JUDICIAL: *Tráfico de seres humanos – Año 2022* [Archivo Excel] (Tabla 1.3). https://www.poderjudicial.es/cgpj/es/Temas/Estadistica-Judicial/Estadistica-por-temas/Datos-penales—civiles-y-laborales/Trafico-de-seres-humanos/

1315 *Vid.* VILLACAMPA ESTIARTE, C. y TORRES ROSELL, N.: "Trata de seres humanos para explotación criminal: ausencia de identificación de las víctimas y sus efectos", *Estudios Penales y Criminológicos, op. cit.*, p. 773; SERRA CRISTÓBAL, R.: "La trata de mujeres como una de las formas más atroces de violencia contra la mujer", en MARTÍN SÁNCHEZ, M. (Dir.), *Estudio integral de la violencia de género, op. cit.*, pp. 272 y 273.

se plantean durante la instrucción del delito de TSH, merece detenerse brevemente en los problemas dimanantes de la denominada instrucción preliminar, esto es, la llevada a cabo por la Policía Judicial o el Ministerio Fiscal antes de la iniciación del correspondiente proceso penal[1316].

1. *Diligencias preprocesales o preliminares. Dificultades en la investigación policial de la trata de seres humanos y las diligencias informativas del Ministerio Fiscal.*

Por mandato del artículo 282 de la Ley de Enjuiciamiento Criminal (LECrim), la Policía Judicial[1317] tiene el deber de investigar la comisión de aquellos hechos delictivos cometidos en

[1316] En este punto, cabe recordar que ni la Policía Judicial ni el Ministerio Fiscal son órganos jurisdiccionales, por lo que esta instrucción preliminar no tiene carácter jurisdiccional, a pesar de estar sometida al cumplimiento de las normas legales (arts. 297.III, 771 y 796 LECrim) y deberse practicar con pleno respeto a los derechos constitucionales de las personas sometidas a la investigación. *Vid.* CORTÉS DOMÍNGUEZ, V.: "Lección 13. La fase de instrucción", en MORENO CATENA, V. y CORTÉS DOMÍNGUEZ, V., *Derecho Procesal Penal,* Tirant lo Blanch, Valencia, 2019, p. 214. No obstante, a pesar de que estas diligencias no revistan naturaleza instructora, pueden revelarse como piezas esenciales en el posterior proceso especial, especialmente en la configuración del núcleo esencial del fundamento fáctico. *Vid.* RUÍZ BOSCH, S.: "Las diligencias preprocesales", *La Ley Penal,* nº 116, 2015, p. 2. De ahí que el Tribunal Supremo, en su sentencia de 15 de abril de 2013, haya declarado la importancia de dar cumplimiento al derecho de defensa y al principio de contradicción en la fase preprocesal de la instrucción.

[1317] Un análisis exhaustivo sobre la naturaleza, función y actuaciones de la Policía Judicial en el marco del procedimiento penal puede encontrarse en GOYENA HUERTA, J.: "La policía judicial y el proceso penal", *Revista Aranzadi Doctrinal,* núm. 9, 2019, pp. 1-61.

su demarcación[1318], deber al que puede dar cumplimiento de oficio o por requerimiento del Juez o del Ministerio Fiscal[1319]. Cuando estas diligencias policiales se producen por iniciativa propia del organismo policial, o bien obedecen a las directrices del Ministerio Fiscal, se enmarcan en las conocidas como diligencias preliminares[1320], reguladas en los artículos 282 y ss.

1318 La Constitución española de 1978 dotó de mayores funciones a la Policía Judicial en el ámbito del proceso penal al atribuirle funciones que exceden de la mera prevención y se encuadran en una "auténtica investigación criminal". Así, el artículo 126 CE atribuye al ente policial las funciones de "averiguación del delito y el descubrimiento y aseguramiento del delincuente", aunque subordinándola al control de Jueces y Fiscales. Véase, RUÍZ BOSCH, S.: "Las diligencias preprocesales", *La Ley Penal*, *op. cit*, pp. 2-3.

1319 De hecho, de conformidad con el artículo 282 LECrim, tan solo cuando esta actividad investigadora de la Policía sea fruto del requerimiento por parte del Juez o el Ministerio Fiscal podrá investigar aquellos delitos perseguibles a instancia de parte.

1320 Esta actividad debe limitarse al descubrimiento del autor del delito y al aseguramiento de los efectos, instrumentos y pruebas del delito (art. 282 LECrim). En términos similares, se pronuncia el Tribunal Supremo en su sentencia de 3 de julio de 2008, que reza como sigue: "A la Policía Judicial, más que realizar actos de prueba, lo que en realidad le encomienda el art. 126 de la Constitución es la «averiguación del delito y descubrimiento del delincuente», esto es, la realización de los actos de investigación pertinentes para acreditar el hecho punible y su autoría". Para acometer dicha finalidad, la Policía Judicial está facultada para tomar declaración del sospechoso tras su detención (art. 520 LECrim), tomar declaración de los testigos presentes en la comisión del delito (art. 282 y 297 LECrim), la intervención de objetos, cosas o bienes, la elaboración de informes técnicos y periciales, entre otras funciones. A modo de ejemplo, en el ámbito del procedimiento abreviado, el artículo 770 LECrim prevé una serie de funciones específicas como el requerimiento de un facultativo o personal sanitario para presar auxilio al ofendido, la toma de fotografías o de cualquier otro medio de reproducción de la imagen, el levantamiento de cadáver en caso de este encontrarse

LECrim -para el procedimiento ordinario- y 769 a 773 LECrim -en relación con el procedimiento abreviado-[1321].

También el Ministerio Fiscal, tras recibir la *notitia criminis*, bien sea directamente o mediante denuncia[1322] o atestado[1323], puede realizar ciertos actos de investigación orientados a la "comprobación del hecho o la responsabilidad de los partícipes en el mismo",[1324] facultad derivada de su función de promover la

---

en un lugar de tránsito, etc. Sin embargo, todas aquellas diligencias que conlleven una limitación de los derechos fundamentales requerirán de la previa autorización judicial.

1321 Junto a las referidas normas, la actuación de la Policía Judicial deberá ceñirse también a lo dispuesto en los arts. 547-550 LOPJ, en la LO 2/1986, de Fuerzas y Cuerpos de Seguridad, y en el Real Decreto 769/1987, sobre regulación de la Policía Judicial.

1322 De abrirse diligencias preliminares a instancia de parte, el Fiscal podrá citar al denunciante para su ratificación y, en su caso, para que aporte cuantos elementos y datos posea sobre el hecho denunciado, a fin de facilitar las tareas de investigación.

1323 Junto a los anteriores, también podrá practicar diligencias preliminares a instancia de los informes o denuncias de otros entes o administraciones públicas. *Vid.* RUÍZ BOSCH, S.: "Las diligencias preprocesales", *La Ley Penal*, *op. cit*, p. 11. Sin embargo, debe matizarse que, según el art. 772.2 LECrim, cuando la Policía Judicial haya redactado su atestado deberá librar el mismo al Juzgado de Instrucción -dando copia al Ministerio Fiscal también- siendo el órgano judicial quien pasa a dirigir la investigación.

1324 Con ese fin, puede practicar las diligencias oportunas el propio Ministerio Fiscal o, en su condición de autoridad directora de la Policía Judicial -art. 20 RD 769/1987-, puede ordenar a esta la práctica de las mismas. En particular, deberá ser el Fiscal competente para actuar ante el órgano jurisdiccional, en caso de abrirse diligencias de instrucción, quien acuerde la práctica de diligencias preliminares. En este sentido, ante la investigación de determinados delitos, debe tenerse en cuenta que la existencia de Fiscalías especiales incidirá en la determinación del fiscal competente. Finalmente, en caso de no poder determinarse el órgano competente con carácter inmediato, dicha circunstancia se comunicará al Fiscal General del

justicia en defensa de la legalidad (art. 1 Estatuto Orgánico del Ministerio Fiscal o EOMF) y el ejercicio de las acciones penales

---

Estado a efectos que este determine el fiscal que debe continuar la investigación. RUÍZ BOSCH, S.: "Las diligencias preprocesales", *La Ley Penal, op. cit*, p. 11. Sin embargo, según ORTELLS, esta capacidad investigadora del Ministerio fiscal se encuentra sujeta a una doble limitación: una de tipo instrumental o medial y otra de carácter temporal. Así, en relación con la primera, en ningún caso el Ministerio Fiscal podrá practicar diligencias reservadas a la autoridad judicial (arts. 17.2 CE, 773 LECrim y 5.II EOMF), especialmente aquellas que sean limitativas de los derechos fundamentales, quedándole también vedada la posibilidad de adoptar medidas cautelares, a excepción de la detención preventiva (art. 5.2 EOMF). Así mismo, el artículo 173.2 LECrim le reconoce la facultad de citar al sujeto en cuestión para su comparecencia a fin de tomarle declaración. Por cuanto se refiere a la limitación temporal, estas diligencias preliminares deberán tener una duración proporcionada a la naturaleza del hecho investigado, no pudiendo exceder, por norma general, los 6 meses, sin perjuicio de la facultad de prórroga acordada mediante decreto motivado del Fiscal General del Estado (art. 5.2 EOMF). Transcurrido ese plazo máximo, el Fiscal deberá acordar la finalización de las diligencias preliminares mediante decreto cuando entienda que los hechos no revisten carácter delictivo, debiendo comunicar esta circunstancia a quien hubiere alegado ser perjudicado u ofendido, si su actuación fue a instancia de parte. Por el contrario, promoverá la judicialización de los mismos presentando la pertinente denuncia o querella ante el Juzgado competente, remitiendo las actuaciones y poniendo a su disposición los eventuales efectos del delito y del detenido, si lo hubiera. *Vid.* ORTELLS RAMOS, M.: *Introducción al derecho procesal*, Thomson Reuters-Aranzadi, Cizur Menor, 2017, p. 33; CORTÉS DOMÍNGUEZ, V.: "Lección 13. La fase de instrucción", en MORENO CATENA, V. y CORTÉS DOMÍNGUEZ, V., *Derecho Procesal Penal, op. cit.*, p. 216; DÍAZ MARTÍNEZ, M.: "Los procesos penales. Procesos ordinarios: el "sumario ordinario" y el proceso penal abreviado", en GIMENO SENDRA, V., DÍAZ MARTÍNEZ, M. y CALAZA LÓPEZ, S., *Derecho Procesal Penal*, Tirant lo Blanch, Valencia, 2021, pp. 67 y 68.

y civiles dimanantes del delito (art. 3.4 EOMF), expresamente reconocida por los artículos 773 LECrim[1325] y 5 EOMF[1326].

Esta actuación previa o preliminar[1327], que debe cesar tan pronto el juez forme sumario (art. 286 LECrim), resulta ser una tónica habitual en el ámbito penal, especialmente si se tiene en cuenta que la Policía suele ser en muchas ocasiones el primer grupo de profesionales forenses en ser conocedores de la comisión de un hecho delictivo. Así lo corroboran los datos del CGPJ en relación con las causas seguidas por el delito de TSH en 2022, en que se refleja como el origen de las actuaciones provendrían de

---

1325 Dicho artículo es el sucesor del art. 785 *bis* LECrim, en su redacción resultante de la reforma operada por la LO 7/1988, de 28 de diciembre. El Anteproyecto de dicha LO fue otro intento infructuoso de dotar de al MF de mayores potestades en la investigación previa al proceso penal, no llegando a materializarse por las críticas formuladas en los informes del Consejo Fiscal y el CGPJ. *Vid.* ORTELLS RAMOS, M.: *Introducción al derecho procesal, op. cit.*, p. 31.

1326 Siglas utilizadas para referirse a la Ley 50/1981, de 30 de diciembre, por la que se regula el Estatuto Orgánico del Ministerio Fiscal. También el Proyecto de Ley reguladora del EOMF planteó una reforma de alcance más general respecto a la dirección de la investigación preliminar en manos del MF, la cual no prospero como consecuencia de las enmiendas planteadas por los grupos parlamentarios Comunista y Coalición Democrática. *Vid. Ibidem*, p. 30.

1327 En este punto cabe incidir en que las diligencias preliminares tienen por objeto la localización y aseguramiento de las fuentes de prueba que permitan sustentar una eventual acusación, por lo que no puede considerarse una actividad instructora propiamente dicha. Así, las diligencias preliminares deberán ser objeto de prueba en el juicio oral, sometiéndose a los principios acusatorio, contradictorio y de igualdad de partes. Pues, según ha declarado el Tribunal Constitucional la presunción de autenticidad de estas diligencias solamente alcanzaría su aspecto formal, pero no su aspecto material, es decir, a la certeza de su contenido, que se dilucidará en sede judicial tras la correspondiente actividad probatoria. Véase RUÍZ BOSCH, S.: "Las diligencias preprocesales", *La Ley Penal, op. cit*, pp. 10 y 11.

la Policía en un 76% de los casos[1328]. Precisamente, su proximidad e inmediación respecto a los hechos convierten a la Policía en un actor clave en los momentos posteriores a la comisión del delito, pudiendo realizar ciertas diligencias que posteriormente devendrían imposibles por irrepetibles[1329]. Igualmente, aunque se incidirá en este aspecto en líneas posteriores, cabe recordar que en el caso de la TSH el papel de la policía reviste una particular relevancia, por cuanto son la única autoridad competente para identificar -que no detectar- a las víctimas de este delito[1330].

Sea como fuere, una buena fase de investigación policial previa es de suma relevancia, pues en el atestado policial[1331] resultante, que

---

1328 Éstos vendrían seguidos de los servicios de inmigración (21%), las labores de investigación (5%) y las ONG (3%), siendo el origen desconocido en el 8% de los casos restantes. *Vid.* CONSEJO GENERAL DEL PODER JUDICIAL: *Tráfico de seres humanos – Año 2022* [Archivo Excel] (Tabla 1.9).

1329 *Vid.* ASENCIO MELLADO, J.M.: *Derecho Procesal Penal*, Tirant lo Blanch, Valencia, 2012, p. 93. Se apunta también a ese componente de urgencia y de "*periculum in mora*", entendido como el "riesgo que existe para la investigación de que desaparezcan restos, vestigios, huellas del hecho delictivo o cualquier elemento que pueda contribuir a formar la convicción sobre el hecho y su autoría", en RUÍZ BOSCH, S.: "Las diligencias preprocesales", *La Ley Penal, op. cit*, p. 4.

1330 Así lo establece expresamente los artículos 59 bis de la LOEX y 141 del Reglamento de la LOEX, en semejantes términos a como lo hace el Protocolo marco de protección de las víctimas de trata de seres humanos. *Vid.*, por todos, VILLACAMPA ESTIARTE, C. y TORRES FERRER, C.: Aproximación institucional a la trata de seres humanos en España: valoración crítica, *Estudios Penales y Criminológicos, op. cit.*, p. 194.

1331 Regulado en los artículos 286, 292 y ss. 297, 770 y 797.1 LECrim. El atestado puede definirse como "un documento oficial cumplimentado por la policía en el que se refleja toda la actividad desplegada por las Fuerzas y Cuerpos de Seguridad en el curso de una investigación por delitos, y que debe de entregarse a la autoridad judicial o fiscal al objeto de que esta dé inicio a la instrucción de un procedimiento, o prosiga con la ya iniciada." *Vid.* GOYENA HUERTA, J.: "La policía judicial y el proceso penal", *Revista Aranzadi Doctrinal, op. cit.*, p. 27.

generalmente revestirá similar naturaleza y funciones a la denuncia (art. 297 LECrim)[1332], aunque también puede ostentar valor probatorio[1333], se recogerán todas las diligencias practicadas durante la investigación y los elementos de juicio obtenidos que van a sustentar los posteriores autos judiciales. En definitiva, los resultados de las

---

1332 En cuanto la naturaleza del atestado, la Sentencia del Tribunal Supremo de 21 de enero de 2014 dispuso que "el atestado tiene el carácter de instrucción pre-procesal, pues es anterior a la judicialización de la cuestión y solo tiene un valor de denuncia como precisa el art. 297 LECriminal, por tanto, no es prueba pues solo las actuaciones efectuadas ante la autoridad judicial, única que tiene una naturaleza independiente respecto de los demás participantes del proceso, tienen tal posibilidad". En el mismo sentido, véase SSTS 920/2011, 1161/2011 y 263/2012. Además, el Tribunal Supremo, en su sentencia de 3 de octubre de 2003, dictaminó que no puede constituir ordinariamente prueba preconstituida, puesto que no reúne los requisitos -material, objetivo, formal y subjetivo- para ello. Así, el Alto Tribunal tiene establecido que, para ser considerada prueba, debe comparecer en plenario quien la hubiere practicado, garantizando su posible contradicción. En este sentido, véase STS 215/2003, de 11 de febrero, STS 52/2003, de 24 de febrero y STS 2031/2002, de 4 de diciembre. También el Tribunal Constitucional se ha pronunciado sobre esta cuestión, siendo reseñable su sentencia 303/1993, de 28 de octubre, en virtud de la cual "los atestados de la policía judicial tienen el genérico valor de «denuncia», por lo que, en sí mismos, no se erigen en medio, sino en objeto de prueba. Por esta razón los hechos en ellos afirmados han de ser introducidos en el juicio oral a través de auténticos medios probatorios". En este mismo sentido, véase por todas SSTC 206/2003 y 68/2010.

1333 En este sentido, el Tribunal Constitucional, en la citada sentencia 303/1993, de 25 de octubre, admitió la posibilidad de que los actos de investigación policiales tuvieran valor de prueba preconstituida -debiéndose introducir en el juicio oral como prueba documental mediante el art. 730 LECrim- sin necesidad de comparecencia de los agentes policiales, siempre que la policía haya intervenido por razones de urgencia y necesidad, y se hayan observado las prescripciones de los artículo 326 y ss. para la recogida de efectos por la Autoridad Judicial. *Vid.* RUÍZ BOSCH, S., "Las diligencias preprocesales", *La Ley Penal*, *op. cit*, pp. 8-9.

diligencias preliminares practicadas constituyen los cimientos de la investigación y el posterior enjuiciamiento del delito.

1.1. La detección e identificación de las víctimas de TSH.

1.1.1. El sistema monopolístico de identificación formal de víctimas.

Esta primera etapa preprocesal no está exenta de problemas cuando se trata de investigar eventuales conductas constitutivas de TSH. Así, los primeros obstáculos se presentan ya en la fase de detección e identificación de las víctimas. Esta deviene esencial en tanto que la identificación formal de las víctimas es la *conditio sine qua non* para el consecuente reconocimiento de sus derechos como tal y permite la aplicación de las medidas de protección oportunas[1334]. En este punto, es necesario recordar que el reconocimiento de la condición de víctima de trata en nuestro país es una potestad reservada exclusivamente a las unidades policiales especializadas[1335]. Esta atribución monopo-

---

1334 *Vid.* VILLACAMPA ESTIARTE, C. y TORRES FERRER, C.: "Aproximación institucional a la trata de seres humanos en España: valoración crítica", *op. cit.*, pp. 192-193.

1335 Específicamente, esta competencia la ostentan las unidades especializadas llamadas UCRIFs en el caso del Cuerpo Nacional de Policía; y EMUME (Equipo de Mujer-Menor) en el caso de la Guardia Civil, sin perjuicio de que otras unidades o cuerpos policiales deben poner en conocimiento la existencia de potenciales víctimas de trata. Esta atribución a un determinado organismo policial tiene que ver con la competencia del Cuerpo Nacional de Policía en asuntos de extranjería, en general, y de concesión "de un estatuto de extranjería cualificado", en particular. *Vid.* LAFONT NICUESA, L.: "Aspectos represivos, procesales y de protección que una futura ley integral de trata debiera abordar", en VILLACAMPA ESTIARTE, C. (Dir.), *La trata de seres humanos tras un decenio de su incriminación. ¿Es necesaria una ley integral para luchar contra la trata y la explotación de seres humanos?*, *op. cit.*, p. 68. Así, dicha decisión de nuestro legislador no deja de ser

lística[1336] se muestra en sí problemática por cuanto son varias las voces que reclaman un nuevo modelo de identificación de tipo más plural, multiagencial[1337], como el establecido en la mayoría

---

una manifestación más de esa tradicional confusión de la trata con el tráfico y, por ende, con cuestiones de extranjería y seguridad.

1336 Se encuentra regulada en el art. 141 del Real Decreto 557/2011, de 20 de abril, por el que se aprueba el reglamento de la Ley Orgánica 4/2000, sobre derechos y libertades de los extranjeros en España y su integración social, y en el apartado "VI.- Identificación de las supuestas víctimas de trata de seres humanos" del Protocolo Marco de protección de las víctimas de trata de seres humanos de 2011.

1337 *Vid.* JIMÉNEZ ROMERO, M. y TARANCÓN GÓMEZ, P.: "Perspectivas de profesionales del tercer sector sobre la intervención con víctimas de trata con fines de explotación sexual", *Revista Electrónica de Ciencia Penal y Criminología, op. cit.*, pp. 14- 15; MENESES FALCÓN, C., UROZ OLIVARES, J. y RÚA VIEITES, A.: *Apoyando a las víctimas de trata. Las necesidades de las mujeres víctimas de trata desde la perspectiva de las entidades especializadas y profesionales involucrados. Propuestas para la sensibilización contra la trata, op. cit.*, p. 186; VILLACAMPA ESTIARTE, C. y TORRES FERRER, C.: Aproximación institucional a la trata de seres humanos en España: valoración crítica, *op. cit.*, p. 197; GONZÁLEZ BEILFUSS, M.: "La trata de seres humanos: la visión desde la perspectiva del Estado y la visión victimocéntrica", *Cuadernos Digitales de Formación, nº 19,* Consejo General del Poder Judicial, Madrid, 2019, pp. 12-13; MIRANDA-RUCHE, X. y VILLACAMPA ESTIARTE, C.: "La atención a las víctimas de trata de seres humanos. Un análisis crítico del protocolo marco español desde una perspectiva comparada", *Alternativas. Cuadernos de Trabajo Social,* vol. 28, nº 2, 2021, p. 156. También GARCÍA SEDANO propone un nuevo sistema de identificación de víctimas de tipo multiagencial en el que estarían legitimados, junto a los profesionales tradicionalmente previstos, los sindicatos, la ITSS, las entidades públicas competentes en materia de protección de menores, el notariado o cualquier otro órgano administrativo que pudiera tener conocimiento de un eventual caso de trata. *Vid.* GARCÍA SEDANO, T.: "Hacía un procedimiento de identificación y reconocimiento de la condición de víctima de trata. Una propuesta de *lege ferenda*", *La Ley Penal,* nº 157, 2022, p.2. En este sentido, durante el desarrollo de un estudio cualitativo conformado por 33 entrevistas

de países de nuestro entorno, que se muestran más efectivos en términos de detección e identificación[1338].

Tabla 4. Índice de detección de víctimas de TSH (UE-28) en 2017-2018

Países con mayor índice de detección (cifras absolutas)			Países con menor índice de detección (cifras absolutas)		
*	Reino Unido	12.123	*	Estonia	22
	Francia	2.846		Bulgaria	28
*	Italia	1.988	*	Luxemburgo	31
*	Países Bajos	1.624	*	Malta	40

---

a profesionales del sistema de justicia penal y del ámbito laboral, surgieron dudas en relación al actual sistema de identificación. Algunos entrevistados también apuntaron la idea de que fuera una "comisión" formada por profesionales forenses y del ámbito asistencial quienes se encargaran de la identificación de víctimas. *Vid.* VILLACAMPA ESTIARTE, C.: "Dificultades en la persecución penal de la trata de seres humanos para explotación laboral", *op. cit.*, p. 180. En contra, LAFONT NICUESA considera que la identificación de las víctimas debe residir en una única institución, de tipo policial, si bien propone que dicha competencia no se concentre en el Cuerpo Nacional de Policía, sino que se haga extensiva a las fuerzas policiales especializadas, ya sean de ámbito nacional o autonómico. *Vid.* LAFONT NICUESA, L.: "Aspectos represivos, procesales y de protección que una futura ley integral de trata debiera abordar", en VILLACAMPA ESTIARTE, C. (Dir.), La trata de seres humanos tras un decenio de su incriminación. ¿Es necesaria una ley integral para luchar contra la trata y la explotación de seres humanos?, *op. cit.*, p. 68.

1338 De hecho, tan solo 6 de los 26 Estados europeos que reportaron cifras a la Comisión Europea mantienen un sistema monopolístico de identificación de víctimas de trata, encomendando esa labor exclusivamente a los organismos policiales. Además de España, ese sería el caso de Bulgaria, Alemania, Francia, Hungría y Finlandia. *Vid.* EUROPEAN COMMISSION-MIGRATION AND HOME AFFAIRS: *Data collection on trafficking in human beings in the EU. 2020, op. cit.*, pp. 137-139.

	Alemania	1.380	*	Letonia	48

Países con mayor índice de detección (n/habitantes)			**Países con menor índice de detección (n/habitantes)**		
*	Chipre	168		Bulgaria	2
*	Reino Unido	91		España	5
	Hungría	48	*	Estonia	8
*	Países Bajos	47		Alemania	8
*	Austria	44	*	Polonia	9

Fuente: elaboración propia a partir de los datos de la European Commission-Migration and Home Affairs: *Data collection on trafficking in human beings in the EU. 2020*, Publications Office of the European Union, Luxembourg, 2020.

De los datos anteriores se observa como los países con un mayor índice de detección, tanto en cifras absolutas como relativas, son precisamente aquellos que articulan un sistema de identificación multiagencial –señalados en la tabla con un *-. En este sentido, merece la pena resaltar los casos de Reino Unido (n=12.123) y Países Bajos (n=1.624), puesto que ambos lideran el ranking europeo de detección y ambos reconocen esa facultad de identificación, además de a organismos policiales, a ONGs, servicios de inmigración, de control de fronteras y de inspección del trabajo, entre otros[1339]. En cuanto a España, se sitúa como el

[1339] Además, ambos Estados cuentan con instituciones y plataformas especializadas en trata de seres humanos. Así, en Reino Unido es sobradamente conocida la existencia del *National Referral Mechanism* (NRM) en cuyo marco se produce la identificación de las víctimas de trata y su derivación a los servicios correspondientes para garantizar que reciben el apoyo necesario. Por su parte, en Países Bajos el *Dutch National Rapporteur on Trafficking in Human Beings and Sexual Violence against Children* se encarga de investigar y recopilar datos sobre la naturaleza y alcance de la trata de seres humanos en ese país, asesorando al gobierno y otros entes administrativos y profesionales sobre

segundo país que detecta a menos víctimas de trata en proporción a su número de habitantes, solo por detrás de Bulgaria, si bien en cifras absolutas sería el décimo país con mayor nombre de víctimas detectadas (n=458). Sin embargo, ni siquiera las cifras absolutas que presenta el Estado español pueden considerarse positivas. Pues de los datos obrantes en el informe de la Comisión Europea, aportados por 26 de los 28 países que en ese momento formaban la Unión Europea (esto es, incluyendo al Reino Unido), se desprende que fueron detectadas un total de 26.268 víctimas de trata entre los años 2017 y 2018. En datos absolutos, eso situaría el promedio ($\bar{X}$) en 1.010 víctimas detectadas por país (n=26), de modo que España ni siquiera alcanzaría el 50% de esa cifra media esperada, a pesar de ser el 5º país más poblado de la Unión Europea[1340], además de ser uno de los países del continente con un mayor impacto de flujos migratorios[1341].

Esta falta de eficacia en cuanto a identificación victimal también se evidenció en el reciente estudio empírico liderado por

---

cómo prevenir y combatir la trata. Al respecto, puede encontrarse una comparativa del sistema de identificación victimal español en relación con los establecidos en Reino Unido y Países Bajos, entre otros, en MIRANDA-RUCHE, X. y VILLACAMPA ESTIARTE, C.: "La atención a las víctimas de trata de seres humanos. Un análisis crítico del protocolo marco español desde una perspectiva comparada", *Alternativas. Cuadernos de Trabajo Social, op. cit., passim.*

1340 *Vid.* INSTITUTO NACIONAL DE ESTADÍSTICA (INE): *U-27 Población y territorio*, Instituto Nacional de Estadística, Madrid, 2007. Actualmente, tras la marcha del Reino Unido de la UE, España se sitúa en el cuarto país más poblado del ámbito comunitario europeo.

1341 De hecho, según los más recientes datos publicados por EUROSTAT, España en 2021 era el segundo país de la Unión Europea con un mayor porcentaje de inmigración. *Vid.* EUROSTAT: *Inmigration by age and sex*, Eurostat, Luxemburgo, 2023, disponible en: https://ec.europa.eu/eurostat/databrowser/view/MIGR_IMM8/default/table?lang=en

VILLACAMPA[1342] en el que se cuantificó las víctimas detectadas en España durante los años 2017 y 2018 a partir de los datos facilitados por 150 entidades[1343]. Los resultados obtenidos situaron el montante de víctimas de trata detectadas en el referido bienio en 7.448[1344], cifra que se sitúa muy por encima de las 458 víctimas formalmente identificadas por la policía en el mismo período[1345].

1342 Los resultados del mismo pueden consultarse en *vid.* VILLACAMPA ESTAIRTE, C., GÓMEZ ADILLÓN, M.J., TORRES FERRER, C. y MIRANDA RUCHE, X.: "Trata de seres humanos: dimensión y características en España", *Revista General de Derecho Penal, op. cit.*, pp. 11-14.

1343 Cuyo ámbito de actuación se enmarcaba, principalmente, en la asistencia a víctimas de la TSH (n=52), a las de violencia de género y familiar (n=41), de víctimas en general (n=37), o bien se trataba de EUO policiales (n=36) y entidades de asistencia a inmigrantes (n=27). *Vid. Ibidem*, p. 9.

1344 Esto es, 3.126 en 2017 y 4.322 en 2018. Si bien se advierte como limitación del estudio, a pesar de las medidas tomadas para minimizar ese riesgo, la posibilidad de haberse computado doblemente algunas víctimas dado que no fueron identificadas individualmente. *Vid. Ibidem*, pp. 11-12.

1345 El número de víctimas detectadas en el referido estudio se aproximaría más al número de víctimas que el CITCO identifica en situación de riesgo -de trata sexual-, que ascendían a 10.111 y 9.315 en los años 2017 y 2018, respectivamente. *Vid.* CITCO: *Trata de seres humanos en España. Balance estadístico 2014-18, op. cit.*, p. 3. Sin perjuicio de lo anterior, es necesario apuntar que esa disconformidad entre el número de víctimas detectadas e identificadas no sería un problema propio de nuestro sistema de justicia, sino que se trata de una afección de la que adolecen otros Estados. Así, se han apuntado también como causas de dicha disfunción a la falta de formación suficiente –tanto en términos cuantitativos como cualitativos-, a la confusión entre conceptos legales y normativos, la actitud recelosa -e incluso corrupta- de los cuerpos policiales, la falta de investigaciones proactivas, así como la falta de intercambio de información entre las distintas agencias y países. En este sentido, FARRELL, A. y KANE, B.: "Criminal Justice System Responses to Human Trafficking", en WINTERDYK, J. y JONES, J. (Eds.), *The Palgrave International Handbook of Human Trafficking, op. cit.*, pp. 645-648.

Ciertamente, la propia naturaleza del fenómeno añade dificultades en aras a detectar a sus víctimas, en muchas ocasiones explotadas en sectores irregulares, ilegales o informales[1346], que no se perciben a sí mismas como tales. A ello se suma una capacidad limitada de las autoridades en punto a su detección, que se ha visto además especialmente constreñida en los últimos años a raíz de la situación provocada por la pandemia de COVID[1347]. Esto porque la adopción de medidas de confinamiento y la imposición de toques de queda supuso una limitación de los servicios que, no solo repercutió en una menor detección, sino que agudizó la situación de aislamiento en que se hallan muchas de las víctimas ante la suspensión y los retrasos experimentados por determinados servicios asistenciales, legales y administrativos. Igualmente, las restricciones a la movilidad implementadas impulsaron la traslación de estas conductas criminales al ámbito

---

1346 *Vid.* ACCEM: *La trata de personas con fines de explotación laboral. Un estado de aproximación a la realidad de España, op. cit.*, pp. 95 y ss.; GIMÉNEZ-SALINAS FRAMIS, A., SUSAJ, G. y REQUENA ESPAÑA, L., "La dimensión laboral de la trata de personas en España", *RECPC, op. cit.*, pp. 17 y ss.; GARCÍA CUESTA, S., LÓPEZ SALA A.M., HERNÁNDEZ CORROCHANO, E. y MENA MARTÍNEZ, L.: *Poblaciones-Mercancía: tráfico y trata de mujeres en España, op. cit.*, pp. 140 y ss.; DAUNIS RODRÍGUEZ, A.: *El delito de trata de seres humanos, op. cit.*, pp. 105 y ss.; VILLACAMPA ESTAIRTE, C., GÓMEZ ADILLÓN, M.J., TORRES FERRER, C. y MIRANDA RUCHE, X.: "Trata de seres humanos: dimensión y características en España", *Revista General de Derecho Penal, op. cit.*, pp. 23 y 24. Según datos de la ONU, los sectores económicos en los que más víctimas de trata se han detectado a escala global serían la agricultura, pesca, servicio doméstico y de limpieza, la venta ambulante y la construcción, aunque no son los únicos. Véase UNITED NATIONS OFFICE ON DRUGS AND CRIME (UNODC): *Global Report on Trafficking in Persons. 2022, op. cit.*, p. 37.

1347 Veáse, por ejemplo, FISCALÍA GENERAL DEL ESTADO: *Memoria elevada al Gobierno de S.M, 2021, op. cit.*, p. 701.

digital o de las TIC, con la dificultad añadida en detección de tales situaciones que el medio digital comporta[1348].

1.1.2. La falta de actuaciones policiales proactivas y de denuncia por parte de las víctimas.

Este problema, sin embargo, se agudiza si se tiene en cuenta la falta de actitud proactiva que se ha achacado a los CCFFSE en el cumplimiento de su función preventiva del delito, especialmente en el caso de la TSH[1349]. Así, a pesar de que estudios como el referido ponen de manifiesto que son precisamente las entidades más proactivas las que resultaron tener mayor éxito en la detección de

---

1348 Sobre las consecuencias de la COVID en los supuestos de trata de personas, véase UNITED NATIONS OFFICE ON DRUGS AND CRIME (UNODC): *Impact of the Covid-19 Pandemic on Tracffiking in persons*, UNODC, Viena, 2021, pp. 1 y 2. Además de las reseñadas, en el informe se apunta a un aumento del nombre de personas en situación de vulnerabilidad, susceptibles de convertirse en víctimas de trata, como consecuencia de la falta de ingresos y la pérdida de empleo ocasionada por la pandemia.

1349 Véase nota al pie 1345. Además, se ha advertido que, cuando estas unidades especializadas adoptan una actitud proactiva mediante la realización de las inspecciones correspondientes, la tradicional vinculación entre trata y prostitución hace que las inspecciones policiales y de trabajo correspondientes se focalicen en lugares donde se ejerce de la prostitución, descuidando otros sectores como la industria textil, el servicio doméstico, la construcción y la hostelería. *Vid.* FARALDO CABANA, P: "¿Dónde están las víctimas de trata de personas? Obstáculos a la identificación de las víctimas de trata en España ", *Conferencia Internacional Dia Europeu contra o tráfico de seres humanos*, 18 de octubre de 2017, p. 150; RODRÍGUEZ MONTAÑÉS, T.: "Trata de seres humanos y explotación laboral", en ALCÁCER GUIRAO, R., MARTÍN LORENZO, M., VALLE MARISCAL DE GANTE, M. (Eds.), *La trata de seres humanos: persecución penal y protección de las víctimas*, Edisofer, Madrid, 2015, pp. 69 y ss.

supuestos de TSH[1350], gran parte de las actuaciones policiales tendrían carácter reactivo, al venir motivadas por la interposición de denuncia -ya sea de la víctima, de algún familiar o conocido- o por la "denuncia" efectuada por otras instituciones u organizaciones[1351].

No obstante, como ya se apuntaba, una de las especificidades propias del fenómeno de la trata tiene que ver, precisamente, con la falta de denuncia por parte de las víctimas (24%) o de su entorno (8%)[1352]. Tal circunstancia puede explicarse por el miedo que las víctimas suelen tener a sus tratantes y/o explotadores ante las amenazas de infligirles cualquier daño a ellas o a sus familiares, sentimiento al que frecuentemente se suma la situación de desarraigo en que suelen hallarse y que dificulta el plantearse una nueva vida en una sociedad que les resulta desconocida[1353]. Otro motivo es su desconfianza hacia las fuerzas de seguridad[1354],

---

1350 *Vid.* VILLACAMPA ESTIARTE, C. y TORRES FERRER, C.: "Trata de seres humanos y su aproximación institucional en España: perspectiva cuantitativa", en VILLACAMPA ESTIARTE, C. (Dir.), *La trata de seres humanos tras un decenio de su incriminación. ¿Es necesaria una ley integral para luchar contra la trata y la explotación de seres humanos?, op. cit.*, p. 295.

1351 Pues, en virtud del artículo 269 LECrim, tienen encomendada la comprobación de los hechos denunciados.

1352 *Vid.* VILLACAMPA ESTIARTE, C y TORRES FERRER, C.: "Trata de seres humanos y su aproximación institucional en España: perspectiva cuantitativa", en VILLACAMPA ESTIARTE, C. (Dir.), *La trata de seres humanos tras un decenio de su incriminación. ¿Es necesaria una ley integral para luchar contra la trata y la explotación de seres humanos?, op. cit.*, pp. 294 y 295.

1353 *Vid.* CONSEJO GENERAL DEL PODER JUDICIAL: *Guía de criterios de actuación judicial frente a la trata de seres humanos, op. cit.*, p. 46.

1354 *Vid.* JOBE, A.: "Accessing Help and Services: Trafficking Survivors' Experiences in the United Kingdom", en WYLIE, G. y MCREDMOND, P. (Eds.), *Human Trafficking in Europe*, Palgrave Macmillan, London, 2010, pp. 167 y 168; BARRICK, K., LATTIMORE, P. K., PITTS, W.J. y ZHANG, S.X.: "When farmoworkers and advocates see trafficking but law enforcement does not: challenges in identifying labor trafficking in North Carolina", *Crime, Law and Social Change*, vol. 61, 2014, p.

especialmente cuando las víctimas se hallan en situación administrativa irregular, pues el hecho de que las mismas autoridades encargadas de su salvaguarda sean las que pueden proceder a su sanción y expulsión del país, ha llevado a algunos autores a plantearse la idoneidad del actual sistema de identificación[1355]. En este sentido, se ha alertado sobre la detención de víctimas de trata en centros de internamiento para extranjeros, a veces junto al propio tratante, fruto de su consideración como ilegales o delincuentes[1356]. Sin perjuicio de lo anterior, también es frecuente la falta de autoidentificación o autopercepción de las víctimas como tales, especialmente en los supuestos de trata para explotación laboral, en que las mismas frecuentemente desconocen sus derechos y normalizan ciertas condiciones laborales abusivas[1357].

206; CONSEJO GENERAL DEL PODER JUDICIAL: *Guía de criterios de actuación judicial frente a la trata de seres humanos, op. cit.*, pp. 44 y 46.

1355 *Vid.* VILLACAMPA ESTIARTE, C.: "Dificultades en la persecución penal de la trata de seres humanos para explotación laboral", *Indret, op. cit.*, p. 179.

1356 *Vid.* JOBE, A.: "Accessing Help and Services: Trafficking Survivors' Experiences in the United Kingdom", en WYLIE, G. y MCREDMOND, P. (Eds.), *Human Trafficking in Europe, op. cit.*, pp. 170-171; VILLACAMPA ESTIARTE, C. y TORRES ROSELL, N.: "Trata de seres humanos para explotación criminal: ausencia de identificación de las víctimas y sus efectos", *Estudios Penales y Criminológicos, op. cit., passim.* También se refiere a la detención policial de víctimas de trata sexual que se encuentran ejerciendo la prostitución, BARRICK, K., LATTIMORE, P. K., PITTS, W.J. y ZHANG, S.X.: "When farmoworkers and advocates see trafficking but law enforcement does not: challenges in identifying labor trafficking in North Carolina", *Crime, Law and Social Change, op. cit.*, p. 207.

1357 *Vid.* VAN MEETEREN, M. y HIAH, J.: "Self-indetification of Victimization of Labor Trafficking", en en WINTERDYK, J. y JONES, J. (Eds.), *The Palgrave International Handbook of Human Trafficking, op. cit.*, pp. 1607 y ss.; FARRELL, A. y KANE, B.: "Criminal Justice System Responses to Human Trafficking", en WINTERDYK, J. y JONES, J. (Eds.), *The Palgrave International Handbook of Human Trafficking, op. cit.*, pp. 645-648; CONSEJO GENERAL DEL PODER JUDICIAL: *Guía de criterios de actuación judicial frente a la trata de seres humanos, op. cit.*, p. 44. Podría

1.1.3. La falta de formación y especialización suficiente que fomentan un perfil de "víctima ideal".

Ante la falta de denuncia por parte de la víctima de trata, alcanzar un mayor índice de detección e identificación pasa necesariamente por emprender más investigaciones proactivas por parte de las autoridades competentes[1358]. Sin embargo, el éxito de esta estrategia requiere de una mayor formación y especialización de los agentes intervinientes[1359]. Pues el denunciado sesgo que viene caracterizando la aproximación institucional a la trata en España tiene su consecuente reflejo en la formación

---

contribuir a esa falta de autoidentificación de las víctimas como tales, la normalización de las situaciones de explotación, consecuencia de los intereses de un mercado laboral que demanda mano de obra barata. *Vid.* VILLACAMPA ESTIARTE, C.: "Dificultades en la persecución penal de la trata de seres humanos para explotación laboral", *Indret, op. cit.*, p. 180.

1358 En este sentido, el artículo 1 de la Ley Orgánica 1/1992, de 21 de enero, sobre Protección de la Seguridad Ciudadana, señala la prevención de la comisión de delitos y faltas entre las funciones encomendadas a las Fuerzas y Cuerpos de Seguridad. En idéntico sentido se refiere el art. 11.f) de la Ley Orgánica 2/1986, de 13 de enero, sobre Fuerzas y Cuerpos de Seguridad.

1359 La exigencia de formación especializada del personal encargado de la identificación deriva de los distintos textos internacional suscritos y se recoge expresamente en los artículos 10.2 del Protocolo de Palermo, 29 del Convenio de Varsovia y en los artículos 12 y 25 de la Directiva 2011/36. Asimismo, se estipula en el Protocolo Marco español. En el plano doctrinal, se han hecho demandas en este sentido, por todos, en FARRELL, A., BRIGHT, K., DE VRIES, I., PFEFFER, R. y DANK, M.: "Policing labor trafficking in the United States", *Trends in Organized Crime*, vol. 23, nº1, 2020, pp. 43-45; FARRELL, A y PFEFFER, R. "Policing Human Trafficking: Cultural Blinders and Organizational Barriers", *The Annals of the American Academy of Political and Social Science*, vol. 653, nº1, 2014, pp. 56-60; VILLACAMPA ESTIARTE, C. y TORRES FERRER, C.: "Aproximación institucional a la trata de seres humanos en España: valoración crítica", Estudios Penales y Criminológicos, *op. cit.*, p. 209.

ofrecida a los profesionales del sistema de justicia penal[1360]. Esto se traduce en un sobredimensionamiento de la trata con fines sexuales que se acompaña de la construcción o caracterización de un perfil de víctima en el que no todas tendrían encaje. De este modo, cuando la víctima no reúne los referidos estándares, generalmente asociados a la condición de migrante ilegal[1361],

---

1360 Al respecto, merece reseñar el estudio cualitativo llevado a cabo por Villacampa en 2020 en relación con las dificultades inherentes a la persecución del delito de trata con fines de explotación laboral. Tras entrevistar a una muestra integrada por 33 profesionales del sistema de justicia penal, de la Inspección laboral y del ámbito sindical, los resultados evidenciaron que la trata con fines de explotación sexual sigue siendo a la que se destina más esfuerzos, también en el ámbito de la formación. De hecho, una parte importante del total de entrevistados (33) bien no habían recibido formación alguna respecto a trata laboral (8), o bien, contaban con una escasa formación (18). No es de extrañar, por tanto, que se evidenciaran limitaciones en cuanto a al conocimiento de estos profesionales de las dinámicas y los procesos de victimización en estos supuestos. *Vid.* VILLACAMPA ESTIARTE, C.: "Dificultades en la persecución penal de la trata de seres humanos para explotación laboral", *Indret, op. cit.*, pp. 176 y 188.

1361 En este sentido, *vid.* LARA AGUADO, M.A.: "El avance irresistible de la concepción de la trata como violación de derechos humanos: luces y sombras de las políticas protectoras de las víctimas en la normativa internacional e interna", en PÉREZ ALONSO, E. (Dir.), *El Derecho ante las formas contemporáneas de esclavitud*, Tirant lo Blanch, Valencia, 2017, pp. 849 y ss.; VILLACAMPA ESTIARTE, C.: *El delito de trata de seres humanos. Una Incriminación Dictada desde el Derecho Internacional, op. cit.*, pp. 493 y ss.; VILLACAMPA ESTIARTE, C. y TORRES FERRER, C.: "Aproximación institucional a la trata de seres humanos en España: valoración crítica", Estudios Penales y Criminológicos, *op. cit.*, p. 194. Además, no sólo existiría una visión estandarizada de la víctima de trata en términos generales, sino que también se daría una visión estereotipada de la víctima de trata con fines laborales. Así, este perfil victimal se vincula a los sectores laborales feminizados o propios del sector agrícola, siendo estos individuos huidizos, poco colaborativos con la Administración de Justicia y encontrándose, generalmente, en

frecuentemente pasa desapercibida a ojos de las autoridades competentes, pudiendo incluso acabar siendo criminalizada[1362].

A las anteriores faltas de formación y especialización se les une, en no pocas ocasiones, un problema actitudinal por parte de los profesionales forenses, probablemente fruto también de esa aproximación parcial y estereotipada del fenómeno en nuestro país. Así, no son extrañas las manifestaciones que otorgan una menor relevancia al resto de modalidades de trata respecto a la sexual, considerada más prevalente, grave y perjudicial para quien la sufre que las demás modalidades[1363]. Todo ello explicaría el hecho de que la trata

---

situación administrativa irregular. *Vid.* VILLACAMPA ESTIARTE, C.: "Dificultades en la persecución penal de la trata de seres humanos para explotación laboral", *Indret, op. cit.*, pp. 187 y 188. Se pronuncia también sobre la doble victimización sufrida frecuentemente por las víctimas de trata, al no ser identificadas como tales y ser criminalizadas por su *status* migratorio, LLORIA GARCÍA, P.: "El delito de trata de seres humanos y la necesidad de creación de una ley integral", *Estudios Penales y Criminológicos, op. cit.*, p. 356 y 359.

1362 *Vid.* VILLACAMPA ESTIARTE, C. y TORRES ROSELL, N.: "Trata de seres humanos para explotación criminal: ausencia de identificación de las víctimas y sus efectos", *Estudios Penales y Criminológicos, op. cit., passim*; VILLACAMPA ESTIARTE, C.: "Dificultades en la persecución penal de la trata de seres humanos para explotación laboral", *Indret, op. cit.*, p. 189; FARALDO CABANA, P: "¿Dónde están las víctimas de trata de personas? Obstáculos a la identificación de las víctimas de trata en España", *Conferencia Internacional Dia Europeu contra o tráfico de seres humanos, op. cit.*, pp. 140, 143 y ss.

1363 Siendo que, además, frecuentemente se asocia con prácticas comunes entre los trabajadores migrantes y, por tanto, merecedoras de menor atención y preocupación institucional. *Vid.* BARRICK, K., LATTIMORE, P. K., PITTS, W.J. y ZHANG, S.X.: "When farmworkers and advocates see trafficking but law enforcement does not: challenges in identifying labor trafficking in North Carolina", *Crime, Law and Social Change, op. cit.*, p. 206; VAN MEETEREN, M. y HIAH, J.: "Self-identification of Victimization of Labor Trafficking", en WINTERDYK, J. y JONES, J. (Eds.), *The Palgrave International Handbook of Human Trafficking, op. cit.*,

con fines de explotación sexual siga siendo la modalidad preponderante en España, en demérito de sus otras formas[1364], en contra de lo que vislumbran las cifras sobre trata a escala global, donde la victimización por trata con fines de explotación laboral es mayor[1365].

1.1.4. La necesaria colaboración e implicación de todos los actores de primera línea.

Los anteriores obstáculos ponen de manifiesto la acuciante necesidad de adoptar una visión más amplia y holística del fenó-

---

p. 1607. En el marco del estudio cualitativo llevado a cabo por VILLACAMPA, algunos de los entrevistados llegan a tildar a la trata laboral como "la hermana fea de la Cenicienta", situada en "segunda división", reconociendo alguno de ellos el sesgo institucional que padece este tipo de trata en comparación con "la estrella de la TSH", esto es, la trata sexual. Sin perjuicio de lo anterior, VILLACAMPA apunta a un posible tratamiento especial por parte de los profesionales a la trata laboral para el servicio doméstico, cuyas víctimas "pueden estar tanto o más traumatizadas que en trata sexual". *Vid.* VILLACAMPA ESTIARTE, C.: "Dificultades en la persecución penal de la trata de seres humanos para explotación laboral", *Indret, op. cit.*, pp. 180, 186 y 187.

1364 Así, según el último informe publicado por el CITCO, de las 513 víctimas de trata detectadas en nuestro país a lo largo de 2024, el 50% se corresponderían con víctimas de trata sexual. *Vid.* CITCO: *Trata y explotación de seres humanos en España. Balance estadístico 2020-2024, op. cit.*, pp. 6, 22, 34, 38 y 42. De hecho, el problema de la infradetección de las víctimas de trata -especialmente de aquellas que lo son por fines distintos a la explotación sexual- ya viene de antaño. Así, tras investigarse de oficio 11 casos en que se sospechaba la existencia de explotación laboral que involucraba a 99 presuntas víctimas, concluyó el Defensor del Pueblo que ninguna de ellas fue considerada como tal por la policía. *Vid.* DEFENSOR DEL PUEBLO: *La trata de seres humanos en España: víctimas invisibles, op. cit.*, pp. 69 y ss.

1365 Si bien seguida muy de cerca por la trata con fines sexuales. *Vid.* UNITED NATIONS OFFICE ON DRUGS AND CRIME (UNODC): *Global Report on Trafficking in Persons. 2022, op. cit.*, p. 23.

meno que permita a los profesionales competentes no solo realizar unas mejores investigaciones y empatizar con las víctimas, sino también diferenciar el delito de trata de otros tipos delictivos afines -como la inmigración irregular, los delitos contra la libertad sexual, delitos contra el patrimonio, contra los derechos de los trabajadores, etc.- [1366]. Además, esta formación debe ir destinada no solo a los miembros de las unidades policiales especializadas[1367], sino también al resto de agentes de primera línea, especialmente los integrantes de las unidades de seguridad ciudadana, extranjería, fronteras, entre otros[1368]. Igualmente, debe hacerse extensiva dicha formación a los miembros del Ministerio Fiscal, encargados

---

1366 Aspecto este que también se ha identificado como un obstáculo a la identificación de las víctimas de trata. *Vid.* BARRICK, K., LATTIMORE, P. K., PITTS, W.J. y ZHANG, S.X.: "When farmoworkers and advocates see trafficking but law enforcement does not: challenges in identifying labor trafficking in North Carolina", *Crime, Law and Social Change, op. cit.*, p. 206; CONSEJO GENERAL DEL PODER JUDICIAL: *Guía de criterios de actuación judicial frente a la trata de seres humanos, op. cit.*, p. 44.

1367 Al respecto, el referido estudio cualitativo pone de manifiesto que tan sólo las unidades especializadas reciben formación, no así el resto de agentes que, en consecuencia, tienden a considerar que está cuestión no van con ellos. *Vid.* VILLACAMPA ESTIARTE, C.: "Dificultades en la persecución penal de la trata de seres humanos para explotación laboral", *Indret, op. cit.*, p. 177.

1368 El propio apartado V del Protocolo Marco prevé que la detección de víctimas pueda llevarse a cabo, además de por las FFCCSE, en las fronteras o Centros de Internamiento de Extranjeros (apartados V.E y XIII.B), por la ITSS (apartado V.C.), por otras instituciones o entidades (apartado V.D.), en lo centros de protección de menores en caso de MENAs (apartados V.D. y XIV), y en las oficinas de Asilo y Refugio (apartado V.D.). En cualquiera de estos casos, es común denominador que quienes hubieran detectado una presunta víctima de trata pongan el hecho en conocimiento de la Brigada Provincial de Extranjería, la Comisaría General de Extranjería y Fronteras o, directamente, de la UCRIF. Esto no deja de ser una manifestación más de esa tradicional confusión de la trata con el tráfico y, por ende, con cuestiones de extranjería y seguridad.

en muchas ocasiones de dirigir la investigación preliminar, y al resto de actores que pueden entrar en contacto o pueden tener conocimiento de algún supuesto de trata[1369].

Entre los colectivos llamados a ostentar un importante papel en la detección de víctimas de trata, destacan especialmente los miembros de la Inspección del Trabajo y Seguridad Social (en adelante, ITSS). Así lo reconoce el apartado V.C del Protocolo Marco de Protección de las víctimas de TSH de 2011 (en adelante, Protocolo Marco), haciéndose eco de ello los recientes Plan Estratégico Nacional contra la Trata y la Explotación de Seres Humanos (PENTRA)[1370], Plan Nacional para la Lucha contra el Trabajo Forzoso (PLANTF)[1371]

1369 En un mismo sentido, el propio Parlamento Europeo, en su Informe sobre la aplicación de la Directiva 2011/36/UE, solicitó a los Estados miembros que dotaran "a más agentes de la responsabilidad y de oportunidades de sensibilizar con el objetivo de identificar a las víctimas de la trata de seres humanos en todas las fases del proceso, incluidos los representantes de organizaciones de la sociedad civil, las autoridades policiales, los funcionarios competentes en materia de migración y asilo, los inspectores de trabajo y los trabajadores sociales o el personal sanitario, así como otros profesionales y agentes implicados; subrayando la necesidad de un enfoque basado en las cuatro estrategias clave de prevención, enjuiciamiento, protección de las víctimas y asociación multinivel".

1370 En el mismo pueden encontrarse varias medidas destinadas al Ministerio de Trabajo y Economía Social -en el que se integra la ITSS) tendentes a mejorar la capacidad inspectora de prevención y detección (medidas 1.2.A y 1.2.E), de sensibilización (medidas 1.2.B y 1.3.B) y de elaboración de programas de actuación destinados a la detección, identificación y derivación de víctimas (medidas 2.2.A, 2.2.B, 2.2.C y 2.3.B), debiendo a su vez participar en la articulación del Mecanismo Nacional de Derivación (medida 2.3.A)

1371 Como ya se insinuara en el Plan Estratégico de la Inspección de Trabajo y Seguridad Social 2021-2023, el Plan de Acción Nacional contra el Trabajo Forzoso hace hincapié en la frecuente -aunque no necesaria- vinculación entra la trata de seres humanos y el trabajo forzoso, reconociendo ninguno de ambos fenómenos "*ha recibido hasta*

y ALOITES[1372]. A pesar de la enunciada previsión normativa y de su posición privilegiada para la detección de posibles víctimas de trata -especialmente, de tipo laboral-, se ha denunciado su falta de especialización e, incluso, de interés en la materia, delegando estos asuntos en las unidades policiales especializadas[1373]. Lo mismo cabría predicar en relación con los sindicatos, las entidades empresariales y las empresas en general, entre cuyas prioridades no está la detección de tales situaciones[1374].

Incluso los jueces pueden jugar un papel importante en la detección de víctimas, especialmente aquellos que pueden estar expuestos a casos de trata como los Juzgados de Instrucción, los de Violencia sobre la Mujer (p. e. aquellos en que se ha recurrido al método del *loverboy*), los Juzgados Contencioso-Administrativo cuando resuel-

---

el momento la atención necesaria, ni desde el punto de vista de su regulación, ni desde la perspectiva de la actuación de las Administraciones Públicas". Así, se prevén algunas medidas en relación con la trata, como la inclusión de formación y especialización al respecto (medida nº 14).

1372 Que en su artículo 19, prevé la formación especializada en trata y explotación de seres humanos de los funcionarios de la Inspección de Trabajo y Seguridad Social, así como la asignación de funcionarios especializados a cada una de las Inspecciones Provinciales de Trabajo y Seguridad Social. Por otro lado, promueve la articulación de modelos de denuncia y protocolos de actuación al respecto, debiendo la ITSS reforzar su capacidad y actividad inspectora, en coordinación con las FFCCSE.

1373 Así lo constató uno de los subinspectores entrevistados cuando adujó que "*nosotros* (los miembros de la ITSS) *nos ocupamos de la cuestión laboral. Cuando el tema es penal, a partir de ahí tenemos poco conocimiento, es cosa de la Policía Nacional; colaboramos en lo que podemos, pero no es cosa nuestra*". Así mismo lo perciben otros profesionales del sistema de justicia penal al argüir que "*es como si la cosa no fuera con ellos*". *Vid.* VILLACAMPA ESTIARTE, C.: "Dificultades en la persecución penal de la trata de seres humanos para explotación laboral", *Indret, op. cit.*, p. 177 y 178.

1374 *Vid. Ibidem*, pp. 179 y 180.

ven sobre las medidas de extranjería o los Juzgados encargados del control de los Centros de Internamiento de Extranjeros (CIEs)[1375].

Téngase en cuenta que, tras la aprobación de la reciente LO 1/2025, de 2 de enero, de medidas en materia de eficiencia del Servicio Público de Justicia, serán las ahora llamadas Secciones de Instrucción, de Violencia sobre la Mujer y de lo Contencioso-Administrativo que integran los Tribunales de Instancia las encargadas de esa labor. A las anteriores, se le añade la nueva Sección de violencia contra la infancia y la adolescencia que, en su artículo 89 *bis*.c LOPJ, asume la instrucción del delito de TSH cuando, al menos, una de las víctimas sea niño, niña o adolescente

En este punto, otro aliado esencial son las entidades sociales u ONG, que se constituyen como un actor clave en la detección de víctimas de trata[1376]. Su colaboración resulta indispensable, especialmente durante la entrevista con la víctima, pues son ellas las que muchas veces consiguen crear un clima de confianza y seguridad para la víctima[1377]. De hecho, su participación en el proceso de identificación de las víctimas se contempla expresa-

---

1375 *Vid.* CONSEJO GENERAL DEL PODER JUDICIAL: *Guía de criterios de actuación judicial frente a la trata de seres humanos*, *op. cit.*, p. 27.

1376 De hecho, las entidades dedicadas a la asistencia a víctimas de TSH fueron las que más víctimas lograron detectar en el bienio 2017-2018, seguidas de las centradas en asistencia a víctimas de violencia de género y familiar, de víctimas en general y de asistencia a inmigrantes. *Vid.* VILLACAMPA ESTIARTE, C. y TORRES FERRER, C.: "Trata de seres humanos y su aproximación institucional en España: perspectiva cuantitativa", en VILLACAMPA ESTIARTE, C. (Dir.), *La trata de seres humanos tras un decenio de su incriminación. ¿Es necesaria una ley integral para luchar contra la trata y la explotación de seres humanos?*, *op. cit.*, p. 295.

1377 Tanto el artículo 27 del Convenio de Varsovia como el artículo 6 de la Directiva 2011/36 manifiestan la importancia de colaborar con estas entidades tanto en la fase de identificación como de asistencia y posterior protección.

mente en el apartado cuarto de la Instrucción 6/2016[1378]. No obstante, a pesar de la referida previsión normativa, la coordinación policial con los profesionales del sector asistencial es escasa y variable "en función del momento, el contexto político y la persona concreta con la que se trate"[1379]. Así, es necesario que dicha colaboración sea continuada, regular y específica[1380], más allá de la participación de ambos organismos en espacios comunes como el Foro social contra la TSH.

1.1.5. Los indicadores de trata.

De vuelta al ámbito de la detección y posterior identificación de las víctimas, otra valiosa herramienta al alcance de los distintos operadores jurídicos y profesionales del tercer sector son los indicadores, esto es, aquellas características o circunstancias que alertan de la posible existencia de una situación de trata de perso-

---

1378 Concretamente, la Instrucción 6/2016, de la Secretaría de Estado de Seguridad, sobre actuaciones de las Fuerzas y Cuerpos de Seguridad del Estado en la lucha contra la Trata de Seres Humanos y en la colaboración con las organizaciones y entidades con experiencia acreditada en la asistencia a las víctimas.

1379 Recoge VILLACAMPA esta declaración efectuada por un letrado al ser preguntado por la colaboración de los cuerpos policiales con los profesionales del tercer sector. *Vid.* VILLACAMPA ESTIARTE, C.: "Dificultades en la persecución penal de la trata de seres humanos para explotación laboral", *Indret, op. cit.*, p. 178. El mismo estudio parece apuntar a que la coordinación entre policía y entidades especializadas despende también del cuerpo policial del que se trate. Así, si bien la colaboración de dichas entidades está generalmente aceptada en todos ellos, en los Mosssos d'Esquadra la identificación siempre se harían en colaboración con las ONGs, mientras que en la Guardia Civil se va un paso más allá mediante el desarrollo en conjunto con una ONG del proyecto "*Passport to indicators of trafficking*" (p. 179).

1380 *Vid.* CONSEJO GENERAL DEL PODER JUDICIAL: *Guía de criterios de actuación judicial frente a la trata de seres humanos, op. cit.*, p. 45.

nas y que deben ser valorados a efectos de identificación de una víctima potencial[1381]. Eso sí, siempre teniendo en mente el carácter meramente orientativo -que no taxativo[1382]- de los mismos pues, a pesar de que estos pueden ofrecer indicios de un delito de trata, en ningún caso tienen valor de prueba *per se*[1383]. Si bien no existe un *numerus clausus* de indicadores, debiendo actualizarse periódicamente a fin de que se adapten a las nuevas formas y métodos que va adquiriendo el fenómeno, pueden hallarse varios listados en el Anexo II del Protocolo Marco de 2011, en las Directrices para la detección de víctimas de trata en Europa[1384], en la Guía elaborada por el CGPJ[1385], en las Guías para profesionales del ámbito jurídico elaboradas por el Observatorio catalán de la Justicia en

---

1381 *Vid.* PLASENCIA DOMÍNGUEZ, N.: "Mecanismos de tutela legal de las víctimas de trata de seres humanos", *Diario La Ley*, nº 9353, 2019, p. 9.

1382 De lo contrario, se correría el riesgo de convertirse en nuevos estereotipos sobre el fenómeno y sus víctimas, no sólo perdiendo su utilidad, sino pudiendo reportarse como contraproducentes. *Vid.* DELSO ATALAYA, A.: "Indicadores, indicios, motivos suficientes y estereotipos: trazando conceptos, desmontando mitos", FUNDACIÓN FERNANDO POMBO, *Cuestiones prácticas sobre trata de seres humanos: una visión interdisciplinar*, Fundación Fernando Pombo y Asociación Trabe, 2022, p. 22.

1383 Véase CONSEJO GENERAL DEL PODER JUDICIAL: *Guía de criterios de actuación judicial frente a la trata de seres humanos*, *op. cit.*, p. 125.

1384 *Vid.* FRANCE EXPERTISE INTERNATIONALE: *Directrices para la detección de víctimas de trata en Europa*, París, 2013, pp. 40-52.

1385 Dicho documento establece un listado de indicadores diferentes en función de si nos hallamos ante un eventual delito de trata con fines de explotación sexual, con fines de mendicidad y explotación criminal, o con fines de explotación laboral. *Vid.* CONSEJO GENERAL DEL PODER JUDICIAL: *Guía de criterios de actuación judicial frente a la trata de seres humanos*, *op. cit.*, pp. 29-42. También puede hallarse un catálogo escueto de indicadores en el documento elaborado por la Guardia Civil junto a una ONG "*Passport to indicators of trafficking*".

Violencia Machista[1386] o en la guía práctica para la abogacía del *Consell de l'Advocacia Catalana*[1387], entre muchos otros.

1.2. La protección de las víctimas de TSH.

En cuanto a la protección de las víctimas se refiere, cabe recordar que los organismos policiales, además de prevenir el delito e identificar a sus víctimas, tienen encomendada la función de facilitar a estas el acceso a los servicios y recursos correspondientes[1388]. Así, superados los anteriores obstáculos y tras haberse detectado a una eventual víctima de trata, deben cumplirse ciertos deberes en materia de protección.

Las víctimas de trata tienen reconocidos una multiplicidad de derechos, incluso con anterioridad -o al margen- al inicio del

---

1386 *Vid.* FERNÁNDEZ I PLANAS, S., RODRÍGUEZ SÁEZ, J.A. y ARRUFAT PIJUAN, A.: *El tràfic d'éssers humans per a criminalitat forçada. Recomanacions d'actuació per a professionals de l'àmbit judicial*, Observatori Català de la Justícia en Violència Masclista, Barcelona, 2022, pp. 22-26; GUIL ROMAN, C. y RODRÍGUEZ SÁEZ, J.A.: *Guia de bones practiques en la instrucción i en l'enjudiciament dels delictes de tràfic d'éssers humans*, Centre d'Estudis Jurídics i Formació Especialitzada, Barcelona, 2021.

1387 En este caso, se agrupan los indicadores según las distintas fases del fenómeno (captación, traslado, explotación) y en función de las actitudes y síntomas físicos y psicológicos que pueda presentar la víctima. *Vid.* CONSELL DE L'ADVOCACIA CATALANA: *Detecció i defensa de les víctimes de tràfic. Guia pràctica per a l'advocacia*, Tirant lo Blanch, Valencia, 2016, pp. 24-29.

1388 Así lo establece el párrafo 2 del apartado VI.A. del Protocolo Marco de 2011. En virtud de este, "*desde el momento en que dichas unidades* -responsables de la identificación- *consideren que existen indicios razonables para creer que una persona es una víctima de trata de seres humanos, y durante todo el proceso de identificación, deberán adoptarse las medidas necesarias para garantizar la protección de sus derechos, la ausencia de personas del entorno de los presuntos tratantes, la asistencia médica y social y, en la medida de lo posible, el apoyo jurídico necesario*".

proceso penal. Al respecto, se ha advertido que una de las trabas que podría estar dificultando la correcta aplicación de dichas medidas de protección victimal sería la dispersa y fragmentaria regulación de estas en nuestro ordenamiento jurídico[1389]. Sin perjuicio de lo anterior, algunos ejemplos de los derechos fundamentales que se reconocen a estas víctimas son el derecho a un proceso de identificación con plenas garantías[1390], el derecho a la información[1391], a la asistencia jurídica gratuita[1392], a la protección y seguridad[1393], a un período de restablecimiento y reflexión[1394], a permanecer en el territorio nacional mediante la obtención de permiso de residencia[1395], al asilo y a la protección

---

[1389] Así se afirma en a VILLACAMPA ESTIARTE, C.: "Víctimas de trata de seres humanos: Su tutela a la luz de las últimas reformas penales sustantivas y procesales proyectadas", *InDret, op. cit.*, p. 17; PLASENCIA DOMÍNGUEZ, N.: "Mecanismos de tutela legal de las víctimas de trata de seres humanos", *Diario La Ley, op. cit.*, p. 1. Crítica con esta situación, solicita la disociación del reconocimiento de los derechos de las víctimas de trata respecto a la regulación de extranjería, VILLACAMPA ESTIARTE, C. y TORRES FERRER, C.: "Aproximación institucional a la trata de seres humanos en España: valoración crítica", *Estudios Penales y Criminológicos, op. cit.*, p. 193.

[1390] Consecuencia de los artículos 6.1 del Protocolo de Palermo, arts. 10 y 11 de la Convención de Varsovia, arts. 9.a) y c) de la Directiva 2004/81 y art. 11.4 Directiva 2011/36.

[1391] Regulado en los arts. 6.2.a) del Protocolo de Palermo, arts. 11.5 y 11.6 de la Directiva 2011/36, y arts. 5 y 7 del Estatuto de la Víctima.

[1392] De conformidad con los artículos 7.4 de la Directiva 2004/81, arts. 4.1.d) y 13 de la Directiva 2012/29, arts. 12.2 Directiva 2011/36, art. 22 LOEX y art. 2.g) de la Ley 1/96 sobre asistencia jurídica gratuita.

[1393] Así se establece en los artículos 6 del Protocolo de Palermo, arts. 12.2 y 29 de la Convención de Varsovia, arts. 12 y 15 de la Directiva 2011/36, y art. 21 del Estatuto de la Víctima.

[1394] Véase artículos 13 de la Convención de Varsovia, art. 6 de la Directiva 2004/81, art. 11.6 Directiva 2011/36 y art. 59 *bis* LOEX.

[1395] Al respecto, artículos 7 del Protocolo de Palermo, art. 14 de la Convención de Varsovia, art. 8 de la Directiva 2004/81 y art. 59 *bis* 4 LOEX.

internacional[1396], o al retorno asistido a su país de origen[1397], entre otros[1398]. A fin de evitar reiteraciones innecesarias y dado que los derechos de las víctimas de trata van a abordarse en distintos apartados del presente capítulo, vamos a centrarnos aquí en los últimos mecanismos de protección victimal referidos, esto es, los correspondientes a la tutela administrativa de la víctima de trata.

1.2.1. El período de restablecimiento y reflexión.

Al respecto, uno de los principales mecanismos de protección que prevé nuestra legislación en relación con las víctimas de trata en situación administrativa irregular es el período de restablecimiento y reflexión (en adelante PRR). El mismo se halla regulado en el artículo 59 *bis* de la Ley Orgánica 4/2000, de 11 de enero sobre derechos y libertades de los extranjeros en España y su integración social (en adelante, LOEX), y en los artículos 142 a 146 del

---

1396 Según el artículo 11.6 de la Directiva 2011/36 y del contenido de la Ley 12/2009, de 30 de octubre, reguladora del derecho de asilo y de protección subsidiaria.

1397 *Vid.* artículos 8 del Protocolo de Palermo, art. 16 de la Convención de Varsovia, art. 3.3 de la Directiva 2012/29, art. 59 *bis* LOEX y art. 144 RLOEX.

1398 Puede hallarse un listado sistematizado de los mismos en PLASENCIA DOMÍNGUEZ, N.: "Mecanismos de tutela legal de las víctimas de trata de seres humanos", *Diario La Ley, op. cit.*, pp. 3-6. También en PLANCHADELL GARGALLO, A.: "Protección procesal de las víctimas de trata: aproximación general", *Revista Aranzadi de Derecho y Proceso Penal*, vol. 61, 2021, pp. 8 y 9.

Reglamento de Extranjería[1399]. La concesión del PRR[1400] supone la suspensión del procedimiento administrativo sancionador que pudiera haberse incoado contra la víctima -o la suspensión de la ejecución de su expulsión o devolución- mediante la autorización de permanencia en territorio español por un período de 90 días[1401].

El fundamento último del PRR es fomentar la colaboración de la víctima en la investigación y el procedimiento penal a la vez que se le facilitan los medios necesarios para su recuperación física y emocional, por lo que, durante el transcurso de esos 90 días, habiendo sido previamente informada, la víctima deberá decidir si coopera con las autoridades competentes o no. En este sentido, son varias las dificultades que se han apuntado en punto al reconocimiento de dicho período. La primera tiene que ver con la ausencia de recursos residenciales públicos en los que la víctima pueda hospedarse durante el PRR[1402], recurriéndose, en la mayoría de los casos, a los establecimientos propios de las ONGs especializadas[1403]. Particularmente problemáticos se presentan los casos en que los beneficiarios de dicho PRR son

---

1399 De conformidad con los artículos 142 RLOEX y VI.C del Protocolo Marco de 2011, tras haberse valorado la concurrencia de indicadores, entrevista con la víctima y comprobaciones, la UCRIF, con la anuencia de la víctima, debe emitir un informe solicitando la concesión del PRR en un plazo máximo de 72 horas desde el contacto con la víctima -plazo que se reduce a 24h si se hallara en un CIE-.

1400 La misma pude denegarse en atención a motivos de orden público, o bien, como consecuencia de una indebida invocación de la condición de víctima.

1401 Dicho plazo puede prorrogarse por una única vez, caso que la víctima así lo solicite.

1402 A pesar de la obligación del Estado de hacerse cargo de la subsistencia de la víctima. *Vid.* VILLACAMPA ESTIARTE, C. y TORRES FERRER, C.: "Aproximación institucional a la trata de seres humanos en España: valoración crítica", *Estudios Penales y Criminológicos, op. cit.*, p. 214.

1403 *Vid.* PLASENCIA DOMÍNGUEZ, N.: "Mecanismos de tutela legal de las víctimas de trata de seres humanos", *Diario La Ley, op. cit.*, p. 13.

menores de edad que normalmente son ingresados en centros de menores tutelados por las Administraciones, no existiendo centros específicos para dichas situaciones[1404].

Por otro lado, el ya citado estudio de VILLACAMPA puso de manifiesto ciertos impedimentos aplicativos a la implementación de este mecanismo de protección. En este sentido, se constató que la concesión del PRR es escasa, a pesar de lo plasmado en algunos datos europeos[1405], y variable, en función del tipo de trata en cuestión. Así, si bien en relación con todas las formas de trata el PRR es más veces denegado que concedido[1406], su reconocimiento suele ser más frecuente en los supuestos de trata sexual que en el resto[1407]. Estos resultados se han achacado a un bajo índice de solicitud del mismo por parte de las víctimas, a una interpretación amplia de los órganos jurisdiccionales de las posibles causas de denegación y, especialmente, a la vinculación material de su concesión a la colaboración con la Administración de Justicia[1408].

1404 *Vid. Ibidem*, p. 14.

1405 Dado que España aparece como el tercer país europeo en que más se concede el PRR con un índice el 87%, siendo que el promedio europeo se sitúa en el 75%. *Vid.* EUROPEAN COMMISSION-MIGRATION AND HOME AFFAIRS: *Data collection on trafficking in human beings in the EU, op. cit.*, p. 47.

1406 *Vid.* VILLACAMPA ESTIARTE, C. y TORRES ROSELL, N.: "Trata de seres humanos para explotación criminal: ausencia de identificación de las víctimas y sus efectos", *Estudios Penales y Criminológicos, op. cit.*, pp. 215 y 216.

1407 *Vid. ibidem*, pp. 216 y 217. De hecho, el análisis estadístico realizado concluye que es 62 veces menos probable que se reconozca el PRR a las víctimas de trata laboral que a las de trata sexual, siendo ello una manifestación más de ese sesgo institucional que aqueja a la aproximación a la TSH en España.

1408 *Vid.* TORRES ROSELL, N. y VILLACAMPA ESTIARTE, C.: "Protección jurídica y asistencia para víctimas de trata de seres humanos", *Revista General de Derecho Penal, op. cit.*, pp. 12-18 y 45; VILLACAMPA ESTIARTE, C. y TORRES ROSELL, N.: "Trata de seres humanos para

Cabe recordar en este punto que, siendo las víctimas de trata con un estatus migratorio irregular especialmente reticentes a testificar y cooperar con las FFCCSE o la Fiscalía, en muchas ocasiones terminarán viéndose privadas de las medidas de protección normativamente previstas[1409]. Pues ese afán por la persecución penal suele traducirse en la desprovisión de medidas de protección en relación con las víctimas que no están dispuestas a colaborar en el procedimiento penal, a pesar de que dichas medidas estén reconocidas en la legislación española[1410]. Ello, sin embargo, choca frontalmente con algunos de los mandatos establecidos en los principales instrumentos europeos en la materia. Así, el artículo 12 del Convenio de Varsovia regula la obligación de los Estados parte de "garantizar que la asistencia a una víctima no quede subordinada a su voluntad de actuar como testigo". En términos similares, se pronuncia el artículo 11.3 de la Directiva 2011/36/UE, ordenando la adopción de las medidas de asistencia y apoyo necesarias para la víctima sin supeditarla a su voluntad de cooperar en la investigación penal, la instrucción o el juicio.

Al hilo de lo anterior, hay quien defiende que dicho período de restablecimiento y reflexión debería estructurarse en dos fases diferenciadas, acorde con su nomenclatura. Así, hasta que la víctima no lograra restablecerse y reponerse física y psicoló-

---

explotación criminal: ausencia de identificación de las víctimas y sus efectos", *Estudios Penales y Criminológicos*, *op. cit.*, p. 215.

1409 Por todos, *vid.* DEFENSOR DEL PUEBLO: *La trata de seres humanos en España: víctimas invisibles*, *op. cit.*, pp. 155 y 171; IGLESIAS SKULJ, A.: *La trata de mujeres con fines de explotación sexual*, *op. cit.*, p. 242; VILLACAMPA ESTIARTE, C. y TORRES ROSELL, N.: "Trata de seres humanos para explotación criminal: ausencia de identificación de las víctimas y sus efectos", *Estudios Penales y Criminológicos*, *op. cit.*, pp. 824 y 825.

1410 *Vid.* FARALDO CABANA, P: "¿Dónde están las víctimas de trata de personas? Obstáculos a la identificación de las víctimas de trata en España", *Conferencia Internacional Dia Europeu contra o tráfico de seres humanos*, *op. cit.*, p. 144.

gicamente del sufrimiento padecido (fase 1 – fase de restablecimiento), no debería planteársele la posibilidad de cooperar con las autoridades competentes (fase 2 – fase de reflexión)[1411].

1.2.2. El permiso de residencia y trabajo por circunstancias excepcionales.

Sea como fuere, transcurrido el plazo concedido en virtud del PRR, caso de que la víctima haya optado por no hacer uso de su derecho al retorno asistido[1412], podría concedérsele un permiso de residencia y trabajo por circunstancias excepcionales de hasta 5 años (art. 144 Reglamento LOEX en relación con los arts. 31 y 59 LOEX)[1413], bien en atención a su cooperación

---

1411 *Vid.* MARTÍNEZ-RAPOSO SORIA, C.: "El período de restablecimiento", en FUNDACIÓN FERNANDO POMBO, *Cuestiones prácticas sobre trata de seres humanos: una visión interdisciplinar, op. cit.*, p. 33.

1412 Siendo la autoridad encargada de dicha gestión la Secretaría General de Inmigración y Emigración. En estos supuestos, advierte PLASENCIA DOMÍNGUEZ de la importancia de preconstituir la declaración de la víctima en sede judicial y de requerirla para que designe un domicilio en su país de origen, a fin de no privar de elementos probatorios de interés a la investigación policial o al procedimiento penal. *Vid.* PLASENCIA DOMÍNGUEZ, N.: "Mecanismos de tutela legal de las víctimas de trata de seres humanos", *Diario La Ley, op. cit.*, p. 15.

1413 Consecuencia de lo establecido, principalmente, en la Directiva 2004/81/CE del Consejo, de 29 de abril de 2004, relativa a la expedición de un permiso de residencia a nacionales de terceros países que sean víctimas de trata; y en el artículo 14 del Convenio de Varsovia, que prevé esa doble modalidad: "a) la autoridad competente considera que su estancia es necesaria a causa de su situación personal; b) la autoridad competente considera que su estancia es necesaria a causa de su cooperación con las autoridades competentes para los fines de la investigación o de las acciones penales".

para los fines de investigación o de las acciones penales, o bien atendiendo a su situación personal[1414].

Al respecto, se ha denunciado que la inexistencia de un desarrollo reglamentario que establezca un procedimiento y criterios para su concesión ha dado lugar a la consideración del permiso de residencia como contraprestación a la colaboración de la víctima con las autoridades, en lugar de como una medida de protección[1415]. Tal circunstancia estaría propiciando la desaparición *de facto* de este permiso excepcional cuando su concesión obedece a razones humanitarias[1416].

Además, incluso en aquellos supuestos en que el permiso se articula con base en la cooperación de la víctima, el contenido de esa exigencia de colaboración resulta dudoso. Principalmente, se ha discutido acerca del alcance de dicha cooperación en términos de espacio, temporales y de eficacia para la investigación. Con relación a dónde debe producirse dicha colaboración, se entiende que la misma puede tener lugar tanto en el marco del proceso penal como

---

1414 En el primer caso, la competencia corresponde a la Secretaría de Estado de Seguridad del Ministerio del Interior; mientras que, en el segundo, decidirá la Secretaría General de Inmigración y Emigración del Ministerio de Empleo y Seguridad Social, de conformidad con el artículo 144.1 RLOEX.

1415 *Vid.* VILLACAMPA ESTIARTE, C. y TORRES FERRER, C.: "Aproximación institucional a la trata de seres humanos en España: valoración crítica", *Estudios Penales y Criminológicos, op. cit.*, p. 217; RAMÍREZ ZAMBRANA, C.: "La colaboración", en FUNDACIÓN FERNANDO POMBO, *Cuestiones prácticas sobre trata de seres humanos: una visión interdisciplinar, op. cit.*, p. 37.

1416 *Vid.* VILLACAMPA ESTIARTE, C. y TORRES FERRER, C.: "Aproximación institucional a la trata de seres humanos en España: valoración crítica", *Estudios Penales y Criminológicos, op. cit.*, p. 218.

en la investigación previa del delito. Es decir, esa cooperación de la víctima puede prestarse ante las FFCCSE o ante jueces y fiscales[1417].

Respecto a la duración de esta colaboración, no se exige que la misma sea ininterrumpida o que, de producirse en la fase de investigación policial, sea mantenida en el tiempo a lo largo del proceso penal. Ello salvo que se observen indicios de fraude en la declaración de la víctima o esta hubiera retomado voluntariamente el contacto con los tratantes[1418]. Finalmente, en cuanto al tipo de información que la víctima debe ofrecer para considerar que su actitud es cooperativa, se entiende que no puede exigirse que la misma sea eficaz -en el sentido de garantizar el éxito del proceso-, "convirtiendo el eslabón más vulnerable en responsable del éxito de la investigación policial o de la acusación". Sin embargo, tampoco se considera suficiente aportar cualquier información, sino que esta deberá ser potencialmente válida para la investigación o persecución del delito, aportando datos concretos y contrastables, debiéndose optar por mantener un perfil bajo de exigencia[1419].

1417 *Vid.* FERNÁNDEZ OLALLA, P.: "La colaboración de las víctimas en la investigación del delito de trata de seres humanos. Valoración de la colaboración de la víctima en el ámbito administrativo y penal", *Revista Aranzadi Doctrinal*, núm. 9, 2014, p. 4.

1418 Defiende ese posicionamiento FERNÁNDEZ OLALLA en base a las circunstancias que permiten la retirada del permiso de residencia contempladas en el artículo 14 de la Directiva 2004/81/CE. Entre las posibles causas, destacan la reanudación de forma activa y voluntaria de las relaciones con los presuntos autores; o cuando la cooperación o denuncia de la víctima sea fraudulenta o infundada. *Vid. ibidem*, p. 5.

1419 *Vid. ibidem*, pp. 5 y 6. En sentido similar, PLASENCIA DOMÍNGUEZ, si bien exige que la colaboración de la víctima sea de cierta entidad, en el sentido de poder aportar datos concretos, susceptibles de ser contrastados y útiles para la investigación o el esclarecimiento de los hechos, recuerda que no puede hacerse recaer el éxito de la investigación en la víctima, ni mucho menos condicionar la concesión de este beneficio a su colaboración permanente a lo largo de todo el proceso.

Sin embargo, hay quien afirma que bajo el pretexto de colaboración se exige a la víctima información que escapa a su conocimiento, sometiéndola a duras presiones sin tener en cuenta las barreras idiomáticas y culturales que pueden dificultar su comprensión, ni tampoco su estado emocional, llegando incluso a cuestionar la credibilidad de su relato[1420]. Igualmente, la necesidad de seguir trabajando puede incentivar a la víctima a colaborar con los tratantes como forma de asegurarse su lugar de trabajo o de ganarse un puesto dentro de la estructura delictiva[1421]. Todo ello podría estar propiciando que tampoco esta segunda medida protectora suela reconocerse a las víctimas de trata[1422]. En este sentido, la propia Red Española contra la Trata de Personas solicitó que se establecieran criterios claros y transparentes acerca de qué debe entenderse por colaboración, desvinculando la concesión del permiso del resultado del proceso penal y sin que pudiera revocarse el mismo en caso de que la víctima decidiera no seguir participando en el proceso[1423].

Véase PLASENCIA DOMÍNGUEZ, N.: "Mecanismos de tutela legal de las víctimas de trata de seres humanos", *Diario La Ley, op. cit.*, p. 14,

1420 *Vid.* RAMÍREZ ZAMBRANA, C.: "La colaboración", en FUNDACIÓN FERNANDO POMBO, *Cuestiones prácticas sobre trata de seres humanos: una visión interdisciplinar, op. cit.*, p. 37.

1421 *Vid.* CONSEJO GENERAL DEL PODER JUDICIAL: *Guía de criterios de actuación judicial frente a la trata de seres humanos, op. cit.*, pp. 182-183.

1422 Tal y como arrojan los resultados en VILLACAMPA ESTIARTE, C. y TORRES FERRER, C.: "Aproximación institucional a la trata de seres humanos en España: valoración crítica", *Estudios Penales y Criminológicos, op. cit.*, p. 218.

1423 *Vid.* RED ESPAÑOLA CONTRA LA TRATA DE PERSONAS: *Documento de Síntesis de la Propuesta de Ley Integral de Protección y Atención a las Víctimas de Trata de Seres Humanos*, 2019.

1.2.3. La protección internacional de la víctima de trata.

Por último, en el ámbito de la protección internacional merece detenerse en los derechos de asilo y de protección subsidiaria regulados en la Ley 12/2009, de 30 de octubre[1424]. El artículo 2 de la referida ley define el asilo como "la protección dispensada a los nacionales no comunitarios o a los apátridas a quienes se reconozca la condición de refugiado", debiéndose entender como tal "toda persona que, debido a fundados temores de ser perseguida por motivos de raza, religión, nacionalidad, opiniones políticas, pertenencia a determinado grupo social, de género, orientación sexual o de identidad sexual, se encuentra fuera del país de su nacionalidad y no puede o, a causa de dichos temores, no quiere acogerse a la protección de tal país, o al apátrida que, careciendo de nacionalidad y hallándose fuera del país donde antes tuviera su residencia habitual, por los mismos motivos no puede o, a causa de dichos temores, no quiere regresar a él".

Para la acreditación de tal condición se ha exigido que la víctima demuestre, de forma individualizada, que ha sido objeto de persecución por los motivos mentados, de modo que la vulneración de los derechos humanos por parte de un Estado, *per se*, no daría lugar al reconocimiento de asilo[1425]. No obstante, cuando el sujeto no reúna los requisitos exigidos para obtener el asilo, pero haya motivos fundados que indiquen que su regreso al país de origen supone un riesgo real de padecer daños graves, podrá dispensarse el derecho a la protección subsidiaria

---

1424 En el ámbito internacional, los principales instrumentos normativos al respecto serían la Convención sobre el Estatuto de los refugiados, de 28 de julio de 1951, y su Protocolo de 31 de enero de 1967.

1425 Además, exige que dichas persecuciones sean graves o reiteradas, PLASENCIA DOMÍNGUEZ, N.: "Mecanismos de tutela legal de las víctimas de trata de seres humanos", *Diario La Ley, op. cit.*, p. 16.

(art. 4 Ley de asilo)[1426]. Por lo tanto, aquí no se exige que la víctima haya sufrido personalmente la vulneración de derechos humanos en su país, sino la constatación de una situación de conflicto interno que pone en peligro a la población civil[1427].

Sin embargo, a pesar de que muchas de las víctimas de trata se encuentran en las circunstancias acabadas de referir, nuevamente aquí, los datos muestran el escaso impacto de esta tercera medida protectora, hecho que ya se había puesto de manifiesto anteriormente[1428]. Y es que, junto a la práctica ausencia de aplicación de estos mecanismos de protección internacional, se constata como los únicos casos que han llegado a beneficiarse son los de trata con fines sexuales, siendo estas víctimas las que lo solicitan en mayor medida[1429].

[1426] En este sentido, *vid.* CASTAÑO REYERO, M.J.: "Un estatuto de protección internacional para las víctimas de trata desde la perspectiva del derecho internacional de los derechos humanos", en MARTÍN OSTOS, J.S. (Dir.), *La tutela de la víctima de trata: una perspectiva penal, procesal e internacional*, JB Bosch Editor, Barcelona, 2019, pp. 155-206.

[1427] Véase PLASENCIA DOMÍNGUEZ, N.: "Mecanismos de tutela legal de las víctimas de trata de seres humanos", *Diario La Ley, op. cit.*, p. 17. Cabe decir que el reconocimiento de cualquiera de los dos derechos -asilo o protección subsidiaria- impide que la víctima de trata pueda ser objeto de repatriación, de conformidad con el artículo 19 de la Ley de asilo.

[1428] *Vid.* SANTOS OLMEDA, B.: "Las víctimas de trata en España. El sistema de acogida de protección internacional", *Anuario CIDOB de la Inmigración*, 2019, pp. 151 y ss.

[1429] Los motivos que podrían explicar la diferencia en cuanto al recurso a la protección internacional por parte de las distintas víctimas de trata son, de un lado, el protagonismo del que goza la trata sexual en nuestro país y, del otro, la falta de autopercepción como víctimas de aquellas que lo son por otras formas de trata. Véase VILLACAMPA ESTIARTE, C. y TORRES FERRER, C.: "Aproximación institucional a la trata de seres humanos en España: valoración crítica", *Estudios Penales y Criminológicos, op. cit.*, pp. 220 y 221.

Para terminar con los aspectos de protección victimal concernientes al ámbito preprocesal, se ha evidenciado como muchas de las víctimas de trata, a pesar de ser detectadas e incluso identificadas, no siempre son adecuadamente asistidas. Esto es así, especialmente en el caso de hombres y menores[1430]. Al respecto, como ya se ha apuntado en líneas precedentes, la actual aproximación institucional a la trata fomenta la hegemonía de la trata sexual en demérito del resto de modalidades, que resultan invisibilizadas[1431]. En consecuencia, debería procurarse una dotación pública adecuada y paritaria en las ayudas y financiamiento que reciben estas organizaciones especializadas. En este sentido, el ofrecimiento de ayudas a las entidades asistenciales de víctimas de trata, con independencia del sexo de la víctima y la finalidad de la explotación perseguida, bien podría revertir la falta de recursos asistenciales para víctimas de trata distintas a la sexual, a la vez que incentivaría la especialización de las ONGs en el resto de modalidades de trata como forma de captar recursos públicos[1432].

1430 *Vid.* TORRES ROSELL, N. y VILLACAMPA ESTIARTE, C.: "Protección jurídica y asistencia para víctimas de trata de seres humanos", Revista General de Derecho Penal, *op. cit.*, pp. 36-37; VILLACAMPA ESTIARTE, C. y TORRES FERRER, C.: "Aproximación institucional a la trata de seres humanos en España: valoración crítica", *Estudios Penales y Criminológicos, op. cit.*, p. 211.

1431 *Vid.* FARALDO CABANA, P: "¿Dónde están las víctimas de trata de personas? Obstáculos a la identificación de las víctimas de trata en España ", *Conferencia Internacional Dia Europeu contra o tráfico de seres humanos, op. cit.*, pp. 140 y 141; VILLACAMPA ESTIARTE, C. y TORRES FERRER, C.: "Aproximación institucional a la trata de seres humanos en España: valoración crítica", *Estudios Penales y Criminológicos, op. cit., passim*; VILLACAMPA ESTIARTE, C.: "Dificultades en la persecución penal de la trata de seres humanos para explotación laboral", *Indret, op. cit.*, p. 180.

1432 La ausencia de recursos asistenciales en España, especialmente cuando las víctimas son hombres, se ha evidenciado en diversos estudios. Esta situación obliga a alojarlos en recursos no especializados, como albergues, hoteles o en las mismas dependencias policiales, siendo sufragados en ocasiones tales gastos por los propios agentes. En cualquier

1.3. La práctica de diligencias preprocesales.

De vuelta al ámbito de la persecución del delito, una vez detectado un posible supuesto de trata, deben iniciarse las primeras diligencias de investigación destinadas a la comprobación de los hechos y sus autores, y a la obtención de aquellas evidencias o indicios que permitan fundamentar el eventual atestado policial o la denuncia o querella a formular por el Ministerio Fiscal. En esta fase, tres son los principales obstáculos con los que topan los investigadores: las limitaciones materiales y formales en la práctica de diligencias, la deficiente colaboración con otras instituciones y agencias, y la falta de coordinación internacional con determinados Estados y organismos.

La primera de las dificultades enunciadas deriva de la excesiva pendencia de la investigación -y posterior enjuiciamiento- respecto de la víctima y su declaración[1433]. En esta fase de la investigación del delito, centrada en la comprobación de la existencia del delito y el grado de participación de cada individuo, generalmente previa a la incoación de un procedimiento judicial, suele trabajarse sin las oportunas autorizaciones judi-

---

caso, la falta de medidas asistenciales a medio y largo plazo, incide directamente en su revictimación. *Vid.* VILLACAMPA ESTIARTE, C. y TORRES FERRER, C.: "Aproximación institucional a la trata de seres humanos en España: valoración crítica", *Estudios Penales y Criminológicos, op. cit.*, p. 225; VILLACAMPA ESTIARTE, C.: "Dificultades en la persecución penal de la trata de seres humanos para explotación laboral", *Indret, op. cit.*, p. 181. Ya se advertía sobre como determinadas iniciativas legislativas creaban "un sistema de tutela específico para víctimas de TSH-para explotación sexual, por un lado, y para víctimas de violencias sexuales, por otro", en VILLACAMPA ESTIARTE, C.: "¿Hacía una ley integral contra la trata de seres humanos?", *PostC: Crimen, Ciencia, Sociedad*, disponible en: https://postc.umh.es/minipapers/hacia-una-ley-integral-contra-la-trata-de-seres-humanos/

[1433] *Vid.* DEFENSOR DEL PUEBLO: *La trata de seres humanos en España: víctimas invisibles, op. cit.*, p. 274.

ciales. Así, las principales actividades a realizar consistirán en la identificación de los implicados[1434] -generalmente, mediante consulta documental- y la comprobación de la existencia de un delito mediante la realización de seguimientos, vigilancias, inspecciones y entrevistas a personas del entorno social[1435].

Hechas las comprobaciones pertinentes, debe procederse a recabar las evidencias necesarias para su posterior aportación al procedimiento. Sin embargo, las limitaciones en cuanto a las diligencias que pueden llevarse a cabo en esta fase preprocesal añaden una mayor complejidad a la obtención de evidencias o pruebas materiales objetivas ajenas a la propia víctima del delito, es decir, alternativas a su declaración y a la prestada por sus allegados no implicados en la comisión del delito. En definitiva, este trabajo de campo resulta esencial pues sin la recopilación previa de los indicios y/o evidencias -los elementos de juicio- necesarias para motivar debidamente las peticiones policiales -y los consecuentes autos judiciales del o Sección de Instrucción- contenidas en el atestado, no hay autorización ni, por ende, otros medios de prueba distintos a la declaración de la víctima. No obstante, otra dificultad añadida podría ser la denunciada falta de medios personales y materiales para investigar y perseguir estas conductas delictivas[1436].

A fin de buscar otras fuentes de prueba alternativas, en el marco de la función preventiva del delito que ostentan las FFCCSE, cobran especial relevancia las inspecciones administrativas.

1434 Entiéndase por implicados no sólo los presuntos tratantes o explotadores, sino también los intervinientes en las distintas fases (captación, transporte, traslado, etc.).

1435 Véase CONSEJO GENERAL DEL PODER JUDICIAL: *Guía de criterios de actuación judicial frente a la trata de seres humanos, op. cit.*, p. 46.

1436 Así lo reseñaron varios de los entrevistados en el estudio llevado a cabo por VILLACAMPA ESTIARTE, C.: "Dificultades en la persecución penal de la trata de seres humanos para explotación laboral", *Indret, op. cit.*, p. 177.

Especial mención merecen las inspecciones conjuntas realizadas por la Inspección del Trabajo y Policía Nacional o Guardia Civil en virtud de la Resolución de 4 de noviembre de 2013[1437]. Dicha resolución prevé la creación de grupos operativos mixtos, integrados por miembros de la ITSS y de las FFCCSE, para la actuación conjunta respecto a infracciones administrativas graves o muy graves en el orden social en las que concurran indicios racionales de determinados delitos, entre ellos, el de trata con fines de explotación laboral. Si bien estas inspecciones parecen funcionar adecuadamente, se han apuntado como disfunciones de las mismas el hecho de que las empresas sean previamente advertidas por la ITSS o la detención conjunta de víctima -caso de hallarse en situación administrativa irregular- y explotador como consecuencia de dicha inspección[1438]. Igualmente, se ha señalado como otro óbice aparejado a dichas inspecciones la dificultad de identificar a los trabajadores-víctimas por cuanto los inmigrantes ilegales suelen asumir la identidad de aquellos que cuentan con los correspondientes permisos para así evitar la repatriación[1439].

En cualquier caso, el éxito de las referidas inspecciones administrativas requiere incentivar y fortalecer la colaboración y coordinación con otras instituciones, especialmente con la ya referida ITSS. Así mismo se reseña en la citada Guía del CGPJ, aunque con una visión un tanto sesgada, por cuanto solo se refiere al ámbito de la prostitución y a las inspecciones en locales donde esta se lleva a

---

1437 Se trata de la Resolución de 4 de noviembre de 2013, de la Subsecretaría, por la que se publica el anexo del Convenio de colaboración entre el Ministerio de Empleo y Seguridad Social y el Ministerio del Interior sobre coordinación entre la Inspección de Trabajo y Seguridad Social y las Fuerzas y Cuerpos de Seguridad del Estado, en materia de lucha contra el empleo irregular y el fraude a la Seguridad Social.

1438 *Vid.* VILLACAMPA ESTIARTE, C.: "Dificultades en la persecución penal de la trata de seres humanos para explotación laboral", *Indret, op. cit.*, p. 178.

1439 *Vid. Ibidem*, p. 183.

cabo[1440]. Olvida así el importante sector agrícola u otros sectores empresariales en los que dichas investigaciones tienen cabida, donde se desarrollan otras formas de trata, muy especialmente las que tiene por finalidad la explotación laboral de la víctima[1441].

Especial dificultad presenta esta actividad preventiva cuando las conductas de trata tienen lugar en espacios privados que pueden ser considerados domicilios particulares, como sucede en el caso de la servidumbre doméstica o de la prostitución ejercida en pisos[1442]. Pues, la protección constitucional del derecho a la inviolabilidad del domicilio limita severamente las prácticas de investigación, como abordaremos más detenidamente en líneas posteriores al referirnos a la diligencia de entrada y registro.

1440 *Vid.* CONSEJO GENERAL DEL PODER JUDICIAL: *Guía de criterios de actuación judicial frente a la trata de seres humanos, op. cit.*, p. 47.

1441 Según los datos arrojados por el citado estudio empírico, tanto el sector agrícola como el servicio doméstico aglutinarían, a partes iguales, más del 55% de casos de trata laboral, seguidos muy de lejos por el sector de la restauración (9%), el comercio (9%), la construcción (8%) o la industria textil (8%). *Vid.* VILLACAMPA ESTAIRTE, C., GÓMEZ ADILLÓN, M.J., TORRES FERRER, C. y MIRANDA RUCHE, X.: "Dimensión de la trata de seres humanos en España", en VILLACAMPA ESTIARTE, C. (Dir.), *La trata de seres humanos tras un decenio de su incriminación. ¿Es necesaria una ley integral para luchar contra la trata y la explotación de seres humanos?, op. cit.*, pp. 207-208. En un mismo sentido, *vid.* RODRÍGUEZ MONTAÑÉS, T.: "Trata de seres humanos y explotación laboral", en ALCÁCER GUIRAO, R., MARTÍN LORENZO, M., VALLE MARISCAL DE GANTE, M. (Eds.), *La trata de seres humanos: persecución penal y protección de las víctimas, op. cit.*, pp. 69 y ss.; FARALDO CABANA, P: "¿Dónde están las víctimas de trata de personas? Obstáculos a la identificación de las víctimas de trata en España", *Conferencia Internacional Dia Europeu contra o tráfico de seres humanos, op. cit.*, p. 150.

1442 Las condiciones espaciales en las que se desarrolla la trata fueron otra de las dificultades en la persecución del delito de trata señalas. *Vid.* VILLACAMPA ESTIARTE, C.: "Dificultades en la persecución penal de la trata de seres humanos para explotación laboral", *Indret, op. cit.*, p. 180.

Al respecto, cabe mencionar el relevante papel desempeñado por la Fiscalía de Trata de personas y Extranjería[1443], a través de sus fiscales delegados, en su función de orientar los esfuerzos de la policía para obtener unos resultados útiles y fructíferos que les permita plantear una eventual acusación. Afortunadamente, parece existir una buena sintonía entre ambas instituciones a raíz de los resultados arrojados por el estudio cualitativo llevado a cabo por VILLACAMPA[1444].

Finalmente, el último caballo de batalla tiene que ver con la cooperación internacional requerida en muchos de estos supuestos dado los elementos de transnacionalidad y criminalidad organizada que suelen caracterizar las conductas de trata. La investigación, especialmente cuando hay personas extranjeras implicadas, requiere la petición a países terceros de información e inteligencia. Ello es positivo no solo en términos de persecución, esto es, para el buen desarrollo de la investigación, sino también en términos de prevención, a fin de garantizar la seguridad de la propia víctima -en caso de retorno- y/o de sus allegados[1445].

Afortunadamente, instituciones como Europol facilitan enormemente la colaboración entre las autoridades y operadores

---

1443 Dicha Unidad viene integrada por 101 fiscales: 52 fiscales delegados de Extranjería (1 por cada provincia, 1 en la Fiscalía Antidroga y 1 en la Audiencia Nacional); 19 fiscales de enlace en las fiscalías de área; y 28 fiscales adscritos. Así, la referida Unidad ofrece orientación al resto de fiscales ante posibles problemas interpretativos o de aplicación de la normativa vinculada a esta especialidad. Véase FISCALÍA GENERAL DEL ESTADO: *Memoria elevada al Gobierno de S.M, 2022, op. cit.*, pp. 705 y 706.

1444 Sobre la existencia de una coordinación fluida entre MF y cuerpos policiales, *vid.* VILLACAMPA ESTIARTE, C.: "Dificultades en la persecución penal de la trata de seres humanos para explotación laboral", *Indret, op. cit.*, p. 178.

1445 *Vid.* CONSEJO GENERAL DEL PODER JUDICIAL: *Guía de criterios de actuación judicial frente a la trata de seres humanos, op. cit.*, p. 50.

jurídicos de los diferentes Estados Miembros[1446] en la prevención y la lucha contra toda forma grave y organizada de delincuencia. Para acometer esta labor, cuenta con los llamados Equipos Conjuntos de Investigación o *Joint Investigation Teams* (en adelante, ECIs) que, establecidos por una duración limitada y con un propósito específico, facilitan la coordinación de las investigaciones criminales y enjuiciamientos que se llevan a cabo paralelamente en varios Estados.

En los supuestos de TSH, esta herramienta cobra especial relevancia atendiendo al volumen de víctimas procedentes de Europa del Este, especialmente de Rumania. Así, tanto los datos de Fiscalía[1447], como del CITCO[1448] y del referido estudio de VILLACAMPA[1449], coinciden en señalar esta región europea como uno de los principales orígenes de las víctimas de trata

---

1446 Principalmente forman parte de organización los Estados miembros de la Unión Europea, cada uno de los cuales tiene designada una Unidad Nacional de Europol (ENU) que sirve de enlace entre las autoridades de ese país y Europol. Sin embargo, hay determinados Estados que, sin pertenecer a la UE, cuentan con funcionarios de enlace en Europol. Estos son: Albania, Australia, Brasil, Canadá, Colombia, Estado Unidos, Macedonia del Norte, Georgia, Islandia, Israel, Japón, Moldavia, Montenegro, Nueva Zelanda, Noruega, Reino Unido, Serbia, Suiza, Turquía y Ucrania.

1447 *Vid.* FISCALÍA GENERAL DEL ESTADO: *Memoria elevada al Gobierno de S.M, 2021, op. cit.*, pp. 707-711.

1448 *Vid.* CITCO: *Trata y explotación de seres humanos en España. Balance estadístico 2017-21, op. cit.*, pp. 7, 18, 24, 26, 28. Debe matizarse en este punto que, si bien en relación con el año 2021 no se detectaron víctimas de trata criminal ni para fines de mendicidad, la nacionalidad rumana de las víctimas era la preponderante en los años anteriores registrados.

1449 *Vid.* VILLACAMPA ESTAIRTE, C., GÓMEZ ADILLÓN, M.J., TORRES FERRER, C. y MIRANDA RUCHE, X.: "Dimensión de la trata de seres humanos en España", en VILLACAMPA ESTIARTE, C. (Dir.), *La trata de seres humanos tras un decenio de su incriminación. ¿Es necesaria una ley integral para luchar contra la trata y la explotación de seres humanos?, op. cit.*, pp. 201-202.

con fines sexual, criminal y de otras formas -principalmente, con fines de matrimonio forzado-. Igualmente, el Anexo I de la Guía elaborada por el CGPJ señala las organizaciones rumanas y búlgaras como dos de las principales redes organizadas de trata que operan en nuestro país[1450]. También podrá recurrirse a este mecanismo cuando víctima, victimario o alguno de los elementos del delito guarde relación con países como Colombia o Brasil, entre otros, como frecuentemente sucederá en gran parte de los casos de trata con fines de explotación sexual[1451] y, en menor medida, en supuestos de trata laboral[1452] y criminal[1453].

En el resto de los casos, en los que los sujetos activos y/o pasivos del delito de trata no provienen de Estados miembros de la

1450 En este sentido, CONSEJO GENERAL DEL PODER JUDICIAL: *Guía de criterios de actuación judicial frente a la trata de seres humanos, op. cit.*, pp. 373-376.

1451 *Vid.* VILLACAMPA ESTAIRTE, C., GÓMEZ ADILLÓN, M.J., TORRES FERRER, C. y MIRANDA RUCHE, X.: "Dimensión de la trata de seres humanos en España", en VILLACAMPA ESTIARTE, C. (Dir.), *La trata de seres humanos tras un decenio de su incriminación. ¿Es necesaria una ley integral para luchar contra la trata y la explotación de seres humanos?, op. cit.*, p. 201; FISCALÍA GENERAL DEL ESTADO: *Memoria elevada al Gobierno de S.M, 2021, op. cit.*, p. 707; CITCO: *Trata y explotación de seres humanos en España. Balance estadístico 2017-21, op. cit.*, p. 7.

1452 Véase FISCALÍA GENERAL DEL ESTADO: *Memoria elevada al Gobierno de S.M, 2021, op. cit.*, p. 709; CITCO: *Trata y explotación de seres humanos en España. Balance estadístico 2017-21, op. cit.*, p. 18.

1453 *Vid. ibidem*, p. 710.

UE o de países que cuentan con funcionarios de enlace en Europol[1454], deberá recurrirse a los Equipos de Análisis Conjuntos[1455].

Sin embargo, a pesar de las referidas herramientas de facilitación de la cooperación internacional, la colaboración entre Estados no siempre será factible. Por un lado, hay países en los que no existe Estado o este no es capaz (o no tiene interés) de prestar la ayuda solicitada -especialmente, en ciertas zonas en el continente africano y asiático-. Por otro, hay que tener en cuenta la situación de la víctima en su país de origen para no situarla en una situación de riesgo, por ejemplo, si allí es perseguida por motivos ideológicos, etc.[1456].

1454 Aquí se integrarían los supuestos con alguna conexión con el continente asiático y africano. Así, las víctimas procedentes de la zona del Magreb frecuentemente están envueltas en situaciones de trata con fines de explotación laboral, mientras que las procedentes de la África subsahariana se relacionan más con supuestos de trata sexual. Véase, CITCO: *Trata y explotación de seres humanos en España. Balance estadístico 2017-21, op. cit.*, p. 18. Por otro lado, las víctimas procedentes de Asia tendrían más presencia en casos de trata laboral y trata con fines delictivos. En este sentido, VILLACAMPA ESTAIRTE, C., GÓMEZ ADILLÓN, M.J., TORRES FERRER, C. y MIRANDA RUCHE, X.: "Dimensión de la trata de seres humanos en España", en VILLACAMPA ESTIARTE, C. (Dir.), *La trata de seres humanos tras un decenio de su incriminación. ¿Es necesaria una ley integral para luchar contra la trata y la explotación de seres humanos?, op. cit.*, p. 201-202; FISCALÍA GENERAL DEL ESTADO: *Memoria elevada al Gobierno de S.M, 2021, op. cit.*, p. 710.

1455 *Vid.* CONSEJO GENERAL DEL PODER JUDICIAL: *Guía de criterios de actuación judicial frente a la trata de seres humanos, op. cit.*, p. 50.

1456 *Vid. Ibidem.*

a. Excurso a las propuestas contenidas en el Anteproyecto de Ley Orgánica integral contra la trata y la explotación de seres humanos en relación con el ámbito de detección e identificación victimal.

Antes de dar paso a las principales cuestiones que afloran en la persecución del delito de trata en el marco del proceso penal, debe hacerse mención a las mejoras que propone el Anteproyecto de Ley Orgánica integral contra la trata y la explotación de seres humanos en relación a algunas de las dificultades hasta ahora analizadas. Así, entre sus finalidades, definidas en el artículo 2, establece la mejora de la detección de víctimas de trata y explotación por parte de la ITSS en aquellos sectores productivos con mayor índice de riesgo (1); la especialización de todos aquellos profesionales que intervengan en el proceso de detección, atención y protección de las víctimas (2); garantizar los derechos de las víctimas, su protección y asistencia, con independencia de su situación administrativa y de su participación en la persecución del delito (3); a tal efecto, promover la colaboración con las ONGs (4); e intensificar la cooperación internacional (5).

Para la consecución de los mismos prevé una serie de medidas que pasan a detallarse a continuación, agrupadas según la finalidad en la que se encuadren:

(1) En aras a mejorar la capacidad de detección de la ITSS, se prevé la realización de campañas de sensibilización e información para empleados y empleadores, junto a campañas específicas dirigidas a la población migrante (art. 16). Además, se incide en la necesaria especialización en trata y explotación de los funcionarios de la ITSS, junto a la asignación de funcionarios especializados en cada una de las Inspecciones Provinciales. Igualmente, se dispone la articulación de nuevos modelos de denuncia y protocolos de actuación, junto al refuerzo de las inspecciones conjuntas con FFCCSE (art. 19).

(2) En cuanto a la especialización de los actores involucrados en la detección e identificación de víctimas de trata, el

Anteproyecto dispone la creación de planes de sensibilización y prevención varios[1457], articulados mediante el Plan Nacional de Sensibilización y Prevención de la Trata y la explotación de seres humanos (PNSPTE) -cuya operatividad dependerá de la correspondiente asignación presupuestaria-. Dichos planes prevén la formación de ciertos colectivos profesionales (arts. 9 – profesorado; art. 15.2 – sanitarios; art. 16.3 – interlocutores sociales; art. 19.1 – inspectores; art. 21 – unidades especializadas de FFCCSE, empleados públicos a cargo de la red de servicios sociales, Letrado de Administración de Justicia (LAJ), jueces, fiscales, psicólogos, trabajadores sociales y médicos forenses; art. 22 – formación a ONGs necesaria para acreditarse como entidades colaboradoras; art. 23–abogados).

(3) Por lo que se refiere al reconocimiento de derechos a las víctimas de trata, en lo que aquí nos concierne, el artículo 35 garantiza a las mismas el acceso a los servicios de asistencia y apoyo desde el momento de su detección, debiendo reubicarla -si fuera necesario- a otros recursos asistenciales en caso de denegarse su condición de víctima (art. 29.3). Junto a la anterior medida, que debe acogerse positivamente, se establece la indeterminada obligación de "adoptar las medidas necesarias para garantizar que la asistencia a la víctima y el proceso de detección e identificación no estén condicionados a la misma" (art. 28). En lo concerniente a las víctimas en situación administrativa irregular (Cap. VI del Título IV), se realiza una remisión al artículo 59 *bis* LOEX (art. 45), además de recordar la posibilidad de solicitar la protección internacional (art. 46) o el retorno voluntario (art. 47).

(4) En cuanto a la participación de las ONGs, se prevé la elaboración de un acuerdo de cooperación entre las

1457 Con especial incidencia en el ámbito educativo, publicitario, digital, sanitario, así como también en el sector privado, empresarial.

instituciones públicas y dichas entidades (art. 63). Sin embargo, más allá de preverse su colaboración en brindar la asistencia debida a las víctimas (art. 25.3), participar en la entrevista liderada por las FFCCSE (art. 26.2), sigue sin ofrecérseles el mayor protagonismo que venían demandando, puesto que los procesos de detección e identificación -provisional y definitiva- siguen en manos, principalmente, de las unidades especializadas de las FFCCSE y de las Unidades de Violencia sobre la Mujer y las Delegaciones del Gobierno (art. 29 y 57.2).

En este punto es necesario hacer una breve mención al nuevo sistema de detección e identificación de víctimas articulado por el ALOITES. El mismo gira entorno a la creación del Mecanismo Nacional de Derivación, que se constituye como un órgano colegiado interministerial integrado por el Relator nacional contra la trata -como presidente-, representantes del Ministerio de Presidencia, Justicia, Relaciones con las Cortes y de Igualdad (concretamente, el titular de la Delegación del Gobierno contra la Violencia de Género) y "*por los representantes de otros departamentos*". Este mecanismo se encarga de dirimir las denuncias de posibles víctimas de trata o explotación realizadas por ciudadanos, entidades públicas o privadas (art. 25.1). Valorados los indicios e indicadores, si lo estima oportuno, derivará a la víctima a la entidad especializada correspondiente (art. 25.3), poniendo este hecho en conocimiento de las FFCCSE (art. 25.4), que se encargaran de la identificación provisional de las presuntas víctimas de trata (art. 26).

Este mecanismo, a su vez, cuenta con las llamadas Unidades Multidisciplinares de Identificación (1 por cada provincia) que, a pesar de su nombre, están únicamente formadas por un representante provincial de las unidades especializadas de las FFCCSE y por la Unidad de Violencia sobre la mujer que corresponda. Dichas unidades tienen asignada la tarea de examinar la resolución y el expediente emitido por las FFCCSE acerca de la identificación provisional de la víctima de trata y explotación. Al respecto, deberán emitir una propuesta de resolución motivada sobre la procedencia de su identificación que se elevará a la Delegación del Gobierno correspondiente, siendo esta la competente para dictar la resolución de identificación definitiva como víctima de trata.

Resulta igualmente destacable, el intento de trasladar la actividad preventiva del delito de trata en manos de la policía al ámbito digital. En este sentido, el artículo 14 establece un indeterminado e inalcanzable deber dirigido a las FFCCSE que deberán mantener "una vigilancia constante de las plataformas digitales mediante las cuales pueda producirse la captación de víctimas".

(5) A la cooperación institucional e internacional dedica su último Título (VI). A lo largo de este se hace hincapié en la necesidad de promover la cooperación internacional a través de INTERPOL, EUROPOL, EUROJUST y FRONTEX, así como mediante la suscripción de acuerdos bilaterales de cooperación con los países de procedencia de las víctimas. Prevé también la designación por parte de las FFCCSE de un interlocutor social nacional, encargado de coordinar el resto de interlocutores territoriales y que sirva de enlace con las entidades asistenciales especializadas. Por lo tanto, al margen de los buenos propósitos enunciados, no aporta ninguna novedad más allá del cambio de nomenclatura del actual "relator nacional contra la trata de seres humanos" que pasaría a identificarse como "interlocutor social a nivel nacional".

III. PROBLEMÁTICA EN LA PERSECUCIÓN DEL DELITO DE TRATA EN EL MARCO DEL PROCESO PENAL

1. La instrucción judicial del delito de trata de seres humanos.

Una vez el Juez competente[1458] tenga conocimiento del delito,

---

[1458] Al respecto, serán competentes para la instrucción del delito de trata la Sección de Instrucción de los Tribunales de Instancia (anteriormente, los Juzgados de Instrucción), salvo en aquellos supuestos en que el delito se hubiera cometido fuera del territorio nacional, en cuyo caso la competencia corresponderá a la Sección de Instrucción del Tribunal Central de Instancia (esto es, los anteriores Juzgados Centrales de Instrucción) (art. 23.4 d) y m) LOPJ). No obstante, el Tribunal Supremo ha establecido que la competencia de los Juzgados Centrales de Instrucción (ahora Secciones Centrales de Instrucción) y de la Audiencia Nacional debe interpretarse de forma restrictiva. En este sentido, véase el ATS núm. 9208/2017, de 27 de septiembre; ATS núm. 9954/2015, de 2 de diciembre; STS núm. 1275/2016, de 3 de marzo. Por otro lado, cabe recordar que a pesar de la consideración de algunas modalidades de trata como forma de violencia de género, hasta la reforma de 2025, no se consideraba incluido entre el catálogo de delitos competencia de los Juzgados de Violencia sobre la Mujer (art. 14.5 a) LECrim), pues, en estos casos, primaba el interés o vinculo comercial existente entre víctima-victimario por encima del personal o sentimental que puede establecerse, especialmente en el caso del método del "lover boy". Sin embargo, tras la aprobación de la ya referida LO 1/2025, se les reconoce expresamente a las -ahora llamadas- Secciones de violencia sobre la mujer de los Tribunales de instancia competencia para instruir los delitos de trata con fines sexuales cuando la víctima fuera mujer (art. 14.5 h) LECrim). Del mismo modo, la referida LO crea *ex novo* las Secciones de violencia contra la infancia y la adolescencia con competencia para instruir los delitos de trata que atenten contra niños, niñas y/o adolescentes (art. 14.6 c) LECrim). En cuanto a la competencia territorial, siendo el *forum comissi delicti* el fuero preferente, serán competentes los Juzgados de Instrucción (ahora, la Sección de Instrucción, la Sección de violencia sobre la mujer o la Sección de violencia contra la infancia o la ado-

de forma directa o mediante la recepción de denuncia, querella o atestado policial, iniciará la instrucción del proceso penal correspondiente. Generalmente, la instrucción de los delitos

---

lescencia del Tribunal de Instancia) del partido judicial en el que se haya cometido el delito (art. 14.2 LECrim), rigiendo el principio de ubicuidad cuando la conducta típica se haya desarrollado en varios lugares (Acuerdo no jurisdiccional de la Sala de lo Penal del Tribunal Supremo de 3 de febrero de 2005). En caso de que no conste el lugar de comisión de delito, deberá recurrirse a los fueros de aplicación subsidiaria estipulados en el artículo 15 de la LECrim. Esto es, donde se hubieran descubierto pruebas materiales del delito, donde el reo hubiera sido aprehendido, donde el reo resida o en cualquier lugar donde se hubiese tenido noticia del delito. *Vid.* DÍAZ MARTÍNEZ, M.: "Los presupuestos procesales del órgano jurisdiccional (II): Competencia funcional y territorial", en GIMENO SENDRA, V., DÍAZ MARTÍNEZ, M. y CALAZA LÓPEZ, S., *Derecho Procesal Penal, op. cit.*, p. 101. Mayor problemática suscita la jurisdicción de los órganos judiciales españoles cuando el delito no se comete en territorio español y, por tanto, no rige el principio de territorialidad (art. 23.1 LOPJ). En este punto, destaca la STS 144/2018, de 22 de marzo (y posteriormente, la STS 422/2020, de 23 de julio), que declara la competencia de la jurisdicción española para enjuiciar la conducta típica de la coacusada consistente en colaborar desde el extranjero con el principal acusado (residente en España) realizando las gestiones oportunas para el traslado de la víctima a España. En cualquier caso, sobre la aplicación del principio de jurisdicción universal a los delitos de trata (art. 23.4 m) y d) LOPJ), cuya operatividad requerirá de la previa interposición de querella por el agraviado o el Ministerio Fiscal (art. 23.6 LOPJ), véase CONSEJO GENERAL DEL PODER JUDICIAL: *Guía de criterios de actuación judicial frente a la trata de seres humanos, op. cit.*, pp. 133-135. Finalmente, en este punto, debe traerse a colación la Ley 16/2015, de 7 de julio, por la que se regula el estatuto del miembro nacional de España en Eurojust, los conflictos de jurisdicción, las redes judiciales de cooperación internacional y el personal dependiente del Ministerio de Justicia en el Exterior. Dicha norma, que supuso la transposición al Derecho español de la Decisión Marco 209/948/JAI del Consejo, regula los eventuales conflictos de jurisdicción que puedan darse entre España y otro Estado miembro de la Unión Europea (arts. 30 a 32).

de TSH se articulará a través de las diligencias previas (art. 774 LECrim), especialmente cuando los hechos vengan referidos al tipo básico del 177 *bis* CP. Sin embargo, cuando a los hechos les sean aplicables alguno de los subtipos agravados o, se aprecie la comisión de otros delitos asociados incluso al tipo básico del de TSH mismo, deberá seguirse el procedimiento ordinario.

En cualquier caso, de conformidad con el artículo 299 LECrim, la finalidad última de esta primera etapa es la preparación del juicio oral mediante la consecución de cuatro objetivos básicos: (1) averiguar y hacer constar la perpetración de los delitos con todas las circunstancias moduladoras de su calificación; (2) determinar la culpabilidad de los delincuentes; (3) asegurar a las personas; y (4) asegurar las responsabilidades pecuniarias.

Según CALAZA LÓPEZ, el cumplimiento de los dos primeros propósitos -la constatación del hecho y la determinación de su autor- requerirá de la celebración tanto (1) de actos de investigación y (2) como de actos de prueba anticipada y/o preconstituida. Por otro lado, el logro del resto de finalidades pasará por la adopción de (3) medidas cautelares penales y (4) medidas cautelares civiles o reales[1459].

Siguiendo esta última categorización, se van a estructurar las principales dificultades que afloran durante la instrucción del delito de TSH -muchas de las cuales persisten a lo largo del proceso- en función de los mecanismos procesales atribuidos para la consecución de las distintas finalidades de la instrucción.

1459 *Vid.* CALAZA LÓPEZ, S.: "La fase de instrucción", en GIMENO SENDRA, V., DÍAZ MARTÍNEZ, M. y CALAZA LÓPEZ, S., *Derecho Procesal Penal, op. cit.*, p. 225.

1.1. Los principales actos de investigación del delito de trata de seres humanos.

El primer paso lógico antes de solicitar y practicar cualquier tipo de diligencia es cerciorarse de que la investigación se halle debidamente focalizada, en el sentido de que los hechos sean debidamente calificados, pues es probable que la causa inicialmente se haya instruido por unos hechos aparentemente constitutivos de un delito distinto o surjan a raíz de la investigación judicial desarrollada por otros delitos[1460]. Una correcta calificación de los hechos no solo repercute positivamente en la adecuada persecución e investigación del delito, sino que también permite adoptar las especialidades que revisten los procesos de TSH en cuanto a medidas de protección y asistencia.

Si bien la calificación inicial de los hechos en los últimos años no resulta -o no debería resultar- tan problemática, sí lo ha sido tradicionalmente como consecuencia de esa persistente confusión entre TSH y el art. 318 *bis* CP[1461]; entre TSH y los delitos asociados a estas conductas (amenazas, lesiones, detenciones ilegales, etc.); o entre TSH y los delitos fin[1462]. Igualmente, deben incluirse en la calificación inicial de los hechos no solo las conductas constitutivas de TSH, sino también las que son constitutivas de otros delitos (por ejemplo, los delitos asociados a la explotación de las víctimas, el blanqueo de capitales etc.), teniendo en cuenta las relaciones concursales al respecto -*vid. supra*-[1463].

1460 *Vid.* CONSEJO GENERAL DEL PODER JUDICIAL: *Guía de criterios de actuación judicial frente a la trata de seres humanos, op. cit.*, p. 122.

1461 *Vid. Ibidem*, p. 125.

1462 *Vid. Ibidem*, p. 126. Ampliamente sobre las relaciones concursales en el delito de trata, *vid. supra*, Capítulo IV, epígrafe III, apartado f.

1463 Esta cuestión ha sido abordada en el capítulo anterior, por lo que nos remitimos al contenido del mismo.

Así, nuevamente en esta fase puede identificarse como una primera dificultad la confusión normativa resultante, en muchas ocasiones, de una falta de especialización de las autoridades competentes -en particular de jueces y magistrados-[1464]. Ese déficit de preparación da lugar también a la asunción de ciertos estereotipos -especialmente de género-, que siguen condicionando no solo los procesos de identificación de las víctimas, sino también las instrucciones de las causas penales y las propias vistas judiciales[1465].

A la anterior falta de especialización y de formación, se une la advertida sobrecarga de trabajo de nuestros Tribunales que, en muchas ocasiones, impide una adecuada planificación y seguimiento de un delito tan complejo como el que nos ocupa[1466]. La especial complejidad de estas investigaciones tiene que ver con la pluralidad tanto de sujetos -pasivos y activos- como de objetos -hechos que revisten carácter delictivo-[1467], además del carácter transnacional que

---

1464 Afortunadamente, debe valorarse muy positivamente el papel desarrollado en este punto por la Fiscalía de Extranjería, que puede ejercer como factor de corrección en cuanto a los problemas de calificación inicial de los hechos.

1465 Así se concluye en el análisis sobre la implementación de la Directiva 2011 que realizó el Parlamento Europeo. *Vid.* SCHERRER, A. y WENER, H.: *Trafficking in Human Beings from a Gender Perspective Directive 2011/36/EU*, European Parliamentary Research Service, 2016, pp. 224 y 225.

1466 De hecho, la propia Guía del CGPJ advierte sobre la necesidad de reforzar la plantilla de la oficina judicial mediante el nombramiento de personal de apoyo, y apunta a la posibilidad de eximir temporalmente al Juez de reparto (art. 167.1 LOPJ) o a la facultad de adscripción temporal de Jueces y Magistrados (art. 210 LOPJ) como consecuencia de la tramitación de una causa de trata de seres humanos. *Vid.* CONSEJO GENERAL DEL PODER JUDICIAL: *Guía de criterios de actuación judicial frente a la trata de seres humanos, op. cit.*, pp. 250 y ss.

1467 Recuérdese que el delito de trata frecuentemente irá acompañado de la comisión de otros tipos delictivos, bien sea durante el proceso de trata (detenciones ilegales, lesiones, etc.) o tras materializarse la explotación efectiva de la víctima (agresión sexual, prostitución coactiva,

suelen revestir estas conductas y su frecuente relación con el crimen organizado[1468]. Esto, en muchas ocasiones, repercute en una falta de previsión de las diligencias de investigación a practicar con la debida asignación de recursos personales y materiales necesarios,

---

vulneración de los derechos de los trabajadores, etc.). Sin perjuicio de lo anterior y a pesar de la excusa absolutoria prevista en el apartado 11 del artículo 177 bis CP, cabe recordar que en el mismo procedimiento seguido para la investigación del delito de trata y el resto de delitos conexos, también deberá investigarse aquellos delitos cuya comisión pueda atribuirse a alguna de las posibles víctimas. Ello, a razón del principio de conexidad delictiva, siempre y cuando no suponga una excesiva complejidad o dilación para el proceso (art. 17 LECrim). Más complicado se presenta el supuesto en que la causa por el delito de trata se abre con posterioridad a otros procesos penales seguidos contra alguna de las víctimas por hechos delictivos realizados como consecuencia de su victimización. En estos supuestos, deberá procederse a la acumulación de las causas, salvo que se hubiera aperturado la fase de juicio oral. En estos casos, la prejudicialidad penal obliga a suspender el juicio seguido por el delito secundario hasta que no recaiga resolución firme que ponga fin al procedimiento seguido por el delito de trata. Tras la incorporación de dicha resolución a la causa secundaria, se alzará la suspensión, debiendo tenerse en consideración los testimonios que puedan deducirse de la causa principal y el resto de acero probatorio. Caso de haber recaído sentencia firme condenatoria contra un individuo al que posteriormente se le reconoce la condición de víctima de trata, podría recurrirse al procedimiento de revisión de sentencias firmes (art. 954 LECrim), haciendo uso del criterio expansivo defendido por la doctrina en los últimos años; y, en su defecto, podría recurrirse a la figura del indulto. *Vid.* CONSEJO GENERAL DEL PODER JUDICIAL: *Guía de criterios de actuación judicial frente a la trata de seres humanos, op. cit.*, pp. 115-122.

1468 Véase, por todos, PLANCHADELL GARGALLO, A.: "Investigación y enjuiciamiento del delito de trata: aspectos procesales desde la jurisprudencia", en VILLACAMPA ESTIARTE, C. (Dir.), *La trata de seres humanos tras un decenio de su incriminación. ¿Es necesaria una ley integral para luchar contra la trata y la explotación de seres humanos?, op. cit.*, p. 855; CONSEJO GENERAL DEL PODER JUDICIAL: *Guía de criterios de actuación judicial frente a la trata de seres humanos, op. cit.*, p. 127.

así como en una menor agilidad del proceso[1469]. Todo ello, hace que la investigación vaya diluyéndose, quedándose en instrucciones demasiado sencillas que no tienen en cuenta las particularidades y dificultades que presenta este concreto delito, como los propios profesionales han llegado a reconocer[1470].

En cuanto a las diligencias a practicar durante la instrucción del delito de TSH, probablemente, el más conocido y acuciante problema en su investigación guarda relación con la subordinación del desarrollo y éxito del proceso penal respecto a la declaración de la víctima-testigo. Esto, en gran medida, es consecuencia de la aproximación forense al delito que se sigue realizando, reduciéndolo a una conducta delictiva que concierne exclusivamente a víctima y victimario, olvidando, entre otras, su importante dimensión económica[1471].

1469 Al respecto, la Guía elaborada por el CGPJ establece como buenas prácticas la elaboración de un plan de trabajo por parte del Juez de Instrucción, en coordinación con el Ministerio Fiscal y el Letrado de la Administración de Justicia (LAJ), en el que se prevea un control periódico de la causa, su impulso y tramitación frecuente, entre otros, de conformidad con la hoja de ruta o el calendario estipulado. *Vid.* CONSEJO GENERAL DEL PODER JUDICIAL: *Guía de criterios de actuación judicial frente a la trata de seres humanos, op. cit.*, pp. 127-128.

1470 *Vid.* VILLACAMPA ESTIARTE, C.: "Dificultades en la persecución penal de la trata de seres humanos para explotación laboral", *Indret, op. cit.*, p. 184.

1471 La mayoría de los profesionales entrevistados se mostraron críticos respecto al actual abordaje del delito. *Vid. ibidem*, p. 182. En un mismo sentido, DELGADO ECHEVARRÍA, C.: "Dificultades que se suscitan en la práctica judicial para la investigación y el enjuiciamiento de causas por trata de seres humanos", en VILLACAMPA ESTIARTE, C. (Dir.), *La trata de seres humanos tras un decenio de su incriminación. ¿Es necesaria una ley integral para luchar contra la trata y la explotación de seres humanos?, op. cit.*, p. 899; GARCÍA SEDANO, T.: "Cuestiones procesales derivadas del delito de trata de seres humanos", *Diario la Ley*, núm. 9093, 2017, p. 1.

Indudablemente, esto condiciona el modo de llevar a cabo la instrucción -y posterior enjuiciamiento-. Así, es tónica habitual de nuestros tribunales que en la investigación del delito de trata de personas se haga uso del mismo "esquema típico" seguido en las investigaciones por otros delitos contra los bienes personales. Este, básicamente, consiste en recibir la declaración de la víctima para posteriormente confrontarla con la del investigado y, en último término, buscar corroboraciones periféricas que permitan dilucidar cuál de las dos versiones merece mayor credibilidad[1472]. En este sentido, no es de extrañar que este proceso, en ocasiones, acabe derivando en una trifulca entre la palabra del traficante contra la de la víctima[1473].

Situar la declaración de la víctima como pieza fundamental -cuando no única- del acervo probatorio se presenta como una estrategia errática por varios motivos. En el plano normativo, ello supone contravenir lo estipulado expresamente en los artículos 9.1 de la Directiva 2011/36[1474] y 27 del Convenio de Varsovia[1475], que proscriben la dependencia del curso del proceso penal a la declaración de la víctima.

1472 *Vid.* DELGADO ECHEVARRÍA, C.: "Dificultades que se suscitan en la práctica judicial para la investigación y el enjuiciamiento de causas por trata de seres humanos", en VILLACAMPA ESTIARTE, C. (Dir.), *La trata de seres humanos tras un decenio de su incriminación. ¿Es necesaria una ley integral para luchar contra la trata y la explotación de seres humanos?, op. cit.*, p. 899.

1473 *Vid.* VILLACAMPA ESTIARTE, C.: "Dificultades en la persecución penal de la trata de seres humanos para explotación laboral", *Indret, op. cit.*, p. 182.

1474 Que establece expresamente: "1. Los Estados miembros garantizarán que la investigación o el enjuiciamiento de las infracciones contempladas en los artículos 2 y 3 no dependan de la deposición o denuncia de la víctima, y que el proceso penal pueda seguir su curso aunque la víctima retire su declaración".

1475 Que reza: "*1. Las Partes comprobarán que las investigaciones o las acciones judiciales relativas a los delitos tipificados con arreglo al presente Convenio no estén*

Tampoco se erige como una opción adecuada en términos de protección, puesto que la misma fomenta la victimización secundaria[1476] en tanto que abocar a la víctima a sucesivos interrogatorios solo hace que aumentar exponencialmente el riesgo a ser revictimizada[1477]. Además, hace recaer sobre la víctima una carga que resulta excesiva para quien ha sido sujeto pasivo de un hecho delictivo tan grave como el que nos ocupa, convirtiendo así "al eslabón más vulnerable en responsable del éxito de la investigación policial o, eventualmente, de la acusación[1478].

Por último, tampoco sería una táctica efectiva por cuanto a la persecución del delito se refiere. Pues, determinar la declaración de la víctima-testigo como prueba de cargo principal condenará a muchas de estas investigaciones al fracaso en tanto que no siem-

---

subordinadas a la declaración o a la acusación procedente de una víctima, al menos cuando el delito haya sido cometido, en su totalidad o en parte, en su territorio".

1476 *Vid.* VILLACAMPA ESTIARTE, C.: "Dificultades en la persecución penal de la trata de seres humanos para explotación laboral", *Indret, op. cit.*, p. 182; LAFONT NICUESA, L.: "Aspectos represivos, procesales y de protección que una futura ley integral de trata debiera abordar", en VILLACAMPA ESTIARTE, C. (Dir.), *La trata de seres humanos tras un decenio de su incriminación. ¿Es necesaria una ley integral para luchar contra la trata y la explotación de seres humanos?, op. cit.*, p. 61. Sobre los tipos de victimización identificados -esto es, primaria, secundaria y terciaria- habla GÓMEZ COLOMER en "Víctimas de trata: declaraciones y protección en el proceso penal", *Revista Aranzadi de Derecho y Proceso Penal, op. cit.*, p. 10.

1477 Al respecto, el Tribunal Supremo, en su sentencia núm. 711/2020, de 18 de diciembre, definió el concepto de revictimización como "el daño (no deliberado, pero efectivo) causado por la relación que se ha establecido entre ella y el resto de operadores sociales -especialmente los del Administración de justicia- que han intervenido en su proceso de atención/recuperación de la agresión sexual sufrida".

1478 *Vid.* FERNÁNDEZ OLALLA, P.: "La colaboración de las víctimas en la investigación del delito de trata de seres humanos. Valoración de la colaboración de la víctima en el ámbito administrativo y penal", *Revista Aranzadi Doctrinal, op. cit.*, p. 5.

pre resulta sencillo obtener un testimonio incriminatorio[1479]. En este sentido, no es una práctica inusual en los supuestos de trata hallar ciertas "inconsistencias" entre las distintas manifestaciones efectuadas por la víctima, toparse con su negativa a declarar o, directamente, con su desaparición del proceso[1480], siendo imposible su posterior localización, lo cual en muchas ocasiones terminará con el correspondiente auto de sobreseimiento (arts. 634 y ss. LECrim) o de archivo de las diligencias.

Ambos riesgos, la revictimización y la desaparición de la víctima, pueden salvarse mediante la práctica de la declaración de la víctima como prueba preconstituida, la cual se abordará debidamente en líneas posteriores.

La propia Guía de criterios elaborada por el CGPJ incide en esa necesidad de practicar diligencias diferentes a la declaración de la víctima, ofreciendo un listado de diligencias alternativas a la misma[1481]. De entre las propuestas, vamos a dedicar una

---

1479 De hecho, se ha constatado que un 35% de las absoluciones en los supuestos de trata obedecen a la imposibilidad de localizar a la víctima para declarar como testigo en la fase del juicio oral. *Vid.* SALAT PAISAL, M.: "¿Qué influye en las condenas por el delito de trata de seres humanos? Un estudio a partir de un análisis de sentencias judiciales", *Revista General de Derecho Penal*, *op. cit.*, p. 26.

1480 Véase DELGADO ECHEVARRÍA, C.: "Dificultades que se suscitan en la práctica judicial para la investigación y el enjuiciamiento de causas por trata de seres humanos", en VILLACAMPA ESTIARTE, C. (Dir.), *La trata de seres humanos tras un decenio de su incriminación. ¿Es necesaria una ley integral para luchar contra la trata y la explotación de seres humanos?*, *op. cit.*, p. 900; CONSEJO GENERAL DEL PODER JUDICIAL: *Guía de criterios de actuación judicial frente a la trata de seres humanos*, *op. cit.*, pp. 131 y 152.

1481 *Vid.* CONSEJO GENERAL DEL PODER JUDICIAL: *Guía de criterios de actuación judicial frente a la trata de seres humanos*, *op. cit.*, p. 131, cita como posibles diligencias a practicar:
- Recibir declaración testifical a los agentes de las Fuerzas y Cuerpos de Seguridad del Estado especializados en delitos de trata de seres humanos que hayan investigado los hechos.

especial atención a aquellas cuya práctica ha demostrado ser particularmente problemática en los supuestos de TSH.

– Incorporar al procedimiento las actas policiales de vigilancias y seguimientos que pueden servir para conocer de forma detallada las actividades de los investigados.
– Recibir declaración a los testigos no víctimas.
– Informe pericial médico forense expresivo de las lesiones físicas que haya padecido la víctima, compatibles con los hechos denunciados, y secuelas que presente.
– Dictamen emitido por el equipo psicosocial adscrito al Juzgado acerca de si la víctima presenta daños psíquicos y síntomas de afectación psicológica, relacionados con los hechos denunciados.
– Informes psicosociales de la ONG o entidad especializada que haya prestado apoyo y asistencia a la víctima, donde se relate el trabajo realizado con la víctima, tratamiento seguido, y evolución, circunstancias socio-culturales de la misma, y todo lo que pudiera resultar de interés.
– Recabar a través de auxilio internacional la obtención de datos relativos a las circunstancias familiares y condiciones de vida de la víctima en su país que puedan reflejar su condición de vulnerabilidad.
– Obtención de documentación como billetes y documentos de viaje.
– Entradas y registros en domicilios, clubs de alterne, talleres etc., que, entre otros extremos permitirá incautar pasaportes, billetes de avión, documentación falsa que oculte la verdadera identidad de las víctimas; anotaciones contables, dispositivos electrónicos…
– Interceptación de las comunicaciones telefónicas y telemáticas.
– Recabar de la Oficina de Asilo, testimonio de la solicitud por la víctima, de protección internacional que le haya permitido regularizar temporalmente su situación en España y obtener un resguardo, utilizando una identidad falsa y valiéndose de un relato falso de su vida en su país, siguiendo las indicaciones de los tratantes.
– Recabar testimonio del expediente de protección internacional instruido en virtud de la solicitud de asilo efectuada por la víctima en la oficina de asilo.
– Acreditar la minoría de edad de la víctima, mediante la prueba documental correspondiente.

1.1.1. La diligencia de entrada y registro.

Uno de los actos de investigación más habituales en los casos de trata es la entrada y registro a los domicilios o las sedes donde desarrollan su actividad delictiva los acusados. Dicha medida, regulada en los artículos 545 a 578 LECrim, necesariamente deberá reunir una serie de requisitos para ser acordada[1482], dada su potencial lesividad de derechos fundamentales[1483]. Ello es así especialmente cuando la entrada y registro debe practicarse en el domicilio, que cuenta con una protección reforzada dado su carácter de inviolable, conferido por el artículo 18.2 CE.

Al margen de la definición normativa de "domicilio" que nos ofrece la propia LECrim[1484], la jurisprudencia lo identifica con todo

---

1482 Así lo exige el respeto a los principios de legalidad, en tanto que sólo puede practicarse en los casos y bajo los requisitos exigidos por la norma procesal penal; y de proporcionalidad, debiendo ser esta medida idónea para la investigación. Consecuentemente, dicha medida requerirá de autorización judicial previa -salvo que se cuente con la anuencia de la víctima o nos halláramos ante un delito flagrante-; debidamente motivada y proporcional a la concreta finalidad perseguida. *Vid.* CALAZA LÓPEZ, S.: "Los actos de investigación (IV): entrada y registro", en ASENCIO MELLADO, J.M. (Dir.), *Derecho procesal penal*, Tirant lo Blanch, Valencia, 2020, pp. 282-286;

1483 Si bien el derecho fundamental principalmente afectado aquí es el derecho a la intimidad, tanto física como electrónica, se entiende que también el honor y la propia imagen resultan agredidos con la práctica de dicho acto investigatorio. *Vid.* CALAZA LÓPEZ, S.: "Los actos de investigación (IV): entrada y registro", en ASENCIO MELLADO, J.M. (Dir.), *Derecho procesal penal, op. cit.*, p. 283.

1484 En virtud del artículo 554 LECrim, tienen esa consideración: "*1.º Los Palacios Reales, estén o no habitados por el Monarca al tiempo de la entrada o registro. 2.º El edificio o lugar cerrado, o la parte de él destinada principalmente a la habitación de cualquier español o extranjero residente en España y de su familia. 3.º Los buques nacionales mercantes. 4.º Tratándose de personas jurídicas imputadas, el espacio físico que constituya el centro de dirección de las mismas, ya se trate de su domicilio social o de un establecimiento dependiente,*

lugar cerrado y privado donde discurre, con carácter habitual u ocasional, la vida, la intimidad y la privacidad del individuo[1485]. Al preverse la responsabilidad penal de las entidades jurídicas, dicha protección se ha hecho igualmente extensiva a sus domicilios sociales[1486], a pesar de que no pueda conculcarse el derecho a la intimidad de aquellas, por ser un atributo esencialmente humano[1487].

En los supuestos de trata, además de las dificultades intrínsecas al acuerdo de dicho acto de investigación, se plantean algunos problemas adicionales. Y es que una interpretación amplia de la definición de domicilio del artículo 544.4º LECrim, en la que tendrían cabida también los centros de trabajo, puede dificultar la práctica del registro, especialmente en los supuestos de trata con fines de explotación laboral. Ocurre así también en los casos de trata sexual, especialmente, cuando la entrada se practica en clubs de alterne donde las víctimas residen o pernoctan, pudiendo adquirir esas habitaciones o espacios la condición de domicilio[1488].

---

o aquellos otros lugares en que se custodien documentos u otros soportes de su vida diaria que quedan reservados al conocimiento de terceros".

1485 Así, revestirían dicha condición el hogar, los hoteles, hostales, moteles, apartamentos de verano, camarotes de embarcaciones, tienda de campaña, caravanas, roulottes, residencia de estudiantes, religioses o militares, entre otras. Por el contrario, no se consideran domicilio los lugares abiertos al público -tales como comercios, restaurantes, cafeterías, gasolineras, estadios, etc., ni los lugares cerrados donde no se desarrolle la intimidad personal y familiar del individuo, como coches, garajes, trasteros, patios, etc. *Vid.* CALAZA LÓPEZ, S.: "Los actos de investigación (IV): entrada y registro", en ASENCIO MELLADO, J.M. (Dir.), *Derecho procesal penal, op. cit.*, p. 289.

1486 Definido por el articulo 554.4º LECrim como el "*espacio físico que constituya el centro de dirección de las mismas, ya se trate de su domicilio social o de un establecimiento dependiente, o aquellos otros lugares en que se custodien documentos u otros soportes de su vida diaria que quedan reservados al conocimiento de terceros*".

1487 *Ibidem.*

1488 Sobre este particular, GARCÍA-BAQUERO afirma que "no puede predicarse la consideración de domicilio de las habitaciones donde viven

Igualmente, se ha alertado de la traslación del negocio de la prostitución de los clubs a los llamados "pisos sexuales", que contarían también con esa especial protección. Lo mismo ocurriría con los supuestos en que la víctima es tratada con fines de servidumbre doméstica, pues estas situaciones suelen tener lugar en el propio domicilio de los tratantes, que es compartido con la víctima.

Dado que estas entradas y registros suelen realizarse en lugares o locales en que se encuentran -e incluso llegan a residir hacinadas- las víctimas explotadas, previamente a la práctica de este acto de investigación, es importante que se hayan adoptado todas las medidas necesarias para garantizar la protección de la víctima y otros posibles testigos[1489]. Además, deben también haberse adoptado aquellas otras

---

esas personas que no han elegido libremente este domicilio, pero esto no obsta que deba actuarse con las máximas garantías y cuidado respecto del conjunto de las habitaciones". Véase GARCÍA-BAQUERO BORRELL, S.: "Diligencia de entrada y registro en la investigación del delito de TSH", *Estudios jurídicos*, vol. 2012, 2012, pp. 9 y ss. Comparte esta misma opinión, PLANCHADELL GARGALLO, A.: "Investigación y enjuiciamiento del delito de trata: aspectos procesales desde la jurisprudencia", en VILLACAMPA ESTIARTE, C. (Dir.), *La trata de seres humanos tras un decenio de su incriminación. ¿Es necesaria una ley integral para luchar contra la trata y la explotación de seres humanos?, op. cit.*, p. 857. También el Tribunal Supremo se ha pronunciado acerca de la consideración como domicilio o no de tales dependencias, en sus sentencias 1505/1997, de 18 de febrero o 1063/2010, de 15 de marzo. Al respecto, el Alto Tribunal, en su sentencia 152/2008, de 8 de abril, consideró que el auto autorizando la entrada y registro en todo el local, con sus dependencias y edificios anexos, sería suficiente, no siendo "precisa habilitación judicial específica o independiente para cada habitación cuando el lugar objeto del registro realmente no es tanto un "conjunto de domicilios" sino un "prostíbulo" Sin embargo, el Tribunal Supremo, en su sentencia 737/2004, de 16 de abril, entendió que "los reservados de un establecimiento público destinado a la práctica de relaciones o actos sexuales deben estar excluidos del concepto de domicilio".

1489 Para ello, será necesario contar con personal especializado que pueda realizar las entrevistes preliminares en la escena del delito, iden-

cautelas que permitan el aseguramiento de las pruebas, así como de los bienes y activos del tratante con los que deberá responder de las eventuales responsabilidades pecuniarias que se declaren.

La práctica de esta diligencia igualmente requerirá, en la mayoría de los supuestos de trata, de una importante labor de coordinación. En este sentido, con frecuencia será necesaria la entrada y registro de varios lugares[1490] -por ejemplo, la/s residencia/s del/los tratante/s, clubs de alterne, pubs, restaurantes, empresas, centros de trabajo, etc.- que no siempre se hallarán en la misma demarcación judicial, ni siquiera en el mismo territorio nacional, debiéndose recurrir en este último caso a mecanismos de cooperación internacional[1491].

La Guía del CGPJ[1492] recuerda en este punto la necesidad de que el auto que autoriza la entrada y registro autorice también la intervención del contenido de las unidades de almacenamiento masivo que puedan encontrarse en el mismo (art. 588 *sexies* a)

---

tificando las víctimas del resto de testigos, colaboradores, etc. *Vid.* PLANCHADELL GARGALLO, A.: "Investigación y enjuiciamiento del delito de trata: aspectos procesales desde la jurisprudencia", en VILLACAMPA ESTIARTE, C. (Dir.), *La trata de seres humanos tras un decenio de su incriminación. ¿Es necesaria una ley integral para luchar contra la trata y la explotación de seres humanos?, op. cit.*, p. 857.

1490 Si bien la jurisprudencia es unánime al requerir para la correcta práctica de esta diligencia la presencia del imputado y su letrado, en casos como el aquí planteado, es que se efectúan simultáneamente varios registros, el Tribunal Supremo ha admitido la regularidad de la ausencia del investigado detenido cuando se encuentre presente en el registro de otro domicilio. Véase STS de 26 de septiembre de 2006 y de 3 de octubre de 2009.

1491 Tales como EUROJUST, La Red Judicial Europea, IBERRED o los equipos conjuntos de investigación. Sobre la naturaleza y funcionamiento de los mismos, *vid.* CONSEJO GENERAL DEL PODER JUDICIAL: *Guía de criterios de actuación judicial frente a la trata de seres humanos, op. cit.*, pp. 353 y ss.

1492 *Vid. ibidem*, pp. 200-202.

y ss. LECrim)[1493], a fin de que su contenido pueda ser volcado por las unidades especializadas de la Policía Judicial. Pues, frecuentemente durante las entradas y registros se aprehenden dispositivos móviles, *pen drive*, ordenadores y *tablets*[1494] que contienen valiosa información sobre la red de contactos de víctima y tratante, circunstancias en que se produce la explotación de la víctima (anotación de días trabajados, horarios, clientes, etc.), el rendimiento económico derivado de esta, o seguimientos del pago de la deuda que suele imputarse a las víctimas.

1.1.2. Las operaciones encubiertas.

Otras diligencias alternativas a la declaración de la víctima que pueden reportar gran utilidad para la investigación de estos casos son las operaciones encubiertas[1495] y los informes de inteligencia

---

1493 Facultad incorporada expresamente, por primera vez en España, a raíz de la reforma operada en la LECrim por la LO 13/2015, de 5 de octubre, y que puso remedio al preocupante vacío normativo existente hasta la fecha.

1494 Sobre la prueba digital y las dificultades que han supuesto para el investigador público las sucesivas mejoras de acceso y cifrado de datos incorporadas por las empresas tecnológicas a sus dispositivos, *vid.* ESCUDERO GARCÍA-CALDERÓN, B.: "La investigación penal ante las nuevas tecnologías: reflexiones acerca de la "carga desproporcionada" y la "facilitación de información" en el registro de dispositivos de almacenamiento masivo de datos", *Anuario de Derecho Penal y Ciencias Penales*, vol. LXXV, 2022, pp. 378-379.

1495 A estas, hace expresa referencia el Protocolo de Cooperación Interinstitucional para fortalecer la investigación, actuación y protección a víctimas del delito de trata de personas y tráfico ilícito de inmigrantes, suscrito el año 2017 por la Asociación Iberoamericana de Ministerios Públicos. En virtud de su artículo 8, se establece el mandato de "*fomentar el empleo de agentes encubiertos y confidentes para conocer la naturaleza de la organización delictiva, los lugares donde se encuentran las víctimas y sus desplazamientos y el rastro de dinero que deja el delito (cuánto dinero se paga, donde y a quién y*

policial[1496]. Dentro de las operaciones encubiertas, destaca el papel desarrollado por el agente encubierto o agente infiltrado[1497], esto es, el agente policial que, ocultando su verdadera identidad,

---

el fin para el que se utiliza). En este sentido, resulta de particular importancia el empleo de agentes encubiertos informáticos cuando los tratantes mantienen contactos con las víctimas por canales cerrados de comunicación". También la Ley 4788/2012 integral contra la trata de personas de Paraguay, en su capítulo IV prevé expresamente, entre los medios de investigación especial de este delito, la práctica de operaciones encubiertas (arts. 23 y ss.), además de la figura de los informantes (art. 28) y arrepentidos (art. 29). *Vid.* LAFONT NICUESA, L.: "Aspectos represivos, procesales y de protección que una futura ley integral de trata debiera abordar", en VILLACAMPA ESTIARTE, C. (Dir.), *La trata de seres humanos tras un decenio de su incriminación. ¿Es necesaria una ley integral para luchar contra la trata y la explotación de seres humanos?, op. cit.*, p. 63.

1496 *Vid. Ibidem*, p. 64.

1497 Ampliamente, sobre esta cuestión véase LAFONT NICUESA, L.: *El agente policial encubierto*, Tirant lo Blanch, Valencia, 2022, *passim*; Previamente, se han dedicado también al estudio de dicha figura, RIFÁ SOLER, J.M.: "Agente encubierto o infiltrado en la nueva regulación de la LECrim", *Revista del Poder Judicial*, vol. 55, 1999, pp. 157-188; GÓMEZ DE LIAÑO FONSECA-HERRERO, M.: "Límites y garantías de la investigación con agentes encubiertos", *La Ley*, vol. 5, 2004, pp. 1531-1538; GASCÓN INCHAUSTI, F.: *Infiltración policial y agente encubierto*, Comares, Granada, 2001, *passim*; GUZMÁN FLUJA, V.: "El agente encubierto y las garantías del proceso penal", en CENTRO DE ESTUDIOS JURÍDICOS, *La Prueba en el Espacio Europeo de Libertad, Seguridad y Justicia Penal*, Aranzadi, Cizur Menor, 2006; ZAFRA ESPINOSA DE LOS MONTEROS, R.: *El policía infiltrado. Los presupuestos jurídicos en el proceso penal español*, Tirant lo Blanch, Valencia, 2010, *passim*; GARCÍA SAN MARTÍN, J.: "Los límites entre el agente encubierto y el agente provocador en la persecución de los delitos de tráfico ilícito de drogas", *La Ley Penal*, vol. 107, 2014, p. 11; LAFONT NICUESA, L.: "El agente encubierto en el proyecto de reforma de la Ley de Enjuiciamiento Criminal", *La Ley Digital*, vol. 8580, 2015, pp. 1-13; PLANCHADELL GARGALLO, A.: "El agente encubierto en la lucha contra la criminalidad organizada", en GÓMEZ COLOMER, J.L. (Dir.), *La instrucción del crimen: Algunos problemas procesales*, Sepín, Madrid, 2020, pp. 69-98.

se infiltra en la organización criminal estableciendo una relación de confianza con sus medios en aras a obtener información útil y necesaria para la persecución de los hechos delictivos cometidos[1498] (art. 282 *bis* LECrim)[1499]. Es precisamente el uso del engaño del que se sirve el agente para infiltrarse en la organización lo que convierte a esta diligencia en excepcional y subsidiaria, debiendo recurrirse a la misma solo cuando no haya otras alternativas para la investigación de los hechos delictivos[1500]. Igualmente, está sujeta a ciertos límites que, de no cumplirse, acarrearán su ilicitud. Así sucederá en los casos en que se produzca una afectación de derechos fundamentales sin la correspondiente autorización, cuando la actuación del agente se extralimite a la autorizada, cuando los actos investigatorios autorizados se llevan a cabo incumpliendo sus requisitos legales o en caso de provocación del delito[1501].

1498 *Vid.* PLANCHADELL GARGALLO, A.: "Investigación y enjuiciamiento del delito de trata: aspectos procesales desde la jurisprudencia", en VILLACAMPA ESTIARTE, C. (Dir.), *La trata de seres humanos tras un decenio de su incriminación. ¿Es necesaria una ley integral para luchar contra la trata y la explotación de seres humanos?, op. cit.*, p. 861.

1499 Junto al agente encubierto genérico, tras la reforma operada por la LO 13/2015, se prevé expresamente en el art. 282 *bis* 6 LECrim la figura del agente encubierto informático. Al respecto, véase RIZO GÓMEZ, B.: "La infiltración policial en internet. A propósito de la regulación del agente encubierto informático en la ley orgánica 13/2015, de 5 de octubre, de modificación de la ley de enjuiciamiento criminal para el fortalecimiento de las garantías procesales y la regulación de las medidas de investigación tecnológica", en FERNÁNDEZ LÓPEZ, M. y ASENCIO MELLADO, J.M. (Dirs.), *Justicia penal y nuevas formas de delincuencia*, Tirant lo Blanch, Valencia, 2017, pp. 98-123; SÁNCHEZ GÓMEZ, R.: "El agente encubierto informático", *La Ley Penal*, vol. 11, 2016; ZARAGOZA TEJADA, J.I.: "El agente encubierto "online". La última frontera de la investigación penal", *Revista Aranzadi Doctrinal*, vol. 1, 2017, *passim*.

1500 *Vid.* ZAFRA ESPINOSA DE LOS MONTEROS, R.: *El policía infiltrado. Los presupuestos jurídicos en el proceso penal español, op. cit.*, p. 26.

1501 Veáse, por todos, GASCÓN INCHAUSTI, F.: *Infiltración policial y agente encubierto, op. cit.*, pp. 249 y ss.; PLANCHADELL GARGALLO, A.: "Inves-

Si bien su uso en los supuestos de trata está expresamente reconocido en el catálogo de delitos habilitantes del artículo 282 *bis* LECrim, su aplicación en la práctica forense sigue sin ser común, dada su controvertida naturaleza y las dificultades inherentes a su utilización[1502]. Sin embargo, se ha destacado la utilidad de la figura del agente encubierto informático o virtual en el ámbito de los portales de internet mediante los cuales se captan a víctimas o se ofrecen sus servicios[1503], o de las "dark webs" – a las que solo se puede acceder mediante aplicaciones específicas-.

1.1.3. Los informes de inteligencia policial. Especial referencia a las investigaciones patrimoniales y financieras.

En cuanto a los informes de inteligencia policial, frecuentes en los delitos de terrorismo o tráfico de drogas, LAFONT los define como "aquellos dictámenes elaborados por la Fuerzas y Cuerpos de Seguridad que, desde la perspectiva de la criminología o de la sociología, analizan empíricamente el *modus operandi* de una organización criminal, sus integrantes, su estructura financiera y sus relaciones con otras organizaciones criminales"[1504]. Por lo

---

tigación y enjuiciamiento del delito de trata: aspectos procesales desde la jurisprudencia", en VILLACAMPA ESTIARTE, C. (Dir.), *La trata de seres humanos tras un decenio de su incriminación. ¿Es necesaria una ley integral para luchar contra la trata y la explotación de seres humanos?*, *op. cit.*, p. 862.

1502 *Vid.* LAFONT NICUESA, L.: *El agente policial encubierto*, *op. cit.*, p. 95.

1503 *Vid. Ibidem*, p. 96.

1504 En este sentido, LAFONT NICUESA, L.: "Aspectos represivos, procesales y de protección que una futura ley integral de trata debiera abordar", en VILLACAMPA ESTIARTE, C. (Dir.), *La trata de seres humanos tras un decenio de su incriminación. ¿Es necesaria una ley integral para luchar contra la trata y la explotación de seres humanos?*, *op. cit.*, p. 64. Un ejemplo de uso de dichos informes lo encontramos en la SAP de Murcia núm. 159/2020, en la que el policía en cuestión explica al Tribunal la técnica de vudú como modus operandi de los tratantes nigerianos.

tanto, parece claro que el autor vincula su utilidad a los casos de trata vinculados con el crimen organizado. En cualquier caso, dichos informes tienen naturaleza de prueba y su autor debe defenderla en juicio, sometiéndola al principio de contradicción.

En el marco de dichos informes policiales especializados bien podría cumplirse con lo dispuesto en la resolución del Parlamento Europeo de 10 de febrero de 2021 sobre la aplicación de la Directiva 2011/36/UE. En esta se pide a los Estados miembros "*que inicien investigaciones financieras y que trabajen con especialistas en blanqueo de capitales cuando comiencen una nueva investigación sobre trata de seres humanos*". En sentido similar, se pronunció previamente la Resolución del Parlamento Europeo de lucha contra la trata en las relaciones exteriores de la Unión (2016)[1505], que pedía a los Estados Miembros revertir la actual alta rentabilidad de las conductas de trata mediante la realización de investigaciones financieras y patrimoniales que conviertan este negocio criminal en un delito de "alto riesgo y baja productividad"[1506].

1505 Dicha facultad de integrar en la valoración probatoria el resultado de diligencias sumariales de investigación, siempre que se haya sometido al principio de contradicción, fue aceptada por el Tribunal Constitucional en su resolución núm. 80/1986, de 17 de junio. En sentido similar, *vid.* STC núm. 345/2006, de 11 de diciembre y STC 68/2010, de 18 de octubre.

1506 Denuncian la ausencia de investigaciones financieras en los delitos de TSH, LAFONT NICUESA, L.: "Aspectos represivos, procesales y de protección que una futura ley integral de trata debiera abordar", en VILLACAMPA ESTIARTE, C. (Dir.), *La trata de seres humanos tras un decenio de su incriminación. ¿Es necesaria una ley integral para luchar contra la trata y la explotación de seres humanos?, op. cit.*, p. 65; TORRES FERRER, C.: "Aproximación a la trata de seres humanos desde su consideración como delito económico", en VILLACAMPA ESTIARTE, C. (Dir.), *La trata de seres humanos tras un decenio de su incriminación. ¿Es necesaria una ley integral para luchar contra la trata y la explotación de seres humanos?, op. cit.*, pp. 692 y 693; VILLACAMPA ESTIARTE, C.:

El dinero no solo es el objetivo final de los tratantes, sino que también forma parte de la dinámica del delito. En este sentido, el dinero suele estar presente en una fase inicial o preparatoria (desde la inversión en medios de captación o el traslado de la víctima hasta la creación de una infraestructura criminal) y sigue muy presente en la fase post-agotamiento del delito, especialmente por cuanto se refiere a la gestión de las ganancias derivadas de la explotación de las personas y su blanqueo. Esto es así hasta el punto de haberse tildado como un "*lifestyle crime*" que suele relacionarse con la realización frecuente de viajes, la compra de joyas, coches o inmuebles, o la creación de negocios[1507].

Todos estos actos y métodos de adquisición y transacción representan una oportunidad para los investigadores para recabar pruebas del delito mediante las correspondientes investigaciones patrimoniales y financieras. La Guía del CGPJ define estas investigaciones patrimoniales como el "conjunto de actuaciones policiales y judiciales encaminadas a elaborar un catálogo nominal -aquel del que una persona es titular- y real -el controlado por una persona, aunque la titularidad formal corresponda a otra- de bienes y derechos de una o varias personas físicas o jurídicas, estableciendo su posible origen y su proceso de formación"[1508].

Siguiendo la definición ofrecida por LAFONT, tres serían las principales funciones de esta prueba: (1) recabar evidencias incriminatorias para probar el delito de trata; (2) localizar los bienes y activos sobre los que decretar el decomiso; y (3) detec-

---

"Dificultades en la persecución penal de la trata de seres humanos para explotación laboral", *Indret, op. cit.,* p. 184.

1507 *Vid.* UNITED NATIONS OFFICE ON DRUGS AND CRIME (UNODC): *Toolkit to Combat Trafficking in Persons,* United Nations, New York, 2006, pp. 186-187.

1508 *Vid.* CONSEJO GENERAL DEL PODER JUDICIAL: *Guía de criterios de actuación judicial frente a la trata de seres humanos, op. cit.*, p. 188.

tar delitos autónomos como el blanqueo de capitales[1509]. Por lo tanto, sus potenciales virtualidades son muchas. Así, en términos de prevención, permite atacar el lucro o beneficio, logrando desarticular este negocio criminal; en el ámbito de la persecución, proporcionan indicios sólidos de criminalidad y pueden servir como "elementos periféricos de corroboración", además de como elementos probatorios de la comisión de otros delitos relacionados[1510]; y en cuanto a la protección victimal, la localización, embargo y decomiso de bienes permitirían garantizar la satisfacción de la responsabilidad civil reconocida a favor de la víctima[1511].

Dichas investigaciones pueden iniciarse por iniciativa policial o bien por orden del Ministerio Fiscal o del Juez de Instrucción. Para que las mismas resulten fructíferas, es esencial que se inicien desde la recepción de la *notitia criminis* y se desarrollen paralelamente a la investigación principal, pudiéndose nutrir

---

1509 LAFONT la define la investigación patrimonial como "la acción policial dirigida a reunir información y evidencias sobre las fuentes de riqueza de los tratantes y su circulación interior y exterior, fijando un nexo causal con su actividad criminal de trata y explotación con la finalidad de detectar delitos autónomos como el blanqueo de capitales, facilitar el decomiso y obtener evidencias incriminatorias para probar la trata". *Vid.* LAFONT NICUESA, L.: "La prueba financiera en la jurisprudencia sobre el delito de trata de personas", *Icade. Revista de la Facultad de Derecho*, nº 109, 2020, pp. 2-3.

1510 Piénsese, por ejemplo, en el delito de blanqueo de capitales, delitos societarios, delito fiscal, de alzamiento de bienes, de falsedad documental, entre otros.

1511 *Vid.* TORRES FERRER, C.: "La trata de seres humanos como criminalidad económica: análisis jurisprudencial", Anuario de Derecho Penal y Ciencias Penales, op. cit., pp. 393 y ss. En sentido similar, DELGADO ECHEVARRÍA, C.: "Dificultades que se suscitan en la práctica judicial para la investigación y el enjuiciamiento de causas por trata de seres humanos", en VILLACAMPA ESTIARTE, C. (Dir.), *La trata de seres humanos tras un decenio de su incriminación. ¿Es necesaria una ley integral para luchar contra la trata y la explotación de seres humanos?, op. cit.*, p. 923.

mutuamente con los avances obtenidos en cada una[1512]. En cualquier caso, debe iniciarse dicha investigación de forma previa a la detención de los investigados o a la práctica de ciertas diligencias que, como la entrada y registro, ponen en conocimiento de los tratantes que el foco de la sospecha se cierne sobre ellos[1513]. En caso contrario, se corre el riesgo de que la investigación dé lugar a resultados estériles, no siendo capaz de localizar los bienes y derechos de los investigados y de su entorno, ni proceder a su posterior aseguramiento, como consecuencia de la previa evasión y ocultación patrimonial por parte de los sospechosos.

También en relación con la práctica de esta prueba de tipo económico la Guía elaborada por el CGPJ ofrece una serie de recomendaciones. Entre ellas, destaca la necesidad de acotar los objetivos (investigados) según criterios de operatividad y eficiencia, de modo que únicamente se seleccionen aquellos sujetos que se consideren más relevantes en cuanto a su participación en el

---

1512 *Vid.* UNITED NATIONS OFFICE ON DRUGS AND CRIME (UNODC): *Toolkit to Combat Trafficking in Persons, op. cit.*, pp. 186-187. Esa necesidad de llevar a cabo investigaciones financieras des de un primer momento, "*en coordinación con la policía y, en su caso, con los organismos especializados en la prevención del blanqueo*", ya se puso de manifiesto en las Jornadas de Fiscales Delegados de Extranjería. Sin embargo, dicha declaración de intenciones ya adolecía de un marcado sesgo a favor de la trata con fines sexuales, por cuanto esa investigación sobre el "rendimiento económico de las víctimas" era significativamente relevante "en el ámbito de los locales, clubes o establecimientos abiertos al público donde se desarrollan actividades de alterne y/o otros servicios sexuales". *Vid.* LAFONT NICUESA, L.: "La prueba financiera en la jurisprudencia sobre el delito de trata de personas", *Icade. Revista de la Facultad de Derecho, op. cit.*, p. 3.

1513 *Vid.* DELGADO ECHEVARRÍA, C.: "Dificultades que se suscitan en la práctica judicial para la investigación y el enjuiciamiento de causas por trata de seres humanos", en VILLACAMPA ESTIARTE, C. (Dir.), *La trata de seres humanos tras un decenio de su incriminación. ¿Es necesaria una ley integral para luchar contra la trata y la explotación de seres humanos?, op. cit.*, p. 922.

delito y en las ganancias derivadas del mismo, a fin de no asumir una carga de trabajo excesiva que termine por saturar la investigación[1514]. Esto no significa que la investigación deba ceñirse estrictamente al patrimonio personal del individuo. Por el contrario, debe indagarse también su entorno personal y, si lo hubiere, societario, dado que es tónica habitual en los delitos de trata el recurso a testaferros, "hombres paja" y a sociedades pantalla.

Así, dicha investigación debe dar lugar a la confección de un inventario sobre el patrimonio real del investigado[1515], en el que se determine no solo el catálogo de bienes y derechos que lo integran[1516], sino también el proceso de formación patrimonial. Todo ello debe quedar debidamente plasmado en el "informe patrimonial" que, además, sería deseable que contuviese propuestas de actuación en relación con la adopción de aquellas medidas cautelares de tipo real que permiten el aseguramiento de los bienes y activos[1517].

1514 *Vid.* CONSEJO GENERAL DEL PODER JUDICIAL: *Guía de criterios de actuación judicial frente a la trata de seres humanos, op. cit.*, p. 190.

1515 Esto es, no sólo el patrimonio que figure a su nombre, sino también aquel sobre el que dispone o ejerce un dominio efectivo.

1516 Concretamente, bienes muebles -especialmente vehículos-, inmuebles, cuentas bancarias y depósitos, inversiones financieras, seguros de vida, renta, bienes suntuarios, derechos reales, concesiones administrativas, créditos, avales, cajas de seguridad o tarjetas de crédito. Véase CONSEJO GENERAL DEL PODER JUDICIAL: *Guía de criterios de actuación judicial frente a la trata de seres humanos, op. cit.*, p. 191. Al respecto, se señalan como posibles hallazgos en los casos de trata: cuentas de dinero recaudado en prostíbulos u otras empresas ilegales, extractos de cuentas bancarias, detalles de operaciones no estructuradas (ej. Hawala), anotaciones de facturas pagadas en concepto de publicidad, detalles de las tarjetas de crédito de clientes, entre otros. *Vid.* LAFONT NICUESA, L.: "La prueba financiera en la jurisprudencia sobre el delito de trata de personas", *Icade. Revista de la Facultad de Derecho, op. cit.*, p. 3.

1517 Inciden sobre la necesidad que dichas investigaciones patrimoniales se acompañen de la adopción de aquellas medidas de aseguramiento

A pesar de la importancia que dicha prueba está llamada a ostentar en los supuestos de trata, se ha advertido su ausencia de uso en la práctica forense[1518]. Probablemente, ello se deba a las dificultades propias de este tipo de investigaciones, especialmente en los supuestos que requieren hacer uso de las herramientas de cooperación internacional[1519]. Piénsese, por ejemplo, en el caso de que el delito se haya cometido en el mar-

---

de bienes y activos conforme estos vayan aflorando, CONSEJO GENERAL DEL PODER JUDICIAL: *Guía de criterios de actuación judicial frente a la trata de seres humanos, op. cit.*, p. 132; DELGADO ECHEVARRÍA, C.: "Dificultades que se suscitan en la práctica judicial para la investigación y el enjuiciamiento de causas por trata de seres humanos", en VILLACAMPA ESTIARTE, C. (Dir.), *La trata de seres humanos tras un decenio de su incriminación. ¿Es necesaria una ley integral para luchar contra la trata y la explotación de seres humanos?, op. cit.*, p. 923.

1518 Por todos, LAFONT NICUESA, L.: "Aspectos represivos, procesales y de protección que una futura ley integral de trata debiera abordar", en VILLACAMPA ESTIARTE, C. (Dir.), *La trata de seres humanos tras un decenio de su incriminación. ¿Es necesaria una ley integral para luchar contra la trata y la explotación de seres humanos?, op. cit.*, p. 65; TORRES FERRER, C.: "Aproximación a la trata de seres humanos desde su consideración como delito económico", en VILLACAMPA ESTIARTE, C. (Dir.), *La trata de seres humanos tras un decenio de su incriminación. ¿Es necesaria una ley integral para luchar contra la trata y la explotación de seres humanos?, op. cit.*, pp. 692 y 693; DELGADO ECHEVARRÍA, C. "Dificultades que se suscitan en la práctica judicial para la investigación y el enjuiciamiento de causas por trata de seres humanos", en VILLACAMPA ESTIARTE, C. (Dir.), *La trata de seres humanos tras un decenio de su incriminación. ¿Es necesaria una ley integral para luchar contra la trata y la explotación de seres humanos?, op. cit.*, p. 921; VILLACAMPA ESTIARTE, C.: "Dificultades en la persecución penal de la trata de seres humanos para explotación laboral", *Indret, op. cit.*, p. 184.

1519 *Vid.* VILLACAMPA ESTIARTE, C.: "Dificultades en la persecución penal de la trata de seres humanos para explotación laboral", *Indret, op. cit.*, p. 184. Sobre los principales mecanismos e instrumentos para fomentar y articular la cooperación internacional en el delito de trata, *vid. supra*, Capítulo II, epígrafe IV.

co de una organización criminal operativa en distintos países o en las frecuentes situaciones en que los tratantes reinvierten el capital fruto del delito en sus países de origen.

El otro gran escollo tiene que ver con la difícil determinación de los beneficios del delito dada la difícil trazabilidad del dinero, especialmente del efectivo[1520] -aunque no exclusivamente-. En particular, el uso de sistemas de transferencia informal de fondos –el más conocido, probablemente sea *Hawala*- que raramente dejan registro de las transacciones efectuadas o de sus usuarios, proporcionan una opacidad que dificultan enormemente el éxito de estas investigaciones. Así se evidenció en la Sentencia del Tribunal Supremo núm. 178/2016, de 3 de marzo, en que los tratantes se valieron de dichos sistemas para remitir el beneficio obtenido a Nigeria[1521].

La mayoría de estas situaciones, para su éxito, requerirán de un refuerzo en cuanto a la formación de las unidades investigadoras al cargo[1522] -o, incluso el establecimiento de equipos de investigación multidisciplinares- y de su cooperación interinstitucional e internacional. Respecto a esta última, LAFONT propone recabar el auxilio o la colaboración de la Oficina de Investigación del Fraude (ONIF) del Ministerio de Hacienda que, disponiendo de medios materiales y personales propios, es la unidad especializada encargada de investigar el fraude fiscal y de definir las estrategias y métodos generales para atacarlo. Igualmente, inciden en la necesaria coordinación con los fiscales de delitos económicos, proponiéndose incluso la designación de un Fiscal delegado de Extranjería en la Fiscalía Anticorrupción[1523].

1520 *Vid. ibidem.*

1521 En sentido similar, véase la SAP de Valencia, núm. 157/2016, de 30 de marzo.

1522 Generalmente, se encargan de su realización las unidades especializadas en delincuencia económica y financiera de los CCFFSE.

1523 *Vid.* LAFONT NICUESA, L.: "La prueba financiera en la jurisprudencia sobre el delito de trata de personas", *Icade. Revista de la Facultad*

1.1.4. Facultades a considerar durante la práctica de diligencias de investigación en el delito de trata.

Por último, para terminar con el presente bloque de actos de investigación a practicar en los supuestos de trata, debe precisarse que, para que resulte fructífera la práctica de algunas de las diligencias reseñadas, será necesario decretar el secreto -total o parcial- del sumario (art. 302 de la LECrim)[1524]. Pues, en los procedimientos seguidos por el delito de TSH, existe el riesgo de que ciertas injerencias condicionen el éxito de la investigación. En este sentido, las coacciones o amenazas que frecuentemente reciben las víctimas o testigos, además de generar un riesgo para su integridad, pueden condicionar el resultado de la investigación principal; o la ocultación del patrimonio del investigado y su entorno, con la consiguiente frustración de la investigación financiera.

Debe recordarse también que, para la práctica de las referidas diligencias, en virtud del principio general de colaboración con la Justicia[1525] al que vienen obligados especialmente los poderes

---

de Derecho, *op. cit.*, p. 3.

1524 Procederá decretarse el secreto de sumario, de oficio o a instancia de parte, cuando resulte necesario para "a) evitar un riesgo grave para la vida, libertad o integridad física de otra persona; o b) prevenir una situación que pueda comprometer de forma grave el resultado de la investigación o del proceso". Ello sin perjuicio del secreto automático que lleva aparejado la solicitud de medidas de investigación tecnológica (art. 588 bis d) LECrim), que se sustanciarán en una pieza separada.

1525 Contemplado en los artículos 118 CE; 17.1 LOPJ; 18 L39/2015, de 1 de octubre del Procedimiento Administrativo Común; y 141 Ley 40/2015, del Régimen Jurídico del Sector Público. También puede encontrarse un reflejo de dicha obligación en las regulaciones sectoriales de distintos organismos. Entre ellos, en el art. 11.1 apartado J) del RD 256/2012 de 27 de enero por el que se desarrolla la estructura orgánica básica del Ministerio de Hacienda y Administraciones Públicas; art.103 de la Ley 31/1990, de 27 de diciembre, de Presupuestos Generales del Estado para 1991, y artículo 141 de la Ley 58/2003 de 17 de diciembre, General

públicos y los órganos administrativos, el Juez instructor puede solicitar la cooperación de otras instituciones. Como ya se ha reseñado en líneas precedentes, en los casos de TSH la colaboración de inspectores de trabajo, inspectores de Hacienda o funcionarios del Banco de España, entre otros, pueden resultar de gran utilidad en la investigación del delito.

1.2. La prueba preconstituida en el delito de trata de seres humanos

Si bien es cierto que, por norma general, la práctica de la prueba debe realizarse en el acto del juicio oral (art. 741 LECrim), se admiten ciertas excepciones en virtud del principio de búsqueda de la verdad material[1526]. Así, se reconoce efectos probatorios a diligencias instructoras que, por su carácter irreproducible o repetible, no podrían ser practicadas durante el juicio

---

Tributaria; art. 11 de la Ley Orgánica 15/1999 de Protección de Datos de carácter personal. En este sentido, el art. 473 de la LOPJ contempla la posibilidad de que funcionarios de otras instituciones presten servicios en la Administración de Justicia para el desarrollo de actividades que requieran conocimientos técnicos o especializados.

1526 Nos referimos principalmente a la prueba anticipada y la prueba preconstituida. Sin embargo, aquí nos vamos a centrar exclusivamente en la segunda, puesto que su naturaleza y requisitos la convierten en especialmente idónea en los supuestos de trata de seres humanos. Así, a pesar de que ambas pruebas -anticipada y preconstituida- se practican en la fase de instrucción, con contradicción, pero sin inmediación ante el tribunal sentenciador, ante la imposibilidad de poder practicar la prueba en el acto del juicio oral, su fundamento es radicalmente distinto. Sobre las diferencias entre ambas figuras, se ha pronunciado el Tribunal Supremo en su Sentencia núm. 96/2009, de 10 de marzo (FJ 3). Igualmente, véase GUZMÁN FLUJA, V.: *Anticipación y preconstitución de la prueba en el proceso penal*, Tirant lo Blanch, Valencia, 2006, pp. 285 y ss.; MORENO CATENA, V.: *La prueba preconstituida*, en GONZÁLEZ CANO., I. (Dir.), *La prueba. La prueba en el proceso penal*, Tirant lo Blanch, Valencia, 2017, pp. 149 y ss.

oral (arts. 448 a 449 *ter* LECrim con relación a los arts. 703 *bis*, 730, 777 y 788 LECrim). Este es el caso, entre otros, de la toma de declaración a la víctima de trata como prueba preconstituida.

Como ya se ha apuntado previamente, la trascendencia que suele ostentar la declaración de la víctima en los casos de TSH, acompañada del frágil estado emocional o los sentimientos de miedo y angustia que aquella suele padecer, obligan a la adopción de todas aquellas medidas de protección que, además de evitar su revictimización[1527], garanticen su participación o colaboración en el proceso penal[1528].

1527 Como así lo dispone la Directiva 2011/36/UE al exigir a los Estados miembros que refuercen la protección de las víctimas de trata a fin de evitarles cualquier nueva experiencia traumática que pueda conducir a su revictimización secundaria.

1528 En este sentido, el Protocolo Marco de Protección de Víctimas de Trata de Seres Humanos, en el punto XI.C bajo la rúbrica «Actuaciones procesales de protección» adopta una serie de precauciones tendentes a salvaguardar los derechos de las víctimas de trata mediante la implicación directa de la Oficina Judicial y el Ministerio Fiscal. Así se establece: «*1. El secretario judicial cuidará especialmente de que los representantes del Ministerio Fiscal sean debidamente citados con la antelación suficiente a las declaraciones de detenidos, imputados y testigos que se señalen durante la instrucción de los procedimientos penales por delito de trata de seres humanos. 2. Los Fiscales se asegurarán de que las declaraciones prestadas por las víctimas durante la instrucción se realicen con los requisitos precisos para que en el juicio oral puedan hacerse valer como prueba sumarial preconstituida cuando existan lógicas dudas sobre la futura comparecencia al acto del Juicio oral.*
Igualmente los Fiscales solicitarán cuando resulte procedente la adopción de alguna de las medidas previstas en la Ley 19/1994 de protección de testigos y peritos en causas criminales y el uso de otros medios que contribuyan a la protección de la víctima en el juicio oral como la utilización de videoconferencias para su declaración».
En sentido similar se pronuncia la FGE al establecer que los fiscales vigilarán que, durante la instrucción de las causas por delito de trata de seres humanos con fines de explotación laboral, en caso de que el volumen de víctimas así lo aconseje y las condiciones personales de cada víctima lo justifique, las declaraciones testificales como pruebas preconstituidas se practiquen sólo con aquellas que se considere imprescindible.

Sin duda alguna, en la fase de instrucción, deviene esencial la práctica de su declaración como prueba preconstituida[1529], facultad que se halla avalada por la jurisprudencia del TC[1530] y del propio Tribunal Europeo de Derechos Humanos[1531]. También el Tribunal Supremo, en su sentencia número 53/2014, de 4 de febrero, ha insistido en la necesidad de preconstituir la declaración de cada víctima de trata[1532], dada la alta posibilidad de que la misma no se halle presente durante el desarrollo del juicio oral. En este sentido, en su fundamento jurídico noveno,

---

Vid. FISCALÍA GENERAL DEL ESTADO: *Jornadas de fiscales delegados de extranjería 2016. Conclusiones,* Madrid, 2016, párrafo 10.

1529 Sobre este extremo, véase PLANCHADELL GARGALLO, A.: "Investigación y enjuiciamiento del delito de trata: aspectos procesales desde la jurisprudencia", en VILLACAMPA ESTIARTE, C. (Dir.), *La trata de seres humanos tras un decenio de su incriminación. ¿Es necesaria una ley integral para luchar contra la trata y la explotación de seres humanos?, op. cit.*, p. 869; LAFONT NICUESA, L.: "Aspectos represivos, procesales y de protección que una futura ley integral de trata debiera abordar", en VILLACAMPA ESTIARTE, C. (Dir.), *La trata de seres humanos tras un decenio de su incriminación. ¿Es necesaria una ley integral para luchar contra la trata y la explotación de seres humanos?, op. cit.*, p. 61; DELGADO ECHEVARRÍA, C. "Dificultades que se suscitan en la práctica judicial para la investigación y el enjuiciamiento de causas por trata de seres humanos", en VILLACAMPA ESTIARTE, C. (Dir.), *La trata de seres humanos tras un decenio de su incriminación. ¿Es necesaria una ley integral para luchar contra la trata y la explotación de seres humanos?, op. cit.*, pp. 906 y ss.

1530 La doctrina del TC ha elaborado el concepto de prueba preconstituida -si bien usa indistintamente los términos "preconstituida" y "anticipada"- a raíz del artículo 730 LECrim. Véase, por todas, STC 182/1989; STC 41/1991; STC 323/1993; STC 2000/1996.

1531 Cítese, a modo de ejemplo, sus sentencias de 20 de noviembre de 1989 (caso Kostovski vs. Holanda), párrafo 41; STEDH de 23 de abril de 1997 (caso Van Mechelen y otros c. Holanda), párrafo 51 y STEDH de 19 de julio de 2012 (caso Hummer c. Alemania), párrafo 38.

1532 En idéntico sentido, véase STS núm. 430/2019, de 27 de septiembre, STS núm. 312/2017, de 3 de mayo, STS núm. 191/2015, de 9 de abril, STS núm. 564/2019, 19 de noviembre y STS 396/2019.

el Alto Tribunal recuerda que "*constituye una norma de experiencia que en los delitos de trata de seres humanos la presión sobre los testigos-víctima sometidos a la trata y explotación, es muy intensa, por lo que el recurso a la prueba preconstituida debe ser habitual ante la muy probable incidencia de su desaparición, huida al extranjero e incomparecencia al juicio oral, motivada ordinariamente por el temor a las eventuales consecuencias de una declaración contra sus victimarios.*"[1533]

Sin duda, los problemas derivados de la ausencia de localización de la víctima pueden explicarse por muchos factores, algunos de los cuales ya se apuntan en la referida sentencia -retorno voluntario[1534], el miedo a represalias, su revictimización en manos de sus mismos tratantes u otros de nuevos, etc.-. Sin embargo, tampoco cabe olvidar que los dilatados plazos que se requieren en la actualidad para llevar a cabo el enjuiciamiento de estos delitos suponen un relevante obstáculo a la permanencia y participación de la víctima en el proceso. Según los últimos datos del CGPJ, la instrucción del delito del 177 *bis* CP tiene una duración media de cerca de 2 años y medio[1535], a los cuales hay que sumar el más de año y

1533 Dicha resolución dimana del recurso interpuesto contra la SAP Barcelona de 6 de febrero de 2013, en que se condena a los dos acusados por convencer a una víctima menor a trasladarse desde Italia a España donde acabó ejerciendo la prostitución.

1534 Práctica frecuente, teniendo en cuenta que casi la totalidad de las víctimas, de conformidad con la casuística española, serían extranjeras (98,6%). *Vid.* SALAT PAISAL, M.: "Análisis descriptivo de sentencias sobre trata de personas: un estudio de casos judiciales entre 2011 y 2019", *Revista Española de Investigación Criminológica, op. cit.*, p. 14.

1535 La cual excedería los plazos máximos de duración de la fase de instrucción estipulados por el artículo 324 LECrim, en relación con los procedimientos sumario ordinario y de diligencias previas, a fin de garantizar el derecho a un proceso sin dilaciones indebidas. Sin embargo, la dilación de los plazos de instrucción no parece ser una cuestión que preocupe a nuestro legislador a tenor de la última reforma operada por la Ley 2/2020, de 27 de julio. En virtud de esta, el plazo máximo para la instrucción se extendía de los seis a los doce meses, convirtiéndose

medio correspondiente a la fase de juicio oral y sentencia. Así, se establece en poco más de 3 años y 11 meses la duración media del enjuiciamiento del delito de trata desde el inicio de la instrucción hasta el dictado de sentencia[1536], sin tener en cuenta los plazos propios de las diligencias preliminares, si se hubieran producido.

Sea como fuere, preconstituir la prueba supone que el testigo declare como si lo hiciera en juicio oral, con las mismas garantías con las que se llevaría a cabo durante el mismo, pero ante el Juez encargado de la instrucción[1537] y en presencia de las partes[1538]. Así, siempre que la declaración respete ciertos requisitos puede ser válidamente incorporada al acervo probatorio y destruir la presunción de inocencia, a pesar de constituir una excepción al principio de inmediación.

---

la posibilidad de prórroga en ilimitada. *Vid.* FERREIRO BAAMONDE, X.X. "Tema 10", en PÉREZ-CRUZ MARTÍN, A.J., *Derecho Procesal Penal,* Tirant lo Blanch, Valencia, 2020, p. 255. Al respecto, la Guía del CGPJ ofrece una serie de recomendaciones de carácter organizativo que pretenden dotar de mayor sencillez y agilidad las instrucciones por el delito de trata de seres humanos. *Vid.* CONSEJO GENERAL DEL PODER JUDICIAL: *Guía de criterios de actuación judicial frente a la trata de seres humanos, op. cit.*, pp. 236 a 250.

1536 *Vid.* CONSEJO GENERAL DEL PODER JUDICIAL: *Tráfico de seres humanos,* 2021. Tabla 1.6.

1537 El Tribunal Constitucional ha reconocido también a ciertas diligencias policiales extraprocesales la condición de "pruebas periciales preconstituidas", como las realizadas por razones de urgencia o las de naturaleza técnico-pericial. Algunos ejemplos serían las diligencias de inspección ocular, de reconocimiento en rueda, los reconocimientos fotográficos, los test de alcoholemia, entre otras. Sin embargo, los testimonios realizados ante la policía judicial nunca podrán preconstituir prueba, como reconoció el TC en su sentencia 79/1994; sino que siempre precisarán de su ratificación ante el órgano judicial (STC 31/1981; 47/1986; 100/1998).

1538 Al respecto, es importantísimo determinar el momento idóneo para la toma de declaración de la víctima, cerciorándose de que esta se encuentre física y psicológicamente preparada para ello y, en caso de víctimas extranjeras en situación administrativa irregular, siempre después de haber finalizado el período de restablecimiento y reflexión (*vid. supra*).

En este sentido, la referida sentencia del Tribunal Supremo[1539] de 4 de febrero señala los cuatro requisitos de la prueba preconstituida[1540]. El primero -el requisito material- deriva de la imposibilidad de reproducir en el juicio oral la declaración de la víctima, habiendo resultado infructuosas las gestiones tendentes a contactar con ella o conocer su paradero. El segundo -el requisito subjetivo- ordena que la declaración prestada en el sumario se realizará en presencia y con intervención del Juez instructor. El tercero -el requisito objetivo- exige el respeto al principio de contradicción y al derecho fundamental a la asistencia letrada de los imputados, mediante la presencia de dichos abogados en la declaración sumarial. Finalmente, el cumplimiento del último requisito -de tipo formal- implica la introducción en el juicio del contenido de la declaración sumarial a través de la lectura del acta en que se documenta, conforme a lo previsto en el art. 730 LECrim[1541].

Los referidos requisitos pueden, sin embargo, presentar dificultades particulares en los supuestos de trata. Así, en relación con el requisito material, se ha alertado de la importancia de interpretar la "imposibilidad" de declarar de la víctima, conforme al artículo

---

1539 Dicho órgano ha elaborado su doctrina sobre la prueba preconstituida, principalmente, en base a los pronunciamientos del TEDH sobre la interpretación de los arts. 6.1 y 6.3.d) del Convenio para la protección de derechos humanos y de las libertades fundamentales (CEDH).

1540 Iguales exigencias establece el Tribunal Constitucional en sus sentencias núm. 200/1996, 12/2002, 195/2002, 344/2006. Véase también STS 270/2016; 167/2017; 396/2019; 564/2019.

1541 Dicha lectura -o reproducción por medios tecnológicos- debe serlo en su totalidad por parte del Letrado de la Administración de Justicia con la finalidad de ofrecer a las partes la posibilidad de poder contradecirlas, confrontarlas o debatirlas. En este sentido, queda proscrito el uso del formulismo "se da por reproducida" la prueba, ni siquiera en caso de concurrir el consentimiento del acusado. *Vid.* SÁNCHEZ-COVISA VILLA, J.: *Preconstitución prueba testifical de la víctima de trata de seres humanos. Valoración de la declaración de la víctima de trata de seres humanos*, Reunión de Fiscales especialistas en Extranjería, Madrid, 25 y 26 de octubre de 2021, p. 4.

730 LECrim, que exige que dicha inviabilidad sea sobrevenida e imprevisible[1542]. Al respecto, PLANCHADELL GARGALLO aboga por la adopción de una interpretación amplia y acorde con un enfoque victimológico que contemple no solo los supuestos en que la víctima no pueda presentarse a declarar, sino que pueda fundamentarse también en las negativas consecuencias que la reiteración de la declaración pueda tener en la víctima. Considera la autora esta opción más acorde con el enfoque victimológico y la especial vulnerabilidad que revisten dichas víctimas[1543].

En cuanto a la garantía de contradicción[1544] a la que se refiere el requisito objetivo, obliga a dar la oportunidad al acusado de

---

1542 Véase MOLINA GIMENO, F.J.: "Un nuevo paso en el camino de la involución garantística en la práctica procesal penal. Comentarios a la Sentencia del Tribunal Supremo núm. 96/2009, de 10 de marzo", *Revista Aranzadi Doctrinal*, vol. 61, 2009, pp. 159-170.

1543 *Vid.* PLANCHADELL GARGALLO, A.: "Investigación y enjuiciamiento del delito de trata: aspectos procesales desde la jurisprudencia", en VILLACAMPA ESTIARTE, C. (Dir.), *La trata de seres humanos tras un decenio de su incriminación. ¿Es necesaria una ley integral para luchar contra la trata y la explotación de seres humanos?*, *op. cit.*, p. 871; PLANCHADELL GARGALLO, A.: "La víctima de trata como testigo en el proceso penal: la necesidad de protección", en PERIAGO MORANT, J.J. (Dir.), *La prostitución en la comunidad Valenciana: Un enfoque abolicionista*, Tirant lo Blanch, Valencia, 2022, pp. 201 y 202.

1544 Dicha problemática ha quedado zanjada con el nuevo artículo 499 bis LECrim, que en sus párrafos segundo y tercero, dispone: "*La autoridad judicial garantizará el principio de contradicción en la práctica de la declaración. La ausencia de la persona investigada debidamente citada no impedirá la práctica de la prueba preconstituida, si bien su defensa letrada, en todo caso, deberá estar presente. En caso de incomparecencia injustificada del defensor de la persona investigada o cuando haya razones de urgencia para proceder inmediatamente, el acto se sustanciará con el abogado de oficio expresamente designado al efecto.*
La autoridad judicial asegurará la documentación de la declaración en soporte apto para la grabación del sonido y la imagen, debiendo el Letrado de la Administración de Justicia, de forma inmediata, comprobar la calidad de la grabación audiovisual. Se acompañará acta sucinta autorizada por el

contestar e interrogar los testigos de cargo de forma adecuada y suficiente, ya sea durante la práctica de la prueba preconstituida o con posterioridad[1545]. Ese requisito queda satisfecho si, durante la declaración sumarial, participó el letrado del acusado, no siendo necesaria la presencia de este último. Igualmente, cuando esa oportunidad de contradicción no se haya materializado por responsabilidad del propio acusado[1546], la prueba será válida. No sucederá así en caso de que la falta de contradicción sea atribuible los órganos judiciales[1547], y resulta más cuestionable cuando dicha omisión se haya dado por causas no imputables a nadie[1548].

Letrado de la Administración de Justicia, que contendrá la identificación y firma de todas las personas intervinientes en la prueba preconstituida."

1545 *Vid.* STS 53/2014 y SSTEDH 20/11/1989; 15/6/1992; 23/04/1997. De lo contrario, si el acusado o su letrado no hubieran podido interrogar al declarante en ningún momento, se vulneraría el articulo 6 CEDH. Al respecto, el Tribunal Europeo de Derechos Humanos ha reiterado que la incorporación al proceso de declaraciones que han tenido lugar en fase de instrucción no lesiona por sí misma los derechos reconocidos en los párrafos 3 d) y 1 del art. 6 del Convenio europeo para la protección de los derechos humanos y de las libertades fundamentales siempre que exista una causa legítima que impida la declaración en el juicio oral y que se hayan respetado los derechos de defensa del acusado, esto es, siempre que se dé al acusado una ocasión adecuada y suficiente de contestar el testimonio de cargo e interrogar a su autor bien cuando se presta, bien con posterioridad.

1546 Tiene dicho el Alto Tribunal que la conducta desidiosa, negligente o imputable al acusado (por hallarse en rebeldía, por no haber asistido al interrogatorio a pesar de estar debidamente citado o por no haber formulado pregunta alguna) no vulnera el principio de contradicción. Véase, por todas, STS 686/2016. Igualmente, el cambio de abogado en fases posteriores del proceso no compromete la validez de la prueba preconstituida. *Vid.* STS 132/2018.

1547 Como la falta de preconstitución de la prueba, la omisión de citación a la defensa, etc.

1548 Como en el caso de fallecimiento del declarante o la ausencia de localización o el desconocimiento del acusado en el momento de la

Por último, en relación con el requisito formal, que exige la introducción de la declaración sumarial en el acto del juicio oral mediante el visionado de la grabación o la lectura del acta del LAJ, se ha propuesto que las declaraciones de las víctimas de trata sean grabadas, tal y como la ley prevé en relación con las declaraciones efectuadas por menores o incapacitados (art. 707-2º y 731 *bis* LECrim). Teniendo en cuenta la especial vulnerabilidad de las víctimas de trata, las mismas razones de especial protección que rigen con los referidos colectivos[1549] deberían hacerse extensivas también a estas[1550].

---

práctica de la declaración. En este caso, debe requerirse al criterio de la equidad como parámetro de ponderación. Así, se considera que en estos casos el testimonio sumarial no es nulo, por lo que podrá ser reproducido en el plenario, aunque por sí mismo carecerá de la suficiente probatoria necesaria para enervar la presunción de inocencia. *Vid.* SÁNCHEZ-COVISA VILLA, J.: *Preconstitución prueba testifical de la víctima de trata de seres humanos. Valoración de la declaración de la víctima de trata de seres humanos, op. cit.*, p. 8 y 23.

1549 Ampliamente sobre cómo el interés superior de los menores obliga a adoptar ciertas cautelas o medidas tuitivas en cuanto a su exploración como víctima o testigo en el marco del proceso penal, y sobre cómo esto se cohonesta con los derechos del investigado o encausado, *vid.* SERRANO MASIP, M.: "Una justicia europea adaptada al menor: exploración de menores víctimas o testigos en la fase preliminar del proceso penal", *Indret*, 2013, pp. 1-50. En este exhaustivo trabajo la autora analiza el marco normativo establecido por el Consejo de Europa y la Unión Europea en aras a configurar un estatuto jurídico del menor víctima o testigo en el proceso penal, haciendo asimismo alusión a las resoluciones más trascendentes dictadas al respecto por el TEDH y el TJUE. Recientemente, se ha analizado la práctica de la declaración de la víctima menor de edad en el proceso penal como prueba preconstituida en aras a evitar su revictimización en PILLADO GONZÁLEZ, E.: "La declaración de la víctima menor y las medidas para evitar su revictimización", en BARONA VILAR, S. (Ed.), Justicia poliédrica en período de mudanza (nuevos conceptos, nuevos sujetos, nuevos instrumentos y nueva intensidad), Tirant lo Blanch, Valencia, 2022, pp. 541-562.

1550 *Vid.* PLANCHADELL GARGALLO, A.: "Protección procesal de las víctimas de trata: aproximación general", *Revista Aranzadi de Derecho y Proceso*

Finalmente, debe mencionarse que hasta la reforma operada por la LO 8/2021, de 4 de junio, de protección integral a la infancia y la adolescencia frente a la violencia, la prueba preconstituida era una figura de construcción jurisprudencial, carente de regulación normativa específica. Dicha construcción jurisprudencial se sustentaba, principalmente, en las disposiciones relativas a la prueba anticipada (arts. 448 y 777 LECrim) y en la jurisprudencia consolidada por el TEDH[1551].

Así, la referida reforma de 2021, en virtud de su Disposición Final 1ª, incorporaba a la LECrim las disposiciones correspondientes a la regulación de la prueba preconstituida por medio de los artículos 449 *bis*[1552], 449 *ter*[1553] y 703

Penal, op. cit., p. 29; PLANCHADELL GARGALLO, A.: "Investigación y enjuiciamiento del delito de trata: aspectos procesales desde la jurisprudencia", en VILLACAMPA ESTIARTE, C. (Dir.), *La trata de seres humanos tras un decenio de su incriminación. ¿Es necesaria una ley integral para luchar contra la trata y la explotación de seres humanos?, op. cit.*, p. 874.

1551 *Vid.* DELGADO ECHEVARRÍA, C.: "Dificultades que se suscitan en la práctica judicial para la investigación y el enjuiciamiento de causas por trata de seres humanos", en VILLACAMPA ESTIARTE, C. (Dir.), *La trata de seres humanos tras un decenio de su incriminación. ¿Es necesaria una ley integral para luchar contra la trata y la explotación de seres humanos?, op. cit.*, pp. 906 y 907.

1552 Que reza: "*Cuando, en los casos legalmente previstos, la autoridad judicial acuerde la práctica de la declaración del testigo como prueba preconstituida, la misma deberá desarrollarse de conformidad con los requisitos establecidos en este artículo (...)*". Este artículo recoge los requisitos comunes que deberán apreciarse para la práctica de la prueba preconstituida.

1553 Que, en lo que aquí interesa, estipula que "*Cuando una persona menor de catorce años o una persona con discapacidad necesitada de especial protección deba intervenir en condición de testigo en un procedimiento judicial que tenga por objeto la instrucción de un delito de homicidio, lesiones, contra la libertad, contra la integridad moral, trata de seres humanos, contra la libertad e indemnidad sexuales, contra la intimidad, contra las relaciones familiares, relativos al ejercicio de derechos fundamentales y libertades públicas, de organizaciones y grupos criminales y terroristas y de terrorismo, la autoridad judicial acordará,*

bis[1554]. Si bien tal inclusión debiera tener una acogida positiva, DELGADO advierte que la actual regulación legal de la prueba preconstituida restringe su ámbito de aplicación a las víctimas de trata. En este sentido, si con anterioridad a la reforma se había venido admitiendo su aplicación a todas las víctimas de trata con carácter general, del tenor literal del artículo 449 *ter* podría derivarse que la misma únicamente resultaría aplicable a las víctimas de trata menores de 14 años o que tengan una discapacidad que las haga merecedoras de esa especial protección[1555]. Sin embargo, SÁNCHEZ-COVISA entiende que la práctica de la declaración de la víctima de trata como prueba preconstituida debe ser la tónica habitual. Y ello no solo en los casos en que dicha práctica viene impuesta *ope legis* -es decir, en caso de los menores de 14 años o personas discapacitadas-, sino también en aquellos casos en que las amenazas recibidas por la víctima[1556] o

---

en todo caso, practicar la audiencia del menor como prueba preconstituida, con todas las garantías de la práctica de prueba en el juicio oral y de conformidad con lo establecido en el artículo anterior. Este proceso se realizará con todas las garantías de accesibilidad y apoyos necesarios. (...)". Como consecuencia de esta previsión, se suprimió el último párrafo del art. 448 LECrim que establecía que "la declaración de testigos menores de edad y personas con capacidad judicialmente modificada podrá llevarse a cabo evitando la confrontación visual de los mismos con el inculpado, utilizando para ello cualquier medio técnico que haga posible la práctica de esta prueba".

1554 En virtud del cual "*Cuando en fase de instrucción, en aplicación de lo dispuesto en el artículo 449 bis y siguientes, se haya practicado como prueba preconstituida la declaración de un testigo, se procederá, a instancia de la parte interesada, a la reproducción en la vista de la grabación audiovisual, de conformidad con el artículo 730.2, sin que sea necesaria la presencia del testigo en la vista* (...)".

1555 *Vid.* DELGADO ECHEVARRÍA, C.: "Dificultades que se suscitan en la práctica judicial para la investigación y el enjuiciamiento de causas por trata de seres humanos", en VILLACAMPA ESTIARTE, C. (Dir.), *La trata de seres humanos tras un decenio de su incriminación. ¿Es necesaria una ley integral para luchar contra la trata y la explotación de seres humanos?*, *op. cit.*, p. 909.

1556 Sustenta dicha posibilidad en base a la doctrina del Tribunal Supremo ya reproducida, y cuyo máximo exponente se halla en la STS 53/2014.

los traumas psicológicos padecidos[1557] desaconsejen que preste sucesivas declaraciones.

Junto a las anteriores razones, una investigación cualitativa llevada a cabo por VILLACAMPA y TORRES apuntaron a razones del tipo actitudinal como limitadoras de la práctica de la declaración preconstituida de las víctimas en los casos de trata. Así, de los resultados obtenidos se derivó que los Jueces y Magistrados no consideraban que esta medida fuera necesario adoptarla con carácter general[1558]. Igualmente, el estudio cualitativo llevado a cabo recientemente por VILLACAMPA, centrado en las víctimas de trata laboral, constató que, especialmente en estos supuestos, la decisión de preconstituir la declaración de la víctima no responde tanto a motivos de protección, sino de aseguramiento de la prueba, dada la frecuente posterior falta de localización de la víctima[1559].

1.3. Las medidas cautelares personales y la protección de la víctima de trata.

Confluyen en el proceso penal, en general, y ya desde esta primera fase de instrucción dos destacables funciones: de un lado,

---

1557 Entiende que en estos supuestos en que las víctimas sufren trastornos de estrés postraumático u otros daños psicológicos es terminantemente desaconsejable someterla a continuas declaraciones, en atención a la obligación de todo operador jurídico de eludir todo tipo de revictimización. En este caso, justifica el uso de la prueba preconstituida amparándose en el art. 12.4 y en el considerando 20 de la Directiva 2011/36/UE que conmina a grabar en vídeo dichos interrogatorios, en aras a evitar su posterior reiteración.

1558 *Vid.* VILLACAMPA ESTIARTE, C. y TORRES ROSELL, N.: "Human Trafficking for Criminal Exploitation: The failure to identify Victims", *European Journal on Criminal Policy and Research, op. cit.*, p. 25.

1559 Así, lo reconocieron los mismos profesionales forenses, en VILLACAMPA ESTIARTE, C.: "Dificultades en la persecución penal de la trata de seres humanos para explotación laboral", *Indret, op. cit.*, pp. 183-184.

la persecución del delito, y del otro, la protección a la víctima. La víctima, así, se erige como pieza esencial de la investigación y, a la vez, como demandante de medidas de protección[1560]. Sin embargo, a pesar del amplio marco normativo internacional[1561] y nacional[1562] que recoge el deber del Estado de brindar una

---

1560 Al respecto, GUIL ROMAN, C. y RODRÍGUEZ SÁEZ, J.A.: *Guia de bones practiques en la instrucción i en l'enjudiciament dels delictes de tràfic d'éssers humans, op. cit.*, p. 6. En un mismo sentido, SERRANO MASIP, M.: "Medidas de protección de las víctimas", en DE HOYOS SANCHO, M. (Dir.), La víctima del delito y las últimas reformas procesales penales, Thomson Reuters-Aranzadi, Cizur Menor, 2017, p. 135.

1561 En el ámbito comunitario, encontramos por ejemplo la Directiva 2012/29/UE del Parlamento Europeo y del Consejo, de 25 de octubre de 2012, por la que se establecen normas mínimas sobre los derechos, el apoyo y la protección de las víctimas de delitos; la anterior Decisión Marco 2001/220/JAI del Consejo. En cuanto a los instrumentos particularmente dirigidos a las víctimas de trata, destacan los ya referidos Protocolo de Palermo, la Convención de Varsovia y la Directiva 36/2011, además de la decisión de la OSCE, de 24 de julio de 2003, sobre el plan de acción de la OSCE contra la trata de personas.

1562 Nuestro texto de referencia en cuanto a protección victimal se refiere es la Ley 4/2015, de 27 de abril, del Estatuto de la Víctima del Delito. Concretamente, sus artículos 20 a 22 EVD prevén medidas en relación a cualquier tipo de víctimas; el artículo 25 EVD establece unas medidas reforzadas que pueden ser aplicadas a las víctimas de trata; y los artículos 25 y 26 EVD se encargan de brindar una especial protección a menores y personas discapacitadas, en atención a su especial vulnerabilidad. Junto a las medidas previstas en el Estatuto de la Víctima, también puede recurrirse a las medidas estipuladas en la LO 19/1994, de protección de peritos y testigos; a las disposiciones del Protocolo Marco de 2011, entre otras. Igualmente, en función de la modalidad de víctimas de trata -esto es, sexual, laboral, criminal, etc.- será de aplicación lo dispuesto en leyes sectoriales específicas, como Ley 35/1995, de 11 de diciembre, de ayudas y asistencia a las víctimas de delitos violentos y contra la libertad sexual o la Ley Orgánica 10/2022, de 6 de septiembre, de garantía integral de la libertad sexual. También en la Constitución pueden hallarse algunos derechos constitucionalmente reconocidos a las víctimas, como el derecho a ser informada de sus derechos (art.

adecuada protección a las víctimas de cualquier delito, y en particular a las de TSH[1563], las víctimas de este delito siguen sin ser debidamente protegidas[1564].

Como sucediera en la fase de identificación de la víctima, la primera dificultad en la aplicación de medidas de protección a la víctima se deriva, precisamente, de la actual situación de dispersión normativa[1565]. Así, no hay en nuestro ordenamiento jurídico un único cuerpo legal que contenga un catálogo integral de las medidas

---

24.1 CE), el derecho a la asistencia gratuita de abogado y procurador (arts. 24.2 y 119 CE) derecho a la asistencia y apoyo (art. 24.1 CE), el derecho a la protección de datos (art. 18.4 CE), entre otros.

1563 En cuanto a protección de víctimas de trata se refiere, el Manual de la Naciones Unides para la lucha contra la trata de personas reseña como principios básicos la obligación del investigador de velar por la debida protección de las víctimas, debiendo realizar una evaluación permanente de riesgo respecto a la seguridad de las mismas. Igualmente, debe informar a las víctimas sobre las medidas ya poyos disponibles, así como sobre los riesgos y consecuencias aparejadas a las decisiones que tomen. *Vid.* ORGANIZACIÓN DE LAS NACIONES UNIDAS (ONU): *Manual para la lucha contra la trata de personas, op. cit.*, pp. 91 y 92.

1564 *Vid,* por todos, GÓMEZ COLOMER, J.L.: "Víctimas de trata: declaraciones y protección en el proceso penal", *Revista Aranzadi de Derecho y Proceso Penal, op. cit.*, p. 11.

1565 *Vid.* PLANCHADELL GARGALLO, A.: "Protección procesal de las víctimas de trata: aproximación general", *Revista Aranzadi de Derecho y Proceso Penal, op. cit.*, p. 2; PLANCHADELL GARGALLO, A.: "La protección procesal de las víctimas de trata: panorama europeo", en LLORENTE SÁNCHEZ-ARJONA, M. (Dir.), *Estudios procesales sobre el espacio europeo de justicia penal,* Thomson Reuters-Aranzadi, Cizur Menor, 2021, p. 118; VILLACAMPA ESTIARTE, C.: "Acerca del Anteproyecto de Ley Orgánica Integral contra la Trata y la Explotación de Seres Humanos", *La Ley, op. cit.*, p. 2. Advierte la autora sobre los riesgos que entraña esta dispersión normativa, pudiendo dar lugar al tratamiento desigual e injustificado de determinados grupos de víctimas.

protectoras aplicables a las víctimas de trata en el marco del proceso penal[1566], a pesar de las demandas de la doctrina en este sentido[1567].

Por otro lado, se ha denunciado que los jueces encargados de la instrucción priorizan la protección del proceso y el buen desarrollo de la investigación, dejando la protección de la víctima y los testigos en un segundo plano, situándolos como meros instrumentos al servicio del proceso penal. Esto es así hasta el punto de que, en ocasiones, la protección de la víctima se ve condicionada a su colaboración en la investigación[1568], lo cual está expresamente proscrito por los artículos 11.3 de la Directiva y 12.6 del Convenio de Varsovia. Así, del mismo modo que no puede supeditarse el éxito del proceso a la

---

1566 *Vid.* PLASENCIA DOMÍNGUEZ, N.: "Mecanismos de tutela legal de las víctimas de trata de seres humanos", *Diario La Ley, op. cit.*, p. 19.

1567 Véase, por todos, VILLACAMPA ESTIARTE, C.: "La nueva Directiva Europea relativa a la prevención y a la lucha contra la trata de seres humanos y a la protección de la víctima ¿Cambio de rumbo de la política de la Unión en materia de trata de seres humanos?", *Revista Electrónica de Ciencia Penal y Criminológica, op. cit.*, pp. 13 y ss.; VILLACAMPA ESTIARTE, C.: *El delito de trata de seres humanos. Una incriminación dictada desde el Derecho Internacional, op. cit.*, pp. 536 y ss.; VILLACAMPA ESTIARTE, C. y TORRES ROSELL, N.: "Mujeres víctimas de trata en prisión en España", *Revista de Derecho Penal y Criminología, op. cit.*, pp. 425 y ss.; VILLACAMPA ESTIARTE, C.: "Víctimas de trata de seres humanos: Su tutela a la luz de las últimas reformas penales sustantivas y procesales proyectadas", *op. cit.*, p. 22; PÉREZ MACHÍO, A.I.: "Trata de personas: La globalización del delito y su incidencia en la criminalización de la víctima inmigrante irregular a partir de dinámicas actuariales", *Estudios Penales y criminológicos*, vol. 36, 2016, p. 392; TORRES ROSELL, N. y VILLACAMPA ESTIARTE, C.: "Protección jurídica y asistencia para víctimas de trata de seres humanos", *Revista General de Derecho Penal, op. cit.*, p. 22; LLORIA GARCÍA, P., "El delito de trata de seres humanos y la necesidad de creación de una ley integral", *Estudios penales y criminológicos, op. cit.*, pp. 357 y ss.

1568 *Vid.* GUIL ROMAN, C. y RODRÍGUEZ SÁEZ, J.A.: *Guia de bones practiques en la instrucción i en l'enjudiciament dels delictes de tràfic d'éssers humans, op. cit.*, p. 6.

participación de la víctima en él, tampoco puede subordinarse a la actitud de esta el reconocimiento de las medidas de protección[1569].

1.3.1. Los niveles de protección establecidos en el Estatuto de la Víctima del Delito.

La clasificación de las víctimas según se consideren víctimas en general, víctimas vulnerables[1570] o víctimas especialmente vulnerables[1571]

1569 *Vid.* PLANCHADELL GARGALLO, A.: "Protección procesal de las víctimas de trata: aproximación general", *Revista Aranzadi de Derecho y Proceso Penal, op. cit.*, p. 3. En sentido similar, FARALDO CABANA, P: "¿Dónde están las víctimas de trata de personas? Obstáculos a la identificación de las víctimas de trata en España ", *Conferencia Internacional Dia Europeu contra o tráfico de seres humanos, op. cit.*, pp. 151 y 157; CONSEJO GENERAL DEL PODER JUDICIAL: *Guía de criterios de actuación judicial frente a la trata de seres humanos, op. cit.*, pp. 51 y 151.

1570 Esto es, "aquéllas personas que han sufrido un delito y que por sus características personales y circunstancias, relativas básicamente a su edad, sexo, estado de salud, desarrollo físico o psíquico y entorno social, precisan de una atención familiar, social, médica y jurídica específica, ya que al no ser personas desarrolladas en lo que se considera socialmente «normal», o no estarlo todavía, se encuentran en una posición de desventaja respecto a ellas, lo que les produce un daño mayor y más difícilmente reparable". En esta categoría se incluirían las víctimas de trata. *Vid.* GÓMEZ COLOMER, J.L.: "Víctimas de trata: declaraciones y protección en el proceso penal", *Revista Aranzadi de Derecho y Proceso Penal*, núm. 64, 2021, pp. 4 y 6. En el mismo sentido, PLANCHADELL GARGALLO, A.: "Protección procesal de las víctimas de trata: aproximación general", *Revista Aranzadi de Derecho y Proceso Penal, op. cit.*, p. 6.

1571 Es decir, "aquellas víctimas vulnerables en las que se dan condiciones tan severas, que hacen que los efectos del delito puedan tener consecuencias drásticas e irreparables, cuya protección requiere de acciones específicas más contundentes". Defiende el autor que nuestras leyes reservan esta condición a los menores de edad, discapacitados, víctimas de violencia de género y del terrorismo. Ello sería acorde con los colectivos identificados como especialmente vulnerables en la Directiva 2012/29. *Vid.* GÓMEZ COLOMER, J.L.: "Víctimas de trata:

tiene una gran repercusión a nivel legal[1572], en cuanto dicha condición determinará el grado de protección aplicable a la víctima en cuestión[1573]. En base a esta categorización, GÓMEZ COLOMER entiende que las víctimas de trata deben tener acceso a esa protección reforzada, debiendo considerarlas víctimas especialmente vulnerables en atención a la gravedad del delito padecido y por las circunstancias personales particulares que suelen presentar[1574].

Sin embargo, el otorgamiento de esa especial protección constituye un criterio jurídico que debe ser valorado específicamente por el Juez instructor, no pudiendo aplicarse automáticamente a la víctima "por incardinarse en un grupo concreto de seres desfavorecidos"[1575]. En consecuencia, la víctima deberá someter-

---

declaraciones y protección en el proceso penal", *Revista Aranzadi de Derecho y Proceso Penal, op. cit.*, pp. 5-8.

1572 *Vid. ibidem*, p. 4.

1573 Al respecto, FERREIRO BAAMONDE, X.: *La víctima en el proceso penal*, La Ley, Madrid, 2005, pp. 387 y ss.; SANZ HERMIDA, A.: *La situación jurídica de la víctima en el proceso penal*, Tirant lo Blanch, Valencia, 2008, pp. 37 y ss.; TAMARIT SUMALLA, J.M.: "Los derechos de las víctimas", en TAMARIT SUMALLA, J.M., VILLCAMPA ESTIARTE, C. y SERRANO MASIP, M., *El Estatuto de las víctimas de delitos: comentarios a la Ley 4/2015*, Tirant lo Blanch, Valencia, 2015, pp. 40 y ss.; VILLACAMPA ESTIARTE, C.: "La protección de las víctimas en el proceso penal: consideraciones generales e instrumentos de protección", en TAMARIT SUMALLA, J.M., VILLCAMPA ESTIARTE, C. y SERRANO MASIP, M., *El Estatuto de las víctimas de delitos: comentarios a la Ley 4/2015, op. cit.*, pp. 192 y ss.

1574 *Vid.* GÓMEZ COLOMER, J.L.: "Víctimas de trata: declaraciones y protección en el proceso penal", *Revista Aranzadi de Derecho y Proceso Penal, op. cit.*, p. 9. En sentido similar, se posiciona PLANCHADELL GARGALLO, A.: "Protección procesal de las víctimas de trata: aproximación general", *Revista Aranzadi de Derecho y Proceso Penal, op. cit.*, p. 7.

1575 *Vid.* GÓMEZ COLOMER, J.L.: "Víctimas de trata: declaraciones y protección en el proceso penal", *Revista Aranzadi de Derecho y Proceso Penal, op. cit.*, p. 32.

se previamente a un procedimiento de evaluación, en el que se tendrán en cuenta sus circunstancias personales, la naturaleza del delito -entre los que se prevé específicamente el de TSH- y la gravedad de los perjuicios ocasionados por el mismo, en aras determinar si es merecedora o no de esa especial protección[1576].

Esa perceptiva valoración del riesgo de la víctima se dispone expresamente en el artículo 23 de la Ley 4/2015, de 27 de abril, del Estatuto de la Víctima del Delito (en adelante, EVD)[1577] a fin de ayudar a la determinación de las medidas de protección procesal necesarias para evitar la victimización secundaria. Al respecto, deben analizarse las necesidades de protección que precisa cada víctima, de modo que el juez de instrucción, tras esa previa valoración[1578], determine las medidas de protección a adoptar, las

---

1576 Al respecto, VILLACAMPA ESTIARTE, C.: "La protección de las víctimas en el proceso penal tras la aprobación de la LEVD", en TAMARIT SUMALLA, J.M., VILLACAMPA ESTIARTE, C. y SERRANO MASIP, M., *El Estatuto de las víctimas de delitos: comentarios a la Ley 4/2015*, Tirant lo Blanch, Valencia, 2015, pp. 241 y ss.; GÓMEZ COLOMER, J.L.: *Estatuto jurídico de la víctima del delito (La posición de la víctima del delito ante la Justicia Penal. Un análisis basado en el Derecho Comparado y en las grandes reformas españolas que se avecinan)*, Aranzadi, Cizur-Menor, 2015, pp. 217 y 218; PLANCHADELL GARGALLO, A.: "Protección procesal de las víctimas de trata: aproximación general", *Revista Aranzadi de Derecho y Proceso Penal, op. cit.*, p. 6.

1577 La referida Ley se halla publicada en el BOE núm. 101, de 28/04/2015. Entró en vigor en octubre de 2015. Meses después, el 1 de enero de 2016, lo hizo el Real Decreto 1109/2015, de 11 de diciembre, de desarrollo de esa Ley y regulador de las Oficinas de Asistencia a las Víctimas del Delito. Ambas normas preceden la Decisión Marco 2001/220/JAI del Consejo, de 15 de marzo de 2001, relativa al estatuto de la víctima en el proceso penal, y suponen la transposición al derecho interno de la Directiva 2012/29/UE del Parlamento Europeo y del Consejo, de 25 de octubre de 2012.

1578 Para la que puede resultar de gran utilidad recabar información de la entidad especializada encargada de asistir a la víctima. *Vid.* CON-

cuales deberán ser revisadas cuando se produzca una modificación relevante de las circunstancias tenidas en cuenta (art. 24.5 EVD).

Al respecto, el EVD, dada su vocación de erigirse como la norma de referencia en cuanto a protección victimal, contempla un conjunto de derechos y medidas aplicables a cualquier tipo de víctima, sin necesidad de que esta revista una especial vulnerabilidad[1579]. Estos derechos comprenden, principalmente, el derecho a entender y ser entendido en las actuaciones penales (art. 4)[1580] pudiendo hacer uso de los servicios de traducción e interpretación (art. 9)[1581], el derecho a la información (art. 5 y 7)[1582] y el derecho

---

SEJO GENERAL DEL PODER JUDICIAL: *Guía de criterios de actuación judicial frente a la trata de seres humanos, op. cit.*, p. 170.

1579 *Vid.*, por todos, OROMÍ I VALL-LLOVERA, S.: "Víctimas de delitos en la Unión Europea. Análisis de la Directiva 2012/29/UE", *Revista General de Derecho Procesal, vol. 30,* 2013, *passim*; VILLACAMPA ESTIARTE, C.: "La protección de las víctimas en el proceso penal tras la aprobación de la LEVD", en TAMARIT SUMALLA, J.M., VILLACAMPA ESTIARTE, C. y SERRANO MASIP, M., *El Estatuto de las víctimas de delitos: comentarios a la Ley 4/2015, op. cit.*, pp. 247-262; GÓMEZ COLOMER, J.L., *El Estatuto de la víctima del delito, op. cit.*, pp. 288 y ss.

1580 Ello exige el uso de un lenguaje claro, sencillo y accesible para la víctima que abarca tanto las comunicaciones orales como escritas. Dicho derecho debe prevalecer a la largo de todo el *iter procesal*, activándose incluso con anterioridad a la interposición de la denuncia. *Vid.* PLANCHADELL GARGALLO, A.: "Protección procesal de las víctimas de trata: aproximación general", *Revista Aranzadi de Derecho y Proceso Penal, op. cit.*, p. 10.

1581 Ampliamente sobre las obligaciones que dimanan de la Unión Europea al respecto, véase SERRANO MASIP, M.: "Las directivas europeas en materia de derecho de interpretación y traducción, información y asistencia letrada. Directiva relativa al derecho a la información en los procesos penales", en JIMENO BULNES, M. (Dir.), *Espacio judicial europeo y proceso penal,* Tecnos, Madrid, 2018, pp. 219-248.

1582 Dicha información debe versar sobre el derecho a medidas asistenciales y de protección, a denunciar, al asesoramiento y defensa jurídica, a la interpretación y traducción, a la indemnización, etc. Amplia-

a recibir asistencia y apoyo (art. 10), además de aquellas inherentes a su participación en el proceso penal (arts. 11 a 18)[1583].

En el ámbito especifico de la protección, cualquier víctima, con independencia de la índole del delito padecido, tiene derecho a que se adopten determinadas medidas de carácter tuitivo durante el transcurso del derecho penal. Destacan, al respecto, el derecho a la protección física (art. 19)[1584], el derecho a evitar el contacto con el infractor (art. 20)[1585], el derecho a proteger su intimidad (art. 22

---

mente sobre este, SERRANO MASIP, M: "Los derechos de información", en TAMARIT SUMALLA, J.M., VILLCAMPA ESTIARTE, C. y SERRANO MASIP, M., *El Estatuto de las víctimas de delitos: comentarios a la Ley 4/2015, op. cit.*, pp. 79 y ss.; BELTRÁN MONTOLIU, A.: "El derecho a la información de las víctimas de trata", en VILLACAMPA ESTIARTE, C. (Dir.), La trata de seres humanos tras un decenio de su incriminación. ¿Es necesaria una ley integral para lucha contra la trata y la explotación de seres humanos?, op. cit., pp. 927 y ss. Estos se hallan sintetizados, en PLANCHADELL GARGALLO, A.: "Protección procesal de las víctimas de trata: aproximación general", *Revista Aranzadi de Derecho y Proceso Penal, op. cit.*, p. 11.

1583 Estos se exponen individualmente, en PLANCHADELL GARGALLO, A.: "Protección procesal de las víctimas de trata: aproximación general", *Revista Aranzadi de Derecho y Proceso Penal, op. cit.*, pp. 13-16. Ampliamente sobre el tema, SERRANO MASIP, M: "Los derechos de participación en el proceso penal", en TAMARIT SUMALLA, J.M., VILLCAMPA ESTIARTE, C. y SERRANO MASIP, M., *El Estatuto de las víctimas de delitos: comentarios a la Ley 4/2015, op. cit.*, pp. 101 y ss.

1584 Mediante este se pretende garantizar la "integridad física y psíquica, libertad, seguridad, libertad e indemnidad sexuales", así como la intimidad y dignidad tanto de la víctima como de sus familiares.

1585 El mismo debe operar en las dependencias policiales y judiciales, pudiendo hacerse extensivo a aquellos espacios en que pudieran desarrollarse los actos del procedimiento penal más allá de los cubiertos por una eventual orden de alejamiento dictada. *Vid.* VILLACAMPA ESTIARTE, C., "La protección de las víctimas en el proceso penal tras la aprobación de la LEVD", en TAMARIT SUMALLA, J.M., VILLCAMPA ESTIARTE, C. y SERRANO MASIP, M., *El Estatuto de las víctimas de delitos:*

y art. 681.2 LECrim)[1586] y el referido derecho a que las necesidades de la víctima sean sometidas a evaluación individual (arts. 23 y 24).

Como ya se avanzado, fruto de esa evaluación, las víctimas de trata no solo podrán hacer efectivos los derechos hasta ahora referidos, sino que también tendrán acceso a un estatus de protección reforzado[1587], consecuencia del reconocimiento de su especial vulnerabilidad. El mismo viene dispuesto en el artículo 25 EVD y se concreta, en esta fase de investigación, en (a) que se les reciba declaración en dependencias especialmente concebidas o adaptadas a tal fin -p. e. cámara de Gessell-; (b) por parte -o con la ayuda- de profesionales que hayan recibido una formación especial; (c) debiendo realizarse, generalmente, todas las tomas de declaración a una misma víctima por la misma persona. Nuevamente aquí, la ley prevé ciertas singula-

---

comentarios a la Ley 4/2015, op. cit., pp. 247 y ss.; GÓMEZ COLOMER, J.L.: *Estatuto jurídico de la víctima del delito (La posición de la víctima del delito ante la Justicia Penal. Un análisis basado en el Derecho Comparado y en las grandes reformas españolas que se avecinan), op. cit*, p. 370.

1586 Derecho igualmente reconocido a las víctimas y sus familiares, que deberá prestar especial atención a "*impedir la difusión de cualquier información que pueda facilitar la identificación de las víctimas menores de edad o de víctimas con discapacidad necesitadas de especial protección*". Por su parte, el artículo 681 LECrim prohíbe la divulgación o publicación de información relativa a la identidad de la víctima, así como la obtención, divulgación o publicación de imágenes de la víctima o de sus familiares. Sobre la confrontación entre este derecho a la intimidad personal y familiar de las víctimas, por un lado, y la garantía de publicidad de las actuaciones policiales (art. 120.1 CE), el derecho del acusado a un proceso público (art. 24.1 CE) y la libertad de información, por otro, *vid.* SERRANO MASIP, M.: "Medidas de protección de las víctimas", en DE HOYOS SANCHO, M. (Dir.), *La víctima del delito y las últimas reformas procesales penales, op. cit*, pp. 140 y ss.

1587 Al respecto, cabe tener presente, sin embargo, que las medidas de protección brindadas por los artículos 25 y 26 EVD son renunciables por la víctima (art. 24.2 EVD).

ridades cuando se trate de víctimas de trata con fines sexuales. En estos casos, el profesional especializado encargado de llevar a cabo la toma de declaración deberá ser del mismo sexo que la víctima, "*cuando esta así lo solicite, salvo que ello pueda perjudicar de forma relevante el desarrollo del proceso o deba tomarse la declaración directamente por un juez o fiscal*" (art. 25.1.d) EVD).

Finalmente, el artículo 26 EVD[1588] prevé un último nivel de protección cuando la víctima sea menor de edad[1589], se trate de

---

1588 El cual debe ponerse en relación con los arts. 433 y 488 LECrim.

1589 Al respecto, los artículos 12.4 de LO 1/1996, de 15 de enero, de protección jurídica del menor y 26.3 del EVD, obligan a considerar como menor de edad a todo sujeto cuya mayoría de edad no pueda estar establecida, situaciones que suelen ocurrir en caso de detectarse como víctimas de trata a personas extranjeras no acompañadas. El procedimiento de determinación de la edad se encuentra regulado en el artículo 190 del Real Decreto 557/2011, de 20 de abril. Así, corresponde al Ministerio Fiscal ordenar la práctica de las pruebas necesarias para determinar la edad del sujeto, preferentemente, mediante acuerdo y con el consentimiento del interesado. El resultado de las mismas se plasmará en el Decreto del Ministerio Fiscal, que deberá incorporarse a la causa judicial, sin perjuicio que el mismo pueda alterarse ante la aparición de nuevos datos o cuando se haya dictado una resolución judicial acordando una edad distinta. En los supuestos de Menores Extranjeros No Acompañados (MENAs) no debe olvidarse la existencia de un Protocolo Marco específico en relación con estos jóvenes que, en su capítulo IV, prevé específicamente medidas de prevención de la trata de seres humanos. El conocido como Protocolo MENA contempla, entre otros, el procedimiento a seguir en caso de que un menor extranjero venga acompañado de un adulto que afirme tener un vínculo biológico paternofilial con él. En estos casos, además de ponerse dicha situación en conocimiento del Ministerio Fiscal y la Entidad Pública de Protección de menores (arts. 13 y 14 LOPJM), agentes especializados de las FFCCSE deberán llevar a cabo una entrevista personal con el adulto en cuestión. En caso de apreciarse una situación de riesgo inminente para el menor, la Entidad Pública de Protección de Menores ordenará la separación del menor del adulto y su acogida provisional. Dicha entidad asumirá la tutela urgente del

una víctima con discapacidad necesitada de especial protección[1590] o sea víctima de violencias sexuales[1591]. Se entiende, pues, que en estos casos deben extremarse las precauciones tendentes a evitar la victimización secundaria. Así, les son de aplicación adicional las medidas consistentes en (a) la grabación, en todo caso, de su declaración por medios audiovisuales; (b) la cual podrá realizarse por medio de expertos. También se prevé la designación por parte del Juez de Instrucción de un defensor judicial, si así lo solicita el Ministerio Fiscal cuando la víctima presente algún conflicto con sus representantes legales, o no se hallara acompañado[1592].

1.3.2. Las medidas de protección a testigos y peritos previstas en la Ley Orgánica 19/1994.

Junto a las medidas de protección contempladas en el Estatuto de la Víctima del Delito, cuando la víctima de trata comparezca como testigo, debe ofrecérsele la posibilidad de acogerse a la protección dispensada por la Ley Orgánica 19/1994, de 23 de diciembre, de protección a testigos y peritos en causas criminales (en adelante, LO 19/1994)[1593], siendo competencia del Juez

---

menor, si el adulto se negara a someterse a las pruebas de ADN o estas rechazaran la existencia del vínculo biológico manifestado.

1590 Nuevamente aquí, deberá remitirse al art. 25 CP para definirse los términos "discapacidad" y "discapacidad necesitada de especial atención".

1591 Este último tipo de víctimas se adicionó como consecuencia de la aprobación de la Ley Orgánica 10/2022, de 6 de septiembre, de garantía integral de la libertad sexual.

1592 Sobre las medidas específicas destinadas a proteger a los menores, *vid.* GÓMEZ COLOMER, J.L.: "Víctimas de trata: declaraciones y protección en el proceso penal", *Revista Aranzadi de Derecho y Proceso Penal, op. cit.*, pp. 33 a 38.

1593 Así lo reconoce el propio Protocolo Marco de 2011 que, en su apartado VII-1, hace extensible el derecho de información de las víctimas a "*el derecho a acogerse a alguna de las medidas de protección previstes en la Ley*

instructor el reconocimiento de la condición de testigo protegido[1594]. Esta medida pretende, de un lado, garantizar la integridad física y emocional del testigo o perito en cuestión, evitando su localización por parte de los investigados; y, por otro, crear un entorno de confidencialidad que propicie la colaboración del testigo con la Administración de Justicia[1595].

El artículo 1 de la referida LO 19/994 exige para su adopción que "*la autoridad judicial aprecie racionalmente un peligro grave para la persona, libertad o bienes*" del solicitante o de sus familiares. En cuanto a las medidas concretas que pueden adoptarse, caso de reunir la condición de testigo protegido[1596], debe acudirse a los artículos 2 y 3, que prevén las siguientes:

- Que no conste en las diligencias los datos personales del testigo -tales como el nombre, apellidos, domicilio, lugar de trabajo, o cualquier otro que pudiera facilitar su identificación-[1597]. Así, se les asigna un código alfanumérico a efectos

---

19/1994, de Protección de Testigos y Peritos en causes criminales y, concretamente, del derecho a que le sea reconocida la condición de testigo protegido".

1594 Si bien, el Protocolo Marco, en su apartado XI-C-2 dispone que los Fiscales solicitarán la adopción de alguna de las medidas previstes en la Ley 19/1994, cuando lo consideren oportuno. Sin perjuicio de lo anterior, el reconocimiento de la condición de testigo protegido es una competencia exclusiva del Juez de Instrucción. Así, en caso de que previamente se le haya conferido a la víctima una protección determinada por la policía o el Fiscal, el Juez de Instrucción deberá dictar resolución por la que se reconozca dicha condición, tan pronto la persona quede identificada en el procedimiento. *Vid.* PLASENCIA DOMÍNGUEZ, N.: "Mecanismos de tutela legal de las víctimas de trata de seres humanos", *Diario La Ley, op. cit.,* p. 25.

1595 *Vid. ibidem.*

1596 Las referidas medidas protectoras adoptaras por el Juez de instrucción podrán ser mantenidas, modificadas o suprimidas por el órgano encargado de enjuiciar los hechos (art. 4 LO 19/1994).

1597 Incluso, a pesar de que la identidad de la víctima ya sea conocida por la defensa, nada obsta que se le reconozca a aquella dicha condición,

de identificación, que pude ser asignado desde la primera entrevista en sede policial, manteniéndose posteriormente en la fase de instrucción. Al respecto, sin embargo, rige una importante limitación derivada del respeto al principio de contradicción, el derecho de defensa y a conocer la acusación (art. 24.2 CE). En este sentido, el artículo 4.3 LO 19/1994 permite a las partes solicitar y obtener la revelación del nombre y apellidos del testigo protegido[1598], facultad que ha sido avalada por el propio Tribunal Supremo[1599].

- Que comparezca a la práctica de las diligencias mediante cualquier medio que impida su identificación visual, pudiéndose hacer uso igualmente de mecanismos de distorsión de la voz. Estas medidas dan lugar a la considera-

---

procediéndose a la utilización de medios que impidan la identificación visual y la fijación de la sede judicial como domicilio a efecto de notificaciones (art. 2 b) y c) LO 19/1994).

1598 Así, dicho precepto establece expresamente que "*si cualquiera de las partes solicitase motivadamente en su escrito de calificación provisional, acusación o defensa, el conocimiento de la identidad de los testigos o peritos propuestos, cuya declaración o informe sea estimado pertinente, el Juez o Tribunal que haya de entender la causa, en el mismo auto en el que declare la pertinencia de la prueba propuesta, deberá facilitar el nombre y los apellidos de los testigos y peritos, respetando las restantes garantías reconocidas a los mismos en esta Ley.*"

1599 Véase, por todas, la STS de 5 de octubre de 2011, en la que se declara que, si bien el mandato legal contenido en el art. 4.3 de la Ley 19/94 "*podría ser considerado contradictorio con la finalidad de la norma en que se inscribe y, en concreto, con el tenor del apartado primero de ese mismo precepto cuando dispone la posibilidad de que el Tribunal de enjuiciamiento se pronuncie sobre la procedencia de mantener fundadamente las medidas de protección de los testigos adoptadas previamente, como es el caso, por el Instructor, la claridad y contundencia de la literalidad transcrita no ofrece dudas acerca de la decisión del Legislador al optar, ante el indudable conflicto entre los importantes intereses enfrentados en supuestos como el presente, por la supremacía del derecho de defensa, garantía esencial de nuestro sistema de enjuiciamiento penal*".

ción del testigo como oculto y su adopción requerirá una especial motivación por parte del Tribunal[1600].

- Que se fije la sede del órgano judicial competente como domicilio.
- Que no se tomen imágenes del testigo, debiéndose retirar cualquier material fotográfico, cinematográfico, videográfico o de cualquier índole que contraviniere dicha prohibición.
- Que se le conceda protección policial.
- Ante la concurrencia de circunstancias excepcionales, podrá también facilitarse al testigo protegido una nueva identidad y recursos económicos para efectuar un cambio de residencia o lugar de trabajo.
- Que sean trasladados en vehículo oficial al lugar de la práctica de diligencias y de vuelta al domicilio.
- Finalmente, mientras permanezca en las dependencias judiciales, deberá facilitársele un local reservado a su uso exclusivo el cual deberá estar debidamente custodiado.

Debe destacarse que, en virtud del artículo 4.5 de la LO 19/1994 se entiende que no existe impedimento alguno en ostentar la condición de testigo protegido y practicarse la declaración sumarial como prueba preconstituida, siempre que se respete el enunciado principio de contradicción[1601].

Por otro lado, en caso de no reconocerse tal condición, siguen siendo de aplicación a estos supuestos las medidas de los artículos 22 y 25 EVD tendentes a evitar la confrontación visual con el investigado que, normalmente se articularan mediante el uso de medios tecnológicos como la videoconferencia.

1600 Así lo estableció el Pleno Jurisdiccional de la Sala II del Tribunal Supremo, de 6 de octubre de 2000.

1601 *Vid.* PLASENCIA DOMÍNGUEZ, N.: "Mecanismos de tutela legal de las víctimas de trata de seres humanos", *Diario La Ley*, *op. cit.*, p. 26.

No obstante, a pesar de esta amplia previsión normativa, se ha puesto de manifiesto como las víctimas de trata gozan de una escasa protección procesal[1602], especialmente las que lo son por fines distintos a la explotación sexual[1603]. En particular, se ha apuntado a la necesidad de reformar la LO 19/1994 de testigos protegidos, entendiendo que las medidas contempladas en la misma (ocultación de los datos personales, toma de declaración sin identificación visual u otorgamiento de una nueva identidad), no son suficientes, puesto que los tratantes frecuentemente saben de qué víctima se trata, con el peligro que ello supone para las mismas y sus familiares[1604]. También se ha aducido como razón para impulsar la reforma de dicha LO su regulación poco detallada y parcial sobre el estatus del testigo protegido y las consecuencias e implicaciones aparejadas al reconocimiento de dicha condición por la limitada seguridad jurídica que ofrece[1605].

1.3.3. Las medidas cautelares personales.

Finalmente, en cuanto a las medidas cautelares personales, son aplicables a los supuestos de trata todas las previstas con ca-

---

1602 *Vid.* LAFONT NICUESA, L.: "Aspectos represivos, procesales y de protección que una futura ley integral de trata debiera abordar", en VILLACAMPA ESTIARTE, C. (Dir.*), La trata de seres humanos tras un decenio de su incriminación. ¿Es necesaria una ley integral para luchar contra la trata y la explotación de seres humanos?, op. cit.*, p. 62.

1603 *Vid.* VILLACAMPA ESTIARTE, C.: "Dificultades en la persecución penal de la trata de seres humanos para explotación laboral", *Indret, op. cit.*, p. 183.

1604 *Vid. Ibidem*, p. 184.

1605 *Vid.* LAFONT NICUESA, L.: "Aspectos represivos, procesales y de protección que una futura ley integral de trata debiera abordar", en VILLACAMPA ESTIARTE, C. (Dir.*), La trata de seres humanos tras un decenio de su incriminación. ¿Es necesaria una ley integral para luchar contra la trata y la explotación de seres humanos?, op. cit.*, pp. 62 y ss.

rácter general en la LECrim[1606]. Sin embargo, aquí solo vamos a detenernos en las más vinculadas a la víctima y a su protección.

En cuanto a las prohibiciones de residencia, aproximación y comunicación del art. 544 *bis* LECrim, a pesar de ser aplicables a los supuestos de trata en virtud del artículo 57 CP, su adopción deberá sopesarse detenidamente, en tanto que la misma puede comprometer la seguridad de la víctima, conculcando así la finalidad protectora de la propia medida. Pues al delimitar específicamente los lugares sobre los que se ciñe la prohibición, se estaría revelando información relativa al paradero de la víctima. Así, deberá primar siempre la protección y confidencialidad de la víctima y, en caso de acordarse tal medida, sería deseable que dicha prohibición no haga referencia a lugares especialmente acotados[1607].

Tampoco cabe olvidar que el artículo 544 *quinquies* LECrim obliga al Juez, cuando la protección de la víctima de trata menor de edad o discapacitada así lo requiera, a adoptar la suspensión de la patria potestad de alguno de los progenitores; la suspensión de la tutela, curatela, guarda o acogimiento; el establecimiento de un régimen de supervisión del ejercicio de la patria potestad o tutela; o la suspensión o modificación del régimen de visitas o comunicación.

1606 Como la práctica de la detención, la solicitud de prisión provisional, la fijación de fianza o la retirada del pasaporte, entre otras. En relación con la prisión provisional, cabe recordar que, entre las finalidades perseguidas con esta medida, se prevé evitar la alteración o destrucción de fuentes de prueba relevantes para el enjuiciamiento. Al respecto, incide la Guía del CGPJ en la consideración de la relación víctima-tratante puesto que la influencia que ejerce este sobre aquella pueda alterar y condicionar su actuación a lo largo del proceso. También en relación con la retirada del pasaporte, advierte el CGPJ que dicha medida no siempre tendrá una eficacia real, dado que es práctica frecuente en los delitos de trata el falsificar documentos de identidad. *Vid.* CONSEJO GENERAL DEL PODER JUDICIAL: *Guía de criterios de actuación judicial frente a la trata de seres humanos, op. cit.*, p. 176

1607 En este sentido, *vid. ibidem*, p. 177.

Por último, teniendo en cuenta que el delito de TSH también puede ser cometido por personas jurídicas (art. 177 *bis* 7 CP en relación con el 31 *bis* CP), no debe olvidarse la posibilidad de adoptar medidas cautelares en relación con las mismas. Así lo reconoce expresamente el art. 544 *quáter* LECrim, al disponer que la imputación de una persona jurídica permite la imposición de las medidas cautelares previstas en el Código Penal, previa petición de parte y celebración de vista. En particular, los artículos 33.7 *in fine* en relación con el 129 CP, referentes a empresas, organizaciones, grupos u otras entidades sin personalidad jurídica, permiten ordenar la clausura temporal de locales o establecimientos, la suspensión de las actividades sociales y/o su intervención judicial.

1.4. Las medidas cautelares reales y el aseguramiento de las responsabilidades patrimoniales.

Como ya se ha reseñado, según apunta el artículo 299 LECrim, una de las funciones de la fase instructora es la disposición de las medidas cautelares dirigidas a asegurar las responsabilidades pecuniarias del imputado que puedan declararse procedentes (art. 589 LECrim). La posibilidad de acumular la acción civil al proceso penal se traduce en la disociación de las medidas cautelares reales según su naturaleza penal o civil, orientándose las primeras a garantizar la efectividad de los pronunciamientos de naturaleza penal y contenido patrimonial (es decir, la multa, el comiso o las costas procesales); mientras que las segundas tienden a asegurar la ejecución de las pretensiones indemnizatorias (restitución de la cosa, la reparación del daño o la indemnización de perjuicios)[1608].

[1608] *Vid.*, por todos, PIÑOL RODRÍGUEZ, J.R.: "Medidas cautelares reales. Conservación de los efectos e instrumentos del delito. Aseguramiento de responsabilidades pecuniarias: fianzas y embargos", en PÉREZ-CRUZ MARTÍN, A.J. (Coord.), *Derecho Procesal Penal*, Tirant lo Blanch, Valencia, 2020, p. 394; GIMENO SENDRA, V.: *Derecho Procesal*

En este punto, las dificultades que plantean los supuestos de trata de personas no distan mucho de las que concurren en la investigación y enjuiciamiento de otros tipos delictivos. Precisamente, parte de la doctrina ha puesto de manifiesto la falta de interés del que goza esta materia, lo que ha tenido su consecuente traslación en la práctica de los tribunales. Así, se ha denunciado que la tramitación rutinaria de las piezas separadas de responsabilidad civil resulta en demasiadas ocasiones en una declaración de insolvencia del investigado o en una conclusión tardía de esta pieza separada, incluso con posterioridad a la celebración del juicio[1609].

Probablemente, en los casos de trata, muchas de las declaraciones de insolvencia sean indebidas, consecuencia de una inexistente o inadecuada investigación patrimonial previa que permita hacer aflorar bienes y activos sobre los que disponer estas medidas cautelares reales, y que, por ende, acaba lesionando el derecho a la indemnización de las víctimas. Y ello a pesar de la insistencia de la Instrucción de la FGE 1/1992, de 15 de enero, sobre tramitación de las piezas de responsabilidad civil, que insta a los fiscales a solicitar la práctica de una minuciosa investigación de los bienes del investigado, con informes de los equipos especializados de policía judicial, y de los organismos que puedan proporcionar datos objetivos.

Al respecto, sin perjuicio de la obligación del Juez de instrucción de "secuestrar" los instrumentos y efectos del delito (art. 334 LECrim) que, además de constituirse como una medida

---

Penal (3ª Edición), Thomson Reuters-Aranzadi, Cizur Menor, 2019, pp. 740 y 741; BARONA VILAR, S.: "Medidas cautelares específicas", en GÓMEZ COLOMER, J.L. y BARONA VILAR, S., *Proceso Penal. Derecho Procesal III*, Tirant lo Blanch, Valencia, 2021, p. 358.

1609 *Vid.* PIÑOL RODRÍGUEZ, J.R.: "Medidas cautelares reales. Conservación de los efectos e instrumentos del delito. Aseguramiento de responsabilidades pecuniarias: fianzas y embargos", en PÉREZ-CRUZ MARTÍN, A.J. (Coord.), *Derecho Procesal Penal, op. cit.*, pp. 395 y 396.

de aseguramiento de la prueba en el juicio oral, se erige como una verdadera medida cautelar tendente a asegurar el decomiso impuesto por sentencia[1610], no suelen adoptarse otras medidas cautelares durante la instrucción del delito del 177 *bis* CP.

En particular, la solicitud de adopción de medidas tales como la fianza[1611] -ya sea personal[1612], pignoraticia[1613] o hipotecaria[1614]-, el subsidiario embargo[1615] o de las medidas ten-

---

1610 *Vid.* GIMENO SENDRA, V.: *Derecho Procesal Penal (3ª Edición), op. cit.*, p. 743.

1611 Esta medida, regulada en los arts., 589 y ss. LECrim y que goza de carácter preferente en el proceso penal, está orientada a garantizar de forma anticipada las eventuales responsabilidades civiles que pudiera declarar la sentencia condenatoria. Su cuantía no podrá ser inferior "de la tercera parte más de todo el importe probable de las responsabilidades pecuniarias", esto es, la responsabilidad civil, la multa y las costas procesales. *Vid. ibidem*, p. 744.

1612 Esto es, el compromiso asumido por un tercero distinto al investigado, en virtud del cual se obliga ante la autoridad judicial a pagar por el imputado la suma que le sea impuesta en concepto de responsabilidad civil *ex delicto*, caso que esta no pueda ser satisfecha con su patrimonio.

1613 Que supone la entrega, por parte del obligado, de bienes muebles o valores que se depositarán en poder de la autoridad judicial, afectados al pago de las responsabilidades dimanantes del proceso penal. *Vid.* PIÑOL RODRÍGUEZ, J.R.: "Medidas cautelares reales. Conservación de los efectos e instrumentos del delito. Aseguramiento de responsabilidades pecuniarias: fianzas y embargos", en PÉREZ-CRUZ MARTÍN, A.J. (Coord.), *Derecho Procesal Penal, op. cit.*, p. 409.

1614 Garantizando el cumplimiento de las eventuales responsabilidades mediante la constitución de una hipoteca sobre bienes inmuebles por el obligado a responder.

1615 En tanto que, cuando no se haya prestado fianza o está fuera insuficiente, se procederá al embargo de bienes del procesado (arts. 597 y ss. LECrim). Este puede definirse como "el acto del Juez por el cual resultan afectados determinados bienes concretos del imputado a las resultas del proceso", y que posibilita la realización forzosa de esos bienes y confiere al ejecutante una preferencia de cobro sobre el producto de los mismos. *Vid.* PIÑOL RODRÍGUEZ, J.R.: "Medidas cautelares reales.

dentes a garantizar la efectividad del decomiso (art. 803 ter l LECrim)[1616] constituye una *rara avis* en los procedimientos que nos ocupan. Esto aun a pesar de su previsión normativa y de su procedencia en estos casos[1617], atendiendo al peligro

---

Conservación de los efectos e instrumentos del delito. Aseguramiento de responsabilidades pecuniarias: fianzas y embargos", en PÉREZ-CRUZ MARTÍN, A.J. (Coord.), *Derecho Procesal Penal, op. cit.*, p. 412; GIMENO SENDRA, V.: *Derecho Procesal Penal (3ª Edición), op. cit.*, p. 748.

1616 Estas medidas pueden acordarse de oficio dado que garantizan el cumplimiento de responsabilidades pecuniarias de tipo penal, y no civil -como en el caso de las medidas cautelares reales, que están sometidas al principio acusatorio-. Su objeto pueden ser todos aquellos medios, instrumentos y ganancias que puedan ser objeto de decomiso. Si bien este, generalmente, va a recaer sobre bienes ilícitos, no siempre será así -por ejemplo, en el caso del decomiso equivalente-. *Vid.* DELGADO ECHEVARRÍA, C.: "Dificultades que se suscitan en la práctica judicial para la investigación y el enjuiciamiento de causas por trata de seres humanos", en VILLACAMPA ESTIARTE, C. (Dir.), *La trata de seres humanos tras un decenio de su incriminación. ¿Es necesaria una ley integral para luchar contra la trata y la explotación de seres humanos?, op. cit.*, pp. 923 y 924.

1617 La adopción de las medidas cautelares requerirá del cumplimiento de los clásicos presupuestos de apariencia de buen derecho -*fumus boni iuris*- y peligro en el retraso -*periculum in mora*-. En el proceso penal, se apreciará la apariencia de buen derecho ante la existencia de indicios racionales de criminalidad (art. 589 LECrim) que, según GIMENO SENDRA, deberán serlo de un delito penal que haya producido un daño o perjuicio material o moral (art. 116 CP), lo cual ocurrirá en la mayoría -o la totalidad- de los delitos de trata. Por cuanto se refiere al *periculum in mora*, se concreta en la probabilidad de que se produzcan, durante la pendencia del proceso, situaciones que impidan o dificulten la efectividad del pronunciamiento civil de condena. *Vid.* GIMENO SENDRA, V.: *Derecho Procesal Penal (3ª Edición), op. cit.*, pp. 741-742. En sentido similar, PIÑOL RODRÍGUEZ, J.R.: "Medidas cautelares reales. Conservación de los efectos e instrumentos del delito. Aseguramiento de responsabilidades pecuniarias: fianzas y embargos", en PÉREZ-CRUZ MARTÍN, A.J. (Coord.), *Derecho Procesal Penal, op. cit.*, p. 399; BARONA VILAR, S.: "Medidas cautelares específicas", en GÓMEZ COLOMER,

de infructuosidad que se deriva de la eventual ocultación o distracción del patrimonio propio del investigado.

La importancia de adoptar las referidas medidas no solo reside en garantizar el cumplimiento de las eventuales responsabilidades civiles, sino que también permitiría asegurar la efectividad de las consecuencias accesorias de las penas impuestas -en particular, el decomiso[1618]- o la ejecución de eventuales penas de carácter pecuniario -piénsese en la pena de multa proporcional prevista en el delito de trata cuando los hechos son cometidos por una persona jurídica-. Igual trascendencia tendrá adoptar dichas medidas de aseguramiento de bienes y activos patrimoniales en el momento idóneo; en el momento en que los investigados adquieren conocimiento sobre la existencia de una investigación en curso contra ellos. Esto a fin de evitar la posible ocultación o desaparición de estos bienes[1619].

Finalmente, cabe recordar que, dado el componente transnacional que muchas veces revisten los supuestos de trata, en relación con las resoluciones de embargo de bienes o de aseguramiento de pruebas, deberá acudirse a la Ley 23/2014, de 20 de noviembre, de reconocimiento mutuo de resoluciones penales en la Unión Europea. Concretamente, sus artículos 145 a 156 regulan el procedimiento y la documentación requerida para la ejecución de las resoluciones de embargo preventivo en el ámbito comunitario. También la citada Ley 23/2014 será de aplicación en caso de decomisos

---

J.L. y BARONA VILAR, S., *Proceso Penal. Derecho Procesal III*, *op. cit.*, p. 362.

1618 Si bien se abordará esta institución más exhaustivamente en el capítulo siguiente de este trabajo, no debe olvidarse que esta consecuencia accesoria es plenamente aplicable a los delitos de trata, tal y como reconoce el artículo 127 *bis* CP, introducido por la LO 1/2015.

1619 *Vid.* DELGADO ECHEVARRÍA, C.: "Dificultades que se suscitan en la práctica judicial para la investigación y el enjuiciamiento de causas por trata de seres humanos", en VILLACAMPA ESTIARTE, C. (Dir.), *La trata de seres humanos tras un decenio de su incriminación. ¿Es necesaria una ley integral para luchar contra la trata y la explotación de seres humanos?*, *op. cit.*, p. 926.

activos o pasivos entre distintos órganos judiciales comunitarios, pues en su título VIII se prevé lo que anteriormente era objeto de regulación en la Ley 4/2010, de 10 de marzo, para la ejecución en la Unión Europea de resoluciones judiciales de decomiso.

2. *Fase de Juicio Oral.*

Cuando no se haya declarado el sobreseimiento -libre[1620] o provisional[1621]- de la causa, se dará fin a la fase instructora mediante auto de prosecución de las diligencias previas como procedimiento abreviado[1622] o auto de conclusión del sumario (art. 622 LECrim). Generalmente, la competencia para el enjuiciamiento y fallo de los delitos de TSH recaerá sobre la Audiencia Provincial correspondiente, salvo en aquellos supuestos que

1620 Regulado en los artículos 779.1.1 y 637 LECrim, procede cuando de las diligencias practicadas se evidencie de forma clara la inexistencia de los hechos objetos de investigación o su atipicidad.

1621 Regulado en los artículos 779.1.1 y 641 LECrim, podrá acordarse cuando la comisión de los hechos investigados no resulte debidamente acreditada, o bien, cuando no puedan imputarse los mismos a una persona determinada.

1622 En estos casos, el art. 779.1-4º LECrim exige que el contenido de esta resolución incluya la determinación de los hechos punibles y la identificación de la persona a la que se le imputan los mismos. Recuerda la Guía del CGPJ que, en los supuestos de trata, es frecuente la imputación de una pluralidad de sujetos por una pluralidad de hechos delictivos, siendo necesario que dicho auto describa con suficiente precisión los hechos punibles por el tipo del 177 bis CP (y cualquier otro tipo delictivo asociado), "incluyendo una descripción concreta, precisa, detallada y diferenciada de los diversos hechos presuntamente delictivos, acotando en el tiempo las acciones, y delimitando e individualizando la presunta participación de los diversos encausados, tanto personas físicas, como personas jurídicas". *Vid.* CONSEJO GENERAL DEL PODER JUDICIAL: *Guía de criterios de actuación judicial frente a la trata de seres humanos, op. cit.*, p. 159.

corresponda a la Sala de lo Penal de la Audiencia Nacional, en virtud del artículo 65 de la Ley Orgánica 6/1985, de 1 de julio, del Poder Judicial (en adelante, LOPJ).

Esta etapa del proceso penal tampoco se halla exenta de complicaciones cuando se trata del enjuiciamiento y persecución del delito del 177 *bis* CP. A continuación, van a reseñarse las principales dificultades identificadas por la doctrina y la propia jurisprudencia, agrupándolas según se enmarquen en el ámbito de la persecución del delito o en el de la protección de la víctima.

En el marco de la persecución penal, los principales obstáculos se derivan, por un lado, de la falta de declaración de la víctima o de su negativa a declarar; y, por otro, sin perjuicio de las dificultades inherentes a la acreditación de los elementos típicos que configuran el delito[1623], se presenta especialmente problemática la acreditación del daño padecido por la víctima, requisito necesario para la correcta determinación de la responsabilidad civil. En cuanto al ámbito de protección victimal, el problema tiene que ver, nuevamente, con la ausencia de suficiente protección a las víctimas de trata durante la vista, especialmente en los casos distintos a TSH sexual.

1623 Sobre este particular alude DELGADO ECHEVARRÍA que "a la complejidad intrínseca del tipo se suma una redacción ciertamente farragosa y compleja, con la utilización de múltiples verbos, perífrasis y nombre alternativos para definir la acción típica, los medios comisivos y las finalidades a que ha de preordenarse la acción". *Vid.* DELGADO ECHEVARRÍA, C.: "Dificultades que se suscitan en la práctica judicial para la investigación y el enjuiciamiento de causas por trata de seres humanos", en VILLACAMPA ESTIARTE, C. (Dir.), *La trata de seres humanos tras un decenio de su incriminación. ¿Es necesaria una ley integral para luchar contra la trata y la explotación de seres humanos?, op. cit.*, p. 890.

2.1. Las principales dificultades en cuanto a la persecución del delito de trata.

Centrándonos ahora en las dificultades propias de la persecución del delito que se presentan en este estadio procesal, como se ha anunciado, la más notable tiene que ver con la ausencia de la víctima durante el juicio oral. Ello, generalmente, es consecuencia de la imposibilidad por parte de los miembros del órgano jurisdiccional de localizarla.

Especialmente en estas situaciones es donde la práctica de la declaración sumarial de la víctima como prueba preconstituida se reporta como una de las instituciones más útiles en aras a evitar que se pierda dicha declaración. Consciente de ello, el propio Protocolo Marco de 2011, establece en su apartado XI.C la obligación dirigida a los Fiscales de velar para que "*las declaraciones prestadas por las víctimas durante la instrucción se realicen con los requisitos precisos para que en el juicio oral puedan hacerse valer como prueba sumarial preconstituida cuando existan lógicas dudas sobre la futura comparecencia al acto del Juicio oral*".

Así, el propio Tribunal Supremo ha reconocido dicha facultad en su sentencia núm. 221/2018, de 9 de mayo, en la que reconoce que "*la vía del artículo 730 LECrim tiene una naturaleza "protectora" de las víctimas que no pueden acudir el día del juicio por su imposibilidad de hacerlo al desconocerse su paradero. Y ello es así, para evitar la impunidad que provocaría que sus declaraciones incriminatorias en la fase sumarial adoptadas con las garantías legales no pudieran elevarse al plenario con su lectura, quedando la acusación desprovista de la principal prueba de cargo por la circunstancia de que la víctima no sea localizada, al haberse marchado del lugar donde se sigue el juicio y el órgano judicial no pueda localizarle*"[1624].

1624 En términos padecidos, *vid.* SSTS 118/2018, de 13 de marzo; 182/2017, de 22 de marzo; 708/2010, de 14 de julio; 492/2016, de 8 de junio: "*El artículo 730 de la LECrim., permite proceder a la lectura de*

Sin embargo, su validez está sujeta al cumplimiento de ciertos requisitos: unos relativos a la forma de practicarse de declaración sumarial -*vid. supra*-[1625]; y otros correspondientes a la forma de incorporarse dicha testifical en el juicio oral -que son los que aquí interesan-[1626]. En relación con estos últimos, dos son las exigencias que deben observarse. Una de tipo material, que vendrá determinada por la imposibilidad del testigo de declarar en el acto del juicio oral; y otro, de tipo formal, que permite suplir dicha falta mediante la introducción del contenido de la declaración sumarial a través de la lectura del acta en que se documenta, conforme al art. 730 LECrim, o a través de la reproducción de la grabación pertinente[1627].

---

las diligencias practicadas en el sumario que por causas independientes de la voluntad de las partes no puedan ser reproducidas en el juicio oral. La jurisprudencia, interpretando el citado precepto, entendía que es posible proceder a su valoración como prueba de cargo, de las declaraciones testificales prestadas en el sumario cuando el testigo haya fallecido, sea imposible o especialmente dificultoso hacerlo comparecer, o se encuentre en ignorado paradero. Siempre que, en primer lugar, se hayan prestado de forma inobjetable, lo que implica la presencia del Juez, y la posibilidad de contradicción, pues la doctrina del TEDH ha señalado reiteradamente que es preciso permitir a la defensa interrogar en algún momento de la causa al testigo de cargo. Y, en segundo lugar, que sean incorporadas al juicio oral mediante su lectura".

1625 Estos han sido analizados en el apartado correspondiente a la fase de instrucción, y se resumen en un requisito subjetivo (la necesaria intervención del Juez de Instrucción) y un requisito objetivo (que se garantice la posibilidad de contradicción y la asistencia letrada al imputado, a fin de que pueda interrogar al testigo).

1626 En cuanto a la necesidad de introducir la prueba preconstituida en el juicio oral, puede consultarse la STS 1002/2016, de 19 de enero de 2017, en la que se recoge la doctrina de la STEDH de 19 de febrero, relativa al caso Gani vs. España.

1627 *Vid.* PLASENCIA DOMÍNGUEZ, N.: "Mecanismos de tutela legal de las víctimas de trata de seres humanos", *Diario La Ley, op. cit,* p. 20. En los mismos términos, STC núm. 29/2008 de 20 de febrero de 2008.

No obstante, para entenderse satisfecho el enunciado requisito material, no bastará con haberse constatado cierta dificultad en la localización del testimonio, sino que deberá acreditarse fehacientemente la imposibilidad de declarar al testigo. Ello normalmente requerirá aportar la correspondiente certificación que acredite que las acciones policiales de búsqueda y localización han sido infructuosas[1628]. Dichas exigencias son consecuencia del carácter excepcional que revierte la prueba preconstituida, junto a la obligación de promover y buscar la contradicción directa del testigo en el juicio oral[1629].

Más excepcional es el supuesto de hecho que se plantea en la sentencia del Tribunal Supremo núm. 196/2017, de 24 de marzo, en que dos de las cuatro víctimas fallecen con anterioridad a la celebración del juicio (si bien, el testimonio de una de ellas se practicó como prueba preconstituida). En este caso, la declaración de la víctima fallecida pasa a valorarse como testimonio de referencia que, según la doctrina sentada tanto por el Tribunal Constitucional como por el Tribunal Supremo, será admisible ante la imposibilidad material de acudir al testimonio del testigo directo, si bien con un "valor probatorio disminuido"[1630]. Así, el Tribunal Supremo ha tildado los testimonios de referencia como prueba "complementaria", reforzando lo acreditado por otros elementos

---

1628 *Vid. ibidem*, p. 22.

1629 *Vid. ibidem*.

1630 A modo de ejemplo, STC 217/1989; 79/1994, de 14 de marzo; 35/1995, de 6 de febrero; 68/2002, de 21 de marzo; 219/2002, de 25 de noviembre. Un supuesto parecido se plantea ante el TEDH en el caso *Al-Khawaja and Tahery vs. United Kingdom* en que la testigo principal no pudo declarar ante el jurado por su fallecimiento previo al acto. El TEDH declara que la relevancia para la condena del testigo en fase de investigación que no se pudo reproducir en juicio oral puesto que la víctima murió antes, no vulnera el derecho a un juicio equitativo del art. 6 CEDH, puesto que del análisis conjunto de las actuaciones judiciales se desprende que hubo suficientes contrapesos que garantizaron los derechos del acusado (par. 153-158).

probatorios, o bien, como prueba "subsidiaria", esto es, a tener en cuenta ante la imposibilidad de recurrir al testigo directo -ya sea por desconocerse su identidad, haber fallecido este o cualquier circunstancia análoga que imposibilite su declaración testifical-[1631].

Otro problema que puede suscitarse en relación con la declaración de la víctima en sede plenaria es que esta no se produzca, no por su incomparecencia, sino porque la víctima, a pesar de acudir al juicio oral, no se siente capacitada o no se halla en condiciones de declarar, principalmente, por temor. Al respecto, el Estatuto de la Víctima del Delito no prevé expresamente la posibilidad de reproducir en el juicio oral la declaración grabada de la víctima en fase de instrucción en estos casos. Sin embargo, en virtud de la D.F. 1.19 de la L4/2015 -EVD- se modificó el artículo 707 LECrim, cuyo inciso final estipula que "*estas medidas serán igualmente aplicables a las declaraciones de las víctimas cuando de su evaluación inicial o posterior derive la necesidad de estas medidas de protección*".

Por otro lado, el Tribunal Supremo se ha pronunciado sobre la dispensa a declarar prevista en el artículo 416 LECrim y su aplicación en los supuestos de trata[1632]. Así pueden encontrarse ejemplos en que el Alto Tribunal ha dispensado a la víctima de declarar, en atención a las relaciones de parentesco[1633]. Pero, tam-

---

1631 Véase, por todas, STS 129/2009, de 10 de febrero; 144/2014, de 12 de febrero; 757/2015, de 30 de noviembre. Cabe decir, sin embargo, que el Alto Tribunal en resoluciones anteriores había admitido la capacidad de los testimonios de referencia para erigirse como prueba de cargo suficiente para enervar el derecho fundamental a la presunción de inocencia y fundar una sentencia condenatoria, aún con reservas dado que esta prueba imposibilita la contradicción de la defensa y la inmediación del tribunal.

1632 *Vid.* GÓMEZ COLOMER, J.L.: "Víctimas de trata: declaraciones y protección en el proceso penal", *Revista Aranzadi de Derecho y Proceso Penal, op. cit.*, pp. 19-21.

1633 Véase STS núm. 270/2016, de 5 de abril, en que una de las víctimas se acogió a la dispensa de no declarar en relación a los hechos atri-

bién el referido Tribunal ha reconocido la dispensa de la víctima de declarar ante su estado de bloqueo emocional, reconociendo la validez de su declaración sumarial como prueba preconstituida. Este el supuesto enjuiciado en la STS nº 686/2016, de 26 de julio que, en relación a la negativa de la testigo a declarar, dispone que "*no fue una decisión caprichosa o huérfana de fundamento. (...) Las razones aducidas por la víctima para excusarse son atendibles. Los datos que corroboran sus manifestaciones sobre las amenazas recibidas sugieren algo más que una actitud pusilánime o proclive en exceso a la inquietud. La indagación de si merecen tutela o comprensión los intereses de quien rechaza colaborar con el proceso menoscabando en alguna medida la plenitud de contradicción, así como la inmediación estricta lleva aquí a una respuesta rotundamente afirmativa*". Al respecto, otra opción que se ha planteado ante estas situaciones en que la víctima en el momento del juicio no quiere o no puede declarar es introducir su declaración sumaria vía art. 174 LECrim[1634].

La segunda fuente de problemas en relación con la persecución del delito de trata en esta fase tiene que ver con la acreditación de los elementos típicos[1635] pero, sobre todo, del daño padecido por la víctima. En cuanto a la propia demostración del delito, se ha alertado que la actividad probatoria se circunscribe a la situación de explotación en que se encuentra la víctima en el momento de su denuncia o de la operación policial, sin que se llegue a probar el previo proceso de trata. Tal estado de cosas es especialmente grave en los supuestos de TSH laboral, en tanto que, ante la inexistencia de un delito que tipifique la

buidos a su madre.

1634 Facultad que se prevé cuando el testigo declara en el juicio oral e incurre en contradicción respecto de lo manifestado en su declaración sumarial. Este mismo supuesto se plantea, aunque en relación con las víctimas de violencia de género, en MONTESINOS GARCÍA, A.: "La dispensa de declarar de las víctimas de violencia de género", *Teorder*, vol. 11, 2012, pp. 234-237.

1635 Véase nota al pie de página 1623.

explotación laboral, los hechos acaban subsumiéndose en un delito contra los derechos de los trabajadores, lo que no siempre será tarea fácil, por cuanto en ocasiones resulta difícil probar la existencia de una relación laboral-[1636].

En cuanto a la acreditación del daño, del mismo modo que se exige la constatación de las lesiones físicas que eventualmente hubiera padecido la víctima[1637], debe también demostrarse la causación del daño psicológico producido a la misma[1638]. Esto no solo a efectos de reconocimiento de la responsabilidad civil *ex delicto,* sino también como corroboración de la veracidad del relato manifestado por la víctima.

1636 *Vid.* VILLACAMPA ESTIARTE, C.: "Dificultades en la persecución penal de la trata de seres humanos para explotación laboral", *Indret, op. cit.,* p. 184.

1637 En este sentido, los AATS núm. 164/2014, de 13 de febrero y núm. 2172/2013, de 14 de noviembre, inciden en la necesidad de compatibilidad entre el contenido de los informes forenses con el relato de la víctima y con los iniciales partes de asistencia sanitaria, si los hubiera.

1638 Sobre esta cuestión, aunque no vinculada específicamente a las víctimas de trata. Véase MAGRO SERVET, V.: "Aproximación a la cuantía de las indemnizaciones por daño moral y criterios para la determinación del cálculo", *Diario La Ley,* nº 9944, 2021, *passim.* Este autor, además de establecer una delimitación entre los conceptos "daño psicológico" y "daño psíquico", ofrece un listado de parámetros en base a los cuales cuantificar el daño padecido por la víctima del delito. Así, dicha cuantificación del daño moral no solo dependerá de la gravedad del delito, sino de su causación en un sujeto pasivo concreto y del grado de afectación que a este sujeto pasivo, y no a otro, le ha causado el delito. En sentido similar, véase VIDAL MARTÍNEZ, M.: "Daño psicológico o emocional: ¿un vacío legislativo necesitado de tutela penal? Una propuesta de solución de *lege ferenda*", *Diario La Ley,* nº 10193, 2022, pp. 2 y ss., quien también diferencia entre daño emocional o psicológico versus daño moral. Finalmente, sobre la prueba del daño moral en el proceso penal, véase MARTÍNEZ GARCÍA, P.A.: "El daño moral indemnizable como responsabilidad civil derivada de delito", *Práctica de Derecho de Daños, Nº 153,* 2022, pp. 3 y ss.

En este punto, revisten gran importancia los informes -forenses o pericial médico de parte- que aprecian un síndrome de estrés postraumático compatible con los hechos[1639]. Igualmente, pueden desarrollar un papel clave los profesionales de las entidades especializadas encargadas de asistir a las víctimas[1640]. Estos pueden ostentar el doble rol de testigo y perito[1641], dado su conocimiento de los hechos derivado del contacto con la víctima, por un lado, y sus conocimientos y habilidades profesionales que les permiten emitir un juicio de valor sobre los mismos, del otro. No obstante, sus manifestaciones serán valoradas de forma distinta por el órgano de enjuiciamiento en función de la condición en la que actúe en cada momento, esto es, bien como perito, bien como testigo directo o de referencia[1642].

Sea como fuere, ambos informes -el forense o el elaborado por la ONG correspondiente- pueden ser trascendentales en la acre-

---

1639 Véase, por todas, STS 910/2013; ATS 1860/2014, de 13 de noviembre, ATS, 8 de mayo de 2014; STS 298/2015, de 13 de mayo.

1640 Se han valorado especialmente las declaraciones de miembros de la ONG APRAMP, entre otras, en los Autos del Tribunal Supremo 1040/2013, de 9 de mayo, 910/2013, de 3 de diciembre o 1860/2014, de 13 de noviembre.

1641 Si bien esta figura no está prevista expresamente en la Ley de Enjuiciamiento Criminal, a diferencia de lo que sucede en la norma procesal civil (art. 370.4 LEC), no es una figura extraña al proceso penal. Así lo ha reconocido el propio Tribunal Supremo en su sentencia de 18 de septiembre de 2008, estableciendo que "la figura del testigo-perito no es ajena a nuestro sistema jurídico. Esta Sala la ha admitido de forma expresa –SSTS nº 423/2007, nº 119/2007, nº 1393/1999, y nº 1742/1994–, siendo figura usual en el ámbito del procedimiento civil, en el que se permite que cuando el testigo posea conocimientos científicos, artísticos o prácticos sobre la materia a que se refieren los hechos, pueda el Tribunal admitir las manifestaciones que en virtud de dichos conocimientos agregue el testigo a sus respuestas sobre los hechos (artículo 370.4 LEC)".

1642 *Vid.* CONSEJO GENERAL DEL PODER JUDICIAL: *Guía de criterios de actuación judicial frente a la trata de seres humanos, op. cit.*, p. 284.

ditación y cuantificación de las secuelas que presenta la víctima y en determinar cómo las mismas influyen en su cotidianeidad[1643]. Estos deberán ser solicitados por el Juez instructor, ya sea de oficio o a instancia del Ministerio Fiscal. Deberán, además, ser ratificados en sede judicial por el profesional firmante, que será citado en calidad de perito, testigo o perito-testigo, pudiendo solicitar las medidas de protección contempladas en la LO 19/1994[1644].

2.2. Los principales obstáculos en cuanto a la protección de las víctimas de trata.

Entrando a analizar los principales escollos detectados en el ámbito de protección de la víctima de trata, se ha denunciado el deficiente cumplimiento de la obligación estipulada -entre otros- en el artículo 19 EVD. Dicha disposición obliga a los operadores jurídicos a, mediante la adopción de las medidas oportunas, velar por la vida de la víctima y sus familiares, así como por su integridad física y psíquica, libertad, seguridad, intimidad y dignidad, evitando el riesgo de su victimización secundaria. Mandato que, si bien ya rige en la fase instructora del proceso penal, se extiende también a esta fase de enjuiciamiento.

Particularmente interesante es el ya referido estudio cualitativo llevado por VILLACAMPA. En este, además de constatarse la insuficiencia de medidas de protección adoptadas en estos supuestos, se visibilizan nuevas diferencias de trato en este es-

---

1643 *Vid.* DELGADO ECHEVARRÍA, C.: "Dificultades que se suscitan en la práctica judicial para la investigación y el enjuiciamiento de causas por trata de seres humanos", en VILLACAMPA ESTIARTE, C. (Dir.), *La trata de seres humanos tras un decenio de su incriminación. ¿Es necesaria una ley integral para luchar contra la trata y la explotación de seres humanos?, op. cit.*, p. 920.

1644 Figura que, a pesar de no estar expresamente reconocida en la LECrim, se viene admitiendo por los Tribunales. *Vid. ibidem.*

tadio procesal en función de si la víctima ha sido tratada con fines de explotación sexual o no[1645].

Debe tenerse presente que, en virtud de lo dispuesto en el artículo 25 EVD, las víctimas de trata tienen conferido el reconocimiento de ciertas medidas tuitivas específicas de la fase de enjuiciamiento. Se trata, precisamente, de la adopción de aquellas medidas destinadas a evitar el contacto visual entre víctima y agresor; y aquellas otras orientadas a asegurar que la víctima sea oída sin estar presente en la sala de vistas.

Una de las formas más comunes de dar cumplimiento a las dos medidas anteriores es practicar la declaración de la víctima mediante videoconferencia[1646], especialmente en aquellos casos en que la sala de vistas no esté acondicionada para evitar la confrontación visual entre víctima y acusado[1647].

1645 Así, varios profesionales admitieron esa diferencia de tratamiento en relación con el tipo de víctima de trata en cuestión. Al respecto, VILLACAMPA ESTIARTE, C.: "Dificultades en la persecución penal de la trata de seres humanos para explotación laboral", *Indret, op. cit.*, p. 185.

1646 El uso de las nuevas tecnologías, en particular de la conferencia, se halla regulado en los arts. 325 y 731 LECrim e, inicialmente en el art. 229.3 LOPJ. Dicho precepto reza como sigue: "3. Estas actuaciones podrán realizarse a través de videoconferencia u otro sistema similar que permita la comunicación bidireccional y simultánea de la imagen y el sonido y la interacción visual, auditiva y verbal entre dos personas o grupos de personas geográficamente distantes, asegurando en todo caso la posibilidad de contradicción de las partes y la salvaguarda del derecho de defensa, cuando así lo acuerde el juez o tribunal".

1647 Dicha obligación no debe ceñirse estrictamente a la práctica de la declaración, sino que deberá garantizarse con anterioridad y posterioridad a la misma. Así, se recomienda adoptar las medidas oportunas que eviten que víctima y victimario coincidan en tiempo y en espacio en sede judicial tanto en la entrada, como en la salida, e incluso durante el tiempo de espera. Para ello, se propone la previsión de horarios diferentes, el uso de puertas de acceso distintas, la habilitación de salas de espera especiales, entre otras. *Vid.* GUIL ROMAN,

Precisamente, la falta de recursos o la inadecuación de las instalaciones judiciales ha sido puesta de manifiesto como otra de las dificultades que afrontan las víctimas de trata en sede judicial[1648], como también el inapropiado uso de los biombos o mamparas para acometer satisfactoriamente dicha finalidad[1649]. Igualmente, se recurrirá al uso del sistema de videoconferencia cuando la víctima resida en otras partes del territorio nacional o en el extranjero[1650], debiéndose hacer uso, en este último caso, de los mecanismos de cooperación internacional previstos[1651].

C. y RODRÍGUEZ SÁEZ, J.A.: *Guia de bones practiques en la instrucción i en l'enjudiciament dels delictes de tràfic d'éssers humans, op. cit.*, p. 51.

1648 *Vid.* VILLACAMPA ESTIARTE, C.: "Dificultades en la persecución penal de la trata de seres humanos para explotación laboral", *Indret, op. cit.*, p. 185. Dicha escasez se hace extensible a otras medidas protectoras que pretenden evitar la identificación de la víctima, como los aparatos distorsionadores de la voz.

1649 *Vid.* GUIL ROMAN, C. y RODRÍGUEZ SÁEZ, J.A.: *Guia de bones practiques en la instrucción i en l'enjudiciament dels delictes de tràfic d'éssers humans, op. cit.*, p. 51.

1650 Prueba que gozará de plena validez siempre que se cumplan con las garantías exigidas por nuestro ordenamiento jurídico, pero sin que determinados incumplimientos formales provoquen su invalidez. *Vid.* STS 910/2013.

1651 Al respecto, la Guía elaborada por el CGPJ dedica su Anexo III a analizar los instrumentos de cooperación internacional en materia de trata de seres humanos con especial atención a la videoconferencia internacional. *Vid.* CONSEJO GENERAL DEL PODER JUDICIAL: *Guía de criterios de actuación judicial frente a la trata de seres humanos, op. cit.*, pp. 407-425. Al respecto, se prevé la facultad de emitir una orden europea de investigación para una comparecencia por videoconferencia u otros medios de transmisión audiovisual en el art. 197 de la Ley 23/2014, de 20 de noviembre, de reconocimiento mutuo de resoluciones penales en la Unión Europea. Sobre el particular, cabe reseñar la propuesta de Reglamento del Parlamento europeo y del Consejo sobre la digitalización de la cooperación judicial y del acceso a la justicia en los asuntos transfronterizos civiles, mercantiles y penales, y por el que se modifican determinados actos legislativos en el ámbito de la cooperación judicial. En su artículo 8 prevé la

Sin embargo, aunque así lo disponga la normativa supranacional, SERRANO MASIP ha alertado sobre la excepcionalidad del uso de la videoconferencia en estos supuestos transfronterizos por parte de nuestros tribunales[1652]. Sea como fuere, en ambos casos, conviene que la declaración tenga lugar en una sede judicial u oficial, de modo que pueda garantizarse la identidad del declarante y que el mismo no se halla sujeto a ningún tipo de coacción[1653].

Igualmente trascendental es, en cuanto al uso de videoconferencia, que el Letrado de la Administración de Justicia se cerciore previamente sobre el buen funcionamiento de los medios técnicos, garantizando una calidad de imagen y sonido suficiente

---

práctica de la audiencia por videoconferencia, aunque únicamente se refiere a la correspondiente al sospechoso, acusado o condenado.

1652 En este sentido, SERRANO MASIP entiende que lo dispuesto en el considerando 51 y en el art. 17 de la Directiva 2012/29/UE en cuanto a la práctica de la declaración de la víctima residente en otro Estado miembro mediante videoconferencia no solo se configura como un remedio a las dificultades procesales que revierten estos casos transfronterizos, sino como un verdadero derecho de estas víctimas a ser oídas. Por lo que lamenta que no todos los Estados, en general, cuenten con los medios técnicos suficientes para que dicha declaración tenga lugar, y que el Estado español, en particular, haga un empleo excepcional de dicho instrumento comunicativo. De hecho, el uso de la videoconferencia ante estas situaciones ya se contemplaba en el Convenio relativo a la asistencia jurídica en materia penal entre los Estados miembros de la UE, de 29 de mayo de 2000, aunque de forma excepcional, y posteriormente en la Directiva 2014/41/CE, de 3 de abril. *Vid.* SERRANO MASIP, M.: "Derecho de las víctimas residentes en otro Estado miembro a declarar a través de videoconferencia", en GONZÁLEZ CANO, M.I. (Dir.), *Orden europea de investigación y prueba transfronteriza en la Unión Europea*, Tirant lo Blanch, Valencia, 2019, pp. 409-422.

1653 *Vid.* GUIL ROMAN, C. y RODRÍGUEZ SÁEZ, J.A.: *Guia de bones practiques en la instrucción i en l'enjudiciament dels delictes de tràfic d'éssers humans, op. cit.*, p. 52.

como para que la comunicación pueda ser bidireccional[1654]. Dicha cautela deberá aplicarse también en relación con los dispositivos distorsionadores de la imagen o la voz del declarante que procedan adoptar en caso de tener reconocida la condición de testigo protegido [1655]. Esto porque las mismas medidas previstas en el art. 2 de la LO 19/1994 ya analizadas -*vid. supra*- en la fase de investigación de delito son también de aplicación a la fase de juicio oral[1656].

Precisamente, se aboga por el recurso preferente a la presencia telemática para llevar a cabo las actuaciones procesales pertinentes en la última reforma operada por el Real Decreto-ley 6/2023, de 19 de diciembre[1657], en vigor desde el 20 de marzo de 2024. Este, entre otras cuestiones, introduce un nuevo título (XIV) en el Libro I de la LECrim bajo la rúbrica "*De los actos procesales mediante presencia telemática*", integrado únicamente por

---

1654 *Vid.* CONSEJO GENERAL DEL PODER JUDICIAL: *Guía de criterios de actuación judicial frente a la trata de seres humanos, op. cit.*, p. 263.

1655 Si bien ello puede suponer una cierta constricción del principio de inmediación, ha sido considerada prueba válida en la STS 910/2013, de 3 de diciembre. En este sentido, recuerda el Tribunal Supremo que el recurso a los artículos 731 bis LECrim y 229.3 LOPJ debe ser excepcional, debiendo acordarse cuando responda a razones de "utilidad" o cuando la presencia de la declarante en el plenario resulte gravosa o perjudicial. Véase STS núm. 161/2015, de 17 de marzo.

1656 *Vid.* PLANCHADELL GARGALLO, A.: "Protección procesal de las víctimas de trata: aproximación general", *Revista Aranzadi de Derecho y Proceso Penal, op. cit.*, p. 22.

1657 Real Decreto-ley 6/2023, de 19 de diciembre, por el que se aprueban medidas urgentes para la ejecución del Plan de Recuperación, Transformación y Resiliencia en materia de servicio público de justicia, función pública, régimen local y mecenazgo. Publicado en el BOE núm. 303, de 20/12/2023. El referido Real Decreto introduce numerosas modificaciones en las principales leyes procesales. En cuanto a las LECrim un total de 10 artículos resultan modificados.

el artículo 258 *bis*, también de nueva creación[1658]. El referido precepto establece la preferencia de la presencia telemática

---

1658 Dicho precepto reza:

"1. Constituido el órgano judicial en su sede, los actos de juicio, vistas, audiencias, comparecencias, declaraciones y, en general, todas las actuaciones procesales, se realizarán preferentemente, salvo que el juez o jueza o tribunal, en atención a las circunstancias, disponga otra cosa, mediante presencia telemática, siempre que las oficinas judiciales o fiscales tengan a su disposición los medios técnicos necesarios para ello, con las especialidades previstas en los artículos 325, 731 bis y 306 de la Ley de Enjuiciamiento Criminal, de conformidad con lo dispuesto en el apartado 3 del artículo 229 y artículo 230 de la Ley Orgánica del Poder Judicial, y supletoriamente por lo dispuesto en la el artículo 137 bis de la Ley 1/2000, de 7 de enero, de Enjuiciamiento Civil. La intervención mediante presencia telemática se practicará siempre a través de punto de acceso seguro, de conformidad con la normativa que regule el uso de la tecnología en la Administración de Justicia.

2. No obstante lo dispuesto en el apartado anterior, será necesaria la presencia física del acusado en la sede del órgano judicial de enjuiciamiento en los juicios por delito grave y juicios de Tribunal de Jurado, sin perjuicio de lo previsto en los tratados internacionales en los que España sea parte, las normas de la Unión Europea y demás normativa aplicable a la cooperación con autoridades extranjeras para el desempeño de la función jurisdiccional.

En los juicios por delito menos grave, cuando la pena exceda de dos años de prisión o, si fuera de distinta naturaleza, cuando su duración no exceda de seis años, el acusado comparecerá físicamente ante la sede del órgano de enjuiciamiento si así lo solicita este o su letrado, o si el órgano judicial lo estima necesario. La decisión deberá adoptarse en auto motivado.

En el resto de juicios, cuando el acusado comparezca, lo hará físicamente ante la sede del órgano de enjuiciamiento si así lo solicita él o su letrado, o si el órgano judicial lo estima necesario. La decisión deberá adoptarse en auto motivado.

En todo caso, en los procesos y juicios, cuando el acusado resida en la misma demarcación del órgano judicial que conozca o deba conocer de la causa, su comparecencia en juicio deberá realizarse de manera física en la sede del órgano judicial o enjuiciamiento, salvo que concurran causas justificadas o de fuerza mayor.

Cuando se disponga la presencia física del investigado o acusado, será también necesaria la presencia física de su defensa letrada. Cuando se permita su declaración telemática, el abogado del investigado o acusado comparecerá junto con este o en la sede del órgano judicial.

para la celebración de actos de juicio, vistas, audiencias, comparecencias, declaraciones y, en general, todas las actuaciones procesales, salvo que el juez o tribunal disponga otra cosa en atención a las circunstancias del caso. Especialmente, su párrafo tercero exige que las declaraciones e interrogatorios de la acusación, los testigos y peritos sean telemáticas -salvo que el juez estime oportuno lo contrario- cuando sean víctimas de violencia de género, de violencia sexual, de TSH o cuando sean víctimas menores de edad o con discapacidad. En estos casos, las víctimas podrán intervenir desde aquellos lugares donde reciben asistencia, asesoramiento o protección, siempre que estos dispongan de medios suficientes para asegurar su identidad y las adecuadas condiciones de la intervención.

Sin embargo, debe señalarse en este punto la doctrina establecida entorno a las figuras del testigo anónimo y del testigo

---

Cuando el acusado decida no comparecer en la sede del órgano judicial, deberá notificarlo con, al menos, cinco días de antelación.
3. Se garantizará especialmente que las declaraciones o interrogatorios de las partes acusadoras, testigos o peritos se realicen de forma telemática en los siguientes supuestos, salvo que el Juez o Tribunal, mediante resolución motivada, en atención a las circunstancias del caso concreto, estime necesaria su presencia física:
a) Cuando sean víctimas de violencia de género, de violencia sexual, de trata de seres humanos o cuando sean víctimas menores de edad o con discapacidad. Todas ellas podrán intervenir desde los lugares donde se encuentren recibiendo oficialmente asistencia, atención, asesoramiento o protección, o desde cualquier otro lugar, siempre que dispongan de medios suficientes para asegurar su identidad y las adecuadas condiciones de la intervención.
b) Cuando el testigo o perito comparezca en su condición de Autoridad o funcionario público, realizando entonces su intervención desde un punto de acceso seguro.
4. Lo dispuesto en este artículo será de aplicación igualmente a las actuaciones que se celebren ante los letrados o letradas de la Administración de Justicia o ante el Ministerio fiscal.
5. En las citaciones se informará de la posibilidad de declarar de forma telemática en las condiciones establecidas en este artículo".

oculto por el Tribunal Constitucional[1659] y el Tribunal Supremo[1660]. En este sentido, conviene traer a colación de Sentencia del Alto Tribunal núm. 51/2015, de 29 enero. Dicha resolución admite que "*los problemas que emergen en la práctica procesal diaria con las declaraciones de los testigos protegidos se focalizan generalmente en dos puntos principales: el descubrimiento de la identidad del testigo y la forma más o menos opaca o encubierta en que éste presta su declaración en la vista oral del juicio. En cuanto al primero de los aspectos (la identificación nominal del testigo protegido), el interés personal del testigo en declarar sin que sea conocida su identidad con el fin de evitar cualquier clase de represalia que pudiera poner en riesgo su vida o integridad física, (...) suele entrar en colisión con el derecho de las defensas a cuestionar la imparcialidad, credibilidad y la fiabilidad del testimonio de cargo (...). Sin olvidar tampoco que también es relevante conocer las razones de conocimiento del testigo y posibles patologías personales que pudieran repercutir en la veracidad y fiabilidad de sus manifestaciones. (...) En segundo lugar, por lo que respecta a la forma de deponer en el plenario, también es habitual que el testigo protegido muestre su deseo de no ser visto u observado al menos por los acusados y por el público, y en algunas ocasiones incluso por las defensas de las partes. En estos casos la tutela de sus derechos personales entra en conflicto con la aplicación de los principios de inmediación y de contradicción (...)*".

En base a ello, el Tribunal Supremo establece una subcategoría en relación con los testigos protegidos, que divide en dos tipos: los testigos anónimos, de los cuales ni siquiera se dan a conocer sus datos personales; y los ocultos que, a pesar de ser identificados con nombres y apellidos, deponen en el plenario con distintos grados

---

1659 La STC 75/2013, de 8 de abril, recoge la jurisprudencia del TEDH sobre testigos anónimos.

1660 Que si bien reconoce que la ocultación de la identidad de un testigo no implica, *per se*, la vulneración del principio de contradicción, siempre que se haya dado la posibilidad a la defensa de interrogarlo (STS 1670/2002, de 18 de diciembre), advierte sobre los peligros del anonimato en su sentencia núm. 51/2015, de 29 de enero.

de opacidad. Al respecto, con base en la doctrina sentada por el Tribunal Europeo de los Derechos Humanos (TEDH) y del Tribunal Constitucional (TC), concluye que la imposibilidad de contradicción derivada del total anonimato de los testigos de cargo contraviene las exigencias del art. 6 del Convenio Europeo de los Derechos Humanos (CEDH)[1661], por lo que, no deberá admitirse la validez de dicho testimonio. Por el contrario, cuando se trate de un testigo oculto -es decir, aquel que presta declaración sin ser visto por el acusado-, sí se cumplirían con dichas exigencias, dada la posibilidad de contradicción y el conocimiento de la identidad del testigo[1662].

En consecuencia, no siempre será posible adoptar estas precauciones orientadas a garantizar el anonimato del testigo, su identificación visual o su localización. A mayor abundamiento, el propio art. 4.3 de la LO 19/1994 prevé la revelación de la identidad del testigo o perito, facilitando su nombre y apellidos, caso que alguna de las partes lo solicitara motivadamente en su escrito de calificación provisional. Facultad que, como reconoce el propio Tribunal Supremo en su sentencia 384/2016, de 5 de mayo, es admitida "*aunque con ello pueda comprometer la seguridad o la vida de quien racionalmente se encuentre en situación de peligro grave por el conocimiento de su identidad*". Ante tal situación, el Alto Tribunal ha

---

1661 Un análisis de la STEDH Asani vs. Macedonia en la que se debate la validez de la prueba de cargo proporcionada por testigos ausentes y anónimos puede encontrarse en SERRANO MASIP, M.: "Test de compatibilidad de la prueba de cargo proporcionada por testigos ausentes y anónimos con el derecho a un juicio equitativo y su aplicación por el TEDH", en RUDA GONZÁLEZ, A. y JÉREZ DELGADO, C. (Dirs.), *Estudios sobre Jurisprudencia Europea. Materiales del III Encuentro anual del Centro español del European Law Institute*, Sepín, Madrid, 2020, pp. 179-186.

1662 Así, lo entiende también DELGADO ECHEVARRÍA, C.: "Dificultades que se suscitan en la práctica judicial para la investigación y el enjuiciamiento de causas por trata de seres humanos", en VILLACAMPA ESTIARTE, C. (Dir.), *La trata de seres humanos tras un decenio de su incriminación. ¿Es necesaria una ley integral para luchar contra la trata y la explotación de seres humanos?*, *op. cit.*, pp. 912 y 913.

reconocido la posibilidad de preservar la identidad de los testigos cuando dicha solicitud de la defensa carezca de motivación o la misma no se considere suficientemente motivada, tras la correspondiente ponderación de los intereses en conflicto -esto es, la seguridad del testigo vs. el derecho a la defensa del acusado-[1663].

Por otro lado, aun cuando se adoptan medidas tendentes a evitar la confrontación visual con el tratante durante el transcurso del juicio oral, no siempre se adoptan con carácter anterior o se mantienen con posterioridad al desarrollo del mismo o respecto a espacios judiciales distintos a la sala plenaria. Al respecto, DELGADO ECHEVARRÍA recomienda una serie de buenas prácticas que deberían adoptarse a fin de evitar cualquier contacto accidental entre víctima y victimario[1664].

En cualquier caso, las anteriores dificultades bien podrían salvarse mediante la práctica de la declaración de la víctima o testigo como prueba preconstituida o como prueba anticipada, recomendándose, incluso en estos supuestos, hacer uso del distorsionador de voz e imagen de la grabación durante su reproducción en sede plenaria[1665].

Finalmente, la LECrim contiene también algunas medidas que pueden ser adoptadas[1666] cuando lo anterior no sea posible, es decir,

---

[1663] En este sentido, véase STS 395/2009, de 16 de abril; STS 384/2016, de 5 de mayo; STS 686/2016, de 26 de julio. A sensu contrario, vid. STS 715/2018, de 16 de enero de 2019.

[1664] Dichas medias pueden encontrarse en DELGADO ECHEVARRÍA, C.: "Dificultades que se suscitan en la práctica judicial para la investigación y el enjuiciamiento de causas por trata de seres humanos", en VILLACAMPA ESTIARTE, C. (Dir.), *La trata de seres humanos tras un decenio de su incriminación. ¿Es necesaria una ley integral para luchar contra la trata y la explotación de seres humanos?, op. cit.*, pp. 904 y 905.

[1665] *Vid.* GUIL ROMAN, C. y RODRÍGUEZ SÁEZ, J.A.: *Guia de bones practiques en la instrucción i en l'enjudiciament dels delictes de tràfic d'éssers humans, op. cit.*, p. 54.

[1666] *Vid.* PLANCHADELL GARGALLO, A.: "Investigación y enjuiciamiento del delito de trata: aspectos procesales desde la jurisprudencia", en VILLACAMPA ESTIARTE, C. (Dir.), *La trata de seres humanos tras*

cuando la víctima deba declarar ante el Tribunal competente. En estos casos, cabe la posibilidad de acordar medidas para evitar que se formulen preguntas relativas a su vida privada, siempre y cuando no sean relevantes para el esclarecimiento de los hechos delictivos (art. 709 LECrim). Y, cuando sea posible, deberá optarse por celebrar el juicio a puerta cerrada (art. 681.1 LECrim), sin perjuicio de la facultad de Tribunal de autorizar la presencia de aquellas personas que acrediten tener un especial interés en la causa[1667].

3. Sentencia y fase de ejecución.

Las dificultades que se plantean durante el enjuiciamiento del delito de TSH hasta ahora referidas tienen como resultado un bajo porcentaje de condenas en estos supuestos. Sin embargo, esta no sería una circunstancia circunscrita a nuestro sistema judicial, tal y como apuntan numerosos informes internacionales, así como la propia doctrina[1668]. A pesar de que las tasas de condenas habrían

---

un decenio de su incriminación. ¿Es necesaria una ley integral para luchar contra la trata y la explotación de seres humanos?, op. cit., pp. 881 y 882.

1667 Se pregunta GÓMEZ COLOMER quienes integran ese colectivo de "personas que pueden acreditar un especial interés en la causa" a fin de que no pueda aplicarse la exclusión de la publicidad del juicio oral. Al respecto, baraja la posibilidad que sea "aquella persona de su elección que la puede acompañar y que no es su abogado (art. 4, c) EV), pero dada la amplitud de la expresión, también podría ser la Administración, un profesional, un particular, relacionado con la víctima o no". Concluye el autor que se trata de un concepto "demasiado genérico" que vale la pena precisar "pensando, claro en excluir a aquellos que al asistir pueden perjudicar a la víctima". *Vid.* GÓMEZ COLOMER, J.L.: "Víctimas de trata: declaraciones y protección en el proceso penal", *Revista Aranzadi de Derecho y Proceso Penal, op. cit.*, p. 29.

1668 *Vid.* Farrel, A. y Kane, B.: "Criminal Justice System Responses to Human Trafficking", en Winterdyk, j. y Jones, j. (coords.), *The Palgrave International Handbook of Human Trafficking, op. cit.*, p. 651; Broad, R. y Muraszkiewicz, J.: "The investigation and Prosecution of Traffickers:

aumentado hasta 3 veces más respecto a las cifras de 2003[1669], su número resulta a todas luces insuficiente si se compara ya no solo con el número de procesamientos, sino con el de casos que llegan al conocimiento de las autoridades que, como ya se ha alertado, sería solo la punta del iceberg[1670] y, por ende, poco representativo de la realidad fenomenológica. Así, en la siguiente tabla relativa a los años 2017 y 2018 puede observarse como, según el *Trafficking in Persons Report* elaborado por el Departamento de Estado de los Estados Unidos[1671], poco más del 50% de los procedimientos por TSH acabarían en condena, índice que disminuye preocupantemente si se compara con los datos obrantes a nivel europeo en el último informe elaborado por la Comisión Europea[1672] y con las cifras nacionales reflejadas en las memorias de la Fiscalía General del Estado referentes al período analizado[1673].

Challenges and Opportunities", en Winterdyk, j. y Jones, j. (coords.), *The Palgrave International Handbook of Human Trafficking, op. cit.*, p. 712.

1669 *Vid.* United Nations Office On Drugs And Crime (UNODC): *Global Report on Trafficking in Persons 2020, op. cit.*, pp. 16-17, 63-64.

1670 *Vid.* Aronowitz, A.A.: *Human trafficking, human misery. The global trade in human beings, op. cit.*, p. 20; Villacampa Estiarte, C., Gómez Adillón, M.J. y Torres Ferrer, C.: "Trafficking in human beings in Spain: What do the data on detected victims tell us?", *op. cit*, p. 19.

1671 *Vid.* U.S. Department of State: *Trafficking in Persons Report. June 2021, op. cit.*, p. 60.

1672 *Vid.* European Commission-Migration And Home Affairs: *Data collection on trafficking in human beings in the EU. 2020, op. cit.*, pp. 35-38.

1673 *Vid.* Fiscalía General del Estado: *Memoria elevada al Gobierno de S.M*, 2018, Fiscalía General del Estado, Ministerio de Justicia, Madrid, 2019, pp. 606-608; Fiscalía General del Estado: *Memoria elevada al Gobierno de S.M*, 2019, Fiscalía General del Estado, Ministerio de Justicia, Madrid, 2020, pp. 819-820.

Tabla 5. Número de procesamientos, condenas y víctimas identificadas (2017-2018)

	Procesamientos	Condenas		Víctimas identificadas
		N	%	
Global*	28.567	14.616	51,16	18.2573
UE-27**	6.163	2.426	39,36	14.145
España***	244	44	18,03	458-922

Fuente: Elaboración propia a partir de los datos del Departamento de Estado de los Estados Unidos, la Comisión Europea** y las memorias de la Fiscalía General del Estado***.*

Consecuentemente, a pesar de la severidad de las penas privativas de libertad previstas normativamente en los supuestos de trata, su baja probabilidad de imposición pone en entredicho el alcance y la eficacia retributiva de las mismas y, por ende, su capacidad disuasoria. Esto hasta el punto de que algunos datos señalan que el fenómeno podría mantenerse estable o, incluso, seguir una tendencia creciente[1674], sin perjuicio de las dificultades de cuantificación señaladas por la doctrina[1675].

Son muchas las dificultades en torno a la investigación y persecución del delito de TSH que podrían explicar el bajo índice de

---

1674 Sin perjuicio de la mayor visibilidad y atención de la que goza el fenómeno, además de los esfuerzos en formación de los profesionales, según la UNODC el número de víctimas de trata de seres humanos detectadas no ha hecho más que crecer, situándose en 49.032 en 2018. *Vid.* United Nations Office On Drugs And Crime (UNODC): *Global Report on Trafficking in Persons 2020, op. cit.*, p. 25.

1675 Entre las que pueden destacarse la propia naturaleza clandestina de la trata, la falta de conocimiento y de formación de los profesionales de primera línea que, en muchas ocasiones, conduce a una confusión de este fenómeno con otras actividades delictivas como el tráfico de inmigrantes o la explotación sexual, etc. Por todos, *vid.* Villacampa Estiarte, C., Gómez Adillón, M.J. y Torres Ferrer, C.: "Trafficking in human beings in Spain: What do the data on detected victims tell us?", *op. cit.*, pp. 2-3; Europol: *Situation report. Trafficking in human beings in the EU, op. cit.*, p. 9.

condenas que se da con relación a esta modalidad delictiva[1676]. Entre ellas, destaca la propia complejidad del fenómeno y de la estructura del tipo, la falta de formación y especialización de algunos profesionales del sistema de justicia penal, carencias que, a su vez, impiden la correcta delimitación entre el delito de trata y otros tipos delictivos, sin perjuicio de los casos de corrupción y complicidad de estos operadores con los traficantes. Otro aspecto fundamental con gran incidencia en el desarrollo y eficacia de este tipo de investigaciones es la necesaria cooperación internacional que, en algunas ocasiones, deviene inviable por motivos varios como la falta de acuerdos bilaterales, la insuficiencia de medios o la desconfianza mutua. Del mismo modo, las propias características que envuelven a este tipo de víctimas las hace poco proclives a colaborar con la Administración de justicia, lo que representa un grave problema, especialmente teniendo en cuenta que frecuentemente el éxito del proceso depende de su declaración[1677].

1676 Dificultades que, según se alerta, no habrían hecho más que agravarse durante la pandemia originada por la Covid-19, debido a la imposibilidad de los investigadores de entrevistarse con las víctimas y recabar las pruebas suficientes para perseguir el delito en sede judicial, sin perjuicio del impacto que también tuvo la suspensión y dilación de muchos procedimientos como consecuencia de la clausura temporal de los tribunales. *Vid.* U.S. Department of State: *Trafficking in Persons Report. June 2021, op. cit.*, p. 12.

1677 Más detalladamente sobre las dificultades de investigación y persecución del delito de trata de personas, *vid.* Consejo General Del Poder Judicial (CGPJ): *Guía de criterios de actuación judicial frente a la trata de seres humanos, op. cit.*, pp. 44-46; Farrell, A. y Kane, B.: "Criminal Justice System Responses to Human Trafficking", en Winterdyk, j. y Jones, j. (coords.), *The Palgrave International Handbook of Human Trafficking, op. cit.*, pp. 646-648, 650 y 653; Broad, R. y Muraszkiewicz, J.: "The investigation and Prosecution of Traffickers: Challenges and Opportunities", en Winterdyk, j. y Jones, j. (coords.), *The Palgrave International Handbook of Human Trafficking, op. cit.*, pp. 717 y ss.

A continuación, nos centraremos en analizar con mayor detenimiento algunas de las dificultades más señaladas con incidencia en el bajo índice de condenas.

3.1. La prueba de cargo necesaria para enervar la presunción de inocencia y sus criterios de valoración.

Toda sentencia -con independencia del sentido de su fallo- debe cumplir con una serie de requisitos para su validez[1678]. Cuando el fallo es condenatorio, junto a las anteriores exigencias, la sentencia deberá justificar, con base en la prueba practicada, la enervación de la presunción de inocencia reconocida a toda persona acusada. Para ello, serán necesarias dos premisas: contar con una serie de medios de prueba de tipo incriminatorio (prueba de cargo) practicados conforme a Derecho; y que, tras la libre valoración de la prueba por parte del Tribunal, aquellos sean considerados suficientes para desvirtuar tal principio[1679].

En relación con la primera premisa, ya se ha hecho referencia a la escasez de medios probatorios y la dificultad en su obtención que caracteriza la persecución por el delito de trata. Principalmen-

---

1678 Estas tienen que ver, principalmente, con la obligación constitucional de congruencia y motivación -tanto fáctica como jurídica-. *Vid.* GÓMEZ COLOMER, J.L.:" La terminación del proceso penal", en GÓMEZ COLOMER, J.L y BARONA VILAR, S. (Coords.), *Proceso Penal, Derecho Procesal III*, Tirant lo Blanch, Valencia, 2021, pp. 488-492.

1679 En cualquier caso, contra la resolución dictada por la Audiencia Provincial cabe recurso de apelación y, tan sólo una vez resuelto este, posterior recurso de casación, de conformidad con el artículo 847 LECrim. Así, recuerda el Tribunal Supremo en su sentencia 187/2018, que es motivo de inadmisión la interposición del recurso de casación "contra resoluciones distintas de las comprendidas en los artículos 847 y 848", esto es, las sentencias dictadas en única instancia o en apelación por los Tribunales Superiores de Justicia y las dictadas en apelación por las Audiencias Provinciales.

te, la problemática radica aquí en la instauración de una estrategia de persecución del delito que pivota -a veces, en exclusiva- sobre la base de la declaración de la víctima. Tal aspecto resulta particularmente problemático por cuanto es frecuente que las víctimas de trata "desaparezcan" y no pueda contarse con su relato, caso de no haberse previamente preconstituido su testimonio.

Pero, incluso en aquellos casos en que la víctima acude al juicio oral a declarar o a ratificar sus declaraciones previas, sigue habiendo ciertos obstáculos que impiden que dichas declaraciones alcancen la virtualidad necesaria para enervar la presunción de inocencia del acusado. Esto tiene que ver, precisamente, con la segunda premisa de las referidas. Esto es, la consideración de la prueba como válida y suficiente, de conformidad con los criterios de valoración de la prueba.

3.1.1. Pendencia excesiva de la prueba de cargo respecto de la declaración de la víctima.

Desafortunadamente, la realidad es que en raras ocasiones se hallará una sentencia condenatoria por el delito del 177 *bis* CP en la que se haya entendido destruida la presunción de inocencia del acusado sin tener en cuenta la declaración de la víctima. Así, en la mayoría de los casos será necesario que dicha declaración testifical cumpla con las exigencias establecidas por la jurisprudencia del Tribunal Supremo[1680] y el Tribunal Constitucional[1681] para

---

[1680] Por todas, *vid.* STS núm. 210/2014, de 14 de marzo; STS núm. 339/2007, de 30 de abril, STS núm. 187/2012, de 20 de marzo, STS núm.688/2012, de 27 de septiembre, STS núm. 788/2012, de 24 de octubre, STS núm. 469/2013, de 5 de junio; STS núm. 453/2017, de 21 de junio; STS núm. 364/2017, de 19 de mayo. Y, en referencia al delito de trata, véase la STS núm. 214/2017, de 29 de marzo.

[1681] Por todas, *vid.* STC núm. 229/1.991, de 28 de noviembre; STC núm. 64/1.994, de 28 de febrero y STC núm. 195/2.002, de 28 de octubre.

poder ser considerada prueba de cargo suficiente para enervar la presunción de inocencia[1682]. Estos requisitos consisten en la credibilidad subjetiva de la víctima[1683], la verosimilitud del testimonio o credibilidad objetiva[1684], y la persistencia en la incriminación, lo que implica que no haya modificaciones sustanciales en las distintas declaraciones prestadas por la víctima[1685].

Este último parámetro se muestra problemático por la ya apuntada situación de miedo y/o estrés postraumático en que suele hallarse la víctima, que puede redundar en unas manifestaciones "naturalmente" erráticas, contradictorias e, incluso,

---

1682 Más problemática se plantea, sin embargo, la declaración del coimputado como prueba de cargo capaz de desvirtuar la presunción de inocencia, especialmente si se tiene en cuenta su no obligación de decir verdad, lo cual no puede entenderse como sinónimo de impunidad en caso de acusar a otros (STS núm. 378/2011, de 17 de mayo). Así, dichas declaraciones precisaran de corroboración externa en relación con los elementos del delito, debiéndose examinar las particularidades de cada caso. Más detalladamente sobre estos requisitos, véase STS núm. 908/2013, de 26 de noviembre.

1683 Esta tiene que ver, especialmente, con dos factores: las eventuales minusvalías sensoriales o psíquicas que pudieran concurrir en la víctima o testigo; y en función de las relaciones entre víctima y victimario. Al respecto de este último, se refiere especialmente a la no concurrencia de móviles espurios, como sentimientos de odio, venganza, enemistad o de otra índole que pudieran condicionar el sentido de su testimonio. Véase, STS 214/2017.

1684 Esto es, que la declaración de la víctima responda a la lógica (coherencia interna) y halle colaboración suplementaria en datos objetivos de carácter periférico (coherencia externa). En relación con esto último, debe destacarse la importancia, a efectos de corroboración externa de la declaración de la víctima, de los informes periciales emitidos tanto forenses como emitidos por las entidades especializadas, así como de los informes policiales de carácter económico-financiero.

1685 Así mismo, se demanda que dichas manifestaciones sean concretas, libres de ambigüedades y que no incurran en contradicciones.

carentes de lógica[1686]. Sin embargo, en la práctica jurisdiccional también ha planteado dudas la "credibilidad subjetiva" de las víctimas de trata, especialmente cuando estas se hallan en situación administrativa irregular, y han hecho uso de -por ejemplo- su derecho a solicitar un permiso de residencia[1687]. Tal circunstancia ha sido vista en ocasiones como un "móvil espurio", un óbice a la credibilidad de su testimonio, generando cierto recelo y desconfianza hacía la víctima y su declaración[1688]. No obstante, como se

1686 *Vid.* FERNÁNDEZ OLALLA, P., "La colaboración de las víctimas en la investigación del delito de trata de seres humanos. Valoración de la colaboración de la víctima en el ámbito administrativo y penal", Revista *Aranzadi Doctrinal, op. cit.*, p. 12. Al respecto, el propio Tribunal Supremo ha reconocido que las condiciones de sufrimiento a las que son sometidas las víctimas de trata pueden dar lugar a lagunas en sus exposiciones, hecho que tendrá que considerarse a la hora de valorar la coherencia interna de ese testimonio. *Vid.* STS 146/2020; 422/2020.

1687 Artículos 59 y 59 bis LOEX.

1688 A modo de ejemplo, véase la SAP Zamora, de 26 de noviembre de 2013; la SAP Madrid, de 2 de enero de 2014; la SAP Las Palmas de Gran Canaria, de 18 de enero de 2011; o la SAP de Sevilla núm. 131/2015, de 16 de marzo. A *sensu contrario,* la STS núm. 214/2017, de 29 de marzo, considera que mecanismos de tutela victimal -tales como la exención de pena contemplada en el art. 177 *bis* 11 CP o la posibilidad de regularizar su situación en España- pretenden evitar la revictimización de la víctima y alentar su participación en el proceso. Sin embargo, afirma que "estos beneficios procesales" deben ser especialmente valorados para descartar un móvil espurio en las víctimas y para salvaguardar el derecho a la presunción de inocencia. Así, insiste en la necesidad de que la declaración de la víctima venga acompañada por elementos de corroboración. En sentido similar, aunque en relación con los delitos contra la libertad sexual, el Alto Tribunal ha consolidado su doctrina en relación a la conciliación entre credibilidad y el deseo de justicia, entendiendo que "*el deseo de justicia derivado del sufrimiento generado por el propio hecho delictivo no puede calificarse en ningún caso de motivación espuria que pueda viciar la declaración de la víctima*". *Vid.* STS núm. 609/2013, de 10 de julio; STS 210/2014, de 14 de marzo. En sentido similar, véase STS núm. 891/2014, de 23 de diciembre.

ha denunciado, dicha interpretación resulta totalmente inadmisible, más aún cuando estos derechos, por mandato normativo, afloran como consecuencia del reconocimiento de su condición de víctima de trata, tras la correspondiente identificación, sin necesidad de que la misma realice acción alguna para activar su estatus legal de protección[1689]. También el Tribunal Supremo -en su sentencia núm. 214/2017, de 29 de marzo- ha apuntado que esto sería contraproducente y contrario a la finalidad que se pretende al brindar dicha protección a las víctimas, esto es, entre otras, fomentar su participación en el proceso penal[1690].

En cualquier caso, debe recordarse que los anteriores son criterios orientativos en los que puede ampararse el tribunal para motivar una determinada convicción racional, pues como tiene dicho el Tribunal Supremo, en su sentencia núm. 891/2014, de 23 de diciembre, "*no son requisitos de validez de tal medio probatorio; ni son elementos imprescindibles para que pueda utilizarse esta prueba para condena*". Por lo que, la falta de concurrencia de alguna de las referidas condiciones -especialmente, la persistencia en la incriminación- no impide que la prueba pueda ser valorada como suficiente para fundar una condena[1691]. Del mismo modo,

---

1689 En este sentido, *vid.* FERNÁNDEZ OLALLA, P., "La colaboración de las víctimas en la investigación del delito de trata de seres humanos. Valoración de la colaboración de la víctima en el ámbito administrativo y penal", *Revista Aranzadi Doctrinal, op. cit.*, p. 9.

1690 En concreto, establece el Alto Tribunal que "*el objetivo de la protección es salvaguardar los derechos de las víctimas, evita runa mayor victimización, y animarlas a actuar como testigos en los procesos contra los autores. Resultaría manifiestamente contrario con este objetivo que la propia posibilidad de obtener beneficios legales que tutelan a las víctimas se transmutase en una causa de invalidez probatoria de sus declaraciones inculpatorias*".

1691 Por el contrario, el Tribunal Supremo, en su sentencia núm. 214/2017, declaró que deberán cumplirse todos los parámetros -credibilidad subjetiva, credibilidad objetiva y persistencia del testimonio- cuando dicha declaración constituya la única prueba de cargo.

el cumplimiento de los tres parámetros tampoco conllevará la credibilidad automática del testimonio[1692].

Cuando la declaración de la víctima se haya introducido en el juicio oral mediante la correspondiente grabación o lectura del acta relativa a la declaración sumarial preconstituida, el Tribunal sentenciador deberá valorar su credibilidad, atendiendo también a la coherencia interna y externa de la declaración, a los elementos periféricos que puedan reforzarla y al contraste con el resto de las pruebas practicadas[1693].

A efectos de corroborar la declaración de la víctima[1694], revisten especial utilidad los dictámenes periciales elaborados por el equipo psicosocial adscrito al órgano judicial[1695]. Estos

---

1692 *Vid.* CONSEJO GENERAL DEL PODER JUDICIAL: *Guía de criterios de actuación judicial frente a la trata de seres humanos, op. cit.*, p. 287.

1693 STS num. 53/2014, 4 de febrero. También la doctrina del TEDH, en cuanto al examen de la compatibilidad de los artículos 6.1 y 3 d) del CEDH, exige una triple comprobación. Así, en relación con un proceso en el que las declaraciones de un testigo que no ha sido interrogado por la defensa durante el proceso, son utilizados como prueba, deberá constatarse: 1) si había un motivo justificado, una razón seria, para la no comparecencia del testigo en la vista y, por tanto, para la admisión como prueba de su testimonio en fase sumarial; 2) si el testimonio del testigo ausente fue el fundamento único o determinante para la condena; y 3) si había elementos de compensación, principalmente sólidas garantías procesales suficientes para contrarrestar las dificultades causadas a la defensa, como resultado de la admisión de tales pruebas y asegurar así la equidad del procedimiento en su conjunto. *Vid.* CONSEJO GENERAL DEL PODER JUDICIAL: Guía de criterios de actuación judicial frente a la trata de seres humanos, *op. cit.*, p. 277

1694 Si bien se ha admitido su validez para enervar la presunción de inocencia, a pesar de ser la única prueba de cargo, en las SSTC 229/1991; 195/2002 o SSTS 339/2007; 688/2012; 214/2017; 422/2020.

1695 Dichos dictámenes no deben confundirse con los informes elaborados por el médico forense adscrito al Juzgado de Instrucción, cuya finalidad es determinar la existencia de lesiones físicas o psíquicas, a efectos de

informes tienen como fin evaluar el estado psicológico y social en que se encuentra la víctima como consecuencia de la comisión del delito. La información que en ellos se facilita puede resultar crucial para determinar las medidas de protección que deban procurarse a la víctima durante el desarrollo del proceso penal, además de explicar ciertos comportamientos erráticos o contradictorios que la misma pueda mostrar a lo largo del mismo (especialmente, en sus declaraciones). Por último, tiene un indudable valor a efectos de fijar la eventual indemnización que pueda declararse a favor de la víctima[1696].

A los mismos efectos, revisten igual importancia los informes emitidos por las entidades especializadas encargadas de asistir a las víctimas de trata, ya versen estos sobre la detección de indicios de trata, sobre el proceso de recuperación de la víctima -informe social- o sobre su estado físico y psíquico consecuencia de la situación de trata sufrida -informe psicológico-.

Tras su ratificación en sede plenaria, corresponde al Tribunal valorar su idoneidad en virtud del principio de libre valoración de la prueba (art. 741 LECrim), señalando expresamente que la STS 485/2007, de 28 de mayo: "*Lo que los peritos denominan conclusión psicológica de certeza, en modo alguno puede aspirar o desplazar la capacidad jurisdiccional para decidir la concurrencia de los elementos del tipo y para proclamar o negar la autoría del imputado*". En consecuencia, los dictámenes periciales sobre credibilidad de un testimonio ponen de manifiesto la opinión de quiénes

---

poder realizar una correcta tipificación de los hechos y sobre las que sustentar el *quantum* de la eventual indemnización reconocida a la víctima.

1696 *Vid.* DELGADO ECHEVARRÍA, C.: "Dificultades que se suscitan en la práctica judicial para la investigación y el enjuiciamiento de causas por trata de seres humanos", en VILLACAMPA ESTIARTE, C. (Dir.), *La trata de seres humanos tras un decenio de su incriminación. ¿Es necesaria una ley integral para luchar contra la trata y la explotación de seres humanos?, op. cit.*, p. 920.

los emiten, opinión que no puede, *per se*, desvirtuar la presunción de inocencia, cuando el Juez o Tribunal encargados del enjuiciamiento no han obtenido una convicción condenatoria ausente de toda duda razonable. Sin embargo, a *sensu contrario*, sí pueden ser valorados por el mismo Tribunal en aras a reforzar aquella convicción condenatoria deducida de otras pruebas[1697].

3.1.2. El valor probatorio de la prueba financiera.

Finalmente, en cuanto al valor probatorio de las investigaciones financieras[1698], se ha destacado el importante papel que pueden desempeñar para sustentar la declaración de la víctima como elemento de corroboración periférico[1699] aunque, junto a la concurrencia de otros indicios, podría llegar a suplir dicho testimonio[1700]. Por otro lado, la localización de activos no justi-

---

1697 STS nº 213/2002, de 14 de febrero. En un mismo sentido, CONSEJO GENERAL DEL PODER JUDICIAL: *Guía de criterios de actuación judicial frente a la trata de seres humanos, op. cit.*, p. 293.

1698 Generalmente, considerada un tipo de prueba documental, regulada escuetamente en los artículos 726 y 730 LECrim.

1699 Así lo reconoce expresamente el CGPJ en su Guía de criterios de actuación contra la trata. *Vid.* CONSEJO GENERAL DEL PODER JUDICIAL: *Guía de criterios de actuación judicial frente a la trata de seres humanos, op. cit.*, p. 132. De esta misma opinión, LAFONT NICUESA, L.: "La prueba financiera en la jurisprudencia sobre el delito de trata de personas", *Icade. Revista de la Facultad de Derecho, op. cit.*, p. 8. También el Tribunal Supremo, en su sentencia 430/2019, de 27 de septiembre, reconoció el valor de elemento periférico corroborador de estas pruebas documentales, a pesar de no haber sido la información bancaria objeto de un profuso estudio contable. Por el contrario, la SAP de Valencia, 161/2019, de 25 de marzo, no confirió valor a la prueba financiera dado que solo uno de los ingresos se correspondía con las cantidades que la víctima declaró haber pagado al tratante.

1700 Así lo defiende LAFONT en base a los supuestos de hecho enjuiciados en la SAN 1/2019, de 18 de febrero, y en la SAP Sevilla 21/2020, de

ficados a nombre del investigado constituye también un indicio suficiente para dilucidar la comisión de otros delitos conexos –como el blanqueo de capitales-[1701].

LAFONT NICUESA realiza un repaso por la jurisprudencia a fin de determinar los aspectos económicos más valorados por el órgano de enjuiciamiento. En este sentido, una de las principales fuentes de prueba es la documentación bancaria que refleja movimientos de dinero no justificados. Así, en los supuestos de trata, es frecuente hallar ingresos y transferencias por importes nada desdeñables[1702], constatar una disponibilidad de dinero por parte del tratante que no coincide con los rendimientos de trabajo declarados[1703], o la existencia de una diversidad de cuentas en las que se efectúan ingresos periódicamente distintos a los que pudieran corresponder en concepto de salario[1704]. Precisamente, al hilo de lo anterior, suele constatarse en los tratantes un patrimonio muy superior al que correspondería

---

5 de mayo, en que los informes económico-financieros aportados se constituyeron como una pieza clave del veredicto condenatorio, a pesar de la negativa a declarar y la negación de los hechos por parte de la víctima, respectivamente. *Vid.* LAFONT NICUESA, L.: "La prueba financiera en la jurisprudencia sobre el delito de trata de personas", *Icade. Revista de la Facultad de Derecho, op. cit.*, p. 4.

1701 *Vid. ibidem.*

1702 Por ejemplo, en la STS 17/2014, de 28 de enero, se evidencian envíos de dinero por un valor superior a los 70.000€ y recibos de dinero por importe superior a los 27.000€, a través de entidades como Western Union. También en la SAN 1/2015, de 26 de enero, se constatan ingresos y transferencias por un importe de más de 285.000€.

1703 Como se reconoce en la STS 482/2016, de 3 de junio. A *sensu contrario*, la STS 770/2016, de 16 de noviembre, entendió que los ingresos de dinero venían justificados por la actividad laboral desempeñada.

1704 Así ocurre en la SAP de Castellón 101/2018, de 5 de abril, en que los tratantes abrieron diversas cuentas bancarias a nombre de sus hijos en las que ingresaban los beneficios derivados del delito.

en atención a los ingresos declarados –en caso de haberlos-[1705]. Menos frecuente será hallar recibos o ingresos que den cuenta de los pagos realizados por la víctima al tratante en concepto de deuda[1706], a pesar de ser esta una práctica habitual en los delitos de trata. Sin perjuicio de lo anterior, no es extraño encontrar, durante la diligencia de entrada y registro, cuadernos y libretas en las que se evidencia el pago de la deuda de la víctima al tratante, habiéndole reconocido el Tribunal Supremo valor probatorio a esta prueba documental[1707]. Excepcionalmente, se han advertido casos en que los tratantes se apropiaron de las prestaciones por incapacidad reconocidas a sus víctimas[1708].

De la práctica de entradas y registros o de la propia detención del investigado, suele derivarse el descubrimiento de importantes cuantías en efectivo en poder o a disposición del tratante[1709], cuyo origen no se halla justificado[1710]. Otra posible fuente de información financiera son las transacciones realizadas entre tratantes, especialmente en los casos de criminalidad organizada.

1705 Así, la referida SAN 1/2015, de 26 de enero, pone de manifiesto la disparidad entre los ingresos declarados en tres años (23.713,86€) y el valor de los seis inmuebles inscritos a nombre del investigado (437.983€). En sentido similar, STS 17/2014, de 28 de enero.

1706 Este es el caso de la SAP Sevilla, 328/2017, de 4 de julio.

1707 En este sentido, vid. STS 1171/2019, de 10 de noviembre; STS 482/2016, de 3 de junio; STS 178/2016, de 3 de marzo, entre otras.

1708 *Vid.* STS núm. 196/2017, de 24 de marzo.

1709 En este punto, merece traer a colación la SAP Baleares núm. 359/2017, de 1 de septiembre, en que el hallazgo, en el domicilio de los tratantes, de una importante cantidad de monedas en metálico constituyó un claro indicio de la explotación de las víctimas de trata con fines de mendicidad.

1710 Al respecto, el Tribunal Supremo declaró en su sentencia 430/2019 de 27 de septiembre, que la justificación de ese dinero debe responder a explicaciones precisas, no siendo admisible las explicaciones genéricas y alternativas del acusado sobre la procedencia del dinero.

Por último, tampoco cabe olvidarse del extendido uso de las criptomonedas[1711] en los últimos años, que bien podrían usarse por los tratantes como medio de pago, o bien como fondo de inversión al que destinar los beneficios derivados de la trata. En otras palabras, que podrían ser empleadas como una forma más de blanquear el dinero que, con suerte, les permita obtener un rendimiento económico adicional. Esto porque el despegue de las nueva tecnologías, especialmente desde que en los años 90 surgiera la *World Wide Web*, ha dado lugar a la creación de un ciberespacio en el que las conductas criminales también tienen cabida. Del mismo modo que los tratantes hacen uso de estas tecnologías para la captación de las víctimas o la promoción de los servicios a los que se hallan forzadas –piénsese, por ejemplo, en el ámbito de la pornografía-, también acuden a ellas para trasladar y evadir el capital generado con el delito[1712].

Las facilidades que ofrece un sistema de pago como *bitcoin* pueden resultar muy atractivas para los delincuentes. Pues, según PÉREZ LÓPEZ[1713], este sistema se caracteriza por la ausencia

---

1711 Las cuales carecen de una regulación jurídica unitaria, a pesar de su gran volumen y diversidad (existen más de 10.000 criptomonedas diferentes con características y grados de control dispares). Sobre la naturaleza jurídica de las criptomonedas y su regulación aplicable, *vid.* CASALS FERNÁNDEZ, Á.: "Las criptomonedas frente al delito de blanqueo de capitales y la complejidad de la prueba pericial en el ámbito ciberdelincuente", *Anuario de Derecho Penal y Ciencias Penales*, vol. LXXV, 2022, pp. 424-427.

1712 Advierte precisamente sobre el uso de las criptomonedas como medio de pago en la *dark web* por parte de los criminales, *vid.* EUROPOL: *Internet Organised Crime Threat Assessment (IOCTA)*, European Union Agency for Law Enforcement Cooperation, 2019, p. 54. https://www.europol.europa.eu/cms/sites/default/files/documents/iocta_2019.pdf

1713 *Vid.* PÉREZ LÓPEZ, X.: "Las criptomonedas: consideraciones generales y empleo de las criptomonedas con fines de blanqueo", en FERNÁNDEZ BERMEJO, D. (Dir.): *Blanqueo de capitales y TIC: Marco Jurídico y Europeo, Modus Operandi y Criptomonedas*, Thomson Reuters Aranzadi, Cizur Menor, 2019, p. 87.

de intermediarios para efectuar las operaciones, la dificultad de relacionar las direcciones de envío y recepción de criptomonedas en las transacciones y su asignación a un usuario concreto, dificultando su trazabilidad y garantizando el anonimato del operador. Los obstáculos que plantea este *modus operandi* en cuanto a valor probatorio y acreditación de la autoría de los hechos delictivos, sin perjuicio de los conflictos jurisdiccionales a los que puede dar lugar[1714], requerirán en la mayoría de las ocasiones de la pertinente pericial informática o tecnológica en busca de esas evidencias digitales que prueben los ilícitos cometidos[1715].

3.2. Otras dificultades que emanan de la propia configuración del tipo.

Al margen de los problemas que pueden suscitarse en torno a la prueba y su valoración, se ha advertido que, en los supuestos de trata con fines de explotación laboral, su bajo índice de condenas se explicaría por la propia redacción del art. 177 *bis* CP que no prevé de forma específica esta forma de explotación humana. Esto ha llevado a los Tribunales a dictar sentencia absolutoria en aquellos supuestos en que la víctima afirmaba

---

1714 En tanto que el carácter global y multiterritorial de las redes de comunicación no se cohonesta bien con los límites territoriales de las diversas jurisdicciones, dando lugar a un problema de plurijurisdiccionalidad. *Vid.* MORALES GARCÍA, O.: "Criterios de atribución de responsabilidad penal a los prestadores de servicios e intermediarios de la sociedad de la información", *Cuadernos de Derecho Judicial,* núm. 9, 2002, p. 237.

1715 Sobre el uso y valoración de la prueba pericial en la comisión del delito de blanqueo de capitales mediante criptomonedas, *vid.* CASALS FERNÁNDEZ, Á.: "Las criptomonedas frente al delito de blanqueo de capitales y la complejidad de la prueba pericial en el ámbito ciberdelincuente", *Anuario de Derecho Penal y Ciencias Penales, op. cit.*, pp. 433 y ss.

realizar el trabajo de forma voluntaria, con independencia de las condiciones con las que se llevaba a cabo[1716].

Por otro lado, se han identificado ciertas dificultades que estarán más relacionadas con cuestiones de especialización y, en última instancia, de actitud frente al delito. Pues, una insuficiente formación de los miembros que configuran el Tribunal sentenciador[1717] acerca de la TSH puede dar lugar a la adopción de ciertos estereotipos a cerca de las dinámicas del fenómeno[1718], el perfil de sus víctimas[1719] y las consecuencias que produce. Ya

---

1716 Véase DELGADO ECHEVARRÍA, C. "Dificultades que se suscitan en la práctica judicial para la investigación y el enjuiciamiento de causas por trata de seres humanos", en VILLACAMPA ESTIARTE, C. (Dir.), *La trata de seres humanos tras un decenio de su incriminación. ¿Es necesaria una ley integral para luchar contra la trata y la explotación de seres humanos?, op. cit.*, p. 895.

1717 Cabe recordar en este punto que, a diferencia de lo que ocurre con las FFCCSE o Fiscalía, nuestros tribunales no cuentan con unidades especializadas en materia de trata, siendo su principal herramienta al alcance la Guía de criterios elaborada por el propio CGPJ. Otros países, sin embargo, han aprobado la creación de juzgados especializados en trata de seres humanos. El ejemplo más conocido tal vez sean las *New York State's Human Trafficking Intervention Courts* que, a pesar de su nomenclatura, no se ocupan de procesar a los tratantes, sino a las víctimas de trata y explotación sexual a las que el gobierno acusa de delitos de prostitución relacionados con su explotación.

1718 En este sentido, se observa una tendencia a condenar más los casos de trata violenta (100%), que los de trata abusiva (73,7%) o fraudulenta (66,4%). *Vid.* SALAT PAISAL, M.: "¿Qué casos de trata de seres humanos conocen las Audiencias Provinciales? Análisis cuantitativo de sentencias" en VILLACAMPA ESTIARTE, C. (Dir.), *La trata de seres humanos tras un decenio de su incriminación. ¿Es necesaria una ley integral para luchar contra la trata y la explotación de seres humanos?, op. cit.*, p. 273.

1719 Así, se ha constatado como cuando las víctimas de trata son mujeres la probabilidad de condena es más alta (66,2%) que cuando son victimizados los varones (53,8%). Además, los acusados recibirían penas más severas cuando hayan traficado con víctimas procedentes

hemos advertido en líneas precedentes que esto puede acarrear no solo la invisibilización de un número importante de víctimas que no encajarían en el perfil esperado, sino incluso a la criminalización de las mismas, bien sea como infractoras de la normativa de extranjería, bien como responsables de un delito de usurpación de la personalidad cuando se han valido del permiso de residencia de otro[1720], o bien como verdaderas delincuentes, especialmente en los supuestos de TSH criminal[1721].

Por otra parte, se ha evidenciado la reticencia de los jueces a imponer sanciones tan graves[1722]. Esto es consecuencia directa de ese exceso punitivo del que adolece la actual configuración del artículo 177 *bis* CP, que pone en entredicho el principio de proporcionalidad de las penas. Esta disfunción se ve especialmente agravada ante la frecuente concurrencia de alguna de las circunstancias cualificadoras previstas en los apartados 4, 5 y 6 del tipo, además de por la asidua apreciación de concursos de delitos. Al respecto, algunos profesionales han apuntado que, el efecto acumulativo de condenas en los supuestos de trata que afectan a varias víctimas[1723] podría desincentivar la imposición de condena

---

de España, África o Europa del Este. *Vid.* SALAT PAISAL, M.: "¿Qué casos de trata de seres humanos conocen las Audiencias Provinciales? Análisis cuantitativo de sentencias" en VILLACAMPA ESTIARTE, C. (Dir.), *La trata de seres humanos tras un decenio de su incriminación. ¿Es necesaria una ley integral para luchar contra la trata y la explotación de seres humanos?*, *op. cit*, pp. 274 y 275.

1720 *Vid.* VILLACAMPA ESTIARTE, C.: "Dificultades en la persecución penal de la trata de seres humanos para explotación laboral", *Indret*, *op. cit.*, p. 189.

1721 *Vid.* VILLACAMPA ESTIARTE, C. y TORRES ROSELL, N.: "Human Trafficking for Criminal Exploitation: the Failure to Identify Victims", *European Journal of Criminal Policy and Research*, *op. cit.*, pp. 393-408.

1722 *Vid.* VILLACAMPA ESTIARTE, C.: "Dificultades en la persecución penal de la trata de seres humanos para explotación laboral", *Indret*, *op. cit.*, p. 189.

1723 Al respecto, *vid. supra*, Cap. IV, epígrafe III, apartado 6.

por parte de los jueces por considerarse excesiva, especialmente en aquellos supuestos que afectan a un grupo numerosos de víctimas, como acostumbra a suceder en los casos de TSH laboral[1724]. Esto podría explicar por qué los supuestos enjuiciados de trata con fines de explotación laboral presentan un índice inferior de condenas (43,5%) en relación con los casos de trata sexual (68,1%)[1725].

Tampoco ayuda a mitigar este exceso punitivo la prohibición de sustituir la pena impuesta en delitos de trata, caso que el condenado sea un ciudadano extranjero, por la expulsión del territorio nacional (art. 89.9 CP), incorporada tras la reforma de 2015. La razón de tal modificación fue evitar la reiteración delictiva y reducir el riesgo que podría suponer para la víctima el reencontrarse con su victimario, caso de que aquella hubiera optado por retornar a su país de origen. Sin embargo, se ha abogado por la inclusión del delito de trata entre el catálogo de delitos previstos en el art. 57.8 LOEX -esto es, 312.2, 313.1 y 318 *bis* CP-, que impone la expulsión del ciudadano extranjero tras el cumplimiento de la pena[1726].

1724 Si bien, ello no es habitual, siendo que en casi el 50% de los casos se identifica una única víctima, siendo el promedio de 2,75 víctimas por sentencia analizada. *Vid.* SALAT PAISAL, M.: "¿Qué casos de trata de seres humanos conocen las Audiencia Provinciales? Análisis cuantitativo de sentencias", en VILLACAMPA ESTIARTE, C. (Dir.), *La trata de seres humanos tras un decenio de su incriminación. ¿Es necesaria una ley integral para luchar contra la trata y la explotación de seres humanos?, op. cit.*, p. 264.

1725 *Vid. ibidem*, p. 272.

1726 *Vid.* CONSEJO GENERAL DEL PODER JUDICIAL: *Guía de criterios de actuación judicial frente a la trata de seres humanos, op. cit.*, p. 308. Mientras ello no suceda, una vez el condenado tenga acceso a los beneficios penitenciarios, como la clasificación en tercer grado o régimen de semilibertad (art. 104 RPE), deberá tenerse en cuenta las limitaciones previstas en el art. 82.1 RPE, en aras a proteger en la víctima en caso de que haya decidido optar por la residencia en España.

3.3. El reconocimiento del derecho a la indemnización de las víctimas.

Finalmente, el último escollo pendiente de resolver en el marco del proceso penal, aunque fuera del ámbito estrictamente de persecución del delito, es la falta de reconocimiento efectivo del derecho a indemnización de las víctimas de trata. A efectos de evitar redundancias innecesarias, debe indicarse aquí que se analizará este aspecto con mayor rigor en el siguiente capítulo -VI-, en el que se dedica un apartado específico a este asunto. Únicamente se hace referencia a tal cuestión en esta sede para poner de manifiesto, a modo de síntesis, como el derecho formalmente reconocido de indemnización a las víctimas de trata se ha considerado insuficientemente reconocido en la praxis judicial, principalmente como consecuencia de la dificultad inherente a la cuantificación del daño moral[1727] Tal cuantificación es dispar, fruto de la falta de estándares en relación a los aspectos indemnizables y por la vinculación del *quantum* indemnizatorio a la efectiva explotación de la víctima o al tipo de trata en cuestión[1728]. Además, el reconocimiento formal de indemnizaciones en los fallos condenatorios es inefectivo,[1729],

---

1727 Se refiere a ello, VILLACAMPA ESTIARTE, C.: "Dificultades en la persecución penal de la trata de seres humanos para explotación laboral", *Indret, op. cit.*, p. 185.

1728 Al respecto, parecen fomentar esa desigualdad entre las distintas víctimas de trata disposiciones legislativas como las contenidas en la reciente Ley Orgánica 10/2022, de 6 de septiembre, de garantía integral de la libertad sexual que, a pesar de destinar un Título (VII) entero al derecho a la reparación, sólo resulta aplicable respecto de aquellas víctimas de trata con fines de explotación sexual. *Vid.* TORRES FERRER, C.: "Aproximación a la trata de seres humanos desde su consideración como delito económico", en VILLACAMPA ESTIARTE, C. (Dir.), *La trata de seres humanos tras un decenio de su incriminación. ¿Es necesaria una ley integral para luchar contra la trata y la explotación de seres humanos?, op. cit.*, pp. 688, 690 y 691.

1729 *Vid. ibidem,* p. 689.

dado que pocas de las indemnizaciones establecidas en sede judicial llegan a ejecutarse[1730], ya sea por la falta de localización de activos que permitan hacer frente a las mismas[1731] o por la práctica ausencia de adopción de medidas de aseguramiento de las responsabilidades pecuniarias.

3.4. Rasgos generales de la actual persecución del delito de TSH en la práctica jurisprudencial.

Por último, como ya se anunciara en la introducción del presente Capítulo, este estudio pretende también conocer el actual abordaje de la TSH en la práctica judicial. Así, el objetivo primordial era determinar los principales rasgos de la actual persecución del delito de TSH por parte de los operadores jurídicos nacionales, aclarando con ello si el punitivismo exacerbado que se atribuye últimamente a nuestro legislador -también en relación con el delito que aquí nos ocupa- tiene su consecuente reflejo en la práctica jurisprudencial.

Con ese fin, se procedió al análisis de las sentencias condenatorias por TSH dictadas por la Audiencia Nacional y las Audien-

---

1730 Problema que no sería exclusivo de nuestro sistema de justicia en atención a lo dispuesto por el *Human Trafficking Legal Center* (HTLC) cuyos datos demuestran que, a pesar de que las víctimas tienen derecho a la restitución, en Estados Unidos sólo en el 27% de los casos de trata de seres humanos celebrados entre 2013 y 2016 los tribunales norteamericanos ordenaron al condenado a pagar dicha restitución. Ese dato es especialmente preocupante teniendo en cuenta que en los 3 años anteriores (2010-2013) esa cifra ascendía al 36% de los casos. *Vid.* Greer, B.T.: "How to Effectively Approach and Calculate Restitution for a Victim of Human Trafficking", en Winterdyk, j. y Jones, j. (coords.), *The Palgrave International Handbook of Human Trafficking, op. cit.*, p. 1623.

1731 *Vid.* VILLACAMPA ESTIARTE, C.: "Dificultades en la persecución penal de la trata de seres humanos para explotación laboral", *Indret, op. cit.*, p. 186.

cias Provinciales españolas entre enero de 2012 y abril de 2022 –ambos inclusive-. Inicialmente, la muestra se conformó con las sentencias por TSH reseñadas por la Fiscalía de Extranjería en su documento sobre las condenas dictadas por las Audiencias Provinciales (en adelante, AAPP) entre enero de 2012 y diciembre de 2019[1732]. Tras hacer acopio de las referidas sentencias a través de la base de datos Tirant Online, se decidió completar dicha muestra con la búsqueda de las resoluciones dictadas por las AAPP en los años 2020, 2021 y parte del 2022, así como con las sentencias dictadas por la Audiencia Nacional durante el período objeto de estudio. Con dicho fin, se usó la referida base de datos usando los términos de búsqueda "trata de seres humanos" O "trata de personas" Y "177 bis"; y aplicando, a su vez, los filtros "jurisdicción: penal", "origen: Audiencia Nacional y todas las Audiencias Provinciales" e "intervalo: 01/01/2021 – 30/04/2022". El resultado total de la búsqueda reportó un total de 528 sentencias, de las cuales se descartaron aquellas cuyo fallo era absolutorio. De las 145 sentencias condenatorias resultantes, tras examinar el fallo y el *iter* procesal de las causas, se efectuó una selección que dio lugar a una muestra real conformada por 128 sentencias, tal como se recoge en la Tabla 3.

Tabla 6. Muestra real

Total sentencias condenatorias analizadas	**145**
Total sentencias excluidas	**17**
Sentencia anulada o casada	5
Condena por delito distinto a TSH	12
Total muestra real (N)	**128**

[1732] Al respecto, *vid.* Fiscalía de Extranjería: *Sentencias condenatorias Audiencias Provinciales art. 177 bis. Enero 2012–Diciembre 2019* [en línea], 1 de mayo de 2022.

Así, los primeros resultados observados en el presente estudio dejan entrever cierta visión sesgada y estereotipada de la trata por parte de nuestros tribunales, en atención al desmesurado peso que representa la trata con fines de explotación sexual en demérito de sus otras formas (que, en su conjunto, abarcan poco más del 15% del total de la muestra), como se expone en la Tabla 7. Sin perjuicio de lo alarmante del dato, esa predilección por la trata sexual ya ha sido puesta de relieve en anteriores investigaciones[1733] y, desafortunadamente, no se circunscribe únicamente a la práctica jurisprudencial[1734].

Tabla 7. Clasificación de sentencias en función del tipo de TSH

Tipo de TSH	*N*	%
Sexual	107	83,6%
Laboral	4	3,1%
Mendicidad	5	3,9%

1733 *Vid.* RODRÍGUEZ MONTAÑÉS, T.: "Trata de seres humanos y explotación laboral", en ALCÁCER GUIRAO, R., MARTÍN LORENZO, M., VALLE MARISCAL DE GANTE, M. (Eds.), *La trata de seres humanos: persecución penal y protección de las víctimas, op. cit.*, pp. 72 y 73. Al respecto, a raíz de un exhaustivo análisis de 221 sentencias relativas a supuestos de trata de seres humanos dictadas por las Audiencia Provinciales españolas durante los años 2011 a 2019, el autor constata no sólo la prevalencia de la trata sexual (85,1% de los casos) en relación con la totalidad de casos enjuiciados, sino también como el índice de condenas es superior en los casos de trata con fines de explotación sexual (68,1%) que en el resto de modalidades. *Vid.* Salat Paisal, M.: "Análisis descriptivo de sentencias sobre trata de personas: un estudio de casos judiciales entre 2011 y 2019", *Revista Española de Investigación Criminológica, op. cit.*, pp. 16 y 23; Salat Paisal, M.: "¿Qué influye en las condenas por el delito de trata de seres humanos? Un estudio a partir de un análisis de sentencias judiciales", *Revista General de Derecho Penal, op. cit.*, p. 20.

1734 *Vid.* Villacampa Estiarte, C., Gómez Adillón, M.J. y Torres Ferrer, C.: "Trafficking in human beings in Spain: What do the data on detected victims tell us?", *op. cit.*, pp. 3, 9 y 10.

Criminal	1	0,8%
Matrimonio Forzado	3	2,3%
Múltiple	8	6,3%
	128	**100%**

Por cuanto se refiere al índice de procedimientos penales que terminan en condena, en relación con las 128 sentencias condenatorias analizadas, fueron acusados por la comisión de, al menos, un delito de TSH un total de 418 individuos, de los cuales acabaron siendo condenados 337 (esto es, el 80,62%). Ese alto porcentaje de condenas[1735] contrasta con las cifras reflejadas en la Tabla 5 -*vid. supra*- en base a lo dispuesto por varios informes internacionales y, en lo que concierne a España, con las propias cifras ofrecidas por el Ministerio Fiscal. En este último caso, la divergencia de porcentajes podría explicarse por razones metodológicas. Así, mientras que la Fiscalía relaciona el nombre de sentencias condenatorias con las Diligencias de Seguimiento del Delito de Trata de Seres Humanos (DSTSH)[1736], las cuales no siempre darán lugar a la

---

1735 Que, según señalan otras investigaciones, estaría influido por el sexo de los acusados, Así, cuando el grupo de acusados se conforman por hombres y mujeres (esto es, en el 63.3% de los casos) el índice de condena es mayor (77,1%) que cuando tan sólo se compone de mujeres (55,6%). Sorprendentemente, cuando todos los acusados son hombres, como sucede en el 24,5% de las ocasiones, la probabilidad de condena es aún menor (40,7%). *Vid.* SALAT PAISAL, M.: "¿Qué casos de trata de seres humanos conocen las Audiencias Provinciales? Análisis cuantitativo de sentencias" en VILLACAMPA ESTIARTE, C. (Dir.), *La trata de seres humanos tras un decenio de su incriminación. ¿Es necesaria una ley integral para luchar contra la trata y la explotación de seres humanos?, op. cit.*, pp. 265 y 273.

1736 Estas son incoadas por la Unidad de Extranjería con base en los atestados elaborados por la Policía Nacional, Guardia Civil, Policías Autonómicas y Diligencias de Investigación de los Fiscales Delegados de Extranjería. Así, tienen lugar cuando los fiscales han valorado que concurren suficientes indicios de la comisión de conductas tipificadas en el artículo 177 *bis* del

apertura del juicio oral -en sentido amplio-, el índice de condenas aquí establecido lo es en relación con los supuestos de trata en los que llegó a celebrarse el juicio oral -en sentido estricto-.

Por último, en cuanto a la severidad de la pena impuesta en aquellos casos en que se dicta sentencia condenatoria, en promedio, la pena privativa de libertad aplicada a los acusados fue de 134 meses –equivalentes a 11 años, 1 mes y 24 días aproximadamente-[1737], si bien en muchas ocasiones la pena impuesta respondía a un delito de TSH en concurso ideal o medial con un delito relativo a la prostitución. No obstante, tras aplicar el límite máximo de cumplimiento efectivo de la condena estipulado por el artículo 76 CP -que aquí se ha considerado de 20 años-, reduciendo todas aquellas condenas que excedieran el mismo, el resultado promedio descendía hasta los 105 meses de pena privativa de libertad -es decir, algo más de 8 años y 9 meses-.

Como se ha puesto de manifiesto en anteriores investigaciones, parece ser que el tipo de trata ante el que nos hallamos no solo influye en el índice de condena, sino también en la severidad de la misma[1738]. Así, se imponen mayores penas cuando la víctima

---

Código Penal. Es una valoración inicial que, por tanto, no siempre dará pie a la posterior sustentación de una acusación ante el proceso penal.

1737 Según apunta SALAT PAISAL en su estudio, la severidad penológica aplicada a los acusados demuestra ser variable en función de la nacionalidad del victimario. Así, aquellos procedentes de África o Europa del Este reciben mayor pena (110,7 meses y 104,72 meses, respectivamente), mientras que los nacionales españoles son el colectivo que menor pena deben afrontar (53,09 meses). *Vid.* SALAT PAISAL, M.: "¿Qué casos de trata de seres humanos conocen las Audiencias Provinciales? Análisis cuantitativo de sentencias" en VILLACAMPA ESTIARTE, C. (Dir.), *La trata de seres humanos tras un decenio de su incriminación. ¿Es necesaria una ley integral para luchar contra la trata y la explotación de seres humanos?, op. cit,* p. 274.

1738 Concretamente, la pena de prisión impuesta, en promedio, en los casos de trata sexual sería de 91,98 meses, decayendo hasta los 66,5

de trata lo es con fines de explotación sexual, que en el resto de las modalidades. De entre las resoluciones examinadas, destaca la sentencia de la Audiencia Provincial de Jaén, núm. 203/2021, de 29 de noviembre, en la que se condenó a 9 de los 16 acusados a penas de entre 720 meses -60 años- y 1.152 meses -96 años- ante un supuesto de trata con fines de explotación sexual en el que se vieron involucradas una docena de víctimas. De similar dureza hace gala la reciente Sentencia de la Audiencia Provincial de Madrid núm. 113/2022, de 2 de marzo, en que a uno de los dos condenados se le impone una pena de 804 meses -67 años- de prisión por 6 delitos de trata con fines sexuales. En la otra cara de la moneda, deben reseñarse las sentencias de la Audiencia Provincial de Illes Balears núm. 14/2013 y de la Audiencia Provincial de Zamora núm. 17/2021, que sancionan, en ambos casos, a los acusados con 12 meses de prisión por la comisión de un delito de TSH que tenía por fin el sometimiento de la víctima a mendicidad y a la celebración de un matrimonio forzado, respectivamente.

En definitiva, los anteriores resultados ponen de manifiesto que si bien no serían tan pocas las condenas por el delito del 177 *bis* CP en nuestro país -al menos en relación con aquellos casos que han conocido los tribunales[1739]-, permiten confirmar algunas de las dificultades apuntadas por la doctrina en cuanto a este último estadio de persecución del delito. Tal vez la más significativa sea la visión sesgada y estereotipada del fenómeno que aqueja a nuestros tribunales y que viene empañando todo el *iter procesal.*

---

meses en los supuestos de trata laboral y hasta los 57,14 en relación con las otras formas de trata. *Vid. ibidem*, p. 272.

1739 Cuestión distinta sería el porcentaje de condenas en relación a la prevalencia real del fenómeno que, como ya se ha mencionado, resulta prácticamente imposible de cuantificar dada el alto índice de cifra negra que esconde. *Vid.* nota al pie núm. 1315.

IV. CONCLUSIONES PARCIALES

El bajo índice de detección de víctimas de trata en nuestro país[1740], pero también en términos globales[1741], impone el deber a los Estados de velar por que los pocos casos de este tipo que llegan al conocimiento de las autoridades pertinentes culminen exitosamente, lo cual no imperiosamente debe identificarse con la necesaria imposición de una sentencia condenatoria. Sin embargo, sí deben realizarse todos los esfuerzos posibles para paliar los diferentes obstáculos que dificultan la adecuada persecución de este delito y la debida protección a sus víctimas.

1. Principales dificultades en la investigación y persecución de la trata en el ámbito extraprocesal.

Ya en un estadio preliminar, anterior a la incoación de cualquier procedimiento penal, se han advertido algunas dificultades de gran trascendencia. La primera y principal es la escasa capacidad de detección de víctimas de trata, que parece derivarse del actual sistema de identificación monopolístico en manos de las FFCCSE[1742]. Al respecto, de *lege ferenda*, sería deseable un cambio

---

1740 *Vid.* Fiscalía General del Estado: *Memoria elevada al Gobierno de S.M*, 2018, *op. cit.*, pp. 606-608; Fiscalía General del Estado: *Memoria elevada al Gobierno de S.M*, 2019, *op. cit.*, pp. 819-820.

1741 *Vid.* UNITED NATIONS OFFICE ON DRUGS AND CRIME (UNODC): *Global Report on Trafficking in Persons 2020, op. cit.*, pp. 16-17, 63-64; U.S. DEPARTMENT OF STATE: *Trafficking in Persons Report. June 2021, op. cit.*, p. 60; EUROPEAN COMMISSION-MIGRATION AND HOME AFFAIRS: *Data collection on trafficking in human beings in the EU, 2020, op. cit.*, pp. 35-38.

1742 Se muestran críticos con el mismo, por todos, JIMÉNEZ ROMERO, M. y TARANCÓN GÓMEZ, P.: "Perspectivas de profesionales del tercer sector sobre la intervención con víctimas de trata con fines de explotación sexual", *Revista Electrónica de Ciencia Penal y Criminología, op. cit.*, pp. 14-15; MENESES FALCÓN, C., UROZ OLIVARES, J. y RÚA VIEITES,

en la configuración del mismo que permitiera la entrada y participación de otros colectivos que han demostrado ser más eficientes en la detección de víctimas de este tipo[1743]. Este es el caso de las entidades especializadas o ONG, cuyo papel sigue circunscrito al ámbito meramente asistencial por mor del art. 140 RLOEX[1744].

Mientras esto no ocurra, de *lege lata*, deberá mejorarse la formación y actual especialización de dichas unidades policiales[1745], en aras a deshacerse de esa visión estereotipada de la trata que tiende a

---

A.: *Apoyando a las víctimas de trata. Las necesidades de las mujeres víctimas de trata desde la perspectiva de las entidades especializadas y profesionales involucrados. Propuestas para la sensibilización contra la trata, op. cit.*, p. 186; VILLACAMPA ESTIARTE, C. y TORRES FERRER, C.: Aproximación institucional a la trata de seres humanos en España: valoración crítica, *op. cit.*, p. 197; GONZÁLEZ BEILFUSS, M.: "La trata de seres humanos: la visión desde la perspectiva del Estado y la visión victimocéntrica", *Cuadernos Digitales de Formación, nº 19, op. cit.*, pp. 12-13; MIRANDA-RUCHE, X. y VILLACAMPA ESTIARTE, C.: "La atención a las víctimas de trata de seres humanos. Un análisis crítico del protocolo marco español desde una perspectiva comparada", *Alternativas. Cuadernos de Trabajo Social, op. cit.*, p. 156; GARCÍA SEDANO, T.: "Hacía un procedimiento de identificación y reconocimiento de la condición de víctima de trata. Una propuesta de *lege ferenda*", *op. cit.*, p. 2.

1743 Como el caso del Reino Unido o Países Bajos. *Vid.* European Commission-Migration And Home Affairs: *Data collection on trafficking in human beings in the EU. 2020, op. cit.*, pp. 137-139.

1744 *Vid.* VILLACAMPA ESTIARTE, C.: "Acerca del Anteproyecto de Ley Orgánica Integral contra la Trata y la Explotación de Seres Humanos", *Diario La Ley, op. cit.*, p. 4.

1745 *Vid.* FARRELL, A., BRIGHT, K., DE VRIES, I., PFEFFER, R. y DANK, M.: "Policing labor trafficking in the United States", *Trends in Organized Crime, op. cit.*, pp. 43-45; FARRELL, A y PFEFFER, R. "Policing Human Trafficking: Cultural Blinders and Organizational Barriers", *The Annals of the American Academy of Political and Social Science, op. cit.*, pp. 56-60; VILLACAMPA ESTIARTE, C. y TORRES FERRER, C.: "Aproximación institucional a la trata de seres humanos en España: valoración crítica", *Estudios Penales y Criminológicos, op. cit.*, p. 209.

invisibilizar a toda aquella víctima que no encaje en el perfil esperado -esto es, el de mujer migrante ilegal[1746]. Junto a lo anterior, debe incentivarse la realización de investigaciones proactivas, recabando para ello, si es necesario, el auxilio o la cooperación de otras unidades o cuerpos especializados. En este sentido, deberá preverse el establecimiento de una colaboración estructurada -no meramente incidental- con el resto de los actores de primera línea[1747].

En términos de investigación del delito, las dificultades aquí se derivan, principalmente, de las limitaciones inherentes a los actos de investigación susceptibles de llevarse a cabo al no contarse, en este estadio preliminar, con la necesaria autorización judicial. Por otro lado, particularmente difíciles se presentan algunas situaciones que requieren de la cooperación internacio-

1746 *Vid.* BARRICK, K., LATTIMORE, P. K., PITTS, W.J. y ZHANG, S.X.: "When farmoworkers and advocates see trafficking but law enforcement does not: challenges in identifying labor trafficking in North Carolina", *Crime, Law and Social Change, op. cit.*, p. 206; VAN MEETEREN, M. y HIAH, J.: "Self-indetification of Victimization of Labor Trafficking", en en WINTERDYK, J. y JONES, J. (Eds.), *The Palgrave International Handbook of Human Trafficking, op. cit.*, p. 1607; VILLACAMPA ESTIARTE, C.: "Dificultades en la persecución penal de la trata de seres humanos para explotación laboral", *Indret, op. cit.*, pp. 180, 186 y 187; VILLACAMPA ESTIARTE, C.: "Acerca del Anteproyecto de Ley Orgánica Integral contra la Trata y la Explotación de Seres Humanos", Diario La Ley, *op. cit.*, p. 4.

1747 *Vid.* VILLACAMPA ESTIARTE, C y TORRES FERRER, C.: "Trata de seres humanos y su aproximación institucional en España: perspectiva cuantitativa", en VILLACAMPA ESTIARTE, C. (Dir.), La trata de seres humanos tras un decenio de su incriminación. ¿Es necesaria una ley integral para luchar contra la trata y la explotación de seres humanos?, *op. cit.*, p. 295; VILLACAMPA ESTIARTE, C.: "Dificultades en la persecución penal de la trata de seres humanos para explotación laboral", *Indret, op. cit.*, p. 178; CONSEJO GENERAL DEL PODER JUDICIAL: *Guía de criterios de actuación judicial frente a la trata de seres humanos, op. cit.*, p. 45.

nal, especialmente cuando concierne a terceros países con los que no se ha suscrito un convenio bilateral en este sentido[1748].

Finalmente, por cuanto se refiere a la protección de las víctimas de trata, el primer escollo es consecuencia de la dispersión normativa existente[1749]. Siendo que las principales disposiciones de carácter tuitivo se hallan fragmentadas y, muchas de ellas, vinculadas a la normativa de extranjería[1750]. Probablemente, este sea un vestigio más de esa visión trafiquista que ha caracterizado la aproximación institucional a la TSH en nuestro país[1751]. Como consecuencia de lo anterior, gran parte de las disposiciones relativas a la identificación de estas víctimas y las medidas de protección conferidas a las mismas, se vinculan a las víctimas con un estatus migratorio irregular[1752].

1748 *Vid.* CONSEJO GENERAL DEL PODER JUDICIAL: *Guía de criterios de actuación judicial frente a la trata de seres humanos, op. cit.*, p. 50.

1749 *Vid.* VILLACAMPA ESTIARTE, C.: "Víctimas de trata de seres humanos: Su tutela a la luz de las últimas reformas penales sustantivas y procesales proyectadas", *InDret*, vol. 2, 2014, p. 17; TORRES ROSELL, N. y VILLACAMPA ESTIARTE, C.: "Protección jurídica y asistencia para víctimas de trata de seres humanos", *Revista General de Derecho Penal, op. cit.*, p. 22; PLASENCIA DOMÍNGUEZ, N.: "Mecanismos de tutela legal de las víctimas de trata de seres humanos", *Diario La Ley, op. cit.*, p. 1; PLANCHADELL GARGALLO, A.: "La protección procesal de las víctimas de trata: panorama europeo", en LLORENTE SÁNCHEZ-ARJONA, M. (Dir.), *Estudios procesales sobre el espacio europeo de justicia penal, op. cit.*, p. 118.

1750 *Vid.* VILLACAMPA ESTIARTE, C. y TORRES FERRER, C.: "Aproximación institucional a la trata de seres humanos en España: valoración crítica", *Estudios Penales y Criminológicos, op. cit.*, p. 193.

1751 *Vid.* VILLACAMPA ESTIARTE, C.: "Acerca del Anteproyecto de Ley Orgánica Integral contra la Trata y la Explotación de Seres Humanos", *Diario La Ley, op. cit.*, p. 4.

1752 *Vid. ibidem,*

Por otro lado, se ha constatado la falta de reconocimiento de estas medidas protectoras[1753], bien sea por la falta de concienciación de los profesionales -correlativa a la falta de información de la víctima sobre las mismas-; a su condicionamiento a la colaboración de la víctima en la investigación de los hechos[1754]; o a su ausencia de operabilidad, fruto de la falta de recursos asistenciales específicos[1755].

2. Principales dificultades en la investigación y persecución de la trata en el marco del proceso penal.

2.1. Fase de instrucción.

En cuanto a la fase de instrucción, dentro ya del ámbito estrictamente procesal, son varias las problemáticas que se suscitan en relación con la investigación del delito y la protección de la víctima. Por lo que se refiere a la determinación de las diligencias de investigación a practicar en estos casos, debe partirse de una acertada calificación de los hechos, lo cual requerirá de una cierta

---

1753 Al respecto, VILLACAMPA ESTIARTE, C. y TORRES FERRER, C.: "Aproximación institucional a la trata de seres humanos en España: valoración crítica", *Estudios Penales y Criminológicos, op. cit.*, pp. 215 y ss.; VILLACAMPA ESTIARTE, C.: "Acerca del Anteproyecto de Ley Orgánica Integral contra la Trata y la Explotación de Seres Humanos", *Diario La Ley, op. cit.*, p. 5.

1754 *Vid.* TORRES ROSELL, N. y VILLACAMPA ESTIARTE, C.: "Protección jurídica y asistencia para víctimas de trata de seres humanos", *Revista General de Derecho Penal, op. cit.*, pp. 12-18 y 45; VILLACAMPA ESTIARTE, C. y TORRES ROSELL, N.: "Trata de seres humanos para explotación criminal: ausencia de identificación de las víctimas y sus efectos", *op. cit.*, p. 215.

1755 *Vid.* VILLACAMPA ESTIARTE, C. y TORRES FERRER, C.: "Aproximación institucional a la trata de seres humanos en España: valoración crítica", *Estudios Penales y Criminológicos, op. cit.*, p. 214; PLASENCIA DOMÍNGUEZ, N.: "Mecanismos de tutela legal de las víctimas de trata de seres humanos", *Diario La Ley, op. cit.*, p. 13.

especialización por parte de los operadores jurídicos. Salvado este primer obstáculo, debe subsanarse la falta de previsión de diligencias a practicar acordes con la naturaleza siempre compleja y -a veces- transnacional del delito[1756]. Así, debe desvincularse de una vez por todas de la actual estrategia de persecución seguida y que se sustenta en la declaración de la víctima, a riesgo de provocar su victimización secundaria y de condenar el procedimiento al fracaso cuando no pueda contarse con dicha fuente de prueba[1757].

Esto conduce a la necesidad de buscar y practicar otras diligencias de investigación alternativas a la declaración de la víctima. En este sentido, destacan la diligencia de entrada y registro[1758], las operaciones encubiertas -con especial interés en la figura del agente informático encubierto-[1759] y, muy especialmente,

---

1756 *Vid.* CONSEJO GENERAL DEL PODER JUDICIAL: *Guía de criterios de actuación judicial frente a la trata de seres humanos, op. cit.*, pp. 250 y ss.

1757 *Vid.* FERNÁNDEZ OLALLA, P., "La colaboración de las víctimas en la investigación del delito de trata de seres humanos. Valoración de la colaboración de la víctima en el ámbito administrativo y penal", *Revista Aranzadi Doctrinal, op. cit.*, p. 5.

1758 *Vid.*, por todos, GARCÍA-BAQUERO BORRELL, S.: "Diligencia de entrada y registro en la investigación del delito de TSH", Estudios jurídicos, 2012, pp. 9 y ss.; PLANCHADELL GARGALLO, A.: "Investigación y enjuiciamiento del delito de trata: aspectos procesales desde la jurisprudencia", en VILLACAMPA ESTIARTE, C. (Dir.), *La trata de seres humanos tras un decenio de su incriminación. ¿Es necesaria una ley integral para luchar contra la trata y la explotación de seres humanos?, op. cit.*, p. 857.

1759 En este sentido, LAFONT NICUESA, L.: *El agente policial encubierto, op. cit., passim*; Previamente, se han dedicado también al estudio de dicha figura, RIFÁ SOLER, J.M.: "Agente encubierto o infiltrado en la nueva regulación de la LECrim", *Revista del Poder Judicial*, vol. 55, 1999, pp. 157-188; GÓMEZ DE LIAÑO FONSECA-HERRERO, M.: "Límites y garantías de la investigación con agentes encubiertos", *La Ley, op. cit.*, pp. 1531-1538; GASCÓN INCHAUSTI, F.: *Infiltración policial y agente encubierto*, Comares, Granada, 2001, *passim*; GUZMÁN FLUJA, V.: "El agente encubierto y las garantías del proceso penal", en CENTRO DE ESTUDIOS JURÍDICOS, *La Prueba en el Espacio Euro-*

la práctica de investigaciones patrimoniales y financieras[1760]. Y ello a pesar de las limitaciones y dificultades inherentes a la adopción y práctica de cada una de ellas.

Estas últimas -las investigaciones patrimoniales y financieras- son una forma de integrar el necesario enfoque económico al fenómeno de la trata aquí defendido también en el ámbito procesal. Sin embargo, su éxito dependerá, en gran medida, de la especialización de las unidades encargadas de llevar a cabo las mismas. Así, estas deberán someterse a procesos de formación continua que permita mantenerlos actualizados sobre las nuevas dinámicas

---

peo de Libertad, Seguridad y Justicia Penal, Aranzadi, Cizur Menor, 2006; ZAFRA ESPINOSA DE LOS MONTEROS, R.: *El policía infiltrado. Los presupuestos jurídicos en el proceso penal español*, Tirant lo Blanch, Valencia, 2010, *passim*; GARCÍA SAN MARTÍN, J.: "Los límites entre el agente encubierto y el agente provocador en la persecución de los delitos de tráfico ilícito de drogas", *La Ley Penal*, vol. 107, 2014, p. 11; LAFONT NICUESA, L.: "El agente encubierto en el proyecto de reforma de la Ley de Enjuiciamiento Criminal", *La Ley Digital*, vol. 8580, 2015; PLANCHADELL GARGALLO, A.: "El agente encubierto en la lucha contra la criminalidad organizada", en GÓMEZ COLOMER, J.L. (Dir.), *La instrucción del crimen: Algunos problemas procesales*, Sepín, Madrid, 2020.

1760 *Vid.* LAFONT NICUESA, L.: "La prueba financiera en la jurisprudencia sobre el delito de trata de personas", *Icade. Revista de la Facultad de Derecho, op. cit.*, pp. 1-15; LAFONT NICUESA, L.: "Aspectos represivos, procesales y de protección que una futura ley integral de trata debiera abordar", en VILLACAMPA ESTIARTE, C. (Dir.), *La trata de seres humanos tras un decenio de su incriminación. ¿Es necesaria una ley integral para luchar contra la trata y la explotación de seres humanos?, op. cit.*, p. 64; TORRES FERRER, C.: "Aproximación a la trata de seres humanos desde su consideración como delito económico", en VILLACAMPA ESTIARTE, C. (Dir.), *La trata de seres humanos tras un decenio de su incriminación. ¿Es necesaria una ley integral para luchar contra la trata y la explotación de seres humanos?, op. cit.*, pp. 692 y 693; VILLACAMPA ESTIARTE, C.: "Dificultades en la persecución penal de la trata de seres humanos para explotación laboral", *Indret, op. cit.*, p. 184.

delictivas dadas las inagotables posibilidades que ofrecen las TICs y que dificultan enormemente la trazabilidad del dinero.

Lo dispuesto hasta el momento no es óbice a la participación de la víctima en el proceso ni a poderse recabar su testimonio de los hechos. Sin embargo, razones de protección y de eficacia procesal, exigen la práctica de dichas declaraciones como prueba preconstituida[1761], facultad específicamente avalada por nuestros tribunales y, de carácter obligatorio, en caso de menores de edad o discapacitados. De *lege ferenda*, debería valorarse la extensión de dicha disposición a las víctimas de trata[1762]. Mientras tanto, de *lege lata*, deberá optarse por adoptar una interpretación amplia

---

1761 *Vid.* PLANCHADELL GARGALLO, A.: "Investigación y enjuiciamiento del delito de trata: aspectos procesales desde la jurisprudencia", en VILLACAMPA ESTIARTE, C. (Dir.), La trata de seres humanos tras un decenio de su incriminación. ¿Es necesaria una ley integral para luchar contra la trata y la explotación de seres humanos?, *op. cit.*, p. 869; LAFONT NICUESA, L.: "Aspectos represivos, procesales y de protección que una futura ley integral de trata debiera abordar", en VILLACAMPA ESTIARTE, C. (Dir.), *La trata de seres humanos tras un decenio de su incriminación. ¿Es necesaria una ley integral para luchar contra la trata y la explotación de seres humanos?, op. cit.*, p. 61; DELGADO ECHEVARRÍA, C.: "Dificultades que se suscitan en la práctica judicial para la investigación y el enjuiciamiento de causas por trata de seres humanos", en VILLACAMPA ESTIARTE, C. (Dir.), *La trata de seres humanos tras un decenio de su incriminación. ¿Es necesaria una ley integral para luchar contra la trata y la explotación de seres humanos?, op. cit.*, pp. 906 y ss.; VILLACAMPA ESTIARTE, C.: "Acerca del Anteproyecto de Ley Orgánica Integral contra la Trata y la Explotación de Seres Humanos", *Diario La Ley, op. cit.*, p. 5.

1762 *Vid.* PLANCHADELL GARGALLO, A.: "Investigación y enjuiciamiento del delito de trata: aspectos procesales desde la jurisprudencia", en VILLACAMPA ESTIARTE, C. (Dir.), *La trata de seres humanos tras un decenio de su incriminación. ¿Es necesaria una ley integral para luchar contra la trata y la explotación de seres humanos?, op. cit.*, p. 871; VILLACAMPA ESTIARTE, C.: "Acerca del Anteproyecto de Ley Orgánica Integral contra la Trata y la Explotación de Seres Humanos", *Diario La Ley, op. cit.*, p. 5.

de los requisitos establecidos jurisprudencialmente -en especial, del requisito material- para la validez de la misma[1763].

En cuanto a protección victimal se refiere, nuevamente aquí, la dispersión normativa sigue siendo el primer obstáculo con el que se topa la víctima de trata, lo cual es especialmente grave dada su condición de víctimas especialmente vulnerables. El segundo problema guarda relación con la aplicación práctica de dichas medidas. En este sentido, por cuanto se refiere a aquellas orientadas a evitar la confrontación visual de víctima y victimario, se ha advertido la falta de recursos al respecto o su uso inadecuado. En relación con aquellas medidas tendentes a garantizar el "anonimato" de la víctima o testigo, resulta incomprensible la previsión contenida en el artículo 4.3 LO 19/1994, por cuanto deja huérfanas de propósito a las medidas contempladas a tal efecto.

Por último, respecto a las medidas cautelares, las de tipo personal no presentan particulares dificultades en estos casos. Tampoco las de tipo real. Sin embargo, en este punto debe incidirse en la necesidad de que se adopten las medidas de aseguramiento de la prueba y de las responsabilidades pecuniarias normativamente previstas. Pues de esto dependerá el éxito de instituciones como el decomiso que, a su vez, repercute positivamente en la materialización del derecho a la reparación de la víctima.

2.2. Fase del juicio oral.

Muchas de las consideraciones efectuadas con relación a la fase de instrucción son extrapolables a la fase de juicio oral, por cuanto muchas de las referidas medidas siguen operativas en

---

1763 *Vid.* PLANCHADELL GARGALLO, A.: "Investigación y enjuiciamiento del delito de trata: aspectos procesales desde la jurisprudencia", en VILLACAMPA ESTIARTE, C. (Dir.), *La trata de seres humanos tras un decenio de su incriminación. ¿Es necesaria una ley integral para luchar contra la trata y la explotación de seres humanos?, op. cit.*, p. 871.

la posterior fase de enjuiciamiento del delito. Así, los mismos argumentos pueden darse por reproducidos aquí. Sin embargo, cabría hacer mención especial al uso de la videoconferencia como mecanismo apto para evitar la confrontación visual y asegurar la participación de la víctima sin necesidad de coincidir en un mismo espacio físico-temporal con su victimario[1764].

En cuanto a la persecución del delito, se añade el problema de la pendencia del proceso respecto de la declaración de la víctima y sus consecuencias en caso de que esta no sea posible por incomparecencia, fallecimiento o negativa a declarar. Esto reafirma la necesidad de preconstituir dichas declaraciones sumariales. Por otro lado, no puede obviarse la problemática correspondiente a la acreditación del daño psicológico o moral -o la falta de dicha demostración-[1765]. En este sentido, debe resaltarse la especial relevancia que revisten, a efectos probatorios, los informes elaborados por los profesionales que integran las ONGs encargadas de asistir y acompañar a esas víctimas[1766].

[1764] *Vid.* VILLACAMPA ESTIARTE, C.: "Acerca del Anteproyecto de Ley Orgánica Integral contra la Trata y la Explotación de Seres Humanos", *Diario La Ley*, *op. cit.*, p. 5.

[1765] *Vid.* MAGRO SERVET, V.: "Aproximación a la cuantía de las indemnizaciones por daño moral y criterios para la determinación del cálculo", *Diario La Ley*, nº 9944, 2021, *passim*; VIDAL MARTÍNEZ, M.: "Daño psicológico o emocional: ¿un vacío legislativo necesitado de tutela penal? Una propuesta de solución de *lege ferenda*", *Diario La Ley*, nº 10193, 2022, pp. 2 y ss.; MARTÍNEZ GARCÍA, P.A.: "El daño moral indemnizable como responsabilidad civil derivada de delito", *Práctica de Derecho de Daños, Nº 153*, 2022, pp. 3 y ss.

[1766] *Vid.* CONSEJO GENERAL DEL PODER JUDICIAL: *Guía de criterios de actuación judicial frente a la trata de seres humanos, op. cit.*, p. 284.

2.3. Sentencia y fase de ejecución.

Finalmente, el primer dato alarmante en relación con el último estadio procesal -esto es, la sentencia- es el relativo al bajo índice de condenas, probablemente como consecuencia de todas las dificultades que van arrastrándose desde la detección de la víctima y a lo largo de todo el *iter* procesal.

Sin perjuicio de lo anterior, los problemas aquí se ciernen en torno a la actitud de cierto sector de la judicatura[1767] y su uso del principio de libre valoración de la prueba. Destacan en este sentido los requisitos que se precisa debe tener la declaración de la víctima para constituirse en prueba válida para enervar la presunción de inocencia[1768], cuyo cumplimiento no siempre se presenta como tarea fácil en atención a los traumas psicológicos que suelen padecer estas víctimas. Nuevamente aquí se pone de manifiesto la necesidad de disponer de pruebas alternativas o periféricas a la declaración de la víctima que permitan sustentar, en su caso, un eventual fallo condenatorio. Junto a esto, debe garantizarse la adecuada formación y especialización de los integrantes de la carrera judicial en aras a evitar la invisibilización de ciertas víctimas o, incluso, su criminalización.

Por último, no nos detendremos aquí a analizar la problemática relativa al reconocimiento y ejecución efectiva del derecho a la reparación de la víctima, reservándose las consideraciones oportunas para el próximo capítulo -VI-, donde se abordarán dichas cuestiones con mayor detenimiento. Con todo, baste in-

---

1767 *Vid.* VILLACAMPA ESTIARTE, C.: "Dificultades en la persecución penal de la trata de seres humanos para explotación laboral", *Indret, op. cit.*, p. 189.

1768 Véase FERNÁNDEZ OLALLA, P., "La colaboración de las víctimas en la investigación del delito de trata de seres humanos. Valoración de la colaboración de la víctima en el ámbito administrativo y penal", *Revista Aranzadi Doctrinal, op. cit.*, p. 12.

dicar que se ha puesto de manifiesto como este derecho resulta escasamente satisfecho en la *praxis* forense.

3. La reforma normativa planteada por el ALOITES y su impacto en la persecución del delito de TSH.

En cuanto a la repercusión que tendría la adopción de las medidas previstas en el ALOITES ante su eventual aprobación, las mismas tendrían un alcance comedido. A pesar de las buenas intenciones al respecto expuestas en su exposición de motivos y de su necesaria incidencia en relación con los derechos laborales, económicos[1769] y de reparación a la víctima, no consigue corregir algunas de las principales dificultades aquí apuntadas.

Tal vez la más llamativa sea el establecimiento de un prometido nuevo sistema de identificación victimal de tipo multiagencial. Dicho modelo se articula en torno a la creación del Mecanismo Nacional de Derivación, encargado de dirimir las denuncias de posibles víctimas de trata o explotación realizadas por ciudadanos, entidades públicas o privadas (art. 25.1), derivando a las víctimas a la entidad especializada correspondiente (art. 25.3), y poniendo este hecho en conocimiento de las FFCCSE (art. 25.4), que se encargaran de la identificación provisional de las presuntas víctimas de trata (art. 26). Este mecanismo, a su vez, cuenta con las llamadas Unidades Multidisciplinares de Identificación, formadas por un representante provincial de las unidades especializadas de las FFCCSE y por la Unidad de Violencia sobre la mujer que corresponda. Dichas unidades, tras examinar la resolución y el expediente emitido por las FFCCSE acerca de la identificación pro-

---

[1769] Aunque se advierte que precisamente el reconocimiento de estos estarían vinculados a la identificación formal de la víctima. VILLACAMPA ESTIARTE, C.: "Acerca del Anteproyecto de Ley Orgánica Integral contra la Trata y la Explotación de Seres Humanos", *Diario La Ley, op. cit.*, p. 11.

visional de la víctima de trata, deberán emitir un informe sobre la procedencia de su identificación, que se elevará a la Delegación del Gobierno correspondiente, siendo esta la competente para dictar la resolución de identificación definitiva como víctima de trata.

Así, el sistema de identificación diseñado por el ALOITES sigue confiriendo dicha competencia principalmente a las FFCCSE dado que sus miembros, además de conferir la identificación provisional a la víctima, forman parte de las Unidades "Multidisciplinares" de Identificación encargadas de emitir una propuesta de resolución motivada sobre el reconocimiento definitivo de tal condición. En este sentido, se comparte la valoración de VILLACAMPA que confiere al ALOITES "una función más de declaración de intenciones que de efectivo instrumento regulador"[1770].

Tampoco se introducen cambios de gran calado en cuanto a la regulación del período de restablecimiento y reflexión contemplado en el art. 59 *bis* LOEX. Al respecto, debe destacarse positivamente que el mismo se haga extensivo a las víctimas de explotación, en tanto que ello podría redundar en un mayor número de solicitudes. No obstante, a grandes rasgos, se mantienen los mismos requisitos y funcionamiento, aunque declarando expresamente que la denegación o revocación del PRR supone la incoación o reanudación del procedimiento administrativo sancionador correspondiente, o la ejecución de la sanción impuesta (art. 59 *bis* 2 *in fine* ALOITES). Respecto al permiso de residencia y trabajo por circunstancias excepcionales, el ALOITES permite que el mismo pueda extenderse a los hijos menores de edad o discapacitados de la víctima, así como a aquellos que, siendo mayores de 16 años, se encuentren en España en el momento de la identificación provisional (art. 59 *bis* 3 ALOITES). Finalmente, una vez concedido el referido per-

---

1770 *Vid.* VILLACAMPA ESTIARTE, C.: "Acerca del Anteproyecto de Ley Orgánica Integral contra la Trata y la Explotación de Seres Humanos", *Diario La Ley*, *op. cit.*, p. 10.

miso, facilita la reagrupación familiar de la víctima, quedando exonerada de la obligación de acreditar los medios suficientes, requisitos de residencia previa y la disposición de una vivienda adecuada para la reagrupación (art. 59 *bis* 4 ALOITES).

Más interesantes son algunas de las modificaciones que se proyectan en el ALOITES concernientes al ámbito estrictamente procesal. En este sentido, su disposición final primera prevé la introducción de una serie de cambios en la LECrim en cuanto a la prueba preconstituida se refiere[1771]. Concretamente, junto a la modificación del actual art. 488 LECrim, propone la inclusión de hasta seis artículos adicionales (del art. 488 *bis* al 488 *septies*). El art. 488 ALOITES estipula que el Ministerio Fiscal y las partes podrán solicitar la práctica preconstituida de la diligencia de prueba en determinadas circunstancias. A las ya previstas[1772], se añade el supuesto en que la víctima sufra amenazas graves o su testimonio se halle coaccionado, así como cuando se trate de testigos que, por razón de su edad o discapacidad, no deban someterse al examen contradictorio de las partes en el juicio oral. Por su parte, el art. 488 *bis* ALOITES establece los requisitos que debe cumplir dicha solicitud[1773] y cómo debe procederse a

---

1771 El contenido y sentido de las modificaciones proyectadas parece inspirarse en los dispuesto en los arts. 591 a 603 del Anteproyecto de Ley de Enjuiciamiento Criminal de 2020 relativos al llamado "incidente para el aseguramiento de las fuentes de prueba".

1772 Recuérdese que la redacción vigente del art. 448 LECrim admite la posibilidad de practicar la prueba preconstituida ante la posible incomparecencia del testigo el día del juicio oral bien por hallarse fuera del territorio nacional, o bien ante un riesgo de muerte o incapacidad física o intelectual.

1773 Así, en virtud del art. 448 bis 1 ALOITES, "*en el escrito por el que se solicite la prueba preconstituida se hará constar:*
a) el medio de prueba que ha de ser practicado, detallando los hechos que constituyen su objeto y su relación con los hechos investigados,
b) el motivo que justifica su práctica".

su tramitación, debiendo el LAJ dar traslado de la misma a las partes para que formulen alegaciones en el plazo de 3 días (art. 488 *bis* 2) y debiendo resolver el Juez mediante auto, únicamente recurrible en apelación si el sentido es desestimatorio (art. 488 *bis* 5). Finalmente, destaca como novedad la posibilidad de practicar una nueva prueba preconstituida en caso de descubrirse, con anterioridad al juicio oral, nuevos hechos relevantes para la credibilidad del testimonio (art. 448 *septies* ALOITES)[1774].

En su disposición final tercera, el ALOITES también proyecta algunos cambios en la LO 19/1994. Al respecto, se añaden dos medidas de protección adicionales a las ya previstas en su art. 2, que también podrán ser adoptadas por el Ministerio Fiscal en aquellos procesos en los que la investigación recaiga sobre la Fiscalía. En cuanto a las nuevas medidas propuestas, se hallan la concesión de protección policial a la víctima en situación de riesgo y el otorgamiento de una nueva identidad y de medios económicos a fin de que pueda cambiar de residencia o lugar de trabajo. Por otro lado, se propone la modificación del art. 4.3 LO 19/1994 en relación con aquellos casos en que se solicita la revelación de la identidad de la víctima o el perito. En este sentido, se explicitan las consecuencias tanto de la estimación como la desestimación de dicha petición[1775]. Además, hace extensible la aplicación de este

---

[1774] En cuanto al art. 448 ter ALOITES reconoce al juez la facultad de acordar la práctica de la prueba preconstituida de forma inmediata ante el peligro inminente de muerte del testigo o perito, al igual que ya se hacía en el art. 449; los arts. 448 *quater* y *quinquies* ALOITES, de forma similar al actual art. 449 bis LECrim, establece como debe procederse a la práctica de la prueba preconstituida. Finalmente, el art. 448 *sexies* recoge lo dispuesto en el vigente art. 449 ter LECrim en cuanto a la prueba preconstituida en caso de menores de edad.

[1775] Así, si se desestima la petición, el órgano judicial motivará la necesidad de mantener el anonimato y, como garantía de la debida contradicción, determinará expresamente las medidas alternativas que se adoptarán a fin de poder valorar la credibilidad, fiabilidad e

último precepto a la prueba anticipada. Finalmente, mediante la pretendida adición de un apartado sexto al art. 4, advierte expresamente que la declaración de un testigo anónimo *per se "no será suficiente para enervar la presunción de inocencia*". Por lo demás, no contempla modificación alguna del artículo 1 LO 19/1994, por lo que debe entenderse que dicha protección sigue supeditada a la existencia de una situación de peligro grave para la persona, su libertad, sus bienes o los de sus familiares[1776].

Por último, el ALOITES propone la creación de una sección en materia de trata y explotación en todas las Fiscalías provinciales a fin de que estas asuman los procedimientos penales por estos delitos en su ámbito territorial[1777], garantizando así la especialización de estos profesionales que, como ha tenido ocasión de señalarse, es de gran importancia para el éxito del procedimiento.

---

integridad del testimonio. En todo caso la identidad del declarante deberá ser conocida por el tribunal. Por el contrario, si estima la petición, se podrán mantener o acordar las medidas de protección tendentes a evitar la confrontación visual directa entre la persona protegida y el acusado durante el juicio oral.

1776 Crítica con esto y con las medidas de protección allí previstas, consideradas parcialmente obsoletas, *vid.* PLANCHADELL GARGALLO, A.: "La víctima de trata como testigo en el proceso penal: necesidad de protección", en PERIAGO MORANT, J.J. (Dir.), *La prostitución en la Comunidad Valenciana: un enfoque abolicionista, op. cit.*, p. 199. (pp. 197-202).

1777 Dicha modificación viene establecida en la Disposición final segunda del ALOITES, que propone la modificación del art. 18 de la Ley 51/1981, de 30 de diciembre, por la que se regula el Estatuto Orgánico del Ministerio Fiscal.

Capítulo VI. La trata de seres humanos en el ordenamiento jurídico español como criminalidad económica: mecanismos sustantivo-procesales penales

I. INTRODUCCIÓN

Con el presente capítulo se culmina el abordaje del delito de TSH en el ordenamiento jurídico español desde una vertiente sustantiva y procesal. Tras analizarse en el primer bloque -integrado por los Caps. IV y V- los principales aspectos sustantivos y procesales que envuelven la actual configuración del delito de TSH, este segundo se focalizará en el análisis de aquellos mecanismos sustantivo-procesales penales que permiten hacer frente a estas conductas delictivas desde una vertiente económica. Pues, como ya se ha avanzado, la vinculación del fenómeno de la trata con su evidente componente lucrativo hace necesaria la adopción de un nuevo enfoque para afrontarlo, abordándolo como un negocio criminal, situando las ganancias que reporta en el centro de la investigación del delito en aras a dar una respuesta más eficaz en términos de prevención y persecución.

En este sentido, habiéndose puesto de manifiesto los principales déficits de los que adolece el actual abordaje de la TSH derivados principalmente de una deficiente técnica legislativa que, junto a otros factores, da lugar a una serie de dificultades en cuanto a la investigación y persecución del delito, se procederá a analizar la regulación de los mecanismos sustantivos y procesales penales que inciden directa o indirectamente en el componente lucrativo de la trata. Como ya se ha apuntado en capítulos precedentes, dichos instrumentos son: el decomiso de los activos ilícitos, la imposición de sanciones pecuniarias, el reconocimiento de responsabilidad penal a los entes jurídicos y la persecución del producto delictivo procedente de la TSH mediante el delito de blanqueo de capitales.

No obstante lo anterior, más allá de la referencia a la configuración normativa de los anteriores mecanismos, interesa especialmente conocer su implementación y eficacia confiscatoria en la práctica jurisprudencial española. Con este fin, en base al referido análisis de las 128 sentencias condenatorias por TSH dictadas entre 2012 y 2022 por las Audiencias Provinciales y la Audiencia Nacional[1778], se tuvo en consideración, de un lado, la presencia de entes jurídicos entre los acusados por trata, así como su eventual condena e imposición de la perceptiva pena de multa. Por otro lado, se analizaron las variables relativas al decreto del decomiso, los objetos decomisados y el valor de estos, así como los condenados por TSH que, a su vez, lo fueron por un delito de blanqueo de capitales, recopilándose la información relativa a la pena privativa de libertad y a la sanción pecuniaria impuestas por el referido delito.

Por último, en el referido análisis jurisprudencial se examinaron también las variables número de víctimas, reconocimiento de indemnización y *quantum* de la misma. Esto porque no debe olvidarse que el objetivo final de la recuperación de los activos ilícitos procedentes de la TSH debe ser su reinversión en beneficio de las víctimas, así como que la determinación de

---

[1778] Al mismo se hace referencia en el Cap. V, epígrafe III, subepígrafe 3, apartado 3.4. Por lo que, a efectos de evitar reiteraciones innecesarias, nos remitimos a lo allí dispuesto.

la eficacia de los anteriores instrumentos vendrá determinada en gran medida por su aptitud o suficiencia para cubrir la responsabilidad civil *ex delicto*. Consecuentemente, el presente capítulo culmina con una breve referencia a los derechos de indemnización y reparación económica de las víctimas de trata.

II. MECANISMOS SUSTANTIVO-PROCESALES PENALES PARA HACER FRENTE A LA TRATA DE SERES HUMANOS COMO CRIMINALIDAD ECONÓMICA

Como ya se ha apuntado, las deficiencias que presenta el sistema actual plantean la necesidad de adoptar un nuevo enfoque o aproximación en lo que a la sanción de la trata se refiere. Habiéndose señalado en el epígrafe anterior el importante componente económico que fundamenta y envuelve estas conductas delictivas, una estrategia adecuada pasa por combatir este fenómeno precisamente desde un prisma económico, esto es, focalizando la atención y los esfuerzos en tratar de mitigar o suprimir el lucro obtenido a costa de las víctimas y, en su caso, de su explotación.

Con este fin, en las siguientes líneas se procederá a analizar la configuración de los enunciados mecanismos sustantivo-procesales que prevé nuestro ordenamiento jurídico y que permiten abordar estas conductas delictivas desde una vertiente económica, dando cuenta de su consideración como delincuencia de empresa y que buscan un efecto confiscatorio de ganancias.

1. El decomiso de los activos ilícitos.

La forma de proceder a la confiscación de los beneficios obtenidos ilegalmente es a través de instituciones como el decomiso. Esta figura ha recibido una atención creciente por los beneficios que reporta en la lucha contra ciertos delitos graves cuya comisión da lugar a importantes rendimientos económicos[1779]. Si bien la aplicación del decomiso vino inicialmente muy ligada a los delitos de narcotráfico[1780], actualmente su uso se halla más generalizado, siendo también aplicable en relación con los delitos de trata[1781]. Sin embargo, previamente a analizar su aplicabilidad a estos supuestos en particular, se hace necesario reseñar los principales rasgos que caracterizan su regulación, así como las modalidades previstas en el ordenamiento jurídico español.

El legislador español, desde la aprobación del Código Penal de 1995, considera el decomiso una consecuencia accesoria[1782].

1779 *Vid.* por todos, MARTÍNEZ-BUJÁN PEREZ, C.: *Derecho penal económico y de la empresa. Parte general,* Tirant lo Blanch, Valencia, 2016, pp. 77 y ss.; RODRÍGUEZ GARCÍA, N.: *El decomiso de los activos ilícitos, op. cit.*, p. 29; RODRÍGUEZ GARCÍA, N.: "El decomiso como instrumento esencial para la recuperación de activos en la política criminal española del siglo XXI", en JIMENO BULNES, M. y PÉREZ GIL, J (Coords.), *Nuevos horizontes del derecho procesal: libro-homenaje al Prof. Ernesto Pedraz Penalva, op. cit.*, pp. 911-940; FARTO PIAY, T.: *El proceso de decomiso autónomo, op. cit.*, p. 26.

1780 Especialmente a raíz de la Convención de las Naciones Unidas, de 20 de diciembre de 1988, contra el tráfico ilícito de estupefacientes y sustancias psicotrópicas.

1781 Esto es así, principalmente, por las obligaciones que emanan del ámbito supranacional. Por ejemplo, de la Convención de la ONU contra la delincuencia organizada transnacional -y sus protocolos anexos-; de la Convención de la ONU contra la corrupción; del Convenio del Consejo de Europa de 1990 relativo al blanqueo, seguimiento, embargo y decomiso de los productos del delito; del posterior Convenio del Consejo de Europa de 2005, que amplía su ámbito a la financiación del terrorismo; o de las distintas acciones comunes, decisiones marcos y directivas aprobadas en el seno de la Unión Europea. *Vid. supra,* Capítulo II, epígrafe II, subepígrafe 3.

1782 Previamente era considerado una pena accesoria. *Vid.* ROIG TORRES, M.: "La regulación del comiso. El modelo alemán y la reciente reforma española", *Estudios penales y criminológicos,* vol. XXXVI, 2016, p. 202; GÓNZALEZ CANO, M.I.: *El decomiso como instrumento de la cooperación judicial penal en la Unión Europea y su incorporación al proceso penal español, op. cit.*, p. 29.

Esto parece reforzar su configuración como herramienta eficaz frente a ciertas modalidades criminales, previniendo su existencia y continuidad mediante la sustracción de aquellos objetos, evitando también que pueden dar lugar a nuevos delitos[1783]. Sin embargo, el decomiso también ha sido considerado como una figura cuasi penal[1784], como una forma autónoma de sanción penal[1785] e, incluso, como una causa de expropiación[1786]. En atención a la amplitud de su objeto y a las distintas modalidades de deco-

---

1783 *Vid.* BLANCO CORDERO, I.: "La aplicación del comiso y la necesidad de crear organismos de recuperación de activos", *Revue éléctronique de l'Association internationale de droit pénal*, 2007, p. 1; GARCÍA ARÁN, M.: "De las consecuencias accesorias", en CÓRDOBA RODA, J. y GARCÍA ARÁN, M. (Dirs.), *Comentarios al Código Penal. Parte general (incorpora la reforma producida por la LO 5/2010, de 22 de junio)*, Marcial Pons, Madrid, 2011, p. 952; RAMÓN RIBAS, E.: "La transformación jurídica del comiso: de pena a consecuencia accesoria", *Estudios Penales y Criminológicos*, vol. 24, 2002-2003, pp. 517-564.

1784 Véase BASSIOUNI, M.C. y GUALTIERI, D.S.: "Mecanismos internacionales de control de las ganancias procedentes de actividades ilícitas", *Revista de Derecho Penal y Criminología*, vol. 6, 1996, pp. 122 y ss.

1785 En este sentido, SÁNCHEZ GARCÍA DE PAZ, I.: *La criminalidad organizada. Aspectos penales, procesales, administrativos y procesales*, Dykinson, Madrid, 2005, p. 179. Defienden también la consideración del decomiso como una sanción, MANZANARES SAMANIEGO, J.L.: *Las penas patrimoniales en el Código penal español: tras la Ley orgánica 8/1983*, Bosch, Barcelona, 1983, p. 251; PÉREZ CEBADERA, A.I.; "Presunción de inocencia y decomiso: ¿Es necesario establecer una presunción legal para probar el origen ilícito de los bienes?", en DE LA OLIVA SANTOS, A. (Dir.), *La justicia y la carta de derechos fundamentales de la Unión Europea*, Colex, Madrid, 2008, p. 72. El Tribunal Supremo se ha referido al decomiso como una tercera clase de sanción penal, por ejemplo, en la STS 793/2015, de 1 de diciembre.

1786 En tanto que, tras su decreto por sentencia, se pierde legalmente la propiedad sobre ese bien. *Vid.* CHOCLÁN MONTALVO, J.A.: *El patrimonio criminal. Comiso y pérdida de la ganancia*, Dykinson, Madrid, 2001, p. 67.

miso previstas, hay quien defiende que su naturaleza jurídica es mixta, variable en función del caso ante el que nos hallemos[1787].

El decomiso se regula en los arts. 127 a 127 *octies* y 128 CP y en los arts. 367 *bis* a 367 *sexies* de la LECrim. Resulta acordable en relación con los efectos provenientes del delito (*objectum sceleris*)[1788], los bienes, medios e instrumentos empleados (*instrumentum sceleris*)[1789] y, más recientemente, también respecto de las

---

1787 Al respecto, cuando se trate del decomiso de los bienes, medios o instrumentos utilizados para llevar a cabo el delito, en el que prima una finalidad preventiva en aras a evitar la reiteración delictiva, se otorga al decomiso un carácter sancionador, pero distinto al propio de las penas o las medidas de seguridad, por lo que encarnaría una tercera clase de sanción penal. En cambio, cuando el decomiso recaiga sobre el producto delictivo a fin de neutralizar el incremento patrimonial ilícitamente generado, se dice que el mismo se acerca a instituciones de tipo civil y patrimonial como la figura del enriquecimiento injusto. *Vid.* RODRÍGUEZ GARCÍA, N.: *El decomiso de los activos ilícitos, op. cit.*, pp. 142 y 143. También el legislador, en el preámbulo de la LO 1/2015, hace mención a esa "*naturaleza más bien civil y patrimonial, próxima a la de figuras como el enriquecimiento injusto*" al referirse al decomiso ampliado. En sentido similar, *vid.* DOLZ LAGO, M.J.: "El decomiso autónomo", *La Ley Penal*, 2015, p. 4; URIARTE VALIENTE, L.M.: *La lucha del Estado en la recuperación de activos a través del decomiso. Especial referencia a la actuación del Ministerio Fiscal*, Tirant lo Blanch, Valencia, 2022, p. 55.

1788 Esto son los objetos, bienes o cosas que se encuentran, mediata o inmediatamente, en el poder del delincuente como consecuencia de la infracción. *Vid.* STS núm. 77/2007, de 7 de febrero. Autores como AGUADO CORREA o RODRÍGUEZ GARCÍA defienden un concepto restrictivo en el que no se hallarían incluidos los objetos sobre los que recae la acción típica que, a su vez, suelen pertenecer a la víctima en no pocas ocasiones. *Vid.* RODRÍGUEZ GARCÍA, N.: *El decomiso de los activos ilícitos, op. cit.*, p. 150; AGUADO CORREA, T.: "Artículo 127", en GÓMEZ TOMILLO RODRIGO, M. (Coord.): *Comentarios prácticos al Código Penal. Parte General. Artículos 1-137. Tomo I*, Aranzadi, Cizur Menor, 2015, p. 1007.

1789 Se trataría tanto de los bienes, medios e instrumentos utilizados en la ejecución del delito como aquellos emprados en los actos prepa-

ganancias o ventajas económicas derivadas del delito (*productum sceleris*)[1790]. La variedad de activos que pueden ser objeto de decomiso[1791] convierte a esta figura en una herramienta indispensable para contrarrestar la virtualidad delictiva de ciertos bienes, evitando que con los mismos "*vuelva a cometerse infracciones penales, así como que se consolide la situación ilícita creada por el delito*", como bien reconoce la sentencia de la Audiencia Provincial de Madrid, núm. 67/2017, de 3 de febrero. Por lo tanto, pueden distinguirse dos funciones claras en el decomiso: cuando abarque a los efectos e instrumentos del delito, esto es, el llamado decomiso de seguridad con el que se pretende evitar la reiteración delictiva[1792]. En segundo término, cuando ataña a las ganancias derivadas del

ratorios del mismo. En relación con estos últimos, entiende RODRÍGUEZ GARCÍA que, como presupuesto necesario, deberá existir una sentencia condenatoria sobre esos actos preparatorios. Igualmente crítico se muestra el autor por no exigirse que dichos bienes, medios e instrumentos deban someterse a un análisis individualizado sobre su peligrosidad objetiva, de modo que solo sean decomisables aquellos que se reporten útiles para dar cumplimiento a la finalidad preventivo especial de evitar la comisión de nuevos ilícitos. *Vid.* RODRÍGUEZ GARCÍA, N.: *El decomiso de los activos ilícitos, op. cit.*, pp. 152 y 153.

1790 Concretamente, se refiere a cualquier beneficio económico que haya derivado directa o indirectamente de la comisión del delito.

1791 Pues, el comiso de los referidos efectos, medios, instrumentos y ganancias pueden referirse tanto a bienes de origen lícito como ilícito, bienes equivalentes, bienes transformados, bienes mezclados, bienes de terceros, bienes no vinculados con el delito enjuiciado o bienes de tráfico tanto legal como ilegal.

1792 En este sentido, CARRILLO DEL TESO, A.E.: "El nuevo régimen de recuperación de activos en Alemania o la sublimación del principio *crime doesn't pay*", en BERDUGO GÓMEZ DE LA TORRE, I. y RODRÍGUEZ GARCÍA, N. (Eds.), *Decomiso y recuperación de activos. Crime doesn't pay*, Tirant lo Blanch, Valencia, 2020, pp. 541-560; FARTO PIAY, T.: *El proceso de decomiso autónomo, op. cit.*, p. 69 y 76.

delito, tratándose de un decomiso de confiscación[1793], se define como una medida de "bolsillo dolorido"[1794] en cuya virtud los réditos delictivos no podrán disfrutarse -ni siquiera tras el cumplimiento de la pena o medida de seguridad correspondiente-, evitando así que el delito resulte provechoso[1795].

Probablemente, en esta segunda finalidad de neutralización del patrimonio ilícito del delincuente es donde se ha hecho mayor hincapié en los últimos años[1796]. En este sentido, la ambiciosa reforma penal llevada a cabo en 2015 -e impulsada en gran medida por la Directiva 2014/42/UE[1797]- en aras a maximizar la eficacia práctica del decomiso ha sido duramente criticada. Razones para esto han sido que pone en entredicho derechos y garantías procesales básicas, la presunción de inocencia, el derecho a la defensa, los derechos a no declarar contra sí mismo y a no confesarse culpable y, en definitiva, el derecho a un proceso con todas las garantías[1798].

1793 *Vid.* OCAÑA RODRÍGUEZ, A.: *Medidas cautelares reales en el proceso penal y decomiso*, Sepín, Madrid, 2016, pp. 175-180.

1794 *Vid.* OCAÑA RODRÍGUEZ, A.: "Una propuesta de regulación del decomiso", *Revista de Derecho y Proceso Penal*, vol. 14, 2005, p. 73.

1795 *Vid.*, por todos, CASTELLVÍ MONTSERRAT, C.: "Decomisar sin castigar: Utilidad y legitimidad del decomiso de ganancias", *Indret*, vol. 1, 2019, p. 36; RODRÍGUEZ GARCÍA, N.: *El decomiso de los activos ilícitos, op. cit.*, p. 156; OCAÑA RODRÍGUEZ, A.: *Medidas cautelares reales en el proceso penal y decomiso, op. cit.* p. 175.

1796 Consecuencia lógica de la tendencia evidencia tanto en el derecho internacional como europeo empeñada en que el delito no pude ni debe ser rentable. En este sentido, PLANCHADELL GARGALLO, A. y VIDALES RODRÍGUEZ, C.: "Decomiso: comentario crítico desde una perspectiva constitucional", *Estudios Penales y Criminológicos*, vol. XXXVIII, 2018, p. 39.

1797 Directiva 2014/42/UE del Parlamento Europeo y del Consejo, de 3 de abril de 2014, sobre el embargo y el decomiso de los instrumentos y del producto del delito en la Unión Europea. *Vid. supra*, cap. II, epígrafe II, supeígrafe 3, apartado 3.3.

1798 *Vid.*, por todos, RODRÍGUEZ GARCÍA, N.: *El decomiso de activos ilícitos, op. cit.*, p. 49; PLANCHADELL GARGALLO, A. y VIDALES RODRÍ-

1.1. La evolución normativa del decomiso y la sucesiva incorporación de nuevas modalidades de decomiso.

Si bien el decomiso ya se hallaba previsto en nuestro ordenamiento jurídico con anterioridad[1799], indudablemente la regulación del mismo contenida en el Código Penal de 1995 introdujo cambios muy significativos. Regulado en los arts. 127 y 128 CP, su acuerdo se subordinaba inicialmente al fallo condenatorio por la comisión dolosa de un delito o falta, extendiéndose su alcance no solo a los efectos y a los instrumentos del delito, sino también a las ganancias que proceden de este, con independencia de las transformaciones que hubieran podido experimentar.

Desde entonces, sin embargo, el decomiso ha experimentado una incesante expansión a raíz de las reformas operadas en 2003, 2010 y -especialmente- 2015. Esto hasta el punto de que su configuración actual, como sucede también en el caso alemán[1800], suscita muchas dudas sobre la compatibilidad de algunas de sus modalidades con principios y garantías constitucionalmente reconocidos, especialmente si se considera que su naturaleza es de tipo penal[1801].

GUEZ, C.: "Decomiso: comentario crítico desde una perspectiva constitucional", *Estudios Penales y Criminológicos, op. cit.*, p. 46. Las autoras ponen en duda incluso que el propio carácter de ley ordinaria que se concede al decomiso por parte de la LO 1/2015 sea acorde con el principio de legalidad, añadiendo que el "tratamiento enmarañado" y la imprecisión que caracterizan la regulación del decomiso impiden predecir las consecuencias jurídicas del delito (pp. 50-53).

1799 Un breve repaso de la evolución normativa del decomiso desde su primigenia previsión en el Código Penal de 8 de julio de 1822 hasta la actualidad puede hallarse en RODRÍGUEZ GARCÍA, N.: *El decomiso de los activos ilícitos, op. cit.*, pp. 105-111.

1800 *Vid. supra*, Cap. III, epígrafe III, subepígrafe 4, letra d).

1801 De hecho, como ya se ha apuntado, una de las cuestiones más discutidas entorno a la figura del decomiso tiene que ver con la determinación de su naturaleza jurídica. Dicho debate no es baladí por cuanto la respuesta al mismo va a condicionar el procedimiento penal en cuanto

1.1.1. Decomiso directo.

El decomiso directo[1802] se identifica con la *privación con carácter definitivo de algún bien por decisión de un tribunal o de otra autoridad competente*[1803], siempre que dicho bien esté relacionado directamente con el delito en cuestión[1804]. Se halla regulado en el art. 127 CP, apartados primero -cuando se trate de un delito

---

al tipo de garantías y principios que deberán respetarse durante la tramitación del mismo. En este sentido, según PLANCHADELL GARGALLO y VIDALES RODRÍGUEZ, si bien el decomiso no se trataría de una pena, "*existen fundadas razones para seguir considerando que tiene una naturaleza penal por cuanto que presupone la existencia de un delito, se decreta contra sujetos que están relacionados directa o indirectamente con la presunta comisión de un hecho delictivo, se aplica a través de un proceso penal*". *Vid.* PLANCHADELL GARGALLO, A. y VIDALES RODRÍGUEZ, C.: "Decomiso: comentario crítico desde una perspectiva constitucional", *Estudios Penales y Criminológicos*, *op. cit.*, p. 48.

1802 Al que también puede referirse como básico, propio o basado en condena.

1803 Según la definición internacional de comiso estipulada en la Convención de las Naciones Unidas de 1988 contra el tráfico ilícito de estupefacientes y sustancias psicotrópicas. Según GASCÓN INCHAUSTI "la esencia del decomiso consiste en la privación definitiva de un bien o un derecho en favor del poder público -normalmente el Estado-, que pasa a adquirir la titularidad del bien decomisado, en perjuicio de su titular anterior". Y esto es así "por la existencia de una vinculación entre el bien decomisado y un hecho antijurídico (habitualmente delictivo) que es objeto de castigo (normalmente en vía judicial penal)". *Vid.* GASCÓN INCHAUSTI, F.: "Decomiso, origen ilícito de los bienes y carga de la prueba", en ROBLES GARZÓN, J.A. y ORTELLS RAMOS, M. (Dirs.), *Problemas actuales del proceso iberoamericano*, Centro de Ediciones de la Diputación de Málaga, Málaga, 2006, p. 587.

1804 *Vid.* GORJÓN BARRANCO, M.C.: "Las últimas reformas sobre el decomiso. ¿Hacía una pena de confiscación?", en BUSTOS RUBIO, M. y ABADÍAS SELMA, A. (Dirs.), *Una década de reformas penales. Análisis de diez años de cambios en el código penal (2010-2020)*, *op. cit.*, p. 237.

doloso[1805]- y segundo -cuando se trate de un delito culposo-. En relación con la primera modalidad, el art. 127.1 CP establece la obligatoriedad del decomiso, por cuanto, "*toda pena que se imponga por un delito doloso llevará consigo la pérdida de los efectos que de él provengan y de los bienes, medios o instrumentos con que se haya preparado o ejecutado, así como de las ganancias provenientes del delito*". No sucede así, en cambio, respecto de los delitos imprudentes, en relación con los que operan dos importantes limitaciones en esta modalidad de decomiso: por un lado, su ámbito de aplicación se reduce a los delitos culposos sancionados con pena privativa de libertad superior a un año; y, por otro, su adopción no es preceptiva, siendo el órgano judicial libre de acordarlo o no[1806].

Así, en virtud de este primer artículo, toda condena por un delito doloso acarreará -o podrá acarrear en el caso de los delitos imprudentes- la pérdida de los efectos, los instrumentos o las ganancias utilizados o derivados del delito, con independencia de las transformaciones que hubieran podido experimentar[1807].

[1805] Pudiéndose trata de cualquier modalidad delictiva, incluyendo los delitos leves.

[1806] Pues, el art. 127.2 CP reza: "*En los casos en que la ley prevea la imposición de una pena privativa de libertad superior a un año por la comisión de un delito imprudente, el juez o tribunal podrá acordar la pérdida de los efectos que provengan del mismo y de los bienes, medios o instrumentos con que se haya preparado o ejecutado, así como de las ganancias provenientes del delito, cualesquiera que sean las transformaciones que hubieran podido experimentar*".

[1807] Advirtiendo la Circular de la Fiscalía General del Estado 4/2010, de 30 de diciembre, sobre las funciones del Fiscal en la investigación patrimonial en el ámbito del proceso penal, que "*la expresión transformaciones que hubieren podido experimentar, no debe entenderse sólo en un sentido exclusivamente fáctico o descriptivo, sino también jurídico, lo que permitirá decomisar los bienes en que se hayan invertido las ganancias procedentes del delito*".

1.1.2. Decomiso por sustitución.

El decomiso por sustitución, también conocido como decomiso por valor equivalente, fue introducido tras la adición de dos nuevos apartados al art. 127 CP, tras la reforma operada por la LO 15/2003, de 25 de noviembre. En virtud del art. 127.3 CP, esta modalidad de decomiso se aplicará subsidiariamente, esto es, cuando el decomiso directo -tanto por el delito doloso como culposo[1808]- no sea posible por cualquier circunstancia[1809], o cuando el valor de los bienes decomisados resulte ser inferior al que tenían en el momento de su adquisición. Cabe matizar, sin embargo, que para MARTÍNEZ-BUJÁN la idoneidad del decomiso por valor equivalente se circunscribe a las ganancias derivadas del delito, no así a los medios o instrumentos utilizados para la comisión del mismo[1810].

Es importante señalar que para efectuar el cálculo no sólo deberá tenerse en cuenta el valor económico de los bienes, medios o instrumentos sobre los que se acordó el decomiso, sino también

---

[1808] Considerándose su ámbito desmesurado por incluir los supuestos de delitos imprudentes. *Vid.* RODRÍGUEZ GARCÍA, N.: *El decomiso de los activos ilícitos, op. cit.*, p. 164.

[1809] Al respecto, la referida Circular de la Fiscalía General del Estado 4/2010, de 30 de diciembre, dispone que "*cuando no sea posible proceder a su incautación por perdida, desaparición o irreivindicabilidad, se proceda por sustitución de los mismos (por valor equivalente) al decomiso de otros bienes de origen lícito del responsable*".

[1810] *Vid.* MARTÍNEZ-BUJÁN PÉREZ, C.: "Las reformas penales de la LO 15/2003 en el ámbito patrimonial y socioeconómico", en PÉREZ ÁLVAREZ, F. (Ed.), *Universitas Vitae. Homenaje a Ruperto Núñez Barbero*, Ediciones Universidad de Salamanca, Salamanca, 2007, p. 482. En sentido similar, PUENTE ABA, L.M.: "La nueva regulación del comiso en el Proyecto de Ley Orgánica, de 5 de mayo de 2003, por el que se modifica el Código Penal", *Actualidad Penal*, 2003, p. 994; DE LA MATA BARRANCO, N.J.: "Las distintas modalidades de decomiso después de la LO 1/2015, de 30 de marzo", *La Ley penal*, vol. 124, 2017, p. 9.

el de las ganancias que se hubieran obtenido de ellos[1811]. En cualquier caso, salvo que se trate de dinero en efectivo o de bienes ya tasados, la valoración de los bienes puede resultar problemática cuando los mismos hayan desaparecido, se trate de activos de difícil cuantificación o su tasación conlleve un gasto desproporcionado. Ante estas circunstancias, se ha defendido la validez de una estimación aproximada sobre el valor del bien, siempre que esta no genere indefensión o incertidumbre para el acusado[1812].

Sea como fuere, el decomiso por sustitución es de aplicación subsidiaria también en relación con el decomiso ampliado previsto en el art. 127 *bis* CP, al que posteriormente nos referiremos. Igualmente, se regula otra suerte de decomiso por sustitución en el art. 127 *septies* CP cuando la ejecución del decomiso acordado por sentencia se frustre -en todo o en parte- a causa de la naturaleza[1813] o situación de los bienes, efectos o ganancias de que se trate, o por cualquier otra circunstancia. Lo mismo procederá cuando se produzca una depreciación del bien con relación al valor que tenía en el momento de su adquisición. Por lo tanto, este último se distingue, principalmente, respecto al decomiso por sustitución del art. 127.3 CP por el momento procesal en el que procede su acuerdo, esto es, en fase de ejecución, y por su carácter potestativo para el Tribunal[1814].

1811 Previsión que ha sido tildada de injusta y desproporcionada. *Vid.* RODRÍGUEZ GARCÍA, N.: *El decomiso de los activos ilícitos, op. cit.*, p. 166.

1812 *Vid.* FARALDO CABANA, P.: "El comiso en los delitos de contrabando. La situación en España", *Tribuna Fiscal*, vol. 276, 2015, p. 4; CEREZO DOMÍNGUEZ, A.I.: "Comiso", en ORTÍZ DE URBINA GIMENO, I. (Coord.), *Memento Experto Reforma Penal*, Francis Lefebvre, Madrid, 2010, p. 698.

1813 Ello ocurrirá, por ejemplo, ante el carácter perecedero de los mismos; o bien cuando éstos requieran de una administración o cuidado que no tuvo lugar.

1814 *Vid.* URIARTE VALIENTE, L.M.: *La lucha del Estado en la recuperación de activos a través del decomiso. Especial referencia a la actuación del Ministerio Fiscal, op. cit.*, pp. 114 y 117; MANZANARES SAMANIEGO ex-

1.1.3. Decomiso ampliado.

Introducido en el art. 127 *bis* CP por obra de la LO 5/2010 generó ya desde un inicio muchas dudas en cuanto a su constitucionalidad, por cuanto su configuración podría vulnerar ciertas garantías[1815]. En este sentido, se defiende que las mismas garantías que rigen en el proceso principal en el que el acusado ha sido penalmente condenado -tales como la presunción de inocencia, el proceso debido, el derecho de defensa, el derecho de prueba y los derechos a no declarar contra sí mismo o no confesarse culpable- deben ser igualmente de aplicación al cauce penal en el que se dirime la pieza de decomiso ampliado[1816].

---

plica el carácter potestativo del decomiso por sustitución en fase de ejecución como forma de evitar la prolongación indebida y sucesiva del procedimiento ante los impedimentos de decomiso que vayan constatándose. *Vid.* MANZANARES SAMANIEGO, J.L.: *Comentarios al Código Penal (tras las Leyes Orgánicas 1/2015, de 30 de marzo, y 2/2015, de 30 de marzo)*, La Ley, Madrid, 2016, p. 15.

1815 En este sentido, *vid.* PLACHADELL GARGALLO, A. y VIDALES RODRÍGUEZ, C.: "Decomiso: comentario crítico desde una perspectiva constitucional", *Estudios Penales y Criminológicos, op. cit.*, pp. 49 y ss.; ROIG TORRES, M.: "La regulación el comiso. El modelo alemán y la reciente reforma española", *Estudios Penales y Criminológicos,* vol. XXXVI, 2016, pp. 244 y ss.; VIDALES RODRÍGUEZ, C.: "El comiso ampliado: consideraciones constitucionales", en CARBONELL MATEU, J.C., GONZÁLEZ CUSSAC, J.L., ORTS BERENGUER, E., y CUERDA ARNAU, M.L. (Coords.), *Constitución, derechos fundamentales y sistema penal (semblanzas y estudios con motivo del setenta aniversario del profesor Tomás Salvador Vives Antón),* Tirant lo Blanch, Valencia, 2009, pp. 1989 y ss.; BLANCO CORDERO, I.: "Comiso ampliado y presunción de inocencia", en PUENTE ALBA, L.M., ZAPICO BARBEITO, M. y RODRÍGUEZ MORO, L. (Coords.), *Criminalidad organizada, terrorismo e inmigración: retos contemporáneos de la política criminal,* Comares, Granada, 2016, pp. 96 y ss.

1816 *Vid.* RODRÍGUEZ GARCÍA, N.: *El decomiso de los activos ilícitos, op. cit.*, p. 171.

En virtud del decomiso ampliado se ordena[1817] al Juez o al tribunal decomisar todos los bienes, efectos y ganancias que integren el patrimonio del condenado por determinados delitos cuando este no sea capaz de acreditar el origen lícito de dichos activos. Así, rige una presunción *iuris tantum* sobre el carácter delictivo del patrimonio del individuo que ha cometido ciertos ilícitos[1818], constatándose una posible inversión de la carga de la prueba que se permite desde la aprobación de la Convención de las Naciones Unidas contra la Delincuencia Organizada transnacional (art. 11.7) y que marcó el inicio hacia una tendencia en que las garantías procesales parecen ceder en pos de la eficacia confiscatoria[1819]. Para VALLE MARISCAL DE GANTE se trata, pues, de vincular a una actividad delictiva bienes y ganancias cuya procedencia no puede demostrarse[1820].

Como se ha apuntado, el decomiso ampliado limita su alcance en relación con un *numerus clausus* de delitos entre los

---

1817 Así se desprende de la redacción literal del tipo. Sin embargo, esa fórmula de imposición obligatoria no puede interpretarse como la posibilidad de que el juez acuerde dicho decomiso por mutuo propio o de oficio, sino que necesariamente va a requerir de la solicitud en este sentido por parte de la acusación en su escrito de calificación. *Vid. ibidem*, p. 174.

1818 También considerada como una presunción de culpabilidad o de ilicitud, por RODRÍGUEZ GARCÍA, N.: *El decomiso de los activos ilícitos*, *op. cit.*, p. 180; ROMA VALDÉS, A.: *Código penal comentado. Comentarios tras las Leyes Orgánicas 1/2015 y 2/2015, de 30 de marzo*, JM Bosch, Barcelona, 2015, p. 235; GISBERT POMATA, M.: "El decomiso ampliado", *La Ley Penal*, vol. 124, 2017, p. 8.

1819 En este sentido, *vid.* GORJÓN BARRANCO, M.C.: "Las últimas reformas sobre el decomiso. ¿Hacía una pena de confiscación?", en BUSTOS RUBIO, M. y ABADÍAS SELMA, A. (Dirs.), *Una década de reformas penales. Análisis de diez años de cambios en el código penal (2010-2020)*, *op. cit.*, p. 235.

1820 *Vid.* VALLE MARISCAL DE GANTE, M.: "El decomiso tras la LO 1/2015", en DÍEZ-PICAZO GIMÉNEZ, I. y VEGAS TORRES, J. (Coords.), *Derecho, Justicia, Universidad. Tomo II*, Centro de Estudios Ramón Areces, Madrid, 2016, p. 3157.

cuales se prevé expresamente el delito de TSH o el de blanqueo de capitales[1821]. La elección concreta de estos delitos obedece, según el propio Preámbulo de la LO 1/2015, a la capacidad de los mismos de generar "*una fuente permanente de ingresos*". Inicialmente, su aplicabilidad se supeditaba a los delitos cometidos en el seno de una organización o grupo criminal o por delitos de terrorismo (art. 127.1 CP en su versión anterior a 2015)[1822].

A su vez, esa presunción de ilicitud patrimonial puede articularse en atención a ciertos indicios[1823] como el valor desproporcionado

---

1821 Concretamente, los delitos previstos son: delitos de trata de seres humanos; delitos de tráfico de órganos; delitos relativos a la prostitución y a la explotación sexual y corrupción de menores y delitos de abusos y agresiones sexuales a menores de dieciséis años; delitos informáticos de los apartados 2 y 3 del artículo 197 y artículo 264; delitos contra el patrimonio y contra el orden socioeconómico en los supuestos de continuidad delictiva y reincidencia; delitos relativos a las insolvencias punibles; delitos contra la propiedad intelectual o industrial; delitos de corrupción en los negocios; delitos de receptación del apartado 2 del artículo 298; delitos de blanqueo de capitales; delitos contra la Hacienda pública y la Seguridad Social; delitos contra los derechos de los trabajadores de los artículos 311 a 313; delitos contra los derechos de los ciudadanos extranjeros; delitos contra la salud pública de los artículos 368 a 373; delitos de falsificación de moneda; delitos de cohecho; delitos de malversación; delitos de terrorismo; delitos cometidos en el seno de una organización o grupo criminal. La amplitud de dicho listado confirma que el legislador español ha optado por ampliar el contenido respecto a los estándares mínimos que se exigían desde el ámbito supranacional. Sin embargo, hay quien hecha en falta en esta lista la referencia a los delitos de financiación ilegal de los partidos políticos (arts. 304 *bis* y 304 *ter* CP). Al respecto, *vid.* RODRÍGUEZ GARCÍA, N.: *El decomiso de los activos ilícitos, op. cit.*, p. 178.

1822 Excepcionalidad que fue criticada por QUINTERO OLIVARES, G.: "Sobre la ampliación del comiso y el blanqueo, y la incidencia de la receptación civil", *Revista Electrónica de Ciencia Penal y Criminología*, vol. 2, 2010, p. 5.

1823 Al respecto, PLANCHADELL y VIDALES recuerdan que, si bien los indicios pueden desvirtuar la presunción de inocencia, estos deben

de los activos en relación con los ingresos declarados, el uso de ciertos recursos (como la constitución de sociedades pantalla, el uso de testaferros, el recurso a paraísos fiscales o territorios de nula tributación[1824]) que oculten o dificulten la determinación de la titularidad real de los bienes; o la transferencia de activos mediante operaciones que entorpezcan o impidan su localización o destino.

Por exigencias del principio acusatorio, el decomiso ampliado tiene que ser solicitado por la acusación encargada, a su vez, de alegar y probar los indicios correspondientes. A partir de ahí, es el acusado quien deberá justificar el origen lícito de todo o parte de su patrimonio a fin de revertir esa presunción *iuris tantum* que opera en su contra.

Finalmente, según apunta RODRÍGUEZ GARCÍA[1825], el art. 127 *bis*.4 CP se erige como una cláusula de protección por parte del le-

---

cumplir ciertos requisitos. A saber: no puede existir un solo indicio; no pueden ser desvirtuados por otros que conduzcan a conclusiones distintas; los hechos indiciarios deben estar acreditados en el proceso, no bastando las meras sospechas; debe existir un nexo lógico entre estos hechos y la conclusión que de ellos se deriva; y finalmente, su concurrencia debe ser motivada por el órgano judicial. *Vid.* PLA-CHADELL GARGALLO, A. y VIDALES RODRÍGUEZ, C.: "Decomiso: comentario crítico desde una perspectiva constitucional", *Estudios Penales y Criminológicos, op. cit.*, pp. 58 y 59.

1824 Se ha considerado la referencia a los paraísos fiscales y territorios de nula tributación como generadora de inseguridad jurídica, ante la pluralidad de listados en este sentido que pueden hallarse actualmente. Recientemente, España ha actualizado su Orden HFP/115/2023, de 9 de febrero, por la que se determinan los países y territorios, así como los regímenes fiscales perjudiciales, que tienen la consideración de jurisdicciones no cooperativas. Tras la reforma, aparecen ahora 24 territorios considerados paraísos fiscales, frente a los 48 que aparecían hace más de 30 años. Sin embargo, no cabe olvidar que tanto la OCDE como el GAFI cuentan con sus propios listados en cuya confección no siempre se tienen en cuenta los mismos parámetros.

1825 *Vid.* RODRÍGUEZ GARCÍA, N.: *El decomiso de los activos ilícitos, op. cit.*, p. 173.

gislador ante las críticas por desproporción y vulneración del *non bis in idem*[1826], al disponer que "*si posteriormente el condenado lo fuera por hechos delictivos similares cometidos con anterioridad, el juez o tribunal valorará el alcance del decomiso anterior acordado al resolver sobre el decomiso en el nuevo procedimiento*". Por su parte, también el art. 127 *bis*.5 CP pretende limitar la operatividad del decomiso ampliado "*cuando las actividades delictivas de las que provengan los bienes o efectos hubieran prescrito o hubieran sido ya objeto de un proceso penal resuelto por sentencia absolutoria o resolución de sobreseimiento con efectos de cosa juzgada*".

Por último, debe señalarse que el decomiso ampliado cuenta, a su vez, con un régimen específico regulado en los arts. 127 *quinquies* y 127 *sexies* del CP. El llamado decomiso ampliado por reiteración delictiva[1827] se prevé en relación con aquellos casos en los que uno de los delitos referidos por el 127 *bis*.1 CP haya tenido lugar en el contexto de "*una actividad delictiva previa continuada*"[1828], es decir, cuando el sujeto haya sido condenado,

---

[1826] En este sentido, *vid.* AGUADO CORREA, T.: "Artículo 127 bis", en GÓMEZ TOMILLO RODRIGO, M. (Dir.), *Comentarios prácticos al Código penal. Parte General. Artículos 1-137. Tomo I, op. cit.*, p. 1017; URIARTE VALIENTE, L.M.: *La lucha del Estado en la recuperación de activos a través del decomiso. Especial referencia a la actuación del Ministerio Fiscal, op. cit.*, p. 141.

[1827] Se distingue entre el decomiso ampliado propio u ordinario y el decomiso ampliado por reiteración delictiva, en URIARTE VALIENTE, L.M.: *La lucha del Estado en la recuperación de activos a través del decomiso. Especial referencia a la actuación del Ministerio Fiscal, op. cit.*, p. 131.

[1828] Esto es, en virtud del art. 127 quinquies.2 CP, siempre que:
a) El sujeto sea condenado o haya sido condenado en el mismo procedimiento por tres o más delitos de los que se haya derivado la obtención de un beneficio económico directo o indirecto, o por un delito continuado que incluya, al menos, tres infracciones penales de las que haya derivado un beneficio económico directo o indirecto.
b) O en el período de seis años anterior al momento en que se inició el procedimiento en el que ha sido condenado por alguno de los delitos a que se refiere el artículo 127 bis del Código Penal, hubiera

al menos, por tres delitos en el mismo procedimiento o en los seis años anteriores[1829]. Figura que, una vez más, ha merecido las críticas de un importante sector doctrinal por las deficiencias técnicas y los problemas interpretativo que origina[1830].

Dicha modalidad, al igual que el decomiso ampliado ordinario, afecta a bienes que tienen su origen en la actividad delictiva previa del condenado, no en el concreto delito por el que está siendo enjuiciado. Además, ambas modalidades exigen una condena por el delito en la causa seguida en la que se solicita el decomiso, sin la que no cabría ampliar el decomiso. Sin embargo, mientras que el decomiso ampliado del 127 *bis* CP, de tipo

---

sido condenado por dos o más delitos de los que hubiera derivado la obtención de un beneficio económico, o por un delito continuado que incluya, al menos, dos infracciones penales de las que ha derivado la obtención de un beneficio económico.

1829 *Vid.* URIARTE VALIENTE, L.M.: *La lucha del Estado en la recuperación de activos a través del decomiso. Especial referencia a la actuación del Ministerio Fiscal, op. cit.*, p. 151.

1830 *Vid.*, por todos, VIDALES RODRÍGUEZ, C.: "Consecuencias accesorias: decomiso (arts. 127 a 127 octies", en GONZÁLEZ CUSSAC, J.L. (Dir.), *Comentarios a la reforma del Código Penal de 2015*, Tirant lo Blanch, Valencia, 2015, pp. 406 y ss.; AGUADO CORREA, T.: "Artículo 127 quinquies y Artículo 127 sexies", en GÓMEZ TOMILLO RODRIGO, M. (Dir.), *Comentarios prácticos al Código penal. Parte General. Artículos 1-137. Tomo I, op. cit.*, pp. 1041 y ss.; HAVA GARCÍA, E.: "La nueva regulación del comiso", en QUINTERO OLIVARES, G. (Coord.), *Comentarios a la reforma penal de 2015*, Aranzadi, Cizur Menor, 2015, pp. 218 y 219; FERNÁNDEZ PANTOJA, P.: "Las consecuencias accesorias", en MORILLAS CUEVA, L. (Ed.), *Estudios sobre el código penal reformado (Leyes Orgánicas 1/2015 Y 2/2015)*, Dykinson, Madrid, 2015, p. 286. Este último autor ha entendido dicha figura como una suerte de decomiso retroactivo. Sobre la confusión entre este y el decomiso ampliado propio del art. 127 *bis* CP, véase DEL CERRO ESTEBÁN, J.A.: "La nueva regulación del decomiso (Ley Orgánica 1/2015 y Ley 41/2015", *Decomiso y oficina de gestión y recuperación de activos. Medidas cautelares*, Centro de Estudios Jurídicos, 2016, p. 15.

preceptivo, afectará a todos los activos que, mediante ciertos indicios, puedan vincularse con la previa actividad delictiva del sujeto, el decomiso ampliado del 127 *quinquies* CP -de carácter facultativo- alcanzará a todos los activos adquiridos durante un periodo de tiempo determinado, siempre que concurran cumulativamente diversos requisitos. Estos son: a) que el sujeto sea o haya sido condenado por alguno de los delitos a que se refiere el artículo 127 *bis*.1 CP; b) que el delito se haya cometido en el contexto de una actividad delictiva previa continuada; c) que existan indicios fundados de que una parte relevante del patrimonio del penado procede de una actividad delictiva previa[1831]. En relación con este último requisito, operan los mismos indicios que para el decomiso ampliado ordinario (art. 127 *bis* CP). No obstante, el precepto incluye una importante limitación, por cuando su aplicación quedará supeditada a la concurrencia de indicios fundados de que el sujeto ha obtenido, a partir de su actividad delictiva, un beneficio superior a 6.000 euros. Cumplidos los anteriores requisitos deberá estarse, finalmente, a las presunciones previstas en el art. 127 *sexies* CP en aras a determinar el patrimonio susceptible de ser objeto de decomiso[1832] que, principalmente, será aquel que haya adquirido en los seis

---

[1831] *Vid.* URIARTE VALIENTE, L.M.: *La lucha del Estado en la recuperación de activos a través del decomiso. Especial referencia a la actuación del Ministerio Fiscal*, *op. cit.*, p. 147.

[1832] Y que son: "1.º Se presumirá que todos los bienes adquiridos por el condenado dentro del período de tiempo que se inicia seis años antes de la fecha de apertura del procedimiento penal, proceden de su actividad delictiva. A estos efectos, se entiende que los bienes han sido adquiridos en la fecha más temprana en la que conste que el sujeto ha dispuesto de ellos.
2.º Se presumirá que todos los gastos realizados por el penado durante el período de tiempo a que se refiere el párrafo primero del número anterior, se pagaron con fondos procedentes de su actividad delictiva.
3.º Se presumirá que todos los bienes a que se refiere el número 1 fueron adquiridos libres de cargas".

años anteriores a la apertura del procedimiento penal, así como los gastos realizados en el mismo período presumiéndose que se pagaron con fondos derivados de su actividad delictiva. Sin perjuicio de lo anterior, el tribunal podrá no aplicar estas presunciones con relación a determinados activos cuando, en el caso concreto, "se revelen incorrectas o desproporcionadas".

1.1.4. Decomiso autónomo.

También conocido como decomiso sin condena[1833], fue una de las principales novedades incorporadas por la LO 1/2015, no tanto por la previsión de la figura en sí[1834], sino por su amplio -y cuestionable[1835]- desarrollo. El art. 127 *ter* CP permite al juez o tri-

---

1833 A través del cual, según PLANCHADELL GRAGALLO, se introduce la figura del *civil forfeiture* en nuestro ordenamiento jurídico, en cuya virtud, el procedimiento no se dirige contra el responsable de los hechos delictivos, sino contra los bienes de este. *Vid.* PLANCHADELL GARGALLO, A.: "El proceso de decomiso autónomo: aspectos procesales", en BERDUGO GÓMEZ DE LA TORRE, I. y RODRÍGUEZ GARCÍA, N. (Eds.), *Decomiso y recuperación de activos. Crime doesn't pay, op. cit.*, pp. 126 y 127.

1834 Que, de algún modo, ya fue introducida en 2003 mediante el apartado 3 del art. 127 CP que permitía al juez o tribunal "*acordar el comiso previsto en los apartados anteriores de este artículo* [comiso directo y comiso por valor equivalente] *aun cuando no se imponga pena a alguna persona por estar exenta de responsabilidad criminal o por haberse ésta extinguido, en este último caso, siempre que quede demostrada la situación patrimonial ilícita*".

1835 Nuevamente aquí la doctrina ha visto a dicha institución contraria a la presunción de inocencia al imponer la pérdida de bienes a quien no ha sido declarado culpable del delito del que supuestamente proceden. *Vid.* por todos, BLANCO CORDERO, I.: "Recuperación de activos de la corrupción mediante el decomiso sin condena (comiso civil o extinción del dominio)", en FABIÁN CAPARRÓS, E.A., ONTIVEROS ALONSO, M. y RODRÍGUEZ GARCÍA, N. (Eds.), *El derecho penal y la política criminal frente a la corrupción*, INACIPE-Ubijus, México D.F., 2012, pp. 337 y ss.; PLANCHADELL GARGALLO, A.: "El proceso de decomiso autónomo: aspectos procesales", en BERDUGO

bunal acordar el decomiso de los activos sin que medie sentencia condenatoria ante determinadas circunstancias legalmente previstas. Estas se refieren a aquellas situaciones en que no ha podido culminarse el enjuiciamiento por el fallecimiento[1836] o enfermedad crónica[1837] del sujeto, por hallarse este en rebeldía o por estar exento de responsabilidad penal o haberse esta extinguido[1838].

Estas dos últimas circunstancias -la exención y extinción de la responsabilidad- eran las que inicialmente se previeron en la configuración del decomiso autónomo de 2003 y, a pesar de no ser exigidas por la Directiva 2014/42/UE, el legislador ha decidido mantenerlas en las sucesivas reformas. Para conocer las causas de extinción de la responsabilidad deberá estarse a lo

---

GÓMEZ DE LA TORRE, I. y RODRÍGUEZ GARCÍA, N. (Eds.), *Decomiso y recuperación de activos. Crime doesn't pay, op. cit.*, pp. 137 y 138. Igualmente, se ha planteado la compatibilidad de este proceso con el principio *non bis in idem* en VIDALES RODRÍGUEZ, C. y PLANCHADELL GARGALLO, A.: *Decomiso. Estudios de la normativa internacional y de la legislación española (aspectos penales y procesales), op. cit.*, pp. 191 y ss.; DÍAZ CABIALE, J.A.: "El decomiso tras las reformas del Código penal y la Ley de Enjuiciamiento Criminal de 2015", *Revista Electrónica de Ciencia Penal y Criminología*, 2016, pp. 30 y ss.

1836 Alerta aquí URIARTE VALIENTE que el legislador ha olvidado incluir aquí la disolución de la persona jurídica como supuesto equivalente al fallecimiento de la persona física. *Vid.* URIARTE VALIENTE, L.M.: *La lucha del Estado en la recuperación de activos a través del decomiso. Especial referencia a la actuación del Ministerio Fiscal, op. cit.*, p. 163.

1837 En este sentido, RODRÍGUEZ GARCÍA entiende que el adjetivo "crónica" se refiere a que la enfermedad deberá ser motivo de interrupción del procedimiento en consonancia con lo dispuesto en el art. 749.1 LECrim para aquellos supuestos en que la enfermedad previsiblemente va a prolongarse indefinidamente o por un tiempo demasiado largo. *Vid.* RODRÍGUEZ GARCÍA, N.: *El decomiso de los activos ilícitos, op. cit.*, p. 201.

1838 Al respecto, el legislador español ha vuelto a excederse respecto a las exigencias de la Directiva 2014/42/UE en tanto que su art. 4.2 circunscribía el ámbito aplicativo del decomiso autónomo a los casos de imposibilidad derivada de la enfermedad o la fuga del sospechoso o del acusado.

dispuesto por el art. 130 CP. Sin embargo, para RODRÍGUEZ-GARCÍA de las allí previstas solo pueden justificar el acuerdo de decomiso autónomo la muerte del acusado (art. 130.1.1º CP) y la prescripción del delito (art. 130.1.6º CP)[1839].

A pesar de no requerir condena, el decomiso autónomo sí requiere que sea acordado por sentencia. A tal efecto, la referida Ley 41/2015 creó el procedimiento de decomiso autónomo[1840], regulado en los arts. 803 *ter*.e a 803 *ter*.u LECrim, que permite privar de la titularidad de los bienes delictivos a pesar de que el autor no pueda ser juzgado. La legitimación activa está reservada al Ministerio Fiscal que, en virtud del art. 803 *ter*.h LECrim, ostenta el monopolio de la acción[1841], que únicamente podrá

1839 Por el contrario, no tienen sentido en estos supuestos, por chocar frontalmente con el presupuesto básico del decomiso autónomo -que es la inexistencia de condena-, ni el cumplimiento de la misma (art. 130.1.2º CP), ni la remisión definitiva de la pena (art. 130.1.3º CP), ni el indulto (art. 130.1.4º CP), ni la prescripción de la pena o medida de seguridad (art. 130.1.7º CP). Por lo demás, tampoco considera idónea como causa que sustente el decomiso autónomo el perdón del ofendido (art. 130.1.5º CP). *Vid.* RODRÍGUEZ GARCÍA, N.: *El decomiso de los activos ilícitos, op. cit.*, pp. 204 y 205. En sentido similar, *vid.* también *Vid.* URIARTE VALIENTE, L.M.: *La lucha del Estado en la recuperación de activos a través del decomiso. Especial referencia a la actuación del Ministerio Fiscal, op. cit.*, p. 164.

1840 Ampliamente sobre este, *vid.* FARTO PIAY, T.: *El proceso de decomiso autónomo, op. cit.*; URIARTE VALIENTE, L.M.: *La lucha del Estado en la recuperación de activos a través del decomiso. Especial referencia a la actuación del Ministerio Fiscal, op. cit.*, pp. 199 y ss.; RODRÍGUEZ GARCÍA, N.: *El decomiso de los activos ilícitos, op. cit.*, pp. 245 y ss.; PLANCHADELL GARGALLO, A.: "El proceso de decomiso autónomo: aspectos procesales", en BERDUGO GÓMEZ DE LA TORRE, I. y RODRÍGUEZ GARCÍA, N. (Eds.), *Decomiso y recuperación de activos. Crime doesn't pay, op. cit.*, pp. 123-143.

1841 Así, las solicitudes que eventualmente fueran presentadas por las acusaciones particular y/o popular serán inadmitidas a trámite. En contra de la falta de legitimación activa por parte de la acusación particular, PLANCHADELL GARGALLO, A.: "El proceso de decomiso autóno-

dirigirse contra quien haya sido formalmente acusado o contra el imputado con relación al que existan indicios racionales de criminalidad (art. 127 *ter*.2 CP). A este fin, el Fiscal deberá presentar el oportuno escrito de demanda de solicitud de decomiso autónomo que, en atención al contenido exigido[1842], generalmente requerirá la realización de una investigación preliminar[1843]. Admitida la demanda, esta será notificada a las partes legitimadas por su relación con los bienes a decomisar (art. 803 *ter*.j LECrim), que dispondrán de un plazo de 20 días para personarse y presentar su escrito de contestación a la demanda de decomiso[1844] (art. 803 *ter* 1.2.2º LECrim). Recibidos los co-

---

mo: aspectos procesales", en BERDUGO GÓMEZ DE LA TORRE, I. y RODRÍGUEZ GARCÍA, N. (Eds.), *Decomiso y recuperación de activos. Crime doesn't pay, op. cit.*, p. 131; RODRÍGUEZ GARCÍA, N.: *El decomiso de los activos ilícitos, op. cit.*, p. 275. De hecho, lamenta la falta de referencia a la víctima, entendiendo su interés particular en el decomiso cuyos frutos se destinan al pago de las responsabilidades civiles, NIEVA FENOLL, J.: "El procedimiento de decomiso autónomo. En especial, sus problemas probatorios", *Diario La Ley*, vol. 8601, 2015, p. 7.

1842 En este sentido, el art. 803 ter l.1 LECrim exige la identificación de:
"a) Las personas contra las que se dirige la solicitud y sus domicilios.
b) El bien o bienes cuyo decomiso se pretende.
c) El hecho punible y su relación con el bien o bienes.
d) La calificación penal del hecho punible.
e) La situación de la persona contra la que se dirige la solicitud respecto al bien.
f) El fundamento legal del decomiso.
g) La proposición de prueba.
h) La solicitud de medidas cautelares, justificando la conveniencia de su adopción para garantizar la efectividad del decomiso, si procede".

1843 *Vid.* GASCÓN INCHAUSTI, F.: "Las nuevas herramientas procesales para articular la política criminal de decomiso total: la intervención en el proceso penal de terceros afectados por el decomiso y el proceso para el decomiso autónomo de los bienes y productos del delito", *Revista General de Derecho Procesal*, n º 38, 2016, p. 50.

1844 No obstante, de no interponerse la correspondiente contestación a la demanda -o de hacerse fuera de plazo-, la consecuencia será el

rrespondientes escritos por parte del órgano judicial, este resolverá mediante auto irrecurrible[1845] sobre los medios de prueba propuestos. Por lo demás, el art. 803 *ter* o.1 LECrim se remite al art. 433 LEC en cuanto a la regulación del juicio, debiendo el juez, tras su celebración, dictar sentencia en el plazo de 20 días. Dicha resolución -recurrible en apelación[1846]- podrá contener un triple pronunciamiento: a) estimatorio, por lo que se acuerda el decomiso definitivo de los bienes; b) parcialmente estimatorio, acordando el decomiso por la cantidad que corresponda; o c) desestimatorio, declarando su improcedencia.

1.1.5. Decomiso de bienes de terceros.

La reforma penal de 2015, en su declarado empeño de conferir mayor efectividad a la institución del decomiso, incide también en el llamado decomiso de terceros, que ha sido visto como una forma de "decomisar sin castigar"[1847], al recaer sobre personas distintas a las que deberían ser sancionadas por el delito

---

acuerdo del decomiso definitivo, equiparando estas situaciones con el allanamiento. PLANCHADELL GARGALLO, A.: "El proceso de decomiso autónomo: aspectos procesales", en BERDUGO GÓMEZ DE LA TORRE, I. y RODRÍGUEZ GARCÍA, N. (Eds.), *Decomiso y recuperación de activos. Crime doesn't pay, op. cit.*, p. 133.

1845 En relación con los medios de prueba denegados, el art. 803 *ter*.n LECrim permite que la parte interesada solicite nuevamente su práctica al inicio de la sesión de la vista pública.

1846 Pues, el art. 803 *ter*.r LECrim en materia de recursos, no remite a la LEC, sino al proceso penal abreviado. PLANCHADELL GARGALLO, A.: "El proceso de decomiso autónomo: aspectos procesales", en BERDUGO GÓMEZ DE LA TORRE, I. y RODRÍGUEZ GARCÍA, N. (Eds.), *Decomiso y recuperación de activos. Crime doesn't pay, op. cit.*, p. 134.

1847 En este sentido, *vid.* CASTELLVÍ MONSERRAT, C.: "Decomisar sin castigar. Utilidad y legitimidad del decomiso de ganancias", *InDret*, *op. cit.*, p. 4 y ss. Esta expresión es también acuñada por RODRÍGUEZ GARCÍA, N. y GRABRIEL ORSI, O.: "La protección reforzada en

originario. Sin embargo, a pesar de la voluntad del legislador, los terceros[1848] que queden afectados por dicha medida son también titulares de derechos y libertades constitucionales -tales como la presunción de inocencia, el derecho a la tutela judicial efectiva o la garantía a un proceso justo- que deben respetarse[1849].

El decomiso de terceros, con anterioridad a la reforma de 2015, ya se hallaba previsto en el art. 127.1 CP, que permitía el decomiso de bienes, efectos y ganancias delictivas que habían sido transferidas a terceras personas, siempre que estas los hubieran adquirido ilegalmente y de mala fe. Dicha figura pretendía dar respuesta a aquellas situaciones en las que el delincuente se vale de terceras personas -físicas o jurídicas-, titulares formales de los bienes, para enmascarar el origen de los mismos y dificultar su localización y aprehensión[1850].

España de los terceros afectados por el decomiso de bienes ilícitos", *Revista Brasileira de Direito Processual Penal*, vol. 6, nº 2, 2020, p. 543.

1848 Que, según FARTO PIAY, son aquellos que hayan adquirido bienes sin haber intervenido en la actividad delictiva. *Vid.* FARTO PIAY, T.: *El proceso de decomiso autónomo, op. cit.* p. 188. En sentido similar, URIARTE VALIENTE los define como aquellos que, siendo propietarios de los bienes cuyo decomiso se pretende, no aparecen como acusados por los hechos que guarden relación con los bienes, lo que nada impide que resulten acusados por otros hechos distintos en el mismo escrito de acusación. Si bien, FERNÁNDEZ PANTOJA extiende esta condición a las personas jurídicas en tanto que estas también son titulares de derechos susceptibles de ostentar bienes a su nombre. *Vid.* FERNÁNDEZ PANTOJA, P.: "Las consecuencias accesorias", en MORILLAS CUEVA, L. (Ed.), *Estudios sobre el código penal reformado (Leyes Orgánicas 1/2015 Y 2/2015), op. cit.*, p. 285.

1849 *Vid.* SÁNCHEZ SISCART, J.M.: "Intervención de terceros afectados por el decomiso y el decomiso autónomo. La recuperación y gestión de activos", *Formación a Distancia*, vol. 3, 2016, p. 4; PLANCHADELL GARGALLO, A. y VIDALES RODRÍGUEZ, C.: "Decomiso: comentario crítico desde una perspectiva constitucional", Estudios Penales y Criminológicos, *op. cit.*, p. 37 y ss.

1850 *Vid.* URIARTE VALIENTE, L.M.: *La lucha del Estado en la recuperación de activos a través del decomiso. Especial referencia a la actuación del Ministerio Fiscal, op. cit.*, p. 169.

En este sentido, para que este decomiso sea eficaz, necesariamente deberá dirigirse contra el sujeto que ostente un derecho sobre el bien -y no a título meramente formal-[1851] pudiéndose practicar al efecto la prueba sobre la titularidad del bien, que deberá ser apreciada según el principio de libre valoración. Esto sin perjuicio de los criterios legales que rigen en determinados supuestos, como en el caso de las personas jurídicas[1852].

Sin embargo, el legislador de 2015 decide prescindir de la buena fe exigible al tercero con anterioridad a la reforma[1853], de modo que los efectos y ganancias serán decomisables cuando se hubieran adquirido con conocimiento de su procedencia ilícita o cuando una persona diligente hubiera sospechado, en el caso concreto, de su origen ilícito (art. 127 *quater*.1 a CP). Por cuanto se refiere a los instrumentos -a los que el precepto se refiere como *otros bienes*-, serán objeto de decomiso cuando se hayan adquirido con conocimiento de que de este modo se dificultaba su decomiso o cuando una persona diligente habría tenido motivos para sospecharlo (art. 127 *quater*.1 b CP). Para ello, el apartado segundo del citado precepto presume *iuris tantum* el referido conocimiento o la sospecha del tercero

---

1851 En este sentido, *vid.* DEL CAPRIO DELGADO, J.: "Adquisición de bienes de procedencia delictiva: ¿decomiso o blanqueo de capitales?", *Revista General de Derecho Penal*, vol. 28, 2017, p. 4.

1852 Al respecto, el art. 4.2 b) de la Ley establece que se entenderá por titular real *"la persona o personas físicas que en último término posean o controlen, directa o indirectamente, un porcentaje superior al 25 por ciento del capital o de los derechos de voto de una persona jurídica, o que por otros medios ejerzan el control, directo o indirecto, de una persona jurídica. A efectos de la determinación del control serán de aplicación, entre otros, los criterios establecidos en el artículo 42 del Código de Comercio"*.

1853 *Vid.* CARRILLO DEL TESO, A.E.: "El "fundido a negro" de la prueba en la persecución de la delincuencia económica", en RODRÍGUEZ GARCÍA, N., CARRIZO GONZÁLEZ-CASTELL, A. y RODRÍGUEZ LÓPEZ, F. (Eds), *Corrupción: compliance, represión y recuperación de activos*, Tirant lo Blanch, Valencia, 2019, p. 463.

cuando los bienes o efectos le hubieran sido transferidos a título gratuito o por un precio inferior al real de mercado lo que, según CARRILLO DEL TESO, sitúa a ese tercero "en un brete", al tener que probar un hecho negativo. En cualquier caso, el acuerdo de esta modalidad de decomiso es facultativo para el órgano judicial que, en función de las circunstancias concretas del caso, deberá valorar su procedencia o no[1854].

Finalmente, el art. 127 *octies* CP prevé la posibilidad de adoptar medidas cautelares en aras a garantizar la efectividad del decomiso (aparatado 1), dispone una serie de actuaciones complementarias en relación con los bienes decomisados (apartado 2) y, por último, establece el destino final de dichos bienes (apartado 3). Respecto de este último, establece un orden de prelación, dando prioridad al pago de las indemnizaciones a las víctimas[1855]. El excedente, si lo hubiera, será adjudicado al Estado, que le dará el destino que se disponga legal o reglamentariamente.

1.2. La Oficina de Recuperación y Gestión de Activos (ORGA).

Creada en 2010 mediante la introducción del art. 367 *septies* LECrim por la LO 5/2010[1856], es un órgano de la Administración

---

1854 Así, si de conformidad con el principio de proporcionalidad, deberá rechazarse su admisión cuando se traten de bienes de escaso valor derivado de infracciones leves o menos graves y su decomiso plantee especiales dificultades. *Vid.* URIARTE VALIENTE, L.M.: *La lucha del Estado en la recuperación de activos a través del decomiso. Especial referencia a la actuación del Ministerio Fiscal, op. cit.*, p. 171.

1855 De hecho, en virtud del art. 128 *in fine* CP, la satisfacción completa de las responsabilidades civiles es uno de los presupuestos que permiten al juez no decretar el decomiso o hacerlo solo parcialmente.

1856 Dando así cumplimiento a la Decisión del Consejo de la Unión Europea 2007/845/JAI, de 6 de diciembre de 2007, que obligaba a los Estados miembros a disponer de organismos nacionales de recuperación de activos. Posteriormente, la ley nacional fue modificada por la

General del Estado cuya función es auxiliar a los órganos judiciales y fiscalías en la localización, recuperación, conservación, administración y realización de los efectos, bienes, instrumentos y ganancias procedentes de actividades delictivas, con el fin último de privar a la delincuencia de las ganancias obtenidas ilícitamente y que, tras satisfacerse las indemnizaciones de las víctimas que correspondan, parte de las cuantías decomisadas reviertan a la sociedad[1857]. Así, las principales funciones de la referida oficina son, de un lado, la realización de las averiguaciones patrimoniales que permitan la localización de bienes; y, por otro, la gestión de bienes embargados, incautados o decomisados por orden del órgano judicial.

Según el último informe estadístico publicado, correspondiente al año 2022, ese año se iniciaron un total de 514 expedientes. En 76 expedientes, la función de la ORGA se ceñía a la averiguación patrimonial; mientras que, en los 438 restantes, las funciones atribuidas eran de gestión de los bienes en cuestión. De los datos se desprende como la mayoría de sus actuaciones guardan relación con los delitos contra la salud pública (39%), el delito de blanqueo de capitales (16%) y los delitos relacionados con la criminalidad organizada (13%). En cuanto al delito de TSH

Ley 41/2015, dándole su nombre actual (Oficina de Recuperación y Gestión de Activos) y desarrollada mediante Real Decreto 948/2015.

1857 Así, parte del excedente debe destinarse a fines sociales como:
- El apoyo a programas de atención a víctimas del delito, tanto de las Administraciones Públicas, como de organizaciones no gubernamentales o entidades privadas sin ánimo de lucro, con especial atención a las víctimas de terrorismo, a las de violencia de género, trata de seres humanos, delitos violentos y contra la libertad sexual, así como a las víctimas con discapacidad necesitadas de especial protección y a las víctimas menores de edad.
- El impulso y dotación de medios de las Oficinas de Asistencia a las Víctimas.
- El apoyo a programas sociales orientados a la prevención del delito y el tratamiento del delincuente.
- La intensificación y mejora de las actuaciones de prevención, investigación, persecución y represión de los delitos.

únicamente dio lugar a la incoación de un expediente (0,2%) orientado a la gestión de bienes[1858]. En 2022, la ORGA ingresó un total de 34.115.286,20€ -de los cuales más de 27 millones de euros proceden del efectivo embargado o incautado- y transfirió 5.239.082,11€ -principalmente, al Tesoro público (algo más de 2 millones de euros)[1859] y a los Juzgados para el abono de responsabilidades civiles, pecuniarias y costas (1.771.565,19€)-, dando un saldo total al final del ejercicio de 93.302.610,51€[1860].

1.3. El decomiso de los activos procedentes de la trata en la práctica jurisprudencial.

A pesar de sus virtualidades y de la amplitud con la que se halla regulado en nuestro ordenamiento jurídico -hasta el punto de haber generado dudas sobre su propia constitucionalidad[1861]-, los resultados arrojados por el análisis jurisprudencial realizado en el marco de esta investigación, referido al inicio de este capítulo, confirman que es escasamente aplicado en sede judicial. Solo se acordó en 28 de las 128 resoluciones analizadas (esto es, en el 21,9% de los casos), si bien en 3 de ellas se desconoce si este llegó a decretarse o no (7,8%).

1858 *Vid.* OFICINA DE RECUPERACIÓN Y GESTIÓN DE ACTIVOS: *Datos estadísticos 2022*, Ministerio de Justicia, Madrid, 2024, p. 10.

1859 Según la memoria publicada en relación al año 2019 -la última de la que se dispone- del dinero destinado en ese año al Tesoro como ingreso de derecho público, tras deducirse los gastos de funcionamiento y gestión de la ORGA, el 50% resultante quedó afecto a la satisfacción de los fines previstos en la disposición adicional sexta de la Ley de Enjuiciamiento Criminal (principalmente, proyectos de lucha contra la criminalidad organizada y de asistencia a las víctimas de delitos). Por lo que cabría esperar que lo mismo hubiera ocurrido con el importe destinado al Tesoro público los últimos años.

1860 *Vid. ibidem*, p. 25.

1861 *Vid.* nota a pie de página núm. 1798.

Analizando su prevalencia en función al número de sentencias condenatorias por TSH a lo largo de los años, comprobamos que su grado de aplicación es notablemente escaso, siendo 2017 el año en que mayormente se adoptó dicha medida en relación con el número de sentencias condenatorias (30,8%). Aun así, la evolución de las sentencias condenatorias por TSH que, a su vez, acuerdan el decomiso de los efectos intervenidos a los tratantes no arroja cifras especialmente esperanzadoras, atendiendo a su tímida tendencia creciente, como puede apreciarse en el siguiente gráfico.

Gráfico 5. Relación sentencias condenatorias por TSH que acuerdan el decomiso

Los resultados tampoco son especialmente ilusionantes si se analizan con mayor profundidad los elementos que fueron objeto de decomiso en las 28 sentencias referidas y su montante económico. El valor total de los bienes decomisados en las sentencias condenatorias por TSH en la última década se sitúa en 566.546,42 €[1862]. En cuanto al objeto del decomiso, a pesar de que en la mayoría de los casos (57,1%) se logra intervenir tanto dinero como otros efectos o bienes, el valor de los mismos suele

[1862] Debe señalarse que el valor real de la suma de los objetos decomisados en las resoluciones analizadas puede que sea ligeramente superior, puesto que en muchas de las sentencias se decomisan teléfonos móviles, pendrives e, incluso, ordenadores portátiles. Sin embargo, dado su escaso valor económico no consta la tasación de los mismos, ni por lo tanto su valor de mercado.

situarse por debajo de los 5.000€ (57,1%). Como puede apreciarse en la siguiente tabla, tan solo en 2 sentencias (7,1%) se logra decomisar importantes cuantías de alrededor de 150.000€ y 230.000€, respectivamente, a los tratantes[1863], resultados que se mostrarían más acordes con los supuestos beneficios que genera este delito[1864]. En las mismas ocasiones (7,1%), el decomiso no reporta valor económico alguno por confiscarse únicamente pasaportes falsos[1865]. Finalmente, puede apreciarse como el resultado más frecuente es decomisar activos por un valor inferior a 1.500€ que, generalmente, corresponden al efectivo que portaba el acusado en el momento de su detención.

Tabla 8. Objetos decomisados y su valor económico

Objeto decomisado	N	%
Documentación falsa	2	7,1%
Dinero en efectivo	7	25,0%
Dinero y efectos	16	57,1%
Desconocido	3	10,7%
	28	**100,0%**

Valor objetos decomisados	N	%
0	2	7,1%
≤1.500€	8	28,6%
≤5.000€	6	21,4%
≤25.000€	3	10,7%
≤55.000€	2	7,1%
≤250.000€	2	7,1%
desconocido	5	17,9%
	28	**100,0%**

En la lectura de las 28 resoluciones que aplican el decomiso se constata un cierto automatismo a la hora de acordarlo -obviamente, en los casos en que la acusación así lo ha solicitado- en

1863 Son los casos de las sentencias de la Audiencia Provincial de Madrid, núm. 34/2015, de 14 de abril y de la Audiencia Provincial de Asturias, núm. 11/2021, de 19 de enero.

1864 *Vid. supra,* Cap. I, epígrafe IV.

1865 Estos son los casos de las sentencias de la Audiencia Provincial de Madrid 528/2017, de 21 de diciembre y 587/2013, de 30 de diciembre.

tanto que el Tribunal se limita a decretar el decomiso reproduciendo, a lo sumo, la redacción del art. 127.1 CP, sin añadir ninguna otra argumentación jurídica[1866]. Así sucede en todas las sentencias analizadas, salvo en la SAP Madrid núm. 67/2017, de 3 de febrero. Dicha resolución dedica el último párrafo de su fundamento jurídico undécimo a resumir los principales postulados doctrinales y jurisprudenciales acerca de este mecanismo para terminar decretando el decomiso en relación con las cantidades dinerarias específicamente detalladas[1867].

1866 Así, la mayoría de las resoluciones analizadas carecen de una riqueza en su argumentación tanto fáctica como jurídica a la hora de decretar el decomiso, cuyo acuerdo en algunas ocasiones tiene lugar en apenas una frase en la que ni siquiera se refiere el precepto de aplicación, el motivo por el cual se adopta, ni los bienes que quedan afectados por el mismo. Esto contraviene el deber de fundamentación de la sentencia -que naturalmente también abarca el decomiso-, que no puede entenderse cumplido ante un razonamiento estandarizado y escueto. Haciendo acopio de la doctrina sentada por el Tribunal Supremo, se enumeran los requisitos necesarios para el acuerdo del decomiso en RODRÍGUEZ GARCÍA, N.: *El decomiso de los activos ilícitos, op. cit.*, pp. 142 y 143.

1867 Así, se aduce que: "*El comiso es considerado por la doctrina mayoritaria como un "tertium genus" de sanción penal teniendo una función neutralizadora o inocuizadora de la virtualidad delictiva que poseen ciertos bienes u objetos, o dicho de otra manera su finalidad es "impedir que con esos mismos bienes o instrumentos vuelva a cometerse infracciones penales, así como que se consolide la situación ilícita creada por el delito" (RUIZ DE ERENCHUN), entendiendo la jurisprudencia que estamos ante una consecuencia jurídica del delito (STS 7-7-2008), refiriéndose a la misma como "pena" (SSTS 18-6-2009 y 26-9-2008). El artículo 127.1 (en su redacción anterior a la L.O. 1/2015, de 30 de marzo) establece que toda pena que se imponga por un delito doloso llevará consigo la pérdida "de las ganancias provenientes del delito" , comiso de ganancias que viene a ser "una medida de no tolerancia de una ilícita situación patrimonial" (MAURACH) o una medida tendente a impedir un lucro ilícito (ZIPF), habiéndose pronunciado la jurisprudencia en el sentido de que la adopción del comiso (de ganancias) debe de ser solicitada por el Ministerio Fiscal (STS 17-3-2003), siendo así que en el presente caso, teniendo en cuenta que los 1.300 € intervenidos en la entrada y regis-*

Por otro lado, se ha advertido como las resoluciones analizadas se ciñen a ordenar el decomiso de los efectos hallados e intervenidos durante la práctica de la detención del acusado o de las entradas y registros, sin que se evidencie la realización de indagaciones adicionales o mayores esfuerzos para localizar, incautar y recuperar los activos delictivos. Sin embargo, la SAN núm. 1/2019, de 18 de febrero podría ser la excepción por cuanto dispone que "*se decretará el comiso de todos los efectos y dinero mencionados en el Segundo de los Hechos Probados, incluido el saldo embargado en las cuentas corrientes y plan de pensiones de los acusados, conforme consta en la pieza separada de investigación patrimonial*" (F.J. Quinto).

En definitiva, a pesar de los esfuerzos del legislador por fomentar la eficacia confiscatoria del decomiso a costa de poner en riesgo algunas garantías procesales, la potencial eficacia neutralizadora que ha demostrado tener esta institución en sede judicial es muy limitada. Así, a diferencia de lo que sucede en otros países como Francia[1868], dicha capacidad confiscatoria no tiene su reflejo en la práctica jurisprudencial española, donde, además de ser inusual su acuerdo o adopción, no logra recuperar gran parte de los beneficios derivados de esta actividad delictiva. Si bien no debe considerarse como la razón principal de tales déficits, debe recordarse que la operatividad del decomiso, según ha manifes-

---

tro realizada en el domicilio de la acusada Lorena , en fracciones de 20 €, y 10 €, que se encontraba oculto debajo del colchón de su habitación y que se correspondían con los apuntes contables reseñados en las libretas y cuadernos hallados en dicha vivienda, permiten inferir su ilícita procedencia (STS 7-7-2008), por lo que procede acordar el comiso de la referida cantidad". Aunque la argumentación jurídica se constriña a reproducir el art. 127 CP, el Tribunal también detalla los bienes objeto de decomiso en la SAP Madrid núm. 34/2015, de 14 de abril (F.J. Vigésimo sexto).

1868 Que asegura haber incautado a los condenados por trata de seres humanos activos por valor de 10.000.000€ durante 2018 y de 250.000.000€ en 2019. *Vid.* U.S. DEPARTMENT OF STATE: *Trafficking in Persons Report. June 2021, op. cit.*, p. 240.

tado la jurisprudencia, depende de su previa solicitud por parte del Ministerio Fiscal por exigencias del principio acusatorio. En este sentido, llama la atención la sentencia de la Audiencia Provincial de Madrid, núm. 498/2019, de 30 de septiembre que, ante la imposibilidad de acordar el decomiso por falta de petición del Fiscal, procede a acordar el embargo del dinero intervenido a los condenados para destinarlo al pago de las indemnizaciones resultantes. Por el contrario, en la SAP Madrid núm. 33/2021, de 5 de abril, el Tribunal deniega el decomiso solicitado tanto por el Fiscal como por la acusación particular en relación con el dinero hallado durante los registros domiciliarios al no haber constancia del origen ilícito de dichos bienes. Se opta así por acodar su embargo y aplicarlo al pago de las costas (F.J. Noveno).

2. La sanción pecuniaria o pena de multa.

Probablemente, la pena con dimensión económico-patrimonial más conocida sea la sanción pecuniaria o multa, regulada en los artículos 50 y ss. del Código Penal. A pesar de ser generalmente considerada como pena menos grave, la multa tiene una valiosa capacidad confiscatoria indirecta, especialmente el sistema de multa proporcional contemplado en el artículo 52 CP. Sin embargo, y a pesar de ser la modalidad de pena mayormente impuesta por nuestros tribunales penales en 2021[1869], no goza de especial atención en el ámbito doctrinal siendo que los estudios sobre esta suelen centrarse en las consecuencias de su impago, que pueden suponer el encarcelamiento del obligado[1870].

1869 De acuerdo con los datos del Instituto Nacional de Estadística se habrían impuesto un total de 257.411 sanciones pecuniarias (55%), frente a las 141.066 penas privativas de libertad, 58.612 penas de trabajo en beneficio de la comunidad y 5.649 penas de localización permanente.

1870 Considera que esa "invisibilidad" de la multa obedece a la menor afectación que esta supone en la esfera de derechos del sujeto obligado al pago de la misma. Esto contrasta especialmente con el interés que

Se han señalado como principales ventajas de las sanciones pecuniarias su menor aflicción a la esfera de derechos del condenado que, además de no padecer importantes restricciones -como las generadas por las penas privativas de libertad o de derechos- puede seguir inmerso en su círculo social y familiar, desarrollando su vida con cierta normalidad, lo que genera menos efectos peyorativos o degradantes para el sujeto[1871]. Además, desde un punto de vista pragmático, la pena de multa, lejos de suponer un coste significativo para las arcas públicas -como sí lo son las penas de reclusión-, generan ingresos para el Estado[1872].

Sin perjuicio de lo anterior, esta pena también adolece de importantes inconvenientes relacionados con las situaciones de ineficacia y de desigualdad a las que puede dar lugar. El caso es

---

siempre han generado las penas privativas de libertad, especialmente en los últimos años en los que se ha constatado una tendencia punitiva exacerbada. *Vid.* BLAY GIL, E.: "A vueltas con la multa. De la relativa invisibilidad de la pena de multa y de las razones para que se investigue sobre ella", *Indret*, vol. 2022, nº 4, 2022, pp. viii-xii. En idéntico sentido crítico se pronuncia al respecto de la falta de interés por la multa COCA VILA, I.: "La pena de multa en serio. Reflexiones sobre su dimensión y aseguramiento aflictivos a través del delito de quebrantamiento de condena (art. 468 CP)", *Indret*, vol. 2021, nº 3, 2021, p. 72.

1871 En contraposición, COCA VILA propone el castigo de delitos graves mediante el sistema de días multa entendiendo que las sanciones pecuniarias "*menoscaban una de las dimensiones más significativas de la libertad individual*", esto es, "*la capacidad de consumo*", repercutiendo así en el nivel o estándar de vida del condenado durante el tiempo que dure la condena. *Vid.* COCA VILA, I.: "La pena de multa en serio. Reflexiones sobre su dimensión y aseguramiento aflictivos a través del delito de quebrantamiento de condena (art. 468 CP)", *Indret, op. cit.*, pp. 75 y 78.

1872 En este sentido, *vid.* MUÑOZ CONDE, F. y GARCÍA ARÁN, M.: *Derecho Penal. Parte General (5ª Edición), op. cit.*, p. 539; ROCA AGAPITO, L.: *El sistema de sanciones en el Derecho penal español*, JM Bosch Editor, Barcelona, 2007, pp. 267 ss.; CARDENAL MONTRAVETA, S.: *La pena de multa. Estudio sobre su justificación y la determinación de su cuenta*, Marcial Pons, Madrid, 2020, pp. 30 ss.

que la pena de multa no afectaría por igual a todos los sujetos, resultando más gravosa para aquellos que dispongan de medios económicos más limitados, especialmente cuando, no pudiendo cumplir con su pago, pueda acabar haciendo frente a una pena de prisión[1873]. Por el contrario, para aquellos que gocen de una situación socioeconómica más acomodada, la sanción pecuniaria puede perder eficacia en su función preventiva. Este aspecto es especialmente preocupante cuando atañe a determinadas empresas que, en lugar de asumir los costes que les generaría la adopción de medidas de seguridad que permitieran evitar la comisión de ciertos ilícitos, prefieren afrontar el pago de la eventual multa por resultarles más rentable[1874]. Por último, la sanción pecuniaria podría poner en entredicho el principio de personalidad de la pena en tanto que ese gravamen económico sobre el sujeto puede afectar directa o indirectamente, por ejemplo, al sustento familiar[1875].

2.1. Los sistemas de multa previstos en el Código penal español.

Con el fin de mitigar esa posible disfunción en cuanto al principio de igualdad, se adopta el sistema de días-multa. De hecho, este parece ser el sistema preferente, pues a tenor de lo dispuesto

---

1873 Al respecto, países como Italia optaron por declarar inconstitucional la sustitución del impago de la multa por el arresto del condenado estableciéndose en su lugar un período de "libertad controlada".

1874 *Vid.* MUÑOZ CONDE, F. y GARCÍA ARÁN, M.: Derecho Penal. Parte General (5ª Edición), *op. cit.*, p. 539.

1875 *Vid. ibidem.* A fin de evitar que sean otros sujetos ajenos al condenado -normalmente sus familiares o amigos- quienes absorban el impacto de la multa, hay quien propone en estos casos valorar la renuncia a la ejecución de la multa, del mismo modo que renuncia el Estado a castigar al inocente en virtud del principio *in dubio pro reo.* En este sentido, COCA VILA, I.: "La pena de multa en serio. Reflexiones sobre su dimensión y aseguramiento aflictivos a través del delito de quebrantamiento de condena (art. 468 CP)", *Indret, op. cit.*, p. 81.

por el art. 50.2 CP, "*la pena de multa se impondrá, salvo que la Ley disponga otra cosa, por el sistema de días-multa*". La virtualidad de este sistema es que permite una mayor individualización de la pena de multa gracias a su sujeción a un doble baremo estipulado en el art. 50.5 CP. En virtud de este, el Tribunal determinará la extensión de la multa -esto es, el número de cuotas a abonar[1876]- según el marco penológico fijado por el delito de que se trate y en atención a la gravedad del hecho y la culpabilidad del autor. A continuación, el Tribunal decidirá la magnitud -o el importe de cada cuota[1877]- "*teniendo en cuenta para ello exclusivamente la situación económica del reo, deducida de su patrimonio, ingresos, obligaciones y cargas familiares y demás circunstancias personales del mismo*". Según MÚÑOZ CONDE y GARCÍA ARÁN, este sería el sistema más equitativo y acorde con el principio de igualdad ante la ley pues permite fijar una misma extensión de pena a todos aquellos ilícitos que revistan igual gravedad -y, por tanto, tratar igual casos iguales-, adecuando el importe de las cuotas a las circunstancias personales de cada individuo -tratando de forma desigual situaciones dispares-[1878].

Por otro lado, se encuentra el enunciado sistema de multa proporcional que, al establecerse en proporción al daño causado, al valor del objeto del delito o al beneficio reportado por el mismo, este tipo de multa se erige como una herramienta requisitoria eficaz frente a aquellas conductas delictivas capaces de generar importantes beneficios, como el caso que aquí nos ocupa. Así, se prevé en varios delitos como el tráfico de órganos

---

1876 Que, para las personas físicas, deberán oscilar entre un mínimo de diez días y un máximo de dos años; y para las personas jurídicas, tendrán una extensión de hasta cinco años (art. 50.3 CP).

1877 Dicha cuota diaria para las personas físicas será de un mínimo de 2€ y un máximo de 400€; cantidades que escalan hasta los 30€ de mínima y los 5.000€ de máxima en el caso de los entes jurídicos (art. 50.4 CP).

1878 *Vid.* MUÑOZ CONDE, F. y GARCÍA ARÁN, M.: *Derecho Penal. Parte General (5ª Edición), op. cit.*, p. 541.

(art. 156 *bis* 7 CP), los delitos relativos a la prostitución (art. 189 *ter* CP), el delito de estafa (art 251 bis CP), de corrupción en los negocios (art. 286 *bis*) o el delito de blanqueo de capitales (art. 301 CP), por citar algunos. En este sentido, TRILLO defiende la imposición de la multa proporcional como co-pena en función del valor o los beneficios obtenidos aplicable a todos los delitos que conlleven un aprovechamiento patrimonial ilícito, sirviendo la multa como instrumento indirecto de confiscación[1879].

El impago -voluntario o por vía de apremio- de cualquiera de estas multas dará lugar a la llamada responsabilidad personal subsidiaria que se prevé expresamente en el art. 53 CP. En este sentido, cada dos cuotas diarias impagadas equivaldrán a un día de privación de libertad. Aunque, el juez también podrá optar por acordar que la responsabilidad subsidiaria se cumpla mediante trabajos en beneficio de la comunidad. Idénticas medidas se prevén en relación con el impago de la multa proporcional, aunque en este caso la determinación de la pena de reclusión o de trabajos en beneficio de la comunidad -que no podrá exceder de un año de duración- se deja al prudente arbitrio del tribunal (art. 53.2 CP). Igualmente se contempla la consecuencia aparejada al incumplimiento de dicha obligación de pago por parte de las personas jurídicas, que serán intervenidas por orden del tribunal hasta la satisfacción completa de la cantidad adeudada. Además, a estos entes corporativos se les permite el fraccionamiento del pago de la multa por un período de hasta 5 años a fin de no comprometer su supervivencia o el mantenimiento de sus puestos de trabajo, o cuando el interés general así lo aconseje (art. 53.4 CP)[1880].

1879 *Vid.* Trillo Navarro, J. P.: *Delitos económicos. La respuesta penal a los rendimientos de la delincuencia organizada, op. cit.*, p. 150.

1880 Esa misma precaución se prevé en relación con las personas físicas, pues tanto el art. 51 CP -en relación con el sistema de días-multa- como el art. 52.3 CP -en relación con la multa proporcional- admite la modulación del importe de la sanción impuesta cuando se constate un cambio en la situación económica del penado que así lo aconseje.

2.2. La pena de multa en relación con el delito de trata de seres humanos.

En lo que al delito de trata se refiere, el artículo 177 *bis* 7 CP prevé la pena de multa como sanción a este tipo de conductas optando por el sistema de multa proporcional, concretamente del triple al quíntuple del beneficio obtenido[1881].

Cabe recordar que otros Estados como Países Bajos o Francia ya contemplan, junto a las correspondientes penas privativas de libertad, penas de multa por la comisión de este delito. Mientras que en el caso neerlandés se prevé una multa de quinta categoría (equivalente en 2024 a un máximo de 103.000€ y aplicable tanto a personas físicas como jurídicas) como pena alternativa a la prisión en el tipo básico –art. 273f del *Wetboek van Strafrecht*–; en Francia, la multa se impone conjuntamente con la pena privativa de libertad y su montante oscila entre los 150.000€ para el tipo básico y los 4.500.000€ para los casos más graves de TSH (arts. 225-4 y ss. *Code Pénal*).

Este no es el caso, sin embargo, del Código Penal español, que únicamente prevé la imposición de multa en supuestos de trata cuando el delito es cometido por una persona jurídica, como posteriormente se expondrá, dejando el legislador escapar la oportunidad de neutralizar y sancionar ese enriquecimiento injusto experimentado por los tratantes que son personas físicas[1882]. Esto

---

1881 Sanción que se consideró inicialmente acertada por autores como VILLACAMPA o DAUNIS. *Vid.* VILLACAMPA ESTIARTE, C.: *El delito de trata de seres humanos. Una incriminación dictada desde el derecho internacional, op. cit.*, p. 471; DAUNIS RODRÍGUEZ, A.: *El delito de trata de seres humanos, op. cit.*, p. 165. A *sensu contrario*, GARCÍA SEDANO considera inadecuada la previsión de la pena de muta en estos supuestos por considerar que la trata per se no genera beneficios, sino que estos derivan de la posterior explotación de la víctima. *Vid.* GARCÍA SEDANO, T.: *El delito de trata de seres humanos: el artículo 177 bis del Código Penal, op. cit.*, p. 133.

1882 *Vid.* TORRES FERRER, C.: "Aproximación a la trata de seres humanos desde su consideración como delito económico", en VILLACAMPA

a pesar de que el recurso a la multa proporcional junto a la pena privativa de libertad constituye un mecanismo tradicionalmente empleado para propiciar dicho efecto confiscatorio en delitos que suelen reportar sustanciosas ganancias, como la falsificación de moneda (art. 386 CP) o el tráfico de drogas (art. 368 CP). En este sentido, resulta especialmente ilustradora la sentencia de la Audiencia Provincial de Oviedo núm. 5/2019, de 11 de enero, en la que dos de los condenados deben afrontar multas por importes de 22.680€, 1.260€ y 500.000€ cada uno por constituir los hechos, además de un delito de TSH, los delitos de prostitución coactiva[1883], contra los derechos de los trabajadores[1884] y blanqueo de capitales[1885], respectivamente, que sí contemplan la imposición de pena de multa -ya sea proporcional o según el sistema días-multa-.

ESTIARTE, C. (Dir.), *La trata de seres humanos tras un decenio de su incriminación. ¿Es necesaria una ley integral para lucha contra la trata y la explotación de seres humanos?*, *op. cit.*, p. 675; TORRES FERRER, C.: "La trata de seres humanos como criminalidad económica: análisis jurisprudencial", *Anuario de Derecho Penal y Ciencias Penales*, *op. cit.*, p. 386.

1883 Así, mientras la determinación coactiva a la prostitución se sanciona con pena de prisión de dos a cinco años y multa de doce a veinticuatro meses, quien se lucra de dicha situación de explotación debe hacer frente a una multa de igual cuantía, además de a la pena de prisión de dos a cuatro años (art. 187 CP).

1884 Concretamente, entre los delitos contra los trabajadores pueden hallarse varios supuestos en los que el responsable penal deberá hacer frente a penas cumulativas de prisión y de multa. Por ejemplo, el tipo básico del art. 311 CP, junto a la pena privativa de libertad correspondiente, prevé la pena de multa de seis a doce meses; contempla también esa misma sanción el art. 312 CP para aquellos que traficaren con mano de obra ilegal o para los que favorecieren la emigración de una persona a otro país simulando un contrato o mediante engaño semejante (art. 313 CP).

1885 En estos casos, se opta también por la adopción del sistema de multa proporcional castigándose dichas conductas -en relación con el tipo básico del art. 301 CP- con pena de multa del tanto al triple del valor de los bienes blanqueados, sin perjuicio de la pena de prisión correspondiente.

En cualquier caso, esa vinculación exclusiva de la multa con las personas jurídicas declaradas penalmente responsables en los casos de TSH obliga a analizar su aplicabilidad en la práctica jurisprudencial de forma conjunta con su responsabilidad criminal, en el subepígrafe siguiente.

3. La responsabilidad de las personas jurídicas frente al delito de trata de seres humanos.

Teniendo en cuenta la creciente intervención de personas jurídicas en este proceso esclavizador, muchas veces mediante la creación de sociedades pantalla destinadas a ocultar el origen de estas ganancias ilícitas o como consecuencia de los procesos de externalización de la producción y subcontratación a los que recurren muchas corporaciones[1886], se hace evidente la necesidad de responsabilizar a los entes jurídicos. Esto por beneficiarse de ciertas situaciones de TSH que se dan, por ejemplo, en las cadenas de suministro de algunas empresas –especialmente del sector agrícola, alimentario y textil-[1887].

1886 Supuestos que dan lugar a lo que CIGÜELA SOLA y ORTÍZ DE URBINA identifican como irresponsabilidad organizada a la que da lugar la actual especialización y división del trabajo que caracteriza la empresa contemporánea. En este sentido, el control total de los procesos y actividades escapan al control de los individuos que integran el ente, difuminando las responsabilidades y dificultando el ejercicio de la acción penal. *Vid.* Cigüela Sola, J. y Ortiz de Urbina Gimeno, Í.: "La responsabilidad penal de las personas jurídicas: fundamentos y sistema de atribución", en Silva Sánchez, J.M. (dir.), *Lecciones de Derecho Penal Económico y de la Empresa. Parte general y especial, op. cit.*, pp. 75 y 76.

1887 Por todos, *vid.* U.S. Department of State: *Trafficking in Persons Report. June 2021, op. cit.*, p. 36; United Nations Office On Drugs And Crime (UNODC): *Global Report on Trafficking in Persons 2020, op. cit.*, pp. 9, 69 y ss.; U.S. Department of State: *Trafficking in Persons Report. June 2021, op. cit.*, p. 114; Van Buren, H.J., Schrempf-Stirling, J. y Westermann-

3.1. El sistema de responsabilidad de los entes jurídicos en el ordenamiento español.

3.1.1. El reconocimiento de responsabilidad penal a los entes jurídicos por la Ley Orgánica 5/2010.

En España, como ya se ha anunciado en líneas precedentes, se reconoce la responsabilidad penal de las personas jurídicas[1888] (en adelante, RPPJ) en el artículo 31 *bis* CP, a raíz de la reforma operada por la Ley Orgánica 5/2010, de 22 de junio. Previamente, ya se contemplaban una serie de consecuencias accesorias en el anterior artículo 129 CP -en su versión anterior a la referida reforma-[1889], además de la responsabilidad solidaria de las personas

---

Behaylo, M.: "Business and Human Trafficking: A Social Connection and Political Responsibility Model", *Business & Society, op.cit.*, p. 342.

1888 Principalmente, de las personas jurídico-privadas de Derecho civil y mercantil y determinadas personas jurídico-públicas, quedando expresamente excluidos el Estado, las Administraciones públicas, los Organismos Reguladores, las Agencias y Entidades públicas Empresariales, las organizaciones internacionales de derecho público y aquellas otras que ejerzan potestades públicas de soberanía o administrativas, de acuerdo con el artículo 31 *quinquies* CP. Inicialmente, también los partidos políticos y los sindicatos quedaron al margen del ámbito de aplicación del art. 31 *bis* CP, aunque este aspecto se subsanó tras la aprobación de la LO 7/2012, de 27 de diciembre.

1889 Dicho artículo rezaba: "*1. El juez o tribunal, en los supuestos previstos en este Código, y sin perjuicio de lo establecido en el artículo 31 del mismo, previa audiencia del ministerio fiscal y de los titulares o de sus representantes legales podrá imponer, motivadamente, las siguientes consecuencias:*
a) Clausura de la empresa, sus locales o establecimientos, con carácter temporal o definitivo. La clausura temporal no podrá exceder de cinco años.
b) Disolución de la sociedad, asociación o fundación.
c) Suspensión de las actividades de la sociedad, empresa, fundación o asociación por un plazo que no podrá exceder de cinco años.
d) Prohibición de realizar en el futuro actividades, operaciones mercantiles o negocios de la clase de aquellos en cuyo ejercicio se haya cometido, favorecido o

jurídicas en el pago de la multa impuesta a la persona física autora del delito -prevista en el suprimido apartado 2 del art. 31 CP-[1890].

Sin aludir a razones que justifiquen la necesidad real de reconocer a los entes jurídicos responsabilidad de tipo penal[1891], el legislador se limita a justificar la adopción de dicho régimen en base a que "*numerosos instrumentos jurídicos internacionales demandan una respuesta penal clara para las personas jurídicas, sobre todo en aquellas figuras delictivas donde la posible intervención de las mismas se hace más evidente*", explicitándose en particular los supuestos de trata o de blanqueo de capitales, entre otros[1892]. Sin embargo,

---

encubierto el delito. Esta prohibición podrá tener carácter temporal o definitivo. Si tuviere carácter temporal, el plazo de prohibición no podrá exceder de cinco años.
e) La intervención de la empresa para salvaguardar los derechos de los trabajadores o de los acreedores por el tiempo necesario y sin que exceda de un plazo máximo de cinco años.
2. La clausura temporal prevista en el subapartado a) y la suspensión señalada en el subapartado c) del apartado anterior, podrán ser acordadas por el Juez Instructor también durante la tramitación de la causa.
3. Las consecuencias accesorias previstas en este artículo estarán orientadas a prevenir la continuidad en la actividad delictiva y los efectos de la misma". Tras la referida reforma, dicho precepto establece el régimen sancionatorio de las entidades sin personalidad jurídica, remitiéndose para ello a las penas previstas para las personas jurídicas en los apartados c) a g) del art. 33.7 CP. Consecuentemente, a los entes sin personalidad jurídica les son aplicables las mismas sanciones que a las personas jurídicos, salvo la pena de multa y de disolución.

1890 Dicho precepto, eliminado por la misma LO 5/2010, establecía que "*si se impusiere en sentencia una pena de multa al autor del delito, será responsable del pago de la misma de manera directa y solidaria la persona jurídica en cuyo nombre o por cuya cuenta actuó*".

1891 *Vid.* FERNÁNDEZ TERUELO, J.G.: "La responsabilidad penal de las personas jurídicas", en BUSTOS RUBIO, M. y ABADÍAS SELMA, A. (Dirs.), *Una década de reformas penales. Análisis de diez años de cambios en el código penal (2010-2020)*, JM Bosch Editor, Barcelona, 2020, p. 72.

1892 Así, se hace referencia expresa a la corrupción en el sector privado, en las transacciones comerciales internacionales, pornografía y

como han apuntado varias voces en la doctrina[1893], este modelo de responsabilidad no resultaba preceptivo, pues las obligaciones supranacionales se ciñen a exigir la imposición de sanciones "*efectivas, proporcionadas y disuasorias*" que no necesariamente deben ser de índole penal. Prueba de esto es que, como ha tenido ocasión de analizarse[1894], otros países de nuestro entorno jurídico -sujetos, además, a las mismas obligaciones- han optado por otros modelos alternativos, como el alemán -de tipo administrativo-[1895]. De hecho, así lo reconoce también el CGPJ en su informe de 26 de febrero de 2009 al Anteproyecto de Ley Orgánica por la que se modifica el Código Penal al establecer que los "*instrumentos comunitarios no obligan a una respuesta específicamente penal a la intervención de personas jurídicas en los ámbitos delictivos más preocupantes*".

---

prostitución infantil, trata de seres humanos, blanqueo de capitales, inmigración ilegal, ataques a sistemas informáticos.

1893 Ampliamente sobre esta cuestión, *vid.* FERNÁNDEZ TERUELO, J.G.: "Regulación vigente: exigencias legales que permiten la atribución de responsabilidad penal a la persona jurídica y estructura de imputación: art. 31 bis 1, art. 31 ter y art. 31 quinquies", CORTÉS BECHIARELLI, E., DE LA MATA BARRANCO, N.J. y JUANES PECES, A. (Coords.), *Memento Experto Responsabilidad Penal y Procesal de las Personas Jurídicas*, Francis Lefebre, Madrid, 2015, marginal 312; ABEL SOUTO, M.: "Antinomias de la reforma penal de 2015 sobre programas de prevención que eximen o atenúan la responsabilidad criminal de las personas jurídicas", en MATALLÍN EVANGELIO, A. (Dir.), *Compliance y prevención de delito de corrupción*, Tirant lo Blanch, Valencia, 2018, pp. 14 y 15.

1894 *Vid. supra*, Cap. III, epígrafe III, apartado 2.

1895 De hecho, no se ha demostrado que la vía penal deba ser preferente frente a la administrativa, ni que aquella reporte mayores beneficios que compensen los costes aparejados al proceso penal frente al de otras alternativas sancionatorias. *Vid.* Cigüela Sola, J. y Ortiz de Urbina Gimeno, Í.: "La responsabilidad penal de las personas jurídicas: fundamentos y sistema de atribución", en Silva Sánchez, J.M. (dir.), *Lecciones de Derecho Penal Económico y de la Empresa. Parte general y especial*, *op. cit.*, p. 77.

En su configuración inicial, adoptando un sistema de atribución de RPPJ predominantemente vicarial o de hetero-responsabilidad[1896], esta responsabilidad afloraba cuando determinados sujetos (principalmente, los directivos o sus empleados) cometían ciertos delitos catalogados (*numerus clausus*) y se cumplían determinadas condiciones (principalmente, que actuaran en nombre o por cuenta de la entidad y en su provecho o en el ejercicio de actividades sociales), como a continuación se desarrollará.

Concretamente, el modelo español únicamente atribuye responsabilidad a los entes jurídicos por aquellos delitos cometidos en su beneficio -directo o indirecto-[1897] por determinados

---

1896 Según este modelo, también conocido como "indirecto" o "de transferencia", se responsabiliza a la persona jurídica por los hechos delictivos perpetrados por la persona física, siempre que esta actúe en nombre y provecho de aquella y ostente una determinada posición dentro del ente jurídico o corporación. Por el contrario, el modelo de autorresponsabilidad, también llamado "de culpabilidad" o "de responsabilidad directa", entiende que la persona jurídica responde por hechos propios, por hechos delictivos que ella misma comete. Aunque también admite que sus integrantes puedan cometer delitos por nombre y cuenta de la corporación, para que esta resulte responsable se exige un injusto propio de la persona jurídica como, por ejemplo, un defecto organizativo o la falta de medidas de vigilancia y control. También se habla de modelos mixtos, que, según CIGÜELA SOLA y ORTIZ DE URBINA, son aquellos en los que, "*partiendo de la dependencia ineludible de la persona jurídica respecto de sus integrantes (elemento de hetero-responsabilidad), se intenta fundamentar y hacer operativa la atribución de la responsabilidad a partir de los elementos que caracterizan a la persona jurídica como organización colectiva: su defecto organizativo y su cultura corporativa (elemento de auto-responsabilidad)*". *Vid.* Cigüela Sola, J. y Ortiz de Urbina Gimeno, Í.: "La responsabilidad penal de las personas jurídicas: fundamentos y sistema de atribución", en Silva Sánchez, J.M. (dir.), *Lecciones de Derecho Penal Económico y de la Empresa. Parte general y especial*, *op. cit.*, p. 78.

1897 Aunque sin que sea necesario que el mismo se materialice, siendo suficiente con que la conducta sea idónea para producir ese resultado, tal y como dispone la Fiscalía General del Estado en su Circular 1/2016.

individuos, estableciéndose al respecto una doble vía de imputación[1898]. Así, los sujetos que pueden desencadenar la RPPJ por esta primera vía son los representantes legales o directivos –esto es, aquellos que ostenten una "*leading position*"- que cometen el ilícito en nombre o por cuenta de la persona jurídica; mientras que la segunda vía se refiere a las conductas delictivas cometidas por alguno de sus empleados en el ejercicio de actividades sociales y que, por tanto, evidencian un incumplimiento de los deberes de supervisión, vigilancia y control que el ente corporativo debió adoptar para evitar la comisión del hecho delictivo.

Sin perjuicio de lo anterior, cabe recordar que las responsabilidades derivadas de la persona física y de la jurídica no son excluyentes, sino cumulativas. Así, la RPPJ es independiente y autónoma a la de la persona natural[1899], hasta el punto de que, para que aflore la responsabilidad del ente jurídico, no será necesaria la individualización de la persona física que ha cometido

---

Se ha defendido también la necesidad de interpretar este requisito en el sentido que la persona física busque beneficiar al ente jurídico aunque este no se su único o principal objetivo, pudiendo tratarse asimismo de beneficios intangibles, por ejemplo, ligados a la reputación. En este sentido, *Vid.* Cigüela Sola, J. y Ortiz de Urbina Gimeno, Í.: "La responsabilidad penal de las personas jurídicas: fundamentos y sistema de atribución", en Silva Sánchez, J.M. (dir.), *Lecciones de Derecho Penal Económico y de la Empresa. Parte general y especial, op. cit.*, p. 85.

1898 *Vid.* GONZÁLEZ CUSSAC, J.L.: *Responsabilidad penal de las personas jurídicas y programas de cumplimiento*, Tirant lo Blanch, Valencia, 2020, pp. 163 y ss.

1899 Así lo establece el Tribunal Supremo en sus sentencias núm. 516/2016, de 13 de junio o 455/2017, de 21 de junio, entre otras. Sin embargo, NEIRA PENA y RODRÍGUEZ GARCÍA advierten de la relatividad de dicha autonomía, en tanto que la ausencia del hecho base o la consideración del hecho como atípico o antijurídico en el proceso seguido contra la persona física, conllevará que la persona jurídica tampoco responda penalmente. *Vid.* NEIRA PENA, A.M y RODRÍGUEZ GARCÍA, N.: "España", en RODRÍGUEZ GARCÍA, N. (Dir.), *Tratado angloamericano sobre compliance penal*, Tirant lo Blanch, Valencia, 2021, p. 438

el delito, ni que se haya dirigido el procedimiento penal contra ella, incluso aunque hubiera fallecido o se hubiera sustraído a la acción de la justicia, tal y como establece el artículo 31 *ter* CP[1900]. Para FERNÁNDEZ TERUELO dicha disposición es una manifestación de la voluntad del legislador de sancionar "al menos" al ente jurídico cuando no sea posible identificar a los autores materiales, reconociendo implícitamente el fracaso del sistema penal a la hora de castigar a determinado tipo de delincuentes[1901].

Sea como fuere, la RPPJ en España está circunscrita a la comisión de determinados delitos taxativamente establecidos en el Código Penal -adoptándose con esto un sistema de *numerus clausus* incriminatorio- que, principalmente, guardan relación con los delitos societarios y económicos, de corrupción y los ilícitos asociados a la delincuencia organizada[1902].

[1900] Y ha confirmado el Tribunal Supremo en su sentencia 742/2018, de 7 de febrero.

[1901] *Vid.* FERNÁNDEZ TERUELO, J.G.: "La responsabilidad penal de las personas jurídicas", en BUSTOS RUBIO, M. y ABADÍAS SELMA, A. (Dirs.), *Una década de reformas penales. Análisis de diez años de cambios en el código penal (2010-2020), op. cit.*, p. 76.

[1902] *Vid.* CIGÜELA SOLA, J. y ORTIZ DE URBINA GIMENO, Í.: "La responsabilidad penal de las personas jurídicas: fundamentos y sistema de atribución", en SILVA SÁNCHEZ, J. M. (dir.), *Lecciones de Derecho Penal Económico y de la Empresa. Parte general y especial, op. cit.*, p. 86. Concretamente, los delitos susceptibles de hacer aflorar la responsabilidad del ente jurídico son: el tráfico ilegal de órganos, la trata de seres humanos, delitos relativos a la prostitución y a la corrupción de menores, descubrimiento y revelación de secretos, estafa, frustración de la ejecución, insolvencias punibles, daños informáticos, delitos relativos a la propiedad intelectual e industrial, al mercado y a los consumidores y corrupción en los negocios, blanqueo de capitales, financiación ilegal de partidos políticos, delitos contra la Hacienda pública y contra la Seguridad Social, delitos contra los derechos de los ciudadanos extranjeros, delitos contra la ordenación del territorio y urbanismo cometidos por particulares, delitos contra los recursos naturales y el medio ambiente, vertidos con materiales o radiaciones

En el sistema de responsabilidad establecido en 2010 no se preveía cláusula alguna de exención de responsabilidad. Sin embargo, sí se contemplaban hasta cuatro atenuantes específicas[1903]. De estas se destaca "*la adopción de medidas eficaces para prevenir y descubrir los delitos que en el futuro pudieran cometerse con los medios o bajo la cobertura de la persona jurídica*", por cuanto comporta que, ya desde un primer momento, la existencia de un adecuado *compliance program*[1904] debía ser objeto de valoración penal[1905].

---

ionizantes, delitos de riesgo provocados por explosivos y otros agentes, delitos contra la salud pública, falsificación de moneda, tarjetas de crédito, débito y cheques de viaje, cohecho, tráfico de influencias, malversación de caudales públicos, delitos de incitación al odio, a la discriminación o la violencia, y, finalmente, delitos de terrorismo.

1903 Así, el art. 31 *bis* (en su redacción de 2010) establecía: "*Sólo podrán considerarse circunstancias atenuantes de la responsabilidad penal de las personas jurídicas haber realizado, con posterioridad a la comisión del delito y a través de sus representantes legales, las siguientes actividades:*
a) Haber procedido, antes de conocer que el procedimiento judicial se dirige contra ella, a confesar la infracción a las autoridades.
b) Haber colaborado en la investigación del hecho aportando pruebas, en cualquier momento del proceso, que fueran nuevas y decisivas para esclarecer las responsabilidades penales dimanantes de los hechos.
c) Haber procedido en cualquier momento del procedimiento y con anterioridad al juicio oral a reparar o disminuir el daño causado por el delito.
d) Haber establecido, antes del comienzo del juicio oral, medidas eficaces para prevenir y descubrir los delitos que en el futuro pudieran cometerse con los medios o bajo la cobertura de la persona jurídica".

1904 Aunque también puede llamarse programa de cumplimiento, modelo de prevención, modelo de organización y gestión de riesgos o sistema de prevención de riesgos.

1905 *Vid.* FERNÁNDEZ TERUELO, J.G.: "La responsabilidad penal de las personas jurídicas", en BUSTOS RUBIO, M. y ABADÍAS SELMA, A. (Dirs.), *Una década de reformas penales. Análisis de diez años de cambios en el código penal (2010-2020), op. cit.*, p. 68.

3.1.2. La reforma del sistema de RPPJ por la Ley Orgánica 1/2015 y la implementación de modelos de organización y gestión empresarial.

Debe decirse que la naturaleza jurídica del sistema de atribución elegido por el legislador español fue y sigue siendo muy discutida a nivel doctrinal y jurisprudencial. De hecho, la reforma operada por la Ley Orgánica 1/2015, de 30 de marzo, que pretendía *"poner fin a las dudas interpretativas que había planteado la anterior regulación, que desde algunos sectores había sido interpretada como un régimen de responsabilidad vicarial"*, tampoco logró acabar con ese debate[1906].

Precisamente en los aún escasos pronunciamientos judiciales sobre RPPJ dictados por los tribunales españoles, la naturaleza jurídica de este modelo de responsabilidad ha sido una de las cuestiones que ha despertado mayor interés. En este sentido, el Tribunal Supremo parece haberse decantado por la asunción de un modelo de autorresponsabilidad[1907], a tenor de los dispuesto

---

1906 En ese sentido, *vid.* FERNÁNDEZ TERUELO, J.G.: "La responsabilidad penal de las personas jurídicas", en BUSTOS RUBIO, M. y ABADÍAS SELMA, A. (Dirs.), *Una década de reformas penales. Análisis de diez años de cambios en el código penal (2010-2020), op. cit.*, p. 70. De hecho, el autor señala que la fórmula de imputación acuñada por el legislador español se deriva, incluso con traducciones literales, de la traslación del art. 5 del Decreto Legislativo italiano núm. 231, de 8 de julio de 2001, relativo a la *disciplina della responsabilità adminisrativa delle persone giuridiche.* Afirma también que los arts. 6 y 7 del referido Decreto legislativo han sido también incorporados por nuestro legislado al configurar los requisitos del programa de prevención de delitos (pp. 70 y 71).

1907 Se muestra sorprendido con tal posicionamiento FERNÁNDEZ TERUELO, por cuanto ante la proclama del Alto Tribunal de que nos hallamos frente a un modelo de autorresponsabilidad -que requiere la acreditación por parte de la acusación de un defecto de organización-, en la práctica se aprecia un cierto automatismo en la determinación de la RPPJ cuando se constata que el delito ha sido cometido en nombre y/o beneficio de la sociedad. Entiende el autor que esto obedece al carácter instrumental o unipersonal que suelen ostentar la mayoría de sociedades sobre las que ha recaído condena por el momento, puesto

en sus sentencias núm. 154/2016, de 29 de febrero[1908] o núm. 221/2016, de 16 de marzo. Entiende, pues, el Alto Tribunal que la comisión de un delito por parte de una persona física no se traduce necesariamente en la comisión de un delito corporativo por parte del ente jurídico, siendo indispensable la acreditación de un defecto estructural de la persona jurídica en sus mecanismos de prevención y control[1909]. En este sentido, la referida sentencia del Tribunal Supremo núm. 154/2016, de 29 de febrero, defiende "*la ausencia de una cultura de respeto al Derecho manifestada en formas con-*

---

que ante tales supuestos carece de sentido examinar la presencia o no de un compromiso con la legalidad. *Vid.* FERNÁNDEZ TERUELO, J.G.: "La responsabilidad penal de las personas jurídicas", en BUSTOS RUBIO, M. y ABADÍAS SELMA, A. (Dirs.), *Una década de reformas penales. Análisis de diez años de cambios en el código penal (2010-2020), op. cit.*, p. 81. Por su lado, CIGÜELA y ORTÍZ DE URBINA entienden que el "nuevo" sistema de RPPJ implementado por el legislador de 2015 refuerza la idea de autorregulación, en cuya virtud, se produce un desplazamiento de determinadas tareas de vigilancia y des justicia penal del Estado hacia las organizaciones empresariales que tienen que procurar "*el mantenimiento de su estructura organizativa y su actividad en un estado conforme a Derecho*". Eso sí, siguiendo las condiciones estipuladas por el Estado al efecto, por ejemplo, a través de la normativa sobre *compliance*, por lo que propiamente cabrá referirse a un modelo de "autorregulación regulada". *Vid.* CIGÜELA SOLA, J. y ORTIZ DE URBINA GIMENO, Í.: "La responsabilidad penal de las personas jurídicas: fundamentos y sistema de atribución", en SILVA SÁNCHEZ, J.M. (dir.), *Lecciones de Derecho Penal Económico y de la Empresa. Parte general y especial, op. cit.*, p. 74.

1908 En esta resolución, de gran importancia por ser de las primeras en pronunciarse sobre la RPPJ en España y por el debate doctrinal que plantea con carácter *obiter dicta*, el Alto Tribunal condena a 3 sociedades (2 de ellas, sociedades pantalla) involucradas en un delito contra la salud pública por la importación de cocaína desde Venezuela a España.

1909 Como señala GÓMEZ-JARA, de lo contrario, se estaría equiparando al RPPJ con la responsabilidad civil propia del art. 120.4 CP. *Vid.* GÓMEZ-JARA DÍEZ, C.: "Compliance y delito corporativo: a propósito del auto de 11 de mayo de 2017 del juzgado central de instrucción número cuatro (Caso Bankia)", *Diario La Ley*, núm. 9018, Sección Doctrina, 2017.

cretas de vigilancia y control" como elemento configurador del núcleo del injusto que, por tanto, debe ser probado por la acusación. Sin embargo, debe destacarse que 7 de los 15 magistrados se erigen en contraposición a dicha argumentación a través de un voto particular en el que sostienen que la inexistencia de esas medidas eficaces de prevención y control no puede calificarse "*como el núcleo de la tipicidad o como un elemento autónomo del tipo objetivo definido en el art. 31 bis 1º CP*", sino que, tratándose de una circunstancia eximente, debe ser acreditada por aquel que alega su concurrencia.

No obstante, lo que sí hizo la citada reforma de 2015 fue establecer expresamente una fórmula de exención de la responsabilidad basada en la implementación de modelos de organización y gestión empresarial (o *compliance programs*) cuyo objetivo es evitar la comisión de hechos delictivos en el seno de la persona jurídica, aunque esta circunstancia ya se valoraba como atenuante con carácter previo a la reforma en el artículo 31 *bis*.4.c) CP.

En definitiva, tres son los niveles de atribución de responsabilidad penal al ente jurídico: el primero, consiste en la existencia de un hecho base o hecho de conexión, esto es, la comisión de alguno de los delitos específicamente previstos. El segundo, se refiere a la conexión funcional con la persona jurídica, bien sea por haberse actuado "en nombre", "por cuenta" o "en beneficio" de esta, o haber tenido lugar "en el ejercicio de actividades sociales". Finalmente, debe haberse producido un defecto de organización o estructural, como la no adopción de las medidas de prevención y control normativamente exigibles, que explique la comisión del delito[1910]. En

---

[1910] En este sentido, *vid.* CIGÜELA SOLA, J. y ORTIZ DE URBINA GIMENO, Í.: "La responsabilidad penal de las personas jurídicas: fundamentos y sistema de atribución", en SILVA SÁNCHEZ, J.M. (dir.), *Lecciones de Derecho Penal Económico y de la Empresa. Parte general y especial, op. cit.*, p. 81. En términos similares, *vid.* CARRATALÁ VALERA, V.M.: "¿Qué modelo de responsabilidad penal de las personas jurídicas ha adoptado el legislador español? Análisis y toma de posición", en MATALLÍN EVANGELIO, Á.

relación con este último elemento es donde el *compliance*[1911] desempeña un papel esencial.

Debe matizarse, sin embargo, que la mera adopción y desarrollo de un *compliance program* no da lugar a la exención de responsabilidad de la persona jurídica, sino que deben cumplirse las condiciones establecidas en el artículo 31 *bis*.2 CP. Así, el modelo de organización y gestión debe contener medidas idóneas para prevenir o reducir el riesgo de comisión de delitos; su eficacia, funcionamiento y cumplimiento debe ser supervisado por un órgano de vigilancia; los autores materiales del delito deben haberlo cometido eludiendo fraudulentamente dicho modelo; no siendo, en último término, consecuencia de una falta de diligencia en el cumplimiento de las funciones de supervisión y control otorgadas al referido órgano de vigilancia.

A mayor abundamiento, el art. 31 *bis*.5 CP exige a estos modelos de organización o gestión del riesgo el cumplimiento de una serie de requisitos que guardan relación con los tres pilares del *compliance*. El primero de ellos es la prevención, ligada a la

---

y FERNÁNDEZ HERNÁNDEZ, A. (Dirs.), *Criminal Compliance programs y mapa de riesgos*, Tirant lo Blanch, Valencia, 2023, pp. 162-165.

1911 Al respecto, MONTANER FERNÁNDEZ incide sobre la necesaria distinción entre el *compliance* y el *criminal compliance*. El primero, mucho más amplio, se refiere a la previsión de pautas organizativas y procedimentales por parte de una empresa para asegurar que se cumplan, a todos sus niveles y áreas de especialización, las reglas y normas que la vinculan. Por lo tanto, evoca esa idea de la responsabilidad social corporativa, de la "cultura ética empresarial" o el "buen ciudadano corporativo". Dentro del *compliance*, especialmente tras la previsión de RPPJ, surge el término *criminal compliance* en relación con la implementación de medidas de cumplimiento mediante el denominado modelo de prevención o programa de cumplimiento a fin de evitar la violación de normas penales y, más especialmente, la sanción penal de la empresa. *Vid.* MONTANER FERNÁNDEZ, R.: "Compliance", en Silva Sánchez, J.M. (dir.), *Lecciones de Derecho Penal Económico y de la Empresa. Parte general y especial*, *op. cit.*, pp. 98-100.

identificación de riesgos delictivos vinculados al ejercicio social y a la formación y sensibilización en materia de cumplimiento ético y normativo. El segundo consiste en la detección, que precisa la adopción de sistemas de información y de investigación interna oportunos. El tercero se identifica con la reacción, que requiere del establecimiento de un sistema disciplinario y otro de avaluación periódica que permita, en su caso, incorporar las correcciones necesarias[1912]. En el ámbito preventivo se enmarcarían los tres primeros requisitos que exigen la identificación de las actividades en cuyo ámbito puedan ser cometidos los delitos que deben ser prevenidos, el establecimiento de protocolos o procedimientos que concreten el proceso de formación de la voluntad de la persona jurídica, de adopción de decisiones y de ejecución de las mismas[1913], y de modelos de gestión de los recursos financieros adecuados para impedir la comisión de los delitos que deban ser prevenidos. El cuarto requisito, relacionado con la detección, impone la obligación de informar de posibles riesgos e incumplimientos al organismo encargado de vigilar el funcionamiento y observancia del modelo de prevención, lo cual dará lugar a las situaciones de *whistleblowing* y a la implementación de canales de denuncia. Por último, encarnan un carácter reactivo los requisitos cinco y seis, en cuya virtud, se establecerá un sistema disciplinario y se realizarán verificaciones periódicamente.

Sin embargo, al igual que no hay unanimidad en la determinación del modelo de atribución de responsabilidad adoptado por nuestro legislador, tampoco es pacífico el debate sobre la naturaleza dogmática de la referida exención[1914]. En cualquier

---

1912 *Vid. ibidem,* pp. 101 y 102.

1913 Lo cual, generalmente, se materializará a través del correspondiente Código ético y de las políticas y protocolos que del mismo emanen. *Vid. ibidem.,* p. 105.

1914 Concretamente sobre si esta debe situarse en la tipicidad objetiva o subjetiva, en la antijuridicidad o en la culpabilidad. *Vid.* CIGÜELA SOLA, J. y ORTIZ DE URBINA GIMENO, Í.: "La responsabilidad pe-

caso, se ha defendido la posibilidad de una doble vía de exención en virtud del art. 31 *bis*.2 CP. Por un lado, cuando los autores materiales del delito hayan sido los trabajadores o subordinados, la entidad quedará exenta de responsabilidad si antes de la comisión del delito, ha adoptado y ejecutado adecuadamente el *compliance program* elaborado para prevenir o reducir el riesgo de comisión de tales delitos (art. 31 *bis*. 4 CP). Por otro lado, cuando el delito haya sido cometido por aquellos que ostentan una *leading position*, junto al presupuesto anterior, deberán acreditarse dos circunstancias adicionales para que la entidad quede exonerada de responsabilidad. Así, en tales supuestos deberá asimismo constatarse que la entidad cuenta con un encargado del cumplimiento normativo -o *compliance officer*- que no ha omitido o dejado sus funciones de supervisión, vigilancia y control, y que los autores del delito han actuado eludiendo fraudulentamente el modelo de organización y control[1915].

Otra novedad destacable de la reforma de 2015 es la ampliación del ámbito de la RPPJ a las sociedades mercantiles estatales y la incorporación de nuevos delitos de los que puede derivarse responsabilidad penal para el ente jurídico. Concretamente, el delito de frustración de la ejecución (arts. 257, 258 y 258 *bis* CP), de financiación ilegal de los partidos políticos (art. 304 *bis*.5 CP), delitos

---

nal de las personas jurídicas: fundamentos y sistema de atribución", en SILVA SÁNCHEZ, J.M. (dir.), *Lecciones de Derecho Penal Económico y de la Empresa. Parte general y especial, op. cit.*, p. 88.

1915 *Vid.* CIGÜELA SOLA, J. y ORTIZ DE URBINA GIMENO, Í.: "La responsabilidad penal de las personas jurídicas: fundamentos y sistema de atribución", en SILVA SÁNCHEZ, J.M. (dir.), *Lecciones de Derecho Penal Económico y de la Empresa. Parte general y especial, op. cit.*, pp. 89 y 90; NEIRA PENA, A.M. y RODRÍGUEZ GARCÍA, N.: "España", en RODRÍGUEZ GARCÍA, N. (Dir.), *Tratado angloamericano sobre compliance penal, op. cit.*, pp. 436 y 437; VELASCO NUÑEZ, E. y SAURA ALBERDI, B.: "Exención y carga de la prueba en la defensa penal de la persona jurídica: la teoría de la "x"", *Revista Sepín*, 2018.

contra la salud pública (arts. 359 a 365), falsificación de moneda (art. 386 CP) y los delitos de odio y enaltecimiento (art. 510 *bis* CP).

Finalmente, deben mencionarse las causas de exención de responsabilidad contempladas en el art. 130.1 CP que son, a su vez, aplicables a los entes corporativos. A saber, el cumplimiento de la pena, la prescripción del delito o de la pena, el indulto y el perdón del ofendido, aunque este último únicamente será factible en relación con los delitos de descubrimiento y revelación de secretos o de allanamiento informático[1916]. En contraposición, no extinguirán la responsabilidad penal del ente jurídico su transformación, fusión, absorción o escisión, debiendo responder en estos casos la entidad o entidades en que se transforme, quede fusionada o absorbida o, en caso de escisión, en la entidad resultante (art. 130.2 CP)[1917].

En cuanto a las circunstancias modificativas de la responsabilidad, se contempla exactamente el mismo catálogo de atenuantes previsto en 2010 -ahora regulado en el art. 31 *quater* CP-. Sin embargo, no se prevén agravantes específicas en relación con las personas jurídicas, aunque sí se establece en el art. 31 *ter.* 2 CP que las agravantes que concurran en la conducta de la persona física no inciden en la responsabilidad de la jurídica. Al respecto, mientras que hay autores que han interpretado la omisión del legislador como la imposibilidad de aplicar a estas corporaciones las agravantes genéricas, otros interpretan dicho silencio como una ausencia de prohibición expresa. En cualquier caso, como puntualizan CIGÜELA y ORTÍZ DE URBINA, este puede considerarse un debate de escasa trascendencia, por cuanto muchas de las agravantes previstas

---

1916 *Vid.* CIGÜELA SOLA, J. y ORTIZ DE URBINA GIMENO, Í.: "La responsabilidad penal de las personas jurídicas: fundamentos y sistema de atribución", en SILVA SÁNCHEZ, J.M. (dir.), *Lecciones de Derecho Penal Económico y de la Empresa. Parte general y especial, op. cit.*, p. 93.

1917 Si bien el supuesto de transformación no genera especiales dificultades, el resto de casos plantean ciertas dudas en atención al principio de personalidad de las penas. *Vid. ibidem*, p. 93.

en el art. 22 CP -piénsese en la alevosía o el ensañamiento- tendrán difícil encaje en relación con los entes corporativos[1918].

3.2. Síntesis sobre algunos aspectos procesales controvertidos concernientes a la responsabilidad penal de las personas jurídicas.

Como ocurriera en el caso del decomiso, la regulación sustantiva del régimen de RPPJ por mor de la LO 5/2010 no vino acompañada de las correspondientes previsiones procesales[1919]. No pudiendo asimilarse el estatuto jurídico-procesal de las personas físicas a las jurídicas[1920], la Ley 37/2011, de 10 de octubre, de medidas de agilización procesal, introdujo algunas modificaciones esenciales en cuanto a las implicaciones procesales del régimen de RPPJ.

Una de las especialidades previstas tiene que ver con la determinación del órgano competente para enjuiciar a un ente jurídico. En este sentido, se introdujo el art. 14 *bis* LECrim[1921], en cuya virtud, debe atenderse únicamente a la pena prevista para

---

1918 *Vid. ibidem,* p. 92.

1919 *Vid.* NEIRA PENA, A.M y RODRÍGUEZ GARCÍA, N.: "España", en RODRÍGUEZ GARCÍA, N. (Dir.), *Tratado angloamericano sobre compliance penal, op. cit.*, p. 434; PÉREZ-CRUZ MARTÍN, A.J.: "Programas de cumplimiento y su prueba en el proceso penal", en RODRÍGUEZ GARCÍA, N. y RODRÍGUEZ LÓPEZ, F. (Eds.), *Compliance y responsabilidad penal de las personas jurídicas, op. cit.*, p. 254; PÉREZ-CRUZ MARTÍN, A.J.: *Constitución y poder judicial,* Atelier, Barcelona, 2016, pp. 234-236.

1920 *Vid.* DE HOYOS SAMCHO, M.: "Sobre la necesidad de armonizar las garantías procesales en los enjuiciamientos de personas jurídicas en el ámbito de la Unión Europea: valoración de la situación actual y algunas propuestas", *Revista General de Derecho Procesal,* vol. 43, 2017, pp. 2 y ss.

1921 Dicho artículo dispone expresamente que "*cuando de acuerdo con lo dispuesto en el artículo anterior el conocimiento y fallo de una causa por delito dependa de la gravedad de la pena señalada a éste por la ley se atenderá en todo caso a la pena legalmente prevista para la persona física, aun cuando el procedimiento se dirija exclusivamente contra una persona jurídica*".

la persona física -no a la de la jurídica-, incluso en supuestos de enjuiciamiento autónomo de la entidad[1922], para determinarlo.

La citada Ley 37/2011 también introdujo particularidades en relación con el régimen de citación de la persona jurídica para su comparecencia en el proceso penal como investigada. Así, el art. 119 LECrim dispone que deberá ser citada en su domicilio social, debiendo designar un abogado y procurador -pues, de no hacerlo, se procederá a la designación de oficio de los mismos-, así como un representante que actúe en su nombre a lo largo del proceso[1923]. Sorprendentemente, la falta de designación del representante -o su incomparecencia- no impedirá la sustanciación del procedimiento (art. 119.1-a) *in fine* LECrim). Al respecto, se ha señalado que se opta por adoptar un modelo de "ausencia voluntaria" en cuya virtud la entidad puede decidir ser representada únicamente por su abogado y procurador, entendiéndose que con ello se acoge a su derecho de no declarar (art. 409 *bis*.2 LECrim) y renuncia a ciertos actos

---

1922 Dicha previsión fue valorada positivamente en tanto que, tratándose de una norma precisa, contribuye a dar seguridad jurídica a la cuestión, de conformidad con el derecho fundamental al juez ordinario predeterminado por la ley. Véase PÉREZ CRUZ MARTÍN, A.J.: *Constitución y poder judicial*, Andavira, Santiago de Compostela, pp. 91 y 92.

1923 Al respecto, la ley no se pronuncia sobre quien debería asumir tal condición, limitándose a prohibir que sea quien haya de declarar en el juicio como testigo (art. 786 bis.1 LECrim). Sin embargo, sí se ha planteado la inadecuación de que dicha función sea asumida por el abogado de la empresa o un tercero ajena a la misma; siendo una opción mucho más acertada la designación del *compliance officer* por su conocimiento especializado sobre el funcionamiento del programa de gestión de riesgos. *Vid.* BACHMAIER WINTER, L. y THAMAN, S.C.: *Asistencia letrada, confidencialidad abogado-cliente y proceso penal en la sociedad digital*, Marcial Pons, Madrid, 2021, pp. 77 y ss..; NEIRA PENA, A.M y RODRÍGUEZ GARCÍA, N.: "España", en RODRÍGUEZ GARCÍA, N. (Dir.), *Tratado angloamericano sobre compliance penal*, *op. cit.*, p. 447.

personalísimos como prestar su conformidad[1924]. En relación con esta última, la ley exige que la misma sea prestada por el representante especialmente designado que, a su vez, deberá contar con un poder especial (art. 787 *ter*.8 LECrim). Con ánimo de fomentar la conformidad de los entes jurídicos[1925], el precepto prevé que la misma pueda realizarse con independencia de la posición que adopten los demás acusados, si bien su contenido no vinculará en el juicio que se celebre en relación con éstos.

Mayores singularidades ofrece la regulación de la rebeldía cuando esta afecta a la persona jurídica. Y es que el art. 839 *bis*.4 LECrim permite la continuación del procedimiento penal en rebeldía. Como se ha señalado por la doctrina, el principal problema radica aquí en que, dado que el precepto permite la continuidad de las actuaciones sin necesidad de que se haya citado de forma válida al ente en su sede social, podría darse el caso de que una persona jurídica fuera condenada sin siquiera tener conocimiento de la existencia de un procedimiento en su contra, dando lugar a la nulidad de las actuaciones[1926].

1924 *Vid.* NEIRA PENA, A.M y RODRÍGUEZ GARCÍA, N.: "España", en RODRÍGUEZ GARCÍA, N. (Dir.), *Tratado angloamericano sobre compliance penal, op. cit.* p. 446.

1925 *Vid. ibidem*, p. 449.

1926 *Vid.*, por todos, FLORES PRADA, I. y SÁNCHEZ RUBIO, A.: "La ausencia de la persona jurídica en el proceso penal", en GÓMEZ COLOMER, J.L. (Dir.), *Tratado sobre compliance penal. Responsabilidad penal de las personas jurídicas y modelos de organización y gestión, op. cit.*, p. 789; NEIRA PENA, A.M y RODRÍGUEZ GARCÍA, N.: "España", en RODRÍGUEZ GARCÍA, N. (Dir.), *Tratado angloamericano sobre compliance penal, op. cit.* p. 450. Por su parte, PÉREZ-CRUZ hace especial hincapié en la necesidad de que "*las personas jurídicas, como acreedoras de sanciones penales, deban ser informadas de los hechos que se les atribuyen, en condiciones análogas a las de cualquier sujeto pasivo del proceso, tanto en cuanto al contenido de tal información como al momento en que se le ha de proporcionar, dado que sólo así se le permitirá desplegar de forma efectiva su estrategia de defensa*". *Vid.* PÉREZ-CRUZ MARTÍN, A.J.: "Programas

Pero, sin duda, una de las cuestiones que ha suscitado mayor inquietud es que la ley permita que el sujeto designado como representante del ente corporativo sea el mismo que está siendo investigado o acusado, a título personal, por los mismos hechos. Naturalmente, dichas situaciones pueden dar lugar a un importante conflicto de intereses[1927], hasta el punto de que el Tribunal Supremo, en su sentencia núm. 154/2016, de 29 de febrero, ha entendido que dichas situaciones podrían desembocar en una posible nulidad de actuaciones[1928].

Sin perjuicio de la trascendencia de las anteriores cuestiones, probablemente para el ente jurídico el programa de cumplimiento sea el objeto de prueba que revista mayor importancia en el proceso penal por su capacidad de eximir a la corporación de toda responsabilidad penal. No obstante, como ya se ha apuntado en líneas precedentes, la mera existencia de dicho programa

---

de cumplimiento y su prueba en el proceso penal", en RODRÍGUEZ GARCÍA, N. y RODRÍGUEZ LÓPEZ, F. (Eds.), *Compliance y responsabilidad penal de las personas jurídicas, op. cit.*, p. 263.

1927 Ampliamente sobre esta cuestión, v*id.* NEIRA PENA, A.M.: "La intervención de la persona jurídica encausada: representante defensivo y conflicto de intereses", en RODRÍGUEZ GARCÍA, N. y RODRÍGUEZ LÓPEZ, F. (Eds.), *Compliance y responsabilidad penal de las personas jurídicas,* Tirant lo Blanch, Valencia, 2021, pp. 391 y ss.; MILANS DEL BOSC y JORDÁN DE URRÍES, S.: "Algunas cuestiones atinentes al Derecho de defensa de la persona jurídica", en FRAGO ARMADA, J.A. (Dir.), *Actualidad Compliance,* Aranzadi, Cizur Menor, 2018, pp. 307 y ss.; PÉREZ-CRUZ MARTÍN, A.J.: "Programas de cumplimiento y su prueba en el proceso penal", en RODRÍGUEZ GARCÍA, N. y RODRÍGUEZ LÓPEZ, F. (Eds.), *Compliance y responsabilidad penal de las personas jurídicas, op. cit.*, pp. 261-265.

1928 Acorde con dicho posicionamiento, el Alto Tribunal en su sentencia posterior núm. 221/2016, de 16 de marzo aludió a la necesidad de que tanto la persona jurídica investigada como la persona física autora material del delito debían servirse de defensas independientes para así evitar conflictos de intereses entre ambas partes que pudieran vulnerar sus derechos.

no implica la aplicación automática de la exención[1929]. Por el contrario, junto a su existencia, debe constatarse su idoneidad de acuerdo con los requisitos exigidos por el tipo (art. 31 *bis*.5 CP), su funcionamiento y eficacia, además de la concurrencia de determinados presupuestos (art. 31 *bis*.2 CP), extremos todos ellos que deberán ser objeto de la pertinente prueba[1930].

A tal efecto, deberá ser aportado al proceso como prueba documental el programa de cumplimiento y gestión de riesgos, así como la documentación que se integra en el mismo, con la que guarda relación o a la que ha dado lugar -como el código ético, los protocolos de actuación, el mapa de riesgos, el registro de las denuncias que se hubieran formulado, las investigaciones internas incoadas, los informes de auditoría, entre otros-. Si bien, como alerta PLANCHADELL GARGALLO, no debe olvidarse que la facilitación de determinados documentos puede llevar a la autoincriminación del ente jurídico, por lo que su utilidad probatoria quedaría condicionada por la voluntariedad de la misma siendo consciente de sus consecuencias[1931].

Constatada la existencia de dicho programa, en aras a analizar su funcionamiento y eficacia, será pertinente contar con el testimonio encargado de su aplicación y supervisión -generalmente, el *compliance officer*-, aunque pueden resultar igualmente útiles los

---

1929 *Vid.* DEL MORAL GARCÍA, A.: "Responsabilidad penal de las personas jurídicas y presunción de inocencia", en RODRÍGUEZ GARCÍA, N. y RODRÍGUEZ LÓPEZ, F. (Eds.), *Compliance y responsabilidad penal de las personas jurídicas, op. cit.*, p. 45.

1930 *Vid.* PLANCHADELL GARGALLO, A.: "Compliance y prueba. Otra vuelta de tuerca a los principios de prueba", en BARONA VILAR, S.: (Ed.), *Justicia poliédrica en periodo de mudanza (nuevos conceptos, nuevos sujetos, nuevos instrumentos y nueva intensidad),* Tirant lo Blanch, Valencia, 2022, p. 174.

1931 *Vid. ibidem,* p. 187. En sentido similar, MAZA MARTÍN, J.M., PRIETO GONZÁLEZ, H.M. y ORTÍZ DE URBINA GIMENO, Í.: "Novedades en la responsabilidad penal de la persona jurídica. El compliance penal", *Auditoria interna,* vol. 111, 2016, pp. 17-19.

testimonios de clientes o proveedores. Finalmente, a fin de valorar la idoneidad del *compliance program* para prevenir o minimizar el riesgo de comisión del delito en cuestión, podrá recurrirse a la confección de informes periciales, especialmente teniendo en cuenta las especificaciones técnicas que caracterizan esta materia[1932].

Cabe recordar en este punto que los *compliance programs* pueden ser certificados por la Entidad Nacional de Acreditación (ENAC) -único organismo competente en España-. Al respecto, se ha planteado el valor probatorio que dichas certificaciones pudiera tener en el proceso penal en aras a eximir a la entidad de responsabilidad. Según la ya referida Circular 1/2016 de la Fiscalía General del Estado, "*podrán apreciarse como un elemento adicional más de su observancia pero en modo alguno acreditan la eficacia del programa,*

[1932] En relación con los distintos medios de prueba que pueden reportarse útiles en estos supuestos, *vid.* GALLEGO SOLER, J.I.: "Criminal compliance y proceso penal: reflexiones iniciales", en MIR PUIG, S. CORCOY BIDASOLO, M. y GÓMEZ MARTÍN, M. (Dirs.), *Responsabilidad de la empresa y compliance. Programas de prevención, detección y reacción penal*, Edisofer, Madrid, 2014, p. 221; GÓMEZ-JARA DÍEZ, C.: "La culpabilidad de la persona jurídica", en BAJO FERNÁNDEZ, M., FEIJOO SÁNCHEZ, B.J. y GÓMEZ-JARA DÍEZ, C. (Dirs.), *Tratado de responsabilidad penal de las personas jurídicas, op. cit.*, p. 218; NEIRA PENA, A.M.: "La prueba pericial en los delitos económicos. De la pericial contable al perito de *compliance*", *Estudios penales y criminológicos*, vol. 40, 2020, pp. 689 y ss.; NEIRA PENA, A.M y RODRÍGUEZ GARCÍA, N.: "España", en RODRÍGUEZ GARCÍA, N. (Dir.), *Tratado angloamericano sobre compliance penal, op. cit.* pp. 455 y 456; RODRÍGUEZ LÓPEZ, F. y SÁNCHEZ MACÍAS, J.I.: "Normalización y certificación en compliance, de la autorregulación al valor social", en RODRÍGUEZ GARCÍA, N. y RODRÍGUEZ LÓPEZ, F. (Eds.), *Compliance y responsabilidad de las personas jurídicas, op. cit.*, pp. 461 y ss.; COLOMER HERNÁNDEZ, I.: "Derechos fundamentales y valor probatorio en el proceso penal de las evidencias obtenidas en investigaciones internas en un sistema de compliance", en GÓMEZ COLOMER, J.L. (Dir.) *Tratado sobre compliance penal. Responsabilidad penal de las personas jurídicas y modelos de organización y gestión, op. cit.*, pp. 609 y ss.

ni sustituyen la valoración que de manera exclusiva compete al órgano judicial". Y es que, como apunta MONTANER FERNÁNDEZ, salvo que el delito se cometa justo después de haberse otorgado la certificación, esta no tiene por qué tener relevancia penal[1933].

Finalmente, otra de las discusiones en términos procesales que siguen sin estar resueltas -al menos no según un criterio unánime- tiene que ver con la carga de la prueba. Al respecto la Fiscalía General del Estado, a través de su Circular 1/2016, defiende que los *compliance programs* operan "*a modo de excusa absolutoria, como una causa de exclusión personal de la punibilidad*" y, consecuentemente, "*atañe a la persona jurídica acreditar que los modelos de organización y gestión cumplen las condiciones y requisitos legales*", mientras que a la acusación le "*corresponderá probar que se ha cometido el delito en las circunstancias que establece el art. 31 bis 1º*". A su favor se posicionan también los 7 magistrados que emitieron el ya mencionado voto particular en la STS núm. 154/2016[1934]. Por el contrario, los 8 magistrados restantes se declinaron por considerar que el incumplimiento del deber de prevención es un elemento subjetivo de la responsabilidad que,

---

1933 *Vid.* MONTANER FERNÁNDEZ, R.: "Compliance", en Silva Sánchez, J.M. (dir.), *Lecciones de Derecho Penal Económico y de la Empresa. Parte general y especial, op. cit.*, p. 110.

1934 También se muestran partidarios de dicho posicionamiento, PLANCHADELL GARGALLO, A.: "Compliance y prueba. Otra vuelta de tuerca a los principios de prueba", en BARONA VILAR, S.: (Ed.), *Justicia poliédrica en periodo de mudanza (nuevos conceptos, nuevos sujetos, nuevos instrumentos y nueva intensidad), op. cit.*, p. 182; DEL MORAL GARCÍA, A.: "Compliance en la doctrina de la Sala Segunda del Tribunal Supremo", GÓMEZ COLOMER, J.L. (Dir.) *Tratado sobre compliance penal. Responsabilidad penal de las personas jurídicas y modelos de organización y gestión, op. cit.*, pp. 697-699; JIMÉNEZ SEGADO, C.: ¿Corresponde a la persona jurídica probar que ha adoptado programas de cumplimiento de prevención delictiva (compliance programs) para eximirse de responsabilidad penal o dicha prueba corresponde a la acusación?", *La Ley Penal*, vol. 119, 2016.

por lo tanto, debe ser probado por la acusación, criterio que se confirmó mediante la posterior STS 221/2016, de 16 de marzo.

En definitiva, las cuestiones hasta ahora reseñadas que se presentan como problemáticas en relación con la RPPJ tienen que ver, en el fondo, con el estatuto procesal que se les confieren a las personas jurídicas y si estas gozan de los mismos derechos y garantías que las personas físicas. Parece ser que para el Tribunal Supremo la respuesta a esta última cuestión debe ser afirmativa, por cuanto, en su sentencia 221/2016, de 16 de marzo, establece expresamente que "*sería contrario a nuestra concepción sobre ese principio estructural del proceso penal* [en referencia a la presunción de inocencia] *admitir la existencia de dos categorías de sujetos de la imputación. Una referida a las personas físicas, en la que el reto probatorio del Fiscal alcanzaría la máxima exigencia, y otra ligada a las personas colectivas, cuya singular naturaleza actuaría como excusa para rebajar el estándar constitucional que protege a toda persona, física o jurídica, frente a la que se hace valer el ius puniendi del Estado*"[1935]. De hecho, ya en su sentencia 154/2016 reconocía expresamente a los entes corporativos el derecho a la tutela judicial efectiva, la presunción de inocencia, el derecho al juez legalmente predeterminado por

---

1935 También la FGE en su Circular 1/2011, de 1 de junio, se mostró a favor de reconocer a las personas jurídicas los mismos derechos fundamentales que le son atribuidos a la persona física. Ampliamente sobre esta cuestión, *vid.* DEL MORAL GARCÍA, A.: "Responsabilidad penal de las personas jurídicas y presunción de inocencia", en RODRÍGUEZ GARCÍA, N. y RODRÍGUEZ LÓPEZ, F. (Eds.), *Compliance y responsabilidad penal de las personas jurídicas, op. cit.*, pp. 31-72; PÉREZ-CRUZ MARTÍN, A.J.: "Programas de cumplimiento y su prueba en el proceso penal", en RODRÍGUEZ GARCÍA, N. y RODRÍGUEZ LÓPEZ, F. (Eds.), *Compliance y responsabilidad penal de las personas jurídicas, op. cit.*, pp. 256-267; PLANCHADELL GARGALLO, A.: "Compliance y prueba. Otra vuelta de tuerca a los principios de prueba", en BARONA VILAR, S.: (Ed.), *Justicia poliédrica en periodo de mudanza (nuevos conceptos, nuevos sujetos, nuevos instrumentos y nueva intensidad), op. cit.*, pp. 173 y ss.

la ley, el derecho a un proceso con todas las garantías, de igual forma que lo hace en el caso de la persona física.

En síntesis, la complejidad de la materia y las dificultades tanto sustantivas como procesales aparejadas podrían estar condicionando el escaso número de pronunciamientos al respecto. Tanto es así que un reciente estudio jurisprudencial pone de manifiesto como, a fecha de diciembre de 2020, únicamente se habían hallado 64 pronunciamientos sobre RPPJ incluyendo los del Tribunal Supremo, Tribunales Superiores de Justicia, Audiencia Nacional y Audiencias provinciales. La mayoría de las resoluciones analizadas respondían a delitos de estafa (18), seguido por los delitos contra la Hacienda pública y la Seguridad Social (11) por defraudaciones del IVA o del Impuesto de sociedades. En relación con los casos que culminaron en condena (20 frente a 42 absoluciones), la sanción impuesta preferentemente fue la pena de multa[1936].

3.3. La responsabilidad penal de las personas jurídicas en relación con el delito de trata de seres humanos.

Precisamente, sobre la responsabilidad de los entes jurídicos en relación con el delito de trata, cabe recordar que son diversos los instrumentos del ámbito supranacional que requieren a los Estados miembros para que incorporen en sus correspondientes ordenamientos jurídicos la responsabilidad de las personas jurídicas, dejando en manos de cada Estado la decisión de sancionarlas a través del Derecho Penal o del Derecho administrativo, puesto que ambas opciones se consideran "*efectivas, proporcionadas y disuasivas*". Aunque la mayor parte de legisladores, como el español, hayan optado por otorgar a los entes jurídicos responsabilidad

---

1936 *Vid.* RODRÍGUEZ DOMÍNGUEZ, L.: "Responsabilidad penal de las personas jurídicas. Situación actual en España", *Universitas*, vol. 70, 2021, pp. 8, 10 y 11.

criminal, se ha analizado como otros países -Alemania o Italia entre ellos- han optado por la imposición de sanciones administrativas.

Así, desde el año 2010, se prevé la RPPJ en relación con el delito de TSH en el apartado 7 del artículo 177 *bis* CP[1937]. Dicho precepto establece como sanción principal la imposición de una multa proporcional del triple al quíntuple del beneficio obtenido, sin perjuicio de que el juez imponga, además, alguna de las penas contempladas en las letras b) a g) del apartado 7 del artículo 33. Estas consisten en la disolución de la persona jurídica, la suspensión de su actividad por plazo no superior a 5 años o la clausura de locales o establecimientos por idéntico período, entre otras, y deberán aplicarse de conformidad con el triple juicio del artículo 66 *bis* CP. Según este precepto, para determinar la imposición y extensión de las penas referidas deberá atenderse, en primer lugar, a un criterio preventivo-general en el sentido de que la pena resulte necesaria para evitar la continuidad delictiva. Junto a esto, deberá valorarse, en segundo lugar, el impacto social de la pena, es decir, sus consecuencias económicas y sociales. Finalmente, deberá examinarse el grado de implicación de la dirección en el fallo organizativo o el incumplimiento del deber de control.

Sin embargo, como ha tenido ocasión de analizarse en el Capítulo III del presente trabajo, muchos de los países de nuestro entorno jurídico han ido un paso más allá, intentando no solo sancionar a las empresas y corporaciones que participen o se beneficien de la trata, sino también tratando de prevenir que dichas situaciones lleguen a producirse mediante la previsión de una serie de deberes que se enmarcan en el ámbito del *due diligence*. En este sentido, pueden citarse iniciativas como la dis-

---

1937 Que reza: "*Cuando de acuerdo con lo establecido en el artículo 31 bis una persona jurídica sea responsable de los delitos comprendidos en este artículo, se le impondrá la pena de multa del triple al quíntuple del beneficio obtenido. Atendidas las reglas establecidas en el artículo 66 bis, los jueces y tribunales podrán asimismo imponer las penas recogidas en las letras b) a g) del apartado 7 del artículo 33*".

puesta en la *section* 54 de la *Modern Slavery Act 2015* británica, la posterior -y más ambiciosa- ley francesa sobre el deber de vigilancia de las empresas matrices y contratistas, o la reciente ley alemana de diligencia debida en las cadenas de suministro.

No obstante, esta tendencia a la promoción de la responsabilidad social corporativa -que, si bien se halla aún en una fase incipiente de desarrollo, siendo muchas las dificultades que deben superarse en aras a la consecución de un modelo de responsabilidad verdaderamente eficaz- no parece haber permeado en el ordenamiento español, al menos, por el momento. Así, en la actualidad no se exige la adopción de cautelas o medidas específicas orientadas a la prevención de la TSH en el seno societario.

3.4. El reconocimiento de responsabilidad penal de las personas jurídicas por el delito de trata de seres humanos en la práctica jurisprudencial.

La principal y más alarmante conclusión que se extrae del análisis jurisprudencial realizado en el marco de la presente investigación es que, a pesar del reconocimiento normativo de la RPPJ en el delito de trata –art. 177 *bis* 7 CP-, la aplicación del referido precepto en la práctica jurisprudencial constituye un hecho absolutamente excepcional. Esto es así hasta el punto de que, tras más de una década de vigencia, solo en una ocasión se ha condenado a una persona jurídica por un delito de TSH. Este el caso de la SAP de Pontevedra núm. 1342/2017, de 27 de junio, en la que se sanciona por conformidad a la sociedad utilizada por los acusados para percibir los beneficios obtenidos de la actividad delictiva llevada a cabo en el club de alterne, a la multa de 3.000€ y la disolución de la misma, de conformidad con los artículos 177 *bis* 7, 66 *bis* y 33.7.b CP. En este caso, según afirma la propia sentencia, se producía una plena confusión entre la persona jurídica -la sociedad condenada “Montparnasse Ocio, S.L.”- y las personas físicas -en tanto que aquella estaba constituida por uno de los acusados como socio único y administrada exclusivamente por otra de las acusadas-, siendo que las ganancias derivadas del club de alterne en el que se explotaba a la víctima eran percibidas directamente por los mencionados sujetos[1938]. Así, la declaración de responsabilidad penal del referido ente jurídico probablemente se explique por tratarse de una conformidad, en atención a lo dispuesto por el Tribunal Supremo o la Fiscalía en estas situaciones, como posteriormente se expondrá.

Destaca también el papel de la empresa "Olimpia Travel SL", que aparece en dos resoluciones distintas dictadas por la misma Audiencia Provincial y en las que se enjuician hechos constitutivos de trata. Una de ellas es la SAP de Pontevedra núm. 612/2014, de 22 de diciembre. En este caso, la acusada, de nacionalidad rumana, contacta con una menor de edad en Rumanía con quien tenía cierto parentesco -circunstancia que no es tenida en cuenta en el momento de la condena- para convencerla de venir a España, sin el conocimiento de sus padres, para posteriormente cederla o venderla a un tercero encargado de la explotación sexual de la víctima. Para el traslado de la víctima a España, la acusada contó con la ayuda y colaboración de dos chóferes de la citada empresa de transportes "Olimpia Travel SL", sita también en Rumanía y que no resultó formalmente acusada, a cambio de una recompensa[1939]. La misma empresa de

1938 De hecho, la implicación de la sociedad en cuestión se resume en las cinco líneas que configuran el antecedente de hecho cuarto y que reza: "*Durante toda a estancia da Testemuña NUM020 no club Mont Parnasse, este era explotado pola entidade "Montparnasse Ocio, SL", constituída o 13 de agosto de 2012 polo acusado Juan Francisco como socio único, tendo a acusada Inés (Mercedes) o cargo de administradora única e confundíndose a persoa xurídica coas persoas físicas, pois as ganancias obtidas coa ilícita actividade antes descrita era percibida directamente polos acusados Juan Francisco e Inés*".

1939 Según se dispone en el relato de los hechos, el chófer encargado de realizar la primera parte del trayecto -tal y como se había acordado con una de las acusadas- percibió dinero para trasladar a la menor a

transporte aparece en el relato fáctico de la SAP de Pontevedra núm. 217/2014, de 14 de mayo, puesto que tratante y víctima recurrieron a sus servicios para trasladarse de Rumanía a España. Sin embargo, en este segundo caso, no se hace alusión a ninguna colaboración específica por parte de los chóferes. Sea como fuere, estos supuestos parecen evidenciar una falta de interés en la persecución de dichas sociedades que contrasta con las exigencias que emanan de la normativa supranacional. Al respecto, debe recordarse que tanto el Protocolo de Palermo (arts. 11 a 13) como el Convenio de Varsovia (arts. 7 a 9) conminan a los Estados el refuerzo de sus controles fronterizos, prestando especial atención a transportistas y empresas de transporte, así como a los procesos de expedición, seguridad y comprobación de los documentos de viaje o de identidad correspondientes.

En cualquier caso, la referida escasez de pronunciamientos condenatorios a personas jurídicas, además de alarmante, resulta sorprendente, por cuanto en diversas resoluciones judiciales se alude a la creación y uso por parte de los tratantes de sociedades pantalla que gestionan los ingresos derivados de los burdeles o clubs de alterne. Sin embargo, en estos supuestos la jurisprudencia se muestra más proclive a declarar la clausura de dichos locales y establecimientos vía artículo 194 CP que a reconocer la responsa-

---

otra ciudad. En esa ciudad, es recogida para ser trasladada a España por el segundo chófer de la compañía que, bajo la promesa de recibir un pago a la llegada de la menor a Vigo, procedió sin traslado sin que esta hubiera abonado cantidad alguna por el billete ni hubiera presentado el permiso paterno necesario para el traslado internacional. Este segundo chófer, al contrario que el primero y que la empresa en la que se integra, sí resulta encausado y condenado por un delito de TSH a 1 año y 6 meses de prisión, después de apreciarse una atenuante muy cualificada por haber consignado, previamente a la celebración del juicio oral, la cantidad de 6.000€ en concepto de responsabilidad civil.

bilidad penal de dichas entidades[1940]. A modo de ejemplo, la SAP Asturias núm. 11/2021, de 19 de enero, no reconoce responsabilidad alguna a la sociedad creada por una de las acusadas para explotar la actividad del club alterne en el que las víctimas son hacinadas, forzadas a ejercer la prostitución y a distribuir droga entre sus clientes, a pesar de que la propia sentencia reconoce que "*se trata de una pantalla para ocultar la verdadera propiedad*". Por el contrario, se limita a declarar la clausura temporal del club en cuestión por tiempo de dos años y seis meses.

De hecho, esta es la solución preferente para adoptar en relación con los clubes donde las víctimas ejercen la prostitución, como en el caso, por ejemplo, de la SAP Santander núm. 251/2018, de

---

1940 Esta solución vía 194 CP se muestra inadecuada a todas luces tanto por su circunscrito ámbito de aplicación objetivo como por el escaso impacto de este tipo de sanción en aras a evitar la continuidad delictiva. Debe recordarse que el citado precepto solo es operativo ante la comisión de los ilícitos contemplados en el capítulo IV -relativo a los delitos de exhibicionismo y provocación sexual– y V – relativo a los delitos de prostitución, explotación sexual y corrupción de menores- del Título VIII del Código Penal. De este modo, su aplicabilidad no sólo queda vedada a los supuestos de trata que no tienen por finalidad la explotación sexual de la víctima, sino que ni siquiera en estos casos podría recurrirse al 194 CP a menos que la explotación sexual se hubiera materializado -condición que no se exige para que los hechos sean constitutivos del delito de TSH del 177 *bis* CP-. Por otro lado, la mera clausura de un determinado local o establecimiento no impide a los responsables comprar, alquilar o hacer uso de otro inmueble del que se disponga para continuar con el "negocio" o actividad delictiva en ese nuevo espacio. *Vid.* TORRES FERRER, C.: "Aproximación a la trata de seres humanos desde su consideración como delito económico", en VILLACAMPA ESTIARTE, C. (Dir.), *La trata de seres humanos tras un decenio de su incriminación. ¿Es necesaria una ley integral para lucha contra la trata y la explotación de seres humanos?, op. cit.*, p. 685; TORRES FERRER, C.: "La trata de seres humanos como criminalidad económica: análisis jurisprudencial", *Anuario de Derecho Penal y Ciencias Penales, op. cit.*, p. 390.

7 de junio, en la que se acuerda la clausura temporal del club de alterne "Tiffanis II", donde la víctima de trata fue conminada a ejercer la prostitución por un plazo de dos años. Aunque también pueden hallarse supuestos en los que, aun constatándose el uso de estos clubes en los que se somete a las víctimas a explotación sexual después de haber "contraído una deuda con el club", no se adopta medida o sanción alguna contra dicho negocio o la sociedad que lo sustenta. Así sucede en la SAP Palencia núm. 18/2020, de 14 de julio que, nuevamente, se resuelve por conformidad. La misma suerte corre el "Club Venus" donde la víctima de la SAP León núm. 418/2021, de 2 de noviembre, era compelida a ejercer la prostitución. Pues, en esta sentencia por conformidad tampoco se adopta medida alguna en relación con el referido club.

Otro aspecto que podría estar dificultando el reconocimiento de RPPJ en los supuestos de trata es el posicionamiento adoptado tanto por la Fiscalía General del Estado, en su Circular 1/2016, como por el Tribunal Supremo, en la referida sentencia 154/2016, en relación a las "sociedades pantalla"[1941]. Aunque partiendo de argumentaciones distintas, la Fiscalía y el Alto Tribunal coinciden en que este tipo de sociedades meramente instrumentales deben quedar al margen del régimen de responsabilidad del artículo 31 *bis* CP[1942]. Ante estas situaciones en que se da un solapamiento total entre la sociedad y la persona física

---

1941 Esto es, aquellas que carecen de una organización, infraestructura y patrimonio propios y que, además, no pueden acreditar una actividad lícita suficiente, siendo utilizadas para la comisión delictiva. *Vid.* SÁNCHEZ MELGAR, J.: "Personas jurídicas imputables e inimputables", *Diario La Ley*, vol. 9849, 2021, p. 1.

1942 Así, se afirma su inimputabilidad, relegándose su tratamiento como meros objetos decomisables y no como sujetos de derecho. *Vid.* NEIRA PENA, A.M y RODRÍGUEZ GARCÍA, N.: "España", en RODRÍGUEZ GARCÍA, N. (Dir.), *Tratado angloamericano sobre compliance penal, op. cit.*, p. 441. Promueve también en estos casos proceder a su disolución y decomiso, ECHEVARRÍA BERECIARTUA, E.: *Las modalidades*

que se esconde detrás, la FGE entiende que debe recurrirse a la figura de la simulación contractual o a la doctrina del levantamiento del velo para imputar toda la responsabilidad a la persona física, solución que considera más respetuosa con el principio *non bis in idem*. Por su parte, el Tribunal Supremo apunta a la posibilidad de que dichas sociedades sean sancionadas directamente con la disolución por la vía del artículo 129 CP que, entre otras, contempla la posibilidad de aplicar esta "consecuencia accesoria" a los entes que carecen de personalidad jurídica[1943].

Previamente, la Audiencia Nacional, en su auto de 19 de mayo de 2014, ya había afirmado la inimputabilidad de las sociedades pantalla, esto es, aquellas que fueran totalmente instrumentales, sin ningún tipo de actividad legal o cuya actividad sea meramente residual o aparente para los propios propósitos delictivos. Dicho de otro modo, únicamente aquellas sociedades que tengan un sustrato material suficiente pueden ostentar responsabilidad penal[1944]. Sin embargo, como apuntan NEIRA PENA y RODRÍGUEZ GARCÍA

---

de responsabilidad penal de las personas jurídicas en el marco del proceso penal, Tirant lo Blanch, Valencia, 2021, pp. 410 y ss.

1943 Dicho precepto, a pesar de hablar de "consecuencias accesorias", hace una remisión expresa a las penas contenidas en el artículo 33.7 CP, apartados c) a g), por lo que, *de facto*, a los entes sin personalidad jurídica le son aplicables las mismas sanciones que a las personas jurídicas a excepción de la pena de multa. De hecho, hay quien ve en el artículo 129 CP una suerte de cláusula de cierre que permite abarcar a todas las entidades, de modo que las que tengan personalidad jurídica, responderán vía 31 bis; mientras que las que no, lo harán mediante 129 CP. *Vid.* Cigüela Sola, J. y Ortiz de Urbina Gimeno, Í.: "La responsabilidad penal de las personas jurídicas: fundamentos y sistema de atribución", en Silva Sánchez, J.M. (dir.), *Lecciones de Derecho Penal Económico y de la Empresa. Parte general y especial, op. cit.*, p. 87.

1944 *Vid.* CIGÜELA SOLA, J.: "La inimputabilidad de las personas jurídicas en la jurisprudencia del Tribunal Supremo. Comentario a la sentencia del Tribunal Supremo 2330/2020, de 22 de noviembre", *Indret*, vol. 1, 2021, pp. 638-649.

deberá ser el Juez instructor, ante el no siempre evidente carácter meramente instrumental, quien se pronuncie sobre la imputabilidad o no del ente jurídico tras el oportuno incidente contradictorio[1945].

Aun resultando comprensible el trasfondo dogmático de dichas posturas, no dejan de tener un impacto negativo en la práctica jurisprudencial, pues podrían estar generando un cierto vacío de punibilidad y fomentando la falta de interés por parte de los operadores jurídicos en perseguir este tipo de conductas cuando tienen lugar en el seno -o bajo el manto- de un ente corporativo. Esto se traduce en la constatada práctica ausencia de condenas a personas jurídicas por conductas constitutivas de TSH y, consecuentemente, confirma la ausencia de aplicación material de la pena de multa normativamente prevista en el art. 177 *bis* CP[1946].

4. La persecución del delito de blanqueo de capitales en los supuestos de trata de seres humanos.

Finalmente, otra forma de dificultar el enriquecimiento de los tratantes es la persecución de ciertos delitos económicos que suelen estar tan vinculados o presentes en los procesos de trata que hay quien ya considera su comisión como el cuarto y último estadio de dicho fenómeno[1947]. Además de los delitos de frau-

---

1945 *Vid.* NEIRA PENA, A.M y RODRÍGUEZ GARCÍA, N.: "España", en RODRÍGUEZ GARCÍA, N. (Dir.), *Tratado angloamericano sobre compliance penal, op. cit.*, p. 442.

1946 *Vid.* TORRES FERRER, C.: "Aproximación a la trata de seres humanos desde su consideración como delito económico", en VILLACAMPA ESTIARTE, C. (Dir.), *La trata de seres humanos tras un decenio de su incriminación. ¿Es necesaria una ley integral para lucha contra la trata y la explotación de seres humanos?, op. cit.*, p. 684; TORRES FERRER, C.: "La trata de seres humanos como criminalidad económica: análisis jurisprudencial", *Anuario de Derecho Penal y Ciencias Penales, op. cit.*, p. 391.

1947 En este sentido, *vid.* Center for the Study of Democracy (CSD): *Financing of Organised Crime. Human Trafficking in Focus, op. cit.*, p. 46.

de fiscal, nos referimos especialmente al delito de blanqueo de capitales, regulado en los artículos 301 a 304 del CP, aplicable a aquellos supuestos en que se constata la existencia de bienes procedentes de un delito, que han sido adquiridos, utilizados o transmitidos con el fin de ocultar o encubrir su origen ilícito[1948], cuya comisión también lleva aparejada la imposición de una multa proporcional del tanto al triplo del valor de los bienes en cuestión.

Sin embargo, como en el resto de países de nuestro entorno jurídico, la criminalización del blanqueo de capitales tan solo es uno de los ejes de una estrategia más amplia de prevención y persecución de estas conductas. La misma viene acompañada de una serie de medidas de carácter administrativo que generan los correspondientes deberes de prevención y de *due diligence* para determinados sujetos obligados y que, en cierta medida, son supervisados por la Unidad de Inteligencia española, esto es, el SEPBLAC[1949].

4.1. La evolución normativa del delito de blanqueo de capitales.

Desde que el blanqueo de capitales se incriminara por primera vez en 1988, mediante la Ley Orgánica 1/1988, de 24 de

---

1948 Necesariamente debe concurrir ese afán de ocultar o encubrir el origen ilícito de las ganancias o de ayudar al autor de delito a eludir las consecuencias legales de sus actos, no siendo el mero disfrute o aprovechamiento de las ganancias o beneficios delictivos constitutivos del delito de blanqueo de capitales. Esta finalidad es apreciada en la sentencia de la Audiencia Provincial de Oviedo núm. 1/2019, entre otros extremos, por valerse los acusados de las identidades de terceras personas para realizar las transferencias de dinero que, además, se efectuaban fuera de los horarios habilitados para realizar este tipo de operaciones.

1949 *Vid.* CARLOS DE OLIVEIRA, A.C.: "Blanqueo de capitales", en en Silva Sánchez, J.M. (dir.), *Lecciones de Derecho Penal Económico y de la Empresa. Parte general y especial, op. cit.*, p. 640.

marzo[1950], circunscribiendo su operatividad a los delitos de narcotráfico, ha sufrido una expansión desmesurada[1951]. Además de merecer importantes críticas por parte de la doctrina[1952], ha habido quien ha asimilado esta evolución al proceso de expansión constante experimentado por el universo tras el *Big Bang*[1953].

1950 Se trata de la Ley Orgánica 1/1988, de 24 de marzo, de Reforma del Código Penal en materia de tráfico ilegal de drogas, publicada en el BOE núm. 74, de 26 de marzo de 1988, pp. 9498 y 9499. Dicha LO 1/1988 introdujo al CP el art. 546 *bis* f) que tipificaba las conductas de adquisición, aprovechamiento o recepción de bienes procedentes del tráfico de drogas cuando el sujeto era conocedor de su origen delictivo.

1951 Así, tras su tipificación en 1998, el Código Penal de 23 de noviembre de 1995 amplió los delitos de origen o determinantes a los delitos graves; la reforma operada por la LO 15/2003, de 25 de noviembre, permitió que cualquier delito pudiera dar lugar al ilícito de blanqueo de capitales; la reforma del CP de 2010 creó nuevos subtipos agravados cuando los bienes procedían de un delito contra la Administración pública, la ordenación del territorio o urbanismo; en 2015, tras la reforma por la LO 1/2015, de 30 de marzo, se amplió el ámbito del delito precedente a los delitos leves -esto es, a parte de las antiguas faltas-; finalmente, la última modificación ha venido de la mano de la recientemente aprobada LO 6/2021, de 28 de abril, por la que se amplía el catálogo de delitos precedentes que dan lugar a la aplicación de la pena en su mitad superior. Al respecto, *vid.* DE LA MATA BARRANCO, N.J.: *Derecho penal europeo y legislación española: las reformas del Código penal*, Tirant lo Blanch, Valencia, 2015, pp. 127-130, 363-365; ABEL SOUTO, M.: "Expansión del blanqueo de dinero en la última década de reformas penales", en BUSTOS RUBIO, M. y ABADÍAS SELMA, A. (Dirs.), *Una década de reformas penales. Análisis de diez años de cambios en el código penal (2010-2020), op. cit.*, p. 536.

1952 *Vid.*, por todos, ABEL SOUTO, M.: "The expansion of the punishment of money laundering", *18th World Congress of Criminology*, Nueva Delhi, 15 a 19 de diciembre de 2016, pp. 1-7.

1953 *Vid.* ABEL SOUTO, M.: *La expansión penal del blanqueo de dinero*, Centro Mejicano de estudios de los Penal Tributario, Méjico, 2016; ABEL SOUTO, M.: "Expansión del blanqueo de dinero en la última década de reformas penales", en BUSTOS RUBIO, M. y ABADÍAS SELMA,

Posteriormente, la LO 8/1992 adaptó el anterior Código Penal al contenido de la primera Directiva 91/308/CEE de la UE sobre el particular, si bien el delito de blanqueo de capitales (art. 344 *bis* h CP) seguía vinculado por aquel entonces a los delitos de narcotráfico. No fue hasta la aprobación del Código Penal de 1995 que el delito se configuró como un tipo autónomo que alcanzaba los bienes procedentes de delitos graves[1954]. Desde entonces, las ampliaciones de los márgenes y del ámbito punitivo del lavado de activos no ha hecho más que incrementarse. Abandonándose cada vez más su concepción inicial como herramienta para luchar contra el crimen organizado y las formas de delincuencia más graves, la reforma operada por la LO 15/2003 extendió su aplicación a los bienes procedentes de cualquier delito. Con la reforma de 2010 se persistió en ese ensanchamiento de las conductas punibles al incriminarse el autoblanqueo, así como las conductas de mera posesión y utilización, y reconocerse responsabilidad penal a los entes jurídicos ante la comisión de tal ilícito[1955].

A. (Dirs.), *Una década de reformas penales. Análisis de diez años de cambios en el código penal (2010-2020), op. cit.*, p. 535.

1954 No se requiere la condena previa por el delito base del que proceden los bienes objeto de blanqueo, como también tiene declarado el Tribunal Supremo, pues las razones que motivaron la sentencia absolutoria por el delito antecedente no implican la inexistencia del mismo. *Vid.*, entre otras, STS de 12 de diciembre de 2011; STS núm. 811/2012, de 30 de octubre; STS núm. 857/2012, de 9 de noviembre; STS núm. 974/2012, de 5 de diciembre; STS núm. 672/2016, de 21 de julio; STS núm. 331/2017, de 10 de mayo; STS 456/2017, de 21 de junio; STS 723/2017, de 7 de noviembre. *Vid.* HURTADO ADRIÁN, A.: "Blanqueo de capitales (art. 301.1)", en JUANES PECES, A. (Dir.), *Reforma del Código penal. Perspectiva económica tras la entrada en vigor de la Ley orgánica 5/2010, de 22 de junio. Situación jurídico-penal del empresario*, El Derecho, Madrid, 2010, p. 253.

1955 Por cuanto se refiere a la responsabilidad de los entes jurídicos en el delito de blanqueo de capitales, esta se halla expresamente prevista en el art. 302.2 CP, pues no es inusual la práctica de estas conductas de lavado de activos en el seno societario. Sin embargo, hay quien

Esa tendencia expansiva continua con la reforma del CP operada por la LO 1/2015 que, al transformar la mayoría de faltas -que quedaban excluidas del ámbito típico[1956]- en delitos leves, amplió el ámbito del blanqueo significativamente, originando lo que se ha considerado un "control económico y social excesivo"[1957]. Por su parte, la LO 2/2015[1958] introduce una modalidad específica de blanqueo con fines terroristas en el art. 576 CP[1959]. Finalmente,

---

considera contradictoria la posibilidad dispuesta por la LO 1/2015 de eximir de responsabilidad a estos entes jurídicos ante la adopción y ejecución eficaz de programas de cumplimiento adecuados para prevenir el este riesgo. *Vid.* ABEL SOUTO, M.: "Expansión del blanqueo de dinero en la última década de reformas penales", en BUSTOS RUBIO, M. y ABADÍAS SELMA, A. (Dirs.), *Una década de reformas penales. Análisis de diez años de cambios en el código penal (2010-2020), op. cit.*, p. 563. En sentido similar, GALÁN MUÑOZ, A.: *Fundamentos y límites de la responsabilidad penal de las personas jurídicas tras la reforma de la LO 1/2015*, Tirant lo Blanch, Valencia, 2018, p. 142.

1956 Al respecto, hace un repaso de la interpretación del precepto en este sentido, ABEL SOUTO, M.: "Expansión del blanqueo de dinero en la última década de reformas penales", en BUSTOS RUBIO, M. y ABADÍAS SELMA, A. (Dirs.), *Una década de reformas penales. Análisis de diez años de cambios en el código penal (2010-2020), op. cit.*, pp. 542-546.

1957 *Vid. Ibidem*, p. 546.

1958 Ley Orgánica 2/2015, de 30 de marzo, por la que se modifica la Ley Orgánica 10/1995, de 23 de noviembre, del Código Penal, en materia de delitos de terrorismo.

1959 Al respecto, se ha considerado que dicha modalidad desnaturaliza el bien jurídico protegido por el tipo. Pues, al no exigirse que los bienes que vayan a usarse para cometer actos terroristas tengan una procedencia ilícita, se entiende que las conductas no siempre lesionarán el orden socioeconómico. *Vid.* LORENZO SALGADO, J.M.: "El blanqueo de dinero procedente del narcotráfico, la protección del orden socioeconómico y la desnaturalización del bien jurídico en las modalidades de blanqueo con finalidad terrorista, introducidas por la Ley orgánica 2/2015, de 30 de marzo por la que se modifica el Código Penal", en ABEL SOUTO, M. y SÁNCHEZ STEWART, N., *V Congreso Sobre Prevención y Represión del Blanqueo de Dinero: Ponencias*

la LO 6/2021, de 29 de abril[1960], completa la transposición de la sexta Directiva (UE) 2018/1673, incorporando dos subtipos agravados: uno perceptivo, para cuando el delito sea cometido por uno de los sujetos obligados según la regulación administrativa (art. 301.1 *in fine* CP)[1961]; y otro potestativo, para cuando los bienes objeto de blanqueo procedan de determinados delitos, entre ellos, el delito de TSH (art. 302.1 CP)[1962].

La actual configuración del delito de blanqueo de capitales ha suscitado muchas críticas, especialmente por cuanto tiene que ver con la incriminación del autoblanqueo y de las conductas de mera posesión y utilización de los bienes[1963], especialmente cuando estos provienen de anteriores faltas reconvertidas ahora

---

y conclusiones del congreso sobre las reformas de 2015 e incidencia en la economía y sociedad digital, EGAP, Santiago de Compostela, 2017, pp. 371-374.

1960 Ley Orgánica 6/2021, de 28 de abril, complementaria de la Ley 6/2021, de 28 de abril, por la que se modifica la Ley 20/2011, de 21 de julio, del Registro Civil, de modificación de la Ley Orgánica 6/1985, de 1 de julio, del Poder Judicial y de modificación de la Ley Orgánica 10/1995, de 23 de noviembre, del Código Penal.

1961 Considerada una manifestación más de la exasperación punitiva de los últimos tiempos, *vid.* VIDALES RODRÍGUEZ, C.: "Actividad inmobiliaria/urbanística y blanqueo. Apuntes para la reflexión", en MATALLÍN EVANGELIO, Á. y FERNÁNDEZ HERNÁNDEZ, A. (Dirs.), *Criminal Compliance programs y mapas de riesgo*, Tirant lo Blanch, Valencia, 2023, p. 418.

1962 La agravante se refiere también a los delitos contra los ciudadanos extranjeros, prostitución, explotación sexual y corrupción de menores, así como aquellos delitos vinculados a la corrupción en los negocios.

1963 Si bien hay quien entendió que dicha mención expresa a las conductas de posesión y uso no fue una ampliación real del ámbito de punición, sino meramente formal por cuanto las mismas ya tenían cabida con anterioridad a la reforma mediante la fórmula de el que "realice cualquier otro acto". *Vid.* QUERALT JIMÉNEZ, J.J.: *Derecho penal español. Parte especial (6ª edición), op. cit.*, p. 1294.

en delitos[1964]. Pues esa combinación podría dar lugar a la sanción de situaciones que, por su escasa lesividad, han sido tildadas de absurdas o ridículas[1965], proponiéndose su no punición en virtud del principio de insignificancia[1966]. En este sentido, la doctrina aboga por adoptar un criterio restrictivo más acorde con el principio de intervención mínima, de modo que se entiendan atípicas aquellas conductas en que el sujeto dispone de sus activos delictivos a fin de procurarse su subsistencia, debiendo quedar así excluidos

---

1964 Cabe reseñarse, sin embargo, que de conformidad con el Acuerdo del Pleno no jurisdiccional de la Sala segunda del Tribunal Supremo de 18 de julio de 2006, el artículo 301 CP no excluye, en todo caso, el concurso real con el delito antecedente. Matiza dicha aplicación de las normas concursales MARTÍNEZ BUJÁN quien entiende que la conducta de mera posesión de los bienes delictivos por parte del mismo autor responsable del ilícito previo es un acto posterior copenado que no debe ser sancionado por el art. 301 *bis* CP so pena de infringir el principio de *non bis in idem*. *Vid.* MARTÍNEZ BUJÁN PÉREZ, C.: *Derecho penal económico y de la empresa. Parte especial*, Tirant lo Blanch, Valencia, 2013, p. 612.

1965 En este sentido, *vid.* QUINTERO OLIVARES, G.: “Sobre la ampliación del comiso y el blanqueo, y la incidencia en la receptación civil”, *Revista electrónica de Ciencia Penal y Criminología*, 2010, p. 13; CASTRO MORENO, A.: “Reflexiones críticas sobre las nuevas conductas de posesión y utilización en el delito de blanqueo de capitales en la reforma del Anteproyecto de 2008”, *Diario la Ley*, nº 7277, 2009, pp. 1 y 4; LORENZO SALGADO, J.M.: “El tipo agravado de blanqueo cuando los bienes tengan su origen en el tráfico de drogas”, en ABEL SOUTO, M. y SÁNCHEZ STEWART, N., *III Congreso sobre prevención y represión del blanqueo de dinero*, Tirant lo Blanch, Valencia, 2013, pp. 224 y 225.

1966 *Vid.* ABEL SOUTO, M.: “Expansión del blanqueo de dinero en la última década de reformas penales”, en BUSTOS RUBIO, M. y ABADÍAS SELMA, A. (Dirs.), *Una década de reformas penales. Análisis de diez años de cambios en el código penal (2010-2020)*, *op. cit.*, p. 546.

los actos básicos de consumo diario[1967], en tanto que castigar el "disfrute personal" atenta contra el principio *non bis in idem*[1968].

En aras a limitar el ámbito aplicativo del precepto, la jurisprudencia[1969] ha venido exigiendo la concurrencia de un elemento tendencial: la voluntad del sujeto de ocultar o encubrir el origen de los bienes[1970]. Sin embargo, VIDALES RODRÍGUEZ ha

---

1967 *Vid.* MARTÍNEZ-BUJÁN PÉREZ, C.: *Derecho penal económico y de la empresa. Parte especial, op. cit.*, p. 481; VIDALES RODRÍGUEZ, C.: "La posesión y la utilización de bienes como actos de blanqueo en la legislación penal española", *Direito e Desenvolvimento. Revista do Curso de Direito,* vol. 6, 2012, pp. 45-64; CASTRO MORENO, A.: "Reflexiones críticas sobre las nuevas conductas de posesión y utilización en el delito de blanqueo de capitales en la reforma del Anteproyecto de 2008", *La Ley, op. cit.* pp. 1387 y ss.; TERRADILLOS BASOCO, J.M.: *El delito de blanqueo de capitales de origen delictivo,* Alveroni, Córdoba (Argentina), 2008, p. 240; LORENZO SALGADO, J.M.: "El tipo agravado de blanqueo cuando los bienes tengan su origen en el tráfico de drogas", en ABEL SOUTO, M. y SÁNCHEZ STEWART, N., *III Congreso sobre prevención y represión del blanqueo de dinero, op. cit.*, pp. 224 y 225; ABEL SOUTO, M.: "Expansión del blanqueo de dinero en la última década de reformas penales", en BUSTOS RUBIO, M. y ABADÍAS SELMA, A. (Dirs.), *Una década de reformas penales. Análisis de diez años de cambios en el código penal (2010-2020), op. cit.*, p. 555; BLANCO CORDERO, I.: "Negocios socialmente adecuados y delito de blanqueo de capitales", *Anuario de Derecho Penal y Ciencias Penales,* 1997, p. 272.

1968 *Vid.* VIDALES RODRÍGUEZ, C.: "Del blanqueo como amenaza a la amenaza del blanqueo", en GONZÁLEZ CUSSAC, J.L. y FLORES GIMÉNEZ, F. (Coord.), *Seguridad y derechos. Análisis de las amenazas, evaluación de las respuestas y valoración del impacto en los derechos fundamentales,* Tirant lo Blanch, Valencia, 2018, p. 264.

1969 Entre ellas, *vid.* las STS 265/2015, de 29 de abril; STS 1080/2010, de 20 de octubre; STS 844/2012, de 8 de noviembre.

1970 *Vid.* VIDALES RODRÍGUEZ, C.: "Del blanqueo como amenaza a la amenaza del blanqueo", en GONZÁLEZ CUSSAC, J.L. y FLORES GIMÉNEZ, F. (Coord.), *Seguridad y derechos. Análisis de las amenazas, evaluación de las respuestas y valoración del impacto en los derechos fundamentales, op. cit.*, p. 262.

considerado que, a pesar de las buenas intenciones que guían dicho criterio jurisprudencial, la incorporación de un elemento subjetivo para delimitar el ámbito de punibilidad del delito no sería la opción más acertada[1971]. Así, la autora defiende una noción estricta de blanqueo en la que se precise el concreto bien jurídico digno de tutela[1972] y se defina la conducta merecedora de reproche penal ante su menoscabo de aquel[1973] a fin de evitar así situaciones en las que se sanciona la mera posesión injustificada de bienes o cualquier tipo de enriquecimiento ilícito[1974], relegando el delito de blanqueo a una suerte de cláusula de cierre que garantice la imposición de un castigo a toda costa[1975].

1971 En este sentido, VIDALES RODRÍGUEZ, C.: "El autoblanqueo en la legislación penal española. Reflexiones a propósito de su tratamiento jurisprudencial", *Derecho penal contemporáneo*, vol. 58, 2017, pp. 107-142.

1972 Pues, al respecto no existe unanimidad. Hay quienes defienden que el delito protege a la Administración de Justicia -en tanto que su labor se ve entorpecida por esa voluntad del sujeto de ocultar la naturaleza de los bienes y evadirse de la acción penal; otros entienden que el bien jurídico tutelado es el orden socioeconómico, por la incidencia de estas conductas en el tráfico financiero y el mercado; también hay quien considera al blanqueo de capitales como un delito pluriofensivo, bien sea por proteger los dos bienes anteriores, bien por tutelar a su vez los bienes jurídicos protegidos por el delito precedente. Ampliamente, sobre esta cuestión, BLANCO CORDERO, I.: *El delito de blanqueo de capitales, op. cit.*, pp. 193-235.

1973 *Vid.* VIDALES RODRÍGUEZ, C.: "Del blanqueo como amenaza a la amenaza del blanqueo", en GONZÁLEZ CUSSAC, J.L. y FLORES GIMÉNEZ, F. (Coord.), *Seguridad y derechos. Análisis de las amenazas, evaluación de las respuestas y valoración del impacto en los derechos fundamentales, op. cit.*, p. 272.

1974 *Vid.* QUINTERO OLIVARES, G.: "Sobre la ampliación del decomiso y el blanqueo y la incidencia en la receptación civil", *Revista electrónica de ciencia penal y criminología, op. cit.*, p. 13.

1975 En este sentido, *vid.* también MUÑOZ CONDE, F.: "Consideraciones en torno al bien jurídico protegido en el delito de blanqueo de capitales", en

Tampoco fueron bienvenidos por parte de un importante sector doctrinal los subtipos agravados incorporados en 2010, que preveían la imposición de la pena superior en grado cuando los bienes blanqueados provenían de algunos delitos contra la Administración pública[1976] o delitos sobre la ordenación del territorio y el urbanismo. Entendemos que las críticas allí vertidas podrían hacerse extensibles en relación con la ampliación que ha sufrido el delito de blanqueo por mor de la LO 6/2021, que ha incorporado al listado el delito de TSH, entre otros. En su momento se consideró que dichas agravantes no tenían razón de ser, por cuanto no se produce un mayor menoscabo del orden socioeconómico -como bien jurídico protegido por el delito- por el hecho de que los bienes ilícitos provengan de un delito en particular, y no de otros. Se defendió, en cambio, que sí cabría apreciar esa mayor lesividad al bien jurídico en términos cuantitativos, esto es, en atención a la magnitud o volumen de los activos lavados, aspecto que, sin embargo, no ha sido considerado por el legislador[1977]. Así, se ha

---

ABEL SOUTO, M. y SÁNCHEZ STEWART, N., *I Congreso sobre prevención y represión del blanqueo de dinero*, Tirant lo Blanch, Valencia, 2008, p. 174.

1976 Concretamente, el cohecho, el tráfico de influencias, malversación, fraude, exacciones ilegales y negociaciones y actividades prohibidas a los funcionarios públicos y abusos en el ejercicio de su función. *Vid.* VIDALES RODRÍGUEZ, C.: "Actividad inmobiliaria/urbanística y blanqueo. Apuntes para la reflexión", en MATALLÍN EVANGELIO, Á. y FERNÁNDEZ HERNÁNDEZ, A. (Dirs.), *Criminal Compliance programs y mapas de riesgo, op. cit.*, p. 411.

1977 *Vid.* NÚÑEZ PAZ, M.A.: "Corrupción y blanqueo de dinero: la agravación relativa a los delitos contra la ordenación del territorio y urbanismo", en MATALLÍN EVANGELIO, Á. (Dir.), *Compliance y prevención de delitos de corrupción*, Tirant lo Blanch, Valencia, 2018, p. 334; LORENZO SALGADO, J.M.: "El tipo agravado de blanqueo cuando los bienes tengan su origen en el tráfico de drogas", en ABEL SOUTO, M. y SÁNCHEZ STEWART, N., *III Congreso sobre prevención y represión del blanqueo de dinero, op. cit.*, p. 231; DÍAS Y GARCÍA CONLLEDO, M.: "Blanqueo de bienes", en LUZÓN PEÑA, D.M. (Dir.), *Enciclopedia penal básica, Comares*, Granada, 2002, p. 209; ABEL SOUTO, M.: "Expansión del blanqueo de dinero en la última

afirmado que una agravación del delito de blanqueo de capitales en atención a la naturaleza del delito previo implica que aquel actuaría como un mero refuerzo de los bienes jurídicos ya protegidos por el delito determinante, perdiendo así su autonomía[1978].

4.2. La regulación administrativa del blanqueo de capitales y el deber de *due diligence* como instrumentos para prevenir este delito.

Como se ha apuntado, la prevención de las conductas constitutivas de blanqueo de capitales en nuestro ordenamiento jurídico

---

década de reformas penales", en BUSTOS RUBIO, M. y ABADÍAS SELMA, A. (Dirs.), *Una década de reformas penales. Análisis de diez años de cambios en el código penal (2010-2020), op. cit.*, p. 558; VIDALES RODRÍGUEZ, C.: *Los delitos de receptación y legitimación de capitales en el Código penal de 1995*, Tirant lo Blanch, Valencia, 1997, p. 142; FARALDO CABANA, P.: "Aspectos básicos del delito de blanqueo de bienes en el Código penal de 1995", Estudios Penales y Criminológicos, vol. XXI, 1998, p. 150.

1978 *Vid.* NÚÑEZ PAZ, M.A.: "Corrupción y blanqueo de dinero: la agravación relativa a los delitos contra la ordenación del territorio y urbanismo", en MATALLÍN EVANGELIO, Á. (Dir.), *Compliance y prevención de delitos de corrupción, op. cit.*, p. 335; NÚÑEZ PAZ, M.A.: "El tipo agravado del blanqueo por pertenencia a una organización y el acceso de los grupos terroristas a las instituciones financieras internacionales según la directiva 843/2018", en ABEL SOUTO, M. y SÁNCHEZ STEWART, N., *VII Congreso sobre prevención y represión del blanqueo de dinero: ponencias y conclusiones del congreso sobre las reformas de 2018, economía, sociedad y cultura digitales*, Santiago de Compostela, 2019, p. 276; ÁLVAREZ PASTOR, D. y EGUIDAZU PALACIOS, F.: *Manual de prevención del blanqueo de capitales*, Marcial Pons, Madrid, 2007, p. 356; ABEL SOUTO, M.: "Expansión del blanqueo de dinero en la última década de reformas penales", en BUSTOS RUBIO, M. y ABADÍAS SELMA, A. (Dirs.), *Una década de reformas penales. Análisis de diez años de cambios en el código penal (2010-2020), op. cit.*, p. 558; VIDALES RODRÍGUEZ, C.: "Actividad inmobiliaria/urbanística y blanqueo. Apuntes para la reflexión", en MATALLÍN EVANGELIO, Á. y FERNÁNDEZ HERNÁNDEZ, A. (Dirs.), *Criminal Compliance programs y mapas de riesgo, op. cit.*, p. 412.

concierne tanto al Derecho penal como al Derecho administrativo. La primera ley administrativa al efecto fue la Ley 19/1993, de 28 de diciembre, sobre determinadas medidas de prevención del blanqueo de capitales (actualmente derogada), y su posterior reglamento de desarrollo de 1995. La referida ley transpuso a nuestro ordenamiento jurídico la primera Directiva UE de 1991 sobre la materia. La segunda Directiva se implementaría mediante la Ley 12/2003, de 21 de mayo, de prevención y bloqueo de la financiación del terrorismo, influenciada por los archiconocidos atentados del 11-S que tuvieron lugar en Estados Unidos.

Sin embargo, el marco normativo de referencia en España viene definido por la Ley 10/2010, de 28 de abril, sobre prevención del blanqueo de capitales y de la financiación del terrorismo (en adelante L10/2010) que, cinco años después, transpone la tercera Directiva UE de 2005. Cuatro años más tarde, se aprobaría su Reglamento de desarrollo mediante el Real Decreto 304/2014, de 5 de mayo [1979]. Finalmente, las posteriores Directivas aprobadas en el seno de la Unión Europea han sido integradas en el texto de la L10/2010, dando lugar a importantes modificaciones, especialmente, en relación con el catálogo de sujetos obligados, la regulación de los canales de denuncia (*whistleblowing*), del registro de titularidad real y de los bancos de datos compartidos.

En definitiva, la referida Ley obliga a determinados sujetos -principalmente, del sector financiero[1980]- a adoptar medidas

---

1979 Real Decreto 304/2014, de 5 de mayo, por el que se aprueba el Reglamento de la Ley 10/2010, de 28 de abril, de prevención del blanqueo de capitales y de la financiación del terrorismo.

1980 Los sujetos obligados se hallan regulados en el art. 2 de la L10/2010 y son: entidades de crédito; aseguradoras; empresas de servicios de inversión; sociedades gestoras; sociedades de garantía recíproca; entidades de dinero electrónico y de pago; personas que ejerzan profesionalmente actividades de cambio de moneda; servicios postales; personas dedicadas profesionalmente a la intermediación en la concesión de préstamos o créditos; promotores inmobiliarios; auditores de

específicas de prevención del blanqueo de capitales o de *due diligence*. Básicamente estas medidas se enmarcan en la estrategia del "*know your client*"[1981] que ha permeado también en otros Estados de nuestro entorno jurídico, como se ha tenido ocasión de analizar. Así, se exige a los sujetos obligados recabar información sobre sus clientes que permitan crear un perfil de los mismos. Estos datos deberán ser procesados y almacenados internamente, respetando la normativa de protección de datos vigente. Esta información permitirá, en caso de detectarse cualquier transacción sospechosa, elaborar el correspondiente informe que, a su vez, será remitido a la unidad de inteligencia financiera, esto es, el SEPBLAC[1982].

Naturalmente, la Ley 10/2010, junto a las referidas medidas de prevención que generan sus correspondientes obligaciones[1983], establece un régimen sancionador para las infracciones muy graves (art. 51), graves (art. 52) y leves (art. 53). Las sanciones previstas oscilan

---

cuentas, contables externos, asesores fiscales; notarios y registradores de la propiedad; abogados y procuradores; casinos de juego; comerciantes de joyas, piedras o metales preciosos; marchantes de arte; responsables de la gestión, explotación y comercialización de loterías; proveedores de servicios de cambio de moneda virtual por moneda fiduciaria y de custodia de monederos electrónicos, entre otros.

1981 En otras palabras, ese deber de diligencia debida se materializa en la obligación de conocer al cliente o persona con la que se mantiene una relación comercial como forma de prevención del blanqueo de capitales. *Vid.* CLAVIJO SUNTURA, J.H.: *La prevención del blanqueo de capitales. Análisis teórico-practico*, JM Bosch, Barcelona, 2022, p. 60.

1982 Cuyas siglas se refieren al Servicio Ejecutivo de la Comisión de Prevención del Blanqueo de Capitales e Infracciones Monetarias que, además de erigirse como la Unidad de Inteligencia Financiera de España, es también la autoridad supervisora en materia de prevención del blanqueo de capitales y de la financiación del terrorismo.

1983 Que se articulan en medidas normales, que guardan relación con la identificación formal del cliente (art. 3.1), la verificación de su identidad (art. 4.1) y su registro (7.1); reforzadas (arts. 11 a 16); y simplificadas (arts. 9 y 10).

desde la mera amonestación privada o la multa de hasta 60.000€ para las infracciones leves (art. 58) hasta la multa de entre 150.000€ a 10.000.000€ para las infracciones muy graves. La magnitud de dichas sanciones administrativas ha generado dudas entre la doctrina especializada, considerándolas desproporcionadas o desmedidas, por cuanto estas pueden llegar a ser superiores a la correspondiente sanción pecuniaria a la que diera lugar el proceso penal[1984].

Por otro lado, como ha apuntado BLANCO CORDERO, la predisposición y voluntad de cumplimiento normativo no es suficiente en términos de eficiencia, pues para ello se requiere ciertos medios humanos, técnicos y organizativos adecuados para el cumplimiento de dichas obligaciones[1985]. Y esto, irremediablemente, conlleva un coste económico. En este sentido, VIDALES RODRÍGUEZ se ha preguntado si el esfuerzo exigido a los sujetos obligados se justifica en relación con los resultados obtenidos[1986]. De la última memoria publicada por el SEPBLAC parece desprenderse que este órgano mismo sufre de la misma dolencia que otros países de nuestro entorno: una afluencia excesiva de comunicaciones e informaciones imposible de gestionar y analizar[1987]. A pesar de que el SEPBLAC, consciente de

---

1984 *Vid.* VIDALES RODRÍGUEZ, C.: "Actividad inmobiliaria/urbanística y blanqueo. Apuntes para la reflexión", en MATALLÍN EVANGELIO, Á. y FERNÁNDEZ HERNÁNDEZ, A. (Dirs.), *Criminal Compliance programs y mapas de riesgo, op. cit.*, p. 405.

1985 *Vid.* BLANCO CORDERO, I.: "Eficacia del sistema de prevención del blanqueo de capitales. Estudios del cumplimiento normativo (compliance) desde una perspectiva criminológica", *Revista Eguzkilore*, vol. 23, 2009, pp. 117-138.

1986 *Vid.* VIDALES RODRÍGUEZ, C.: "Actividad inmobiliaria/urbanística y blanqueo. Apuntes para la reflexión", en MATALLÍN EVANGELIO, Á. y FERNÁNDEZ HERNÁNDEZ, A. (Dirs.), *Criminal Compliance programs y mapas de riesgo, op. cit.*, p. 411

1987 No se puede conocer con exactitud la magnitud del problema en tanto que el SEPBLAC no detalla cuantas de las comunicaciones por indicios recibidas (13.855 en 2023) tuvieron respuesta o generaron

la realidad del problema, afirma haber tomado medidas implementando nuevos procedimientos internos[1988].

En definitiva, como apunta RODRÍGUEZ GARCÍA, los actores del sector económico y financiero se han erigido como "*una pieza clave en el engranaje institucional de políticas preventivas, razón por la cual progresivamente se va tratando de granjear su participación activa*"[1989] . Y la Ley 10/2010, de 28 de abril, es un claro ejemplo de esta tendencia, convirtiendo a ciertos grupos profesionales, según FERRÉ OLIVÉ, en "espías a favor del sistema"[1990].

4.3. La relación del delito de blanqueo de capitales con algunas modalidades de decomiso.

Al analizar la institución del decomiso, y en particular sus distintas modalidades, se ha constatado como determinados preceptos hacen referencia a la transformación u ocultación de activos con

---

algún tipo de actuación. *Vid.* SEPBLAC: *Memoria de actividades 2022-2023*, SEPBLAC, Madrid, 2024, p. 53.

1988 Concretamente, el procedimiento de análisis de inteligencia básica, que agrupa informaciones procedentes de las comunicaciones por indicio, en función de determinadas tipologías de riesgo de blanqueo de capitales, en informes específicos que se remiten periódicamente a las autoridades competentes. Y el sistema de cruce automático de identidades con algunas autoridades, que permite realizar una mejor valoración del riesgo, asignar la información recibida más eficientemente y optimizar los recursos durante el proceso de análisis. Ambos procedimientos fueron implementados en 2021.

1989 *Vid.* RODRÍGUEZ GARCÍA, N.: *El decomiso de activos ilícitos, op. cit.* p. 27. En sentido similar, BLASCO DÍAZ, J.L.: *Régimen jurídico de la prevención y represión del blanqueo de capitales*, en VIDALES RODRÍGUEZ, C. (Dir.), Tirant lo Blanch, Valencia, 2015, p. 32.

1990 *Vid.* FERRÉ OLIVÉ, J.C.: "Política criminal europea en materia de blanqueo de capitales y financiación del terrorismo", *I Congreso de prevención y represión del blanqueo de dinero*, Tirant lo Blanch, Valencia, 2010, p. 258.

procedencia delictiva como indicios que permiten la aplicación del comiso de los mismos (art. 127 *bis*.2 CP y art. 127 *quinquies*.1 CP). A su vez, estos comportamientos forman parte de las conductas típicas que pueden dar lugar al delito de blanqueo de capitales del art. 301 CP. El resultado es la confusión entre ambas figuras y la disolución de las líneas que delimitan sus contornos, dando lugar a solapamientos que pueden contravenir el principio de *non bis in idem*.

Este aspecto no ha pasado desapercibido para la doctrina[1991], que ha señalado también a una posible vulneración del principio de seguridad jurídica consagrado en el art. 9.3 CE[1992]. Ante tal situación, CAMPOS NAVAS considera que debe procederse a la imputación de un delito de blanqueo de capitales más que a la aplicación del decomiso[1993]. Tomando en consideración la cita-

---

1991 *Vid.*, por todos, VIDALES RODRÍGUEZ, C.: "Consecuencias accesorias: decomiso (arts. 127 a 127 octies", en GONZÁLEZ CUSSAC, J.L. (Dir.), *Comentarios a la reforma del Código Penal de 2015, op. cit.*, p. 405; FERNÁNDEZ PANTOJA, P.: "Las consecuencias accesorias", en MORILLAS CUEVA, L. (Ed.), *Estudios sobre el código penal reformado (Leyes Orgánicas 1/2015 Y 2/2015), op. cit.*, p. 289; MARTÍN SAGRADO, O.: "El decomiso ante la investigación y enjuiciamiento del delito de blanqueo de capitales", *Revista General de Derecho Penal*, vol. 31, 2019, p. 18; URIARTE VALIENTE, L.M.: *La lucha del Estado en la recuperación de activos a través del decomiso. Especial referencia a la actuación del Ministerio Fiscal, op. cit.*, pp. 188-195.

1992 En tanto que un mismo hecho puede dar lugar a consecuencias distintas. En este sentido, *vid.* CONTRERAS CEREZO, P.V.: "Las garantías constitucionales en la nueva regulación del decomiso", *Decomiso y Oficina de gestión y recuperación de activos. Medidas cautelares*, Centro de estudios jurídicos, 2016, p. 12

1993 *Vid.* CAMPOS NAVAS, D.: "Decomiso, medidas cautelares y recuperación de activos", *Cuadernos digitales de formación*, CGPJ, vol. 50, 2015, p. 16. En un sentido similar se han pronunciado VIDALES RODRÍGUEZ, C.: "Consecuencias accesorias: decomiso (arts. 127 a 127 octies", en GONZÁLEZ CUSSAC, J.L. (Dir.), *Comentarios a la reforma del Código Penal de 2015, op. cit.*, p. 405; DE LA MATA BARRANCO, N.J.: "Las distintas modalidades de decomiso después de la Ley Orgánica 1/2015, de 30 de marzo", *La Ley Penal, op. cit., passim.*

da STS 365/2015, de 29 de abril, que configuraba el elemento tendencial de ocultación o encubrimiento del origen ilícito del bien como elemento esencial del blanqueo de capitales, cabría entender que tanto al tercero que adquiere un activo a sabiendas de su origen delictivo, como al delincuente que hace uso de los bienes delictivos con una exclusiva finalidad de goce de los mismos, únicamente les sería aplicable el decomiso, al no constatarse la voluntad de ocultación que exige el art. 301 CP[1994].

Sin embargo, la anterior conclusión debe ser matizada. Pues, cuando el objeto de utilización, posesión, adquisición o conversión sean los instrumentos o medios emprados para la comisión del delito estos únicamente podrán ser objeto de decomiso, por cuanto son preexistentes al delito y, por ende, al patrimonio del delincuente, por lo que no serían susceptibles de integrar el delito de blanqueo de capitales[1995]. Por otro lado, debe tenerse en cuenta que la jurisprudencia, cuando se produce una identidad entre las ganancias delictivas y los bienes que han sido transmitidos o ocultados, se muestra proclive a acordar el decomiso sin que proceda la persecución por el delito de blanqueo. En este sentido, el Alto Tribunal, en su sentencia 858/2013, de 19 de noviembre dictaminó que *"los actos que suponen agotamiento de un delito tienen su encaje penal en el mismo, y su consecuencia jurídica en el comiso, en la pena pecuniaria y en la responsabilidad civil"*. A *contrario sensu*, cuando no se produzca esa identidad de objeto porque los bienes procedan de varios delitos distintos, las anteriores conductas sí serán perseguibles como constitutivas de un delito de blanqueo de capitales[1996].

1994 *Vid.* URIARTE VALIENTE, L.M.: *La lucha del Estado en la recuperación de activos a través del decomiso. Especial referencia a la actuación del Ministerio Fiscal, op. cit.*, pp. 190 y 191.

1995 Así lo entiende DEL CARPIO DELGADO, J: "Adquisición de bienes de procedencia delictiva: ¿decomiso o blanqueo de capitales?", *Revista General de Derecho Penal, op. cit.*, p. 24.

1996 *Vid.* URIARTE VALIENTE, L.M.: *La lucha del Estado en la recuperación de activos a través del decomiso. Especial referencia a la actuación del Minis-*

4.4. El blanqueo de activos procedentes de la trata de seres humanos y su sanción en la práctica jurisprudencial.

Las prácticas constitutivas de lavado de activos no son extrañas al fenómeno de la trata, hasta el punto de que, como se ha indicado, hay ya quien considera su comisión como el cuarto y último estadio de dicho fenómeno[1997]. En este punto resulta oportuno recordar que la misma Convención de las Naciones Unidas contra la Delincuencia Organizada Transnacional, en su artículo 6, conmina a los Estados parte a penalizar el blanqueo de capitales cuando el producto derive de la trata de personas, promoviendo la cooperación internacional en esta materia[1998]. También deben destacarse las recomendaciones elaboradas por la ya mencionada *Financial Action Task Force* –o Grupo de Acción Financiera Internacional-, que abogan por emprender investigaciones financieras proactivas, incluso colaborando con instituciones financieras públicas y privadas, como práctica habitual a la hora de investigar y perseguir los delitos de TSH. Esto con el fin de rastrear, congelar y confiscar las ganancias obtenidas a través de delitos como el presente[1999].

Sin embargo, parece que dicho mensaje no ha calado suficientemente en la práctica jurisprudencial de nuestro país. Así lo corroboran los datos resultantes del análisis jurisprudencial llevado a cabo en el marco de esta investigación. Estos revelan que tan solo en 5 de las 128 sentencias que conforman la

---

terio Fiscal, op. cit., pp. 194 y 195.

1997 En este sentido, *vid.* Center for the Study of Democracy (CSD): *Financing of Organised Crime. Human Trafficking in Focus, op. cit.*, p. 46.

1998 Sobre las obligaciones derivadas del ámbito normativo internacional, *vid. supra*, Cap. II, epígrafe II, subepígarfe 1, apartado 1.1.

1999 Al respecto, *vid.* Financial Action Task Force (FATF): *International Standard son combating money laundering and the financing of terrorism & proliferation. The FATF Recommendations, op. cit.*, p. 12.

muestra (esto es, el 3,9% de los casos)[2000] se sancionó a ocho tratantes (es decir, el 3,65% del total de condenados por TSH) por reintroducir en el tráfico legal los beneficios ilícitamente obtenidos de la comercialización y explotación de sus víctimas, tal como refleja la tabla siguiente.

Tabla 9. Sentencias condenatorias por TSH y por blanqueo de capitales

Condena	*N*	%
Sí	2	1,6%
No	123	96,1%
Parcial[2001]	3	2,3%
	128	**100%**

Desafortunadamente, las 5 sentencias que condenan simultáneamente a, al menos, uno de los sujetos condenados por trata también por el delito de blanqueo de capitales no se caracterizan por contener un análisis jurídico exhaustivo sobre el cumplimiento de los requisitos que exige el tipo del art. 301 CP. Tratándose en su mayoría de sentencias de conformidad, si bien se detallan los hechos que podrían configurar dichas conductas típicas, no se invierten demasiados esfuerzos en exponer las razones para la subsunción de los mismos en el tipo correspondiente, ni mucho menos se detalla la modalidad concreta a la que responden (conductas de auto blanqueo, conductas que se sancionan por la mera posesión, etc.). La única excepción la constituye la SAP de Oviedo núm. 5/2019, de 11 de enero. Dicha resolución san-

---

[2000] Se tratan, por orden cronológico, de las SAP Pontevedra núm. 33/2015, de 1 de julio; la SAP Oviedo núm. 5/2019, de 11 de enero; la SAP Castellón núm. 160/2020, de 9 de junio; la SAP Asturias núm. 11/2021, de 19 de enero y la SAN 2/2022, de 18 de enero.

[2001] Con parcial, se refiere a aquellos supuestos en que únicamente algunos de los condenados por TSH lo fueron, a su vez, por un delito de blanqueo de capitales.

ciona a los acusados al constatarse la llevanza de un alto nivel de vida -disponiendo de grandes sumas de dinero, adquiriendo vehículos de alta gama, inmuebles varios y efectuando múltiples y reiteradas transferencias de dinero- que no casa con la falta de actividad laboral por parte de aquellos. Concluye el Tribunal que se cumplen las exigencias del tipo[2002], por cuanto se trata de "*un incremento de patrimonio del todo inusual, en relación con las fuentes lícitas de ingresos, que los acusados afirman tenían y que ninguna prueba practicaron al respecto, no constando el ejercicio de actividad lucrativa alguna, que sea distinta de aquella otra constitutiva de los delitos que aparecen acreditados, prostitución, trata de seres humanos y contra los derechos de los trabajadores, y que son susceptibles de generar tales beneficios. En segundo lugar, también consta la trasmisión a distintos familiares con la finalidad de ocultar o encubrir su origen ilícito del dinero (...) valiéndose a tales efectos de identidades de terceras personas que habían acudido a los locutorios a efectuar transferencias pequeñas de dinero a familiares, logrando así disimular el verdadero transmitente*".

Se aprecia también ese ánimo de ocultación en la SAP Castellón núm. 160/2020, de 9 de junio, en la que los acusados se valían de dos establecimientos de venta al público y otras operaciones comerciales para introducir los beneficios ilícitamente obtenidos de la trata en el mercado financiero para posterior-

2002 Que, según el propio Tribunal, se concretan en: (1) la existencia de bienes procedentes de un delito; (2) una conducta de las descritas en el artículo 301.1; (3) que ese acto tenga por finalidad ocultar o encubrir el origen ilícito del bien de que se trate o ayudar al autor del delito antecedente a eludir las consecuencias legales de sus actos; y, (4) la existencia de dolo o imprudencia grave. Añade que pueden ser indicios relevantes a efectos de prueba el incremento inusual de patrimonio; la utilización o uso del mismo con irregularidades que tiendan a disimular o difuminar su titularidad o su procedencia; la inexistencia de negocios legales que expliquen tal incremento; y la relación del sujeto con actividades delictivas productoras de beneficios, según las máximas de experiencia.

mente recuperarlos bajo una apariencia de legalidad. Por su parte, la SAP de Asturias núm. 11/2021, de 19 de enero, parece enjuiciar conductas de autoblanqueo por cuanto, en atención a la magnitud de los ingresos obtenidos de la explotación sexual de sus víctimas, "*no solo fueron destinados a su manutención y a la de sus familiares, sino que se reintrodujo en el circuito económico tanto en Rumania como en España, adquiriendo vehículos de alta gama, alquileres de inmuebles en España, y envíos de dinero a Rumania, cuando al grupo no se le conocía ninguna otra actividad salvo la explotación de un bar que, a su vez, registra ingresos sin justificar*". El castigo, en este caso, podría justificarse por entenderse cumplido el criterio de significancia que propone ABEL SOUTO[2003], en tanto que tan solo los vehículos adquiridos por los acusados gracias al producto derivado de la trata tienen un valor que excede los 250.000€.

Un supuesto parecido al anterior es el analizado en la SAP Pontevedra núm. 33/2015, de 1 de julio, en que se constata la existencia de ingresos y transacciones no justificadas por parte de los acusados por valor de más de 200.000€, cuya procedencia se presume delictiva. Más cuestionable es, sin embargo, el supuesto de hecho enjuiciado en la SAN núm. 2/2022, de 18 de enero. Pues aquí las conductas que se entiende han podido dar lugar a la apreciación del delito del art. 301 CP consisten en el traslado del dinero, previamente recaudado de las víctimas, fuera del territorio nacional mediante continuos viajes aéreos, lo que les permitió "*disponer del dinero con absoluta impunidad fuera de nuestro país y procurar los fondos necesarios para la financiación de futuras acciones criminales*".

En cualquier caso, a pesar de la escasez de pronunciamientos que reconocen responsabilidad a los sujetos por la comisión de ambos ilícitos, merece la pena detenerse a observar la diferente

---

2003 *Vid.* ABEL SOUTO, M.: "Expansión del blanqueo de dinero en la última década de reformas penales", en BUSTOS RUBIO, M. y ABADÍAS SELMA, A. (Dirs.), *Una década de reformas penales. Análisis de diez años de cambios en el código penal (2010-2020), op. cit.*, p. 546.

respuesta punitiva que reciben por uno y otro. En este sentido, mientras que en los casos de TSH se ha visto como las penas impuestas suelen traducirse en largos años de reclusión penitenciaria[2004], no ocurre lo mismo en relación con el delito de blanqueo de capitales, donde parece darse mayor trascendencia a la sanción pecuniaria que a la privativa de libertad. Así, tan solo en uno de los casos la pena de prisión excede del año, siendo la pena promedio (x) de 7,8 meses, esto es, unos 7 meses y 24 días (*vid.* Gráfico 6).

Gráfico 6. Pena de prisión impuesta a un mismo sujeto por los delitos de TSH y blanqueo de capitales

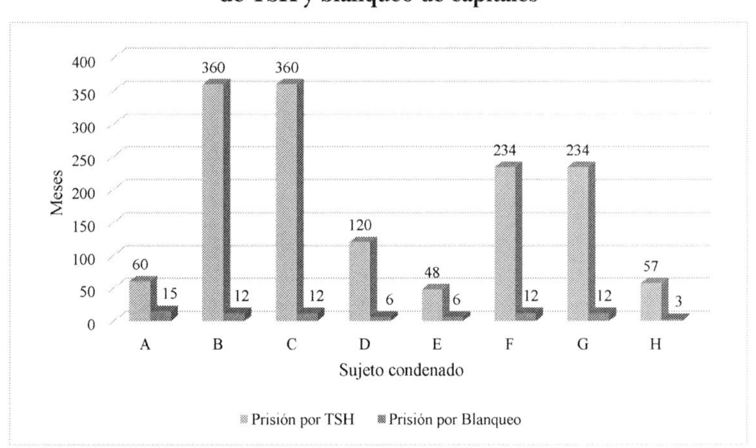

Por el contrario, las penas pecuniarias impuestas por el delito de blanqueo de capitales son de una envergadura considerable, situándose la media en 184.510 € por condenado. De hecho, en 3 de las 5 resoluciones las penas de multa impuestas a cada uno de los sujetos condenados exceden los 250.000€[2005]. Por lo que, a pesar

---

2004 *Vid. supra,* Capítulo V, epígrafe III, subepígrafe 3, apartado 3.4.

2005 Concretamente, en la SAP Asturias núm. 11/2021, de 19 de enero, dos de los tratantes son condenados al pago de 250.000€ cada uno por el delito de blanqueo de capitales, además de a una pena de prisión de

de la escasa prevalencia de este tipo de condenas en los supuestos de TSH, han sido capaces de "recaudar" un total de 1.845.100 €.

5. Resumen comparativo del nivel de implementación y el grado de eficacia de los mecanismos penales analizados.

Por último, en aras a intentar dar respuesta al grado de implementación y a la capacidad confiscatoria de los mecanismos objeto de análisis en los supuestos de trata, pueden resultar ilustrativos los datos contenidos en la siguiente tabla:

Tabla 10. Uso y eficacia de los instrumentos penales con capacidad confiscatoria en los supuestos de TSH

Mecanismo	Índice de aplicación		Incidencia económica
	N	%	
Decomiso	28	21,9%	566.546,42 €
Multa y RPPJ	1	0,8%	3.000,00 €
Blanqueo de capitales	5	3,9%	1.845.100,00 €
			2.414.646,42€

Véase como el decomiso, a pesar de ser la institución con capacidad confiscatoria más recurrida en estos casos, muestra una eficacia limitada, probablemente consecuencia de la falta de tradición de realizar investigaciones financiero-patrimoniales previas que permitan identificar los distintos activos en manos de los tratantes. No merece la pena detenerse nuevamente en los

---

12 meses; la SAP de Pontevedra núm. 33/2015, de 1 de julio, sanciona al condenado a la multa de 300.000€ por haber recibido ingresos no justificados por valor de 176.655,88€ y 35.816€ en los años 2010 y 2011, respectivamente; y la SAP Oviedo núm. 5/2019, de 11 de enero, condena a dos de los tratantes a sendas penas de dos meses de prisión y multa de 500.000€ por el delito de blanqueo de capitales.

resultados concernientes a la multa y la RPPJ, por tratarse de una única sentencia por conformidad que ventila en apenas un par de líneas la responsabilidad de la sociedad allí enjuiciada, lo cual explica la insignificancia de la multa impuesta. Finalmente, debe destacarse la eficiencia del recurso al delito de blanqueo de capitales que, pese a su escasa prevalencia, demuestra ser el mecanismo que ha tenido materialmente un mayor impacto confiscatorio.

III. EL DERECHO A LA INDEMNIZACIÓN Y LA REPARACIÓN ECONÓMICA A LAS VÍCTIMAS DE TRATA

Como se ha puesto de manifiesto anteriormente[2006], a pesar del amplio reconocimiento normativo internacional y del avance que supuso la aprobación de la Ley 4/2015, del Estatuto de la Víctima del Delito, el derecho de las víctimas -en particular de las de TSH- a una reparación integral sigue siendo el gran olvidado. Pues, aunque el derecho a la compensación o reparación de la víctima de trata se halla ampliamente reconocido en diversos instrumentos normativos, en la práctica sigue siendo inusual que el mismo se haga efectivo, aunque esta sea una deficiencia compartida por la mayoría de países[2007].

2006 *Vid. supra*, Capítulo II, epígrafe III.

2007 A modo de ejemplo, en Reino Unido, si bien los tribunales pueden reconocer el derecho a la restitución de la víctima, siempre y cuando el tratante haya sido condenado y éste tenga medios suficientes, las ONG denuncian que los tribunales no suelen conceder dicha restitución y que muchas víctimas no llegan a solicitarlas debido al difícil acceso a la asistencia jurídica disponible para presentar dichas reclamaciones. Por su lado, los tratantes, además de poder apelar o impugnar estas órdenes de indemnización, frecuentemente trasladan sus bienes, lo que en la práctica se traduce en un elevado porcentaje de impago de estas indemnizaciones. *Vid.* U.S. Department of State: *Trafficking in Persons Report. June 2021, op. cit.*, p. 583.

En este sentido, la aproximación económica al fenómeno de la trata de personas propuesta y su sanción mediante la confiscación del producto delictivo no sólo resulta más eficiente en términos retributivos y de prevención, sino que también se erige como una solución más respetuosa y justa con el derecho a la protección y a la reparación de las víctimas, a quienes pueden reintegrarse dichos beneficios delictivos previamente incautados. En consecuencia, la capacidad de garantizar el cumplimiento de las responsabilidades civiles *ex delicto* reconocidas a favor de las víctimas constituye un factor determinante a la hora de establecer la aptitud y eficacia confiscatoria y recaudadora de los mecanismos analizados en los anteriores subepígrafes.

1. La indemnización de las víctimas por parte del tratante.

Como es sabido, en virtud del artículo 116.1 CP, como regla general, toda persona criminalmente responsable de un delito lo es también civilmente de los daños o perjuicios que de este se deriven[2008]. Al respecto, el sistema de justicia penal español, por

---

[2008] Paralelamente, el art. 1092 del Código Civil español dispone que "*Las obligaciones civiles que nazcan de los delitos o faltas se regirán por las disposiciones del Código Penal*", precepto este que no ha estado exento de críticas. *Vid.*, por todos, YZQUIERDO TOLSADA, M.: "El perturbador artículo 1.092 del Código civil", *Centenario del Código Civil: (1889-1989). Vol. 2*, Centro de Estudios Ramón Areces, Madrid, 1990, p. 2111; DÍEZ-PICAZO, L.: *Derecho de daños*, Civitas, Madrid, 1999, pp. 272 y 273. Cabe decir que en la doctrina civilista ha sido ampliamente discutida la cuestión de si nos hallamos ante dos regímenes de responsabilidad civil distinta -la "pura" y la "*ex delicto*"- o, por el contrario, se trata de una simple dualidad de normas. Se posicionan a favor de la primera postura, GÓMEZ CALERO, J.: "La responsabilidad civil derivada del acto ilícito penal", Revista general de derecho, vol. 190-191, 1960, pp. 604 y 605; POSADA PÉREZ, J.A.: *La responsabilidad civil ex delicto*, Thomson-Reuters/Aranzadi, Cizur Menor, 2022, pp. 165-167. Más acordes con la segunda, PANTALEÓN PRIETO, A.F.: "Comentario al

razones de agilidad, economía procesal y oportunidad[2009], permite ventilar cumulativamente la responsabilidad penal y civil del individuo en un mismo proceso[2010] -salvo que decida renunciar[2011] o reservarse el ejercicio de la acción civil[2012]-. Así, el art. 742 LECrim obliga al juez a pronunciarse en su sentencia sobre todas las cuestiones referentes a la responsabilidad civil que hayan sido objeto del juicio, en virtud del principio de congruencia. Debe alertarse, no obstante, que la regulación de dicha institución en los arts. 109 y ss. del CP ha dado lugar a un intenso debate entre penalistas y civilistas en torno a su naturaleza jurídica[2013].

---

artículo 1.092", *Comentario del Código Civil*, Ministerio de Justicia, Madrid, 1991, pp. 1973-1976; ROCA TRÍAS, M. y NAVARRO MICHEL, M.: *Derecho de daños. Textos y materiales*, Tirant lo Blanch, Valencia, 2020, p. 60.

2009 *Vid.* RODRÍGUEZ ALMIRÓN, F.J.: *Aspectos jurídico-dogmáticos y jurisprudenciales en torno a la responsabilidad civil ex delicto*, Dykinson, Madrid, 2023, p. 42.

2010 Si bien ello no debe llevar a confusión respecto a la distinción entre la acción penal y la acción civil. Pues, como recientemente ha declarado el TS en su sentencia núm. 49/2020, de 12 de febrero, la acción de responsabilidad civil es una acción distinta pero acumulada dentro del procedimiento penal, cuyo fin es poder resarcir los derechos de las víctimas de la infracción penal dentro del mismo procedimiento. En sentido similar, STS núm. 936/2006, de 10 de octubre.

2011 Ampliamente sobre las consecuencias de dicha renuncia, que necesariamente debe ser expresa, ejemplificadas mediante distintas resoluciones judiciales *vid.* RODRÍGUEZ ALMIRÓN, F.J.: *Aspectos jurídico-dogmáticos y jurisprudenciales en torno a la responsabilidad civil ex delicto, op. cit.*, pp. 43-48.

2012 Pues se ha indicado que el ejercicio de dicha acción ante los tribunales del orden civil puede resultar en el reconocimiento de indemnizaciones más cuantiosas según se apunta en DELGADO SANCHO, C.: *Responsabilidad civil ex delicto. Guía práctica sobre la responsabilidad civil derivada de la comisión de determinados delitos*, Colex, A Coruña, 2020, p. 13.

2013 Siendo que dicha cuestión excede el objetivo de dicho trabajo, nos remitimos a lo dispuesto por, entre otros, por YZQUIERDO TOLSADA, M.: "La responsabilidad civil en el proceso penal", en REGLERO

Sin embargo, la responsabilidad civil no siempre surgirá de la comisión del delito[2014], pues se prevé también la obligación del tercero de restituir el bien -aunque se hubiera adquirido legalmente y de buena fe (art. 111 CP), la responsabilidad de las asegurado-

---

CAMPOS, F. (coord.), *Tratado de responsabilidad civil. Vol. I*, Thomson Reuters-Aranzadi, Cizur Menor, 2008, pp. 1067-1206; GARCÍA-PABLOS DE MOLINA, A.: "La responsabilidad civil derivada de delito y su controvertida naturaleza", en ZAFFARONI, E.R. (coord.), *De las penas: homenaje al profesor Isidoro de Benedetti*, Depalma, 1997, pp. 241-254; QUINTERO OLIVARES, G.: "La responsabilidad criminal y la responsabilidad civil", en QUINTERO OLIVARES, G., CAVANILLAS MÚGICA, S. y DE LLERA SUÁREZ-BÁRCENA, E., *La responsabilidad civil ex delicto*, Aranzadi, Cizur Menor, 2002, pp. 19-50; RAMON RIBAS, E.: "La responsabilidad civil derivada de delito ¿Una herramienta de política criminal o invasión del Derecho civil?", en COLLANTES GONZÁLEZ, J.L. (coord.), *Temas actuales de Derecho Penal. Desafíos del Derecho Penal Contemporáneo*, Ediciones legales, Perú, 2004, pp. 69-98; SILVA SÁNCHEZ, J.M.: "¿"ex delicto"? Aspectos de la llamada "responsabilidad civil" en el proceso penal", *Indret*, vol. 2001, nº 3, 2001, pp. 1-13; TRAPERO BARREALES, M.A. y DURÁN SECO, I.: "El tratamiento penal de la responsabilidad civil: arts. 109 a 122 del Código Penal español", *Libertas: Revista de la Fundación Internacional de Ciencias Penales*, vol. 1, 2013, pp. 573-646. Un resumen de las distintas posturas puede hallarse en HORTAL IBARRA, J.C.: "La naturaleza jurídica de la responsabilidad civil *ex delicto*: o cómo "resolver" la cuadratura del círculo", *Indret*, vol. 2014, nº 4, pp. 8 a 12 o en POSADA PÉREZ, J.A.: *La responsabilidad civil ex delicto, op. cit.*, pp. 179-195.

2014 Se ha defendido que el nacimiento de la obligación de restituir procede deriva realmente del daño originado, y no del delito. En términos similares, MAPELLI CAFFARENA, B.: *Las consecuencias jurídicas del delito*, Thomson Reuters/Aranzadi, Cizur Menor, 2011, p. 456; SILVA SÁNCHEZ, J.M.: "¿"ex delicto"? Aspectos de la llamada "responsabilidad civil" en el proceso penal", *Indret, op. cit.*, pp. 4 y 5; DÍEZ-PICASO, L.: *Derecho de daños, op. cit.*, p. 278. Así, la responsabilidad civil en estos casos no surgiría propiamente del delito o ilícito penal en sentido formal, sino que este constituye el requisito *sine quan non* para analizar si cabe la atribución de responsabilidad civil a algún sujeto. *Vid.* POSADA PÉREZ, J.A.: *La responsabilidad civil ex delicto, op. cit.*, p. 161.

ras (art. 117 CP)[2015], la responsabilidad a título lucrativo (art. 122 CP)[2016] o la responsabilidad civil en supuestos de exención de responsabilidad penal (arts. 118 y 119 CP)[2017]. Así, la responsabilidad penal no siempre acarreará responsabilidad civil e, inversamente, no a todo sujeto obligado a responder civilmente se le atribuirá responsabilidad penal, puesto que ambas responsabilidades nacen de presupuestos distintos[2018]. Al respecto, no debe olvidarse que dicha responsabilidad civil es una institución privada en la que, a diferencia de lo que sucede con el Derecho penal, no rige el principio de personalidad -por lo que esta podrá ser asegurada o transmitida-, sino los principios de rogación y congruencia[2019].

2015 En relación con el riesgo asegurado y hasta el límite de la indemnización legalmente establecida o convencionalmente pactada, reconociéndoles el derecho de repetición contra quien corresponda. Sobre el tratamiento dispar que realiza la jurisprudencia en relación si se trata de un seguro obligatorio o voluntario, *vid.* RODRÍGUEZ ALMIRÓN, F.J.: *Aspectos jurídico-dogmáticos y jurisprudenciales en torno a la responsabilidad civil ex delicto, op. cit.*, pp. 108-114.

2016 Esto es, la propia de quien "*por título lucrativo hubiere participado de los efectos de un delito*" quedando "*obligado a la restitución de la cosa o al resarcimiento del daño hasta la cuantía de su participación*". Por lo tanto, no se trata del autor o partícipe del delito del que se derivan los daños, sino de aquél que se ha lucrado a raíz de la comisión del ilícito, debiendo devolver los bienes o cantidades percibidas al efecto. Ampliamente sobre esta cuestión, *vid. ibidem*, pp. 179-191.

2017 En los que, a pesar de haberse dictado una sentencia absolutoria, subsiste la obligación del juez de pronunciarse sobre la responsabilidad civil, a fin de evitar que el perjudicado debe incoar un nuevo procedimiento en el orden civil para ser resarcido. Estas situaciones se darán principalmente cuando dicha exención de responsabilidad penal obedezca a la apreciación de las eximentes de anomalía o alteración psíquica, estado de intoxicación plena o síndrome de abstinencia, grave alteración en la percepción, estado de necesidad o miedo insuperable.

2018 *Vid.* POSADA PÉREZ, J.A.: *La responsabilidad civil ex delicto, op. cit.*, pp. 114 y ss.

2019 *Vid. ibidem*, p. 162. Asimismo se dispone en la STS 365/2012, de 15 de mayo.

Cabe señalar en este punto que una de las ventajas prácticas del reconocimiento de la RPPJ tiene que ver con las mayores posibilidades de que se satisfaga la responsabilidad civil *ex delicto*, especialmente en aquellos supuestos en que no es posible condenar a la persona física autora del mismo[2020]. Pues, sin el reconocimiento de RPPJ, la entidad únicamente responderá subsidiariamente[2021] por los delitos que hubieran cometido sus empleados, representantes o gestores en el desempeño de sus obligaciones o servicios, en virtud de lo dispuesto en el art. 120.4 CP[2022]. En contraposición, el ente jurídico declarado responsable

---

2020 *Vid.* FERNÁNDEZ TERUELO, J.G.: "La responsabilidad penal de las personas jurídicas", en BUSTOS RUBIO, M. y ABADÍAS SELMA, A. (Dirs.), *Una década de reformas penales. Análisis de diez años de cambios en el código penal (2010-2020), op. cit.*, pp. 76 y 77.

2021 Muy crítico respecto al automatismo que reina en la aplicación de dicho precepto, por los problemas para el derecho a la defensa o a la tutela judicial reconocidos al ente jurídico que ello genera, *vid.* SÁNCHEZ-VERA GÓMEZ-TRELLES, J.: "La desobjetivización de la responsabilidad civil *ex delicto*: los programas de cumplimiento", *Indret*, vol. 2022, nº 3, pp. 114-146. El autor constata como es práctica usual de nuestros tribunales el decretar el sobreseimiento provisional de la causa respecto a la entidad jurídica pasando esta automáticamente a la situación procesal de responsable civil subsidiaria. Para acabar con estas prácticas, el referido autor propone que los mismos *compliance programes* que permiten eximir de responsabilidad penal a las sociedades deben, a su vez, servir para exonerarlas frente a una acusación como responsable civil subsidiaria cuando dicho programa cubra también los riesgos civiles en cuestión.

2022 Dicha responsabilidad subsidiaria de los entes jurídicos se extiende también a los supuestos de hecho contemplados en los números 2, 3 y 5 del citado art. 120 CP, que reza:
"*Son también responsables civilmente, en defecto de los que lo sean criminalmente: (…) 2.º Las personas naturales o jurídicas titulares de editoriales, periódicos, revistas, estaciones de radio o televisión o de cualquier otro medio de difusión escrita, hablada o visual, por los delitos cometidos utilizando los medios de los que sean titulares, dejando a salvo lo dispuesto en el artículo 212.*
3.º Las personas naturales o jurídicas, en los casos de delitos cometidos en los establecimientos de los que sean titulares, cuando por parte de los que los dirijan o

del delito de trata deberá igualmente hacer frente a la responsabilidad civil directa y solidaria junto con las personas físicas que resultaran condenadas por los mismos hechos (art. 116.3 CP).

En cualquier caso, acorde con la finalidad reparatoria o compensatoria que persigue la responsabilidad civil[2023], según lo dispuesto por el art. 110 CP, esta comprende (1) la restitución, (2) la reparación del daño y (3) la indemnización de los perjuicios[2024], debiendo seguirse dicho orden de prelación. La restitución, como su nombre indica, obliga a restituir, siempre que sea posible, el

---

administren, o de sus dependientes o empleados, se hayan infringido los reglamentos de policía o las disposiciones de la autoridad que estén relacionados con el hecho punible cometido, de modo que éste no se hubiera producido sin dicha infracción. (…)
5.º Las personas naturales o jurídicas titulares de vehículos susceptibles de crear riesgos para terceros, por los delitos cometidos en la utilización de aquellos por sus dependientes o representantes o personas autorizadas".

2023 Ampliamente sobre la función reparadora de la responsabilidad civil, frente al carácter punitivo o sancionador propio de la responsabilidad penal, *vid.* POSADA PÉREZ, J.A.: *La responsabilidad civil ex delicto, op. cit.*, pp. 63 y ss. Al respecto, HORTAL IBARRA, junto a la tradicional función "compensatoria-resarcitoria" de dicha responsabilidad, parece abrir la puerta a reconocerle también una función "preventivo-disuasoria" en atención a los efectos penales aparejados a la no reparación del daño. Según el autor, esto se explicaría por la "*prolongada "exposición" al Código Penal y a los principios que le son propios, que habría impregnado a la responsabilidad civil delictual de un interés jurídico-público que trascendería a las partes del conflicto*". *Vid.* HORTAL IBARRA, J.C.: "La naturaleza jurídica de la responsabilidad civil ex delictivo: o cómo "resolver" la cuadratura del círculo", *Indret, op. cit.*, pp. 4 y 5.

2024 Si bien LÓPEZ BELTRÁN DE HEREDIA considera que lo que verdaderamente persiguen los arts. 109 y 110 CP es la reparación integral de la víctima o perjudicado, contenido que excedería del estricto ámbito de la reparación por el daño causado. *Vid.* LÓPEZ BELTRÁN DE HEREDIA, C.: *Efectos civiles del delito y responsabilidad extracontractual*, Tirant lo Blanch, Valencia, 1997, pp. 16-22.

mismo bien[2025], abonando los deterioros o menoscabos que hubiera sufrido (art. 111 CP). Dicha restitución tendrá lugar incluso en aquellos supuestos en que el bien se halla en posesión de un tercero de buena fe[2026] quien, además de tener el derecho de repetir contra quien corresponda, deberá ser llamado al procedimiento[2027].

Subsidiariamente, deberá acordarse la reparación del daño, que puede consistir en obligaciones de dar, de hacer o de no hacer determinadas por el Juez o Tribunal en atención a la naturaleza de aquél y a las condiciones personales y patrimoniales

---

2025 Según QUINTERO OLIVARES, el término "bien" implica un significado más amplio al vocablo "cosa", pudiéndose incluir el dinero en aquel concepto. *Vid.* QUINTERO OLIVARES, G.: "Efectos de la responsabilidad civil ex delicto: el carácter preferente de la restitución", en QUINTERO OLIVARES, G. (Dir.), *Comentarios al Nuevo Código Penal*, Aranzadi, Cizur Menor, 2005, p. 52. *Vid.* también QUINTERO OLIVARES, G. y TAMARIT SUMALLA, J.M.: "De la responsabilidad civil y su extensión", en QUINTERO OLIVARES, G. (Dir.), *Comentarios al Nuevo Código Penal, op. cit.*, p. 602. Por el contrario, considera que los vocablos "bien" y "cosa" tienen un significado asimilable, POSADA PÉREZ, J.A.: *La responsabilidad civil ex delicto, op. cit.*, p. 226. En cuanto a las criptomonedas, parece que el Tribunal Supremo, no considerándola una moneda, entiende que no es restituible. Así, en su sentencia núm. 326/2019, de 20 de junio, acuerda la devolución del importe de la aportación dineraria realizada para la compra de bitcoins, cantidad incrementada por la rentabilidad que hubiera generado.

2026 Se trataría, según POSADA PÉREZ, de un responsable civil no penal, esto es, un sujeto ajeno al delito que le obliga a restituir, sin perjuicio que el mismo sea responsable de otro delito relacionado como el de encubrimiento o receptación. Por otro lado, apunta a que la buena fe se relaciona en este caso con el conocimiento de la procedencia delictiva del objeto y, en virtud de la presunción establecida en el art, 434 CC, la mala fe del poseedor deberá probarse por quien la alegue. *Vid.* POSADA PÉREZ, J.A.: *La responsabilidad civil ex delicto, op. cit.*, pp. 248 y 249.

2027 Véase RODRÍGUEZ ALMIRÓN, F.J.: *Aspectos jurídico-dogmáticos y jurisprudenciales en torno a la responsabilidad civil ex delicto, op. cit.*, pp. 64 y 65.

del culpable[2028], determinando si han de ser cumplidas por él mismo o pueden ser ejecutadas a su costa (art. 112 CP). Si bien en relación con algunos tipos penales viene establecida la forma concreta de reparación del daño (como la publicación de la sentencia condenatoria en el caso de las injurias o calumnias), en general, dicha concreción queda a la voluntad y criterio del Tribunal[2029], sin que el mismo quede vinculado por la eventual pretensión que hubiera podido hacer la víctima al efecto.

Finalmente, la indemnización prevista en el art. 113 CP comprenderá tanto los perjuicios materiales[2030] como morales ocasionados al agraviado, a sus familiares o a terceros[2031] que, generalmente, consistirá en la satisfacción de un pago econó-

---

2028 Si bien, según QUINTERO OLIVARES y TAMARIT SUMALLA, dichas circunstancias deberán ser tenidas en cuenta, no en la determinación del *quantum* de la reparación, sino en la forma de cumplir con dicha obligación. *Vid.* QUINTERO OLIVARES, G. y TAMARIT SUMALLA, J.M.: "De la responsabilidad civil y su extensión", en QUINTERO OLIVARES, G. (Dir.), *Comentarios al Nuevo Código Penal, op. cit.*, p. 606.

2029 Resalta la amplitud del poder discrecional reconocido a los jueces y tribunales en este ámbito, DÍEZ-PICASO, L.: *Derecho de daños, op. cit.*, pp. 278 y 279.

2030 Mediante estos se busca restituir íntegramente (*restitutio in integrum*) al agraviado reponiéndolo en la situación económica de que gozaba anteriormente a la comisión del delito.

2031 Deben entenderse igualmente incluidos los daños corporales para cuya determinación los Tribunales suelen recurrir al Baremo de indemnizaciones en accidentes de circulación, cuya aplicación únicamente es preceptiva en relación con los daños personales derivados de los delitos de circulación. Al respecto, advierte CORCOY BIDASOLO que dichos baremos deben cumplir una función estrictamente indiciaria en la determinación de los daños derivados de un ilícito penal, especialmente cuando responde a una conducta dolosa, pues la configuración y contenido del referido baremo no tiene en cuenta el desvalor añadido que se produce en estos supuestos. *Vid.* CORCOY BIDASOLO, M.: "Análisis jurisprudencial de la responsabilidad civil *ex delicto*. Valoración del daño corporal: criterios penales", p. 3. De la misma opinión, HORTAL IBA-

mico[2032]. En este punto, merece detenerse especialmente en la determinación y cuantificación del daño moral, por cuanto se ha identificado como una de las principales dificultades que afrontan las víctimas de trata durante su periplo por el proceso penal y como uno de los escollos que impiden hacer efectivo su derecho a la compensación[2033]. La naturaleza inmaterial e intangible de este tipo de daño, que dificulta la acreditación de su propia existencia, implica que su única forma de compensación sea mediante el pago de una indemnización[2034].

Ante la falta de una definición legal del concepto daños morales, se ha optado tanto por acuñar definiciones negativas, contraponiéndolo al concepto de daño patrimonial[2035], como por

---

RRA, J.C.: "La naturaleza jurídica de la responsabilidad civil ex delictivo: o cómo "resolver" la cuadratura del círculo", *Indret, op. cit.*, p. 7.

2032 *Vid.* ROIG TORRES, M.: *La responsabilidad civil derivada de los delitos y faltas*, Tirant lo Blanch, Valencia, 2010, p. 189.

2033 *Vid. supra*, Capítulo V, epígrafe III, subepígrafe 3, apartado 3.3.

2034 Mediante esta indemnización se pretende ofrecer un "mero alivio o compensación del daño, que es un parámetro borroso, nada preciso", según se afirma en CAVANILLAS MÚGICA, S.: "La motivación judicial de la indemnización por daño moral", *Derecho privado y Constitución*, núm. 20, 2006, p. 168. Manifiesta su inquietud y contrariedad a la indemnización económica del daño moral, siendo partidarios de su reparación no pecuniaria QUINTANO RIPOLLÉS, A.: *Compendio de Derecho penal*, Revista de Derecho Privado, Madrid, 1958, p. 494.

2035 *Vid.*, por todos, ÁLVAREZ VIGARAY, R.: "La responsabilidad por daño moral", *Anuario de derecho civil*, vol. 19, nº 1, 1966, p. 81 y DÍEZ PICAZO, L.: *El escándalo del daño moral*, Civitas, Madrid, 2008, p. 73. Ello no es extraño en tanto que un sector importante de la doctrina califica el daño según sea patrimonial -esto es, que cause un menoscabo económicamente valorable sobre los intereses patrimoniales del perjudicado- o extrapatrimonial -que afecta a intereses de difícil valoración económica-. Dentro de esta última categoría, VICENTE DOMINGO distingue entre el daño extrapatrimonial no personal y el personal, integrándose este último por los daños corporales y los

definirlo mediante la enunciación de los distintos elementos que pueden integrarlo. Este es el caso, por ejemplo, de la STS núm. 458/2019, de 9 de octubre que hace referencia a "*el sentimiento de depresión de la autoestima, los sentimientos de vergüenza, los sentimientos de culpabilidad, los sentimientos de pena, el complejo de inferioridad, la sensación duradera de inseguridad, el sentimiento de la dignidad lastimada o vejada, el sentimiento de la privacidad violada, el sentimiento de incapacidad, subjetivo u objetivo, conductas compulsivas originadas con la ofensa, síndromes de ansiedad y/o ansioso-depresivos, alteraciones del sueño, consumo compulsivo o adicción a fármacos o drogas, la inseguridad o la incapacidad para intervenir o debatir sobre determinados aspectos, el deshonor, público o particular o el público desprestigio, el aminoramiento de la pública credibilidad, la disminución de la confianza externa, la limitación de las expectativas sociales ya adquiridas y, en general, todo aminoramiento, normalmente subjetivo, de la garantía personal ante terceros, concepto lindante con el de la heteroestima dañada*"[2036].

Consciente de esa dimensión espiritual[2037] del daño moral, en cuanto a su prueba, el Tribunal Supremo, en su sentencia núm. 165/2020, de 19 de mayo, estableció que "*no puede exigirse una prueba objetiva del daño moral porque se refiere a sentimientos de zozobra, inquietud, temor, incertidumbre, impotencia y otros similares, siendo destacable que en alguna sentencia del Tribunal Supremo se utiliza al concepto de impacto emocional a los efectos de resarcimiento del que se trata, es decir de compensar el dolor y la angustia de las personas perjudicadas por el actuar injusto, abusivo o ilegal de otro*". Si bien en los supuestos de trata suele recurrirse a la elaboración de informes periciales por parte de psicólogos o forenses donde se constante el sufrimiento o angustia experimentada por las víctimas y, en su

---

daños morales. *Vid.* VICENTE DOMINGO, E.: *Los daños corporales: tipología y valoración*, JM Boch, Barcelona, 1994, p. 49 y ss.

2036 En sentido similar, *vid.* SAP A Coruña núm. 433/2019, de 4 de noviembre.

2037 A la que se refiere, entre otros, ROGEL VIDE, C.: *Responsabilidad civil. Estudios*, Ubijus y Reus, Méjico DF y Madrid, 2019, p. 57 y 58.

caso, las alteraciones psíquicas o síndromes de estrés postraumático generados, estos podrían ser innecesarios en aras a acreditar el daño moral en atención a lo dispuesto por el Alto Tribunal. En este sentido, en su sentencia núm. 674/2022, de 4 de julio[2038], arguye que el concepto de daño moral acoge el "precio del dolor", esto es, "*el sufrimiento, el pesar, la amargura y la tristeza que el delito puede originar, sin necesidad de ser acreditados cuando fluye lógicamente del suceso acogido en el hecho probado*". Así, el daño moral resulta de la importancia del bien jurídico protegido y de la afectación al mismo, por lo que "*no deriva de la prueba de lesiones materiales, sino de la significación espiritual que el delito tiene con relación a la víctima*".

Determinada la existencia del daño moral[2039], la jurisprudencia recurre a ciertos criterios para proceder a su cuantificación ante la falta de prueba objetiva de aquel. En la famosa STS núm. 344/2019, de 4 de julio -relativa al caso de la manada-, se refieren los factores de repulsa social de los hechos, gravedad y reiteración de los mismos, bien jurídico protegido, circunstancias personales de los sujetos e importes solicitados por las acusaciones[2040].

En cualquier caso, corresponde a la potestad discrecional del Tribunal la determinación del *quantum* indemnizatorio, aunque vinculado por los montantes solicitados por las partes. La falta de parámetros objetivos para cuantificar el daño moral dificulta la posibilidad de recurrir en ulteriores instancias el importe fijado por el Tribunal al respecto. Así, esa "revisión" quedará prácticamente circunscrita a los supuestos en que se constate una falta de motivación o un error, o cuando se haya infringido el principio de rogación[2041].

2038 En sentido similar, STS 445/2018, de 9 de octubre.

2039 Que también es posible su apreciación en relación con los delitos patrimoniales, como recoge el Acuerdo del Pleno no jurisdiccional de la Sala Segunda del Tribunal Supremo de 20 de diciembre de 2006.

2040 En sentido similar, véase STS núm. 440/2020, de 10 de septiembre.

2041 *Vid.* POSADA PÉREZ, J.A.: *La responsabilidad civil ex delicto, op. cit.*, p. 278; RODRÍGUEZ ALMIRÓN, F.J.: *Aspectos jurídico-dogmáticos y juris-*

2. La indemnización de las víctimas con cargo a fondos públicos.

En relación con aquellos casos en que la víctima no haya sido resarcida en sede judicial, el Estado prevé una serie de ayudas económicas en su favor. Dicha regulación se enmarca principalmente por lo dispuesto en la Ley 35/1995, de 11 de diciembre, de ayudas y asistencia a las víctimas de delitos violentos y contra la libertad sexual (en adelante Ley 35/1995), reformada por la LO 10/2022, de 6 de septiembre de garantía integral de la libertad sexual (popularmente conocida como "Ley del solo sí es sí").

La prestación conferida por la Ley 35/1995[2042], como reconoce su propio Preámbulo, no se erige como una indemnización, en tanto que no pretende sustituir a la debida por el responsable del delito[2043]; sino como una ayuda pública articulada sobre el principio de solidaridad para y con respecto a las víctimas[2044]. De hecho, la víctima que tenga reconocida su indemnización por sentencia

---

prudenciales en torno a la responsabilidad civil ex delicto, op. cit., p. 83.

2042 Cuya aprobación vino influenciada por el Convenio número 116, del Consejo de Europa, de 24 de noviembre de 1983, sobre la indemnización a las víctimas de delitos violentos a pesar de que, por aquel entonces, España aún no lo había firmado y no lo haría hasta el 8 de junio del año 2000.

2043 Se ha criticado, al respecto, que se produzca un alejamiento de la "responsabilidad civil estatal", esto es, la compensación de los daños causados a la víctima como consecuencia del incumplimiento del deber estatal de prevenir el delito y proteger a sus víctimas. *Vid.* MARTÍN RÍOS, M.P.: "La reparación a las víctimas del delito por parte del Estado: análisis del caso español", *Rivista di Criminologia, Vittimologia e Sicurezza.*Vol. II, nº 3, 2008, p. 99.

2044 Al respecto, se ha apuntado que su finalidad consiste en otorgar una cobertura económica a aquellas situaciones en las que se produce una falta de asistencia a las víctimas por causas ajenas a esta (desconocimiento del responsable, archivo o sobreseimiento de la causa, etc.). *Vid.* SOLETO, H. y GRANÉ, A.: *La reparación económica a la víctima en el sistema de justicia*, Dykinson, Madrid, 2019, p. 657.

únicamente podrá beneficiarse de estas ayudas en los supuestos de insolvencia del responsable civil (art. 5)[2045]. Aunque el Estado se subroga en los derechos que asistan a la víctima contra el autor del delito y hasta el total importe de la ayuda concedida (art. 13).

Dado que para acceder a estas ayudas deberá haberse padecido un delito doloso y violento del que resulte la muerte[2046], lesiones corporales graves o daños graves en la salud física o mental de la víctima, es factible que ciertas víctimas de trata puedan tener acceso a dicha prestación[2047]. De hecho, tras la reforma operada por la LO 10/2022, se incluyen expresamente en su ámbito de aplicación las víctimas de trata con fines de explotación sexual, en su consideración de víctimas de violencias sexuales[2048]. A estas,

---

2045 *Vid.* RODRÍGUEZ ALMIRÓN, F.J.: *Aspectos jurídico-dogmáticos y jurisprudenciales en torno a la responsabilidad civil ex delicto, op. cit.*, p. 211. También será incompatible la ayuda estatal cuando la indemnización hubiera sido pagada por un seguro privado, salvo que el importe otorgado a la víctima no hubiera cubierto el total indemnizatorio concedido. Finalmente, tampoco es compatible dicha prestación con el subsidio por incapacidad temporal (art. 5.2).

2046 En cuyo caso también podrán solicitar dicha ayuda el cónyuge de la víctima, sus hijos o, en defecto de los anteriores, sus padres, si dependieran económicamente de ella.

2047 No obstante, la exigencia de que se trate de un delito violento limitará el acceso a dicha ayuda respecto a aquellas víctimas de trata que fueron sometidas a través de medios de tipo más fraudulentos o abusivos. Por otro lado, debe considerarse como otra limitación el requisito contenido en el art. 2 que exige que la víctima sea española, comunitaria, resida habitualmente en España o sea nacional de un tercer Estado que reconozca ayudas análogas a los españoles en su territorio. Así, se restringe significativamente el acceso a dicha ayuda por parte de las víctimas extracomunitarias que se hallen en situación administrativa irregular. Críticas con la restricción que tales exigencias supone para las víctimas de trata, SOLETO, H. y GRANÉ, A.: *La reparación económica a la víctima en el sistema de justicia, op. cit.*, p. 402.

2048 Dicha categoría de víctimas, entre las que se incluyen las de trata sexual, pueden beneficiarse de la ayuda concedida por la L 35/1995

además, se les amplía el plazo de prescripción para solicitar dicha ayuda hasta los cinco años, mientras que al resto de víctimas de trata les sería aplicable el plazo genérico de un año desde la fecha en que tuvo lugar el hecho delictivo (art. 7 Ley 35/1995).

Caso que la víctima de trata cumpla con los criterios objetivo (delito doloso y violento), territorial (art. 2) y temporal (art. 7), y no incurra en ninguno de los supuestos previstos en el régimen de incompatibilidades (art. 5), podrá dirigir su solicitud al Ministerio de Economía y Hacienda que, tras oír las alegaciones del interesado en trámite de audiencia y recabar el informe del Servicio Jurídico del Estado, resolverá sobre su procedencia o no. En caso de concederse la ayuda, la determinación del importe de la misma -que en ningún caso podrá superar el fijado por sentencia judicial- deberá respetar los criterios establecidos en el artículo 6 de la L35/1995 que, nuevamente, generan un tratamiento dispar entre las víctimas de trata que lo han sido con fines de explotación sexual respecto de las que lo han sido con finalidades distintas[2049].

Sin embargo, las opciones por parte de las víctimas de trata de recibir algún tipo de compensación en el ámbito extraprocesal podrían aumentarse considerablemente de prosperar y materializarse algunas de las iniciativas previstas en los últimos tiempos. Así, el Plan Estratégico Nacional contra la Trata y Explotación de Seres Humanos (PENTRA) y Plan de Acción Nacional contra el Trabajo Forzoso (PANTF), entre sus medidas, prevén la creación de un fondo económico y un fondo de compensación cuyos recursos se destinarán, respectivamente, a la atención y protección

---

con independencia de su nacionalidad y/o situación administrativa en España. Esto es así a raíz de la reforma operada por la LO 10/2022.

2049 Concretamente, además de preverse en relación con las víctimas de violencias sexuales -entre ellas, las de TSH sexual- una serie de conceptos específicos que deberán atenderse para la determinación de la ayuda, se prevé expresamente un incremento en estos casos del 25% respecto a los importes establecidos para el resto de las víctimas (art. 6.2 *in fine*).

de las víctimas y a garantizar el cobro de las indemnizaciones reconocidas en sede judicial a favor de estas (medidas 2.4.B, 2.4.D y 2.4.E PENTRA). Iniciativa esta última a la que también se suman tanto el Borrador de Proyecto de Ley Integral contra la Trata de Seres Humanos y en particular con fines de Explotación Sexual[2050] como la ya referida LO 10/2022. Esta última también prevé en su artículo 56 la creación de un Fondo para la recuperación de las víctimas, resultante de la ejecución de los bienes, efectos y ganancias decomisados a los condenados. No obstante, el impacto de la referida Ley Orgánica sería nuevamente parcial en los supuestos de TSH, puesto que, tratándose de una ley destinada

---

[2050] En el Título III del referido borrador encontramos un amplio abanico de derechos victimales, dedicándose específicamente el capítulo III a los derechos de reparación de las víctimas de trata. En este sentido, cabe destacar en relación con el derecho a la indemnización y restitución –cuyo goce no requiere la personación ni participación de la víctima en el proceso penal (art. 41.2)-, la posibilidad de que las víctimas sean indemnizadas por sus tratantes, preferentemente mediante los bienes y ganancias embargados o decomisados a los mismos (art. 42.2). Dicha indemnización incluye el resarcimiento tanto por los daños materiales y psicológicos, como los beneficios derivados de la explotación de la víctima (art. 42.3). Además, en aquellos casos en que no hubiera existido declaración sobre responsabilidad civil en el procedimiento penal ni se hubieran reservado las acciones civiles, a la víctima se le reconoce el derecho a ser restituida fuera del proceso judicial a través de la creación de un Fondo para la indemnización de las víctimas. De conformidad con el artículo 43, dicho Fondo se nutriría, principalmente, con las sumas asignadas en los presupuestos generales del Estado, las sumas confiscadas y el producto de la venta de los bienes o activos decomisados –tras satisfacerse las indemnizaciones establecidas en sede judicial-, los pagos voluntarios o donaciones, o los ingresos, intereses y beneficios derivados de las inversiones del Fondo. Para un análisis más pormenorizado del contenido de dicho borrador, *vid.* Villacampa Estiarte, C. y Torres Ferrer, C.: "La evolución del abordaje normativo de la trata de Seres Humanos en España: presente y previsible futuro", en LEÓN ALAPONT, J. (Dir.), *Temas clave de derecho penal: Presente y futuro de la política criminal en España, op. cit.*, pp. 602 y ss.

a la persecución y prevención de las violencias sexuales y a la protección de sus víctimas, circunscribe su ámbito de aplicación a las víctimas de trata con fines de explotación sexual (art. 3).

Seguía la misma estela la primera versión del ALOITES en atención a lo dispuesto en el Capítulo V de su Título III, ambos rubricados "Derechos de las víctimas"[2051]. El Anteproyecto pretendía reforzar el derecho a la reparación integral de las víctimas (art. 43)[2052] a través de la clásica indemnización derivada de la responsabilidad civil *ex delicto* (art. 44), y mediante la creación del Fondo para la indemnización de víctimas de trata y de explotación (FIVTE)[2053] como mecanismo de restitución fuera del proceso penal[2054]. Para el éxito de ambas medidas, se hacía hincapié en

2051 Al respecto, tal vez sería deseable que se modificara la rúbrica del Capítulo V en orden a ofrecer una mayor concreción sobre el contenido del mismo que, básicamente, se ciñe al ámbito de reparación y compensación de la víctima de TSH.

2052 Dicho precepto únicamente hace alusión expresa a la concesión a la víctima de una indemnización a modo de compensación. Así su configuración del derecho a la reparación integral de la víctima se muestra más limitada que, por ejemplo, la establecida en el art. 52 de la LO 10/2022 que se refiere también a las medidas para la recuperación física, psíquica y social, a la reparación simbólica y a las garantías de no repetición.

2053 Al respecto TERESA AGUADO se muestra partidaria de la creación de un Fondo estatal único para los delitos graves a fin evitar problemas y posibles solapamientos como consecuencia de la previsión de una multiplicidad de fondos específicos -por ejemplo, el propio FITVE en relación con el Fondo de bienes decomisados por delitos contra la libertad sexual propuesto por la LO 10/2022-. Además, la opción propuesta por la autora sería más eficiente por la reducción de costes, la mayor facilidad de gestión y la maximización de resultados. *Vid.* AGUADO CORREA, T.: "La deficiente regulación del derecho a la reparación integral en el Anteproyecto de Ley Orgánica integral contra la trata y la explotación de seres humanos", *La Ley Penal*, nº 162, 2023, p. 9.

2054 La primera versión del Anteproyecto, en cuanto a la creación del FIVTE, no concretaba ni su funcionamiento, ni los requisitos o el

la necesidad de adoptar durante la instrucción aquellas medidas cautelares que aseguren el embargo y decomiso de los bienes (art. 44.2). Sin embargo, la última versión del Anteproyecto, de abril de 2024, si bien mantiene el reconocimiento del derecho a la indemnización en el marco del proceso penal en su art. 43, elimina la referencia a la creación del FIVTE en su art. 44, relativo al derecho de indemnización fuera del proceso penal.

Concretamente, en relación con el derecho a la indemnización y restitución de la víctima reconocido en sede judicial, en el art. 43 ALOITES se prevé el destino preferente de los bienes y ganancias embargados o decomisados a satisfacer el pago de la responsabilidad civil del condenado para con la víctima[2055], salvo que aquel dispusiera de un patrimonio suficiente a tal efecto. Se especifica, además, que la indemnización reconocida a la víctima deberá incluir tanto el resarcimiento por los daños materiales,

---

iter que deberían seguir las víctimas para satisfacer sus pretensiones compensatorias. En este sentido, el Gobierno debía determinar a) las circunstancias en que se pagará la indemnización con cargo al Fondo; b) la base para su cálculo; c) el procedimiento para solicitar y resolver sobre el pago de la indemnización; d) y los posibles recursos a interponer contra dichas resoluciones. Sin embargo, sorprendía que la operatividad del mismo parecía limitarse a aquellas situaciones en que la víctima no hubiera obtenido un pronunciamiento judicial sobre la responsabilidad civil (art. 45.2), excluyéndose aquellos casos en que, a pesar de mediar sentencia judicial en este sentido, la misma no había podido ser ejecutada. Por último, con relación al proyectado FITVE, se preveía que el mismo se nutriera de la correspondiente asignación presupuestaria, del producto de los activos decomisados a los condenados por el delito de TSH o delitos conexos -tras haberse satisfecho en vía judicial la indemnización a las víctima-, así como de las donaciones, los ingresos o intereses derivados de las inversiones del fondo o de cualquier otra fuente designada por los administradores.

2055 Destinación preferente que, por otro lado, ya se halla regulado en nuestro ordenamiento jurídico, concretamente, en los arts. 126 CP y 127 *octies* 3 CP.

psicológicos y morales ocasionados como por los beneficios obtenidos a costa de la explotación de aquella, a cuyo favor deberá ordenarse el pago con independencia de su situación administrativa en el país o de que haya optado por el retorno voluntario.

Por su parte, en cuanto a la efectividad del derecho a la indemnización y restitución a la víctima en el ámbito extraprocesal, la nueva versión del artículo 44 ALOITES se limita a reconocer dicho derecho en caso de no existir un pronunciamiento judicial sobre responsabilidad civil, por lo que habrá que esperar a su eventual desarrollo reglamentario para conocer qué mecanismos se habilitan para asegurar la efectividad de este derecho.

3. El reconocimiento del derecho a la indemnización de las víctimas de trata de seres humanos en sede judicial.

Centrándonos nuevamente en el sistema de justicia penal español, y en base a la misma muestra de sentencias condenatorias por el delito del artículo 177 *bis* CP utilizada en el epígrafe anterior (N=128), se observa como en la práctica jurisprudencial se contempla el derecho de la víctima a ser reparada mediante el reconocimiento de una indemnización en la mayor parte de supuestos y en relación a la mayoría de víctimas, como se desprende de los datos reflejados en la siguiente tabla:

Tabla 11. Grado de reconocimiento de indemnización en casos de TSH

con relación al número de sentencias				con relación al número de víctimas		
Indemnización	**N**	%		**Indemnización**	**N**	%
Sí	102	79,7%		Sí	243	85,0%
No	22	17,2%		No	43	15,0%
Parcial[2056]	4	3,1%			**286**	**100,0%**

Sorprendentemente, los resultados en ella expuestos demuestran que el índice de reconocimiento de indemnización a dichas víctimas es bastante alto[2057], tanto en relación con el nombre total de sentencias como en relación con el número de víctimas, siendo que en la mayoría de los casos en que no se declara la responsabilidad civil *ex delicto* del acusado es por la propia renuncia de la víctima. En cuanto a las cantidades concedidas, en relación con las 243 víctimas cuyo derecho a la indemnización fue reconocido por sentencia judicial, la cuantía media (x) establecida por dicho concepto ascendería a los 23.488,14€ por víctima, siendo la suma más veces concedida (Mo) 6.000€.

Sin embargo, de la lectura pormenorizada de los pronunciamientos judiciales referentes a la responsabilidad civil, se deduce que en muchas ocasiones la fijación de esta indemnización va muy

---

[2056] El término parcial viene a referirse a aquellos supuestos en que, en una misma sentencia, algunas víctimas de TSH son indemnizadas, y otras no.

[2057] En Estados Unidos, los datos obrantes en el informe elaborado por el *Human Trafficking Legal Center* (HTLC) demuestran que, a pesar de que las víctimas tienen derecho a la restitución, sólo en el 27% de los casos de trata de seres humanos celebrados entre 2013 y 2016 los tribunales norteamericanos ordenaron al condenado a pagar dicha restitución. Ese dato es especialmente preocupante teniendo en cuenta que en los 3 años anteriores (2010-2013) esa cifra ascendía al 36% de los casos. *Vid.* Greer, B.T.: "How to Effectively Approach and Calculate Restitution for a Victim of Human Trafficking", en Winterdyk, j. y Jones, j. (coords.), *The Palgrave International Handbook of Human Trafficking, op. cit.*, p. 1623.

ligada, a veces en exclusiva, a la explotación sexual de la víctima. Constituye una muestra de esto la sentencia de la Audiencia Provincial de Huelva, núm. 229/2019, de 20 de diciembre, en la que, ante un caso de captación de una menor a cambio de una contraprestación económica a sus familiares con el fin de hacerla contraer matrimonio y destinarla a trabajar en labores domésticas y agrícolas, el tribunal establece que "*esta situación de trata que vivió XXX no puede equiparase a otras que padecen, especialmente mujeres, que son trasladadas a nuestro país, obligadas a prostituirse, encerradas, golpeadas, etc. Podríamos decir que estamos ante una situación de trata de menor*". Ese proteccionismo del que gozan las víctimas de TSH con fines sexuales, en detrimento de las que lo son por otras modalidades de trata, puede constatarse por el hecho de que el índice de reconocimiento de indemnización a estas últimas se sitúa en el 76,2% (casi 10 puntos por debajo del índice resultante de la muestra total), a la vez que el *quantum* promedio atribuido a las mismas cae hasta los 10.871,43€ por víctima.

Asimismo, resultan reveladoras las cifras que arroja la siguiente tabla comparativa en que se aprecia como las mayores indemnizaciones suelen otorgarse en los supuestos de TSH sexual:

Tabla 12. Relación de sentencias según el *quantum* indemnizatorio reconocido y el tipo de TSH enjuiciado

Sentencias con indemnizaciones más cuantiosas		
Ref.	***Quantum* por Víctima**	**Tipo TSH**
SAP Barcelona 109/2016	100.000,00 €	Sexual
SAP Las Palmas 367/2018	75.000,00 €	Sexual
SAP Madrid 166/2017	75.000,00 €	Sexual
Sentencias con indemnizaciones menos cuantiosas		
Ref.	***Quantum* por Víctima**	**Tipo TSH**
SAP La Coruña 244/2018	1.000,00 €	Mendicidad
SAP Pontevedra (5/11/2021)	1.500,00 €	Servidumbre y Sexual

SAP Sevilla 536/2015	2.000,00 €	Esclavitud y Criminal

Junto a las anteriores, puede destacarse -entre otras- la SAP Madrid núm. 33/2021, de 5 de abril, en que, además de obligar a una de las condenadas a restituir las cantidades abonadas por las víctimas fruto de su explotación sexual (esto es, 21.900€ y 6.000€, respectivamente), se le impone el pago de 50.000€ y 40.000€ en concepto de responsabilidad civil, que deberá abonar solidariamente junto a los otros dos condenados[2058]. De lo dispuesto en los fundamentos jurídicos, se desprende que dichas sumas indemnizatorias vienen determinadas por la explotación sexual de la víctima, más que por el propio proceso de trata, pues, a palabras del Tribunal "*ha sido principalmente el ejercicio forzado de la prostitución lo que ha originado el daño moral y psicológico que sufren las víctimas*"[2059]. En el otro extremo, puede citarse la

2058 A *sensu contrario*, la SAP Oviedo núm. 1/2019, de 11 de enero, determina la cantidad a abonar a las víctimas en concepto de responsabilidad civil en base a los "*múltiples perjuicios morales sufridos por las perjudicadas, quienes durante un extenso periodo de tiempo se vieron sometidas de forma violenta y coactiva a ejercer la prostitución en condiciones de explotación, por parte de los acusados y bajo amenazas, con concretos actos de violencia*". No obstante, a pesar de que las víctimas declararon haber generado un beneficio a sus explotadores mediante el abono por el precio de sus servicios sexuales, entiende el Tribunal que no procede "*una mayor indemnización por los perjuicios económicos sufridos, dado que los mismos no pueden presumirse y no han resultado acreditados los concretos que permitirían su fijación con arreglo a los principios que rigen en materia civil*" (FJ Octavo).

2059 Ciertamente, en relación con una de las víctimas los peritos psicólogos sí aprecian un síndrome de estrés postraumático originado como consecuencia de las penalidades que tuvieron lugar durante su traslado hacía España. Si bien esta víctima recibe una indemnización superior a la de su compañera, esa diferencia de 10.000€ también podría explicarse por el mayor tiempo que estuvo sometida a esa situación de explotación, así como por haber reportado unos beneficios significativamente superiores (cerca de 16.000€ más).

SAP León núm. 418/2021, de 2 de noviembre, en la que se relata como la víctima mediante engaño es captada en su país de origen para someterla, a su llegada a España, a ejercer la prostitución durante 11 horas diarias y bajo coacciones y amenazas, situación que originó en la víctima una sintomatología ansiosa que precisó de tratamiento psicofarmacológico. Sin embargo, se le concede una irrisoria compensación de 450€ por las lesiones sufridas y otros 2.000€ por los daños morales ocasionados[2060].

Una de las pocas sentencias que, a pesar de no detallar ni desarrollar los parámetros tenidos en cuenta para la determinación de la indemnización reconocida a la víctima de trata con fines de explotación sexual, se le conceden 30.000€ en concepto de responsabilidad civil por el daño moral causado. Esto a pesar de que nunca llegó a materializarse la explotación pretendida por la condenada en tanto que la patera en la que llegó la víctima a España fue intervenida por las autoridades competentes, ingresando a la víctima inicialmente en el CIE de Valencia y, posteriormente, derivándose a la misma a una ONG especializada. Se trata de la SAP Madrid núm. 531/2021, de 13 de octubre.

Sin perjuicio de lo anterior, el sexo de la víctima parece ser también un factor clave en la determinación del *quantum* indemnizatorio, incluso en los supuestos de TSH sexual. Así, la SAP Barcelona núm. 532/2017, de 24 de julio, enjuicia a uno de los acusados por captar a dos hombres homosexuales venezolanos con el fin de conminarlos a travestirse y ejercer la prostitución en España. A pesar de relatarse como una de las víctimas se veía obligada a ejercer dicha actividad a diario en las calles, abonando íntegramente las ganancias obtenidas a fin de saldar la deuda con el acusado (al que pagó 4.000€), debiendo soportar, además, las

---

2060 Si bien la Fiscalía inicialmente solicitó una indemnización por importe de 10.000€, en sus conclusiones redujo la cantidad a los referidos 2.450€ siendo que "*la testigo protegido se halla en paradero desconocido, a pesar de haber sido buscada en dos ocasiones por las Fuerzas y Cuerpos de Seguridad del Estado*".

constantes vejaciones y castigos impuestos por este, el Tribunal le concede la cantidad de 6.000€ en concepto de responsabilidad civil en atención al tiempo de duración de dicha situación. A la otra víctima, sin embargo, no se la considera merecedora de compensación alguna -dado que la explotación no llegó a materializarse por detenerse al acusado cuando este recogió a la víctima- concluyendo el tribunal que "*ningún menoscabo patrimonial sufrió ya que la "carta de invitación" y "el pasaje de avión" los había sufragado el acusado Prudencio a quien posteriormente hubiera debido pagar por ello lo que no tuvo lugar dado el desarrollo de los hechos y de otra difícilmente cabe hablar de daño moral legítimamente resarcible por ver frustrada su finalidad de venir a ejercer la prostitución en España*".

Cabe decir, sin embargo, que también puede encontrarse alguna condena por un delito de TSH distinto al de tipo sexual que ha reconocido a sus víctimas una indemnización superior a la cuantía promedio. Eso es así en la SAP Barcelona núm. 400/2018, de 9 de julio[2061], que obliga a los condenados a indemnizar a una de las víctimas en la cantidad de 3.200€ por las sumas obtenidas del ejercicio de la mendicidad al que violentamente era sometida (a razón de entre los 15 y 50€ diarios que abonó desde octubre del 2016 a mayo de 2017) y en la cantidad de 30.000€ por los daños morales causados; mientras que a la otra, que tras ser golpeada y amenazada tuvo que ejercer la mendicidad por unas horas hasta que logró zafarse, se le reconoce la cantidad de 5.000€ por los daños morales ocasionados. No obstante, la disparidad en la indemnización concedida a ambas víctimas podría no sólo responder a un criterio temporal (en tanto que la primera estuvo sometida a dicha situación por un período de tiempo significativamente mayor), sino que el hecho que aquella fue eventualmente conminada a mantener relaciones sexuales a cambio de precio podría explicar tal diferencia.

2061 También en la SAP Almería, de 13 de noviembre de 2015.

Finalmente, puede destacarse también la SAP Sevilla núm. 494/2021, de 26 de noviembre. En dicha resolución se constata como las acusadas captaron a varias ciudadanas nicaragüenses, valiéndose de su situación de precariedad y vulnerabilidad, para explotarlas laboralmente exigiéndoles una deuda exacerbada que debían satisfacer trabajando en el servicio doméstico o cuidando de personas mayores. Dichas acusadas lograron lucrarse despojando a las víctimas de su dinero, cobrándoles cantidades desorbitadas por el viaje, apoderándose del importe de sus salarios, así como por los servicios de búsqueda de empleo y por el alojamiento en un piso de reducidas dimensiones compartido con decenas de personas en condiciones de hacinamiento. Lo curioso de esta resolución es que, valiéndose de la doctrina *in re ipsa loquitur* –"la cosa habla por sí misma"- sustentada por el TS en algunas de sus resoluciones[2062], impone la obligación de indemnizar a cada víctima por importe de 15.000€, pues, a pesar de no haberse acreditado una secuela o daño psíquico adicional, "*es innegable la trascendencia de los actos de trata y su repercusión en las circunstancias personales de las víctimas, por lo que se entiende patente el daño moral inherente a delitos*

2062 En virtud de esta, cuando la realidad del daño puede estimarse existente por resultar "evidente" como consecuencia lógica e indefectible del comportamiento enjuiciado, entiende el Alto Tribunal que "*el daño moral no necesita estar especificado en los hechos probados cuando fluye de manera directa y natural del referido relato histórico o hecho probado, pudiendo constatarse un sufrimiento, un sentimiento de su dignidad lastimada o vejada, susceptible de valoración pecuniaria sin que haya en ello nada que se identifique con pura hipótesis, imposición o conjetura determinante de daños desprovistos de certidumbre o seguridad*". *Vid.*, por todas, STS 122/2021, de 11 de febrero; STS 711/2020, de 18 de diciembre; STS 445/2018, de 20 de octubre. En sentido similar, la SAP Madrid núm. 63/2018, de 29 de junio, establece que "*el concepto de daño moral acoge expansivamente el "precio del dolor", esto es, el sufrimiento de cualquier clase que el hecho punible puede originar y no necesitan acreditación cuando se derivan inequívocamente de los hechos declarados probados*". *Vid.* también la SAP A Coruña núm. 473/2016, de 29 de julio (FJ Quinto).

de esta naturaleza y se considera como razonable y proporcionada otorgar las indemnizaciones solicitadas por las acusaciones".

Por último, no puede finalizarse el presente análisis jurisprudencial sin hacer expresa mención a la SAP A Coruña núm. 473/2016, de 29 de julio. Dicha resolución condena a dos sujetos por cuatro delitos de TSH por aprovecharse de personas desvalidas o con problemas de salud física y/o mental con el fin de que estas realizaran tareas varias sin recibir remuneración alguna y, a su vez, poder cobrar las pensiones o ayudas que tuvieran reconocidas. Para doblegar la voluntad de las víctimas, tras el engaño inicial para convencerlas, eran sometidas a un ambiente de agresividad, tanto física como verbal, y de hostigamiento, con unas condiciones de vida absolutamente precarias y carentes de la mínima dignidad -teniendo que dormir en cajas de camiones o en galpones, sin acceso a un cuarto de baño, no disponiendo de agua caliente para lavarse-. Si bien se concede a cada una de las referidas víctimas una indemnización de 12.000€, lo novedoso de esta sentencia es la condena a uno de los acusados a pagar a una de las víctimas 800€ por las lesiones causadas, así como a indemnizar al *Servicio Galego de Saúde* por los gastos médicos derivados de la asistencia sanitaria prestada a la susodicha víctima.

Para finalizar, a pesar de lo poco acertados que se muestran algunos pronunciamientos a la hora de fundamentar y fijar el *quantum* de la responsabilidad civil *ex delicto*[2063], se ha observado

---

[2063] Precisamente, en un intento por establecer un sistema más paritario y beneficioso para las víctimas de trata –con independencia de la modalidad de explotación a la que fueron sometidas-, el Estado norteamericano de California ha creado un sistema de restitución flexible, facilitando al tribunal una serie de fórmulas opcionales entre las que elegir, según mejor convenga en cada caso. Así, el Código Penal californiano, en su artículo 1202.4-q, prevé que el tribunal, al determinar la restitución, lo haga en base al mayor de los siguientes valores: "*el valor bruto del trabajo o los servicios de la víctima basado en el valor comparable de servicios similares en el mercado laboral en el que se*

como el derecho a la reparación de la víctima asiduamente se reconoce en sede judicial -aunque generalmente no llegue a materializarse en fase de ejecución-. En este sentido, en relación con las 106 sentencias condenatorias en que se indemniza a víctimas de TSH, se obtiene un importe global de 5.707.618 € reconocidos a estas víctimas a lo largo del período de diez años analizado (2012-2022). Si esta cifra se contrapone a los 2.414.646,42€ que han sido "recaudados" en el referido decenio mediante los cuatro instrumentos penales analizados en el epígrafe anterior, se evidencia la limitada capacidad confiscatoria que muestran estos en la práctica forense en tanto que no serían capaces de cubrir si quiera la mitad del montante reconocido a las víctimas en concepto de responsabilidad civil *ex delicto.*

IV. CONCLUSIONES PARCIALES

Hoy en día, especialmente en relación con delitos como el que nos ocupa, capaces de generar importantes sumas y siendo el fin perseguido por sus autores de tipo económico, es tan importante la imposición de las sanciones correspondientes como la privación de las ganancias derivadas del delito[2064]. Por dicha razón en el presente capítulo se han analizado los mecanismos

produjo el delito, o el valor del trabajo de la víctima garantizado por la ley de California, o los ingresos reales obtenidos por el acusado del trabajo o los servicios de la víctima o cualquier otro medio apropiado para proporcionar una reparación a la víctima". *Vid.* Greer, B.T.: "How to Effectively Approach and Calculate Restitution for a Victim of Human Trafficking", en WINTERDYK, J. y JONES, J. (Eds.), *The Palgrave International Handbook of Human Trafficking, op. cit.*, p. 1624.

2064 Así lo entiende también RODRÍGUEZ SOL, L.: "La recuperación de activos: Un nuevo enfoque de la lucha contra el crimen organizado", en ARANGÜENA FANEGO, C., (Coord.), *Cooperación judicial civil y penal en el nuevo escenario de Lisboa*, Comares, Granada, 2011, pp. 159 y 160.

sustantivo-procesales penales que permiten adoptar la aproximación económica a la TSH aquí defendida.

Dicho estudio se ha iniciado con la figura del decomiso, consecuencia accesoria que, inevitablemente, debería ir aparejada a la pertinente pena privativa de libertad impuesta al condenado por trata en la sentencia condenatoria, si bien la realidad muestra que esto no es así. El análisis jurisprudencial realizado permite constatar su escasa aplicación y su limitada capacidad confiscatoria, por cuanto únicamente se acordó en poco más del 20% de los supuestos, logrando recuperar, en los últimos 10 años, total de poco más de 500.000€. De la lectura de las resoluciones judiciales parece desprenderse un cierto desinterés por parte de los operadores jurídicos en torno a la aplicación de esta institución a los supuestos de trata. Así, sin perjuicio de que su acuerdo dependa de la previa solicitud del mismo por parte de la acusación, la mayoría de las sentencias dictadas carecen de la argumentación fáctica y jurídica que resultaría exigible tanto para acordar el decomiso como para denegarlo. Además, se evidencia la práctica ausencia de diligencias orientadas a indagar la situación económico-patrimonial del acusado, conformándose con decomisar aquellos bienes que ya se hallan incautados a raíz de la detención del acusado o de la entrada y registro en su domicilio.

Esta situación contrasta con el desarrollo normativo que ha experimentado el decomiso en las últimas décadas -tanto en el ámbito nacional como internacional- en busca de una maximización de su eficacia que, en ocasiones, llega a poner en entredicho su propia constitucionalidad[2065]. En particular, se han mostrado

---

[2065] *Vid.*, por todos, RODRÍGUEZ GARCÍA, N.: *El decomiso de activos ilícitos, op. cit.*, p. 49; PLANCHADELL GARGALLO, A. y VIDALES RODRÍGUEZ, C.: "Decomiso: comentario crítico desde una perspectiva constitucional", *Estudios Penales y Criminológicos, op. cit.*, pp. 46 y ss.; ROIG TORRES, M.: "La regulación el comiso. El modelo alemán y la reciente reforma española", *Estudios Penales y Criminológicos, op.*

especialmente problemáticas algunas de sus modalidades que, en base a ciertas presunciones, permiten que el decomiso despliegue sus efectos incluso sobre aquellos activos del patrimonio del condenado -e, incluso, de terceros- que no guardan una relación directa con el delito por el que han sido enjuiciados. Consecuentemente, se invierte la carga de la prueba, debiendo ser el acusado quien pruebe la licitud de aquellos. Así, resulta evidente la focalización del legislador en la función confiscatoria del decomiso[2066], en cuya virtud se busca privar al delincuente de todas sus ganancias. Esta puede erigirse en una estrategia extremadamente útil en supuestos como los de TSH en los que sus autores se enrolan en este negocio delictivo con el objetivo de obtener el mayor rédito económico posible, si bien la consecución de dicha finalidad no debería ser a cualquier precio.

Por lo que se refiere a las reformas proyectadas por el ALOITES sobre el particular, se sigue esa estela expansionista, en tanto que el mismo propone la inclusión de los delitos "de sometimien-

---

cit., pp. 244 y ss.; VIDALES RODRÍGUEZ, C.: "El comiso ampliado: consideraciones constitucionales", en CARBONELL MATEU, J.C., GONZÁLEZ CUSSAC, J.L., ORTS BERENGUER, E., y CUERDA ARNAU, M.L. (Coords.), *Constitución, derechos fundamentales y sistema penal (semblanzas y estudios con motivo del setenta aniversario del profesor Tomás Salvador Vives Antón), op. cit.*, pp. 1989 y ss.; BLANCO CORDERO, I.: "Comiso ampliado y presunción de inocencia", en PUENTE ALBA, L.M., ZAPICO BARBEITO, M. y RODRÍGUEZ MORO, L. (Coords.), *Criminalidad organizada, terrorismo e inmigración: retos contemporáneos de la política criminal, op. cit.*, pp. 96 y ss.

2066 *Vid.* CASTELLVÍ MONTSERRAT, C.: "Decomisar sin castigar: Utilidad y legitimidad del decomiso de ganancias", *Indret, op. cit.*, p. 36; RODRÍGUEZ GARCÍA, N.: *El decomiso de los activos ilícitos, op. cit.*, p. 156; OCAÑA RODRÍGUEZ, A.: *Medidas cautelares reales en el proceso penal y deocmiso, op. cit.* p. 175; OCAÑA RODRÍGUEZ, A.: "Una propuesta de regulación del decomiso", *Revista de Derecho y Proceso Penal, op. cit.*, p. 73.

to a trabajos o servicios forzosos, servidumbre o a esclavitud"[2067] dentro del catálogo de ilícitos que permiten la aplicación del decomiso ampliado del art. 127 *bis* CP.

En segundo lugar, se ha procedido al análisis de las sanciones pecuniarias. Si bien el legislador español define el sistema de días multa como preferente, en relación con el delito de TSH prevé la pena de multa proporcional del triple al quíntuple del beneficio obtenido. Ciertamente, este segundo sistema podría no ser tan equitativo como el de multa proporcional[2068], pero se considera especialmente adecuado en relación con aquellos delitos capaces de generar importantes rendimientos[2069], como el que nos ocupa. Sin embargo, el principal problema de este mecanismo en los supuestos de trata tiene que ver con su falta de previsión respecto a las personas físicas, de modo que únicamente los entes jurídicos pueden hacer frente a una sanción pecuniaria por cometer el delito del art. 177 *bis* CP, a diferencia de lo que ocurre en otros países de nuestro entorno. Tal circunstancia condiciona la aplicabilidad de este mecanismo a las dificultades propias que se deriven del reconocimiento de responsabilidad penal de las personas jurídicas.

El reconocimiento de responsabilidad penal de las personas jurídicas mediante la LO 5/2010 supuso la derogación del

---

2067 Inicialmente, el ALOITES se refería a los "delitos de explotación". Sin embargo, el propio CGPJ en su informe puso de manifiesto la inadecuación del término por su amplitud, pues son muchos los delitos que cabrían bajo el paraguas de la "explotación". Así, se sustituyó el referido término por "sometimiento a trabajos o servicios forzosos, servidumbre o a esclavitud", siguiendo la recomendación del CGPJ.

2068 En tanto que el sistema de días multa permite adaptarse mejor a las circunstancias socioeconómicas del reo, la cuales son tenidas en cuenta a la hora de fijar el importe de las cuotas v*id.* MUÑOZ CONDE, F. y GARCÍA ARÁN, M.: *Derecho Penal. Parte General (5ª Edición), op. cit.*, p. 541.

2069 *Vid.* Trillo Navarro, J. P.: *Delitos económicos. La respuesta penal a los rendimientos de la delincuencia organizada, op. cit.*, p. 150.

principio *societas delinquere non potest* en España, para muchos considerada una acción necesaria, que representa el triunfo de las necesidades político-criminales sobre el postulado de la imposibilidad dogmática[2070]. En este sentido, el legislador español decidió dar cumplimiento a los mandatos supranacionales sobre el particular optando por la vía penal, del mismo modo que la mayoría de países de nuestro entorno jurídico.

Actualmente, siguen siendo muchas las dudas que envuelven a esta institución, tanto en el plano sustantivo -así, la propia naturaleza del sistema de atribución de responsabilidad o de la exención por implementar un *compliance program*- como en el plano procesal -en cuanto a la determinación de su estatuto jurídico-procesal y el régimen de prueba pertinente-. Tal vez la falta de unanimidad con relación a tan transcendentales cuestiones es lo que está produciendo la escasez de pronunciamientos sobre RPPJ en general, y en relación con el delito de TSH, en particular. De hecho, desde 2010, únicamente una sociedad ha resultado condenada por un delito de TSH por el que se le impuso una multa de 3.000€. Sin embargo, del relato fáctico de muchas de las resoluciones analizadas se constata la presencia de entidades involucradas en dichas conductas delictivas, aunque en estos casos los tribunales se decantan bien por acordar

---

[2070] *Vid.*, por todos, Cigüela Sola, J. y Ortiz de Urbina Gimeno, Í.: "La responsabilidad penal de las personas jurídicas: fundamentos y sistema de atribución", en Silva Sánchez, J.M. (dir.), *Lecciones de Derecho Penal Económico y de la Empresa. Parte general y especial*, *op. cit.*, p. 76; GOMEZ COLOMER, J.L.: "Introducción: la responsabilidad penal de las personas jurídicas y el control de su actividad: Estructura jurídica general en el Derecho Procesal penal español y cultura de cumplimiento (Compliance programs)", en GÓMEZ COLOMER, J.L. (Dir.), *Tratado sobre compliance penal: responsabilidad penal de las personas jurídicas y modelos de organización y gestión*, Tirant lo Blanch, Valencia, 2019, p. 25; NEIRA PENA, A.M y RODRÍGUEZ GARCÍA, N.: "España", en RODRÍGUEZ GARCÍA, N. (Dir.), *Tratado angloamericano sobre compliance penal*, *op. cit.*, p. 433.

la clausura del local vía art. 194 CP -cuando se trata de un club de alterne-, bien por dirigir el procedimiento únicamente hacia la persona física involucrada. Con relación a esta última cuestión, resulta innegable el efecto desalentador que podría estar generando el criterio adoptado tanto por la FGE como por el TS en relación con las sociedades pantalla.

Tal vez, primero sea necesario dar respuesta a todas las cuestiones señaladas que están dificultando *de facto* la aplicación del régimen de responsabilidad penal legalmente previsto en relación con las personas jurídicas, antes de pretender dar un paso más allá, como han hecho países como Reino Unido, Francia y, recientemente, Alemania o la propia UE. En dichos sistemas se prevén una serie de medidas incardinadas en las conocidas como obligaciones de *due diligence*, que fomentan la asunción de un modelo de responsabilidad social corporativo y que sería deseable que se implementara también en nuestro ordenamiento en un corto plazo.

Al respecto, el ALOITES no proyecta cambios de gran calado en esta materia pues, con idéntica redacción se traslada el apartado 7 del artículo 177 *bis*, que reconoce la responsabilidad de los entes jurídicos en los supuestos de trata, al artículo 177. *septies*.2, si bien el mismo hace extensiva dicha responsabilidad corporativa a los nuevos delitos de trabajo forzado, servidumbre y esclavitud. En el ámbito privado y empresarial, se prevén también ciertas medidas extrapenales, entre las que destacan la implementación de "programas internos de concienciación" (art. 16.4) y la introducción de un descafeinado y abstracto "deber" de *due diligence* (art. 20). Sin embargo, su eficacia será muy relativa, por cuanto no se concreta obligación formal alguna al respecto, ni sanción ante su incumplimiento.

Finalmente, el estudio culminaba con el análisis de la persecución del producto delictivo derivado de la trata mediante el delito de blanqueo de capitales. Lo primero que debe señalarse es la expansión que ha experimentado este tipo, similar a la constatada en el caso del decomiso, hasta el punto de llegar a confundirse o solaparse ambas figuras. Esto, además de evidenciar ese afán desmesurado del legislador por sancionar cualquier tipo de aprovechamiento o de enriquecimiento derivado del delito, ha comportado una cierta desnaturalización del delito de lavado de activos, generando una importante inseguridad jurídica. Como resultado, su configuración actual precisa de cuestionables interpretaciones en un intento por restringir su ámbito punitivo dentro de los límites impuestos por principios básicos como el *non bis in idem*, el principio de intervención mínima, de proporcionalidad o de lesividad.

Aun así, únicamente se hallaron 5 resoluciones que sancionaran cumulativamente por el delito de TSH y por el delito de blanqueo de capitales. Nuevamente aquí, de la lectura de las sentencias se aprecia el mismo desinterés que aquejaba las resoluciones de decomiso, dado que la justificación y motivación de las condenas o absoluciones por este delito eran, a todas luces, exiguas. Aunque este aspecto puede venir provocado por el hecho de que la mayoría de estas sentencias fueran dictadas por conformidad de las partes. Sorprende, sin embargo que, a pesar de su escasa incidencia, el blanqueo de capitales se erige como el mecanismo más eficaz en términos económicos habiendo recaudado más de 1,8 millones de euros.

También la versión originaria del ALOITES preveía incidir en el delito de blanqueo de capitales cuando los bienes objeto del mismo procedieran del delito de trata -no así del resto de delitos de sometimiento a explotación humana-, debiéndose aplicar en dichos supuestos la pena en su mitad superior. Sin embargo, tal propuesta no suponía cambio alguno en relación con la regulación vigente, por cuanto la LO 6/2021 ya incorporó el delito de TSH entre los delitos determinantes que permiten la aplicación del subtipo agravado del art. 301 CP. Tal vez por ese motivo, tal previsión ha sido eliminada de la última versión del ALOITES publicada hasta la fecha.

Por último, en cuanto al derecho de las víctimas a ser indemnizadas parece que los principales obstáculos aquí radican en la fase de ejecución de sentencia. Pues el ordenamiento español faculta a la víctima de trata a recurrir a los tribunales -civiles o penales- a exigir al tratante el pago de la compensación oportuna o, subsidiariamente, solicitar una ayuda con cargo a fondos públicos en virtud de la Ley 35/1995, siempre y cuando cumpla con los requisitos objetivos, territoriales y temporales que la misma exige. Hecho que limita significativamente su acceso a dicha prestación.

Naturalmente, la creación de un fondo de compensación específico para este tipo de víctimas como el que se preveía en la versión anterior del ALOITES y se proyecta en algunas iniciativas legislativas y textos programáticos darían lugar a un panorama mucho más favorable para la efectiva reparación de estas víctimas. Sin embargo, no debe olvidarse que, aunque dichas iniciativas prosperaran, se hallarían también sujetas a ciertas limitaciones, ya sea por su dependencia de la correspondiente partida presupuestaria o de la eficacia de los decomisos acordados en sede judicial, o por sus restricciones objetivas respecto del tipo de víctima de trata que puede acceder al referido fondo.

En cuanto a los resultados del análisis jurisprudencial, sorprende el alto índice de reconocimiento del derecho a la indemnización de las víctimas de trata por parte de los tribunales (en más del 80% de los casos). No obstante, resulta alarmante la constatación de un tratamiento muy dispar en función de si la víctima ha sido explotada o no y, en su caso, en qué modalidad. Así, a las víctimas de trata con fines de explotación sexual se les concede cuantías sustancialmente más elevadas que al resto de víctimas del mismo delito. A pesar de estas disfunciones, debe acogerse positivamente el criterio doctrinal adoptado por varias Audiencias Provinciales -sustentado por el Tribunal Supremo- en cuanto a la acreditación del daño moral se refiere. Esto porque se admite la posibilidad de reconocer la existencia del referido daño sin necesidad de una prueba adicional por entenderse aquel inherente a delitos de esta naturaleza.

Capítulo VII. Conclusiones y propuestas de lege ferenda

Una vez expuestos los principales resultados de la presente investigación, en este último capítulo se procede a recopilar las conclusiones más relevantes que pueden extraerse de los mismos. Si bien alguna de ellas ya han sido expuestas al final de cada capítulo, se sintetizan aquí de forma conjunta, acompañándose de algunas propuestas de *lege ferenda*. Dichas conclusiones se estructuran en tres epígrafes correspondientes a los tres principales objetivos que han guiado este estudio y que pivotan sobre una cuestión central: la aproximación económica a la TSH en el ordenamiento jurídico español.

Así, el primer propósito del presente trabajo era conocer el estado de la cuestión, esto es, el actual abordaje del delito de trata y su efectividad. Con este fin, resultaba necesario conocer la magnitud del fenómeno, sus dinámicas y principales características en tanto que criminalidad económica en aras a determinar la coherencia de la vigente estrategia legislativa de acuerdo con la naturaleza de esta realidad. Del mismo modo, tratándose de un fenómeno global cuya incriminación en nuestro Código Penal vino esencialmente dictada por la normativa supranacional, era preciso conocer los principales textos normativos vinculantes sobre el particular y las concretas obligaciones que de estos dimanan para el Estado español. En cuanto al análisis del ordenamiento jurídico nacional, se han evidenciado distintos aspectos problemáticos -tanto en el ámbito sustantivo como procesal- que podrían explicar o coadyuvar a la ineficacia del actual enfoque adoptado para combatir el delito que nos ocupa.

Constatados los principales déficits que reviste la actual persecución de la trata y la necesidad de adoptar una nueva estrategia político criminal, el segundo objetivo se concretaba en examinar el uso y la eficacia de determinados mecanismos sustantivo-procesales penales que permiten aproximar estas conductas delictivas desde una vertiente económica, que buscan un efecto confiscatorio de ganancias y que, en definitiva, permiten atajar esta realidad como criminalidad económica. Así, las limitaciones no tanto normativas, sino prácticas que han demostrado tener los instrumentos analizados evidencian la necesidad de introducir algunas mejoras que permitan maximizar la eficacia de esta nueva aproximación a la trata, más acorde con la dimensión económica de la misma.

Finalmente, el tercer y último objetivo consistía analizar los mecanismos que permiten revertir los rendimientos derivados de esta empresa delictiva a quienes realmente merecen beneficiarse de los mismos, esto es, las víctimas. Así, se incorpora a la aproximación económica aquí propuesta el necesario enfoque victimocéntrico que igualmente demanda el fenómeno. Pues a pesar de las razones económicas que explican y perpetúan su existencia, no debe olvidarse que ante todo la trata de personas constituye una vulneración de los derechos fundamentales de primer orden.

I. CONCLUSIONES RELATIVAS AL ACTUAL ABORDAJE DEL DELITO DE TRATA DE SERES HUMANOS

Sin perjuicio de la dificultad de cuantificar el fenómeno de la trata, todos los informes y estudios realizados sobre el particular ponen en evidencia que estas prácticas delictivas siguen constituyendo una realidad en pleno siglo XXI y cuentan con una incidencia global y, según apuntan algunos, creciente. La persistencia de este fenómeno, a pesar de los importantes esfuerzos que se han realizado en los últimos años para contrarrestarlo, invitan a reflexionar sobre la adecuación de la actual estrategia de persecución de este delito.

Pese al viraje victimocéntrico impulsado por la Convención de Varsovia que fomentó el abandono del enfoque estrictamente securitario inicialmente instaurado para tomar conciencia de la grave afección a los derechos humanos que conllevan estas conductas delictivas y que propiciaba un mayor esfuerzo protector en favor de las víctimas, la estela criminocéntrica que revestía el Protocolo de Palermo sigue muy latente en el modo en que muchos Estados y organismos internacionales afrontan el problema de la trata. Así, la actual estrategia de represión y persecución de la trata sigue articulándose en base a la previsión e imposición de severas penas privativas de libertad que, por sí mismas, y ante los bajos índices de procesamientos y condenas por este delito, no logran frenar la continuidad de estas prácticas, ni su evolución y expansión a otros sectores y espacios. Si bien esta propagación se ha visto favorecida, en cierta medida, por el impacto de la globalización y la injerencia de las TIC en nuestra sociedad.

El ordenamiento jurídico español es un claro ejemplo de ello, aunque la predilección por el recurso a la pena de prisión como método preferente -o cuasi único- de reprimir estas conductas es una práctica generalizada. Así, no es difícil encontrar países, como Reino Unido o Países Bajos, que permiten la imposición de la cadena perpetua en estos casos. Sin embargo, este punitivismo exacerbado acarrea un coste -tanto económico como de restricción de derechos- desproporcionado en relación con los rendimientos o eficacia que demuestra generar.

1. Modificaciones propuestas en el ámbito penal sustantivo.

De hecho, el rigor penológico del art. 177 *bis* CP -y de otros códigos penales-, además de haber sido duramente criticado por la academia, podría constituir uno de los principales escollos a su propia operatividad. Pues, no debe olvidarse la posibilidad de que unas penas -de por sí elevadas- frecuentemente se vean incrementadas por la concurrencia de circunstancias agravantes, por entrar en concurso con una pluralidad de delitos que pueden cometerse durante el proceso de trata o a renglón seguido -especialmente, cuando se materialice la explotación en la fase de agotamiento del delito- o por existir una pluralidad de víctimas afectadas. Estas situaciones, con la consiguiente exacerbación punitiva que provocan, no solo ponen en entredicho el principio de proporcionalidad de la pena, sino que generan cierta reticencia entre los operadores jurídicos, especialmente los jueces, a la hora de condenar y sancionar dichas conductas típicas.

Así, de *lege ferenda* una de las medidas que precisan de una urgente revisión es la moderación del marco penológico actualmente establecido. En este sentido, se propone ceñirse a las exigencias derivadas de la Directiva 2011/36/UE, reduciendo la pena de prisión del tipo básico a un máximo de cinco años. Si bien no hay regla alguna que imponga la previsión de una pena mínima en estos casos, atendiendo a la amplitud y variedad de conductas que integran el tipo, esta podría partir del año de privación de libertad. Así, además de permitir la extradición, tal y como demanda el art. 23.1 del Convenio de Varsovia, dicha sanción podría ser suficiente para sancionar aquellas conductas que comportan menor lesividad para el bien jurídico protegido, esto es, la dignidad humana.

Por otro lado, no resulta coherente el actual marco punitivo del art. 177 *bis* CP (delito instrumental) si se compara con las penas previstas en relación con ciertos delitos de explotación humana (delito fin), siendo que algunos de ellos ni siquiera se hallan debidamente incriminados. Por lo que, otro de los aspectos que de futuro deben subsanarse es el vacío punitivo existente ante la falta de un delito de esclavitud o de sometimiento a explotación humana severa en nuestro Código penal.

Junto a las anteriores deficiencias, que requieren de una intervención prioritaria, deben revisarse también otras cuestiones como las innecesarias referencias "al territorio español" o a la "víctima nacional o extranjera" contenidas en la definición típica del delito de TSH, que no aportan más que confusión, por lo que sería deseable su supresión. La misma suerte debería correr la redundante circunstancia agravante prevista en el art. 177 *bis* 4.c CP. En cambio, sería conveniente la enumeración de nuevas formas de explotación entre las posibles finalidades de la trata, como los supuestos de gestación subrogada forzosa o las adopciones ilegales, que necesariamente deberán incluirse a tenor de los dispuesto en la reciente Directiva 2024/1712/UE. Por último, debe reconsiderarse la actual configuración de la cláusula concursal contenida en el art. 177 *bis* 9 CP, eludiendo la mención expresa a la posible concurrencia del delito de trata con el del art. 318 *bis* CP. Asimismo, cabría plantearse la conversión de la actual excusa absolutoria del art. 177 *bis* 11 CP en una cláusula que no permitiera siquiera el procesamiento de las víctimas por las conductas antinormativas llevadas a cabo como consecuencia directa de la situación de trata, tal y como demanda el art. 8 de la Directiva 2011/36/UE.

2. Modificaciones propuestas en el ámbito procesal penal.

En cuanto a las cuestiones que se reportan especialmente problemáticas ya con anterioridad al inicio del proceso penal, se destaca la inadecuación del actual sistema de identificación victimal que nos sitúa a la cola de los países de la UE en cuanto a detección se refiere. De *lege ferenda*, deviene esencial la creación de equipos multidisciplinares a los que se les confiera la competencia de identificar a las víctimas de trata en nuestro país. Dichos equipos, integrados por profesionales de distintos sectores -como FFCCSE, ONGs especializadas, psicólogos, juristas, etc.-, deberían resolver el reconocimiento o no de la condición de víctima de trata de todas aquellas personas referidas al correspondiente Mecanismo Nacional de Derivación, al que podrían recurrir todos aquellos actores de primera línea o los propios integrantes de la sociedad civil que crean haber detectado una posible víctima de trata. Por lo tanto, se aboga aquí por un sistema monopolístico, en el sentido de que únicamente las propuestas unidades multidisciplinares especializadas sean competentes para realizar esa labor a fin de evitar un mismo supuesto de trata pueda dar pie a resoluciones dispares en función de la autoridad o entidad concreta a la que se recurre.

Mientras lo anterior no sea posible, deberá fortalecerse la formación y capacitación de los distintos profesionales -no sólo de los que se integran en la Administración de justicia- en aras a contrarrestar la actual visión sesgada y estereotipada de la trata. La misma, en el mejor de los casos, da lugar y sigue sustentando un tratamiento desigual entre víctimas de un mismo delito y, en el peor de los supuestos, contribuye a la invisibilización e incluso criminalización de una parte de estas víctimas tanto en el marco del proceso penal como fuera de él.

En el ámbito estrictamente procesal debe ponerse fin, de una vez por todas, a la estrecha dependencia del proceso de la colaboración y participación de la víctima en el mismo, especialmente cuando se contravienen varios mandatos internacionales al no poder garantizar la adopción de las medidas tuitivas normativamente previstas para evitar su victimización secundaria. Así, se exige un importante esfuerzo a la víctima, considerada un factor clave para el éxito del proceso penal, que generalmente no se ve debidamente recompensada, bien sea por la falta de previsión de medidas que garanticen su integridad física y psíquica -y la de sus familiares- a lo largo de su intervención en el procedimiento, bien por el resultado infructuoso del proceso.

En este sentido, es imprescindible reforzar la protección de la víctima también en sede judicial. A este fin se presenta como una herramienta idónea la práctica de su declaración como prueba preconstituida, posibilidad que ha sido respaldada por el propio Tribunal Supremo en varias de sus resoluciones. Así, de *lege lata* debe optarse por una interpretación amplia de los requisitos que se exigen jurisprudencialmente para acordar la práctica de la prueba preconstituida. Y, de *lege ferenda*, sería aconsejable que el ámbito aplicación de la prueba preconstituida previsto actualmente en el art. 449 *ter* LECrim para el caso que un menor de 14 años o una persona discapacitada necesitada de especial atención que sean víctimas de trata -entre otros delitos-, se admita también en relación con las víctimas adultas cuando las circunstancias desaconsejen que preste sucesivas declaraciones.

Cuando dicha declaración no pueda preconstituirse, deberán adoptarse en cualquier caso aquellas medidas que eviten la confrontación visual entre víctima o victimario, siendo de gran utilidad en estos casos el recurso a la videoconferencia. Al respecto, debe aplaudirse la reciente incorporación a la LECrim del art. 258 *bis*. Este precepto promueve expresamente la práctica telemática de las declaraciones e interrogatorios de la acusación, los testigos y peritos -salvo que el juez estime oportuno lo contrario- cuando sean víctimas de trata, siempre que se dispongan de los medios suficientes para asegurar su identidad y las adecuadas condiciones de la intervención.

De gran trascendencia resulta también sustentar la acusación en otras diligencias de investigación o pruebas distintas a la testifical de la víctima y/o sus allegados. En este punto, cobran un papel esencial las investigaciones patrimoniales y financieras que, además de proporcionar evidencias incriminatorias del delito de trata, permiten localizar los bienes y activos sobre los que decretar el decomiso, al tiempo que permiten detectar la comisión de otros delitos, como el blanqueo de capitales. Sin embargo, para que las mismas resulten fructíferas, requerirán de la especialización de las unidades encargadas de llevarlas a cabo. Preparación que, por otro lado, deberá ser de tipo multidisciplinar, en tanto que debería aunar los conocimientos propios tanto de las unidades especializadas en TSH como de las unidades de inteligencia financiera. Dicha conjunción de especialidades podría alcanzarse mediante la creación de una unidad específica para estos supuestos, o bien articulando los correspondientes mecanismos de colaboración y cooperación entre las preexistentes unidades que les permitan trabajar conjuntamente cuando sea preciso.

Finalmente, en cuestiones de técnica legislativa, debería avanzarse hacía la consecución de una mayor harmonización y sistematización normativa -especialmente por cuanto se refiere a la previsión de medidas tuitivas que actualmente se hallan desgranadas en una variedad de textos normativos- con el propósito de poner fin al caótico panorama de dispersión normativa que caracteriza nuestro ordenamiento jurídico.

II. CONCLUSIONES RELATIVAS A LOS MECANISMOS SUSTANTIVO-PROCESALES PENALES PARA HACER FRENTE A LA TRATA COMO CRIMINALIDAD ECONÓMICA

La existencia y permanencia de situaciones de TSH en nuestros días, tras décadas de esfuerzo por combatir este fenómeno, ponen en evidencia que la actual estrategia de persecución del delito no parece ser la más eficaz.

Debe matizarse, sin embargo, que el enfoque económico a la trata de personas que se defiende en este trabajo no es contrario a la adopción de las modificaciones sustantivo-procesales penales propuestas en el epígrafe anterior. En primer lugar, porque todas las deficiencias que se han puesto de relieve en cuanto a la configuración del tipo del 177 *bis* CP y todos los obstáculos identificados a lo largo del "iter procesal" del delito repercuten en el denunciado bajo índice de detección, enjuiciamiento y condena de supuestos de trata sin los cuales tampoco cabría aplicar los mecanismos jurídicos con impacto económico aquí analizados. En segundo lugar, porque un nuevo abordaje de la trata que tenga en consideración su dimensión económica no pretende incorporar un nuevo elemento del tipo (ánimo de lucro), ni tampoco erradicar o sustituir la imposición de las penas privativas de libertad como forma de sancionar estas graves conductas delictivas. Sin embargo, se defiende que, junto a la pena de prisión, deben articularse y aplicarse otras medidas que permitan implementar la necesaria aproximación económica al fenómeno con la que se pretende neutralizar el enriquecimiento experimentado por los tratantes. Esto es, el abordaje de la trata como criminalidad económica no pretende restar, sino sumar a su aproximación como atentado de primer orden a los derechos humanos. En este sentido, las propuestas de mejora que se efectuarán para aproximar económicamente esta realidad no son incompatibles con las ya formuladas para afrontarla desde un prisma victimocéntrico. En definitiva, este enfoque parte, sin negar la naturaleza de atentado contra los derechos humanos de la trata, de que, si es la rentabilidad (o su expectativa) el motor de este delito, debe ser precisamente la confiscación de las riquezas que genera el remedio más efectivo para acabar con él.

Para la consecución de dicho fin, el recurso a instrumentos ya previstos en nuestro ordenamiento jurídico penal, como el decomiso, la multa –en particular, la proporcional-, el reconocimiento de la responsabilidad de las personas jurídicas o la persecución del blanqueo de capitales puede constituir una idónea estrategia. Sin embargo, al observar las cifras relativas al recurso estas medidas penales con trascendencia financiera en materia de trata, nos sorprende el escaso número de iniciativas adoptadas en este ámbito y el bajo índice de aplicación de este tipo de herramientas en estos casos. La propia EUROPOL ha señalado que el 98% de los activos ilícitos generados por las organizaciones delictivas -entre ellas, las dedicadas a la trata- siguen en manos de los responsables del delito. Así, las virtudes que podrían desplegar los referidos mecanismos -especialmente teniendo en cuenta su amplio desarrollo normativo- en el marco de esta nueva aproximación a la trata quedan diluidas en atención a los desalentadores resultados obtenidos en el análisis jurisprudencial llevado a cabo. El mismo evidencia que en la práctica jurisprudencial española no se está haciendo uso de esas poderosas medidas, lo que inevitablemente repercute en su bajo grado de eficacia.

Concretamente, el total recuperado entre las cuatro instituciones examinadas asciende a 2.414.646,42€, no cubriendo si quiera la mitad del total montante indemnizatorio reconocido a las víctimas en concepto de responsabilidad penal *ex delicto* (5.707.618€). Así, los activos recuperados mediante las 128 sentencias condenatorias por TSH dictadas en la última década se muestran del todo insuficientes, especialmente si se tienen en cuenta las cifras que arrojan algunos estudios sobre los desorbitados beneficios que genera este delito en España. Recuérdese que, según el *Center for the Study of Democracy,* tan solo la trata sexual cuyas víctimas provienen de Latinoamérica –que representaría cerca de un 19% de los casos según los datos del CITCO- serían capaz de generar 23,1 millones de euros al año en nuestro país. Estas cifras demuestran que, de ser capaces de recuperar tan solo una parte de esos activos ilícitos a través de los instrumentos confiscatorios mencionados, esto bastaría no solo para satisfacer el importe total de las indemnizaciones reconocidas a víctimas en los últimos diez años, sino que también permitiría un engrose de las arcas públicas. El capital recuperado bien podría reinvertirse en mejores políticas públicas de prevención del delito y de protección de las víctimas –en especial, por cuanto se refiere a medidas asistenciales a largo plazo-. También podría destinarse a la creación de un fondo de compensación –como el que ya prevén algunas iniciativas legislativas-. Finalmente, podría incluso redundar en la dotación de mayores recursos y en la formación de las unidades encargadas de llevar a cabo las previas investigaciones financieras de cuyo éxito depende, en gran medida, la efectividad de los mecanismos propuestos.

Afortunadamente, parece que también el legislador empieza a tomar consciencia de esa dimensión económica de la trata, a tenor de algunas de las medidas previstas en los ya referidos PENTRA y PANTF, además de en el ALOITES -que se desconoce si llegará a materializarse-. No obstante, todas esas buenas intenciones que se recogen en los referidos instrumentos podrían convertirse en papel mojado de no introducirse ciertos cambios tanto normativos como aplicativos en relación con las cuatro instituciones analizadas en el presente estudio.

1. Propuestas en relación con el decomiso.

En primer lugar, en relación con la figura del decomiso, el análisis jurisprudencial realizado permite constatar su escasa aplicación y su limitada capacidad confiscatoria, por cuanto únicamente se acordó en poco más del 20% de los supuestos, logrando recuperar en los últimos 10 años un total de poco más de 500.000€. Esto contrasta, además de con los importantes rendimientos económicos que supuestamente se derivan de la trata, con el desarrollo normativo que ha experimentado el decomiso en las últimas décadas -en particular, algunas de sus modalidades-. Pues, en base a determinadas presunciones y a una suerte de inversión de la carga de la prueba, se ha buscado maximizar su eficacia hasta el punto de poner en entredicho su propia constitucionalidad. Tendencia expansionista a la que, por otro lado, tampoco pretende poner fin el ALOITES, que propone ampliar el ámbito de aplicación del decomiso ampliado a los proyectados delitos de sometimiento a trabajos o servicios forzosos, servidumbre o a esclavitud.

La misma voluntad de maximizar los rendimientos del decomiso, incluso a costa de restringir importantes derechos y garantías procesales, puede constatarse tanto en el ámbito supranacional como en otros ordenamientos jurídicos foráneos. En este sentido, puede destacarse la nueva modalidad de "decomiso de patrimonio no explicado vinculado a actividades delictivas" que se proyectaba en la Propuesta de Directiva del Parlamento Europeo y del Consejo sobre recuperación y decomiso de activos de 2022 y que ha acabado materializándose en la Directiva 2024/1260/UE; o la facultad que prevé la *Proceeds of Crime Act* británica de recurrir a la vía civil -con la consecuente rebaja de las exigencias de prueba- para recuperar los activos ilícitos, cuando el procedimiento penal seguido contra el acusado haya fracasado.

En cualquier caso, de nada sirve expandir los horizontes del decomiso hasta límites más que cuestionables si no se prevé hacer uso en la práctica de las facultades que ofrece. En este sentido, resulta mucho más eficaz hacer un uso preferente del preceptivo decomiso directo previsto en el art. 127 CP -o, subsidiariamente, del decomiso por sustitución o, en su caso, del decomiso de terceros-, pero hacerlo de forma asidua o sistemática. Así, de futuro, debería incentivarse su uso en los supuestos de trata, como ya sucede en los delitos de tráfico de drogas, concienciando a los profesionales u operadores jurídicos encargados de solicitarlo y aplicarlo. En este sentido, sería igualmente deseable que los jueces y magistrados mostraran una mayor implicación en la argumentación fáctica y jurídica que permite el acuerdo del decomiso, así como en la determinación de los bienes objeto del mismo, de conformidad con la exigencia de motivación que debe presidir cualquier sentencia penal.

Por otro lado, para garantizar la operatividad y éxito del decomiso, los profesionales deben ser capaces de localizar y hacer aflorar aquellos activos que deriven de actividades ilícitas a través de las preceptivas investigaciones patrimoniales previas, por lo que sería deseable la inversión de mayores esfuerzos, recursos y capacitación de los profesionales al frente de estas. De lo contrario, el decomiso devendrá imposible por falta de objeto. Al respecto, se han producido recientes desarrollos normativos orientados a facilitar estas investigaciones financieras, incluso de ámbito transnacional, como la Directiva 2019/1153 (modificada meses atrás por la Directiva (UE) 2024/1654) que permite a los organismos de recuperación de activos el acceso directo a la información de los registros centralizados de cuentas bancarias a la hora de prevenir, detectar o investigar una infracción penal grave determinada -entre otras, la TSH -, o en su labor de apoyo a la investigación penal correspondiente.

Asimismo, el decomiso tampoco debería limitarse a la confiscación de aquellos bienes hallados (casi accidentalmente) durante la práctica de la detención del acusado o de la diligencia de entrada y registro, siendo preferible la sustanciación de la conveniente pieza separada de investigación patrimonial que permita un examen exhaustivo de la situación patrimonial real del acusado. Por último, debe destacarse -a pesar de no ser tampoco tónica habitual en los supuestos de trata analizados- la importancia de solicitar desde un inicio la adopción de aquellas medidas cautelares que permitan garantizar la efectividad del posterior acuerdo de decomiso.

2. *Propuestas relativas a la pena de multa.*

En segundo término, en cuanto al análisis de las sanciones pecuniarias, el sistema de multa proporcional se muestra especialmente idóneo en relación con aquellos delitos capaces de generar importantes rendimientos, como en el caso que nos ocupa. Sin embargo, su aplicabilidad es excepcional al limitarse a los entes jurídicos. Así, de *lege ferenda* debe preverse la pena de multa proporcional del artículo 177 *bis* CP con independencia de que el autor del mismo sea persona física o jurídica. Esto especialmente si se mantienen los postulados defendidos tanto por la Fiscalía como por el Tribunal Supremo en relación con las sociedades pantalla que, como hemos visto, podrían estar favoreciendo su inaplicabilidad al quedar excluidas del régimen de responsabilidad penal previsto en el art. 31 *bis* CP.

Contra lo que sucede en España, ordenamientos como el neerlandés o el francés prevén la imposición de sanciones pecuniarias a las personas -físicas y jurídicas- criminalmente responsables por el delito de trata, si bien ninguno de ellos contempla específicamente el sistema de multa proporcional. Por el contrario, ambos sistemas se ciñen a establecer la cuantía máxima de la sanción pecuniaria aplicable. Al respecto, se considera acertada la elección del legislador español de optar en el delito de trata por el sistema de multa proporcional. De lo contrario, atendiendo a las limitaciones del art. 50 CP que rigen en la multa por cuotas, la sanción pecuniaria aplicable a los tratantes podría no revestir el suficiente carácter disuasorio. Así, en el caso de las personas físicas, la multa a imponer podría oscilar entre los 20€ y los 288.000€ que, si bien se sitúan muy por encima de la cuantía máxima de 103.000€ prevista en Países Bajos, se halla muy alejada de los 4,5 millones de euros que pueden afrontar los tratantes condenados bajo las disposiciones del Código penal francés. Lo mismo sucede cuando el responsable sea una persona jurídica. Mientras que en Francia el ente corporativo puede ser condenado al pago de hasta 22,5 millones de euros, en España afrontaría una multa máxima de 9.000.000€ -a razón de 5.000€ diarios durante cinco años-, cantidad que puede considerarse irrisoria para algunas grandes empresas y multinacionales.

En cualquier caso, en virtud del art. 52.2 CP, aspectos como la apreciación de circunstancias atenuantes o agravantes del hecho, o la situación económica del responsable también deben ser tomadas en consideración por el juez español en su determinación del *quantum* de la multa resultante que, en cualquier caso, deberá enmarcarse entre el triple al quíntuple del beneficio obtenido, si lo hubiere. Nuevamente aquí, las investigaciones financieras resultan de gran trascendencia, pues en base a los resultados obtenidos en estas podrá efectuarse el cálculo correspondiente. Conviene recordar, sin embargo, que cuando este no sea posible, el ente jurídico deberá afrontar una multa por cuotas de dos a cinco años, en virtud de lo dispuesto por el art. 52.4 CP para el caso de los delitos que prevén una pena de prisión superior a cinco años.

3. Propuestas en cuanto a la responsabilidad penal de las personas jurídicas.

En tercer lugar, en relación con la RPPJ en los supuestos de trata, se propone la articulación de medidas que hagan efectiva la responsabilización ya normativamente prevista a las personas jurídicas por la comisión de este tipo de delitos y que no se está trasladando a la aplicación forense en los supuestos de trata. Pues, desde 2010, únicamente una sociedad ha resultado condenada por un delito de TSH por el que se le impuso una irrisoria multa de 3.000€.

Tras más de una década desde que el legislador derogara el principio "*societas delinquere non potest*" mediante el reconocimiento de responsabilidad penal a las personas jurídicas, los pronunciamientos condenatorios dirigidos contra dichos entes siguen siendo escasos, probablemente como consecuencia de la propia complejidad de la materia y las dificultades tanto sustantivas como procesales aparejadas a la misma. Pues, en la actualidad, siguen siendo muchas las dudas que envuelven a esta institución, tanto en el plano sustantivo -en cuanto a la propia naturaleza del sistema de atribución de responsabilidad o de la exención por implementar un *compliance program*- como en el plano procesal -en cuanto a la determinación de su estatuto jurídico-procesal y el régimen de prueba pertinente-. Esta situación de incertidumbre se traduce en una predilección de la acusación, cuando se ha logrado identificar al autor material de los hechos, por dirigir el procedimiento penal únicamente contra la persona física. Esta misma tendencia se evidencia cuando se trata de enjuiciar por el delito del art. 177 *bis* CP. Así, salvo por el único caso resuelto por conformidad antes referido, en la mayoría de los casos de trata en los que aparece una sociedad, esta no resulta siquiera encausada.

En cualquier caso, la referida escasez de pronunciamientos condenatorios a personas jurídicas, además de alarmante, resulta sorprendente, por cuanto en diversas resoluciones judiciales se alude a la creación y uso por parte de los tratantes de sociedades pantalla que gestionan los ingresos derivados de los burdeles o clubs de alterne. Sin embargo, en estos supuestos la jurisprudencia se muestra más proclive a declarar la clausura de dichos locales y establecimientos vía artículo 194 CP que a reconocer la responsabilidad penal de dichas entidades, solución que en ningún caso lograría evitar la reiteración delictiva en tanto que nada impide al ente continuar con su actividad criminal en otro de sus establecimientos.

Otro aspecto que podría estar dificultando el reconocimiento de RPPJ en los supuestos de trata es el posicionamiento adoptado tanto por la Fiscalía General del Estado, en su Circular 1/2016, como por el Tribunal Supremo, en la referida sentencia 154/2016, en relación a las "sociedades pantalla". Aun partiendo de argumentaciones distintas, la Fiscalía y el Alto Tribunal coinciden en que este tipo de sociedades meramente instrumentales deben quedar al margen del régimen de responsabilidad del artículo

31 *bis* CP. Ante estas situaciones en que se da un solapamiento total entre la sociedad y la persona física que se esconde detrás, la FGE entiende que debe recurrirse a la figura de la simulación contractual o a la doctrina del levantamiento del velo para imputar toda la responsabilidad a la persona física, solución que considera más respetuosa con el principio *non bis in idem*. Por su parte, el Tribunal Supremo apunta a la posibilidad de que dichas sociedades sean sancionadas directamente con la disolución por la vía del artículo 129 CP que, entre otras, contempla la posibilidad de aplicar esta "consecuencia accesoria" a los entes que carecen de personalidad jurídica. Esto podría estar generando un cierto vacío de punibilidad y fomentando la falta de interés por parte de los operadores jurídicos en perseguir este tipo de conductas cuando tienen lugar en el seno -o bajo el manto- de un ente corporativo. Así, no es de extrañar la práctica ausencia de condenas a personas jurídicas por conductas constitutivas de TSH y, la consecuente ausencia de aplicación material de la pena de multa normativamente prevista en el art. 177 *bis* CP.

En cuanto a las penas aplicables a los entes jurídicos, se echa en falta la previsión de sanciones como la publicación de la sentencia condenatoria, que sí se prevé en otros Estados vecinos y que se reporta una herramienta útil y disuasoria por su impacto directo en la reputación empresarial del ente corporativo. Así, de futuro, debería incorporarse dicha medida en el catálogo de sanciones del art. 33.7 CP, especialmente si se tiene en cuenta que la Directiva 2024/1712 invita a los Estados miembros a prever en estos casos otras sanciones, más allá de la pena de multa, como *"la publicación de la totalidad o parte de la resolución judicial relativa a la infracción penal cometida y las sanciones o medidas impuestas"*.

Finalmente, como ha tenido ocasión de analizarse en los capítulos II y III del presente trabajo, en los últimos años se ha avanzado hacía la instauración de un modelo de responsabilidad social corporativa que -si bien se halla aún en una fase incipiente de desarrollo, siendo muchas las dificultades que deben superarse en aras a la consecución de un modelo de responsabilidad verdaderamente eficaz- no parece haber permeado aún en el ordenamiento español. A diferencia de lo acontecido en otros países de nuestro entorno jurídico, y más recientemente en el seno de la UE, que, más allá de sancionar a las empresas y corporaciones que participen o se beneficien de la TSH, buscan prevenir que dichas situaciones lleguen a producirse mediante la previsión de una serie de deberes que se enmarcan en el ámbito del *due diligence,* en nuestro ordenamiento sigue sin exigirse la adopción de cautelas o medidas específicas orientadas a la prevención de la trata en el seno societario.

En este sentido, aunque de cuestionable utilidad práctica -dada la ausencia de sanción en caso de incumplimiento-, fue pionera la cláusula de transparencia contenida en el art. 54 de la MSA británica que exige a las empresas de cierto volumen que operan en el Reino Unido la presentación de una declaración anual en la que informen sobre las medidas adoptadas para prevenir la esclavitud y la trata en su seno y en sus cadenas de suministro. Se sitúa un paso por delante la Ley neerlandesa sobre diligencia debida en materia de trabajo infantil que, aunque únicamente aplicable a los supuestos de trata que afecten a menores, prevé la imposición de multa en caso de incumplir con las obligaciones impuestas. También son más avanzadas la Ley francesa 2017/399, sobre el deber de vigilancia de las empresas matrices y contratistas o su homóloga alemana, sobre el deber de diligencia en las cadenas de suministros, que exigen a las corporaciones la adopción de un adecuado *compliance program* que permita prevenir, identificar y actuar ante la constatación de prácticas contrarias a los derechos humanos que tengan lugar en la propia empresa matriz como en sus cadenas de suministros, cuyo incumplimiento acarreará la imposición de la correspondiente pena de multa. Es precisamente en estas iniciativas legislativas nacionales en las que parece haberse inspirado la Unión Europea para la adopción de la esperada Directiva 2024/1760, de 13 de junio de 2024, sobre diligencia debida de las empresas en materia de sostenibilidad.

En definitiva, sería deseable -y preceptivo desde la aprobación de la referida Directiva- la implementación en nuestro ordenamiento jurídico de un modelo de responsabilidad social corporativa del que se deriven obligaciones reales y concretas para las empresas y entidades orientadas a prevenir las situaciones de trata, que bien podría exigirse que se contuviese en los modelos de organización y gestión a los que alude el art. 31 *bis*.2 CP para evitar la responsabilidad penal en estos casos. Sin embargo, tal vez sea necesario dar respuesta primero a todas las cuestiones señaladas que están dificultando *de facto* la propia aplicación del régimen de responsabilidad penal legalmente previsto en relación con las personas jurídicas. Si bien el ALOITES prevé en el ámbito privado y empresarial ciertas medidas extrapenales, como la articulación de "programas internos de concienciación" o la introducción de un descafeinado y abstracto "deber" de *due diligence*, la experiencia en Derecho comparado nos dice que la falta de concreción en cuanto a la forma de dar cumplimiento a esa obligación y la ausencia de un régimen sancionador ante el incumplimiento de esta, condenan dichas iniciativas "puramente estéticas" al fracaso.

4. *Propuestas en relación a la persecución del delito de blanqueo de capitales en los supuestos de trata de personas.*

Finalmente, en cuanto al delito de blanqueo de capitales, este ha experimentado una trayectoria similar a la del decomiso en cuanto a su constante y desmesurada expansión, especialmente desde que se tipificaran en 2010 las conductas de autoblanqueo y de mera posesión y utilización. Si bien el art. 6 de la Convención de las Naciones Unidas contra la Delincuencia Organizada Transnacional conmina a los Estados parte a penalizar el blanqueo de capitales cuando el producto derive de la trata de personas, los principios de intervención mínima y de *non bis in idem*, obligan a adoptar un criterio restrictivo en cuya virtud se entiendan atípicas aquellas conductas en que el sujeto dispone de sus activos delictivos a fin de procurarse su subsistencia, debiendo quedar así excluidos los actos básicos de consumo diario. Así, siendo consustancial al delito de trata el ánimo de aprovecharse de los rendimientos que de aquel se derivan, el mero disfrute del enriquecimiento patrimonial experimentado debe integrarse como parte de la fase de post-agotamiento delictivo, siendo que dicho enriquecimiento podrá contrarrestarse mediante la preceptiva aplicación del decomiso. Consecuentemente, en base al principio de insignificancia propuesto por la doctrina, únicamente deberían sancionarse aquellos supuestos de blanqueo de capitales que, en atención a la magnitud o volumen de los activos lavados, sean merecedoras de un reproche penal autónomo. Generalmente, eso tendrá lugar en los supuestos de trata cometidos en el marco de una organización criminal que, precisamente por sus características, suelen generar mayores rendimientos económicos.

Por otro lado, se comparte el sentir mayoritario de la academia en cuanto a la innecesariedad de la agravación penológica prevista cuando los bienes objeto de blanqueo de capitales proceden de determinados delitos, entre los cuales, desde la reforma de 2021, se incluye el de TSH. Estas agravantes carecen de sentido y comprometen la autonomía del propio delito de blanqueo, en tanto que no se produce un menoscabo mayor al orden socioeconómico por el hecho de que los bienes ilícitos provengan de un delito en particular, con lo que parece que este subtipo cualificado está llamado a reforzar la protección de los bienes jurídicos ya protegidos por el delito determinante. Así, se propone la supresión de esta modalidad agravada.

En cuanto a los resultados del análisis jurisprudencial, se desprende que los obstáculos a superar para que el delito de blanqueo se convierta en un eficiente instrumento confiscatorio radican en su bajo índice de condena -3,9% de las resoluciones analizadas-, más que en su intrínseca ausencia de eficacia -pues, en solo 5 resoluciones condenatorias se imponen multas por un valor superior a los 1,8 millones de euros-. Nuevamente aquí, tanto la persecución de este delito como la determinación de la sanción a imponer dependerán de la previa realización de adecuadas indagaciones de tipo patrimonial o financiero.

Por otro lado, debe aprovecharse la actual colaboración establecida con el sector privado para prevenir las prácticas de blanqueo en base a la Ley 10/2010 como una herramienta útil para recabar información sobre saldos y movimientos que puedan incorporarse a las correspondientes investigaciones patrimoniales de los tratantes. Igualmente, proporcionando a estos profesionales obligados una serie de indicadores que les permitan activar la "voz de alarma" ante la realización de transacciones u operaciones financieras que suelen ser habituales en los procesos de trata, además de facilitar el desempeño de la estrategia "*follow the money*", repercutiría en una mayor detección de supuestos de trata. Sin embargo, dichos indicadores o parámetros deberían hallarse muy bien acotados en aras a no exacerbar el problema de afluencia excesiva de comunicaciones que recibe el SEPBLAC y que difícilmente pueden gestionarse y analizarse en su totalidad. Probablemente, en este punto, el progresivo desarrollo de la inteligencia artificial y de las prácticas de minería de datos puedan aliviar o aportar una solución a este problema del que adolecen la mayoría de unidades de inteligencia financiera europeas.

La implementación normativa de las propuestas descritas podría ayudar a sortear algunas de las dificultades que se han puesto de manifiesto y a incrementar el impacto económico que acompaña los instrumentos penales referidos. En conclusión, su aplicación podría contribuir a andar parte del largo camino que todavía nos queda por recorrer en aras a conseguir una aproximación jurídico-penal más eficiente al fenómeno de la TSH, una que no descuide su importante dimensión económica.

5. Propuestas en caso de concurrencia de los cuatro mecanismos sustantivo-procesales penales.

Sin embargo, de adoptarse las recomendaciones sugeridas a lo largo de este epígrafe, cabría plantearse la repercusión que podría tener una plena eficacia de los cuatro mecanismos referidos. Pues, podrían llegar a contravenirse importantes principios informadores del Derecho penal como el de proporcionalidad -e, incluso, el de *non bis in idem*- de aplicarse todos ellos simultáneamente a un mismo supuesto de hecho, especialmente en caso de no limitarse el alcance de alguno de ellos.

Al respecto, cuando una misma persona física haya cometido un delito de TSH y el mismo haya generado algún tipo de rentabilidad, sin perjuicio de la pena privativa de libertad correspondiente, deberá imponérsele una pena de multa proporcional al beneficio obtenido. Igualmente, el art. 127 CP obligará a decomisar todos aquellos bienes, objetos e instrumentos propiedad del tratante que se relacionen o deriven del delito de trata. Cuando el condenado se haya valido de terceras personas -físicas o jurídicas-, titulares formales de los bienes, para enmascarar el origen de los mismos y dificultar su localización y aprehensión, deberá recurrirse al decomiso de terceros previsto en el art. 127.1 CP. En este último caso, a pesar del ánimo de ocultación que reviste esa transmisión de activos por parte del tratante -conducta que puede integrarse en la amplia descripción típica del delito de blanqueo de capitales-, debe seguirse el criterio de la STS 585/2013, acordándose el decomiso sin que proceda la persecución por el delito de blanqueo.

El mismo criterio restrictivo debe operar respecto a las conductas de mero disfrute de los beneficios delictivos -constitutivas, a su vez, del delito de autoblanqueo- salvo que el valor de las cantidades lavadas recomiende la solución contraria. En este último caso, a pesar de que nada impide la aplicación de una segunda pena de multa (caso que se permitiera imponer a las personas físicas multa por el delito de TSH), no dándose la identidad de presupuestos que exige el principio de *non bis in idem*, es evidente que el patrimonio del condenado resultará gravado doblemente, por cuanto los activos blanqueados coincidirán en todo o en parte con el producto derivado del delito de trata. Por lo que, en estos supuestos, entendemos que el Juez, de aplicar ambas penas de multa proporcional, deberá modular el *quantum* global en virtud del principio de proporcionalidad.

Idéntica solución deberá adoptarse cuando el responsable del delito de trata (y, en su caso, del delito de blanqueo de capitales) sea una persona jurídica. Si bien en este caso, en lugar de la imposición de una pena privativa de libertad, debería plantearse la aplicación de alguna de las medidas previstas en el art. 33.7 CP entre las que debería incorporarse, de *lege ferenda*, la posibilidad de publicar la eventual sentencia de condena, como se prevé en los ordenamientos jurídicos italiano y francés.

Mayores dificultades pueden plantearse en el supuesto en que concurran en un mismo procedimiento una persona física y una persona jurídica como penalmente responsables del delito de trata. Entendemos que, en este punto, debe distinguirse entre tres diversas situaciones. En primer lugar, cuando no exista identidad alguna entre ambos sujetos, tratándose de responsabilidades autónomas, deberán aplicarse respectivamente los anteriores criterios. En segundo lugar, puede suceder que exista una identidad entre la persona física y la jurídica por ser esta última una mera sociedad instrumental o sociedad pantalla. En este caso, asumiendo lo establecido por la FGE y el TS, dado que se trata de una sociedad "vacía" y que, por lo tanto, debe quedar al margen del régimen de RPPJ del art. 31 *bis* CP, procederá aplicar la doctrina del levantamiento del velo a fin de descargar toda responsabilidad sobre la/s persona/s física/s al mando. El principal problema que plantea esta solución en atención a la actual configuración del delito de trata es que la pena de multa prevista en el 177 *bis* 7 CP deviene inaplicable ante la ausencia de un ente corporativo que pueda considerarse criminalmente responsable. Sin embargo, la extensión de la pena de multa a las personas físicas aquí propuesta permitiría contrarrestar ese vacío punitivo. Finalmente, es posible que se produzca una identidad entre el patrimonio de la persona física y la persona jurídica cuando se trate de sociedades unipersonales. En estos supuestos cabría plantearse una modulación entre la pena pecuniaria aplicable a la persona física y al ente jurídico a fin de evitar comprometer la subsistencia del individuo y la supervivencia de la propia sociedad, siempre que la misma desarrolle una actividad lícita, ante el impacto que ello podría suponer pare terceros inocentes como trabajadores, clientes o proveedores.

III. CONCLUSIONES RELATIVAS AL DERECHO A LA REPARACIÓN ECONÓMICA DE LAS VÍCTIMAS DE TRATA

Finalmente, la adopción de un enfoque dirigido a eliminar el aspecto lucrativo de la trata, especialmente a través de la confiscación de los beneficios delictivos, podría no solo resultar más efectiva en términos de persecución y prevención, sino que también se presenta como una solución más justa y respetuosa con el derecho de las víctimas a recibir una protección adecuada y a ser reparadas económicamente. Así, los beneficios ilícitos incautados deben ser reintegrados a las víctimas a fin de dar cumplimiento a su derecho a una efectiva recuperación. Sin embargo, a pesar del amplio reconocimiento del derecho a la compensación o reparación de las víctimas de trata en varios instrumentos normativos, en la práctica, es poco común que este derecho se materialice.

Cumpliendo con sus obligaciones internacionales, tanto España como el resto de países de nuestro entorno jurídico analizados ofrecen a la víctima de trata la posibilidad de ejercer su derecho de compensación en sede judicial -ya sea en el propio proceso penal o en el correspondiente proceso civil-, por un lado; así como la oportunidad de recibir una compensación con cargo a fondos públicos a los que pueden recurrir todas aquellas víctimas de delitos dolosos y violentos, por otro. Sin embargo, ninguna de estas vías se halla exenta de ciertas problemáticas que entorpecen el ejercicio del derecho a la reparación económica de la víctima de trata.

En el marco del proceso penal, los resultados del análisis jurisprudencial revelan un alto grado de reconocimiento del derecho a la indemnización para las víctimas de trata por parte de los tribunales, con una tasa superior al 80% en la mayoría de los casos y una cuantía media indemnizatoria que se sitúa en torno a los 23.000€ por víctima. Sin embargo, es preocupante observar que existe una gran disparidad en el tratamiento otorgado a las víctimas dependiendo de si estas han sido explotadas o no, y en caso afirmativo, según la modalidad de explotación a la que han sido sometidas. En este sentido, una vez más, la aproximación institucional sesgada que caracteriza nuestro sistema se manifiesta mediante la concesión a las víctimas de trata sexual de cuantías indemnizatorias significativamente más elevadas que las que se reconocen a otras víctimas del mismo delito. La solución pasa aquí por garantizar una mayor capacitación y sensibilización de los operadores jurídicos que, en ocasiones, minimizan el impacto que estas conductas delictivas tienen en la víctima cuando aquellas no afectan directamente a la esfera de su libertad sexual.

Otro de los principales escollos en cuanto a la reparación de las víctimas se refiere tiene que ver con las dificultades intrínsecas a la determinación, prueba y cuantificación del daño moral, dada su naturaleza inmaterial o intangible. En este punto, debe acogerse favorablemente el criterio doctrinal secundado tanto por algunas Audiencias Provinciales como por el Tribunal Supremo, en cuya virtud la causación del daño moral se entiende inherente a la comisión de determinados delitos, no requiriéndose pruebas adicionales. Cabe decir, sin embargo, que también aquí se ha apreciado un tratamiento dispar a la hora de cuantificar el daño según la modalidad de trata, entendiéndose que aquellos supuestos que revisten una finalidad de explotación de tipo sexual son situaciones más traumatizantes y que generan en la víctima un perjuicio de mayor magnitud.

Además, se muestra también problemática la falta de criterios para cuantificar dichas indemnizaciones, hecho que conduce frecuentemente a que las mismas resulten insuficientes. En este sentido, resulta acertada la propuesta del ALOITES, en tanto que prevé expresamente que las indemnizaciones a las víctimas de trata contemplen no solo el resarcimiento de los daños, sino también la restitución a la víctima de los beneficios generados a su costa y percibidos indebidamente por su victimario. Afortunadamente, se ha constatado como algunas Audiencias Provinciales ya tienen en cuenta dicho parámetro a la hora de determinar el *quantum* indemnizatorio. Igualmente loable es el reconocimiento que hace al ALOITES al derecho a la indemnización de la víctima de trata con independencia de su situación administrativa o de que esta haya optado por el retorno voluntario a su país.

Finalmente, aun cuando la víctima de trata logre ser identificada como tal, los hechos delictivos resulten enjuiciados y el procedimiento penal culmine con una sentencia condenatoria que, a su vez, reconozca el derecho de la víctima a ser indemnizada por los daños y perjuicios padecidos, este derecho no siempre llega a hacerse efectivo en fase de ejecución de sentencia. Esto suele ser así como consecuencia de la declarada insolvencia de los tratantes (real o buscada) que da lugar a una falta de incautación de activos con los que hacer frente al pago de la responsabilidad civil *ex delicto*. Estas situaciones, que bien podrían evitarse en caso de haberse realizado la oportuna investigación patrimonial previa, suelen verse agravadas ante la práctica ausencia de adopción de medidas de aseguramiento de las responsabilidades pecuniarias en el procedimiento principal. En los supuestos en que esta situación de insolvencia haya sido provocada por el propio condenado cabría plantearse la posible subsunción de los hechos en un delito de frustración de la ejecución, si bien el análisis de dicha posibilidad excede el objeto del presente trabajo.

Subsidiariamente, la víctima de trata podrá solicitar una ayuda con cargo a fondos públicos en virtud de la Ley 35/1995, siempre y cuando cumpla con los requisitos objetivos, territoriales y temporales requeridos. Exigencias estas que limitan significativamente su acceso a dicha prestación. Si bien el legislador en el propio preámbulo de la referida Ley defiende que no estamos propiamente ante una forma de indemnización, sino ante una ayuda pública sustentada en el principio de solidaridad, la declarada naturaleza de la prestación contrasta con su carácter subsidiario respecto al impago de la indemnización reconocida en sede judicial, así como por la posibilidad del Estado de subrogarse en el derecho de cobro que se reconoce a la víctima frente a su victimario. En cualquier caso, una compensación que queda circunscrita únicamente a aquellos supuestos de trata que puedan considerarse constitutivos de un delito doloso y violento -aspecto este último controvertido, especialmente teniendo en cuenta que el medio comisivo preponderante en estas situaciones es de tipo abusivo- y que abiertamente genera un acceso desigual entre las víctimas de un mismo delito, en tanto que la concesión de dicha prestación queda garantizada en los supuestos de trata sexual, no parece la fórmula más adecuada. Esto en tanto que perpetua el tratamiento privilegiado del que han estado gozando las víctimas de trata sexual respecto a las que son destinadas a otras formas de explotación tanto o más graves que la anterior.

Dichas deficiencias podrían corregirse de constituirse un Fondo de compensación de víctimas de trata que permita garantizar el cobro de su indemnización, tal y como se prevé tanto en el PENTRA, el PANTF, la LO 10/2022 -aunque circunscrito nuevamente a las víctimas de TSH sexual- y la primera versión del ALOITES. Naturalmente, la creación de un fondo de compensación específico para este tipo de víctimas daría lugar a un panorama mucho más favorable para la efectiva reparación de estas. Sin embargo, tal vez sería deseable que dicha iniciativa no se limitara exclusivamente a las víctimas de trata, sino que semejante instrumento de compensación fuera accesible para todas las víctimas de delitos que revisten cierta gravedad y que generan importantes daños y perjuicios en aquellos que las sufren por la capacidad de ciertas conductas delictivas de lesionar derechos de primera magnitud. Al respecto, podría instaurarse un fondo parecido al *Fonds de garantie des victimes des actes de terrorisme et d'autres infractions* previsto en Francia, al que pueden recurrir las víctimas de trata, aunque no solo ellas. Esto porque la creación de una pluralidad de fondos de compensación específicos para cada modalidad delictiva entorpece la configuración de un sistema de compensación nacional coherente y sistemático.

No obstante, otros ordenamientos jurídicos como el italiano han optado por establecer un sistema de indemnización y reparación específico para las víctimas de trata. A pesar de los buenos propósitos que reviste dicha iniciativa, la misma no se halla exenta de críticas. Principalmente, dada la falta de efectividad del referido fondo en tanto que hasta la fecha no se ha indemnizado a ninguna víctima de trata en base a aquel, a pesar de que la cuantía máxima indemnizable se halla limitada a unos irrisorios 1.500€. Además, no debe olvidarse que, al igual que sucede en el caso italiano, el referido Fondo de compensación que proyectan los distintos textos normativos y programáticos españoles se hallaría también sujeto a ciertas limitaciones, ya sea por su dependencia de la correspondiente partida presupuestaria o de la eficacia de los decomisos acordados en sede judicial de los que precisamente se nutre.

Otra iniciativa reseñable es la previsión británica de una orden de reparación específica para las víctimas de trata, conocida como *Slavery and Trafficking Reparation Order.* Sin embargo, su adopción se halla condicionada al acuerdo de una orden de decomiso contra el condenado por el delito de trata. Esta vinculación de la orden de reparación respecto a la orden de decomiso implica que el importe concedido en virtud de la primera no puede exceder el importe de la segunda, quedando su efectividad condicionada a que el acusado tenga bienes realizables. En cualquier caso, el *quantum* debe establecerse en función de la capacidad económica del condenado, gozando dicha orden de reparación de un carácter preferente respecto al pago de la eventual multa impuesta en caso de que el condenado no pudiera hacer frente a ambas obligaciones.

En definitiva, con independencia del sistema por el que se haya optado para garantizar la reparación económica de la víctima fuera del procedimiento judicial, la efectividad del mismo viene ineludiblemente ligada al buen funcionamiento de instituciones como el decomiso, cuyo éxito depende, a su vez, de la práctica de la correspondiente investigación económica y patrimonial.

Por último, sería deseable una mayor diligencia por parte del Estado en su cumplimiento de las obligaciones internacionales que lo conminan a garantizar el acceso y efectividad del derecho a la indemnización de las víctimas de la trata, bien sea mediante la creación de un fondo de compensación o mediante otro tipo de programas asistenciales. Así, del mismo modo que progresivamente se exige una mayor responsabilización por parte del sector privado, mediante la instauración y fomento de una cultura de responsabilidad social acompañada de una serie de obligaciones de *due diligence* dirigidas a empresas y a determinados profesionales, ese mismo espíritu debería informar también la conducta del propio Estado. Este debería asimismo responsabilizarse ante el incumplimiento de su deber de prevenir el delito y proteger a las víctimas, tal y como exigen los *basic principles on the right to an effective remedy for victims of trafficking in persons* elaborados por la ONU.

Bibliografía

ABEL SOUTO, M.: "The expansion of the punishment of money laundering", *18th World Congress of Criminology*, Nueva Delhi, 15 a 19 de diciembre de 2016, pp. 1-7.

ABEL SOUTO, M.: "Antinomias de la reforma penal de 2015 sobre programas de prevención que eximen o atenúan la responsabilidad criminal de las personas jurídicas", en MATALLÍN EVANGELIO, A. (Dir.), *Compliance y prevención de delito de corrupción*, Tirant lo Blanch, Valencia, 2018, pp. 13-28.

ABEL SOUTO, M.: "Expansión del blanqueo de dinero en la última década de reformas penales", en BUSTOS RUBIO, M. y ABADÍAS SELMA, A. (Dirs.), *Una década de reformas penales. Análisis de diez años de cambios en el código penal (2010-2020)*, JM Bosch Editor, Barcelona, 2020, pp. 535-565.

ACCEM: *La trata de persones con fines de explotación laboral. Un estado de aproximación a la realidad de España*, 2006.

AGUADO CORREA, T.: "Comiso: crónica de una reforma anunciada: Análisis de la propuesta de Directiva sobre embargo y decomiso de 2012 y del Proyecto de reforma del Código penal de 2013", *Indret: Revista para el análisis del Derecho*, vol. 1, 2014, pp. 1-56.

AGUADO CORREA, T.: "La Directiva 2014/42/UE sobre embargo y decomiso en la Unión Europea: una solución de compromiso a medio camino", *Revista General de Derecho Europeo*, nº 35, 2015, pp. 1-34.

AGUADO CORREA, T.: "Artículos 127 a 129: de las consecuencias accesorias", en GÓMEZ TOMILLO RODRIGO, M. (Coord.): *Comentarios prácticos al Código Penal. Parte General. Artículos 1-137. Tomo I*, Aranzadi, Cizur Menor, 2015, pp. 1001-1084.

AGUADO-CORREA, T.: "Garantizar la indemnización de las víctimas de trata de seres humanos a través de la recuperación de activos", en VILLACAMPA ESTIARTE, C. (Dir.), *La trata de seres humanos tras un decenio de su incriminación. ¿Es necesaria una ley integral para luchar contra la trata y la explotación de seres humanos?*, Tirant lo Blanch, Valencia, 2022, pp. 699-745.

AGUADO CORREA, T.: "La deficiente regulación del derecho a la reparación integral en el Anteproyecto de Ley Orgánica integral contra la trata y la explotación de seres humanos", *La Ley Penal*, nº 162, 2023, pp. 1-20.

AGUIRRE QUEZADA, J. B.: "Panorama del lavado de dinero a escala internacional", *Revista Internacional de Ciencias del Estado y de Gobierno*, vol. 1, 2017, p. 168-186.

AHMAD AL-ASSAF, S.: "Protection of victims of human trafficking in the Jordanian Law: A comparative study with the UK Modern Slavery Act 2015", *Cogent social science*, vol. 7, 2021, pp. 1-30. https://doi.org/10.1080/23311886.2021.1948185

AKSE, T.: *Na de poortwachters: 25 jaar meldingen ongebruikelijke transacties*, FIU-Nederland, 2019.

ALLAIN, J.: *Slavery in International Law of Human exploitation and trafficking*, Martinus Nijhoff Publishers, Boston, 2013. https://doi.org/10.1163/9789004235731

ALLDRIGE, P.: "The changing face of Corporate Criminal Liability in England and Wales", *Archives de politique criminelle*, vol. 39, nº 1, 2017, pp. 163-174. https://doi.org/10.3917/apc.039.0163

ALONSO ÁLAMO, M.: "¿Protección penal de la dignidad? A propósito de los delitos relativos a la prostitución y a la trata de persones para la explotación sexual", *Revista Penal*, vol. 19, 2007, pp. 3-20.

ALONSO ÁLAMO, M.: "Derecho penal y dignidad humana. De la no intervención contraria a la dignidad y a los delitos contra la dignidad", *Revista General de Derecho Constitucional*, 2011, pp. 1-48.

ALONSO GARCÍA, R. y SARMIENTO, D.: *Carta de los Derechos Fundamentales de la Unión Europea. Explicaciones, concordancias y jurisprudencia*, Thomson-Reuters, Civitas, Cizur Menor, 2006.

ÁLVAREZ PASTOR, D. y EGUIDAZU PALACIOS, F.: *Manual de prevención del blanqueo de capitales*, Marcial Pons, Madrid, 2007.

ÁLVAREZ VIGARAY, R.: "La responsabilidad por daño moral", *Anuario de derecho civil*, vol. 19, nº 1, 1966, pp. 81-116.

ANDERSON, B. y ANDRIJASEVIC, R.: 'Sex, Slaves and Citizens: The Politics of Anti-trafficking', *Soundings*, vol. 40, 2008, pp. 135-145. https://doi.org/10.3898/136266208820465065

ANTONOPOULOS, G.A., DI NICOLA, A., RUSEV, A. y TERENGHI, F.: *Human Trafficking Finances: Evidence from Three European Countries*, Springer Nature Switzerland, Cham, 2019. https://doi.org/10.1007/978-3-030-17809-3

AROMAA, K.: "Trafficking in human beings: uniform detections for better measuring and for effective counter-measures", en SAVONA y STEFFANIZZI (Eds.), *Measuring Human Trafficking. Complexities and Pitfalls*, Springer/Ispac, New York, 2007, pp. 13-26. https://doi.org/10.1007/0-387-68044-6_3

ARONOWITZ, A.: *Human Trafficking, Human Misery: The Global Trade in Human Beings*, Praeger, Westport, 2009.

ARONOWITZ, A.A.: "Overcoming the challenges to accurately measuring the phenomenon of human trafficking", *Revue Internationale de Droit Pénal*, vol. 81 (3-4), 2010, pp. 493-511. https://doi.org/10.3917/ridp.813.0493

ARONOWITZ, A.A.: *Human trafficking: A reference handbook*, ABC-CLIO, Santa Barbara, 2017.

ARONOWITZ, A., THEUERMANN, G. y TYURYKANOVA, E.: *Analysing the business model of trafficking in human beings to better prevent the crime*, OSCE Office to the Special Representative and Co-ordinator for Combating Trafficking in Human Beings. Vienna, Austria, 2010.

ASENCIO MELLADO, J.M.: *Derecho Procesal Penal*, Tirant lo Blanch, Valencia, 2012.

ATKINSON, C. y HAMILTON-SMITH, N.: "Still and "invisible crime"? Exploring developments in the awareness and control on human trafficking in Scotland", *European Journal of Criminology*, vol. 19, nº 5, 2020, pp. 911-931. https://doi.org/10.1177/1477370820931868

AURASU, A. y RAHMAN, A.A.: "Forfeiture of criminal proceeds under anti-money laundering laws. A comparative analysis between Malaysia and United Kingdom", *Journal of Money Laundering Control*, vol. 21, nº 1, 2018, pp. 104-111. https://doi.org/10.1108/JMLC-04-2017-0016

AUVERGNON, P.: "El establecimiento de un deber de vigilancia de las empresas transnacionales, o cómo no dejar que los zorros cuiden libremente del gallinero mundial", *Lex Social*, vol. 10, núm. 2, 2020, pp. 206-223. https://doi.org/10.46661/lexsocial.5069

AA.VV.: *Joint NGO Statement on recast EU Anti-Trafficking Directive*, 25 de abril de 2024, disponible en: https://assets.nationbuilder.com/eswa/pages/358/attachments/original/1714047404/3551-LSI - joint statement on recast EU THB - V1 - 250424 - Adjusted.pdf?1714047404

BACHMAIER WINTER, L. y THAMAN, S.C.: *Asistencia letrada, confidencialidad abogado-cliente y proceso penal en la sociedad digital*, Marcial Pons, Madrid, 2021.

BAKIRCI, K. y RITCHIE, G.: "Corporate liability for modern slavery", *Journal of Financial Crime*, vol. 29, nº 2, 2022, pp. 576-588. https://doi.org/10.1108/JFC-09-2021-0189

BARONA VILAR, S.: "Las medidas cautelares", en GÓMEZ COLOMER, J.L. y BARONA VILAR, S., *Proceso Penal. Derecho Procesal III*, Tirant lo Blanch, Valencia, 2021, pp. 319-362.

BARQUÍN SANZ, J.: *Delitos contra la integridad moral*, Bosch, Madrid, 2001.

BARQUÍN SANZ, J.: "Sobre el delito de grave trato degradante del art. 173 CP. Comentario de la STS (2ª) 14 de noviembre 2001 (núm. 2101/2001)", *Revista Electrónica de Ciencia Penal y Criminología*, nº 4, 2002, pp. 1-10.

BARRICK, K. y PFEFFER, R.: "Advances in measurement: A scoping review of prior human trafficking prevalence studies and recommendations for future research", *Journal of human trafficking*, 2021, p. 1-19. https://doi.org/10.1080/23322705.2021.1984721

BARRICK, K., LATTIMORE, P. K., PITTS, W.J. y ZHANG, S.X.: "When farmoworkers and advocates see trafficking but law enforcement does not: challenges in identifying labor trafficking in North Carolina", *Crime, Law and Social Change*, vol. 61, 2014, pp. 205-214. https://doi.org/10.1007/s10611-013-9509-z

BASSIOUNI, M.C. y GUALTIERI, D.S.: "Mecanismos internacionales de control de las ganancias procedentes de actividades ilícitas", *Revista de Derecho Penal y Criminología*, vol. 6, 1996, pp. 53-136.

BAUCELLS LLADÓS, J.: "El tráfico ilegal de personas para su explotación sexual", en RODRÍGUEZ MESA, Mª. J. y RUÍZ RODRÍGUEZ, L. (Coords.), *Inmigración y sistema penal. Retos y desafíos para el siglo XXI*, Tirant lo Blanch, Valencia, 2006, pp. 173-202.

BEDMAR CARRILLO, E.: "El bien jurídico protegido en el delito de trata de seres humanos", *La Ley Penal*, nº 94-95, 2012, pp. 1-18.

BEDMAR CARRILLO, E.J.: *El derecho penal ante las formas contemporáneas de esclavitud* [Tesi doctoral], Universidad de Granada, 2022.

BELSER, P.: *Forced Labor and Human Trafficking: Estimating the Profits. Declaration on Fundamental Principles and Rights at Work*, International Labour Organization, Ginebra, 2005. https://doi.org/10.2139/ssrn.1838403

BELTRÁN MONTOLIU, A.: "El derecho a la información de las víctimas de trata", en VILLACAMPA ESTIARTE, C. (Dir.), *La trata de seres humanos tras un decenio de su incriminación. ¿Es necesaria una ley integral para lucha contra la trata y la explotación de seres humanos?*, Tirant lo Blanch, Valencia, 2022, pp. 927-956.

BENÍTEZ ORTÚZAR, I.F.: "Capítulo 10. Trata de seres humanos", en MORILLAS CUEVA, L. (Coord.), *Sistema de Derecho penal español. Parte especial*, Dykinson, Madrid, 2011, pp. 207-228.

BHABHA, J. y ZARD, M.: 'Human Smuggling and Trafficking: the good, the bad and the ugly', *Forced Migration Review*, vol. 25, May, 2006, pp. 6-9. https://doi.org/10.18356/68941b66-en

BLANCO CORDERO, I.: "Negocios socialmente adecuados y delito de blanqueo de capitales", *Anuario de Derecho Penal y Ciencias Penales*, 1997, pp. 263-291.

BLANCO CORDERO, I.: "La aplicación del comiso y la necesidad de crear organismos de recuperación de activos", *Revista electrónica de la Asociación internacional de Derecho Penal*, 2007, pp. 1-19.

BLANCO CORDERO, I.: "Eficacia del sistema de prevención del blanqueo de capitales. Estudios del cumplimiento normativo (compliance) desde una perspectiva criminológica", *Revista Eguzkilore*, vol. 23, 2009, pp. 117-138.

BLANCO CORDERO, I.: *El delito de blanqueo de capitales*, Thomson-Reuters/ Aranzadi, Cizur Menor, 2012.

BLANCO CORDERO, I.: "Recuperación de activos de la corrupción mediante el decomiso sin condena (comiso civil o extinción del dominio)", en FABIÁN CAPARRÓS, E.A., ONTIVEROS ALONSO, M. y RODRÍGUEZ GARCÍA, N. (Eds.), *El derecho penal y la política criminal frente a la corrupción*, INACIPE-Ubijus, México D.F., 2012, pp. 337-371.

BLANCO CORDERO, I.: "Comiso ampliado y presunción de inocencia", en PUENTE ALBA, L.M., ZAPICO BARBEITO, M. y RODRÍGUEZ MORO, L. (Coords.), *Criminalidad organizada, terrorismo e inmigración: retos contemporáneos de la política criminal*, Comares, Granada, 2016, pp. 69-106.

BLASCO DÍAZ, J.L.: *Régimen jurídico de la prevención y represión del blanqueo de capitales*, en VIDALES RODRÍGUEZ, C. (Dir.), Tirant lo Blanch, Valencia, 2015.

BLAY GIL, E.: "A vueltas con la multa. De la relativa invisibilidad de la pena de multa y de las razones para que se investigue sobre ella", *Indret*, vol. 2022, nº 4, 2022, pp. viii-xii.

BLOM, N: "Human trafficking: an international response", en WINTERDYK, J. y JONES, J. (Eds.), *The Palgrave International Handbook of Human Trafficking*, Palgrave Macmillan, Cham, pp. 1275–1298. https://doi.org/10.1007/978-3-319-63058-8_72

BOLAÑOS VÁZQUEZ, H.J.: "Regulación jurídico-penal de la trata de personas según el Protocolo de Palermo. Aplicación práctica desde la teoría del delito", *Revista de derecho migratorio y extranjería*, nº 34, 2013, pp. 295-314.

BOROMAT TORMO, M. y GRIMA LIZANDRA, V.: "La esclavitud y la servidumbre en el Derecho español. A propósito de la STEDH de 26 de julio de 2005. Caso Siliadin vs Francia: un caso de trabajo doméstico servil", en CARBONELL MATERU, J.C. y ORTS BERENGUER, E. (Dir.), *Constitución, derechos fundamentales y sistema penal. Semblanzas y estudios con motivo del setenta aniversario del Profesor Tomás Vives Antón*, Tirant lo Blanch, Valencia, 2009, pp. 257-286.

BOWEN, P.: "Prosecution of cases of human trafficking in a common law system", en PIOTROWICZ, R., RIJKEN, C. y UHL, B.H. (Eds.),

Routledge Handbook of Human Trafficking, Routledge, London and New York, 2018, pp. 213-223. https://doi.org/10.4324/9781315709352-17

BREWCZYNSKA, M.: "Financial Intelligence Units: Reflections on the applicable data protection legal framework", *Computer Law & Security Review*, vol. 43, 2021, pp. 1-14. https://doi.org/10.1016/j.clsr.2021.105612

Broad, R. y Muraszkiewicz, J.: "The investigation and Prosecution of Traffickers: Challenges and Opportunities", en Winterdyk, j. y Jones, j. (coords.), *The Palgrave International Handbook of Human Trafficking*, Palgrave Macmillan, Cham, 2019, pp. 707-723. https://doi.org/10.1007/978-3-319-63192-9_43-1

BROAD, R. y TURNBULL, N.: "From human trafficking to Modern Slavery: The development of anti-trafficking policy in UK", *European Journal of Criminal Policy Response*, vol. 25, 2019, pp. 119-133. https://doi.org/10.1007/s10610-018-9375-4

BROAD, R., LORD, N. y DUNCAN, C.: "The financial aspects of human trafficking: A financial assessment framework", *Criminology & Criminal Justice*, vol. 22, nº 4, 2022, pp. 581-600. https://doi.org/10.1177/1748895820981613

BRUCKERT, C. y PARENT, C.: *Trafficking in Human Beings and Organized Crime: A Literature Review*, Royal Canadian Mounted Police, Ottawa, 2002.

BRUGGEMAN, W.: *Illegal Immigration and Trafficking in Human Beings seen as a security problem for Europe*, IOM-EU Conference on Combating Human Trafficking, September 19, 2002.

BUNDESKRIMINALAMT: *Menschenhandel und Ausbeutung. Bundeslagebild 2023*, BKA, Wiesbaden, 2024.

BURKE, M.C.: *Human Trafficking: Interdisciplinary Perspectives*, Routledge, New York, 2008.

BUJOSA VADELL, L.: "El reconocimiento mutuo y la ejecución de las resoluciones de decomiso en la Unión Europea. Comentario a la Decisión Marco 2006/783/JAI del Consejo, de 6 de octubre de 2006", *Revista General de Derecho Europeo*, nº 13, 2007, pp. 1-28.

CALAZA LÓPEZ, S.: "La fase de instrucción", en GIMENO SENDRA, V., DÍAZ MARTÍNEZ, M. y CALAZA LÓPEZ, S., *Derecho Procesal Penal*, Tirant lo Blanch, Valencia, 2021, pp. 223-246.

CALAZA LÓPEZ, S.: "Los actos de investigación (IV): entrada y registro", en ASENCIO MELLADO, J.M. (Dir.), *Derecho procesal penal*, Tirant lo Blanch, Valencia, 2021, pp. 282-286.

CALCARA, G.: "Balancing International Police Cooperation: INTERPOL and the Undesirable Trade-off Between Rights of Individuals and Global Security", *Liverpool Law Review*, vol. 42, 2021, pp. 111-142. https://doi.org/10.1007/s10991-020-09266-9

CAMPOS NAVAS, D.: "Decomiso, medidas cautelares y recuperación de activos", *Cuadernos digitales de formación*, CGPJ, vol. 50, 2015.

CAMERON, S. y NEWMAN, E.: "Trata de personas: factores estructurales" en HURTADO, M. y IRANZO, Á. (Comps.), Miradas críticas sobre la trata de seres humanos. Diálogos académicos en construcción, Ediciones Uniandes, Bogotá, 2015, pp. 61-100. https://doi.org/10.7440/2015.07

CANO PAÑOS, M.A.: "De la trata de seres humanos", en MORILLAS CUEVA, L. (Dir.), *Estudios sobre el Código Penal reformado*, Dykinson, Madrid, 2015, p. 413-432.

CANO PAÑOS, M.A.: "Los delitos de violencia doméstica y en el ámbito familiar o asimilado", en MORILLAS CUEVA, L. (Dir.), *Estudios sobre el Código Penal reformado*, Dykinson, Madrid, 2015, pp. 413-432.

CARDENAL MONTRAVETA, S.: *La pena de multa. Estudio sobre su justificación y la determinación de su cuenta*, Marcial Pons, Madrid, 2020.

CARLOS DE OLIVEIRA, A.C.: "Blanqueo de capitales", en en Silva Sánchez, J.M. (dir.), *Lecciones de Derecho Penal Económico y de la Empresa. Parte general y especial*, Atelier, Barcelona, 2020, pp. 639-674.

CARRATALÁ VALERA, V.M.: "¿Qué modelo de responsabilidad penal de las personas jurídicas ha adoptado el legislador español? Análisis y toma de posición", en MATALLÍN EVANGELIO, Á. y FERNÁNDEZ HERNÁNDEZ, A. (Dirs.), *Criminal Compliance programs y mapa de riesgos*, Tirant lo Blanch, Valencia, 2023, pp. 127-180.

CARRIER, P.: *Modern Slavery Act: Five years of reporting. Conclusions from monitoring corporate disclosure*, Business & Human Rights Resource Centre, London, 2021.

CARRILLO DEL TESO, A.E.: "La Directiva 2014/42/UE sobre el embargo y decomiso de los instrumentos y del producto del delito en la UE: Decomiso ampliado y presunción de inocencia", *Revista de Estudios Europeos*, nº Extra 1, 2017, pp. 20-32.

CARRILLO DEL TESO, A. E.: *Decomiso y recuperación de activos en el sistema penal español*, Tirant Lo Blanch, Valencia, 2018.

CARRILLO DEL TESO, A.E.: "El "fundido a negro" de la prueba en la persecución de la delincuencia económica", en RODRÍGUEZ GARCÍA, N., CARRIZO GONZÁLEZ-CASTELL, A. y RODRÍGUEZ LÓPEZ, F. (Eds), *Corrupción: compliance, represión y recuperación de activos*, Tirant lo Blanch, Valencia, 2019, pp. 449-493.

CARRILLO DEL TESO, A.E.: "El nuevo régimen de recuperación de activos en Alemania o la sublimación del principio *crime doesn't pay*", en BERDUGO GÓMEZ DE LA TORRE, I. y RODRÍGUEZ GARCÍA, N. (Eds.), *Decomiso y recuperación de activos. Crime doesn't pay*, Tirant lo Blanch, Valencia, 2020, pp. 541-560.

CASALS FERNÁNDEZ, Á.: "Las criptomonedas frente al delito de blanqueo de capitales y la complejidad de la prueba pericial en el ámbito ciberdelincuente", *Anuario de Derecho Penal y Ciencias Penales*, vol. LXXV, 2022, pp. 421-446.

CASSANI, U.: "*L'internationalisation du droit pénal économique et la politique criminelle de la Suisse: la lutte contre le blanchiment d'argent*", *Revue de droit suisse*, vol. 127, nº 2, 2008, pp. 227-398.

CASTAÑO REYERO, M.J.: "Un estatuto de protección internacional para las víctimas de trata desde la perspectiva del derecho internacional de los derechos humanos", en MARTÍN OSTOS, J.S. (Dir.), *La tutela de la víctima de trata: una perspectiva penal, procesal e internacional*, JB Bosch Editor, Barcelona, 2019, pp. 155-206.

CASTELLVÍ MONTSERRAT, C.: "Decomisar sin castigar: Utilidad y legitimidad del decomiso de ganancias", *Indret*, vol. 1, 2019, pp. 1-66.

CASTILLEJO MANZANARES, R.: *Procedimiento español de emisión y ejecución de una Orden Europea de detención y entrega*, Thomson-Reuters/Aranzadi, Cizur Menor, 2005.

CASTRO MORENO, A.: "Reflexiones críticas sobre las nuevas conductas de posesión y utilización en el delito de blanqueo de capitales en la reforma del Anteproyecto de 2008", *Diario la Ley*, nº 7277, 2009, pp. 1-6.

CAVANILLAS MÚGICA, S.: "La motivación judicial de la indemnización por daño moral", *Derecho privado y Constitución*, núm. 20, 2006, pp. 153-172.

CENTER FOR THE STUDY OF DEMOCRACY (CSD): *Financing of Organised Crime. Human Trafficking in Focus*, Center for the Study of Democracy, Sofia, 2019.

CERESA GASTALDO, M.: *Procedura penale delle società*, G. Giappichelli Editore, Torino, 2015.

CEREZO DOMÍNGUEZ, A.I.: "Comiso", en ORTÍZ DE URBINA GIMENO, I. (Coord.), *Memento Experto Reforma Penal*, Francis Lefebvre, Madrid, 2010.

CHENG, S.: "A critical engagement with the "pull and push" model", en PIOTROWICZ, R., RIJKEN, C. y UHL, B.H. (Eds.), *Routledge Handbook of Human Trafficking*, Routledge, London and New York, 2018, pp. 499-510. https://doi.org/10.4324/9781315709352-39

CHITIMIRA, H. y MUNEDZI, S.: "An evaluation of customer due diligence and related anti-money laundering measures in the United Kingdom", *Journal of Money Laundering Control*, vol. 26, nº 7, 2023, pp. 127-137. https://doi.org/10.1108/JMLC-01-2023-0004

CHO, S.Y.: "Modelling for determinants of human trafficking: an empirical analysis", *Social Inclusion*, vol. 3, nº 1, 2015, pp. 2-21. https://doi.org/10.17645/si.v3i1.125

CHOCLÁN MONTALVO, J.A.: *El patrimonio criminal. Comiso y pérdida de la ganancia*, Dykinson, Madrid, 2001.

CHRIST, K.L., BURRITT, R.L. y AZIZUL ISLAM, M.: "Modern slavery and the accounting profession", *The British Accounting Review*, vol. 55, 2023, pp. 1-14. https://doi.org/10.1016/j.bar.2021.101065

CHUANG, J.A.: "Exploitation creep and the unmaking of Human Trafficking Law", *The American Journal of International Law*, vol. 108, nº 4, 2014, pp. 609-649.

CHUECA RODRÍGUEZ, R.: "La marginalidad jurídica de la dignidad humana", en CHUECA RODRÍGUEZ, R. (Dir.), *Dignidad humana y derecho fundamental*, Centro de Estudios Jurídicos y Constitucionales, Madrid, 2015.

CIGÜELA SOLA, J. y ORTIZ DE URBINA GIMENO, Í.: "La responsabilidad penal de las personas jurídicas: fundamentos y sistema de atribución", en SILVA SÁNCHEZ, J.M. (dir.), *Lecciones de Derecho Penal Económico y de la Empresa. Parte general y especial*, Atelier, Barcelona, 2020, pp. 73-95.

CITCO: *Trata de seres humanos en España. Balance estadístico 2013-17*, Ministerio del Interior, Secretaría de Estado de Seguridad, Madrid, 2018.

CITCO: *Trata de seres humanos en España. Balance estadístico 2014-18*, Ministerio del Interior, Secretaría de Estado de Seguridad, Madrid, 2019.

CITCO: *Trata de seres humanos en España. Balance estadístico 2015-19*, Ministerio del Interior, Secretaría de Estado de Seguridad, Madrid, 2020.

CITCO: *Trata de seres humanos en España. Balance estadístico 2016-20*, Ministerio del Interior, Secretaría de Estado de Seguridad, Madrid, 2021.

CITCO: *Trata y explotación de seres humanos en España. Balance estadístico 2017-2021*, Ministerio del Interior, Secretaría de Estado de Seguridad, Madrid, 2022.

CITCO: *Trata y explotación de seres humanos en España. Balance estadístico 2018-2022*, Ministerio del Interior, Secretaría de Estado de Seguridad, Madrid, 2023.

CITCO: *Trata y explotación de seres humanos en España. Balance estadístico 2019-2023*, Ministerio del Interior, Secretaría de Estado de Seguridad, Madrid, 2024.

CITCO: *Trata y explotación de seres humanos en España. Balance estadístico 2020-2024,* Ministerio del Interior, Secretaría de Estado de Seguridad, Madrid, 2025.

CLAVIJO SUNTURA, J.H.: *La prevención del blanqueo de capitales. Análisis teórico-practico,* JM Bosch, Barcelona, 2022.

COCA VILA, I.: "La pena de multa en serio. Reflexiones sobre su dimensión y aseguramiento aflictivos a través del delito de quebrantamiento de condena (art. 468 CP)", *Indret,* vol. 2021, nº 3, 2021, pp. 69-99.

COCKBAIN, E. y KLEEMANS, E.R.: "Innovation in empirical research into human trafficking: introduction to the special edition", *Crime, Law and Social Change,* vol. 72, 2019, pp. 1-7. https://doi.org/10.1007/s10611-019-09852-7

COLOMER HERNÁNDEZ, I.: "Derechos fundamentales y valor probatorio en el proceso penal de las evidencias obtenidas en investigaciones internas en un sistema de compliance", en GÓMEZ COLOMER, J.L. (Dir.) *Tratado sobre compliance penal. Responsabilidad penal de las personas jurídicas y modelos de organización y gestión,* Tirant lo Blanch, Valencia, 2019, pp. 609-652.

COMISIÓN EUROPEA: *Study on Case-Law Relating to Trafficking in Human Beings for Labour Exploitation,* Comisión Europea, Bruselas, 2015.

COMISIÓN EUROPEA: *Informe sobre los progresos realizados en la lucha contra la trata de seres humanos y a la protección de las víctimas,* Comisión Europea, Bruselas, 2016.

COMISIÓN EUROPEA: *Informe de la Comisión al Parlamento Europeo y al Consejo. Recuperación u decomiso de activos: Garantizar que el delito no resulte provechoso,* Comisión Europea, Bruselas, 2020.

COMISIÓN EUROPEA: *Informe de la Comisión al Parlamento Europeo y al Consejo. Tercer informe sobre el progreso en la lucha contra la trata de seres humanos (2020) con arreglo a lo exigido en virtud del artículo 20 de la Directiva 2011/36/UE relativa a la prevención y lucha contra la trata de seres humanos y la protección de las víctimas,* Comisión Europea, Bruselas, 2020.

COMISIÓN EUROPEA: *Informe de la Comisión al Parlamento Europeo, al Consejo, al Comité económico y social europeo y al Comité de las regiones sobre los progresos realizados en la Unión Europea en la lucha contra la trata de seres humanos (Quinto informe),* Comisión Europea, Bruselas, 2025.

COMISIÓN EUROPEA: *Commission staff working document. Accompanying the document: report from the Commission to the European Parliament and to the Council,* Comisión Europea, Bruselas, 2020.

COMISIÓN EUROPEA: *Estrategia de la UE para una Unión de la Seguridad, Comisión Europea,* Bruselas, 2020.

COMISIÓN EUROPEA: *Estrategia de la contra la Delincuencia Organizada 2021-2025*, Comisión Europea, Bruselas, 2021.

COMISIÓN EUROPEA: *Comunicación de la Comisión al Parlamento Europeo, al Consejo, al Comité económico y social europeo y al Comité de las regiones, sobre la estrategia de la UE en la lucha contra la trata de seres humanos*, Comisión Europea, Bruselas, 2021.

COMISIÓN EUROPEA: *Propuesta de Directiva del Parlamento Europeo y del Consejo por la que se modifica la Directiva 2011/36, de 19 de diciembre de 2022*, Comisión Europea, Bruselas, 2022.

COMITATO DI SICUREZZA FINANZIARIA: *Analisi nazionale dei rischi di riciclaggio e finanziamento del terrorismo*, Ministerio dell'Economia e delle Finanze, Roma, 2014.

COMITATO INTERMINISTERIALE PER I DIRITTI UMANI (CIDU): *Secondo Piano d'Azione Nazionale su Impresa e Diritti Umani. 2021-2026*, CIDU, Roma, 2021.

COMMITTEE OF THE PARTIES: *Recommendation CP/Rec(2019)02 on the implementation of the Council of Europe Convention on Action against Trafficking in Human Beings by Italy*, Council of Europe, Strasbourg, 2019.

CONSELL DE L'ADVOCACIA CATALANA: *Detecció i defensa de les víctimes de tràfic. Guia pràctica per a l'advocacia*, Tirant lo Blanch, Valencia, 2016.

CONSEJO DE EUROPA: *Explanatory Report to the Convention on Laundering, Search, Seizure and Confiscation of the Proceeds from Crime*, Council of Europe, Estrasburgo, 1990.

CONSEJO DE EUROPA: *Explanatory Report to the Council of Europe Convention on Action against Trafficking in Human Beings*, Consejo de Europa, Varsovia, 2005.

CONSEJO GENERAL DEL PODER JUDICIAL: *Informe del Consejo General del Poder Judicial al Anteproyecto de Reforma del Código Penal*, CGPJ, Madrid, 2012.

CONSEJO GENERAL DEL PODER JUDICIAL (CGPJ): *Guía de criterios de actuación judicial frente a la trata de seres humanos*, CGPJ, Madrid, 2018.

CONSEJO GENERAL DEL PODER JUDICIAL: *Informe sobre el anteproyecto de Ley Orgánica Integral contra la trata y la explotación de seres humanos*, CGPJ, Madrid, 2023.

CONTRERAS CEREZO, P.V.: "Las garantías constitucionales en la nueva regulación del decomiso", *Decomiso y Oficina de gestión y recuperación de activos. Medidas cautelares*, Centro de estudios jurídicos, 2016.

COOMARASWAMY, R.: *Moving Beijing Forward: Gaps and Challenges: Violence against Women and Trafficking*, Economic and Social Commission for Asia and the Pacific Bangkok, 2004.

CORCOY BIDASOLO, M.L., "Comentario al Título VI. De las consecuencias accesorias", en CORCOY BIDASOLO, M.L. y MIR PUIG, S. (Dirs.) *Comentarios al Código penal, reforma LO 1/2015 y LO 2/2015*, Tirant lo Blanch, Valencia, 2015.

CORREA DA SILVA, W.: "¡Que se rompan los grilletes! La cooperación internacional para la protección de los derechos humanos de las víctimas de trata de personas desde el Consejo de Europa", *Revista Facultad de Derecho y Ciencias Políticas*, vol. 44, nº 120, 2014, pp. 234-241.

CORTÉS DOMÍNGUEZ, V.: "Lección 13. La fase de instrucción", en MORENO CATENA, V. y CORTÉS DOMÍNGUEZ, V., *Derecho Procesal Penal*, Tirant lo Blanch, Valencia, 2019, pp. 207-221.

CRAIG., G.: "The UK's Modern Slavery Legislation: An Early Assessment of Progress", *Social Inclusion*, vol. 5, nº 2, 2017, pp. 16-27. https://doi.org/10.17645/si.v5i2.833

CUERDA ARNAU, M.L.: "Torturas y otros delitos contra la integridad moral. Trata de seres humanos", en GONZÁLEZ CUSSAC, J.L. (Coord.), *Derecho Penal. Parte especial*, Tirant lo Blanch, Valencia, 2019, pp. 187-208.

CUGAT MAURI, M.: "Sujetos protegidos por el delito de tráfico de personas del art. 318 bis CP", en RUIZ RODRÍGUEZ, L.R. y RODRÍGUEZ MESA, M.J. (Coord.), *Inmigración y sistema penal. Retos y desafíos para el siglo XXI*, Tirant lo Blanch, Valencia, 2006, pp. 203-222.

CUGAT MAURI, M.: "Trata de seres humanos: la universalización del tráfico de personas y su disociación de las conductas infractoras de la política migratoria (arts. 177 bis, 313, 318 bis)", en QUINTERO OLIVARES (dir.), *La reforma penal de 2010: Análisis y comentarios*, Aranzadi, Cizur Menor, 2010, pp. 157-164.

CUOMO, A.: "Confisca", *Altalexpedia*, 2015, pp. 1-10.

CUSVELLER, J, y KLEEMANS, E.: "Fair compensation for victims of human trafficking? A case study of the Dutch injured party claim", *International Review of Victimology*, vol. 24, nº 3, 2018, pp. 297-311. https://doi.org/10.1177/0269758018758427

DAAMS, C. y VAN DEREYT, I.: ""Strip-Them" Legislation in the Netherlands: Measures concerning confiscation of illegally obtained profit in the Dutch Law", *European Journal of Crime, Criminal Law and Criminal Justice*, vol. 5, nº 3, 1997, pp. 308-313. https://doi.org/10.1163/157181797X00428

DARLEY, M.: "La traite saisie par les institutions: entre contrôle des frontières et gouvernement des sexualités", *Cultures & Conflits*, vol. 122, nº 2, 2021, pp. 7-17. https://doi.org/10.4000/conflits.22819

DAUNIS RODRÍGUEZ, A.: *El derecho penal como herramienta de la política migratoria,* Comares, Granada, 2009.

DAUNIS RODRÍGUEZ, A.: *El delito de trata de seres humanos,* Tirant lo Blanch, Valencia, 2013.

DAUNIS RODRÍGUEZ, A.: "Cuestiones claves de la prostitución y la trata de seres humanos. Aproximación al caso andaluz", en IGLESIAS SKULJ, A. y PUENTE ALBA, L., (Coords.), *Sistema Penal y perspectiva de género: trabajo sexual y trata de personas,* Comares, Granada, 2012, pp. 91-120.

DE HOYOS SANCHO, M.: "El principio de reconocimiento mutuo como principio rector de la Cooperación judicial europea", en JIMENO BUNES, M. (Coord.), *La cooperación judicial civil y penal en el ámbito de la Unión Europea,* J.M. Bosch, Barcelona, 2007, pp. 67-93.

DE HOYOS SAMCHO, M.: "Sobre la necesidad de armonizar las garantías procesales en los enjuiciamientos de personas jurídicas en el ámbito de la Unión Europea: valoración de la situación actual y algunas propuestas", *Revista General de Derecho Procesal,* vol. 43, 2017, pp. 2 y ss.

DE JORGE MESAS, L.F.: *El reconocimiento de resoluciones penales en la Unión Europea,* Tirant lo Blanch, Valencia, 2017.

DE LA CUESTA AGUADO, M.P: "Persona, dignidad y derecho Penal", en ARROYO ZAPATERO, L.A. y BERDUGO GÓMEZ DE LA TORRE, I. (Coord.), *Homenaje al Dr. Marino Barbero Santos: «in memorian»*, Universidad de Castilla-La Mancha, 2001, pp. 209-228.

DE LA CUESTA AGUADO, P.: *Delitos e tráfico ilegal de personas, objetos y mercancías,* Tirant lo Blanch, Valencia, 2013.

DE LA CUESTA AGUADO, P.M.: "El delito de matrimonio forzado" en QUINTERO OLIVARES, G. (dir.). *Comentario a la reforma penal de 2015,* Aranzadi, Cizur Menor, 2015.

DE LA CUESTA ARZAMENDI, J.L.: "Torturas y atentados contra la integridad moral", *Estudios penales y criminológicos,* 1998, nº XXI, pp. 39-116.

DE LA CUESTA ARZAMENDI, J.L.: "Tráfico y trata de seres humanos: regulación internacional y europea", en RICHARD GONZÁLEZ, M., RIAÑO BRUN, I. y POELEMANS, M. (Coords.), *Estudio sobre la Lucha contra la trata de seres humanos,* Aranzadi, Cizur Menor, 2013, pp. 149-199.

DE LA MATA BARRANCO, N.J.: *Derecho penal europeo y legislación española: las reformas del Código penal,* Tirant lo Blanch, Valencia, 2015.

DE LA MATA BARRANCO, N.J.: "Las distintas modalidades de decomiso después de la LO 1/2015, de 30 de marzo", *La Ley penal,* vol. 124, 2017, pp. 1-15.

DE LA MATA BARRANCO, N.J.: "Trata de personas y favorecimiento de la inmigración ilegal, dos conductas de muy distinto desvalor", *Revista electrónica de Ciencia Penal y Criminología*, núm. 23, 2021, pp. 1-41.

DE LEÓN VILLABLA, F.J.: *Tráfico de personas e inmigración ilegal*, Tirant lo Blanch, Valencia, 2003.

DE LEÓN VILLALBA, F. J., "Propuesta de reforma frente a la trata de seres humanos", en ECHANO BASALDUA, J.I. (Dir.), *El anteproyecto de modificación del Código Penal de 2008: algunos aspectos, Cuadernos penales José María Lidón*, Universidad de Deusto, Bilbao, 2009, pp. 125-150.

DE VICENTE MARTÍNEZ, R.: "Artículo 177 bis", en GÓMEZ TOMILLO, MANUEL (Dir.), *Comentarios prácticos al Código Penal. Los delitos contra las personas. Artículos 138-233*, Thomson Reuters-Aranzadi, Cizur Menor, 2015, pp. 463-478.

DE VRIES, I.: "Connected to Crime: An Exploration of the Nesting of Labour Trafficking in Legitimate Markets", *The British Journal of Criminology*, vol. 59, nº 1, 2018, pp. 209-230. https://doi.org/10.1093/bjc/azy019

DE VRIES, I., JOSE, M.A. y FARREL, A.: "It's your business: the role of the private sector in human trafficking", en WINTERDYK, J. y JONES, J. (Eds.), *The Palgrave International Handbook of Human Trafficking*, Palgrave Macmillan, London, 2020, pp. 745–762. https://doi.org/10.1007/978-3-319-63058-8_45

DEFENSOR DEL PUEBLO: *La trata de seres humanos en España: Víctimas Invisibles*, Defensor del Pueblo, Madrid, 2012.

DEL CAPRIO DELGADO, J.: "Adquisición de bienes de procedencia delictiva: ¿decomiso o blanqueo de capitales?", *Revista General de Derecho Penal*, vol. 28, 2017, pp. 1-27.

DEL CERRO ESTEBÁN, J.A.: "La nueva regulación del decomiso (Ley Orgánica 1/2015 y Ley 41/2015", *Decomiso y oficina de gestión y recuperación de activos. Medidas cautelares*, Centro de Estudios Jurídicos, 2016.

DEL MORAL GARCÍA, A.: "Responsabilidad penal de las personas jurídicas y presunción de inocencia", en RODRÍGUEZ GARCÍA, N. y RODRÍGUEZ LÓPEZ, F. (Eds.), *Compliance y responsabilidad penal de las personas jurídicas*, Tirant lo Blanch, Valencia, 2021, pp. 31-72.

DEL MORAL GARCÍA, A.: "Compliance en la doctrina de la Sala Segunda del Tribunal Supremo", GÓMEZ COLOMER, J.L. (Dir.) *Tratado sobre compliance penal. Responsabilidad penal de las personas jurídicas y modelos de organización y gestión*, Tirant lo Blanch, Valencia, 2019, pp. 675-704.

DELGADO ECHEVARRÍA, C.: "Dificultades que se suscitan en la práctica judicial para la investigación y el enjuiciamiento de causas por trata de seres humanos", en VILLACAMPA ESTIARTE, C. (Dir.), *La trata de seres humanos tras un decenio de su incriminación. ¿Es necesaria una ley integral para luchar contra la trata y la explotación de seres humanos?*, Tirant lo Blanch, Valencia, 2022, pp. 899-926.

DELGADO SANCHO, C.: *Responsabilidad civil ex delicto. Guía práctica sobre la responsabilidad civil derivada de la comisión de determinados delitos*, Colex, A Coruña, 2020.

DELSO ATALAYA, A.: "Indicadores, indicios, motivos suficientes y estereotipos: trazando conceptos, desmontando mitos", FUNDACIÓN FERNANDO POMBO, *Cuestiones prácticas sobre trata de seres humanos: una visión interdisciplinar*, Fundación Fernando Pombo y Asociación Trabe, 2022, pp. 21-23.

DÍAZ CABIALE, J.A.: "El decomiso tras las reformas del Código penal y la Ley de Enjuiciamiento Criminal de 2015", *Revista Electrónica de Ciencia Penal y Criminología*, 2016, pp. 30 y ss.

DÍAZ MARTÍNEZ, M.: "Los presupuestos procesales del órgano jurisdiccional (II): Competencia funcional y territorial", en GIMENO SENDRA, V., DÍAZ MARTÍNEZ, M. y CALAZA LÓPEZ, S., *Derecho Procesal Penal*, Tirant lo Blanch, Valencia, 2021, pp. 97-108.

DÍAZ MARTÍNEZ, M.: "Los procesos penales. Procesos ordinarios: el "sumario ordinario" y el proceso penal abreviado", en GIMENO SENDRA, V., DÍAZ MARTÍNEZ, M. y CALAZA LÓPEZ, S., *Derecho Procesal Penal*, Tirant lo Blanch, Valencia, 2021, pp. 61-72.

DÍAZ MORGADO, C.V.: *El delito de trata de seres humanos. Su aplicación a la luz del Derecho Internacional y Comunitario* [Tesis doctoral], Universitat de Barcelona, 2014.

DÍAZ PITA, M.M.: "El bien jurídico protegido en los nuevos delitos de tortura y atentado contra la integridad moral", *Estudios penales y criminológicos*, 1997, nº XX, pp. 25-102.

DÍAZ Y GARCÍA CONLLEDO, M.: "Blanqueo de bienes", en LUZÓN PEÑA, D.M. (Dir.), *Enciclopedia penal básica, Comares*, Granada, 2002, pp. 200 y ss.

DÍEZ-PICAZO, L.: *Derecho de daños*, Civitas, Madrid, 1999.

DÍEZ PICAZO, L.: *El escándalo del daño moral*, Civitas, Madrid, 2008.

DÍEZ RIPOLLÉS, J.L.: "El blanqueo de capitales procedente del tráfico de drogas", *Revista Procesal*, vol. 32, 1994, pp. 589-602.

DÍEZ RIPOLLÉS, J. L.: "El objeto de protección del nuevo Derecho penal sexual", en DÍEZ RIPOLLÉS, J.L. (Dir.), *Delitos contra la libertad sexual*, CGPJ, Colección Estudios de derecho judicial, 1999, pp. 215-260.

DOLZ LAGO, M.J.: "El decomiso autónomo", *La Ley Penal*, nº 24, 2015.

DOWLING, J. y PFEFFER, J.: "Organizational legitimacy: social values and organizational behaviour", *The Pacific Sociological Review*, vol. 18, nº 1, 1975, pp. 122-136. https://doi.org/10.2307/1388226

ECHARRI CASI, F.: "La excusa absolutoria en el delito de trata de seres humanos como mecanismo de protección de las víctimas", *Diario La Ley*, nº 9434, 2019, pp. 1-14.

ECHEVARRÍA BERECIARTUA, E.: *Las modalidades de responsabilidad penal de las personas jurídicas en el marco del proceso penal*, Tirant lo Blanch, Valencia, 2021.

EKBERG, G: "The Swedish Law that prohibits the purchase of sexual services best practices for prevention of prostitution and trafficking in human beings", *Violence Against Women*, 2004, pp. 1187-1218. https://doi.org/10.1177/1077801204268647

ERICSON, R.: "Ten uncertainties of risk-management approaches to security", *Revue canadienne de criminologie et de justice pénale*, vol. 48, nº 3, 2006, pp. 345–359. https://doi.org/10.3138/cjccj.48.3.345

ESCUDERO GARCÍA-CALDERÓN, B.: "La investigación penal ante las nuevas tecnologías: reflexiones acerca de la "carga desproporcionada" y la "facilitación de información" en el registro de dispositivos de almacenamiento masivo de datos", *Anuario de Derecho Penal y Ciencias Penales*, vol. LXXV, 2022, pp. 375-420.

ESER, A.: "La víctima en el proceso penal. Tendencias internacionales desde el punto de vista alemán", *Symposium Internacional sobre la Transformación de la Justicia Penal en la República Argentina*, 1989, pp. 173-200.

ESPALIÚ BERDUD, C.: "La definición de esclavitud en el Derecho Internacional a comienzos del siglo XXI", *Revista electrónica de Estudios Internacionales*, núm. 28, 2014, pp. 1-36.

ESQUINAS VALVERDE, P.: "Lección 6. El delito de trata de seres humanos", en MARÍN DE ESPINOSA CEBALLOS, E. (Dir.), *Lecciones de Derecho Penal. Parte Especial*, Tirant lo Blanch, Valencia, 2018, pp. 114 y ss.

ESQUINAS VALVERDE, P.: "Lección 8. El delito de trata de seres humanos", en MARÍN DE ESPINOSA CEBALLOS (Dir.), *Lecciones de Derecho Penal. Parte especial (2ª Edición)*, Tirant lo Blanch, Valencia, 2021, pp. 177-194.

EUROJUST: *Strategic Project on Eurojust's action against trafficking in human beings*, Eurojust, La Haya, 2012.

EUROPEAN COMISSION: *Data collection on trafficking in human beings in the EU*, Publication Office of the European Union, Luxemburgo, 2020.

EUROPEAN COMMISSION: *Third report on the progress made in the fight against trafficking in human beings (2020) as required under Article 20 of*

Directive 2011/36/EU on preventing and combating trafficking in human beings and protecting its victims, European Comission, Bruselas, 2020. https://doi.org/10.22431/25005103.180

EUROPEAN COMISSION: *Report on the progress made in the fight against trafficking in human beings (Fourth report)*, European Comission, Bruselas, 2022.

EUROPOL: *Trafficking in human beings in the European Union*, Europol, La Haya, 2011.

EUROPOL: *EU organized crime threat assessment*, European Police Office, La Haya, 2011.

EUROPOL: *Threat Assessment. Italian Organised Crime*, Europol, The Hague, 2013.

EUROPOL: *The THB Financial Business Model. Assessing the Current State of Knowledge. July 2015*, Europol, La Haya, 2015.

EUROPOL: *Situation report. Trafficking in human beings in the EU*, Europol, La Haya, 2016.

EUROPOL: *Does crime still pay? Criminal asset recovery in the EU*, European Police Office, La Haya, 2016.

EUROPOL: *Situation Report. Criminal networks involved in the trafficking and exploitation of underage victims in the European Union*, Europol, La Haya, 2018.

EUROPOL: *Situation Report. Criminal networks involved in the trafficking and exploitation of underage victims in the European Union*, Europol, La Haya, 2018.

EUROPOL: *Internet Organised Crime Threat Assessment (IOCTA)*, European Union Agency for Law Enforcement Cooperation, 2019.

EUROPOL: *EU serious and organised crime threat assessment (SOCTA) 2021. A corrupting influence: the infiltration and undermining of Europe's economy and society by organised crimen*, Publications Office of the European Union, Luxembourg, 2021. https://doi.org/10.1016/S1361-3723(21)00125-1

EUROPOL: *European Migrant Smuggling Centre. 6th Annual Report*, Publication Office of the European Union, Luxembourg, 2022.

EUROPOL: *The European Union Agency for Law Enforcement Cooperation*, Europol, La Haya, 2022.

EUROSTAT: *Trafficking in human beings*, Publication Office of the European Union, Luxembourg, 2013.

EUROSTAT: *Victims of traffcicking of human beings up 10% in 2021*, [artículo en línea] 9 de febrero de 2023, disponible en: https://ec.europa.eu/eurostat/web/products-eurostat-news/w/ddn-20230208-2

FALK, R.A.: *La globalización depredadora. Una crítica*, Siglo XXI de España Editores, Madrid, 2002.

FARALDO CABANA, P.: "Aspectos básicos del delito de blanqueo de bienes en el Código penal de 1995", Estudios Penales y Criminológicos, vol. XXI, 1998, pp. 117-166.

FARALDO CABANA, P.: "El comiso en los delitos de contrabando. La situación en España", *Tribuna Fiscal*, vol. 276, 2015, pp. 17-30.

FARALDO CABANA, P: "¿Dónde están las víctimas de trata de personas? Obstáculos a la identificación de las víctimas de trata en España ", *Conferencia Internacional Dia Europeu contra o tráfico de seres humanos*, 18 de octubre de 2017, pp. 140 y ss.

FARIÑAS DULCE, M.J.: *Globalización, ciudadanía y Derechos Humanos*, Dykinson, Madrid, 2000.

FARRELL, A. y DE VRIES I.: "Measuring the Nature and Prevalence of Human Trafficking", en WINTERDYK, J. y JONES, J. (coords.), *The Palgrave International Handbook of Human Trafficking*, Palgrave Macmillan, London, 2020, pp. 147-162. https://doi.org/10.1007/978-3-319-63058-8_6

FARRELL, A. y KANE, B.: "Criminal Justice System Responses to Human Trafficking", en WINTERDYK, J. y JONES, J. (Eds.), *The Palgrave International Handbook of Human Trafficking*, Palgrave Macmillan, Cham, 2019, pp. 645-648. https://doi.org/10.1007/978-3-319-63192-9_40-1

FARRELL, A y PFEFFER, R. "Policing Human Trafficking: Cultural Blinders and Organizational Barriers", *The Annals of the American Academy of Political and Social Science*, vol. 653, nº1, 2014, pp. 46-64.

FARRELL, A., BRIGHT, K., DE VRIES, I., PFEFFER, R. y DANK, M.: "Policing labor trafficking in the United States", *Trends in Organized Crime*, vol. 23, nº2, 2020, pp. 36-56. https://doi.org/10.1007/s12117-019-09367-6

FARTO PIAY, T.: *El proceso de decomiso autónomo*, Tirant lo Blanch, Valencia, 2021.

FAVAREL-GARRIGUES, G., GODEFROY, T. y LASCOUMES, P.: "Reluctant partners? Banks in the fight against money laundering and terrorism financing in France", *Security Dialogue*, vol. 42, nº 2, pp. 179-196. https://doi.org/10.1177/0967010611399615

FERNÁNDEZ I PLANAS, S., RODRÍGUEZ SÁEZ, J.A. y ARRUFAT PIJUAN, A.: *El tràfic d'éssers humans per a criminalitat forçada. Recomanacions d'actuació per a professionals de l'àmbit judicial*, Observatori Català de la Justícia en Violència Masclista, Barcelona, 2022.

FERNÁNDEZ OLALLA, P.: "Una aproximación práctica a la lucha contra la trata de seres humanos", en GARCÍA VÁZQUEZ, S. y FERNÁNDEZ OLALLA, P., *La trata de seres humanos*, Centro de Estudios Políticos y Constitucionales, 2012, pp. 98-150.

FERNÁNDEZ OLALLA, P.: "La colaboración de las víctimas en la investigación del delito de trata de seres humanos. Valoración de la colaboración de la víctima en el ámbito administrativo y penal", *Revista Aranzadi Doctrinal*, núm. 9, 2014, p. 1-12.

FERNÁNDEZ PANTOJA, P.: "Las consecuencias accesorias", en MORILLAS CUEVA, L. (Ed.), *Estudios sobre el código penal reformado (Leyes Orgánicas 1/2015 Y 2/2015)*, Dykinson, Madrid, 2015, pp. 269-307.

FERNÁNDEZ PARDES, T., ROSERO ARTEAGA, C, TOVAR RAMÍREZ, A.: "Aproximación al principio de no enjuiciamiento en la persecución de la trata de seres humanos y su aplicación práctica en el caso Beauty en España", *Jueces por la democracia*, nº 89, 2017, pp. 107-115.

FERNÁNDEZ TERUELO, J.G.: "Regulación vigente: exigencias legales que permiten la atribución de responsabilidad penal a la persona jurídica y estructura de imputación: art. 31 bis 1, art. 31 ter y art. 31 quinquies", CORTÉS BECHIARELLI, E., DE LA MATA BARRANCO, N.J. y JUANES PECES, A. (Coords.), *Memento Experto Responsabilidad Penal y Procesal de las Personas Jurídicas*, Francis Lefebre, Madrid, 2015.

FERNÁNDEZ TERUELO, J.G.: "La responsabilidad penal de las personas jurídicas", en BUSTOS RUBIO, M. y ABADÍAS SELMA, A. (Dirs.), *Una década de reformas penales. Análisis de diez años de cambios en el código penal (2010-2020)*, JM Bosch Editor, Barcelona, 2020, pp. 67-83.

FERRÉ OLIVÉ, J.C.: "Política criminal europea en materia de blanqueo de capitales y financiación del terrorismo", *I Congreso de prevención y represión del blanqueo de dinero*, Tirant lo Blanch, Valencia, 2010, pp. 247-261.

FERREIRO BAAMONDE, X.: *La víctima en el proceso penal*, La Ley, Madrid, 2005.

FERREIRO BAAMONDE, X.X. "Tema 10", en PÉREZ-CRUZ MARTÍN, A.J., *Derecho Procesal Penal*, Tirant lo Blanch, Valencia, 2020, pp. 227-255.

FINANCIAL ACTION TASK FORCE (FATF): *Annual Report 2010-2011*, FATF/OECD, Paris, 2011.

FINANCIAL ACTION TASK FORCE (FATF): *Anti-money laundering and counter-terrorist financing measuress–Spain. Mutual evaluation Report*, FATF, Paris, 2014.

FINANCIAL ACTION TASK FORCE (FATF): *Financial Flows from Human Trafficking*, FATF, Paris, 2018.

FINANCIAL ACTION TASK FORCE (FATF): *Anti-money laundering and counter-terrorist financing measures. United Kingdom: mutual evaluation report*, FATF, Paris, 2018.

FINANCIAL ACTION TASK FORCE (FATF): *Anti-money laundering and counter-terrorist financing measuress–Spain. Follow-up assessment*, FATF, Paris, 2019.

FINANCIAL INTELLIGENCE UNIT: *Annual Report 2021*, FIU, Cologne, 2023.

FINANCIAL INTELLIGENCE UNIT-NEDERLAND: *FIU-Nederland jaaroverzicht 2019*, FIU-Nederland, Postbus, 2020.

FISCALÍA ESPECIALIZADA EN MATERÍA DE EXTRANJERÍA: *La trata de seres humanos, la inmigración clandestina y los derechos contra los ciudadanos extranjeros: síntesis de la jurisprudencia de la Sala 2ª del Tribunal Supremo*, FGE, Madrid, 2010.

FISCALÍA GENERAL DEL ESTADO: *Jornadas de fiscales delegados de extranjería 2016. Conclusiones*, Madrid, 2016.

FISCALÍA GENERAL DEL ESTADO: *Memoria elevada al Gobierno de S.M*, 2018, Fiscalía General del Estado, Ministerio de Justicia, Madrid, 2019.

FISCALÍA GENERAL DEL ESTADO: *Memoria elevada al Gobierno de S.M*, 2019, Fiscalía General del Estado, Ministerio de Justicia, Madrid, 2020.

FISCALÍA GENERAL DEL ESTADO: *Memoria elevada al Gobierno de S.M, 2021*, Fiscalía General del Estado, Ministerio de Justicia, Madrid, 2022.

FISCALÍA GENERAL DEL ESTADO: *Memoria elevada al Gobierno de S.M, 2022*, Fiscalía General del Estado, Ministerio de Justicia, Madrid, 2023.

FISCALÍA GENERAL DEL ESTADO: *Memoria elevada al Gobierno de S.M, 2023*, Fiscalía General del Estado, Ministerio de Justicia, Madrid, 2024.

FLORES PRADA, I. y SÁNCHEZ RUBIO, A.: "La ausencia de la persona jurídica en el proceso penal", en GÓMEZ COLOMER, J.L. (Dir.), *Tratado sobre compliance penal. Responsabilidad penal de las personas jurídicas y modelos de organización y gestión*, Tirant lo Blanch, Valencia, 2019, pp. 741-804.

FLYNN, A.: "Determinants of corporate compliance with modern slavery reporting", *Supply Chain Management: An International Journal*, vol 25, nº 1, 2020, pp. 1-16. https://doi.org/10.1108/SCM-10-2018-0369

FLYNN, A. y WALKER, H.: "Corporate responses to modern slavery risks: an institutional theory perspective", *European Business Review*, vol. 33, nº 2, 2021, pp. 295-315. https://doi.org/10.1108/EBR-05-2019-0092

FRANCE EXPERTISE INTERNATIONALE: *Directrices para la detección de víctimas de trata en Europa*, París, 2013.

FRIEDMAN, N.: "Corporate liability design for human right abuses: individual and entity liability for due diligence", *Oxford Journal of Legal Studies*, vol. 41, nº 2, 2021, pp. 289-320. https://doi.org/10.1093/ojls/gqaa052

GAITIS, K.K.: "Representations of traffickers in official UK discourse: Examining the least known component of the human trafficking equation", *International Journal of Law, Crime and Justice*, vol. 74, 2023, pp. 1-13. https://doi.org/10.1016/j.ijlcj.2023.100592

GALÁN MUÑOZ, A.: *Fundamentos y límites de la responsabilidad penal de las personas jurídicas tras la reforma de la LO 1/2015*, Tirant lo Blanch, Valencia, 2018.

GALLAGHER, A.T.: "Recent legal developments in the field of Human Trafficking: A critical review of the 2005 European Convention and Related Instruments", *European Journal of Migration and Law*, vol. 8, 2006, pp. 163-189. https://doi.org/10.1163/157181606777974941

GALLAGHER, A.T.: "The international legal definition of "Trafficking in Persons": scope and application", en KOTISWARAN, P. (Ed.), *Revisiting the Law and Governance of Trafficking, Forced Labor and Modern Slavery*, Cambdridge University Press, Cambridge, 2017, pp. 83-111. https://doi.org/10.1017/9781316675809.003

GALLAGHER, A.T.: "Trafficking in transnational criminal law", en PIOTROWICZ, R., RIJKEN, C. y UHL, B.H. (Eds.), *Routledge Handbook of Human Trafficking*, Routledge, London, New York, 2018, pp. 21-40. https://doi.org/10.4324/9781315709352-3

GALLEGO SOLER, J.I.: "Criminal compliance y proceso penal: reflexiones iniciales", en MIR PUIG, S. CORCOY BIDASOLO, M. y GÓMEZ MARTÍN, M. (Dirs.), *Responsabilidad de la empresa y compliance. Programas de prevención, detección y reacción penal*, Edisofer, Madrid, 2014, pp. 195-272.

GARCÍA ALBERO, R.: "El nuevo delito de tráfico de órganos (art. 156 bis CP)", en ÁLVAREZ GARCÍA y GONZÁLEZ CUSSAC (Dirs.), *Comentarios a la reforma penal de 2010*, Tirant lo Blanch, Valencia, 2010, pp. 183-192.

GARCIA ARAN, M.: "La protección penal de la integridad moral", en DÍEZ RIPOLLÉS, J.L. (Coord.), *La ciencia del derecho penal ante el nuevo siglo: libro homenaje al profesor doctor don José Cerezo Mir*, Tecnos, Madrid, 2002, pp. 1241-1258.

GARCÍA ARÁN, M.: "El tratamiento penal del tráfico de personas", *Estudios de derecho judicial*, vol. 76, 2005, pp. 169-214.

GARCÍA ARÁN, M.: "De las consecuencias accesorias", en CÓRDOBA RODA, J. y GARCÍA ARÁN, M. (Dirs.), *Comentarios al Código Penal. Parte general (incorpora la reforma producida por la LO 5/2010, de 22 de junio)*, Marcial Pons, Madrid, 2011.

GARCÍA-BAQUERO BORRELL, S.: "Diligencia de entrada y registro en la investigación del delito de TSH", *Estudios jurídicos*, vol. 2012, 2012, pp. 9 y ss.

GARCÍA CUESTA, S., LÓPEZ SALA, A.M., HERNÁNDEZ CORROCHANO, E. y MENA MARTÍNEZ, L.: *Poblaciones-Mercancía: Tráfico y trata de mujeres en España*, Ministerio de Sanidad, Madrid, 2011.

GARCÍA DE DIEGO, M. J.: "Bajo el casco de Hades": Menores migrantes no acompañadas como posibles víctimas de trata y su triple invisibilización", *Migraciones*, núm. 28, 2013, pp. 193-223.

GARCÍA DEL BLANCO, V.: "Trata de seres humanos y criminalidad organizada", *Anuario de Derecho Penal y Ciencias Penales*, vol. LXVII, 2014, pp. 193-237.

GARCÍA ESPAÑA, E. y RODRÍGUEZ CANDELA, J.L., "Delito contra los derechos de los ciudadanos extranjeros (artículo 318 bis del Código penal)", *Actualidad penal*, vol. 29, 2002, pp. 730 y ss.

GARCÍA MEDINA, J.: "El tipo de trata de seres humanos: la vulnerabilidad de sus víctimas", *Revista Aranzadi Unión Europea*, nº 2, 2017, pp. 109-122

GARCÍA-PABLOS DE MOLINA, A.: "La responsabilidad civil derivada de delito y su controvertida naturaleza", en ZAFFARONI, E.R. (coord.), *De las penas: homenaje al profesor Isidoro de Benedetti*, Depalma, 1997, pp. 241-254.

GARCÍA SAN MARTÍN, J.: "Los límites entre el agente encubierto y el agente provocador en la persecución de los delitos de tráfico ilícito de drogas", *La Ley Penal*, vol. 107, 2014, p. 11.

GARCÍA SEDANO, T.: "Cuestiones procesales derivadas del delito de trata de seres humanos", *Diario la Ley*, núm. 9093, 2017.

GARCÍA SEDANO, T.: "Las obligaciones internacionales asumidas por España tras la ratificación del Protocolo sobre Trabajo forzoso de la Organización Internacional del Trabajo", *Diario La Ley*, nº 9143, 2018, pp. 3-7.

GARCÍA SEDANO, T.: *La detección, identificación y protección de las víctimas de trata de seres humanos*, Editorial Reus, Madrid, 2020.

GARCÍA SEDANO, T.: *El delito de trata de seres humanos: el artículo 177 bis del Código Penal*, Ed. Reus, Madrid, 2020.

GARCÍA SEDANO, T.: "Hacía un procedimiento de identificación y reconocimiento de la condición de víctima de trata. Una propuesta de *lege ferenda*", *La Ley Penal*, nº 157, 2022.

GARRIDO CARRILO, F.J.: "Cuestiones pendientes sobre el decomiso ocho años después. La Propuesta de Directiva del Parlamento Europeo y del Consejo sobre recuperación y decomiso de activos", *Revista de estudios europeos*, nº Extraordinario monográfico 1, 2023, pp. 311-348.

GASCÓN INCHAUSTI, F.: *Infiltración policial y agente encubierto*, Comares, Granada, 2001.

GASCÓN INCHAUSTI, F.: "Decomiso, origen ilícito de los bienes y carga de la prueba", en ROBLES GARZÓN, J.A. y ORTELLS RAMOS, M. (Dirs.), *Problemas actuales del proceso iberoamericano*, Centro de Ediciones de la Diputación de Málaga, Málaga, 2006, pp. 587-606.

GASCÓN INCHAUSTI, F.: "Las nuevas herramientas procesales para articular la política criminal de decomiso total: la intervención en el proceso penal de terceros afectados por el decomiso y el proceso para el decomiso autónomo de los bienes y productos del delito", *Revista General de Derecho Procesal*, vol. 38, 2016, pp. 1-71.

GASCÓN INCHAUSTI, F.: "Las nuevas herramientas procesales para articular la política criminal de decomiso total: la intervención en el proceso penal de terceros afectados por el decomiso y el proceso para el decomiso autónomo de los bienes y productos del delito", *Revista General de Derecho Procesal*, n ° 38, 2016.

GEORGE, S.: "¿Globalización de los derechos?", en GIBNEY, M.J. (Ed.), *La globalización de los derechos humanos*, Crítica, Barcelona, 2003, pp. 21-48.

GILMOUR, P.M.: "Reexamining the anti-money-laundering framework: a legal critique and new approach to combating money laundering", *Journal of Financial Crime*, vol. 30, nº 1, pp. 35-47. https://doi.org/10.1108/JFC-02-2022-0041

GILMOUR, P.M.: "Lifting the veil on beneficial ownerships: challenges of implementing the UK's registers of beneficial owners", *Journal of Money Laundering Control*, vol. 23, nº 4, 2020, pp. 717-734. https://doi.org/10.1108/JMLC-02-2020-0014

GILMORE, W.C.: "International responses to money laundering: a General Overview", *The Council of Europe Laundering Conference*, Estrasburgo, 28-30 de septiembre, 1992.

GIMÉNEZ-SALINAS FRAMIS, A.: "La trata de personas como mercado ilícito del crimen organizado. Factores explicativos y características", *Cuadernos de la Guardia Civil: Revista de seguridad pública*, nº 52, 2016, pp. 13-35.

GIMÉNEZ-SALINAS FRAMIS, A., SUSAJ, G. y REQUENA ESPADA, L.: "La dimensión laboral de la trata de seres humanos en España", *Revista Electrónica de Ciencia Penal y Criminología*, vol. 11, nº 4, 2009, pp. 1-25. https://doi.org/10.46381/reic.v7i0.41

GIMENO SENDRA, V.: *Derecho Procesal Penal (3ª Edición)*, Thomson Reuters-Aranzadi, Cizur Menor, 2019.

GISBERT POMATA, M.: "El decomiso ampliado", *La Ley Penal*, vol. 124, 2017.

GLOBAL INITIATIVE AGAINST TRANSNATIONAL ORGANIZED CRIME: *Índice global de crimen organizado 2023*, Global Initiative Against Transnational Organized Crime, Ginebra, 2023.

GÓMEZ CALERO, J.: "La responsabilidad civil derivada del acto ilícito penal", Revista general de derecho, vol. 190-191, 1960, pp. 602-610.

GÓMEZ COLOMER, J.L.: *Estatuto jurídico de la víctima del delito (La posición de la víctima del delito ante la Justicia Penal. Un análisis basado en el Derecho Comparado y en las grandes reformas españolas que se avecinan)*, Aranzadi, Cizur-Menor, 2015.

GOMEZ COLOMER, J.L.: "Introducción: la responsabilidad penal de las personas jurídicas y el control de su actividad: Estructura jurídica general en el Derecho Procesal penal español y cultura de cumplimiento (Compliance programs)", en GÓMEZ COLOMER, J.L. (Dir.), *Tratado sobre compliance penal: responsabilidad penal de las personas jurídicas y modelos de organización y gestión*, Tirant lo Blanch, Valencia, 2019.

GÓMEZ COLOMER, J.L.: "La terminación del proceso penal", en GÓMEZ COLOMER, J.L y BARONA VILAR, S. (Coords.), *Proceso Penal, Derecho Procesal III*, Tirant lo Blanch, Valencia, 2021, pp. 471-492.

GÓMEZ COLOMER, J.L.: "Víctimas de trata: declaraciones y protección en el proceso penal", *Revista Aranzadi de Derecho y Proceso Penal*, vol. 64, 2021, pp. 87-128.

GÓMEZ DE LIAÑO FONSECA-HERRERO, M.: "Límites y garantías de la investigación con agentes encubiertos", *La Ley*, vol. 5, 2004, pp. 1531-1538.

GÓMEZ-JARA DÍEZ, C.: "La culpabilidad de la persona jurídica", en BAJO FERNÁNDEZ, M., FEIJOO SÁNCHEZ, B.J. y GÓMEZ-JARA DÍEZ, C. (Dirs.), *Tratado de responsabilidad penal de las personas jurídicas*, Aranzadi, Cizur Menor, 2016, pp. 143-220.

GÓMEZ-JARA DÍEZ, C.: "Compliance y delito corporativo: a propósito del auto de 11 de mayo de 2017 del juzgado central de instrucción número cuatro (Caso Bankia)", *Diario La Ley*, núm. 9018, Sección Doctrina, 2017.

GONZÁLEZ BEILFUSS, M.: "La trata de seres humanos: la visión desde la perspectiva del Estado y la visión victimocéntrica", *Cuadernos Digitales de Formación, nº 19*, Consejo General del Poder Judicial, Madrid, 2019, pp. 12-13.

GONZÁLEZ CANO, M.I.: *El decomiso como instrumentos de la cooperación judicial en la Unión Europea y su incorporación al proceso penal español*, Tirant lo Blanch, Valencia, 2016.

GONZÁLEZ CUSSAC, J.L.: "Delitos de tortura y otros tratos degradantes (delitos contra la integridad moral)", en VIVES ANTÓN, T. y MANZANA-

RES SAMANIEGO, J.L. (Dirs.), *Estudios sobre el Código Penal de 1995 (Parte especial)*, CGPJ, Estudios de derecho judicial, nº 2, Madrid, 1996, pp. 69-86.

GONZÁLEZ CUSSAC, J.L.: "Decomiso y embargo de bienes", *Boletín del Ministerio de Justicia*, nº 2015, 2006, pp. 13-19.

GONZÁLEZ CUSSAC, J.L.: *Responsabilidad penal de las personas jurídicas y programas de cumplimiento*, Tirant lo Blanch, Valencia, 2020.

GONZÁLEZ LÓPEZ, J.J.: "Ejecución de resoluciones de decomiso", en JIMENO BULNES (Coord.), *La cooperación judicial civil y penal en el ámbito de la Unión Europea: instrumentos procesales*, Bosch, Barcelona, 2007, pp. 371-392.

GONZÁLEZ PÉREZ, J: *La dignidad de la persona*, Civitas, Madrid, 2004.

GONZÁLEZ TASCÓN, M.M.: "A propósito de la trata de seres humanos: análisis de la modalidad básica del delito de trata de seres humanos", *Derecho y Proceso Penal*, vol. 59, 2020, pp. 59-100.

GONZÁLEZ TASCÓN, M.M: "Aspectos jurídico penales de la explotación sexual de las personas adultas en la prostitución y de otras conductas relacionadas", *Revista Electrónica de Ciencia Penal y Criminología*, vol. 22 (10), 2020, pp. 1-43.

GONZÁLEZ URIEL, D.: "Money laundering, political corruption and asset recovery in the Spanish Criminal Code", *International Annals of Criminology*, vol. 59, 2021, pp. 38-54. https://doi.org/10.1017/cri.2021.5

GOODEY, J: "Human trafficking: Sketchy data and policy responses", *Criminology & Criminal Justice*, vol. 8, nº 4, 2008, pp. 421-442. https://doi.org/10.1177/1748895808096471

GORJÓN BARRANCO, M.C.: "Las últimas reformas sobre el decomiso. ¿Hacía una pena de confiscación?", en BUSTOS RUBIO, M. y ABADÍAS SELMA, A. (Dirs.), *Una década de reformas penales. Análisis de diez años de cambios en el código penal (2010-2020)*, JM Bosch Editor, Barcelona, 2020, pp. 233-247.

GOYENA HUERTA, J.: "La policía judicial y el proceso penal", *Revista Aranzadi Doctrinal*, núm. 9, 2019, pp. 1-61.

GREER, B.T.: "How to effectively approach and calculate restitution for a victim of human trafficking", en WINTERDYK, J. y JONES, J. (Eds.), *The Palgrave International Handbook of Human Trafficking*, Springer Nature Switzerland, Cham, 2020, pp. 1619–1632. https://doi.org/10.1007/978-3-319-63058-8_87

GRETA: *Report concerning the implementation of the Council of Europe Convention on Action against Trafficking in Human Beings by Albania, First Evaluation Round*, Consejo de Europa, Estrasburgo, 2011.

GRETA: *2nd General Report of GRETA's Activities*, Consejo de Europa, Estrasburgo, 2012.

GRETA: *Report concerning the implementation of the Council of Europe Convention on Action against Trafficking in Human Beings by Spain. First evaluation round*, Council of Europe, Strasbourg, 2013.

GRETA: *Report concerning the implementation of the Council of Europe Convention on Action against Trafficking in Human Beings by Azerbaijan, First Evaluation Round*, Consejo de Europa, Estrasburgo, 2014.

GRETA, *4th General Report on GRETA's Activities*, Consejo de Europa, Estrasburgo, 2015.

GRETA: *Report concerning the implementation of the Council of Europe Convention on Action against Trafficking in Human Beings by Finland. First Evaluation Round*, Consejo de Europa, Estrasburgo, 2015.

GRETA: *Report concerning the implementation of the Council of Europe Convention on Action against Trafficking in Human Beings by Croatia, Second Evaluation Round*, Consejo de Europa, Estrasburgo, 2015.

GRETA: *Report concerning the implementation of the Council of Europe Convention on Action against Trafficking in Human Beings by Romania. Second Evaluation Round*, Consejo de Europa, Estrasburgo, 2016.

GRETA: *Report concerning the implementation of the Council of Europe Convention on Action against Trafficking in Human Beings by Albania. Second Evaluation Round*, Consejo de Europa, Estrasburgo, 2016.

GRETA: *Report concerning the implementation of the Council of Europe Convention on Action against Trafficking in Human Beings by Denmark, Second Evaluation Round*, Consejo de Europa, Estrasburgo, 2016.

GRETA: *Report concerning the implementation of the Council of Europe Convention on Action against Trafficking in Human Beings by France. Second Evaluation Round*, Consejo de Europa, Estrasburgo, 2017.

GRETA: *Report concerning the implementation of the Council of Europe Convention on Action against Trafficking in Human Beings by Spain. Second evaluation round*, Council of Europe, Strasbourg, 2018.

GRETA: *Report concerning the implementation of the Council of Europe Convention on Action against Trafficking in Human Beings by Luxembourg. Second Evaluation Round*, Consejo de Europa, Estrasburgo, 2018.

GRETA: *Report concerning the implementation of the Council of Europe Convention on Action against Trafficking in Human Beings by The Netherlands. Second Evaluation Round*, Consejo de Europa, Estrasburgo, 2018.

GRETA: *Report concerning the implementation of the Council of Europe Convention on Action against Trafficking in Human Beings by Spain. Second Evaluation Round,* Consejo de Europa, Estrasburgo, 2018.

GRETA: *Report concerning the implementation of the Council of Europe Convention on Action against Trafficking in Human Beings by Germany. Second Evaluation Round,* Council of Europe, Strasbourg, 2019.

GRETA: *Report concerning the implementation of the Council of Europe Convention on Action against Trafficking in Human Beings by Italy. Second evaluation round,* Council of Europe, Strasbourg, 2019.

GRETA: *Practical impact of GRETA'S monitoring work,* Council of Europe, Estrasburgo, 2019.

GRETA: *9th General Report on GRETA's activities,* Consejo de Europa, Estrasburgo, 2020.

GRETA: *Evaluation Report. United Kingdom. Third evaluation report. Access to justice and effective remedies for victims of trafficking in human beings,* Council of Europe, Strasbourg, 2021.

GRETA: *Evaluation report. Netherlands. Third evaluation Round. Access to justice and effective remedies for victims of trafficking in human beings,* Council of Europe, Strasbourg, 2023.

GRETA: *13th General Report,* Council of Europe, Estrasburgo, 2024.

GUARDIOLA GARCÍA, J.: "Tráfico ilegal o inmigración clandestina de personas: Comentarios a la reciente reforma del artículo 318 bis del Código Penal", *Revista de Derecho y Proceso Penal,* nº 13, 2005, pp. 13-32.

GUARDIOLA LAGO: *El tráfico de personas en Derecho penal español,* Thomson Reuters-Aranzadi, Cizur Menor, 2007.

GUIA, M. J.: *The Illegal Business of Human Trafficking,* Springer International Publishing Switzerland, Cham, 2015. https://doi.org/10.1007/978-3-319-09441-0

GUIL ROMAN, C. y RODRÍGUEZ SÁEZ, J.A.: *Guia de bones practiques en la instrucción i en l'enjudiciament dels delictes de tràfic d'éssers humans,* Centre d'Estudis Jurídics i Formació Especialitzada, Barcelona, 2021.

GUISASOLA LERMA, C.: "Formas contemporáneas de esclavitud y trata de seres humanos: una perspectiva de género", *Estudios Penales y Criminológicos,* vol. 39, 2019, pp. 175-215. https://doi.org/10.15304/epc.39.5760

GUTIÉRREZ GUTIÉRREZ, I.: *Dignidad de la persona y derechos fundamentales,* Marcial Pons, Madrid, 2005.

GUTIÉRREZ ZARZA, A.: "Delincuencia organizada, autoridades judiciales desorganizadas y el aún poco conocido papel de Eurojust", en ARAN-

GÜENA FANEGO, C. (Dir.), *Espacio Europeo de libertad, seguridad y justicia: últimos avances en cooperación judicial penal*, Lex Nova, Madrid, pp. 72-84.

GUZMÁN FLUJA, V.: *Anticipación y preconstitución de la prueba en el proceso penal*, Tirant lo Blanch, Valencia, 2006.

GUZMÁN FLUJA, V.: "El agente encubierto y las garantías del proceso penal", en CENTRO DE ESTUDIOS JURÍDICOS, *La Prueba en el Espacio Europeo de Libertad, Seguridad y Justicia Penal*, Aranzadi, Cizur Menor, 2006.

HAVA GARCÍA, E.: "La nueva regulación del comiso", en QUINTERO OLIVARES, G. (Coord.), *Comentarios a la reforma penal de 2015*, Aranzadi, Cizur Menor, 2015, pp. 213-223.

HELLER, L.R., LAWSON, R.A, MURPHY, R.H. y WILLIAMSON, C. R.: "Is human trafficking the dark side of economic freedom?", *Defence and Peace Economics*, vol. 29 (4), 2018, pp. 355-382. https://doi.org/10.1080/10242694.2016.1160604

HERNÁNDEZ PLASENCIA, J.U.: "El delito de tráfico de personas para su explotación sexual", en LAURENZO COPELLO, P., *Inmigración y Derecho Penal. Bases para un debate*, Tirant lo Blanch, Valencia, 2002, pp. 237-254.

HODKINSON, S.N., LEWIS, H., WAITE, L. y DWYER, P.: "Fighting or fuelling forced labour? The Modern Slavery Act 2015, irregular migrants and the vulnerabilising role of the UK's hostile environment", *Critical Social Policy*, vol. 41, nº 1, 2021, pp. 68–90. https://doi.org/10.1177/0261018320904311

HOFMANN, R. y LUSTENBERGER, L.: "Reporting Obligations for Attorneys in Money Laundering Cases: Attorney-Client Privilege Under Pressure?", *German Law Journal*, vol. 24, 2023, pp. 825–837. https://doi.org/10.1017/glj.2023.50

HOME OFFICE: "Economic crime factsheet", *Home Office news team*, [11 de diciembre de 2017]. Disponible en: https://homeofficemedia.blog.gov.uk/2017/12/11/economic-crime-factsheet/

HORTAL IBARRA, J.C.: "La naturaleza jurídica de la responsabilidad civil *ex delicto*: o cómo "resolver" la cuadratura del círculo", *Indret*, vol. 2014, nº 4, pp. 1-29.

HUGHES, D.M.: "Trafficking in human beings in the European Union: Gender, Sexual exploitation, and digital communication technologies", *SAGE Open*, October-December 2014, pp. 1-8. https://doi.org/10.1177/2158244014553585

HURTADO ADRIÁN, A.: "Blanqueo de capitales (art. 301.1)", en JUANES PECES, A. (Dir.), *Reforma del Código penal. Perspectiva económica tras la entrada en vigor de la Ley orgánica 5/2010, de 22 de junio. Situación jurídico-penal del empresario*, El Derecho, Madrid, 2010, pp. 243-264.

IGAREDA GONZÁLEZ, N.: "Debates sobre la autonomía y el consentimiento en los matrimonios forzados", *Anales de la Cátedra Francisco Suárez*, vol. 47, 2013, pp. 203-219. https://doi.org/10.30827/acfs.v47i0.2164

IGAREDA, N.: Matrimonios forzados: ¿otra oportunidad para el derecho penal simbólico?, *Indret*, 1/2015, 2015, pp. 1-18.

IGLESIAS SKULJ, A.: *El cambio en el estatuto de la Ley penal y en los mecanismos de control: flujos migratorios y gubernamentalidad neoliberal*, Comares, Granada, 2011.

IGLESIAS SKULJ, A.: *La trata de mujeres con fines de explotación sexual: una aproximación político-criminal y de género*, Didot, Buenos Aires, 2013. https://doi.org/10.2307/j.ctv1ks0bjn

IGLESIAS SKULJ, A.: "De la trata de seres humanos: artículo 177 bis CP", en GONZÁLEZ CUSSAC, J. L. (Dir.): *Comentarios a la Reforma del Código Penal de 2015*, Tirant lo Blanch, Valencia, 2015, pp. 593-601.

ILBIZ, E. y KAUNERT, C.: "Europol and cybercrime: Europol's sharing decryption platform", *Journal of Contemporary European Studies*, vol. 30, nº 2, 2022, pp. 270-283. https://doi.org/10.1080/14782804.2021.1995707

INDAH SUSILOWATI, C.M.: "The construction of the vice president's authority enforcement in relation to victim reparation", *Jurnal Pembaharuan Hukum*, vol. 9, nº 2, 2022, pp. 295 y ss. https://doi.org/10.26532/jph.v9i2.17550

INSTITUTO NACIONAL DE ESTADÍSTICA (INE): *U-27 Población y territorio*, Instituto Nacional de Estadística, Madrid, 2007.

INTERNATIONAL LABOUR ORGANIZATION (ILO): *Profits and poverty: The economics of forced labour*, International Labour Office, Ginebra, 2014.

INTERNATIONAL LABOUR ORGANIZATION (ILO): *Global estimates of modern slavery. Forced labor and forced marriage*, International Labour Office, Ginebra, 2017.

INTERNATIONAL LABOUR ORGANIZATION (ILO): *Access to protection and remedy for human trafficking victims for the purpose of labour exploitation in Belgium and the Netherlands*, ILO, Bruxelles, 2021.

INTERNATIONAL LABOUR ORGANIZATION (ILO): *Global estimates of modern slavery. Forced labor and forced marriage*, International Labour Office, Ginebra, 2022.

IÑIGUEZ DE HEREDIA, M.: "People trafficking: conceptual issues with the United Nations Trafficking Protocol 2000", *Human Rights Review*, vol. 9, 2008, pp. 299-316. https://doi.org/10.1007/s12142-007-0051-1

JAKŠIĆ, M y RAGARU, N.: "Réparer l'exploitation sexuelle. Le dispositif d'indemnisation des victimes de traite en France", *Cultures & Conflits*, vol. 122, nº 2, 2021, pp. 123-140. https://doi.org/10.4000/conflits.22965

JIMÉNEZ ROMERO, M. y TARANCÓN GÓMEZ, P.: "Perspectivas de profesionales del tercer sector sobre la intervención con víctimas de trata con fines de explotación sexual", *Revista Electrónica de Ciencia Penal y Criminología*, núm. 20-25, 2018, pp. 1-25.

JIMÉNEZ SEGADO, C.: ¿Corresponde a la persona jurídica probar que ha adoptado programas de cumplimiento de prevención delictiva (compliance programs) para eximirse de responsabilidad penal o dicha prueba corresponde a la acusación?", *La Ley Penal*, vol. 119, 2016.

JIT'S NETWORK: *Guía práctica de los equipos conjuntos de investigación*, Consejo de Europa, Bruselas, 2017.

JOBE, A.: "Accessing Help and Services: Trafficking Survivors' Experiences in the United Kingdom", en WYLIE, G. y MCREDMOND, P. (Eds.), *Human Trafficking in Europe*, Palgrave Macmillan, London, 2010, pp. 164-180. https://doi.org/10.1057/9780230281721_11

JOINT COMMITTEE OF HUMAN RIGHTS (JCHR): *Human Rights and Business 2017: Promoting Responsibility and Ensuring Accountability*, JCHR, London, 2017.

KAIZEN, J. y NONNEMAN, W.: "Irregular migration in Belgium and Organized Crime: An overview", *International Migration*, vol. 45, 2007, pp. 121-146. https://doi.org/10.1111/j.1468-2435.2007.00406.x

KAKAR, S.: *Human Trafficking*, Carolina Academic Press, Durham, 2017.

KAMPHUIS, B.: "Een miljoen 'ongebruikelijke' transacties, maar weinig aanhoudingen", *NOS* [1 de noviembre de 2021]. Disponible en: https://nos.nl/nieuwsuur/artikel/2403990-een-miljoen-ongebruikelijke-transacties-maar-weinig-aanhoudingen

KANGASPUNTA, K.: "Mapping the inhuman trade: Preliminary Findings of the database on trafficking in human beings", *Forum on crime and society*, vol. 3 (12), 2003, pp. 81-103.

KANT, I.: *Cimentación para la metafísica de las costumbres*, Aguilar, 5ª Edición, Buenos Aires, 1978.

KARA, S.: *Modern Slavery: A Global Perspective*, Columbia University Press, New York, 2017. https://doi.org/10.7312/kara15846

KATHOLING, C.: *Unternehmensstrafrecht und Menschenrechtsverantwortung–Die strafrechtliche Verantwortlichkeit für Menschenrechtsverletzungen im Rahmen internationaler Unternehmensaktivitäten*, Neuer Wissenschaftlicher Verlag, Viena, 2016.

KEILER, J. y ROEF, D.: *Comparative concepts of criminal law (3rd Edition),* Internsentia, Cambridge, Antwerp, Chicago, 2019.

KEMP, S.: *Digital 2023. Global overview report. The essential Guide to the world's connected behaviours,* We Are Social & Meltwater, 2023.

KOREJO, M.S., RAJAMANICKAM, R. y SAID, M.H.: "The concept of money laundering: a quest for legal definition", Journal of Money Laundering Control, vol. 24, nº 4, pp. 725-736. https://doi.org/10.1108/JMLC-05-2020-0045

KOSER, K.: "Why Migrant Smuggling Pays?", *International Migration,* vol. 46, nº 2, 2008, pp. 3-26. https://doi.org/10.1111/j.1468-2435.2008.00442.x

KUETE MALAH, Y.F. y ASONGU, S.: "An empirical analysis of human trafficking in an era of globalisation", *Journal of Economic Studies,* vol. 49, nº 7, 2022, pp. 1269-1283. https://doi.org/10.1108/JES-06-2021-0288

LA STRADA INTERNATIONAL y ANTI-SLAVERY INTERNATIONAL: *COMP.ACT. Findings and resulst on the European Action for Compensation for Trafficked Persons. Toolkit on compensation fro trafficked persons,* 2012.

LA STRADA INTERNATIONAL: *Proyecto Justicia, por fin. Acción Europea para compensar a víctimas de Delitos. Documento de análisis e incidencia política,* 2018.

LAFONT NICUESA, L.: "Los delitos de trata de personas e inmigración ilegal tras la LO 5/2010, de 22 de junio, por la que se reforma el Código Penal", en RICHARD GONZÁLEZ, M., RIAÑO BRUN, I. y POELEMANS, M. (Coords.), *Estudios sobre la lucha contra la trata de seres humanos,* Thomson-Reuters/Aranzadi, Cizur Menor, 2013, pp. 137-217.

LAFONT NICUESA, L.: "El agente encubierto en el proyecto de reforma de la Ley de Enjuiciamiento Criminal", *La Ley Digital,* vol. 8580, 2015, pp. 1-13.

LAFONT NICUESA, L.: "La prueba financiera en la jurisprudencia sobre el delito de trata de personas", *Icade. Revista de la Facultad de Derecho,* nº 109, 2020, pp. 1-15. https://doi.org/10.14422/icade.i109.y2020.003

LAFONT NICUESA, L.: *El agente policial encubierto,* Tirant lo Blanch, Valencia, 2022.

LAFONT NICUESA, L.: "Aspectos represivos, procesales y de protección que una futura ley integral de trata debiera abordar", en VILLACAMPA ESTIARTE, C. (Dir.), *La trata de seres humanos tras un decenio de su incriminación. ¿Es necesaria una ley integral para luchar contra la trata y la explotación de seres humanos?, Tirant lo Blanch, Valencia, 2022,* pp. 51-84.

LAGERWAARD, P.: "Financial surveillance and the role of the Financial Intelligence Unit (FIU) in the Netherlands", *Journal of Money Laundering Control,* vol. 26, nº 7, 2023, pp. 63-84. https://doi.org/10.1108/JMLC-09-2022-0134

LAMMASNIEMI, L.: "International Legislation on White slavery and anti-trafficking in the early twentieth century", en WINTERDYK, J. y JO-

NES, J. (Eds.), *The Palgrave International Handbook of Human Trafficking*, Palgrave Macmillan, Cham, pp. 1-12. https://doi.org/10.1007/978-3-319-63192-9_112-1

LARA AGUADO, M.A.: "El avance irresistible de la concepción de la trata como violación de derechos humanos: luces y sombras de las políticas protectoras de las víctimas en la normativa internacional e interna", en PÉREZ ALONSO, E. (Dir.), *El Derecho ante las formas contemporáneas de esclavitud*, Tirant lo Blanch, Valencia, 2017, pp. 823-867.

LATONERO, M., BERHANE, G., HERNANDEZ, A., MOHEBI, T., y MOVIUS, L.: *Human trafficking online. The role of social networking sites and online classifieds*, University of Southern California: USC Annenberg Center on Communication Leadership & Policy, Los Angeles, 2011. https://doi.org/10.2139/ssrn.2045851

LAURENZO COPELLO, P.: "Últimas reformas en el Derecho Penal de extranjeros. Un nuevo paso en la política de exclusión", *Jueces por la Democracia*, nº 50, 2004, pp. 30-35.

LAZCKO, F.: "Introduction. Data and Research on Human Trafficking", en LAZCKO, F. y GODZIAK, E. (Edts.), *Data and Researh on Human Trafficking: A global survey*, International Organization for Migration, Ginebra, 2005, pp. 5-16. https://doi.org/10.1111/j.0020-7985.2005.00309.x

LAZCKO, F. y GRAMENGA, M.: "Developing better indicators of Human Trafficking", *Borwn Journal of World Affairs*, vol. 10, 2003, pp. 179-194.

LEBARON, G. y RÜHMKORF, A.: "Steering CSR Through Home State Regulation: A Comparison of the Impact of the UK Bribery Act and Modern Slavery Act on Global Supply Chain Governance", *Global Policy*, vol. 8, nº 3, 2017, pp. 15-28. https://doi.org/10.1111/1758-5899.12398

LEBARON, G. y RÜHMKORF, A.: "The domestic politics of corporate accountability legislation: struggles over the 2015 Modern Slavery Act", *Socio-Economic Review*, vol. 17, nº 3, 2019, pp. 709-743. https://doi.org/10.1093/ser/mwx047

LENZERINI, F.: "International legal instruments on human trafficking and victim-oriented approach: which gaps are to be filled?", *Intercultural Human Rights Law Review*, Vol. 4, 2009, pp. 205-220.

LEVI, M. y SOUDIJN, M.: "Understaning the laundering of organised crime money", *Crime and Justice*, vol. 49, 2020, pp. 579-631.

LIETONEN, A., JOKINEN, A. y OLLUS, N.: N*avegando a través de las cadenas de suministro. Herramienta para la prevención de la explotación laboral y la trata de seres humanos*, ACCEM, Helsinki, 2021.

LIMONCELLI, S.A.: "Human trafficking: Globalisation, Exploitation, and Transnational Sociology", *Sociology Compass*, vol. 3, nº 1, 2009, pp. 72-91. https://doi.org/10.1111/j.1751-9020.2008.00178.x

LIMONCELLI, S.A.: "Legal limits ending human trafficking in supply chains", *World Policy Journal*, vol. 34, 2017, p. 119-123. https://doi.org/10.1215/07402775-3903628

LLORIA GARCÍA, P.: "Lección XI. Trata de seres humanos", en BOIX REIG, J. (Dir.), *Derecho Penal. Parte especial. Volumen I*, Iustel, Madrid, 2010, pp. 297-313.

LLORIA GARCÍA, P.: "Trata de seres humanos", en BOIX REIG, J. (Dir), *Derecho Penal Parte Especial, Vol. I, La protección penal de los intereses jurídicos personales*, Iustel, Madrid, 2016, pp. 329-352.

LLORIA GARCÍA, P.: "El delito de trata de seres humanos y la necesidad de creación de una ley integral", *Estudios Penales y Criminológicos*, nº 39, 2019, pp. 353-402.

LLOYD, D.: "Human Trafficking in Supply Chains and the Way Forward", en WINTERDYK, J. y JONES, J. (coords.), *The Palgrave International Handbook of Human Trafficking*, Palgrave Macmillan, London, 2020, pp. 815-837. https://doi.org/10.1007/978-3-319-63058-8_50

LOMBARDERO EXPÓSITO, L.M.: "El grupo de acción financiera internacional: revisión del mandato (2008-2012)", *Revista de Estudios Jurídicos*, vol. 8, 2008, pp. 1-15.

LÓPEZ BELTRÁN DE HEREDIA, C.: *Efectos civiles del delito y responsabilidad extracontractual*, Tirant lo Blanch, Valencia, 1997.

LÓPEZ CERVILLA, J.M.: *El extranjero como víctima del delito. Análisis de los tipos penales (artículos 318 bis, 313.1 y 312.2.2º del Código penal)*, Centro de estudios jurídicos, Ministerio de Justicia, 2004.

LÓPEZ RODRÍGUEZ, J.: *Conceptualización jurídica de la trata de seres humanos con fines de explotación laboral*, Aranzadi, Cizur Menor, 2016.

LÓPEZ SALA, A.: "El control de los flujos migratorios y la gestión política de las fronteras", en ZAPATA BARRERO, R. (Coord.), *Políticas y gobernabilidad de la inmigración en España*, Ariel, Barcelona, 2009, pp. 31-50.

LORENZO SALGADO, J.M.: "El tipo agravado de blanqueo cuando los bienes tengan su origen en el tráfico de drogas", en ABEL SOUTO, M. y SÁNCHEZ STEWART, N., *III Congreso sobre prevención y represión del blanqueo de dinero*, Tirant lo Blanch, Valencia, 2013, pp. 223-250.

LORENZO SALGADO, J.M.: "El blanqueo de dinero procedente del narcotráfico, la protección del orden socioeconómico y la desnaturalización del bien jurídico en las modalidades de blanqueo con finalidad terrorista, introducidas por la Ley orgánica 2/2015, de 30 de marzo por la que se modifica el Código Penal", en ABEL SOUTO, M. y SÁNCHEZ STEWART, N., *V Congreso Sobre Prevención y Represión del Blanqueo de Dinero: Ponencias y conclusiones del congreso sobre las reformas de 2015 e incidencia en la economía y sociedad digital*, EGAP, Santiago de Compostela, 2017, pp. 371-374.

LUPARIA, L.: "Le procès pénal face à la délinquance économique : aspects de l'expérience italienne", *Archives de politique criminelle*, vol. 39, nº 1, 2017, pp. 117-130. https://doi.org/10.3917/apc.039.0117

MACKENZIE, S.: *Transnational Criminology. Trafficking and Global Criminal Markets*, Bristol University Press, Bristol, 2020.

MAGRO SERVET, V.: "Aproximación a la cuantía de las indemnizaciones por daño moral y criterios para la determinación del cálculo", *Diario La Ley*, nº 9944, 2021, pp. 1-19.

MANTOUVALOU, V.: "The UK Modern Slavery Act 2015 Three Years On", *The Modern Law Review*, vol. 81, nº 6, 2018, pp. 1017-1045. https://doi.org/10.1111/1468-2230.12377

MANZANARES SAMANIEGO, J.L.: *Las penas patrimoniales en el Código penal español: tras la Ley orgánica 8/1983*, Bosch, Barcelona, 1983.

MANZANARES SAMANIEGO, J.L.: *Comentarios al Código Penal (tras las Leyes Orgánicas 1/2015, de 30 de marzo, y 2/2015, de 30 de marzo)*, La Ley, Madrid, 2016.

MAPELLI CAFFARENA, B.: *Las consecuencias jurídicas del delito*, Thomson Reuters/Aranzadi, Cizur Menor, 2011.

MAPELLI CAFFARENA, B., "La trata de personas", *Anuario de Derecho Penal y Ciencias Penales*, vol. 65, 2012, pp. 25-62.

MAQUEDA ABREU, L.: *El tráfico sexual de personas*, Tirant lo Blanch, Valencia, 2001.

MAQUEDA ABREU, M.L.: "¿Cuál es el bien jurídico protegido en el nuevo artículo 318 bis,2? Las sinrazones de una reforma", *Revista de Derecho y Proceso penal*, núm. 11, 2004, pp. 39-44.

MAQUEDA ABREU, M. L.: *Prostitución, feminismos y Derecho penal*, Comares, Granada, 2009.

MAQUEDA ABREU, M.L.: "A propósito de la trata y de las razones que llevan a confundir a l@s inmigrantes con esclav@s", en CARBONELL MATEU, J.C., GONZÁLEZ CUSSAC, J.L. y ORTS BERENGUER, E., (Dirs.), *Constitución, Derechos fundamentales y sistema penal (semblanzas y estudios con motivo del setenta aniversario del profesor Tomás Salvador Vives Antón), Tomo II*, Tirant lo Blanch, Valencia, 2009, pp. 1245-1260.

MAQUEDA ABREU, M.L. y LAURENZO COPELLO, P.: *El Derecho Penal en casos (3ª Edición)*, Tirant lo Blanch, Valencia, 2011.

MAQUEDA ABREU, M. L.: "Trata y esclavitud no son lo mismo, pero ¿qué son?", *Estudios jurídicos penales y criminológicos* en homenaje *al Prof. Dr. Dr. H.C. mult. Lorenzo Morillas Cueva*, Dykinson, Madrid, 2018, pp. 1251-1264.

MAQUEDA ABREU, M.L.: "Demasiados artificios en el discurso jurídico sobre la trata de seres humanos", en *Liber Amicorum en homenaje del Profesor Juan Terradillos Basoco*, Tirant lo Blanch, Valencia, 2018, pp. 1197-1211.

MARAVER GÓMEZ, M.: "La trata de seres humanos", en J. DÍAZ-MAROTO Y VILLAREJO (Dir.), *Estudios sobre las reformas del Código penal (operadas por las LO 5/2010, de 22 de junio, y 3/2011, de 28 de enero)*, Civitas, Madrid, 2011, pp. 311-334.

MARISCAL DE GANTE, M.: "La víctima de trata como autora de delitos: dificultades para la exención de su responsabilidad penal", *Revista Crítica Penal y Poder*, vol. 19, 2019, pp. 124-133.

MARTÍN RÍOS, M.P.: "La reparación a las víctimas del delito por parte del Estado: análisis del caso español", *Rivista di Criminologia, Vittimologia e Sicurezza*.Vol. II, nº 3, 2008, pp. 88-109.

MARTÍN SAGRADO, O.: "El decomiso ante la investigación y enjuiciamiento del delito de blanqueo de capitales", *Revista General de Derecho Penal*, vol. 31, 2019.

MARTÍNEZ-BUJÁN PÉREZ, C.: "Las reformas penales de la LO 15/2003 en el ámbito patrimonial y socioeconómico", en PÉREZ ÁLVAREZ, F. (Ed.), *Universitas Vitae. Homenaje a Ruperto Núñez Barbero*, Ediciones Universidad de Salamanca, Salamanca, 2007, pp. 451-490.

MARTÍNEZ-BUJÁN PEREZ, C.: *Derecho penal económico y de la empresa. Parte general*, Tirant lo Blanch, Valencia, 2016.

MARTÍNEZ-BUJÁN PÉREZ, C.: *Derecho penal económico y de la empresa (6ª edición)*, Tirant lo Blanch, Valencia, 2022.

MARTÍNEZ EGAÑA, D.: "El delito fiscal y el delito de blanqueo de capitales en Alemania", *Crónica Tributaria*, vol. 141, 2011, pp. 149-177.

MARTÍNEZ ESCAMILLA, M.: *La inmigración como delito. Una análisis político-criminal, dogmático y constitucional del tipo básico del 318 bis CP*, Atelier, Barcelona, 2007.

MARTÍNEZ GARCÍA, P.A.: "El daño moral indemnizable como responsabilidad civil derivada de delito", *Práctica de Derecho de Daños*, Nº 153, 2022, pp. 3 y ss.

MARTÍNEZ RAPOSO SORIA, C.: "La trata de seres humanos como negocio económico", en BLASCO, P.L. (Coord)., *Trata de seres humanos.*

Inmoralidad e injusticia, Prensas de la Universidad de Zaragoza, Zaragoza, 2023, pp. 201-211.

MARTOS NÚÑEZ J.A.: "El delito de trata de seres humanos: análisis del artículo 177 bis del Código Penal", *Estudios Penales y Criminológicos*, vol. 32, 2012, pp. 97-130.

MASCIANDARO, D.: "Money laundering: the economics of regulation ", *European Journal of Law and Economics*, vol. 7, nº 3, 1999, pp. 225-240. https://doi.org/10.1023/A:1008776629651

MASIKA, R.: *Gender, Trafficking and Slavery*, Oxfam, Oxford, 2002. https://doi.org/10.3362/9780855987558

MASSEY, S. y RANKIN, G.: *Exploiting people for profit. Trafficking in Human Beings*, Palgrave Macmillan, London, 2020. https://doi.org/10.1057/978-1-137-43413-5

MATTAR, M.Y.: "Incorporating the five basic elements of a Model Anti-trafficking in Persons Legislation in Domestic Law: from the United Nations Protocol to the European Convention", *Tulane Journal of International and Comparative Law*, vol. 14, 2005-2006.

MAUGERI, A.M.: "La proposta di direttiva UE in materia de congelamento e confisca dei proventi del reato: primeriflessioni", *Diritto penale contemporaneo*, vol. 2, 2012, pp. 180-214.

MAUGERI, A.M.: "La Direttiva 2014/42/UE relativa alla confisca degli strumenti e dei proventi da reato nell'Unione Europea tra granzie ed efficienza: un "work in progress"", *Diritto penale contemporaneo*, vol. 1, 2015, pp. 300-352.

MAYORDOMO RODRIGO, V.: "Nueva regulación de la trata, el tráfico ilegal y la inmigración clandestina de personas", *Estudios Penales y Criminológicos*, nº 32, 2011, pp. 325-390.

MAYORDOMO RODRIGO, V.: "Cuestiones concursales entre el delito de trata de seres humanos y la prostitución coactiva", en RICHARD GONZÁEZ, M., RIAÑO BRUN, I. y POELEMANS, M. (Coords.), *Estudios sobre la lucha contra la trata de seres humanos*, Thomson Reuters-Aranzadi, Cizur Menor, 2013.

MAZA MARTÍN, J.M., PRIETO GONZÁLEZ, H.M. y ORTÍZ DE URBINA GIMENO, Í.: "Novedades en la responsabilidad penal de la persona jurídica. El compliance penal", *Auditoria interna*, vol. 111, 2016, pp. 17-19.

MCGAUGHEY, F., VOSS, H., CULLEN, H. y DAVIS, M.C.: "Corporate Responses to Tackling Modern Slavery: A Comparative Analysis of Australia, France and the United Kingdom", *Business and Human Rights Journal*, 2021, pp. 249-270. https://doi.org/10.1017/bhj.2021.47

MCGREGOR, L.: "The right to remedy and reparation for victims of trafficking in human beings", en PIOTROWICZ, R., RIJKEN, C. y UHL, B.H. (Eds.), *Routledge Handbook of Human Trafficking*, Routledge, London and New York, 2018, pp. 261-272.

MENESES-FALCÓN, C. y URÍO, S.: "La trata con fines de explotación sexual en España: ¿Se ajustan las estimaciones a la realidad?", *Revista española de Investigaciones Sociológicas*, vol. 174, 2021, pp. 89-108.

MENESES FALCÓN, C., UROZ OLIVARES, J. y RÚA VIEITES, A.: *Apoyando a las víctimas de trata. Las necesidades de las mujeres víctimas de trata desde la perspectiva de las entidades especializadas y profesionales involucrados. Propuestas para la sensibilización contra la trata*, Delegación del Gobierno para la Violencia de Género, Madrid, 2015.

MIDDLETON, J.: "From the Street Corner to the Digital World: How the Digital Age Impacts Sex trafficking detection and data collection", en WINTERDYK, J. y JONES, J. (coords.), *The Palgrave International Handbook of Human Trafficking*, Palgrave Macmillan, London, 2020, pp. 467-480. https://doi.org/10.1007/978-3-319-63058-8_23

MILANS DEL BOSC y JORDÁN DE URRÍES, S.: "Algunas cuestiones atinentes al Derecho de defensa de la persona jurídica", en FRAGO ARMADA, J.A. (Dir.), *Actualidad Compliance*, Aranzadi, Cizur Menor, 2018, pp. 307 y ss.

MINISTERIUM DER JUSTIZ DES LANDES NORDRHEIN-WESTFALEN: *Das Adhäsionsverfahren. 2 in 1: Schadensersatz im Strafprozess*, Ministerium der Justiz des Landes Nordrhein-Westfalen, Düsseldorf, 2018.

MIRANDA-RUCHE, X. y VILLACAMPA ESTIARTE, C.: "La atención a las víctimas de trata de seres humanos. Un análisis crítico del protocolo marco español desde una perspectiva comparada", *Alternativas. Cuadernos de Trabajo Social*, vol. 28, nº 2, 2021, pp. 141-166. https://doi.org/10.14198/ALTERN2021.28.2.01

MITSILEGAS, V. y GILMORE, B.: "The EU Legislative Framework Against Money Laundering and Terrorist Finance: A Critical Analysis in the Light of Evolving Global Standards", *International and Comparative Law Quarterly*, vol. 56, nº 1, 2007, pp. 119-140. https://doi.org/10.1093/iclq/lei152

MOLINA GIMENO, F.J.: "Un nuevo paso en el camino de la involución garantística en la práctica procesal penal. Comentarios a la Sentencia del Tribunal Supremo núm. 96/2009, de 10 de marzo", *Revista Aranzadi Doctrinal*, vol. 61, 2009, pp. 159-170.

MONTANER FERNÁNDEZ, R.: "Compliance", en Silva Sánchez, J.M. (dir.), *Lecciones de Derecho Penal Económico y de la Empresa. Parte general y especial*, Atelier, Barcelona, 2023, pp. 97-120.

MONTESINOS GARCÍA, A.: "La dispensa de declarar de las víctimas de violencia de género", *Teorder*, vol. 11, 2012, pp. 218-249

MORALES GARCÍA, O.: "Criterios de atribución de responsabilidad penal a los prestadores de servicios e intermediarios de la sociedad de la información", *Cuadernos de Derecho Judicial*, núm. 9, 2002, pp. 179-240.

MORÁN MARTÍNEZ, R.A.: "Decisión Marco de 22 de julio de 2003, relativa a la ejecución en la Unión Europea de las resoluciones de embargo preventivo de bienes y aseguramiento de pruebas", *Estudios de Derecho Judicial*, CGPJ, nº 117, 2007, pp. 167-204.

MORÁN MARTÍNEZ, R.A.: "El decomiso: regulación en la Unión Europea y estado de su aplicación en España", en ARANGÜENA FANEGO, C. (Dir)., *Espacio europeo de libertad, seguridad y justicia: últimos avances en cooperación judicial penal*, Lex Nova, Valladolid, 2010, pp. 379-410.

MORENO CATENA, V.: *Fiscalía Europea y Derechos Fundamentales*, Tirant lo Blanch, Valencia, 2014.

MORENO CATENA, V.: *La prueba preconstituida*, en GONZÁLEZ CANO., I. (Dir.), *La prueba. La prueba en el proceso penal*, Tirant lo Blanch, Valencia, 2017.

MORSE, J.: "Blacklists, Market Enforcement, and the Global Regime to Combat Terrorist Financing", *International Organization*, vol. 73, nº 3, 2019, pp. 511-545. https://doi.org/10.1017/S002081831900016X

MOSQUERA BLANCO, A.J.: "La acción penal y civil *ex delicto* en el Derecho Procesal español y comparado. Un análisis crítico", *Revista General de Derecho Procesal*, vol. 56, 2022, pp. 1-35.

MOUA, L.: "La lutte contre la traite dans les entreprises", *Les cahiers de la justice*, vol. 2, 2020, pp. 245-253. https://doi.org/10.3917/cdlj.2002.0245

MOYA GUILLEM, C.: "Los delitos de trata de seres humanos en España y Chile. Bien jurídico protegido y relaciones concursales", *Política Criminal*, 2016, pp. 521-547.

MOYA GUILLEM, C.: "Aproximación crítica a la primera sentencia por tráfico de órganos (SAP Barcelona 793/2016, de 16 de octubre)", *La Ley*, vol. 8895, 2017.

MOYA GUILLEM, C.: *La trata de seres humanos con fines de extracción de órganos. Análisis criminológico y jurídico-penal*, Tirant lo Blanch, Valencia, 2020.

MUÑOZ CONDE, F.: "Consideraciones en torno al bien jurídico protegido en el delito de blanqueo de capitales", en ABEL SOUTO, M. y SÁNCHEZ STEWART, N., *I Congreso sobre prevención y represión del blanqueo de dinero*, Tirant lo Blanch, Valencia, 2008, pp. 157-174.

MUÑOZ CONDE, F.: *Derecho penal. Parte especial*, Tirant lo Blanch, Valencia, 2015.

MUÑOZ CONDE, F.: *Derecho Penal. Parte especial (22ª Edición)*, Tirant lo Blanch, Valencia, 2019.

MUÑOZ CONDE, F. y GARCÍA ARÁN, M.: *Derecho Penal. Parte General*, Tirant lo Blanch, Valencia, 2010.

MUÑOZ CONDE, F. y GARCÍA ARÁN, M.: *Derecho Penal. Parte General*, Tirant lo Blanch, Valencia, 2002.

MUÑOZ SÁNCHEZ, J.: *Los delitos contra la integridad moral*, Tirant lo Blanch, Valencia, 1999.

NEIRA PENA, A.M.: "La prueba pericial en los delitos económicos. De la pericial contable al perito de *compliance*", *Estudios penales y criminológicos*, vol. 40, 2020, pp. 689-749. https://doi.org/10.15304/epc.40.6192

NEIRA PENA, A.M.: "La intervención de la persona jurídica encausada: representante defensivo y conflicto de intereses", en RODRÍGUEZ GARCÍA, N. y RODRÍGUEZ LÓPEZ, F. (Eds.), *Compliance y responsabilidad penal de las personas jurídicas*, Tirant lo Blanch, Valencia, 2021, pp. 391-413.

NEIRA PENA, A.M y RODRÍGUEZ GARCÍA, N.: "España", en RODRÍGUEZ GARCÍA, N. (Dir.), *Tratado angloamericano sobre compliance penal*, Tirant lo Blanch, Valencia, 2021, pp. 433-468.

NIETO MARTÍN, A.: *La responsabilidad penal de las personas jurídicas en el derecho comparado*, FUOC, Barcelona, 2018.

NIEVA FENOLL, J.: "El procedimiento de decomiso autónomo. En especial, sus problemas probatorios", *Diario La Ley*, vol. 8601, 2015.

NILSSON, H.G.: "The Council of Europe Laundering Convention: A recent example of a developing international Criminal Law", *Criminal Law Forum*, 1991, pp. 419–441. https://doi.org/10.1007/BF01096482

NOGUEIRA GALVÃO DA ROCHA1, F.A. Y BARRETO DE OLIVEIRA, G.W.: "Modelo de responsabilidad penal de la organización en Alemania, propuesto por el Vesang-e", *Revista Brasileira de Estudos Políticos*, vol. 125, pp. 279-316.

NÚÑEZ PAZ, M.A.: "Corrupción y blanqueo de dinero: la agravación relativa a los delitos contra la ordenación del territorio y urbanismo", en MATALLÍN EVANGELIO, Á. (Dir.), *Compliance y prevención de delitos de corrupción*, Tirant lo Blanch, Valencia, 2018, pp. 325-340.

NÚÑEZ PAZ, M.A.: "El tipo agravado del blanqueo por pertenencia a una organización y el acceso de los grupos terroristas a las instituciones financieras internacionales según la directiva 843/2018", en ABEL SOUTO, M. y SÁNCHEZ STEWART, N., *VII Congreso sobre prevención y represión del blanqueo de dinero: ponencias y conclusiones del congreso sobre las reformas de 2018, economía, sociedad y cultura digitales*, Santiago de Compostela, 2019, pp. 273-294.

OBOKATA, T.: 'Trafficking of Human Beings as a Crime Against Humanity: Some Implications for the International Legal System', *International and Comparative Law Quarterly*, vol. 54, 2005, pp. 445-457.

OBOKATA, T.: *Trafficking of Human Beings from a Human Rights Perspective: Towards a holistic approach*, Martinus Nijhof Publishers, Leiden, 2006. https://doi.org/10.1163/ej.9789004154056.i-247

OCAÑA RODRÍGUEZ, A.: "Una propuesta de regulación del decomiso", *Revista de Derecho y Proceso Penal*, vol. 14, 2005.

OCAÑA RODRÍGUEZ, A.: *Medidas cautelares reales en el proceso penal y decomiso*, Sepín, Madrid, 2016.

O'DY, S.: "Accompagner les victimes. Regard sur l'activité judiciaire", *Les Cahiers de la Justice*, vol. 2, núm. 2, 2020, pp. 265-275. https://doi.org/10.3917/cdlj.2002.0265

OECD: *OECD Guidelines for Multinational Enterprise son Responsible Business Conduct*, OECD Publishing, Paris, 2023.

OFFICE OF THE INDEPENDENT ANTISLAVERY COMMISSIONER AND THE UNIVERSITY OF NOTTINGHAM RIGHTS LAB: *Agriculture and modern slavery act reporting: poor performance despite high risks*, Office of the Independent Antislavery Commissioner, London, 2018.

OFICINA DE RECUPERACIÓN Y GESTIÓN DE ACTIVOS: *Datos estadísticos 2022*, Ministerio de Justicia, Madrid, 2023.

OFICINA DEL ALTO COMISIONADO PARA LOS DERECHOS HUMANOS: *Principios y Directrices recomendados sobre los derechos humanos y la trata de personas*, Naciones Unidas, Ginebra, 2002.

OLIVA, M.: "Money laundering, food activities and mafia: evidences from the Italian provinces", Journal of Money Laundering Control, vol. 25, nº 3, 2022, pp. 609-624. https://doi.org/10.1108/JMLC-08-2021-0085

ORGANIZACIÓN DE LAS NACIONES UNIDAS (ONU): *Manual para la Lucha contra la trata de personas*, Naciones Unidas, Nueva York, 2007.

ORGANIZACIÓN INTERNACIONAL DEL TRABAJO (OIT): *Una alianza global contra el trabajo forzoso, Conferencia Internacional del Trabajo. 93ª reunión*, Oficina Internacional del Trabajo, Ginebra, 2005.

ORGANIZACIÓN INTERNACIONAL DEL TRABAJO (OIT): *Forced labor and human trafficking. Casebook of Court Decisions. A training manual for judges, prosecutors and legal practitioners*, ILO, Ginebra, 2009.

ORGANIZACIÓN INTERNACIONAL DEL TRABAJO (OIT): *Informe IV. El trabajo decente en las cadenas mundiales de suministro, Conferencia Internacional del Trabajo, 105ª reunión, 2016,* Oficina Internacional del Trabajo, Ginebra, 2016.

ORGANIZACIÓN INTERNACIONAL PARA LAS MIGRACIONES: *Informe sobre las migraciones en el mundo 2022,* OIM, Ginebra, 2022.

ORLANDI, R. y VALENTINI, E.: ""Comercio" di esseri umani e relative norme di contrasto nell'esperienza italiana", en VILLACAMPA ESTIARTE, C. (Dir.), *La trata de seres humanos tras un decenio de su incriminación. ¿Es necesaria una ley integral para lucha contra la trata y la explotación de seres humanos?,* Tirant lo Blanch, Valencia, 2022, pp. 775-815.

OROMÍ I VALL-LLOVERA, S.: "Víctimas de delitos en la Unión Europea. Análisis de la Directiva 2012/29/UE", *Revista General de Derecho Procesal, vol. 30,* 2013, pp. 1-31.

ORTELLS RAMOS, M.: *Introducción al derecho procesal,* Thomson Reuters-Aranzadi, Cizur Menor, 2017.

ORTIZ HERNÁNDEZ, E.: "Aproximación internacional a la trata de seres humanos: especial referencia al Consejo de Europa", en VILLACAMPA ESTIARTE, C. (Dir.), *La trata de seres humanos tras un decenio de su incriminación. ¿Es necesaria una ley integral para luchar contra la trata y la explotación de seres humanos?,* Tirant lo Blanch, Valencia, 2022, pp. 349-383.

PAOLOZZI, G.: *Vademecum per gli enti sotto processo. Addebiti "amministrativi" da reato (d. lgs. 231 de 2001),* Giappichelli Editore, Torino, 2006.

PALOMO DEL ARCO, A.: "Asistencia internacional en la delincuencia económica", en GARCÍA ARÁN, M. (Dir.), *Estudios de derecho judicial,* Madrid, 2004, pp. 105 y ss.

PANTALEÓN PRIETO, A.F.: "Comentario al artículo 1.092", *Comentario del Código Civil,* Ministerio de Justicia, Madrid, 1991.

PAVLIDIS, G.: "Learning from Failure: Cross-Border Confiscation in the EU", *Journal of Financial Crime,* vol. 26, nº 3, 2019, pp. 683-691. https://doi.org/10.1108/JFC-08-2018-0087

PAVLIDIS, G.: "El Grupo de Acción Financiera (GAFI) treinta años después: el futuro de la lucha internacional contra el blanqueo de capitales y la financiación del terrorismo", *Revista de Estudios Jurídicos,* vol. 20, 2020, pp. 434-447. https://doi.org/10.17561/rej.n20.a18

PECORELLA, C. y DOVA, M.: "Human trafficking in Italy: size, trend and criminal prevention", en VILLACAMPA ESTIARTE, C. (Dir.), *La trata de seres humanos tras un decenio de su incriminación. ¿Es necesaria una ley integral para lucha contra la trata y la explotación de seres humanos?*, Tirant lo Blanch, Valencia, 2022, pp. 105-125.

PÉREZ ALONSO, E.: "Los nuevos delitos contra la integridad moral en el Código Penal de 1995", *Revista de la Facultad de Derecho de la Universidad de Granada*, nº 2, 1999, pp. 141-170.

PÉREZ ALONSO, E.: *Tráfico de personas e inmigración clandestina (un estudio sociológico, internacional y jurídico-penal)*, Tirant lo Blanch, Valencia, 2008.

PÉREZ ALONSO, E.: "La trata de seres humanos en el derecho penal español", en VILLACAMPA ESTIARTE, C. (Coord.,), *La delincuencia organizada: un relato a la política-criminal actual*, Thomson-Reuters/ Aranzadi, Cizur Menor, 2013, pp. 93-112.

PÉREZ ALONSO, E.: "La política europea en materia de trata de seres humanos", *Revista de la Facultad de Derecho de la Universidad de Granada*, nº 16-18, 2013-2015, pp. 1147-1194.

PÉREZ ALONSO, E.: *Tratamiento jurídico-penal de las formas contemporáneas de esclavitud*, Tirant lo Blanch, Valencia, 2017.

PÉREZ CEBADERA, A.I.; "Presunción de inocencia y decomiso: ¿Es necesario establecer una presunción legal para probar el origen ilícito de los bienes?", en DE LA OLIVA SANTOS, A. (Dir.), *La justicia y la carta de derechos fundamentales de la Unión Europea*, Colex, Madrid, 2008, pp. 71-80.

PÉREZ CEPEDA, A.I.: *Globalización, tráfico internacional ilícito de personas y derecho penal*, Compares, Granada, 2004.

PÉREZ CEPEDA, A.I.: "Lección X. La trata de seres humanos", en GÓMEZ RIVERO, M.C. (Dir.), *Nociones Fundamentales de Derecho Penal. Parte especial (3ª edición)*, vol. I, Tecnos, Madrid, 2018, pp. 239-251.

PÉREZ-CRUZ MARTÍN, A.J.: "Programas de cumplimiento y su prueba en el proceso penal", en RODRÍGUEZ GARCÍA, N. y RODRÍGUEZ LÓPEZ, F. (Eds.), *Compliance y responsabilidad penal de las personas jurídicas*, Tirant lo Blanch, Valencia, 2021, pp. 251-291.

PÉREZ-CRUZ MARTÍN, A.J.: *Constitución y poder judicial*, Atelier, Barcelona, 2016.

PÉREZ FERRER, P.: *Análisis dogmático y político-criminal de los delitos contra los derechos de los ciudadanos extranjeros*, Dykinson, Madrid, 2006.

PÉREZ GIL, J.: "Actuación policial concertada más allá de las fronteras: los equipos conjuntos de investigación en la UE", *Revista de Estudios Europeos*, vol. 45, 2007, pp. 65-79.

PÉREZ LÓPEZ, X.: "Las criptomonedas: consideraciones generales y empleo de las criptomonedas con fines de blanqueo", en FERNÁNDEZ BERMEJO, D. (Dir.): *Blanqueo de capitales y TIC: Marco Jurídico y*

Europeo, Modus Operandi y Criptomonedas, Thomson Reuters Aranzadi, Cizur Menor, 2019, pp. 71-147.

PÉREZ MACHÍO, A.I.: *El delito contra la integridad moral del artículo 173.1 del vigente Código Penal. Aproximación a los elementos que lo definen*, Universidad del País Vasco, Leioa, 2005.

PÉREZ MACHÍO, A.I.: "Trata de personas: La globalización del delito y su incidencia en la criminalización de la víctima inmigrante irregular a partir de dinámicas actuariales ", *Estudios Penales y criminológicos*, vol. 36, 2016, pp. 371-442.

PÉREZ-SAUQUILLO MUÑOZ, C: *Legitimidad y técnicas de protección penal de bienes jurídicos supraindividuales*, Tirant lo Blanch, Valencia, 2019.

PETERS, K.: "The growing business of human trafficking and the power of emergency nurses to stop it", *Journal of Emergency Nursing*, vol. 39 (3), 2013, pp. 280-288. https://doi.org/10.1016/j.jen.2012.03.017

PIETH, M. y IVORY, R.: *Corporate Criminal Liability: Emergence, Convergence, and Risk*, Springer, 2011.

PILLADO GONZÁLEZ, E.: "La declaración de la víctima menor y las medidas para evitar su revictimización", en BARONA VILAR, S. (Ed.), *Justicia poliédrica en período de mudanza (nuevos conceptos, nuevos sujetos, nuevos instrumentos y nueva intensidad)*, Tirant lo Blanch, Valencia, 2022, pp. 541-562.

PIÑOL RODRÍGUEZ, J.R.: "Medidas cautelares reales. Conservación de los efectos e instrumentos del delito. Aseguramiento de responsabilidades pecuniarias: fianzas y embargos", en PÉREZ-CRUZ MARTÍN, A.J. (Coord.), *Derecho Procesal Penal*, Tirant lo Blanch, Valencia, 2020, pp. 393-417.

PIOTROWICZ, R.: "The European legal regime on trafficking in human beings", en PIOTROWICZ, R., RIJKEN, C. y UHL, B.H. (Eds.), *Routledge Handbook of Human Trafficking*, Routledge, London and New York, 2018, pp. 41-51.

PIOTROWICZ, R.: "Article 26. Non-punishment provision", en PLANITZER, J. y SAX, H. (Eds.), *A commentary on the Council of Europe Convention on action against Trafficking in Human Beings*, Edward Elgar Publishing, Cheltenham and Northampton, 2020, pp. 310–322. https://doi.org/10.4337/9781788111560.00038

PLANCHADELL GARGALLO, A.: "El proceso de decomiso autónomo: aspectos procesales", en BERDUGO GÓMEZ DE LA TORRE, I. y RODRÍGUEZ GARCÍA, N. (Eds.), *Decomiso y recuperación de activos. Crime doesn't pay*, Tirant lo Blanch, Valencia, 2020, pp. 123-143.

PLANCHADELL GARGALLO, A.: "El agente encubierto en la lucha contra la criminalidad organizada", en GÓMEZ COLOMER, J.L. (Dir.), *La instrucción del crimen: Algunos problemas procesales*, Sepín, Madrid, 2020, pp. 69-98.

PLANCHADELL GARGALLO, A.: "Protección procesal de las víctimas de trata: aproximación general", *Revista Aranzadi de Derecho y Proceso Penal*, vol. 61, 2021.

PLANCHADELL GARGALLO, A.: "La protección procesal de las víctimas de trata: panorama europeo", en LLORENTE SÁNCHEZ-ARJONA, M. (Dir.), *Estudios procesales sobre el espacio europeo de justicia penal*, Thomson Reuters-Aranzadi, Cizur Menor, 2021, pp. 117-137.

PLANCHADELL GARGALLO, A.: "Investigación y enjuiciamiento del delito de trata: aspectos procesales desde la jurisprudencia", en VILLACAMPA ESTIARTE, C. (Dir.), *La trata de seres humanos tras un decenio de su incriminación. ¿Es necesaria una ley integral para luchar contra la trata y la explotación de seres humanos?*, Tirant lo Blanch, Valencia, 2022, pp. 851-888.

PLANCHADELL GARGALLO, A.: "La víctima de trata como testigo en el proceso penal: la necesidad de protección", en PERIAGO MORANT, J.J. (Dir.), *La prostitución en la comunidad Valenciana: Un enfoque abolicionista*, Tirant lo Blanch, Valencia, 2022, pp. 197-202.

PLANCHADELL GARGALLO, A.: "Compliance y prueba. Otra vuelta de tuerca a los principios de prueba", en BARONA VILAR, S.: (Ed.), *Justicia poliédrica en periodo de mudanza (nuevos conceptos, nuevos sujetos, nuevos instrumentos y nueva intensidad)*, Tirant lo Blanch, Valencia, 2022, pp. 173-192.

PLANCHADELL GARGALLO, A. y VIDALES RODRÍGUEZ, C.: "Decomiso: comentario crítico desde una perspectiva constitucional", *Estudios Penales y Criminológicos*, vol. XXXVIII, 2018, pp. 37-92.

PLANITZER, J.: "Article 12. Assistance to victims", en PLANITZER, J. y SAX, H. (Eds.), *A commentary on the Council of Europe Convention on action against Trafficking in Human Beings*, Edward Elgar Publishing, Cheltenham and Northampton, 2020, pp. 161-182. https://doi.org/10.4337/9781788111560.00024

PLANITZER, J.: "Article 22. Corporate liability", en PLANITZER, J. y SAX, H. (Eds.), *A commentary on the Council of Europe Convention on action against Trafficking in Human Beings*, Edward Elgar Publishing, Cheltenham and Northampton, 2020, pp. 287-296. https://doi.org/10.4337/9781788111560.00034

PLANITZER, J. y KATONA, N.: "Criminal Liability of Corporations for Trafficking in Human Beings for Labour Exploitation", *Global Policy*, vol 8, nº 4, 2017, pp. 505-511. https://doi.org/10.1111/1758-5899.12510

PLANITZER, J. y SAX, H.: "Introduction", en PLANITZER, J. y SAX, H. (Eds.), *A commentary on the Council of Europe Convention on action against Trafficking in Human Beings*, Edward Elgar Publishing, Cheltenham, Northampton, 2020, pp. 1-10. https://doi.org/10.4337/9781788111560.00011

PLASENCIA DOMÍNGUEZ, N.: "Mecanismos de tutela legal de las víctimas de trata de seres humanos", *Diario La Ley*, nº 9353, 2019, pp. 1-32.

POELEMANS, M.: "Responsabilidad penal de las personas jurídicas: el caso francés", *Eguzkilore*, vol. 28, 2014, pp. 113-124.

POMARES CINTAS, E., "El delito de trata de seres humanos con finalidad de explotación laboral", *Revista Electrónica de Ciencia Penal y Criminología*, núm. 13-15, 2011, pp. 1-31.

POMARES CINTAS, E. "El delito de trata de seres humanos", en ÁLVAREZ GARCÍA, F.J. (Dir.), *Derecho Penal Español. Parte especial (I)*, Tirant lo Blanch, Valencia, 2011, pp. 545-580.

POMARES CINTAS, E.: *El derecho penal ante la explotación laboral y otras formas de violencia en el trabajo*, Tirant lo Blanch, Valencia, 2013.

POMARES CINTAS, E.: "Directrices para el análisis y la persecución penal de la explotación económica en condiciones de esclavitud o similares", en PÉREZ ALONSO, E. (Coord.), *El derecho ante las formas contemporáneas de esclavitud*, Tirant lo Blanch, Valencia, 2017, pp. 775-794.

POMARES CINTAS, E.: "Hacia una coalición regional sudamericana contra la trata de personas: protocolo regional de buenas prácticas en torno al eje de persecución del delito de trata de personas y modalidades de explotación asimiladas a la esclavitud", en PÉREZ ALONSO, E. y POMARES CINTAS, E. (Coords.), *La trata de seres humanos en el contexto penal iberoamericano*, Tirant lo Blanch, Valencia, 2019, pp. 386-434.

PONTES, R., LEWIS, N., MCFLARE, P. y CRAIG, P.: "Anti-money laundering in the United Kingdom: new directions for a more effective regime", *Journal of Money Laundering Control*, vol. 25, nº 2, 2022, pp. 401-413. https://doi.org/10.1108/JMLC-04-2021-0041

PORTILLA CONTRERAS, G. y POMARES CINTAS, E.: "Los delitos relativos al tráfico ilegal o la inmigración clandestina de personas", en ÁLVAREZ GARCÍA, F.J. y GONZÁLEZ CUSSAC, J.L. (Dirs.), *Comentarios a la reforma penal de 2010*, Tirant lo Blanch, Valencia, 2010, pp. 355-366.

POSADA PÉREZ, J.A.: *La responsabilidad civil ex delicto*, Thomson-Reuters/Aranzadi, Cizur Menor, 2022.

PRESUTTI, A. y BERNASCONI, A.: *Manuale della responsabilità degli enti*, Giuffrè Francis Lefebvre, Milan, 2013.

PRIETO DEL PINO, A. M., GARCÍA MAGNA, D. I., MARTÍN PARDO, A.: "La deconstrucción del concepto de blanqueo de capitales", *InDret*, vol. 3, 2010, pp. 1-36.

PUENTE ABA, L.M.: "La nueva regulación del comiso en el Proyecto de Ley Orgánica, de 5 de mayo de 2003, por el que se modifica el Código Penal", *Actualidad Penal*, 2003, pp. 981-1008.

QUERALT JIMÉNEZ, J.J.: *Derecho penal español. Parte especial (6ª edición)*, Atelier, Barcelona, 2010.

QUERALT JIMÉNEZ, J.J.: *Derecho Penal español. Parte especial*, Tirant lo Blanch, Valencia, 2015.

QUINTANO RIPOLLÉS, A.: *Compendio de Derecho penal*, Revista de Derecho Privado, Madrid, 1958.

QUINTERO OLIVARES, G.: "La responsabilidad criminal y la responsabilidad civil", en QUINTERO OLIVARES, G., CAVANILLAS MÚGICA, S. y DE LLERA SUÁREZ-BÁRCENA, E., *La responsabilidad civil ex delicto*, Aranzadi, Cizur Menor, 2002, pp. 19-50.

QUINTERO OLIVARES, G.: "Efectos de la responsabilidad civil ex delicto: el carácter preferente de la restitución", en QUINTERO OLIVARES, G. (Dir.), *Comentarios al Nuevo Código Penal*, Aranzadi, Cizur Menor, 2005, pp. 51-53.

QUINTERO OLIVARES, G.: "Sobre la ampliación del comiso y el blanqueo, y la incidencia de la receptación civil", *Revista Electrónica de Ciencia Penal y Criminología*, vol. 2, 2010, pp. 1-20.

QUINTERO OLIVARES, G. y TAMARIT SUMALLA, J.M.: "De la responsabilidad civil y su extensión", en QUINTERO OLIVARES, G. (Dir.), *Comentarios al Nuevo Código Penal, op. cit.*, pp. 593-617.

RAETS, S. y JANSSENS, J: "Trafficking and Technology: Exploring the Role of Digital Communication Technologies in the Belgian Human Trafficking Business" *European Journal on Criminal Policy and Research*, vol. 27, 2021, pp. 215-238. https://doi.org/10.1007/s10610-019-09429-z

RAMÓN RIBAS, E.: "La transformación jurídica del comiso: de pena a consecuencia accesoria", *Estudios Penales y Criminológicos*, vol. 24, 2002-2003, pp. 517-564.

RAMON RIBAS, E.: "La responsabilidad civil derivada de delito ¿Una herramienta de política criminal o invasión del Derecho civil?", en COLLANTES GONZÁLEZ, J.L. (coord.), *Temas actuales de Derecho Penal. Desafíos del Derecho Penal Contemporáneo*, Ediciones legales, Perú, 2004, pp. 69-98.

RAMÓN RIBAS, E.: "La explotación laboral como finalidad propia del delito de trata de personas", en VILLACAMPA ESTIARTE, C. (Dir.), *La trata de seres humanos tras un decenio de su incriminación. ¿Es necesaria una ley integral para lucha contra la trata y la explotación de seres humanos?*, Tirant lo Blanch, Valencia, 2022, pp. 423-458.

RED ESPAÑOLA CONTRA LA TRATA DE PERSONAS: *Documento de Síntesis de la Propuesta de Ley Integral de Protección y Atención a las Víctimas de Trata de Seres Humanos*, 2019.

REQUEJO NAVEROS, M.T.: "El delito de trata de seres humanos en el Código Penal español: panorama general y compromisos internacionales de regulación", en ALCACER GUIRAO, R, MARTÍN LORENZO, M. y VALLE MARSICAL DE GANTE, M. (Coord.), *La trata de seres humanos: persecución penal y protección de las víctimas*, Edisofer, Madrid, 2016, pp. 19-56.

RIFÁ SOLER, J.M.: "Agente encubierto o infiltrado en la nueva regulación de la LECrim", *Revista del Poder Judicial*, vol. 55, 1999, pp. 157-188.

RIZO GÓMEZ, B.: "La infiltración policial en internet. A propósito de la regulación del agente encubierto informático en la ley orgánica 13/2015, de 5 de octubre, de modificación de la ley de enjuiciamiento criminal para el fortalecimiento de las garantías procesales y la regulación de las medidas de investigación tecnológica", en FERNÁNDEZ LÓPEZ, M. y ASENCIO MELLADO, J.M. (Dirs.), *Justicia penal y nuevas formas de delincuencia*, Tirant lo Blanch, Valencia, 2017, pp. 98-123.

ROCA AGAPITO, L.: *El sistema de sanciones en el Derecho penal español*, JM Bosch Editor, Barcelona, 2007.

ROCA TRÍAS, M. y NAVARRO MICHEL, M.: *Derecho de daños. Textos y materiales*, Tirant lo Blanch, Valencia, 2020.

RODRÍGUEZ ALMIRÓN, F.J.: *Aspectos jurídico dogmáticos y jurisprudenciales en torno a la responsabilidad civil ex delicto*, Dykinson, Madrid, 2023.

RODRÍGUEZ DOMÍNGUEZ, L.: "Responsabilidad penal de las personas jurídicas. Situación actual en España", *Universitas*, vol. 70, 2021, pp. 1-18.

RODRÍGUEZ GARCÍA, N.: "El decomiso como instrumento esencial para la recuperación de activos en la política criminal española del siglo XXI", en JIMENO BULNES, M. y PÉREZ GIL, J (Coords.), *Nuevos horizontes del derecho procesal: libro-homenaje al Prof. Ernesto Pedraz Penalva*, Bosch, Barcelona, 2016, pp. 911-940.

RODRÍGUEZ GARCÍA, N.: *El decomiso de activos ilícitos*, Thomson-Reuters/ Aranzadi, Cizur Menor, 2017.

RODRÍGUEZ GARCÍA, N.: "Decomisa que algo queda como estrategia dominante e influyente en los sistemas penales para poner freno a la sociedad incivil", en AA.VV., *Derecho y proceso: liber Amicorum del profesor Francisco Ramos Méndez*, Atelier, Barcelona, 2018, pp. 2169-2216.

RODRÍGUEZ GARCÍA, N. y GRABRIEL ORSI, O.: "La protección reforzada en España de los terceros afectados por el decomiso de bienes ilícitos", *Revista Brasileira de Direito Processual Penal*, vol. 6, nº 2, 2020, pp. 539-576.

RODRÍGUEZ LÓPEZ, S.: "La trata de seres humanos para la explotación de actividades delictivas: nuevos retos a raíz de la reforma penal de 2015", *Revista de Derecho Migratorio y Extranjería núm. 42/2016 parte Estudios*, 2016, pp. 151-169.

RODRÍGUEZ LÓPEZ, S.: "Criminal Liability of Legal Persons for Human Trafficking Offences in International and European Law", *Journal of Trafficking and Human Exploitation*, vol. 1, 2017, pp. 95-114.

RODRÍGUEZ LÓPEZ, S.: *Trata de seres humanos y corrupción*, Tirant lo Blanch, Valencia, 2022.

RODRÍGUEZ LÓPEZ, F. y SÁNCHEZ MACÍAS, J.I.: "Normalización y certificación en compliance, de la autorregulación al valor social", en RODRÍGUEZ GARCÍA, N. y RODRÍGUEZ LÓPEZ, F. (Eds.), *Compliance y responsabilidad de las personas jurídicas*, Tirant lo Blanch, Valencia, 2021, pp. 461-492.

RODRÍGUEZ MESA, M.J.: "El delito de tratos degradantes cometidos por particular: bien jurídico protegido y elementos típicos", *Revista del poder judicial*, vol. 62, 2001, pp. 89-124.

RODRÍGUEZ MESA, M.J.: "Delitos contra los derechos de los ciudadanos extranjeros", en TERRADILLOS BASOCO, J.M. (Coord.), *Derecho penal. Vol. 2. Tomo III. Derecho Penal. Parte Especial*, Iustel, Madrid, 2016.

RODRÍGUEZ MONTAÑÉS, T.: "Trata de seres humanos y explotación laboral. Reflexiones sobre la realidad práctica", *La Ley Penal*, vol. 109, 2014.

RODRÍGUEZ MONTAÑÉS, T.: "Trata de seres humanos y explotación laboral", en ALCÁCER GUIRAO, R., MARTÍN LORENZO, M., VALLE MARISCAL DE GANTE, M. (Eds.), *La trata de seres humanos: persecución penal y protección de las víctimas*, Edisofer, Madrid, 2015, pp. 57-82.

RODRÍGUEZ PIÑERO y BRAVO FERRER, M.: "La agilización del proceso penal, el procedimiento de decomiso autónomo y la ampliación de la apelación en el proyecto de reforma de la Ley de Enjuiciamiento Criminal", *Diario La Ley*, núm. 8527, 2015, pp. 1-12.

RODRÍGUEZ SOL, L.: "La recuperación de activos: Un nuevo enfoque de la lucha contra el crimen organizado", en ARANGÜENA FANEGO, C.,

(Coord.), *Cooperación judicial civil y penal en el nuevo escenario de Lisboa,* Comares, Granada, 2011, pp. 159-174.

ROGEL VIDE, C.: *Responsabilidad civil. Estudios,* Ubijus y Reus, Méjico DF y Madrid, 2019.

ROIG TORRES, M.: *La responsabilidad civil derivada de los delitos y faltas,* Tirant lo Blanch, Valencia, 2010.

ROIG TORRES, M.: "La regulación del comiso. El modelo alemán y la reciente reforma española", *Estudios penales y criminológicos,* vol. XXXVI, 2016, pp. 199-279.

ROMA VALDÉS, A.: *Código penal comentado. Comentarios tras las Leyes Orgánicas 1/2015 y 2/2015, de 30 de marzo,* JM Bosch, Barcelona, 2015.

RONDI, L.: «L'Italia continua a non garantire indennizzi alle persone vittime di tratta degli esseri umani», *Altreconomia,* [24 de abril de 2023]. Disponible en: https://altreconomia.it/litalia-continua-a-non-garantire-indennizzi-alle-persone-vittime-di-tratta-degli-esseri-umani/.

RÖNNAU, T. y BEGERMEIER, M.: "Subsidiarität im Einziehungsrecht Konkurrenzfragen beim Zugriff auf Taterträge", *Zeitschrift für die gesamte Strafrechtswissenschaft,* vol. 133, nº 2, 2021, pp. 287-321. https://doi.org/10.1515/zstw-2021-0011

ROSE. K.J..: "Introducing the missing 11th principle of the United Nations Global Compact to reach sustainability – follow the money...", *Journey of money laundering control,* vol. 23, nº 2, 2020, pp. 355-367. https://doi.org/10.1108/JMLC-12-2019-0099

ROTH, V.: *Defining Human Trafficking and Identifying its victims. A study on the impact and future challenges of International, European and Finnish legal responses to prostitution-related trafficking in human beings*, Martinus Nijhoff Publisher, Leiden, 2012.

RUBIO LARA, P. A.: "El delito de trata de seres humanos en el derecho español: intentos de solución", *Revista Aranzadi Doctrinal,* vol. 7., 2016, pp. 208 y ss.

RUBIO LARA, P.A. y PÉREZ ALBALADEJO, M.: "El delito de trata de seres humanos en el derecho penal español: problemas e intentos de solución", *Revista Aranzadi Doctrinal,* vol. 7, 2016, pp. 207-250.

RUÍZ BOSCH, S.: "Las diligencias preprocesales", *La Ley Penal,* nº 116, 2015.

SALAT PAISAL, M.: "Análisis descriptivo de sentencias sobre trata de personas: un estudio de casos judiciales entre 2011 y 2019", *Revista Española de Investigación Criminológica,* vol. 8, núm. 18, 2020, pp. 1-27. https://doi.org/10.46381/reic.v18i1.405

SALAT PAISAL, M.: "¿Qué influye en las condenas por el delito de trata de seres humanos? Un estudio a partir de un análisis de sentencias judiciales", *Revista General de Derecho Penal*, núm. 35, 2021, pp. 1-38.

SALAT PAISAL, M.: "La trata de seres humanos en la jurisprudencia del Tribunal Supremo", *Política Criminal: Revista Electrónica Semestral de Políticas Públicas en Materias Penales,* vol. 18, nº 1, 2023, pp. 62-90. http://orcid.org/0000-0003-1285-6140

SALT, J.: "Trafficking and Human Beings: A European Perspective", *International Migration, Special Issue 2000/1*, 2000, pp. 31-56. https://doi.org/10.1111/1468-2435.00114

SÁNCHEZ COVISA, J.: "El delito de trata de seres humanos: análisis del artículo 177 bis", *Cuadernos de la Guardia Civil: Revista de seguridad pública,* vol. 52, 2016, pp. 36-51.

SÁNCHEZ-COVISA VILLA, J.: *Preconstitución prueba testifical de la víctima de trata de seres humanos. Valoración de la declaración de la víctima de trata de seres humanos,* Reunión de Fiscales especialistas en Extranjería, Madrid, 25 y 26 de octubre de 2021.

SÁNCHEZ DOMINGO, M.B.: "Trata de seres humanos y trabajos forzosos", *Revista penal,* vol. 45, 2020, pp. 172-193.

SÁNCHEZ GARCÍA DE PAZ, I.: *La criminalidad organizada. Aspectos penales, procesales, administrativos y procesales,* Dykinson, Madrid, 2005.

SÁNCHEZ GARCÍA DE PAZ, I.: "Tráfico y trata de personas a través de organizaciones criminales", en PUENTE ABA, L.M. (Dir.), *Criminalidad organizada, terrorismo e inmigración: retos contemporáneos de la política criminal,* Comares, Granada, 2008, pp. 259-292.

SÁNCHEZ GÓMEZ, R.: "El agente encubierto informático", *La Ley Penal,* vol. 11, 2016.

SÁNCHEZ MELGAR, J.: "Personas jurídicas imputables e inimputables: posición de la jurisprudencia", *Diario La Ley,* vol. 9849, 2021, pp. 1 y ss.

SÁNCHEZ SISCART, J.M.: "Intervención de terceros afectados por el decomiso y el decomiso autónomo. La recuperación y gestión de activos", *Formación a Distancia,* vol. 3, 2016.

SÁNCHEZ-VERA GÓMEZ-TRELLES, J.: "La desobjetivización de la responsabilidad civil *ex delicto*: los programas de cumplimiento", *Indret,* vol. 2022, nº 3, pp. 114-146.

SAND, M.: "UDHR and Modern Slavery: Exploring the challenges of fulfilling the Universal Promise to end Slavery in all its forms", *The political quarterly,* vol. 90, nº 3, 2019, pp. 430-438. https://doi.org/10.1111/1467-923X.12712

SANER, R., YIU, L. y RUSH, L.: "The measuring and monitoring of human trafficking", *Public Administration and Policy*, vol. 21, nº 2, 2018, pp. 94-106. https://doi.org/10.1108/PAP-10-2018-011

SANTANA VEGA, D.M.: "El nuevo delito de trata de seres humanos", *Cuadernos de Política Criminal*, nº 104, 2011, pp. 79-108.

SANTANA VEGA, D.M.: "La Directiva 2011/36/UE relativa a la prevención y la lucha contra la trata de seres humanos y la protección de las víctimas: análisis y crítica", *Nova et Vétera*, vol. 20, núm. 64, 2011, pp. 211-226.

SANTANA VEGA, D.: "Trata de seres humanos (Art. 177 bis)", en CORCOY BIDASOLO, M. (Dir.): *Manual de Derecho Penal. Parte especial. Doctrina y Jurisprudencia en casos solucionados. Tomo 1*, Tirant lo Blanch, Valencia, 2015, pp. 192-205.

SANTANA VEGA, D.M.: "Título VII BIS de la trata de seres humanos", en CORCOY BIDASOLO, M. y MIR PUIG, S. (Dirs.), *Comentarios al Código Penal. Reforma LO 1/2015 y LO 2/2015*, Tirant lo Blanch, Valencia, 2015.

SANTANA VEGA, D.M.: "La trata de seres humanos", en SOLA RECHE, E., ROMERO CASABONA, C.M. y BOLDOVA PASAMAR, M.A. (Coords.), *Derecho penal. Parte especial conforme a las Leyes Orgánicas 1 y 2/2015, de 30 de marzo*, Comares, Granada, 2016.

SANTOS OLMEDA, B.: "Las víctimas de trata en España. El sistema de acogida de protección internacional", *Anuario CIDOB de la Inmigración*, 2019, pp. 144-166.

SANZ HERMIDA, A.: *La situación jurídica de la víctima en el proceso penal*, Tirant lo Blanch, Valencia, 2008.

SAVONA, E.U. y RICARDI, M.: *Assessing the risk of money laundering in Europe. Final report of project IARM*, Transcrime – Università Cattolica del Sacro Cuore, Milano, 2017.

SAX, H.: "Article 36. Group of Experts on Action against Trafficking in Human Beings", en PLANITZER, J. y SAX, H. (Eds.), *A commentary on the Council of Europe Convention on action against Trafficking in Human Beings*, Edward Elgar Publishing, Cheltenham and Northampton, 2020, pp. 410-424. https://doi.org/10.4337/9781788111560.00048

SCAGLIONE, A.: "Cosa nostra and camorra: illegal activities and organisational structures", *Global Crime*, vol. 17 No. 1, 2016, pp. 60-78. https://doi.org/10.1080/17440572.2015.1114919

SCARPA, S.: *Trafficking in Human Beings. Modern Slavery*, Oxford University Press, Oxford, 2008. https://doi.org/10.1093/acprof:oso/9780199541904.001.0001

SCARPA, S.: "UN Palermo trafficking protocol eighteen years on: a critique", en WINTERDYK, J. y JONES, J. (Eds.), *The Palgrave International Handbook of Human Trafficking*, Palgrave Macmillan, Cham, 2020, pp. 623-640. https://doi.org/10.1007/978-3-319-63058-8_38

SCHERRER, A. y WENER, H.: *Trafficking in Human Beings from a Gender Perspective Directive 2011/36/EU*, European Parliamentary Research Service, 2016.

SCHILLER, S.: "Exégèse de la loi relative au devoir de vigilance des sociétés mères et entreprises donneuses d'ordre", *La Semaine Juridique Entreprise et Affaires*, vol. 15, 2017.

SCHUMANN, S.: "Corporate Criminal Liability on Human Trafficking", en WINTERDYK, J. y JONES, J. (coords.), *The Palgrave International Handbook of Human Trafficking*, Palgrave Macmillan, London, 2020, pp. 1651-1669. https://doi.org/10.1007/978-3-319-63058-8_10

Secretaría de Estado de Igualdad-Delegación del Gobierno para la Violencia de Género: *Documento refundido de medidas del Pacto de Estado en Materia de Violencia de Género. Congreso + Senado*, Madrid, 2019.

SEPBLAC: *Memoria de actividades 2022-2023*, SEPBLAC, Madrid, 2024.

SERRA CRISTÓBAL, R.: "La trata de mujeres como una de las formas más atroces de violencia contra la mujer", en MARTÍN SÁNCHEZ, M. (Dir.), *Estudio integral de la violencia de género*, Valencia, 2018, pp. 271-292.

SERRA CRÍSTOBAL, R. y LLORIA GARCÍA, M.P.: *La trata sexual de mujeres. De la represión del delito a la tutela de la víctima*, Ministerio de Justicia, Madrid, 2007.

SERRANO MASIP, M.: "Una justicia europea adaptada al menor: exploración de menores víctimas o testigos en la fase preliminar del proceso penal", *Indret*, 2013, pp. 1-50.

SERRANO MASIP, M: "Los derechos de información", en TAMARIT SUMALLA, J.M., VILLCAMPA ESTIARTE, C. y SERRANO MASIP, M., *El Estatuto de las víctimas de delitos: comentarios a la Ley 4/2015*, Tirant lo Blanch, Valencia, 2015, pp. 69-99.

SERRANO MASIP, M: "Los derechos de participación en el proceso penal", en TAMARIT SUMALLA, J.M., VILLCAMPA ESTIARTE, C. y SERRANO MASIP, M., E*l Estatuto de las víctimas de delitos: comentarios a la Ley 4/2015*, Tirant lo Blanch, Valencia, 2015, pp. 101-165.

SERRANO MASIP, M.: "Medidas de protección de las víctimas", en DE HOYOS SANCHO, M. (Dir.), La víctima del delito y las últimas reformas procesales penales, Thomson Reuters-Aranzadi, Cizur Menor, 2017, pp. 135-170.

SERRANO MASIP, M.: "Las directivas europeas en materia de derecho de interpretación y traducción, información y asistencia letrada. Directiva relativa al derecho a la información en los procesos penales", en JIMENO BULNES, M. (Dir.), *Espacio judicial europeo y proceso penal*, Tecnos, Madrid, 2018, pp. 219-248.

SERRANO MASIP, M.: "Derecho de las víctimas residentes en otro Estado miembro a declarar a través de videoconferencia", en GONZÁLEZ CANO, M.I. (Dir.), *Orden europea de investigación y prueba transfronteriza en la Unión Europea*, Tirant lo Blanch, Valencia, 2019, pp. 409-422.

SERRANO MASIP, M.: "Test de compatibilidad de la prueba de cargo proporcionada por testigos ausentes y anónimos con el derecho a un juicio equitativo y su aplicación por el TEDH", en RUDA GONZÁLEZ, A. y JÉREZ DELGADO, C. (Dirs.), *Estudios sobre Jurisprudencia Europea. Materiales del III Encuentro anual del Centro español del European Law Institute*, Sepín, Madrid, 2020, pp. 179-186.

SHELLEY, L.: *Human Trafficking. A Global Perspective*, Cambridge University Press, Cambridge, 2010. https://doi.org/10.1017/CBO9780511760433

SHELLEY, L., CORPORA, C. y PICARELLI, J.: "Global Crime Inc.", en CUSIMANO LOVE, M. (Ed.), *Beyond Sovereignty (2nd ed.)*, Wadsworth, Belmont, 2003, pp. 143-166.

SHI, J.: "Crimes Commited by Legal Persons: A comparative Sino-German perspective", *China and WTO Review*, vol. 2019/1, 2019, pp. 131-148. http://dx.doi.org/10.14330/cwr.2019.5.1.06

SICAR.CAT y PROYECTO ESPERANZA: *Recomendaciones para el acceso efectivo de las víctimas de la trata de personas a la justicia y la compensación*, 2019.

SILVA SÁNCHEZ, J.M.: "¿"ex delicto"? Aspectos de la llamada "responsabilidad civil" en el proceso penal", *Indret*, vol. 2001, nº 3, 2001, pp. 1-13.

SILVA SÁNCHEZ, J.M.: "Expansión del Derecho penal y blanqueo de capitales", en ABEL SOUTO, M. y SÁNCHEZ STEWART, N. (Coords.), *II Congreso sobre prevención y represión del blanqueo de dinero*, Tirant lo Blanch, Valencia, 2011 pp. 131-133.

SILVINA VALENZANO, A.: "Main aspects of liability "ex crimine" of legal entities in Baltic Republics: Estonia, Latvia and Lithuania", en FIORELLA, A. (Ed.), *Corporate criminal liability and compliance programs (Vol. I). Liability "ex crimine" of legal entities in Member States*, Jovene Editore, Nápoles, 2012, pp. 484-497.

SIMMONS, B. y LLOYD, P: *Subjective frames and rational choice: transnational crime and the case of human trafficking*, Mimeo, Government Department, Harvard University, 2010.

SIMONOVA, K.: "Article 23. Sanctions and measures", en PLANITZER, J. y SAX, H. (Eds.), *A commentary on the Council of Europe Convention on action against Trafficking in Human Beings*, Edward Elgar Publishing, Cheltenham and Northampton, 2020, pp. 297–301. https://doi.org/10.4337/9781788111560.00035

SITTLINGTON, S. y HARVEY, J.: "Prevention of money laundering and the role of asset recovery", *Crime Law Soc Change*, vol. 70, 2018, pp. 421-441. https://doi.org/10.1007/s10611-018-9773-z

SOLETO, H. y GRANÉ, A.: *La reparación económica a la víctima en el sistema de justicia*, Dykinson, Madrid, 2019.

SOTO NIETO, F.: "El delito de torturas en el Código Penal vigente y en el Código derogado", *La Ley*, nº 5, 1998.

SPAPENS, T.: "The business of trafficking in human beings", en PIOTROWICZ, R., RIJKEN, C. y UHL, B.H. (Eds.), *Routledge Handbook of Human Trafficking*, Routledge, London and New York, 2018, pp. 535-545. https://doi.org/10.4324/9781315709352-42

STOYANOVA, V.: *Human trafficking and slavery reconsidered. Conceptual Limits and States' Positive Obligations in European Law*, Cambridge University Press, Cambridge, 2017. https://doi.org/10.1017/9781316677070

STOYANOVA, V.: "Europe Court of Human Rights and the right not to be subjected to slavery, servitude, forced labor and human trafficking", en WINTERDYK, J. y JONES, J. (Eds.), *The Palgrave International Handbook of Human Trafficking*, Palgrave Macmillan, Cham, 2020, pp. 1393-1407. https://doi.org/10.1007/978-3-319-63058-8_94

TAMARIT SUMALLA, J. M.: "Problemática derivada de la liberación de la prostitución voluntaria entre adultos en el Código Penal de 1995", en MORALES PRATS, F. y QUINTERO OLIVARES, G. (Coords.), *El Nuevo Derecho Penal español. Estudios Penales en Memoria del Profesor José Manuel Valle Muñiz*, Aranzadi, Cizur Menor, 2001, pp. 1821-1847.

TAMARIT SUMALLA, J.M.: "Los derechos de las víctimas", en TAMARIT SUMALLA, J.M., VILLCAMPA ESTIARTE, C. y SERRANO MASIP, M., *El Estatuto de las víctimas de delitos: comentarios a la Ley 4/2015*, Tirant lo Blanch, Valencia, 2015, pp. 15-68.

TEHRANIAN, M.: "Cultural Security and global governance: International Migration and Negotiations of Identity", en FRIEDMAN, J. y RANDERIA, S. (Eds.), *Worlds on the Move: Globalisation, Migration and Cultural Security*, I.B. Tauris, Londres, 2004, pp. 3-23.

TERRADILLOS BASOCO, J.M.: *El delito de blanqueo de capitales de origen delictivo*, Alveroni, Córdoba (Argentina), 2008.

TERRADILLOS BASOCO, J.: "Trata de seres humanos", en ÁLVAREZ GARCÍA, F.J. y GONZÁLEZ CUSSAC, J.L. (dirs.), *Comentarios a la reforma de 2010*, Tirant lo Blanch, Valencia, 2010, pp. 207-218.

TERRADILLOS BASOCO, J.M.: "La reforma penal de 2010 en materia de inmigración", en DEL VALLE GÁLVEZ, A. (Dir.)., *Inmigración, seguridad y fronteras: Problemáticas de España, Marruecos y la Unión Europea en el área del Estrecho*, Dykinson, Madrid, 2012, pp. 19-38.

TERRADILLOS BASOCO, J.M. y GALLARDO GARCÍA, R.M.: "Trata de seres humanos", en TERRADILLOS BASOCO, J.M. (Coord.), *Derecho Penal. Parte Especial. Tomo III.*, Iustel, 2016.

TERRADILLOS BASOCO, J.M.: "Delitos contra los derechos de los trabajadores: veinticinco años de política legislativa errática", *Estudios Penales y Criminológicos*, vol. 41, 2021, pp. 1-57.

TOMÁS-VALIENTE LANUZA, C.: "La dignidad y sus consideraciones normativas en la argumentación jurídica: ¿un concepto inútil?", *Revista Española de Derecho Constitucional*, nº 102/2014, pp. 167-208.

TORRES FERRER, C.: "Aproximación a la trata de seres humanos desde su consideración como delito económico", en VILLACAMPA ESTIARTE, C. (Dir.), *La trata de seres humanos tras un decenio de su incriminación. ¿Es necesaria una ley integral para lucha contra la trata y la explotación de seres humanos?*, Tirant lo Blanch, Valencia, 2022, pp. 655-698.

TORRES FERRER, C.: "La trata de seres humanos como criminalidad económica: análisis jurisprudencial", *Anuario de Derecho Penal y Ciencias Penales*, Sección Premio Susana Huerta de Derecho Penal, vol. XXXVI, 2023, pp. 371-404.

TORRES ROSELL, N.: "Matrimonio forzado: aproximación fenomenológica y análisis de los procesos de incriminación", *Estudios Penales y Criminológicos*, vol. 35, 2015, pp. 831–917.

TORRES ROSELL, N. y VILLACAMPA ESTIARTE, C.: "Protección jurídica y asistencia para víctimas de trata de seres humanos", *Revista General de Derecho Penal*, núm. 27, 2017, pp. 1-48.

TORRES ROSELL, N. y VILLACAMPA ESTIARTE, C.: "El matrimonio forzado como modalidad de trata de seres humanos: un estudio fenomenológico", en VILLACAMPA ESTIARTE, C. (Dir.), *La trata de seres humanos tras un decenio de su incriminación. ¿Es necesaria una ley integral para lucha contra la trata y la explotación de seres humanos?*, Tirant lo Blanch, Valencia, 2022, pp. 219-254.

TRACFIN: *LCB-FT: activité des professions déclarantes. Bilan 2022*, Ministère de l'Économie, des Finances et de la Souveraineté industrielle et numérique, Montreuil, 2023.

TRAPERO BARREALES, M.A. y DURÁN SECO, I.: "El tratamiento penal de la responsabilidad civil: arts. 109 a 122 del Código Penal español", *Libertas: Revista de la Fundación Internacional de Ciencias Penales*, vol. 1, 2013, pp. 573-646.

TRAPERO BARREALES, M. A.: *Matrimonios ilegales y derecho penal. Bigamia, matrimonio inválido, matrimonio de conveniencia, matrimonio forzado y matrimonio precoz*, Tirant lo Blanch, Valencia, 2016.

TRAUTRIMS, A., GOLD, S., TOUBOULIC, A., EMBERSON, C. y CARTER, H.: "The UK construction and facilities management sector's response to the Modern Slavery Act: An intra-industry initiative against modern slavery", *Business Strategy and Development*, vol. 4, 2020 pp. 279-293. https://doi.org/10.1002/bsd2.158

TRILLO NAVARRO, J. P.: *Delitos económicos. La respuesta penal a los rendimientos de la delincuencia organizada*, Dykinson, Madrid, 2008.

TYLDUM, G. y BRUNOVSKIS, A.: "Describing the Unobserved: Methodological Challenges in Empirical Studies on Human Trafficking", en LAZCKO, F. y GODZIAK, E. (Eds.), *Data and Research on Human Trafficking: A global survey*, International Organization for Migration, Ginebra, 2005, pp. 17-34. https://doi.org/10.1111/j.0020-7985.2005.00310.x

UHL, B.H.: "Assumptions built into code – datafication, human trafficking, and human rights – a troubled relationship?", en PIOTROWICZ, R., RIJKEN, C. y UHL, B.H. (Eds.), Routledge Handbook of Human Trafficking, Routledge, London and New York, 2018, pp. 407-416. https://doi.org/10.4324/9781315709352-32

ULPIANO MARTÍNEZ, S.: "Delito de trata de personas. Algunas cuestiones relevantes. La finalidad de explotación sexual", *Revista de Derecho Penal y Criminología*, nº 3, 2012, pp. 49-54.

UN GENERAL ASSEMBLY: *Interpretative notes for the official records (travaux préparatoires) of the negotiation of the United Nations Convention against Transnational Organized Crime and the Protocols thereto*, United Nations, Viena, 2000.

UNITED NATIONS OFFICE ON DRUGS AND CRIME (UNODC): *Legislative Guides for the Implementation of the United Nations Convention against Transnational Organized Crime and the Protocols thereto*, Naciones Unidas, Nueva York, 2004.

UNITED NATIONS OFFICE ON DRUGS AND CRIME (UNODC): *Toolkit to Combat Trafficking in Persons*, United Nations, New York, 2006.

UNITED NATIONS OFFICE ON DRUGS AND CRIME (UNODC): *Travaux Préparatoires of the negotiations for the elaboration of the United Nations Convention against Transnational Organized Crime and the Protocols thereto*, United Nations, New York, 2006.

UNITED NATIONS OFFICE ON DRUGS AND CRIME (UNODC): *Manual sobre la investigación del delito de trata de personas. Guía de autoaprendizaje*, Naciones Unidas, Nueva York, 2009.

UNITED NATIONS OFFICE ON DRUGS AND CRIME (UNODC): *Ley modelo contra la trata de personas*, Naciones Unidas, Nueva York, 2010.

UNITED NATIONS OFFICE ON DRUGS AND CRIME (UNODC): *Global Report on Trafficking in Persons 2020*, United Nations, New York, 2020.

UNITED NATIONS OFFICE ON DRUGS AND CRIME (UNODC): *Impact of the Covid-19 Pandemic on Trafficking in persons*, UNODC, Viena, 2021.

UNITED NATIONS OFFICE ON DRUGS AND CRIME (UNODC): *Global Report on Trafficking in Persons 2022*, United Nations, New York, 2022.

UNITED NATIONS OFFICE ON DRUGS AND CRIME (UNODC): *Study on Illicit Financial Flows associated with smuggling of migrants and trafficking in persons from GLO.ACT partner countries to Europe*, United Nations, New York, 2023.

URIARTE VALIENTE, L.M.: *La lucha del Estado en la recuperación de activos a través del decomiso. Especial referencia a la actuación del Ministerio Fiscal*, Tirant lo Blanch, Valencia, 2022.

U.S. DEPARTMENT OF STATE: *Trafficking in persons report. 2020*, U.S. Department of State, Washington, 2020.

U.S. DEPARTMENT OF STATE: *Trafficking in Persons Report. June 2021*, U.S. Department of State, Washington, 2021.

U.S. DEPARTMENT OF STATE: *2022 INCSR–Volume II: Money Laundering*, U.S. Department of State, Washington, 2022.

VALLE MARISCAL DE GANTE, M.: "El decomiso tras la LO 1/2015", en DÍEZ-PICAZO GIMÉNEZ, I. y VEGAS TORRES, J. (Coords.), *Derecho, Justicia, Universidad. Tomo II*, Centro de Estudios Ramón Areces, Madrid, 2016, pp. 3151-3170.

VALLE MARISCAL DE GANTE, M.: "La víctima de trata de seres humanos como autor de delitos: la excusa absolutoria del artículo 177 bis", en ALCACER GUIRAO, R., MARTÍN LORENZO, M. y VALLE MARISCAL DE GANTE, M (Coords.), *La trata de seres humanos: persecución penal y protección de víctimas*, Edisofer, Madrid, 2015, pp. 123-154.

VALLS, R.: "La dignidad humana", en CASADO, M. (coord.), *Sobre la dignidad y los principios, Análisis de la Declaración Universal sobre bioética y derechos humanos de la UNESCO,* Thomson Reuters, Pamplona, 2009, pp. 65-72.

VALVERDE CANO, A.B.: "Reexaminando la definición de trata de seres humanos del Protocolo de Palermo: la trata como forma de explotación", *Estudios de Deusto,* vol. 67, nº 2, 2019, pp. 15-29. https://doi.org/10.18543/ed-67(2)-2019pp15-29

VALVERDE CANO, A.B.: *Más allá de la trata: el Derecho Penal frente a la esclavitud, la servidumbre y los trabajos forzados,* Tirant lo Blanch, Valencia, 2023.

VAN BUREN, H.J., SCHREMPF-STIRLING, J. y WESTERMANN-BEHAYLO, M.: "Business and Human Trafficking: A Social Connection and Political Responsibility Model", *Business & Society,* vol. 60 (2), 2021, pp. 341-375. https://doi.org/10.1177/0007650319872509

VAN DAMME, Y. y VERMEULEN, G.: "Towards an EU strategy to combat trafficking and labor exploitation in the supply chain. Connecting corporate criminal liability and State-imposed self-regulation through due diligence?" en BRODOWSKI, D., ESPINOZA DE LOS MONTEROS, M., TIEDEMANN, K. y VOGEL, J. (Eds.), *Regulating corporate criminal liability,* Springer International Publishings, Cham, 2014, pp. 171 y 193. https://doi.org/10.1007/978-3-319-05993-8_15

VAN DIJK, M.A., DE HAAS, M. y ZANDVLIET, R.: "Banks and human trafficking: rethinking human rights due diligence", *Business and Human Rights Journal,* vol. 3, nº 1, 2017, pp. 105-111. https://doi.org/10.1017/bhj.2017.25

VAN DIJK, J. y CAMPISTOL, C.: "Work in progress: international statistics on human trafficking", en PIOTROWICZ, R., RIJKEN, C. y UHL, B. H. (eds.), *Routledge Handbook of Human Trafficking, Routledge,* London and New York, 2018, pp. 381-394. https://doi.org/10.4324/9781315709352-30

VAN KEMPEN, P., KRABBE, M. y BRINKHOFF, S.: *The Criminal Justice System of the Netherlands. Organization, substantive criminal law, criminal procedure and sanctions,* Intersentia, Mortsel, 2019.

VAN KONINGSVELD, J.: "You Don't See It, Until You Understand It: Rethinking the Stages of the Money Laundering Process to Make Enforcement More Effective", en UNGER, B. y VAN DER LINDE, D. (Eds.), *Research Handbook on Money Laundering,* Edward Elgar Publishing, Cheltenham, 2013, pp. 435–451. https://doi.org/10.4337/9780857934000.00044

VAN MEETEREN, M. y HIAH, J.: "Self-identification of Victimization of Labor Trafficking", en WINTERDYK, J. y JONES, J. (Eds.), *The Palgrave International Handbook of Human Trafficking,* Palgrave Macmilian, London, 2019, pp. 1607 y ss.

VAN MEETEREN, M. y WIERING, E.: "Labour trafficking in Chinese restaurants in the Netherlands and the role of Dutch immigration policies. A qualitative analysis of investigative case files", *Crime, Law and Social Change,* vol. 72, 2019, pp. 107-124. https://doi.org/10.1007/s10611-019-09853-6

VELASCO NUÑEZ, E. y SAURA ALBERDI, B.: "Exención y carga de la prueba en la defensa penal de la persona jurídica: la teoría de la "x"", *Revista Sepín,* 2018.

VELTEN, P.: *Verbandsverantwortlichkeit als Ordnungsmittel für globales Wirtschaften' 11 Österreichisches Anwaltsblatt.* Manz, Viena, 2016.

VICENTE DOMINGO, E.: *Los daños corporales: tipología y valoración,* JM Boch, Barcelona, 1994.

VIDAL MARTÍNEZ, M.: "Daño psicológico o emocional: ¿un vacío legislativo necesitado de tutela penal? Una propuesta de solución de *lege ferenda*", *Diario La Ley,* nº 10193, 2022, pp. 1 y ss.

VIDALES RODRÍGUEZ, C.: "El comiso ampliado: consideraciones constitucionales", en CARBONELL MATEU, J.C., GONZÁLEZ CUSSAC, J.L., ORTS BERENGUER, E., y CUERDA ARNAU, M.L. (Coords.), *Constitución, derechos fundamentales y sistema penal (semblanzas y estudios con motivo del setenta aniversario del profesor Tomás Salvador Vives Antón),* Tirant lo Blanch, Valencia, 2009, pp. 1989-2006.

VIDALES RODRÍGUEZ, C.: *Los delitos de receptación y legitimación de capitales en el Código penal de 1995,* Tirant lo Blanch, Valencia, 1997.

VIDALES RODRÍGUEZ, C.: "La posesión y la utilización de bienes como actos de blanqueo en la legislación penal española", *Direito e Desenvolvimento. Revista do Curso de Direito,* vol. 6, 2012, pp. 45-64.

VIDALES RODRÍGUEZ, C.: "Consecuencias accesorias: decomiso (arts. 127 a 127 octies", en GONZÁLEZ CUSSAC, J.L. (Dir.), *Comentarios a la reforma del Código Penal de 2015,* Tirant lo Blanch, Valencia, 2015, pp. 393-416.

VIDALES RODRÍGUEZ, C.: "El autoblanqueo en la legislación penal española. Reflexiones a propósito de su tratamiento jurisprudencial", *Derecho penal contemporáneo,* vol. 58, 2017, pp. 107-142.

VIDALES RODRÍGUEZ, C.: "Del blanqueo como amenaza a la amenaza del blanqueo", en GONZÁLEZ CUSSAC, J.L. y FLORES GIMÉNEZ, F. (Coord.), *Seguridad y derechos. Análisis de las amenazas, evaluación de las respuestas y valoración del impacto en los derechos fundamentales,* Tirant lo Blanch, Valencia, 2018, pp. 247-278.

VIDALES RODRÍGUEZ, C.: "Actividad inmobiliaria/urbanística y blanqueo. Apuntes para la reflexión", en MATALLÍN EVANGELIO, Á. y

FERNÁNDEZ HERNÁNDEZ, A. (Dirs.), *Criminal Compliance programs y mapas de riesgo*, Tirant lo Blanch, Valencia, 2023, pp. 401-424.

VIDALES RODRÍGUEZ, C. y PLANCHADELL GARGALLO, A.: *Decomiso. Estudio de la Normativa Internacional y de la Legislación Española (Aspectos penales y procesales)*, Centro para la Administración de Justicia, Miami, 2018.

VILLACAMPA ESTIARTE, C.: "El delito de trata de seres humanos", en QUINTERO OLIVARES, G (Dir.), *Comentarios al nuevo Código penal, 3ª edición*, Thomson Reuters-Aranzadi, Cizur Menor, 2004, pp. 1644 y ss.

VILLACAMPA ESTIARTE, C., "Consideraciones acerca de la reciente modificación del delito de tráfico de personas", *Revista Penal*, vol. 14, 2004, pp. 188

VILLACAMPA ESTIARTE, C.: "Normativa europea y regulación del tráfico de personas en el Código Penal español", en RODRÍGUEZ MESA, Mª. J. y RUÍZ RODRÍGUEZ, L. (Coords.), *Inmigración y sistema penal. Retos y desafíos para el siglo XXI*, Tirant lo Blanch, Valencia, 2006, pp. 69-108.

VILLACAMPA ESTIARTE, C.: "El delito de trata de personas: análisis del nuevo artículo 177 bis CP desde la óptica del cumplimiento de los compromisos internacionales de incriminación", en *Anuario de la Facultad de Derecho de la Universidad de A Coruña*, nº 14, 2010, pp. 819-866.

VILLACAMPA ESTIARTE, C.: "La nueva directiva europea relativa a la prevención y a la lucha contra la trata de seres humanos y a la protección de las víctimas. ¿Cambio de rumbo en la política la Unión en materia de trata de seres humanos?", *Revista electrónica de Ciencia Penal y Criminología*, vol. 13-14, 2011, pp. 1-52.

VILLACAMPA ESTIARTE, C.: *El delito de trata de seres humanos. Una Incriminación Dictada desde el Derecho Internacional*, Aranzadi-Thomson Reuters, Cizur Menor, 2011.

VILLACAMPA ESTIARTE, C. "El artículo 177 bis", en QUINTERO OLIVARES, G. (Dir.), *Comentarios al Código Penal Español*, Thomson-Reuters, Cizur Menor, 2011.

VILLACAMPA ESTIARTE, C.: "La trata de seres humanos para explotación sexual: relevancia penal y confluencia con la prostitución", en VILLACAMPA ESTIARTE, C., *Prostitución ¿Hacía la legalización?*, Tirant lo Blanch, Valencia, 2012, pp. 215-267.

VILLACAMPA ESTIARTE, C.: "Trata de seres humanos y delincuencia organizada. Conexión entre ambos fenómenos criminales y su plasmación jurídico-penal", *Indret*, vol. 1, 2012, pp. 1-34.

VILLACAMPA ESTIARTE, C.: "La moderna esclavitud y su relevancia jurídico penal", *Revista de Derecho Penal y Criminología*, vol. 10, 2013, pp. 293-342.

VILLACAMPA ESTIARTE, C.: "Víctimas de trata de seres humanos: su tutela a la luz de las últimas reformas penales sustantivas y procesales proyectadas", *Indret,* núm. 2/2014, 2014, pp. 1-31.

VILLACAMPA ESTIARTE, C.: "La protección de las víctimas en el proceso penal: consideraciones generales e instrumentos de protección", en TAMARIT SUMALLA, J.M., VILLCAMPA ESTIARTE, C. y SERRANO MASIP, M., *El Estatuto de las víctimas de delitos: comentarios a la Ley 4/2015,* Tirant lo Blanch, Valencia, 2015, pp. 168-240.

VILLACAMPA ESTIARTE, C.: "La protección de las víctimas en el proceso penal tras la aprobación de la LEVD", en TAMARIT SUMALLA, J.M., VILLACAMPA ESTIARTE, C. y SERRANO MASIP, M., *El Estatuto de las víctimas de delitos: comentarios a la Ley 4/2015,* Tirant lo Blanch, Valencia, 2015, pp. 241-303.

VILLACAMPA ESTIARTE, C.: "El delito de trata de seres humanos", en QUINTERO OLIVARES, G. (Dir.): *Comentario a la Reforma Penal de 2015,* Thomson Reuters/Aranzadi, Cizur Menor, 2015, pp. 399-419.

VILLACAMPA ESTIARTE, C.: "La trata de seres humanos tras la reforma del Código Penal de 2015", *Diario La Ley,* nº 8554, 2015, pp. 1-12.

VILLACAMPA ESTIARTE, C.: *Política criminal española en materia de violencia de género,* Tirant lo Blanch, Valencia, 2018.

VILLACAMPA ESTIARTE, C.: "¿Es necesaria una ley integral contra la trata de seres humanos?", *Revista General de Derecho Penal,* vol. 33, 2020, pp. 1-57.

VILLACAMPA ESTIARTE, C.: "Dificultades en la persecución penal de la trata de seres humanos para explotación laboral", *Indret,* vol. 2, 2022, pp. 163-202. https://doi.org/10.31009/InDret.2022.i2.06

VILLACAMPA ESTIARTE, C.: "El principio de no punición o no penalización de las víctimas de trata de seres humanos. Reconocimiento normativo y aplicación", *Diario La Ley,* nº 10101, 2022, pp. 1-14. https://doi.org/10.5944/rdpc.28.2022.33491

VILLACAMPA ESTIARTE, C.: "Acerca del Anteproyecto de Ley Orgánica Integral contra la Trata y la Explotación de Seres Humanos", *La Ley,* nº 10267, 2023, pp. 1-13.

VILLACAMPA ESTIARTE, C., GÓMEZ ADILLÓN, M.J. y TORRES FERRER, C.: "Trafficking in human beings in Spain: What do the data on detected victims tell us?", *European Journal of Criminology,* vol. 20, nº 1, 2021, pp. 1-24. https://doi.org/10.1177/1477370821997334

VILLACAMPA ESTIARTE, C., GÓMEZ ADILLÓN, M.J., TORRES FERRER, C. y MIRANDA RUCHE, X.: "Trata de seres humanos: dimensión y características en España", *Revista General de Derecho Penal*, vol. 35, 2021, pp. 1-32.

VILLACAMPA ESTIARTE, C., GÓMEZ ADILLÓN, M.J., TORRES FERRER, C. y MIRANDA RUCHE, X.: "Dimensión de la trata de seres humanos en España", en VILLACAMPA ESTIARTE, C. (Dir.), *La trata de seres humanos tras un decenio de su incriminación. ¿Es necesaria una ley integral para lucha contra la trata y la explotación de seres humanos?*, Tirant lo Blanch, Valencia, 2022, pp. 181-216. https://doi.org/10.5944/rdpc.28.2022.33491

VILLACAMPA ESTIARTE, C. y TORRES FERRER, C.: "La evolución del abordaje normativo de la trata de seres humanos en España: Presente y previsible futuro", en LEÓN ALAPONT, J (Dir.), *Temas clave de Derecho penal. Presente y futuro de la política criminal en España*, JM Bosch, Barcelona, 2021, pp. 587-620.

VILLACAMPA ESTIARTE, C. y TORRES FERRER, C.: "Aproximación institucional a la trata de seres humanos en España: Valoración crítica", *Estudios Penales y Criminológicos*, vol. XLI, 2021, pp. 189-232. https://doi.org/10.15304/epc.41.6979

VILLACAMPA ESTIARTE, C. y TORRES ROSELL, N: "Trafficked women in prison: The problem of double victimisation", *European Journal on Criminal Policy and Research*, vol. 21, 2015, pp. 99-115. https://doi.org/10.1007/s10610-014-9240-z

VILLACAMPA ESTIARTE, C. y TORRES ROSELL, N.: "Trata de seres humanos para explotación criminal: ausencia de identificación de las víctimas y sus efectos", *Estudios Penales y Criminológicos*, vol. 36, 2016, pp. 771-829.

VILLACAMPA ESTIARTE, C. y TORRES ROSELL, N.: "Human Trafficking for Criminal Exploitation: the Failure to Identify Victims", *European Journal of Criminal Policy and Research*, vol. 23, nº 3, 2017, pp. 393-408. https://doi.org/10.1007/s10610-017-9343-4

VILLACAMPA ESTIARTE, C. y TORRES ROSELL, N.: El matrimonio forzado y su tratamiento institucional: visión profesional y victimal, *Revista General de Derecho Penal*, vol. 32, 2019, pp. 1-63. https://doi.org/10.46381/reic.v17i0.154

VILLACAMPA ESTIARTE, C. y TORRES ROSELL, N.: "El matrimonio forzado en España. Una aproximación empírica", *Revista Española de Investigación Criminológica*, nº 17, 2019, pp. 1-32. https://doi.org/10.46381/reic.v17i0.154

VILLACAMPA ESTIARTE, C. y TORRES ROSELL, N.: "Prevalence, dynamics and characteristics of forced marriage in Spain", *Crime, Law and Social Change*, December, 2019, pp. 509-529. https://doi.org/10.1007/s10611-019-09881-2

VILLANUEVA, A. y FERNÁNDEZ-LLÉBREZ, F.: "La importancia de los datos de trata de seres humanos. Una aproximación al sistema de recolección de datos de víctimas de trata en España", *Deusto Journal of Human Rights*, núm. 4, 2019, pp. 115-143. https://doi.org/10.18543/djhr-4-2019pp115-143

VIVES ANTÓN, T.S.: *Fundamentos del Sistema Penal: acción significativa y derechos constitucionales*, Tirant lo Blanch, Valencia, 2011.

VLASSIS, D.: *The Global Situation of Transnational Organized Crime, the Decision of the International Community to Develop an International Convention and the Negotiation Process*, UN Asia and Far East Institute for the Prevention of Crime and the Treatment of Offenders, Annual Report and Resource Materials Series No. 59, 2000.

VOLK, K., AMBOS, K., PLANCHADELL GARGALLO, A., BELTRÁN MONTOLIU, A. y MADRID BOQUÍN, C.M.: *Derecho procesal penal alemán y español*, Publicacions de la Universitat Jaume I, Castelló de la Plana, 2023.

WADE, M.L.: "Combatting trafficking in human beings: A step on the road to Global Justice?", en WINTERDYK, J. y JONES, J. (Eds.), *The Palgrave International Handbook of Human Trafficking*, Palgrave Macmillan, London, 2020, pp. 1183-1203. https://doi.org/10.1007/978-3-319-63058-8_108

WEITZER, R.: "Sex trafficking and the sex industry: The need for evidence-based theory and legislation", *Journal of Criminal Law and Criminology*, vol. 101 (4), 2012, pp. 1337-1370.

WEITZER, R.: "Rethinking human trafficking", *Dialectical Anthropology*, vol. 37, nº 2, 2013, pp. 309-312. https://doi.org/10.1007/s10624-013-9313-2

WEITZER, R.: "Human trafficking and contemporary slavery", *Annual Review of Sociology*, vol. 41, 2015, pp. 233-242. https://doi.org/10.1146/annurev-soc-073014-112506

WEN, S.: "The Cogs and Wheels of Reflexive Law – Business disclosure under the Modern Slavery Act", Journal of Law and Society, vol. 43, nº 3, pp. 327-359. https://doi.org/10.1111/j.1467-6478.2016.00758.x

WHEATON, E.M., SCHAUER, E.J. y GALLI, T.V.: "Economics of Human Trafficking", *International Migration*, vol. 48, nº 4, 2010, pp. 114-141. https://doi.org/10.1111/j.1468-2435.2009.00592.x

WIJER, M.: *Improving acces to justice for trafficked persons*, Lawyers networking meeting, Estrasburgo, 22 y 23 de noviembre de 2016.

WINTERDYK, R.: "Introduction to Special Issue. Human Trafficking: Issues and Perspectives", *European Journal of Criminology*, vol. 7, nº 1, 2010, pp. 5-10. https://doi.org/10.1177/1477370809347894

WINTERDYK, J.: "Explaining Human Trafficking: Modern Day-Slavery", en WINTERDYK, J. y JONES, J. (coords.), *The Palgrave International Handbook of Human Trafficking*, Palgrave Macmillan, London, 2020, pp. 1257-1274. https://doi.org/10.1007/978-3-319-63058-8_68

WRONKA, C.: ""Cyber-laundering": the change of money laundering in the digital age", *Journal of Money Laundering Control*, vol. 25, nº 2, 2022, pp. 330-344. https://doi.org/10.1108/JMLC-04-2021-0035

YU, S.: "Human trafficking and the internet", en PALMIOTTO, M. (Ed.), *Combatting Human Trafficking: A Multidisciplinary Approach*, CRC Press, Boca Ratón, 2014, pp. 61-74.

YZQUIERDO TOLSADA, M.: "El perturbador artículo 1.092 del Código civil", *Centenario del Código Civil: (1889-1989). Vol. 2*, Centro de Estudios Ramón Areces, Madrid, 1990, pp. 2109-2135.

YZQUIERDO TOLSADA, M.: "La responsabilidad civil en el proceso penal", en REGLERO CAMPOS, F. (coord.), *Tratado de responsabilidad civil. Vol. I*, Thomson Reuters-Aranzadi, Cizur Menor, 2008, pp. 1067-1206.

ZAFRA ESPINOSA DE LOS MONTEROS, R.: *El policía infiltrado. Los presupuestos jurídicos en el proceso penal español*, Tirant lo Blanch, Valencia, 2010.

ZARAGOZA TEJADA, J.I.: "El agente encubierto "online". La última frontera de la investigación penal", *Revista Aranzadi Doctrinal*, vol. 1, 2017, pp. 1-14.

ZHANG, S. X.: *Smuggling and Trafficking in Human Beings: All Roads Lead to America*, Praeger, Westport, Connecticut, London, 2000.

ZIESCHANG, F.: "Die strafrechtliche Verantwortlichkeit juristischer Personen im französischen Recht – Modellcharakter für Deutschland?", *Zeitschrift für die gesamte Strafrechtswissenschaft*, vol. 115, nº 1, 2003, pp. 117-130. https://doi.org/10.1515/zstw.115.1.117